CB064705

chef profissional

chef

THE CULINARY INSTITUTE OF AMERICA

THE WORLD'S PREMIER CULINARY COLLEGE

profissional

NONA EDIÇÃO

Instituto Americano de Culinária

TRADUÇÃO:
Renata Lucia Bottini

Administração Regional do Senac no Estado de São Paulo
Presidente do Conselho Regional: Abram Szajman
Diretor do Departamento Regional: Luiz Francisco de A. Salgado
Superintendente Universitário e de Desenvolvimento: Luiz Carlos Dourado

Editora Senac São Paulo
Conselho Editorial: Luiz Francisco de A. Salgado
Luiz Carlos Dourado
Darcio Sayad Maia
Lucila Mara Sbrana Sciotti
Luís Américo Tousi Botelho

Gerente/Publisher: Luís Américo Tousi Botelho
Coordenação Editorial: Verônica Pirani de Oliveira
Prospecção: Andreza Fernandes dos Passos de Paula, Dolores Crisci Manzano, Paloma Marques Santos
Administrativo: Marina P. Alves
Comercial: Aldair Novais Pereira
Comunicação e Eventos: Tania Mayumi Doyama Natal

Edição de Texto: Vanessa Rodrigues
Revisão Técnica: Ingrid Schmidt-Hebbel Martens, Júlia Delellis Lopes, Lucas Brandão Medina,
Nelson Gonçalves Júnior, Ronaldo Lopes Pontes Barreto, Samara Trevisan Coelho
Preparação de Texto: Márcia Leme, Sandra Kato, Tulio Kawata
Coordenação de Revisão de Texto: Marcelo Nardeli
Revisão de Texto: Amanda Lassak, Bianca Rocha, Eloiza Mendes Lopes, Irene Incao, Karinna A. C. Taddeo,
Olivia Yumi Duarte, Patricia B. Almeida, Silvana Gouveia (índice)
Capa Original: Vertigo Design
Fotografia da Capa: Ben Fink
Editoração Eletrônica: Veridiana Freitas, Antonio Carlos De Angelis, Sandra Regina S. Santana
Impressão e Acabamento: Coan Indústria Gráfica

Título original: The Professional Chef
Copyright © 2011 by The Culinary Institute of America
Todos os direitos reservados. Esta tradução é publicada sob licença com a editora original, John Wiley & Sons, Inc.

Proibida a reprodução sem autorização expressa.
Todos os direitos desta edição reservados à
Editora Senac São Paulo
Av. Engenheiro Eusébio Stevaux, 823 – Prédio Editora
Jurubatuba – CEP 04696-000 – São Paulo – SP
Tel. (11) 2187-4450
editora@sp.senac.br
https://www.editorasenacsp.com.br

Edição brasileira © 2017 – Editora Senac São Paulo

Dados Internacionais de Catalogação na Publicação (CIP)
(Jeane Passos de Souza – CRB 8ª/6189)

Chef profissional / Instituto Americano de Culinária; tradução de Renata Lucia Bottini e Márcia Leme. – 9ª ed. – São Paulo: Editora Senac São Paulo, 2017.

Traduzido da 9ª edição americana.
Título original: The Professional Chef
Bibliografia.
ISBN 978-85-396-0749-5

1. Gastronomia 2. Culinária profissional (técnicas e receitas) I. Instituto Americano de Culinária. II. Bottini, Renata Lucia. III. Leme, Márcia.

17-545s
CDD-641.013
BISAC CKB000000
CKB023000

Índice para catálogo sistemático:
1. Gastronomia : Culinária profissional (técnicas e receitas)   641.013

chef profissional

chef

THE CULINARY INSTITUTE OF AMERICA®

THE WORLD'S PREMIER CULINARY COLLEGE

sumário

Receitas viii
Agradecimentos xvii
Nota à edição brasileira xix
Prefácio – *Alex Atala* xxi
Introdução xxii

PARTE 1
o profissional da cozinha

capítulo 1	**INTRODUÇÃO À PROFISSÃO**	3
capítulo 2	**MENUS E RECEITAS**	15
capítulo 3	**NOÇÕES BÁSICAS SOBRE NUTRIÇÃO E CIÊNCIA ALIMENTAR**	25
capítulo 4	**ALIMENTO E SEGURANÇA NA COZINHA**	33

PARTE 2
utensílios e ingredientes na cozinha profissional

capítulo 5	**IDENTIFICAÇÃO DO EQUIPAMENTO**	45
capítulo 6	**IDENTIFICAÇÃO DE CARNES, AVES E CARNE DE CAÇA**	73
capítulo 7	**IDENTIFICAÇÃO DE PEIXES E FRUTOS DO MAR**	105
capítulo 8	**IDENTIFICAÇÃO DE FRUTAS, VEGETAIS E ERVAS AROMÁTICAS FRESCAS**	133
capítulo 9	**IDENTIFICAÇÃO E COMPRA DE LATICÍNIOS E OVOS**	193
capítulo 10	**IDENTIFICAÇÃO DE PRODUTOS SECOS**	211

PARTE 3
fundos, molhos e sopas

- capítulo 11 **MISE EN PLACE PARA FUNDOS, MOLHOS E SOPAS** 253
- capítulo 12 **FUNDOS** 267
- capítulo 13 **MOLHOS** 281
- capítulo 14 **SOPAS** 315

PARTE 4
carnes, aves, peixes e frutos do mar

- capítulo 15 **MISE EN PLACE PARA CARNES, AVES E PEIXES** 377
- capítulo 16 **MANUFATURANDO CARNES, AVES E PEIXES** 393
- capítulo 17 **GRELHAR E ASSAR** 441
- capítulo 18 **SALTEAR, FRITAR RASO E FRITAR POR IMERSÃO** 505
- capítulo 19 **COZINHAR A VAPOR E ESCALFADO** 549
- capítulo 20 **BRASEAR E GUISAR** 589

PARTE 5
batatas, grãos, legumes, outros vegetais, macarrão e massas

- capítulo 21 **MISE EN PLACE PARA ERVAS FRESCAS E OUTROS VEGETAIS** 635
- capítulo 22 **COZINHAR VEGETAIS** 665
- capítulo 23 **COZINHAR BATATAS** 731
- capítulo 24 **COZINHAR GRÃOS E LEGUMINOSAS** 769
- capítulo 25 **COZINHAR MASSAS** 825

PARTE 6
café da manhã e *garde manger*

- capítulo 26 **COZINHAR OVOS** 865
- capítulo 27 **SALADAS E MOLHOS DE SALADAS** 897
- capítulo 28 **SANDUÍCHES** 949
- capítulo 29 **HORS-D'OEUVRE E APPETIZERS** 963
- capítulo 30 **CHARCUTARIA E GARDE MANGER** 1.003

PARTE 7
panificação e confeitaria

- capítulo 31 **MISE EN PLACE PARA PANIFICAÇÃO** 1.033
- capítulo 32 **PÃES LEVEDADOS** 1.043
- capítulo 33 **MASSAS BÁSICAS DE CONFEITARIA** 1.065
- capítulo 34 **PUDINS, CREMES E MOUSSES** 1.109
- capítulo 35 **RECHEIOS, MOLHOS E COBERTURAS PARA SOBREMESAS** 1.127
- capítulo 36 **SOBREMESAS EMPRATADAS** 1.151

Apêndice   1.181

Glossário   1.189

Bibliografia e fontes   1.209

Índice de receitas   1.215

Índice de assuntos   1.229

receitas

capítulo 12 fundos

Fundo de frango   277
   FUNDO CLARO DE VITELO   277
   FUNDO CLARO DE CARNE   277

Fundo escuro de vitelo   277
   FUNDO ESCURO DE CARNE DE CAÇA (*JUS DE GIBIER*)   278
   ESTOUFFADE   278
   FUNDO ESCURO DE CORDEIRO   278
   FUNDO ESCURO DE PORCO   278
   FUNDO ESCURO DE FRANGO   278
   FUNDO ESCURO DE PATO   278

Fumet de peixe   278
   FUNDO DE FRUTOS DO MAR   278

Fundo de vegetais   279
   FUNDO DE VEGETAIS ASSADOS   279

Court bouillon   279

Fundo de aves e carne (*brodo*)   280

Ichi ban dashi   280

capítulo 13 molhos

Jus de veau lié   307
   JUS DE VOLAILLE LIÉ   307
   JUS DE CANARD LIÉ   307
   JUS D'AGNEAU LIÉ   307
   JUS DE GIBIER LIÉ   307

Demi-glace   307

Molho *espagnole*   308

Velouté de frango   308
   MOLHO *SUPRÊME*   308
   VELOUTÉ DE PEIXE   308
   VELOUTÉ DE CAMARÃO   308
   VELOUTÉ DE VEGETAIS   308

Molho *béchamel*   309
   MOLHO DE QUEIJO *CHEDDAR*   309
   MOLHO *MORNAY*   309
   MOLHO CREMOSO   309

Molho de tomate   309

Molho de carne à bolonhesa (*Ragù alla bolognese*)   310

Coulis de tomate   310

Molho *béarnaise*   311
   MOLHO DE HORTELÃ (MOLHO *PALOISE*)   311
   MOLHO *CHORON*   311

Molho *hollandaise*   312
   MOLHO *MOUSSELINE*   312
   MOLHO *MALTAISE*   312

Beurre blanc   312

Coulis de pimentão vermelho   313

Pesto   313

Manteiga à *maître d'hôtel*   314
   MANTEIGA DE ESTRAGÃO   314
   MANTEIGA DE PIMENTÃO   314
   MANTEIGA DE CEBOLINHA   314
   MANTEIGA DE *DILL*   314
   MANTEIGA DE TOMATE SECO E ORÉGANO   314
   MANTEIGA DE MANJERICÃO   314

capítulo 14 sopas

Consommé de carne   349
   CONSOMMÉ DE FRANGO ROYALE   349

Custard royale   349

Caldo de frango   350
   SOPA *AMISH* DE MILHO E FRANGO   350
   CALDO DE CARNE   350
   CALDO DE VITELO   350
   CALDO DE PRESUNTO OU DE PORCO DEFUMADO   350
   CALDO DE CORDEIRO   350
   CALDO DE PERU OU AVES DE CAÇA   350
   CALDO DE PEIXE   350
   CALDO DE FRUTOS DO MAR   350

Sopa de cebola   351
   SOPA DE CEBOLA BRANCA   351
   SOPA DE CEBOLA GRATINADA   351

Sopa de *tortilla*   351

Sopa de frango com arroz   352

Sopa-creme de tomate   355
   SOPA-CREME DE TOMATE COM ARROZ   355

Sopa-creme de brócolis   355
   CREME DE ASPARGOS (*CRÈME ARGENTEUIL*)   355
   CREME DE SALSÃO (*CRÈME DE CÉLERI*)   355

Sopa de queijo *cheddar* e cerveja à moda do Wisconsin   356

Chowder de mexilhões à moda da Nova Inglaterra   356

Chowder de concha-rainha   357

Chowder de milho   357

Chowder marinho do Pacífico   358

Chowder de mexilhões à moda de Manhattan   360

Sopa em purê de lentilhas   360

Sopa em purê de ervilhas secas   361
   SOPA EM PURÊ DE ERVILHAS SECAS AMARELAS   361

Sopa em purê de feijão-preto à moda do Caribe   361

Sopa de feijão do Senado   362

Potage garbure   362

Vichyssoise   363

Bisque de camarão   363

Bisque de lagosta (*bisque de homard*)   364

Gumbo de frango e camarão   364

Gazpacho andaluz   365

Sopa de couve-manteiga e osso de presunto   366

Sopa chinesa quente e azeda (*suan la tang*)   366

Sopa de carne condimentada (*yukkaejang*)   367

Sopa de missô   369

Sopa tailandesa de frango com leite de coco e galanga   369

Sopa tailandesa quente e azeda (*tom yum kung*)   370

Sopa *wonton*   370

Sopa toscana de feijão-branco e escarola   371

Sopa de vegetais à moda da Emilia-Romagna (*minestrone alla Emiliana*) 373

Minestrone 373

capítulo 15 *mise en place* para carnes, aves e peixes

Garam masala 385

Cinco especiarias chinesas 385

Mistura de especiarias para churrasco 385

Chili em pó 385

Curry em pó 386

Quatre épices 386

Ervas finas 386

Pasta de *curry* vermelha 387

Pasta de *curry* verde 387

Pasta de *curry* amarela 388

Mistura de temperos para carnes e aves no espeto 388

Marinada asiática 389

Marinada para churrasco 389

Marinada para peixe 389

Marinada de vinho tinto para caça 389

Marinada para cordeiro 390

Marinada latina de cítricos (*Mojo*) 390

Marinada de vinho tinto para carnes grelhadas 391

Marinada *teriyaki* 391

capítulo 17 grelhar e assar

Bifes de alcatra grelhados com molho de cogumelo 458

   BIFE DE ALCATRA GRELHADO COM MANTEIGA À *MAÎTRE D'HÔTEL* 458

   MOLHO DE COGUMELOS 458

Alcatra grelhada com molho *marchand de vin* 459

   MOLHO *MARCHAND DE VIN* 459

Seitan satay 460

Bife *teriyaki* 463

Bife no churrasco com crosta de ervas 463

Bife no espeto com cebolinha 464

Bife de contrafilé grelhado 464

Espetos de porco e vitelo (*Raznjici*) 465

   ESPETOS DE CORDEIRO GRELHADOS COM MANTEIGA DE PIMENTÃO 465

   MOLHO DE *DILL* 465

Costeletas de porco defumadas e grelhadas de Iowa 466

   MOLHO DE SIDRA 466

   MAÇÃS CARAMELIZADAS 466

Costela de porco grelhada com molho de vinagre de *sherry* 468

   MOLHO DE VINAGRE DE *SHERRY* 468

Costeletas de cordeiro grelhadas com alecrim, alcachofras assadas e cebolas *cipollini* 469

Cordeiro grelhado com *chutney* de manga fresco à moda indiana 471

   CHUTNEY DE MANGA FRESCO 471

Bolinhos de cordeiro à moda paquistanesa 472

Peitos de frango grelhados com manteiga de tomate seco e orégano 472

Peito de frango grelhado com erva-doce 473

Paillard de frango grelhado com manteiga de estragão 473

Mix brasileiro de carnes grelhadas 475

   MOLHO APIMENTADO 475

Churrasco de peito de frango com molho de feijão-preto 476

   MOLHO DE FEIJÃO-PRETO 476

Galetos *jerked* 477

Filé de dourado-do-mar com molho de abacaxi e jacatupé 477

   MOLHO DE ABACAXI E JACATUPÉ 477

Lagosta recheada grelhada 479

Anchova grelhada à *l'anglaise* com manteiga *maître d'hôtel* 479

Kebabs de peixe 480

   CHUTNEY DE HORTELÃ E IOGURTE 480

Bife Wellington 481

   MOLHO MADEIRA 481

   MOLHO MARSALA 481

Lombo *au jus* 482

Paleta de vitelo *poêlé* 482

Porco assado com *jus lié* 483

Costeletas de porco recheadas e assadas 483

Porco assado cantonense (*Char siu*) 484

Costelas de porco glaçadas com goiaba 485

   MOLHO DE CHURRASCO COM GOIABA 485

Churrasco da Carolina 487

   MOLHO PIEMONTÊS DA CAROLINA DO NORTE 487

   MOLHO DE CHURRASCO (MOLHO OCIDENTAL DA CAROLINA DO NORTE) 487

   MOLHO DE MOSTARDA PARA CHURRASCO (MOLHO DA PLANÍCIE ORIENTAL DA CAROLINA DO NORTE) 487

Paleta suína com *coleslaw* 488

Peito bovino defumado com picles doces 490

   MOLHO *CHEF CLARK'S SOUTHWEST-STYLE* 490-491

Costelinhas St. Louis 493

   MOLHO BARBECUE 493

Costeleta de porco laqueada (*Kao paigu*) 494

Pernil de cordeiro assado à *boulangère* 494

Rack de cordeiro *persillé* assado 495

   PERSILLADE 495

Paleta de cordeiro assada com cuscuz (*Mechoui*) 496

Pernil de cordeiro assado com feijão-branco (*Gigot à la bretonne*) 498

Pernil de cordeiro assado com molho de hortelã 499

   SAL COM ERVAS 499

Frango assado com molho 500

Coxas de frango com recheio *duxelles* 500

Frango defumado no forno 501

Peito de galeto recheado com cogumelos (*farce* de cogumelos) 501

   FARCE DE COGUMELOS 502

Pato assado com molho *bigarade* 502-503

Peru assado com molho e recheio de castanhas 503

RECHEIO DE CASTANHAS   504

Filé de salmão com salmão defumado em crosta de raiz-forte   504

capítulo 18   saltear, fritar raso e fritar por imersão

Frango salteado com molho de ervas finas   518
  MOLHO DE ERVAS FINAS   518
Frango à provençal   519
  TOURNEDOS À PROVENÇAL   519
Vitelo em pedaços à moda suíça   521
Scaloppine de vitelo ao Marsala   521
  SCALOPPINE DE PORCO COM MOLHO DE TOMATE   521
  MOLHO MARSALA   522
Noisettes de porco com grãos de pimenta verde e abacaxi   522
Medalhões de porco salteados com molho de frutas de inverno   523
  MOLHO DE FRUTAS DE INVERNO   523
Medalhões de porco com salada de repolho quente   524
  NOISETTES DE PORCO COM CONFIT DE CEBOLA ROXA   524
  SALADA DE REPOLHO QUENTE   524
Escalopes de porco com molho Robert   526
  MOLHO ROBERT   526
  MOLHO CHARCUTIERE   526
Pargo com molho de toranja   527
Truta amandine   527
Salmão em crosta de pimenta ancho com mole amarelo   529
  MOLE AMARELO   529
Vatapá com guisado de filé de lagosta e filé de robalo   530
Truta salteada à la meunière   531
Camarão ticin-xic   531
Bibimbap   532
Lulas salteadas com manjericão tailandês   533
Peitos de frango com recheio duxelles e molho suprême   533
Frango frito em leitelho   534
  MOLHO CAMPONÊS   534

Escalopes de vitelo à milanesa   536
  WIENER SCHNITZEL   536
  ESCALOPES DE PORCO FRITOS À MILANESA   536
Vitelo cordon bleu   536
Piccata di vitello alla milanese   537
Molho à milanesa   537
Prato do pescador   538
  MOLHO RÉMOULADE   538
Bolinhos de bacalhau à moda antiga   539
Truta de arroio frita com bacon   540
Linguado à Orly   540
  MASSA MOLE DE CERVEJA   540
Tempura de camarão   541
  MOLHO PARA TEMPURA   541
Frango crocante à tangerina   542
  MOLHO DE ALHO DOCE   542
Tofu da vovó (Ma po dofu)   545
Peixe frito com dill à moda de Hanói (Cha ca thang long)   545
Bolinhos de peixe fritos   546
Pimentas poblano recheadas com picadillo oaxaqueño   546-547
Tinga poblano   548

capítulo 19   cozinhar a vapor e escalfado

Robalo e vieiras en papillote   571
Robalo escalfado com mexilhões, bacon e pimentão   571
Paupiettes de truta escalfadas com açafrão   573
  PAUPIETTES DE LINGUADO ESCALFADAS COM AÇAFRÃO   573
  MOUSSELINE DE TRUTA E AÇAFRÃO   573
  MOUSSELINE DE LINGUADO   573
  MOUSSELINE DE SALMÃO   573
Paupiettes de truta escalfadas com molho vin blanc   574
Paupiettes de linguado escalfadas à Veronique   575
  GLAÇAGE REAL   575
Linguado escalfado com vegetais em julienne e molho vin blanc   576

Filé de pargo en papillote   576-577
Jantar praieiro da Nova Inglaterra   579
Bacalhau novo (scrod) com creme, alcaparras e tomates à moda de Boston   579
Pescada à la veracruzana   580
Cioppino   580-581
  CROÛTONS AO ALHO   581
Peito de frango escalfado com molho de estragão   581
Frango caipira com biscoitos angel   582
Poule au pot (frango com vegetais)   583
Macarrão udon com vegetais   584
Corned beef com vegetais de inverno   584
Sopa de carne e macarrão (pho bo)   587
Carne cozida com spätzle e batatas (Gaisburger Marsch)   588
Frutos do mar escalfados em caldo de açafrão com erva-doce   588

capítulo 20   brasear e guisar

Rabada braseada   599
  CEBOLA FRITA POR IMERSÃO   599
Costelas braseadas à moda da Coreia (kalbi jjim)   600
Costelas braseadas   602
Roulade de carne em molho burgundy   602-603
  RECHEIO PARA ROULADE   603
Assado de panela yankee   604
Sauerbraten   605
Mole negro   606
Guisado de carne   607
Rolinhos de porco braseados em molho de carne com rigatoni (braciole di maiale al ragù e rigatoni)   608
Chucrute   611
  SAUERKRAUT CASEIRO   611
Cassoulet   612
Confit de pato   613
Guisado de pimenta verde à moda do Novo México   613
Porco vindaloo   614

Porco em molho de *curry* verde   614
Gulache Székely (Székely Gulyás)   615
Blanquette de vitelo   615
Peito de vitelo braseado com salsicha de cogumelos   616
   SALSICHA DE COGUMELOS   616
Gulache de porco   617
   GULACHE DE CARNE   617
Ossobuco alla milanese   619
   GREMOLATA   619
Repolho recheado à polonesa   620
Pernil de cordeiro braseado   622
Pernil de cordeiro recheado à portuguesa   623
   RECHEIO DE *FARCE* COM ERVAS   623
Cordeiro *navarin*   624
Cordeiro *khorma*   625
Cabra ao *curry* com molho de salada de mamão papaia verde   626
Guisado irlandês   626
Cuscuz marroquino com guisado de cordeiro e frango   627
Frango *tagine*   629
   LIMÕES-SICILIANOS EM CONSERVA   629
Frango *fricassée*   630
   VITELO *FRICASSÉE*   630
Ragu de frango e camarão (*mar i muntanya*)   630-631

capítulo 22   cozinhar vegetais

Cenouras fervidas   699
Soja *baby* fervida   699
Brócolis cozidos no vapor   699
   BRÓCOLIS E ALHO SALTEADO   699
Beterrabas glaçadas   701
Milho cremoso   701
Cenouras cozidas no vapor na panela   702
   VAGENS COZIDAS NO VAPOR NA PANELA   702
   CENOURAS-PECÃ   702
Ervilha-torta e abóbora-pescoço com gengibre   702
Vagem-macarrão com nozes   703
Cenouras glaçadas   703
Vegetais grelhados à provençal   704
   VEGETAIS MARINADOS GRELHADOS   704
Cogumelos *shiitake* grelhados com glaçado de soja e gergelim   704
Panquecas de abobrinha com *tzatziki*   706
Aspargo com molho *hollandaise* ao limão   706-707
Abóbora japonesa assada com compota de oxicoco e laranja   707
   COMPOTA DE OXICOCO E LARANJA   707
Abóbora espaguete   709
Purê de abóbora paulista   709
Couve-flor assada ao *curry*   710
Tomates assados no forno   710
Pimentões assados marinados   713
Cenouras assadas   713
Chuchus recheados com camarão   714
Berinjelas à *parmigiana*   714
Poblanos rellenos   717
   MOLHO DE ABÓBORA-MORANGA   717
Quesadillas de cogumelos aos dois molhos   718
Tortas de vegetais da estação   719
Rúcula salteada   720
Pak choi de Xangai *stir-fried* (*Qinchao Shanghai baicai*)   720
Macarrão com abóbora-moranga   722
Endívia belga *à la meuniére*   722
Broto de brócolis com alho e pimenta (*Cime di broccoli con aglio e peperoncino*)   723
Vegetais *jardinière*   723
Vegetais em *julienne*   724
Macedônia de vegetais   724
Panquecas de espinafre   725
Abobrinhas em fritura rasa   725
Bolinhos de milho   725
Tempura vegetal   726
Bananas-da-terra fritas   726
   TOSTONES   726
Ratatouille   726
Couve-manteiga braseada   728
Erva-doce braseada na manteiga   728
Repolho roxo braseado   729
Alface-romana braseada   729
Sauerkraut braseado   730
Ervilhas frescas à francesa   730

capítulo 23   cozinhar batatas

Batatas batidas   753
Batatas *duchesse*   753
Batatas fervidas com salsa   755
Batatas assadas com cebolas fritas por imersão   755
Batatas assadas à moda da Toscana   756
Batatas-doces glaçadas   756
Purê de batatas-doces com gengibre   756
Batatas *au gratin* (*gratin dauphinoise*)   757
Batatas *lyonnaise*   757
Batatas *château*   758
Batatas Delmonico   758
Batatas *hash brown*   758
Panquecas de batata   761
Batatas *latkes*   761
Batatas Anna   762
Batatas *macaire*   762
Batatas *rösti*   763
Batatas fritas   765
Chips de batata-doce   765
Batatas *berny*   765
Batatas *suflês* (estufadas)   766
Croquetes de batata   766
Batatas *lorette*   766
Salada alemã de batatas   767
Salada de batata-doce ao *curry*   767
Tortilla de papas   768

capítulo 24 cozinhar grãos e leguminosas

Purê de feijão-preto   786
Feijão-preto com pimentão e *chorizo*   786
Crêpes vegetarianos de feijão-preto   789
Frijoles refritos   789
Feijão corona (*fagioli all'uccelletto*)   790
Creme de feijão rajado (*frijoles maneados*)   790
Frijoles à la charra   791
Frijoles puercos estilo *Sinaloa*   791
Grão-de-bico à moda do Oriente Médio   792
Feijão-de-lima à romana   792
Guisado de feijão-branco à moda do Sudoeste   793
Feijão-preto ensopado   793
Falafel   794
Arroz e feijão   794
Feijão-vermelho e arroz fervido   795
Feijão-branco fervido   795
Chili vegetariano   796
Pilaf de arroz   798
   PILAF DE ARROZ BRANCO DE GRÃO CURTO (VALÊNCIA)   798
   PILAF DE ARROZ PARBOILIZADO   798
   PILAF DE ARROZ SELVAGEM   798
   PILAF DE TRIGO   798
   PILAF DE CEVADA PEROLADA   798
Pilaf de arroz integral com pecã e cebolinha   798
   PILAF DE ARROZ INTEGRAL DE GRÃO CURTO   799
Arroz de urucum   799
Arroz *blanco*   799
Arroz mexicano   800
Arroz brasileiro   800
Arroz de coco   801
Risoto   801
   RISOTO DE PARMESÃO   801
   RISOTO DE COGUMELOS SELVAGENS   801
   RISOTO DE ERVILHAS VERDES (*RISI E BISI*)   801
   RISOTO COM PONTAS DE ASPARGOS   801
Risoto *alla milanese*   802
Risoto vegetariano   802
Risoto com mariscos   803
Arroz fervido básico   803
Arroz de grão longo cozido no vapor (*Lo han*)   805
Arroz para *sushi*   805
Arroz frito com linguiça chinesa   805
Arroz glutinoso tailandês com mangas (*Mamuang kao nieo*)   806
Paella valenciana   806
Arroz de açafrão   809
Jambalaya de vegetais grelhados   809
   TEMPERO SECO PARA CHURRASCO   810
Croquetes de arroz   810
Polenta básica   810
   POLENTA COM QUEIJO PARMESÃO   810
Quirera com milho   813
Congee   813
Purê de painço e couve-flor   814
Pilaf de cereais mistos   814
Pilaf de cebolinha e trigo partido   814-815
Kasha com pecãs condimentadas e xarope de bordo   817
Salada de grãos de trigo com laranja, cereja e noz-pecã   817
Salada de cevada com pepino e hortelã   818
Salada doce e picante de triguilho   818
Salada de trigo partido e tomate   821
Panquecas de amaranto   821
Crêpes Saigon   822
Bolinhos fritos de risoto ao queijo *fontina*   822
Bolinhos de risoto de queijo *asiago* e milho   823
Bolinhos de arroz selvagem   824

capítulo 25 cozinhar massas

Macarrão fresco de ovos   837
   MACARRÃO DE TRIGO INTEGRAL   837
   MACARRÃO DE TRIGO-SARRACENO   837
   MACARRÃO DE ESPINAFRE   837
   MACARRÃO DE AÇAFRÃO   837
   MACARRÃO CÍTRICO   837
   MACARRÃO COM *CURRY*   837
   MACARRÃO COM ERVAS   837
   MACARRÃO COM PIMENTA-DO-REINO   837
   MACARRÃO COM PIMENTÃO VERMELHO   837
   MACARRÃO COM TOMATE   837
   MACARRÃO COM ABÓBORA, CENOURA OU BETERRABA   837
Macarrão fervido básico   839
Orecchiette com linguiça italiana, broto de brócolis e queijo parmesão   839
Macarrão *à carbonara*   839
Macarrão celofane *stir-fried* (*Japchae*)   840
Pad thai   840
Macarrão com castanha-de-caju e *tempeh*   843
Lasagna di carnevale napolitana   843
Cuscuz marroquino   844
Lasanha à bolonhesa clássica com ragu e *béchamel* (*lasagna al forno*)   844
Lasanha de aspargos e feijão-branco   847
Ravióli Bercy   848
Gnocchi di semolina gratinati   849
Gnocchi di ricotta   849
Gnocchi piemontese   850
Spätzle   852
Massinha de pão   853
Massa salgada de biscoito   853
Hush puppies   855
Dim sum   855
   JIAOZI   855
Dumplings no vapor (*Shao-mai*)   856
Dumplings fritos (*Guo tie*)   859
   MOLHO DE GENGIBRE E SOJA   859
Pierogi recheados com batata e *cheddar* com cebolas caramelizadas, *beurre noisette* e sálvia   860

capítulo 26 cozinhar ovos

Ovos duros 884
- OVOS QUENTES 884
- OVOS MOLES 884
- OVOS MÉDIOS 884

Ovos à la diable 884
- OVOS À LA DIABLE COM TOMATE 884
- OVOS À LA DIABLE COM VERDURAS 884
- OVOS À LA DIABLE COM QUEIJO 884

Picles de ovos 886
- PICLES DE OVOS VERMELHOS 886

Ovos pochés (escalfados) 886

Ovos pochés mornay 887
- OVOS POCHÉS À CAMPONESA 887
- OVOS POCHÉS COM COGUMELOS 887
- OVOS POCHÉS MASSENA 887

Ovos escalfados com picadinho de corned beef 887

Ovos Benedict 889
- OVOS FLORENTINE 889
- OVOS POCHÉS À AMERICANA 889
- OVOS POCHÉS COM FÍGADO DE GALINHA CHASSEUR 889
- OVOS POCHÉS COM SALMÃO DEFUMADO 889

Ovos fritos 889
- OVOS COM A GEMA MOLE, MÉDIA OU COZIDA, FRITOS DOS DOIS LADOS 889

Ovos mexidos 890
- CLARAS MEXIDAS 890
- OVOS MEXIDOS COM QUEIJO 890
- OVOS MEXIDOS À SUECA 890
- OVOS MEXIDOS À CAÇADORA 890
- OVOS MEXIDOS COM BRATWURST 890
- OVOS MEXIDOS GRATINADOS 890
- OVOS MEXIDOS À GREGA 890

Omelete enrolada simples 890
- OMELETE ENROLADA DE CLARAS SIMPLES 891
- OMELETE DE QUEIJO 891
- OMELETE DE QUEIJO E VEGETAIS 891
- OMELETE DE CARNE E QUEIJO 891
- OMELETE DE ERVAS 891
- OMELETE DE TOMATE 891
- OMELETE FLORENTINE 891
- OMELETE MARCEL 891
- OMELETE ÓPERA 891
- OMELETE MARINHA 891
- OMELETE DE FRUTOS DO MAR 891
- OMELETE OCIDENTAL 891
- OMELETE ESPANHOLA 891
- OMELETE DE CHUTNEY 891
- OMELETE À CAMPONESA 891
- OMELETE SUFLÊ DE CHEDDAR 892
- SUFLÊ DE ESPINAFRE 892
- SUFLÊ SALGADO DE QUEIJO 892
- SUFLÊ DE ALCACHOFRAS 893
- CREME QUENTE DE QUEIJO DE CABRA 893
- QUICHE LORRAINE 894
- QUICHE DE ESPINAFRE 894
- QUICHE DE TOMATE E ALHO-PORÓ 894
- QUICHE DE CEBOLA CARAMELIZADA 894
- QUICHE DE SALMÃO DEFUMADO E DILL 894
- QUICHE DE BRÓCOLIS E QUEIJO CHEDDAR 894
- TORRADA FRANCESA 896

capítulo 27 saladas e molhos de saladas

Vinagrete de vinho tinto 914
- VINAGRETE DE VINHO BRANCO 914
- VINAGRETE COM MOSTARDA E ERVAS 914
- VINAGRETE DE ALHO ASSADO E MOSTARDA 914
- VINAGRETE DE LIMÃO-SICILIANO E ALHO 914
- VINAGRETE DE LIMÃO-SICILIANO E SALSA 914

Vinagrete de chipotle e sherry 914

Vinagrete de amêndoas e figos 915

Vinagrete de sidra 915

Vinagrete balsâmico 915

Vinagrete de curry 916

Molho de mel, sementes de papoula e cítricos 916

Vinagrete de tomates tostados 917

Vinagrete de goiaba e curry 917

Vinagrete trufado 918
- VINAGRETE TRUFADO DE ERVAS 918

Molho de óleo de amendoim e vinagre de malte para salada 918

Vinagrete pesto 919

Vinagrete gourmande 919
- VINAGRETE DE ÓLEO DE NOZES E VINHO TINTO 919

Molho deusa verde 919

Molho francês catalina 920

Molho de amendoim 920

Molho Caesar 920

Molho de pepino 921

Maionese 921
- MAIONESE DE ANCHOVAS E ALCAPARRAS 921
- MOLHO TÁRTARO 921
- MAIONESE VERDE 921

Aïoli 922

Molho de queijo azul 922

Molho cremoso de pimenta-do-reino preta 922

Molho japonês para salada 923

Molho rancheiro 923

Molho mil ilhas 924

Azeite aromatizado com manjericão 924

Azeite aromatizado com laranja 925

Óleo aromatizado com cebolinha 925

Óleo aromatizado com páprica 925

Salada verde mista 925

Salada de mesa tailandesa 926

Salada de tofu defumado e salsão 926

Salada Caesar 926

Gomo de alface-americana com molho mil ilhas 927

Salada do chef 927

Salada grega 928

Salada de endívia com queijo Roquefort e nozes (salade de Roquefort, noix et endives) 928

Salada Cobb 931

Salada taco 931
- MOLHO TACO 932

Salada de espinafre com vinagrete quente de bacon 932

Cogumelos, beterrabas e verduras verdes mistas com queijo *robiola* e nozes (*funghetti e barbe con cambozola e noci*)   935

Salada de agrião com *sherry* e maçã   935

Salada de espinafre *baby*, abacate e *grapefruit*   936

Salada *Waldorf*   936

Salada de aipo-rábano e maçã azeda   936

Salada de chuchu com laranja   937

Salada de melão-cantalupo com presunto cru   937

Salada de cebola e pepino (*kachumber*)   937

Salada clássica de pepino polonesa (*mizeria klasyczna*)   938

Coleslaw   938

Salada marroquina de cenouras   938

Salada de milho e jacatupé   939

Salada de jacatupé   939

Salada de papaia verde   939

Salada de pepino e *wakame* (*sunomono*)   940

Salada de *daikon* fatiado (*mu chae*)   940

Salada de pepino   940

Salada de pepino e iogurte (*cacik*)   941

Salada de frango   941

Salada de frango *à hue*   942

   CHALOTAS CROCANTES   942

Salada de atum   942

Salada de ovos   942

Salada de presunto   942

Salada de camarão   942

Salada de macarrão com vinagrete de *pesto*   942

Salada de batatas à moda europeia   944

Salada de batatas   944

Salada de pão do Mediterrâneo oriental (*fattoush*)   944

Panzanella   945

Salada de tomate e mozarela   946

Pimentões assados (*peperoni arrostiti*)   946

Salada de lentilhas verdes (*salade des lentilles du Puy*)   946

Salada mista de feijões   947

Salada quente de feijão-fradinho   947

Salada de arroz com *curry*   948

Frutos do mar *ravigote*   948

capítulo 28   sanduíches

CIA club   952

Philly Hoagie   952

Hambúrguer de frango   954

Sanduíche de churrasco   954

Sanduíche aberto de peru com cebolas agridoces   955

Croque monsieur   955

Panini de berinjela e presunto cru   957

   RECHEIO DE BERINJELA MARINADA   957

Sanduíche de vegetais grelhados com queijo *manchego*   958

Três queijos derretidos   958

Sanduíche *Reuben*   960

Tempeh Reuben   960

Sanduíche de pepino com *cream cheese* e ervas   961

Sanduíche de agrião com maionese de ervas   961

Sanduíche de maçã com maionese de *curry*   961

Sanduíche de gorgonzola e pera   962

Sanduíche de tomate com creme azedo e orégano   962

capítulo 29   *hors-d'oeuvres* e *appetizers*

Mousse de salmão defumado   971

Mousse de queijo azul   971

   MOUSSE DE QUEIJO DE CABRA   971

Pico de *gallo*   971

Salsa verde asada   972

Salsa verde cruda   972

Salsa roja   972

Molho de feijão-preto e mamão papaia   973

Molho de toranja   973

Molho Cumberland   973

Molho asiático para *dips*   974

Molho de soja com coentro e limão   974

Molho vietnamita para *dips*   974

Molho para rolinhos primavera   975

Molho de pepino e iogurte   975

Guacamole   976

Hummus bi tahine   976

Baba ganoush   976

Harissa   977

Tapenade   977

Z'hug   978

Mostarda condimentada   977

Wasabi   978

Geleia de pimentão vermelho assado   978

Relish de oxicoco   979

Chutney de manga condimentado   979

Relish de cebola com *curry*   979

Gengibre em conserva   980

Picles de cebola roxa   980

Tortillas chips   980

Ceviche de vieiras   980

Ceviche ao estilo de Acapulco   981

Prato de salmão defumado   981

Carpaccio de atum (*crudo di tonno alla battuta*)   983

Camarão com coco e macadâmias   984

Mexilhões à cassino   984

Forminhas de caranguejo a *Chesapeake*   987

Camarão grelhado com alho   987

Camarão recheado   988

Samosas   988

Tortinhas de tofu com cogumelos *portobello* e *ketchup* de manga   989

Pescado frito   990

Mariscos com vinho branco e chalotas (*moules à la marinière*)   993

Salada de atum e feijão (*insalata di tonno e fagioli*)   993

Lulas *baby* em molho de tinta (*txipirones saltsa beltzean*)   994

Polvo à moda da feira (*pulpo a feira*)   994

Massa de camarão grelhado sobre cana-de-açúcar   995
Strudel de cogumelos com queijo de cabra   996
Bolinhos de feijão-preto   996
Omelete de batatas (tortilla española)   997
Rolinhos primavera   998
Rolinhos Califórnia   999
Rolinhos vietnamitas de salada   999
Carpaccio de carne   1.000
Carne satai com molho de amendoim   1.000
Vitello tonnato   1.001
Salada de lagosta com beterrabas, mangas, abacates e azeite aromatizado com laranja   1.001
Torta de porco e pimentão (empanada gallega de cerdo)   1.002

capítulo 30   charcutaria e garde manger

Terrine de salmão e frutos do mar   1.011
   MOUSSELINE DE LINGUADO   1.011
Patê grand-mère   1.012
Aspic   1.013
Terrine de frango e lagostim   1.014
Essência de frutos do mar   1.014
Terrine à camponesa (pâté de campagne)   1.016
Roulade de lombo de porco   1.017
   SALMOURA DE CARNE   1.017
Galantina de frango   1.018
Terrine de foie gras   1.019
Roulade de foie gras   1.019
Terrine de veado   1.020
Terrine de pato com pistaches e cerejas desidratadas   1.020-1.021
Patê de fígado de galinha   1.022
Terrine de pato e presunto defumado   1.022-1.023
Massa para patê   1.024
Massa de açafrão para patê   1.024
Patê de frutos do mar en croûte   1.026

Terrine vegetal com queijo de cabra   1.028
Especiarias para patê   1.029
Gravlax   1.029

capítulo 31   mise en place para panificação

Egg wash   1.041
Xarope simples   1.041
   XAROPE SIMPLES DE CAFÉ   1.041
   XAROPE SIMPLES AROMATIZADO AO LICOR   1.041
Creme chantilly/creme de leite batido para guarnição   1.041
Merengue comum   1.042
Merengue suíço   1.042
Merengue italiano   1.042

capítulo 32   pães levedados

Massa básica simples   1.051
Baguetes   1.051
Boules   1.052
Focaccia   1.052
Hard rolls   1.054
Ciabatta   1.054
Pão sírio   1.055
Pizza de semolina   1.055
   PIZZA MARGHERITA   1.055
   PIZZA DE ESPINAFRE   1.055
Pão naan   1.057
Pãezinhos de queijo cottage e dill   1.057
Brioche   1.058
   BRIOCHE À TÊTE   1.058
Pão de uvas-passas com remoinho de canela   1.061
Challah (três tranças)   1.062
Pãezinhos macios   1.063
Massa doce   1.063
Pãezinhos delicados   1.064

capítulo 33   massas básicas de confeitaria

Massa básica para torta (3-2-1)   1.088

Biscuits de leitelho   1.088
Scones de creme   1.090
   SCONES DE UVAS-PASSAS   1.090
   SCONES DE PRESUNTO E QUEIJO CHEDDAR   1.090
Pão irlandês   1.090
Panquecas de leitelho   1.091
   WAFFLES BÁSICOS   1.091
   PANQUECAS DE BANANA   1.091
   PANQUECAS DE CHIPS DE CHOCOLATE   1.091
   PANQUECAS DE MIRTILOS   1.091
   PANQUECAS DE AVEIA   1.091
Pão frito (puri)   1.092
Johnny cakes   1.092
Crêpes Suzette   1.093
   CRÊPES PARA SOBREMESA   1.093
Massa folhada   1.094
Massa folhada blitz   1.095
Receita básica de muffins   1.096
   MUFFINS DE OXICOCO (CRANBERRY) E LARANJA   1.096
   MUFFINS DE MIRTILO   1.096
Muffins de farelo de trigo   1.096
Muffins de milho   1.097
   PÃO DE MILHO   1.097
Pão de banana e pecãs   1.097
Pão de abóbora   1.099
Bolo americano (pound cake)   1.099
Bolo de chocolate americano (devil's food cake)   1.100
Angel cake   1.100
Bolo esponja de baunilha   1.101
   BOLO ESPONJA DE CHOCOLATE   1.101
Cheesecake de chocolate   1.101
Cheesecake   1.102
   CROSTA DE BOLACHA DE MAISENA   1.102
Pâte à choux   1.102
   GOUGÈRES (BOMBAS DE QUEIJO GRUYÈRE)   1.102
Éclairs   1.103
   ÉCLAIRS DE CHOCOLATE   1.103
Profiteroles   1.103
   PROFITEROLES COM RECHEIO DE SORVETE   1.103
1-2-3 massa para cookies   1.104
Biscotti de amêndoas e anis   1.104

RECEITAS

Diamantes de pecãs 1.106
Cookies com pedaços de chocolate 1.106
   COOKIES COM PEDAÇOS DE CHOCOLATE E CEREJA 1.106
Cookies mudslide 1.107
Cookies de aveia e uva-passa 1.107
Cookies tuile de frutos secos 1.108
Fudge brownies 1.108

capítulo 34   pudins, cremes e *mousses*

Molho de baunilha 1.118
Creme de confeiteiro 1.118
   CREME DE CONFEITEIRO DE CHOCOLATE 1.118
Creme de confeiteiro para suflês 1.119
Crème brûlée 1.119
Crème caramel (pudim) 1.120
Sorvete de baunilha 1.123
   SORVETE DE CHOCOLATE 1.123
   SORVETE DE CAFÉ 1.123
   SORVETE DE FRAMBOESA 1.123
Creme diplomata 1.123
Mousse de chocolate 1.124
Mousse de framboesa 1.124
Suflê de chocolate 1.126
Pudim de pão e manteiga 1.126

capítulo 35   recheios, molhos e coberturas para sobremesas

Creme de manteiga italiano 1.145
Torta de maçã 1.145
Torta de cerejas 1.146
Torta de pecãs 1.146
   TORTA DE *CRANBERRY* E PECÃS 1.146
Torta merengue de limão 1.147
Torta de abóbora 1.147
Recheio de *frangipane* 1.148
Tarteletas de pera e *frangipane* 1.148
   PERAS *POCHÉES* 1.148
Ganache firme 1.149
Molho de chocolate 1.149
Sabayon 1.149
   ZABAGLIONE 1.149
Molho de caramelo clássico 1.149
Coulis de framboesa 1.149
Glaçado de damasco 1.150
Molho de cerejas desidratadas 1.150
Manteiga de maçã 1.150
Molho de frutas 1.150

capítulo 36   sobremesas empratadas

Bolo quente de tâmaras e especiarias com calda *butterscotch* e sorvete de canela 1.155
   SORVETE DE CANELA 1.155
   CHIPS DE MAÇÃ 1.156
   PAUZINHOS DE CHOCOLATE AO LEITE E CANELA 1.156
   BOLO DE TÂMARAS E ESPECIARIAS 1.157
   TUBINHOS DE MASSA FILO 1.157
   CALDA *BUTTERSCOTCH* 1.157
   CREME *CHANTILLY* AROMATIZADO COM LARANJA 1.158
   MAÇÃS CARAMELIZADAS 1.158
Peras cozidas em amora e vinho do Porto com creme de ricota e biscoitos *sablé* 1.159
   PERAS COZIDAS EM AMORA E VINHO DO PORTO 1.159
   BISCOITOS *SABLÉ* 1.160
   CREME DE RICOTA 1.160
Torta suflê de limão com sorvete de manjericão e compota de mirtilo 1.163
   SORVETE DE MANJERICÃO 1.163
   BASE DE TORTINHAS 1.164
   TUILES 1.164
   CALDA DE MANJERICÃO 1.165
   LEMON CURD 1.165
   COMPOTA DE MIRTILO 1.165
Torta de limão-galego 1.166
   CREME *CHANTILLY* 1.166
   TORTA DE LIMÃO-GALEGO 1.166
   BASE DE BOLACHA DE MAISENA 1.166
   COULIS DE MORANGO 1.166
Abacaxi escalfado em manga e maracujá com flã de coco e *sorbet* de coentro 1.169
   ABACAXI ESCALFADO EM MANGA E MARACUJÁ 1.169
   SORBET DE COENTRO 1.169
   CHIPS DE COCO 1.170
   FLÃ DE COCO 1.170
S'mores 1.171
   SORVETE DE BOLACHA DE MAISENA 1.171
   CHOCOLATE COM BOLACHA DE MAISENA PARA DECORAÇÃO 1.172
   BASE DE BOLACHA DE MAISENA PARA S'MORES 1.172
   MARSHMALLOW 1.172
   TRUFA PARA RECHEAR BOLINHO DE CHUVA 1.173
   CALDA DE CARAMELO CLÁSSICA 1.173
   CALDA BRANCA 1.174
   MASSA PARA BOLINHO DE CHUVA DE CHOCOLATE 1.174
Profiteroles 1.177
   SORVETE DE BAUNILHA 1.177
   SORVETE DE CAFÉ 1.178
   SORVETE DE DOCE DE LEITE 1.178
   CROCANTE DE FLOCOS DE MILHO 1.179
   CALDA DE CHOCOLATE 1.179
   CALDA DE CARAMELO COM BAUNILHA 1.179
   PÂTE À CHOUX DE CHOCOLATE 1.180
   CANUDINHOS DE CHOCOLATE 1.180

agradecimentos

Agradecemos aos seguintes membros do Instituto Americano de Culinária por auxiliarem na revisão desta nona edição do *Chef profissional*: Tim Ryan, C. M. C., A. A. C.; Mark Erickson, C. M. C.; Brad Barnes, C. M. C., C. C. A., A. A. C.; Lou Jones; Charles Rascoll; Eve Felder; Thomas L. Vaccaro.

A essência deste livro não só é a explicação detalhada de métodos de cozimento em palavras e imagens, como também uma surpreendente e heterogênea coletânea de receitas. Por sua dedicação à excelência em inúmeras áreas (lendo e criticando o texto, testando, revendo receitas e sendo as mãos que você vê nas fotografias), as seguintes pessoas também devem ser cumprimentadas e receber nossos agradecimentos:

Mark Ainsworth '86, CHE, PC III, CEC

Clemens Averbeck, CEC, CHE

David J. Barry '95, CHE

Frederick C. Brash '76, CHE

Elizabeth E. Briggs, CHE

Robert Briggs

David J. Bruno '88, PC III/CEC, CHE

Kate Cavotti, CMB, CHE

Dominick Cerrone

Shirley Shuliang Cheng, CWC, CHE

Howard F. Clark '71, CCE, CWC, CHE

Richard J. Coppedge, Jr., CMB, CHE

Gerard Coyac, CHE

Phillip Crispo PC III/CEC/CHE

Paul Delle Rose '94, CHE

Joseph DePaola '94, CHE

John DeShetler '68, CHE, PCII/CCC

Joseph W. DiPerri '77, CHE

Alain Dubernard, CHE, CMB

Stephen J. Eglinski, CHE, CMB

Anita Olivarez Eisenhauer, CHE

Mark Elia

Joseba Encabo, CHE

Martin Frei, CHE

Michael A. Garnero, CHE

Lynne Gigliotti '88, CHE

Peter Greweling, CMB, CHE

Carol D. Hawran '93

Marc Haymon '81, CMB, CHE

James W. Heywood '67, CHE

George B. Higgins '78, CMB, CHE

James Michael Jennings '93

Stephen J. Johnson '94

David Kamen '88, PC III/CEC, CCE, CHE

Morey Kanner '84, CHE

Cynthia Keller '83

Thomas Kief '78, CHE

Joseph Klug '82, CHE

Todd R. Knaster, CMB, CHE

John Kowalski '77, CHE

Pierre LeBlanc, CHE

Xavier Le Roux, CHE

Alain L. Levy, CCE, CHE

Anthony J. Ligouri, CHE

Dwayne F. LiPuma '86, CHE

James Maraldo, CHE

Hubert J. Martini, CEC, CCE, CHE, AAC

Bruce S. Mattel '80, CHE

Francisco Migoya, CMB, CHE

Darryl Mosher, CHE

Robert Mullooly '93

Tony Nogales '88, PCII, CEC, CHE

Michael Pardus '81, CHE

Robert Perillo '86, CHE

William Phillips '88, CHE

Katherine Polenz '73, CHE

Heinrich Rapp, CHE

Surgeio Remolina, CHE

John Reilly '88, CCC, CHE

Theodore Roe '91, CHE

Paul R. Sartory '78

Giovanni Scappin

Eric L. Schawaroch '84, CHE

Thomas Schneller, CHE

Dieter G. Schorner, CMB, CHE

Johann Sebald, CHE

Michael Skibitcky, PCIII, CEC, CHE

David F. Smythe, CCE, CEC, CHE

Brannon Soileau '91, CHE

Rudolf Spiess, CHE

John J. Stein '80, CFBE, CHE

Scott Schwartz '89, CEC, CHE

Jürgen Temme, CMB, CHE

Alberto Vanoli, CHE

Howard Velie, CEC, CHE

Gerard Viverito, CEC, CHE

Hinnerk von Bargen, CHE

Stéphane Weber, CHE

Jonathan A. Zearfoss, CEC, CCE, CCP, CHE

Gregory Zifchak '80, CHE

O chef profissional deve dominar muitas matérias. Um agradecimento especial àqueles que ajudaram a desenvolver e revisar capítulos dedicados à administração, segurança alimentar e nutrição:

Marjorie Livingston, RD, CHE

Richard Vergili, CHE

As ilustrações deste livro foram criadas nos estúdios e nas cozinhas do Instituto. Muito obrigado ao fotógrafo Ben Fink, cuja perícia e mestria representam o perfeito complemento ao texto, às técnicas e às receitas.
Agradecimentos à designer do livro, Alison Lew (Vertigo Design, Nova York), que reuniu o material de maneira maravilhosa, e à editora sênior de produção da Wiley, Leslie Anglin, pela atenção incansável a todos os detalhes, grandes e pequenos. E, finalmente, obrigado à editora sênior Pam Chirls, por sua orientação e visão.

nota à edição brasileira

Segundo o Instituto Foodservice Brasil, a alimentação fora do lar representava, em 2015, mais de 30% de todos os gastos das famílias brasileiras com comida. Estima-se haver em todo o país um milhão de estabelecimentos que servem refeições a esse faminto público, que a cada dia se torna mais exigente em termos de qualidade, sabor e valor nutricional.

Ciente das necessidades desse mercado, o Senac São Paulo – referência em gastronomia, tanto por seus cursos como pelos livros que edita – apresenta a nona edição do *Chef profissional*, a "bíblia" dos *experts* em cozinha.

O Instituto Americano de Culinária há mais de setenta anos é considerado o padrão de excelência em educação no setor; *Chef profissional* é a publicação em que o instituto compartilha esse altíssimo nível: fotos elaboradas, técnicas detalhadas e precisas, receitas que vão desde as preparações clássicas até as tendências contemporâneas.

A nova edição busca aprimorar ainda mais o fazer do profissional de cozinha, enfatizando os procedimentos e a harmonia entre os ingredientes em cada preparo. Além disso, apresenta um respeitável reforço para a parte final da refeição perfeita, com um capítulo inteiro dedicado a sobremesas empratadas.

É com prazer que convidamos a adentrar esse universo de informações culinárias que oferecemos nas páginas a seguir.

prefácio

O Instituto Americano de Culinária é hoje a maior escola de formação profissional das Américas. Indubitavelmente de primeira qualidade, o CIA segue o modelo de currículo dos cursos europeus e seu histórico credencia a formação de alto nível que oferece.

O instituto acompanha a grande transformação pela qual a profissão de cozinheiro passou nos últimos trinta anos. O reconhecimento, e o quanto de racionalidade se coloca hoje à disposição do que é a cultura do cozinhar e do comer, é notório, e o CIA sempre foi pioneiro nessa forma de olhar para a profissão.

Nesse contexto, um livro como *Chef profissional* apresenta uma série de conhecimentos que o profissional de cozinha sabe e não sabe que sabe. Ou seja, clareia o empirismo e traz a razão para o ato de cozinhar.

Ele esmiúça e consegue cobrir uma lacuna ainda existente no mercado: a de dissertar sobre ingredientes, técnicas, etnias, o que é exatamente a profissão cozinheiro e quanto é importante para o profissional de cozinha conhecer os ingredientes e as técnicas. O diferencial desta obra é que ela representa não apenas a visão da cozinha francesa, como é recorrente em outros livros, mas toca, com muita propriedade, em temas que vão da cozinha asiática a procedimentos típicos americanos, sem perder a essência e a base primeira, que é a cozinha europeia.

Bastante afinado com técnicas atuais, *Chef profissional* é bem ilustrado no passo a passo de algumas delas, tornando tudo muito mais elucidativo.

Se você é um profissional de cozinha e adquiriu este livro, não importa o caminho que escolheu – uma cozinha trivial, uma cozinha gastronômica, uma cozinha criativa, uma cozinha tradicional –, saiba que este material, sem dúvida, vai portar conhecimentos básicos para qualquer uma dessas vertentes. Desapegado de tradição ou de modernidade, é uma obra de consulta essencial, um livro de cabeceira para qualquer profissional de cozinha.

Alex Atala
chef e proprietário dos
restaurantes D.O.M. e Dalva e Dito

introdução

TORNAR-SE CHEF é um processo tão longo quanto a própria carreira. Cozinhar é uma profissão dinâmica – que oferece alguns dos maiores desafios, assim como algumas das maiores recompensas. Existe sempre um outro nível de perfeição a atingir e outra técnica a dominar. Esperamos que este livro funcione tanto como trampolim para um futuro crescimento quanto como ponto de referência, para dar base às lições ainda não aprendidas.

Pela natureza de sua cobertura enciclopédica, este texto é apropriado para uma grande variedade de currículos, seja como parte de um programa existente, seja por meio do estudo independente. Um instrutor pode escolher usar seu conteúdo todo, ou apenas em parte; o estudante pode usá-lo para aprender mais, empregando-o como texto básico amplo, ou como referência, para responder perguntas específicas sobre determinadas questões. As técnicas, como explicadas neste livro, foram todas testadas nas cozinhas do Instituto, e cada uma delas representa uma de muitas variações possíveis. O fato de não termos incluído todas as variações não significa que os outros métodos estejam incorretos. A experiência ensinará ao estudante muitos segredos da profissão. O título desta obra não deveria, de jeito nenhum, colocá-lo na rarefeita categoria de livros a serem usados apenas por aqueles que trabalham em cozinhas de restaurantes ou de hotéis. Quer os pratos sejam preparados para clientes pagantes ou para a própria família e amigos, as aulas básicas de culinária são as mesmas. Por isso, esperamos que aqueles que consideram cozinhar uma válvula de escape para a criatividade julguem este livro uma ferramenta valiosa.

Chef profissional é adequado para uma vasta gama de situações de ensino, porque o material foi organizado em sequência lógica e progressiva. O Capítulo 1 cobre a história da culinária como profissão e examina os conhecimentos e atributos de um chef profissional e outros membros da profissão de servir alimentos.

Como o serviço de alimentos é um negócio, alguns dos aspectos elementares de seu custo são discutidos no Capítulo 2, assim como a adaptação de receitas, deste ou de qualquer outro livro, para uso em uma cozinha profissional específica. Saber adaptar receitas é útil para programar, controlar custos e melhorar a qualidade do serviço. As ciências da nutrição e dos alimentos se tornaram parte da linguagem diária da cozinha profissional, e o Capítulo 3 revê alguns dos conceitos básicos relativos a elas, em particular no que se refere à culinária. A segurança dos alimentos e da cozinha são preocupações crescentes em todas as operações de serviço alimentar, e o Capítulo 4 apresenta conceitos e procedimentos fundamentais para assegurar que se preparem alimentos não contaminados, em um ambiente seguro.

Entre os elementos básicos na cozinha está a habilidade de procurar e comprar os melhores ingredientes possíveis. A Parte 2 traz um catálogo de ingredientes e ferramentas usadas na cozinha profissional e inclui informações em relação à especificação de produtos, aquisição, além de preocupações com processos como a perda de aparas. Devotam-se capítulos separados a carnes e aves; peixes; frutas, vegetais e ervas frescas; laticínios e ovos; e mercadorias não perecíveis como óleos, farinhas, grãos e macarrão seco. A informação é apresentada de maneira a funcionar como uma referência rápida à qualidade, à sazonalidade e aos estilos ou técnicas de cozinha apropriados.

Cozinhar nem sempre é uma arte perfeitamente precisa, mas um bom conhecimento do que é básico dá ao chef ou ao estudante não só a possibilidade de aplicar a técnica, mas também de aprender os padrões de qualidade, para que comecem a desenvolver um sentido de como funciona o processo de cozinhar. A Parte 3 é dedicada aos fundos, molhos e sopas. Começa com um capítulo que cobre as técnicas básicas de *mise en place*, como preparar e usar temperos e combinações aromáticas (*bouquet garni* e *sachet d'épices*), espessantes (*roux* e araruta) e *mirepoix*.

A Parte 4 apresenta as técnicas usadas para cozinhar carnes, aves e peixes. Essa parte cobre os métodos básicos para cortes de carne, aves e peixes e depois mostra como grelhar, assar, saltear, fritar, escalfar, guisar e brasear. Esses importantes métodos são apresentados passo a passo em fotografias, com texto explicativo e uma receita-modelo.

Na Parte 5, os capítulos se concentram nas técnicas de preparação de vegetais, grãos e legumes, massas e batatas. A Parte 6 cobre o café da manhã e o *garde manger*, com capítulos sobre ovos, saladas e molhos para saladas, sanduíches e itens do *garde manger* como patês e *terrines*. Panificação e confeitaria são apresentadas na Parte 7, com a atenção voltada para a preparação de pães e pãezinhos; bolos e *cookies*; massas de *pâtisserie* e crostas; e diversos recheios, coberturas e glacês e sobremesas empratadas.

As receitas incluídas neste livro são um exemplo do amplo leque de possibilidades aberto ao estudante, assim que dominar o básico. Note que o rendimento das receitas reflete situações reais: alguns itens, como fundos e sopas, são preparados em grande quantidade, ao passo que outros, como salteados e grelhados, são preparados *à la minute*, para poucas porções de cada vez. Grandes assados, braseados, guisados e acompanhamentos geralmente servem dez ou vinte porções; as marinadas, os molhos ou condimentos incluídos nas receitas, de hábito preparados com antecedência, normalmente são dimensionados para render dez porções. Esses rendimentos nem sempre serão adequados para o estudante que usa o livro fora da cozinha profissional. Na maior parte dos casos, eles podem ser reduzidos ou aumentados para preparar o número correto de porções. Entretanto, o rendimento das receitas de pães e bolos é baseado em proporções de peso específicas e deve ser seguido à risca.

O novo enfoque desta edição reflete o que pensamos sobre ensinar a cozinhar. Aprendemos melhor quando compreendemos não só como fazer alguma coisa, mas por que devemos fazê-la daquela maneira. A partir dessa abordagem equilibrada, os estudantes de qualquer nível podem, confiantemente, mudar de direção em suas carreiras.

o profissional da

PARTE 1

cozinha

introdução à profissão

Desenvolver-se como profissional de cozinha é uma viagem que leva a vida toda, exigindo o aprendizado de muitos detalhes e anos de experiência. É desafiador e absorvente. As técnicas específicas e os conhecimentos adquiridos são ininterruptamente testados e melhorados. O treinamento necessário é intrincado e preciso. Decidir onde começar a estudar é tão importante quanto o processo de aprendizado em si.

CAPÍTULO 1

para tornar-se um profissional de cozinha

O primeiro passo para ficar à vontade na profissão é uma educação competente e completa, que enfatize os fundamentos da culinária. Um excelente começo para os que aspiram ser profissionais é o treinamento formal, em uma escola autorizada. Outras alternativas de treinamento incluem participar de programas especiais de aprendizado ou de cursos autodirigidos. O processo envolve avançar de cozinha em cozinha, aprendendo com chefs que estão envolvidos no dia a dia do negócio de administrar uma cozinha profissional. A finalidade é assegurar um entendimento completo das técnicas culinárias básicas e avançadas, independentemente do tipo de treinamento recebido.

Para o desenvolvimento futuro, é importante criar uma rede de relacionamentos profissionais e contatos no setor. O caminho do crescimento, que inclui trabalhar com outros, compartilhar informações e comunicar-se com regularidade, vai fazer que seu próprio trabalho esteja sempre renovado e atualizado. Uma rede de contatos também torna muito mais fácil encontrar um novo emprego ou funcionários qualificados.

Aprender novas técnicas para ganhar uma posição competitiva e promover a criatividade deve ser parte permanente do desenvolvimento de sua carreira. Como resultado da frequência aos cursos de educação continuada, aulas práticas e seminários, aparecem oportunidades benéficas e gratificantes. Esteja sempre em dia com as seguintes fontes de informação:

» Revistas.
» *Newsletters.*
» Aulas em vídeo.
» *Sites* da *web.*
» Publicações governamentais (oficiais).
» Livros.

os atributos de um profissional de cozinha

Todo profissional é responsável pela imagem que a profissão passa, seja ele professor, advogado, médico ou culinarista. Aqueles que mais se destacaram sabem que as virtudes fundamentais da profissão culinária são uma mente aberta e inquisitiva, uma apreciação e dedicação à qualidade, estejam onde estiverem, e grande senso de responsabilidade. O sucesso também depende de muitos traços de personalidade, alguns dos quais são inerentes, e outros cultivados com diligência durante toda a carreira. Estes incluem:

» COMPROMISSO COM O SERVIÇO – O momento em que um profissional do serviço de alimentação puder oferecer um produto de qualidade, além da completa satisfação ao cliente, é aquele em que estará capacitado a oferecer um excelente serviço.

» SENSO DE RESPONSABILIDADE – A responsabilidade do profissional de cozinha inclui respeitar não apenas o cliente e suas necessidades, mas também o pessoal que com ele trabalha, a comida, o equipamento e as instalações.

» JULGAMENTO SENSATO – A habilidade de julgar o que está certo e é apropriado a cada situação de trabalho é adquirida pela experiência, durante a vida toda. O bom julgamento é um pré-requisito para tornar-se e permanecer profissional.

o chef como pessoa de negócios

À medida que você continuar sua carreira, deixará cargos em que sua maior contribuição é a perícia técnica e irá para outros, nos quais seus conhecimentos como executivo, administrador e gerente serão mais exigidos. Isso não significa que sua habilidade de grelhar, saltear ou assar alimentos se tornará menos importante. Quer dizer apenas que você será chamado para aprender e assumir tarefas e responsabilidades mais administrativas, marcando uma mudança na evolução de sua carreira.

Torne-se um bom executivo. Os executivos são indivíduos que desenvolvem uma missão ou um plano para a empresa ou a organização. Eles são, também, responsáveis pelo desenvolvimento de um sistema que permite que aquele plano seja realizado. Como executivo, você terá grande parte da responsabilidade pelo sucesso ou fracasso de seu estabelecimento. Entretanto, os executivos não operam no vácuo. Nem surgem do nada. Mesmo antes de você usar um jaleco com as palavras "Chef executivo" bordadas, já terá começado a exercitar suas habilidades de executivo.

Torne-se um bom administrador. Assim que um objetivo ou plano global estiver definido, a tarefa seguinte será implementar e seguir aquele plano. Então, você exercerá o papel de administrador. Alguns deveres administrativos podem não ser tão glamorosos – preparar cronogramas, acompanhar entregas, computar custos, e assim por diante. Se o restaurante for pequeno, o executivo e o administrador serão a mesma pessoa, que também poderá ser aquela que veste o uniforme e trabalha na produção. Os melhores administradores são aqueles que criam em todo o pessoal a sensação de que é do interesse de cada um fazer as coisas corretamente. Você verá que é mais fácil atingir as metas estabelecidas no planejamento quando dá às pessoas a oportunidade de tomar decisões e lhes fornece as ferramentas de que precisam para terem um desempenho excelente.

Aprenda a usar as ferramentas importantes de seu negócio: os orçamentos, os sistemas contábeis e o controle de inventário, cada um desses itens tem seu papel. Muitas organizações, das maiores cadeias às pequenas empresas constituídas de uma só pessoa, apoiam-se em sistemas de *software* que lhes permitem administrar com eficiência diversas áreas: inventário, compras, perdas, vendas, lucros, custos dos ingredientes, reclamações dos clientes, reservas, folha de pagamento, cronogramas e orçamentos. Se você não tiver um sistema em que seja possível obter todas essas informações e outras mais, não conseguirá ser tão eficaz quanto precisa.

Torne-se um bom gerente. Gerenciar um restaurante, ou qualquer outro negócio, é um trabalho que requer a habilidade de lidar com eficiência com quatro áreas: ativos físicos, informação, pessoas (recursos humanos) e tempo. Quanto maior for sua habilidade em gerenciar essas áreas, maior seu potencial para o sucesso. Atualmente, muitos sistemas de gerenciamento destacam o uso da qualidade como padrão. Cada um dos aspectos da operação precisa ser encarado como uma forma de melhorar a qualidade do serviço fornecido aos clientes. Enquanto examinamos o que se espera que você faça para gerenciar com eficácia, a pergunta fundamental que deve fazer a si mesmo, continuamente, é esta: Como uma mudança (ou falta de mudança) em determinada área vai afetar a qualidade do serviço ou dos produtos que você está oferecendo a seu cliente? A concorrência continua a crescer e, a menos que seu estabelecimento seja diferente, melhor, mais rápido ou sobressaia de alguma maneira, há a possibilidade de não conseguir sobreviver, que dirá prosperar.

GERENCIANDO ATIVOS FÍSICOS

Os ativos físicos são os equipamentos e provisões necessários para tocar o negócio. No caso de um restaurante, podem incluir o inventário de alimentos e bebidas, mesas, cadeiras, toalhas e guardanapos, louça, talheres, copos, computadores e sistemas de ponto de venda, caixas registradoras, equipamento de cozinha, artigos de limpeza e máquinas de lavar pratos. Quando falamos sobre o gerenciamento de ativos físicos, consideramos como qualquer coisa que você compra ou paga afeta sua capacidade de sair-se bem no negócio. O primeiro passo para controlar as despesas associadas com seus ativos físicos é saber quais são, de fato, essas despesas. Depois, você pode começar o processo de fazer ajustes e instituir sistemas de controle que manterão sua organização operando com a máxima eficiência. Os maiores custos para qualquer restaurante serão sempre os de alimentos e bebidas. Você, ou seu comprador, terá de trabalhar duro para desenvolver e manter um bom sistema de compras. As informações da Parte 2 deste livro podem ajudar. No entanto, como cada operação tem diferentes necessidades, não há regras fixas, apenas princípios que você precisará ajustar à sua própria situação.

GERENCIANDO INFORMAÇÕES

Muitas vezes você achará que não consegue se manter atualizado em todas as áreas importantes para o seu trabalho. Provavelmente estará certo, considerando o enorme volume de informações geradas diariamente. Mas nunca foi tão importante ter acesso às fontes de informação de que você necessita, usando todos os tipos de mídia e tecnologia.

Restaurantes, menus e tendências na decoração do salão já sofreram impactos drásticos em razão de novas tendências da sociedade, como estilos de vida mais movimentados e interesse mais acentuado na culinária mundial. Os gostos que prevalecem na política, na arte, na moda, no cinema e na música exercem efeito sobre o que as pessoas comem, e onde e como querem comer.

A coleta de informações pode, por si só, tornar-se uma tarefa de tempo integral. Para utilizar a informação disponível, é necessário analisar e avaliar cuidadosamente, separando o material importante dos dados inúteis.

GERENCIANDO RECURSOS HUMANOS

As operações de um restaurante se apoiam diretamente no trabalho e na dedicação de várias pessoas, de executivos e administradores a cozinheiros de linha, garçons e pessoal de manutenção e limpeza. Não importa se o número de pessoas é grande ou pequeno: a habilidade de envolver todos os funcionários em um esforço de equipe é um dos fatores de maior importância para determinar se você terá sucesso ou não.

Seu objetivo deve ser criar um ambiente em que todo o pessoal sinta que tem uma contribuição distinta e mensurável a fazer dentro da organização. A primeira tarefa é estabelecer critérios claros, também chamados de descrição de cargos. O treinamento é outro componente-chave. Se você quer que alguém desempenhe bem seu trabalho, primeiro deve explicar e demonstrar os padrões de qualidade que espera dele. Esses padrões devem ser reforçados continuamente, com avaliações claras e objetivas do trabalho dos funcionários, por meio de *feedback*, críticas construtivas e, quando necessário, treinamento adicional ou medidas disciplinares.

O gerenciamento de recursos humanos inclui muitas responsabilidades legais. Todos têm o direito de trabalhar em um ambiente livre de perigos físicos. Isso significa que, como empregador, você deve oferecer um espaço de trabalho bem iluminado, adequadamente ventilado, e livre de perigos óbvios, como a manutenção inadequada do equipamento. Os empregados devem ter acesso a água potável e banheiros. Além desse mínimo, você também pode oferecer um vestiário com armários para guardar a roupa, lavanderia que fornece uniformes e aventais limpos, ou outras comodidades.

A remuneração dos empregados, o seguro-desemprego e o seguro contra acidentes também são responsabilidade sua. Devem ser efetuadas todas as deduções legais do pagamento do funcionário e pagas essas quantias aos órgãos públicos competentes. O seguro obrigatório (para cobrir quaisquer danos às instalações, empregados ou clientes) deve estar sempre atualizado e ser contratado com valores adequados.

Você também pode oferecer formas adicionais de assistência como parte de um pacote de benefícios para o empregado. Seguro de vida, seguro-saúde e seguro dentário, assistência para os dependentes, alfabetização de adultos, inscrição e apoio para os participantes de programas de dependência de drogas são alternativas de que você deve, pelo menos, tomar conhecimento. Em um mercado de trabalho cada vez mais disputado, um pacote generoso de benefícios pode fazer a diferença no calibre do empregado que você consegue atrair e reter.

Você deve manter um cadastro atualizado na pasta de cada empregado, e familiarizar-se com os regulamentos que poderiam afetá-lo ou àqueles que você emprega.

GERENCIANDO O TEMPO

Os dias podem parecer curtos demais, não importa quanto você trabalhe ou planeje as coisas. Aprender novas habilidades, de modo a poder usar da melhor maneira seu tempo, certamente deve ser parte do desenvolvimento de sua carreira. Se examinar sua operação, verá em que pontos o tempo é desperdiçado. Na maior parte das operações, as cinco falhas que mais fazem perder tempo são: a não existência de prioridades claras das tarefas, mau treinamento do pessoal, má comunicação, má organização e ferramentas em falta ou inadequadas para cumprir as tarefas. Para combater tudo isso, use as seguintes estratégias:

Invista tempo na revisão das operações diárias. Considere o modo como você, seus colaboradores mais próximos e o resto do pessoal passam o dia. Será que todos têm a compreensão básica de quais tarefas são as mais importantes? Será que todos sabem quando começar determinada tarefa para completá-la em tempo? Examinar cuidadosamente como é passado o dia de trabalho pode ser uma experiência que lhe abra os olhos. Depois de verificar que você e seu pessoal precisam andar demais para reunir itens básicos, ou que a pessoa que lava os pratos fica sem fazer nada nas primeiras duas horas do turno, podem ser tomadas medidas para eliminar o problema. Tente reorganizar seu espaço de armazenamento. Decida treinar o lavador de pratos em algum serviço de preparação ou mude o turno de trabalho dele para começar duas horas mais tarde. Até conseguir ser objetivo sobre o que necessita ser feito, e em que ordem, você não pode iniciar o processo de economizar tempo.

Invista tempo treinando os outros. Se espera que alguém desempenhe bem seu trabalho, gaste tempo suficiente para explicar-lhe a tarefa cuidadosamente. Revise com seu pessoal as tarefas que precisam ser feitas, e certifique-se de que todos compreendem como fazer o trabalho, onde encontrar os itens necessários, até onde vai a responsabilidade de cada um e o que fazer no caso de uma pergunta ou emergência. Dê a seu pessoal os critérios de que precisam para avaliar o trabalho e determine se fizeram o que lhes foi pedido, da maneira apropriada e no prazo. Se você não investir esse tempo antes de começar, pode ser que, depois, perca muito mais acompanhando seus empregados, identificando os defeitos e realizando tarefas que não deveriam tomar seu dia.

Aprenda a comunicar-se claramente. Se você estiver treinando um novo empregado, introduzindo um novo prato no menu ou encomendando uma peça de equipamento, comunicar-se de maneira clara é importante. Seja específico, use a linguagem mais concisa que puder e seja tão breve quanto possível, sem deixar de fora as informações necessárias. Se as tarefas forem feitas por mais de uma pessoa, escreva cada tarefa, do primeiro ao último passo. Estimule as pessoas a fazer perguntas se não o compreenderem. Se você precisa aprender a comunicar-se melhor, inscreva-se num *workshop* ou num seminário para melhorar essa habilidade.

Tome medidas para criar um ambiente de trabalho bem organizado. Se precisa percorrer cinco prateleiras para encontrar a tampa do recipiente em que acabou de colocar o caldo, certamente não usou o tempo com sabedoria. Planeje as áreas de trabalho com cuidado, pensando em todos os utensílios, ingredientes e equipamentos de que necessita, desde o preparo até o término do serviço, agrupando atividades semelhantes: essas técnicas podem ajudá-lo a organizar melhor o trabalho. Colocar utensílios grandes e pequenos em lugares inadequados acarreta grande perda de tempo. Use o espaço de armazenamento adequado, de fácil acesso, para itens comuns como batedores, colheres, conchas e pinças. As tomadas elétricas para equipamentos pequenos devem ficar ao alcance de todos. Se você for forçado a trabalhar nos limites da área existente, fique atento a produtos ou estratégias de armazenamento que possam transformar um mau arranjo em outro que funcione suave e uniformemente.

Compre, substitua e mantenha todos os utensílios necessários. Uma cozinha bem equipada terá os utensílios suficientes para preparar todos os itens do menu. Se você não tem algo tão básico como uma peneira, suas sopas creme não terão a consistência adequada. Se o menu incluir muitos tira-gostos, pratos principais e acompanhamentos salteados, você e seus cozinheiros de linha ficam esperando enquanto o lavador luta para lhes fornecer as *sauteuses*? Se não tiver condições de comprar um novo equipamento, então pense em reestruturar o menu, para uniformizar a carga de trabalho. Caso não possa retirar um item do menu, invista nos utensílios de que necessita para evitar a lentidão durante o serviço.

planejando a sua carreira

Independentemente de como você pretende seguir sua formação, seja estagiando em algum restaurante, seja buscando uma graduação em gastronomia, compreender as várias áreas do setor de gastronomia é importante para fundamentar seu caminho profissional. Estabelecer objetivos tanto de curto como de longo prazo vai ajudá-lo a perceber que tipo de carreira você está buscando, bem como a conhecer a si mesmo e ter consciência de seus pontos fortes e fracos. Como ponto de partida, veja algumas perguntas que você deve fazer a si mesmo quando começa a pensar sobre sua carreira:

» **Em que tipo de ambiente você se vê (em um grupo de restaurantes corporativos, em uma rede de restaurantes, em um restaurante independente, em um restaurante sofisticado/de alto padrão/casual)?**
» **Você prefere cozinhar em grande ou em pouca quantidade?**
» **Você prefere atuar na linha de frente ou nos bastidores?**
» **Você pensa em aprimorar suas habilidades de gerenciamento ou quer ter um emprego?**
» **O que é importante para você – a cozinha, o estilo de gerenciamento, a localização geográfica, o número de horas de trabalho por dia/semana ou trabalhar para um chef famoso?**
» **Assistência médica, participação na empresa, férias, previsibilidade de horário e trabalho temporário são pré-requisitos para sua escolha?**
» **Para que você atinja seus objetivos de longo prazo são necessárias habilidades complementares ou mais investimento em formação?**

Coloque as respostas a essas perguntas em ordem de importância e as tenha em mente ao estabelecer os seus objetivos profissionais.

oportunidades de carreira para profissionais de cozinha

Os profissionais de cozinha são necessários não só nos hotéis e restaurantes tradicionais, mas em muitíssimos lugares – públicos e privados, orientados para o consumidor e institucionais. Uma ênfase crescente na nutrição, sofisticação, e controles financeiro e de qualidade significa que todos os cenários, do restaurante com toalhas brancas à lanchonete de *fast-food*, oferecem desafios interessantes.

Resorts, *hotéis* e *spas* frequentemente têm serviços e instalações diversificados para servir comida, incluindo restaurantes finos, serviço de atendimento aos quartos, cafeterias e salões para banquetes. As cozinhas são grandes, e muitas vezes estão separadas para o preparo da carne, do bufê e de confeitaria. Esses estabelecimentos costumam oferecer variedade de opções, mobilidade geográfica e um abrangente pacote de vantagens. Além disso, muitos dispõem de programas de treinamento.

Os *restaurantes independentes*, como bistrôs, restaurantes finos (*upscale*) e restaurantes familiares apresentam um menu completo, e os clientes são servidos por garçons treinados. Ao procurar trabalho nesse tipo de estabelecimento, escolha um restaurante com base no tipo de cozinha, no chef e no tamanho. Eles são menos propensos a oferecer muitos benefícios ou um horário fixo.

Padarias e *cafés* oferecem um campo menor, o que pode propiciar a especialização em áreas específicas (pães, bolos de casamento, etc.). Esses estabelecimentos são menos propensos a conceder benefícios.

Restaurantes de empresas/grupos em geral oferecem múltiplos conceitos, e existe a possibilidade de treinamento em gestão e/ou de mobilidade geográfica. A maior parte deles oferece um pacote de benefícios parcial ou completo.

Os *clubes particulares* geralmente fornecem algum tipo de serviço alimentar. Pode ser tão simples quanto um pequeno *grill* que prepara sanduíches ou um restaurante completo. A diferença é que os clientes são associados e os custos da comida são calculados de modo diferente do que o seriam em um restaurante público.

O trabalho em *country clubs* pode ser sazonal, dependendo da localização. Esse tipo de estabelecimento pode variar, desde restaurantes de alto padrão até restaurantes de clubes locais. Muitos deles oferecem horário fixo e benefícios. Você deve estar muito disposto a atender às demandas dos sócios.

O *fornecimento institucional de refeições* (em escolas, hospitais, linhas aéreas e instituições correcionais) muitas vezes requer um único menu e uma cafeteria onde os comensais se servem, escolhendo entre os pratos oferecidos. A seleção de menus é baseada nas necessidades dos habitantes ou frequentadores da instituição, da verba disponível e das expectativas da administração. Esse tipo de restaurante oferece oportunidades tanto para trabalhar na linha de frente como para atuar nos bastidores, um abrangente pacote de benefícios e geralmente um horário de segunda a sexta. Muitas corporações operam com jantares executivos. O nível de simplicidade ou de sofisticação que se exige em cada empresa determina o tipo de refeição a ser oferecido, o modo como será preparada e o estilo de serviço apropriado.

Os *serviços de bufê* oferecem uma grande gama de possibilidades: de planejamento de eventos de alto padrão a menus menores, mais informais. Fornecem um serviço particular, frequentemente sob medida para atender aos desejos de um cliente especial em determinado evento, seja ele um casamento, um coquetel ou a inauguração de uma galeria. Os bufês podem fornecer serviços em local próprio (os clientes vão ao salão do bufê), serviços externos (o bufê vai ao salão do cliente), ou ambos. A variedade de opções depende do tamanho da empresa e se a refeição será servida ou não nas próprias instalações.

O *serviço de substituição de refeições em casa* (*take away* e *delivery*) está crescendo em importância, à medida que mais casais ocupados, profissionais solteiros e famílias inteiras tentam desfrutar as refeições em casa sem gastar tempo preparando-as. Esses estabelecimentos preparam pratos principais, saladas, acompanhamentos e sobremesas que são embalados para levar para casa. Hoje em dia, muitos supermercados já oferecem esse serviço a seus clientes.

Em *vendas*, o tamanho das empresas varia de distribuidores de grande escala a pequenas lojas especializadas. Muitos vendedores recebem comissão; portanto, a renda pode variar ao longo dos meses.

OPORTUNIDADES AVANÇADAS

As opções a seguir exigem sólida formação, experiência significativa no setor ou outro conjunto de habilidades. A maioria dessas alternativas oferece um horário de trabalho mais "normal" ou "fixo", com uma abrangente gama de benefícios.

DOCÊNCIA – Para o ensino médio, é requerida graduação na área. Para faculdades ou universidades, formação superior e significativa experiência na área geralmente são exigidas para aulas práticas. Exigem-se no mínimo mestrado e experiência no setor para lecionar em cursos de negócios.

COMUNICAÇÃO/MÍDIA/MARKETING/TEXTO/APRESENTAÇÃO DE PRATOS – A maioria dessas opções exige formação complementar (graduação em *marketing*, comunicação social ou jornalismo), além de experiência no setor. A maior parte desses trabalhos é feita por profissionais autônomos. Ter espírito empreendedor é um atributo esperado.

PESQUISA E DESENVOLVIMENTO – Abrange um amplo campo de oportunidades de trabalho que podem exigir formação em outras áreas, como química, nutrição, engenharia de alimentos, além de experiência no setor.

UM DESAFIO REAL

EMPREENDEDORISMO – Esse talvez seja o caminho mais desafiador e o mais compensador, uma vez que você ganha todos os créditos quando faz sucesso e assume toda a responsabilidade quando as coisas não vão bem. Ter espírito empresarial sólido e saber planejar são requisitos para o sucesso. Muitos empreendimentos só começam a dar lucro muito tempo depois de inaugurados, portanto esteja preparado para pensar em longo prazo.

O SISTEMA DE BRIGADA DA COZINHA

O sistema de brigada foi instituído por Escoffier para agilizar e simplificar o trabalho nas cozinhas de hotéis. Serviu para eliminar o caos e a duplicação de esforços que poderiam ocorrer se os empregados não tivessem responsabilidades bem definidas. Nesse sistema, cada posição tem uma praça e responsabilidades definidas, delineadas a seguir. Em operações menores, o sistema clássico em geral é abreviado, e as responsabilidades são organizadas de modo a utilizar o espaço e os talentos da melhor maneira possível. A escassez de pessoal especializado também forçou modificações no sistema de brigada. O surgimento de novos equipamentos ajudou a aliviar alguns dos problemas associados a pessoal de cozinha menos numeroso.

O chef é responsável por todas as operações da cozinha, incluindo os pedidos, a supervisão de todas as praças e o desenvolvimento dos pratos do menu. Ele também pode ser chamado de *chef de cozinha* ou chef executivo. O *sous-chef* é o segundo no comando, responde ao chef, pode ser responsável por fazer cronogramas, substituir o chef na ausência deste e assistir os chefs de praça (ou cozinheiros de linha), conforme necessário. Estabelecimentos menores podem não ter um sous-chef. O leque de posições na brigada clássica também inclui os seguintes cargos:

O CHEF DO SALTEADO (*chef sauté*) é responsável por todos os pratos salteados e seus molhos. Essa posição é, muitas vezes, considerada a mais exigente, responsável e glamorosa da linha.

O CHEF DO PEIXE (*poissonier*) é responsável pelos peixes, o que muitas vezes inclui a limpeza destes e seus molhos. Essa posição, algumas vezes, é combinada com a de *saucier*.

O CHEF DOS ASSADOS (*rôtisseur*) é responsável por todos os pratos assados e relativos *jus* ou outros molhos.

O CHEF DO GRELHADO (*grillardin*) é responsável por todos os alimentos grelhados. Essa posição pode ser combinada com a de *rôtisseur*.

O CHEF DA FRITURA (*friturier*) é responsável por todos os alimentos fritos. Essa posição pode ser combinada com a posição de *rôtisseur*.

O CHEF DOS VEGETAIS (*entremetier*) é responsável por tira-gostos quentes e, frequentemente, também por sopas, vegetais, macarrão e outros carboidratos (em um sistema de brigada completo, tradicional, as sopas são preparadas pela praça de sopa ou *potager*, e os vegetais, pelo *legumier*). Essa praça também pode ser responsável pelos pratos de ovos.

O TOURNANT trabalha no lugar em que for necessário em toda a cozinha.

O CHEF DOS PRATOS FRIOS (*garde-manger*) é responsável pela preparação de alimentos frios, incluindo saladas, tira-gostos frios, patês e itens similares. Essa categoria é considerada separada do trabalho da cozinha.

O AÇOUGUEIRO (*boucher*) é responsável pelo corte das carnes, aves e, ocasionalmente, peixes. O *boucher* pode também ser responsável por panar carnes e peixes. Atualmente, tem sido substituído pelo *garde-manger*, e as carnes são compradas já cortadas e fracionadas.

O CHEF CONFEITEIRO (*pâtissier*) é responsável por assados doces, tortas e sobremesas. Frequentemente supervisiona uma área separada da cozinha ou uma loja separada, quando se tratar de grandes operações. Essa posição pode ser desdobrada nas seguintes áreas de especialização: *confiseur* (prepara balas e *petit-fours*), *boulanger* (prepara massas sem açúcar, para pães e pãezinhos), *glacier* (prepara sobremesas frias e congeladas) e *décorateur* (prepara pratos importantes e bolos especiais).

O *ABOYEUR* recebe os pedidos e os passa para os vários chefs de praça. Ele é a última pessoa a ver o prato antes que deixe a cozinha. Em algumas operações, pode ser ou o chef ou o sous-chef.

O *COMMUNARD* prepara a refeição servida ao pessoal da casa a certa altura do turno.

O *COMMIS*, ou aprendiz, trabalha respondendo a um chef de praça para aprender como a praça opera e quais são suas responsabilidades.

O SISTEMA DE BRIGADA DO SALÃO

As posições do salão também têm uma linha hierárquica estabelecida.

O MAÎTRE-D'HÔTEL é a pessoa que tem a maior responsabilidade pela operação no salão. Treina todo o pessoal de atendimento, supervisiona a seleção de vinhos, trabalha com o chef para determinar o menu e organiza os lugares durante o serviço.

O CHEF DE VINHOS ou *sommelier* é responsável por todos os aspectos do serviço de vinho do restaurante, incluindo a aquisição do produto, o preparo da carta de vinhos, a ajuda aos clientes para selecionar o vinho e servi-lo adequadamente.

Pode também ser responsável pelo serviço de licores, cervejas e outras bebidas. Se não houver *sommelier*, essas responsabilidades geralmente são assumidas pelo *maître-d'hôtel*.

O CHEFE DOS GARÇONS (*chef de salle*) geralmente tem a seu cargo o serviço de todo o salão. Muitas vezes essa posição é combinada com a posição de chef d'étage ou *maître-d'hôtel*.

O CHEF D'ÉTAGE lida mais diretamente com os clientes depois que estão sentados. Explica o menu, responde a qualquer pergunta e recebe o pedido. Em geral, é ele que prepara qualquer prato ao lado da mesa. Se não houver chef d'étage, essas responsabilidades cabem ao chef de rang.

O CHEF DE RANG certifica-se de que os pratos estão colocados adequadamente na mesa, que são levados à mesa de modo correto e de que as necessidades dos clientes são atendidas de imediato e com cortesia.

O APRENDIZ DE GARÇOM (*demi-chef de rang* ou *commis de rang*), em geral, é o primeiro cargo destinado aos novos empregados do salão. Ele retira a louça e os talheres entre um prato e outro, enche os copos de água e as cestas de pão, e auxilia o chef de rang e/ou chef d'étage conforme for necessário.

OUTRAS OPORTUNIDADES

Além dos cargos na cozinha e no salão, existe um número crescente de oportunidades menos tradicionais, muitas das quais não envolvem nem a produção nem o serviço de alimentos.

GERENTES DE ALIMENTOS E BEBIDAS supervisionam todos os locais de venda em hotéis e outros estabelecimentos de grande porte.

CONSULTORES E ESPECIALISTAS trabalham com os proprietários do restaurante, muitas vezes antes que este seja aberto, para ajudar a desenvolver o menu, desenhando o leiaute geral e o ambiente do salão, e estabelecendo padrões de trabalho para a cozinha.

PESSOAL DE VENDAS bem informado ajuda os chefs a determinar qual é a melhor maneira de satisfazer suas necessidades de alimentos e vegetais, apresenta-lhes novos produtos e demonstra como utilizar novos equipamentos de modo adequado.

PROFESSORES são essenciais para o grande número de escolas de culinária em todo o país. A maior parte desses professores são chefs que estão compartilhando sua experiência com os estudantes.

CRÍTICOS e ESCRITORES que se dedicam à área discutem tendências alimentares, restaurantes e chefs. Sempre vai ter maior significado, é claro, se quem escreve tiver experiência nas artes culinárias. Alguns membros preeminentes da mídia alimentar foram professores influentes e escreveram livros de culinária que se tornaram líderes de vendas, além de colaborar em jornais e revistas e aparecerem na televisão.

Os ESTILISTAS ALIMENTARES (*food-stylist*) e FOTÓGRAFOS trabalham com várias publicações, incluindo revistas, livros, catálogos e peças promocionais e publicitárias.

As COZINHAS EXPERIMENTAIS E DE DESENVOLVIMENTO empregam muitos profissionais da culinária. Podem ser administradas por fabricantes de alimentos que estão desenvolvendo novos produtos ou linhas de alimentos, ou por grupos de consultores que esperam promover seus produtos. Há também um grande número de cozinhas de teste administradas por publicações, tanto as dirigidas para o comércio como para os consumidores.

À parte os desafios, a indústria de serviço de alimentos é gratificante e espontânea. Requer resistência, energia e influência criativa. Aqueles que mais se destacaram sabem quais virtudes – como comunicação aberta, organização eficiente, gerenciamento apropriado, *marketing* inovador e contabilidade precisa – são necessárias para prosperar. No devido tempo, seu conhecimento e experiência vão ganhar o reconhecimento justo.

um setor em transformação

TIPOS DE AGRICULTURA

Os chefs da atualidade são mais conscientes dos sistemas de cultivo e de produção dos alimentos que consumimos. É importante ter esse tipo de conhecimento não apenas para responder a perguntas de clientes e consumidores como também para fazer escolhas fundamentadas para si mesmos.

A agricultura envolve o cultivo do solo, a produção de sementes e a criação de gado. Há maneiras diferentes de operar na agropecuária; algumas opções são apresentadas a seguir:

agricultura convencional

Sistema agrícola industrializado caracterizado por:

- mecanização;
- monocultura (menor diversidade);
- insumos sintéticos, como fertilizantes e pesticidas químicos;
- maximização de produtividade e rentabilidade.

agricultura orgânica

Sistema agrícola que envolve:

- recursos renováveis e aproveitamento de ciclos biológicos, como a compostagem;
- ausência de organismos geneticamente modificados;
- ausência de pesticidas, herbicidas e fertilizantes sintéticos;
- ausência de alimentos, hormônios de crescimento ou antibióticos sintéticos;
- preocupação com o bem-estar dos animais.

agricultura biodinâmica

Além de orgânica, a agricultura biodinâmica leva em consideração:

- aspectos dinâmicos, metafísicos e espirituais de uma fazenda;
- equilíbrio entre as esferas física e não física;
- eventos cósmicos, como plantações de acordo com os ciclos da lua.

A indústria do alimento está intrinsecamente ligada ao tecido cultural de uma sociedade. O setor e cada profissional envolvido refletem as mudanças culturais e sociais – algumas, superficiais; outras, profundas. Tais reflexos podem ser observados em quase todos os aspectos do setor. Por exemplo: a maneira como a comida é preparada, o tipo de comida consumido com mais frequência e o desenvolvimento de cardápios e receitas.

SUSTENTABILIDADE

Esse é um tema de destaque nos dias atuais. No mundo dos alimentos, "sustentabilidade" refere-se a maneiras saudáveis de pecuária e agricultura que garantam que a terra suportará no futuro. Não se trata simplesmente de ser saudável para os consumidores; é preciso que o seja também para as plantas, os animais e o ambiente. A agropecuária sustentável não prejudica o ambiente com o uso de pesticidas ou organismos geneticamente modificados (OGM) nocivos nem superexplora a natureza. Fazendas sustentáveis também se preocupam com o bem-estar de seus funcionários e oferecem tratamento humanizado aos animais; a agropecuária sustentável respeita seus trabalhadores, oferecendo-lhes uma justa remuneração. O objetivo da sustentabilidade é apoiar e melhorar a comunidade, principalmente as comunidades rurais onde as fazendas estão instaladas.

É crescente a conscientização de consumidores, chefs e donos de restaurantes sobre os efeitos positivos da sustentabilidade e sobre como ter um estilo de vida sustentável. Um restaurante pode apoiar a sustentabilidade de diversas maneiras, como as apresentadas a seguir.

1. **COMPRAR DE FORNECEDORES LOCAIS.** Essa medida permite ao chef conhecer a qualidade e as condições em que a comida que ele está usando foi produzida. Comprar de fornecedores locais aumenta a consciência de sazonalidade e dá suporte à economia local – itens que vêm de longe muitas vezes perdem a qualidade e o frescor. Esse conceito apela também aos clientes que estão se tornando mais conscientes da importância da sustentabilidade e do uso de produtos locais.

2. **USAR PRODUTOS *HEIRLOOM*.** Produtos *heirloom* (do inglês, herança, legado) são diferentes da maioria dos disponíveis para comercialização. Uma planta *heirloom* foi cultivada de maneira artesanal em produção familiar. Algumas sementes desse tipo são de plantas com 50 a 100 anos de idade (o que faz delas totalmente livres de OGM) e têm pouca semelhança genética com suas similares comerciais. Elas podem oferecer texturas, cores e sabores que os chefs podem incorporar a qualquer menu.

Características de produtos *heirloom*:

- polinização natural;
- variedade distinta de planta;
- geralmente não cultivados comercialmente;
- produzidos com métodos tradicionais;
- cultivados em pequena escala, em geral;
- em geral específicos de determinadas regiões;
- muitas vezes usados há mais de quarenta ou cinquenta anos.

3. **MONTAR UM RESTAURANTE SUSTENTÁVEL.** Chefs e donos de restaurante podem empregar no restaurante os conceitos de sustentabilidade não só nos ingredientes do seu menu. O uso de energia solar ou eólica, por exemplo, reduz custos de energia e o uso de combustíveis fósseis. O chef pode implementar um programa de reciclagem que inclua não apenas vidro, plástico ou papel como também sobras de óleo de cozinha, que podem ser usadas na fabricação de biocombustível. Informe-se sobre recursos nacionais e locais a fim de estar ciente das diversas maneiras de tornar um restaurante mais sustentável.

GLOBALIZAÇÃO DE SABORES

Outro aspecto que, desde o início dos tempos, vive em constante mudança no setor de alimentos é a fusão e o compartilhamento de modos de cozinhar de todo o mundo.

A cozinha, como qualquer elemento cultural da sociedade, sofre influências geográficas, religiosas e muitas outras que modelam o seu desenvolvimento. Do mesmo modo, uma cozinha estabelecida influencia a cultura de seu local de origem, bem como a cultura de qualquer outro lugar com a qual tenha algum contato. Elementos da cozinha podem dar forma a eventos ou comemorações que se transformam em normas culturais, ou podem ser assimilados por outra cultura e se tornar intrínsecos a ela, passando então a orientar demandas e práticas da produção agrícola.

Nesse contexto, qualquer refeição é mais do que simplesmente alimento. Para os chefs e estudantes de artes culinárias da atualidade, essa informação pode ser muito valiosa; identificar técnicas de preparo e alimentos básicos que traduzam outras cozinhas, outras culturas e outros continentes é parte importante da profissão. Qualquer cozinha reflete muito mais do que apenas um conjunto de ingredientes, utensílios de cozinha e pratos de uma região geográfica. Esses elementos, sem dúvida, são fundamentais para estabelecer uma identidade culinária. Mas não representam, por si sós, uma cozinha.

Tradições e crenças compartilhadas também emprestam a uma cozinha uma identidade particular. A cozinha é um importante elemento para o desenvolvimento e a manutenção da identidade de um grupo. Além disso – o que talvez seja mais relevante da perspectiva dos dias atuais –, um sistema de governo e comércio que estimula a "migração" de alimentos e pratos de um lugar para outro influencia sobremaneira a cozinha. A presença ou não de costa litorânea tem um tremendo impacto sobre o desenvolvimento de um estilo de cozinhar. O clima e a composição do solo, bem como técnicas de cultivo, também exercem forte influência.

A cozinha também propicia uma maneira de expressar e estabelecer hábitos referentes às refeições (o que, quando e com quem comer) – das simples até refeições comemorativas e especiais. Ao observar algumas das religiões mais importantes do mundo, é fácil identificar a influência que elas exercem sobre a cozinha. Preceitos estimulando ou proibindo certos alimentos, bem como um calendário de festejos, jejuns e rituais, são frequentemente disseminados o suficiente em certa região para determinar a maneira como uma cozinha se desenvolve. Por exemplo, com a proibição do consumo de carnes a certas castas, o hinduísmo contribuiu para uma cozinha com forte tradição de pratos sem carne.

Nunca houve, provavelmente, um período em que a migração de alimentos de uma parte do mundo para outra não tenha se constituído em um fator de desenvolvimento da cozinha. Embora essas trocas sejam mais rápidas e mais frequentes hoje, elas sempre foram aparentes. Por vezes essas trocas estiveram relacionadas com a conquista de terras por exércitos invasores. Outras vezes, o comércio e as atividades a ele associadas desempenharam um papel mais importante.

Seja por meios pacíficos ou não, a transformação de uma cozinha faz parte da história de qualquer sociedade. Novos ingredientes passam a integrar pratos tradicionais. Com o tempo, esse novo ingrediente torna-se tão firmemente entranhado que é possível até que se esqueça como era o prato tradicional. Exemplo claro desse processo foi a adoção de muitos ingredientes nativos das Américas, como o tomate. Hoje, quem poderia imaginar a cozinha italiana sem tomate? Esse ingrediente está tão entranhado na cozinha da Itália que qualquer um poderia acreditar que ele se originou nesse país.

As técnicas também são uma janela para determinada cozinha. Como você provavelmente imagina, uma mesma técnica pode ter denominações diferentes de acordo com a região. Certos estilos de cozinha são populares em algumas regiões do mundo porque são adequados ao estilo e às condições de vida dos moradores dessa região; outros estilos podem permanecer praticamente desconhecidos.

O estudo de qualquer cozinha é uma tarefa multifacetada. As cozinhas nunca se desenvolveram em um vácuo. Se você se aprofundar sobre as origens históricas de uma receita qualquer, verá que nela há ingredientes que foram levados do Oriente para o Ocidente ou do Velho Mundo para o Novo Mundo e substituíram ingredientes anteriores. Métodos tradicionais de cozinhar um prato podem ter sido alterados ao longo do tempo ou para enfrentar desafios de cozinhar em grande quantidade ou em um restaurante.

Conhecer a cozinha e as técnicas clássicas de uma cultura (seja a da França, a da Índia ou qualquer outra) sempre ajuda quando você decide modernizar ou adaptar uma receita tradicional. Leia livros de culinária, visite restaurantes, vá a outros países e mantenha a mente aberta para experimentar uma grande variedade de cozinhas no mundo.

menus e receitas

Os menus são usados no salão para dar, tanto ao pessoal do restaurante como aos clientes, informações importantes sobre o que o estabelecimento oferece. As receitas dão instruções detalhadas, para ajudar o pessoal da cozinha a produzir os pratos do menu. Mas, mais do que isso, menus criados com cuidado e receitas completas podem ajudar o chef profissional a agilizar as operações da cozinha e controlar os custos.

CAPÍTULO 2

menus

O menu é uma ferramenta poderosa. É um veículo de *marketing* e *merchandising*. Estabelece e reforça todo o conceito de um restaurante, do estilo da louça e dos talheres às necessidades de treinamento do pessoal. Pode ajudar o chef na organização do dia de trabalho, na encomenda de ingredientes, na redução das perdas e no aumento dos lucros. O modo como o menu é desenvolvido ou adaptado, assim como os critérios pelos quais os preços são nele estabelecidos, é um reflexo de como o conceito da operação, ou o planejamento, foi definido. Algumas vezes, o menu se desenvolve à medida que o planejamento é refinado. Outras, o conceito vem primeiro, e o menu, depois. Em outras ainda, o menu pode ser o princípio orientador que marca o modo como o conceito do restaurante se desenvolve.

Os menus informam ao pessoal da cozinha coisas vitais, como de quem é a responsabilidade de preparar os componentes do prato, ou colocar a comida no prato e guarnecê-lo. O preparo de certas guarnições, acompanhamentos, molhos ou marinadas pode ser organizado de tal forma que todos os componentes de uma receita sejam preparados por cada chef ou cozinheiro daquela praça, ou que os cozinheiros da preparação preparem apenas alguns dos componentes.

Os menus *à la carte* e de banquetes requerem certos tipos de tarefas antecipadas, para ajudar o chef a ajustar o fluxo de trabalho. Mesmo se um menu escrito não for fornecido ao comensal, para que a cozinha profissional possa operar sem percalços, é essencial alguma forma de menu para o pessoal que prepara os pratos. Consulte o menu, determine por quais itens você e cada membro da equipe será responsável, e depois leia as receitas daqueles pratos cuidadosamente, para compreender todas as tarefas que devem ser desempenhadas no seu preparo, assim como o tempo de colocar a comida nos pratos e servi-la. Dessa maneira, o trabalho, provavelmente, correrá sem problemas.

receitas

A receita é um registro escrito dos ingredientes e dos passos necessários para a preparação de determinado prato. A forma da receita depende de quem a usará e de como será apresentada.

Antes de começar a cozinhar com base em uma receita, o primeiro passo é sempre lê-la por inteiro, para saber exatamente o que é necessário. Isso o alertará para quaisquer surpresas que ela possa conter, como o uso de um equipamento incomum ou um período de resfriamento de uma noite inteira. Esse também é o ponto em que você deve decidir se a receita precisa sofrer alguma modificação. Talvez o rendimento seja de apenas dez porções e você queira preparar cinquenta, ou vice-versa. Nesse caso, terá de converter a receita (ver p. 19). Enquanto aumenta ou reduz o número de porções, existe a possibilidade de descobrir que também precisa modificar o equipamento, para acomodar o novo volume de comida. Ou pode decidir retirar, acrescentar ou substituir um ingrediente. Todas essas decisões devem ser tomadas antes de começar a preparação dos ingredientes, ou o cozimento propriamente dito.

Depois de ler e avaliar ou modificar a receita, é hora de arrumar seu *mise en place*. Em muitos casos, a lista de ingredientes indicará como o ingrediente deve ser preparado (por exemplo, ferver ou cortar em pedaços de determinado tamanho) antes que o cozimento ou a montagem comecem.

CALCULANDO OS INGREDIENTES COM PRECISÃO

Nas receitas, o cálculo preciso é essencial. Para manter os custos sob controle e assegurar consistência de qualidade e quantidade, os ingredientes e tamanhos das porções devem ser calculados corretamente, sempre que se preparar uma receita.

Os ingredientes são comprados e usados de acordo com uma de três convenções de medida: numérica, volume ou peso. Eles podem ser adquiridos de acordo com um sistema e medidos para uso numa receita seguindo outro.

A numérica é uma medida de itens inteiros, como seriam comprados. As palavras *unidade* (un), *maço* e *dúzia* indicam unidades de medida. Se o ingrediente foi processado, classificado ou embalado de acordo com os padrões estabelecidos, a contagem pode ser uma forma útil e precisa de medir ingredientes. É menos precisa para ingredientes que requerem algum tipo de preparação antecipada ou que não têm nenhum padrão estabelecido para a compra. Os dentes de alho ilustram bem esse ponto. Se uma receita pede dois dentes de alho, a intensidade do alho no prato mudará, dependendo de os dentes serem grandes ou pequenos.

O volume é a medida do espaço ocupado por um sólido, um líquido ou um gás. Os termos *colher de chá*, *colher de sopa*, *xícara*, *quarto*, *mililitro* (mℓ) e *litro* (ℓ) indicam medidas de unidades de volume. Recipientes graduados (xícaras medidoras) e utensílios de que se conhece o volume (como uma concha de 160 mℓ ou uma colher de chá) são usados para medir o volume.

As mensurações de volume são mais adequadas para líquidos, embora sejam usadas também para sólidos, em particular para pequenas quantidades de especiarias. Os utensílios usados para medir volume nem sempre são tão precisos quanto se necessita, especialmente se você deve aumentar ou reduzir a receita com frequência. Eles não se ajustam a nenhum padrão regulador. Portanto, a quantidade de um ingrediente medida com um conjunto de colheres, xícaras ou jarras pode ser bem diferente da quantidade medida com outro conjunto.

O peso é a medida da massa de um sólido, um líquido ou um gás. Os termos *grama* (g) e *quilograma* (kg) indicam unidades de medida de peso. Utilizam-se balanças para medir o peso e, para serem precisas, elas devem obedecer a determinados padrões. Nas cozinhas profissionais, o peso é, normalmente, o tipo de mensuração preferido, porque é mais fácil manter a precisão com o peso do que com o volume.

RECEITAS PADRONIZADAS

As receitas usadas na cozinha profissional são chamadas *receitas padronizadas*.* Ao contrário das receitas publicadas, as receitas padronizadas são feitas sob medida para as necessidades de determinada cozinha. Preparar receitas padronizadas bem escritas e precisas é parte importante do trabalho do chef profissional e de qualquer cenário de serviço, pois incluem muito mais do que os nomes dos ingredientes e os passos da preparação. As receitas padronizadas estabelecem o rendimento total, o tamanho das porções, as práticas de reter e servir os pratos, informações sobre como dispor os alimentos nos pratos, e estabelecem padrões para

* As medidas das receitas apresentadas no livro original, em inglês, estavam em onças. Como não se trata de uma medida comum no Brasil, preferimos converter os valores para gramas. Assim, os valores apresentados na nossa edição, apesar de quebrados, procuraram manter a exatidão. (N. E.)

as temperaturas e tempo de cozimento. Esses padrões ajudam a assegurar qualidade e quantidade consistentes, permitindo aos chefs monitorar a eficiência de seu trabalho e reduzir custos eliminando perdas.

Elas também permitem que os garçons se familiarizem com o prato, para serem capazes de responder às perguntas dos clientes com precisão e honestidade. Por exemplo, o tipo de óleo usado em um prato pode ser muito importante para um cliente, especialmente se for um óleo a que ele é alérgico.

As receitas padronizadas podem ser registradas à mão ou eletronicamente, usando um programa de gerenciamento de receitas ou outra base de dados computadorizada. Devem ser registradas de forma consistente, clara, fácil de acompanhar, e estar prontamente acessíveis a todos os funcionários. Instrua o pessoal da cozinha a seguir as receitas padronizadas ao pé da letra, a menos que receba instruções em contrário, e estimule o pessoal do atendimento a recorrer a essas receitas quando houver perguntas sobre ingredientes ou métodos de preparo.

Quando preparar uma receita padronizada, seja tão preciso e consistente quanto puder. Inclua, tanto quanto for possível, os elementos a seguir:

» **Nome/título do item ou prato.**

» **Informação sobre o rendimento, expressa em uma ou mais das seguintes formas: peso total, volume total ou número total de porções.**

» **Informações sobre a porção de cada prato, expressas em uma ou mais das seguintes formas: um número específico de itens (numérica), volume, peso.**

» **Nomes dos ingredientes, expressos em detalhe, especificando variedade ou marca, conforme necessário.**

» **Medidas dos ingredientes, expressas em uma ou mais das seguintes formas: numérica, volume, peso.**

» **Instruções para a preparação do ingrediente, algumas vezes incluídas com o nome do ingrediente, outras vezes no modo de fazer.**

» **Informação sobre o equipamento para a preparação, cozimento, armazenamento, retenção e serviço.**

» **Passos da preparação, detalhando *mise en place*, métodos de cozimento e temperaturas para o ma-**

nuseio seguro da comida (ver "Análise de perigos e pontos críticos de controle (APPCC)", p. 38).

» Informações sobre o modo de servir, descrevendo como terminar e dispor a comida no prato, acrescentando acompanhamentos, molhos e guarnições, se houver, e listando as temperaturas apropriadas para servir.

» Informações sobre a retenção e o reaquecimento, descrevendo procedimentos, equipamento, tempos e temperaturas para um armazenamento seguro.

» Pontos críticos de controle (PCCs) nos estágios apropriados da receita, indicando temperaturas e tempos para procedimentos seguros no manuseio dos alimentos durante a estocagem, a preparação, a retenção e o reaquecimento.

cálculo das receitas

Frequentemente, você terá de modificar uma receita. Algumas vezes, ela precisará ser aumentada, outras, reduzida. Você pode adaptar a receita de outra fonte para um formato padronizado ou ajustar uma receita padronizada para um evento especial, como um banquete ou uma recepção. Talvez seja necessário converter medidas de volume para medidas de peso, ou do sistema de medidas anglo-saxão para o métrico. Talvez também precise converter a medida utilizada na compra do produto, visto que algumas vezes ela é diferente da seguida pelas receitas. Em algumas circunstâncias, pode ser necessário aumentar ou reduzir o tamanho da porção. Ou, então, você queira determinar quanto gastar com os ingredientes de determinada receita.

USANDO O FATOR DE RENDIMENTO E CORREÇÃO PARA RECEITAS E INSUMOS

Para ajustar o rendimento de uma receita a fim de preparar uma porção maior ou menor, você precisa determinar o fator de conversão de receita. Quando conhecer esse fator, de início, multiplique todas as quantidades de ingredientes por ele. Depois, converta as novas medidas em unidades apropriadas para sua cozinha. Pode ser necessário transformar as medidas originais de itens ou então arredondar mensurações, transformando-as em valores razoáveis. Em alguns casos, você terá de ajustar aqueles ingredientes que não dão medidas exatas, como especiarias, sal e espessantes.

$$\frac{\text{Rendimento desejado}}{\text{Rendimento original}} = \text{Fator de rendimento para receitas e insumos}$$

NOTA: Para poderem ser utilizados na fórmula, o rendimento desejado e o rendimento original devem ser expressos com o mesmo padrão de medida. Se sua receita original diz que rende cinco porções, mas não informa qual é o tamanho de cada porção, talvez precise testar a receita para determinar esse dado. De modo semelhante, se a receita original lista o rendimento em mililitros e você quer preparar três litros da sopa, será necessário converter litros em mililitros antes de determinar o fator de conversão de receita.

As novas quantidades de ingredientes normalmente precisarão de ajustes adicionais. Pode ser necessário arredondar o resultado ou convertê-lo para a unidade de medida mais lógica. Para alguns ingredientes, um aumento ou redução direta é tudo. Por exemplo, para aumentar uma receita de peitos de frango de cinco porções para cinquenta, você simplesmente multiplica cinco peitos de frango por dez: não há necessidade de qualquer outro ajuste. Outros ingredientes, como espessantes, ervas aromáticas, temperos e fermentos, não podem ser, simplesmente, multiplicados. Se uma sopa para servir quatro porções requer duas colheres de sopa de farinha para preparar um *roux*, nem sempre é verdade que sejam necessárias vinte colheres de sopa (ou 1¼ de xícara de chá) de farinha para engrossar a mesma sopa quando for preparada para quarenta. A única maneira de ter certeza é testar a nova receita e ajustá-la até que você esteja satisfeito com o resultado – e, então, não se esqueça de modificar a medida na receita!

Outras considerações ao converter o rendimento da receita incluem o equipamento com que você tem de trabalhar, as questões de produção que deve encarar e o nível de perícia de seu pessoal. Esse é o momento de reescrever os passos de modo adequado ao seu estabelecimento. É importante fazer isso agora, de modo que possa descobrir quaisquer outras mudanças nos ingredientes ou métodos a que o novo rendimento possa obrigar. Por exemplo, uma sopa para servir quatro porções seria feita numa panela pequena, mas uma sopa para quarenta requer uma panela grande. Entretanto, usar uma panela grande pode resultar numa taxa de evaporação maior: assim, você pode descobrir que precisa tampar a panela da sopa enquanto cozinha ou aumentar a quantidade de líquido para compensar a evaporação.

CONVERTENDO OS TAMANHOS DAS PORÇÕES

Algumas vezes, será necessário modificar também o tamanho da porção de uma receita. Por exemplo, você tem uma receita de sopa que faz quatro porções de 240 mℓ, mas precisa fazer quarenta porções de 180 mℓ.

Para fazer a conversão:

1. Determine o rendimento total original e o rendimento total desejado.

   Número de porções × Tamanho da porção = Rendimento total

   EXEMPLO:

   4 × 240 mℓ = 960 mℓ (rendimento total original)

   40 × 180 mℓ = 7.200 mℓ (rendimento total desejado)

2. Determine o fator de conversão de receita e modifique-a como descrito acima.

   EXEMPLO:

   $$\frac{7.200 \text{ m}\ell}{960 \text{ m}\ell} = 7,5 \text{ (Fator de conversão de receita)}$$

CONVERTENDO MEDIDAS DE VOLUME EM PESO

Você pode converter uma medida de volume em medida de peso se souber quanto uma xícara de um ingrediente (preparado como indicado na receita) pesa. Essa informação está disponível em várias tabelas ou bases de dados de ingredientes (ver "Equivalência de pesos e medidas", p. 1.187).

Também se pode calcular e registrar a informação conforme segue:

1. Prepare o ingrediente como indicado na receita – peneire a farinha, pique as nozes, esprema o alho, rale os queijos, e assim por diante.

2. Coloque o recipiente de medida na balança e ajuste a balança para zero (a fim de obter o peso líquido).

3. Encha o recipiente de medida corretamente. Para líquidos, use xícaras ou copos medidores graduados e encha-os até o nível desejado. Para ter certeza da precisão da medida, curve-se até que a marca do nível desejado esteja na altura de seus olhos. O utensílio de medida deve estar sobre uma superfície reta e perfeitamente na horizontal. Use utensílios de mensuração curvos para ingredientes secos medidos por volume. Encha o recipiente até que o ingrediente caia pelas bordas, depois retire o excesso, nivelando pela boca do utensílio utilizado.

4. Coloque o recipiente cheio de volta na balança e registre o peso em gramas em sua receita padronizada.

CONVERTENDO SISTEMAS DE MEDIDA MÉTRICOS E AMERICANOS

O sistema métrico, usado na maior parte do mundo, é um sistema decimal, ou seja, é baseado em múltiplos de dez. O grama é a medida básica de peso, o litro é a unidade básica de volume, e o metro é a unidade básica de comprimento. Os prefixos adicionados às unidades básicas indicam unidades maiores ou menores. Por exemplo, um quilograma equivale a 1.000 gramas, um mililitro a 1/1.000 de um litro, e um centímetro a 1/100 de um metro.

O sistema americano usa onças e libras para medir peso, e colheres de chá, colheres de sopa, onças fluidas, xícaras de chá, quartilhos, quartos de galão e galões para medir volume. Ao contrário do sistema métrico, o sistema americano não é baseado em múltiplos de um determinado número, de modo que não é tão simples aumentar ou reduzir quantidades. A solução é memorizar as equivalências das diferentes unidades de medida, ou manter uma tabela à mão, em caso de necessidade (ver pp. 1.184 e 1.185).

A maior parte dos equipamentos de mensuração modernos mede tanto em unidades métricas como em americanas. Se, no entanto, uma receita for escrita num sistema de medidas para o qual você não tem o instrumento de mensuração correto, será necessário convertê-la para o sistema utilizado por seu equipamento.

CALCULANDO O CUSTO DE COMPRA (CDC)

A maior parte dos itens adquiridos dos fornecedores é embalada e tem o preço definido para grandezas de compra por atacado, como caixotes, caixas, sacolas, pacotes, e assim por diante. No entanto, na produção da cozinha, frequentemente, essas grandezas devem ser divididas e usadas para diversos pratos. Por isso, para determinar os preços adequados a cada receita, é necessário converter os preços de compra de embalagens maiores em preços unitários, que são expressos como preço por quilo, por unidade, por dúzia, por litro, e assim por diante.

Se você sabe o custo de uma embalagem e quantas unidades ela contém, calcule o custo por unidade dividindo o custo de compra pelo número de unidades contidas na embalagem.

$$\frac{\text{CDC total}}{\text{Número de unidades}} = \text{CDC por unidade}$$

Se você sabe o preço unitário de um item, pode determinar o custo total multiplicando o custo de compra (CDC) unitário pelo número de unidades.

$$\text{CDC unitário} \times \text{Número de unidades} = \text{CDC total}$$

CALCULANDO O RENDIMENTO DE FRUTAS FRESCAS E VEGETAIS E DETERMINANDO A PORCENTAGEM DE RENDIMENTO

Muitos ingredientes precisam ser aparados ou descascados antes de serem usados. Para determinar o custo preciso desses ingredientes, a perda nesse processo deve ser levada em conta. A partir dessa informação, a porcentagem de rendimento será importante para determinar a quantidade que é necessário encomendar.

Primeiro, registre a quantidade de compra (QDC) da nota fiscal, ou pese o item antes de aparar ou descascar:

EXEMPLO:

QDC = 2,5 kg (ou 2.500 g) de cenouras

Descasque o item e corte como desejar, guardando as cascas e a parte comestível em recipientes separados. Pese cada um deles separadamente e registre seus pesos em um formulário de custos:

Quantidade de compra (QDC) − Perda das cascas = Quantidade de porção comestível (QPC)

EXEMPLO:

2.500 g de cenouras (QDC) − 275 g de cascas = 2.225 g de cenouras em fatias

Depois, divida o QPC pelo QDC:

$$\frac{\text{Quantidade de porção comestível}}{\text{Quantidade de compra}} = \text{Porcentagem de rendimento}$$

EXEMPLO:

$$\frac{2.225 \text{ g de cenouras em fatias (QPC)}}{2.500 \text{ g de cenouras (QDC)}} = 0{,}89$$

Para converter o decimal em uma porcentagem, multiplique por 100:

Porcentagem de rendimento: 89%

NOTA: Para mais informações sobre os tópicos matemáticos culinários apresentados, consulte *Math for the Professional Kitchen*, de Laura Dreesen, Michael Nothnagel e Susan Wysocki.

CALCULANDO A QUANTIDADE DE COMPRA (QDC) USANDO A PORCENTAGEM DE RENDIMENTO

Como muitas receitas assumem os ingredientes listados como prontos para cozinhar, é necessário considerar a perda da casca na aquisição dos itens. Nesse caso, a quantidade da porção comestível deve ser convertida para a quantidade de compra, a qual, quando descascada, dará a quantidade desejada da porção comestível. A porcentagem de rendimento é usada no momento de fazer a encomenda.

$$\frac{\text{QPC}}{\text{Porcentagem de rendimento}} = \text{QDC}$$

Exemplo: Uma receita pede 10 kg de repolho limpo e picado. A porcentagem de rendimento do repolho é 79%. Quando se dividem os 10 kg por 79% (0,79), o resultado, 12,7 kg, será a quantidade mínima a comprar.

Geralmente, a quantidade de compra obtida por esse método é arredondada para cima, pois a porcentagem de rendimento é uma estimativa. Alguns chefs aumentam o número em 10%, por conta de eventuais erros humanos. Entretanto, tenha em mente que nem todos os alimentos têm perdas. Muitos alimentos processados ou refinados rendem 100%, como o açúcar, a farinha de trigo ou as especiarias secas. A taxa de porcentagem de rendimento de outros alimentos depende de como são servidos. Se, por exemplo, o ingrediente for servido em pedaços (meio melão-cantalupo) ou se a receita pedir o ingrediente em número (quinze morangos), a porcentagem de rendimento não é considerada; o número correto de itens precisa ser adquirido para criar o número correto de porções. No entanto, se você estiver fazendo uma salada de frutas e sabe que precisa de 60 g de melão em cubos e 30 g de morangos em fatias por porção, quando encomendar os ingredientes, deve considerar a porcentagem de rendimento.

CALCULANDO A QUANTIDADE DE PORÇÃO COMESTÍVEL (QPC) USANDO A PORCENTAGEM DE RENDIMENTO

Algumas vezes, é necessário que se determine quantas porções podem ser obtidas do produto cru. Por exemplo, se você tem uma caixa de vagens frescas que pesa 10 kg e precisa saber quantas porções de 120 g estão na caixa, a primeira coisa a fazer é determinar a porcentagem de rendimento da vagem, seja consultando uma lista de porcentagens de rendimento, seja realizando um teste de rendimento. Assim que você souber a porcentagem de rendimento, poderá computar o peso da vagem depois de limpa.

$$QDC \times \text{Porcentagem de rendimento} = QPC$$

EXEMPLO:

10 kg de vagem (QDC) × 0,88 (porcentagem de rendimento) = 8,8 kg de vagem (QPC)

A quantidade de porção comestível (QPC) seria 8,8 kg. O segundo passo é computar quantas porções de 120 g há em 8,8 kg. Se necessário, converta o tamanho da porção (nesse caso, 120 g) para a mesma unidade de medida da quantidade da porção comestível (aqui, o kg). A porção terá, então, 0,12 kg.

$$\frac{QPC}{\text{Tamanho da porção}} = \text{Número de porções}$$

EXEMPLO:

$$\frac{8,8 \text{ kg de vagem (QPC)}}{0,12 \text{ kg (tamanho da porção)}} = 73,3 \text{ porções}$$

Você obterá 73 porções completas da caixa de vagem. Arredonde para menos qualquer número parcial de porções, pois não seria plausível servir uma porção parcial a um cliente.

CALCULANDO O CUSTO DA PORÇÃO COMESTÍVEL

Como discutido anteriormente, as receitas frequentemente assumem que os ingredientes estão prontos para serem cozidos. Por isso, quando se avalia o custo de uma receita, o custo da porção comestível (CPC) por unidade pode ser calculado a partir do custo de compra (CDC) por unidade, desde que a porção comestível seja expressa na mesma unidade de medida que o custo unitário.

$$\frac{CDC}{\text{Porcentagem de rendimento}} = CPC$$

EXEMPLO:

$$\frac{\$ 0,004/1 \text{ g de cenouras (CDC)}}{0,75 \text{ (porcentagem de rendimento de cenouras } tournés)} = \$ 0,00533/1 \text{ g de cenouras } tournés \text{ CPC)}$$

$$QPC \times CPC = \text{Custo total}$$

EXEMPLO:

120 g de cenouras *tournés* (QPC) × $ 0,00533/1 g de cenouras *tournés* (CPC) = $ 0,6396 por porção (custo total)

CALCULANDO O VALOR DAS APARAS UTILIZÁVEIS

Muitas vezes, as aparas de um alimento podem ser usadas para preparar outros alimentos. Por exemplo, se você cortar uma cenoura em *tourné*, em vez de em cubos ou bolinhas, pode usar as aparas para preparar uma sopa, um purê ou outro prato. Usando a informação do teste de rendimento, você pode calcular o valor das aparas. Primeiro, determine o uso para as aparas, depois encontre o custo por unidade e a porcentagem de rendimento para o ingrediente, como se tivesse de comprá-lo para preparar o prato. Por exemplo, se usar as aparas de cenouras para preparar uma sopa, o custo das aparas de cenoura é o mesmo de uma cenoura que foi aparada e cortada.

EXEMPLO:

$ 0,004 (CDC de 1 g de cenoura) = $ 0,00449 (valor de 1 g das aparas utilizáveis para sopa)

0,89 (Porcentagem de rendimento para cenouras picadas)

Alguns ingredientes produzem aparas que podem ser usadas de diversas maneiras. Por exemplo, um contrafilé produz aparas utilizáveis em muitas receitas. O chef pode usar algumas para preparar uma clarificação que pede carne moída, e o resto para fazer um recheio de *fajitas*. Encontrar usos adicionais para aparas reduz os custos e as perdas.

usando as receitas de maneira eficaz

Na cozinha profissional, uma receita pode ser usada para melhorar a eficiência e a organização, e para aumentar os lucros. Quando você sabe a porcentagem aproximada de rendimento de cebolas e cenouras, pode comprar a quantidade certa para uma receita numa única ida ao mercado. Ao descobrir a diferença entre o preço que pagou por quilo em uma peça inteira de contrafilé e quanto está realmente pagando por quilo pelas aparas da carne que serve, você pode ser mais eficaz na redução das perdas e dos custos dos ingredientes de toda a operação. Aprender a ler as receitas com cuidado e a usá-las mais produtivamente é um passo importante para desenvolver suas habilidades profissionais.

o teste de rendimento do açougueiro

O propósito do teste de rendimento do açougueiro é encontrar os custos precisos de carnes, peixes e aves manufaturados. Ele é feito para determinar a quantidade de carne utilizável e as aparas de determinada fabricação, e para calcular o valor de todos os cortes comestíveis, incluindo não só a porção de carne servida ao cliente, mas também o valor dos ossos utilizados para fundo e das aparas usadas para carne moída, patês, sopas ou outros pratos.

PROCEDIMENTOS GERAIS

Selecione o item a ser testado e registre o peso de compra. (Utilize a mesma balança durante o teste inteiro.) Prepare o item segundo as especificações desejadas. Guarde todas as partes (ossos, gordura, cortes e aparas utilizáveis) em recipientes separados e registre todos os pesos.

Use os preços reais de compra da carne. Use os valores de mercado para gordura, ossos e aparas utilizáveis. Por exemplo, se você guardar a carne magra para fazer carne moída, o valor daquela parte das aparas é o preço que você teria de pagar para comprar carne moída.

1. Determine o custo de compra (CDC)

   Peso de compra × Preço de compra por kg = CDC

   EXEMPLO:

   14 kg × $ 2,60/kg = $ 36,40 (CDC)

2. Manufature a carne

   EXEMPLO:

   # 103 costela de boi aparada a # 109 costela de boi (pronta para assar).

3. Determine o peso total das aparas e o valor

Peso das aparas de gordura	×	Preço de mercado por kg	=	Valor das aparas (gordura)
+ Peso dos ossos	×	Preço de mercado por kg	=	Valor dos ossos
+ Peso das aparas utilizáveis	×	Preço de mercado por kg	=	Valor das aparas (carne)
Peso total das aparas				Valor total das aparas

EXEMPLO:

1,5 kg de gordura	×	$ 0,20/kg	= $ 0,30
+ 2 kg de osso	×	$ 0,60/kg	= $ 1,20
+ 2,5 kg de aparas utilizáveis	×	$ 2,60/kg	= $ 6,50
6 kg (peso total das aparas)			$ 8,00 (valor total das aparas)

4. Determine o novo peso manufaturado (NPM)

Peso de custo − Peso total das aparas = NPM

EXEMPLO:

14 kg (peso de custo) − 6 kg (peso total das aparas) = 8 kg (NPM)

5. Determine o novo custo manufaturado (NCM)

CDC − Valor total das aparas = NCM

EXEMPLO:

$ 36,40 − $ 8,00 = $ 28,40 (NCM)

6. Determine o novo preço manufaturado por kg (NPMK)

$$\frac{NCM}{NPM} = NPMK$$

EXEMPLO:

$ 28,40 ÷ 9 kg = $ 3,15 (NPMK)

7. Determine o fator de custo (FCT)

$$\frac{NPMK}{\text{Preço de custo por quilo}} = FCT$$

EXEMPLO:

$ 3,15/kg ÷ $ 2,60/kg = 1,21 (FCT)

8. Determine a porcentagem de rendimento

$$\frac{NPM}{\text{Peso de custo}} = \text{Porcentagem de rendimento}$$

EXEMPLO:

9 kg ÷ 14 kg = 64% (Porcentagem de rendimento)

9. Determine o número de porções do produto final

NPM × 1.000 = Número total de gramas

$$\frac{\text{Número total de gramas}}{\text{Tamanho da proporção}} = \text{Número de porções}$$

EXEMPLO:

Quantas porções de 360 g podem ser obtidas de 9 kg de carne aparada?

9 kg × 1.000 = 9.000 g

$$\frac{9.000 \text{ g}}{360 \text{ g}} = 25 \text{ porções}$$

10. Determine o custo da porção

$$\frac{\text{NPMK}}{1.000} = \text{custo de 1 g}$$

Custo de 1 g × Tamanho da porção = Custo por porção

EXEMPLO:

Qual é o custo de uma porção de 360 g?

$$\frac{3,15/\text{kg}}{1.000} = 0,00315 \text{ (custo por grama)}$$

0,00315 × 360 g = $ 1,134

noções básicas sobre nutrição e ciência alimentar

A nutrição estuda a dieta e a saúde. É pela compreensão dessas matérias que nós, como profissionais de cozinha, podemos atender e enriquecer várias preferências e restrições dietéticas. Satisfazer as necessidades dietéticas dos estilos de vida de hoje envolve compreender que as pessoas comem ou evitam determinados alimentos por diferentes razões. As preocupações dos clientes já não se limitam ao sabor e à textura do alimento, estendendo-se agora a uma dieta saudável, cheia de alimentos nutritivos de alta qualidade.

CAPÍTULO 3

noções básicas de nutrição

O profissional de cozinha tem muito a ganhar se, além de oferecer opções saborosas, compreender como a energia e os nutrientes funcionam. Para começar, energia e nutrientes são usados para o crescimento, a manutenção e o reparo de nossos corpos. A energia, medida em calorias, vem dos carboidratos, das proteínas, das gorduras e do álcool. Os primeiros três itens são considerados nutrientes primários, mas o álcool, não. Qualquer alimento que forneça muitos nutrientes em relação ao número de calorias que contém é considerado *denso em nutrientes*.

OS CARBOIDRATOS

Os carboidratos fornecem energia para o movimento dos músculos e das células vermelhas do sangue, além de ajudar a regular o metabolismo das gorduras. São compostos por unidades menores chamadas *carboidratos simples* e *carboidratos complexos*, necessários para que o corpo funcione com eficiência, preenchendo suas necessidades de energia. Os carboidratos simples são encontrados em frutas, sucos, laticínios e açúcares refinados. Os carboidratos complexos estão em alimentos vegetais, como grãos, legumes e verduras. Os alimentos que contêm carboidratos complexos também são, em geral, boas fontes de outros componentes importantes de uma dieta saudável, como vitaminas e minerais.

AS PROTEÍNAS

As proteínas são nutrientes essenciais para o crescimento e a manutenção dos tecidos do corpo, dos hormônios, das enzimas, da produção de anticorpos e na regulação dos fluidos corporais. As unidades de construção das proteínas são chamadas *aminoácidos*. Há nove aminoácidos essenciais que devem ser fornecidos pela dieta, porque o corpo não os produz. Os alimentos ricos em proteínas contêm alguns, ou todos, os aminoácidos.

Os alimentos proteicos são classificados como completos: (alto valor biológico) ou incompletos (baixo valor biológico), dependendo da presença, ou falta, dos aminoácidos essenciais. Um alimento que fornece os nove aminoácidos na proporção adequada para que o corpo humano adulto sustente a produção de outras proteínas é considerado completo. Carnes, aves e peixes são boas fontes de proteínas completas.

Proteínas incompletas, como as verduras, os grãos, os legumes e as frutas secas não contêm todos os aminoácidos essenciais. Entretanto, cada um desses grupos de alimentos contém alguns dos aminoácidos essenciais que, quando combinados com outras proteínas incompletas, podem formar proteínas completas. Quando se fizer uma dieta vegetariana, as seguintes combinações oferecem uma amostra de proteínas completas não baseadas em carne:

- » Grãos e legumes.
- » Lentilhas e arroz.
- » *Massa* e feijão.
- » *Tortillas* e feijão.
- » *Tofu* e arroz.
- » *Homus* e pão sírio.

GORDURA

A gordura, frequentemente, é uma preocupação significativa para aqueles que tomam cuidado com o que comem. Mesmo sendo verdade que o excesso de gordura na dieta não é saudável por aumentar o risco de doenças cardíacas, obesidade e certos tipos de câncer, ainda assim é um nutriente essencial que fornece energia e realiza funções corporais. Os conselhos nutricionais atuais enfatizam o tipo de gordura, assim como a quantidade de gordura na dieta. A maior parte da ingestão diária de gordura deveria ser proveniente de fontes mono e poli-insaturadas. Embora consumir mais do que o limite recomendado dessa gordura seja, muitas vezes, associado a aumento de peso e obesidade, é o excesso de calorias total que está na raiz do problema.

O colesterol é um composto relacionado à gordura e se apresenta sob dois tipos: dietético e do soro. O colesterol dietético só é encontrado em alimentos animais. O do soro, ou colesterol do sangue, é encontrado na corrente sanguínea e é essencial à vida. Não é necessário consumir colesterol nos alimentos, porque o corpo humano é capaz de produzi-lo a partir de outros componentes da dieta. Os alimentos com taxas altas de colesterol em geral contêm alto teor de gordura. Independentemente de quantas calorias sejam consumidas por dia, recomenda-se que a ingestão de colesterol não exceda 300 miligramas.

VITAMINAS E MINERAIS

Necessárias em quantidades menores do que proteínas, carboidratos e gordura, as vitaminas e minerais são nutrientes não calóricos essenciais. As vitaminas são classificadas em hidrossolúveis e lipossolúveis. As hidrossolúveis se dissolvem em água e são facilmente transportadas por todo o corpo na corrente sanguínea. As lipossolúveis são armazenadas nos tecidos gordurosos. As duas formas de vitamina, assim como os minerais, são encontrados em várias fontes alimentares. Como não há alimento que contenha todos os nutrientes essenciais nas proporções corretas e nenhuma pílula ou suplemento alimentar pode compensar uma dieta pobre, consumir uma dieta bem equilibrada, composta de diversos tipos de alimentos, é a maneira mais saudável de satisfazer as necessidades nutritivas do corpo. Para uma lista de vitaminas e minerais com fontes alimentares e funções, consulte a tabela da p. 28.

o desenvolvimento do menu e a nutrição

Quando a dieta proporciona nutrição equilibrada, obter a quantidade necessária de energia e nutrientes é fácil. Embora seja impossível saber o que um cliente consumiu antes de entrar em seu estabelecimento, tente prever as combinações de pratos que seus clientes pedirão e organize o menu de modo que eles recebam refeições deliciosas, nutritivas e bem equilibradas.

Apesar de os princípios dietéticos recomendados mudarem constantemente, uma regra permanece: o controle da porção é essencial para manter um peso saudável. O tamanho da porção depende basicamente das necessidades calóricas diárias individuais, que variam com a idade, o tamanho, a compleição e a atividade física. Sugere-se que o consumo de gorduras, óleos e doces seja em quantidades muito limitadas. Escolher uma alimentação rica em grãos, verduras, legumes e frutas, baixa em gorduras, gorduras saturadas e colesterol, e moderada em açúcares, sal e sódio, é suficiente para obter uma dieta saudável.

Como os consumidores estão cada vez mais conscientes da necessidade de refeições bem equilibradas, o chef profissional tem a oportunidade de fazer a diferença. Desenvolver pratos saudáveis, saborosos e que satisfaçam é fácil e vale a pena.

A seguir há um conjunto de princípios desenvolvidos para uma culinária saudável. Trata-se apenas de uma referência para a seleção de alimentos, técnicas culinárias e ofertas de bebidas. Devem ser considerados como forma de explorar as possibilidades da culinária saborosa e saudável.

» Selecione ingredientes com cuidado.

» Armazene e prepare todos os alimentos com o objetivo de preservar da melhor forma seu sabor, textura, cor e valor nutritivo.

» Incorpore diversos pratos vegetais ao menu, em todas as categorias.

» Controle a quantidade de gordura usada como ingrediente e como parte da preparação ou técnica culinária.

» Sirva porções apropriadas de alimento.

» Use o sal com parcimônia e critério.

» Ofereça diversas bebidas, alcoólicas e não alcoólicas, que complementem o menu.

SUBSTITUIÇÕES SAUDÁVEIS

Fazendo modificações simples em receitas já existentes, obtêm-se versões mais saudáveis.

ORIGINAL	MODIFICADA
1 ovo	2 claras de ovo
salteado em manteiga	salteado em caldo/fundo
1 xícara de maionese	1/2 xícara de maionese mais 1/2 xícara de iogurte desnatado
1 xícara de creme azedo (sour cream)	1 xícara de iogurte desnatado mais 1 a 2 colheres de leitelho* ou suco de limão mais 1 colher (sopa) de farinha para cada 250 g de iogurte
1 xícara de creme de leite	1 xícara de leite evaporado desnatado

Seu estabelecimento se beneficiará caso ofereça maior número de opções. Você e seu pessoal devem batalhar continuamente para satisfazer as expectativas daqueles que entram no local. Consulte *Techniques of Healthy Cooking* [*Técnicas da cozinha saudável*], publicado pelo Instituto Americano de Culinária, para uma discussão mais completa sobre nutrição, receitas inovadoras e técnicas especializadas.

*Soro de leite coalhado (buttermilk). (N. E.)

VITAMINAS: SUAS FUNÇÕES E FONTES MAIS COMUNS

VITAMINAS HIDROSSOLÚVEIS

Nome: *Complexo B (tiamina, riboflavina, niacina, folato, biotina, ácido pantotênico, B_6, B_{12})*
Função: *Permite a liberação apropriada de energia no organismo*
Fonte alimentar: *Grãos, legumes, verduras, proteína animal (a B_{12} só é encontrada em alimentos animais)*

Nome: *Vitamina C (ácido ascórbico)*
Função: *Aumenta a absorção de ferro no organismo, auxilia o crescimento e a manutenção dos tecidos corporais, reforça o sistema imunológico, tem propriedades antioxidantes*
Fonte alimentar: *Frutas, verduras e legumes (frutas de baga (berries), melões, tomates, batatas, verduras de folhas verdes)*

VITAMINAS LIPOSSOLÚVEIS

Nome: *Vitamina A*
Função: *Ajuda a visão, o crescimento dos ossos, a reprodução, a divisão celular e a diferenciação; regula o sistema imunológico; mantém o revestimento da pele e das membranas*
Fonte alimentar: *Proteínas animais como as fornecidas por fígado e ovos; o precursor – beta-caroteno – é encontrado na laranja e em verduras com folhas amarelo-forte e verde-escuras*

Nome: *Vitamina D*
Função: *Auxilia na formação dos ossos*
Fonte alimentar: *Leite, alguns cereais e pão integral, peixes gordurosos, gema de ovo*

Nome: *Vitamina E*
Funçaõ: *Protege o corpo dos prejuízos causados por radicais livres; tem propriedades antioxidantes*
Fonte alimentar: *Frutas secas, sementes, óleos de sementes, abacate, batata-doce, verduras de folhas verdes*

Nome: *Vitamina K*
Função: *Auxilia a coagulação do sangue*
Fonte alimentar: *Verduras de folhas verde-escuras, como espinafre, couve, brócolis*

MINERAIS

Nome: *Cálcio (o mineral mais abundante do corpo)*
Função: *Usado no desenvolvimento de ossos e dentes; regula a pressão sanguínea; auxilia na contração muscular, na transmissão dos impulsos nervosos e na coagulação do sangue*
Fonte alimentar: *Laticínios (leite, iogurte), brócolis, verduras de folhas verdes*

Nome: *Fósforo*
Função: *Desempenha papel essencial na liberação de energia; usado em conjunto com o cálcio para a manutenção de ossos e dentes*
Fonte alimentar: *Proteína animal, frutas secas, cereais, legumes*

Nome: *Sódio e potássio (eletrólitos)*
Função: *Ajudam a regular as funções corporais e a manter o equilíbrio normal dos fluidos do corpo; envolvidos nas funções nervosas e musculares*
Fonte alimentar: *O sódio está presente em muitos alimentos; o potássio é encontrado em praticamente todas as frutas, verduras e legumes*

Nome: *Magnésio*
Função: *Promove ossos e dentes saudáveis; contrações musculares; transmissão nervosa; funções intestinais*
Fonte alimentar: *Verduras verdes, frutas secas, legumes, grãos integrais*

Nome: *Flúor*
Função: *Ajuda a prevenir a deterioração dos dentes; pode ajudar a prevenir a osteoporose*
Fonte alimentar: *Água fluoretada, peixes marinhos, frutos do mar, chá*

Nome: *Iodo*
Função: *Essencial para o funcionamento normal da tireoide; auxilia na regulação do metabolismo, na oxidação celular e no crescimento*
Fonte alimentar: *Sal de mesa, bacalhau, grãos*

Nome: *Ferro*
Função: *Auxilia no transporte do oxigênio dos pulmões às células; envolvido no metabolismo da energia celular*
Fonte alimentar: *Fígado e carne vermelha, grãos integrais, legumes, verduras de folhas verdes, frutas desidratadas*

noções básicas de ciência alimentar

Há dezenas de princípios científicos que ocorrem durante o processo culinário. Como introdução ao tópico da ciência alimentar, esta seção fornece uma visão geral dos princípios mais básicos. Para mais informações sobre quaisquer dos assuntos seguintes, ver "Bibliografia e fontes" (p. 1.209) para uma lista de referências sobre a ciência alimentar.

TRANSFERÊNCIA DE CALOR

Cozinhar é o ato de aplicar calor aos alimentos com o objetivo de transformá-los para serem comidos. Quando os alimentos estão sendo cozidos, ocorrem mudanças no sabor, na textura, no aroma, na cor e no conteúdo nutricional.

Há três maneiras de o calor ser transferido aos alimentos. A *condução* é a transferência direta de calor entre moléculas adjacentes. Um exemplo de condução é cozinhar numa chapa. O calor é transferido das moléculas da superfície quente do fogão para as moléculas do fundo da panela adjacente, depois do fundo para os lados da panela e, daí, para o alimento que ela contém. A panela deve estar em contato direto com o fogão para que ocorra a condução.

Alguns materiais conduzem melhor o calor do que outros. Geralmente, a maior parte dos metais são bons condutores, ao passo que gases (ar), líquidos e sólidos não metálicos (vidro, cerâmica) não o são. Como depende do contato direto, a condução é um método relativamente lento de transferência de calor, mas essa transferência lenta e direta de calor entre as moléculas adjacentes é o que permite que o alimento seja cozido de fora para dentro, tendo como resultado uma parte externa completamente cozida com uma parte interna úmida e suculenta.

A *convecção* é a transferência de calor através de gases ou líquidos. Quando uma dessas substâncias é aquecida, as porções do gás ou do líquido mais próximas da fonte de calor se aquecem primeiro, tornam-se menos densas e sobem, sendo substituídas por porções do gás ou líquido mais frias e mais densas. Portanto, a convecção é uma combinação de condução e mistura.

A convecção ocorre tanto por meios naturais como mecânicos. A convecção natural ocorre numa panela com água colocada sobre o fogão para ferver. A condução transfere o calor do fogão para a panela e depois para as moléculas de água em contato com a parte interna dela. À medida que essas moléculas de água se aquecem, a convecção faz que se movam e sejam substituídas por moléculas mais frias. Esse movimento contínuo resulta em correntes de convecção dentro da água. Caso se adicione uma batata à água, as correntes de convecção transferem o calor para a superfície da batata, e nesse ponto entra a condução, que transfere o calor para o interior da batata.

A convecção mecânica ocorre quando se mexe a comida ou se usa um ventilador para apressar e igualar a distribuição de calor. Quando você mexe um molho grosso para aquecê-lo mais depressa e impedir que se queime no fundo da panela, está criando convecção mecânica. Os fornos a convecção usam ventiladores para circular o ar quente rapidamente, permitindo-lhes cozer os alimentos mais rápida e uniformemente do que os fornos convencionais. (A convecção natural ocorre nos fornos convencionais, pois o ar em contato com o elemento aquecedor circula, mas a maior parte da transferência de calor em fornos convencionais é resultado de radiação infravermelha.)

SEIS PRINCÍPIOS BÁSICOS DA CIÊNCIA ALIMENTAR

Compreender como o alimento reage sob certas condições é essencial para tornar-se um chef profissional. Da criação de um prato saboroso ao desenvolvimento de um atalho inovador, os chefs encaram desafios todos os dias. Os seis princípios básicos da ciência alimentar são os seguintes:

Caramelização   *Desnaturação*
Reação de Maillard   *Coagulação*
Gelatinização   *Emulsificação*

A *radiação* é a transferência de energia por ondas de energia eletromagnética que viajam velozmente através do espaço. A radiação não requer contato direto entre a fonte de energia e o alimento. Quando as ondas, viajando pelo espaço, batem na matéria e são absorvidas, fazem as moléculas da matéria vibrar mais rapidamente, aumentando sua temperatura. Dois tipos de radiação são importantes na cozinha: a infravermelha e a micro-onda.

Fontes de radiação infravermelha incluem o carvão em brasa de uma grelha a carvão ou a espiral incandescente do tostador, da grelha ou do forno elétricos. Ondas de energia radiante viajam em todas as direções a partir dessas fontes de calor. Os alimentos e os recipientes que absorvem as ondas de energia são aquecidos. As superfícies escuras, não uniformes ou ásperas absorvem energia radiante melhor do que as de cor clara, uniformes ou polidas. O vidro transparente permite a transferência de energia radiante; assim, a temperatura do forno convencional deve ser reduzida em cerca de 4 °C para compensar a transferência de energia adicional que ocorre quando se usam recipientes de vidro para assar.

A radiação de micro-ondas, produzida por fornos de micro-ondas, transfere energia por meio de ondas curtas de alta frequência. Quando essas micro-ondas são absorvidas pelos alimentos, fazem as moléculas do alimento vibrar mais rapidamente, criando calor. A radiação de micro-ondas cozinha os alimentos em muito menos tempo do que a radiação infravermelha porque penetra nos alimentos em maior profundidade, enquanto a infravermelha é absorvida sobretudo na superfície. Dependendo de sua composição, os alimentos reagem de maneiras diferentes às micro-ondas. Alimentos com alto teor de umidade, açúcar ou gordura absorvem melhor as micro-ondas e aquecem mais depressa.

Contudo, o cozimento por micro-ondas tem alguns inconvenientes. É melhor para cozinhar pequenas quantidades de alimento. Carnes cozidas no forno de micro-ondas perdem mais umidade e facilmente se tornam secas demais. Os fornos de micro-ondas também não podem dourar alimentos, e não se pode usar metal neles porque este reflete as micro-ondas, o que pode causar fogo e estragar o forno.

EFEITOS DO CALOR SOBRE AMIDOS E AÇÚCARES: caramelização, reação de Maillard e gelatinização

Como discutido anteriormente neste capítulo, os carboidratos aparecem sob várias formas, e cada forma reage de maneira diferente quando exposta ao calor. As duas formas de carboidratos que interessam à ciência alimentar básica são o açúcar e o amido.

Quando exposto ao calor, o açúcar inicialmente se derrete, formando um xarope grosso. À medida que a temperatura continua a subir, o xarope de açúcar muda de cor, de branco para amarelo-claro e depois para um marrom cada vez mais escuro. Esse processo é chamado *caramelização*. É uma reação química complicada e, além da mudança de cor, também faz o gosto do açúcar se desenvolver e ganhar a rica complexidade característica do

COZIMENTO POR INDUÇÃO

O cozimento por indução é um método relativamente novo, que transfere o calor através de uma superfície de cozimento especialmente desenhada, feita de um material cerâmico liso sobre uma serpentina de indução. A serpentina de indução cria uma corrente magnética que faz que uma panela de metal sobre a cerâmica se aqueça rapidamente, mas a cerâmica se mantém fria. O calor é então transferido para o alimento na panela por condução. Os recipientes usados para o cozimento por indução devem ter o fundo plano, para que haja um bom contato com a superfície de cozimento, e devem ser feitos de metais ferrosos (que contenham ferro), como ferro fundido, aço inoxidável magnético ou esmalte sobre aço. Panelas feitas com outros materiais não se aquecerão nessa superfície.

O cozimento por indução oferece as vantagens de aquecimento rápido e facilidade de limpeza, porque não há cantos na superfície plana e uniforme da cerâmica, onde os alimentos que espirram ou escorrem fiquem grudados, nem esses alimentos derramados se queimam, já que a superfície é fria.

caramelo. Os diferentes tipos de açúcar se caramelizam a diferentes temperaturas. O açúcar refinado derrete aos 160 °C e começa a caramelizar-se a 170 °C.*

Quando não se tratar de açúcar ou amido, uma reação diferente, chamada *reação de Maillard*, é responsável por dourar os alimentos. Essa reação envolve açúcares e aminoácidos (as unidades construtoras da proteína). Quando aquecidos, esses componentes reagem e produzem numerosos subprodutos químicos, tendo como resultado a cor marrom, além de sabor e aroma intensos. É essa reação que dá ao café, ao chocolate, a itens assados, à cerveja preta, a carnes assadas e frutas secas grande parte de seu rico sabor e cor.

Embora a reação de Maillard possa ocorrer à temperatura ambiente, tanto ela como a caramelização, em geral, requerem aquecimento relativamente alto (acima de 149 °C) para ocorrer com rapidez suficiente para fazer uma diferença considerável nos alimentos. Como a água não pode ser aquecida acima de 100 °C, a menos que esteja sob pressão, os alimentos cozidos com calor úmido (ferver, cozer no vapor, escalfar, guisar) não ficam dourados. Os alimentos cozidos usando métodos de calor seco (saltear, grelhar ou assar) douram. É por essa razão que, muitas vezes, ao cozinhar alimentos guisados e braseados na panela, começa-se por dourá-los antes de adicionar o líquido.

O amido, um carboidrato complexo, tem propriedades espessantes poderosas. Quando combinado com água ou outro líquido e aquecido, os grânulos do amido absorvem o líquido e incham. Esse processo, chamado *gelatinização*, faz o líquido engrossar. A gelatinização ocorre a diferentes temperaturas, em diferentes tipos de amido. Como regra geral, amidos provenientes de raízes (batata e araruta, por exemplo) engrossam a temperaturas mais baixas, mas se rompem mais rapidamente, ao passo que amidos extraídos de cereais (milho e trigo, por exemplo) engrossam a temperaturas mais altas, mas se rompem mais lentamente. O açúcar ou ácido podem inibir a gelatinização, enquanto a presença de sal pode promovê-la.

DESNATURANDO PROTEÍNAS

No nível molecular, as proteínas naturais têm forma de espiral ou de mola. Proteínas naturais expostas ao

*O açúcar refinado no Brasil é mais fino, dessa forma haverá diferença nas temperaturas de derretimento e caramelização. (N. E.)

A ESTRUTURA DO OVO E SEUS USOS

O ovo se compõe de duas partes principais, a clara e a gema. Várias membranas ajudam a manter a gema suspensa no centro da clara e ajudam a prevenir contaminações ou perda de peso em razão da evaporação.

Os ovos inteiros, assim como as claras e as gemas separadamente, desempenham diversos e importantes papéis na culinária. Os ovos inteiros são usados como o componente principal de muitos pratos para o desjejum e podem ser preparados mexidos, fritos, *pochés*, assados ou em cremes. Em assados, os ovos inteiros são usados como cobertura, para acrescentar nutrição, sabor e cor.

A clara do ovo consiste quase exclusivamente de água e uma proteína chamada ovoalbumina (70%). Sua capacidade de formar uma espuma relativamente estável é crucial para o desenvolvimento da estrutura apropriada em muitos itens, como *angel cakes*, suflês e merengues. As claras de ovo são essenciais na clarificação de caldos e fundos para fazer *consommés*. Também podem ser usadas como elemento de liga em recheios de carne moída, especialmente *mousselines* feitas com peixes, aves ou vegetais.

A gema contém proteínas, uma quantidade significativa de gordura e um emulsificante natural chamado lecitina. A gema também forma espuma. Essa qualidade, mais a capacidade de formar emulsões, torna as gemas essenciais no preparo de maionese, molho holandês e *génoise* (pão de ló acrescido de gordura). As gemas também são responsáveis por fornecer maior suculência aos alimentos, por exemplo, ao serem incluídas como liga em molhos ou sopas.

calor, sal ou ácido, desnaturam-se – ou seja, as espirais se desenrolam. Quando desnaturadas, as proteínas tendem a unir-se ou coagular e formar grumos sólidos. Um exemplo disso é a clara de ovo cozida, que muda de fluido transparente para um sólido opaco. As proteínas coagulam, perdem um pouco da capacidade de reter água, razão pela qual os alimentos ricos em proteína soltam umidade quando são cozidos, mesmo se o forem no vapor ou escalfados. Afortunadamente, parte da desnaturação induzida pelo calor é reversível com o resfriamento. Por essa razão, os alimentos assados devem descansar antes de serem cortados; à medida que a temperatura cai, um pouco da água ("suco") que foi forçada nos espaços entre as proteínas é reabsorvida e o alimento fica mais úmido. As proteínas desnaturadas são mais fáceis de digerir do que as proteínas naturais.

FUNÇÃO DAS GORDURAS PARA COZINHAR

À temperatura ambiente, dependendo de sua estrutura molecular, algumas gorduras são sólidas e outras são líquidas. As gorduras líquidas são chamadas óleos. As sólidas se amaciam e acabam por derreter, ficando em estado líquido quando expostas ao calor.

Além de ser um nutriente vital, a gordura desempenha muitas funções culinárias. Fornece sabor rico e textura ou sensação sedosa na boca que a maior parte das pessoas considera muito agradáveis e satisfatórios. A gordura também carrega e mistura os sabores de outros alimentos, tornando disponíveis compostos de sabor e nutrientes que só são solúveis nela. Além disso, ela permite um visual atraente ao prato, dando-lhe uma aparência úmida, cremosa, macia ou brilhante, entre outras coisas. Durante o processo de assar, a gordura desempenha inúmeras funções químicas, como amaciar, crescer, auxiliar a reter a umidade e criar uma textura folhada ou farelenta. No cozimento, a gordura transfere calor aos alimentos e impede que grudem na panela. Também conserva o calor do alimento, emulsifica ou espessa molhos, e cria uma textura crocante, quando usada para fritar.

Um aspecto importante da gordura é sua capacidade de ser aquecida a temperaturas relativamente altas sem ferver ou decompor-se. É isso que permite que os alimentos fritos fiquem dourados e cozinhem rapidamente. Se aquecida a temperaturas altas o bastante, entretanto, a gordura começa a se decompor e desenvolve um sabor acre, estragando totalmente qualquer coisa que se cozinhe nela. A temperatura em que isso ocorre, chamada *ponto de fumaça*, é diferente para cada tipo de gordura. Em geral, os óleos vegetais começam a soltar fumaça em torno dos 232 °C, enquanto as gorduras animais começam em torno dos 191 °C. Quaisquer materiais adicionais na gordura (emulsificantes, preservantes, proteínas, carboidratos) baixam o ponto de fumaça. Como ocorre um pouco de decomposição a temperaturas moderadas e em geral algumas partículas de alimento ficam na gordura, utilizá-la repetidas vezes também baixa o ponto de fumaça.

FORMANDO EMULSÕES

Uma emulsão ocorre quando duas substâncias que, normalmente, não se misturam, são forçadas a fazê-lo, ficando uma substância dispersada uniformemente na forma de pequenas gotículas por toda a outra. Em condições normais, gordura (líquida ou sólida) e água não se misturam, mas essas duas substâncias são os ingredientes mais comuns nas emulsões culinárias.

A emulsão consiste de duas fases: a fase dispersa e a fase contínua. Um vinagrete emulsificado é um exemplo de uma emulsão de óleo no vinagre, significando que o óleo (a fase dispersa) foi decomposto em pequenas gotículas suspensas por todo o vinagre (a fase contínua). Emulsões temporárias, como vinagretes, formam-se rapidamente e requerem apenas a ação mecânica de bater, sacudir ou misturar. Para tornar uma emulsão estável o bastante para manter o óleo em suspensão, são necessários ingredientes adicionais, chamados emulsificantes, para atrair e manter juntos o óleo e o outro líquido. Entre os emulsificantes comumente usados estão a gema de ovo (que contém o emulsificante lecitina), a mostarda e a *glace de viande*. Amidos naturais, como os do alho, ou amidos modificados, como o amido de milho ou a araruta, também são usados.

alimento e segurança na cozinha

Nunca é demais realçar a importância do cuidado com os alimentos e equipamentos na cozinha. É extremamente prejudicial à imagem de um estabelecimento que presta serviços alimentícios a ocorrência de uma doença comprovadamente causada por comida em condições sanitárias deficientes. É importante que haja um ambiente higiênico e procedimentos criteriosos para um manuseio eficaz do alimento, além de um ambiente de trabalho seguro. Este capítulo aborda doenças de origem alimentar e formas de preveni-las e também traz *check-lists* para ajudar uma equipe de cozinha a adequar suas condições sanitárias e de segurança.

CAPÍTULO 4

doenças causadas por alimentos

Os alimentos podem transmitir uma série de doenças. Os sintomas mais comuns são cólicas abdominais, náusea, vômito e diarreia – possivelmente acompanhados de febre –, que podem aparecer horas após o consumo do alimento infectado, embora, em alguns casos, leve muitos dias para surgir. Para ser declarado oficialmente que a causa de uma doença foi algum alimento ingerido, duas ou mais pessoas que consumiram a mesma comida devem apresentar os sintomas e fiscais de saúde devem confirmar isso.

Tais doenças são causadas por alimentos *estragados* (impróprios para o consumo humano). A gravidade da doença depende da quantidade de alimento estragado ingerida e, em grande parte, da suscetibilidade do indivíduo. Crianças, idosos e qualquer pessoa com sistema imunológico enfraquecido normalmente terão muito mais dificuldades para combater tais males do que um adulto saudável.

A fonte de contaminação dos alimentos pode ser química, física ou biológica. Inseticidas e materiais de limpeza são exemplos de *contaminantes químicos* que, acidentalmente, atingem alimentos. Alguns objetos que se configuram como *contaminantes físicos*: pedaços de vidro, pelos de rato e lascas de tinta. O manuseio descuidado de alimentos possibilita que um brinco ou um *band-aid* caia na comida e provoque uma doença ou ferimento.

Contaminantes biológicos são responsáveis pela maioria das doenças causadas por alimentos: toxinas, que são venenos naturais encontrados em certos cogumelos silvestres, folhas de ruibarbo, batatas esverdeadas e outros vegetais. Os agentes biológicos que mais ocasionam disfunções, contudo, são os micro-organismos chamados de *patógenos*, responsáveis por até 95% delas. Micro-organismos de diversos tipos estão virtualmente presentes em toda parte, a maioria benéfica aos humanos ou inofensiva, e até essencial. Apenas cerca de 1% dos micro-organismos são realmente patogênicos.

Dividem-se as doenças causadas por contaminantes biológicos em duas subcategorias: intoxicação e infecção. *Intoxicação* ocorre quando uma pessoa consome alimentos que contêm toxinas de bactérias, bolores ou algumas plantas e animais (exemplo: botulismo). Uma vez no corpo, essas toxinas funcionam como veneno.

Ocorre *infecção* quando o alimento ingerido pelo indivíduo contém grande número de patógenos vivos, que se multiplicam pelo corpo e geralmente atacam o forro gastrointestinal (exemplo: salmonelose). Algumas doenças causadas por alimentos têm características tanto de intoxicação como de infecção, como o agente *Escherichia coli* 0157:H-7.

PATÓGENOS ALIMENTARES

Os patógenos específicos que causam doenças por alimentos são fungos, vírus, parasitas e bactérias. *Fungos*, como bolores e leveduras, adaptam-se mais facilmente do que outros micro-organismos e têm alta tolerância a acidez. Em geral, são mais benéficos, auxiliando na decomposição de alimentos, do que causadores de doenças. São importantes para a indústria alimentícia na produção de queijo, pão, vinho e cerveja.

Vírus não se multiplicam no alimento, mas, se em razão de práticas sanitárias deficientes um alimento for contaminado, seu consumo pode causar doenças. A hepatite A infecciosa, causada pela ingestão de frutos do mar apanhados em águas poluídas (prática ilegal) ou que entraram em contato com mãos mal lavadas após o uso do toalete, é um exemplo. Depois de ingeridos, os vírus invadem células (*hospedeiras*) e, basicamente, as reprogramam para produzir cópias suas, que saem das células hospedeiras mortas e invadem outras. O melhor modo de se defender contra os vírus dos alimentos é ter uma boa higiene pessoal e obter frutos do mar de águas despoluídas.

Parasitas são patógenos que se alimentam e se abrigam em outro organismo (*hospedeiro*), o qual não recebe qualquer benefício dessa relação, sendo, ao contrário, prejudicado ou morto. Amebas e vermes, como o *Trichinella spiralis*, associado à carne de porco, são parasitas que contaminam alimentos. Eles se reproduzem de maneiras diferentes. Por exemplo, o verme, em estágio larvar, que habita carnes, quando consumido, mantém seus ciclos de vida e reprodutivo. Quando a larva chega ao estado adulto, a fêmea fertilizada põe mais ovos, que são incubados e viajam para o tecido muscular do hospedeiro... e o ciclo continua.

Bactérias são responsáveis por uma parcela significativa das doenças causadas biologicamente por ingestão de alimentos. Para melhor proteger o alimento durante a armazenagem, a preparação e as refeições, é importante compreender as classificações e os padrões do surgimento de bactérias. Elas são classificadas pela necessidade que têm, ou não, de oxigênio, pelas temperaturas mais favoráveis a seu crescimento e pela capacidade de formar esporos. *Bactérias aeróbicas* requerem oxigênio para crescer. As *anaeróbicas*, não, e até podem morrer quando expostas a ele. *Bactérias facultativas* funcionam com ou sem oxigênio.

Certas bactérias podem formar endósporos, que lhe servem de proteção contra circunstâncias adversas, como altas temperaturas ou desidratação. Os endósporos permitem que, em condições favoráveis, uma bactéria recomece seu ciclo de vida.

As bactérias requerem três condições básicas para crescer e reproduzir-se: uma fonte de proteína, umidade e tempo. Quanto maior a quantidade de proteína de um alimento, maior seu potencial como veículo de uma doença. A umidade de um alimento é medida na escala de atividade da água (Aa). Essa escala vai de 0 a 1, com 1 representando o Aa. Alimentos com atividade da água acima de 0,85 facilitam o crescimento bacteriano. A acidez ou alcalinidade relativa de um alimento é medida em uma escala chamada pH. Um pH moderado – entre 4,6 e 10 numa escala de 1 a 14 – é o mais adequado para o crescimento bacteriano, e a maior parte dos alimentos está dentro desses limites. Acrescentar a um alimento ingredientes altamente ácidos, como vinagre ou suco de frutas cítricas, pode baixar seu pH e permitir que seja guardado mais tempo.

Muitos alimentos oferecem as três condições necessárias para o crescimento bacteriano e são, portanto, potencialmente perigosos. As carnes vermelhas, as aves, os peixes, o *tofu* e os laticínios (com exceção de alguns queijos duros) estão nessa categoria. Entretanto, nem só os alimentos de origem animal contêm proteínas; elas também estão nos de origem vegetal. Arroz cozido, feijão, massas e batatas podem, igualmente, representar riscos, assim como os melões em fatias, os brotos e as misturas de alho e azeite de oliva.

Mesmo alimentos que contêm patógenos em quantidade suficiente para causar doenças podem ter aparência e cheiro normais. Os micro-organismos causadores de doenças são pequenos demais para serem vistos sem a ajuda de instrumentos adequados, de modo que, em geral, é impossível perceber-se a olho nu que o alimento está deteriorado. Como os micro-organismos, em particular as bactérias, que estragam os alimentos não são os que causam doenças, o alimento pode estar deteriorado e não apresentar mau cheiro.

Embora o cozimento destrua muitos dos micro-organismos presentes, o manuseio descuidado posterior pode reintroduzir patógenos que se reproduzem até com mais rapidez, pois não têm de competir por alimento e espaço com os micro-organismos que apenas causam a deterioração. Embora atalhos e descuidos nem sempre resultem em doenças, a falta de atenção aos detalhes aumenta o risco de doenças sérias e até morte. Os vários tipos de prejuízo, como publicidade negativa e perda de prestígio, relacionados a doenças causadas por alimentos, são golpes de que muitos restaurantes nunca conseguem se recuperar.

EVITANDO A CONTAMINAÇÃO CRUZADA

Muitas doenças são resultado do manuseio pouco higiênico dos alimentos na cozinha. A contaminação cruzada ocorre quando elementos causadores de doenças ou substâncias prejudiciais são transferidos de uma superfície contaminada para outra.

Uma higiene pessoal cuidadosa está entre as melhores defesas contra a contaminação cruzada. Um empregado que tenha uma doença contagiosa ou um corte infectado na mão não deve ir trabalhar, pois coloca todos os clientes em risco. Sempre que as mãos tocarem uma possível fonte de contaminação (exemplo: face, cabelo, olhos e boca), devem ser muito bem lavadas antes de continuar qualquer trabalho.

O maior risco de contaminação cruzada do alimento ocorre durante o estágio de preparação. É recomendável que as áreas de trabalho e tábuas de carne sejam separadas para alimentos crus e cozidos. O equipamento e as tábuas devem estar sempre limpos e ser inteiramente higienizados entre um uso e outro.

Os alimentos devem ser armazenados cuidadosamente para impedir o contato entre os itens crus e os cozidos. Coloque recipientes sob os alimentos crus para recolher pingos. Não toque com as mãos comida pronta para ser consumida. Utilize os utensílios adequados ou luvas descartáveis próprias.

Ícone de contaminação cruzada

Ícone de lavar as mãos

LAVE AS MÃOS ADEQUADAMENTE

Para reduzir a possibilidade de contaminação cruzada, lave as mãos com frequência e de modo correto. As mãos e os antebraços devem ser lavados com sabonete e água a 43 °C, por não menos de vinte segundos.

Lave as mãos no início de cada turno e de cada nova tarefa, depois de manusear alimentos crus, ir ao banheiro, espirrar, tossir e assim por diante, e também depois de tocar qualquer coisa não alimentar.

MANTENDO OS ALIMENTOS FORA DA ZONA DE PERIGO

Uma arma importante contra os patógenos é o controle rigoroso do tempo e da temperatura. Em geral, esses micro-organismos precisam estar presentes nos alimentos em quantidades significativas para causar alguma doença, com exceção do *Escherichia coli* 0157:H7. Uma vez que eles se estabeleceram em um alimento, são destruídos ou se desenvolvem, dependendo de quanto tempo os alimentos ficam na assim chamada zona de perigo.

Há patógenos que sobrevivem a qualquer temperatura. Para os maiores causadores de enfermidades, o melhor ambiente é aquele com temperaturas entre 5 °C e 57 °C – a zona de perigo. A maior parte dos patógenos é destruída ou não se reproduz a temperaturas acima de 57 °C, e armazenar alimentos a temperaturas inferiores a 5 °C desacelera ou interrompe o ciclo de reprodução. (Nota-se que os patógenos da intoxicação podem ser destruídos durante a cocção, mas as toxinas já produzidas ainda estarão lá.)

Em condições favoráveis, os patógenos podem reproduzir-se com rapidez espantosa. Portanto, controlar o tempo durante o qual os alimentos permanecem na zona de perigo é essencial para prevenir doenças. Os alimentos deixados nessa zona por um período superior a quatro horas são considerados estragados. Além disso, é bom que se saiba que essas quatro horas são cumulativas, o que significa que é a soma dos períodos em que o alimento fica na zona de perigo. Portanto, uma vez que o período de quatro horas for ultrapassado, aquecer, esfriar ou qualquer outro método de cocção não consegue recuperá-lo.

RECEBA E ARMAZENE OS ALIMENTOS COM SEGURANÇA

Não é raro que os produtos sejam entregues já contaminados ao estabelecimento de serviço alimentar. Para evitar isso, inspecione todas as mercadorias e certifique-se de que chegaram em condições higiênicas adequadas. Verifique se a temperatura dentro do caminhão de entrega é adequada, a temperatura do produto e as datas de validade. Observe se os alimentos foram inspecionados pelo governo e têm os carimbos ou selos de certificação. Escolha itens ao acaso e rejeite quaisquer mercadorias que não satisfaçam seus padrões. Leve imediatamente todos os produtos para condições de armazenamento adequadas.

A manutenção da geladeira e do *freezer* deve ser feita regularmente, e eles precisam ser equipados com termômetros para que se possa verificar se a temperatura está numa faixa segura. Embora, na maior parte dos casos, refrigerar não elimine os patógenos, com certeza reduzirá drasticamente sua reprodução. Em geral, as geladeiras devem ser mantidas com temperaturas entre 0 °C e 2 °C, mas haverá maior qualidade se certos alimentos puderem ser armazenados nas seguintes temperaturas específicas:

Carnes vermelhas e aves: 0 °C a 2 °C.

Peixes e frutos do mar: -1 °C a 1 °C.

Ovos: 3 °C a 4 °C.

Laticínios: 2 °C a 4 °C.

Produtos agrícolas: 4 °C a 7 °C.

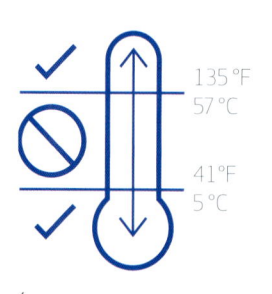

Ícone de zona de perigo

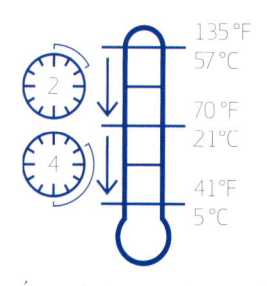

Ícone de tempo e temperatura

O ideal é ter refrigeradores separados para cada uma dessas categorias, mas, se necessário, um único refrigerador pode ser dividido em seções. A frente da geladeira é a área menos fria, enquanto, no fundo, a temperatura é mais baixa.

Antes de guardar alimentos no refrigerador, deve-se esfriá-los adequadamente, guardá-los em recipientes limpos, embalá-los e etiquetá-los com clareza, informando o conteúdo e a data. Armazene os produtos crus abaixo e longe de alimentos cozidos para impedir contaminação cruzada por gotejamento. Use o princípio de "primeiro a entrar, primeiro a sair" (Fifo, acrônimo da expressão em inglês: *first in, first out*) quando arrumar os alimentos, de modo que os itens mais velhos fiquem na frente.

A armazenagem seca é usada para enlatados, especiarias, condimentos, cereais e produtos básicos como farinha de trigo e açúcar, além de alguns vegetais e frutas que não requeiram refrigeração e sejam pouco perecíveis. Como todas as áreas de armazenagem, esta também deve ser limpa e com ventilação adequada. Os produtos de limpeza devem ser guardados em local separado.

MANUSEANDO ALIMENTOS COZIDOS OU PRONTOS PARA SERVIR COM SEGURANÇA

Mantenha quentes os alimentos quentes, e frios os alimentos frios. Use equipamentos apropriados (mesas de vapor, panelas de vapor duplas, *bain-maries*, estufas ou gabinetes aquecidos, *chafing dishes*, etc.) para manter os pratos quentes a 57 °C ou acima dessa temperatura. Esses equipamentos de manutenção de temperatura não devem ser utilizados para cozinhar ou reaquecer.

Para manter os pratos frios a 5 °C ou menos também deve ser usado um sistema apropriado (no caso, gelo ou refrigerador).

RESFRIANDO OS ALIMENTOS COM SEGURANÇA

Um dos principais culpados pelas doenças alimentares é o resfriamento não adequado. Os alimentos cozidos e que serão armazenados precisam ser resfriados para menos de 5 °C tão rápido quanto possível. Isso deve ser feito no período de quatro horas, a não ser que seja utilizado o método de resfriamento em dois estágios. No primeiro estágio, os alimentos devem ser resfriados para 21 °C em, no máximo, duas horas. No segundo estágio, devem chegar aos 5 °C ou menos no período de quatro horas adicionais, dando um tempo total de resfriamento de seis horas.

A maneira adequada de esfriar líquidos quentes é colocá-los em um recipiente de metal, o qual será mantido num banho de água com gelo que chegue ao mesmo nível do líquido dentro do recipiente. Mexa o líquido do recipiente com frequência, misturando o líquido mais quente do centro e o mais frio das laterais, baixando a temperatura geral com maior rapidez.

Alimentos semissólidos e sólidos devem ser refrigerados em camadas únicas, em recipientes rasos, para permitir maior exposição de sua superfície ao ar frio. Pela mesma razão, peças grandes de carne ou outros alimentos devem ser cortados em porções menores, resfriados até a temperatura ambiente e embalados antes de refrigerar.

LIDANDO COM OVOS DE FORMA SEGURA

O consumidor de hoje sabe muito bem que os ovos podem transmitir doenças. Portanto, de início, vamos examinar as regras básicas para lidar de maneira segura com ovos e alimentos que os contêm.

» *As cascas dos ovos não podem apresentar rachaduras, nem vazamentos, nem ter orifícios aparentes.*

» *As gemas cruas são um alimento potencialmente perigoso, em razão de possível presença da bactéria Salmonella enteritidis. Essa bactéria é eliminada quando os ovos são mantidos a uma temperatura de pelo menos 60 °C por um mínimo de 3 minutos. A 71 °C, elas são eliminadas instantaneamente. Os ovos fritos ou pochés devem ser preparados com as gemas moles apenas se o cliente assim pedir.*

» *Alimentos com ovos precisam ser mantidos a temperaturas seguras durante o manuseio, cozimento e armazenamento. O esfriamento e reaquecimento devem ser feitos com rapidez.*

REAQUECENDO OS ALIMENTOS COM SEGURANÇA

Alimentos preparados com antecedência e depois reaquecidos devem passar pela zona de perigo o mais rápido possível, e ser aquecidos a pelo menos 74 °C por, no mínimo, quinze segundos. Se todos os procedimentos para esfriar e reaquecer forem sempre seguidos, os alimentos podem ser resfriados e reaquecidos mais de uma vez.

O alimento deve ser trazido à temperatura apropriada sobre calor direto (queimador, fogão elétrico, grelha ou forno convencional) ou num forno de micro-ondas. Uma mesa de vapor manterá os alimentos adequadamente reaquecidos acima de 57 °C, mas não os tirará da zona de perigo com rapidez suficiente. Use termômetros de leitura instantânea para verificar as temperaturas.

DESCONGELANDO OS ALIMENTOS COM SEGURANÇA

Alimentos congelados podem ser descongelados com segurança de diversas maneiras. O melhor método – embora o mais lento – é deixar que o alimento descongele na geladeira. Deve continuar embalado e ser colocado em um recipiente raso, numa prateleira inferior, para prevenir qualquer possível contaminação.

Se não houver tempo para que o processo ocorra na geladeira, o alimento, coberto ou embalado, pode ser colocado em um recipiente sob água corrente à temperatura de aproximadamente 21 °C ou menos. Use uma corrente de água com pressão suficiente para fazer com que a água circule por todo o alimento.

As porções individuais a cozer imediatamente podem ser descongeladas no forno de micro-ondas. Os líquidos, itens pequenos ou porções individuais também podem ser cozidos sem serem descongelados. Mas as peças grandes que forem levadas ao fogo ainda congeladas ficam cozidos demais na parte externa antes de ficarem completamente prontas. Nunca descongele alimentos à temperatura ambiente.

ANÁLISE DE PERIGOS E PONTOS CRÍTICOS DE CONTROLE (APPCC)

O sistema de APPCC é o programa de segurança alimentar mais avançado que existe, tendo sido desenvolvido para astronautas. Tem uma abordagem sistemática e preventiva das condições responsáveis pela maior parte das doenças causadas por alimentos. Ele antecipa como os problemas de segurança alimentar provavelmente ocorrerão e informa as medidas para evitá-los. Os tipos de perigo consistem nas condições biológicas, químicas e físicas. Os perigos biológicos são, em geral, microbiológicos e incluem bactérias, vírus e parasitas. Riscos químicos podem ser encontrados nos produtos de sanitização usados na cozinha, e os riscos físicos incluem pedaços pequenos de vidro, madeira, pedras ou outros objetos estranhos.

O sistema foi adotado tanto por processadores de alimentos como por restaurantes, além da Food and Drug Administration (FDA) e do Departamento de Agricultura dos Estados Unidos, esses dois últimos agências governamentais americanas. No momento, não há nenhuma regulamentação que obrigue os estabelecimentos de serviço alimentar a usar a APPCC. Entretanto, se tal sistema for instituído, pode haver muitas vantagens. A APPCC está baseada nos sete fundamentos seguintes:

1. **AVALIE OS PERIGOS.** O primeiro passo num programa de APPCC é a análise dos perigos do item do menu ou da receita. Cada passo no processo deve ser examinado, iniciando com o desenho de um fluxograma que cubra desde a chegada dos ingredientes ao estabelecimento até o prato na mesa do cliente.

2. **IDENTIFIQUE OS PONTOS CRÍTICOS DE CONTROLE.** O passo seguinte, depois que você estabeleceu um fluxograma e identificou os perigos potenciais, é identificar os pontos críticos de controle (PCC). Um ponto crítico de controle é o momento, na utilização do alimento, em que se pode prevenir, eliminar ou reduzir um perigo existente ou potencial. Na definição do Código Alimentar da FDA, é "um ponto ou procedimento em um sistema alimentar específico em que a perda de controle pode resultar em um risco inaceitável para a saúde". Um dos aspectos mais complexos na implementação de uma APPCC é identificar esses pontos que exigem muita atenção.

3. **ESTABELEÇA LIMITES CRÍTICOS E MEDIDAS DE CONTROLE.** Os limites críticos são, geralmente, padrões relacionados a medidas de controle para cada ponto crítico de controle. Muitos já foram estabelecidos pelos departamentos de saúde locais. Por exemplo, o limite crítico estabelecido para o cozimento, no preparo do frango, é uma temperatura final interna de 74 °C. Se você tivesse de reter o frango na linha antes de servi-lo, ele teria de ser mantido a 60 °C, para evitar micróbios patogênicos.

Nesse processo, reter o frango seria um ponto crítico. Medidas de controle são as que podem ser tomadas antecipadamente para facilitar a obtenção de seu limite crítico.

4. **ESTABELEÇA PROCEDIMENTOS PARA MONITORAR PCCs.** Os limites críticos para cada ponto crítico de controle devem identificar o que deve ser monitorado. Também se deve estabelecer como o PCC será monitorado e quem o fará. O monitoramento ajuda a melhorar o sistema, permitindo a identificação de problemas, ou falhas, em determinados pontos do processo.

5. **ESTABELEÇA PLANOS DE AÇÃO CORRETIVOS.** Se ocorrer algum desvio ou não se conseguir atingir o padrão em algum estágio no processo, deve-se estabelecer um plano de ação. Para cada PCC devem ser desenvolvidas ações corretivas específicas, porque cada item alimentar e seu preparo podem variar muito de uma cozinha para outra.

6. **ESTABELEÇA UM SISTEMA DE REGISTRO.** Mantenha a documentação à mão para verificar se o sistema está funcionando ou não. Registrar as ocorrências nos PCCs assegura que os limites críticos sejam obedecidos e ocorra o monitoramento preventivo. A documentação, em geral, consiste de registros de tempo/temperatura, *check-lists* e formulários.

7. **DESENVOLVA UM SISTEMA DE VERIFICAÇÃO.** Este passo é para estabelecer procedimentos que verifiquem se o plano de APPCC está funcionando corretamente. Se os procedimentos não estiverem sendo seguidos, tente descobrir quais modificações podem ser feitas.

SERVINDO OS ALIMENTOS COM SEGURANÇA

A possibilidade de transmissão de doenças não termina quando o alimento deixa a cozinha. Os garçons também devem ser treinados em práticas de boa higiene e manuseio de alimentos. As mãos devem ser lavadas

ALERGIAS ALIMENTARES

A maneira como seu corpo reage quando você ingere algum alimento ao qual você seja alérgico pode ser drástica e mesmo perigosa. Uma reação alérgica a algum alimento pode também ocorrer rapidamente. Você pode apresentar coceira, urticária ou vergões na pele. Algumas pessoas têm inchaço na garganta ou na língua. Reações graves exigem atendimento médico imediato.

Uma alergia alimentar não é assunto para ser levado na brincadeira. Como chef, você não pode partir do princípio de que um pedido de prato "sem alho" indique um paladar imaturo ou uma preferência alimentar sem sentido. Para uma pessoa alérgica, mesmo um mero vestígio de alho em sua sopa pode desencadear uma reação.

Pessoas alérgicas vão fazer perguntas sobre o cardápio a fim de identificar os alimentos que elas não podem comer. É importante que tanto você como sua equipe saibam os ingredientes empregados em um prato.

É importante ainda perceber que dependendo da sensibilidade de uma pessoa, mesmo o mais ínfimo resíduo de algum alérgeno deixado em algum equipamento da cozinha e transferido para uma refeição pode ser suficiente para desencadear uma reação alérgica.

Veja a seguir alguns dos alimentos que comumente causam reações alérgicas:

» *amendoim;*
» *oleaginosas (nozes, avelãs, castanhas-do-pará, nozes pecã);*
» *leite;*
» *ovos;*
» *trigo;*
» *soja;*
» *peixe;*
» *frutos do mar.*

adequadamente depois de usar o banheiro, comer, fumar, tocar a face ou o cabelo, e lidar com dinheiro, pratos sujos ou toalhas de mesa já utilizadas. Ao pôr as mesas, nunca se deve tocar as partes dos talheres que entram em contato com o alimento e os copos só podem ser manuseados pela haste ou pela base. Os pratos, copos e talheres devem ser carregados, igualmente, de maneira a não se tocar as superfícies que entram em contato com o alimento. Todos os pratos devem ser servidos utilizando-se os utensílios apropriados.

LIMPANDO E SANITIZANDO

Limpar se refere à remoção de sujeira ou partículas de alimento, ao passo que *sanitizar* envolve o uso de calor úmido ou agentes químicos para eliminar micro-organismos patogênicos. Para equipamentos que não podem ser imersos em uma pia, ou utensílios como facas e tábuas de carne durante o preparo de alimentos, use pano embebido em solução sanitizadora duplamente forte para limpar e sanitizar entre um uso e outro. Iodo e cloro ativo são agentes sanitizantes comuns, e, para a finalização de assepsia, deve-se sempre usar álcool composto de 70%.

Os equipamentos pequenos, ferramentas, panelas, pratos, talheres e copos devem ser colocados na máquina de lavar pratos ou lavados manualmente numa pia de três compartimentos. Depois da sanitização, o equipamento e o material de mesa – pratos, talheres e copos – devem secar ao ar, porque usar papel ou panos de prato pode resultar em contaminação cruzada.

Cuidadosos procedimentos de sanitização, manuseio adequado dos alimentos e instalações bem cuidadas se combinam para prevenir infestações de germes. Tome todas as providências necessárias para impedir a instalação dos vários agentes patógenos.

segurança na cozinha

Além das precauções necessárias contra doenças causadas por alimentos, deve-se também tomar cuidado para evitar acidentes com o pessoal e com os clientes. Para tal, devem ser tomadas as seguintes medidas de segurança.

SAÚDE E HIGIENE

Verificar a boa saúde geral fazendo *check-ups* regularmente. Não manusear alimentos quando doente. Manter queimaduras ou cortes na pele cobertos com bandagem limpa, à prova de água. Cobrir a face com um lenço de papel quando tossir ou espirrar e lavar as mãos em seguida.

Manter o cabelo limpo e preso, se necessário. As unhas das mãos devem ser curtas e bem cuidadas, sem esmalte. As mãos não devem tocar nem a face nem o cabelo durante o preparo dos alimentos.

SEGURANÇA CONTRA FOGO

São necessários apenas alguns segundos para que uma simples faísca se transforme em um enorme incêndio. É fácil imaginar, em qualquer cozinha movimentada, fogo na gordura, fogo elétrico ou até mesmo uma lata de lixo cheia de papel em chamas quando se atira nela, descuidadamente, um fósforo aceso. Deve ser preparado um plano de segurança completo, que passe a fazer parte do treinamento de todos os funcionários.

O primeiro passo a tomar é certificar-se de que todo o pessoal sabe onde se localizam os perigos potenciais de incêndio. Certifique-se de que todo o equipamento está de acordo com a lei. Fios elétricos descascados ou expostos e tomadas defeituosas podem, facilmente, causar incêndios. Tomadas sobrecarregadas são outras culpadas comuns. O treinamento completo é essencial. Todos devem saber o que fazer em caso de incêndio. Instrua o pessoal da cozinha sobre a maneira correta de manusear o fogo na grelha ou na gordura.

Coloque extintores de incêndio em áreas de fácil acesso. É essencial que seja feita uma manutenção adequada deles e haja inspeções regulares dos bombeiros. As saídas de todas as áreas do estabelecimento devem ser fáceis de encontrar, livres de obstáculos e funcionais.

Treinamento integral é essencial. Todos precisam saber como agir em caso de incêndio. Seus clientes vão contar com você e com sua equipe para orientá-los sobre como proceder. Instrua sua equipe de cozinha a respeito da maneira correta de lidar com fogo de grelha e com fogo em gordura. (Acima de tudo, garanta que todos saibam que jamais devem tentar apagar um incêndio na gordura, químico ou elétrico jogando água nas chamas.) E todos precisam saber o número de telefone dos bombeiros.

VESTINDO-SE PARA A SEGURANÇA

As várias partes do uniforme típico do chef desempenham papéis importantes para mantê-lo fora de perigo, pois ele opera em um ambiente potencialmente perigoso. Seu jaleco, por exemplo, é trespassado, o que cria uma barreira de tecido de duas camadas entre o peito e potenciais queimaduras com vapor, borrifos e derramamentos. O desenho também permite que o jaleco seja reabotoado do lado oposto para esconder quaisquer derramamentos. As mangas do jaleco são longas, para cobrir o braço tanto quanto possível, e as calças não devem ter bainhas, onde podem se alojar líquidos quentes.

Os chefs usam chapéus para prender o cabelo, impedindo que caia na comida, seja ele um toque branco alto ou um boné de seu time. Os chapéus também ajudam a absorver o suor da testa. Os lenços no pescoço também servem a esse último propósito.

O avental é usado para proteger o jaleco e as calças do excesso de manchas. A maior parte dos chefs usa toalhas laterais para proteger as mãos quando trabalham com panelas, pratos quentes ou outros equipamentos. As toalhas laterais usadas para erguer itens quentes devem estar secas, para oferecer proteção.

Recomendam-se sapatos de couro fortes com solas antiderrapantes pela proteção que oferecem e pelo suporte que dão aos pés.

Jalecos, calças, toalhas laterais, aventais e sapatos podem acumular bactérias, mofo e parasitas. Use água quente, um bom detergente e um sanitizador, como o bórax ou a água sanitária, para remover bactérias e sujeira.

A AGÊNCIA NACIONAL DE VIGILÂNCIA SANITÁRIA (ANVISA)

A Agência Nacional de Vigilância Sanitária foi criada em 1999. É uma agência reguladora caracterizada pela independência administrativa, a estabilidade de seus dirigentes durante o período de mandato e a autonomia financeira. Na estrutura da Administração Pública Federal, a Agência está vinculada ao Ministério da Saúde, e esse relacionamento é regulado por Contrato de Gestão.

A finalidade institucional da Anvisa é promover a proteção da saúde da população por intermédio do controle sanitário da produção e da comercialização de produtos e serviços submetidos à vigilância sanitária, inclusive dos ambientes, dos processos, dos insumos e das tecnologias a eles relacionados. Além disso, a Anvisa exerce o controle de portos, aeroportos e fronteiras e a interlocução com o Ministério das Relações Exteriores e instituições estrangeiras para tratar de assuntos internacionais na área de vigilância sanitária.

Para mais informações sobre a organização, ver http://www.anvisa.gov.br/.

A NORMA 9050 DA ABNT

Esta norma estabelece critérios e parâmetros técnicos a serem observados quando do projeto, da construção, da instalação e da adaptação de edificações, mobiliário, espaços e equipamentos urbanos às condições de acessibilidade. Visa proporcionar a maior quantidade possível de pessoas, independentemente de idade, estatura ou limitação de mobilidade ou percepção, a utilização de maneira autônoma e segura do ambiente, edificações, mobiliário, equipamentos urbanos e elementos.

No Brasil, a política pública relativa à segurança e à saúde do trabalhador está a cargo do Ministério do Trabalho e Emprego. O órgão encarregado de conduzir essa política é o Departamento de Segurança e Saúde no Trabalho (DSST).

drogas e álcool no local de trabalho

Um tópico final que é de grande importância no local de trabalho é o direito de todos os trabalhadores de estar livres dos riscos decorrentes da presença de um colega sob a influência de drogas ou álcool. O abuso de qualquer substância é uma preocupação séria, porque pode alterar ou prejudicar o desempenho. Os tempos de reação se desaceleram, as inibições baixam e o julgamento fica prejudicado. As responsabilidades de um profissional em qualquer cozinha são grandes demais para permitir que alguém com um problema desses diminua o respeito e a confiança que você ganhou de seus clientes e pessoal.

utensíli
na coz

os e ingredientes
inha profissional

PARTE 2

identificação do equipamento

Os utensílios, grandes e pequenos, tornam possível que os chefs desempenhem bem seu trabalho. De fato, usar o utensílio correto para determinada tarefa é uma das marcas registradas do bom profissional. Igualmente importante é a habilidade de manusear e cuidar de cada um deles, seja uma tábua de carne, uma faca, uma mandoline ou uma panela.

CAPÍTULO 5

facas

Um dos primeiros passos para tornar-se profissional é formar uma coleção pessoal de facas. Assim como um artista ou artesão reúne as ferramentas necessárias para pintar, esculpir ou desenhar, você precisará selecionar as facas que lhe permitirão desempenhar o trabalho de modo mais seguro e mais eficiente. As facas que você escolher se tornarão tão importantes quanto seus próprios dedos – serão, literalmente, uma extensão de suas próprias mãos.

1. Manuseie as facas com respeito. As facas podem sofrer danos se forem manuseadas sem cuidado. Embora as de boa qualidade sejam fabricadas para durar a vida inteira, mesmo essas acabarão apresentando defeitos se não forem bem cuidadas.

2. Mantenha as facas afiadas. Aprenda as técnicas apropriadas para afiar e amolar na pedra. A faca afiada não só apresenta melhor desempenho, como seu uso é mais seguro, porque o esforço para cortar o alimento é menor. Há muitas maneiras de amolar facas. De tempos em tempos, use uma pedra, uma máquina de afiar ou envie-as a um amolador profissional.

3. Mantenha as facas limpas. Limpe bem as facas, imediatamente depois de usá-las. É necessário higienizar a faca inteira, incluindo o cabo, o gavião e a lâmina, de modo que o utensílio não contamine os alimentos. Não lave facas na máquina de lavar pratos.

4. Use procedimentos seguros para manusear facas. Há padrões de comportamento para se usar as facas. Quando você estiver passando uma faca para alguém, coloque-a sobre a superfície de trabalho de modo que o cabo fique mais próximo da pessoa que vai pegá-la. Quando precisar carregar a faca de uma área da cozinha para outra, segure-a verticalmente, com a lâmina para baixo, ao seu lado, e o fio voltado para trás; além disso, avise as pessoas que você está passando com um instrumento cortante. Quando colocar a faca sobre uma superfície de trabalho, certifique-se de que nenhuma parte dela se estenda para fora da tábua ou da mesa de trabalho. Não cubra a faca com panos de cozinha, equipamento e coisas assim. Certifique-se de que a lâmina está voltada para dentro da borda da superfície de trabalho. Não tente pegar uma faca que está caindo.

5. Use uma superfície adequada para cortar. Cortar diretamente sobre superfícies de metal, vidro ou mármore vai cegar e, finalmente, danificar a lâmina da faca. Para evitar que isso ocorra, sempre use tábuas de altileno ou de fibra.

6. Armazene as facas adequadamente. Há diversas maneiras práticas e seguras de armazenar facas, inclusive em *kits*, rolos, fendas, cepos, *racks* e em prendedores magnetizados. Qualquer que seja o sistema de armazenamento, ele deve ser mantido tão limpo quanto as facas.

AS PARTES DE UMA FACA

Para selecionar uma faca de boa qualidade, que se ajuste bem à sua mão e seja adequada para a tarefa, você precisa ter um conhecimento adequado de suas diversas partes.

Lâminas

Atualmente, o material mais frequentemente usado para fabricar lâminas é o aço inoxidável de alto carbono. Mas há outros materiais disponíveis, como o aço inoxidável e o aço carbono.

Embora as lâminas de aço carbono aceitem melhor a afiação do que as de aço inoxidável ou de aço de alto carbono, elas perdem o fio mais rapidamente. Além disso, as lâminas de aço carbono perdem a cor quando entram em contato com alimentos ácidos. O metal é frágil e pode se quebrar facilmente sob pressão.

O *aço inoxidável* é bem mais forte do que o aço carbono, não perde a cor nem enferruja. É difícil conseguir uma boa afiação numa lâmina de aço inoxidável, embora, uma vez obtida, ela dure mais do que a afiação na lâmina de aço carbono.

O *aço inoxidável de alto carbono* é uma novidade relativamente recente, que combina as vantagens do aço carbono e do aço inoxidável. A porcentagem mais alta de carbono permite que a lâmina aceite e mantenha melhor a afiação.

O melhor tipo de lâmina para uso geral é a forjada a partir de uma única folha de metal e trabalhada de modo a diminuir uniformemente de grossura da espinha ao fio, sem qualquer chanfradura.

Há lâminas feitas pela combinação de duas folhas de metal. Os fios são, então, chanfrados ou acanelados.

Espigas

A espiga* é a continuação da lâmina que se estende para dentro da empunhadura da faca. As facas usadas para trabalho pesado, como facas do chef ou cutelos, devem ter uma espiga inteira, ou seja, a espiga é quase tão longa quanto o cabo todo. Embora lâminas com espigas parciais não sejam tão duráveis, elas são aceitáveis nas facas usadas com menor frequência. Espigas estilo "rabo de rato" são muito mais estreitas do que a espinha da lâmina e encaixadas no cabo.

Cabos

O material preferido para os cabos ou empunhaduras de facas é o jacarandá, por ser extremamente duro e ter uma grã muito fechada ou fina, o que ajuda a prevenir fendas e rachaduras. Impregnar a madeira com plástico protege o cabo das avarias causadas pela contínua exposição a água e detergentes. O cabo deve encaixar-se na mão confortavelmente. Se isso ocorrer, reduz-se a fadiga.

Rebites

Os rebites de metal são, geralmente, usados para prender as espigas ao cabo. Devem ser bem lisos e ficar rentes à superfície da empunhadura.

Gaviões

Em algumas facas há um colarinho ou haste, chamado gavião, no ponto em que a lâmina encontra a empunhadura. É sinal de faca bem-feita. O gavião ajuda a equilibrar a faca e protege a mão de escorregadelas acidentais. Algumas facas podem ter um colarinho que parece um gavião, mas, na verdade, é uma peça separada pregada ao cabo. Essas facas tendem a desestruturar-se facilmente e devem ser evitadas.

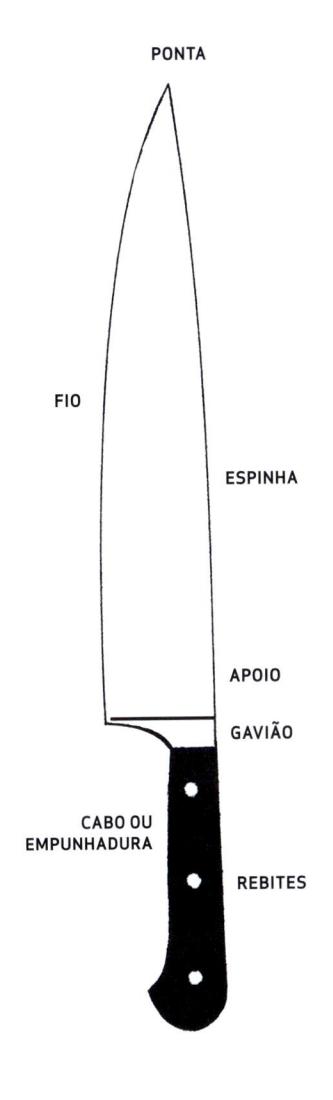

PARTES DE UMA FACA

*O termo "alma" também é empregado para esta parte. (N. E.)

tipos de faca

Há uma extensa gama de facas para desempenhar funções específicas. À medida que você vai trabalhando em cozinhas profissionais, seu *kit* de facas tende a crescer, abrangendo não só as básicas – faca de chef ou faca francesa, faca de desossar, faca de legumes, faca trinchante –, mas também várias facas especiais. A lista que se segue pretende ser um guia de facas encontradas em praticamente qualquer *kit* de facas bem montado.

CIMITARRA

CUTELO

FACAS MULTIUSO

FACA TRINCHANTE

FACA TRINCHANTE FLEXÍVEL

FACAS TRINCHANTES SERRILHADAS (ponta fina e arredondada)

FACAS DO CHEF OU FRANCESAS

FACA DE DESOSSAR

FACA COM LÂMINA ALVEOLADA

FACA DE LEGUMES

FACA PARA TORNEADOS

UTENSÍLIOS E INGREDIENTES NA COZINHA PROFISSIONAL

Facas de cozinha comuns

NOME(S)	CARACTERÍSTICAS	USOS COMUNS
Faca do chef ou faca francesa	Lâmina de 8 a 12 polegadas de comprimento.	Com múltiplas finalidades, é usada para diversos tipos de tarefa, como picar, cortar (pedaços grandes a miúdos) e fatiar.
Faca multiuso	Menor e mais leve que a faca do chef, tem lâmina de 5 a 8 polegadas de comprimento.	Usada em várias tarefas de corte mais leve.
Faca de ofício (faca de legumes)	Lâmina de 2 a 4 polegadas de comprimento.	Aparar e cortar frutas e vegetais.
Faca de desossar	Lâmina rígida, mais fina e mais curta do que a da faca do chef, com cerca de 6 polegadas de comprimento.	Separar a carne crua do osso.
Faca para filetar	Semelhante, em forma e em tamanho, à faca de desossar, mas mais fina e com lâmina mais flexível.	Cortar filés de peixe.
Faca trinchante	Lâmina longa e com ponta arredondada; a lâmina lisa ou serrilhada pode ser flexível ou rígida, afilada ou arredondada ou, ainda, canelada.	Fatiar carne cozida; indicada também para fatiar alimentos como salmão defumado.
Cutelo	Pesado a ponto de cortar ossos; lâmina retangular; tamanho variável de acordo com o uso que se quer fazer dele.	Cortar peças maiores e/ou mais resistentes e ossos. Na culinária oriental também é usado para cortes finos.
Faca para tornear (*tourné*)	Semelhante à faca de legumes; tem a lâmina curvada, o que facilita o corte de superfícies curvas de determinados vegetais e cogumelos.	Tornear vegetais e cogumelos.

AMOLAÇÃO E AFIAÇÃO

O segredo para o uso apropriado e eficiente de qualquer faca é certificar-se de que está amolada. Uma faca com a lâmina afiada sempre trabalha melhor e com mais segurança, pois corta facilmente. As lâminas das facas são afiadas numa pedra de amolar e a manutenção, entre uma afiação e outra, é feita amolando-as com uma chaira.

As pedras de amolar são essenciais para a manutenção adequada das facas. Amole a lâmina passando o fio sobre a pedra num ângulo de 20°. A granulação – o grau de aspereza ou finura da superfície da pedra – desgasta o fio da lâmina, afiando-o. Ao amolar a faca, comece sempre usando a superfície mais áspera da pedra, e depois passe para as superfícies mais finas.

Deve-se usar uma pedra com granulação fina para facas para desossar e outros utensílios dos quais se exige uma lâmina particularmente afiada. A maior parte das pedras pode ser usada seca ou umidificada com água ou óleo mineral.

As pedras combinadas (*carborundum*) têm um lado fino e um lado médio. As pedras de três faces (*Arkansas*) estão disponíveis com muitos graus de aspereza. Algumas consistem em três pedras, com graus variáveis de aspereza, montadas em uma roda. As pedras de diamante industrial também estão disponíveis. Embora caras, são as preferidas de alguns chefs, que julgam que essas pedras afiam melhor a lâmina.

As opiniões divergem sobre se a lâmina da faca deve ser passada sobre a pedra do cabo para a ponta ou da ponta para o cabo. Mas a maior parte dos chefs concorda que a consistência na direção do movimento usado para passar a lâmina sobre a pedra é importante.

Antes de usar a pedra, certifique-se de que ela está apoiada de modo estável. Não importa qual seja o método, tenha em mente as seguintes diretrizes:

1. Faça seu *mise en place*.

2. Apoie a pedra de modo que não escorregue enquanto você trabalha. Pedras combinadas ou diamante devem ser colocadas sobre um pano úmido ou esteira de silicone. A de três faces é giratória, e pode ser travada em determinada posição, ficando imóvel.

3. Lubrifique a pedra com óleo mineral ou água. Utilize sempre o mesmo tipo de lubrificante. A água ou o óleo mineral ajudam a reduzir a fricção enquanto você amola a faca. O calor criado pela fricção não parece significativo, mas pode acabar danificando a lâmina.

4. Comece amolando o fio da lâmina na granulação mais grossa. Quanto mais cega for a lâmina, mais áspera deve ser a pedra.

5. Passe a lâmina toda sobre a superfície da pedra, mantendo pressão uniforme sobre a faca. Segure a faca no ângulo correto enquanto trabalha. Um ângulo de 20° é adequado para facas de chef e outras com lâminas semelhantes. Você pode precisar ajustar o ângulo em alguns graus para amolar lâminas mais finas adequadamente, como as facas para fatiar ou lâminas mais grossas, como cutelos.

6. Amole a lâmina sempre na mesma direção. Isso assegura que o fio permaneça liso e no alinhamento apropriado.

7. Faça igual número de movimentos e aplique pressão igual em cada lado da lâmina. Não amole demais em pedras de granulação grossa: depois de cerca de dez movimentos em cada lado da lâmina, passe para a granulação mais fina seguinte.

8. Termine de amolar na pedra mais fina, e depois lave e seque inteiramente a faca antes de usá-la ou guardá-la.

Amolação – Primeiro método

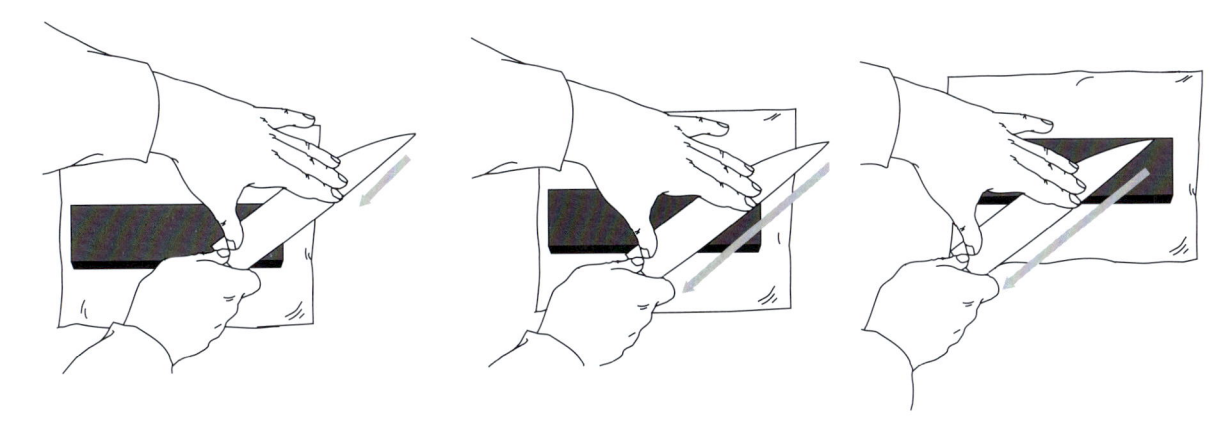

1. Use quatro dedos da mão guia para manter pressão constante sobre a faca.

2. Movimente a faca suavemente sobre a pedra.

3. Retire a faca da pedra brandamente. Vire a faca e repita todo o processo do outro lado.

Amolação – Segundo método

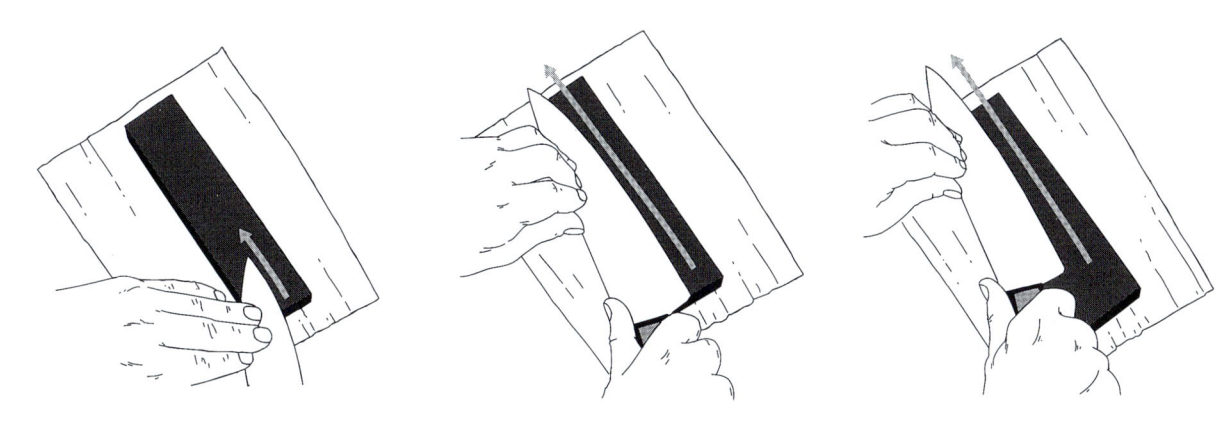

1. Empurre a lâmina sobre a superfície da pedra, usando a mão guia para manter a pressão uniforme.

2. Continue empurrando todo o comprimento da lâmina sobre a pedra.

3. Retire a faca da pedra suavemente. Vire a faca e repita todo o processo do outro lado.

chairas

A chaira deve ser usada imediatamente após a afiação da lâmina com uma pedra, e também entre afiações, para manter os fios alinhados. O comprimento da superfície de trabalho da chaira pode ir de três polegadas, numa versão de bolso, a mais de catorze polegadas. O material tradicional para a chaira é o aço duro. Também são encontradas no mercado chairas feitas com outros materiais, como vidro, cerâmica e superfícies impregnadas de diamante.

As chairas podem ter granulação grossa, média e fina, e algumas são magnéticas, o que ajuda a lâmina a manter o alinhamento apropriado, e também coleta aparas de metal. A guarda ou punho, entre a chaira e o cabo, protege o usuário, e um anel na ponta do cabo pode ser usado para pendurá-la.

Usa-se a chaira segurando a faca quase verticalmente, com a lâmina em um ângulo de 20°, apoiada no lado interno. A lâmina deve ser puxada ao longo de todo o comprimento da chaira.

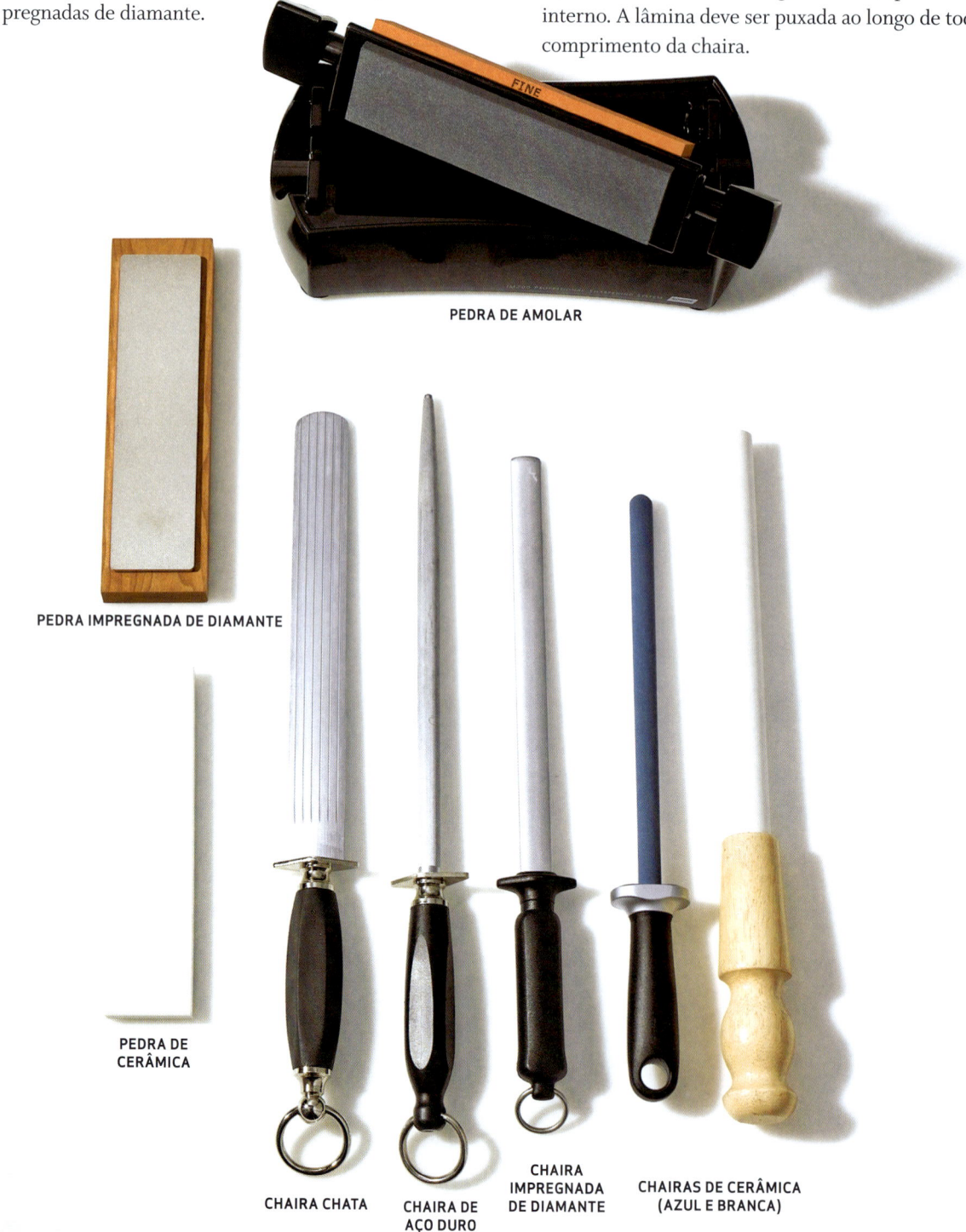

PEDRA DE AMOLAR

PEDRA IMPREGNADA DE DIAMANTE

PEDRA DE CERÂMICA

CHAIRA CHATA

CHAIRA DE AÇO DURO

CHAIRA IMPREGNADA DE DIAMANTE

CHAIRAS DE CERÂMICA (AZUL E BRANCA)

Tenha em mente a seguinte orientação:

» Enquanto trabalha, você deve ter bastante espaço, e ficar em pé com o peso distribuído uniformemente. Segure a chaira com o polegar e os dedos atrás da guarda.

» Puxe a lâmina ao longo da chaira, de modo que toda a borda toque a chaira. Trabalhe na mesma direção em cada lado da lâmina, para manter o fio reto.

» Mantenha a mesma pressão para evitar desgastar o metal no centro da lâmina o que, com o tempo, poderia criar uma curva. Mantenha a lâmina em um ângulo de 20° com a chaira.

» Use um toque leve, com movimentos uniformes e consistentes. Deite a lâmina na chaira; não bata uma na outra. Procure produzir um som leve: se ouvir um rangido, significa que você está aplicando pressão demais.

» Repita os movimentos no lado oposto da borda para endireitá-la de modo adequado. Se a lâmina precisar de mais de cinco passadas por lado na chaira, ela provavelmente precisa ser afiada numa pedra.

Amolando na chaira – Primeiro método

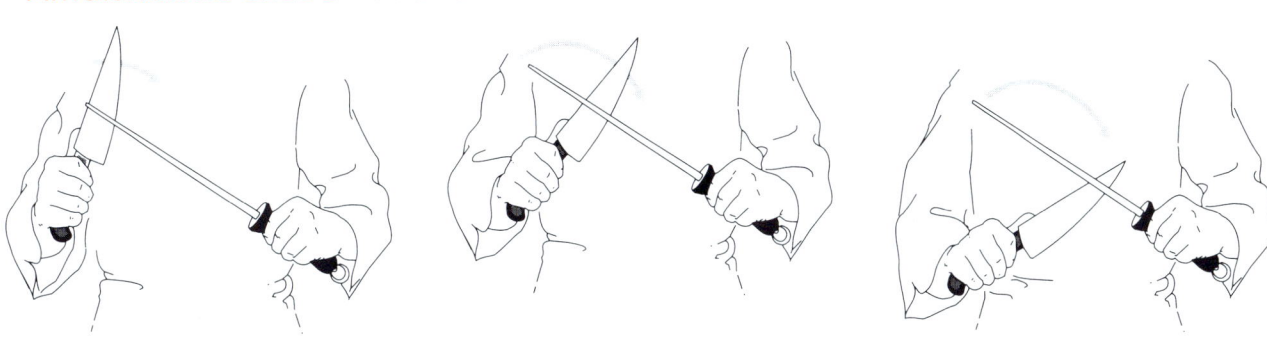

1. Comece com a faca quase vertical, com a lâmina sobre o lado interno da chaira.

2. Rode o pulso da mão que segura a faca à medida que a lâmina se move ao longo da chaira em um movimento para baixo.

3. Mantenha a lâmina em contato com a chaira até que a ponta saia da chaira. Repita o processo com a lâmina apoiada no lado externo da chaira.

Amolando na chaira – Segundo método

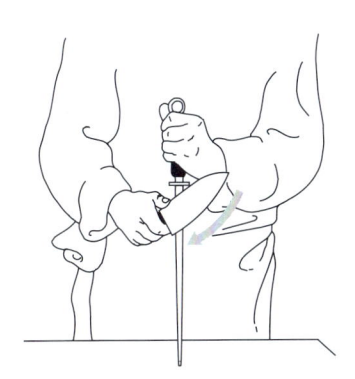

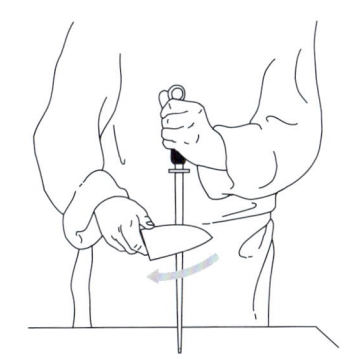

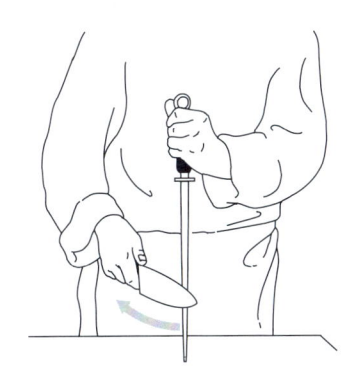

1. Segure a chaira numa posição quase vertical, com a ponta apoiada em uma superfície não escorregadia.

2. Mantenha a pressão leve e use o braço, não o pulso, para passar a faca ao longo da haste da chaira em um movimento contínuo e suave.

3. Termine a primeira passada puxando a lâmina ao longo da haste até chegar à ponta e passar também por ela. Repita o processo, dessa vez com a lâmina do outro lado da chaira.

utensílios manuais

O objetivo de usar utensílios específicos é tornar suas tarefas manuais mais fáceis e mais eficientes. O *kit* de facas também abrange diversos pequenos utensílios. Os tipos e gêneros dessas ferramentas são tantos que é impossível mencionar todos aqui. Preparos específicos é que vão sinalizar ao chef o utensílio necessário; além disso, cada chef tem suas preferências pessoais.

- ESPÁTULA PARA PEIXE
- GARFO TRINCHANTE
- ESPÁTULA PERFURADA
- DOIS ROLOS DE MACARRÃO FRANCESES
- DESCASCADORES COM LÂMINA GIRATÓRIA
- BATEDOR DE MOLHO
- BATEDORES DE ARAME TIPO BALÃO (*FOUET*)
- ESPÁTULAS EM ÂNGULO
- ROLO DE MACARRÃO

54 UTENSÍLIOS E INGREDIENTES NA COZINHA PROFISSIONAL

Utensílios manuais mais comuns

NOME	CARACTERÍSTICAS	USOS COMUNS
Descascador com lâmina giratória ou rotativa	A lâmina pode ser segurada tanto na vertical como na horizontal. Lâmina com 2 a 3 polegadas de comprimento.	Descascar frutas, legumes e tubérculos. Sua articulação giratória se adapta aos contornos dos ingredientes.
Boleador (*cullière parisienne*)	Pode ter uma ou duas colheres de diferentes tamanhos, entre um terço e três quartos de polegada de diâmetro.	Esculpir pedaços arredondados ou ovalados de legumes, tubérculos, cogumelos e frutas.
Garfo trinchante	Garfo com dois dentes longos de aproximadamente 4 a 6 polegadas de comprimento.	Testar o ponto de assados; transportar alimentos prontos à tábua de carne ou ao prato de servir; manter fixo um ingrediente que está sendo trinchado.
Espátula de confeiteiro (com e sem angulação) (*pallete knife*)	Utensílio flexível com ponta arredondada; pode ser perfurada ou não. Lâmina de 4 a 5 polegadas de comprimento e meia polegada ou três quartos de polegada de largura.	Na cozinha ou na confeitaria, espalhar recheios e coberturas; ajudar a enfeitar; fatiar; e inúmeras outras funções.
Batedores (*fouets*)	São esféricos e aramados, para incorporar ar e fazer espuma. Batedores de molho são mais finos e em geral seus arames são mais espessos.	Bater e misturar.
Espátula de cozinha (espátula para frituras/grelhados/chapa)	Lâmina em forma de cinzel, com 9 a 10 polegadas de comprimento e 3 a 4 polegadas de largura, com cabo curto.	Virar ou suspender alimentos em grelhas, *char broilers* e chapas.

CUIDADOS E LIMPEZA DE ROLOS DE MACARRÃO

Os rolos de macarrão são feitos de madeira dura, de granulação firme, que impede a penetração de gorduras e aromatizantes usados em massas. Eles nunca devem ser lavados com água. Fazer isso pode estragá-los, empenando ou distorcendo o grão da madeira. Use sempre um pano seco para limpar o rolo de macarrão, imediatamente após o uso. Se houver imperfeições em sua superfície, a massa que for aberta também apresentará imperfeições.

Os dois tipos básicos de rolo de macarrão são o francês (bastão) e o com alças. O francês consiste em um longo cilindro (de madeira, inox, cromado, silicone, entre outros materiais) rolado sobre a massa com as palmas das mãos. O segundo tipo é mais pesado e largo. Ele tem um orifício no centro do cilindro pelo qual passa uma vara de metal que sustenta as duas alças de madeira.

equipamentos para medir

Na cozinha profissional, as medidas são determinadas de muitas maneiras diferentes. Por isso, é importante ter equipamento calibrado para mensurações de volume de ingredientes líquidos e secos, tanto para o sistema de medidas americano como para o sistema métrico, assim como várias balanças para a mensuração precisa do peso.

Entre os equipamentos mais úteis e comuns para medir estão: os copos ou as jarras medidoras (usadas para medir líquidos); as balanças de mola, de dois pratos e eletrônicas (usadas para pesar ingredientes, para o preparo e controle das porções); os termômetros de leitura instantânea, para caldas e tipo espeto (usados para medir temperaturas internas); e as colheres medidoras.

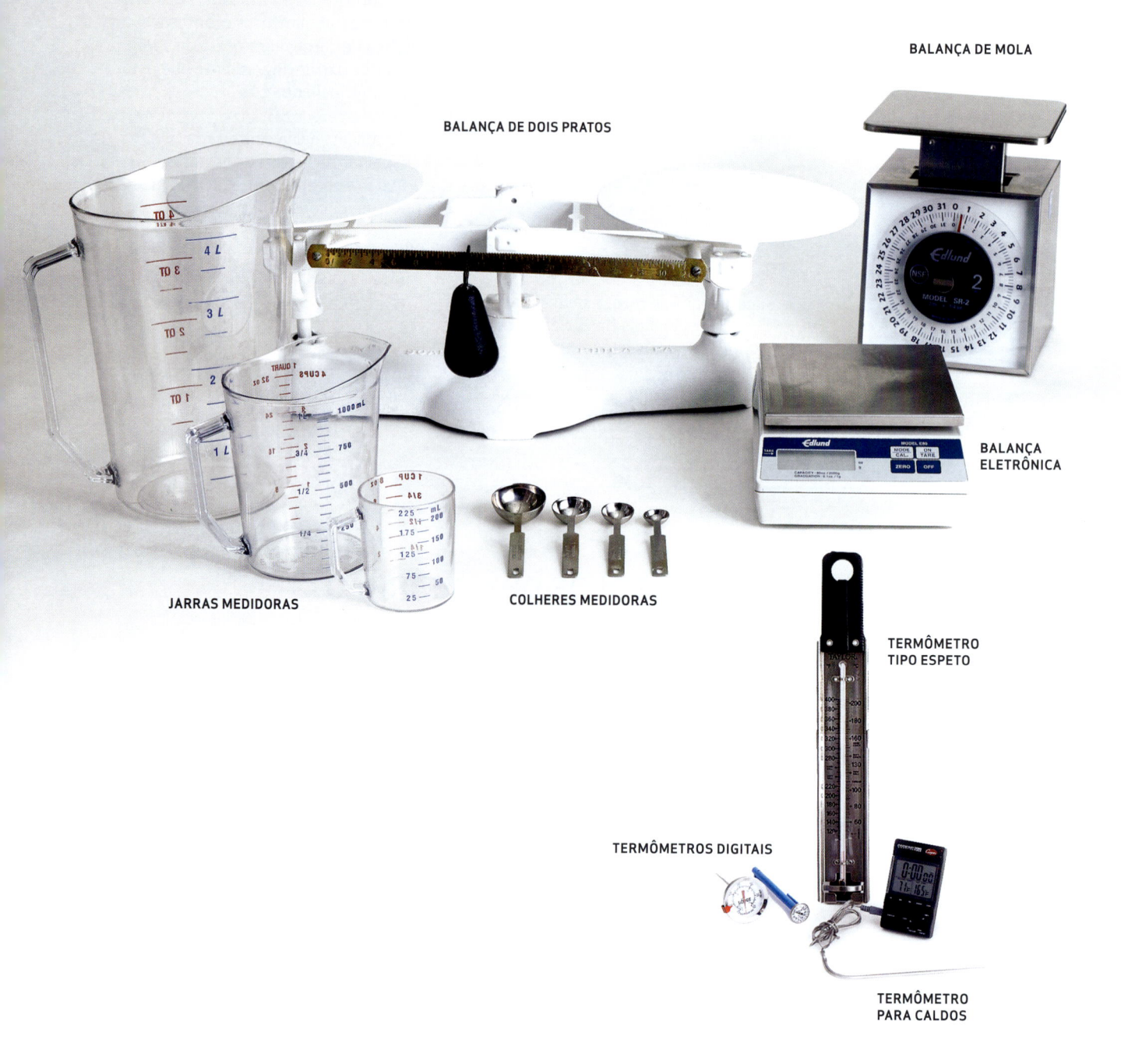

BALANÇA DE MOLA

BALANÇA DE DOIS PRATOS

BALANÇA ELETRÔNICA

JARRAS MEDIDORAS

COLHERES MEDIDORAS

TERMÔMETRO TIPO ESPETO

TERMÔMETROS DIGITAIS

TERMÔMETRO PARA CALDOS

peneiras e coadores

As peneiras e os coadores são usados para peneirar, arejar e ajudar a remover quaisquer grandes impurezas de ingredientes secos. Também são usados para escorrer ou fazer purê de alimentos cozidos ou crus. A malha delicada de alguns coadores é muito vulnerável: nunca os deixe dentro da pia cheia de panelas, onde podem ser amassados ou rompidos.

O passador é um tipo de coador usado para fazer purê de alimentos macios. Uma lâmina chata e curva gira sobre um disco preso a uma manivela operada manualmente. A maior parte dos modelos profissionais tem discos intercambiáveis com orifícios de diversos tamanhos. A peneira em forma de tambor (*tamis*) consiste em uma malha de aço estanhado, náilon ou aço inoxidável esticada em uma moldura de alumínio ou madeira. É usada para peneirar ou fazer purê. A peneira cônica (*chinois*) é usada para coar ou fazer purê. As aberturas no cone podem ser de diversos tamanhos, de muito grandes a muito pequenas. O coador de macarrão, disponível em diversos tamanhos, é uma peneira de aço inoxidável ou alumínio, com ou sem base, usada para coar ou escorrer alimentos. No espremedor podem ser colocados alimentos cozidos, em geral batatas: uma placa no final de uma alavanca empurra o alimento através dos orifícios. A musselina é um tecido leve, fino, frequentemente usado ao mesmo tempo ou no lugar de uma peneira cônica. É essencial para coar alguns molhos e também é usada para fazer sachês. Antes de ser usada, a musselina deve ser bem enxaguada em água quente, depois em água fria, para remover quaisquer fibras soltas. A musselina também adere melhor à lateral de tigelas, peneiras, etc. quando está úmida.

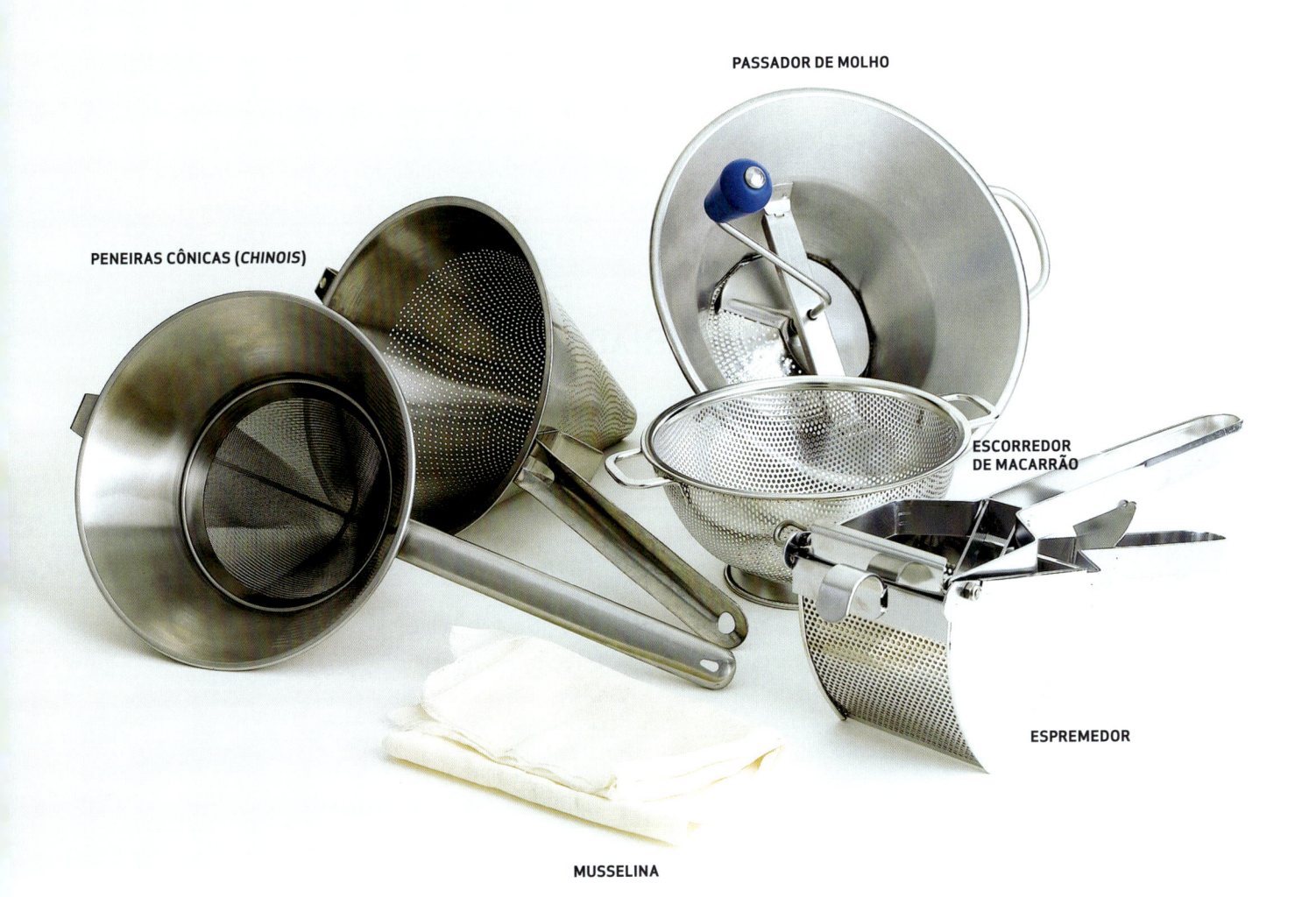

PENEIRAS CÔNICAS (*CHINOIS*)

PASSADOR DE MOLHO

ESCORREDOR DE MACARRÃO

ESPREMEDOR

MUSSELINA

panelas, caçarolas e formas

Para fazer panelas, caçarolas e formas são usados vários materiais e combinações de materiais. Como forma e função estão estreitamente relacionados, é importante escolher o equipamento apropriado para a tarefa a desempenhar.

As panelas feitas de cobre transferem o calor de modo rápido e uniforme: como o contato direto com o cobre afeta a cor e a consistência de muitos alimentos, as panelas de cobre geralmente são revestidas. (Uma exceção é a panela usada para fazer geleias, gelatinas, chocolates e outros pratos com muito açúcar, muitas vezes chamada panela das conservas.) É preciso muito cuidado para não arranhar os revestimentos feitos de metal mole, como o estanho. Se o revestimento for arranhado ou se desgastar, pode ser refeito. O cobre também tende a perder a cor rapidamente: mantê-lo de modo apropriado requer bastante tempo e trabalho.

O ferro fundido tem a capacidade de reter bem o calor e transmiti-lo de modo uniforme. O metal é um pouco quebradiço (a menos que revestido de esmalte) e deve ser tratado com cuidado para evitar furos, arranhões e ferrugem. O aço inoxidável não é bom condutor de calor, mas é usado com frequência porque apresenta outras vantagens, inclusive a manutenção fácil. Outros metais, como alumínio ou cobre, muitas vezes são revestidos com aço inoxidável para melhorar a condução do calor. O aço inoxidável não reage com os alimentos: por exemplo, os molhos brancos permanecerão muito brancos ou de cor marfim.

As caçarolas de aço azul, aço preto, aço comprimido ou aço enrolado tendem à descoloração, mas transmitem o calor muito rapidamente. Em geral, são finas e, frequentemente, as preferidas para fazer salteados. O alumínio também é um excelente condutor de calor, entretanto, é um metal brando, que se gasta rapidamente. Quando uma colher de metal ou batedor é usado para misturar um molho branco ou de cor clara, uma sopa ou um fundo em uma panela de alumínio, o alimento pode ficar acinzentado. O alumínio anodizado ou tratado tende a não reagir com os alimentos e é um dos metais mais populares nas cozinhas contemporâneas.

Os revestimentos antiaderentes têm alguma utilidade nas cozinhas profissionais, especialmente nos restaurantes que oferecem alimentos cozidos com menos gordura e óleo. Essas superfícies não são tão robustas como os revestimentos de metal.

OS CUIDADOS E A LIMPEZA APROPRIADA DAS PANELAS DE COBRE

Esta técnica para limpeza e brilho das panelas de cobre foi usada por chefs durante muitos anos e ainda é a preferida por ser rápida, barata e eficiente. Misture partes iguais de farinha e sal, depois adicione vinagre branco destilado em quantidade suficiente para formar uma pasta. O vinagre vai reagir com o cobre para retirar qualquer descoloração causada pela oxidação e pelo calor. Qualquer outro ácido, como suco de limão, também funciona, mas o vinagre branco é, em geral, a escolha mais econômica. O sal atua como areador, e a farinha dá a liga. Cubra a superfície de cobre completamente com essa pasta, depois massageie vigorosamente com um pano. Limpe o interior das superfícies de cocção como faria com outras panelas, esfregando levemente com uma esponja de aço e detergente.

NOTA: As travessas e utensílios para servir, mais delicados, devem ser limpos com um polidor comercial sem abrasivos, para evitar arranhões.

Panelas e caçarolas para cozinhar no fogão

NOME	CARACTERÍSTICAS
Caldeirão	Panela grande, mais alta do que larga, com lados retos; pode ter uma torneira. Comumente utilizada no preparo de fundos.
Caçarola	Possui lados retos ou ligeiramente arredondados e um único cabo longo.
Sauce pot	Semelhante ao caldeirão no formato, porém não tão grande; possui lados retos e duas alças laterais. Comum o uso para produção de molhos.
Rondeau	Panela larga, rasa e com duas alças. Quando feita de ferro fundido, é conhecida como *griswold*; pode ter um único cabo longo em vez de duas alças laterais. Um braseiro é semelhante; pode ser quadrado em vez de redondo.
Sauteuse	Frigideira rasa com laterais abertas e um único cabo longo.
Sautoir (frigideira para frituras)	Frigideira rasa com dois lados retos e um único cabo longo.
Frigideira para omelete/*crêpe* (crepeira)	Frigideira rasa com os lados bastante baixos e ligeiramente inclinados; a maioria delas é feita de aço enrolado ou azul.
Banho-maria (fervedor duplo)	Panelas duplas com um único cabo longo. A expressão banho-maria também se refere a recipientes de aço inoxidável usados para colocar alimentos em um balcão de banho-maria.
Chapa	Lisa e sem lados; pode fazer parte do fogão.
Escalfador de peixes	Longa e estreita com lados retos; inclui placa perfurada para acomodar o peixe.
Panela de vapor	Par de panelas encaixadas; a panela superior tem tampa e o fundo perfurado. Pode também consistir em cestos de bambu com uma tampa bem ajustada.

PREPARANDO AS PANELAS PARA USO

Os chefs que usam panelas feitas de ferro fundido ou aço enrolado frequentemente preparam as panelas para selar os poros. A preparação preserva a superfície de cocção e cria um revestimento antiaderente. Para preparar a panela, despeje óleo suficiente para revestir de modo uniforme o fundo com espessura de aproximadamente 5 mm. Coloque a panela no forno a 149 °C, por uma hora. Retire a panela do forno e espere esfriar. Seque o excesso de óleo com toalhas de papel. Repita o procedimento com frequência suficiente para renovar o revestimento. Para limpar uma panela assim preparada, use toalhas de papel para esfregar sal sobre sua superfície até que as partículas de alimento tenham sido removidas.

panelas e caçarolas para cozinhar no fogão

Panelas e caçarolas usadas sobre o fogão podem ser feitas de muitos materiais, mas precisam suportar o calor direto da chama. Uma panela malfeita terá pontos fracos e logo se deformará. A escolha do material depende basicamente da preferência do chef. A condutividade do calor e a homogeneidade de transferência de calor são aspectos importantes a levar em conta, bem como a manutenção do produto; por exemplo, o cobre é muito bom no que se refere à condutividade do calor, mas sua manutenção exige bastante tempo e esforço. Panelas antiaderentes podem ser úteis em alguns casos, mas sua superfície não é tão resistente como o metal; assim, uma alternativa à panela antiaderente seriam as de ferro fundido. Panelas de aço azul, aço preto, aço comprimido ou aço enrolado são sempre preferíveis para preparar frituras porque respondem melhor a mudanças de temperatura.

Quando tiver de escolher uma panela, considere as informações apresentadas a seguir.

1. Escolha o tamanho apropriado para o alimento que será cozido. Conheça bem a capacidade das várias panelas, caçarolas e formas. Se muitos pedaços de

SAUCE POT COM TAMPA

RONDEAU

CAÇAROLA COM TAMPA

SAUTEUSE ANTIADERENTE

SAUTEUSES DE AÇO INOXIDÁVEL

UTENSÍLIOS E INGREDIENTES NA COZINHA PROFISSIONAL

panelas e caçarolas para cozinhar no fogão

carne forem amontoados em uma *sauteuse*, não ficarão adequadamente dourados. Contudo, se a *sauteuse* for grande demais, o *fond* (a gordura caramelizada da carne) pode se queimar. Se um peixe pequeno for escalfado numa panela grande, o *cuisson* (líquido de cocção) não terá a intensidade de sabor adequada.

2. Escolha o material apropriado para a técnica de cocção. A experiência demonstrou, e a ciência verificou, que certas técnicas de cocção dão melhores resultados quando usadas com determinados materiais. Por exemplo, os alimentos salteados requerem panelas que transmitam calor rapidamente e sejam sensíveis a mudanças de temperatura. Por outro lado, os braseados requerem cozimento longo, em fogo baixo, e é mais importante a panela transmitir o calor uniformemente e mantê-lo bem, do que responder rapidamente a mudanças de temperatura.

3. Use técnicas apropriadas de manuseio, limpeza e armazenagem. Evite submeter as panelas a calor extremo e mudanças rápidas de temperatura (por exemplo, colocando uma panela fumegante numa pia cheia de água) porque alguns materiais podem se deformar. Outros materiais podem ficar lascados ou até rachar se forem colocados sobre uma fonte de calor quando estão vazios ou se forem manuseados sem cuidado. As caçarolas e formas feitas de ferro fundido esmaltado ou aço são particularmente vulneráveis.

CALDEIRÃO COM TAMPA

ESCALFADOR DE PEIXES

CESTAS DE BAMBU PARA COZIMENTO A VAPOR

WOK

SAUTOIR COM TAMPA

capítulo 5 » IDENTIFICAÇÃO DO EQUIPAMENTO

recipientes para cozinhar no forno

Os recipientes usados no forno são produzidos com os mesmos materiais básicos empregados para fazer as panelas e caçarolas utilizadas na parte superior do fogão: além desses materiais, também são usados barro vitrificado e não vitrificado, vidro e cerâmica. O calor do forno é menos intenso do que o do queimador, o que torna possível usar esses materiais mais delicados, sem risco de que rachem ou se despedacem. Os recipientes para o forno podem ser encontrados em muitas diferentes espessuras de metal. Em geral, preferem-se os de fundo grosso porque transferem o calor com maior uniformidade. Em relação à condutividade do calor, alguns metais se aquecem mais rapidamente do que outros. O alumínio se aquece logo, mas pode queimar a comida se não for grosso o suficiente. Por outro lado, o aço inoxidável é mau condutor de calor, mas funciona melhor para assar se for menos grosso. O estanho é bom condutor de calor, ao passo que materiais como vidro, cerâmica e barro mantêm o calor, mas não o transferem bem.

(PILHA DE FORMAS DE BAIXO PARA CIMA) FORMA PARA *MUFFINS*, FORMA COM FUNDO REMOVÍVEL E FORMAS PARA BOLO

FORMA DESMONTÁVEL

FORMA DE BUNDT/ GUGELHUPF

recipientes para cozinhar no forno

ASSADEIRA

FORMA PARA BOLO INGLÊS

FORMA PARA PATÊ EN *CROÛTE*

FORMA PARA PÃO DE FORMA

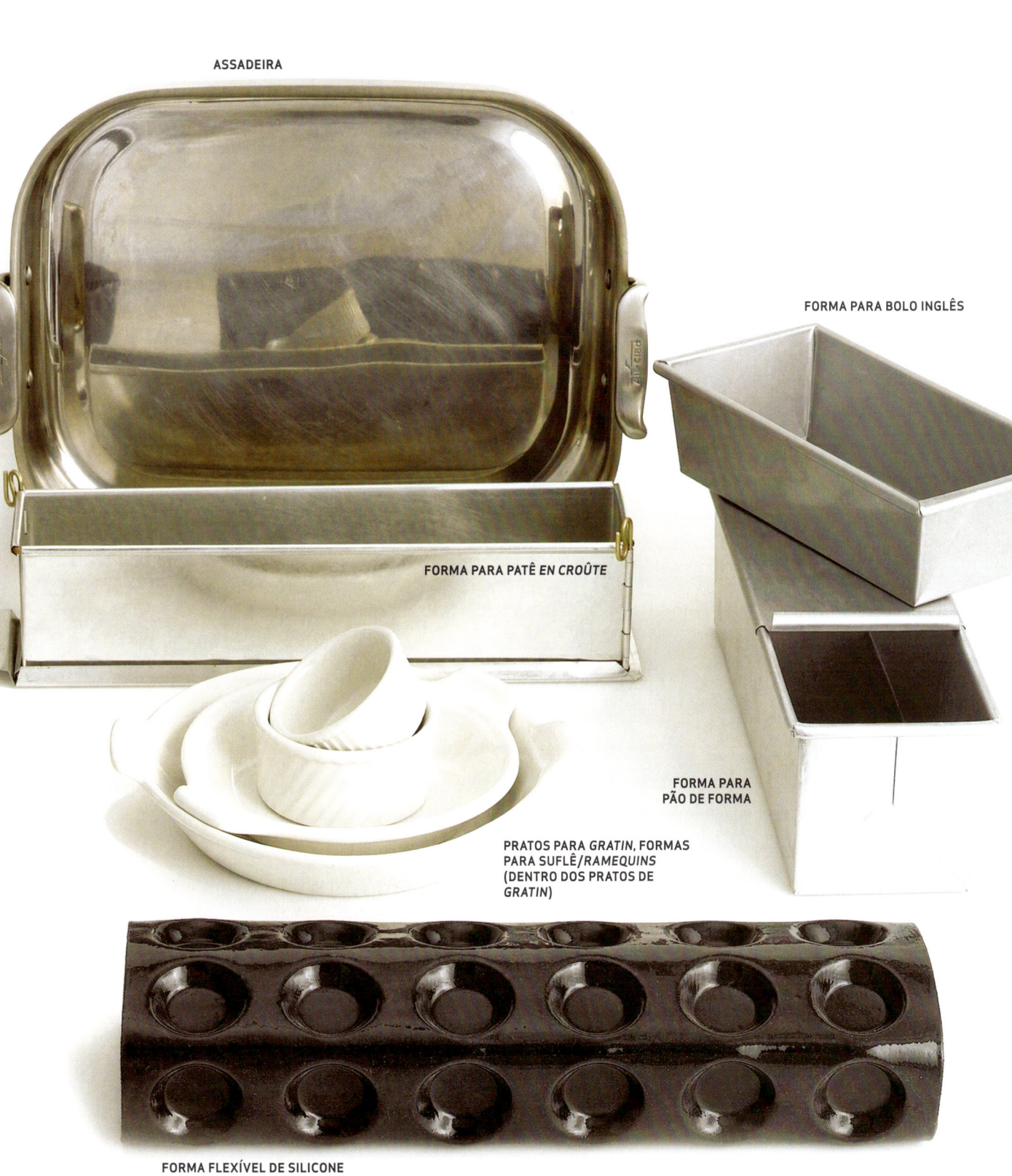

PRATOS PARA *GRATIN*, FORMAS PARA SUFLÊ/*RAMEQUINS* (DENTRO DOS PRATOS DE *GRATIN*)

FORMA FLEXÍVEL DE SILICONE

capítulo 5 » IDENTIFICAÇÃO DO EQUIPAMENTO 63

Recipientes para cozinhar no forno

NOME	CARACTERÍSTICAS	USOS COMUNS
Assadeira	Forma retangular com lados de altura média; tem vários tamanhos.	Assar.
Tabuleiro	Recipiente muito raso; pode ser grande ou pequeno.	Assar; armazenar.
Cuba	Recipiente retangular, encontrado em diversos tamanhos. Em geral, os *réchauds* tipo *chafing dishes* e as respectivas cubas são de tamanho padrão, de modo que a maior parte delas se ajusta adequadamente.	Ocasionalmente, preparar alimentos, mas com maior frequência como recipiente para conservar alimentos em balcões de banho-maria, *passthrough* ("passthru"), caixas térmicas ou câmaras de vapor/vaporizadores (*steamers*). Marinar carnes ou armazenar alimentos refrigerados.
Forma para patê	Forma retangular profunda; em geral tem dobradiças laterais para facilitar a retirada do patê. Pode ser encontrada em formatos especiais.	Preparar patê *en croûte*.
Forma para *terrine*	Retangular ou oval, com tampa. Tradicionalmente de barro, também pode ser de ferro fundido esmaltado.	Preparar ou modelar *terrines*.
Prato para gratinados	Prato raso oval feito de cerâmica, ferro fundido esmaltado ou aço esmaltado.	Preparar gratinados.
Ramequin	Pote redondo de cerâmica, com lados retos. Pode ter vários tamanhos.	Assar suflês; às vezes, modelar suflês congelados; servir molhos; assar *crème brûlée*; assar pudins; gratinados; e inúmeras outras utilidades.
Forma para timbale	Pequena e de metal ou cerâmica.	Modelar porções individuais de vários alimentos.
Forma flexível de silicone	Diferentes tamanhos e formatos.	Preparar alimentos em variados formatos; pode ser usada no forno e levada ao congelador.
Forma de bolo	Lados retos e disponível em diversos tamanhos e formatos. Pode ser usada em banho-maria.	Assar bolos, *cheesecakes* e alguns tipos de pão.
Forma desmontável	Semelhante à forma de bolo, mas com molas laterais para facilitar a remoção do bolo.	Assar bolos e tortas.

recipientes para cozinhar no forno

NOME	CARACTERÍSTICAS	USOS COMUNS
Forma com fundo removível	Rasa e com fundo removível. Os lados podem ser retos ou canelados e geralmente mais baixos que os da forma de torta. Pode ser redonda, quadrada ou retangular.	Assar tortas.
Forma para torta	Redonda e com laterais abertas. Mais profunda que a forma com fundo removível.	Assar tortas e quiches.
Forma para bolo inglês	Profunda e, em geral, retangular. Os lados podem ser retos ou ligeiramente abertos.	Assar bolo inglês, pães e bolo de carne.
Forma para pão de forma	Retangular e com tampa; produz pães com a parte de cima achatada.	Assar pão.
Forma para *muffin*	Forma canelada (depressões pequenas e arredondadas) de diferentes tamanhos.	Assar *muffins* e *cupcakes*.
Forma de *bundt/Gugelhupf*	Arredondada, profunda e com furo no meio. Pode ter formatos decorados.	Assar bolos com formatos especiais.
Forma com furo no meio	Arredondada, profunda, com lados retos e furo no meio. Algumas são semelhantes às formas desmontáveis, com laterais removíveis.	Assar bolos com formatos especiais.

capítulo 5 » IDENTIFICAÇÃO DO EQUIPAMENTO

equipamentos grandes

Quando se trabalha com equipamentos grandes, é preciso tomar precauções, para maior segurança, e sempre fazer a manutenção e a limpeza adequadas.

1. Obtenha as instruções para a operação segura da máquina.
2. Antes de montar ou desmontar a máquina, desligue-a, depois retire-a da tomada.
3. Siga todos os procedimentos de segurança: certifique-se de que as tampas estão presas e que a máquina se encontra em posição estável.
4. Limpe e sanitize o equipamento depois de cada uso.
5. Certifique-se de que todas as peças do equipamento estão montadas adequadamente e tire o equipamento da tomada depois de cada uso.
6. Relate de imediato quaisquer problemas ou mau funcionamento, e avise os colegas de trabalho sobre o problema.

CALDEIRAS E PANELAS DE BANHO-MARIA

Caldeiras e panelas de banho-maria permitem que o chef prepare grande quantidade de comida com eficiência, pois o calor é aplicado em uma área muito maior do que seria possível se um único queimador fosse usado. Os tempos de cozimento frequentemente são mais curtos do que quando se usa o topo do fogão.

PANELA AUTOCLAVE Essa caldeira, seja ela grande ou menor – para ser colocada sobre a superfície de trabalho –, circula vapor através das paredes duplas, fornecendo calor uniforme. As unidades variam: podem ser inclinadas, isoladas, ou com torneiras ou tampas. Estão disponíveis no comércio em diversos tamanhos, e são excelentes para preparar caldos, sopas e molhos.

PANELA BASCULANTE Esta unidade grande, relativamente rasa, é usada para brasear e para preparar grandes quantidades de salteados de carnes ou vegetais ao mesmo tempo. A maior parte das panelas basculantes tem tampas, permitindo também o cozimento a vapor.

PANELA DE VAPOR À PRESSÃO A água é aquecida sob pressão em um compartimento selado, permitindo que chegue a temperaturas acima do ponto de ebulição, 100 °C. O tempo de cozimento é controlado por cronômetros automáticos, que abrem as válvulas de escape no final.

FORNO A VAPOR E CONVECÇÃO O vapor é gerado em uma caldeira e depois canalizado para a câmara de cocção, onde é descarregado sobre o alimento. A pressão não cresce na unidade, sendo continuamente esgotada, o que significa que a porta pode ser aberta a qualquer momento, sem perigo de escaldar ou queimar.

FRITADEIRA POR IMERSÃO Este equipamento consiste em um elemento aquecido a gás ou eletricidade, e um grande reservatório de aço inoxidável, onde fica a gordura. Um termostato permite que o usuário controle a temperatura da gordura. São usadas cestas com malhas de arame de aço inoxidável para baixar e erguer os alimentos da gordura.

FOGÕES E FORNOS

A parte superior do fogão é chamada mesa: o forno, em geral, está sob a mesa. Entretanto, pode haver diversas variações neste arranjo padrão. Mesas, a gás ou elétricas, podem ser encontradas em muitos tamanhos e com várias combinações de queimadores, *flat tops* (não confundir com chapas) e *ring tops*. Os fogões com queimadores e *ring tops* fornecem calor direto, fácil de mudar e controlar. Os *flat tops* fornecem calor indireto, que é mais uniforme e menos intenso que o direto. Os alimentos que precisam ser cozidos em fogo baixo por muito tempo, como os fundos, podem sê-lo com maior eficácia em um *flat top*. Unidades pequenas têm anéis de jatos de gás ou anéis removíveis em uma superfície plana, permitindo excelente controle do calor. Os fornos cozem os alimentos circundando-os com ar quente, uma fonte de calor mais uniforme e suave do que o calor direto de um queimador.

FOGÃO COM QUEIMADORES Este tipo de fogão tem um queimador individual estilo grelha, que permite ajustar o calor facilmente.

MESA COM CHAPA (*FLAT TOP*) Consiste em uma chapa grossa, de ferro fundido ou aço, colocada sobre a fonte de calor. Os *flat tops* fornecem calor relativamente uniforme e consistente, mas não permitem ajuste rápido da temperatura.

MESA COM CHAPAS MÓVEIS (*RING TOP*) É um *flat top* com chapas, que podem ser removidas para ampliar a abertura, fornecendo mais ou menos calor.

FOGÃO DE INDUÇÃO Este tipo de queimador conta com a atração magnética entre a parte superior do fogão e o aço ou ferro fundido da panela para gerar calor. A parte superior do fogão, em si, permanece fria. O tempo de reação é significativamente mais rápido do que o dos queimadores tradicionais. Não podem ser usadas nele as panelas que contêm cobre ou alumínio.

FORNO A CONVECÇÃO No forno a convecção, os ventiladores forçam o ar quente a circular em torno do alimento, cozendo-o de modo uniforme e rápido. Alguns fornos a convecção têm a capacidade de introduzir umidade. Algumas características especiais podem incluir uma combinação de micro-ondas/infravermelhos e convecção.

FORNOS CONVENCIONAIS/DE PISO A fonte de calor está localizada na parte inferior do forno. O calor é conduzido para a cavidade. Os fornos convencionais podem estar localizados sob a mesa, ou como prateleiras individuais, uma acima da outra. Este último tipo é chamado forno *deck*, e o alimento é colocado diretamente em um *rack* de arame. Os fornos *deck* normalmente têm dois ou quatro andares, embora também se encontrem modelos com um único andar.

FORNO COMBINADO Este equipamento, que pode ser a gás ou eletricidade, é uma combinação de panela a vapor e forno a convecção. Pode ser usado no modo vapor, no modo convecção de ar quente ou no modo calor/vapor (combinação).

FORNO MICRO-ONDAS Este tipo de forno usa eletricidade para gerar radiação de micro-ondas, que cozinha ou reaquece os alimentos muito rapidamente. Alguns modelos também são fornos a convecção.

CHAPAS E GRELHAS

Duas outras características do forno/mesa, a chapa e a grelha, fazem parte da organização do serviço de alimentos comercial tradicional.

CHAPA Semelhante a uma mesa com *flat top*, a chapa tem a fonte de calor sob uma grossa chapa de metal, em geral de ferro fundido ou de aço. O alimento é cozido diretamente nessa superfície.

GRELHA/SALAMANDRA Na grelha, a fonte de calor está localizada embaixo da grade; na salamandra, a fonte de calor está acima. Alguns tipos têm grades ajustáveis, o que permite que o alimento seja elevado ou baixado, para controlar a velocidade de cozimento. Algumas grelhas usam madeira ou carvão, ou ambos, mas as dos restaurantes frequentemente são a gás ou a eletricidade, com "pedras" de cerâmica que criam uma camada de carvão, produzindo o efeito de uma grelha a carvão. As salamandras são pequenas grelhas, usadas sobretudo para finalização ou dourar alimentos.

DEFUMADORES

O defumador verdadeiro trata os alimentos com fumaça e pode ser operado tanto em temperaturas frias como quentes. Em geral, os defumadores têm prateleiras ou ganchos, o que permite que os alimentos sejam defumados de modo uniforme.

EQUIPAMENTO DE REFRIGERAÇÃO

É essencial que qualquer operação alimentar mantenha um armazenamento refrigerado adequado. Portanto, o menu e o armazenamento devem ser avaliados e coordenados. Todas as unidades devem ser corretamente mantidas, o que significa fazer a limpeza completa com regularidade.

CÂMARA DE REFRIGERAÇÃO É a maior unidade de refrigeração e quase sempre tem prateleiras ao longo das paredes. É possível dividi-la em zonas com diferentes níveis de temperatura e umidade, para que se possam armazenar adequadamente vários alimentos. Algumas são grandes o bastante para acomodar carrinhos para armazenamento adicional. Outras unidades têm portas para facilitar o acesso aos itens de necessidade mais frequente. As câmaras refrigeradas podem estar situadas na cozinha ou fora dela.

REFRIGERADOR *REACH-IN* Pode ser uma única unidade ou parte de um banco de unidades, e está disponível em muitos tamanhos. As unidades com portas corrediças são particularmente úteis na área da despensa, onde os itens frios podem ser apanhados pelos garçons, conforme necessário.

REFRIGERAÇÃO *ON-SITE* Gavetas refrigeradas ou sob o balcão, que permitem que os alimentos na linha sejam mantidos à temperatura apropriada.

REFRIGERAÇÃO PORTÁTIL Carrinho refrigerado que pode ser colocado onde for necessário.

REFRIGERAÇÃO PARA EXPOSIÇÃO Recipientes para exposição que, geralmente, são usados na sala de jantar para sobremesas, saladas ou em balcões de saladas.

Equipamentos para triturar, fatiar, misturar e amassar

Os equipamentos para triturar, fatiar, misturar e amassar são, potencialmente, muito perigosos. Como são essenciais para várias operações diferentes, todos os chefs devem ter condições de usá-los com confiança.

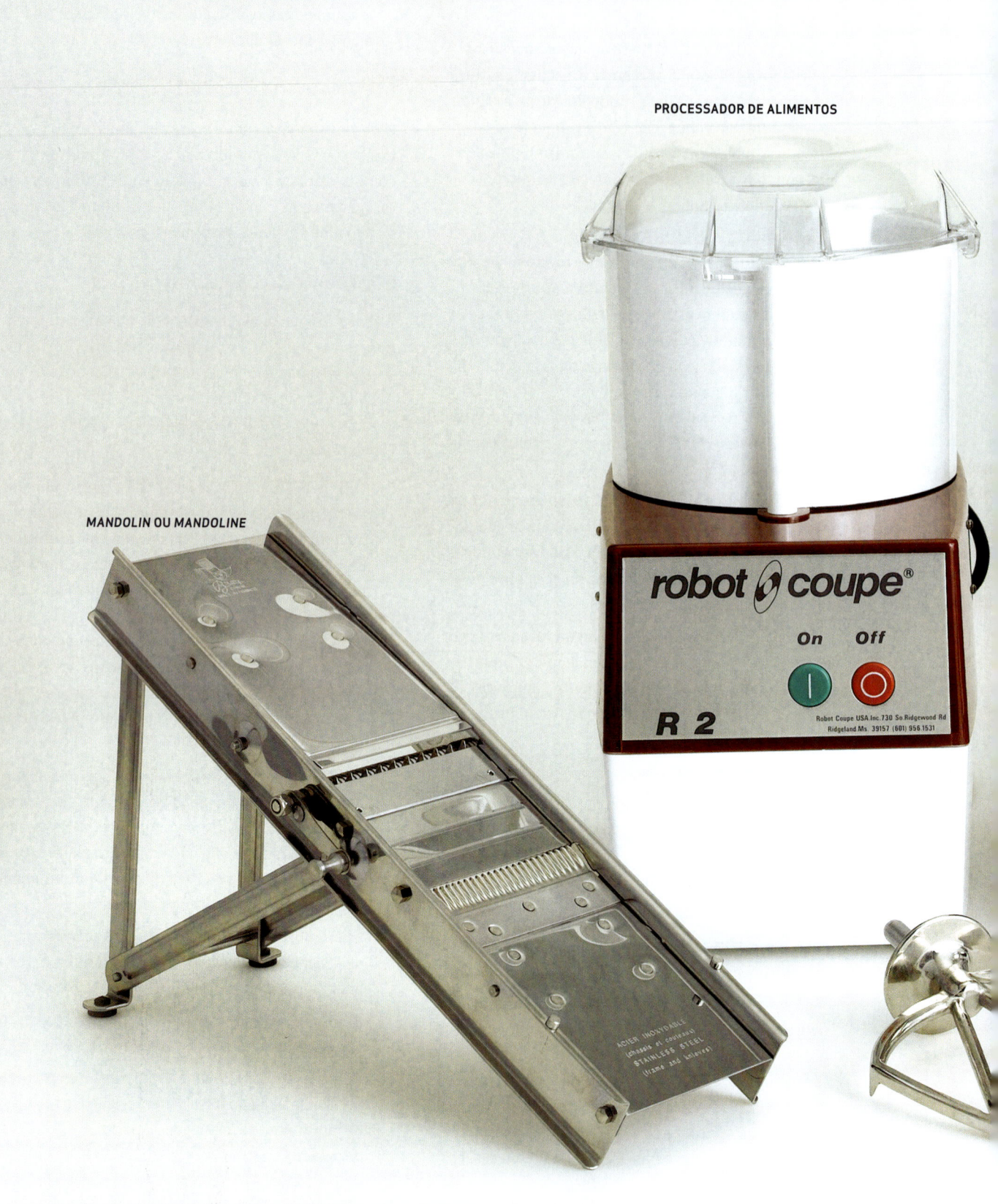

PROCESSADOR DE ALIMENTOS

MANDOLIN OU MANDOLINE

MIXER

LIQUIDIFICADOR

BATEDEIRA E ACESSÓRIOS

equipamentos para triturar, fatiar, misturar e amassar

capítulo 5 » IDENTIFICAÇÃO DO EQUIPAMENTO 69

Equipamentos para triturar, fatiar, misturar e amassar

NOME	CARACTERÍSTICAS	USOS COMUNS
Liquidificador	Consiste em uma base (na qual fica o motor) e um jarro removível com tampa que tem, no fundo, uma lâmina semelhante a uma hélice. Os controles de velocidade estão na base. Os jarros podem ser de aço inoxidável, plástico ou vidro e estão disponíveis em várias capacidades.	Excelente para preparar purês, liquidificar e emulsificar alimentos.
Processador de alimentos	Com motor separado do recipiente, das lâminas e da tampa. Pode vir com discos extras para cortes especiais.	Fazer purê, misturar, emulsificar, esmagar, amassar, fatiar, cortar em *julienne* e desfiar alimentos.
Mixer/misturador portátil	Longo e delgado; parece um liquidificador invertido. O motor fica na parte superior e geralmente funciona a uma única velocidade. Uma alça plástica com interruptor liga/desliga está unida à parte superior do motor. Uma haste de aço inoxidável sai do motor e termina com a lâmina, que é imersa no alimento.	Fazer purê, liquidificar e emulsificar grandes quantidades de alimento diretamente no recipiente de cocção.
Processador de alimentos vertical	O motor fica na base e permanentemente ligado a uma tigela com as lâminas. Como dispositivo de segurança, a tampa, presa por uma dobradiça, tem de estar bem fechada antes de a unidade começar a funcionar.	Triturar, bater, emulsificar, misturar ou esmagar grandes quantidades de alimento.
Picador de alimentos/processador	O alimento é colocado em uma tigela giratória que passa sob uma tampa, onde lâminas o picam. Alguns modelos têm tremonhas ou tubos de alimentação e discos intercambiáveis para fatiar e ralar. Disponíveis em modelos de mesa ou de chão.	Picar grandes quantidades de comida; com discos especiais, pode fatiar ou ralar.

equipamentos para triturar, fatiar, misturar e amassar

NOME	CARACTERÍSTICAS	USOS COMUNS
Fatiador de alimentos/carne	Um transportador move o alimento para a frente e para trás contra uma lâmina circular que, geralmente, é feita de aço inoxidável. Há uma guarda como dispositivo de segurança.	Fatiar alimentos uniformemente.
Mandoline	Lâminas de aço de alto carbono. Alavancas ajustam as lâminas para atingir o corte e a espessura desejados. Há uma guarda como dispositivo de segurança.	Cortar em fatias, em *julienne*, *gaufrettes* e bastonetes.
Batedeira	Máquina elétrica com grandes tigelas de tamanhos variados. Vem com diversos batedores. A tigela é encaixada, e o batedor gira a massa.	Misturar, bater, sovar, amassar.
Moedor de carne	Pode ser uma máquina específica ou um acessório para batedeira. Deve ter discos de tamanhos variados; em geral, apresenta uma bandeja de alimentação e um empurrador de carne.	Moer; rechear linguiças (com adaptador).

identificação de carnes, aves e carne de caça

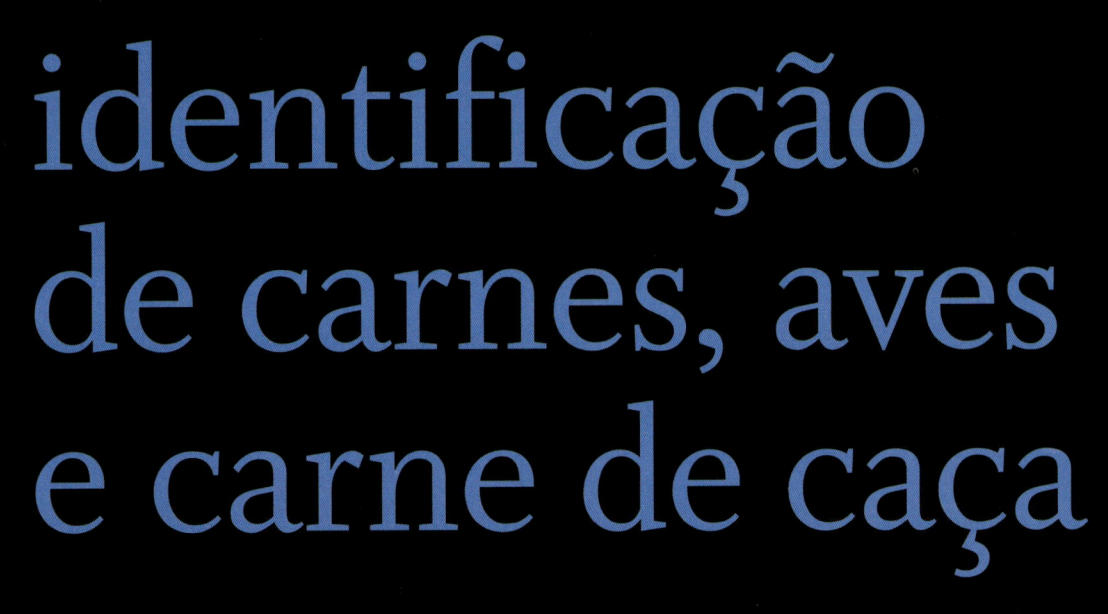

Na maior parte dos restaurantes, a aquisição, a preparação e o serviço de carnes são algumas das áreas mais dispendiosas do negócio – mas também as potencialmente mais lucrativas. Para conseguir aproveitar ao máximo as carnes adquiridas, é importante compreender como selecionar o corte certo para um determinado método de cocção.

CAPÍTULO 6

apresentação*

Este capítulo explora o mundo das carnes, que também sujeitou-se às mudanças dos tempos. A Wessel foi fundada por meu pai em 1958, e assim pudemos acompanhar de perto toda a evolução de nosso ramo. Nos anos 1960, ninguém conhecia a picanha, carne-símbolo dos churrascos a partir de 1980. Churrasco em São Paulo era uma fina fatia de contrafilé, que ficava de molho em uma vinagrete de cebola, alho, salsinha, vinagre e óleo. Não acredita? Pergunte a seu pai. Hoje, se convidados a um churrasco feito dessa maneira, sem constrangimento algum torceremos o nariz.

Na década de 1970, a alcatra era vendida inteira, em uma peça de 6 kg que continha a picanha, o miolo de alcatra, a rolha e a maminha, conhecida então como "rabo da alcatra"; carne "boa pra bife" era patinho e coxão mole; carne macia, apenas o filé-mignon, e assim por diante.

Dos nomes das carnes, então, nem se fale, pois até hoje geram confusão. Apenas como um exemplo que envolve duas grandes cidades próximas, a picanha de São Paulo era chamada de maminha no Rio de Janeiro. E ainda: alcatra é também alcatre e coice; coxão mole é chã de dentro, polpa e polpão; coxão duro é coxão de fora, chandanca, posta vermelha, perniquim, lagarto vermelho e lagarto atravessado; e o patinho pode ser encontrado como bochecha, caturnil, cabeça de lombo e bola. Para terminar essa viagem pelo Brasil, lagarto é lagarto paulista, lagarto redondo, posta branca, paulista e tatu.

Embora o nome mude nas diversas regiões do país, praticamente todos os cortes são mantidos. Nos Estados Unidos, os nomes e cortes mudam em cada região, e é por essa razão que fica tão difícil para nós entendermos os cortes americanos. Não raro dão nomes diferentes para as mesmas carnes, quando inteiras ou em porções. Um exemplo clássico é o *short loin* (contrafilé com filé-mignon com osso), que é a peça inteira. Quando cortada, vira *porterhouse steak*, no lado onde o filé-mignon é mais grosso, e *T-bone steak*, onde o filé-mignon é mais fino.

Devemos lembrar que a carne comercializada nos Estados Unidos é proveniente de animais bem mais gordos, que são abatidos muito mais precocemente. Por essa razão, quase todas as carnes dos animais americanos são macias. E o que importa isso para nós?

Muito, pois – como aqui, no Brasil, também se usam carnes duras como paleta e acém em cozinhas de hotéis cinco estrelas – muitos dos cortes oferecidos aos clientes brasileiros, mesmo os mais exigentes, não são apresentados neste livro.

É importante lembrar também a tipificação de carcaças, que nos Estados Unidos (essa constante referência se deve ao fato de o livro ter sido originalmente editado lá) é levada muito a sério. Para dar um exemplo prático, o mesmo contrafilé é vendido lá a diversos preços se for tipificado como US Prime, Choice ou Select. Aqui, embora se despendam esforços para tanto desde os anos 1970, até 2009 nada foi implementado. No Chile, por exemplo, as letras da palavra *vacuno* (bovino, em espanhol) determinam a classificação ou tipificação das carcaças: V é a melhor, e O a de qualidade inferior.

Por não termos uma classificação oficial, cada frigorífico fez a sua, o que gerou, evidentemente, uma grande confusão entre os consumidores (profissionais ou amadores). Só para se ter uma ideia, a melhor picanha de um frigorífico é a tipo A; em outro, AAA; e ainda há premium, grill e nobre. O comprador, logicamente, fica desorientado diante dessa variedade de denominações.

Nos Estados Unidos, a tipificação de carcaças foi solicitada pelos exportadores norte-americanos em 1923. Em 1925, com esforço concentrado, o Ministério da Agricultura criou um grupo de estudo para atender à demanda; e, por fim, em 1926, o secretário-geral do Ministério da Agricultura promulgou os padrões de classificação de carcaças baseados em padrões muito bem definidos: idade, cobertura de gordura, marmorização e outros parâmetros que não deixavam margem para confusão. Mas não se pode esquecer de que a classificação é voluntária e só foi obrigatória em dois breves períodos, durante a Segunda Guerra Mundial e a Guerra da Coreia. Os produtores que não queiram ter seus produtos classificados podem simplesmente fazer essa solicitação ao Ministério, desde que removam as indicações de suas embalagens. Porém, para ter acesso aos mais diversos mercados e evitar as categorias genéricas, os frigoríficos sempre fazem questão dessa classificação para melhor valorizar os produtos.

---

*Este capítulo passou pela revisão técnica de István Wessel, dono do frigorífico Wessel, que também escreveu esta apresentação. (N. E.)

Para uma compreensão mais acurada, a Associação Nacional dos Fornecedores de Carne, dos Estados Unidos (fundada em 1942), criou, em 1970, o *Guia dos compradores de carne*, onde há fotos de todos os cortes, os quais são numerados (e nosso livro traz essa classificação). Apesar de eles também terem seu caturnil e seu paulista, pelo menos no guia evitam qualquer confusão nesse importante momento que é a compra da carne.

o essencial sobre a carne

Os cortes de carne que o restaurante deve comprar dependem da natureza de sua operação. O restaurante que se caracteriza por preparações *à la minute* – sobretudo aquelas com preponderância de itens grelhados ou salteados – precisará comprar cortes extremamente tenros (e mais caros). Um restaurante que usa várias técnicas pode utilizar alguns cortes menos tenros, por exemplo, a paleta de vitelo em um braseado como *ossobuco*.

As carnes podem ser compradas de diversas formas, e em vários graus de preparo. O chef deve considerar diferentes fatores ao decidir que tipo de carne vai comprar. A capacidade de armazenamento, o equipamento necessário para preparar um prato do *menu*, a capacidade do pessoal da cozinha de fazer cortes e o volume de carne necessário, tudo deve ser levado em conta. Depois desses dados terem sido avaliados, você pode determinar se é mais econômico comprar peças grandes, como pernas inteiras de vitelo ou carnes pré-preparadas, como vitelo já em fatias ou escalopes.

Deve-se verificar se a carne é sadia e fresca. As superfícies cortadas devem parecer úmidas, mas não brilhantes. A carne deve ter uma boa cor, que varia de tipo para tipo, assim como de corte para corte. O cheiro também deve ser atraente. As carnes empacotadas devem chegar com as embalagens intactas, sem furos ou rasgos.

As tabelas que acompanham as seções seguintes contêm informações essenciais sobre carne de boi, vitelo, porco e carneiro adaptadas do *Guia dos compradores de carne*, da Associação Nacional dos Fornecedores de Carne (The National Association of Meat Purveyors – Namp), dos Estados Unidos, incluindo o número dos itens, conforme atribuídos pelo Namp e o tamanho médio de um corte. Também foram incluídos os métodos de cocção apropriados para cada corte.

ARMAZENAMENTO

As carnes devem ser embrulhadas e armazenadas na geladeira. Sempre que possível, devem ser guardadas num outro refrigerador ou, pelo menos, em uma parte separada. Devem ser sempre colocadas em travessas para impedir que pinguem sobre outros alimentos ou no chão.

O chef deve separar os diferentes tipos de carne: por exemplo, as aves não devem entrar em contato com a carne de boi, e o porco não deve ter contato com quaisquer outras carnes, para impedir a contaminação cruzada.

As carnes embaladas a vácuo podem ser armazenadas diretamente no pacote, desde que ele não esteja furado ou rasgado. Depois de desembaladas, devem ser reembrulhadas em papel permeável ao ar, como o papel *kraft*, porque recipientes hermeticamente fechados promovem o aumento de bactérias, as quais podem estragar a carne ou contaminá-la.

Os miúdos de boi, aves e carne de porco não curada, cuja vida de prateleira é mais curta, devem ser cozidos tão logo for possível, depois de recebidas. A carne armazenada à temperatura apropriada e em condições ideais pode ser guardada por muitos dias sem grande perda de qualidade. Entretanto, também pode ser congelada para um armazenamento mais longo.

» **Refrigeração:** −2 °C a 0 °C.

» **Congelamento:** −18 °C a −7 °C.

FISCALIZAÇÃO E CLASSIFICAÇÃO

Toda carne deve passar pela fiscalização do governo. As inspeções são exigidas várias vezes – no matadouro (*ante mortem*) e, novamente, depois de cortada (*post mortem*). Isso é feito para certificar-se de que o animal está livre de doenças e de que a carne é saudável e adequada para o consumo humano. A fiscalização é um serviço pago com o dinheiro arrecadado por meio dos impostos.

Alguns estados americanos passaram a responsabilidade de fiscalizar a carne aos fiscais federais. Os que ainda administram sua própria fiscalização da carne devem, pelo menos, estar no mesmo nível dos padrões federais.

Contudo, a classificação em qualidade não é obrigatória. O Departamento de Agricultura dos Estados Unidos (Usda) desenvolveu padrões específicos para classificar as carnes e treina os classificadores para aplicá-los. O embalador pode, entretanto, escolher não contratar um classificador do Usda e rejeitar a classificação, usando uma marca da empresa. Nos Estados Unidos, os custos envolvidos na classificação da carne são absorvidos pelos embaladores de carne, e não pelos contribuintes, pois esse processo é voluntário.

Dependendo de cada animal, o classificador vai considerar a forma da carcaça como um todo, a proporção de gordura e de carne, a proporção de carne de ossos, a cor, e a marmoreação da carne magra. A classificação atribuída a uma determinada carcaça é, então, aplicada a todos os cortes de carne daquele animal. Na carne de boi, apenas uma pequena percentagem das carnes produzidas serão classificadas como "de primeira". É mais frequente a classificação "escolhida" e "selecionada". As classificações inferiores a "selecionada" são usadas, em geral, para carne processada, e não têm importância prática para o setor de restaurantes (ou de varejo).

Algumas carnes também podem receber classificação por rendimento, que é extremamente significativa para os atacadistas. Indica a quantidade de carne vendável em relação ao peso total da carcaça. Os açougueiros se referem a isso como "cortabilidade". Em outras palavras, é uma mensuração do rendimento da carne comestível em cada quilo de carcaça.

FORMAS DE CARNE NO MERCADO

Após o abate, a fiscalização e a classificação, a carcaça do animal é cortada em pedaços manejáveis. Os lados são preparados fazendo-se um corte ao longo da espinha dorsal. Cada lado é cortado, entre vértebras específicas, em duas partes para formar quartos. Os *carrés* duplos são obtidos cortando-se o animal em um ponto específico da barriga. Os padrões exatos para os tipos individuais de animal determinam onde a carcaça será cortada.

O próximo passo é cortar o animal no que são chamados os cortes de primeira. Há padrões uniformes para os cortes de primeira da carne de boi, vitelo, porco e carneiro. Esses cortes grandes são, depois, cortados novamente em subcortes de primeira. Esses subcortes geralmente são limpos e empacotados como cortes de serviço alimentar, de valor adicionado, ou de HRI (Hotel, Restaurante e Instituição). Pode até mesmo haver mais manuseio, obtendo-se cortes para preparar bifes, costeletas, assados ou carne moída, chamados cortes de controle de porção.

A quantidade de cortes feitos em empresas de embalagem aumentou durante os últimos anos. Apesar de ainda ser possível comprar carne pendurada em ganchos, a maior parte das operações alimentares compra carne embalada a vácuo. Isso indica que a carne foi manuseada até um ponto específico (cortes de primeira, subcortes de primeira ou cortes de varejo), depois empacotada em *cryovac*,* encaixotada e enviada para venda a fornecedores, açougueiros, cadeias de varejo, e assim por diante.

CARNES *KOSHER*

As carnes *kosher* são abatidas de modo especial, sangradas e manufaturadas para obedecer a leis religiosas. São usadas, habitualmente, para preparações *kosher* apenas a parte dianteira da carne de boi e de vitelo, das aves e alguma carne de caça. As carnes *kosher* são retiradas de animais que foram abatidos por um *shohet*, um rabino especialmente treinado. O animal deve ser morto com um único golpe de faca e depois completamente sangrado. Todas as veias e artérias devem ser removidas da carne, processo este que mutilaria a carne do lombo e as pernas de boi e vitelo: por essa razão, em geral, elas não são vendidas como *kosher*.

MIÚDOS

Os miúdos podem ser descritos como o subproduto comestível da carcaça da carne. São exemplos de miúdos: fígado, rins, coração, miolo, bucho, algumas glândulas e intestino. Além disso, bochecha, rabo e língua fazem parte da categoria de miúdos. Miúdos são geralmente

*Embalagem para produtos alimentares perecíveis que permite distribuição de forma segura e eficiente. (N. E.)

baratos, mas exige-se alguma habilidade para prepará-los adequadamente. Essas partes são compostas de fibras diferentes das da carne convencional. Membranas, veias e tecidos conjuntivos devem ser removidos do fígado e dos rins. Órgãos como fígado e rins são ricos em ferro, o que reflete em sabores mais marcantes. O rabo tem alguma carne e muito colágeno e costuma ser usado para enriquecer braseados.

Muitas culturas consideram os miúdos uma iguaria. Alguns são tidos como o símbolo da alta cozinha. Um exemplo é o fígado de ganso ou pato que passam por engorda, conhecido como *foie gras*. Esse preparado tem uma consistência amanteigada e um sabor único. O *foie gras* é uma exceção à regra de que miúdos são baratos – pelo contrário, podem custar muito. Outra exceção é o timo de vitelo (molejas). Preparada adequadamente, essa glândula de estrutura macia pode ser comida com um garfo. O timo de vitelo está em alta e tem preço bastante elevado.

Miúdos tendem a ser bastante perecíveis; portanto, devem ser usados frescos, de preferência até uma semana depois do abate, ou comprados congelados. Mantenha esses itens congelados a 0 °C para garantir a formação de uma camada de cristais de gelo e minimizar o risco de estragar.

carne de boi A carne de boi é essencial para a indústria alimentar de muitos países. Fonte significativa de proteínas, é apresentada em vasto leque de pratos clássicos e contemporâneos. Como se trata de um produto caro, requer cuidado e treinamento especiais, para se utilizar tanto quanto possível de cada corte, maximizando seu rendimento.

O gado usado para a indústria é, tipicamente, o boi (machos castrados) com mais de um ano e novilhas (fêmeas) não necessárias para a reprodução. Quanto mais velho o bovino, mais dura a carne. Carnes especiais, como a carne Kobe do Japão, a carne Limousin da França, o Angus Certificado, natural, orgânico, e a carne seca envelhecida dos Estados Unidos também podem ser encontradas no mercado.

As oito classificações da carne, pela ordem, são: Prime, Choice, Select, Standard, Commercial, Utility, Cutter e Canner. A Prime é normalmente reservada para restaurantes e açougues.

Estes cortes de carne são do corte principal do traseiro: 1. Músculo traseiro. 2. Músculo para guisado. 3. Coxão mole. 4. Coxão mole amarrado para assar. 5. Ossos com tutano.

UTENSÍLIOS E INGREDIENTES NA COZINHA PROFISSIONAL

carne de boi

Estes cortes de carne são do corte principal do lombo: 1. *T-bone* inteiro. 2. *T-bone steak* cortado do *t-bone* inteiro. 3. Alcatra. 4. Bife de fraldinha. 5. Filé-mignon com espelho e com cordão. 6. Filé-mignon limpo. 7. Medalhões de filé-mignon. 8. Contrafilé sem osso. 9. Bifes de contrafilé em porções.

capítulo 6 » IDENTIFICAÇÃO DE CARNES, AVES E CARNE DE CAÇA

carne de boi – continuação

Estes cortes de carne são do corte principal do contrafilé: 1. Costela. 2. Costelinhas em porções. 3. Ponta do contrafilé. 4. Bifes de contrafilé em porções.

carne de boi

Estes cortes de carne são do corte principal do acém: 1. Paleta limpa. 2. Raquete. 3. Paleta para guisado. 4. Acém. 5. Peito. 6. Ponta de agulha. 7. Ponta de agulha limpa. 8. Bucho. 9. Rabo.

capítulo 6 » IDENTIFICAÇÃO DE CARNES, AVES E CARNE DE CAÇA

Cortes bovinos principais

SECUNDÁRIOS	MÉTODOS DE COCÇÃO COMUNS	USOS CULINÁRIOS COMUNS
<td colspan="3">principais cortes do quarto traseiro</td>
MÚSCULO DURO (MÚSCULO DE SEGUNDA OU GARRÃO TRASEIRO)	Brasear e guisar.	Pode ser preparada moída.
MÚSCULO MOLE (MÚSCULO DE PRIMEIRA)	Brasear e guisar.	Muitas vezes refogada ou guisada; preparada como *goulash*.
PATINHO	Brasear e assar.	Geralmente preparada em espetinhos.
COXÃO MOLE	Assar, fritar raso e grelhar.	Costuma ser preparada como *roulade*, *braciola* ou grelhada (estilo *London broil*).
LAGARTO	Assar e brasear.	"Assado de panela", assada no forno e fatiada em fatias finas, *carpaccio*, *fondue*.
COXÃO DURO	Brasear.	Geralmente preparada como "assado de panela" ou *sauerbraten*.
ALCATRA	Assar e grelhar (no *char broiler* ou na grelha).	Geralmente preparada em bifes.
FILÉ-MIGNON COM ESPELHO E CORDÃO, EM PORÇÕES	Assar, grelhar (no *char broiler* ou na grelha) e saltear.	Muitas vezes preparada como *chateaubriand*, *tournedos* e medalhões ou a peça inteira (limpa).
FRALDINHA	Grelhar (no *char broiler* ou na grelha) e brasear.	Geralmente preparada grelhada, em borboleta ou recheada.
CONTRAFILÉ 175 COM OSSO; 180 SEM OSSO	Assar e grelhar (no *char broiler* ou na grelha).	Muitas vezes preparada assada ou em bife.
T-BONE "INTEIRO" (CORTE DA PEÇA CONSTITUÍDA POR CONTRAFILÉ E FILÉ-MIGNON)	Grelhar (no *char broiler* ou na grelha).	Frequentemente preparada como bifes de *T-bone*.
BISTECA COM OSSO INTEIRO	Assar e grelhar (no *char broiler* ou na grelha).	Geralmente preparada assada ou grelhada.
FILÉ DE COSTELA SEM OSSO	Assar, grelhar (no *char broiler* ou na grelha) e saltear.	Muitas vezes preparada como bife ancho e ao estilo Delmonico.
COSTELA DO TRASEIRO	Brasear.	Frequentemente preparada como costela do dianteiro.
<td colspan="3">principais cortes do quarto dianteiro</td>
COSTELA (DIANTEIRO)	Brasear.	Geralmente preparada como braseado, assada lentamente em forno em temperatura baixa ou em churrasco.

carne de boi

SECUNDÁRIOS	MÉTODOS DE COCÇÃO COMUNS	USOS CULINÁRIOS COMUNS
ACÉM	Brasear e guisar.	Muitas vezes preparada assada ou moída.
PALETA	Brasear, assar, guisar e grelhar.	Geralmente preparada como bife ou moída.
PEITO	Brasear.	Frequentemente preparada como *corned beef* (carne salgada) e *pastrami*.
MÚSCULO (BRAÇO)	Brasear e guisar.	Muitas vezes preparada moída.

outros tipos de carne (miúdos)

FÍGADO	Saltear.	Geralmente empregado como recheio.
BUCHO	Brasear ou cozinhar lentamente em fogo brando em caldo ou molho vermelho.	Costuma ser preparado braseado lento em fogo baixo ou guisado.
RINS	Guisar.	Muito usados como recheio de tortas.
LÍNGUA	Cozinhar lentamente em fogo brando.	Costuma ser defumada.
RABO	Brasear e guisar.	Geralmente preparado em guisados, sopas ou ragus.
INTESTINOS	Depende da preparação.	Usado como invólucro de linguiças.
CORAÇÃO	Brasear e guisar.	Costuma ser usado em guisados ou acrescentado em pequenos pedaços a outros pratos.
SANGUE	Depende da preparação.	Usado para preparar chouriço.

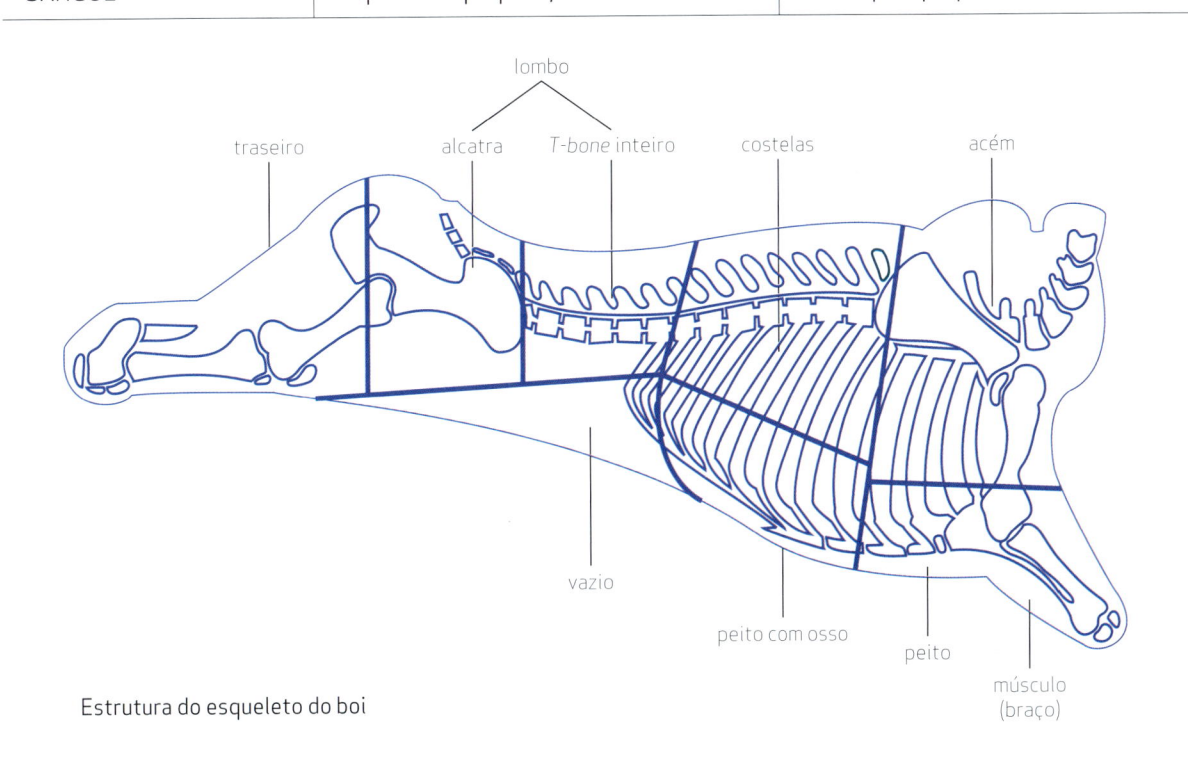

Estrutura do esqueleto do boi

Cortes de carne HRI

ITEM	NOME DO PRODUTO	PESO (EM KG)
103	Filé de costela, com osso	15,8-18,1
109	Filé de costela, com osso aparado	8,2-10
109D	Filé de costela, com osso aparado e com menos gordura	7,3-8,2
112	Filé de costela, sem osso	3,6-4,5
112A	Filé de costela, sem osso	5-5,9
113	Acém, com osso	35,8-48
114	Acém, sem osso	6,8-9,5
116A	Peixinho	6,8-9,5
120	Peito, sem osso	4,5-5,4
121C	Peito, com osso	0,9 para mais
121D	Fraldinha/diafragma	1,4 para mais
123	Costela	1,4-2,3
123B	Costela aparada	Quantidade especificada
166B	Coxão inteiro, sem músculo de canela	23,6-31,8
167	Patinho	4,1-5,9
167A	Patinho limpo	3,6-5,4
169	Coxão mole	7,7-10,4
170	Coxão duro com lagarto e músculo	10,4-14,1
170A	Coxão duro com lagarto	9-12,7
171B	Coxão duro	4,5-7,3
171C	Lagarto	1,4 para mais
172	Contrafilé com alcatra e filé-mignon, com osso	22,7-31,8
174	*T-bone* inteiro	10-11,8

carne de boi

ITEM	NOME DO PRODUTO	PESO (EM KG)
175	Filé de costela, com osso	8,2-9
180	Contrafilé	3,2-5
181	Contrafilé, com osso	8,6-12,7
184	Alcatra com picanha	5,4-6,3
185A	Rolha limpa	1,4 para mais
185B	Miolo de alcatra	1,4 para mais
185D	Maminha limpa	1,4 para mais
189	Filé-mignon, com gordura	3,6-4,5
189A	Filé-mignon, sem gordura e com cordão	2,3-2,7
190	Filé-mignon, sem gordura e sem cordão	1,4-1,8
190A	Filé-mignon, sem gordura, sem cordão e sem espelho	1,4-1,8
191	Cabeça de filé-mignon com gordura	0,9-1,8
193	Pacu/fraldinha	0,5 para mais
134	Ossos	Quantidade especificada
135	Carne em cubos	Quantidade especificada
135A	Carne para guisado	Quantidade especificada
136	Carne moída	Quantidade especificada
136B	Mistura para bolinhos para hambúrguer	Quantidade especificada

vitelo Vitelo é a carne de um bezerro, geralmente com quatro ou cinco meses. Como é uma carne jovem, delicadamente tenra, há quem a considere a melhor carne que existe. Os preparos clássicos incluem (mas não se limitam apenas a isso) *ossobuco*, *vitello tonnato*, *cordon bleu*, *piccata* e *scaloppine*.

Os bezerros para vitelo de primeira qualidade são alimentados com o leite da mãe ou mamadeiras. Aqueles que tomam leite têm até três meses e, acredita-se, têm a carne mais macia. Os que tomam mamadeira consomem uma dieta especial e são o tipo padrão de vitelo usado hoje: o bezerro tem até quatro meses.

O vitelo deve ser selecionado pela cor, de um branco leitoso com apenas um pouco de rosa. As seis classificações de vitelo são as seguintes: Usda Prime, Choice, Good, Standard, Utility e Cull. Como a proporção geral de carne e ossos é menor do que a de um bovino adulto, há, proporcionalmente, menos cortes de vitelo.

Estes cortes de carne são do *carré* duplo traseiro: 1. Coxão duro. 2. Músculo. 3. *Ossobuco*. 4. Coxão mole. 5. Costeletas sem osso em porções. 6. Lombo limpo. 7. Costeletas com osso, em porções.

vitelo

Estes cortes de vitelo são da parte dianteira: 1. *Carré* (pronto para cortar). 2. Costeleta em corte francês. 3. Peito. 4. Paleta limpa. 5. Cortado para ensopar. 6. Molejas. 7. Fígado. 8. Rins.

capítulo 6 » IDENTIFICAÇÃO DE CARNES, AVES E CARNE DE CAÇA

Cortes principais de vitelo

SECUNDÁRIOS	MÉTODOS DE COCÇÃO COMUNS	USOS CULINÁRIOS COMUNS
MÚSCULO DURO (MÚSCULO DE SEGUNDA OU *OSSOBUCO*)	Brasear e guisar.	Frequentemente preparado como *ossobuco*.
MÚSCULO MOLE (MÚSCULO DE PRIMEIRA)	Guisar.	Geralmente moído.
PATINHO, LAGARTO, COXÃO MOLE, COXÃO DURO, PERNIL, COSTELETAS (TRÊS A QUATRO ÚLTIMAS COSTELAS PRINCIPAIS, TAMBÉM COM O NOME DE BISTECA COM OSSO)	Saltear em calor a seco, assar e guisar.	Muitas vezes é preparada como *scaloppine*, costeletas (1 cm), *schnitzel* (6 mm), *émincé*, escalope e *kebabs*. Os retalhos utilizáveis são, muitas vezes, usados em guisados ou em recheios.
FILÉ-MIGNON; ALCATRA	Assar e saltear.	Muitas vezes preparada como medalhões, *noisettes* ou assada inteira.
LOMBO LIMPO; LOMBO SEM OSSO (CONTRAFILÉ)	Assar (com ou sem osso). Saltear e grelhar.	Frequentemente é preparada cortada (com ou sem osso), medalhões, *scaloppine*, *émincé*, escalopes.
COSTELA, *CARRÉ* (PESCOÇO + COSTELETAS + LOMBO, PRONTO PARA SER PORCIONADO) E *CARRÉ* EM CORTE FRANCÊS	Assar (com ou sem osso), grelhar (no *char broiler* ou na grelha) e saltear.	Muitas vezes preparada em corte francês ou em coroa, costeletas (com osso, em corte francês), e medalhões, *scaloppine*, *émincé*, escalopes.
ACÉM	Assar (sem osso), guisar e brasear.	Muitas vezes é moída.
PALETA	Guisar, assar e brasear.	Muitas vezes é moída.
PEITO	Assar e brasear.	Muitas vezes usada como recheio, em bife borboleta ou como *bacon*.
MÚSCULO ANTERIOR (BRAÇO)	Assar e guisar.	Muitas vezes é moída.

carnes variadas (miúdos)

BOCHECHAS	Brasear e guisar.	Usadas em braseados e guisados.
LÍNGUA	Brasear e cozinhar em fogo brando.	Muito usada no preparo de *terrines*.

vitelo

SECUNDÁRIOS	MÉTODOS DE COCÇÃO COMUNS	USOS CULINÁRIOS COMUNS
MOLEJAS/TIMO	Escalfar e depois saltear.	Geralmente servidas como acepipes ou *hors-d'oeuvre*, mas também podem ser servidas como entrada.
FÍGADO	Saltear.	Em geral servido salteado com cebolas ou outro aromatizante, como *sherry*, ervas ou limão.
CORAÇÃO	Brasear e guisar.	Geralmente servido em guisados ou adicionado picado a outros pratos.
RINS	Saltear.	Em geral servidos salteados ou em tortas.
MIOLO	Escalfar e depois saltear.	Usualmente salteado, mas também pode ser frito por imersão.
MOCOTÓ (CANELA)	Cozer.	Na maior parte das vezes é usado em fundos, mas também pode ser empregado no preparo de clássicos frios, como o Zambone.

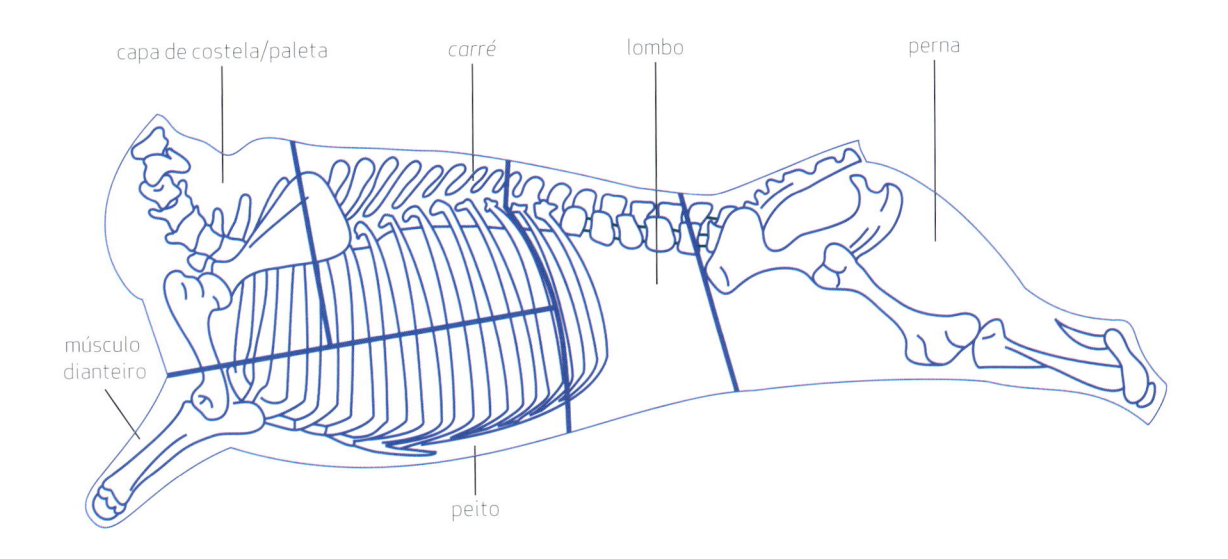

Estrutura do esqueleto do vitelo

capítulo 6 » IDENTIFICAÇÃO DE CARNES, AVES E CARNE DE CAÇA

Cortes de vitelo HRI

ITEM	NOME DO PRODUTO	PESO (EM KG)
306	*Carré* duplo	4,5-5,4
306B	*Carré* pronto para cortar costeleta	2,7-3,6
307	Lombo, parte da bisteca	1,4-1,8
309	Acém duplo, com osso	9-16,3
309B	Acém, sem osso	8,6-15
309D	Acém, sem osso, amarrado	8,2-14,5
310A	Paleta, sem osso	1,8-3,2
310B	Paleta, sem osso, limpa	1,8-3,2
312	Músculo dianteiro, com osso	0,9-1,8
313	Peito, com osso	2,7-4,5
331	Lombo, com osso	4,5-8,2
332	Lombo, sem osso	3,6-6,4
344	Lombo, parte do filé	1,4-2,7
346	Cabeça de filé-mignon	0,5-0,7
334	Pernil	18,1-31,8
336	Pernil, sem osso, amarrado	5-8,6
337	*Ossobuco*	0,9-1,8
337A	*Ossobuco*	5,9
363	Pernil, sem osso, amarrado	10,9-14,5
363A	Pernil, sem osso, amarrado	7,3-10,9
349	Coxão mole	3,6-5,4
349A	Coxão mole, sem capa	2,7-3,6
395	Vitelo para ensopar	Quantidade como especificada
396	Vitelo moído	Quantidade como especificada

porco

A carne dos porcos domesticados é das mais populares nos Estados Unidos. Por conterem alto teor de gordura, por muitas gerações os porcos foram criados para produzir cortes mais magros de carne. Esses animais quase sempre são abatidos com menos de um ano, para que o produto seja tenro.

Nos Estados Unidos, embora a classificação de qualidade seja atribuída aos porcos com menor frequência, quando aplicada, é como segue: Usda 1, 2, 3, 4, e Utility.

Como a classificação do Departamento de Agricultura dos Estados Unidos não é necessária para a carne de porco e a classificação federal precisa ser paga, os frigoríficos muitas vezes usam seu próprio sistema de classificação. Isso não necessariamente significa que os vários cortes de porco não sejam de boa qualidade, pois os sistemas de classificação dos grandes frigoríficos são definidos com clareza e, de modo geral, confiáveis.

Estes cortes de carne são da metade posterior do suíno: 1. Presunto defumado. 2. Pernil fresco. 3. Presunto curado (presunto cru). 4. *Carré*. 5. *Carré*, com osso limpo, corte francês. 6. Costela. 7. Lombo para assar amarrado e desossado. 8. Filé-mignon. 9. Costeleta do centro do porco, do fim do lombo. 10. Costeleta do centro do porco, do fim das costelas.

capítulo 6 » IDENTIFICAÇÃO DE CARNES, AVES E CARNE DE CAÇA

porco – continuação

Estes cortes de carne são da metade anterior do suíno: 1. Paleta, sem pele e com osso. 2. Paleta, com osso e com couro. 3. Costela inteira. 4. Pé.

Aqui estão alguns exemplos de itens preparados com carne de porco: 5. Salame. 6. *Bacon* em fatias. 7. *Kielbasa*. 8. Chouriço. 9. *Pancetta*. 10. Linguiça italiana. 11. Linguiça para o desjejum.

Cortes principais do porco

SECUNDÁRIOS	MÉTODOS DE COCÇÃO COMUNS	USOS CULINÁRIOS COMUNS
JOELHO/JARRETE/BRAÇO	Guisar e brasear.	Geralmente preparada defumada ou salgada.
PERNIL (COM OU SEM OSSO)	Assar com osso (inteiro ou em pedaços menores), sem osso (inteiro enrolado e amarrado ou em pedaços menores) e como escalope.	Presunto cru (*prosciutto*) salgado e curado a seco por longo tempo; presunto Smithfield, curado a seco e defumado; presunto defumado em fatias finas (curado em salmoura, metade ou inteiro, parte grossa da paleta/pernil); escalfado (curado em salmoura, cozido a 63 °C).
COXÃO MOLE	Saltear.	Usualmente preparada como escalope.
LOMBO, CORTE CENTRAL	Assar, grelhar (no *char broiler* ou na grelha) e saltear.	Geralmente preparada como assado (com ou sem osso), em *carré* (corte francês), defumado, costeletas (com osso) ou como lombo canadense.
LOMBO SEM OSSO (CENTRO DO LOMBO)	Grelhar (no *char broiler* ou na grelha) e saltear.	Geralmente preparada como escalopes, medalhões ou *schnitzel*.
FILÉ-MIGNON	Assar e saltear.	Em geral preparado em medalhões ou assado inteiro.
SOBREPALETA	Assar, guisar e saltear.	Muitas vezes preparada como recheio ou linguiça.
SOBREPALETA CURADA E/OU DEFUMADA	Assar ou fritar como *bacon*.	Geralmente preparada como assado ("fresca") ou defumada (*bacon* inglês).
PALETA	Brasear e guisar.	Preparada como assado inteira ou sem osso (enrolada e amarrada, com a pele, fresca), defumada e curada (presunto de paleta, paleta defumada) como presunto *tasso* ou recheio (usado para preparar frios).

Cortes principais do porco – continuação

SECUNDÁRIOS	MÉTODOS DE COCÇÃO COMUNS	USOS CULINÁRIOS COMUNS
BARRIGA	Quando fresca, saltear ou assar; pode ser frita.	Em geral é curada para fazer *bacon*, *pancetta* ou carne salgada, mas também pode ser assada ou frita como torresmo.
COSTELA	Fazer churrasco e brasear.	Assada lentamente no churrasco; pode ser feita no vapor ou cozida lentamente para ficar macia.
COSTELINHA	Fazer churrasco.	Assada lentamente no churrasco como peça inteira; pode ser cortada e preparada individualmente.
TOUCINHO DO LOMBO	Saltear.	Pode ser fresco ou salgado; em geral, é preparado como *lardon*, *confit*, *cassoulet* e *terrines*.

outros cortes (miúdos)

BOCHECHA, FOCINHO, PESCOÇO, FÍGADO, CORAÇÃO, PÉS, DEDOS, RABO, INTESTINOS, RINS, *CRÉPINE*	Brasear.	Muitas vezes preparados como recheio e como linguiça.

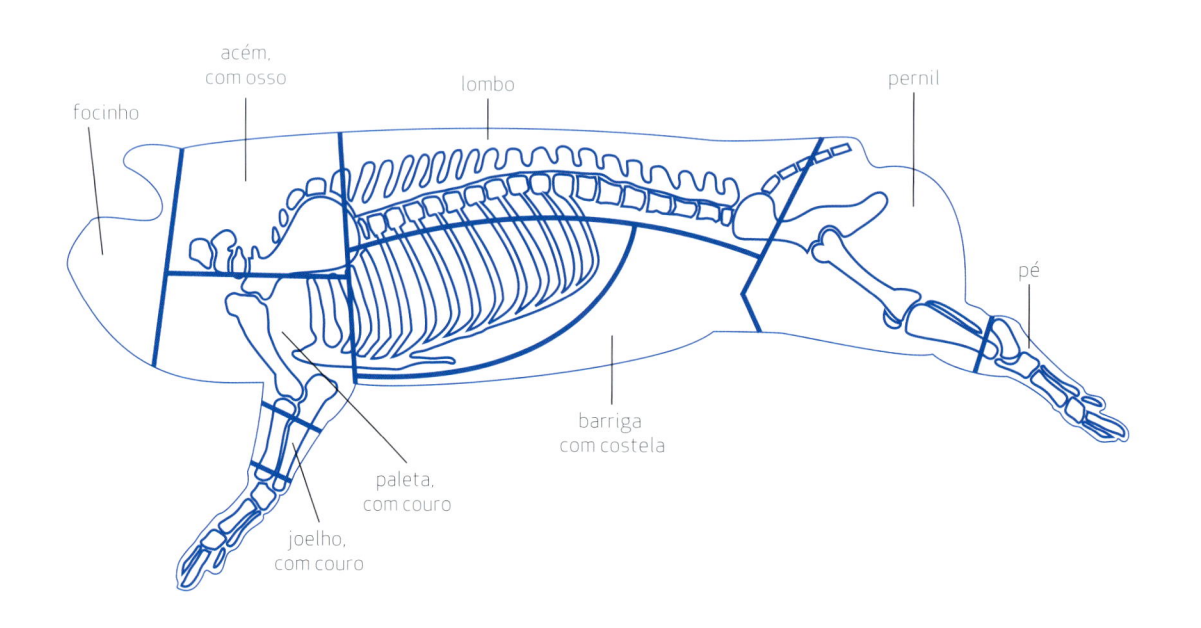

Estrutura do esqueleto do porco

Cortes do porco HRI

ITEM	NOME DO PRODUTO	PESO (EM KG)
401	Pernil fresco	8,2-9
402B	Pernil fresco, sem osso, amarrado	3,6-5,4
403	Paleta	2,7-3,6
405A	Paleta, sem osso	1,8-3,6
406	Paleta, sem osso, parte grossa	1,8 e acima
406A	Paleta, sem osso, parte grossa, amarrada	1,8 e acima
408	Toucinho com carne	5,4-8,2
410	Lombo	7,3-8,2
412	*Carré*, 8 costelas	3,6-4,5
412B	*Carré*, 8 costelas, sem osso	1,8-2,7
412C	*Carré*, com osso, completo com 11 costelas	4,5-5,4
412E	*Carré*, sem osso, completo com 11 costelas	2,3-3,2
413	Lombo, sem osso	4,1-5
415	Filé-mignon	0,5 e acima
416	Costelinha	1,1-2,5
416A	Costelinha em tira	0,9-1,4
417	Joelho, com osso e couro	0,3 e acima
418	Retalhos	Quantidade como especificada
420	Pés dianteiros	0,2-0,3
421	Ossos do pescoço	Quantidade como especificada
422	Costela em tira	0,7-1

cordeiro e carneiro

Os cordeiros jovens, domesticados, produzem uma carne macia. Sua textura é resultado direto da alimentação e da idade em que é abatido. As variedades de cordeiro alimentadas a leite tendem a fornecer a carne mais delicada. Uma vez que o cordeiro começa a se alimentar no pasto, a carne perde um pouco da maciez. Entretanto, a maior parte dos cordeiros criada nos Estados Unidos termina com uma dieta de grãos e tem de seis a sete meses de idade. Os cordeiros que passam dos 16 meses são chamados de carneiros.* Comparado ao cordeiro, a carne de carneiro tem sabor e textura mais pronunciados. Assim como ocorre com outros tipos de carne, a do cordeiro se torna mais dura à medida que envelhece.

A carne de cordeiro tende a ser gordurosa. Seu sabor único combina perfeitamente com temperos e acompanhamentos intensos. As cinco classificações do cordeiro são, pela ordem: Prime, Choice, Good, Utility e Cull.

*No Brasil, o animal é chamado de cordeiro até os 14 meses. Entre os 14 meses e os 2 anos, é chamado de "cordeiro de um ano" e, após os 2 anos, é chamado de carneiro. (N. E.)

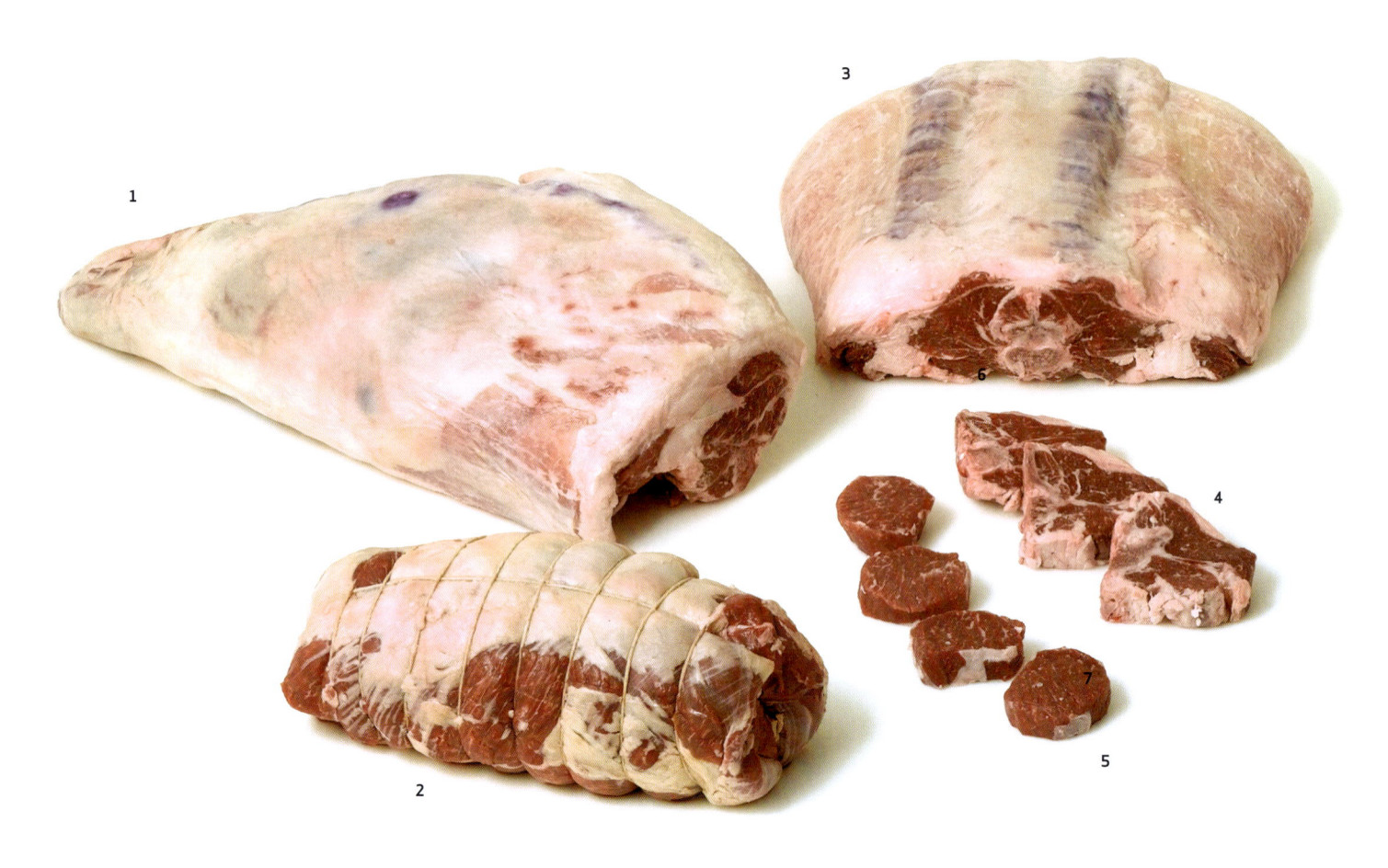

Estes cortes de carne de cordeiro são do traseiro: 1. Pernil. 2. Pernil desossado e amarrado. 3. Lombo com osso, duplo. 4. Costeletas do lombo. 5. *Noisettes*.

cordeiro e carneiro

Estes cortes de carne são da parte dianteira do cordeiro: 1. *Carré* dividido, sem espinha. 2. *Carré*, corte francês. 3. Costeletas simples e duplas. 4. Acém/paleta. 5. Paleta desossada e enrolada. 6. Músculos.

capítulo 6 » IDENTIFICAÇÃO DE CARNES, AVES E CARNE DE CAÇA

Cortes principais dos ovinos (cordeiro)

SECUNDÁRIOS	MÉTODOS DE COCÇÃO COMUNS	USOS CULINÁRIOS COMUNS
PERNIL (PEÇA COMPLETA OU PEDAÇOS COM OU SEM OSSO), STINCO/JARRETE, *OSSOBUCO*	Guisar (com ou sem osso), brasear e assar (mais comum).	Geralmente preparadas como pernil ou paleta em peças inteiras ou assados menores (com osso ou desossadas e amarradas, prontas para ir ao forno).
COXÃO MOLE E PICANHA	Assar, saltear, grelhar (no *char broiler* ou na grelha).	Em geral preparadas em bifes, *scaloppine* ou em *noisettes*.
LOMBO (INTEIRO OU PORCIONADO COM OSSO), LIMPO E DESOSSADO (CONTRAFILÉ)	Assar (malpassada), saltear, grelhar (no *char broiler* ou na grelha).	Usualmente preparada como assado (com ou sem osso), porcionada ou em costeletas.
FILÉ-MIGNON	Saltear, grelhar (no *char broiler* ou na grelha).	Geralmente preparada em medalhões ou *noisettes*.
CARRÉ (PORCIONADO OU DESOSSADO)	Assar, saltear e grelhar (no *char broiler* ou na grelha).	Muitas vezes preparada como assado (com osso ou em coroa ou costeletas ou em corte francês).
PEITO	Brasear e guisar.	Geralmente preparada cortada osso a osso (como "costelinhas") ou recheada.
PALETA (INTEIRA OU EM PEDAÇOS, COM OU SEM OSSO)	Brasear e guisar.	Pode ser preparada com ou sem osso.
PESCOÇO	Brasear e guisar.	Geralmente essa carne é moída.
COSTELETAS DO FUNDO (DESOSSADAS)	Brasear, guisar, grelhar (no *char broiler* ou na grelha).	Em geral preparadas como assado (com osso ou desossadas e amarradas) ou porcionadas (com ou sem o osso da paleta).
LÍNGUA	Cozinhar lentamente em fogo brando.	Geralmente defumada.
FÍGADO	Saltear.	Muitas vezes usada para recheios.
CORAÇÃO	Brasear e guisar.	Corações menores são geralmente recheados e salteados ou assados em porções individuais.
RIM	Brasear e guisar.	Geralmente cozido e servido quente com *bacon* e cogumelos.
INTESTINOS	Depende da preparação.	Em geral usados como invólucro de linguiça.

Cortes HRI do cordeiro

ITEM	NOME DO PRODUTO	PESO (EM KG)
204	*Carré* duplo	2,7-3,6
204B	*Carré* simples	0,9-1,8
206	Paleta, par	9-10,9
207	Paleta simples + acém	2,3-3,2
208	Paleta, sem osso, amarrada	2,7-3,6
209	Costela	3,2-5
210	*Ossobuco*	0,9-1,4
231	Lombo duplo	4,1-5
232	Lombo duplo, aparado	2,7-3,6
232B	Lombo duplo, aparado e amarrado	1,4-1,8
233	Pernil duplo	8,6-9
233A	Perna, simples, sem o pé	4,5-5,4
234	Perna, simples, sem osso, amarrada	3,6-4,5
233G	Pernil com osso, sem alcatra	0,5 para cima
233E	Perna	3,2-4,1
295	Cordeiro para ensopar	Quantidade como necessária
295A	Cordeiro para espetos	Quantidade como necessária
296	Carne de cordeiro moída	Quantidade como necessária

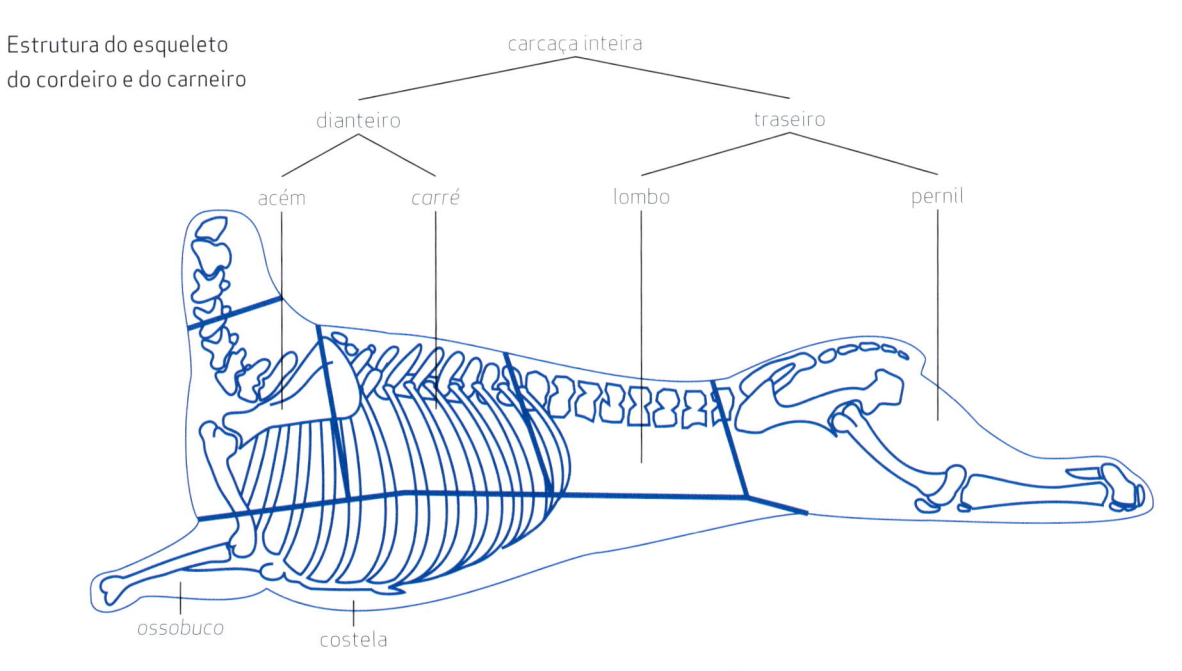

Estrutura do esqueleto do cordeiro e do carneiro

carcaça inteira
- dianteiro
  - acém
  - *carré*
- traseiro
  - lombo
  - pernil

ossobuco
costela

veado e carne de caça com pelo

Animais selvagens domesticados, que andam à solta, entram na categoria de carne de caça. As carnes de caça se tornaram cada vez mais populares em razão, em parte, do conhecimento do público sobre seu baixo conteúdo de gordura e colesterol. Podem ser encontradas muitas variedades dessa carne, dependendo da área do país.

Os animais que fornecem carnes de caça se classificam em dois segmentos: grandes e pequenos. O veado é a caça grande mais popular, caracterizado por não conter gordura intramuscular; sua carne é, geralmente, de cor vermelho-escura, sendo apropriada para assar, saltear e grelhar. Embora a palavra veado geralmente se refira a cervo, a família dos veados inclui o alce americano, o alce e a rena. O búfalo e o javali também são carnes de caça grande muito populares.

A caça pequena mais comum é o coelho. Tem carne suave, magra, tenra e de textura fina. A lebre pode ter de 2,5 kg a 5,5 kg, um coelho adulto de 1,5 kg a 2,5 kg, e um coelho jovem, em geral, de 1 kg a 1,5 kg. O lombo é, muitas vezes, salteado ou assado, enquanto as pernas, em geral, são braseadas ou guisadas.

As carnes de caça comerciais são inspecionadas no âmbito federal. A qualidade da carne é resultado direto da idade, dieta e da época do ano em que o animal foi abatido.

Estes cortes de carne são de alguns animais de caça: 1. Perna traseira de veado. 2. Lombo de veado sem osso. 3. Medalhões de veado. 4. *Carré* duplo de veado. 5. *Carré* de veado em corte francês. 6. Paleta de veado. 7. Lombo de veado sem osso. 8. Coelho.

aves A palavra *aves* se refere a qualquer ave domesticada usada para consumo humano. Antes reservados para ocasiões especiais, o frango e outras aves se tornaram comuns em restaurantes e casas. O sabor sutil e familiar do frango combina muito bem com vários métodos de cozimento. Considerados muito nutritivos, os pratos principais com aves estão entre os mais populares, na maior parte dos menus.

Como as outras carnes, as aves devem ser submetidas a fiscalizações obrigatórias para que se verifique sua qualidade. Dependendo de numerosos fatores, como a forma da carcaça e a proporção de carne em relação a ossos, o sistema de classificação é conforme segue: Usda A, B ou C. Depois de fiscalizadas, as aves são depenadas, limpas, refrigeradas e embaladas. Podem ser compradas inteiras ou em partes. As aves são classificadas por idade: quanto mais jovem a ave, mais tenra é a carne.

Estas aves são exemplos de gansos e patos: 1. Pato budista (chamado pato de pequim caso se remova a cabeça). 2. Peito de pato *moulard*. 3. Ganso. 4. Pernas de pato *moulard*. 5. *Foie gras*.

capítulo 6 » IDENTIFICAÇÃO DE CARNES, AVES E CARNE DE CAÇA

aves – continuação

Estas aves são exemplos da família do frango: 1. Frango para assar de 2,7 kg. 2. Peru. 3. Galinha para ensopar. 4. Frango para fritar de 1,5 kg. 5. Faisão. 6. Codorna com osso. 7. Pombinho. 8. Galinha-d'angola. 9. Codorna desossada.

Classes de aves

TIPO (DESCRIÇÃO)	IDADE APROX.	PESO APROX. (KG)	MÉTODOS DE COCÇÃO COMUNS	USOS CULINÁRIOS COMUNS
GRELHAR	4 a 6 semanas.	0,5-1,5.	Grelhar (no *char broiler* ou na grelha) e saltear.	Geralmente feita inteira ou em pedaços.
FRITAR	6 a 10 semanas.	1,5-2.	Assar, grelhar (no *char broiler* ou na grelha) e saltear.	Em geral feita inteira, em pedaços, em quartos ou cortadas nas juntas.
ASSAR	3 a 5 meses.	3-4.	Assar.	Usualmente preparada inteira.
GALINHA (PARA COZIDOS)	Mais de 10 meses.	2,5-3,5.	Cozer em fogo brando.	Geralmente usada em sopas, fundos ou guisados.
GALETO JOVEM (*POUSSIN*)	3 semanas.	0,5.	Assar.	Geralmente preparado inteiro.
GALETO	5 a 7 semanas; no Brasil, 28 dias.	0,9.	Assar.	Geralmente preparado inteiro ou partido ao meio.
FRANGO CAPÃO (MACHO CASTRADO)	Menos de 8 meses.	3-4.	Assar.	Preparado inteiro ou cortado nas juntas.
GALO CAPÃO (APÓS 28 SEMANAS)	Após 28 semanas.	3-4.	Assar.	Preparado inteiro ou cortado nas juntas.
PERUA	5 a 7 meses.	3,5-9.	Assar.	Assada inteira.
PERU	Mais de 7 meses.	9 ou mais.	Assar.	Assado inteiro.
PATINHO (PARA GRELHAR)	Menos de 8 semanas.	1,5-2,5.	Assar, saltear e grelhar.	Geralmente se usa só o peito. As coxas e sobrecoxas são usadas em *confit*.
PATINHO (PARA ASSAR)	Menos de 12 semanas.	2,5-3,5.	Assar.	Assado lentamente inteiro ou cortado ao meio; também pode ser cortado em partes e assado.
GANSO	6 meses ou mais.	3,5-7,5.	Assar.	Pode ser assado inteiro ou cortado ao meio ou em partes.

Classes de aves – continuação

TIPO (DESCRIÇÃO)	IDADE APROX.	PESO APROX. (KG)	MÉTODOS DE COCÇÃO COMUNS	USOS CULINÁRIOS COMUNS
POMBO JOVEM	25 a 30 dias.	0,3-0,5.	Assar.	Assado inteiro.
POMBO	2 a 6 meses.	0,3-0,5.	Assar.	Assado inteiro.
FAISÃO; GALINHA-D'ANGOLA	6 a 8 semanas.	0,9-1,5.	Assar.	Podem ser preparados por calor seco ou úmido; ser assados inteiros ou pela metade.
CODORNA	6 a 8 semanas.	0,1-0,2.	Assar, grelhar (no *char broiler* ou na grelha).	Assada inteira.

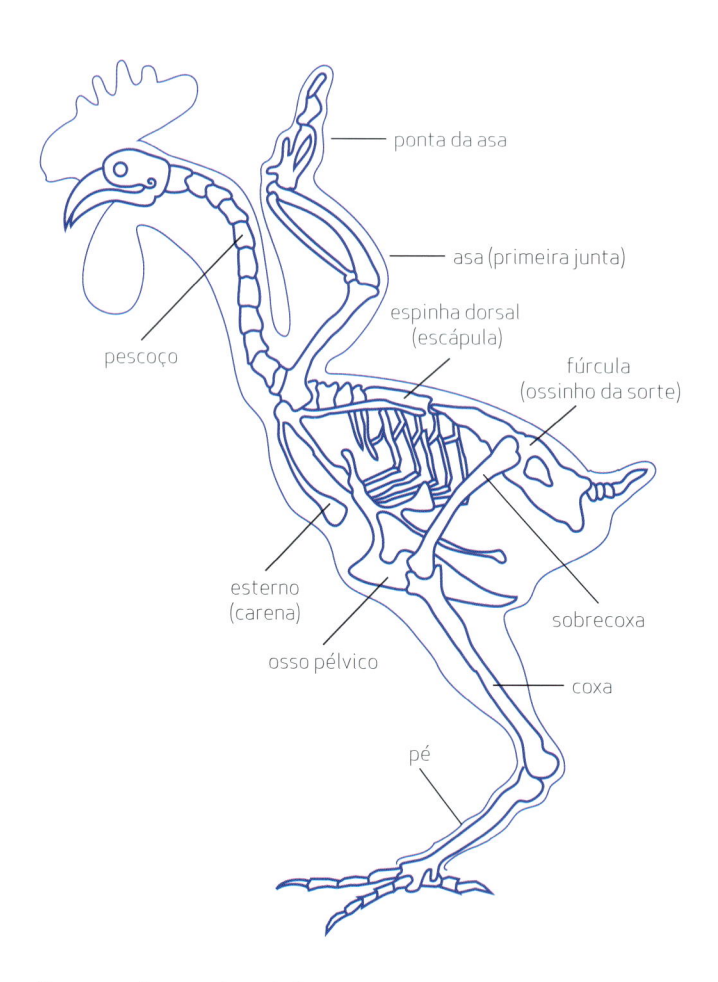

Estrutura do esqueleto do frango

identificação de peixes e frutos do mar

Houve um tempo em que havia peixes e frutos do mar em abundância e baratos. Entretanto, em razão da crescente popularidade e de técnicas de pesca mais eficientes e sofisticadas, assim como do desenvolvimento e da degradação de muitas áreas litorâneas, a demanda começou a ultrapassar a oferta. Esses fatores fizeram com que muitos países passassem a limitar a pesca comercial em determinadas águas, assim como a incentivar a aquacultura, ou criação de peixes, para garantir a existência de fontes confiáveis de peixe fresco. Os benefícios que o peixe traz à saúde são cada vez mais conhecidos, e pessoas que tradicionalmente optavam pela carne vermelha não só para consumo em casa mas também para comer fora estão pedindo peixes com mais frequência.

CAPÍTULO 7

o básico sobre o peixe

O valor cada vez mais elevado dos peixes e frutos do mar exige que o chef se familiarize com a grande variedade desses itens e suas origens, para que possa selecionar os de melhor qualidade e aplicar os métodos de cocção mais adequados.

O primeiro passo nesse processo é avaliar o fornecedor ou o mercado. O peixeiro deve manusear, refrigerar e expor de modo adequado o peixe, e ter condições de responder a quaisquer perguntas em relação à origem e às qualidades do produto: magro ou gorduroso, de textura firme ou delicada, apropriado para o método de calor úmido ou em condições de suportar o calor da grelha.

FORMAS DO PEIXE PARA COMERCIALIZAÇÃO

O peixe pode ser comprado fresco em uma das formas descritas abaixo, assim como congelado, defumado, em picles ou salgado.

INTEIRO, como foi pescado, completamente intacto.

COM AS VÍSCERAS (BARRIGADA) REMOVIDAS, mas com cabeça, barbatanas e escamas ainda intactas.

COM AS VÍSCERAS (BARRIGADA) E A CABEÇA REMOVIDAS, mas as escamas e barbatanas ainda intactas.

EVISCERADO, com vísceras (barrigada), guelras, escamas e barbatanas removidas. A cabeça pode ter sido, ou não, removida. Esses peixes são, em geral, apropriados para uma única porção.

POSTA, um corte de atravessado para uma porção, de um peixe eviscerado. As porções cortadas dos filés de peixes grandes, como atum e peixe-espada, também são, usualmente, chamadas postas.

FILÉ é um pedaço do peixe sem espinhas, retirado de cada lado da espinha dorsal. A pele pode ser, ou não, removida antes do cozimento. Os fornecedores, muitas vezes, vendem filés "com espinhas", por isso é importante especificar "sem espinhas" ao fazer a encomenda.

TRANCHE Pedaço de filé do tamanho de uma porção, cortado em um ângulo de 45° para expor uma superfície maior. O tranche é, geralmente, cortado de um filé grande – por exemplo, de salmão ou halibute.

PAVÉ (FILÉ *SUPRÊME*) Uma porção quadrada de um filé. O pavé é, em geral, cortado de um filé grande – por exemplo, de salmão, halibute, dourado-do-mar ou atum.

VERIFICANDO SE PEIXES COM BARBATANAS ESTÃO FRESCOS

Para certificar-se de que o peixe é da melhor qualidade, o chef deve inspecioná-lo com cuidado, procurando verificar se ocorrem, na maior quantidade possível, os seguintes sinais de frescor:

O peixe deve ser recebido à temperatura de 4 °C, ou menos.

O peixe deve ter boa aparência geral (sem lodo, cortes ou machucados, barbatanas flexíveis, etc.).

As escamas devem aderir firmemente ao peixe.

A carne deve responder a uma leve pressão, e não deve ser macia.

Os olhos devem ser claros, brilhantes e salientes.

As guelras devem apresentar cor de rosa brilhante a avermelhada e, se houver muco, este deve ser transparente.

Não deve haver marcas na barriga – evidência de que as vísceras (barrigada) foram deixadas no peixe por tempo demais, fazendo que bactérias e enzimas decomponham a carne ao longo da espinha dorsal.

O peixe deve ter um cheiro limpo, doce, marinho.

ARMAZENAGEM

Em condições corretas de armazenagem, os peixes e os frutos do mar podem durar vários dias sem perda apreciável de qualidade. Entretanto, o ideal é que o chef compre apenas a quantidade de peixe necessária para um ou dois dias, e o armazene adequadamente, conforme descrito a seguir:

1. Mantenha o peixe sempre à temperatura adequada de armazenamento, e procure não o manusear. Peixe com barbatanas: -2 °C a 0 °C; moluscos vivos: 2 °C a

4 °C; crustáceos vivos: 4 °C a 7 °C; caviar: -2 °C a 0 °C; peixe defumado: 0 °C.

2. Verifique cuidadosamente o frescor e a qualidade do peixe. A essa altura, o peixe pode ser enxaguado; descamá-lo e confeccioná-lo devem ficar para mais perto da hora de servir.

3. Coloque o peixe sobre uma camada de gelo triturado, em um recipiente perfurado (como uma cuba com um escorredor), de preferência de aço inoxidável. O peixe deve ficar com a barriga para baixo e a cavidade da barriga também deve ser recheada de gelo.

4. Cubra com mais gelo: se necessário, o peixe pode ser arranjado em camadas, com gelo triturado. O gelo em cubos pode machucar a pele do peixe, além de não chegar muito próximo dele, ao passo que o gelo triturado o envolve totalmente. Isso impede o contato indevido com o ar, desacelerando a perda de qualidade e ajudando a estender, com segurança, sua vida de prateleira.

5. Coloque o recipiente perfurado em outro recipiente. Dessa forma, à medida que o gelo derreter, a água cairá. Se for deixado sobre muita água, o peixe perderá sabor e textura. Quanto mais tempo ficar assim, maior será a perda de qualidade.

6. Troque o gelo diariamente. Mesmo quando gelado de modo adequado, o peixe gradualmente perderá alguma qualidade. Para desacelerar essa perda, substitua a camada superior de gelo do recipiente de armazenamento.

O peixe em filés deve ser armazenado em recipientes de aço inoxidável colocados sobre gelo. Contudo, os filés não devem ficar em contato direto com o gelo porque, à medida que este derreter, boa parte do sabor e da textura se perderá.

O peixe congelado, incluindo os peixes inteiros cobertos com gelo (repetidamente cobertos com água e congelados, de modo que o gelo se forma em camadas, envolvendo o peixe inteiro), congelados rápida e individualmente (IQF) e filés congelados [que são muitas vezes tratados com tripolifosfato de sódio (STP) para que retenham mais água] devem ser armazenados a temperaturas negativas de -29 °C a -18 °C, até que seja hora de descongelá-los e cozê-los.

Não aceite nenhum peixe congelado com gelo branco nas extremidades, pois isso indica queima por congelamento – resultado de embalagem inadequada ou descongelamento e recongelamento do produto.

tipos comuns de peixe

A estrutura do esqueleto do peixe é uma maneira útil de separar os peixes com barbatana em grupos menores. Os três tipos básicos de peixes com barbatana são: redondos, achatados e sem espinhas. Os peixes redondos têm a espinha dorsal com um filé de cada lado, e um olho de cada lado da cabeça. Os peixes achatados têm a espinha dorsal ao longo do centro, dois filés superiores e dois inferiores, e os dois olhos do mesmo lado da cabeça. Os peixes sem espinhas têm cartilagens em vez de espinhas. (Ver figuras nas pp. 110 e 119.)

Os peixes também podem ser classificados pelo nível de atividade: baixa, média ou alta. Quanto mais o peixe nada, mais escura será sua carne. Os peixes com carne mais escura contêm mais gordura e, portanto, têm sabor mais forte. Ao escolher a melhor técnica de cozimento de determinado peixe, considere o conteúdo lipídico da carne. Os métodos de cocção dos peixes com baixo e alto nível de atividade são limitados, ao passo que os peixes de atividade média permitem maior versatilidade. (Ver tabelas nas pp. 112 a 119.)

peixes achatados

As características dos peixes achatados incluem: um lado pigmentado e outro não pigmentado; olhos ou do lado direito ou do lado esquerdo; barbatana contínua dorsal e anal que terminam antes da barbatana caudal.

HALIBUTE

RODOVALHO

SOLHA DA CALIFÓRNIA

LINGUADO

LINGUADO-LIMÃO

SOLHA DE INVERNO (OLHOS À DIREITA)

SOLHA-DAS-PEDRAS (LINGUADO COM OLHOS À ESQUERDA)

LINGUADO COMUM

Peixes achatados

NOME(S)	DESCRIÇÃO	MÉTODOS DE PREPARO E USOS CULINÁRIOS COMUNS
olhos à direita		
SOLHÃO	Encontrado em todo o golfo do Maine nas áreas mais profundas ao longo das margens do George; em média, mede 60 cm e pesa de 1,4 kg a 1,8 kg, com filés de 110 g a 280 g: leve, ligeiramente adocicado, carne delicada.	Assado, *poché*, salteado, cozido no vapor.
SOLHA DE INVERNO	Encontrado perto da costa durante os meses de inverno, principalmente em Nova York, Massachusetts e Rhode Island. Em média, pesa 0,7 kg a 0,9 kg; a cor vai de vermelho-amarronzada a verde-oliva escuro; o lado inferior é branco; em forma de diamante; carne delicada e suavemente saborosa.	Assado, *poché*, salteado, cozido no vapor.
SOLHA AMERICANA	Encontrado nos dois lados do Atlântico, chamado solha europeia, irlandesa, americana ou canadense, dependendo de onde é encontrado; membro da família do linguado; peixe chato, pequeno; tamanho médio de 0,5 kg a 1,4 kg; carne firme, adocicada e magra; considerado de boa qualidade.	Assado, *poché*, salteado, cozido no vapor.
OLHETE	Encontrado principalmente de Labrador a Rhode Island, pode estar bem mais ao sul, na Virgínia; em média pesa de 0,5 kg a 0,9 kg; verde-amarronzado com manchas cor de ferrugem; rabo amarelo; a cor assemelha-se à do solo do oceano, protegendo-o dos predadores; carne magra, adocicada, flocosa.	Assado, *poché*, salteado.
LINGUADO-LIMÃO	Linguado de inverno que pesa, no mínimo, 1,5 kg, com filés de 230 g; carne branca, bastante firme, levemente adocicada.	Assado, *poché*, salteado.
SOLHA-DA-ROCHA	Encontrado do mar de Behring à Califórnia e, para o oeste, até o Japão; em média, pesa menos de 2,3 kg; carne firme, branco-cremosa.	*Poché*, salteado.
SOLHA DA CALIFÓRNIA	Encontrado no oceano Pacífico, do Alasca ao México; é a espécie comercial mais importante da costa oeste; em média, pesa de 2,7 kg a 3,2 kg; carne firme, branca; semelhante, em qualidades comestíveis, ao linguado-limão; vendido inteiro ou sem cabeça, sem rabo e sem a pele pigmentada.	*Poché*, salteado.
SOLHÃO AMERICANO	Encontrado nas águas frias próximas ao Alasca; em média, pesa de 0,5 kg a 0,9 kg; corpo alongado; carne delicada, cremosa, branca, bastante macia; sabor distintivo.	*Poché*, salteado.

capítulo 7 » IDENTIFICAÇÃO DE PEIXES E FRUTOS DO MAR

Peixes achatados – continuação

NOME(S)	DESCRIÇÃO	MÉTODOS DE PREPARO E USOS CULINÁRIOS COMUNS
LINGUADO COMUM	Encontrado apenas em águas europeias; cinza-claro a marrom; cabeça pequena, comprimida; olhos muito pequenos; corpo alongado; a carne é mais gordurosa e firme do que a de outros membros da família dos peixes chatos.	Assado, grelhado no *char broiler*, *poché*, salteado, cozido no vapor.
HALIBUTE	Encontrado no Atlântico, da Groenlândia até o sul de Nova Jersey, deve ser denominado halibute do Pacífico se originário do Pacífico; pode pesar até 320 kg, mas, em geral, pesa de 6,5 kg a 13,5 kg; pele cinzenta salpicada de branco; carne densa, branquíssima; textura excelente; gosto suave; tem o conteúdo lipídico mais alto de todos os peixes chatos de baixa atividade.	Assado, grelhado na grelha ou frito, no *char broiler*, *poché*, salteado, cozido no vapor.

olhos à esquerda

NOME(S)	DESCRIÇÃO	MÉTODOS DE PREPARO E USOS CULINÁRIOS COMUNS
SOLHA-DAS-PEDRAS	Encontrado nas águas litorâneas do golfo do Maine às Carolinas; a grande boca se estende para baixo e para além dos olhos; carne branca, flocosa; sabor e textura delicados.	*Poché*, salteado.
RODOVALHO	Encontrado no mar do Norte e no Atlântico, Norte europeu, embora, na maior parte, seja criado na península Ibérica e no Chile; em média, pesa de 1,4 kg a 2,7 kg; sabor delicado e textura firme.	Assado, grelhado na grelha ou frito, no *char broiler*, *poché*, cozido no vapor, salteado.

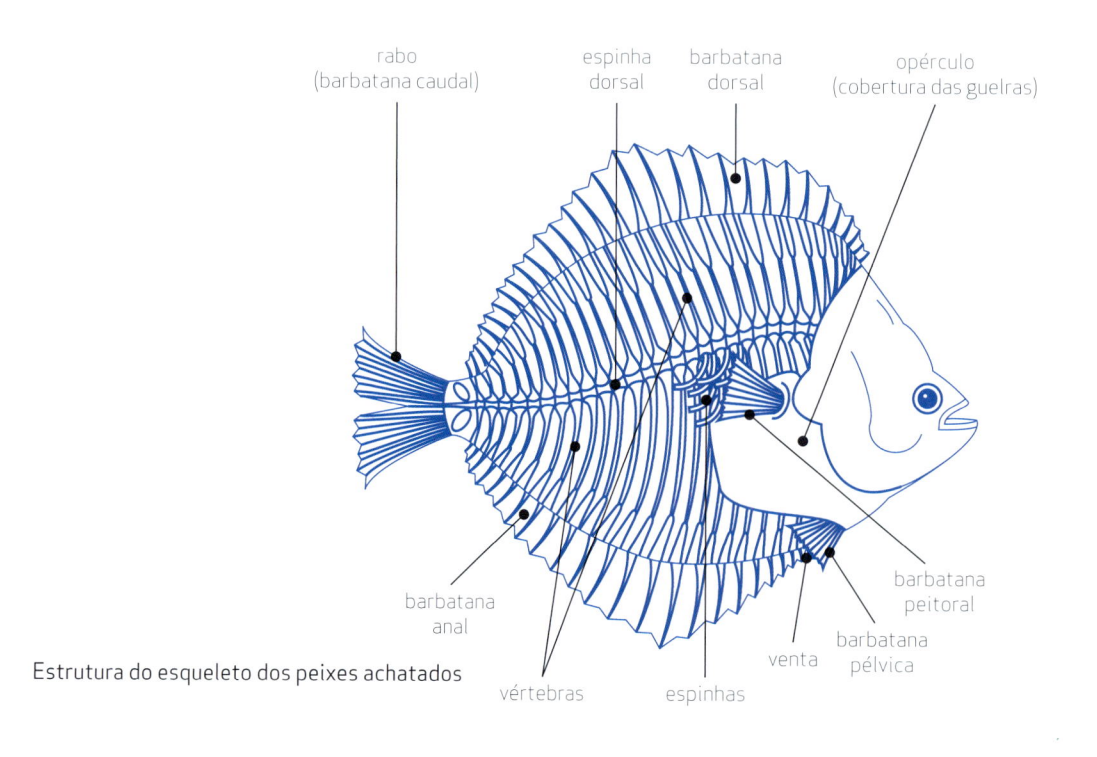

Estrutura do esqueleto dos peixes achatados

peixes redondos de baixa atividade

As características dos peixes redondos incluem: olhos dos dois lados da cabeça, nadar na posição vertical; atividade baixa, média ou alta.

PEIXE-LOBO

HADOQUE

PEIXE-CARVÃO

BACALHAU

MERLUZA BRANCA

capítulo 7 » IDENTIFICAÇÃO DE PEIXES E FRUTOS DO MAR 111

Peixes redondos de baixa atividade

NOME(S)	DESCRIÇÃO	MÉTODOS DE PREPARO E USOS CULINÁRIOS COMUNS
BACALHAU	Peixe de água salgada; carne branca, grossa; sabor suave; fornece filés grandes com longa vida de prateleira; as ovas, bochechas e mandíbulas inferiores, em algumas culturas, são consideradas iguarias.	Escalfado em pouco líquido, assado, frito, frito por imersão, defumado, curado, salgado e desidratado.
HADOQUE	Peixe de água salgada; membro da família do bacalhau; em média pesa de 0,9 kg a 2,3 kg; semelhante ao bacalhau, mas com menor tamanho máximo; baixo teor de gordura; textura firme; sabor suave; disponível eviscerado ou como filés e postas (quando adquirido em filés, deve-se deixar a pele, para distingui-lo do bacalhau do Atlântico).	*Poché*, assado, salteado, frito; salgado e defumado à eglefim.
MERLUZA BRANCA	Peixe de água salgada; membro da família do bacalhau; pesa, em média, de 1,4 kg a 4,5 kg, embora possa alcançar os 13,5 kg; carne macia; mais doce e mais saboroso do que outros membros da família do bacalhau; em geral é vendido sem cabeça.	Frita, defumada, assada.
PEIXE-CARVÃO	Peixe de água salgada; membro da família do bacalhau; em média, pesa de 1,8 kg a 4,5 kg; quase sempre vendido como filé sem pele; carne mais escura; sabor mais forte e mais distintivo do que o de outros membros da família do bacalhau; vida de prateleira reduzida em virtude do alto teor de gordura.	*Poché*, assado, salteado, grelhado na grelha ou no *char broiler*, defumado.
PEIXE-LOBO	Peixe de água salgada, do Atlântico Norte (Nova Inglaterra e Islândia); membro da família do bagre. Cabeça grande, mandíbulas fortes, alimenta-se de moluscos e mariscos. Pode chegar a 18 kg. Branco, com carne firme de variado teor de gordura.	*Poché*, assado, salteado, frito, *en papillote*.

peixes redondos de atividade média

WALLEYE

TILEFISH

MERO

GUAIUBA

CIOBA

PARGO OLHO-DE-VIDRO

ROBALO HÍBRIDO

GAROUPA

ROBALO SELVAGEM

capítulo 7 » IDENTIFICAÇÃO DE PEIXES E FRUTOS DO MAR   113

Peixes redondos de atividade média

NOME(S)	DESCRIÇÃO	MÉTODOS DE PREPARO E USOS CULINÁRIOS COMUNS
PESCADA	Peixe marinho; em média, pesa de 0,9 kg a 2,7 kg; carne adocicada, cor creme, delicada.	*Pochée*, assada, salteada, grelhada na grelha ou no *char broiler*, cozida no vapor; usada para preparar recheios.
WALLEYE (*STIZOSTEDION VITREUM VITREUM*)	Peixe de água doce; barbatanas pontudas; em média, pesa 0,7 kg a 1,4 kg; sabor suave; baixo teor de gordura; textura firme.	Grelhado no *char broiler*, salteado, *poché*, cozido no vapor, assado, guisado; em sopas; usado para o preparo de recheios.
GAROUPA	Peixe marinho que vive da Nova Inglaterra à Carolina do Norte, muito popular na região do médio Atlântico; em média, pesa de 0,5 kg a 1,4 kg; carne branca, firme; textura delicada; disponível inteiro, eviscerado ou em filés.	*Pochée*, assada, frita por imersão, salteada, em conserva de picles; geralmente servida inteira, sendo trinchada à frente do cliente.
PERCA LISTRADA	Em média, pesa de 0,9 kg a 6,8 kg, mas pode alcançar os 22,5 kg; carne firme e saborosa, flocos grandes.	Grelhado na grelha ou no *char broiler*, *pochée*, assada, frita por imersão, salteada, conservada em picles; extremamente versátil.
ROBALO HÍBRIDO	Peixe de viveiro que chegou ao mercado nos anos 1980; cruzamento entre o robalo branco e a perca listrada; em média, pesa de 0,5 kg a 0,9 kg; a carne cozida é muito branca; sabor ligeiramente rústico.	Grelhado na grelha ou no *char broiler*, *poché*, assado, frito por imersão, salteado, conservado em picles; extremamente versátil.
CARANHA VERMELHA	Encontrado no golfo do México e águas atlânticas adjacentes; peixe de recife, portanto compre espécimes com menos de 2,3 kg por causa da toxina Ciguatera; pele vermelha dorsal, que se torna vermelho-clara ou rosa na barriga, olhos vermelhos, longas barbatanas peitorais; textura firme.	*Pochée*, assada, salteada, grelhada na grelha ou no *char broiler*, cozido no vapor.
GUAIUBA	Peixe marinho de recife; em média pesa de 0,5 kg a 0,9 kg, podendo chegar a 2,7 kg; contudo, compre espécimes com menos de 2,3 kg por causa da toxina Ciguatera; uma listra cinza-amarelada percorre o comprimento do corpo; carne ligeiramente adocicada, branca, saborosa, flocosa; muito bom peixe.	*Pochée*, assada, salteada, grelhada na grelha ou no *char broiler*, cozida no vapor.

peixes redondos de atividade média

NOME(S)	DESCRIÇÃO	MÉTODOS DE PREPARO E USOS CULINÁRIOS COMUNS
PARGO OLHO-DE-VIDRO	Peixe marinho de recife, portanto compre espécimes com menos de 2,3 kg por causa da toxina Ciguatera; semelhante à caranha vermelha; pele vermelho-rosada, é amarela embaixo, com olhos amarelos; em geral, mais barato.	*Poché*, assado, salteado, grelhado na grelha ou no *char broiler*, cozido no vapor.
CIOBA	Peixe marinho de recife; em média, pesa 0,9 kg, podendo chegar a 2,7 kg; contudo, compre espécimes com menos de 2,3 kg por causa da toxina Ciguatera; verde-amarronzado e amarelo dos lados; muitas vezes, substituído por caranha vermelha, embora menor, comercialmente menos valioso e menos saboroso.	*Pochée*, assada, salteada, grelhada na grelha ou no *char broiler*, cozida no vapor.
GAROUPA SÃO TOMÉ	Peixe marinho de recife, portanto compre espécimes com menos de 2,3 kg por causa da toxina Ciguatera; cor vermelho-amarronzada; pele com pequenas manchas; pontinhos negros em torno dos olhos; poucas espinhas pequenas, se houver; importante comercialmente; carne adocicada, branca.	*Pochée*, assada, cozida em salamandra, cozida no vapor, frita por imersão; em sopas espessas (*chowders*).
BADEJO	Peixe marinho de recife, encontrado em águas profundas; compre espécimes com menos de 2,3 kg por causa da toxina Ciguatera; cor marrom para preto; poucas espinhas finas, se houver; carne adocicada, branco-cremosa.	*Poché*, assado, grelhado no *char broiler*, cozido no vapor, frito por imersão; em sopas espessas (*chowders*).
BADEJO BRANCO	Peixe marinho de recife, portanto compre espécimes com menos de 2,3 kg por causa da toxina Ciguatera; poucas espinhas pequenas, se tiver; carne adocicada, doce.	*Poché*, assado, grelhado na grelha ou no *char broiler*, cozido no vapor, frito por imersão; em sopas espessas (*chowders*).
TILEFISH	Peixe de água salgada; encontrado ao longo de toda a costa leste dos EUA; tem as qualidades do badejo; em média, pesa de 2,7 kg a 3,6 kg, mas pode chegar aos 13,5 kg; corpo colorido; carne firme, mas tenra.	*Poché*, assado, grelhado no *char broiler*, frito por imersão; em fritura rasa; disponível inteiro e eviscerado ou como filés.

peixes redondos de alta atividade

DOURADO-DO-MAR (SEM CABEÇA)

SALMÃO REAL DE VIVEIRO (SALMÃO DO PACÍFICO)

SALMÃO DO ATLÂNTICO

SALVELINO ÁRTICO

TRUTA ARCO-ÍRIS

SERRA

CAVALINHA

PAMPO

ATUM DE BARBATANA AMARELA (LOMBO)

Peixes redondos de alta atividade

NOME(S)	DESCRIÇÃO	MÉTODOS DE PREPARO E USOS CULINÁRIOS COMUNS
SALMÃO DO ATLÂNTICO	Peixe anádromo; em média, pesa de 2,7 kg a 5,4 kg; carne de cor rosa forte; alto teor de gordura; brilhante e úmido; disponível durante o ano todo nos Estados Unidos; apenas os peixes criados em viveiros estão disponíveis no comércio.	Defumado, *poché*, assado, grelhado na grelha ou no *char broiler*, cozido no vapor; em *dips*, sopas, *sushi* e *sashimi*.
SALMÃO REAL	Peixe anádromo; encontrado do noroeste do Pacífico ao Alasca; seu peso pode ir de 7,3 kg a 9 kg, o maior salmão comercial; corpo grande; a cor da carne vai do vermelho ao vermelho-escuro.	Defumado, *poché*, assado, grelhado na grelha ou no *char broiler*, cozido no vapor; em molhos *dips* e sopas.
SALMÃO PRATEADO	Peixe anádromo; encontrado em todo o oceano Pacífico; semelhante, em sabor e textura, ao salmão do Atlântico.	Defumado, *poché*, assado, grelhado na grelha ou no *char broiler*, cozido no vapor, grelhado; em molhos *dips* e sopas.
SALMÃO VERMELHO	Peixe anádromo; encontrado nos rios do Alasca e da Colúmbia Britânica; em média, pesa de 2,3 kg a 3,2 kg; carne vermelho-escura; brilhante; pele prateada.	Defumado, *poché*, assado, grelhado na grelha ou no *char broiler*, cozido no vapor; em molhos *dips*, sopas, *sushi* e *sashimi*; ideal para enlatar.
TRUTA DE ARROIO	Peixe de água doce; encontrado no nordeste dos Estados Unidos e no leste do Canadá, também criado em viveiros; em média, pesa de 170 g a 280 g; pele verde-oliva escura com pontos de cor creme; carne delicada com gosto que lembra manteiga.	*Pochée*, assada, grelhada na grelha ou no *char broiler*, frita, cozida no vapor, recheada.
TRUTA ARCO-ÍRIS	Peixe de água doce; criado em viveiros; em média, pesa de 280 g a 400 g; tem pontos escuros sobre a pele mais clara; carne firme, cor branco-gelo com sabor suave; geralmente vendido com a cabeça.	*Pochée*, assada, grelhada na grelha ou no *char broiler*, frita, cozida no vapor, recheada.
TRUTA ARCO-ÍRIS (OU TRUTA AMERICANA)	Espécie anádroma da truta arco-íris; criada em viveiros nos Estados Unidos e Canadá; em média, pesa menos de 5,5 kg; características físicas semelhantes à truta arco-íris; gosto, textura e cor semelhantes ao salmão do Atlântico.	*Pochée*, assada, grelhada na grelha ou no *char broiler*, frita, cozida no vapor, recheada.
SALVELINO ÁRTICO	Peixe anódromo; encontrado na Europa, no Canadá e no Alasca; também criado em viveiros; em média, pesa de 0,9 kg a 3,6 kg; carne apresenta tons de vermelho intenso a rosa ou branco; alguns o consideram superior ao salmão.	*Poché*, assado, grelhado na grelha ou no *char broiler*, frito, cozido no vapor, recheado.
ATUM-BRANCO	Peixe marinho das águas do Atlântico e do Pacífico; em média, pesa de 4,5 kg a 13,5 kg; cor da pele varia de vermelho-clara a rosa e, quando cozida, fica branco-amarelada; sabor suave; *commodity* valiosa na indústria de enlatados americana.	Assado, grelhado na grelha ou no *char broiler*, salteado.

Peixes redondos de alta atividade – continuação

NOME(S)	DESCRIÇÃO	MÉTODOS DE PREPARO E USOS CULINÁRIOS COMUNS
ALBACORA--BANDOLIM	Peixe marinho de águas temperadas e tropicais; em média, pesa de 9 kg a 45 kg; carne gordurosa, escura.	Assada, grelhada na grelha ou no *char broiler*, salteada; muito procurada para *sushi* e *sashimi*.
ALBACORA-AZUL	Peixe marinho do Atlântico e golfo do México; está entre os maiores peixes; pode pesar até 680 kg; carne apresenta cor vermelho-escura a vermelho-amarronzada; quando cozida, tem sabor bem característico.	Assada, grelhaao na grelha ou no *char broiler*, salteada; é a espécie mais procurada para *sushi* e *sashimi*, sendo, em geral, vendida a preços altos.
ALBACORA-LAJE	Peixe marinho de águas tropicais e subtropicais; a carne é mais escura do que a do atum-branco, mais clara do que a da albacora-azul; listras amarelas dos lados e nas barbatanas dorsal e anal; facilmente encontrado nos Estados Unidos; mais barato do que a albacora-bandolim e a albacora-azul.	Assada, grelhada na grelha ou no *char broiler*, salteada.
BONITO-LISTRADO	Peixe marinho do Pacífico central e do Havaí; em média, pesa de 3,2 kg a 5,4 kg; cor semelhante à da albacora-laje; frequentemente é enlatado, vendido como "atum *light*"; muitas vezes, é comercializado congelado.	Assado, grelhado na grelha ou no *char broiler*, salteado.
SERRA	Peixe marinho que vive da Virgínia ao golfo do México na primavera e no inverno; em média, pesa de 0,9 kg a 1,8 kg; tem manchas brilhantes, amarelo-ouro, pelo corpo; carne magra e delicada.	Assado, grelhado na grelha ou no *char broiler*, salteado, defumado.
CAVALINHA	Peixe marinho do norte do Atlântico; pesa, em média, de 0,5 kg a 0,9 kg; pele lisa com matizes de azul e prateado vibrantes; carne gordurosa e escura; sabor pungente; é melhor comprá-lo no outono.	Assada, grelhada na grelha ou no *char broiler*, salteada, defumada.
CAVALA	Peixe marinho da Flórida, nos meses de inverno; pesa, em média, de 4,5 kg a 9 kg; contém mais gordura do que o serra; muito saboroso.	Grelhada na grelha ou no *char broiler*, defumada.
PAMPO	Peixe marinho das Carolinas à Flórida e golfo do México; em média, pesa de 0,5 kg a 0,9 kg; carne bege e delicada, que fica branca depois de cozida; sabor complexo; médio teor de gordura; altamente considerado; bem caro.	*Poché*, assado, grelhado na grelha ou no *char broiler*, frito, cozido no vapor, *en papillote*.
SERNAMBIGUARA	Peixe marinho; semelhante ao pampo só na cor e na geografia; em média, pesa de 4,5 kg a 9 kg, podendo chegar aos 23 kg; carne mais seca e granular do que a do pampo (embora, se tiverem o mesmo peso, a carne possa ser semelhante).	*Poché*, assado, grelhado na grelha ou no *char broiler*, frito, cozido no vapor.

peixes redondos de alta atividade

NOME(S)	DESCRIÇÃO	MÉTODOS DE PREPARO E USOS CULINÁRIOS COMUNS
OLHO-DE-BOI	Peixe marinho do golfo do México, da África Ocidental e do Mediterrâneo; pesa, em média, de 4,5 kg a 18 kg, carne escura, gordurosa; sabor forte.	Assado, grelhado no *char broiler*, salteado, defumado.
OLHETE	Peixe marinho do Massachusetts ao golfo do México e Brasil; pesa menos de 3,6 kg; carne menos gordurosa do que a do olho-de-boi; qualidade semelhante.	Assado, grelhado no *char broiler*, salteado, defumado.
DOURADO/ DOURADO-DO-MAR	Peixe marinho de águas tropicais e subtropicais; pesa, em média, de 1,8 kg a 6,8 kg; a carne vai de rosada a levemente dourada, tornando-se de bege a branco-acinzentada quando cozida; carne densa, adocicada, úmida e delicada, com flocos grandes.	Grelhado na grelha ou no *char broiler*, em fritura rasa, salteado.
ANCHOVA	Peixe marinho da costa atlântica; em média, pesa de 1,8 kg a 4,5 kg; carne escura, gordurosa, de sabor forte e textura fina; os pequenos têm sabor mais suave.	Assada, grelhada no *char broiler*,
SÁVEL AMERICANO	Peixe anádromo que vive da Flórida ao rio São Lourenço; a fêmea pesa, em média, de 1,8 kg a 2,3 kg, mas o macho é menor; carne branco--acinzentada, adocicada; alto teor de gorduras; as ovas são consideradas uma iguaria.	Assado, grelhado no *char broiler*, salteado, defumado.

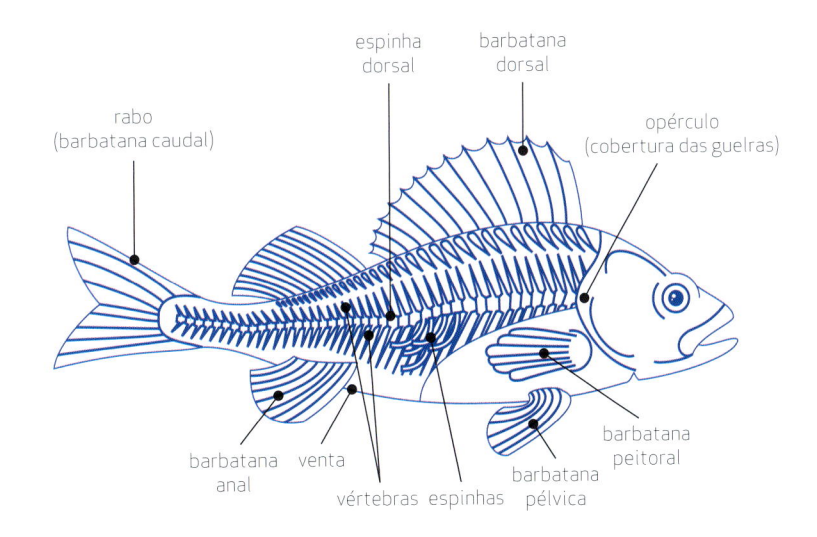

Estrutura do esqueleto dos peixes redondos

capítulo 7 » IDENTIFICAÇÃO DE PEIXES E FRUTOS DO MAR

peixes sem espinhas

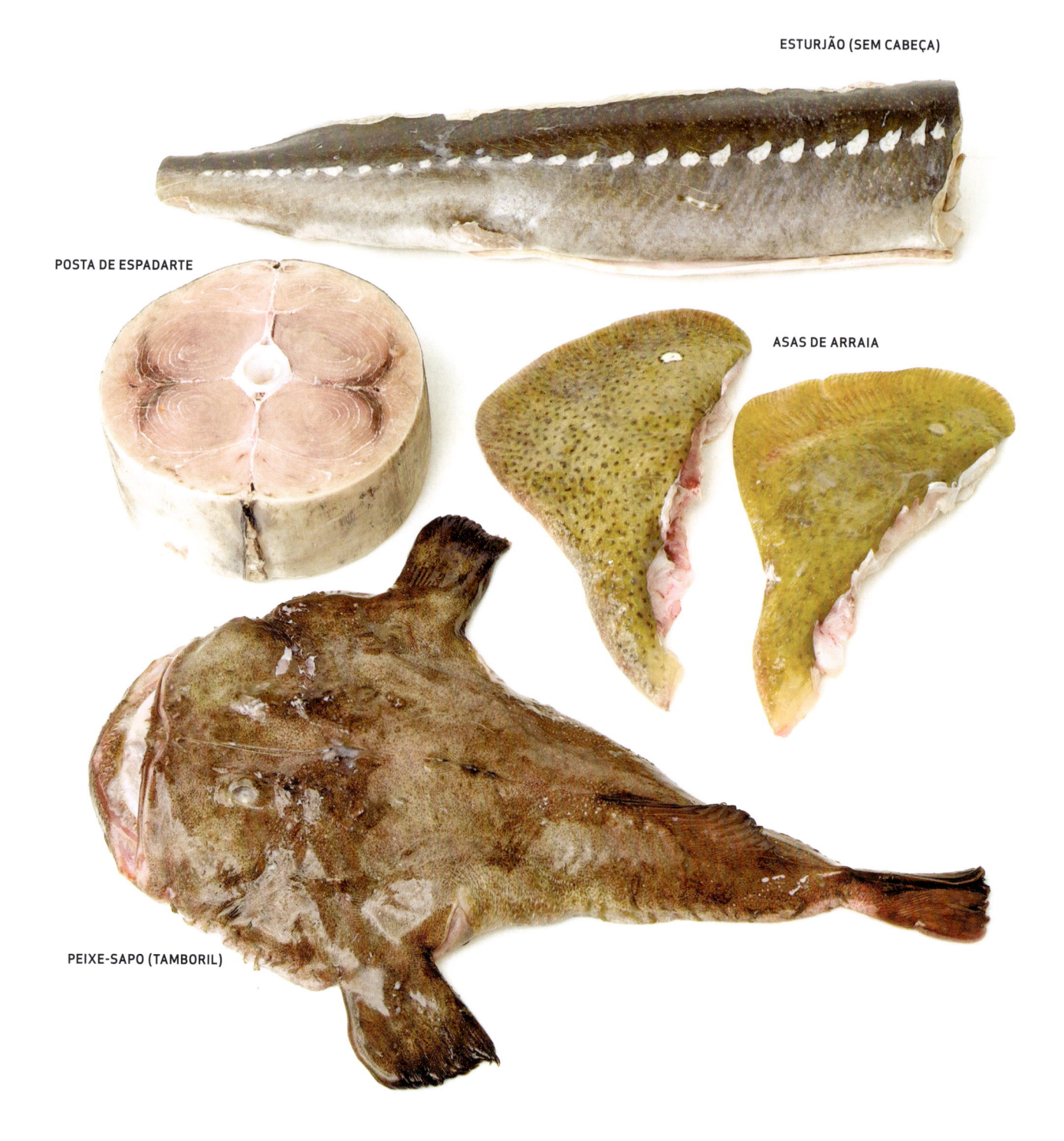

ESTURJÃO (SEM CABEÇA)

POSTA DE ESPADARTE

ASAS DE ARRAIA

PEIXE-SAPO (TAMBORIL)

Peixes sem espinhas

NOME(S)	DESCRIÇÃO	MÉTODOS DE PREPARO E USOS CULINÁRIOS COMUNS
ESPADARTE	Peixe marinho de águas tropicais e temperadas; pele lisa, carne firme e densa; sabor característico; disponível sem pele e sem cabeça, em filés ou postas.	Assado, grelhado na grelha ou no *char broiler*, salteado.
ESTURJÃO	Peixe anádromo que vive do norte da Flórida ao rio São Lourenço (esturjão do Atlântico), pesando, em média, de 27 kg a 36 kg; o esturjão branco é encontrado da Califórnia ao Alasca, e criado em viveiros; pesa, em média, de 4,5 kg a 6,8 kg; altamente considerados por suas ovas, com que se faz caviar; carne firme, com alto teor de gordura; sabor delicado.	Assado, braseado, grelhado na grelha ou no *char broiler*, salteado, defumado.
TAMBORIL	Peixe marinho; pesa, em média, de 7 kg a 23 kg, com filés de 0,9 kg a 2,7 kg; carne firme, branca e suave; em geral, é vendido como rabos e filés, baixo rendimento quando vendido com a cabeça.	Assado, grelhado, frito, salteado, em fritura rasa; o fígado é popular no Japão.
TUBARÃO-MAKO--CAVALA	Peixe marinho de águas quentes, temperadas e tropicais; pode pesar de 13,5 kg a 45,5 kg; uma das espécies de tubarão mais apreciadas.	Assado, grelhado na grelha ou no *char broiler*, frito, salteado; a barbatana do tubarão é popular em Hong Kong e em Cantão, na China.
CAÇÃO	Peixe marinho; peso médio de 1,4 kg a 2,3 kg; pele lisa; amarronzado ou cinzento na parte superior, branco na inferior; manchas brancas/cinzentas ao longo do corpo; carne adocicada, de rosada a branca, firme.	*Poché*, assado, grelhado na grelha ou no *char broiler*, frito, salteado.
TUBARÃO-RAPOSA	Peixe marinho de águas quentes, temperadas e tropicais; em média, pesa de 13,5 kg a 23 kg; facilmente identificável por sua barbatana muito alongada; carne adocicada, rosada.	Assado, grelhado na grelha ou no *char broiler*, frito, salteado; as barbatanas são populares em Hong Kong e na China.
ARRAIA	Peixe marinho encontrado em todas as águas dos Estados Unidos; são achatadas, aparentadas com o tubarão; carne branca, adocicada e firme; as barbatanas são uma parte comestível do peixe, chamadas "asas", que produzem dois filés; o filé superior, em geral, é mais grosso do que o inferior; excelente sabor.	*Pochée*, assada, frita, salteada.

Outros peixes

NOME(S)	DESCRIÇÃO	MÉTODOS DE PREPARO E USOS CULINÁRIOS COMUNS
ENGUIA	Peixe anádromo; a enguia americana é ligeiramente menor do que a europeia; as fêmeas são maiores do que os machos; na China, são criadas em viveiros; têm forma semelhante à de uma cobra; disponível viva, apresenta melhor qualidade no período imediatamente anterior a sua viagem para a desova; alto conteúdo lipídico; carne firme.	Grelhado no *char broiler*, frita, guisada; excelente defumada.
JUNDIÁ	Peixe de água doce; bastante encontrado nas regiões do sul dos Estados Unidos, embora a vasta maioria seja criada em viveiros; em geral, é vendido sem cabeça e sem pele; os filés pesam, em média, de 170 g a 340 g; carne firme, com baixo teor de gordura; sabor suave.	*Poché*, assado, grelhado na grelha ou no *char broiler*, cozido no vapor, guisado, frito por imersão, em fritura rasa e defumado.
MANJUBA	Peixe marinho da Califórnia, América do Sul, Mediterrâneo e Europa; mais de vinte espécies são reconhecidas como anchovas; as melhores têm menos de 10 cm de comprimento; pele prateada; carne macia, saborosa.	Quando vendida inteira e fresca, normalmente é frita por imersão ou em fritura rasa, defumada e marinada; usada como ingrediente aromatizante e guarnição.
SARDINHA	Peixe marinho; importado da Espanha, de Portugal e da Itália; as sardinhas são reconhecidas como uma espécie de pequeno arenque; disponíveis inteiras ou temperadas, salgadas, defumadas ou enlatadas; as melhores têm menos de 18 cm de comprimento; delicada carne gordurosa; pele prateada.	Grelhada na grelha ou no *char broiler*, frita por imersão, marinada.
PEIXE-DE--SÃO-PEDRO	Peixe marinho do Atlântico Leste, da Nova Escócia e do Mediterrâneo (chamado John Dory, em inglês); tem manchas pretas cercadas de um halo dourado nos dois lados do corpo; carne firme, abranca brilhante; sabor delicadamente suave; flocos finos.	*Poché*, grelhado, salteado.
TILÁPIA	Criada em todo o mundo; nativa da África; comercializada entre 0,5 kg e 1 kg; cerca de 10 cm a 45 cm de comprimento; é cruzada para se conseguir pele vermelha, preta ou dourada; distingue-se facilmente pela linha lateral interrompida; carne de branco-acinzentada a rosada, sabor muito suave.	*Pochée*, assada, grelhada na grelha ou no *char broiler*, cozida no vapor.

frutos do mar

Os frutos do mar são animais aquáticos protegidos por algum tipo de concha. Com base na estrutura do esqueleto, podem ser classificados em quatro categorias distintas: univalves (moluscos com uma só concha), bivalves (moluscos com duas conchas unidas em uma ponta), crustáceos (esqueletos externos articulados ou conchas) e cefalópodes (moluscos com tentáculos ligados diretamente à cabeça).

FORMAS PARA COMERCIALIZAÇÃO

Os frutos do mar podem ser comercializados em várias formas, frescos e congelados. Os frescos estão disponíveis vivos, com casca aberta, como caudas, pinças para coquetel, e pernas e pinças. Os congelados também estão disponíveis sem casca, nessas mesmas formas.

Vende-se apenas a carne de alguns itens, com seus sucos naturais, como ostras, mexilhões e mariscos. As vieiras são, quase sempre, encontradas sem casca, embora haja um mercado cada vez maior para vieiras vivas e em meia casca, com ovas.

INDICADORES DE QUALIDADE

Ao comprar frutos do mar com casca, procure sinais de movimento. Lagostas e caranguejos devem estar se movendo; mexilhões, mariscos e ostras devem estar bem fechados ou se fechar quando tocados. À medida que o tempo passar, começarão a abrir-se. Quaisquer conchas que não se fechem quando tocadas devem ser descartadas, pois isso significa que o animal está morto. Os moluscos devem apresentar um aroma marinho, adocicado.

ARMAZENAMENTO

Caranguejos, lagostas e outros frutos do mar devem, no momento da entrega, estar embalados em algas ou papel úmido. Se não houver um tanque para colocar as lagostas, elas podem ser armazenadas diretamente na embalagem original, ou em panelas perfuradas, de 4 °C a 7 °C, até o momento de preparo. Não permita que lagostas e caranguejos entrem em contato com água doce, pois isso os matará.

Mexilhões, mariscos e ostras comprados na concha devem ser armazenados na embalagem em que foram entregues, ou em panelas perfuradas. Não podem ser gelados e devem permanecer a temperaturas entre 2 °C e 4 °C. A embalagem deve ficar bem fechada, e leve, para impedir que as conchas se abram.

moluscos

- OSTRA BELON
- OSTRA KUMAMOTO
- OURIÇO-DO-MAR
- VIEIRA
- LEQUE DE BAÍA
- OSTRA FANNY BAY
- OSTRA MALPEQUE
- OSTRA FLÓRIDA
- MARISCO CHERRYSTONE
- MEXILHÃO TOPNECK
- BERBIGÃO OU VÔNGOLE
- MARISCO-FACA OU LINGUANETES
- GEODUCK
- MARISCO VERDE
- MARISCO AZUL

Moluscos

NOME(S)	DESCRIÇÃO	MÉTODOS DE PREPARO E USOS CULINÁRIOS COMUNS
univalves		
ABALONE	Molusco gastrópode encontrado ao longo da costa do Pacífico, também criado em viveiros na Califórnia, no Chile e no Japão; em viveiros, chega, em média, a 7,5 cm de diâmetro; a concha é oval; disponível inteiro ou em filés; fresco ou congelado.	Grelhado, salteado, marinado.
OURIÇO-DO-MAR	Encontrado nos oceanos de todo o mundo; a concha dura, grená-escura, é coberta com espinhos; em média, pesa 0,5 kg; colhido por suas ovas internas; vai do vermelho brilhante ao laranja e ao amarelo; textura firme, que se desmancha na boca; sabor adocicado; considerado uma iguaria.	Em *sushi*, assado, como aromatizante em molhos.
CONCHA-RAINHA	Molusco gastrópode nativo do Caribe e do arquipélago Flórida Keys, onde também é criado em viveiros; as conchas-rainhas mais velhas têm carne dura e escura; as mais jovens, carne adocicada, branca e macia; disponíveis sem concha ou moídas; as de viveiro têm sabor muito suave.	Em saladas, como *ceviche*, em sopas, bolinhos fritos.
BÚZIOS	Moluscos gastrópodes; encontrados em águas rasas ao longo da costa leste dos Estados Unidos, de Massachusetts ao norte da Flórida; grande caramujo marinho usado principalmente na Europa e na Coreia; disponível fresco ou cozido, conservado em vinagre e enlatado.	Marinado; em saladas e como *ceviche*.
ESCARGOT	Molusco gastrópode; abundante na maior parte do mundo; criado em viveiros na Califórnia; respira ar; disponível fresco, enlatado ou embalado.	Assado, escalfado, grelhado no *char broiler*.
LITORINA	Molusco gastrópode; encontrado ao longo das costas atlânticas da Europa e da América do Norte, principalmente na Nova Inglaterra; concha cônica espiralada com quatro espiras; a concha externa vai do cinza ao verde-escuro, com listras avermelhadas que a cercam.	Escalfada, salteada.

Moluscos – continuação

NOME(S)	DESCRIÇÃO	MÉTODOS DE PREPARO E USOS CULINÁRIOS COMUNS
bivalves		
CLAME	Mexilhão de concha dura das águas frias do norte dos Estados Unidos; os tamanhos (do menor ao maior) incluem *littleneck*, *topneck*, *cherrystone* e *chowder*.	Assado, cozido no vapor, guisado; em sopas; os pequenos são comidos na concha.
MARISCOS-FACA	Mexilhão de concha dura encontrado em águas rasas ao longo da costa leste dos Estados Unidos; tem forma de navalha, com bordas afiadas; difícil de armazenar fora da água; desidrata-se rapidamente, deixando as conchas secas e quebradiças.	Assado, cozido no vapor, guisado, frito por imersão; em bolinhos.
MEXILHÕES-CAVALO	Mexilhão de concha mole, encontrado nas águas rasas em Chesapeake, Maine, Massachusetts e em toda a costa do Pacífico; comprido, cinzento, mole, concha quebradiça; sifão coberto por pele fina; sabor adocicado; pode estar cheio de areia, a menos que seja depurado.	Cozido no vapor, empanado, frito por imersão.
GEODUCK	Mexilhão de concha dura, encontrado ao longo da costa oeste dos Estados Unidos, também criado em viveiros no noroeste do Pacífico; pode chegar a 23 cm de comprimento, e 4,5 kg de peso, embora a maior parte que se encontra no comércio pese de 1,4 kg a 1,8 kg; é o maior mexilhão da América do Norte; concha anelada, cinza-esbranquiçada; o sifão é excepcionalmente longo em relação à concha.	Assado, cozido no vapor, salteado; em bolinhos, sopas, *sushi* e como *ceviche*.
MEXILHÃO *LITTLENECK*	Mexilhão de concha dura encontrado no Pacífico; ligeiramente alongado, de concha cinzento-esbranquiçada com marcas bem pretas; pode chegar a 8 cm de comprimento.	Assado, cozido no vapor; em guisados.
BERBIGÃO	Na Ásia, nos Estados Unidos e na Europa é valioso do ponto de vista comercial, grande fonte de renda para a Colúmbia Britânica, a Groenlândia e a Flórida; concha pequena, de branca a verde.	Assado, cozido no vapor; pequeno demais para ser usado sem concha.
MEXILHÃO AZUL	Encontrado nas águas temperadas dos hemisférios norte e sul; criado em viveiros no Maine, na Nova Escócia, na ilha Príncipe Eduardo e na Espanha; concha azul-escura; em média, tem 5 cm a 7,5 cm de comprimento; sabor ligeiramente adocicado.	Assado, cozido no vapor; em guisados.
MEXILHÃO VERDE	Encontrado nas águas costeiras tropicais da região indo-pacífica, sendo também criado em viveiros na Nova Zelândia; concha verde; em média, tem de 7,5 cm a 10 cm de comprimento; sabor ligeiramente adocicado; encontrado vivo, em meia concha e sem concha.	Assado, cozido no vapor; em guisados.

moluscos

NOME(S)	DESCRIÇÃO	MÉTODOS DE PREPARO E USOS CULINÁRIOS COMUNS
OSTRA DA COSTA LESTE	Das costas do nordeste dos Estados Unidos, da Virgínia e do Golfo; encontram-se no comércio as nativas e as de viveiros; criadas submersas na água; é a ostra mais vendida dos Estados Unidos; concha lisa em cima e embaixo; entre as variedades, estão Malpeque, Chincoteague e Flórida.	Assada, frita em massa mole, grelhada, salteada, cozida no vapor; em meia concha; usada em sopas, guisados, recheios e tira-gostos.
OSTRA JAPONESA/ DA COSTA ORIENTAL	Criada sob a água, na maré cheia, e fora da água, na maré baixa; concha recortada; a variedade Kumamoto é muito popular.	Assada, frita em massa mole, grelhada, cozida no vapor; em meia concha; usada em sopas, guisados, recheios e tira-gostos.
OSTRAS PATA-DE-CAVALO	Nativa da Europa; encontrada longe da costa do Maine; estão disponíveis no comércio as nativas e as de viveiro; entre as variedades, estão Belon, Marennes e Helford; de popularidade crescente.	Assada, frita em massa mole, grelhada, salteada, cozida no vapor; em meia concha; usada em sopas, guisados, recheios e tira-gostos.
OSTRA *OLYMPIA*	Ostra nativa da costa oeste dos Estados Unidos; pequena, menos de 7,5 cm de diâmetro; mais achatada do que as variedades do leste; retrogosto distinto.	Assada, frita em massa mole, grelhada, salteada, cozida no vapor; em meia concha; usada em sopas, guisados, recheios e tira-gostos; em um prato chamado *Hangtown Fry*.
LEQUE DE LONG ISLAND	Encontrada do Massachusetts à Carolina do Norte; pequena comparada às variedades marinhas; de cor marfim a rosada; bem adocicada; colheita no outono e inverno; reunidas à mão; retiradas das cascas na praia; vendidas frescas (o mercado das vivas é limitado), não congeladas; frequentemente considerada a vieira mais saborosa.	Grelhada na grelha ou no *char broiler*, *pochée*, guisada, salteada.
VIEIRA AMERICANA	Encontrada do golfo do Maine à Carolina do Norte, sendo também criada em viveiros (mercado limitado); casca marrom; pode chegar a 20 cm de diâmetro; carne adocicada, úmida, não tão macia quanto a variedade de baía; em geral congelada; disponível fresca durante o ano inteiro. Vieira de mergulho indica que a colheita foi feita à mão; encontrada no Maine; mais uniforme no tamanho; mais umidade e menos areia do que nas dragadas.	Grelhada na grelha ou no *char broiler*, *pochée*, guisada, salteada.
VIEIRA DE CALICO	Encontrada das costas atlânticas da Carolina à América do Sul, no Atlântico e na Costa do Golfo do México; pequena, menos de 7,5 cm; a carne é mais escura e de sabor e textura inferiores aos da variedade baía; disponível o ano inteiro.	Grelhada na grelha ou no *char broiler*, *pochée*, guisada, salteada.

cefalópodes

POLVO

LULAS

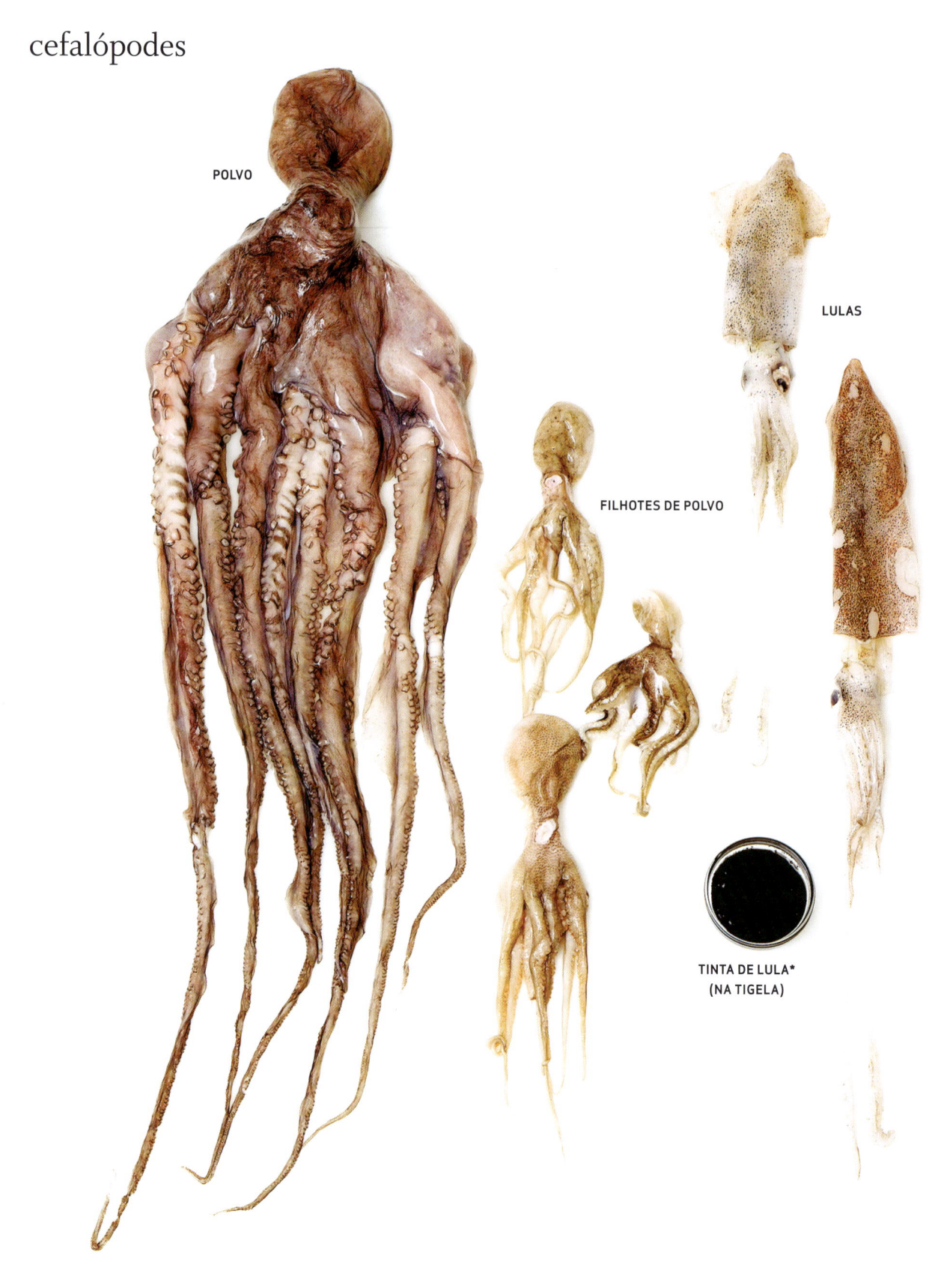

FILHOTES DE POLVO

TINTA DE LULA*
(NA TIGELA)

*Também encontrado como tinta de sépia. (N. E.)

Cefalópodes

NOME(S)	DESCRIÇÃO	MÉTODOS DE PREPARO E USOS CULINÁRIOS COMUNS
LULA	Invertebrada; encontrada nas costas leste e oeste dos Estados Unidos; em média, têm 18 cm de comprimento; muda a cor da pele para proteção; a tinta é usada para confundir os predadores; disponível limpa ou não, fresca e congelada; textura ligeiramente firme quando bem preparada; sabor suave e adocicado.	Assada, escalfada, grelhada no *char broiler*, frita por imersão, em fritura rasa, salteada; a tinta é usada para dar cor a macarrão e arroz, e em molhos.
POLVO	Encontrado nas águas rasas e profundas da Califórnia ao Alasca, e também nas regiões do Atlântico e Ártico, e do canal da Mancha às Bermudas; o tamanho vai de poucos gramas (*baby*) a mais de 45 kg; sangue azul; corpo macio; olhos dos dois lados da cabeça; 8 tentáculos, com 2 fileiras de ventosas em cada um; sabor suave, textura macia quando bem preparada.	Escalfado; quando pequeno, é, muitas vezes, frito por imersão, grelhado ou salteado.
SIBA	Encontrada nas águas rasas da Tailândia, da China, da Índia, da Espanha e de Portugal; 10 braços e 2 tentáculos longos e estreitos; cor marrom-clara com listras semelhantes às da zebra; carne adocicada, branco-brilhante, texturizada.	Escalfada, cozida no vapor, fritura rasa, *sushi*, *sashimi*.

crustáceos

KING CRAB

CARANGUEJO-DO-PACÍFICO

CAMARÃO DE ÁGUA DOCE

CAMARÃO-ROSA (COM CABEÇA)

CAMARÃO-BRANCO (SEM CABEÇA)

JONAH CRAB

CAMARÃO CINZA (SEM CABEÇA)

LAGOSTA AMERICANA

PINÇAS DE CARANGUEJO-DAS-NEVES

Crustáceos

NOME(S)	DESCRIÇÃO	MÉTODOS DE PREPARO E USOS CULINÁRIOS COMUNS
LAGOSTA NORTE-AMERICANA	Encontrada na costa atlântica do norte dos Estados Unidos, do Canadá e da Europa (embora menor); pode levar oito anos para chegar ao tamanho mínimo para ser comercializada, de 0,5 kg a 0,9 kg; carne firme adocicada, delicada; a cor da carne é branco-brilhante, com listras avermelhadas.	Assada, grelhada na grelha ou no *char broiler*, *pochée*, cozida no vapor, fritura rasa.
LAGOSTA-DAS-ROCHAS	Encontrada nas águas costeiras da Flórida, sul da Califórnia, Novo México, Austrália, Nova Zelândia e África do Sul; as dez pernas têm o mesmo tamanho; não tem pinças; a carne firme, menos adocicada do que a da lagosta americana, está na cauda.	Assada, grelhada, *pochée*, cozida no vapor, fritura rasa.
LAGOSTIM	Encontrado em pântanos, riachos e braços de rio; criado em viveiros na Luisiana e na Flórida; importado do Sudeste da Ásia; concha vermelho-escura, vermelho-brilhante depois de cozida; carne adocicada, branca, firme; disponível sem casca, a carne cozida ou em conserva.	Escalfado, cozido no vapor.
CAMARÃO DA BAÍA DE DUBLIM	Encontrado nas águas europeias, no Atlântico e no Mediterrâneo; da família da lagosta; carne ligeiramente adocicada e saborosa.	*Pochée*, escalfado, cozido no vapor, grelhado no *char broiler*, grelhado, salteado.
CAMARÃO-ROSA, CAMARÃO VERDADEIRO E CAMARÃO-VERMELHO	Encontrados em águas tropicais, a maior parte dos que chegam aos Estados Unidos é pescada no Atlântico Sul e no golfo do México; classificados pela cor da concha: rosa (doce e macio), marrom (salgado, firme e inconsistente), branco (adocicado e suave); vendido por quilo. Suas cores variam de acordo com seu hábitat.	Assado, grelhado na grelha ou no *char broiler*, frito por imersão, *en papillote*, grelhado, *poché*, salteado, cozido no vapor, guisado.
CAMARÃO-DO-ÁRTICO	Encontrado no Atlântico Norte e no Pacífico Norte; consideravelmente menor e mais macio que as variedades de camarões tropicais; vendido por quilo.	Assado, grelhado na grelha ou no *char broiler*, frito por imersão, *en papillote*, salteado, cozido no vapor, guisado.
CAMARÃO DE ÁGUA DOCE	Criado em viveiros no Havaí e na Califórnia; até 30,5 cm de comprimento; carne muito macia, suave; vendido por quilo.	Assado, grelhado na grelha ou no *char broiler*, frito por imersão, salteado, cozido no vapor.
CAMARÃO-TIGRE	Encontrado no Pacífico Sul, sudeste da África e da Índia; criado em viveiros na Ásia; listras de cinza a pretas sobre a casca cinza-azulada, embora as listras da casca se tornem vermelho-brilhante depois de cozidas; carne branco-alaranjada, se for cozido descascado, e vermelha, se cozido com casca; sabor suave, salgado, delicado.	Assado, grelhado na grelha ou no *char broiler*, frito por imersão, *poché*, salteado, cozido no vapor.

Crustáceos – continuação

NOME(S)	DESCRIÇÃO	MÉTODOS DE PREPARO E USOS CULINÁRIOS COMUNS
CAMARÃO-DA-PEDRA	Camarão de casca dura; encontrado do sudeste dos Estados Unidos ao golfo do México; o sabor e a textura são mais semelhantes ao lagostim de água doce do que a outros camarões; vendido sem casca.	Assado, grelhado na grelha ou no *char broiler*, frito por imersão, *en papillote*, *poché*, salteado, cozido no vapor, guisado.
SIRI-AZUL	Encontrado da baía de Chesapeake até a costa do Golfo; os machos têm pinças azuis, as fêmeas, azul-avermelhadas; ambos apresentam uma longa ponta de cada lado da casca verde-escura; carne adocicada, macia, úmida, amanteigada; devem estar vivos antes do cozimento.	Assado, grelhado na grelha ou no *char broiler*, frito por imersão, *poché*, salteado, cozido no vapor, guisado.
CARANGUEJO DE CASCA MOLE (*SOFT-SHELL CRAB*)	Siri-azul que perdeu a casca e é apanhado quando a nova ainda está macia; a estação vai de abril a meados de setembro, o pico em junho e início de julho; depois de limpo, o siri pode ser comido inteiro.	Assado, grelhado na grelha ou no *char broiler*, frito por imersão ou fritura rasa, salteado, em *sushi*.
JONAH CRAB	Encontrado da ilha Príncipe Eduardo ao Maine; de forma oval; tem 2 pinças fortes, com ponta preta; carne adocicada, levemente fibrosa e firme.	Assado, grelhado na grelha ou no *char broiler*, frito por imersão, salteado, cozido no vapor, guisado.
CARANGUEJO-REAL-DO-ALASCA (*KING CRAB*)	Encontrado no Pacífico Norte, abundante no Alasca e na Rússia; pode chegar a 3 metros e pesar de 4,5 kg a 7 kg; as variedades incluem vermelho, marrom/dourado e azul.	Assado, grelhado na grelha ou no *char broiler*, frito por imersão, *poché*, salteado, cozido no vapor, guisado.
DUNGENESS CRAB	Encontrado ao longo da costa do Pacífico, do Alasca ao México; em média, pesa de 0,7 kg a 1,4 kg; casca vermelho-amarronzada, por dentro é branco-alaranjada; a carne é suave e adocicada.	Assado, grelhado na grelha ou no *char broiler*, frito por imersão, *poché*, salteado, cozido no vapor, guisado.
CARANGUEJO-DAS-NEVES	Encontrado no Alasca e no leste do Canadá; em média, pesa 2,5 kg; forma oval; 4 pares de pernas delgadas, 2 pinças mais curtas na frente; carne branca, tingida de cor-de-rosa; carne adocicada, ligeiramente fibrosa e menos saborosa do que a do *king crab*.	Assado, grelhado na grelha ou no *char broiler*, frito por imersão, *poché*, salteado, cozido no vapor, guisado.

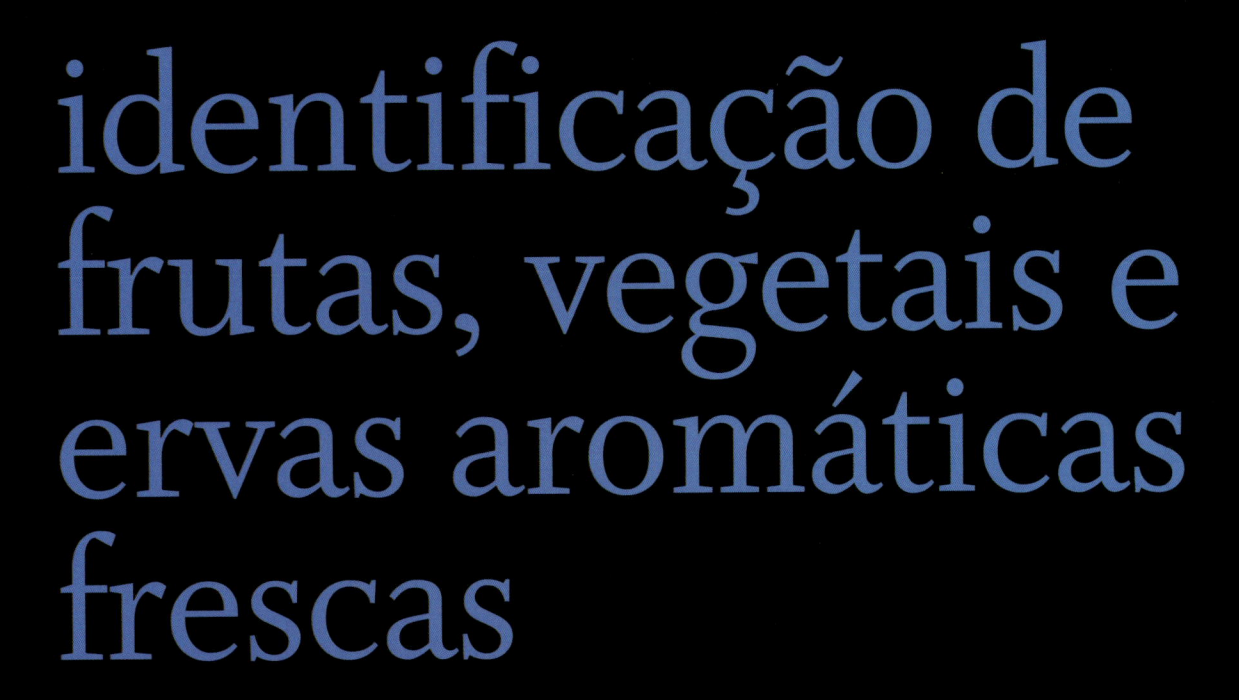

identificação de frutas, vegetais e ervas aromáticas frescas

As frutas, vegetais e ervas aromáticas sempre foram parte importante da dieta humana, e os consumidores de hoje estão mais conscientes do que nunca do importante papel que esses alimentos desempenham na manutenção da saúde e da boa forma em geral. Este capítulo fornece aos chefs profissionais as informações necessárias para tirar o maior proveito da abundância de produtos agrícolas disponíveis, e inclui dicas sobre a disponibilidade, a determinação da qualidade, o armazenamento adequado e os usos culinários.

CAPÍTULO 8

orientação geral

SELEÇÃO

As frutas, os vegetais e as ervas aromáticas devem estar em boas condições, embora o que seja uma aparência favorável varie de um item para o outro. De modo geral, as frutas e os vegetais não devem estar machucados, nem ter manchas escuras ou partes moles, nem estar mofados ou terem sido atacados por pragas: devem ter cor e textura apropriadas a seu tipo, e suas folhas não devem estar murchas. As frutas devem estar carnudas, não enrugadas. Nas seções a seguir, serão fornecidas informações específicas sobre determinados tipos de produtos agrícolas.

MÉTODOS DE PRODUÇÃO

As operações de serviço alimentar possuem grande poder de compra, o qual pode ser utilizado para apoiar ou desestimular determinadas práticas agrícolas. Podem-se considerar muitos métodos de produção e tratamento agrícolas ao adquirir ingredientes.

A biotecnologia agrícola inclui grande quantidade de técnicas científicas que são usadas para criar, melhorar ou modificar as plantas. Por centenas de anos, os cientistas aperfeiçoaram as plantas para benefício humano usando técnicas convencionais, como a reprodução seletiva. Entretanto, os métodos de reprodução convencionais podem levar muito tempo e não serem precisos. Por meio da engenharia genética, os cientistas podem, agora, isolar genes com um traço desejável e transferi-los para outros organismos, obtendo como resultado organismos geneticamente modificados (OGMs), mais resistentes às doenças.

A irradiação é uma tecnologia de segurança alimentar utilizada para matar organismos patogênicos e aumentar a vida de prateleira. Semelhante à pasteurização do leite e ao cozimento sob pressão de enlatados, tratar alimentos com radiação ionizante (também chamada de "pasteurização a frio") pode matar bactérias que, do contrário, poderiam causar intoxicações alimentares.

A agricultura sustentável está relacionada aos sistemas de produção e distribuição agrícola que pretendem dar lucros ao produtor e, ao mesmo tempo, não degradar o ambiente. É essencial renovar e proteger a fertilidade do solo e a base dos recursos naturais, melhorando o uso de recursos na propriedade agrícola e minimizando o uso dos recursos não renováveis. A agricultura sustentável cria oportunidades para a agricultura familiar e para as comunidades agrícolas. As práticas sustentáveis incluem o manejo integrado de pragas, os socalcos no campo e maneiras de deter a erosão do solo.

Os alimentos orgânicos são produzidos sem o uso dos pesticidas convencionais, fertilizantes sintéticos, resíduos prejudiciais ao meio ambiente, bioengenharia ou radiação ionizada. Nos Estados Unidos, para que um produto tenha a etiqueta "orgânico", é necessário que um certificador, aprovado pelo Departamento de Agricultura (Usda), inspecione o local em que o alimento é cultivado e processado, para certificar-se de que os padrões orgânicos do Usda são obedecidos à risca. No Brasil, a partir de 2008, um decreto governamental criou novas regras para a produção e a comercialização de produtos orgânicos. Foi criado o Sistema Brasileiro de Avaliação da Conformidade Orgânica, com o objetivo de assegurar a confiabilidade da certificação desses produtos. Em parceria com as secretarias estaduais, o Ministério da Agricultura deverá fiscalizar as entidades responsáveis pela certificação dos produtos, que só poderão emitir selos de garantia de procedência depois da autorização pelo Sistema de Avaliação e pelo Instituto Nacional de Metrologia, Normalização e Qualidade Industrial (Inmetro).

Os produtos hidropônicos são cultivados em água enriquecida com nutrientes, e não na terra. Essa cultura é feita em ambientes fechados, sob condições controladas de temperatura e luz, de modo que se podem reproduzir as condições de qualquer estação de crescimento. Hoje, encontram-se com facilidade alfaces, espinafres e ervas aromáticas produzidos hidroponicamente. Embora tenham a vantagem de ser fáceis de limpar, esses produtos podem apresentar um sabor menos pronunciado do que as frutas e vegetais produzidos da maneira convencional.

DISPONIBILIDADE E SAZONALIDADE

Antes do aumento da produção agrícola e do aperfeiçoamento da tecnologia da distribuição, os chefs estavam limitados às frutas e aos vegetais sazonais produzidos localmente. Embora os estabelecimentos alimentares não sejam mais obrigados a comprar os produtos agrícolas da região em que se encontram, essa é ainda uma prática favorável, se e quando possível. É importante dar apoio aos produtores agrícolas locais. Mais ainda, os assim chamados agricultores de butique podem ter produtos especiais (alfaces selvagens, beterrabas douradas e tomates amarelos) não disponíveis nos grandes fornecedores comerciais. Outra vantagem de comprar localmente é que o sabor e a condição dos alimentos são, muitas vezes, superiores – alguns exemplos são milho doce, damascos, pêssegos e morangos que não foram transportados. Por outro lado, há itens, como aspargos, alfaces, brócolis, maçãs e frutas cítricas, que podem ser transportados sem sofrer grandes danos.

ARMAZENAGEM

Depois de receber o produto, convém seguir certos princípios para armazená-lo, a fim de manter alta sua qualidade. A maior parte dos estabelecimentos alimentares armazena produtos agrícolas para não mais do que três ou quatro dias, embora o tempo de armazenamento dependa do volume de negócios, do tipo de instalações disponíveis para esse fim e da frequência das entregas. O ideal é retardar o recebimento dos produtos o mais que puder, para ter certeza de que você está usando o produto mais fresco possível, e também para não sobrecarregar seu valioso espaço de armazenamento.

Com algumas exceções (bananas, tomates, batatas e cebolas), as frutas e os vegetais maduros devem ser refrigerados. A menos que haja especificações diferentes, os produtos agrícolas devem ser mantidos a uma temperatura de 4 °C a 7 °C, com umidade relativa de 80% a 90%. A situação ideal é ter refrigeradores separados – câmaras frigoríficas ou não – para frutas e vegetais.

A maior parte das frutas e vegetais deve ser mantida seca, porque o excesso de umidade pode estragá-la. Portanto, em geral, os produtos agrícolas não devem ser descascados, lavados ou limpos até pouco antes de serem usados. As folhas externas da alface, por exemplo, devem estar intactas; as cenouras não devem ser descascadas. A exceção a essa regra são as folhas do topo de vegetais, como beterrabas, nabos, cenouras e rabanetes, que devem ser removidas e desprezadas ou usadas imediatamente porque, mesmo depois de colhidas, as folhas absorvem nutrientes da raiz e aumentam a perda de umidade.

As frutas e os vegetais que precisam amadurecer mais, particularmente pêssegos e abacates, devem ser armazenados a uma temperatura entre 18 °C e 21 °C. Depois que o produto amadurecer, deve ser refrigerado, para não amadurecer demais.

Certas frutas (como maçãs, bananas e melões) emitem grande quantidade de gás etileno enquanto armazenadas. O gás etileno pode acelerar o amadurecimento de frutas verdes, mas também pode estragar frutas e vegetais que já estão maduros. Por isso, a menos que estejam sendo deliberadamente usados como agentes amadurecedores, as frutas que produzem muito etileno devem ser estocadas separadamente. Quando não houver espaço separado disponível, coloque essas frutas em recipientes fechados.

Algumas frutas e vegetais, inclusive cebola, alho, limões e melões, liberam odores que podem permear outros alimentos. Os laticínios absorvem mais facilmente esses odores e devem sempre ser estocados longe de frutas e vegetais. Certas frutas, como maçãs e cerejas, também absorvem odores. Elas também devem ser bem embrulhadas ou armazenadas em separado.

Muitas frutas e vegetais começam a se deteriorar depois de três ou quatro dias. Embora as frutas cítricas, a maior parte das raízes e as abóboras tenham uma vida de prateleira mais longa, os restaurantes, em geral, não os guardam por mais de duas ou três semanas.

frutas

As frutas são os ovários que circundam, ou contêm, as sementes das plantas. Em geral utilizadas em pratos doces, também são excelentes com pratos salgados, como *latkes* de batata e costeletas de porco grelhadas. São maravilhosas servidas sozinhas como desjejum refrescante ou para terminar uma refeição. As frutas desidratadas podem ser ingredientes de compotas, recheios e molhos.

orientação geral

capítulo 8 » IDENTIFICAÇÃO DE FRUTAS, VEGETAIS E ERVAS AROMÁTICAS FRESCAS

vegetais

Os vegetais são raízes, tubérculos, talos, folhas, hastes das folhas, sementes, vagens e flores das plantas que podem ser ingeridas com segurança. Em geral, incluem vários alimentos que são botanicamente classificados como frutas, como os tomates. Sua aplicação culinária é o princípio orientador para colocá-los nesta seção.

ervas aromáticas

As ervas são as folhas de plantas aromáticas usadas, basicamente, para adicionar sabor aos alimentos. O aroma é um bom indicador de qualidade, tanto nas ervas frescas como nas desidratadas. Elas devem ter cor uniforme, folhas e caules saudáveis, e não estar murchas, com manchas marrons, queimadas pelo sol ou prejudicadas por pragas.

As ervas frescas devem ser moídas ou cortadas em *chiffonade* tão perto da hora de servir quanto possível. Quase sempre são acrescentadas ao prato depois do cozimento. No caso de pratos crus, as ervas frescas devem ser adicionadas bem antes da hora de servir.

Em geral, as ervas devem ser envolvidas, folgadamente, em toalhas de papel úmidas antes de ser armazenadas e refrigeradas (é bom etiquetar as ervas, para que seja fácil localizá-las). Caso queira, pode embrulhá-las em papel e depois colocá-las em sacos plásticos, para reter melhor a umidade e reduzir a descoloração e o murchamento das folhas.

maçãs É provável que a maçã seja a fruta favorita dos norte-americanos. Segundo pesquisas do Instituto Internacional da Maçã (International Apple Institute), elas representam quase 14% de todas as frutas arborícolas vendidas no país. A cor das maçãs vai de amarelo a verde até o vermelho, passando pelos tons intermediários. As diferentes variedades de maçãs apresentam características particulares. Algumas são melhores para serem consumidas ao natural, outras são consideradas melhores para tortas e para assar, e outras, ainda, são selecionadas porque, cozidas, se tornam um purê uniforme e saboroso para molho de maçã. Em geral, para a sidra, se escolhe uma mistura de maçãs, de modo a conferir à bebida pronta um sabor bem equilibrado, cheio.

Selecione maçãs firmes, com pele uniforme e sem machucados, embora sejam aceitáveis manchas marrons ásperas. As maçãs podem ser guardadas por muitos meses em local frio, com temperatura controlada, sem perda significativa de qualidade. Também se podem comprar maçãs desidratadas, molho de maçã pronto, suco de maçã (engarrafado ou congelado concentrado), sidra, recheios de torta temperados ou simples, e boa quantidade de outros itens prontos preparados com maçãs.

A polpa das maçãs começa a oxidar-se ao entrar em contato com o ar. Para impedir a mudança de cor, pode-se colocá-la em água acidulada (água com um pouco de suco de limão), embora isso não seja aconselhável se for importante manter o gosto puro da maçã. A tabela que se segue abrange algumas variedades de maçã selecionadas.

capítulo 8 » IDENTIFICAÇÃO DE FRUTAS, VEGETAIS E ERVAS AROMÁTICAS FRESCAS

Maçãs

VARIEDADE*	DESCRIÇÃO	USOS CULINÁRIOS COMUNS
MAÇÃ SILVESTRE ÁCIDA	Pequena; vermelha com amarelo ou branco; polpa bem dura; sabor azedo.	Cozida em molhos, gelatinas, geleias e *relishes*.
GOLDEN DELICIOUS	Casca amarelo-esverdeada com sardas; textura crocante, suculenta; sabor doce; sua polpa continua branca, em contato com o ar, por mais tempo do que as outras variedades.	Serve para tudo.
MAÇÃ-VERDE	Casca verde, polpa branca, extremamente crocante, com textura fina; sabor ácido; continua branca, em contato com o ar, por mais tempo do que as outras variedades.	Ao natural; pratos doces e salgados; usada em tortas.
MCINTOSH	Vermelha, com estrias amarelas ou verdes; a polpa é bem branca; semiácida.	Ao natural; usada para molhos, sidra.
NORTHERN SPY	Casca vermelha com estrias amarelas; textura firme, crocante, suculenta; gosto agridoce.	Excelente em tortas.
RED DELICIOUS	Vermelho-brilhante com sardas amarelas, a polpa é amarelo-esbranquiçada; textura firme e sabor doce.	Ao natural.
ROME BEAUTY	Casca vermelho-brilhante com sardas amarelas; a polpa é firme; suave sabor agridoce.	Excelente para assar inteira.
STAYMAN WINESAP	Casca vermelho-amarronzada com pintas brancas; a polpa é firme e crocante; ácida e aromática.	Serve para tudo; usada para tortas, molhos, assados.
CORTLAND	Casca de cor vermelha uniforme e brilhante; textura crocante; sabor agridoce; a polpa continua branca, em contato com o ar, por mais tempo do que as outras variedades.	Serve para tudo.
HONEYCRISP	Casca amarela com boa quantidade de vermelho; muito crocante; muito doce.	Serve para tudo.
GALA	Casca vermelho-pêssego com pintas amarelas; crocante e suculenta; doce e picante.	Ao natural.

maçãs

VARIEDADE*	DESCRIÇÃO	USOS CULINÁRIOS COMUNS
CAMEO	Vermelho-escuro, com pintas, e um pouco de amarelo-amarronzado.	Serve para tudo.
MACOUN	Vai do grená ao verde com partes vermelho-escuras, algumas pintas brancas; crocante e suculenta; polpa agridoce.	Serve para tudo; ao natural.
COX ORANGE PIPPIN	Laranja-amarronzada com matizes verdes; crocante e suculenta; levemente ácida.	Serve para tudo.

* Há muitas variedades de maçãs que estão disponíveis só em pequenas regiões. Essas maçãs têm características alimentares e culinárias semelhantes àquelas aqui descritas. Se você tiver dúvidas, pergunte ao seu fornecedor ou a alguma outra fonte bem conceituada sobre o melhor uso de determinada variedade.

frutas silvestres

As frutas silvestres tendem a ser altamente perecíveis (com exceção do oxicoco) e são suscetíveis a machucados, mofo e a amadurecer demais com rapidez. Inspecione todas as frutas silvestres e suas embalagens com cuidado, antes de aceitá-las. As caixas manchadas de suco são uma indicação clara de que as frutas não foram bem manuseadas ou estão velhas. Depois que as frutas silvestres começam a mofar, a caixa toda mofa rapidamente.

Quando as frutas silvestres frescas estiverem fora da estação, as que foram congeladas individual e rapidamente são, muitas vezes, um substituto muito bom. As desidratadas constituem um acréscimo delicioso a compotas, recheios ou itens assados feitos com frutas de inverno. A tabela que se segue abrange uma seleção de variedades desse tipo de fruta.

MIRTILO

FRAMBOESA

OXICOCO (CRANBERRY)

FISÁLIS (COM E SEM CASCA)

MORANGO

AMORA

GROSELHA VERMELHA

Frutas silvestres

VARIEDADE	DESCRIÇÃO	USOS CULINÁRIOS COMUNS
AMORA	Grande; preto-arroxeada; cultivada e nativa; ácida quando está verde.	Ao natural; em produtos assados.
MIRTILO	Pequeno a médio; azul-arroxeado com toques azul-prateados; polpa uniforme, redonda, suculenta; sabor doce.	Ao natural; em produtos assados, geleias, desidratados, e para aromatizar vinagres.
OXICOCO (*CRANBERRY*)	Pequeno; cor vermelho-brilhante, alguns apresentam partes brancas; duro; seco e azedo.	Geralmente cozido; em *relishes*, molhos, gelatinas, sucos; em pães; desidratado.
FISÁLIS	Pequena a média; amarela a verde; casca quase transparente; redonda, uniforme.	Geralmente cozida; em gelatinas, tortas, outros produtos assados.
FRAMBOESA	Cachos de pequenas frutas (drupas), cada uma contendo uma semente; pode ter "pelos" na superfície; vermelha, preta ou dourada; fruta doce, suculenta; *dewberry* é um tipo de framboesa.	Ao natural; em produtos assados, xaropes, purês, molhos, cordiais e para aromatizar vinagres.
MORANGO	O tamanho varia; vermelho-brilhante, em forma de coração, sementes na parte externa; doce.	Ao natural; servido com doces de massa folhada; em produtos assados, purês, geleias, gelatinas, sorvete.
GROSELHA	Fruta pequena, redonda; casca lisa; a cor pode ser branca, vermelha ou preta; doce.	A branca e a vermelha são comidas ao natural; as pretas são usadas para fazer conservas, xaropes e licores, como o cassis.

frutas cítricas

As frutas cítricas são caracterizadas por uma polpa segmentada extremamente suculenta e cascas que contêm óleos aromáticos. As mais comuns são a toranja, o limão, o limão-siciliano e as laranjas. Variam muito em tamanho, cor e sabor.

Selecione frutas cítricas firmes e pesadas em relação ao tamanho, sem partes moles. Matizes verdes, ou marrons e ásperos, em geral não afetam o sabor ou textura da fruta. Para as laranjas, não é necessário selecionar frutas com casca vivamente colorida, pois, com frequência, elas são tingidas. Por outro lado, ao selecionar toranjas, limões e limões-sicilianos, procure frutas com casca de textura fina e colorido vivo. As frutas cítricas podem ser armazenadas à temperatura ambiente por pouco tempo, mas, se for necessário guardá-las por longo tempo, é melhor colocá-las no refrigerador. O suco de frutas cítricas pode ser encontrado em latas, garrafas, congelado e concentrado congelado. A tabela que se segue abrange uma seleção de frutas cítricas.

Frutas cítricas

VARIEDADE	DESCRIÇÃO	USOS CULINÁRIOS COMUNS
LARANJA-BAÍA	Casca laranja; relativamente lisa; não tem sementes; doce.	Ao natural; como suco; *zestes*; a casca pode ser glaçada.
LARANJA SANGUÍNEA	Casca fina, cor laranja, com um pouco de vermelho; partes da polpa são vermelho-escuras; aromática e doce.	Ao natural; como suco; em molhos, como aromatizante.
LARANJA-MANDARIM	Apresenta muitas variedades, com tamanhos que vão do muito pequeno ao médio; com ou sem sementes; as tangerinas e clementinas são variedades mandarim.	Ao natural.
TANGERINA	Laranja; casca com pequenas reentrâncias; muitas sementes; suculenta, sabor doce.	Ao natural; como suco.
TANGELO	Híbrido de tangerina e toranja; cor laranja; pele com poucas reentrâncias; ligeiramente achatada em cima; sabor doce e suculento.	Ao natural; como suco.
LARANJA-AMARGA	Casca grossa, áspera; muitas sementes; sabor amargo ácido, adstringente.	Geleia, molho *bigarade*, casca glaçada, licores.
LIMÃO	Casca apresenta cor amarelo-esverdeada a amarelo-forte; sementes; polpa extremamente ácida.	Como suco; *zestes*; agente aromatizante; a casca pode ser glaçada.
LIMÃO-CRAVO	Redondo; casca lisa; suco mais doce e menos ácido do que o dos limões comuns.	Como suco; *zestes*; agente aromatizante; produtos assados; a casca pode ser glaçada.
LIMÃO-TAITI	Verde-escura; casca lisa; sem sementes; ácida.	Como suco; *zestes*; agente aromatizante; a casca pode ser glaçada.
LIMÃO-GALEGO	Pequeno; amarelo-esverdeado; redondo; ácido.	Como suco; agente aromatizante (o uso mais famoso é na torta de limão).
TORANJA BRANCA, VERMELHA OU ROSA	Casca amarela, algumas vezes com manchas verdes; a polpa vai do amarelo-pálido ao vermelho-forte; há variedades sem sementes no comércio; agridoce.	Ao natural; como suco; *zestes*; agente aromatizante; a casca pode ser glaçada.
UGLI FRUIT®	Fruta cítrica híbrida; casca amarelo-esverdeada, grossa, frouxa e enrugada; polpa rosa-amarelada; sem sementes.	Ao natural.

uvas

Tecnicamente, uvas são frutas silvestres, mas, por abrangerem tantas variedades e ter tantos usos diferentes, em geral são consideradas separadamente. Há variedades de uvas, com e sem sementes, que tanto servem para comer como para fazer vinho.

As uvas variam muito na cor, de verde-claro a roxo-escuro. Escolha uvas carnudas e suculentas, com pele lisa que tenha uma cobertura cinza-claro. As frutas devem estar firmemente presas às hastes verdes. Há variedades em que a casca sai facilmente da fruta (Concord), e outras em que a casca fica firmemente aderida à polpa (Thompson, sem sementes). As uvas também são desidratadas para fazer uvas-passas brancas e pretas.

Armazene as uvas, sem lavá-las, no refrigerador. Elas devem ser bem lavadas e secas, com palmadinhas leves, quase na hora de serem consumidas. É melhor servi-las à temperatura ambiente. A tabela seguinte abrange uma seleção de variedades de uva.

A estação das uvas da Califórnia começa no final de maio para algumas uvas vermelhas e em junho ou julho para as uvas Thompson e dura até começo de dezembro. As uvas do leste dos Estados Unidos têm uma estação curta, começando em agosto e terminando em novembro. Geralmente é possível encontrar uvas importadas durante todo o ano; quase todas as uvas importadas encontradas nos Estados Unidos são do México e do Chile.

CHAMPAGNE **THOMPSON SEM SEMENTES** **RED EMPEROR** **PRETA** **CONCORD**

Uvas

VARIEDADE*	DESCRIÇÃO	USOS CULINÁRIOS COMUNS
THOMPSON SEM SEMENTES	Tamanho médio; verde; casca fina; sem sementes; sabor suave, doce.	Uva de mesa; também desidratada para uvas-passas.
CONCORD	De azul a preta; a casca grossa desliza facilmente da polpa; doce.	Em sucos, geleias, gelatinas, xaropes e conservas.
PRETA	Grande; casca roxo-escura; em geral com sementes.	Uva de mesa.
RED EMPEROR	De vermelho-clara a vermelho-escura, com listras verdes; casca fina, que adere fortemente; em geral com sementes.	Uva de mesa.
CHAMPAGNE	Diâmetro aproximado de 6,5 mm; vermelha a roxo-clara; sem sementes; suculenta e doce.	Uva de mesa.
RED FLAME	Espécie híbrida da Thompson; sem sementes; redonda; vermelho-clara e brilhante; firme e doce.	Uva de mesa; tortas de frutas frescas.
RUBY RED	Sem sementes; formato alongado; suculenta e doce.	Uva de mesa.
RED GLOBE	Com sementes; grande e redonda; pouca acidez; doce.	Uva de mesa.
TOKAY	Com sementes; alongada; sabor ameno.	Uva de mesa.
EMPEROR	Com sementes; pequena e redonda; sabor pouco açucarado, suave e semelhante ao da cereja.	Uva de mesa.
RELIANCE	Pequena; vermelha pálida a dourada; muito saborosa.	Uva de mesa.
BLACK BEAUTY	Sem sementes; pequenas e oblongas; sabor rico, encorpado, adocicado e picante.	Uva de mesa.
VÊNUS	Sem sementes; grande e redonda; sabor rico e encorpado; doce e com casca adstringente.	Uva de mesa.

* No Brasil, as principais variedades de uva de mesa com sementes são: Itália ou Piróvano 65, Red Globe, Benitaka, Brasil e Patrícia; sem sementes: *superior seedless* ou festival, *crimson seedless*, Thompson seedless, catalunha, vênus, *marroo seedless* e *perlette*. (N. E.)

melões

Estes frutos suculentos e perfumados são membros da família das cucurbitáceas, assim como as abóboras e os pepinos. Existem muitas variedades, que vão do tamanho de uma laranja ao de uma jaca. As duas categorias mais importantes de melão são o melão almiscarado e a melancia.

Geralmente, encontram-se no comércio dois tipos de melão almiscarado, o melão-cantalupo e o melão amarelo.

A seleção dos melões e como verificar se estão maduros depende muito de seu tipo. Ao selecionar o melão-cantalupo, procure por frutos pesados com uma separação bem definida do talo – significando que o melão amadureceu na planta. Quando maduros, todos os melões almiscarados se tornam levemente macios perto da haste e exalam um aroma doce. Devem-se cortar ao meio os melões almiscarados e retirar as sementes antes de consumi-los.

As variedades de melancia, de sabor suave, devem ser simétricas, sejam elas de forma oblonga ou redonda. Evite aquelas com lados chatos, partes moles ou casca machucada. A melancia madura deve ter uma boa cor, sem nenhuma região branca na parte inferior. Os melões verdes devem ser armazenados em lugar fresco e escuro, e o melão maduro ou cortado deve ser mantido na geladeira. A tabela seguinte abrange uma seleção de variedades de melões.

MELÃO AMARELO

MELANCIA SEM SEMENTES

MELÃO-CANTALUPO

PRINCE

PELE-DE-SAPO

Melões

VARIEDADE	DESCRIÇÃO	USOS CULINÁRIOS COMUNS
melões almiscarados		
MELÃO-CANTALUPO	Veias ou rede bege sobre a superfície da casca; a polpa é de cor laranja-clara, macia, suculenta, muito doce e fragrante.	Ao natural; servido com carnes e queijos curados; em sopas frias de frutas.
MELÃO-PERSA	Grande, com casca verde-escura e veias amarelas; polpa cor salmão, brilhante, ligeiramente doce; semelhante ao melão-cantalupo.	Ao natural.
AMARELO	Mais ou menos oval; casca lisa, amarelo-esverdeada; polpa verde-pastel, suculenta; muito doce.	Ao natural; em sopas frias de frutas; como guarnição; sobremesas.
CASABA	A casca vai de verde-clara a amarelo-esverdeada, com ranhuras profundas; polpa de cor creme, suculenta; sabor suave, claro e refrescante; semelhante ao amarelo.	Ao natural.
CRENSHAW*	Grande, de forma oval; casca amarelo-esverdeada, suave, mas enrugada; polpa de cor salmão, fragrante, picante, extremamente doce; similar ao amarelo.	Ao natural.
melancia		
MELANCIA	Vai de grande, com forma oblonga, a pequena e redonda; a casca é verde com estrias mais claras; a polpa aquosa pode ser vermelho-rosada, amarela e branca; sementes brilhantes pretas, marrons ou brancas; algumas variedades não têm sementes; doce e refrescante.	Ao natural; a casca é preparada em conserva, as sementes são assadas.

* Produto do cruzamento do melão-persa com o *casaba*. (N. E.)

peras Apresentam muitas variedades, que vão de redondas à forma de sino, de picantes a doces, de amarelas a vermelhas. Ao contrário de muitas outras frutas, as peras amadurecem depois que são colhidas. Esse é um aspecto positivo, porque as peras maduras são extremamente frágeis e, se fosse diferente, seu transporte seria muito difícil. Escolha peras fragrantes, sem machucados. Mantenha as peras verdes à temperatura ambiente, mas coloque-as na geladeira assim que amadurecerem. Como as maçãs, as peras descascadas e cortadas escurecem quando expostas ao ar. Colocá-las em água acidulada ajudará a impedir a oxidação, mas pode alterar o sabor da fruta. Os melhores usos para muitas variedades são informados na tabela a seguir.

BOSC   WILLIAM   ANJOU   SECKEL   FORELLE   ASIÁTICA   WILLIAM

Peras

VARIEDADE	DESCRIÇÃO	USOS CULINÁRIOS COMUNS
WILLIAM	Pera grande, em forma de sino; a cor vai de verde a vermelha; casca lisa; polpa suculenta; doce.	Ao natural; *pochée*; em conservas; usada para aromatizar licores.
BOSC	Pera grande, de pescoço longo, base larga; pele escura, vermelho-amarronzada; sabor agridoce.	Ao natural; *pochée*, assada.
ANJOU	Pera grande, larga; casca verde-amarelada com pontinhos verdes, pode ter partes vermelhas; sabor doce.	Ao natural; *pochée*, assada.
SECKEL	Pera pequena; casca dourada com manchas vermelhas; polpa extremamente firme e crocante; doce e picante.	*Pochée*, assada, enlatada.
FORELLE	Pera média; dourada com manchas vermelhas e pontinhos vermelhos.	Ao natural; *pochée*, assada.
ASIÁTICA	Redonda; laranja-dourada com pontinhos brancos; polpa firme, crocante e suculenta; sabor suave.	Ao natural; excelente em saladas.

frutas com caroço grande

Frequentemente nos referimos aos pêssegos, às nectarinas, aos damascos, às ameixas e às cerejas como frutas de caroço, porque têm apenas um caroço central, grande. Essas frutas são divididas, em geral, em "caroço solto" ou "caroço preso". Nas de caroço solto, como o nome sugere, a semente (ou caroço) se desprende com facilidade da polpa, ao passo que nas de caroço preso a semente é firmemente presa à polpa. Por essa razão, usam-se as variedades de "caroço solto" com mais frequência em pratos que exigem a retirada da semente. Além de comercializadas frescas, essas frutas são facilmente encontradas enlatadas, congeladas e desidratadas. Muitos países produzem conhaques, vinhos e licores aromatizados com pêssegos, cerejas e ameixas.

As frutas com caroço grande são geralmente encontradas nos meses de verão, exceto algumas da América do Sul. Portanto, as frutas que se encontram no mercado terão sido colhidas ainda quase verdes para facilitar o transporte sem estragar a casca delicada. A cor é o principal indício de que uma fruta foi colhida antes de estar completamente madura; procure frutas de coloração uniforme e sem nenhum traço de verde. Também é preciso que elas tenham um aroma doce e encorpado. A tabela a seguir apresenta uma seleção de frutas com caroço.

PÊSSEGO BRANCO **PÊSSEGO** **NECTARINA** **AMEIXA** **AMEIXA-ITALIANA**

Frutas com caroço grande

VARIEDADE	DESCRIÇÃO	USOS CULINÁRIOS COMUNS
PÊSSEGOS	De médios a grandes; casca felpuda, que vai do branco ao amarelo-alaranjado até o vermelho; polpa muito suculenta. Classificações encontradas no Brasil: aurora, douradão, dourado, Marli, ouro mel, *premier*, *tropic beauty*, *tropic sweet*, tropical e xiripá.	Ao natural; em geleias e gelatinas, sorvetes e sobremesas; enlatados e desidratados.
DAMASCOS	Médios; a casca é ligeiramente felpuda, e vai do amarelo ao alaranjado-dourado, com partes rosadas; mais secos que o pêssego; com sabor doce e levemente picante.	Ao natural; em geleias e gelatinas, sobremesas, suco; desidratados.
NECTARINAS	Grandes; casca lisa, amarela e vermelha; polpa firme, mas suculenta; doce.	Ao natural; em saladas e sobremesas cozidas.
CEREJAS	Pequenas; a casca brilhante vai do vermelho ao preto; polpa firme; tanto pode ser doce como azeda.	Variedades doces: ao natural; em itens assados e xaropes; desidratadas. Variedades azedas: em tortas, conservas e xaropes; desidratadas.
AMEIXAS	De pequenas a médias; de ovais a redondas; a cor da casca vai do verde ao vermelho até o roxo; polpa suculenta; muito doce.	Ao natural; em itens assados, conservas; algumas variedades são desidratadas para fazer ameixas secas.
AMEIXA-ITALIANA	Pequenas, ovais; casca roxa; polpa amarelo-esverdeada.	Ao natural; em itens assados, conservas.

outras frutas Por não se encaixar claramente em nenhuma categoria, uma grande variedade de frutas se classifica no grupo "outras". Algumas dessas frutas são tropicais, ao passo que outras são cultivadas em climas mais temperados. A tabela que se segue fornece informações sobre essas frutas.

ABACAXI

COCO

BANANA

BANANA-DA-TERRA

MANGA

PAPAIA

ABACATE (AVOCADO)

RUIBARBO

KIWI

152 UTENSÍLIOS E INGREDIENTES NA COZINHA PROFISSIONAL

Outras frutas

VARIEDADE	DESCRIÇÃO	USOS CULINÁRIOS COMUNS
ABACATE	Tem forma de pera; casca rija que vai do verde ao preto, lisa ou com protuberâncias; polpa amarelo-esverdeada; textura cremosa, amanteigada; sabor suave.	Em saladas, molhos *dips* (guacamole), em sanduíches, em molhos de tomate picantes.
BANANA	Polpa doce, cremosa; a casca, amarela ou vermelha, não é comestível.	Ao natural; em pudins, itens assados e outras sobremesas.
BANANA-DA-TERRA	Maior e mais amilácea do que a banana comum; casca verde, dura; polpa semelhante à batata quando verde, que se torna cada vez mais doce, macia e pintalgada à medida que amadurece.	Excelente frita, assada e amassada; comida em todos os estágios de amadurecimento.
RUIBARBO	Longos talos verdes matizados de vermelho; textura crocante e azeda, sabor ácido.	Em tortas e conservas.
COCO	Redondo; casca dura, marrom, com pelos; polpa firme, crocante, branca; líquido fino, aquoso, no centro; processado para obter óleo de coco, leite de coco, e embalado desidratado; com ou sem açúcar; ralado ou em flocos.	Cru ou cozido; em pratos doces ou salgados, como *chutney*, bolos, *curries*.
FIGO	Fruta pequena, redonda ou em forma de sino; casca macia, fina; sementes pequenas, comestíveis; a cor vai do roxo-escuro ao verde-claro; sabor extremamente doce. No Brasil, é encontrado nas variedades branco e roxo, com subdivisões.	Ao natural; desidratado; em conserva; frequentemente consumido com queijo.
GOIABA	Fruta oval; casca fina que vai do amarelo ao vermelho, até o quase preto quando madura; encontrada no comércio, mais comumente, ainda verde; a cor da polpa vai do amarelo-claro ao vermelho-brilhante; extremamente doce e fragrante; disponível fresca, enlatada, congelada, como polpa.	Excelente para geleias, conservas e molhos; a polpa da goiaba é servida com queijo.
KIWI	Fruta pequena, oblonga; casca marrom e felpuda; a polpa, verde-brilhante e pintalgada com sementes pretas comestíveis, é macia, doce e picante.	Ao natural; excelente em molhos e sorvetes.
MANGA	Fruta de forma redonda a oblonga; polpa doce, macia, amarelo-viva; contém uma única semente grande; a cor da casca vai do amarelo, ao verde e vermelho; as variedades mais comuns, no Brasil, são a espada, a coquinho e a Haden; disponível fresca, enlatada, congelada, como purê, néctar e desidratada.	Ao natural; excelente para molhos doces e *sorbets*, assim como em *chutneys*; quando ainda verde, também é usada em saladas.

Outras frutas – continuação

VARIEDADE	DESCRIÇÃO	USOS CULINÁRIOS COMUNS
ABACAXI	Fruta grande e cilíndrica; casca áspera, com padrões quadrados, amarelo-escura; folhas longas semelhantes a espadas, que saem do topo; as variedades disponíveis no mercado têm polpa amarelo-brilhante extremamente fragrante, suculenta e doce; também pode ser encontrada congelada, enlatada, cristalizada ou desidratada.	Ao natural; grelhada, como suco; em itens assados.
CARAMBOLA	Fruta que vai do amarelo ao verde, com 7,5 cm a 13 cm de comprimento, com cinco gomos que se estendem para fora a partir do centro; as fatias cortadas transversalmente se parecem com estrelas; adocicada, com sabor às vezes levemente azedo, que lembra uma combinação de abacaxi, kiwi e maçã; polpa de textura firme.	Ao natural; usada em saladas de fruta, sobremesas e como guarnição.
PAPAIA	Fruta em forma de pera com cerca de 15 cm de comprimento; casca amarelo-dourada e polpa brilhante rosa-alaranjada quando madura; contém uma cavidade no centro cheia de sementes pretas, redondas, comestíveis; polpa fragrante, doce, acetinada; disponível como néctar, purê e desidratada.	Ao natural, tanto madura como verde; a enzima (papaína) é usada para amaciar a carne.
ROMÃ	Fruta fragrante, em forma de maçã, com casca vermelho-brilhante, rija; contém centenas de sementes comestíveis pequenas, vermelhas, cobertas de polpa, separadas por membranas finas, cor de creme; sabor muito picante e doce, suculenta; também encontrada como suco concentrado e melaço.	Ao natural; as sementes, frequentemente, são usadas como guarnição, ou espremidas para suco.
MARACUJÁ	Fruta em forma de ovo ou arredondada, com cerca de 7,5 cm de comprimento, a casca tem pequenos sulcos e se torna roxo-escura quando madura; contém polpa extremamente fragrante, amarela, doce-picante, pintalgada de sementes pretas comestíveis; disponível fresca, como purê, congelada ou como néctar enlatado e concentrado.	Excelente em sobremesas e bebidas.

outras frutas

VARIEDADE	DESCRIÇÃO	USOS CULINÁRIOS COMUNS
CAQUI	Fruta em forma de tomate, com casca vermelho-alaranjada; sabor doce e picante; textura cremosa quando madura (*Hachiya*) ou mais firme e macia como o tomate (*Fuyu*); disponível fresco, em purê ou congelado.	Ao natural; é excelente em tortas e pudins; o caqui *Hachiya* tem de estar totalmente amadurecido antes de ser consumido; o caqui *Fuyu* é bom em saladas, comido crocante, ou macio e totalmente maduro.
MARMELO	Fruta de casca amarela que tem aparência e sabor semelhantes aos da maçã, e textura semelhante à pera; contém polpa branca crocante com sabor seco e adstringente.	Excelente em geleias, gelatinas, conservas e produtos assados; deve ser cozido antes de consumido.

MARMELO

a família do repolho

A família do repolho (brássicas) inclui uma vasta gama de vegetais. Em alguns membros dessa família, como a couve-flor e o repolho verde, as folhas são imbricadas umas nas outras, formando uma "cabeça" compacta. Outros, tais como o *pak choi*, têm as folhas não imbricadas, ao passo que outras variedades são apreciadas pelas raízes. Os nabos e as rutabagas também são membros da família das brássicas, mas, em geral, pensa-se neles como vegetais de raiz. A tabela que se segue abrange uma seleção de variedades das brássicas.

REPOLHO-CRESPO

REPOLHO ROXO

COUVE-FLOR

COUVE-CHINESA

COUVE-DE-BRUXELAS

a família do repolho

COUVE-CRESPA

BRÓCOLIS-NINJA

BROTO DE BRÓCOLIS

PAK CHOI

COUVE-MANTEIGA

capítulo 8 » IDENTIFICAÇÃO DE FRUTAS, VEGETAIS E ERVAS AROMÁTICAS FRESCAS

A família do repolho

VARIEDADE	DESCRIÇÃO	USOS CULINÁRIOS COMUNS
BRÓCOLIS	Botões florais verde-escuros, alguns pintalgados de roxo; caules verde-claros, crocantes.	Cozido no vapor, cozido em água fervente, cru, salteado ou assado em *casseroles*.
BROTO DE BRÓCOLIS	Verde-escuro; caules longos e finos, com pedúnculos florais pequenos, folhudos; sabor forte, amargoso.	Cozido no vapor, braseado ou salteado com azeite de oliva, alho e flocos de pimenta vermelha amassados.
COUVE-DE--BRUXELAS	Pequenas, com cerca de 2,5 cm de diâmetro; em forma de repolho, redondas, verde-claras; sabor forte.	Cozida no vapor, branqueada, salteada ou braseada.
PAK CHOI	Cabeça com folhas não imbricadas; folhas verde-escuras, talos de verde a branco, crocantes; folhas tenras; sabor suave; o *pak choi baby* é uma variedade menor.	Saladas, frituras rasas, cozido no vapor ou branqueada.
REPOLHO VERDE	Repolho redondo, com as folhas bem imbricadas formando uma "cabeça"; verde-claro a médio; textura crocante; sabor bastante forte.	Cozido no vapor, braseado, salteado, fermentado em *sauerkraut* e *kimchee*; cru em saladas e *coleslaw*.
REPOLHO-ROXO	Repolho redondo, com folhas bem imbricadas formando uma "cabeça"; as nervuras das folhas são brancas, tendo, quando cortadas, aparência de mármore; textura crocante; sabor bastante forte.	Cozido no vapor, braseado ou salteado; cru em saladas e *coleslaw*.
COUVE-CHINESA	Cabeça alongada; amarelo-clara com pontas verdes; folhas macias, enrugadas; sabor suave.	Cozida no vapor, braseada ou salteada; crua em saladas e *coleslaw*.
REPOLHO CRESPO	Folhas moderadamente imbricadas, "cabeça" redonda; folhas texturizadas, enrugadas; sabor suave.	Cru, cozido no vapor, braseado ou salteado.
COUVE-FLOR	Parte florida branca, verde ou roxa, com folhas verdes; sabor um tanto forte.	Cozida no vapor, branqueada, crua, salteada ou assada em *casseroles*.
COUVE-RÁBANO	Bulbo redondo, em forma de nabo, com caules e folhas; branco com laivos de roxo; macio; sabor suavemente doce.	Cozida no vapor, branqueada ou em fritura rasa.
COUVE-CRESPA	Verde-escura, algumas vezes com matizes roxos; folhas enrugadas; sabor suave de repolho.	Salteada, branqueada ou cozida no vapor; em sopas.

a família do repolho

VARIEDADE	DESCRIÇÃO	USOS CULINÁRIOS COMUNS
COUVE-MANTEIGA	Folhas verdes arredondadas, grandes, lisas; o sabor fica entre o repolho e a couve-crespa.	Cozida no vapor, salteada, braseada ou cozida com pernil de porco.
FOLHAS DE NABO	Folhas verdes lisas, largas; textura áspera, firme; sabor forte.	Cozidas no vapor, salteadas ou braseadas.
ASPIRATION®/ BROCCOLINI	Cor verde-brilhante; hastes longas e finas com pequenos botões florais; textura crocante; sabor suave, adocicado; cruzamento entre aspargos e brócolis.	Cozido no vapor, branqueado, salteado ou grelhado.
BABY PAK CHOI/ PAK CHOI	Folhas verde-claras, tenras; caules crocantes.	Braseado, em sopas, em fritura rasa, cozido no vapor.

abóboras de casca macia, pepinos e berinjelas

As variedades de abóboras de casca macia, pepinos e berinjelas fazem parte da família das cucurbitáceas. Todos esses vegetais são colhidos enquanto verdes, para assegurar uma polpa delicada, sementes macias e cascas finas. As abóboras de casca macia e berinjelas cozinham bem rapidamente. Os pepinos são, na maioria das vezes, consumidos crus. Selecione abóboras de casca macia, berinjelas e pepinos de tamanho pequeno, firmes, de cor brilhante, sem machucados. Todas essas variedades devem ser refrigeradas.

PATTYPAN SQUASH

CHUCHU

BERINJELA JAPONESA

ABOBRINHA

PEPINO JAPONÊS

BERINJELA COMUM

ABOBRINHA AMARELA

FLOR DE ABÓBORA

PEPINO CAIPIRA

PEPINO COMUM

BERINJELA-BRANCA

UTENSÍLIOS E INGREDIENTES NA COZINHA PROFISSIONAL

Abóboras de casca macia, pepinos e berinjelas

VARIEDADE	DESCRIÇÃO	USOS CULINÁRIOS COMUNS
abóboras de casca macia		
PATTYPAN	Pequena a média; verde-clara a amarela, algumas vezes com pintas ou estrias verde-escuras; em forma de disco com bordas recortadas; sabor macio e suave.	Cozida no vapor, salteada e frita.
CHUCHU	Médio a grande; forma de pera; verde-claro, com profundos sulcos entre as metades; polpa branca circundando uma semente; sabor suave.	Cozido no vapor, salteado, em fritura rasa, recheado e frito.
ABÓBORA RECURVADA	Pescoço longo, curvo, ligado a uma base mais larga; casca amarela, algumas vezes com elevações; polpa amarelo-clara; sabor delicado.	Cozida no vapor, salteada e frita.
ABÓBORA AMARELA	Forma de pera alongada; amarela, com polpa cor de creme; sabor suave.	Cozida no vapor, salteada, frita e grelhada.
ABOBRINHA	Forma cilíndrica estreita; verde, com manchas amarelas ou brancas; polpa cremosa com matiz verde; sabor suave.	Cozida no vapor, salteada, frita e grelhada; em pães rápidos e bolinhos.
FLORES DE ABÓBORA	Flores amarelo-alaranjadas macias, com pedúnculo verde; sabor semelhante ao da abóbora, suave.	Cruas em saladas; recheadas, assadas, salteadas, fritas, como guarnição.
pepinos		
PEPINO COMUM	Longo, estreito, afinando nas extremidades; casca fina verde, polpa verde-clara; sabor suave, crocante e refrescante.	Em picles; em saladas, *relishes* e molhos não cozidos, como Raita.
PEPINO CAIPIRA	Cilindro curto, roliço; casca verde, polpa branca; sulcos profundos, com verrugas; textura bem crocante; sabor suave.	Ao natural; excelente para picles.
PEPINO JAPONÊS	Cilindro longo e uniforme, com alguns sulcos; sem sementes; casca verde-brilhante; textura crocante, sabor suave.	Em picles; em saladas e *crudités*.
berinjelas		
BERINJELA COMUM	Forma de pera arredondada ou alongada; casca roxo-escura brilhante; cálice verde preso à parte superior; polpa branco-esverdeada; pode ser ligeiramente amarga, especialmente se for das maiores.	Guisada, braseada, assada, grelhada e frita; pratos populares incluem *ratatouille*, *babaganoush* e *à la parmigiana*.
BERINJELA JAPONESA	Forma cilíndrica longa, estreita, algumas vezes curva; casca roxo-escura estriada, brilhante; cálice de roxo a preto preso ao topo; polpa macia; sabor suavemente doce.	Guisada, braseada, assada, grelhada e frita.
BERINJELA-BRANCA	Pode ser longa ou redonda (forma de ovo); branco-leitosa, algumas vezes com listras roxas; casca mais dura; polpa firme, macia; ligeiramente amarga.	Guisada, braseada, assada, grelhada e frita.

abóboras de casca dura

As abóboras de casca dura, também membros da família das cucurbitáceas, são caracterizadas pela casca e sementes duras e grossas. Essas cascas grossas e a polpa, que vai de amarelo a laranja, requerem cozimento mais longo do que as de casca macia. Selecione abóboras pesadas em relação ao seu tamanho, com casca dura, sem machucados. Essas abóboras podem ser armazenadas em local fresco e escuro por muitas semanas, sem que a qualidade se deteriore.

ABÓBORA *RED KURI*

ABÓBORA *BLUE HUBBARD*

ABÓBORA-MORANGA

ABÓBORA JAPONESA (CABOTIÁ/KABOCHA)

ABÓBORA-ESPAGUETE

CARNIVALE

ABÓBORA COMUM

STRIPED EDDY

SWEET DUMPLING

DELICATA

ABÓBORA JACK-BE-LITTLE (BRANCA E LARANJA)

ABÓBORA PAULISTA

Abóboras de casca dura

VARIEDADE	DESCRIÇÃO	USOS CULINÁRIOS COMUNS
ABÓBORA JAPONESA (CABOTIÁ/*KABOCHA**)	Forma de bolota com profundas estrias; cor verde-escura, em geral com alguma parte alaranjada; polpa laranja-escura; textura levemente fibrosa; sabor doce.	Assada, purê, branqueada, glaçada com mel ou xarope de bordo; em sopas.
ABÓBORA PAULISTA	Forma de pera alongada; casca bege com laranja-vivo, polpa cremosa; sabor doce.	Assada, em purê, branqueada, glaçada com mel ou xarope de bordo; em sopas.
HUBBARD	Grande, de verde-empoeirado a laranja-vivo, também pode ser azul; casca cheia de verrugas; polpa amarelo-alaranjada; textura granulosa.	Assada, purê, branqueada, glaçada com mel ou xarope de bordo; em sopas.
ABÓBORA COMUM	Grande variedade de abóboras com diferentes usos: Pie (redonda, laranja-viva, caule verde), Jack-be-Little ou mini (versões miniatura, branca ou laranja) e abóbora-moranga (grande, chata, bege) são variedades comuns.	Assada, em purê, branqueada, glaçada com mel ou xarope de bordo; em sopas, tortas e pães rápidos; as sementes são assadas.
ABÓBORA-ESPAGUETE	Forma de melancia; casca e polpa amarelo-brilhante; depois de cozida, a polpa se separa em tiras; sabor suave.	Cozida no vapor ou assada.
DELICATA/ABÓBORA BATATA-DOCE	Forma oblonga; casca amarela com estrias verdes; polpa amarelo-viva; extremamente doce.	Cozida no vapor ou assada.

* Há muitas variedades de abóboras de casca dura encontradas apenas em pequenas regiões. Ver a foto na página anterior com algumas das variedades mais difíceis de encontrar.

alface Cada uma das milhares de variedades de alface pode ser classificada em uma das seguintes categorias: crespa, romana, lisa e americana. Selecione a alface que estiver crocante, nunca murcha ou machucada. A alface não deve ser lavada, cortada ou rasgada até o momento de servir. Armazene-a no refrigerador, coberta folgadamente com toalhas de papel úmido. Como a maior parte das verduras, é muito importante lavar bem a alface, pois sujeira e areia tendem a se esconder entre as folhas. Nunca imerja as folhas em água por muito tempo, e certifique-se de que estão bem secas depois de lavá-las (um secador de salada é excelente para isso). A tabela que se segue abrange diversas variedades de alface.

ALFACE-LISA

ALFACE-CRESPA

ALFACE-AMERICANA

ALFACE-ROXA

ALFACE-ROMANA

Alface

VARIEDADE	DESCRIÇÃO	USOS CULINÁRIOS COMUNS

alface-lisa

VARIEDADE	DESCRIÇÃO	USOS CULINÁRIOS COMUNS
ALFACE-LISA	Pé com as folhas não muito unidas; folhas macias, muito tenras, de cor verde-vibrante; sabor suave, adocicado e delicado.	Em saladas, braseada.
BIBB	Menor que a alface lisa; folhas não muito unidas, macias, muito tenras, de cor verde-vibrante; sabor suave, adocicado e delicado.	Em saladas, braseada.

alface-crespa

VARIEDADE	DESCRIÇÃO	USOS CULINÁRIOS COMUNS
AMERICANA	Pé com as folhas imbricadas, verde-claras; sabor bem suave.	Em saladas (rasgadas ou servidas em tiras).
ROMANA	Pé cilíndrico, longo; as folhas externas têm sulcos, são verde-escuras, tornando-se mais claras na parte interna; as externas são ligeiramente mais amargas, as internas são suaves e adocicadas.	Em saladas, especialmente salada Caesar; braseadas.

folhas

VARIEDADE	DESCRIÇÃO	USOS CULINÁRIOS COMUNS
FOLHAS VERDES OU ROXAS	Podem ter as pontas verdes ou vermelhas; as folhas, não muito unidas, são tenras e crocantes; sabor suave, tornando-se amargo com o tempo.	Em saladas.
MIMOSA	As folhas recortadas, não muito unidas, são tenras e crocantes; sabor amendoado.	Em saladas.

verduras amargas para saladas

As verduras amargas para saladas são tenras o suficiente para serem comidas em saladas, mas também podem ser salteadas, cozidas no vapor, grelhadas ou braseadas. Há muitas variedades nesta categoria, da rúcula verde e folhuda aos pés carmesins do *radicchio*. Os critérios de seleção e práticas no manuseio das verduras amargas para salada são semelhantes àqueles para a alface. A tabela seguinte abrange diversas variedades dessas verduras.

ESCAROLA

ALFACE *FRISÉE*

RADICCHIO

ENDÍVIA (VERMELHA E BRANCA)

RÚCULA

AGRIÃO

MACHE

Verduras amargas para saladas

VARIEDADE	DESCRIÇÃO	USOS CULINÁRIOS COMUNS
RÚCULA	Folhas tenras; "dentes" arredondados no final das folhas; verde vibrante; sabor picante.	Em saladas, *pesto* e sopas; salteada.
ENDÍVIA	Folhas estreitamente imbricadas, oblongas, brancas com verde-amarelado ou vermelhas nas pontas; folhas crocantes, com sabor suavemente amargo.	Em saladas, grelhada, assada e braseada.
ALFACE *FRISÉE*	Folhas finas, crespas; brancas com ponta amarelo-esverdeada; sabor suavemente amargo.	Em saladas, mistura de folhas frescas.
ESCAROLA	Folhas recortadas, com bordas enrugadas, verdes; ligeiramente amarga.	Em saladas e sopas; braseada e guisada.
MACHE	Folhas não muito unidas, finas e arredondadas, verde-escuras, muito tenras; sabor amendoado.	Em saladas; cozida no vapor.
RADICCHIO	Pés redondos ou oblongos, folhas bem imbricadas, firmes, de vermelho-forte a roxas, com veias brancas; sabor amargo.	Em saladas; grelhado, salteado, assado e braseado.
AGRIÃO	Folhas pequenas, recortadas, verde-escuras e crocantes; sabor que lembra mostarda, picante.	Em saladas, sanduíches e sopas; como guarnição.

verduras para cozer As verduras para cozer são as folhas comestíveis de certas plantas que, frequentemente, são fibrosas demais para comer sem antes ser salteadas, cozidas no vapor ou braseadas. Os critérios de seleção e práticas de manuseio para cozinhar verduras são semelhantes àqueles para a alface e verduras amargas para salada. A tabela que se segue abrange diversas variedades de verduras para cozer. Veja a tabela da família do repolho, nas pp. 158 e 159, para informações sobre couve-crespa, couve-manteiga e folhas de nabo.

ACELGA-DO-CARDO

MOSTARDA

FOLHAS DE BETERRABA

FOLHAS DE DENTE-DE-LEÃO

ESPINAFRE *BABY*

ACELGA ARCO-ÍRIS

FOLHAS DE ACELGA *BABY* (BRANCA E VERMELHA)

Verduras para cozer

VARIEDADE	DESCRIÇÃO	USOS CULINÁRIOS COMUNS
FOLHAS DE BETERRABA	Folhas lisas; verde-escuras com veios vermelhos; sabor suave, simples.	Cozidas no vapor, salteadas e braseadas.
DENTE-DE-LEÃO	Folhas estreitas, com bordas denteadas, tenras, crocantes; verde-brilhantes; sabor levemente amargo.	Em saladas, cozido no vapor, salteado e braseado.
MOSTARDA	Folhas recortadas, estreitas, verde-escuras, crocantes; sabor de mostarda, picante; disponível também congelada e enlatada.	Cozida no vapor, salteada, branqueada e braseada.
ESPINAFRE	As folhas podem ser lisas ou em lóbulos, dependendo da variedade, verde-escuras; disponíveis também congeladas.	Em saladas e sanduíches; cozido no vapor, salteado, braseado.
ACELGA	Folhas em lóbulos, enrugadas e macias; talos crocantes; folhas verde-escuras; os talos e as nervuras podem ser brancos, amarelos ou vermelhos; sabor suave.	Em sopas; cozida no vapor, salteada, braseada; tanto os talos como as folhas são comestíveis.

NOTA DO CHEF SOBRE O PREPARO DE VERDURAS

As verduras que podem ser cozidas são ricas em fibras, ferro, cálcio e nutrientes como as vitaminas A e C, além de ácido fólico – por essa razão, são tidas como "superalimentos". A maioria desses vegetais é considerada cultura de estações frias, o que faz deles ótima opção para hortas em regiões de clima mais ameno. Essas verduras podem ser consumidas em qualquer estágio de crescimento. Se forem tenras e jovens, devem ser cozidas ligeiramente ou consumidas cruas. Tente comprar sempre verduras frescas e úmidas, que apresentem verde intenso e sem sinal de ressecamento, amarelamento ou pontas murchas. Guarde o vegetal em uma embalagem plástica perfurada ou embrulhado em um pano de algodão sob refrigeração.

cogumelos

Os cogumelos são fungos e há milhares de variedades deles. Os cultivados, encontrados facilmente no mercado, incluem o cogumelo branco, tão familiar, e variedades como *portobello*, *cremini*, *shiitake* e ostra. Os cogumelos selvagens, valorizados por seu sabor mais forte, concentrado, incluem os *cèpes* (*porcini*), *chanterelle*, *morel* e a trufa. É importante conhecer o fornecedor quando há cogumelos selvagens no menu, pois muitas variedades são venenosas. Diversas variedades de cogumelos estão disponíveis em conserva, congeladas e desidratadas.

Selecione cogumelos firmes, sem machucados ou rupturas. Se usar variedades como cogumelo-de-paris ou *cremini*, a parte inferior dos chapéus deve estar bem fechada, pois a abertura é indicação de idade. Por outro lado, ao selecionar *portobelos* e *cremini* maduros, é desejável que essa parte esteja aberta, o que significa concentração de sabor. Os cogumelos, se forem cozidos inteiros, devem ser de tamanho igual, para que o cozimento seja uniforme.

Devem ser armazenados no refrigerador, em uma só camada, cobertos com toalhas de papel úmidas. Quando quiser usá-los, limpe os cogumelos com uma toalha de papel úmida, ou enxágue-os rapidamente em água fria, escorrendo-os em seguida. Nunca devem ser submersos em água, pois a absorvem como esponjas e ficam moles. Veja informações sobre as variedades de cogumelos na tabela a seguir.

Cogumelos

VARIEDADE	DESCRIÇÃO	USOS CULINÁRIOS COMUNS
COGUMELO-DE-PARIS	A cor vai de branco a camurça; chapéu redondo, variando de 1,2 cm a 7,5 cm; o menor cogumelo desta variedade é chamado "botão".	Cru ou cozido; marinado; em molhos, sopas, guisados e braseados; recheados.
PORCINI	Marrom-claro; o tamanho varia de 2,5 cm a 25 cm de diâmetro; textura carnosa, liso; sabor pungente; disponível desidratado.	Cru ou cozido; marinado; em molhos, sopas, guisados e braseados.
CHANTERELLE	De dourado a adamascado; forma de trombeta; textura ligeiramente emborrachada; sabor amendoado.	Cru ou cozido; marinado; em molhos, sopas, guisados e braseados.
CREMINI	Marrom-escuro; chapéu redondo, que vai de 1,3 cm a 5 cm de diâmetro; textura firme.	Cru ou cozido; em molhos.
ENOKI	A cor vai de branco a camurça; longo e delgado, semelhante a caule; textura crocante; sabor suave, frutado.	Cru ou cozido; em saladas, sopas, e como guarnição.
LAGOSTA	Forte cor vermelha, mosqueada.	Salteado; em molhos.
MOREL	De bege a marrom muito escuro; vai de 5 cm a 10 cm de altura; o chapéu tem forma de cone; textura firme, mas esponjosa; sabor campestre; disponível desidratado.	Salteado; em molhos e saladas.
PORTOBELO	Marrom-escuro; chapéu aberto, liso; vai de 7,5 cm a 15 cm de diâmetro; textura carnuda, densa; sabor forte.	Salteado ou grelhado; em sanduíches e saladas.
OSTRA	A cor vai de cremosa a cinza-prata; é um cacho de cogumelos em forma de leque; textura delicada; sabor picante quando cru, mas se suaviza quando cozido.	Salteado.
SHIITAKE	De bege a marrom; vai de 7,5 cm a 15 cm de diâmetro; textura carnuda; sabor campestre; disponível desidratado.	Salteado, grelhado em grelha ou no *char broiler*; os cabos são usados em fundos.
TRUFA	Preta ou branco-gelo; de forma irregular, enrugada; fragrância perfumada; sabor campestre, meio alhado; disponível enlatada, congelada e como azeite de oliva aromatizado.	Servida crua sobre macarrão; usada para aromatizar molhos e risotos.
MATSUTAKI	Marrom-escuro; textura densa, carnuda; sabor amendoado, fragrante.	Braseado, grelhado, cozido no vapor e frito.
MAITAKE	Cinza-amarronzado; chapéus em forma de leque que se sobrepõem em cachos; caules brancos; textura levemente emborrachada; sabor profundo.	Salteado; também usado como suplemento de dietas.

a família da cebola

As cebolas, de valor inestimável em qualquer cozinha, pertencem à família das aliáceas. Podem ser classificadas em duas categorias principais, que refletem o estado em que são usadas: cebolas frescas (bulbo) e cebolas verdes (bulbo e folhas verdes). As cebolas verdes (com folhas verdes) incluem cebolinhas, alhos-porós e alhos-porós selvagens. As cebolas frescas são classificadas por tamanho e cor. Em tamanho, podem variar de 2 cm a 7,5 cm, e, na cor, do branco ao amarelo até o roxo.

Tanto o alho como as chalotas e as cebolas (verdes e frescas) têm sabor e aroma pungentes. As cebolas frescas respondem por metade da combinação aromática mais fundamental, o *mirepoix*. As cebolas verdes, se cozidas (alhos-porós) ou cruas (cebolinha), conferem um sabor de cebola docemente sutil. As chalotas e o alho são agentes aromatizantes em inúmeras preparações.

Selecione cebolas frescas, alho e chalotas que sejam pesados em relação a seu tamanho, e que tenham pele bem presa, seca, tipo papel. As cebolas verdes devem estar verdes, com a parte inferior branca, crocante, e não murcha. As cebolas frescas, as chalotas e o alho devem ser armazenados em local relativamente frio e seco da cozinha, nas sacolas ou caixas em que são recebidos. As cebolas verdes devem ser refrigeradas e bem lavadas antes de serem usadas (os alhos-porós tendem a estar sujos entre as camadas). As cebolinha francesas também fazem parte da família da cebola, embora sua principal aplicação culinária seja similar à das ervas aromáticas frescas. Para mais informações sobre cebolas, veja a tabela a seguir.

ALHO-PORÓ

CEBOLINHA PÉROLA: ROXA, BRANCA E AMARELA

CEBOLA ESPANHOLA

CIPOLLINI

CEBOLA ROXA

ALHO

CEBOLINHA VERDE

CHALOTA

A família da cebola

VARIEDADE	DESCRIÇÃO	USOS CULINÁRIOS COMUNS
cebolas frescas		
CEBOLINHAS PÉROLA	Pequena, com diâmetro de 2 cm, oval; pode ser branca ou roxa; sabor suave.	Branqueada, em picles, em conserva; servida em guisados e braseados; como guarnição em bebidas.
PARA FERVER	Pequena, diâmetro de 2,5 cm, redonda; pele branca ou amarela; sabor suave.	Em guisados e sopas; em picles.
CIPOLLINI	Pequena, redonda, achatada; pele fina como papel, amarela; sabor levemente adocicado; também disponível preservada em óleo.	Assada, grelhada; em caçarola.
REDONDA	Média, com diâmetro de 2,5 cm a 10 cm, redonda; pode ser branca, amarela ou roxa; sabor pungente.	Guisados, sopas e molhos.
ESPANHOLA/ GIGANTE	Grande, com 7,5 cm ou mais de diâmetro, redonda; amarela, roxa ou branca; sabor suave; chamada Colossal quando o diâmetro é maior do que 9 cm.	Aromatizante em fundos, sopas, molhos, braseados e guisados; componente do *mirepoix*.
DOCE	Grande, algumas vezes achatada; cor varia de branca a amarela; sabor adocicado; as variedades incluem Walla Walla, Vidalia e Maui.	Em saladas, grelhada, salteada, frita
ALHO	Pequeno bulbo, com cerca de 5 cm a 7,5 cm de diâmetro; casca fina como papel, branca ou com estrias roxas, revestindo dentes individuais com 1,3 cm a 2,5 cm de comprimento, cobertos com casca igualmente fina; sabor pungente; a variedade alho-poró bravo tem sabor mais suave e pode ser do tamanho de um pequeno *grapefruit*. Também estão disponíveis as ramas do alho, que têm sabor suave e são usadas como chalotas.	Aromatizante em fundos, sopas, molhos, braseados, guisados; também assado e em purê.
CHALOTAS	Pequenas, com comprimento de 2,5 cm a 5 cm; em geral vendidas em cachos; casca fina marrom-clara; polpa branco-arroxeada; sabor suave.	Aromatizante em sopas, molhos, braseados, guisados; frita como guarnição.
cebolas verdes		
ALHO-PORÓ	Cilindro longo e grosso com folhas lisas; o caule branco vai, gradualmente, tornando-se verde na ponta; macio; sabor sutil de cebola.	Aromatizante em fundos, sopas, molhos, braseados e guisados; componente do *mirepoix* branco; salteado, grelhado, cozido no vapor, braseado, frito como guarnição.
ALHO-PORÓ SELVAGEM	Cilindro longo e fino com folhas lisas; o caule branco, algumas vezes com matizes roxos, gradualmente se torna verde na ponta; sabor pungente, parecido com o do alho.	Aromatizante em fundos, sopas, molhos, braseados e guisados; salteado, grelhado, cozido no vapor, braseado, frito como guarnição.
CEBOLINHAS VERDES	Cilindros longos e finos com folhas cilíndricas; o caule branco na base gradualmente se torna verde no topo.	Aromatizante em salteados; cru em saladas; como guarnição.

pimentões e pimentas

Há dois tipos básicos de pimentão: os doces e as pimentas. Os pimentões doces são, algumas vezes, chamados pimentas-sino, por causa de seu formato: mesmo se apresentando em várias cores, têm sabor semelhante, embora as variedades vermelha e amarela tendam a ser mais doces.

As pimentas, ingrediente importante em muitas cozinhas, estão disponíveis em diversos tamanhos, cores e níveis de ardência. A capsaicina é o composto que torna a pimenta ardida, e é mais poderosa nas partes brancas interiores da pimenta. Em geral, as pimentas mais picantes são as de tamanho menor. É imperativo tomar precauções ao manusear pimentas; use luvas, lave as superfícies de corte e as facas, e evite o contato com partes sensíveis do corpo, como os olhos. As pimentas podem ser encontradas frescas, em conserva, desidratadas (inteiras, em flocos e moídas) e defumadas.

Frequentemente, as pimentas desidratadas e/ou defumadas recebem um nome diferente daquele pelo qual são conhecidas quando estão frescas (por exemplo, *chipotles*).

Ao selecionar as duas categorias, procure por pimentões firmes e pesados, com pele consistente e brilhante, sem machucados ou franzidos. A polpa deve ser relativamente grossa e crocante.

PIMENTÕES VERMELHO, AMARELO E VERDE

MANZANA

HABANERO VERMELHA E VERDE

RED BIRD/TAILANDESA DESIDRATADA E FRESCA

ANCHO

MARISOL

ANAHEIM/CALIFÓRNIA

SERRANO

JALAPEÑO

FRESNO

POBLANO

CHIPOTLE

Pimentões e pimentas

VARIEDADE	DESCRIÇÃO	USOS CULINÁRIOS COMUNS
PIMENTÃO DOCE	Tem forma de sino, com 5 cm a 10 cm de largura por 7,5 cm a 12,5 cm de comprimento; vermelho, verde, amarelo ou roxo; polpa crocante e suculenta; sabor suave e doce; pimentões assados são encontrados enlatados e em vidros.	Em saladas; cru, salteado, grelhado, assado e recheado.

pimentas (listadas pela ordem, de suaves a extremamente picantes)

VARIEDADE	DESCRIÇÃO	USOS CULINÁRIOS COMUNS
ANAHEIM/CALIFÓRNIA	Longa, estreita, afina-se para a ponta; verde; sabor adocicado suave; as vermelhas são chamadas de Colorado; também estão disponíveis desidratadas, quando são chamadas de Marisol.	Em molhos de tomate, recheadas.
POBLANO	Grande; forma achatada, afinando-se na ponta; 10 cm a 12,5 cm de comprimento, 7,5 cm de largura; verde-escura, algumas vezes com matizes pretos; sabor suave; também disponível desidratada, com o nome de *ancho* ou *mulato*.	Recheada, como em *chilis rellenos*.
FRESNO	Pequena a média, alongando-se na ponta; 5 cm a 7,5 cm de comprimento; verde-escura ou vermelha; pode ir de suave a ardência média.	Em arroz, saladas, molhos, molho de tomate.
JALAPEÑO	Pequena a média, afinando-se na ponta; 5 cm de comprimento, 2 cm de largura; verde-escura ou vermelha; pode ir de picante a muito picante; disponível enlatada e em vidros; as defumadas e desidratadas são chamadas *chipotle*.	Em arroz, saladas, molhos e molho de tomate; recheadas.
SERRANO	Pequena, descarnada; 3,8 cm de comprimento; verde-escura a vermelha; muito picante; também disponível enlatada em óleo, ou em picles; desidratada, inteira ou em pó, é chamada *chili seco*.	Em molhos e molho de tomate.
TAILANDESA	Pequena, delgada; 2,5 cm de comprimento, 0,5 cm de largura; de verde a vermelha; muito picante; também disponível desidratada, quando é chamada *bird*.	Em molhos e salteado.
HABANERO	Pequena; forma de lanterna; a cor vai de verde-clara a laranja; extremamente picante; uma variedade semelhante é a *scotch bonnet*; também disponível desidatada.	Em molhos, mistura de temperos de carne, condimentos engarrafados.
MANZANA	Sementes pretas em uma vagem que se destaca da polpa; disponível nas cores vermelha, amarela e verde; em geral, 3,5 cm a 5 cm de comprimento; sua ardência é similar à da *habanero*.	Em molhos, mistura de temperos de carne, condimentos engarrafados.

vagens e sementes Este grupo inclui legumes frescos (ervilhas, feijão e brotos de feijão), e também o milho e o quiabo. Todas as variedades são melhores quando consumidas jovens, quando estão no estágio mais doce e mais tenro. Se possível, compre as vagens e as sementes em produtores locais, para minimizar a quantidade de tempo entre a colheita e o momento de servi-las. Isso é particularmente importante com ervilhas e milho.

Algumas ervilhas e feijão fresco são comidos inteiros, quando as vagens ainda estão polpudas e macias – por exemplo, ervilhas frescas, ervilhas-tortas, vagens e feijão-manteiga-preto-da-argélia. Em outros casos, as ervilhas ou feijão (como feijão-de-lima, feijão-da-espanha e feijão-fradinho) são removidos das vagens, que não são comestíveis. Selecione vegetais crocantes, de cor viva, sem descolorações. Ervilhas, feijões e milho também estão disponíveis desidratados, como será discutido no Capítulo 10.

VAGEM

VAGEM MACARRÃO

ERVILHA-TORTA

FEIJÃO-DE-METRO

FAVA

ERVILHA FRESCA

MILHO

ERVILHA SUGAR SNAP

VAGEM AMARELA

VAGEM MANTEIGA

EDAMAME (SOJA BABY)

Vagens e sementes

VARIEDADE	DESCRIÇÃO	USOS CULINÁRIOS COMUNS
MILHO	Casca semelhante a papel crepom circundando cabelo sedoso e longo, e espigas grossas; sementes amarelas e/ou brancas; suculento e doce; também disponível em lata e congelado.	Cozido em água, cozido no vapor e grelhado; muitas vezes retirado da espiga para sopas, creme de milho, *succotash** e outros acompanhamentos.

feijões

VARIEDADE	DESCRIÇÃO	USOS CULINÁRIOS COMUNS
VAGEM MACARRÃO	Vagens longas e finas contendo pequenas sementes; cor verde-desbotada; variedades semelhantes incluem amarelo-pálido (feijão-manteiga-preto-da-argélia) ou roxo (que se torna verde depois de cozido); é comumente encontrada no mercado enlatada e congelada.	Branqueada ou cozida em água, cozida no vapor, salteada e assada.
VAGEM	Vagens longas, muito finas, comestíveis, que contêm pequenas sementes; verde-desbotada, casca aveludada.	Branqueada ou cozida em água, cozida no vapor, salteada e assada.
VAGEM MANTEIGA	Vagens achatadas e largas, comestíveis; cor verde-desbotada; sabor mais pronunciado.	Branqueada ou cozida em água, cozida no vapor, salteada e assada.
FEIJÃO-DE-METRO	Com grossura de 0,5 cm e comprimento de 45 cm a 92 cm; vagens comestíveis, contendo pequenas sementes; cor verde-desbotada, casca aveludada; textura flexível.	Salteada e *stir-fried*.
FEIJÃO-DE-LIMA	Longas vagens verdes, grandes, não comestíveis; feijão verde-claro, grande, carnudo, em forma de rim; também disponível congelado, enlatado e seco.	Cozido em água e salteado; em purê; servido quente ou frio, em *succotash*.
FAVA	Vagem longa, grande, não comestível; feijão grande, achatado, em forma de rim; uma pele verde-clara e dura deve ser retirada para revelar o feijão verde-claro; também disponível seca.	Cozida em água e salteada; em purê; servida quente ou fria.
BORLOTTI	Grande vagem não comestível, bege-clara com manchinhas vermelho-rosadas; feijão branco-gelo com manchinhas vermelho-rosadas; sabor amendoado; disponível seco.	Cozido em água e salteado; em purê; servido quente ou frio; em sopas.
EDAMAME/ SOJA BABY	Vagem verde com 2,5 cm a 5 cm de comprimento, que contém soja verde; sabor adocicado.	Cozida em água e cozida no vapor, como tira-gosto ou petisco.

ervilhas

VARIEDADE	DESCRIÇÃO	USOS CULINÁRIOS COMUNS
ERVILHA FRESCA	Vagens verdes arredondadas que se afinam na ponta, não comestíveis; ervilhas pequenas, redondas, brilhantes, verde-claras; sabor adocicado.	Cozidas no vapor e guisadas; refrigeradas, em purê, em sopas.
ERVILHA-TORTA	Vagem fina, achatada, verde, comestível, que contém pequenas sementes; sabor adocicado, crocante.	Cozida no vapor, salteada e comida crua.
ERVILHA *SUGAR SNAP*	Vagem carnuda, verde-escura, comestível, que contém pequenos grãos; crocante; sabor adocicado.	Cozida no vapor, salteada e comida crua.

* Prato da culinária americana feito com feijão-de-lima e milho, às vezes incluindo carne ou peixe curado. É o prato tradicional, na Pensilvânia, no dia de Ação de Graças. (N. E.)

vegetais de raiz

As raízes servem como área de armazenamento para as plantas; por isso, são ricas em açúcares, amidos, vitaminas e minerais. Os vegetais de raiz (como as beterrabas, as cenouras e os nabos) estão diretamente ligados à planta pelas folhas ou pelos caules. A função principal das raízes é mover nutrientes e umidade para a parte superior da planta.

Os vegetais de raiz devem ser armazenados secos, com casca. Se vierem com as ramas, estas devem ter aparência saudável no momento da compra, mas devem ser cortadas tão logo for possível. Quando armazenada adequadamente, a maior parte dos vegetais de raiz terá boa qualidade por muitas semanas.

RABANETE FRANCÊS

RABANETE

NABO BRANCO *BABY*

CENOURA *BABY*

BETERRABA VERMELHA GRANDE

BETERRABA VERMELHA

BETERRABA *BABY*

178 UTENSÍLIOS E INGREDIENTES NA COZINHA PROFISSIONAL

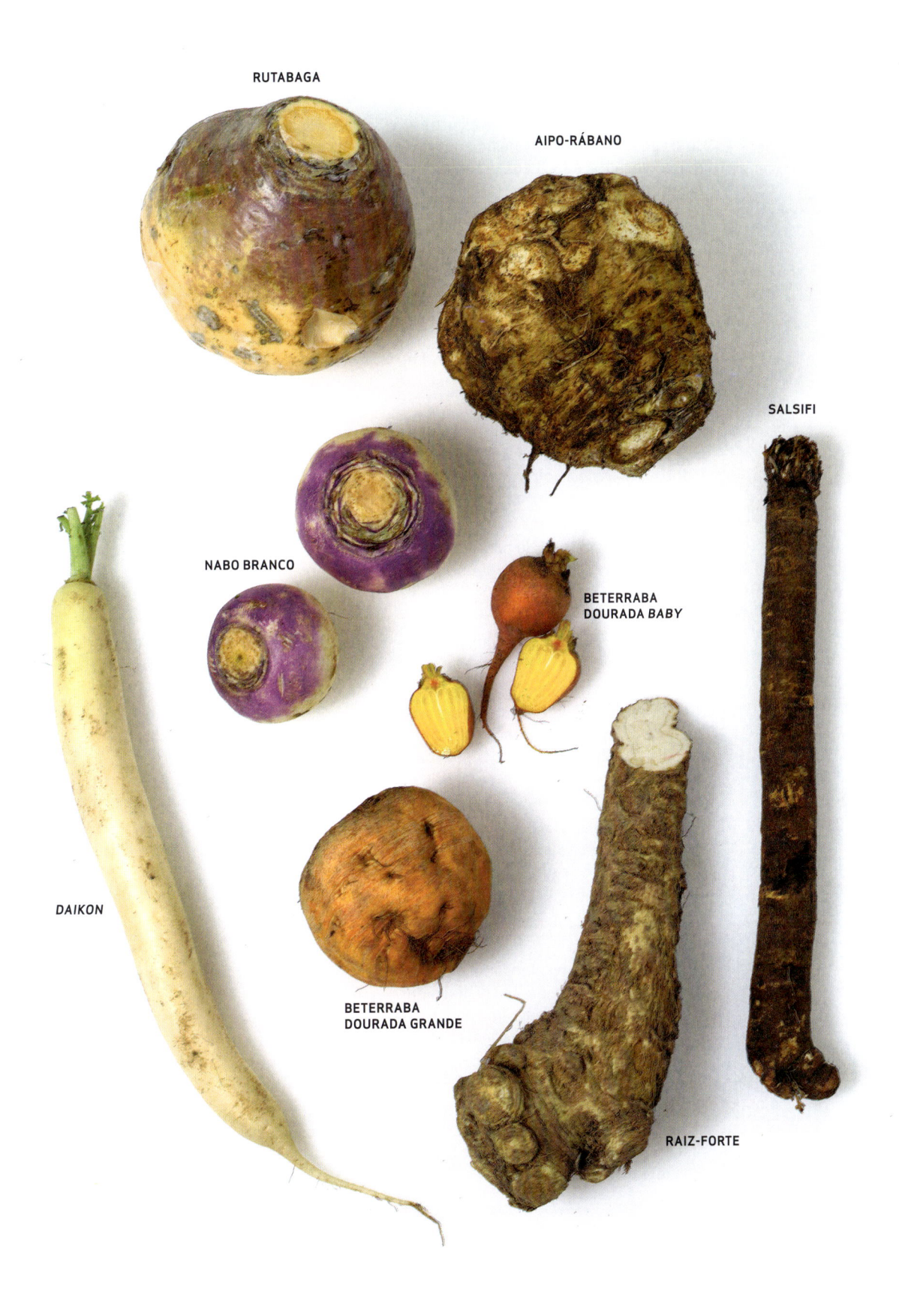

vegetais de raiz

RUTABAGA

AIPO-RÁBANO

SALSIFI

NABO BRANCO

BETERRABA DOURADA BABY

DAIKON

BETERRABA DOURADA GRANDE

RAIZ-FORTE

capítulo 8 » IDENTIFICAÇÃO DE FRUTAS, VEGETAIS E ERVAS AROMÁTICAS FRESCAS

Vegetais de raiz

VARIEDADE	DESCRIÇÃO	USOS CULINÁRIOS COMUNS
CENOURA	Raiz longa, delgada, afinada na ponta; laranja, amarela ou roxa, muitas vezes com toques de verde na parte superior; polpa crocante, adocicada; é comum encontrar cenouras *baby*.	Componente do *mirepoix*; cozida em água, cozida no vapor, salteada, assada, glaçada; crua em saladas e pratos de *crudité*.
AIPO-RÁBANO	Marrom-claro; redondo, com superfície desigual; polpa branca.	Cozido em água ou assado; servido em sopas, guisados e *casseroles*.
RAIZ DE LÓTUS	Casca vermelho-amarronzada; polpa branca.	Cozida em água, em purê, em sopas.
TAIOBA	Casca áspera marrom; polpa branca amidoada.	Cozida em água, em creme, em sopas e guisados.
PASTINACA	Em forma de cenoura; casca branca, com manchas marrons; polpa branca; textura cremosa; sabor adocicado.	Componente do *mirepoix* branco; cozida em água, cozida no vapor, salteada, assada.
SALSIFI/RAIZ-DE-CORCIONEIRA	Longo, fino, em forma de bastão; casca preta fosca, polpa branca; sabor suave que lembra ostras.	Aromatizante para salteado, sopas e molhos.
NABO	Pele roxa a branca; polpa branca; redondo.	Cozido no vapor, cozido em água, salteado; em sopas; cru, em saladas.
NABO BRANCO COM TOPO ROXO	Redondo, com diâmetro que vai de 2,5 cm a 10 cm; casca branca com topo roxo, polpa branca; sabor suave, adocicado.	Cozido no vapor, cozido em água, assado, frito, em purê; popular na cozinha caribenha.
RUTABAGA	Grande, redonda, com diâmetro de 7,5 cm a 13 cm; casca e polpa amarelas; polpa firme, adocicada.	Cozida no vapor e em água; amassada ou em purê; popular nas cozinhas do Caribe, da América Latina e da África.
RABANETES	Casca vermelha; redondos; polpa branca.	Cozida em água, em creme, em sopas.
BETERRABA COMUM	Pequena, redonda ou alongada; vermelha, rosa, roxa, branca ou listrada; rama folhosa verde (também encontrada em pacotes, sem rama); crocante; sabor adocicado.	Cozida em água, assada; servida quente e fria; em saladas; glaçada, em picles; em sopas (*borscht*).
DAIKON	Em forma de cenoura, até 38 cm de comprimento e 7,5 cm de largura; casca e polpa brancas; sabor suave, crocante e suculento.	Cru em saladas; grelhado, assado, cozido em água, em creme; em sopas e guisados.

tubérculos

Os tubérculos, que incluem vários vegetais como o tupinambor e o jacatupé, assim como toda a família das batatas, são vegetais que estão conectados por um caule subterrâneo e, portanto, não estão diretamente ligados à planta, como as raízes. Os tubérculos armazenam nutrientes e umidade, para possibilitar a reprodução das plantas.

Selecione tubérculos firmes e de tamanho e forma adequados. Para manter a qualidade, os tubérculos devem ser armazenados secos, com casca, longe de calor e luz excessivos, e em área bem ventilada. Quando expostos à umidade ou ao calor, começam a brotar e a enrugar.

A batata tuberosa inclui as batatas-doces e os inhames, para fins culinários (embora de classificação botânica diferente). Ainda que as batatas sejam extraordinariamente versáteis na cozinha, há tipos que funcionam melhor para cada método de cozimento. As batatas são classificadas em categorias com base em seu conteúdo de amido, e depois separadas segundo o tamanho (A, B, C) e cor da casca (branca, vermelha, amarela, roxa). As batatas A vão de 4,8 cm a 6,4 cm, as de tamanho B vão de 3,8 cm a 5,7 cm, as de tamanho C devem ter menos de 3,2 cm. As batatas novas são aquelas de qualquer cor, que foram colhidas recentemente e têm a casca fina. A maioria das batatas C é comercializada como batatas mais cremosas.

BATATA ASTERIX

BATATA ASTERIX CREMOSA

BATATA YUKON GOLD

BATATA-ROXA

BATATA MIÚDA

BATATA ARAUCÁRIA A

BATATA ARAUCÁRIA B

BATATA ARAUCÁRIA CREMOSA

BATATA RUSSET

capítulo 8 » IDENTIFICAÇÃO DE FRUTAS, VEGETAIS E ERVAS AROMÁTICAS FRESCAS

tubérculos – continuação

JACATUPÉ

GENGIBRE

GALANGA

MANDIOCA

TUPINAMBOR

BATATA-DOCE

Tubérculos

VARIEDADE	DESCRIÇÃO	USOS CULINÁRIOS COMUNS
MANDIOCA	O comprimento vai de 15 cm a 30 cm, com diâmetro de 5 cm a 7,5 cm; casca marrom-escura, polpa branca; sabor adocicado; em geral encontrada desidratada, moída (tapioca) e como suco engarrafado.	Aromatizante para salteados, sopas, molhos, sobremesas (tapioca), e bebidas (chá, *ginger ale*); cristalizada, em picles. Note que a mandioca-brava é venenosa, a menos que seja cozida adequadamente.
GENGIBRE	Rizoma retorcido, áspero; casca bege, polpa de amarelada a branca; fibroso, mas suculento; picante, com doçura sutil; em geral encontrado seco, moído e como suco engarrafado.	Aromatizante para salteados, sopas, molhos, sobremesas e bebidas (chá, *ginger ale*); cristalizado, em picles.
GALANGA	Parecido com o gengibre, com polpa de cor mais clara; muito picante.	Aromatizante para salteados, sopas, molhos.
JACATUPÉ	Grande, redondo; casca marrom, polpa branca, crocante; sabor suave, adocicado.	Cozido no vapor, cozido em água, salteado; cru em saladas, *coleslaws* e *crudités*.
TUPINAMBOR	De aparência semelhante à do gengibre; casca marrom, polpa branca; crocante; sabor amendoado e adocicado, que lembra alcachofra.	Cozido no vapor, cozido em água, salteado; em sopas; cru em saladas.
BATATA-BRANCA	Grande, com até 30 cm de comprimento; forma oblonga; casca vermelho-amarronzada, polpa branca e adocicada.	Cozida no vapor, cozida em água, assada, frita, em purê.

batatas

VARIEDADE	DESCRIÇÃO	USOS CULINÁRIOS COMUNS
COMUM	O diâmetro vai de 6,5 cm a 9 cm, e o comprimento, de 7,5 cm a 10 cm; firme, redonda; casca bege, polpa de cor creme; umidade moderada e conteúdo amidoado; "olhos" rasos e planos.	Cozida em água, em saladas.
RUSSET	Oblongas, com cerca de 12,5 cm de comprimento, 7,5 cm de diâmetro; casca marrom áspera, polpa branca; pouca umidade e alto conteúdo de amido.	Assada, frita, em purê, amassada.
ASTERIX	Casca vermelha, polpa branco-gelo; a *Huckleberry* é uma variedade cruzada, com polpa vermelha.	Cozida em água, assada; em saladas.
ARAUCÁRIA	Casca amarelo-amarronzada, polpa dourado-amanteigada; a *Yukon Gold* e a *Yellow Finn* são variedades criadas por cruzamento.	Assada, em purê; em *casseroles*, saladas.

Tubérculos – continuação

VARIEDADE	DESCRIÇÃO	USOS CULINÁRIOS COMUNS
BRANCA	Casca bege e polpa branca.	Assada, em purê; em *casseroles*, saladas.
ROXA	Casca roxo-escura, polpa branco-gelo ou roxa; a variedade roxa do Peru é produto de cruzamento.	Em saladas, frituras domésticas, outros pratos para exibir cor e sabor.
MIÚDA	Pequenas, como um dedo; a cor da casca vai de bege a vermelha; a polpa pode ser branco-gelo ou amarela.	Cozida em água, assada.
BATATA-DOCE/ INHAME	Casca bege ou laranja-clara ou laranja-viva, polpa úmida; pode ser redonda ou afilada; textura densa; bastante adocicada.	Assada, cozida em água, em purê; usada em *casseroles*, sopas, tortas.

brotos e talos

Esta família é formada por plantas que produzem brotos e talos usados na cozinha. Bons exemplos são as alcachofras (plantas semelhantes a cardos que são membros da família das asteráceas), aspargos (membro da família das asparagáceas), salsão, erva-doce e brotos de samambaia (que são parte do ciclo de crescimento de uma samambaia). Os talos devem ser firmes, carnosos e cheios, sem sinais de escurecimento ou murchamento. Armazene estes vegetais no refrigerador e lave-os pouco antes de cozinhá-los.

ALCACHOFRA BABY

ALCACHOFRA JUMBO

ERVA-DOCE

ASPARGO BRANCO

SALSÃO

ASPARGOS

BROTO DE SAMAMBAIA

capítulo 8 » IDENTIFICAÇÃO DE FRUTAS, VEGETAIS E ERVAS AROMÁTICAS FRESCAS

Brotos e talos

VARIEDADE	DESCRIÇÃO	USOS CULINÁRIOS COMUNS
ASPARGOS	Talos altos, delgados; verdes com pontas de matizes roxos ou brancos; os aspargos mais finos são, em geral, mais tenros.	Cozidos no vapor, salteados, assados e grelhados; usados em sopas.
ERVA-DOCE	Bulbo verde-claro, com talos e ramas verde-brilhantes; crocantes; sabor de anis.	Crua em saladas; salteada, branqueada e assada; as ramas são usadas em saladas ou como guarnição.
BROTOS DE SAMAMBAIA	Espirais pequenas, bem enroladas; cor verde-escura; textura levemente emborrachada; sabor semelhante ao do aspargo.	Crus em saladas; salteados, cozidos no vapor e em água.
SALSÃO	Um pé tem vários talos longos, com folhas nas pontas; cor verde-clara; textura crocante; sabor suave, mas distintivo.	Cozido, componente do *mirepoix*; cru, em saladas; em sopas ou braseados; as folhas também são usadas em saladas ou como guarnição.
ALCACHOFRAS	O tamanho vai de *baby* a *jumbo*; folhas externas verdes, duras; o centro é tenro, com textura cremosa; sabor adocicado; os miolos de alcachofra estão disponíveis em lata, conservados em óleo e congelados.	Alcachofras *jumbo*: recheadas ou cozidas no vapor. Alcachofras *baby*: servidas inteiras, salteadas, fritas, assadas ou marinadas.

tomates Este vegetal universal é, na realidade, uma fruta. Há centenas de variedades, de cores que vão de verde a amarelo, até o vermelho-vivo. Os tipos básicos incluem tomate-cereja pequeno e redondo, tomate italiano oblongo e tomate-grande padrão, todos eles disponíveis em várias cores. Têm casca lisa e brilhante, polpa suculenta e sementes pequenas, comestíveis. A maior parte dos tomates cultivados comercialmente são colhidos verdes e amadurecem em trânsito, embora muitos chefs prefiram encontrar variedades produzidas localmente, que são amadurecidas na planta. Recentemente ocorreu um crescimento na demanda de espécies cruzadas, como o roxo *cherokee* e o verde-zebra.

Selecione tomates de cor viva, sem machucados ou manchas. Devem ser pesados em relação ao tamanho, mas não firmes demais. Os tomates não devem ser refrigerados, porque o frio amolece a textura, diminui o sabor e interrompe o amadurecimento.

Podem ser adquiridos sob numerosas formas, inclusive enlatados, secos ao sol, em purê, extratos e em cubos. A tabela que se segue cobre diversas variedades de tomate, incluindo seu parente, o tomatilho.

AUNT RUBY'S GERMAN GREEN (CRUZADO)

STRIPED GERMAN (CRUZADO)

TOMATILHO

ROXO *CHEROKEE* (CRUZADO)

AMARELO-UVA

capítulo 8 » IDENTIFICAÇÃO DE FRUTAS, VEGETAIS E ERVAS AROMÁTICAS FRESCAS

Tomates

VARIEDADE	DESCRIÇÃO	USOS CULINÁRIOS COMUNS
TOMATE CAQUI	Grande, redondo ou oval; vermelho-vivo ou amarelo; suculento; adocicado.	Cru em saladas e sanduíches; cozido em molhos, braseados e guisados.
TOMATE ITALIANO	Tamanho médio, forma de ovo; vermelho ou amarelo; maior proporção de polpa; adocicado.	Em molhos, purês, sopas e outros pratos cozidos; assado no forno.
TOMATE-CEREJA	Pequeno, 2,5 cm de diâmetro; vermelho ou amarelo; suculento; adocicado.	Cru em saladas e pratos de *crudité*.
TOMATE-GROSELHA	Muito pequeno, de 0,5 cm a 1,5 cm de diâmetro; vermelho ou amarelo; crocante, adocicado.	Cru em saladas; iguaria.
TOMATE-PERA	Pequeno, em forma de pera; vermelho ou amarelo; suculento, adocicado.	Cru em saladas e pratos de *crudité*.
CRUZADOS	O tamanho e a cor vão de pequenos, com estrias verdes, a grandes, rosa-arroxeados; bonitos, frequentemente com formas estranhas; suculentos e adocicados.	Crus em saladas; cozidos em sopas e molhos.
TOMATILHO	Médios, com diâmetro de 2,5 cm a 5 cm, redondos; verdes, marrons ou roxos, com casca marrom semelhante a papel; firmes; sabor frutoso e ácido.	Cru em saladas e molhos de tomate; cozido em molhos; popular nas culinárias mexicana e do sudoeste dos Estados Unidos.

TOMATE CAQUI PADRÃO

AMARELO

TOMATE ITALIANO

TOMATE-CEREJA

UVA

AMARELO-PERA

PERA

ervas aromáticas

ALECRIM

SÁLVIA

CEREFÓLIO

DILL

ORÉGANO

TOMILHO LIMÃO

TOMILHO

capítulo 8 » IDENTIFICAÇÃO DE FRUTAS, VEGETAIS E ERVAS AROMÁTICAS FRESCAS

ervas aromáticas – continuação

- COENTRO
- CAPIM-LIMÃO
- HORTELÃ
- MANJERONA
- CEBOLINHA FRANCESA
- SALSA COMUM
- SALSA CRESPA

Ervas aromáticas

VARIEDADE	DESCRIÇÃO	USOS CULINÁRIOS COMUNS
MANJERICÃO	De pequeno a grande, folhas ovais, pontudas; verde ou roxo; folhas delicadas; sabor que lembra o alcaçuz, pungente; também disponível desidratado. No Brasil, encontram-se: o manjericão anão, o manjericão roxo e o manjericão italiano.	Aromatizante para molhos, temperos de salada, óleos e vinagres aromatizados; molho *pesto*; popular na cozinha mediterrânea.
LOURO	Folhas ovais, lisas, verdes; aromáticas; em geral são encontradas desidratadas.	Aromatizante para sopas, guisados, fundos, molhos e pratos com grãos.
CEREFÓLIO	Folhas pequenas, crespas; verdes; textura delicada; sabor de anis; também disponível desidratado.	Componente de ervas finas; guarnição.
CEBOLINHA FRANCESA	Folhas longas, finas; verde-viva; sabor suave de cebola.	Aromatizante para saladas e *cream cheese*; guarnição; componente de ervas finas.
COENTRO	De forma semelhante à salsa comum; verde; folhas delicadas; sabor fresco, limpo.	Aromatizante para molho de tomate e molhos não cozidos.
FOLHAS DE *CURRY*	De tamanho pequeno a médio, folhas ovais pontudas, verde-escuras; sabor suave, aromático.	Salteados, *curry*.
DILL	Folhas longas, semelhantes a penas; verdes; sabor distintivo; também disponível desidratado.	Aromatizante para saladas, molhos, braseados e guisados.
CAPIM-LIMÃO	Lâminas longas com superfície áspera; amarelo-esverdeado-claro.	Aromatizante para sopas, fundos, salteados ou preparações cozidas no vapor.
MANJERONA	Folhas pequenas, ovais; verde-claras; sabor suave, semelhante ao orégano; em geral encontrada desidratada.	Aromatizante para pratos de cordeiro e vegetais.
HORTELÃ	Folhas texturizadas, com ponta arredondada; verde-clara a verde-viva; o tamanho da folha e a força do sabor variam com o tipo; as variedades incluem hortelã-pimenta, hortelã-verde e hortelã-chocolate.	Aromatizante para pratos, molhos e bebidas doces; guarnição para sobremesas; a geleia de hortelã é acompanhamento para cordeiro.
ORÉGANO	Folhas pequenas, ovais; verde-claro; sabor pungente; estão disponíveis variedades mexicanas e mediterrâneas; é comum encontrá-lo desidratado.	Aromatizante para pratos cuja base é o tomate.

Ervas aromáticas – continuação

VARIEDADE	DESCRIÇÃO	USOS CULINÁRIOS COMUNS
SALSA	Folhas crespas ou lisas, pontudas e recortadas; verde-viva; sabor limpo; a salsa lisa também é chamada de salsa italiana; é comum encontrá-la desidratada.	Aromatizante para molhos, fundos, sopas, molhos para salada; componente de ervas finas; guarnição; usada em *bouquet garni* e *sachet d'épices*.
ALECRIM	Folhas pontudas como as de pinho, caule lenhoso; cor verde-escuro-acinzentada; aroma e sabor forte de pinho; é comum encontrá-lo desidratado.	Aromatizante para alimentos grelhados (cordeiro) e marinadas; popular na culinária mediterrânea; os caules lenhosos são usados como espetos.
SÁLVIA	Folhas finas, ovais, aveludadas; cor verde-acinzentada; sabor pronunciado; as variedades incluem a sálvia-abacaxi; em geral encontrada desidratada, tanto picada como moída.	Aromatizante para recheios, linguiças e guisados.
SEGURELHA	Folhas oblongas, verde-escuras; textura delicada, crespa; é comum encontrá-la desidratada.	Aromatizante para patês e recheios; usada para temperar aves.
ESTRAGÃO	Folhas finas, pontudas, verde-escuras; textura delicada; sabor de anis; disponível também desidratada.	Aromatizante para molho *béarnaise*; componente de ervas finas.
TOMILHO	Folhas muito pequenas; caule lenhoso; cor verde-escura; as variedades incluem tomilho cítrico e tomilho selvagem; é fácil encontrá-lo desidratado.	Aromatizante para sopas, fundos, molhos, guisados, itens braseados e assados; usado em *bouquet garni* e *sachet d'épices*.

identificação e compra de laticínios e ovos

Fonte concentrada de muitos nutrientes, os laticínios e ovos podem ser encontrados em quase todos os menus, seja separadamente, seja como ingredientes importantes de muitos pratos. O molho béchamel, por exemplo, é à base de leite. O creme de leite, o *crème fraîche*, o creme azedo (*sour cream*) e o iogurte são usados para preparar temperos para saladas e muitos produtos assados. A manteiga é usada como ingrediente principal em numerosos pratos assados e como gordura no cozimento. O queijo pode ser servido separadamente com frutas, ou como parte de outro prato. Os ovos aparecem por si sós, ou em pratos para o desjejum, ou em suflês para sobremesa e em numerosos molhos.

CAPÍTULO 9

compra e armazenamento

Os laticínios e os ovos são muito perecíveis; por essa razão, é preciso muito cuidado em sua compra e armazenamento.

As embalagens de leite e creme de leite devem sempre ser datadas, para indicar por quanto tempo o conteúdo permanecerá fresco. Os períodos de validade variam de embalagem para embalagem; portanto, para evitar a contaminação, o leite e o creme de leite de pacotes diferentes nunca devem ser combinados. Infelizmente, muitas vezes é impossível detectar se algo está estragado apenas cheirando ou experimentando o leite não aquecido. Quando usados em pratos quentes, o leite ou o creme de leite devem ser fervidos antes de serem adicionados a outros ingredientes. Se o leite talhar, não deve ser usado.

Ao considerar o local de armazenamento de laticínios, uma preocupação central é a transferência de sabor. O leite, o creme de leite e a manteiga devem ficar longe de alimentos com odores fortes, como cebolas. Os queijos devem ser embalados com cuidado, para que mantenham sua umidade e para evitar a transferência de sabor para e de outros alimentos.

Os ovos devem ser refrigerados e seu uso rotativo, para assegurar que sejam servidos apenas ovos frescos e saudáveis. Todos os ovos devem ser inspecionados detalhadamente no momento da entrega, verificando-se se as cascas estão limpas, sem rachaduras. Os ovos com cascas quebradas devem ser desprezados, em virtude do alto risco de contaminação.

laticínios

LEITE

Na maior parte das cozinhas, o leite é um ingrediente-chave, seja ele servido como bebida ou usado como componente em vários pratos. As regulações federais dos Estados Unidos determinam o modo como o leite é produzido e vendido, para assegurar que esteja limpo e bom para ser consumido. A maior parte do leite vendido nos Estados Unidos é pasteurizado [no Brasil é sempre pasteurizado]. Na pasteurização, o leite é aquecido a 63 °C por 30 minutos ou a 72 °C por 15 segundos, a fim de matar as bactérias ou outros organismos que possam causar infecções ou contaminações. Os produtos do leite com percentagem mais alta de gordura do que o leite integral são aquecidos a 66 °C por 30 minutos ou a 74 °C por 30 segundos para ultrapasteurização.

A data impressa nos pacotes de leite e creme de leite pode estar a sete, dez ou dezesseis dias da data de pasteurização. Indica por quanto tempo o produto fechado permanecerá fresco e saudável, assumindo-se que tenha sido armazenado e manuseado adequadamente.

Em geral, o leite é homogeneizado, o que significa que foi forçado através de uma malha muito fina a alta pressão, para romper os glóbulos de gordura que contém. Essa gordura é, então, dispersada por igual por todo o leite, impedindo-se que suba à superfície. O leite também pode ser fortificado com as vitaminas A e D. Aqueles com baixo teor de gordura e desnatados são, quase sempre, fortificados, porque, removendo-se a gordura, também se eliminam as vitaminas lipossolúveis.

Nos Estados Unidos, os padrões estaduais e municipais para o leite são bastante consistentes. Os produtos são inspecionados cuidadosamente antes e depois do processamento. As fazendas e os animais (vacas, ovelhas e cabras) também são inspecionadas, para assegurar a manutenção das condições sanitárias. O leite produzido e processado adequadamente é o do tipo A. No Brasil, a pasteurização do leite e a inspeção é regulada pelo governo federal.

Chega sob várias formas e é classificado de acordo com sua percentagem de gordura e de sólidos. A tabela da próxima página descreve as formas de leite e creme de leite disponíveis e seus usos culinários comuns.

CREME DE LEITE

O leite natural contém certa percentagem de gordura, chamada gordura do leite. Antes, o produto era deixado assentar por tempo suficiente para que o creme de leite, que é mais leve, subisse à superfície. Hoje, usa-se uma centrífuga para isso. O creme é separado do leite e passa para o centro, de onde é facilmente extraído.

Como o leite, o creme de leite é homogeneizado e pasteurizado, e também pode ser estabilizado para aumentar a longevidade de sua vida de prateleira. Alguns chefs preferem o creme de leite não estabilizado ou ultrapasteurizado, por acreditarem que, quando batido, ganhará maior volume. Na maior parte das cozinhas, são usadas duas formas de creme: o fresco para fazer *chantilly* e o *light*. O *half-and-half*, combinação de leite integral com creme de leite, não contém gordura suficiente para ser considerado um verdadeiro creme de leite; seu conteúdo de gordura é de, aproximadamente, 10,5%. Veja a tabela na página seguinte.

Formas de leite e creme de leite

TIPO	DESCRIÇÃO	USOS CULINÁRIOS COMUNS
LEITE DESNATADO	Contém entre 0,1% e 0,5% de gordura.	Como bebida; para enriquecer pratos.
LEITE SEMIDESNATADO	Contém entre 0,5% e 2,9% de gordura, e é etiquetado de acordo.	Como bebida; para enriquecer pratos.
LEITE PADRONIZADO	Contém 3% de gordura.	Como bebida; para enriquecer pratos; para molho branco tipo *béchamel*.
LEITE INTEGRAL	Contém entre 3,3% e 3,8% de gordura.	Para molho *béchamel*; bebida; para enriquecer pratos.
HALF-AND-HALF	Contém 10,5% de gordura.	Creme de mesa ou para misturar ao café; para enriquecer sopas e molhos.
CREME DE LEITE *LIGHT*	Contém 18% de gordura.	Creme de mesa ou café; para enriquecer sopas e molhos.
CREME DE LEITE FRESCO	Contém 34% de gordura.	Para creme *chantilly*, musses frias; para enriquecer sopas e molhos.
LEITE EM PÓ OU SECO	Leite de que se retirou completamente a água; feito com leite integral ou desnatado, e etiquetado de acordo.	Em produtos assados, charcutaria e misturas para beber.
LEITE EVAPORADO	O leite foi aquecido a vácuo para remover 60% da água; pode ser feito de leite integral ou desnatado, e é etiquetado de acordo.	Pudins e molhos enriquecidos.
LEITE CONDENSADO	Leite evaporado que foi açucarado.	Para cristalizar, em tortas, pudins e produtos assados.
IOGURTE	Contém de 0,25% a 3,5% de gordura e é etiquetado de acordo.	Com frutas; em sopas, molhos, produtos assados e sobremesas.
CREME AZEDO (*SOUR CREAM*)	Contém 18% de gordura.	Para enriquecer sopas e molhos; em produtos assados e sobremesas.

SORVETE

Nos Estados Unidos, para obedecer aos padrões governamentais, qualquer produto que leve a etiqueta "sorvete" deve conter certa quantidade de gordura do leite. Para o de baunilha, é nada menos do que 10%. Para qualquer outro sabor, a exigência é 8%. Os estabilizantes não podem representar mais de 2% do sorvete. Os laticínios congelados que contêm menos gordura devem ser etiquetados como leite congelado. O sorvete tipo *premium* pode conter muito mais gordura do que exigem esses padrões; os mais gordurosos são feitos à base de creme (uma mistura de creme de leite e/ou leite e ovos), que lhes confere uma textura densa e lisa.

Quando o sorvete derreter à temperatura ambiente, não deve separar-se. A aparência aquosa do sorvete derretido indica quantidade excessiva de estabilizantes.

Outras sobremesas congeladas semelhantes ao sorvete incluem *gelato*, *sherbet*, *sorbet*, iogurte congelado e sobremesas congeladas feitas com soja ou extrato de arroz. A palavra *gelato* significa sorvete, em italiano; embora semelhante, o *gelato* contém menos ar do que o sorvete americano, o que lhe confere uma textura mais cremosa. O *sherbet* não leva creme de leite, por isso contém muito menos gordura do que o sorvete; entretanto, nele há uma percentagem relativamente alta de açúcar para que se obtenha a textura e a consistência corretas quando congelado. Alguns *sherbets* contêm certa percentagem de ovos, de leite ou de ambos. Embora a palavra *sherbet* seja a tradução mais próxima da palavra francesa *sorbet*, entende-se, em geral, que os *sorbets* não contêm leite.

As sobremesas feitas com extrato de soja, de arroz e iogurte congelado muitas vezes contêm estabilizantes; podem ter menor conteúdo de gordura do que o sorvete ou não ter nenhuma gordura, mas algumas marcas, ainda assim, têm muitas calorias por causa do alto conteúdo de açúcar.

Teste uma grande variedade desses produtos para determinar quais marcas oferecem a melhor qualidade pelo melhor preço. Para informações sobre o preparo de sobremesas congeladas em sua própria cozinha, ver o Capítulo 34.

MANTEIGA

Qualquer pessoa que tenha batido demais o creme de leite esteve perto de produzir manteiga. Antes, produzia-se manteiga à mão. Hoje em dia, ela é feita mecanicamente, batendo-se creme de leite, que contém entre 30% e 45% de gordura, em alta velocidade. No final, a gordura do leite se agrupa, separando-se em uma massa sólida, que é a manteiga; o líquido que fica é chamado de leitelho (a maior parte do leitelho vendido hoje, entretanto, é produto da cultura de leite desnatado).

A manteiga de melhor qualidade tem sabor adocicado, semelhante ao do creme de leite muito fresco. Caso se adicione sal, este quase não é detectável. A cor da manteiga varia, dependendo da raça da vaca e da época do ano, mas, em geral, é amarelo-pálida.

A expressão "manteiga doce" indica apenas que a manteiga é feita de creme de leite. Se você deseja manteiga sem sal, certifique-se de que a expressão "sem sal" aparece na embalagem.

A manteiga salgada pode conter, no máximo, 2% de sal. O sal ajuda a prolongar a vida de prateleira da manteiga, mas também pode mascarar um leve sabor ou aroma "de velho". A manteiga velha adquire sabor e aroma fracos de queijo, sobretudo quando aquecida. À medida que continua a deteriorar-se, o sabor e o aroma podem se tornar bem pronunciados e extremamente desagradáveis, muito parecidos com os de leite azedo ou talhado.

A manteiga de melhor qualidade, do tipo AA (no Brasil, chamada de "manteiga extra" ou "manteiga de primeira qualidade"), é feita de creme de leite doce e tem o melhor sabor, a melhor cor, o melhor aroma e a melhor textura. A manteiga do tipo A também é de excelente qualidade. Ambas contêm, no mínimo, 80% de gordura. O tipo B pode ter sabor ligeiramente ácido, porque a manteiga é feita de creme azedo (*sour cream*) (no Brasil, essa manteiga não é contemplada pela legislação).

PRODUTOS FERMENTADOS

O iogurte, o creme azedo (*sour cream*), o *crème fraîche* e o leitelho são produzidos pela inoculação, no leite ou no creme de leite, de um tipo de bactéria que inicia a fermentação, processo que engrossa o leite e lhe confere um sabor agradavelmente ácido.

O iogurte é feito pela introdução da cultura apropriada no leite (integral, com baixo teor de gordura ou desnatado). Comercializado em recipientes de diversos tamanhos, o iogurte pode ser encontrado ao natural ou aromatizado com diferentes frutas, mel, café ou outros ingredientes.

O creme azedo (*sour cream*) é um creme adocicado de cultura que contém cerca de 18% de gordura do leite. Pode ser encontrado em recipientes de vários tamanhos, a partir de 236 mℓ. Esse produto também está disponível com baixo teor de gordura ou sem gordura alguma.

O *crème fraîche* é semelhante ao creme azedo (*sour cream*), mas tem um sabor um pouco mais "redondo", menos penetrante. Frequentemente é preferido na cozinha, porque tende a coalhar menos do que o creme azedo (*sour cream*) quando usado em pratos quentes. Esse produto é feito de creme de leite fresco com conteúdo de gordura de aproximadamente 30%, o que contribui para elevar seu custo.

O leitelho, a rigor, é um subproduto da manteiga batida. A maior parte do leitelho vendida hoje é, no entanto, leite sem gordura ou com pouca gordura, a que se acrescentou um tipo de cultura bacteriana. É vendido em embalagens grandes ou pequenas, mas também está disponível em pó, para ser usado em produtos assados.

QUEIJO

A variedade de queijos produzidos em todo o mundo é enorme, e vai dos queijos frescos e suaves (queijos tipo *cottage*) a queijos com veias azuis, de sabor forte (*roquefort* ou gorgonzola) e queijos duros para ralar (*parmigiano-reggiano* ou Monterey Jack seco). Alguns queijos são excelentes para cozinhar, enquanto outros são mais bem servidos sozinhos.

O nome de um queijo pode derivar do lugar de origem, do processo de fabricação ou do tipo de leite ou ingrediente. Os queijos *pecorino* ilustram claramente como um queijo é nomeado. A palavra *pecorino* denota que o queijo é feito de leite de ovelha (em italiano, *pecora*); o *pecorino* romano e o *pecorino mugello* são queijos de ovelha feitos em Roma e Mugello, respectivamente. O queijo é feito de diversos tipos de leites – queijo de vaca, de cabra, de ovelha e até de búfala. O tipo de leite usado para fabricar o queijo ajuda a determinar seu sabor e a textura final.

A maioria dos queijos são feitos por meio do seguinte procedimento: o leite é combinado com o coalho apropriado (ou renina, que contém uma enzima, ou um ácido como o ácido tartárico ou suco de limão), fazendo os sólidos do leite se coagularem, transformando-se em coalhos. O líquido que sobra é chamado soro. O leite coalhado é, então, processado de várias maneiras, dependendo do tipo de queijo que se deseja obter. Pode ser coado e usado de imediato, como queijo fresco, ou ser prensado, moldado, inoculado com um bolor especial e envelhecido.

Considera-se que os queijos naturais são "vivos", mais ou menos do mesmo modo que o vinho é considerado vivo. O queijo vai continuar a crescer, desenvolver-se ou envelhecer até a maturidade (maturação), e finalmente se estragará (quando matura além da conta). Os queijos processados ou pasteurizados, e os alimentos feitos com queijo, por outro lado, não amadurecem e não mudam.

Os queijos podem ser agrupados segundo o tipo de leite com que são feitos, textura, idade ou processo de maturação. Este livro classifica os queijos como queijos frescos, queijos maduros de pasta mole, de pasta semidura e de pasta dura, queijos para ralar e queijos com veias azuis. (Ver as tabelas nas pp. 199 a 209.)

queijos frescos São úmidos e muito macios. Seu sabor é, em geral, considerado suave, mas o queijo fresco feito com leite de cabra ou ovelha pode ser levemente picante e forte. Os queijos frescos não são maturados, contêm alto teor de umidade e têm sabor fresco, cremoso e limpo. São, tipicamente, os queijos mais perecíveis, sendo, algumas vezes, conservados em salmoura.

QUEIJO COALHO

QUEIJO DE CABRA DE PASTA MOLE

QUESO FRESCO

MASCARPONE

QUEIJO *COTTAGE*

RICOTA

QUEIJO FETA

BOURSIN

QUEIJO BRANCO

Queijos frescos

VARIEDADE	DESCRIÇÃO	USOS CULINÁRIOS COMUNS
CHÈVRE	Leite de cabra; bloco, pirâmide, botão, roda ou tronco branco; de suave a picante (dependendo da idade), pode levar ervas aromáticas ou grãos de pimenta-do-reino; de mole a farelento (dependendo da idade); também chamado queijo de cabra; o *montrachet* é bastante conhecido.	Com torradinhas; recheios; em saladas.
QUEIJO *COTTAGE*	Leite de vaca integral ou desnatado; embalado em recipientes plásticos; coalho branco; suave, macio, úmido.	Com frutas; em molhos *dips*.
CREAM CHEESE	Leite de vaca integral, mais creme de leite; bloco branco; suave, ligeiramente picante; macio, cremoso; também conhecido como Neufchâtel em muitos lugares dos Estados Unidos (com menor conteúdo de gordura), embora o Neufchâtel seja, na França, um queijo diferente.	Com torradinhas; ingrediente para cozinhar; em *cheesecake*; em molhos *dips*.
QUEIJO *FETA*	Leite de ovelha, cabra ou vaca; bloco branco; picante, salgado; macio, farelento.	Em saladas; recheio para *spanakopita*.
FROMAGE BLANC	Leite de vaca integral ou desnatado; branco; suave, picante; macio, ligeiramente farelento.	Como ingrediente culinário.
MASCARPONE	Creme de leite de vaca; sem forma específica, vem em recipientes; amarelo-pálido; amanteigado, doce, gorduroso; macio, uniforme.	Com frutas; em *tiramisu*; para enriquecer pratos.
MOZARELA	Leite de vaca ou búfala, integral ou desnatado; esfera irregular; branco, ligeiramente amarelo--esverdeado; suave; de tenro a levemente elástico (dependendo da idade); pode ser defumado.	*Pizza*, macarrão; com tomates e manjericão na salada *caprese*.
RICOTA	Leite de vaca integral, desnatado ou magro; macio, branco; suave; de úmido a levemente seco; granuloso; muitas vezes é subproduto da fabricação de queijo pela adição ao soro quente de renina ou ácido, ou ambos.	Ingrediente culinário; sobremesas; recheio para *cannoli*; dá um excelente *cheesecake*.
QUEIJO BRANCO	Leite de vaca; branco, sem coalhos; firme o suficiente para cortar; suave; granuloso, pode ser comido com colher.	Com frutas frescas e vegetais; molhos *dips*, sobremesas, macarrão.
BOURSIN	Leite de vaca integral e creme de leite; redondo, branco; *cream cheese* aromatizado ou com ervas aromáticas; uniforme.	Com torradinhas.
QUESO FRESCO	Leite de vaca; redondo, de cor creme a branca; suave, salgado; semelhante à ricota ou ao queijo branco; farelento, ligeiramente granuloso.	Em cobertura ou recheio de muitos pratos mexicanos.

queijos maturados de casca macia

Os queijos maturados de casca macia, em geral, têm a superfície coberta de bolor. Muitas vezes, essa casca aveludada é comestível, embora algumas pessoas a considerem forte demais. O queijo amadurece de fora para dentro. Quando inteiramente maturado, o queijo de pasta mole deveria estar quase aguado, com o máximo sabor. Esses queijos são, tipicamente, borrifados ou pulverizados com o bolor, e depois descansam para maturar. Os queijos de pasta mole maturados estão disponíveis com quantidades diversas de gordura. Por exemplo, os queijos com creme simples, duplo ou triplo têm, respectivamente, 50%, 60% e 70% de gordura de leite.

PONT L'ÉVÊQUE

TALEGGIO

BRIE

EPOISSES

REBLOCHON

EXPLORATEUR

HUDSON VALLEY CAMEMBERT

Queijos maturados de casca macia

VARIEDADE	DESCRIÇÃO	USOS CULINÁRIOS COMUNS
BRIE	Feito com leite integral ou semidesnatado, algumas vezes creme de leite, de vaca e cabra, pasteurizado; discos amarelo-claros; amanteigado, pungente; macio, uniforme, com casca comestível, cremoso.	Sanduíches, saladas; queijo de mesa.
CAMEMBERT	Leite de vaca e de cabra cru ou integral pasteurizado; disco amarelo-claro; suave, sabor que lembra cogumelos; macio, cremoso, com casca comestível.	Sanduíches; queijo de mesa.
EXPLORATEUR	Leite de vaca e creme de leite integral; em forma de barril, discos ou rodas amarelo-pálidos; gorduroso, suave; macio, cremoso, uniforme.	Queijo de mesa; excelente com champanhe.
LIMBURGER	Leite de vaca integral ou desnatado; bloco amarelo-pálido, com parte externa marrom; sabor e aroma bem fortes, salgado; macio, uniforme, ceroso.	Queijo de mesa, com frutas e vegetais.
PONT L'ÉVÊQUE	Leite de vaca integral; quadrado amarelo-pálido; picante, forte aroma; macio, flexível, com pequenos orifícios e crosta amarelo-ouro, comestível; casca lavada.	Sobremesas, crepes, saladas; queijo de mesa.
TALEGGIO	Leite de vaca cru; quadrado amarelo-pálido; ácido, salgado, amanteigado e poderoso (dependendo da idade); tem alguns pequenos orifícios; casca lavada.	Saladas; ingrediente culinário; queijo de mesa.
EPOISSES	Leite de vaca; discos dourados, quase cor de palha; gorduroso, sabor abrangente; aroma agradável, que lembra fazendas; uniforme; casca lavada.	Queijo de mesa; acompanhamento.
REBLOCHON	Leite de vaca; disco cor de marfim; adocicado, poderoso, que lembra amêndoas; cremoso, aveludado; casca lavada.	Queijo de mesa, com frutas ou pão.

queijos de pasta semidura

Os queijos de pasta semidura são mais sólidos do que os queijos de pasta mole; não é fácil ralá-los, mas são ideais para fatiar. Pode-se usar um revestimento de cera não comestível para envolver o queijo, para preservar a umidade e prolongar sua vida de prateleira. Esses queijos são maturados por períodos de tempo específicos, embora não tanto quanto os queijos de pasta dura e para ralar.

Os queijos de pasta semidura podem ser maturados por três processos: os de casca lavada são lavados periodicamente com vários líquidos, inclusive cerveja, sidra, vinho, *brandy* ou óleos, durante o período de maturação; os de casca seca formam uma casca natural durante a maturação; e os de casca de cera são selados com cera antes de maturar.

MUENSTER (CASCA LARANJA)

CACIOTTA

CARAWAY HAVARTI

FONTINA

MORBIER

MONTEREY JACK

Queijos de pasta semidura

VARIEDADE	DESCRIÇÃO	USOS CULINÁRIOS COMUNS
CACIOTTA	Leite de vaca integral, com alguns orifícios e uma cera grossa, amarelada; maturado por 2 meses; acre e salgado; disponível aromatizado com pimentas ou ervas aromáticas.	Queijo de mesa; excelente para derreter.
FONTINA	Leite integral de vaca ou ovelha; disco amarelo; suave, relvoso, frutado e amendoado.	Queijo de mesa; em sanduíches; na culinária; em *fondues*; grande queijo para derreter.
HAVARTI	Leite de vaca enriquecido com creme de leite; blocos ou rodas de branco a amarelo; muito suave, amanteigado, muitas vezes aromatizado com ervas, especiarias ou pimenta-do-reino; cremoso, com pequenos orifícios.	Excelente em sanduíches.
MORBIER	Leite de vaca integral; roda amarelo-clara com camada cinza comestível e crosta marrom; cremoso, uniforme; frutado e amendoado, com aroma que lembra feno.	Queijo de mesa.
MONTEREY JACK	Leite de vaca integral, pasteurizado; roda ou bloco amarelo-claro; suave (pode ser aromatizado com pimentas *jalapeño*).	Queijo de mesa; excelente para derreter.
MUENSTER	Leite de vaca integral; roda ou bloco amarelo-claro, a casca pode ser laranja; de suave a pungente (dependendo da idade); uniforme, ceroso, com pequenos orifícios.	Excelente para derreter.
PORT-SALUT	Leite de vaca integral ou desnatado; bloco amarelo; casca laranja; amanteigado, de suave a acre; uniforme com pequenos orifícios.	Queijo de mesa servido com cebolas cruas e cerveja; excelente para derreter.

queijos de pasta dura

Os queijos de pasta dura têm consistência firme e uma textura mais seca do que os de pasta semidura. Podem ser facilmente fatiados ou ralados. Os queijos dessa categoria são feitos por vários processos. Um dos mais comuns é o processo *cheddar*, que se originou na Inglaterra, mas diversos queijos originários dos Estados Unidos são feitos utilizando o mesmo método, como o *colby*, o *monterey jack*, e os queijos secos *jack*.

EMMENTHAL

PROVOLONE MATURADO

GRUYÈRE

MANCHEGO

GOUDA MATURADO

RICOTTA SALATA

PECORINO MATURADO (ANTICO MUGELLO)

CHEDDAR MATURADO

Queijos de pasta dura

VARIEDADE	DESCRIÇÃO	USOS CULINÁRIOS COMUNS
CANTAL	Leite de vaca integral; cilindro amarelo-claro; suave, amanteigado; farelento, firme.	Saladas, sanduíches, com frutas.
CHEDDAR	Leite de vaca integral; rodas ou retângulos de amarelo-claro a médio; suave a acre (dependendo da idade); aroma adocicado de relva; amanteigado, gorduroso.	Queijo de mesa; com cerveja, sanduíches; ingrediente culinário; excelente para derreter.
EMMENTHAL	Leite de vaca semidesnatado, cru ou pasteurizado; roda amarelo-clara; sabor completo, amendoado, frutado; uniforme, brilhante, com grandes orifícios; comumente chamado de queijo suíço.	Excelente para derreter; em *fondues*, sanduíches.
GOUDA	Leite de vaca integral; roda (em geral recoberta com cera vermelha), vai de dourado a âmbar (dependendo da idade); suave, cremoso, ligeiramente amendoado; uniforme, pode ter pequenos orifícios; pode ser defumado.	Queijo de mesa; excelente para derreter; o *gouda* maturado pode ser ralado.
JARLSBERG	Leite de vaca semidesnatado; roda amarelo-clara; acre, amendoado; orifícios grandes.	Excelente para derreter; muito popular nos Estados Unidos.
MANCHEGO	Leite integral de ovelha; rodas de brancas a amarelas com casca marrom-acinzentada; sabor ligeiramente ensalmourado, amendoado; orifícios pequenos.	Queijo de mesa; em saladas; pode ser ralado.
PROVOLONE	Leite de vaca integral; em forma de pera, linguiça ou esferas; amarelo-claro com casca de amarelo a dourado-amarronzado; acre; elástico, oleoso; pode ser defumado.	Queijo de mesa com azeitonas, pão, vegetais crus ou salame; em sanduíches; para derreter.
RICOTTA SALATA	Leite integral de ovelha; cilindro branco; suave, amendoado; uniforme, mas farelento.	Macarrão, saladas; com salame, frutas e vegetais.
GRUYÈRE	Leite de vaca integral cru; rodas planas, bege com casca marrom; frutados e amendoados.	*Fondue*; *gratins*, sopas, sanduíches; ingrediente culinário.

queijos para ralar

Os queijos para ralar são, tipicamente, ralados ou cortados em lascas em vez de fatias, em virtude de sua textura farelenta. São usados, em geral, como queijo de mesa. Na Itália, esses queijos são chamados granas, ou queijos granulosos, por sua textura granular. Essa textura característica dos queijos para ralar se deve, em grande parte, ao longo processo de maturação, que dura de 2 a 7 anos, embora alguns queijos possam ser maturados por períodos mais longos. São queijos de baixa umidade, o que os torna menos propensos a se estragar do que os outros queijos.

ASIAGO

PECORINO ROMANO

PARMIGIANO-REGGIANO

GRANA PADANO

MONTEREY JACK SECO

QUESO COTIJA

206 UTENSÍLIOS E INGREDIENTES NA COZINHA PROFISSIONAL

Queijos para ralar

VARIEDADE	DESCRIÇÃO	USOS CULINÁRIOS COMUNS
ASIAGO	Leite de vaca integral ou semidesnatado; rodas amarelo-claras com casca cinza; de suave a acre (dependendo da idade).	Saladas, macarrão; com fruta e pão.
PARMIGIANO-REGGIANO	Leite de vaca semidesnatado; grandes rodas, o interior é cor de palha e a casca, dourada; acre, amendoado, salgado; muito duro, seco, farelento.	Queijo de mesa; ralado sobre macarrão ou risoto; em saladas; a casca é usada em fundos vegetais.
MONTEREY JACK SECO	Leite de vaca integral ou semidesnatado; amarelo-claro com sabor rico, acre, ligeiramente amendoado; também chamado *Monterey jack* maturado.	Queijo de mesa; ralado sobre macarrão, em saladas.
PECORINO ROMANO	Leite de ovelha integral; cilindro alto, branco, com casca fina, preta; muito acre, salgado, picante; seco, farelento.	Queijo de mesa; ralado sobre macarrão ou risoto, em saladas.
SAP SAGO	Leite de vaca desnatado; cone verde-claro, achatado; sabor picante, acre, de sálvia e alface; muito duro, granular; também chamado *glarner schabziger*.	Ralado em macarrão, saladas ou sopas; misturado a manteiga ou iogurte, em molhos *dips*.
GRANA PADANO	Leite de vaca; grandes rodas, de cor dourada; suave; muito duro.	Para ralar; alternativa mais barata ao *parmigiano-reggiano* para cozinhar.

queijos com veias azuis

A consistência dos queijos com veias azuis vai de uniforme e cremosa a seca e farelenta. As veias azuis são resultado da injeção de um bolor especial no queijo, antes de maturar. Depois disso, esses queijos são salgados ou colocados na salmoura antes de maturar em ambiente escuro, frio e úmido.

ROQUEFORT

GORGONZOLA

STILTON

POINT REYES

AZUL ESPANHOL

Queijos com veias azuis

VARIEDADE	DESCRIÇÃO	USOS CULINÁRIOS COMUNS
AZUL DINAMARQUÊS	Leite de vaca integral; blocos ou grandes rodas brancas, sem casca; forte, acre, salgado; firme, farelento.	Molhos para saladas, saladas; em fatias, torradinhas.
GORGONZOLA	Leite integral de vaca ou de cabra; roda amarela com veias azuis; picante, travoso; pasta semidura, cremosa; esfarela-se bem.	Queijo de mesa com frutas; saladas, *pizza*; ingrediente culinário; fatias, torradinhas.
ROQUEFORT	Leite de ovelha cru; cilindro cor marfim, com veias azul-esverdeadas; profundo, inteiro, picante; pasta semidura, farelento.	Queijo de mesa; saladas.
STILTON	Leite de vaca integral; cilindro alto, pasta cor de marfim com veias azul-esverdeadas; aroma completo, gorduroso, picante; firme, mas farelento.	Queijo de mesa; saladas.
AZUL ESPANHOL	Leite de vaca, ovelha ou cabra; cilindro cor de palha, com veias roxo-azuladas; salgado, acre e picante; úmido, farelento; uma variedade comum é o *cabrales*.	Queijo de mesa; saladas.
POINT REYES	Leite de vaca; cilindro acinzentado, com pequenas veias azuis; sabor completo que sugere capim-limão e sal marinho; cremoso.	Queijo de mesa; tempero para saladas, saladas.

OVOS

Os ovos são dos itens mais importantes na cozinha. De maionese a merengues, de sopas a molhos, de tira-gostos a sobremesas, destacam-se em qualquer menu. A habilidade de selecionar o ovo certo para um determinado prato (ovo na casca, apenas as gemas, apenas as claras ou ovos pasteurizados) é fundamental para obter bons resultados. Aprenda mais sobre cozinhar ovos consultando o Capítulo 26.

CLASSIFICAÇÃO, TAMANHOS E FORMAS

Os ovos são classificados pelo Departamento de Agricultura dos Estados Unidos com base em sua aparência externa e frescor. A classificação mais alta, AA, indica que o ovo está fresco, com clara que não vai se espalhar indevidamente depois que o ovo for quebrado, e uma gema alta na superfície da clara. A gema também é segura por membranas chamadas chalazas. No Brasil, segundo a legislação vigente, os ovos tipo "extra" devem pesar mais do que 61 g; os "especiais", entre 55 g e 60 g; os de "primeira qualidade", entre 49 g e 54 g; os de segunda qualidade, entre 43 g e 48 g; os de terceira qualidade, entre 35 g e 42 g.

Os ovos podem ser de diversos tamanhos: jumbo, extragrandes, grandes, médios, pequenos e bem pequenos. As galinhas mais jovens produzem ovos menores que, muitas vezes, são considerados de melhor qualidade que os maiores. Os médios são os melhores para o desjejum, em que a aparência dos ovos prontos é importante. Os ovos grandes e extragrandes são, em geral, usados para cozinhar e assar, situação em que a aparência do ovo é menos importante.

Os ovos também são vendidos processados, sob diversas formas: ovos integrais sem casca (com as proporções naturais de gema e clara) ou mistura de ovos (em proporções diversas de clara e gema), claras e gemas. Os pasteurizados são usados em preparações como temperos para salada, *eggnog* ou sobremesas, em que a receita tradicional pode indicar que os ovos devem estar crus. Esses produtos, em geral, estão disponíveis líquidos ou congelados.

Ovos desidratados, em pó, também estão à venda e podem ser úteis em alguns produtos assados ou em determinadas circunstâncias. Por exemplo, pode não ser possível armazenar adequadamente ovos frescos a bordo de um navio, durante toda a viagem.

Os substitutos dos ovos podem não conter ovo algum ou podem ser produzidos com base em claras de ovos, com laticínios ou vegetais no lugar das gemas. Esses substitutos são importantes para pessoas que necessitam de uma dieta com colesterol reduzido.

identificação de produtos secos

Em qualquer operação de serviços alimentícios, os produtos secos incluem uma vasta gama de ingredientes essenciais a quase todas as preparações. Eles devem ser escolhidos, adquiridos e armazenados com o mesmo cuidado dedicado às carnes frescas e aos produtos agrícolas.

CAPÍTULO 10

compra e armazenamento

Os produtos secos também são chamados produtos não perecíveis. Entretanto, esses ingredientes, como os produtos perecíveis, perdem qualidade com o tempo. Manter à mão um estoque adequado é essencial para que a operação funcione bem, mas manter uma quantidade acima da necessária ocupa espaço e custa dinheiro. A rotatividade e a observação da regra de "primeiro a entrar, primeiro a sair" é tão importante para os produtos secos quanto para os alimentos mais perecíveis.

Armazene os produtos secos em uma área seca, adequadamente ventilada e acessível. Todos eles devem ser colocados acima do nível do chão, em prateleiras ou paletes. Alguns itens, como o trigo integral, os frutos secos e as sementes, e o café (se não for embalado a vácuo), ficam mais bem armazenados no refrigerador ou mesmo no congelador.

grãos e farinhas

Esta ampla categoria vai dos grãos integrais, como arroz e cevada, ao amido de milho e farinha para massas. Os grãos são alimentos versáteis e universais, consumidos em todo o mundo, em todas as cozinhas e culturas. Ao mesmo tempo que representam uma importante fonte de nutrição, seus sabores e texturas sutis, mas satisfatórios, conferem-lhes uma grande importância culinária.

O trigo e o milho são de importância fundamental nos países ocidentais. O arroz é primordial em muitas cozinhas asiáticas. De fato, em muitos idiomas asiáticos, a palavra que designa o arroz é a mesma usada para se referir a alimento. Outras culturas se apoiam em grãos como aveia, centeio e trigo-sarraceno.

Os grãos são os frutos e as sementes dos cereais. A maior parte é barata e fácil de encontrar, e fornece uma fonte valiosa e concentrada de nutrientes e fibras. Embora difiram de outras frutas (maçãs e peras, por exemplo) na aparência, sua estrutura é bastante semelhante à destas.

Grãos integrais são aqueles que não foram polidos. Tendem a degradar-se mais rapidamente do que os polidos e, portanto, devem ser adquiridos em quantidades que possam ser usadas em um período relativamente curto: duas ou três semanas. Dos grãos polidos foram retirados o germe, o farelo e/ou a casca e, embora tendam a durar mais tempo, parte de seu valor nutritivo se perde durante o processamento.

Os grãos refinados que são quebrados em pedaços podem ser chamados de partidos. Se o processo de refinamento continuar, formam-se fubá, amidos, creme de arroz. Finalmente, o grão pode ser moído e tornar-se um pó fino, a farinha.

São vários os métodos usados para refinar os grãos: amassá-los entre rolos de metal, triturá-los entre pedras ou cortá-los com lâminas de aço, como em um processador de alimentos. Em alguns casos, são preferíveis os grãos triturados entre pedras, porque, se comparados a outros tipos de refinamento, permanecem a uma temperatura mais baixa durante o processamento e, assim, retêm melhor seu valor nutritivo. As tabelas seguintes descrevem algumas das formas disponíveis de vários grãos.

trigo Abundante e econômico, o trigo foi cultivado por milhares de anos. É, de longe, o mais nutritivo de todos os grãos, contendo a maior quantidade de proteínas. Versátil e saboroso, é usado em uma grande variedade de pratos, salgados e doces.

GRÃOS DE TRIGO

TRIGO EBLY®

GERME DE TRIGO CRU

GERME DE TRIGO TOSTADO

TRIGO PARA QUIBE

FARELO DE TRIGO

FÉCULA

capítulo 10 » IDENTIFICAÇÃO DE PRODUTOS SECOS

farinha de trigo

Quando processado e bem moído, o trigo geralmente é usado na confecção de produtos assados. O glúten, formado pela proteína do trigo, fornece elasticidade e estrutura que ajudam no desenvolvimento de produtos assados, em particular do pão. O trigo é classificado de acordo com a estação e a cor: trigo duro e vermelho de inverno, trigo duro e branco de inverno, trigo duro e vermelho de primavera, trigo mole e vermelho de inverno, trigo mole e branco de inverno. (*Durum* é um tipo específico de trigo duro.) O trigo de inverno é plantado durante essa estação e colhido no verão seguinte; o trigo de primavera é plantado durante a primavera e colhido no verão seguinte a ela. Em geral, o trigo de primavera produz as farinhas mais duras, e o trigo de inverno produz farinhas mais moles.

FARINHA DE TRIGO INTEGRAL

SEMOLINA

FARINHA DE TRIGO *DURUM*

FARINHA PARA BOLO

FARINHA COMUM

FARINHA PARA PÃO

Trigo e farinha de trigo

TIPO	DESCRIÇÃO	USOS CULINÁRIOS COMUNS
INTEGRAL	Grão integral não refinado ou minimamente processado; marrom-claro a vermelho-amarronzado; textura meio emborrachada; sabor amendoado.	Cereais quentes, *pilaf*, saladas, pães.
PARTIDO	Grão triturado grosseiramente, pouco processado; marrom-claro a vermelho-amarronzado; textura levemente emborrachada; sabor amendoado.	Cereais quentes, *pilaf*, saladas, pães.
TRIGO PARA QUIBE	Trigo triturado cozido no vapor e desidratado; fino, médio ou grosso; cor marrom-claro; tenro; sabor suave.	Cereais quentes, *pilaf*, saladas (tabule).
FARELO	Casca externa separada do grão de trigo; flocos marrons; sabor suavemente amendoado.	Cereais quentes e frios; produtos assados (*muffins* de farelo); usado para aumentar as fibras na dieta.
GERME	Embrião separado do grão de trigo; pequeno, marrom, semelhante a um *pellet*; forte sabor amendoado; disponível tostado e cru.	Cereais quentes e frios, produtos assados; usado para aumentar o valor nutricional dos alimentos.
FÉCULA	Trigo polido moído médio; branco; semelhante à farinha; sabor muito suave.	Cereais quentes.
EBLY®/TENRO	Trigo *durum* macio, parboilizado; parece-se com grãos de arroz roliços e crus, e com cevada cozida; sabor sutilmente suave; disponível cru ou cozido.	Sopas, saladas, acompanhamentos, pratos principais, sobremesas.
FARINHA DE TRIGO INTEGRAL	O grão inteiro é finamente moído; cor marrom-clara; sabor peculiar, amendoado; a farinha Graham é farinha de trigo integral menos moída, para ficar mais grossa.	Produtos assados, macarrão.
FARINHA COMUM	O endosperma é moído bem fino; cor branco-gelo; em geral enriquecida, pode ser branqueada.	Produtos assados, macarrão, como espessante.
FARINHA PARA PÃO	Trigo especial; o endosperma é moído fino; cor branco-gelo; em geral enriquecida, pode ser branqueada; maior percentagem de proteína.	Pão, pãezinhos macios.
FARINHA PARA BOLOS	Trigo mole; o endosperma é moído bem fino; cor branco-pura; grãos de trigo mole polidos; em geral enriquecida e branqueada.	Bolos, *cookies*.
FARINHA PARA DOCES	Trigo mole; o endosperma é moído bem fino; cor branco-pura; grãos de trigo mole polidos; em geral enriquecida e branqueada.	Massa para tortas, *muffins*, biscoitos, doces.
FARINHA DE TRIGO *DURUM*	Trigo duro; o endosperma do grão de trigo é finamente moído.	Pão.
SEMOLINA	Trigo *durum*; o endosperma é moído grosseiramente; amarelo-pálido.	Macarrão, nhoque, pudins; usada para fazer cuscuz.

arroz Alimento básico para, pelo menos, metade das comunidades do mundo, o arroz é um ingrediente valioso e versátil. Esse grão amidoado integral complementa praticamente qualquer sabor ou componente que acompanhar.

O arroz é comercialmente classificado por tamanho (grão longo, médio e curto). Os dois principais tipos de arroz são branco e integral. O branco é o arroz processado, ao passo que o integral não o é, sendo, portanto, mais nutritivo e com maior quantidade de fibras.

ARROZ PARBOILIZADO

FARINHA DE ARROZ

CREME DE ARROZ

ARROZ CARNAROLI

ARROZ BOMBA

ARROZ VERMELHO DO BUTÃO

ARROZ DE GRÃO LONGO

ARROZ INTEGRAL DE GRÃO LONGO

ARROZ SELVAGEM

ARROZ JASMINE

ARROZ POPCORN*

ARROZ BASMATI

* Variedade especial de arroz aromático cultivado no sul dos Estados Unidos. (N. E.)

Arroz

TIPO	DESCRIÇÃO	USOS CULINÁRIOS COMUNS
INTEGRAL	Grão integral, casca não comestível removida; marrom-claro; textura emborrachada; sabor amendoado; disponível em grãos longos, médios ou curtos.	*Pilafs*, saladas.
BRANCO/POLIDO	A casca, o farelo e o germe são retirados; cor branca; sabor suave; disponível em grãos longos, médios e curtos.	*Pilafs*, saladas; o de grão curto é usado para fazer arroz-doce.
ARROZ PARBOILIZADO	O grão com casca fica de molho e é cozido no vapor antes que a casca, o farelo e o germe sejam removidos; grãos macios e separados quando cozidos; cor marrom bem clara.	*Pilafs*, saladas.
BASMATI	Grão extralongo; textura fina, delicada; sabor aromático, amendoado; envelhecido para reduzir a umidade; disponível integral ou branco; o arroz *popcorn* é uma variedade do *basmati*.	*Pilafs*, saladas.
JASMINE	Aromático, sabor amendoado.	*Pilafs*, cozido no vapor, sobremesas de arroz.
ARBORIO	Grão bem curto e roliço; alto conteúdo de amido; branco-gelo; cremoso quando cozido; também chamado de arroz italiano; as variedades incluem *carnaroli*, *baldo* e *vialone nano*.	Risoto, sobremesas.
BOMBA	Grão bem curto e roliço; alto conteúdo de amido; branco-gelo; cremoso quando cozido.	*Paella*.
SELVAGEM	Grão longo e fino; marrom-escuro; textura emborrachada; sabor amendoado; gramínea dos pântanos, não relacionada ao arroz comum.	Saladas, recheios; muitas vezes combinado com arroz integral.
GLUTINOSO/*SUSHI*	Grão redondo e curto; muito amidoado; pegajoso quando cozido; sabor adocicado, suave.	*Sushi*.
FARINHA DE ARROZ	Arroz branco que foi moído bem fino; branca, em pó; sabor suave.	Espessante; produtos assados.
TRADICIONAIS	As variedades incluem o vermelho do Butão, o preto proibido e o arroz *kalijira*.	Saladas, recheios; muitas vezes combinado com arroz integral.

milho

O milho é popular em muitas cozinhas por todo o mundo, sob numerosas formas. Frequentemente é consumido fresco (na espiga), seco ou usado como base para a confecção de muitos subprodutos (*bourbon*, óleo de milho, amido de milho, fubá, xarope de milho).

GRITS

FARINHA DE MILHO AZUL

MASA HARINA

FARINHA DE MILHO

AMIDO DE MILHO

FARINHA DE MILHO BRANCA

HOMINY

Milho

TIPO	DESCRIÇÃO	USOS CULINÁRIOS COMUNS
HOMINY	Grãos desidratados; é colocado de molho em lixívia para remover a casca e o germe; disponível enlatado ou desidratado.	*Succotash*, *casseroles*, sopas, guisados, acompanhamentos.
GRITS	É o *hominy* moído; disponível no mercado moído fino, médio e grosso.	Cereais quentes, produtos assados, acompanhamentos; popular no Sul dos Estados Unidos.
MASA	Grãos secos; cozido e deixado de molho em água de cal, depois moído e trabalhado até se obter uma massa; amarelo-claro; úmido; variação: *masa harina*, desidratado e moído até se obter uma farinha fina; deve ser reconstituído para fazer uma massa.	Usado para fazer *tortillas*, *tamales* e outros pratos mexicanos; a *masa harina* é usada com frequência em produtos assados.
FARINHA DE MILHO	Grãos secos; moídos para se obter uma textura fina, média ou grossa; cores: branco, amarelo ou azul; variações: fubá (moída fino); sêmola de milho (moída grosso).	Cereais quentes, produtos assados; empanar ingredientes para saltear ou fritar, polenta, angu.
AMIDO DE MILHO	Grãos secos; a casca e o germe são removidos; é moído até se obter um pó; branco puro.	Espessante; produtos assados; empanados.

NOTA DO CHEF SOBRE O MILHO

O milho é um produto nativo das Américas, onde vem sendo cultivado há milhares de anos. Foi introduzido na Europa no século XV. Atualmente é cultivado no mundo inteiro, e os Estados Unidos são responsáveis por 40% da produção mundial. O milho é empregado como alimento de gado, como matéria-prima para biocombustível e para consumo humano.

Há algumas variações básicas de milho cultivadas para diferentes usos. O milho de grão mole, também conhecido como milho dentado, é produzido principalmente para servir de alimento para o gado, como matéria-prima de produtos industriais e no preparo de alimentos processados. O milho de grão duro é produzido para os mesmos fins do milho dentado, porém é bastante usado também para fazer pipoca, em razão de seu teor de amido. A farinha de milho tem um grão fácil de moer. Ele pode ser produzido de diversas cores, mas a mais comum é a branca. Trata-se da variante mais cultivada entre os nativos norte-americanos. Finalmente, temos o milho doce, que contém mais açúcares que as outras variedades. É o melhor milho para ser consumido direto da espiga. No mesmo estágio de crescimento, o milho doce vai conter mais do que o dobro de açúcar contido no milho dentado. O frescor é a característica mais importante a levar em conta na hora de comprar o milho doce, porque aproximadamente 50% de seu açúcar será convertido em amido nas primeiras 24 horas após ter sido colhido.

aveia A aveia é uma fonte valiosa de nutrientes e fibras. É fácil encontrá-la e também é barata. Consumida sobretudo como cereal quente ou frio, em geral é usada como ingrediente em produtos assados e acompanhamentos.

AVEIA MOÍDA

FLOCOS DE AVEIA

FARELO DE AVEIA

Aveia

FORMA	DESCRIÇÃO	USOS CULINÁRIOS COMUNS
SÊMOLA	Descascada, em geral grãos triturados, especialmente aveia, mas pode ser trigo, trigo-sarraceno ou outros cereais.	Cereais quentes, saladas, recheios.
FLOCOS DE AVEIA	Sêmola cozida no vapor e achatada; marrom muito claro, quase branco; redondos; macios. Também disponíveis: "cozimento rápido" e "uso instantâneo".	Cereais quentes, granola, produtos assados.
MOÍDA/IRLANDESA/ESCOCESA	Sêmola, cortada em pedaços; marrom; emborrachada.	Cereais quentes, produtos assados.
FARELO	Cobertura externa da aveia.	Cereais quentes e frios, produtos assados.
FARINHA DE AVEIA	Sêmola moída até se tornar um pó fino.	Produtos assados.

NOTA DO CHEF SOBRE A AVEIA

A aveia cresce em climas temperados e pode ser facilmente cultivada em solos pobres. Ela é uma gramínea de ciclo anual que tanto pode ser plantada no outono e colhida no inverno como plantada na primavera e colhida no verão. A maior parte da produção de aveia é usada para a alimentação de gado. A aveia contém mais fibras solúveis do que qualquer outro tipo de grão, o que faz dela uma boa escolha para compor uma alimentação saudável. O farelo também contém ácidos graxos do tipo ômega, amido, proteínas, vitaminas e minerais. É a sêmola da aveia, ou seja, a parte mais interna de seu grão, que é processada em flocos e consumida como farinha de aveia no café da manhã e para cozinhar. A aveia também pode ser consumida crua e usada para preparar *musli* e outros produtos que podem ser consumidos frios. Ela também é comumente empregada na fabricação de cerveja, principalmente a cerveja escura estilo *oatmeal stout*, que utiliza a aveia em sua composição.

outros grãos

Uma grande variedade de grãos está classificada no grupo "outros", por não se encaixar direito em nenhuma das categorias tratadas. Alguns desses grãos são muito comuns, ao passo que outros raramente são usados. Nos últimos anos, entretanto, os chefs começaram a experimentar muitas dessas variedades de grãos menos comuns.

KASHA

PAINÇO

CEVADA COM CASCA

FARRO

AMARANTO

QUINOA

FARINHA DE CEVADA

Outros grãos

NOME	DESCRIÇÃO	USOS CULINÁRIOS COMUNS
TRIGO-SARRACENO	Inteiro ou moído como farinha; marrom-claro; sabor levemente amendoado.	Cereais quentes, *pilafs*; a farinha é usada em panquecas, *blinis*, produtos assados.
KASHA	Grãos triturados, sem casca (sêmola de trigo-sarraceno); assado; vermelho-amarronzado; textura emborrachada; sabor amendoado, tostado.	*Pilafs*, saladas.
PAINÇO	Inteiro ou como farinha; sabor suave.	Cereal quente, *pilafs*; a farinha é usada em sobremesas, pães planos, bolos.
SORGO	Em geral, fervido até se tornar um xarope grosso.	Mingau, pães planos, cerveja, xarope, melaço.
CENTEIO	Inteiro, partido, ou sob forma de farinha; a cor vai de marrom-claro a escuro; denso; a farinha *pumpernickel* é centeio muito escuro, moído grosso.	*Pilafs*, saladas; a farinha é usada para produtos assados.
TEFF	Integral; extremamente pequeno; marrom-claro a marrom-avermelhado; sabor adocicado, que lembra castanhas.	Sopas, *casseroles*, espessante.
AMARANTO	Inteiro ou sob forma de farinha; a folhagem também é consumida; a cor vai de branca a bege, dourada ou amarela; sabor adocicado.	Cereais quentes e frios, *pilafs*, saladas, sopas.
ESPELTA	Inteira ou sob forma de farinha; sabor moderadamente amendoado.	*Pilafs*, saladas; a farinha é usada para pratos assados.
LÁGRIMAS-DE--NOSSA-SENHORA	Integral; pequenas; brancas; textura levemente emborrachada; sabor que lembra relva.	*Pilafs*, saladas.
QUINOA	Integral ou sob forma de farinha; círculos muito pequenos; branco-gelo; sabor suave.	*Pilafs*, saladas, sobremesas, sopas.
CEVADA	Descascada e pérola (sem casca e sem farelo); variedades: sêmola, farinha; de bege a branca; sabor amendoado.	*Pilafs*, saladas, sopas; usada para fazer uísque e cerveja.

macarrão seco O macarrão seco é um alimento semipronto valioso. É fácil de armazenar, cozinha depressa, e pode ser encontrado em uma vasta gama de formas, tamanhos e sabores, como descrito na tabela das pp. 226 a 227. O macarrão seco pode ser feito de diversos tipos de farinhas e grãos. Os de boa qualidade, de farinha de trigo, são, em geral, feitos com semolina de trigo *durum*. Muitos macarrões são aromatizados ou coloridos com espinafre, tomates ou tinta de lula.

FARFALLE

CUSCUZ ISRAELENSE

FUSILLI

ORECCHIETTE

CUSCUZ

TUBETTI

PENNE

RISONI

macarrão seco

MACARRÃO COREANO DE AMIDO DE BATATA-DOCE

MACARRÃO DE ARROZ

MACARRÃO FINO DE FEIJÃO

VERMICELLI DE ARROZ

MACARRÃO DE TRIGO JAPONÊS

SOBA

CAPELLINI

ESPAGUETE

BUCATINI

LINGUINE

FETTUCCINE

capítulo 10 » IDENTIFICAÇÃO DE PRODUTOS SECOS

Macarrão seco

NOME	DESCRIÇÃO	USOS CULINÁRIOS COMUNS
BUCATINI	Em forma de espaguete, oco no meio, fios longos.	Servido com molhos mais grossos.
MACARRÃO FINO DE FEIJÃO	Macarrão delgado, gelatinoso; feito de feijão-mungo.	Sopas, salteados, saladas, sobremesas, bebidas; comum em pratos de influência asiática.
CAPELLINI	Fios longos, finos; versão mais fina: *capelli d'angelo* (cabelo-de-anjo).	Servido com caldo, óleo ou molhos muito leves.
FETTUCCINE	Fios longos, grossos; achatados, em forma de fita.	Servidos com vários molhos, especificamente molhos cremosos.
LASANHA	Macarrão grosso, longo, achatado; com bordas crespas.	*Casseroles*.
LINGUINE	Fios longos, finos, achatados.	Servidos com vários molhos, de leves a pesados.
MACARRÃO DE ARROZ	Várias larguras; fios longos; feitos com farinha de arroz.	Comum em pratos de influência asiática.
MACARRÃO *SOBA*	Fios longos, finos; em forma de fita; macarrão japonês de trigo-sarraceno.	Sopas, salteados; comum em pratos de influência asiática.
ESPAGUETE	Fios longos, redondos; o diâmetro varia.	Servidos com vários molhos, de leves a pesados.
MACARRÃO *UDON*	Fios longos, grossos; macarrão japonês.	Sopas, guisados, salteados; comum em pratos de influência asiática.
VERMICELLI	Fios longos, finos; semelhante ao espaguete.	Caldos, sopas, molhos leves.
ACINI DI PEPE	Pequeno; em forma de grão de pimenta-do-reino.	Servido com diversos molhos; sopas, saladas, *casseroles*.
CASARECCIA	Curto; enrolado; torcido.	Servido com diversos tipos de molho; sopas, saladas, *casseroles*.
PIPETTE RIGATE	Curto; tubos estreitos, curvos.	Servidos com diversos molhos; sopas, saladas, *casseroles*.
FARFALLE	Médio; em forma de gravata-borboleta.	Servido com diversos molhos; sopas, saladas, *casseroles*.
FUSILLI	Curto; em forma de saca-rolhas.	Servido com diversos molhos; sopas, saladas, *casseroles*.

macarrão seco

NOME	DESCRIÇÃO	USOS CULINÁRIOS COMUNS
ORECCHIETTE	Achatado; uniforme; círculos curvos.	Servido com diversos molhos; sopas, saladas, *casseroles*.
RISONI	Pequenos; em forma de arroz.	Servido com diversos molhos; sopas, saladas, *casseroles*.
PENNE	Tubos curtos; lisos ou com sulcos.	Servido com diversos molhos; sopas, saladas, *casseroles*.
RADIATORE	Curto; forma grossa com bordas crespas.	Servido com diversos molhos; sopas, saladas, *casseroles*.
RIGATONI	Grosso; tubos sulcados.	Servido com diversos molhos; sopas, saladas, *casseroles*.
CONCHIGLIE	Pequenos a grandes; parecem conchas; as conchas maiores são recheadas.	Servido com diversos molhos; sopas, saladas, *casseroles*.
TUBETTI	Pequenos a médios; em forma de tubo.	Servido com diversos molhos; sopas, saladas, *casseroles*.
CUSCUZ	Pequeno, de tamanho irregular; semelhante a grão de areia grossa.	Cereais quentes, *pilafs*, saladas.
CUSCUZ ISRAELENSE	Maior do que o cuscuz tradicional; bolinhas semelhantes a pérolas, lisas; textura emborrachada; algumas vezes tostado.	*Pilafs*, saladas, sopas.
CUSCUZ ITALIANO/ *FREGOLA SARDA*	Maior que o cuscuz tradicional; tamanho irregular; cozido ao sol; cor dourado-amarronzada; textura emborrachada; sabor amendoado.	Saladas, sopas à base de peixe ou tomate.

leguminosas

Chamados comumente de feijões ou ervilhas, os legumes são as sementes desidratadas que nascem em vagens; são considerados alimento básico nas cozinhas de muitos países.

À medida que o tempo passa, os legumes se tornam mais secos e mais duros, e é necessário cozê-los por mais tempo. Portanto, é melhor usá-los até seis meses depois da aquisição. Ao comprar legumes, procure por feijões/ervilhas brilhantes e lustrosos, sem poeira ou bolor.

Devem sempre ser lavados antes do preparo, para retirar quaisquer resíduos não comestíveis. Despreze os que pareçam mofados, úmidos ou enrugados.

LENTILHA MARROM

LENTILHA LARANJA

LENTILHA FRANCESA

ERVILHA VERDE SECA E PARTIDA

GRÃO-DE-BICO

FEIJÃO-GUANDO

FEIJÃO-DE-LIMA

FLAGEOLET

FEIJÃO-PRETO

FEIJÃO CRANBERRY

FEIJÃO-VERMELHO

FEIJÃO-BRANCO GRAÚDO

Leguminosas

NOME(S)	DESCRIÇÃO	USOS CULINÁRIOS COMUNS
feijão		
FEIJÃO-AZUQUI	Pequeno; vermelho-amarronzado; disponível inteiro ou em pó.	Popular na culinária japonesa; usado em doces como *yokan* ou coberto de açúcar; em pratos salgados.
PRETO	Grande; parte exterior preta; parte interior cor creme-clara; sabor adocicado.	Sopas, guisados, molhos de tomate, saladas, acompanhamentos.
CANÁRIO	Ligeiramente menor do que o feijão-rajado; cor amarelo-canário.	Popular em pratos peruanos, especificamente guisados.
CANNELLINI	Tamanho médio; forma de rim; branco; sabor amendoado.	Minestrones, saladas, guisados, acompanhamentos.
CRANBERRY	Pequeno; redondo; marcas roxas; sabor amendoado.	Sopas, guisados, saladas, acompanhamentos.
FAVA	Grande; achatada; oval; bege.	Popular nas culinárias do Mediterrâneo e do Oriente Médio; falafel, sopas, guisados, saladas, acompanhamentos.
FLAGEOLET	Pequeno, forma de rim; de verde-claro a branco-cremoso.	Servido com cordeiro; braseado e como purê como acompanhamento.
GRÃO-DE-BICO	Médio; forma de bolota; bege; sabor amendoado.	Popular em muitos pratos étnicos; cuscuz, *homus*, sopas, guisados, saladas, acompanhamentos.
FEIJÃO-BRANCO GRAÚDO	Grande; ligeiramente arredondado; branco; sabor suave	Sopas, guisados, *casseroles*, acompanhamentos.
FEIJÃO-VERMELHO	Médio; forma de rim; de cor-de-rosa a roxo; sabor encorpado.	*Chili con carne*, feijão refrito, arroz e feijão, sopas, guisados, *casseroles*, acompanhamentos.
LENTILHA	Pequena; redonda; as variedades incluem a europeia (parte externa acinzentada com interior amarelo-claro), egípcia, vermelha e amarela.	Servida como acompanhamento inteira ou como purê; em sopas, guisados, saladas.
FEIJÃO-DE-LIMA	Médio; tem forma quase de rim; branco a verde-claro; sabor amanteigado.	*Succotash*, sopas, guisados, saladas, acompanhamentos.
MUNGO	Pequeno; redondo; verde.	Servido em brotos; moído como farinha para fazer os macarrões celofane e cabelo-de-anjo.

Leguminosas – continuação

NOME(S)	DESCRIÇÃO	USOS CULINÁRIOS COMUNS
FEIJÃO-BRANCO PEQUENO	Pequeno; redondo; branco.	Feijão cozido enlatado, *chili*, sopas, saladas.
RAJADO	Médio; forma de rim; bege com manchinhas marrons.	*Chili*, feijão refrito, guisados, sopas.
FEIJÃO-ARROZ	Produto de cruzamento; grãos roliços que parecem arroz; sabor levemente amargo; as variedades incluem branco, marrom, *falcon*, verde e *mocasin*; aparentado ao feijão-vermelho.	Substituto para o arroz; sopas, guisados, *casseroles*, acompanhamentos.
SOJA	Pequena; forma que vai da ervilha à cereja; sabor brando; as cores incluem vermelho, amarelo, verde, marrom e preto; a versão seca é o grão maduro.	Sopas, guisados, *casseroles*, acompanhamentos.
VARIEDADES DECORRENTES DE CRUZAMENTOS (*CALYPSO, TONGUES OF FIRE, JACOB'S CATTLE, MADEIRA*)	Variam muito em tamanho e cor; muitos têm manchinhas, maiores ou menores.	Sopas, guisados, *casseroles*, acompanhamentos, saladas.
FRADINHO	Pequeno; forma de rim; bege com "olho" preto.	*Hoppin' John*,* sopas, acompanhamentos.
FEIJÃO-GUANDU	Produto de cruzamento; pequeno; quase redondo; bege com pintas laranja.	Popular em pratos africanos, caribenhos e indianos.

ervilhas

NOME(S)	DESCRIÇÃO	USOS CULINÁRIOS COMUNS
ERVILHA SECA	Pequena; redonda; dividida ao meio; seca; verde ou amarela; sabor terroso.	Sopas, saladas, acompanhamentos.

* No sul dos Estados Unidos, é a versão do tradicional prato caribenho de arroz com feijão. (N. E.)

frutos secos e sementes

Os frutos secos são frutos de várias árvores, com exceção do amendoim (que cresce sob o solo, no sistema de raízes de uma planta leguminosa). Eles podem ser encontrados na casca, ou sem casca e tostados, branqueados, em fatias, em lâminas, cortados ao meio e picados. Também são usados para produzir manteigas, como a eternamente popular manteiga de amendoim.

Considerando que são um produto caro, é essencial armazená-los adequadamente. Ficam rançosos com certa rapidez. Os frutos secos que não forem torrados ou retirados da casca duram mais. Sem casca, podem ser armazenados no congelador ou na geladeira para prolongar sua vida de prateleira.

AMÊNDOA

PECÃ

AVELÃ

NOZ

AMENDOIM

MACADÂMIA

CASTANHA-DE-CAJU

PISTACHE

PINOLE

SEMENTE DE ABÓBORA

SEMENTE DE GIRASSOL

SEMENTE DE PAPOULA

GERGELIM PRETO

GERGELIM BRANCO

capítulo 10 » IDENTIFICAÇÃO DE PRODUTOS SECOS

Frutos secos e sementes

NOME(S)	DESCRIÇÃO	USOS CULINÁRIOS COMUNS
frutos secos		
AMÊNDOA	Em forma de lágrima; bege, casca lenhosa; sabor doce; disponível inteira com ou sem a casca, branqueada, em lâminas, em fatias, dividida ao meio, picada, moída.	Usada para produzir pasta de amêndoas, manteiga de amêndoa e óleo de amêndoa; crua, tostada ou cozida; em produtos assados, doces, granola, pratos com *curry*; consumida ao natural.
CASTANHA-DO-PARÁ	Grande, triangular; marrom-escura, casca dura; branca, com alto teor de gordura.	Crua, tostada ou cozida; consumida ao natural; pratos assados.
CASTANHA-DE-CAJU	Em forma de rim; bege; sabor amanteigado, ligeiramente doce; vendida só sem casca (a casca contém óleos semelhantes aos da hera venenosa).	Usada para produzir manteiga de caju; crua, tostada ou cozida; produtos assados, doces; comida ao natural.
CASTANHA	Bastante grande, com forma que vai do redondo à lágrima; casca dura, brilhante, marrom-escura; a castanha é de cor creme; sabor doce; disponível inteira na casca, enlatada em água ou xarope, congelada, seca ou em purê.	Crua ou cozida; em pratos doces e salgados, tostada, fervida, em purê.
AVELÃ	Pequena; quase redonda; casca lisa, dura; sabor rico, adocicado e delicado; disponível inteira, com ou sem casca: branqueada, inteira, picada.	Crua, tostada ou cozida; em pratos doces ou salgados, produtos assados, saladas, cereais.
MACADÂMIA	Quase redonda; casca extremamente dura; cor amarelo-dourada; sabor rico, ligeiramente doce, amanteigado; disponível apenas sem casca.	Crua ou tostada; produtos assados, doces; consumida ao natural.
AMENDOIM	Casca bege, tipo vagem; pele fina como papel, marrom; o fruto é de cor creme; sabor doce; disponível inteiro, com casca ou sem casca e sem pele.	Usado para produzir manteiga de amendoim e óleo de amendoim; cru ou torrado; pratos doces ou salgados, produtos assados, doces, saladas; consumido ao natural.
PECÃ	Casca lisa, dura, fina; oval; tem dois lobos; o fruto é marrom, com interior creme; sabor rico, amanteigado; disponível inteira, com ou sem casca, partida ao meio, picada.	Crua ou tostada; pratos doces ou salgados, produtos assados, tortas, doces, saladas; consumida ao natural.
PINOLE	Fruto pequeno, alongado; cerca de 1,5 cm de comprimento; bege-claro; sabor amanteigado, suave.	Crus ou tostados; pratos doces e salgados, produtos assados, saladas, *pesto*.

frutos secos e sementes

NOME(S)	DESCRIÇÃO	USOS CULINÁRIOS COMUNS
PISTACHE	Bege; a casca se abre ligeiramente quando o fruto está maduro; fruto verde; sabor sutil, doce; disponível inteiro, na casca: tostado, em geral salgado; algumas vezes, as cascas são tingidas de vermelho; ocasionalmente as cascas são retiradas, e os frutos picados.	Cru ou tostado; consumido ao natural; produtos doces e salgados.
NOZ	Casca bege-escura; grossa ou fina; o fruto é marrom e cresce em segmentos retorcidos; tenra; oleosa; sabor suave; disponível inteira, com casca, ou sem casca, partida ao meio, picada; feita em picles.	Usada para produzir óleo de nozes; crua ou tostada; em pratos doces ou salgados, produtos assados, doces, saladas; consumida ao natural.

sementes

NOME(S)	DESCRIÇÃO	USOS CULINÁRIOS COMUNS
PAPOULA	Bem pequena; redonda; sementes preto-azuladas; textura crocante; sabor rico, ligeiramente bolorento; disponível inteira ou moída.	Recheio e cobertura de produtos assados; em temperos de salada; popular na culinária da Europa central e do Oriente Médio.
ABÓBORA	Pequena; achatada; oval; macia; casca cor creme; o interior é verde-amarronzado e oleoso; sabor delicado; disponível inteira ou sem casca, em geral salgada.	Crua ou tostada; em pratos doces ou salgados, produtos assados; popular na cozinha mexicana.
LINHAÇA	Sementes pequenas, ovais; douradas ou marrom-escuras; levemente amendoadas.	Usadas para produzir óleo de linhaça; produtos assados, cereais quentes e frios.
GERGELIM	Sementes pequenas, achatadas, ovais; pretas, vermelhas ou bege; crocante; sabor doce, que lembra nozes.	Usada para produzir óleo de gergelim e *tahini* (pasta); cru ou tostado; pratos doces e salgados, produtos assados, doces, como guarnição.
GIRASSOL	Sementes pequenas, mais ou menos achatadas, em forma de lágrima; a casca é lenhosa, branca e preta; a cor é bege-clara; sabor suave; disponível inteira, com ou sem casca, em geral salgada.	Usada para fazer óleo de girassol; crua, seca ou tostada; produtos assados, saladas.

especiarias secas

Especiarias são produtos aromáticos produzidos principalmente com a casca e as sementes das plantas. Há muito são usadas para aromatizar pratos salgados e doces. As especiarias secas podem ser encontradas inteiras, moídas ou misturadas umas com as outras.

As especiarias inteiras geralmente se conservam por mais tempo do que as moídas. As secas devem ser armazenadas em recipientes bem fechados, em ambiente frio e seco, longe do calor forte e da luz direta. Para obter melhores resultados, compre especiarias inteiras e moa-as pouco antes de usar.

ERVA-DE-SANTA-MARIA

SASSAFRÁS

AÇAFRÃO-DA-TERRA

SEMENTE DE MOSTARDA

SEMENTE DE ALCARAVIA

FENO-GREGO

SEMENTE DE SALSÃO

SEMENTE DE COMINHO

COENTRO

ZIMBRO

CRAVO-DA-ÍNDIA

PIMENTA-DA-JAMAICA

ANIS

CARDAMOMO

NOZ-MOSCADA

ANIS ESTRELADO

CANELA EM PAU

Especiarias secas

NOME(S)	DESCRIÇÃO	USOS CULINÁRIOS COMUNS
PIMENTA-DA-JAMAICA	Baga seca, não madura, do tamanho de uma ervilha; vermelho-escura com um toque de marrom; tem sabor de canela, noz-moscada e cravo-da-índia; disponível inteira ou moída.	Braseados, recheios, peixes, picles, sobremesas.
URUCUM	Pequenas sementes secas; vermelho forte; praticamente sem sabor; conferem cor amarelo-alaranjada aos alimentos; disponíveis inteiras e moídas (colorau).	Popular na América Latina e no Caribe; guisados, sopas, molhos.
ANARDANA	Sementes de romã secas, grudentas; vermelho-profundo suave; sabor azedo; as sementes estão disponíveis inteiras ou moídas.	Popular na culinária indiana como acidulante.
ANIS	Fruto maduro seco da *Pimpinella anisum*; sabor semelhante às sementes de erva-doce; marrom-claro; sabor e aroma adocicados, picante, semelhante ao alcaçuz.	Popular na culinária do Sudoeste Asiático; pratos salgados, sobremesas, produtos assados, licor.
ALCARAVIA	Fruta seca da planta aromática alcaravia; membro da família da salsa; parece-se com sementes pequenas; marrom; sabor delicado, semelhante ao das sementes de anis, mas um pouco mais doce.	Popular nas culinárias austríaca, alemã e húngara; pão de centeio, porco, repolho, sopas, guisados, alguns queijos, produtos assados, licor (*kümmel*).
CARDAMOMO	Fruto não maduro, seco; membro da família do gengibre; pequenas sementes em baga verde, preta ou branca, do tamanho do oxicoco; aroma forte; sabor doce, picante; disponível como bagas inteiras, sementes, ou moído.	*Curries*, produtos assados, picles.
PIMENTA-DE-CAIENA	Baga da fruta madura do *Capsicum frutescens*; vermelho-viva; forte; picante; disponível fresca ou desidratada, inteira ou moída.	Molhos, sopas, carne, peixe, aves.
SALSÃO	Sementes secas de um salsão selvagem (levístico); sabor forte; disponíveis inteiras ou moídas.	Saladas, *coleslaw*, molhos para salada, sopas, guisados, tomates, produtos assados.
CANELA	Córtex interno seco de uma árvore tropical; vermelho-amarronzada; disponível em paus ou moída.	Produtos assados, *curries*, molhos para sobremesas, bebidas, guisados.
CRAVO-DA-ÍNDIA	Flor seca, não aberta, da árvore tropical sempre-verde craveiro-da-índia; vermelho-amarronzado; forma de espigão; sabor doce, pungente; disponível inteiro ou moído.	Fundos, molhos, braseados, marinadas, *curries*, picles, sobremesas, produtos assados.

Especiarias secas – continuação

NOME(S)	DESCRIÇÃO	USOS CULINÁRIOS COMUNS
COENTRO	Fruto maduro e seco do coentro; sementes pequenas, bege-amarronzadas; sabor sem igual que lembra cítricos; disponível inteiro ou moído.	Popular nas culinárias asiática, indiana e do Oriente Médio; *curries*, recheios, picles, produtos assados.
COMINHO	Fruto seco de uma planta da família da salsa; sementes pequenas, em forma de lua crescente; três cores: âmbar, preto e branco; sabor amendoado, disponível inteira ou moída.	Popular nas culinárias indiana, mexicana e do Oriente Médio; *curries*, *chili*.
DILL	Fruto seco da erva *Anethum graveolens*; membro da família da salsa; sementes pequenas, bege; sabor forte, pungente; disponível inteiro.	Popular nas culinárias do norte e leste da Europa; picles, *sauerkraut*, queijos, pães, temperos para salada.
ERVA-DE-SANTA-MARIA	Erva, *Chenopodium ambrosioides*, com folhas pequenas, verdes; sabor e aroma pungentes; acalma o trato intestinal e evita gases; disponível seca ou fresca.	Popular nas culinárias mexicana e caribenha; *chili*, feijão, sopas, guisados.
ERVA-DOCE	Fruto maduro e seco da planta perene *Foeniculum vulgare*; sementes ovais, pequenas; verde-amarronzado suave; sabor e aroma de alcaçuz doce; disponível inteira ou moída.	Popular mistura de temperos das cozinhas mediterrânea, italiana, chinesa e escandinava; linguiças, peixes, frutos do mar, tomates, produtos assados, marinadas, licores.
FENO-GREGO	Bagas de semente de uma erva anual; sementes pequenas, achatadas, retangulares; amarelo-amarronzadas; sabor amargo e pungente, aroma que lembra feno; disponíveis inteiras ou moídas.	Popular na cozinha indiana; *curries*, carne, marinadas, aves, *chutneys*, misturas de especiarias, chás.
SASSAFRÁS	Folhas secas da canela-sassafrás; sabor lenhoso, semelhante à *root beer*;* disponíveis moídas.	Popular na culinária *creole*; gumbo.
GENGIBRE	Planta das regiões tropical e subtropical; raiz bege, cheia de nós; fibrosa; sabor doce, picante; aroma picante; disponível fresca, cristalizada, em picles ou moída.	Popular nas culinárias asiática e indiana; *curries*, braseados, produtos assados.
RAIZ-FORTE	Raiz grande, branca; membro da família da mostarda; sabor intenso, ácido; aroma pungente; fresca ou seca.	Molhos, condimentos, salada de ovos, batatas, beterrabas.

* Literalmente, cerveja de raiz. É uma bebida carbonatada feita, originalmente, com o sassafrás. (N. E.)

especiarias secas

NOME(S)	DESCRIÇÃO	USOS CULINÁRIOS COMUNS
ZIMBRO	Bagas pequenas, secas; azul-escuras; ligeiramente amargas; devem ser amassadas antes do uso, para soltar o sabor.	Marinadas, braseados, carnes/caça, *sauerkraut*, gim, licores, chás.
MACIS	Membrana que cobre a semente de noz-moscada; vermelho-vivo quando fresca; amarelo-alaranjada quando seca; forte sabor e aroma de noz-moscada; inteira ou moída.	Recheios, porco, peixe, espinafre e outros vegetais, picles, sobremesas, produtos assados.
MOSTARDA	Sementes de plantas da família do repolho; três tipos: a tradicional branca/amarela (menor; sabor menos pungente), marrom e preta (maior, pungente, sabor intenso); disponível inteira ou em pó.	Picles, carnes, molhos, queijo, ovos, mostarda preparada.
NOZ-MOSCADA	Grande semente de um fruto que cresce na sempre-verde tropical *Myristica fragrans*; forma de um pequeno ovo; marrom-escura; sabor e aroma doce, picante; disponível inteira ou moída.	Molhos, sopas, vitelo, frango, *aspics*, vegetais, sobremesas, produtos assados, *eggnog*.
PÁPRICA	Pimentões vermelhos secos e moídos; muitas variedades, a superior é a da Hungria; as cores vão do laranja-avermelhado ao vermelho-forte; sabor e aroma de suave a intenso; moída.	Popular na culinária húngara; braseados, guisados, gulaches, molhos, guarnições.
AÇAFRÃO	Pequenos estigmas secos das flores violeta da erva *Crocus sativus*; parecem fios de linha; amarelo-alaranjados; 14 mil estigmas para 28,4 g de açafrão; caro em virtude da mão de obra intensiva; disponível em pó ou em fiapos.	Popular na *paella*, *bouillabaisse* e *risotto alla milanese*, aves, peixes e frutos do mar, *pilafs* de arroz, molhos, sopas, produtos assados.
ANIS-ESTRELADO	Vagem de uma sempre-verde chinesa, membro da família da magnólia, com 8 a 12 pontas, seca; forma de estrela; marrom-escuro; sabor e aroma intensos de alcaçuz; disponível inteiro ou moído.	Popular em pratos asiáticos: porco, pato, produtos assados, chás, licores; deve ser usado com moderação.
AÇAFRÃO-DA-TERRA	Raiz seca da planta tropical *Curcuma longa*, da família do gengibre; forma semelhante à do gengibre; amarelo-brilhante; sabor picante intenso; em pó.	Popular nas culinárias indiana e do Oriente Médio; *curries*, molhos, mostarda, picles, arroz.

Especiarias secas – continuação

NOME(S)	DESCRIÇÃO	USOS CULINÁRIOS COMUNS
mistura de especiarias		
CHILI EM PÓ	Mistura de especiarias moídas à base de pimentas secas; pode incluir cominho, cravo-da-índia, coentro, alho e orégano; mais ou menos picante, conforme a variedade.	Popular nas culinárias do sudoeste dos Estados Unidos e mexicana; *chili*, *chili con carne*, sopas, guisados, molhos.
CINCO ESPECIARIAS CHINESAS	Mistura de especiarias em pó; partes iguais de pimenta Tsé-chuan, anis-estrelado, canela, cravos-da-índia e erva-doce; sabor e aroma pungentes.	Popular na culinária chinesa; carne, peixe, vegetais, marinadas, molhos.
CURRY	Mistura de especiarias moídas; pode incluir cardamomo, pimenta, canela, cravos-da-índia, coentro, cominho, sementes de erva-doce, feno-grego, macis, noz-moscada, pimenta vermelha e pimenta-do-reino, sementes de tulipa e gergelim, açafrão, tamarindo, açafrão-da-terra; o picante e a cor mudam conforme a variedade.	Popular na culinária indiana; carne, peixe e frutos do mar, vegetais, molhos, arroz, sopas.
GARAM MASALA	Mistura de especiarias secas assadas; muitas variações; pode incluir pimenta-do-reino, canela, cravos-da-índia, coentro, cominho, cardamomo, pimentas desidratadas, erva-doce, macis, noz-moscada; sabor e aroma quentes; inteiras ou moídas.	Popular na culinária indiana; peixe, cordeiro, porco, aves, couve-flor, batatas.
QUATRE ÉPICES	Expressão francesa que significa "quatro especiarias"; refere-se a diversas misturas de especiarias moídas; pode incluir pimenta-do-reino, pimenta-da-jamaica, gengibre, canela, cravos-da-índia, noz-moscada.	Guisados, sopas, vegetais.

sal e pimenta Apreciados há longo tempo por suas qualidades de preservação, tanto o sal (cloreto de sódio) como a pimenta-do-reino foram valorizados por séculos. Entretanto, com a refrigeração que usamos hoje, eles se tornaram menos importantes como preservadores.

Disponível de muitas formas, o sal é um mineral precioso que pode ser obtido de duas diferentes fontes e processos: ou é retirado de minas subterrâneas, ou da água do mar evaporada. Sem preocupações quanto a sua durabilidade, o sal deve ser armazenado em lugar seco. Quando o tempo está úmido, pode encaroçar. Para evitar isso, misture ao sal alguns grãos de arroz.

Os grãos de pimenta-do-reino são bagas de árvores que crescem nas regiões tropicais, em todo o mundo. O tipo e o sabor do grão de pimenta dependem da época em que é colhido. Os grãos inteiros retêm o sabor quase indefinidamente, mas devem ser amassados ou moídos para que o liberem.

Sal e pimenta

TIPO	DESCRIÇÃO	USOS CULINÁRIOS COMUNS
sal		
CURA	93,75% de sal de mesa, 6,25% de nitrato de sódio; tingido de cor-de-rosa para diferenciá-lo de outros sais.	Curar carnes e peixes.
KOSHER	Cristais grossos e irregulares; sem iodo; desenvolvido para o preparo de carnes kosher; muitos o preferem ao sal de mesa.	Realçador de sabor de múltiplas finalidades; em culinária, enlatados e picles.
IODADO	Sal de mesa fortificado com iodo, suplemento nutritivo para regular a tiroide; pode comunicar um gosto amargo e reagir com certos alimentos.	Realçador de sabor de múltiplas finalidades.
GLUTAMATO MONOSSÓDICO	Aditivo dos alimentos; deriva do ácido glutâmico; intensifica o sabor de alimentos salgados.	Realçador de sabor popular na culinária asiática; usado em muitos alimentos processados.
PICLES/ENLATADOS	Semelhante ao sal de mesa; não contém aditivos; encaroça quando exposto à umidade; fornece sabor puro e torna claro o líquido usado nos picles e enlatados.	Para picles, enlatados, como substituto do sal de mesa e realçador de sabor.
SAL GROSSO	Grãos picados grosseiramente; barato.	Usado com peixes e frangos assados; serve de "cama" para frutos do mar.
SAL LIGHT	Parte ou todo o cloreto de sódio é substituído por cloreto de potássio.	Culinária com restrições ao sal; substituto para o sal de mesa como realçador de sabor.

Sal e pimenta – continuação

TIPO	DESCRIÇÃO	USOS CULINÁRIOS COMUNS
MARINHO	Sal fino, retirado da água do mar evaporada; contém traços de minerais; sabor intenso; disponível em grãos finos e cristais maiores.	Realçador de sabor e textura; não utilize para picles, enlatados ou assados.
TEMPERADO	Sal de mesa combinado com outros aditivos de sabor.	Realçador de sabor para preparações específicas.
SAL DE MESA	Cloreto de sódio; duas variedades: com ou sem iodo; contém silicato de cálcio que lhe é adicionado para evitar que encaroce, e dextrose para estabilizá-lo.	Realçador de sabor com múltiplas finalidades.

pimenta

TIPO	DESCRIÇÃO	USOS CULINÁRIOS COMUNS
PIMENTA-DO-REINO PRETA	Bagas secas, escuras, enrugadas; colhidas verdes e secadas posteriormente; sabor forte, picante; é a mais comum das pimentas; duas variedades: *tellicherry* e *lampong*; disponível em grãos inteiros, moídos grosseiramente, ou em pó.	Realçador de sabor de múltiplas finalidades; para curar, picles, *sachet d'épices*.
PIMENTA-VERDE	Bagas macias, não maduras; sabor suave, levemente azedo; semelhante a alcaparras; disponível congelada a vácuo ou conservada em vinagre ou salmoura.	Realçador de sabor, tempero.
PIMENTA-ROSA	Baga seca da aroeirinha; cor-de-rosa; pungente; levemente adocicada; cara; disponível congelada a vácuo ou conservada em salmoura ou água.	Tempero de pratos de carne e peixe, molhos.
PIMENTA SICHUAN / PIMENTA CHINESA	Baga seca da tamanqueira; parece-se com a pimenta-do-reino; contém uma pequena semente; sabor quente, picante; disponível inteira ou em pó.	Popular na culinária chinesa das províncias Sichuan e Hunan.
PIMENTA-DO-REINO BRANCA	Grão maduro com a pele externa removida; cor bege; sabor suave; disponível como grãos inteiros, moída grosseiramente ou em pó.	Tempero de molhos e alimentos de cor clara.

açúcares e adoçantes

açúcares e adoçantes Houve um tempo em que o açúcar era símbolo de riqueza e prosperidade; hoje, é largamente usado em todas as áreas da cozinha profissional. É extraído de plantas (beterraba-sacarina e cana-de-açúcar) e refinado da maneira desejada. A maior parte das variedades de xarope, como bordo, milho, melaço e mel, também deriva de plantas. A intensidade de sabor dos açúcares em geral corresponde à cor – quanto mais escuro o açúcar ou xarope, mais concentrado o sabor.

O açúcar refinado é responsável pelo processo de caramelização, pelo equilíbrio da acidez dos alimentos, e contribui para a aparência, sabor e viscosidade de glacês, molhos e marinadas. Na padaria, o açúcar adiciona doçura, retém a umidade, prolonga o frescor e a vida de prateleira, ajuda no processo de preparar cremes e confere cor e sabor a crostas. Selecionar o adoçante apropriado ajuda a obter o produto final desejado.

MELAÇO   **MEL**   **XAROPE DE MILHO *LIGHT***

AÇÚCAR DE BORDO   **AÇÚCAR DEMERARA**   **AÇÚCAR MASCAVO**

TURBINADO*   **AÇÚCAR CRISTAL**   **TORRÕES DE AÇÚCAR**

AÇÚCAR GRANULADO   **AÇÚCAR REFINADO**   **AÇÚCAR DE CONFEITEIRO**

* É feito aplicando-se vapor ao açúcar não refinado. (N. E.)

capítulo 10 » IDENTIFICAÇÃO DE PRODUTOS SECOS

Açúcares e adoçantes

TIPO	DESCRIÇÃO	USOS CULINÁRIOS COMUNS
açúcares e adoçantes		
ADOÇANTES ARTIFICIAIS	Substitutos do açúcar; valores não nutritivos; alguns exemplos são o aspartame, o acesulfame-K, a sacarina e a sucralose.	Substitutos do açúcar; não podem ser usados em todas as aplicações de cozimento e assados.
MASCAVO	Açúcar não refinado, granulado, ainda com algumas impurezas ou adicionado de melaço; mais ou menos úmido; escuro; grãos finos; sabor intenso (melaço).	Assados, confeitaria, molhos, em pratos salgados; grãos finos usados para substituir o demerara.
AÇÚCAR DE CONFEITEIRO	Açúcar puro refinado; branco; pó fino; pode ser adicionada quantidade mínima de amido de milho para evitar que encaroce, ou apresentar-se puro.	Assados, confeitaria, glacês, doces, guarnições decorativas.
AÇÚCAR COMUM	Puro; açúcar de cana ou de beterraba refinado; branco; pequenos grânulos; disponível em várias formas: cristal (para decoração), superfino, cubos, tabletes.	Assados, confeitaria, molhos, em pratos salgados.
BORDO	Seiva do bordo; o líquido é fervido até perto da evaporação; mais doce do que o açúcar granulado.	Assados, aditivo doce a cereais, iogurte, café, chá.
PILONCILLO	Açúcar não refinado, comprimido, duro, do México; marrom de médio a escuro; em forma de cone; cones de 21,3 g a 255,2 g; duas variedades: *blanco* (mais claro) e *oscuro* (mais escuro).	Substituto do açúcar mascavo.
JAGGERY*	Açúcar não refinado da seiva da palmeira ou da cana-de-açúcar; escuro; disponível em muitas formas; duas das mais populares são: macio/pasta e sólido; grãos moídos grosseiramente.	Popular na culinária indiana; pasta para pães; assados, doces, aditivo doce.
BRUTOS	Resíduo purificado da cana-de-açúcar. Muitas variedades: demerara (açúcar cristal com resíduo de melado; grãos grossos); Barbados; mascavado** (úmido, escuro, grãos de textura fina); turbinado (impurezas retiradas com vapor, marrom-claro, grãos grossos).	Grãos grossos: apropriados para decoração e como aditivo doce. Grãos finos: usados como substituto do açúcar refinado comum.

* Trata-se do tradicional açúcar não refinado usado em todo o sul e sudeste da Ásia, originalmente feito com a seiva doce da palmeira-de-palmira ou da tamareira, e hoje também feito com a seiva do sagu e do coqueiro. (N. E.)
** Açúcar mascavo sem nenhum processo de refinamento. (N. E.)

açúcares e adoçantes

TIPO	DESCRIÇÃO	USOS CULINÁRIOS COMUNS
CANA-DE-AÇÚCAR	Fonte do açúcar; membro da família das gramíneas; o açúcar é obtido pela fervura de seu caldo, disponível em hastes; menos doce do que o açúcar granulado.	Aperitivos, guarnição.

xarope

TIPO	DESCRIÇÃO	USOS CULINÁRIOS COMUNS
MILHO	Açúcar liquefeito criado pelo processamento do amido de milho: três variedades: *light* (clarificado para remover a cor), escuro (cor adicionada, sabor caramelo) e alta frutose; menos doce do que o açúcar granulado; quanto mais escuro o xarope, mais intenso o sabor; inibe a cristalização.	Assados, confeitaria, doces, balas, pasta para passar nos alimentos.
AROMATIZADO	Açúcar ou outro xarope com aroma adicionado; as variedades de sabor incluem frutas, frutos secos, especiarias, chocolate, caramelo.	Assados, confeitaria, pratos salgados, bebidas.
MEL	Líquido grosso e doce produzido pelas abelhas a partir do néctar das flores; amarelo-claro a marrom-escuro; o sabor se intensifica à medida que a cor escurece; inúmeras variedades; os nomes variam de acordo com flores específicas; disponível em favos, em pedaços, líquido, batido.	Assados, confeitaria, pratos salgados, bebidas, pastas para passar nos alimentos.
BORDO	Seiva do bordo fervida; marrom-dourado; sabor único. Disponível nas variedades A e B. A é mais refinado que B.	Acompanhamento de panquecas, *waffles* e torradas; assados, confeitaria, doces, pratos salgados.
MELAÇO	Subproduto líquido da refinação do açúcar; três variedades: claro (primeira fervura), escuro (segunda fervura) e residual (terceira fervura, o mais escuro e mais grosso); o sabor e o aroma se intensificam à medida que a cor escurece.	Acompanhamento para panquecas, *waffles* e torradas; assados, confeitaria, pratos salgados.

açúcares e adoçantes – continuação

PALITOS DE CANA-DE-AÇÚCAR

PILONCILLO

JAGGERY

PEDAÇOS DE CANA-DE AÇÚCAR

AÇÚCAR DE PALMEIRA

gorduras e óleos

São inúmeras as aplicações para gorduras e óleos na cozinha profissional e na padaria. A gordura proporciona sabor rico, textura sedosa e aroma agradável. Também desempenha grande quantidade de funções químicas, como amaciar, estufar, ajudar a reter umidade e criar texturas flocosas ou crocantes. As gorduras e os óleos atuam como isolantes para o alimento, transferindo-lhe calor, impedindo que grudem, emulsificando ou engrossando molhos, e criando texturas crocantes quando usadas para fritar.

Embora sejam semelhantes em vários aspectos, a gordura é sólida à temperatura ambiente e o óleo é liquefeito. Os óleos são produzidos prensando-se alimentos de alto conteúdo lipídico, como azeitonas, frutas secas, milho ou soja. O líquido é, então, filtrado, clarificado ou hidrogenado para produzir óleo ou gordura.

O uso apropriado da gordura ou do óleo é determinado por seu ponto de fumaça. Por exemplo, quanto mais alto o ponto de fumaça, mais adequado é para fritar, porque pode suportar temperaturas mais altas.

Gorduras e óleos

TIPO	DESCRIÇÃO	USOS CULINÁRIOS COMUNS
gorduras		
MANTEIGA, INTEGRAL	Gordura sólida obtida do leite batido; 80% gordura do leite, 20% água e sólidos do leite; a qualidade baseia-se no sabor, corpo, textura, cor e sal; classificação: AA (a melhor), A, B, C.	Cozinhar, assar, em pastelaria, molhos, manteigas aromatizadas. (Ponto de fumaça: 177 °C)
MANTEIGA CLARIFICADA/ *GHEE*	Gordura da manteiga purificada; manteiga sem sal, sem os sólidos do leite; tem vida de prateleira mais longa do que a manteiga; alto ponto de fumaça.	*Roux*, molhos de manteiga quentes, culinária indiana. (Ponto de fumaça: 252 °C)
GORDURAS PARA FRITAR	Líquidas ou maleáveis à temperatura ambiente; óleos ou gorduras misturadas; baseadas em óleos de milho ou amendoim processados; alto ponto de fumaça; longa vida útil.	Fritura por imersão. (Ponto de fumaça varia)
BANHA	Sólida; gordura de porco clarificada; sabor suave se processada; alto conteúdo de gorduras saturadas; alto ponto de fumaça.	Fritar, assar, em pastelaria. (Ponto de fumaça: 188 °C)
GORDURA HIDROGENADA	Sólida; feita de óleos vegetais, pode conter gordura animal; óleo líquido quimicamente transformado por meio de hidrogenação; sem sabor; baixo ponto de fumaça.	Fritura por imersão (Ponto de fumaça: 182 °C)
óleos		
CANOLA/ ÓLEO DE COLZA	Leve; dourado; semelhante ao óleo de açafroa; baixo conteúdo de gorduras saturadas; extraído da colza; sabor suave.	Cozinhar, tempero para saladas. (Ponto de fumaça: 204 °C)
COCO	Pesado; quase sem cor; alto conteúdo de gorduras saturadas; extraído da polpa do coco seco.	Produtos comerciais embalados, mistura de óleos. (Ponto de fumaça: 177 °C)

Gorduras e óleos – continuação

TIPO	DESCRIÇÃO	USOS CULINÁRIOS COMUNS
MILHO	Óleo refinado; sem cheiro; cor amarela média; sabor brando; alto ponto de fumaça.	Fritura por imersão, molhos para salada comerciais, margarina. (Ponto de fumaça: 232 °C)
ALGODÃO	Pesado; amarelo muito leve; extraído das sementes da planta de algodão.	Combinado com outros óleos para produzir óleos vegetais e para cozinhar, molhos para saladas, margarina, produtos comerciais. (Ponto de fumaça: 216 °C)
ÓLEO DE SEMENTE DE UVA	Leve; cor pálida; sabor neutro; alto ponto de fumaça.	Saltear, fritar, temperos para saladas. (Ponto de fumaça: 252 °C)
AZEITE DE OLIVA	A viscosidade varia; amarelo-claro a verde-escuro (depende do tipo de azeitona e do processamento); a qualidade é baseada no nível de acidez (o melhor é o extravirgem); duas categorias distintas: virgem e misturado; ponto de fumaça de baixo a alto.	Comum na culinária do Mediterrâneo; cozimento em fogo baixo ou alto, dependendo do tipo de processamento; marinadas, molhos para saladas. (Ponto de fumaça: 191 °C – 241 °C)
ÓLEO EM *SPRAY*	Óleos vegetais leves; misturados; embalados em bombas ou *sprays* aerosol; os tipos incluem óleo vegetal, azeite de oliva e sabor de manteiga.	Camada leve para frigideiras e chapas.
AMENDOIM	Leve; refinado; amarelo-claro a pálido; aroma e sabor sutis; as variedades menos refinadas têm aroma e sabor mais fortes; alto ponto de fumaça.	Fritura por imersão, *stir-frying*, molhos para saladas comerciais, margarina. (Ponto de fumaça: 232 °C)
AÇAFRÃO	Leve; refinado; sem cor; sem sabor; extraído das sementes de açafrão-bastardo; alto ponto de fumaça.	Fritura por imersão, molhos para saladas. (Ponto de fumaça: 266 °C)
SALADA	Óleos vegetais mesclados; sabor sutil.	Molhos de salada; maionese. (Ponto de fumaça: varia)
GERGELIM	Dois tipos: um é leve e suave com sabor amendoado, o outro é escuro com sabor e aroma mais fortes; extraído das sementes de gergelim; ponto de fumaça de baixo a alto.	Fritar, saltear, molho para saladas, aditivo de sabor. (Ponto de fumaça: 177 °C – 210 °C)
SOJA	Pesado; amarelo-claro; sabor e aroma pronunciados; alto ponto de fumaça.	Comum na culinária chinesa; *stir-frying*, margarina comercial. (Ponto de fumaça: 232 °C)

gorduras e óleos

TIPO	DESCRIÇÃO	USOS CULINÁRIOS COMUNS
GIRASSOL	Leve; amarelo-pálido; sabor sutil; baixo conteúdo de gorduras saturadas; extraído das sementes de girassol; baixo ponto de fumaça.	Múltiplas finalidades de cozimento, molhos para saladas. (Ponto de fumaça: 227 °C)
VEGETAL	Leve; refinado; óleos vegetais misturados; sabor e aroma suaves; alto ponto de fumaça.	Múltiplas finalidades de cozimento, fritura por imersão, assados. (Ponto de fumaça varia)
NOZES	Leve; amarelo-pálido a médio; não refinado; sabor e aroma delicadamente amendoados; altamente perecível; mantenha na geladeira para evitar o ranço.	Aditivo de sabor em molhos para saladas, pratos de carne, macarrão, sobremesas; melhor se for usado cru. (Ponto de fumaça: 160 °C)

produtos secos diversos

CHOCOLATE

O chocolate é feito de cacau, que cresce em uma vagem do cacaueiro. Para os antigos astecas, o cacau, além de servir para produzir bebidas e como ingrediente de vários molhos, era usado como moeda. Hoje, o chocolate é encontrado em vários doces, inclusive bolos, balas e outras sobremesas, embora também seja usado em pratos principais salgados, como *mole poblano*, uma receita de peru de origem mexicana.

O processo de extração do chocolate é prolongado e passou por muitos refinamentos desde os dias dos astecas. O primeiro estágio envolve amassar as amêndoas até obter uma pasta; a essa altura não tem qualquer doçura e é chamado licor de chocolate. O licor é, então, moído para conferir uma textura mais lisa, mais fina, e podem ser acrescentados adoçantes e outros ingredientes. O licor pode ser prensado, extraindo-se, então, a manteiga de cacau. Os sólidos que sobram são moídos para se obter o pó de cacau. A manteiga de cacau pode ser combinada com o licor de chocolate para fazer chocolate comestível, ou pode ser aromatizada e adoçada para fazer chocolate branco: também tem numerosos usos farmacêuticos e cosméticos.

O chocolate deve ser armazenado, bem embrulhado, em uma área fresca, seca e ventilada. Não deve ser guardado na geladeira, pois isso pode fazer a umidade se condensar sobre sua superfície. Algumas vezes, o chocolate armazenado cria uma camada branca, o que só indica que um pouco da manteiga de cacau se derreteu e depois se recristalizou na superfície. O chocolate com essa camada ainda pode ser usado com segurança. O cacau em pó deve ser armazenado em recipientes hermeticamente fechados, em local seco. Mantém-se quase indefinidamente.

VINAGRES E CONDIMENTOS

Os vinagres e a maior parte dos condimentos são usados para introduzir sabores ácidos, picantes, doces ou quentes nos alimentos. Podem ser usados como ingredientes ou servidos à parte, para que cada conviva o adicione a gosto. Uma cozinha bem estocada deve incluir uma gama inteira de vinagres, mostardas, *relishes*, picles, azeitonas, geleias e outros condimentos. De modo geral, os vinagres e condimentos devem ser armazenados da mesma maneira que os óleos e gorduras.

EXTRATOS

O chef usa grande variedade de extratos aromatizantes para cozinhar e assar. Ervas aromáticas, especiarias, frutos secos e frutas são usados para preparar extratos à base de álcool. São comuns os sabores baunilha, limão, hortelã e amêndoa. Os extratos podem perder força ao entrar em contato com o ar, o calor ou a luz. Para preservar o sabor, armazene os extratos em jarros escuros com tampa hermética, ou em garrafas, longe do calor ou da luz direta.

FERMENTOS

Os fermentos são usados para conferir uma textura leve e arejada aos alimentos. Os fermentos químicos, como o bicarbonato de sódio e o fermento em pó (uma combinação de bicarbonato de sódio, cremor de tártaro e talco), funcionam com rapidez. O fermento em pó, em geral, atua duplamente; a primeira reação ocorre em presença da umidade, quando se adicionam líquidos a ingredientes secos, e a segunda ocorre na presença do calor, enquanto o prato assa no forno.

O fermento biológico (leveduras) faz que os alimentos aumentem pelo processo de fermentação, que produz álcool e dióxido de carbono. O gás produzido fica preso na massa, criando vários pequenos orifícios, e o álcool se evapora quando assa.

Para que durem por períodos prolongados, os fermentos químicos devem ser mantidos perfeitamente secos. Já o fermento biológico fresco tem vida de prateleira curta; dura apenas algumas semanas, se for conservado na geladeira.

ESPESSANTES

Os espessantes são usados para conferir certa viscosidade aos líquidos. O processo de formar uma emulsão é um jeito de engrossar um líquido, assim como o processo de redução. Além disso, vários espessantes podem ser usados. Entre eles estão a araruta, a maisena, as folhas de canela-de-sassafrás e a gelatina.

CAFÉ, CHÁ E OUTRAS BEBIDAS

Uma boa xícara de café ou de chá é, muitas vezes, a chave para a reputação de um restaurante. O chef deve identificar as marcas e misturas que melhor se combinem com as necessidades específicas do estabelecimento. Embora algumas operações prefiram selecionar grãos de café inteiros, outras podem servir-se melhor comprando café pré-moído, em porções, embalado a vácuo. Muitos restaurantes servem café descafeinado, e outros oferecem *espresso* e *cappuccino*, tanto o normal como o descafeinado.

Há inúmeras variedades de chá, inclusive o chá preto, o chá verde e os chás de ervas. A maior parte delas são misturas e estão disponíveis em sachês individuais ou a granel.

Embora o chá e o café, em geral, se mantenham bem, perderão muito do sabor se armazenados por longo tempo ou em condições inadequadas. Os grãos inteiros ou recipientes abertos de café moído devem ser mantidos em local fresco (idealmente na geladeira); os chás devem ficar em áreas frescas, secas, longe da luz e da umidade.

Misturas preparadas (bebidas de frutas em pó ou misturas de cacau, por exemplo) também devem ser mantidas longe da umidade. Os sucos congelados e outras bebidas devem permanecer solidamente congelados até que sejam necessários. Os sucos em lata devem ser mantidos em local seco. Lembre-se de girar o estoque e verifique todas as latas, caixas e outros recipientes para certificar-se de que não há vazamentos, inchaços ou mofo nas embalagens.

VINHOS, APERITIVOS (CORDIAIS) E LICORES

Uma regra geral para selecionar vinhos, cordiais e licores para cozinhar ou assar é: se não é bom para beber, não é bom para cozinhar.

É comum o uso, na cozinha, de *brandies* e conhaques, champanhe, vinhos secos tintos e brancos, Porto, Sauternes, *sherry*, cervejas pretas, cervejas e vermutes, secos e doces. Para assar, o chef deve ter à mão *bourbon*, *crème* de cassis, *brandies* de frutas, gim, Kahlúa, rum e uísque escocês. Compre vinhos e cordiais de preço razoável e de boa qualidade. Os vinhos de mesa (Burgundies, Chablis e Chardonnays, por exemplo) perdem o sabor e se acidificam depois de abertos, especialmente quando submetidos ao calor, à luz e ao ar. Para preservar o sabor, mantenha-os em garrafas fechadas ou garrafas com dosadores, e guarde-os na geladeira quando não precisar deles. Os vinhos fortificados (Madeiras, *sherries* e Portos, por exemplo) são mais estáveis do que os de mesa e podem ser armazenados em local seco. O mesmo se aplica a cordiais, conhaques e licores.

func

caldos, molhos e sopas

PARTE 3

mise en place para fundos, molhos e sopas

A boa cozinha é resultado do cuidadoso desenvolvimento do melhor sabor possível e da textura mais perfeita em cada prato. O sabor básico e as combinações aromáticas constituem a base do sabor; os espessantes contribuem para uma sensação rica e sedosa na boca; e as *liaisons* emprestam corpo a fundos, molhos e sopas.

CAPÍTULO 11

O *bouquet garni*, o *sachet d'épices* e a cebola *brûlé* são três preparações aromáticas solicitadas a todo momento pelas receitas. Essas combinações de vegetais, ervas aromáticas e especiarias têm a finalidade de sublinhar e sustentar os sabores de um prato. Acrescentam sabor a fundos, molhos e sopas, imprimindo suavemente seu aroma no líquido.

bouquets, sachets, e cebola *brûlé*

Essas preparações aromáticas são adicionadas durante o processo de cocção. Os *bouquets* e *sachets* são, costumeiramente, amarrados juntos para que possam ser retirados com facilidade depois que a quantidade de sabor desejada tenha sido extraída, mesmo antes que todos os ingredientes do prato tenham terminado de cozinhar.

O *bouquet garni* é feito de ervas e vegetais frescos, amarrados juntos. Caso se use um alho-poró para embrulhar os outros ingredientes do *bouquet garni*, ele deve ser bem lavado antes. Corte um pedaço de barbante longo o bastante para que sobre o tanto suficiente para prender o *bouquet* ao cabo da panela. Isso facilita retirar o *bouquet* quando for a hora.

O *sachet* contém ingredientes como grãos de pimenta-do-reino, outras especiarias e ervas. Os temperos são, muitas vezes, amarrados em um saquinho de musselina, nas receitas que não são coadas depois de cozidas. Pode-se usar um *sachet* "solto" – constituído apenas das ervas e especiarias adicionadas diretamente a uma receita, sem amarrar – quando os ingredientes serão coados depois que o prato estiver pronto. O *bouquet* ou *sachet* padrão pode ser modificado um pouco (acrescente um pedaço de cenoura ou um dente de alho) ou muito (use cardamomo, gengibre ou canela) para produzir efeitos diferentes. O *sachet* infunde sabor no líquido, do mesmo modo que o saquinho de chá é usado para preparar uma xícara de chá.

Para uma quantidade pequena (menos que 3,84 ℓ), adicione o *sachet* ou *bouquet* nos últimos quinze a trinta minutos. Para quantidades maiores, acrescente-os uma hora antes do final do cozimento. Consulte receitas específicas para orientar-se melhor. Quando você adicionar um *bouquet* ou *sachet* a um fundo ou sopa, experimente o prato antes e depois de acrescentá-lo, para sentir seu efeito sobre o perfil de sabor do prato. Se os produtos aromáticos foram combinados seguindo uma receita básica e ficaram tempo suficiente para infundir seus aromas ao prato, este deve estar aromatizado, mas seu sabor não estará sufocado por eles.

A cebola *brûlé* (cebola queimada) e o *oignon piqué* (cebola furada ou perfurada) são ingredientes aromatizantes baseados em cebolas inteiras, divididas ao meio ou cortadas em quatro. A cebola *brûlé* é feita da seguinte maneira: descasca-se a cebola, corta-se ao meio e tostam-se as superfícies cortadas em uma panela seca. É usada em alguns fundos e *consommés* para lhes conferir uma cor marrom-dourada. A cebola *piqué* é preparada introduzindo-se alguns cravos-da-índia inteiros e uma folha de louro numa cebola. É usada para aromatizar o molho *béchamel* e algumas sopas.

BOUQUET GARNI E SACHET D'ÉPICES

Bouquet garni padrão
(1 bouquet, para aromatizar 3,84 ℓ de líquido)

1 galho de tomilho

3 ou 4 ramos de salsa

1 folha de louro

2 ou 3 folhas de alho-poró e/ou 1 talo de salsão, cortado ao meio no sentido da largura

1 cenoura cortada ao meio no sentido da largura (opcional)

Sachet d'épices padrão
(1 sachet, para aromatizar 3,84 ℓ de líquido)

3 ou 4 ramos de salsa

1 galho de tomilho ou 1 colher (chá)/ 2 g de tomilho desidratado

1 folha de louro

1 colher (chá)/2 g de pimenta-do- -reino picada grosseiramente

1 dente de alho (opcional)

Ingredientes para um *bouquet garni* padrão

O *bouquet garni* terminado

Ingredientes para o *sachet d'épices* padrão

O *sachet d'épices* terminado

bouquets, sachets e cebola brûlé

capítulo 11 » *MISE EN PLACE* PARA FUNDOS, MOLHOS E SOPAS

Mirepoix é o nome francês dado a uma combinação de cebolas, cenouras e salsão, mas não é o único arranjo desse tipo, mesmo conforme o repertório culinário francês. O mirepoix e as combinações de vegetais aromáticos semelhantes servem para conferir um sabor subjacente sutil, mas agradável, sustentando e melhorando o sabor do prato pronto.

mirepoix

Entre os ingredientes geralmente chamados *aromáticos*, estão cebolas, cenouras, salsão (o comum e o aipo-rábano), alhos-porós, pastinacas, alho, tomates, chalotas, cogumelos, pimentas e gengibre. Eles podem ser combinados de várias maneiras, de acordo com o que for ditado pela culinária e pelo próprio prato. Mesmo quando usados em quantidades relativamente pequenas, os ingredientes aromáticos contribuem significativamente para o sabor. Por exemplo, 454 g de *mirepoix* são suficientes para aromatizar 3,84 ℓ de fundo, sopa, molho, guisado, braseado ou marinada.

Para obter o melhor sabor do *mirepoix* e de preparações semelhantes, em primeiro lugar lave bem e apare os vegetais. A casca da cebola dará ao líquido um tom alaranjado ou amarelo, o que pode não ser desejável: portanto, determine antes se deve ou não descascar as cebolas. Escovar bem, mas não descascar, cenouras e pastinacas, pode reduzir o tempo de preparação. No entanto, alguns chefs descascam todos os vegetais, baseando-se na premissa de que o sabor é extraído para o prato com maior facilidade; outros os descascam apenas quando não são coados e são retirados do prato pronto.

Independentemente de os vegetais serem ou não descascados, corte-os em pedaços de tamanho relativamente uniforme, com as dimensões de acordo com o tempo de cozimento. Quanto mais curto for o cozimento, menor e mais fino o corte; quanto mais longo o tempo, maior e mais grosso o corte. Devem ser pedaços grandes para pratos de cozimento prolongado, como assados de panela ou fundo escuro de vitelo. Corte o *mirepoix* em pedaços pequenos, ou em fatias, para uso em marinadas cruas, em molhos feitos com o suco de carne e vegetais que correm para o fundo da panela, e pratos que cozinham em até três horas. Fatie o *mirepoix* bem fino para *fumets* e fundos que cozinham em menos de uma hora.

O *mirepoix* vai acrescentar um aroma distinto ao prato, mesmo se os vegetais cortados forem simplesmente adicionados a uma panela de água fervente. Refogá-los, abafá-los, assá-los ou dourá-los na gordura vai mudar significativamente seu sabor. Comece refogando as cebolas em gordura suficiente para revestir o fundo da panela e as cebolas em si; depois, acrescente as cenouras e, finalmente, o salsão. Para fundos claros ou sopas-creme, geralmente deve-se cozinhar o *mirepoix* em gordura em fogo baixo até começar a desprender sua umidade natural, o que é conhecido como suar. Quando a panela fica tampada enquanto os aromáticos suam, a técnica é conhecida como abafamento. *Pinçage* é a técnica conhecida derivada da palavra francesa *pincer* (endurecer ou beliscar) – o termo descreve o que acontece com o tomate enquanto cozinha em gordura quente. Para a *pinçage*, adicione o extrato de tomate ou outro produto de tomate ao *mirepoix* já escurecido e cozinhe até que ele fique marrom ferrugem.

MIREPOIX PADRÃO

MIREPOIX BRANCO

mirepoix

» receita básica

Mirepoix padrão
(454 g)

227 g de cebola

113 g de cenoura

113 g de salsão

Nota: A proporção é 2 partes de cebola para 1 parte de salsão e 1 parte de cenoura.

Mirepoix branco
(454 g)

113 g de cebola

113 g de salsão ou aipo-rábano

113 g de pastinaca

113 g de alho-poró

Nota: A proporção é a mesma para cebola, salsão, pastinaca e alho-poró.

Aromáticos asiáticos
(567 g)

227 g de alho

227 g de gengibre

113 g de cebolinha

Nota: A proporção é de 2 partes de gengibre para 2 partes de alho e 1 parte de cebolinha.

Trindade *cajun*
(454 g)

227 g de cebola

113 g de salsão

113 g de pimentão

Nota: A proporção é de 2 partes de cebola para 1 parte de salsão e 1 parte de pimentão.

Matignon
(369 g)

85 g de *bacon*

113 g de cebola

113 g de cenoura

57 g de salsão

1 galho de tomilho

1 folha de louro

método rápido »

1. Doure as cebolas e as cenouras.
2. Adicione o salsão e cozinhe até ficar macio.
3. Para *pinçage*, acrescente extrato de tomate e doure.

dicas do especialista «

Mirepoix padrão é usado para aromatizar diversos tipos de fundos e sopas. Extrato ou purê de tomate costuma ser acrescentado para dar cor e aroma a fundos escuros, molhos de carne, guisados ou sopas.

Mirepoix branco é usado para aromatizar fundos claros e sopas que devem ter sabor suave e/ou cor marfim claro ou branca.

Aromáticos asiáticos são usados em salteados estilo asiático (*stir-fry* – feitos no *wok* ou na *sauteuse* grande com gordura quente), sopas e molhos. Cozinhe os aromáticos só até eles começarem a liberar seus aromas, uma vez que podem queimar com facilidade.

Trindade *cajun* é usada em muitos pratos *creole* e *cajun* da Luisiana, como o gumbo. Seu uso varia bastante de região para região e de acordo com receitas tradicionais.

Matignon é chamado às vezes de *mirepoix* comestível, e é usado para guarnecer um prato ou para aromatizá-lo. Costuma incluir cebolas, cenouras, salsão e *bacon* cortados em cubos pequenos. Também podem ser acrescentados cogumelos, ervas aromáticas e especiarias. Refogue o *bacon* antes de acrescentar os demais ingredientes e cozinhe até estarem macios. Use de acordo com a receita.

método detalhado »

1. **Adicione o salsão** assim que a cebola e as cenouras estiverem douradas. Comece cozinhando as cebolas e os alhos-porós em gordura suficiente para revestir o fundo da panela e os vegetais, depois acrescente as cenouras e, finalmente, o salsão.

2. **Junte o extrato de tomate** depois que o salsão ficar macio e a cor mais pronunciada. O extrato ou purê de tomate é, frequentemente, acrescentado ao *mirepoix* para adicionar sabor e cor. Adicione-o, se for necessário, assim que os ingredientes do *mirepoix* estiverem semicozidos.

258 FUNDOS, MOLHOS E SOPAS

3. Cozinhe cuidadosamente até que fique marrom-escuro para completar o *pinçage*; cozinhe o extrato de tomate até que ele fique marrom ferrugem e exale um aroma adocicado.

mirepoix

O *roux* ENGROSSA MOLHOS, SOPAS E GUISADOS, E EMPRESTA A ESSES PRATOS UM SABOR ESPECIAL. COZINHAR FARINHA EM GORDURA DESATIVA UMA ENZIMA QUE, SE NÃO FOR DESTRUÍDA PELO CALOR FORTE, INTERFERE NA HABILIDADE DE ESPESSAR DESSE INGREDIENTE. COZINHAR A FARINHA TAMBÉM MUDA O GOSTO DO CEREAL CRU PARA UM SABOR TOSTADO OU AMENDOADO. QUANTO MAIS O *ROUX* FOR COZIDO, MAIS PRONUNCIADOS SE TORNAM O SABOR E A COR.

roux

Além de melhorar o sabor e a cor da farinha, também ajuda a impedir que o amido da farinha forme longas tiras ou grumos quando o *roux* for combinado a um líquido. É preciso ter em mente, entretanto, que o *roux* branco tem maior poder espessante do que o *roux* mais escuro, porque o cozimento rompe parte do amido da farinha, não podendo mais espessar. Portanto, quanto mais escuro o *roux*, menor poder espessante terá.

Embora outros espessantes estejam gradualmente suplantando o *roux* na cozinha americana por várias razões (inclusive o tempo de cozimento mais longo que requer para remover o gosto de farinha crua, e porque cria um molho mais pesado), ele ainda é amplamente usado, talvez por causa de sua origem culinária europeia e suas muitas vantagens. Além de engrossar o prato, se for escuro o *roux* muda a cor de um molho e lhe empresta um sabor amendoado/tostado. Também, o *roux* escuro é particularmente importante nas culinárias *creole* e *cajun*, pois confere a gumbos e guisados um caráter único. Outra vantagem de usar o *roux* é que os amidos presentes na farinha não se rompem tão facilmente como alguns outros, criando um molho mais estável.

O *roux* pode ser preparado com qualquer tipo de farinha de trigo branca. Entretanto, a ideal é a farinha comum, em virtude de seu conteúdo de amido. A proporção amido para proteína varia com as farinhas. A farinha para bolos, por exemplo, contém maior proporção de amido para proteína do que a farinha para pão e, portanto, um *roux* com farinha para bolos tem maior poder espessante do que um com farinha de pão. O poder espessante da farinha comum fica entre as duas. Os *roux*s apresentados neste livro foram testados usando farinha comum.

A manteiga clarificada é a gordura mais comum utilizada no *roux*, mas podem-se usar também manteiga integral, óleos vegetais, gordura de frango ou outras gorduras derretidas. Cada gordura terá influência diferente sobre o sabor do prato pronto.

Aqueça a gordura em fogo médio e acrescente a farinha, mexendo para combiná-las. A receita básica (por peso) de *roux* é três partes de farinha para duas partes de gordura. O *roux* deve ser muito liso e úmido, com brilho, nem seco, nem gorduroso. Deve parecer-se

ROUX BRANCO   **AMARELO**   **MARROM**   **ESCURO**

"com areia na maré baixa". Ajuste a textura do *roux* acrescentando mais farinha ou gordura. Misture-o enquanto cozinha, para impedir que queime, e continue a cozinhá-lo até obter a cor desejada. Grandes quantidades de *roux* podem ser colocadas em forno moderado (177 °C a 191 °C) para terminar o cozimento, reduzindo as chances de queimar.

As quatro cores básicas do *roux* são branco (com pouquíssima cor), amarelo (cor de palha dourada, com aroma levemente amendoado), marrom (marrom forte, com aroma notavelmente amendoado) e escuro (marrom-escuro, com sabor pronunciado e aroma amendoado). Depois que o *roux* estiver cozido no ponto desejado, está pronto para usar, ou pode ser resfriado e armazenado para uso posterior.

Há três maneiras de combinar o *roux* com líquidos. O *roux* frio pode ser adicionado ao líquido quente, o líquido frio pode ser adicionado ao *roux* quente, ou o *roux* morno pode ser acrescentado ao líquido da temperatura do molho. Qualquer que seja a situação, entretanto, siga as seguintes orientações gerais:

» **Evite temperaturas extremas para impedir que se formem grumos.**

» **O *roux* frio, ou à temperatura ambiente, pode ser incorporado ao líquido quente com maior facilidade do que o *roux* gelado, porque a gordura não está tão sólida.**

» **Não use líquidos muito frios, pois, inicialmente, farão com que o *roux* endureça.**

» **Evite o *roux* extremamente quente, porque pode espirrar quando combinado com o líquido e causar queimaduras sérias.**

A ação espessante completa do *roux* se torna evidente quando o líquido chega a aproximadamente 93 °C de temperatura. Os molhos e as sopas de cozimento longo são espessados mais ainda através da redução.

MISTURAS SEMILÍQUIDAS DE PURO AMIDO

A araruta, a maisena e outros amidos puros são espessantes melhores do que a farinha e não requerem, como o *roux*, um longo tempo de cozimento. Eles também passam muito menos ou nenhuma cor para o prato final. Entretanto, deve-se ter em mente que se rompem mais rapidamente ao longo do tempo do que o *roux*.

A araruta, a maisena, a tapioca, o amido de batata e a farinha de arroz são amidos puros. Dispersá-los em líquido frio os transforma em *slurries*. Misture bem o amido e o líquido para obter a consistência de um creme de leite grosso. Os *slurries* podem ser misturados com antecedência, para serem usados em preparações *à la minute*. Se não forem usados imediatamente, o amido irá para o fundo do recipiente, separando-se do líquido. Mexa o *slurry* um pouco antes de usar, para recombinar o amido ao líquido de maneira uniforme.

Despeje o *slurry*, ou coloque-o com a concha, em líquido fervendo suavemente, enquanto mexe sem parar. Quando acrescentados dessa maneira, os *slurries* engrossam o líquido rapidamente, facilitando a tarefa de controlar a consistência final do prato. Bata sem parar para impedir que se formem grumos, ou que se queime. Espere que o líquido ferva de novo e cozinhe até que o molho chegue à consistência e clareza desejadas.

Os pratos engrossados com *slurries* mantêm-se por tempo limitado. Verifique periodicamente a qualidade, se forem passar algum tempo em uma mesa de vapor. Vários amidos têm qualidades diferentes, mas podem ser substituídos um pelo outro, seguindo a orientação na página a seguir.

» para substituir um amido por *roux*

CÁLCULO BÁSICO

Peso da farinha no *roux* (multiplique o peso do *roux* por 0,6 para determinar o peso da farinha) × Poder espessante do amido substituto (veja abaixo) = Peso requerido do amido substituto (estimado)

EXEMPLO:

Para substituir araruta em uma receita que pede 284 g de *roux*:

284 g de *roux* × 0,6 = 170 g de farinha

170 g de farinha × 0,5 (poder espessante da araruta) = 85 g de araruta

poderes espessantes »

Farinha de arroz:	0,6
Araruta:	0,5
Maisena:	0,5
Tapioca:	0,4
Amido de batata:	0,2

espessantes de amido comuns e suas características

FARINHA DE ARROZ
Translúcida. Poder de engrossar relativamente fraco. Congela bem. Bastante cara.

ARARUTA
Poder espessante mais ou menos equivalente ao da maisena, mas mais translúcida. Não se transforma em gel nem solta líquido quando esfria.

MAISENA TRANSLÚCIDA
Engrossa quando aquecida, mas se transforma em gel e solta líquido quando esfria. O poder de espessamento diminui com o calor excessivo.

TAPIOCA/FARINHA DE MANDIOCA
Translúcida. O poder de espessar é ligeiramente maior do que o da maisena.

AMIDO DE BATATA
Translúcido. Poder espessante maior do que o da maisena. Preço moderado.

LIAISON É A MISTURA DE GEMAS DE OVO E CREME DE LEITE UTILIZADA PARA ENRIQUECER E ENGROSSAR LIGEIRAMENTE MOLHOS E SOPAS. NÃO SE TRATA DE UM ESPESSANTE QUE FUNCIONA DA MESMA MANEIRA QUE O *ROUX* E OS *SLURRIES* DE AMIDO PURO, MAS A COMBINAÇÃO DE CREME DE LEITE E OVOS, QUANDO FERVIDA SUAVEMENTE DO MODO ADEQUADO, EM QUALQUER PRATO, ADICIONA BRILHO, CREMOSIDADE, CORPO E SABOR, ASSIM COMO UMA COR MARFIM-DOURADA LEVE.

liaison

As gemas de ovos começam a coagular a 65 °C. A adição de creme de leite faz o ponto de coagulação ficar entre 82 °C a 85 °C. Combine o creme e as gemas até obter uma mistura uniforme. Acrescentar uma porção do líquido quente à *liaison* evita uma mudança drástica de temperatura, que pode fazer coagular as gemas. Esse processo reduz as temperaturas extremas, de modo que a sopa ou o molho prontos continuem lisos. Acrescente, gradualmente, cerca de um terço do líquido quente à *liaison*, uma concha de cada vez, batendo sem parar. Depois de adicionar líquido quente suficiente, coloque a *liaison*, cuja temperatura foi abaixada, de volta na sopa ou no molho. Leve a panela ao fogo baixo e aqueça a mistura suavemente, mexendo com frequência, até que engrosse um pouco. Não permita que a mistura passe dos 85 °C, temperatura em que as gemas podem coagular.

Por questão de qualidade, acrescente a *liaison* tão perto da hora do serviço quanto possível. Mantenha sopas e molhos espessados com *liaison* acima dos 60 °C para maior segurança, mas abaixo dos 85 °C para manter a qualidade.

» receita básica (por peso)

método rápido »

1. Misture o creme e as gemas (*liaison*).
2. Acrescente líquido quente à *liaison* (temperagem).
3. Junte a *liaison* temperada ao prato que está sendo preparado.
4. Aqueça, mexendo constantemente até que engrosse levemente.

Liaison
(315 mℓ, para engrossar 720 mℓ de líquido)

240 mℓ de creme de leite

75 mℓ de gema de ovo (cerca de 3 gemas grandes)

Nota: Como regra geral, pode-se utilizar a proporção de 3 partes de creme de leite para 1 parte de gema para a liaison.

método detalhado

1. Comece com uma sopa, um molho quente ou um prato como *blanquette* de vitelo (p. 615). Combine o creme e as gemas até obter uma mistura uniforme. As gemas, em geral, começam a coagular a 65 °C. Adicionar o creme eleva o ponto de coagulação, que passa a ficar entre 82 °C e 85 °C. Acrescente, aos poucos, um pouco do líquido quente à *liaison*, para temperar. Juntar um pouco do líquido quente à *liaison* evita uma mudança drástica de temperatura, que poderia coagular as gemas. Este processo reduz os extremos de temperatura, de modo que a sopa ou molho pronto permanece liso. Aos poucos, acrescente cerca de um terço do líquido quente à *liaison*, uma concha de cada vez, batendo constantemente.

2. Coloque a *liaison* temperada de volta à panela. Depois de adicionar líquido quente suficiente, devolva a *liaison* temperada à sopa ou ao molho. Leve de novo ao fogo baixo e aqueça a mistura suavemente, mexendo com frequência, até que engrosse um pouco. Não permita que a mistura passe dos 85 °C, para que as gemas não coagulem. Junte *a liaison* tão perto da hora de serviço quanto possível. Mantenha sopas e molhos engrossados com a *liaison* acima dos 60 °C por questões de segurança, mas abaixo dos 85 °C para manter a qualidade.

FAZ-SE MANTEIGA CLARIFICADA AQUECENDO A MANTEIGA ATÉ QUE SUA GORDURA E OS SÓLIDOS DO LEITE SE SEPAREM. QUANDO A MANTEIGA INTEGRAL É CLARIFICADA, PARTE DE SEU VOLUME SE PERDE NA DESNATAÇÃO E NA DECANTAÇÃO. POR EXEMPLO, 454 G DE MANTEIGA RENDERÃO APROXIMADAMENTE 340 G DE MANTEIGA CLARIFICADA.

NÃO SE RECOMENDA O USO DE MANTEIGA SALGADA NA CLARIFICAÇÃO PORQUE A CONCENTRAÇÃO DO SAL NA MANTEIGA CLARIFICADA RESULTANTE É IMPREVISÍVEL. PODE-SE SEMPRE ACRESCENTAR SAL À MANTEIGA CLARIFICADA À MEDIDA QUE FOR SENDO USADA.

manteiga clarificada

» receita básica

Manteiga clarificada
(340 g)

454 g de manteiga

MANTEIGA DERRETIDA   MANTEIGA CLARIFICADA

método rápido »

1. Derreta a manteiga.
2. Escume a espuma.
3. Decante a manteiga clarificada.

dicas do especialista «

O propósito de clarificar a manteiga é remover os sólidos e a água do leite, o que permite cozinhar com ela a uma temperatura mais alta do que seria possível com a manteiga integral. A manteiga clarificada é utilizada, em geral, para fazer *roux* e, como tem um pouco do sabor da manteiga, muitas vezes é usada em salteados, podendo ainda ser combinada a um óleo vegetal para aumentar ainda mais seu ponto de fumaça. Alguns chefs também a preferem para molhos de manteiga quente, como o holandês e o *béarnaise*. O *ghee*, que é usado em algumas cozinhas asiáticas, é um tipo de manteiga clarificada. Tem sabor amendoado, porque os sólidos do leite douram antes de se separarem da gordura da manteiga.

método detalhado »

1. **Derreta a manteiga** e retire a espuma. Aqueça a manteiga em fogo baixo até que a espuma suba à superfície e os sólidos do leite desçam para o fundo da panela. A gordura da manteiga que resta fica muito clara. Retire a espuma da superfície com uma concha, uma escumadeira ou uma colher perfurada, à medida que a manteiga se clarifica.

2. **Decante a manteiga clarificada.** Despeje ou retire com a concha a gordura da manteiga, passando-a para outro recipiente, com cuidado, para deixar toda a água e os sólidos do leite no fundo da panela. Quando a manteiga integral é clarificada, parte de seu volume se perde na desnatação, decantação e descarte da água e dos sólidos do leite. Com 454 g de manteiga integral, obtêm-se aproximadamente 340 g de manteiga clarificada.

fundos

Os fundos estão entre as preparações mais básicas encontradas em qualquer cozinha profissional. De fato, em francês são chamados *fonds de cuisine*, ou "as fundações da culinária". São líquidos aromatizados preparados em fervura suave de ossos com alguma carne, de boi ou de aves, peixes e frutos do mar, e/ou vegetais em água com aromatizantes, até que seu sabor, aroma, cor, corpo e valor nutritivo sejam extraídos. O líquido é então usado para preparar molhos e sopas, e também como meio de cozimento para brasear e ferver suavemente, em fogo bem baixo, vegetais e grãos.

CAPÍTULO 12

OS TRÊS TIPOS BÁSICOS DE FUNDO SÃO OS CLAROS, OS ESCUROS E OS *FUMETS*. OS FUNDOS CLAROS SÃO FEITOS COMBINANDO-SE TODOS OS INGREDIENTES COM UM LÍQUIDO FRIO (GERALMENTE ÁGUA) E FERVENDO SUAVEMENTE, EM FOGO BAIXO. OS FUNDOS ESCUROS SÃO FEITOS DOURANDO-SE OS OSSOS E O *MIREPOIX* EM GORDURA SUFICIENTE PARA OBTER UMA RICA COR DE MOGNO, OU ASSANDO-OS NO FORNO OU NA PARTE SUPERIOR DO FOGÃO ANTES DE FERVÊ-LOS SUAVEMENTE. OS *FUMETS* (ALGUMAS VEZES CHAMADOS ESSÊNCIAS) SÃO FEITOS REFOGANDO OU ABAFANDO OS INGREDIENTES PRINCIPAIS ANTES DE FERVER SUAVEMENTE, MUITAS VEZES ACRESCENTANDO-SE UM VINHO BRANCO SECO.

fundos

Para obter bom sabor e corpo, use ossos de boi e de peixe. Eles podem ser obtidos como subproduto da carne e do peixe, ou comprados apenas para os fundos. Os ossos de animais mais jovens contêm alta percentagem de cartilagem e outros tecidos conectivos que se rompem, formando gelatina durante a fervura suave, conferindo corpo ao fundo. Os ossos do joelho, das costas e do pescoço também são bons para essa finalidade. Inclua, se houver, algumas aparas, para sublinhar ainda mais o sabor. Corte os ossos com cerca de 8 cm de comprimento, para que a extração do sabor, da gelatina e do valor nutritivo seja mais rápida e mais completa. Se os ossos forem comprados congelados, descongele-os antes de levá-los ao fogo.

Lave bem todos os ossos, frescos ou congelados, antes de colocá-los na panela, para remover sangue e outras impurezas que podem comprometer a qualidade do produto. Para fundos escuros, prepare os ossos e apare-os, assando-os primeiro; para mais informações, ver p. 277. Apare e corte o *mirepoix* em um tamanho que permita a extração de um bom sabor. Pedaços de 5 cm são adequados para um tempo de fervura de uma hora. Corte os vegetais em tamanhos maiores ou menores para tempos de cozimentos mais prolongados ou mais curtos. O *mirepoix* e o extrato de tomate necessários nos fundos escuros são assados ou salteados até ganharem cor, antes de serem acrescentados ao fundo.

Também se acrescenta um *sachet d'épices* ou *bouquet garni* contendo aromáticos adequados ao tipo de fundo que está sendo preparado. Como o fundo, no final, será coado, alguns chefs não amarram os ingredientes do *sachet* ou do *bouquet*. Entretanto, amarrá-los facilita a remoção dos aromáticos, se o sabor se tornar forte demais.

As panelas usadas para fundo são, em geral, mais altas do que largas. Esse tipo de panela cria uma superfície menor, para minimizar a evaporação durante a fervura. Algumas dessas panelas têm uma pequena torneira na parte inferior, que pode ser usada para remover o fundo pronto, sem mexer nos ossos. Para preparar grandes quantidades de fundo, muitas vezes se usam panelas autoclave ou panelas basculantes. Os *court bouillons*, *fumets* e essências cujos tempos de fervura não são longos, podem ser preparados em *rondeaus* ou outras panelas largas e rasas. Para remover a espuma à medida que ocorre a fervura, deve haver conchas ou escumadeiras à mão. Para separar os ossos e vegetais do fundo usam-se panos de musselina, peneiras e escorredores. Devem estar à mão um termômetro e recipientes de metal para esfriar, assim como outros, de plástico, para armazenar o fundo. Também serão necessárias colheres de medição.

fundos

» receita básica

Fundo de carne ou de aves
(3,84 ℓ)

3,63 kg de ossos e aparas

4,8 ℓ a 5,76 ℓ de líquido frio

454 g de *mirepoix* padrão ou branco (p. 257)

1 *sachet d'épices* padrão ou *bouquet garni* padrão (p. 255)

Fundo de peixe
(3,84 ℓ)

4,99 kg de ossos de peixe não gorduroso

454 g de *mirepoix* branco (p. 257)

4,32 ℓ de água

1 *sachet d'épices* padrão (p. 255)

Fumet de peixe
(3,84 ℓ)

4,99 kg de ossos de peixe não gorduroso, em pedaços de 5 cm

454 g de *mirepoix* branco (p. 257) em fatias finas

284 g de cogumelo fatiado

3,36 ℓ de água

960 mℓ de vinho branco

1 *sachet d'épices* padrão (p. 255)

2 colheres (sopa)/20 g de sal (opcional)

Fundo de vegetais
(3,84 ℓ)

1,36 kg de legumes e verduras variados sem amido

4,8 ℓ de água

1 *sachet d'épices* padrão ou *bouquet garni* padrão (p. 255)

método rápido »

1. Coloque o ingrediente aromatizante principal no líquido.
2. Cozinhe em fogo brando.
3. Escume se necessário durante o cozimento.
4. Adicione o *mirepoix* e os aromáticos no momento apropriado.
5. Cozinhe o fundo em fogo brando até ele desenvolver sabor, corpo e cor.
6. Coe.
7. Use imediatamente ou resfrie e guarde.

dicas do especialista «

O sabor do fundo pode ser alterado ou concentrado dependendo dos ingredientes empregados. Alguns fundos geralmente levam combinações de *mirepoix* padrão (p. 257), mas é possível adicionar outros ingredientes para produzir o sabor desejado. Isso também se aplica ao *bouquet garni* e ao *sachet d'épices*, cujos ingredientes podem ser ampliados para produzir sabores mais intensos e variados. O sabor também pode ser influenciado pelo uso de ossos e aparas frescos ou congelados.

Para uma opção mais saudável: Os fundos são uma excelente maneira de infundir sabor em um prato sem incluir gordura ou calorias em excesso. Use-os para preparar grãos, vegetais, carnes, molhos ou sopas.

Ingredientes para o fundo claro

Ingredientes para o fundo escuro

FUNDOS, MOLHOS E SOPAS

Ingredientes para o *fumet* de peixe

Ingredientes para o fundo de vegetais

capítulo 12 » FUNDOS

método detalhado

1. Combine os ossos com líquido frio que os cubra até 5,08 cm acima e coloque em fogo baixo até que comece a ferver suavemente. Tire a espuma conforme necessário. Para obter o melhor sabor e o fundo mais transparente, comece com um líquido frio (água ou *remouillage*) para extrair suavemente o sabor e o corpo. Mantenha o fogo baixíssimo por todo o processo de cozimento. As bolhas da fervura devem chegar com pouca frequência à superfície. Os franceses usam o verbo *frémir*, que significa "tremer", para descrever a ação das bolhas enquanto o fundo cozinha.

2. Para conseguir um fundo claro, escume o líquido constantemente e mantenha a temperatura apropriada. O verbo francês *dépouiller* – literalmente, "tirar a pele, descascar" – é usado para descrever o processo de escumar. À parte a estética que um fundo claro oferece, as impurezas que o deixam turvo são os mesmos elementos que rapidamente o estragam e acidificam. Portanto, quanto mais claro o fundo, mais longa sua vida de prateleira.

3. **Acrescente o *mirepoix*** ao fundo no momento apropriado, para extrair o máximo de sabor. O momento adequado para acrescentar *mirepoix* em todos os fundos, com exceção dos de peixe e *court bouillons*, é cerca de duas horas antes do final do tempo de cozimento. Assim, haverá tempo suficiente para que o melhor sabor seja extraído, mas não tempo demais para rompê-lo e destruí-lo. Outros aromáticos, como o *sachet d'épices* ou o *bouquet garni*, devem ser adicionados nos últimos 30 a 45 minutos de cozimento. Experimente o fundo para determinar se é necessário ajustar a receita padrão. Como os fundos de peixe, *fumets*, essências e *court bouillons* não têm tempos de cozimento prolongados, os ingredientes do *mirepoix* são, em geral, cortados em tamanho menor e acrescentados perto do início do tempo de fervura suave, permanecendo no fundo durante todo o cozimento.

NOTA PARA O FUNDO DE PEIXE: *Junte os ossos com água fria e aromáticos e cozinhe lentamente em fogo baixo por 35 a 45 minutos. Às vezes, esse procedimento é chamado de método escalfado, para diferenciá-lo do fumet (feito pelo método de suar).*

NOTA PARA O *FUMET* DE PEIXE: *Sue o mirepoix e os cogumelos, em seguida acrescente os ossos de peixe antes de acrescentar a água.*

4. **Para obter o máximo em sabor,** adicione um *sachet* cerca de 45 minutos antes que o fundo fique pronto. Cozinhe em fogo brando até conseguir o sabor, o aroma, o corpo e a cor desejados. Cheire e prove o fundo à medida que este se desenvolver, de modo a começar a compreender seus estágios e a notar quando ele chegou ao auge. Nesse ponto, cozê-lo ainda mais vai fazer com que perca a graça. Até mesmo a cor do fundo pode se desajustar com o cozimento longo demais.

capítulo 12 » FUNDOS

5. Escorra e use o fundo imediatamente, ou esfrie-o da maneira adequada. O fundo deve ser despejado ou tirado da panela com a concha, passando-o por uma peneira de malha fina ou um escorredor forrado com uma musselina lavada. Para que o fundo fique o mais claro possível, procure não tocar os ingredientes sólidos. Depois de retirar tanto fundo quanto for possível com a concha, passe o que sobrar em um escorredor para uma tigela. Depois, se quiser, escorra-o pela musselina ou por uma peneira fina para remover as impurezas remanescentes. Reserve os ossos e o *mirepoix* para preparar uma *remouillage* (ver p. 275).

6. Se não for usá-lo imediatamente, esfrie o fundo, mexendo frequentemente, sobre um recipiente com gelo, até que atinja os 4 °C. Tire com a escumadeira qualquer gordura que suba à superfície ou espere até que tenha endurecido no refrigerador, e simplesmente retire-a antes de reaquecer o fundo. Verifique o fundo antes de usá-lo, para assegurar-se de que ainda tem sabor e está saudável. Ferva um pouquinho e experimente. O aroma deve ser atraente: nem pungente nem ácido demais.

Avalie a qualidade do fundo pronto com base em quatro critérios: sabor, cor, aroma e transparência. Se foi usada a proporção correta de ossos, *mirepoix* e aromáticos para líquido e se foi seguido o procedimento correto, o sabor estará bem equilibrado, rico e satisfatório, com os ingredientes mais importantes dominando e os sabores dos aromáticos discretos. A cor dos fundos varia com o tipo. Os fundos claros de qualidade são transparentes e, quando quentes, ganham cor dourada. Em virtude de os ossos e o *mirepoix* serem assados preliminarmente, os fundos escuros são de cor âmbar-profundo ou marrons. Os fundos vegetais variam, na cor, segundo o ingrediente principal.

FUNDOS, MOLHOS E SOPAS

orientação geral para os fundos

Fazer fundos leva tempo e dinheiro. Se sua cozinha faz os fundos, você deve certificar-se de que segue os procedimentos corretos para esfriá-los e armazená-los. Selecione o fundo para usar em um prato com base na receita ou no efeito que quer conseguir, e sempre prove o fundo antes de usá-lo, para verificar se ele não está estragado e que ainda mantém o sabor. Ferva uma pequena quantidade e experimente. O aroma deve estar atraente; não deve estar amargo nem azedo.

REMOUILLAGE

A palavra, em francês, quer dizer "remolhar". O *remouillage* é feito reservando-se os ossos e o *mirepoix* fervidos suavemente em um fundo e fervendo-os suavemente uma segunda vez. Pode-se fazer o *remouillage* também com a base de clarificação usada para preparar *consommé*. Esse fundo secundário pode ser usado como líquido para fundos, caldos, como meio de cocção ou pode, também, ser reduzido a um *glace*.

GLACE

A *glace* é um fundo ou *remouillage* altamente reduzido. Como resultado da redução continuada, o fundo adquire uma consistência de gelatina ou xarope, e seu sabor é altamente concentrado. Quando gelado, fica quase sólido. As *glaces* são usadas para sublinhar o sabor de outros alimentos, em particular molhos. Quando reconstituídas com água, também podem servir como base de molhos, da mesma maneira que uma base preparada comercialmente. As *glaces* são feitas de diferentes tipos de fundo: a mais comum é a *glace de viande*, feita de fundo escuro de vitelo, fundo de carne ou *remouillage*.

BASES COMERCIAIS

Atualmente, nem todas as cozinhas preparam fundos, seja porque ossos com carne e aparas não são fáceis de comprar continuadamente, ou porque não têm o espaço ou a mão de obra para preparar e armazenar fundos. As bases preparadas que existem no mercado são, então, usadas em lugar dos fundos. Mesmo em cozinhas que preparam fundos, as bases são úteis quando estão à mão, para aprofundar e melhorar o sabor deles.

As bases estão disponíveis em formas altamente reduzidas, semelhantes à clássica *glace de viande*, ou desidratadas (em pó ou em cubos). Entretanto, nem todas as bases são feitas da mesma maneira. Leia cuidadosamente os rótulos. Evite bases que utilizem ingredientes com alto conteúdo de sódio para obter sabor. As de boa qualidade são feitas de carnes, ossos, vegetais, especiarias e ervas aromáticas. Prepare-as seguindo as instruções da embalagem, e experimente cada uma delas. Julgue a base por seu sabor, quantidade de sal, equilíbrio e profundidade.

Depois de decidir que a base corresponde a seus padrões de qualidade e custo, aprenda como fazer os ajustes necessários. Por exemplo, você pode refogar ou assar mais vegetais e fervê-los suavemente em uma base diluída, juntando-lhe talvez aparas douradas, para fazer um suculento molho escuro.

TEMPO DE COZIMENTO DOS FUNDOS

Os tempos de cozimento que se seguem são aproximados: variam de acordo com numerosos fatores, como a qualidade dos ingredientes, o volume total e a temperatura de cozimento.

FUNDO CLARO DE CARNE	8 a 10 horas
FUNDO CLARO E ESCURO DE VITELO E CARNE DE CAÇA	6 a 8 horas
FUNDO CLARO DE AVES E AVES DE CAÇA	3 a 4 horas
FUNDO DE PEIXE E *FUMET*	35 a 45 minutos
FUNDOS VEGETAIS	45 minutos a 1 hora, dependendo dos ingredientes específicos e do tamanho em que os vegetais foram cortados

receitas de fundos

Fundo de frango

Rendimento: 3,84 ℓ

 3,63 kg de ossos de frango cortados em pedaços de 8 cm

 4,8 a 5,76 ℓ de água a frio

 454 g de *mirepoix* **padrão**, em cubos médios (p. 257)

 1 *sachet d'épices* **padrão** (p. 255)

1. Lave os ossos em água corrente fria e coloque-os em uma panela.
2. Adicione a água fria. (O nível da água deve ficar até 5 cm acima dos ossos.) Leve ao fogo baixo, até ferver suavemente. Tire a espuma da superfície conforme necessário.
3. Cozinhe lentamente por 3 a 4 horas.
4. Junte o *mirepoix* e o *sachet* e continue a ferver o fundo suavemente por mais 1 hora, tirando a espuma conforme necessário e experimentando de vez em quando.
5. Escorra o fundo. Pode ser usado agora (retire a gordura com uma escumadeira, se necessário), ou ser resfriado rapidamente e armazenado para uso posterior.

NOTAS: Substitua 907 g dos ossos de frango por pescoços de frango para obter um fundo extrassuculento e gelatinoso.

Adicione ou substitua os ingredientes aromáticos para obter um sabor determinado. Para um caldo com sabor asiático, acrescente gengibre, capim-limão, e pimentas frescas ou secas. Zimbro para fundos de carne de caça, com ervas de sabor forte, como estragão, alecrim ou caules de cogumelos selvagens. Como esses ingredientes são muito intensos, use-os com parcimônia, para evitar que o sabor do fundo fique muito forte.

Fundo claro de vitelo: Substitua os ossos de frango por quantidade igual de ossos de vitelo e cozinhe em fogo brando por 6 a 8 horas.

Fundo claro de carne: Substitua os ossos de frango por quantidade igual de ossos de boi e cozinhe em fogo brando por 8 a 10 horas.

Fundo escuro de vitelo

Rendimento: 3,84 ℓ

 3,63 kg de ossos de vitelo, incluindo joelhos e aparas

 5,76 ℓ de água a frio

 454 g de *mirepoix* **padrão** em cubos grandes (p. 257)

 60 mℓ de óleo vegetal

 170 g de extrato de tomate

 1 *sachet d'épices* **padrão** (p. 255)

1. Prepare a assadeira: aqueça-a com óleo suficiente para cobrir ligeiramente sua superfície, no forno, a uma temperatura de 218 °C a 232 °C. Se os ossos forem muito gordurosos, não é preciso acrescentar óleo. A gordura vai derreter enquanto estiver no forno e a forma ficará untada. Acrescentar óleo nesta etapa seria um desperdício. Espalhe os ossos em uma assadeira e leve ao forno preaquecido. Asse os ossos, mexendo-os e virando-os de vez em quando, até que fiquem bem escurecidos, em 30 a 45 minutos.
2. Transfira os ossos para um caldeirão grande o suficiente para acomodar todos os ingredientes. Adicione 5,28 ℓ de água e cozinhe em fogo brando a 82 °C.
3. Descarte o excesso de gordura da assadeira, mas reserve um pouco para fazer a *pinçage*. Retorne a assadeira para o forno ou deixe-a na boca do fogão, dependendo do espaço disponível. Caramelize as cenouras e as cebolas. Quando elas estiverem bem escurecidas, adicione o salsão e cozinhe até começar a murchar, em 10 a 15 minutos. (O salsão não vai ficar muito marrom por causa de seu alto teor de água.)
4. Quando o *mirepoix* estiver na cor adequada, junte o extrato de tomate e continue a cozinhar devagar até que a *pinçage* esteja marrom avermelhada. Assim que o extrato de tomate estiver cozido, tire a mistura da assadeira. Adicione a água restante e deglace o fundo da panela. Reduza o líquido até ficar na consistência de xarope. Ele está pronto para ser acrescentado ao fundo.
5. Depois que o fundo cozinhar por cerca de 5 horas, acrescente o *mirepoix*, o líquido deglaçado reduzido e o *sachet*.

capítulo 12 » FUNDOS 277

6. Continue a ferver o fundo suavemente, escumando conforme necessário e provando de vez em quando, até que tenha ficado encorpado e desenvolvido um sabor suculento, por cerca de 1 hora.
7. Escorra o fundo. Ele pode ser usado agora (desengordure escumando, se necessário), ou pode ser resfriado rapidamente e armazenado para uso posterior.

Fundo escuro de carne de caça (*jus de gibier*): Substitua os ossos e as aparas de vitelo por igual quantidade de ossos e aparas de carne de caça. Acrescente sementes de erva-doce e/ou bagas de zimbro a um *sachet d'épices* padrão.

Estouffade: Substitua metade dos ossos e aparas de vitelo por ossos e aparas de boi e acrescente um pernil de porco não defumado.

Fundo escuro de cordeiro: Substitua os ossos e as aparas de vitelo por igual quantidade de ossos e aparas de cordeiro. Acrescente uma ou mais das seguintes ervas e especiarias ao *sachet d'épices* padrão: caules de hortelã, bagas de zimbro, sementes de cominho, sementes de alcaravia ou alecrim.

Fundo escuro de porco: Substitua os ossos e as aparas de vitelo por igual quantidade de ossos e aparas de porco, fresco ou defumado. Adicione uma ou mais das seguintes ervas e especiarias a um *sachet d'épices* padrão: caules de orégano, pimenta vermelha amassada, sementes de alcaravia ou sementes de mostarda.

Fundo escuro de frango: Substitua os ossos e as aparas de vitelo por igual quantidade de ossos e aparas de frango.

Fundo escuro de pato: Substitua os ossos e as aparas de vitelo por igual quantidade de ossos e aparas de pato (ou ossos de outras aves de caça, como faisão). Se desejar, acrescente sementes de erva-doce e/ou bagas de zimbro a um *sachet d'épices* padrão.

Fumet de peixe

Rendimento: 3,84 ℓ

60 mℓ de óleo vegetal
454 g de **mirepoix** branco (p. 257) em fatias finas
284 g de cogumelos brancos fatiados
4,99 kg de ossos de peixe não gordurosos
4,32 ℓ de água fria
960 mℓ de vinho branco
1 *sachet d'épices* padrão (p. 255)

1. Aqueça o óleo em um *rondeau* grande e acrescente o *mirepoix* e os cogumelos, e a seguir os ossos de peixe. Tampe a panela e faça os ossos e o *mirepoix* transpirarem em fogo médio, por 10 a 12 minutos, até que o *mirepoix* esteja macio e os ossos opacos.
2. Acrescente a água, o vinho, e o *sachet*. Espere aquecer entre 82 °C a 85 °C.
3. Cozinhe em fogo brando por 35 a 45 minutos, tirando a espuma da superfície se necessário.
4. Escorra o *fumet*. Pode ser usado agora (desengordure tirando a espuma, se necessário), ou pode ser resfriado rapidamente e armazenado para uso posterior.

Fundo de frutos do mar: Substitua os ossos de peixe por igual quantidade de cascas de crustáceos (camarões, lagostas ou caranguejos). Salteie as cascas em óleo quente até que a cor fique mais profunda. Adicione um *mirepoix* padrão (p. 257) e salteie-o até ficar macio. Se desejar, adicione 85 g de extrato de tomate e cozinhe até ficar vermelho-forte, por cerca de 15 minutos. Junte água suficiente para cobrir as cascas e cozinhe em fogo brando por 40 minutos entre 82 °C a 85 °C, tirando a espuma sempre que necessário.

Fundo de vegetais

Rendimento: 3,84 ℓ

- 2,27 kg de vegetais sem amido (alho-poró, tomate, cogumelos, etc.)
- 4,8 ℓ de água fria
- 1 *sachet d'épices* padrão (p. 255)

1. Coloque todos os ingredientes em um caldeirão do tamanho adequado.
2. Cozinhe em fogo brando entre 82 °C e 85 °C, escumando se necessário.
3. Deixe cozinhar até conseguir um equilibrado aroma de vegetais frescos, por 45 minutos a 1 hora.
4. Coe e esfrie até chegar à temperatura ambiente. Guarde na geladeira até o momento de usar.

Fundo de vegetais assados: Junte os vegetais a 60 mℓ de óleo vegetal e asse-os em uma assadeira grande a 204 °C, virando de vez em quando para garantir que todos os lados fiquem dourados por igual, em 15 a 20 minutos. Junte os vegetais assados à água e ao *sachet* e cozinhe em fogo brando por 45 minutos a 1 hora.

Court bouillon

Rendimento: 3,84 ℓ

- 4,8 ℓ de água fria
- 240 mℓ de vinagre de vinho branco
- 454 g de cenoura em fatias
- 907 g de cebola em fatias
- 454 g de salsão em fatias
- 1 *sachet d'épices* padrão (p. 255)

1. Combine todos os ingredientes em uma panela grande. Cozinhe em fogo brando (entre 82 °C e 85 °C) por 1 hora.
2. Escorra o *court bouillon*. Agora ele pode ser usado, ou pode ser resfriado rapidamente e armazenado para uso posterior.

receitas de fundos

Fundo de aves e carne (brodo)

Rendimento: 3,84 ℓ

- 1,13 kg de garrão traseiro
- 1 frango (com cerca de 2,72 kg), sem pele nem gordura
- 1,13 kg de ossos de peru, quebrados
- 1,13 kg de asas de frango
- 227 g de pés de galinha
- 5,76 ℓ de água fria
- 1,36 kg de **mirepoix** padrão (p. 257) cortado grosseiramente
- 5 dentes de alho, amassados
- 2 folhas de louro
- 6 galhinhos de salsa
- ½ maço de tomilho

1. Lave bem todas as carnes e ossos em água quente, duas vezes. Escorra.
2. Coloque a carne e os ossos em uma panela grande e acrescente água até 15 cm acima da altura do conteúdo. Cozinhe em fogo brando, em fogo médio, escumando se necessário.
3. Acrescente o *mirepoix*, o alho e as ervas. Continue a cozinhar em fogo brando, em fogo médio-baixo, por 6 horas, escumando com frequência. Não deixe o líquido ferver, pois isso o deixará turvo.
4. Escorra. Agora o fundo pode ser usado (desengordure escumando, se necessário), ou pode ser resfriado rapidamente e armazenado para uso posterior.

Ichi ban dashi

Rendimento: 3,84 ℓ

- 2 kelp (*kombu*), em quadrados de 8 cm
- 3,84 ℓ de água fria
- 57 g a 85 g de bonito desidratado (*katsuobushi*)

1. Corte o *kombu* com a faca em alguns lugares e limpe-o com um pano úmido para remover a areia (não retire o saboroso pó branco). O cheiro ficará desagradável e o *kombu* adquirirá uma textura pegajosa e gelatinosa se o seu centro for exposto ou fervido.
2. Junte a água fria e o *kombu* em uma panela grande, de aço inoxidável. Aqueça em fogo médio. Antes de começar a ferver, retire o *kombu*; reserve se desejar (ver nota).
3. Acrescente o bonito desidratado e desligue o fogo. Deixe descansar por 2 minutos.
4. Escume delicadamente. Escorra o *dashi* com cuidado e reserve os sólidos. O *dashi* pode ser usado imediatamente ou resfriado e guardado na geladeira para uso posterior.

NOTA: Para o *niban dashi* (segundo *dashi*), junte o *kombu* reservado e o bonito desidratado a 960 mℓ de água, cozinhe em fogo brando por 20 minutos e escorra. Use o segundo *dashi* em molhos, molhos de salada, guisados, braseados ou para cozinhar legumes.

molhos

Os molhos estão entre os maiores testes da habilidade do chef. Combinar um molho a um alimento com sucesso demonstra a perícia técnica, a compreensão do alimento, e a habilidade de julgar e avaliar os sabores, as texturas e as cores de um prato.

CAPÍTULO 13

HOUVE TEMPO EM QUE A EXPRESSÃO *MOLHO ESCURO* ERA UTILIZADA EXCLUSIVAMENTE EM RELAÇÃO AOS MOLHOS CLÁSSICOS, *ESPAGNOLE* E *DEMI-GLACE*. HOJE, ELA PODE INDICAR TAMBÉM *JUS DE VEAU LIÉ*, MOLHOS DE PANELA OU MOLHOS REDUZIDOS BASEADOS EM UM FUNDO ESCURO OU FORTIFICADO.

molho escuro

O molho *espagnole* é preparado reforçando um fundo escuro de vitelo com mais *mirepoix* assado, *pinçage* de tomate, aromáticos e depois engrossando-o com um *roux*. O modo clássico de fazer *demi-glace* era com partes iguais de *espagnole* e fundo escuro reduzido à metade, ou à consistência de *nappé*. Hoje, pode ser feito de fundo escuro a que se adicionaram mais aparas e *mirepoix* caramelizados, reduzido à consistência de *nappé* e, opcionalmente, engrossado com um *slurry* amidoado. Os *jus liés* são feitos reduzindo os fundos escuros ou fortificados (caso se deseje, com a adição de aromatizantes) e engrossando-os com um *slurry* de amido puro. Os molhos de panela e os reduzidos são produzidos como parte do processo de assar ou saltear: o espessamento pode ser conseguido pela redução, com o *roux*, ou com *slurries* de amido puro. Entretanto, independentemente da abordagem, o objetivo é o mesmo – fazer um molho escuro básico que seja saboroso o suficiente para ser servido como está, mas que também possa ser usado como fundo para outros molhos.

O sucesso definitivo do molho escuro depende diretamente do fundo de base, em geral fundo escuro de vitelo (p. 277). O fundo deve ser de excelente qualidade, com sabor e aroma suculentos e bem equilibrados, e sem quaisquer notas fortes de *mirepoix*, ervas ou especiarias que sufoquem o sabor do molho pronto.

Os ossos e as aparas – cortados em pedaços pequenos para que a extração seja mais rápida – adicionados ao molho melhoram o sabor do fundo base. O *mirepoix*, cortado em cubos grandes, também pode ser acrescentado ao molho base. Se o fundo for extremamente saboroso, pode não ser necessário acrescentar ossos, aparas e *mirepoix*. Aparas de cogumelos, ervas aromáticas, alho ou chalotas também podem ser adicionadas ao molho enquanto este cozinha, desenvolvendo o sabor.

O *roux* (p. 260) é uma opção de espessante e pode ser preparado com antecedência, ou enquanto se prepara o molho. O espessante de escolha para o *jus lié* é a araruta, embora possa ser usado outro amido puro, como o de batata ou de milho. A araruta é preferível porque o resultado final é um molho translúcido, brilhante.

Em geral, o *jus lié* é preparado em uma panela mais larga do que alta. É este o modo mais eficaz de extrair sabores, completa e rapidamente, para o molho pronto. Você também vai precisar de uma colher grande, uma concha ou escumadeira para tirar a escuma do molho em desenvolvimento, colheres medidoras, peneiras finas e recipientes para colocar o molho pronto. Há necessidade de recipientes adicionais tanto para esfriar como para armazenar o molho.

molho escuro

» receita básica

Molho escuro
(3,84 ℓ)

1,81 kg de ossos e aparas (adicionais)

454 g de *mirepoix* padrão, em cubos grandes (p. 257)

Óleo para dourar os ossos, as aparas e o *mirepoix*

142 g a 170 g de extrato ou purê de tomate

4,8 ℓ de **fundo escuro de vitelo** (p. 277)

1 *sachet d'épices* padrão ou *bouquet garni* padrão (p. 255)

510 g de *roux* marrom (p. 260)

Jus lié
(3,84 ℓ)

907 g de aparas de vitelo

454 g de *mirepoix* padrão (p. 257)

57 g de extrato de tomate

4,8 ℓ de **fundo escuro de vitelo** (p. 277)

85 g a 113 g de amido de milho ou araruta

Fundo escuro ou água (frios) suficiente para dar à mistura uma consistência de creme de leite fresco.

método rápido »

Molho escuro
1. Doure os ossos, as aparas e o *mirepoix*.
2. Acrescente o extrato de tomate e salteie até a *pinçage*.
3. Incorpore o fundo.
4. Cozinhe em fogo brando por 2 1/2 a 3 horas; escume se preciso. Acrescente o *sachet d'épices* ou o *bouquet garni* na última hora de cozimento.
5. Misture o *roux* e cozinhe por 30 minutos.
6. Escorra e use ou esfrie e guarde na geladeira.

Jus lié
1. Doure as aparas, o *mirepoix* e o extrato de tomate.
2. Acrescente o líquido e leve para ferver.
3. Reduza o fogo e cozinhe suavemente; escume se necessário.
4. Coloque o agente espessante.
5. Coe.
6. Finalize, guarneça e use.

» dicas do especialista

Para melhorar o sabor: É possível adicionar os seguintes ingredientes à medida que o molho se desenvolve:

OSSOS E APARAS / *MIREPOIX* EM PEDAÇOS PEQUENOS / APARAS DE COGUMELOS, EM PEDAÇOS GRANDES / ERVAS AROMÁTICAS / ALHO / CHALOTAS.

Para engrossar o molho: A textura e, em certa medida, a cor de um molho escuro dependem do tipo de espessante utilizado. Qualquer uma das opções a seguir pode ser empregada, de acordo com o resultado que se deseja atingir:

ROUX / PURÊ DE *MIREPOIX* / REDUÇÃO (*DEMI-GLACE*) / AMIDO OU FÉCULA (ARARUTA, BATATA OU MILHO)

Finalização: É possível adicionar alguns ingredientes ao molho quente depois de concluído o cozimento:

REDUÇÕES DE VINHO AO DEGLAÇAR, OU QUE COZINHOU SUAVEMENTE COM AROMÁTICOS / VINHOS FORTIFICADOS, COMO PORTO, MADEIRA OU *SHERRY* / MANTEIGA GELADA OU À TEMPERATURA AMBIENTE

Guarnição: Ingredientes pré-cozidos com alto teor de umidade podem ser adicionados antes do momento de servir:

COGUMELOS / CHALOTAS / TOMATES

método detalhado »

1. **Doure as aparas** e/ou os ossos e o *mirepoix*. Geralmente, o sabor do fundo base é fortificado com ossos com carne bem dourados, aparas de carne magra e *mirepoix*, ou uma base comercial. Dourar esses ingredientes enriquece o molho pronto e ajuda a reforçar sua cor. Doure-os assando em um pouco de óleo, no forno quente (218 °C a 232 °C), ou em fogo de médio a alto no topo do fogão, na mesma panela que será usada para ferver o molho suavemente. Deixe que os ossos, aparas e *mirepoix* ganhem uma profunda cor dourado-amarronzada e que o extrato de tomate "cozinhe" (*pincé*) até ganhar uma cor de ferrugem para reduzir a doçura, a acidez e o amargor excessivos. Isso também estimula o desenvolvimento do sabor e o aroma do molho. Quando dourar o *mirepoix* no forno, acrescente o extrato de tomate aos vegetais. Se dourar o *mirepoix* na parte superior do fogão, junte o extrato quando os vegetais estiverem quase dourados. Tenha cuidado para não deixar que o extrato de tomate se queime, pois ele cozinha muito rapidamente no topo do fogão. Deglace a panela e adicione o líquido obtido ao molho.

Acrescente o fundo escuro aos ossos e/ou às aparas e ao *mirepoix* e cozinhe suavemente por 2 a 4 horas, recolhendo a escuma conforme necessário durante todo o tempo de cozimento. (Ver fotografia na p. 272.) Deixe que o molho base cozinhe em fogo brando por tempo suficiente para que se desenvolva o sabor mais suculento possível. Escume a superfície com frequência, enquanto o molho cozinha. Puxar a panela para fora do centro do queimador faz as impurezas se juntarem em um só lado dela, onde é mais fácil retirá-las.

2. **Adicione um *sachet*** ou outros aromáticos à medida que o sabor se desenvolve. Ferver suavemente desenvolve o sabor de duas maneiras: extraindo o sabor dos ossos, aparas e *mirepoix*, e reduzindo o volume de líquido, concentrando o sabor. Prove o molho base com frequência, à medida que ele se desenvolve, e ajuste o tempero conforme necessário, acrescentando aromáticos ou temperos. Retire do fogo assim que obtiver o sabor desejado, 3 a 5 horas.

Opcional: junte um *roux* preparado agora e cozinhe em fogo brando suavemente por mais 3 minutos, se desejar, para preparar um molho *espagnole*. Para *jus lié*, adicione um *slurry* de amido puro, antes ou depois de coar, e cozinhe suavemente até que engrosse, por 2 a 3 minutos.

3. Coe o molho usando peneira fina ou musselina dobrada. Agora o molho está pronto para o serviço, ou pode ser rapidamente resfriado e armazenado. A textura e, até certo ponto, a cor do molho escuro dependem do tipo de espessante usado. O molho escuro engrossado com *roux* (*espagnole*) é opaco, com corpo grosso. O molho espessado com *mirepoix* em purê também é grosso e opaco, mas tem uma textura ligeiramente mais áspera, mais rústica. O molho engrossado com *roux* e redução (*demi-glace*) é translúcido e muito brilhante, com corpo visível, embora nunca deva ser grudento na boca. O molho engrossado com amido puro (*jus lié*), como se vê na fotografia ao lado, é mais claro do que os outros e tem textura e cor mais leves. No entanto, ele não pode ser resfriado e reaquecido como um molho espessado com *roux* porque o amido vai perder seu potencial espessante. Finalize como desejar e mantenha a 74 °C para servir.

Se a base do molho tiver sido resfriada, coloque-a para cozinhar em fogo brando e faça os ajustes de sabor e consistência necessários. Se o molho precisar de consistência adicional, reduza-o cozinhando em fogo médio até chegar à consistência desejada (*nappé*) ou adicione amido. Se o molho já tiver sido espessado com *roux* ou por redução, não será preciso adicionar nenhum agente espessante.

Os molhos escuros, quando destampados, algumas vezes formam uma pele na superfície. Para evitar isso, use uma tampa justa para o banho-maria ou um pedaço de papel-manteiga ou filme plástico cortado de modo a ajustar-se diretamente à superfície do molho.

4. Um molho escuro de excelente qualidade tem sabor suculento, completo. Dourar os ossos, aparas e/ou *mirepoix* inicialmente confere ao molho pronto um aroma agradável de assado ou caramelo, discernível de imediato quando o molho é aquecido, e um sabor predominante de carne ou vegetais assados. O *mirepoix*, tomates e aromáticos não devem sufocar o sabor principal. Também não deve haver sabores amargos ou de queimado.

Os bons molhos escuros têm cor marrom-escura, sem nenhuma mancha, como se vê acima. A cor é afetada pela cor do fundo de base, pela quantidade de extrato ou purê de tomate usado (se colocar demais, o molho tenderá ao vermelho), pela caramelização das aparas e *mirepoix*, por se escumar corretamente, pelo tempo em que ficou fervendo suavemente (fator de redução), assim como por quaisquer ingredientes para terminar ou guarnecer.

Exemplos de derivados do molho escuro

NOME	ADIÇÕES DE SABOR E FINALIZAÇÃO	HABITUALMENTE SERVIDO COM
BIGARADE	Açúcar caramelizado diluído com vinagre e sucos de laranja e limão; termine com zestes de laranja e limão, cortados em *julienne* e branqueados.	Aves de caça, pato.
BORDELAISE	Vinho tinto, chalotas, grãos de pimenta-do-reino, tomilho e folha de louro; termine com suco de limão, *glace* de carne e tutano *pochés* em cubos ou fatias.	Carnes vermelhas grelhadas, peixes (na culinária contemporânea).
BOURGUIGNONNE	Vinho tinto, chalotas, tomilho, salsa, folha de louro e cogumelos; termine com manteiga integral e uma pitada de pimenta-de-caiena.	Ovos ou carne.
BRETONNE	Cebolas, manteiga, vinho branco, tomates, alho; termine com um pouco de salsa, picada grosseiramente.	Vagens *à la Bretonne*.
CHARCUTIÈRE	Molho *Robert* terminado com *cornichons* em *julienne*.	Porco defumado.
CHASSEUR	Cogumelos, chalotas, vinho branco, *brandy*, tomates; termine com manteiga e ervas aromáticas (estragão, cerefólio e/ou salsa).	Carne e carne de caça de pelo.
CHERRY	Vinho do Porto, especiarias para patê, suco e zestes de laranja, geleia de groselha vermelha e cerejas.	Pato ou veado.
CHEVREUIL	Molho *poivrade* com *bacon* no *mirepoix*; cozinhe em fogo brando e tire a espuma enquanto adiciona um pouco de vinho tinto; escorra e termine com uma pitada de açúcar e pimenta-de-caiena; use aparas de carne de caça em lugar de *bacon* para aves de caça.	Carne e caça de penas ou pelos.
DIANE	*Mirepoix*, aparas de carne de caça, louro, tomilho, salsa, vinho branco, grãos de pimenta-do-reino; termine com manteiga, creme *chantilly*, pequenos pedaços de trufa e clara de ovos cozida.	Caça de penas ou pelos.
FINANCIÈRE	Vinho Madeira e essência de trufas.	Carne.

molho escuro

NOME	ADIÇÕES DE SABOR E FINALIZAÇÃO	HABITUALMENTE SERVIDO COM
GENEVOISE/GÉNOISE	*Mirepoix*, aparas de salmão, vinho tinto; termine com essência de anchovas e manteiga.	Salmão e truta.
GRATIN	Vinho branco, peixe, chalotas e salsa.	Linguado ou outro peixe branco.
ITALIENNE	Tomates e presunto; termine com estragão, cerefólio e salsa; quando o preparar para peixe, omita o presunto.	Aves ou peixe.
MATELOTE	Vinho tinto, cogumelos, peixe, salsa e pimenta-de-caiena.	Enguia.
COGUMELOS	Cogumelos e manteiga.	Carne, vitelo, aves.
POIVRADE	*Mirepoix*, aparas de caça, louro, tomilho, salsa, vinho branco, grãos de pimenta-do-reino; termine com manteiga.	Caça de pelo.
RÉGENCE	Vinho tinto, *mirepoix*, manteiga e trufas.	Fígado e rins salteados.
ROBERT	Cebolas, manteiga, vinho branco; termine com uma pitada de açúcar e mostarda seca inglesa, diluída.	Porco grelhado.
ZINGARA	Chalotas, farinha de rosca, manteiga; termine com salsa e suco de limão.	Vitelo ou aves.

A FAMÍLIA DO MOLHO BRANCO INCLUI OS CLÁSSICOS MOLHOS *VELOUTÉ* E *BÉCHAMEL*, AMBOS PRODUZIDOS ENGROSSANDO UM LÍQUIDO COM *ROUX*. UM *VELOUTÉ* CLÁSSICO, QUE EM FRANCÊS SIGNIFICA "AVELUDADO, MACIO E SUAVE AO PALADAR", É PREPARADO TEMPERANDO UM FUNDO CLARO (VITELO, FRANGO OU PEIXE) COM CONDIMENTOS E ENGROSSANDO-O COM UM *ROUX* AMARELO. NO TEMPO DE ESCOFFIER, O MOLHO *BÉCHAMEL* ERA FEITO ADICIONANDO-SE CREME DE LEITE A UM MOLHO *VELOUTÉ* RELATIVAMENTE GROSSO. HOJE, É FEITO ENGROSSANDO O LEITE (ALGUMAS VEZES AROMATIZADO, PARA MAIOR SABOR) COM UM *ROUX* BRANCO.

molho branco

Depois que o fundo (de vitelo, frango, peixe ou vegetais) ou o leite usado para fazer molhos brancos começar a ferver suavemente, pode-se, caso se deseje, introduzir aromáticos e sabores para produzir um gosto e/ou cor especial no molho pronto. O *roux* amarelo é o espessante tradicional para *veloutés*; para um *béchamel*, podem-se usar o *roux* amarelo ou o branco (quanto mais escuro o *roux*, mais dourado o molho ficará). A quantidade de *roux* (p. 260) determina a espessura do molho branco.

Algumas vezes, acrescenta-se também mais *mirepoix*, aparas de cogumelo ou membros da família da cebola, para reforçar o sabor do molho ou para criar um perfil específico de sabor. Corte-os em pequenos cubos ou em fatias bem finas para que o ingrediente solte o sabor rapidamente.

Os molhos brancos se queimam com facilidade e podem ficar acinzentados se preparados numa panela de alumínio. Escolha uma panela pesada de outro material, com o fundo perfeitamente plano, para obter os melhores resultados. Cozinhe em fogo brando os molhos brancos em um *flat top*, em *fogo* muito baixo, ou use um difusor de calor, se houver algum à mão.

O líquido usado para preparar um molho branco varia de acordo com sua finalidade e se ele será um *velouté* ou um *béchamel*. Os líquidos usados para fazer um molho *velouté* incluem fundo claro de vitelo, fundo de frango, fundo de peixe ou fundo de vegetais. O líquido usado para fazer o *béchamel* geralmente é o leite.

molho branco

» receita básica

Molho branco
(3,84 ℓ)

Aromáticos (como *mirepoix* branco, cebolas picadas em fatias finas, cebola *piquée*, aparas de cogumelos ou aparas de carne), a gosto

Manteiga ou óleo, a gosto

4,8 ℓ de líquido aromático (fundo branco para *velouté*, leite para *béchamel*)

454 g de *roux* branco ou amarelo (p. 260)

1 *sachet d'épices* padrão ou *bouquet garni* padrão (p. 255)

Temperos, a gosto

método rápido »

1. Sue os aromáticos, se necessário. Faça ou finalize o *roux*.
2. Misture o líquido e o *roux*.
3. Ferva.
4. Abaixe o fogo.
5. Escume e mexa com frequência.
6. Cozinhe em fogo brando. Tempere a gosto.
7. Coe.
8. Finalize, guarneça e use ou resfrie e guarde na geladeira.

dicas do especialista «

Podem ser acrescentados temperos adicionais, dependendo do sabor desejado e da suculência do fundo. O *mirepoix* e as aparas de cogumelos ou cebolas podem ser acrescentados no começo do cozimento, enquanto os aromáticos como *sachet* devem ser incluídos nos últimos 30 minutos de cozimento. Ao acrescentar queijo, ele deve ser ralado e misturado depois que o molho tiver sido engrossado e cozido em fogo brando antes da coagem.

TEMPEROS ADICIONAIS

1 *SACHET D'ÉPICES* OU *BOUQUET GARNI* / EXTRATO DE TOMATE (*PINÇAGE*) / QUEIJO RALADO

Usar diferentes quantidades de *roux* gera diferentes consistências do molho; depende do uso que se quer dar a ele. As quantidades a seguir têm como base 3,84 ℓ de líquido.

Para uma consistência leve, para sopas, junte 284 g a 340 g de *roux* amarelo ou branco.

Para uma consistência média, para a maioria dos molhos, junte 340 g a 397 g de *roux*.

Para uma consistência pesada, como para liga de croquetes, recheios ou massas assadas, use de 510 g a 567 g.

Um *béchamel* grosso deve ser coado com musselina (método de torcer), pois é muito espesso para passar pelos vãos de uma peneira fina.

método detalhado »

1. **Faça os aromáticos suarem** em gordura. Qualquer apara de carne aí incluída deve ser cozida suavemente com eles. Há muitos métodos de incorporar o *roux* no molho branco. O primeiro é acrescentar farinha à gordura e aromáticos na panela e cozinhar, mexendo frequentemente. O *roux* é, então, cozido na panela, como parte do preparo do molho. Adicione mais óleo ou manteiga, conforme necessário, para produzir um *roux* de consistência adequada. Deixe o *roux* cozinhar por 4 a 5 minutos ou até adquirir uma cor dourado-clara (como na fotografia ao lado).

O outro método é adicionar um *roux* já pronto aos aromáticos amaciados. Um terceiro método é adicionar o líquido aos aromáticos e deixá-lo ferver suavemente; mais tarde, o *roux* já pronto é batido no líquido fervente. Em qualquer caso, quando for acrescentado ao fundo quente, o *roux* também deve estar quente.

Adicione, gradualmente, o líquido ao *roux*. Muitos chefs acrescentam fundo ou leite, frios ou à temperatura ambiente. Outros preferem que o líquido cozinhe em fogo brando em separado, o que lhes permite ajustar os temperos com sal, pimenta-do-reino ou outros ingredientes aromáticos. Se o líquido for preaquecido, deve ser retirado da fonte de calor, de modo que sua temperatura caia ligeiramente, tornando-o mais frio do que o *roux* quente. Adicione o líquido em estágios, batendo até que fique bem homogêneo entre um acréscimo e outro.

2. **Adicione o tempero,** o *sachet* ou outros aromáticos e cozinhe em fogo brando por 30 minutos, mexendo com frequência e provando durante todo o tempo de cozimento. Com fundos muito suculentos pode não ser necessário acrescentar outros aromáticos. Se desejar, coloque-os no líquido quando este estiver preaquecendo, ou junte um *sachet* ou *bouquet garni* assim que o molho voltar a ferver suavemente. Um tempo de fervura de, pelo menos, 30 minutos é longo o suficiente para eliminar qualquer sabor cru proveniente do *roux*. Usando uma colher de pau, mexa o molho ocasionalmente, enquanto este ferve. Certifique-se de que a colher raspe o fundo e os lados da panela, para evitar que o molho se queime. Isso é mais preocupante no caso do *béchamel* do que no do *velouté*, porque os sólidos do leite tendem a grudar.

Prove o molho com frequência durante seu desenvolvimento, ajustando os temperos conforme necessário. Para verificar a textura, coloque um pouquinho do molho na língua e comprima-o contra o céu da boca. Se o molho estiver cozido adequadamente, não haverá qualquer sensação pegajosa ou arenosa.

3. **Coe o molho.** À medida que o molho ferve, é quase inevitável que se forme uma pele grossa na superfície, assim como uma camada pesada, pegajosa, no fundo e nos lados da panela. Coando-se o molho, quaisquer grumos podem ser removidos e consegue-se uma textura bem homogênea. Agora o molho está pronto para ser usado, ou então pode ser resfriado e armazenado para uso posterior. Termine como desejar e mantenha o molho a 74 °C para o serviço.

Devolva-o ao fogo muito baixo até ferver, mexendo frequentemente. Faça os ajustes necessários à consistência e adicione os ingredientes de acabamento. Para os derivados de molhos brancos, o molho base pode ser aromatizado com uma redução ou essência, e depois guarnecido. Os molhos brancos também são, muitas vezes, terminados com creme de leite.

Caso fiquem destampados, os molhos brancos podem formar uma pele na superfície. Para evitar isso, use uma tampa justa no banho-maria, ou coloque um pedaço de papel-manteiga ou filme plástico recortado que se encaixe diretamente sobre a superfície do molho. Um molho branco excelente satisfaz vários critérios. O sabor reflete o líquido usado na preparação. O molho deve ser translúcido, com brilho definido. O molho branco bom é perfeitamente homogêneo, encorpado e sem grãos. É grosso o bastante para cobrir a parte inferior de uma colher e, ainda assim, fácil de despejar com a concha.

molho branco

capítulo 13 » MOLHOS

Exemplos de derivados do molho *velouté*

NOME	ADIÇÃO DE SABOR E FINALIZAÇÃO	HABITUALMENTE SERVIDO COM
ALBUFERA	Molho *suprême*, molho de carne e manteiga de pimentão.	Aves *pochées* e braseadas.
ALLEMANDE/ PARISIENNE	Cogumelos, gemas, limão.	Aves.
AMÉRICAINE	Anchovas, aparas de peixe e manteiga.	Peixe.
AURORE	Purê de tomate.	Ovos, carnes brancas e aves.
AURORE MAIGRE	Aparas de peixe e manteiga.	Peixe.
AUX CREVETTES	Aparas de peixe, creme de leite, cascas de camarão e manteiga.	Peixe e alguns pratos de ovos.
BERCY	Chalotas, vinho branco, aparas de peixe, manteiga e salsa picada.	Peixe.
BONNEFOY	*Bordelaise* branco com vinho branco e *velouté*, em lugar de *espagnole*; termine com estragão.	Peixe grelhado e carnes brancas.
BRETONNE	Aparas de peixe, creme de leite, alho-poró, salsão, cebolas e cogumelos.	Peixe.
CHIVRY	Vinho branco, cerefólio, salsa, estragão, chalotas, cebolinha francesas e salada de pimpinela fresca e nova.	Aves *pochées* e fervidas.
DIPLOMATE	Aparas de peixe, manteiga, lagosta e trufas.	Peixes grandes inteiros.
NORMANDE	Aparas de peixe, cogumelos, mexilhões, suco de limão, gemas, para um amplo leque de aplicações em outros pratos de peixe.	*Sole normande*; também usado como base.
SUPRÊME	Cogumelos, creme de leite e manteiga.	Aves.
VÉRON	Molho *normande*, molho *tyrolienne*, molho de carne e essência de anchovas.	Peixe.
VILLEROY	Cogumelos, gemas, limão, presunto e trufas.	Usado para cobrir itens a serem empanados.
VIN BLANC	Aparas de peixe, gemas e manteiga.	Peixe.

Exemplos de derivados do molho *béchamel*

NOME	ADIÇÃO DE SABOR E FINALIZAÇÃO	HABITUALMENTE SERVIDO COM
BOHÉMIENNE	Estragão; servido frio.	Peixe frio, salmão *poché*.
CARDINAL	Trufas e lagosta.	Peixe, trufas e lagosta.
ÉCOSSAISE	Ovos.	Ovos.
HOMARD À L'ANGLAISE	Essência de anchovas; guarnecido com cubos de lagosta e pimenta-de-caiena.	Peixe.
HUÎTRES	Ostras; guarnecido com ostras *pochées* em fatias	Peixe *poché*.
MORNAY	*Gruyère* e parmesão; termine com manteiga.	Peixe *poché*.
MOLHO À L'ANGLAISE	Ovos e noz-moscada.	Molho para sobremesas.

Molhos de tomate dos mais diferentes tipos aparecem nas culinárias de todo o mundo, dos temperos simples e frescos aos mais complexos e altamente temperados. Molho de tomate é uma expressão genérica usada para descrever qualquer molho cuja base principal sejam tomates. Podem ser feitos de muitas maneiras: crus ou cozidos em qualquer quantidade de tempo, de dez minutos a muitas horas. Em algumas versões, o azeite de oliva é a única gordura utilizada. Em outras, é necessário porco ou bacon salgado derretido. Algumas receitas pedem ossos assados de vitelo ou porco; outras o preparam exclusivamente com tomates e os vegetais desejados. Alguns molhos de tomate são transformados em purê até ficarem homogêneos, enquanto outros apresentam grumos. O molho de tomate de Escoffier utilizava o *roux* como espessante.

molho de tomate

O bom molho de tomate pode ser feito de tomates frescos ou enlatados. Quando os tomates frescos estão no auge da estação, é uma boa ideia utilizar apenas estes. Em outras épocas do ano, os tomates enlatados de boa qualidade são uma escolha melhor. Os tomates do tipo italiano são, em geral, preferidos para molhos de tomate, por terem uma alta proporção de polpa em relação à pele e às sementes. Podem-se retirar a pele e as sementes dos tomates frescos para fazer o molho, ou simplesmente lavá-los, retirar a parte central e dividi-los em quatro ou picá-los. Os tomates enlatados vêm inteiros sem pele ou em purê, ou em uma combinação dessas duas alternativas. Algumas vezes, também se adiciona ao molho o extrato de tomate.

Há inúmeras escolhas de ingredientes para aromatização adicional. Algumas receitas pedem um *mirepoix* padrão como componente vegetal aromático, enquanto outras se apoiam simplesmente em alho e cebolas.

Escolha uma panela pesada feita de materiais não reativos, como aço inoxidável ou alumínio anodizado, porque os tomates têm alto conteúdo ácido. Em razão do alto conteúdo de açúcar de alguns tipos de tomates, será necessário usar um fogo uniforme, sem pontos mais quentes, de modo que o molho não queime. Use um passador de legumes para transformar o molho em purê. Para uma textura bem homogênea, você pode preferir um liquidificador, um *mixer* ou um processador de alimentos.

Um bom molho de tomate é opaco e ligeiramente áspero, com sabor concentrado de tomates e sem qualquer traço de amargor, excesso de acidez ou doçura. Os ingredientes selecionados para dar sabor ao molho devem apenas sustentá-lo, de modo sutil. Os molhos de tomate devem escorrer facilmente. O da direita não foi feito em purê, ao passo que o da esquerda foi passado pela malha fina de um passador de legumes.

FUNDOS, MOLHOS E SOPAS

molho de tomate

» receita básica

Molho de tomate
(3,84 ℓ)

60 mℓ de óleo ou outra gordura para cozinhar

340 g de cebola picada

2 colheres (sopa)/18 g de alho picado

4,54 kg a 5,44 kg de tomate fresco ou 4,8 ℓ de tomate enlatado com o líquido

Ingredientes ou preparações adicionais (dependendo da receita ou do que se pretende fazer do molho): purê de tomate e/ou extrato de tomate, cenouras ou *mirepoix*, ervas aromáticas frescas ou desidratadas, carnes defumadas, fundos, espessantes (*roux* ou *slurry* de amido)

Sal, a gosto

Pimenta-do-reino preta moída, a gosto

método rápido »

1. Sue a cebola e o alho.
2. Junte os demais ingredientes e cozinhe em fogo brando.
3. Mexa com frequência.
4. Cozinhe em fogo brando.
5. Faça um purê, se desejar.
6. Finalize, guarneça e use ou resfrie e guarde na geladeira.

dicas do especialista «

Para desenvolver diferentes sabores, acrescente quaisquer dos ingredientes seguintes no momento adequado. Alguns são adicionados no início do processo de cozimento, ao passo que outros são adicionados perto do fim, de modo a reter seu sabor e frescor individuais. Cebolas e outros aromáticos acrescentados no começo do cozimento podem ser salteados até dourarem ligeiramente – em vez de ficarem apenas macios –, para se obter um sabor mais intenso.

ERVAS AROMÁTICAS FRESCAS E/OU SECAS / CARNES DEFUMADAS / OSSO DE PRESUNTO DEFUMADO OU OSSO DE PORCO / PURÊ OU EXTRATO DE TOMATE CEBOLAS E CENOURAS, PICADAS E SUADAS / FUNDO

No momento apropriado, um molho de tomate pode ser espessado com qualquer dos seguintes ingredientes:

ROUX / SLURRIES DE AMIDO PURO

O tipo de tomate usado também influencia no produto final. Quaisquer dos seguintes ingredientes podem ser usados, alguns sozinhos, outros combinados:

TOMATES FRESCOS / TOMATES ENLATADOS – INTEIROS, DESCASCADOS, EM PURÊ OU PICADOS / EXTRATO DE TOMATE

Dependendo da consistência final desejada, o molho pode ser feito em purê.

método detalhado »

1. Antes de adicionar os tomates, cozinhe as cebolas até ficarem macias e da cor desejada. Faça suar ou salteie os vegetais aromáticos suavemente para que liberem seu sabor na gordura, o que ajuda a permeá-lo no molho. O modo como os vegetais são cozidos influencia o sabor do molho pronto: os vegetais, em geral, são suados em gordura até ficarem macios, mas, para um sabor assado mais complexo, eles podem ser salteados até ficarem ligeiramente dourados.

2. Adicione os tomates e os outros ingredientes e cozinhe em fogo brando até que o sabor se desenvolva completamente. Mexa com frequência, escumando e provando durante todo o tempo do cozimento. Se desejar, acrescente ervas aromáticas frescas pouco antes de o molho ficar pronto. (Ao lado, o acréscimo de uma *chiffonade* de manjericão fresco.)

O tempo de cozimento varia, dependendo dos ingredientes, mas, em geral, quanto menor for o tempo de cozimento, melhor para qualquer molho com base em frutos ou vegetais. Tempos de cozimento muito longos diminuem o frescor dos sabores. A maior parte dos molhos de tomate deve ser cozida por tempo suficiente para que os sabores se combinem. Se o molho de tomate que não vai ser batido no liquidificador ficar muito aguado, coe e reduza o excesso de líquido separadamente, para evitar cozinhar demais.

Mexa o molho de tomate com frequência durante toda a preparação e, ocasionalmente, verifique o sabor. Caso se torne necessário corrigir um sabor áspero ou amargo, refogue uma quantidade pequena de cebolas e cenouras picadas e acrescente-as ao molho. Se o sabor estiver fraco, adicione um pouco de purê ou extrato de tomate reduzido. Doçura demais pode ser corrigida pelo acréscimo de fundo, água ou mais tomates.

Se desejar, faça do molho um purê. Caso use um liquidificador, um pouco de óleo adicionado enquanto bate emulsifica o molho, criando uma consistência mais leve, contudo mais grossa.

Verifique o equilíbrio e o tempero do molho e faça os ajustes necessários ao sabor e à consistência adicionando sal, pimenta-do-reino, ervas aromáticas frescas ou outros ingredientes, como pede a receita. A essa altura, o molho está pronto para ser servido, pode ser terminado para o serviço conforme desejado (ver receitas) ou então ser resfriado e armazenado.

COMO A MAIOR PARTE DO MOLHO *HOLLANDAISE* É MANTEIGA, SEU SUCESSO OU FRACASSO DEPENDE NÃO SÓ DA PERÍCIA AO COMBINAR GEMAS, ÁGUA, ÁCIDO E MANTEIGA PARA OBTER UM PRODUTO HOMOGÊNEO E SUCULENTO, MAS TAMBÉM DA PRÓPRIA QUALIDADE DA MANTEIGA. O MOLHO *HOLLANDAISE* É PREPARADO EMULSIFICANDO-SE MANTEIGA DERRETIDA OU CLARIFICADA E ÁGUA (NA FORMA DE UMA REDUÇÃO ÁCIDA E/OU SUCO DE LIMÃO) COM GEMAS DE OVO PARCIALMENTE COZIDAS.

molho *hollandaise*

Vários molhos quentes de emulsificação de ovos, como este grupo de molhos é às vezes chamado, podem ser preparados variando os ingredientes na redução ou acrescentando outros, como o estragão, para terminar e guarnecer. O grupo inclui o molho *béarnaise*, o *choron* e o *mousseline*. O *hollandaise* também pode ser combinado com creme *chantilly* e/ou *velouté* para preparar um *glaçage*, que é usado para cobrir um prato que, depois, é ligeiramente dourado na salamandra ou na grelha, pouco antes do serviço.

Pode-se usar, no molho *hollandaise*, manteiga integral clarificada. Alguns chefs gostam de manteiga integral derretida por causa do sabor suculento e cremoso que ela comunica ao molho, que é o melhor para a maior parte de pratos de carne, peixe, vegetais e ovos. Outros preferem manteiga clarificada, para um molho mais estável e consistente, o que é uma vantagem especial, se o molho for usado em um *glaçage*. Qualquer que seja a abordagem, a manteiga deve estar bem quente (cerca de 63 °C), mas não quente demais, para que o molho se combine com sucesso.

Em geral, a proporção de ovo para manteiga é uma gema de ovo para cada 57 g a 85 g de manteiga. À medida que o volume de molho aumenta, a quantidade de manteiga que pode ser emulsificada com uma gema também aumenta. Por exemplo, um molho *hollandaise* feito com 20 gemas pode, geralmente, assimilar mais que 85 g de manteiga por gema. Se desejar, pode usar gemas de ovo pasteurizadas neste molho. Entretanto, o método que aqui demonstramos cozinha as gemas o suficiente para eliminar a bactéria salmonela, uma grande preocupação em relação aos ovos.

Inclui-se no *hollandaise* um ingrediente ácido tanto pelo sabor quanto pelo efeito que tem sobre a proteína das gemas. O ingrediente ácido, que pode ser uma redução de vinagre ou suco de limão, também fornece a água necessária para formar a emulsão. A escolha do uso de uma redução ou do suco de limão é determinada pelo sabor que se deseja obter no molho pronto. A redução comunicará ao molho um sabor mais complexo, particularmente se o suco de limão também for usado como tempero final.

Um dos segredos para fazer um molho *hollandaise* com sucesso é deixar toda a *mise en place* pronta. Esse molho, diferentemente de muitos outros, é feito em uma única etapa.

» receita básica

Molho *hollandaise*
(600 mℓ)

60 mℓ de redução feita de vinho branco ou vinagre de sidra, chalotas picadas e grãos de pimenta-do-reino preta

60 mℓ de água para refrescar e resfriar a redução

4 gemas de ovos ou quantidade equivalente de gemas pasteurizadas (99 g)

360 mℓ de manteiga integral derretida ou clarificada

Suco de limão-siciliano, a gosto

Sal, a gosto

Molho de pimenta ou pimenta-de-caiena, a gosto

método rápido »

1. Faça a redução.
2. Junte as gemas e misture.
3. Coloque a tigela sobre água quase fervente.
4. Bata.
5. Acrescente manteiga morna gradualmente e bata.
6. Coe.
7. Ajuste os temperos e sirva ou aguarde.

dicas do especialista «

Podem-se usar no *hollandaise* manteiga integral derretida ou manteiga clarificada. A manteiga integral derretida fornece uma textura mais suculenta e cremosa, ao passo que a clarificada oferece um molho mais consistente e mais estável.

O ingrediente ácido pode ser variado, dependendo do sabor desejado, como:

REDUÇÃO DE VINAGRE / SUCO DE LIMÃO

Podem-se preparar vários molhos semelhantes de emulsão quente de ovos, variando os ingredientes da redução ou acrescentando outros, diferentes, para finalizar e guarnecer:

SUCO DE LIMÃO / PIMENTA-DE-CAIENA / ERVAS AROMÁTICAS BEM PICADAS / TOMATES EM CUBOS BEM PEQUENOS OU SUPRÊMES DE FRUTAS CÍTRICAS / *GLACE DE VIANDE*, PURÊ DE TOMATES, ESSÊNCIAS OU SUCOS

O *hollandaise* também pode ser combinado com creme *chantilly* e/ou *velouté* para preparar um *glaçage*.

molho *hollandaise*

» **método detalhado**

1. **Faça a redução padrão** para o *hollandaise*. Cozinhe vinho branco seco, vinagre de sidra, chalotas e grãos de pimenta-do-reino picados grosseiramente em fogo moderado, até que fique quase seco (*à sec*). Esfrie e umedeça a redução com uma pequena quantidade de água, depois coe a redução em uma tigela de aço inoxidável.

2. **Acrescente as gemas** à redução e coloque a tigela sobre uma panela com água e cozinhe em fogo brando; bata até que tenha engrossado e esteja quente (63 °C). Certifique-se de que a água esteja fervendo lentamente, sem sinais visíveis de movimento na superfície, apenas muito vapor subindo. À medida que as gemas se aquecem, crescem em volume. Se parecer que as gemas estão ficando aquecidas demais e coagulando ligeiramente dos lados e no fundo da tigela, retire-as do fogo. Coloque a tigela em uma superfície fria e bata até que a mistura tenha resfriado um pouco. Depois, volte a colocar a tigela em água que esteja cozinhando lentamente.

Quando as gemas tiverem triplicado em volume, verta em fios na vasilha, bata deixando marcas e retire o recipiente do banho-maria. Não cozinhe as gemas demais, ou elas perderão a capacidade de emulsificar o molho.

3. Estabilize a tigela colocando-a num pano de prato ou em uma panela forrada com um pano para que ela não escorregue. Acrescente a manteiga aos poucos em um fio fino, batendo constantemente, conforme ela se incorpora. O molho começará a engrossar à medida que se mistura mais manteiga. Se ficar grosso demais, junte um pouco de água ou suco de limão. Isso torna possível terminar adicionando a quantidade correta de manteiga sem talhar o molho.

Se o molho começar a talhar, acrescente uma pequena quantidade de água e bata até que o molho fique homogêneo novamente, antes de adicionar mais manteiga. Se isso não funcionar, cozinhe outra gema em banho-maria com a água fervendo suavemente, até que engrosse, conforme explicado, e depois bata, gradualmente, o *hollandaise* talhado na nova gema de ovo.

Acrescente temperos como suco de limão, sal, pimenta-do-reino e pimenta-de-caiena. O suco de limão torna o sabor e a textura do molho mais leves, mas não permita que ele domine. Acrescente o suficiente apenas para sublinhar o sabor. Se o molho estiver grosso demais, junte um pouco de água quente para ganhar a textura leve desejada.

4. Avalie a qualidade do molho pronto. A manteiga é o sabor e o aroma predominantes num bom molho *hollandaise*. As gemas contribuem, também, com grande parte do sabor. Os ingredientes da redução dão ao molho um gosto equilibrado, assim como o suco de limão e quaisquer temperos adicionais do acabamento. O *hollandaise* deve ter cor amarelo-limão, com textura homogênea e sedosa. (Uma textura granulosa indica que as gemas cozinharam demais ou formaram grumos.) Deve estar lustroso e não parecer oleoso. A consistência deve ser leve e fácil de despejar.

Sirva imediatamente ou mantenha o molho a 63 °C ou perto disso, por não mais do que 2 horas. A maior parte das cozinhas tem um ou dois lugares que propiciam a temperatura perfeita para manter o *hollandaise*, geralmente acima do fogão ou fornos, ou perto (mas não diretamente abaixo) de lâmpadas de calor. Entretanto, manter o *hollandaise* apresenta um desafio pouco usual. O molho deve ficar abaixo de 66 °C para que as gemas não talhem, mas a essa temperatura o molho está pouco acima da zona de perigo para o crescimento de bactérias. O ácido da redução e/ou o suco de limão ajuda a afastar algumas bactérias, mas, como já informado, o molho nunca deve ser conservado por mais de 2 horas.

Exemplos de molhos derivados do *hollandaise*

NOME	ADIÇÕES DE SABOR E FINALIZAÇÃO	HABITUALMENTE SERVIDO COM
BAVAROISE	Manteiga de lagostim, creme *chantilly* e cubos de cauda de lagostim.	Peixe.
BÉARNAISE	Redução de estragão; guarneça com estragão e cerefólio frescos.	Carnes grelhadas.
CHORON	*Béarnaise* e tomate.	Carnes e aves grelhadas.
FOYOT/VALOIS	*Béarnaise* e *glace de viande*.	Carnes grelhadas e miúdos.
MALTAISE	Laranjas vermelhas.	Aspargos.
MOUSSELINE	Creme de leite batido.	Peixe fervido, aspargos.
PALOISE	Redução de hortelã e hortelã fresca.	Carnes grelhadas.
ROYAL	Partes iguais de *velouté*, *hollandaise* e creme de leite batido.	Carnes brancas *pochées* e peixe cozido em pouco líquido.

COMO CONSERTAR E FINALIZAR UM MOLHO *HOLLANDAISE*

COMO CONSERTAR UM *HOLLANDAISE*

Se o *hollandaise* começar a desandar, tente adicionar uma pequena quantidade de água e bata até que o molho fique macio antes de adicionar mais manteiga. Se isso não funcionar, cozinhe outra gema e 1 colher (chá)/5 mℓ de água sobre água quase fervente até engrossar e gradualmente bata o *hollandaise* "desandado" com a nova gema. Mas lembre-se de que um molho consertado assim não vai ter o mesmo volume de outro que não desandou. Além disso, ele não terá a mesma duração.

COMO FINALIZAR UM *HOLLANDAISE*

Ingredientes específicos podem ser adicionados para produzir um molho *hollandaise* derivado depois que ele tiver sido feito. Acrescente gradualmente *glace de viande*, purê de tomate, essências ou sucos, ou outros ingredientes semilíquidos ou líquidos para evitar que ele afine demais. Se tiver usado manteiga clarificada no preparo, guarde os sólidos de leite e use-os para ajustar a consistência do molho finalizado e adicionar sabor. Incluir ingredientes que influenciam o sabor pode significar que outros temperos precisarão ser ajustados de novo.

Alguns molhos do estilo *hollandaise* são finalizados com ervas picadas. As ervas devem ser adequadamente higienizadas, secas e cortadas em pedaços uniformes ou em *chiffonade* com uma faca muito afiada para reter a cor e o sabor. Tomates em cubos bem pequenos ou *suprêmes* cítricos também podem ser adicionados a alguns molhos do estilo *hollandaise*; essas guarnições devem ser adequadamente cortadas e secas para que o excesso de umidade não comprometa a textura do molho.

TRADICIONALMENTE, O *BEURRE BLANC* É PREPARADO COMO PARTE DO PROCESSO DE COZIMENTO EM POUCO LÍQUIDO, USANDO A REDUÇÃO DO LÍQUIDO DE COZIMENTO (*CUISSON*). OUTRA PRÁTICA COMUM É PREPARAR A REDUÇÃO SEPARADAMENTE E FAZER O *BEURRE BLANC* EM QUANTIDADE MAIOR, DE MODO QUE POSSA SER USADO COMO MOLHO BASE, COM QUE SE PREPARAM MOLHOS DERIVADOS. COMO NO CASO DO MOLHO *HOLLANDAISE*, OS DERIVADOS DO *BEURRE BLANC* SÃO PREPARADOS VARIANDO OS INGREDIENTES DA REDUÇÃO OU ALTERANDO OS INGREDIENTES DA GUARNIÇÃO. O *BEURRE ROUGE*, POR EXEMPLO, É FEITO REDUZINDO-O COM VINHO TINTO.

beurre blanc

A qualidade da manteiga é essencial para o sucesso do *beurre blanc*. A manteiga sem sal é melhor, porque a quantidade de sal pode ser alterada posteriormente. Verifique cuidadosamente a manteiga, que deve ter uma textura cremosa e aroma adocicado. Corte-a em cubos e mantenha-a gelada.

A redução padrão para o *beurre blanc* é feita com vinho branco seco e chalotas. (Quando preparado como parte de um prato cozido em pouco líquido, o líquido de cozimento passa a ser a redução usada no molho: ver p. 558.) Outros ingredientes usados frequentemente incluem vinagre ou suco de frutas cítricas; ervas aromáticas picadas, como estragão, manjericão, cebolinhas francesas ou cerefólio; pimenta-do-reino picada grosseiramente; e, algumas vezes, alho, gengibre, capim-limão, açafrão e outros ingredientes aromáticos.

Ocasionalmente acrescenta-se uma pequena quantidade de creme de leite integral reduzido para estabilizar a emulsão. Para usar creme de leite, reduza-o à metade, separadamente. Ferva o creme de leite suavemente, com cuidado, até que engrosse e ganhe uma rica cor amarelo-marfim. Quanto mais reduzido o creme, maior seu efeito estabilizador. Quanto mais estável o molho, mais durará durante o serviço. Entretanto, o sabor do creme vai sufocar o sabor fresco da manteiga.

Certifique-se de que a panela é de metal não reativo. As panelas feitas com dois metais, como cobre ou alumínio anodizado, revestidas com aço inoxidável, são excelentes escolhas para este molho.

Pode-se usar um batedor para incorporar a manteiga ao molho, mas muitos chefs preferem que isso ocorra rodopiando a panela sobre o queimador ou *flat top*. Coar é opcional, mas, se você preferir coar a redução ou o molho pronto, precisará de uma peneira. Depois de pronto, o molho pode ser mantido aquecido no recipiente usado para prepará-lo ou ser transferido para um recipiente limpo de banho-maria, de cerâmica, ou uma garrafa a vácuo com boca larga.

beurre blanc

» receita básica

Beurre Blanc
(960 mℓ)

Redução feita com 240 mℓ de vinho branco seco, 90 mℓ a 180 mℓ de vinagre, 60 mℓ de chalota picada e grãos de pimenta-do-reino preta

680 g de manteiga

180 mℓ a 240 mℓ de creme de leite fresco (36% a 40%) (opcional)

Sal, a gosto

Pimenta-do-reino branca moída, a gosto

Suco de limão-siciliano, a gosto

método rápido »

1. Faça a redução.
2. Acrescente e bata a manteiga e o creme de leite (caso opte por utilizá-lo).
3. Tempere.
4. Coe.
5. Ajuste o tempero, sirva ou aguarde.

dicas do especialista «

Para dar mais sabor, podem-se acrescentar ingredientes à redução:

VINAGRE / SUCOS DE FRUTAS CÍTRICAS / VINHO TINTO / ERVAS AROMÁTICAS PICADAS / GRÃOS DE PIMENTA-DO-REINO PRETA PICADOS GROSSEIRAMENTE / ALHO / GENGIBRE / CAPIM-LIMÃO / AÇAFRÃO

Ocasionalmente, adiciona-se uma pequena quantidade de creme de leite integral para se estabilizar o molho. Se usar creme de leite, reduza-o à metade, em separado. Quanto mais o creme for reduzido, maior seu efeito estabilizador.

Na preparação deste molho, coar é opcional, pois os ingredientes da redução podem ser deixados para textura e guarnição.

método detalhado »

1. **Prepare a redução inicial** de vinho, vinagre, chalotas e grãos de pimenta-do-reino preta que confere ao molho boa parte de seu sabor. Podem ser adicionados outros aromáticos, como folhas de louro, conforme a receita. Combine os ingredientes da redução e diminua a temperatura rapidamente até obter uma consistência de xarope (*au sec*). Se estiver preparando o molho como parte de um prato cozido em pouco líquido, simplesmente reduza o *cuisson* (ver p. 561).

Reduza a chama e incorpore a manteiga à redução, misturando-a com um batedor (conforme ilustração ao lado) ou movimentando a panela sem parar. A ação é semelhante à usada para terminar um molho com manteiga (*monter au beurre*).

Se parecer que o molho está gorduroso, e não cremoso, ou se parecer que quer se separar, é porque ele ficou quente demais.

Nesse caso, retire imediatamente a panela do fogo e coloque-a sobre uma superfície fria. Continue a adicionar a manteiga pouco a pouco, batendo até que a mistura volte a ganhar a aparência cremosa apropriada. Depois, continue a incorporar o resto da manteiga em fogo baixo.

Se a manteiga levar tempo demais para se incorporar ao molho, aumente ligeiramente a chama.

2. **Faça os ajustes** finais ao sabor e à textura verificando o tempero e coando, se desejar. Alternativamente, os ingredientes da redução também podem ser deixados no molho para conferir-lhe textura e como guarnição. Se você não coou a redução antes, agora tem a opção de fazê-lo. Se assim decidir, trabalhe rapidamente para manter o molho quente. Sirva imediatamente ou mantenha o molho aquecido. Para preparar uma quantidade grande de *beurre blanc* e mantê-la durante todo o período de serviço, utilize as mesmas técnicas usadas para o *hollandaise* (ver p. 299). Contudo, como o molho pode se deteriorar com o correr do tempo, sua qualidade deve ser constantemente monitorada.

O sabor do *beurre blanc* é o da manteiga integral com toques picantes, provenientes da redução. Os ingredientes do acabamento ou da guarnição também influenciam o sabor. Um bom *beurre blanc* tem cor cremosa, embora as guarnições possam mudá-la. O molho deve ser brilhante e não pode ser encorpado. Se ficar fino demais, provavelmente não contém manteiga suficiente; se ficar grosso demais, contém manteiga ou creme demais. A textura deve ser espumosa, e o molho não deve deixar uma sensação gordurosa na boca.

FUNDOS, MOLHOS E SOPAS

o papel dos molhos

A maior parte dos molhos tem mais do que uma função no prato. O molho que adiciona um sabor contrastante, por exemplo, também pode introduzir atrativos na textura e no visual. Geralmente, os molhos obtêm um ou mais dos objetivos que se seguem.

INTRODUZEM SABORES CONTRASTANTES OU COMPLEMENTARES

Os molhos classicamente acoplados a determinados alimentos ilustram esta função. O molho *suprême* é baseado na redução de *velouté* de frango com fundo de frango e terminado com creme. Tem cor marfim, um profundo sabor de frango e textura aveludada. Quando servido com frango, a cor e o sabor do molho complementam a carne delicada e ajudam a intensificar seu sabor. O creme do molho arredonda os sabores.

O molho *charcutière* é feito com mostarda e *cornichons*. É pungente e saboroso. Quando servido com carne de porco, a pungência do molho introduz um sabor contrastante, cortando a gordura da carne e fornecendo um contraste agradável, mas não surpreendente, ao paladar. Salienta o sabor do porco, mas pode sufocar uma carne mais delicada, como a vitelo.

O molho que inclui um sabor complementar ao alimento sublinha seu sabor. O estragão aumenta a doçura suave das aves. Um molho picante de pimenta-verde destaca o rico sabor da carne, aprofundando e enriquecendo o paladar do prato como um todo.

Gastriques podem ser adicionados para dar sabor e complexidade a um molho finalizado; eles geralmente são feitos de partes iguais de açúcar e um líquido ácido e reduzidos à metade para uso em molhos, sopa e guisados. Podem ser adicionados tanto no começo como no fim do preparo. Se o *gastrique* for adicionado no começo do preparo, ao fazer a redução do molho, o açúcar apropriado para o prato é acrescentado depois que os aromáticos estiverem cozidos, e pode inclusive ser caramelizado, se for adequado, antes de o ácido ser incluído e reduzido quase a seco (*au sec*). Depois disso, acrescenta-se o vinho (se usado), o fundo ou o *demi-glace*, todos reduzidos. Se o *gastrique* for adicionado no final do preparo como em um guisado, ele é preparado separadamente e adicionado a colheradas até que se perceba, pelo paladar, o equilíbrio de sabores. Um exemplo clássico de *gastrique* é o açúcar caramelizado que é deglaçado com suco de laranja e reduzido antes de ser adicionado ao *demi-glace* de pato do *Canard a l'orange*. Podem ser usados no *gastrique* os seguintes açúcares: açúcar granulado, açúcar mascavo, mel ou geleia de frutas vermelhas. Exemplos de líquidos ácidos: vinagres, *verjuis* e suco de frutas cítricas.

ACRESCENTAM UMIDADE OU SUCULÊNCIA

O molho pode acrescentar umidade a alimentos naturalmente magros (por exemplo, aves ou peixes) ou quando se usarem técnicas de cozimento que tendem a secar o alimento, como grelhar ou saltear. Em geral, os alimentos grelhados são servidos com um molho quente de manteiga emulsionada, como o *béarnaise*, com manteiga aromatizada, ou com molho de tomate picante, ou com *chutney*. O *beurre blanc*, muitas vezes, é servido com peixes brancos magros cozidos em pouco líquido, para acrescentar um pouco de suculência ao prato.

ACRESCENTAM INTERESSE VISUAL

O molho pode destacar a aparência de um prato conferindo-lhe brilho e realce. Cobrir levemente um medalhão de cordeiro salteado com um *jus lié* cria um acabamento brilhante, tornando todo o prato mais atraente para os olhos. Colocar um *coulis* de pimentão vermelho sob um filé de peixe-espada grelhado transmite ao prato um certo grau de excitação visual pela adição de um elemento colorido.

AJUSTAM A TEXTURA

Muitos molhos incluem uma guarnição que acrescenta textura ao prato pronto. Um molho terminado com tomates e cogumelos ressalta um frango *chasseur*, ao passo que um molho liso adiciona contraste à textura do siri-mole frito.

combinação dos molhos

Certas combinações clássicas perduram porque a composição é bem equilibrada em todas as áreas: sabor, textura e atração para os olhos. Ao escolher um molho adequado, ele deve ser:

» APROPRIADO PARA O ESTILO DO SERVIÇO. Num banquete, ou em qualquer situação em que grande quantidade de comida deve ser servida rapidamente e no auge do sabor, escolha um molho que possa ser preparado com antecedência e mantido, em grandes quantidades, à temperatura correta, sem que a qualidade seja afetada. Em uma cozinha *à la carte*, os molhos preparados *à la minute* são mais apropriados.

» BEM COMBINADO COM A TÉCNICA DE COCÇÃO DO INGREDIENTE PRINCIPAL. Combine uma técnica de cocção que faça gotejar gorduras saborosas (*fond*), tais como assados ou salteados, com um molho que utilize tais gorduras. Do mesmo modo, o *beurre blanc* é apropriado para alimentos que foram cozidos em pouco líquido, porque o líquido de cocção (*cuisson*) pode se tornar parte do molho.

» APROPRIADO PARA O SABOR DO ALIMENTO COM QUE ESTÁ COMBINADO. O linguado é complementado perfeitamente por um molho cremoso delicado. O mesmo molho seria sufocado pelo sabor de um atum grelhado. O carneiro tem seu próprio sabor forte, que pode enfrentar um molho aromatizado com alecrim. O mesmo molho sufocaria completamente um peixe delicado.

orientação para colocar molhos no prato

» MANTENHA A TEMPERATURA CORRETA. Verifique a temperatura do molho, do alimento que vai recebê-lo e do prato. Certifique-se de que os molhos quentes estejam extremamente quentes, as emulsões mornas estejam tão mornas quanto possível sem perigo de talhar, e os molhos frios permaneçam frios até que entrem em contato com alimentos quentes.

» CONSIDERE A TEXTURA DO ALIMENTO A SER SERVIDO. Coloque o molho sob o alimento, fazendo uma camada diretamente no prato se o alimento for crocante, ou tiver outra textura interessante. Depois, coloque o molho uniformemente sobre o alimento, com uma colher ou concha, se ele puder se beneficiar de um pouco de cobertura, ou se ficar visualmente atraente.

» SIRVA UMA QUANTIDADE DE MOLHO ADEQUADA. Deve haver molho suficiente para cada garfada do alimento, mas não tanto que o prato pareça atolado. Molho demais perturba o equilíbrio entre os itens que ali estão e torna difícil para o garçom carregar a comida da cozinha à mesa do cliente sem que o molho corra para a beirada ou, pior ainda, transborde.

Jus de veau lié

Rendimento: 3,84 ℓ

> 60 mℓ de óleo vegetal
>
> 907 g de aparas de vitelo magro
>
> 454 g de **mirepoix** padrão em cubos médios (p. 257)
>
> 57 g de purê de tomate
>
> 4,8 ℓ de **fundo escuro de vitelo** (p. 277)
>
> 1 *sachet d'épices* padrão (p. 255)
>
> 113 g de araruta ou maisena, diluídos em água ou fundo frio para fazer um *slurry*
>
> Sal, a gosto
>
> Pimenta-do-reino preta moída, a gosto

1. Aqueça o óleo em um *rondeau*, em fogo médio. Adicione as aparas de vitelo e o *mirepoix* e refogue, mexendo de vez em quando, até que a vitelo, as cebolas e as cenouras tenham adquirido uma bela cor marrom, em 25 a 30 minutos.
2. Adicione o purê de tomate e continue a cozinhar em fogo médio, até que ganhe cor de ferrugem e exale um aroma adocicado, em cerca de 1 minuto.
3. Acrescente o fundo e espere cozinhar em fogo brando. Continue a ferver, escumando conforme necessário, até que um bom sabor se desenvolva, em 2 a 3 horas. Junte o *sachet* durante a última hora de cozimento.
4. Deixe que o molho base ferva suavemente de novo. Mexa o *slurry* para recombiná-lo, se necessário, e junte-o, gradualmente, ao molho base, em quantidade suficiente para obter uma boa consistência (*nappé*). A quantidade de *slurry* necessária depende da quantidade que se deseja preparar, e o que se quer fazer com ela.
5. Prove o molho e tempere com sal e pimenta-do-reino.
6. Coe o molho. Agora ele está pronto para ser servido ou para ser resfriado rapidamente e refrigerado para uso posterior.

Jus de volaille lié: Substitua o fundo escuro de vitelo com fundo escuro de frango (p. 278) e as aparas de vitelo por igual quantidade de aparas de frango.

Jus de canard lié: Substitua o fundo escuro de vitelo por fundo escuro de pato (p. 278) e as aparas de vitelo por quantidade igual de aparas de pato.

Jus d'agneau lié: Substitua o fundo escuro de vitelo por fundo escuro de cordeiro (p. 278) e as aparas de vitelo por quantidade igual de aparas de cordeiro.

Jus de gibier lié: Substitua o fundo escuro de vitelo por fundo escuro de carne de caça (p. 278) e as aparas de vitelo por quantidade igual de aparas de veado.

Demi-glace

Rendimento: 960 mℓ

> 960 mℓ de **fundo escuro de vitelo** (p. 277)
>
> 960 mℓ de **molho** *espagnole* (p. 308)

1. Combine o fundo escuro e o molho *espagnole* em uma panela de fundo grosso e cozinhe em fogo brando, em fogo de baixo a médio, até que se reduza à metade. Escume o molho com frequência enquanto ferve.
2. Coe o molho em um coador fino. Agora está pronto para ser servido, ou pode ser resfriado rapidamente e refrigerado para uso posterior.

Molho *espagnole*

Rendimento: 3,84 ℓ

- 90 mℓ de óleo vegetal
- 454 g de *mirepoix* **padrão** em cubos médios (p. 257), ingredientes separados
- 170 g de extrato de tomate
- 4,80 ℓ de **fundo escuro de vitelo** (p. 277) quente
- 510 g de *roux* **escuro** (p. 260)
- 1 *sachet d'épices* padrão (p. 255)
- Sal, a gosto
- Pimenta-do-reino preta moída, a gosto

1. Aqueça óleo em uma panela *rondeau* em fogo médio e salteie as cebolas até que fiquem translúcidas. Acrescente o restante dos ingredientes do *mirepoix* e continue dourando por aproximadamente 10 minutos.
2. Acrescente o extrato de tomate e cozinhe até ficar cor marrom ferrugem e ter um aroma adocicado.
3. Acrescente o fundo para deglaçar a panela e cozinhe em fogo brando.
4. Misture o *roux* ao fundo usando um batedor de ovos. Volte a cozinhar e acrescente o *sachet*. Cozinhe em fogo brando por aproximadamente 1 hora, escumando a superfície conforme for necessário.
5. Peneire o molho. Experimente-o e tempere com sal e pimenta. O molho está pronto para servir ou pode ser resfriado rapidamente e refrigerado para uso posterior.

Velouté de frango

Rendimento: 3,84 ℓ

- 60 mℓ de manteiga clarificada ou óleo vegetal
- 227 g de *mirepoix* **branco** em cubos pequenos (p. 257)
- 454 g de *roux* **amarelo** (p. 260)
- 4,80 ℓ de **fundo de frango** (p. 277)
- 1 *sachet d'épices* padrão (p. 255)
- Sal, a gosto
- Pimenta-do-reino branca moída, a gosto

1. Aqueça a manteiga ou o óleo em uma panela sobre fogo médio. Acrescente o *mirepoix* e cozinhe, mexendo de vez em quando até que a cebola esteja macia e soltando caldo, em 15 minutos aproximadamente. Elas devem ter uma cor dourada e clara, sem chegar a marrom.
2. Acrescente o *roux* ao *mirepoix* e cozinhe até o *roux* ficar muito quente, cerca de 2 minutos.
3. Aqueça o fundo e acrescente à panela gradualmente, mexendo ou batendo para não formar grumos. Ferva e abaixe o fogo. Mantenha em fogo brando. Acrescente o *sachet* e continue a cozinhar. Escume sempre que necessário até que um bom sabor e consistência tenham se estabelecido e a sensação do amido e o sabor da farinha tenham desaparecido. De 45 minutos a 1 hora.
4. Passe o molho por uma peneira fina. Peneire-o uma segunda vez em uma musselina dupla, para obter a textura mais fina, caso desejado.
5. Aqueça o molho novamente em fogo brando. Prove-o. Tempere com sal e pimenta-do-reino branca. Finalize a gosto.
6. O molho está pronto para servir ou pode ser resfriado rapidamente e refrigerado para uso posterior.

Molho *suprême*: 960 mℓ de creme de leite fresco (36% a 40%) e 907 g de cogumelos fatiados. Cozinhe o molho em fogo brando, mexendo e escumando a superfície frequentemente até encobrir a colher. Caso deseje, o molho pode ser finalizado com 170 g de manteiga. Tempere com sal e pimenta-do-reino.

***Velouté* de peixe:** Substitua o fundo de frango por *fumet* de peixe (p. 278).

***Velouté* de camarão:** Substitua o fundo de frango por fundo de frutos do mar (p. 278).

***Velouté* de vegetais:** Substitua o fundo de frango por fundo de vegetais (p. 279).

Molho *béchamel*

Rendimento: 3,84 ℓ

- 30 mℓ de manteiga clarificada ou óleo vegetal
- 1 cebola *piquée* ou *brunoise*, murcha
- 454 g de **roux** branco (p. 260)
- 4,8 ℓ de leite
- Pimenta-do-reino branca moída, a gosto
- Noz-moscada ralada na hora, a gosto (opcional)

1. Aqueça a manteiga e acrescente a cebola. Refogue em fogo de baixo a médio, mexendo com frequência, até que a cebola esteja macia e translúcida, em 6 a 8 minutos.
2. Ferva o leite, acrescente o *roux* (frio) e a cebola.
3. Cozinhe em fogo brando (90 °C) por 20 minutos. Espere ferver e reduza a chama e deixe ferver suavemente até que o molho esteja homogêneo e grosso. Mexa com frequência e escume conforme necessário, durante o cozimento.
4. Tempere com a pimenta-do-reino e a noz-moscada, se usar. Coe em um coador fino (*chinois*).
5. Devolva à panela e torne a ferver suavemente. Prove e ajuste o tempero com pimenta-do-reino. Termine o molho como desejar.
6. Agora o molho está pronto para ser servido, ou pode ser resfriado rapidamente e refrigerado para uso posterior.

Molho de queijo *cheddar*: Adicione 454 g de *cheddar* forte.

Molho *mornay*: Adicione 227 g de queijo *gruyère* e 227 g de queijo parmesão. Termine com 227 g de manteiga integral, se desejar.

Molho cremoso: Adicione 480 mℓ de creme de leite fresco (36% a 40%) aquecido depois que terminar o *béchamel* e cozinhe em fogo brando por mais 4 a 5 minutos.

Molho de tomate

Rendimento: 3,84 ℓ

- 60 mℓ de azeite de oliva
- 340 g de cebola em cubos pequenos
- 18 g de alho picado, ou em fatias bem finas
- 4,54 kg a 5,44 kg de tomate italiano sem sementes, picado
- 85 g de manjericão fresco picado
- Sal, a gosto
- Pimenta-do-reino preta moída, a gosto

1. Aqueça o óleo em um *rondeau* ou panela rasa e larga, em fogo médio-baixo. Junte a cebola e cozinhe, mexendo ocasionalmente, até que ela ganhe uma leve cor dourada, em 12 a 15 minutos.
2. Adicione o alho e continue a refogar, mexendo frequentemente, até que o alho fique macio e fragrante, em cerca de 1 minuto.
3. Acrescente os tomates. Ferva o molho suavemente e cozinhe em fogo baixo, mexendo de vez em quando, por cerca de 45 minutos (o tempo de cozimento exato depende da qualidade dos tomates e seu conteúdo de umidade natural), até que chegue a ter uma boa consistência.
4. Junte o manjericão e deixe por 2 a 3 minutos mais. Prove o molho e tempere com o sal e a pimenta-do-reino, se necessário.
5. O molho pode ser transformado em purê com um passador de legumes com disco grosso, desmanchado com um batedor para fazer um purê mais grosso, ou deixado com os grumos.
6. Agora está pronto para ser servido, ou pode ser resfriado rapidamente e refrigerado para uso posterior.

NOTA: Se quiser, substitua o tomate fresco por 4,08 kg de tomate italiano inteiro enlatado. Com tomates enlatados, pode ser necessário retirar parte do líquido antes. Se desejar, os tomates inteiros enlatados podem ser transformados em purê com um passador de legumes, antes de preparar o molho.

Molho de carne à bolonhesa (*Ragù alla bolognese*)

Rendimento: 960 mℓ

- 57 g de *pancetta* em cubos bem pequenos
- 15 mℓ de azeite de oliva extravirgem
- 14 g de manteiga
- 142 g de cebola bem picada
- 57 g de cenoura bem picada
- 43 g de salsão bem picado
- 227 g de carne magra moída
- 227 g de carne magra de porco moída
- 240 mℓ de vinho branco
- 43 g de extrato de tomate
- Sal, a gosto
- Pimenta-do-reino preta moída, a gosto
- Noz-moscada moída, a gosto
- 480 mℓ de **fundo de frango** (p. 277)
- 240 mℓ de creme de leite fresco (36% a 40%), aquecido

1. Combine a *pancetta* com o azeite e a manteiga, em uma panela média. Cozinhe em fogo médio-baixo, até que a *pancetta* esteja bem dourada e a gordura derreta, em cerca de 15 minutos.
2. Aumente a chama para médio-alta. Adicione a cebola, a cenoura e o salsão. Cozinhe, mexendo frequentemente, até que os vegetais fiquem macios e a cebola esteja translúcida.
3. Junte as carnes moídas. Cozinhe, mexendo sempre, até que a carne esteja dourada, em 3 a 4 minutos. Se necessário, retire o excesso de gordura.
4. Junte o vinho e reduza a mistura até que esteja quase seca. Acrescente o extrato de tomate e cozinhe por 2 a 3 minutos, até que fique ligeiramente caramelizada. Tempere com o sal, a pimenta-do-reino e a noz-moscada.
5. Adicione o fundo e espere ferver. Baixe bem o fogo e cozinhe em fogo brando, sem tampa, por 2 horas, ou até que a mistura esteja reduzida e os sabores concentrados. Se necessário, adicione mais fundo para evitar que se queime.
6. Acrescente o creme pouco antes do serviço e devolva o molho ao fogo baixo. Não deixe que ferva. Ajuste o tempero com o sal e a pimenta-do-reino.
7. O molho agora está pronto para ser servido, ou pode ser resfriado rapidamente e refrigerado para uso posterior.

Coulis de tomate

Rendimento: 960 mℓ

- 30 mℓ de azeite de oliva
- 113 g de cebola picada
- 2 colheres (chá)/6 g de alho picado
- 120 mℓ de purê de tomate
- 180 mℓ de vinho tinto
- 567 g de tomate italiano sem pele nem sementes, em cubos médios
- 480 mℓ de **fundo de frango** (p. 277)
- 5 folhas de manjericão fresco
- 1 ramo de tomilho
- 1 folha de louro
- Sal, a gosto
- Pimenta-do-reino preta moída, a gosto

1. Aqueça o azeite em uma panela de inox pequena e salteie as cebolas até que elas fiquem translúcidas, de 6 a 8 minutos.
2. Acrescente o alho e salteie brevemente até liberar o aroma.
3. Junte o purê de tomate e cozinhe até ficar marrom ferrugem e com aroma adocicado, de 2 a 3 minutos.
4. Coloque o vinho tinto, os tomates, o fundo, o manjericão, o tomilho e a folha de louro. Cozinhe em fogo brando até adquirir consistência de molho, em 45 minutos aproximadamente.
5. Retire e descarte as ervas. Passe a mistura pelo passador de legumes com o disco grosso. Ajuste a consistência se necessário com mais líquido do tomate ou com mais fundo.
6. Experimente e tempere com sal e pimenta. O molho está pronto para ser servido ou resfriado rapidamente e guardado na geladeira para uso posterior.

Molho *béarnaise*

Rendimento: 1,08 ℓ

½ de colher (chá)/1,5 g de grãos de pimenta-do-reino preta picados

1 colher (sopa)/6 g de estragão seco

3 caules de estragão picados

90 mℓ de vinagre de estragão

45 mℓ de vinho branco seco

90 mℓ de água

240 mℓ (cerca de 8) de gemas de ovos, frescas ou pasteurizadas

720 mℓ de manteiga derretida ou clarificada, morna

3 colheres (sopa)/9 g de estragão fresco picado

1½ colher (sopa)/4,5 g de cerefólio fresco picado

Sal, a gosto

1. Coloque numa panela pequena a pimenta-do-reino, o estragão seco, os caules de estragão e o vinagre. Reduza em fogo médio até que esteja quase seco.
2. Acrescente o vinho e a água e coe em uma tigela de aço inoxidável.
3. Bata as gemas com a redução e coloque em banho-maria, sobre água fervendo suavemente. Cozinhe, batendo sempre, até que os ovos engrossem e formem fitas quando caírem do batedor.
4. Adicione a manteiga pouco a pouco, em fio fino, batendo constantemente, até quando a manteiga estiver toda misturada, e o molho, engrossado.
5. Acrescente o estragão e o cerefólio picados e tempere com sal. Agora o molho está pronto para servir. Pode ser mantido quente por até 2 horas.

Molho de hortelã (molho *paloise*): Substitua os caules de estragão por caules de hortelã, e o vinagre de estragão por vinagre de sidra. Substitua também o estragão e o cerefólio picados por 3 colheres (sopa)/9 g de folhas de hortelã picadas.

Molho *choron*: Misture 43 g de purê de tomate ao molho pronto. Ajuste a consistência do molho com água ou suco de limão, conforme necessário.

Molho *choron*

Molho hollandaise

Rendimento: 840 ml

- 2 colheres (sopa)/18 g de chalota picada
- ¾ de colher (chá)/2 g de grãos de pimenta-do-reino preta picados
- 90 ml de vinagre de sidra ou de vinho branco
- 90 ml de água
- 180 ml (cerca de 6) gemas de ovo, frescas ou pasteurizadas
- 540 ml de manteiga derretida ou clarificada, morna
- 15 ml de suco de limão
- Sal, a gosto
- Pimenta-do-reino branca moída, a gosto
- Uma pitada de pimenta-de-caiena (opcional)

1. Combine as chalotas, a pimenta-do-reino e o vinagre em uma panela pequena e reduza, em fogo médio, até ficar quase seca.
2. Adicione a água à redução e coe passando para uma tigela de aço inoxidável.
3. Bata as gemas com a redução e coloque em banho-maria sobre água fervendo suavemente. Cozinhe, batendo constantemente, até que os ovos engrossem e formem fitas quando caírem do batedor.
4. Junte a manteiga pouco a pouco, em fio fino, batendo constantemente, até que toda a manteiga tenha sido adicionada e o molho esteja grosso.
5. Prove o molho e junte o suco de limão, o sal, a pimenta-do-reino e a de caiena, se desejar. O molho está pronto para ser servido. Pode ser mantido aquecido por até 2 horas.

Molho *mousseline*: Bata 150 ml de creme de leite fresco (36% a 40%) em picos médios e coloque no molho *hollandaise*, ou adicione o creme batido em porções individuais na hora do serviço.

Molho *maltaise*: Adicione 60 ml de suco de *blood orange** à redução. Termine o *hollandaise* com 2 colheres (chá)/6 g de casca de *blood orange*, ralada ou em *julienne*, e 45 ml de suco de *blood orange*.

---

* Híbrido de origem antiga, possivelmente produto do cruzamento do *grapefruit* e da tangerina. É provável que tenha se originado na Sicília. Tem pele meio avermelhada, poucas sementes e polpa doce. (N. E.)

Beurre blanc

Rendimento: 960 ml

- 3 colheres (sopa)/35 g de chalota picada
- 6 a 8 grãos de pimenta-do-reino preta
- 240 ml de vinho branco seco
- 60 ml de suco de limão
- 90 ml de vinagre de sidra ou de vinho branco
- 240 ml de creme de leite fresco (36% a 40%), reduzido à metade (opcional)
- 680 g de manteiga em cubos, gelada
- Sal, a gosto
- Pimenta-do-reino branca moída, a gosto
- 1 colher (sopa)/9 g de *zeste* de limão ralada (opcional)

1. Coloque numa panela a chalota, a pimenta-do-reino, o vinho, o suco de limão e o vinagre. Reduza em fogo médio alto até ficar quase seco.
2. Acrescente o creme de leite reduzido, se usar, e ferva o molho suavemente por 2 a 3 minutos, para reduzir ligeiramente.
3. Junte a manteiga, alguns pedaços de cada vez, batendo constantemente para combinar a manteiga à redução. A chama deve estar bem baixa enquanto você faz isso. Continue adicionando manteiga até que ela acabe.
4. Prove e tempere com o sal e a pimenta-do-reino. Para terminar, junte os *zestes* de limão, se usar. Se desejar, coe o molho.
5. O molho está pronto para ser servido. Pode ser mantido aquecido por até 2 horas.

Coulis de pimentão vermelho

Rendimento: 960 mℓ

- 30 mℓ de azeite de oliva
- 14 g de chalota picada
- 680 g de pimentão vermelho sem pele, nem sementes, nem os talos internos, picado
- Sal, a gosto
- Pimenta-do-reino preta moída, a gosto
- 120 mℓ de vinho branco seco
- 240 mℓ de **fundo de frango** (p. 277)
- 60 mℓ a 90 mℓ de creme de leite fresco (36% a 40%) (opcional)

1. Aqueça o azeite em fogo médio e refogue a chalota até ficar macia, em cerca de 2 minutos. Adicione o pimentão e continue a refogar até ficar bem macio, em cerca de 12 minutos. Tempere com o sal e a pimenta-do-reino.
2. Deglace a panela com o vinho e espere que se reduza até quase desaparecer.
3. Junte o fundo e cozinhe em fogo brando até que se reduza à metade.
4. Bata o molho no processador de alimentos ou no liquidificador, até que fique bem homogêneo. Adicione o creme de leite a esse purê, se usar. Prove e ajuste o tempero com o sal e a pimenta-do-reino.
5. O molho está pronto para ser servido, ou pode ser resfriado rapidamente e refrigerado para uso posterior.

Pesto

Rendimento: 960 mℓ

- 227 g de folhas de manjericão
- 113 g de *pinole* tostado
- 6 dentes de alho amassado até se tornar uma pasta
- 10 g de sal
- 360 mℓ de azeite de oliva
- 227 g de parmesão ralado
- Sal, a gosto

1. Lave as folhas de manjericão, seque bem e pique. Passe para um processador de alimentos ou pilão. Triture o manjericão com os *pinoles*, o alho e o sal juntos, adicionando o azeite pouco a pouco, até formar uma pasta grossa.
2. Prove e ajuste o tempero com o sal. Junte o parmesão. O molho está pronto para usar, ou pode ser refrigerado para uso posterior.

NOTA: Se o manjericão for branqueado em água salgada fervente, o *pesto* não se oxidará durante o armazenamento e a cor do molho ficará mais pronunciada.

Manteiga à *maître d'hôtel*

Rendimento: 454 g

- 454 g de manteiga à temperatura ambiente
- 57 g de salsa picada
- 1½ colher (sopa)/22,5 mℓ de suco de limão
- Sal, a gosto
- Pimenta-do-reino preta moída, a gosto

1. Bata a manteiga à mão ou com a pá de uma batedeira elétrica até ficar macia. Acrescente os outros ingredientes e misture bem. Prove e ajuste o tempero com o sal e a pimenta-do-reino.
2. A manteiga aromatizada está pronta para ser usada: pode ser enrolada em forma de cilindro ou modelada com o bico de confeitar. Coloque-a na geladeira se for usá-la mais tarde.

Manteiga de estragão: Substitua a salsa por igual quantidade de estragão picado.

Manteiga de pimentão: Substitua a salsa por quantidade igual de pimentões ralados.

Manteiga de cebolinha: Adicione 15 mℓ de molho de soja, ½ colher (chá)/1,5 g de alho picado e substitua a salsa por quantidade igual de cebolinha picada.

Manteiga de *dill*: Substitua a salsa por igual quantidade de *dill* picado.

Manteiga de tomate seco e orégano: Adicione 1 colher (sopa)/3 g de orégano picado e 28 g de tomate seco picado.

Manteiga de manjericão: Substitua a salsa por igual quantidade de manjericão picado.

Enrolando a manteiga à *maître d'hôtel*.

Manteiga de estragão.

sopas

Uma sopa bem preparada sempre deixa uma impressão memorável. As sopas oferecem uma inteira gama de ingredientes aromáticos e muitas oportunidades para guarnecer. Também permitem ao chef usar as aparas e as sobras com criatividade, consideração importante para qualquer estabelecimento de serviços alimentares, em relação aos lucros.

CAPÍTULO 14

As técnicas e o tempo de cozimento de fundos e caldos são semelhantes. As carnes, aves, peixes, aparas ou vegetais, que podem ser assados ou chamuscados, são fervidos suavemente com vegetais aromáticos, especiarias e ervas, para produzir um líquido claro e saboroso, um pouco encorpado. A maior diferença entre caldos e fundos é que os caldos podem ser servidos como estão, ao passo que os fundos são usados na produção de outros pratos.

caldos

Os caldos de carne e aves têm sabor mais pronunciado do que os fundos feitos com as mesmas bases, por serem baseados em carne, e não em ossos. Os caldos de peixes e vegetais são feitos com os mesmos ingredientes básicos dos fundos de peixes e vegetais, de modo que a diferença entre eles é, na verdade, o uso que se pretende dar à preparação.

Se a temperatura de cozimento de um caldo for regulada com cuidado, de modo a nunca ser mais do que uma fervura uniforme e suave, e se a espuma for retirada da superfície quando necessário, o caldo pode ser tão claro, encorpado e suculento quanto qualquer *consommé*, sem que a clarificação seja necessária.

Os melhores caldos são feitos com os ingredientes mais saborosos. Escolha cortes de carne das partes do animal mais exercitadas, porque, quanto mais o músculo for desenvolvido, mais pronunciado será o sabor. O mesmo é verdade para caldos de aves, em que os frangos para ensopar ou as aves de caça mais maduras são a melhor escolha para um sabor mais marcante. Em geral, a carne ou a ave usada para preparar caldos pode funcionar em outras preparações, se for cozida até ficar bem macia e nada além disso. A carne pode ser cortada em *julienne* ou cubos, para ser usada como guarnição.

O frescor de um peixe é fundamental, assim como o fato de ser relativamente magro ou gorduroso. É melhor usar peixes de carne branca e magra, como linguado, halibute ou bacalhau. Os peixes mais suculentos, com maior teor de gordura, como a anchova e a cavala, tendem a perder sabor quando seus óleos delicados forem submetidos a altas temperaturas, mesmo por curtos períodos de tempo. Os frutos do mar e os crustáceos cozidos na casca, em pequena quantidade de líquido, produzem caldos excelentes, que devem ser cuidadosamente coados para remover todos os traços de pedrinhas ou de areia.

Para os caldos vegetais, combine aparas de boa qualidade de vários vegetais, ou siga uma receita específica. Considere a força do sabor do vegetal e como ele pode afetar o equilíbrio do caldo. Os membros da família do repolho, como a couve-flor ou o próprio repolho, podem ser fortes demais.

Muitos caldos começam com o mais simples de todos os líquidos: água fresca, fria. Usar um fundo, *remouillage* ou caldo como líquido base produzirá o que algumas vezes é chamado "caldo duplo". Selecione outros ingredientes para acrescentar sabor, aroma e cor ao caldo. As ervas aromáticas e as combinações de vegetais como *mirepoix*, *sachet d'épices* ou *bouquet garni* são tradicionais. Os caldos contemporâneos podem pedir ingredientes como tomates secos, capim-limão, cogumelos selvagens ou gengibre, para conferir ao caldo uma personalidade única.

Guarnecer caldos adiciona interesse ao visual e à textura. Guarnições simples, como uma *brunoise* de vegetais ou raminho de cerefólio, são tradicionais. Outras escolhas podem ser carnes em cubos ou em *julienne*; pedaços de peixes ou frutos do mar; *croûtons*; *dumplings*, *quenelles* e *wontons*; macarrão; e arroz. As receitas deste e as de muitos outros livros ilustram o leque de possibilidades disponíveis.

Ao reunir o equipamento, selecione um caldeirão grande o suficiente para colocar o caldo enquanto cozinha. Deve haver espaço bastante, na parte superior, para permitir que o caldo se expanda durante o cozimento, assim como para facilitar a retirada das impurezas da superfície. O caldeirão deve ser alto e estreito, e não baixo e largo. Se houver, prefira uma panela com torneira, para facilitar a retirada do caldo. Você também vai precisar de escumadeiras e conchas, recipientes para armazenar ou manter, escorredores, colheres e xícaras de prova, e um garfo de cozinha para retirar os pedaços grandes de carne.

» receita básica

Caldo de carne ou aves com água
(3,84 ℓ)

4,54 kg de carne ou ave, inclusive os ossos

4,8 ℓ de líquido frio

454 g de *mirepoix* padrão (p. 257)

1 *sachet d'épices* padrão (p. 255)

Caldo de carne ou aves com fundo
(3,84 ℓ)

1,36 kg de carne ou ave

4,8 ℓ de fundo

454 g de *mirepoix* padrão (p. 257)

1 *sachet d'épices* padrão (p. 255)

Caldo de peixe ou frutos do mar
(3,84 ℓ)

4,54 kg a 5,44 kg de peixe ou frutos do mar, inclusive ossos ou cascas/conchas

4,8 ℓ de líquido frio

454 g de *mirepoix* branco (p. 257); pode incluir aparas de cogumelos

1 *sachet d'épices* padrão ou *bouquet garni* padrão (p. 255)

método rápido »

1. Junte a carne e o líquido.
2. Cozinhe em fogo brando.
3. Junte o *mirepoix* e/ou o *bouquet garni*.
4. Cozinhe em fogo brando e escume.
5. Filtre.
6. Resfrie e guarde, ou finalize e guarneça para servir.

dicas do especialista «

Para intensificar o sabor de um caldo, a quantidade de carne ou vegetais pode ser aumentada. Para sublinhar ainda mais seu sabor e sua cor, doure os ingredientes principais (carne e/ou vegetais) antes de adicionar o líquido.

Podem-se acrescentar outros ingredientes para desenvolver mais sabor. Adicione alguns no início do processo de cocção para infundir sabor no momento apropriado. Os outros podem ser acrescidos mais tarde, de modo a reter seu sabor e/ou textura individuais.

SACHET OU *BOUQUET* / CEBOLA *BRÛLÉ* / ERVAS FRESCAS OU SECAS / VEGETAIS AROMÁTICOS

Guarnecer o caldo é uma outra forma de introduzir e influenciar o perfil de sabor. Os ingredientes da guarnição, cortados no tamanho apropriado e na forma desejada, são acrescentados na finalização do processo de cocção.

VEGETAIS / CARNE, AVES OU PEIXES / ERVAS FRESCAS / MACARRÃO COZIDO / GRÃOS COZIDOS, COMO ARROZ OU CEVADA

método detalhado

1. Combine os principais ingredientes aromáticos,
os temperos apropriados e líquido frio que os cubra completamente. Espere que o líquido cozinhe em fogo brando, escumando conforme necessário. Ferver suavemente extrai o máximo de sabor e estabelece um processo de clarificação natural; além disso, as impurezas (gordura e espuma) sobem à superfície, de onde podem ser retiradas. O processo de branquear carne ou aves, antes de fazer o caldo, ajuda a remover as impurezas.

Quando cozinhar caldos, evite a fervura forte, para impedir que o sabor dos ingredientes se dissipe. A fervura vigorosa também faz que a gordura e as impurezas se misturem, embaixo, e, assim, turvem o caldo.

2. Acrescente os ingredientes restantes
e os aromáticos a intervalos adequados. Os ingredientes do *sachet d'épices* ou do *bouquet garni* liberam o sabor rapidamente, e devem ser adicionados perto do final do cozimento. O cozimento continuado pode, em vez de intensificar o sabor, dissipar os delicados óleos voláteis que contêm a essência do sabor. Cozinhe em fogo brando até que o sabor, a cor e o corpo se desenvolvam completamente. Como os tempos de cozimento dos caldos são extremamente variáveis, consulte receitas específicas para melhor orientação.

Prove o caldo de vez em quando, enquanto ferve, para certificar-se de que ele está se desenvolvendo adequadamente, e faça as correções necessárias. Por exemplo, se um cravo-da-índia no *sachet d'épices* ameaçar sufocar o caldo, retire-o. Se faltarem sabores assados suculentos, junte uma cebola *brûlé* (ver p. 254). Entretanto, os ajustes de tempero e de sabor finais são feitos, em geral, depois que os ingredientes principais já liberaram o máximo de sabor. A carne e as aves devem ser cozidas até ficarem macias ao toque do garfo. Os peixes, frutos do mar e crustáceos devem ser fervidos rapidamente, só até ficarem cozidos. Os vegetais devem ficar extremamente macios, mas não virar mingau.

3. **Retire o caldo da panela** com a concha, sem despejá-lo. Para manter a sopa clara, primeiro retire a carne ou a ave e os vegetais do caldo, antes de coar. Forre uma peneira ou escorredor com um pedaço de musselina lavado e dobrado. Também se pode usar uma peneira de malha fina ou filtro de papel. Retire o máximo de gordura que puder da superfície antes de guarnecer e servir, ou antes de esfriar e armazenar rapidamente.

Esfrie o caldo à temperatura de serviço e guarneça-o como desejar. Se o caldo foi esfriado, retire a gordura coagulada e devolva-o ao fogo para ferver suavemente. Prepare e aqueça a guarnição.

4. **Um bom caldo é claro,** de cor dourada, suculento e aromático, encorpado e com bom sabor. A seleção de ingredientes frescos, de alta qualidade, a proporção correta de ingredientes aromáticos em relação ao líquido, o controle cuidadoso da temperatura, o escumar meticuloso, o tempo de cozimento adequado e os ajustes ao tempero do caldo durante o período de cocção têm por resultado um caldo da mais alta qualidade. Para manter essa qualidade, deve-se manusear a sopa da maneira apropriada durante o armazenamento e o reaquecimento. Costumeiramente, os caldos têm algumas gotas de gordura na superfície, sinal de sopa suculenta, cheia de sabor.

Os *consommés* são caldos perfeitamente claros. São excepcionalmente suculentos no sabor e transparentes, efeito conseguido pela combinação de caldo ou fundo de alta qualidade com uma mistura de clarificação. Para assegurar que o *consommé* tenha alta qualidade, o chef deve escolher cuidadosamente os ingredientes, manter a mistura de clarificação muito fria até que seja hora de cozinhar o *consommé* e monitorar a temperatura enquanto o cozinha, em uma fervura suave. Depois que o *consommé* desenvolveu sabor e cor suculentos, deve ser coado com cuidado e desengordurado, para se tornar uma sopa cristalina, sem traços de gordura, de sabor intenso e satisfatório.

consommé

O fundo para *consommé* deve ser de alta qualidade e muito fresco. Para verificar a qualidade, ferva uma pequena quantidade, depois cheire e prove. Se houver qualquer dúvida sobre a qualidade do fundo, use um fundo mais novo ou prepare outro.

A clarificação é a combinação de carne moída magra, claras de ovos, *mirepoix*, ervas e especiarias, além de tomate ou outros ingredientes ácidos. Todos esses ingredientes desempenham múltiplas funções no preparo de um *consommé* bem equilibrado. Essa mistura de ingredientes produz uma sopa saborosa e clara, removendo impurezas do fundo e reforçando seu sabor. Sempre que possível, moa a carne com os vegetais do *mirepoix* para obter o melhor sabor e qualidade no *consommé* pronto. Não importa se você mesmo moer a carne ou a adquirir moída; entretanto, mantenha-a refrigerada, com as claras, de modo que permaneçam saudáveis e saborosas.

Os vegetais do *mirepoix* devem ser cortados em pedaços pequenos, ou moídos, de modo a se tornarem parte do todo e liberarem seus sabores rapidamente. Muitos vegetais aromáticos são usuais, como cebolas, cenouras, salsão, alho, alhos-porós, pastinacas e cogumelos. Misture bem os ingredientes da clarificação (exceto os ingredientes ácidos) e gele, se houver tempo, por várias horas ou durante a noite. Os ingredientes ácidos, como os tomates, são acrescentados pouco antes de o fundo se misturar à clarificação, tanto para permitir que o filtro se forme adequadamente como por seu sabor. O suco de limão e o vinagre são opções acídicas para *consommés* de peixe ou vegetais. Também se pode adicionar uma cebola *brûlé* para obter sabor e cor adicionais. Outros itens aromáticos são usados se forem necessários ou apropriados para a obtenção de um sabor especial.

Acrescentam-se, ainda, à mistura de clarificação, ervas e especiarias: raminhos ou caules de estragão, salsa, cerefólio, *dill*, tomilho ou outras ervas frescas; cravos-da-índia, folhas de louro, grãos de pimenta-do-reino, bagas de zimbro ou anis-estrelado; e gengibre e capim-limão.

O equipamento para preparar *consommés* é o mesmo utilizado para preparar os caldos, com as seguintes considerações especiais: a panela deve ter um fundo grosso para que os ingredientes da clarificação não grudem nem se queimem, e deve ser mais alta do que larga. O calor uniforme de chaleiras de vapor e fogões *flattop*, se disponíveis, são ideais para fazer *consommés*.

consommé

» receita básica

Consommé
(3,84 ℓ)

INGREDIENTES DA CLARIFICAÇÃO

454 g de *mirepoix* padrão
(p. 257) picado ou triturado

1,36 kg de carne vermelha, de frango ou de peixe moída

12 claras de ovo

284 g de tomate picado

2 colheres (sopa) / 20 g de sal

5,76 ℓ de líquido frio
(fundo ou caldo)

Especiarias e temperos, como sal e pimenta, *sachet d'épices* padrão (p. 255), cebola *brûlé* (p. 254) ou outros, a gosto

Nota: Para consommé de peixe, suco de limão, vinagre e/ou vinho podem substituir os tomates para evitar o escurecimento. A quantidade vai depender do nível de acidez do ingrediente.

método rápido »

1. Junte o *mirepoix*, a carne e as claras. Junte o ácido e o sal aos ingredientes da clarificação.
2. Cozinhe o fundo e os ingredientes da clarificação em fogo brando, mexendo frequentemente.
3. Pare de mexer quando chegar a cerca de 49 °C a 52 °C e deixe o filtro começar a se formar.
4. Cozinhe em fogo brando, regando o filtro com frequência. Junte ingredientes opcionais, se quiser.
5. Coe.
6. Desengordure.
7. Esfrie e guarde ou finalize, guarneça e sirva.

dicas do especialista «

Para realçar o sabor e a cor de um *consommé*, dobre a quantidade de carne moída da receita. Assim se consegue um *consommé* duplo.

Podem-se adicionar outros ingredientes para desenvolver mais sabor. Faça isso no momento apropriado.

SACHET OU BOUQUET / CEBOLA *BRÛLÉ* / ERVAS FRESCAS OU SECAS / VEGETAIS AROMÁTICOS

Use diferentes ácidos no *consommé* para obter o sabor ou a cor desejados.

TOMATE / SUCO DE LIMÃO / VINHO SECO / VINAGRE

Uma outra maneira de introduzir e influenciar sabores no *consommé* é guarnecê-lo, no final do processo de cozimento, com ingredientes cortados na forma e no tamanho apropriados.

capítulo 14 » SOPAS

método detalhado »

1. Os ingredientes da clarificação

devem estar bem gelados (abaixo dos 4 °C) antes de o cozimento começar. Alguns chefs preferem moer a mistura de clarificação no dia anterior, para que haja bastante tempo para esfriá-la. Adicione os tomates pouco antes de cozer o *consommé*. Junte fundo frio suficiente para desmanchar a clarificação. Para grandes quantidades, o resto do fundo pode ser fervido suavemente em separado, para encurtar o tempo total de cozimento.

2. Cozinhe em fogo brando,

mexendo com frequência, até que o filtro comece a se formar. Continue a mexer o *consommé*, de modo que os ingredientes da clarificação não grudem no fundo da panela nem se queimem. À medida que se aquecem, os ingredientes da clarificação começam a ficar cinzentos e se juntam, formando uma massa grande e macia, chamada filtro. Isso ocorre a uma temperatura que vai dos 49 °C aos 52 °C. Pare de mexer o *consommé* a essa temperatura e ajuste a chama até que apenas algumas bolhas pequenas subam à superfície. Se o fogo for mais alto, o filtro pode se romper antes de ter clarificado o caldo o suficiente e aromatizado o *consommé*. Por outro lado, se o calor for muito fraco, as impurezas podem não subir à superfície, onde ficam presas ao filtro. Se desejar, adicione uma cebola *brûlé*.

consommé

3. **Cozinhe em fogo brando sem mexer,** assim que os ingredientes da clarificação formarem o filtro. Regar assegura o desenvolvimento do sabor mais completo e impede que o filtro seque e possa se romper.

À medida que o *consommé* continua a ferver suavemente, a carne e os ovos se coagulam, formando o filtro. A fervura suave da sopa carrega as impurezas do fundo da panela para o filtro, que ficam presas nele, clarificando a sopa. A fervura suave também pode formar um pequeno orifício no filtro. Se o orifício não se formar sozinho, use uma colher ou concha para penetrá-lo, de modo que você possa provar o *consommé* conforme ele se desenvolve, e ajustar os temperos. O orifício deve ser grande o bastante para permitir a passagem de uma concha pequena.

Cozinhe em fogo brando até que o sabor, a cor e o corpo tenham se desenvolvido de modo pleno. As receitas quase sempre fornecem orientação em relação ao tempo de cozimento (em geral de 1 a 1½ hora) – longo o suficiente para fortificar o sabor da sopa e clarificá-la adequadamente. Regue o filtro com frequência, enquanto o *consommé* ferve suavemente. Quando o filtro começar a descer ligeiramente, pressupondo que isso ocorra depois de um tempo de cocção razoável (e não porque a chama não estava ajustada de modo adequado), o *consommé* está pronto. Despeje uma pequena quantidade em um prato para verificar sua transparência.

Coe o *consommé* usando uma peneira de malha fina, uma peneira cônica forrada com um filtro de café ou com musselina cuidadosamente lavada. Evite romper o filtro quando coar o *consommé* e não despeje o *consommé* e o filtro no escorredor, porque isso vai soltar as impurezas. Ajuste o tempero conforme necessário.

4. Use papel absorvente para desengordurar cuidadosamente o *consommé* ou coloque-o na geladeira. A gordura existente se solidificará e será fácil retirá-la antes de reaquecer. O *consommé* não deve conter qualquer gordura. Agora está pronto para ser guarnecido e servido, ou para ser resfriado e armazenado.

Um *consommé* de excelente qualidade tem um sabor bem equilibrado, suculento, que reflete o ingrediente principal, e um corpo perceptível. É perfeitamente claro e aromático, sem qualquer gordura. A seleção de ingredientes frescos, de alta qualidade, ingredientes de clarificação bem gelados, a proporção adequada de aromáticos e líquido, o tempo de cozimento adequado, a regulagem cuidadosa da temperatura, o escumar meticuloso e os ajustes do tempero ao longo do tempo de cocção têm por resultado um *consommé* da mais alta qualidade. O manuseio cuidadoso do *consommé* durante o armazenamento e reaquecimento assegura a manutenção da qualidade.

GUARNIÇÕES DO *CONSOMMÉ*

Existem centenas de guarnições clássicas codificadas para *consommés*, que vão de itens modestos, como vegetais de raiz em cubos pequenos, à esotérica folha de ouro comestível que aparece numa receita encontrada em *Le Guide Culinaire*, de Escoffier. Eles sofrem influências de diversas culinárias, como as asiáticas, os pratos caribenhos e os estilos culinários rústicos italianos. Não importa qual seja a guarnição, o importante é que seja tão bem preparada quanto o *consommé*.

O corte dos vegetais deve ser eficiente e preciso. Os *royales* precisam ser delicados, macios e desmanchar na boca. O tempero selecionado para a guarnição deve sublinhar o sabor do *consommé*, não se desviar dele.

NOME	COMPOSIÇÃO CLÁSSICA
CONSOMMÉ BRUNOISE	*Consommé* guarnecido com pequenos cubos de cenoura, nabo, salsão, alho-poró e cerefólio.
CONSOMMÉ CÉLESTINE	*Consommé* ligeiramente engrossado com tapioca e guarnecido com crepes cortados em *julienne*, misturados com trufas ou ervas picadas.
CONSOMMÉ JULIENNE	*Consommé* guarnecido com cenouras, alho-poró, nabo, salsão e repolho cortados em *julienne*, mais ervilhas e uma *chiffonade* de azedinha e cerefólio.
CONSOMMÉ PRINTANIER	*Consommé* guarnecido com bolas de cenoura e nabo, ervilhas e cerefólio.
CONSOMMÉ ROYALE	*Consommé* de frango guarnecido com cubos, círculos ou losangos de creme *royale*.
CONSOMMÉ AU CHASSEUR	*Consommé* de caça guarnecido com cogumelos cortados em *julienne* e *quenelles* ou profiteroles de caça recheados com purê de caça.
CONSOMMÉ DIPLOMATE	*Consommé* de frango ligeiramente engrossado com tapioca e guarnecido com trufas em *julienne* e *rondelles* de frango moído misturado com manteiga de lagostim.
CONSOMMÉ GRIMALDI	*Consommé* clarificado com purê de tomate fresco e guarnecido com creme *royale* em cubos e salsão em *julienne*.
CONSOMMÉ MIKADO	*Consommé* de frango com tomate, guarnecido com cubos de tomate e frango.

Os caldos fortificados são baseados em fundos ou caldos claros e têm mais sabor, textura e corpo do que os claros. Os vegetais são cortados em tamanho uniforme e fervidos suavemente na sopa, até ficarem macios. Muitas vezes se acrescentam carnes, grãos e macarrão, para encorpá-los. Essas sopas não têm a transparência do caldo ou do *consommé* por causa dos ingredientes adicionais cozidos diretamente no caldo. Os caldos fortes também podem ser feitos com um único vegetal (por exemplo, sopa de cebola)

caldos fortificados

Os caldos fortificados incluem vegetais escolhidos por seu sabor e por suas qualidades aromáticas. Prepare cada vegetal aparando-o, descascando-o e cortando-o em pedaços de tamanho igual, de modo que cozinhem uniformemente e tenham aparência atraente.

Alguns dos caldos fortes também incluem carne, aves ou peixe. Apare e corte a carne, as aves ou o peixe de acordo com o estilo da sopa que estiver preparando. Depois de cozidos, esses ingredientes são, muitas vezes, cortados em cubos ou em *julienne* e devolvidos à sopa pouco antes de ela ficar pronta.

Outros ingredientes podem ser feijão, grãos integrais ou macarrão. Para obter uma sopa clara, cozinhe esses ingredientes amidoados separadamente e acrescente-os à sopa como guarnição. Para um resultado mais rústico, esses ingredientes podem ser cozidos no caldo, como parte do processo de preparo da sopa. Tais sopas tendem a ser mais encorpadas.

Caldos claros, fundos de boa qualidade, água, essências vegetais ou sucos podem ser o líquido base para sopas vegetais. Prove o líquido e acrescente os temperos conforme necessário desde o início do cozimento até a hora do serviço. Consulte receitas específicas para sugestões de variações. Ferva o caldo suavemente em fogo baixo, enquanto prepara os outros ingredientes, os temperos e os aromáticos, de acordo com a necessidade. Isso vai melhorar o sabor do caldo e ajudar a reduzir o tempo de cocção total, que será mais rápido.

As guarnições são tão variadas quanto as próprias sopas. Os *croûtons* são comuns e podem ser parte do preparo, como na **sopa de cebola gratinada** (p. 351). Acrescente outras guarnições – como *pesto*, queijo ralado ou mesmo ovos batidos – às sopas vegetais no momento do serviço. Os purês de pimentão vermelho, pimentas, tomate ou azedinha também podem ser acrescentados no último momento, para adicionar uma pontinha de cor e sabor. Os vinhos fortificados, como *sherry*, vinagre ou sucos de frutas cítricas podem ser usados para acertos de sabor de última hora.

A maior parte das sopas vegetais cozinha num único caldeirão, do início ao fim. O caldeirão deve ser mais alto do que largo para permitir que o cozimento seja gradual e uniforme, em fervura suave e constante. Durante todo o tempo da preparação, usam-se escumadeiras, conchas e colheres. Colheres medidoras e xícaras devem ficar à mão, para que o desenvolvimento do sabor da sopa possa ser monitorado. Também serão necessários recipientes para armazenamento ou manutenção da sopa aquecida.

caldos fortificados

» receita básica

Caldo fortificado
(3,84 ℓ)

1,81 kg de ingredientes aromáticos, como vegetais, carne, aves, peixe, legumes ou massa

3,84 ℓ de fundo ou caldo

Temperos e especiarias, como sal e pimenta, *sachet d'épices* padrão ou *bouquet garni* padrão (p. 255), *oignon brûlé* (p. 254), ou o que desejar

Sopa de cebola
(3,84 ℓ)

2,27 kg de cebola

3,84 ℓ de fundo

Sopa de vegetais clara
(3,84 ℓ)

1,81 kg de vegetais

3,84 ℓ de fundo de vegetais ou caldo de carne/frango/peixe se for para uma sopa não vegetariana

método rápido »

1. Sue os vegetais e os aromáticos. Junte os ingredientes principais (se usados).
2. Junte o líquido.
3. Ferva e escume.
4. Junte o *sachet d'épices* ou o *bouquet garni*.
5. Cozinhe em fogo brando e escume.
6. Junte o restante dos ingredientes nos intervalos apropriados.
7. Descarte o *sachet d'épices* ou o *bouquet garni* quando o sabor desejado tiver sido alcançado.
8. Esfrie e guarde, ou finalize e guarneça para servir.

dicas do especialista «

A quantidade de carne ou vegetais pode ser aumentada para intensificar o sabor de um caldo. Para sublinhar mais ainda o sabor e a cor, doure os ingredientes principais (carne e/ou vegetais) antes de adicionar o líquido.

Podem-se adicionar outros ingredientes para desenvolver ainda mais sabor. Faça isso no momento apropriado; alguns, no início do processo de cozimento, para infundir sabor; outros, mais tarde, de modo que retenham seu sabor e/ou textura individuais.

SACHET OU BOUQUET / CEBOLA BRÛLÉ / ERVAS FRESCAS OU SECAS / VEGETAIS AROMÁTICOS

Para conferir mais corpo a um caldo forte, pode-se usar qualquer um dos seguintes ingredientes, dependendo dos resultados que queira obter.

CARNES / GRÃOS / MACARRÃO / VEGETAIS AMIDOADOS / LEGUMES

Uma outra forma de introduzir e influenciar o perfil de sabor de um caldo forte é guarnecê-lo. Adicione os ingredientes, cortados no tamanho adequado e na forma desejada, bem no final do processo de cozimento ou no momento do serviço.

CARNE, AVES OU PEIXE / GRÃOS OU MACARRÃO / VEGETAIS / ERVAS AROMÁTICAS FRESCAS, OU PASTAS DE ERVAS, COMO PESTO / *CROÛTONS* / QUEIJO / AZEITES SIMPLES OU AROMATIZADOS / VINHOS FORTIFICADOS OU OUTROS

capítulo 14 » SOPAS

método detalhado »

1. **Corte os vegetais** em tamanho e forma uniformes. Cozinhe os vegetais aromáticos em gordura até o estágio desejado, acrescentando-os a intervalos, para desenvolver os melhores sabor, textura e cor. Cebola, alho, alho-poró, salsão, cenoura e pastinaca são os ingredientes aromáticos básicos de muitas sopas de vegetais. Refogá-los em uma pequena quantidade de gordura inicia o processo de liberação de seus sabores na sopa. Alguns vegetais tenros, como floretes de brócolis, pontas de aspargos e outros tipos delicados não devem ser refogados, e sim adicionados a intervalos escalonados, de acordo com os tempos individuais de cozimento. Cozinhar vegetais como cebolas até que fiquem dourado-escuros desenvolve um sabor mais suculento no caldo pronto. Consulte as receitas para instruções específicas na cocção dos vegetais.

2. **Adicione o líquido** e deixe ferver suavemente, mexendo, escumando e acertando o tempero durante todo o tempo de cozimento. Acrescente os ingredientes aromáticos principais a intervalos apropriados. Dependendo do sabor do caldo, o tempero adequado também é acrescentado a essa altura. Tenha em mente que a sopa vai ferver suavemente por cerca de mais 1 hora.

Para a maior parte das sopas, a melhor velocidade de cozimento é a fervura suave, pois os vegetais e as carnes liberam seu melhor sabor e a aparência dos vegetais é mais atraente. A fervura viva tende a desmanchar a comida. Continue a juntar ingredientes no momento apropriado, para que cozinhem adequadamente e desenvolvam um bom paladar.

Os ingredientes aromáticos adicionais, como o *sachet d'épices* ou o *bouquet garni*, são acrescentados mais perto do final do cozimento, de modo que cozinhem apenas o suficiente para liberar o sabor na sopa. Escume a superfície conforme necessário, durante todo o tempo de preparo. A espuma que se forma na sopa deve ser removida, para que ganhe a melhor qualidade e aparência. Prove a sopa com frequência, à medida que cozinha, e faça os ajustes necessários. Assim que a sopa chegar ao melhor sabor, estará pronta para o tempero final, para a guarnição e para o serviço. Ou poderá ser resfriada e armazenada.

caldos fortificados

3. **A sopa pronta** deve ter cor, sabor e aroma suculentos. As sopas claras de vegetais não são tão claras quanto o caldo ou o *consommé*. Ao contrário das sopas coadas, os vegetais fazem parte da própria sopa e lhe conferem textura e corpo. Quando cozidos adequadamente, eles devem apresentar cores atraentes. Carnes, aves, peixes e ingredientes amidoados, como batatas e feijão, devem manter a forma, mas ter uma textura muito macia.

NOTA: *Os feijões devem ser cozidos em separado e adicionados à sopa posteriormente, em momento específico. Se eles forem adicionados ao mesmo tempo que outros vegetais, vão continuar duros e mal cozidos quando os outros ingredientes já estiverem macios.*

ADIÇÕES PARA O CALDO

CARNES, AVES E PEIXES
Os cortes de carne mais maduros e menos macios devem ser acrescentados à sopa logo no início do processo de cozimento, para que transmitam sabor ao caldo adequadamente e terminem de cozinhar ao mesmo tempo que os outros ingredientes. Junte peixe ou frutos do mar a caldos fortes perto do final do tempo de cocção, para que não cozinhem demais.

GRÃOS E MACARRÃO
Deixe que os grãos e o macarrão cozinhem um pouco mais de tempo do que seria necessário para cozê-los em água salgada fervente.

LEGUMES
Acrescente lentilhas e feijão-fradinho à sopa com o fundo, para ficarem completamente cozidos. Pode ser necessário cozinhar em separado outros tipos de feijão.

VEGETAIS DENSOS OU AMIDOADOS
Em geral, os nabos, cenouras, batatas, abóboras, rutabagas, beterrabas e pastinacas cortadas em cubos pequenos levam de 35 a 40 minutos para ficar totalmente cozidos.

VEGETAIS VERDES
Acrescente ervilhas, vagens e vegetais de folhas, como espinafre ou couve-crespa, durante os 15 a 20 minutos finais da fervura suave da sopa. Alguns chefs preferem branquear esses vegetais para ajudar a fixar a cor antes de adicioná-los ao prato.

TOMATES
Em alguns casos, os tomates podem ser acrescentados no início do cozimento, com os ingredientes aromáticos, para funcionar como aromatizantes do caldo. A guarnição de tomate pode ser acrescentada durante os 5 a 10 minutos finais do tempo de cozimento.

ERVAS AROMÁTICAS E ESPECIARIAS
Acrescente as ervas secas e a maior parte das especiarias à sopa com os aromáticos, para conferir sabor ao caldo durante todo o tempo de cocção. As ervas, frescas e secas, e as especiarias também podem ser acrescidas, sob forma de *sachet* ou *bouquet garni*, durante os 15 a 20 minutos finais do tempo de fervura ou antes do serviço, para se obter um sabor mais fresco.

capítulo 14 » SOPAS

Segundo as definições clássicas, a sopa-creme é baseada em um molho *béchamel* – leite engrossado com *roux* – e terminada com creme de leite fresco (36% a 40%). A sopa *velouté* é baseada em um molho *velouté* leve – fundo engrossado com *roux* – e terminada com uma *liaison* de creme de leite fresco (36% a 40%) e gemas de ovo. Os chefs contemporâneos não estabelecem mais distinção entre as duas; com frequência, substituem uma base *velouté* pelo *béchamel* em sopas-creme ou até usam o termo *creme* para referir-se a uma sopa em purê que, simplesmente, foi terminada com creme de leite.

sopa-creme

O ingrediente aromático principal de algumas sopas-creme é, muitas vezes, apenas um, como brócolis, aspargos, frango ou peixe. Quando ferver suavemente aves ou peixes na sopa, para lhe conferir sabor e corpo, certifique-se de aparar, amarrar, ou cortar esses ingredientes como se deve. Os vegetais – não importa se usados como ingredientes principais ou como aromáticos – devem ser bem lavados e depois descascados, aparados e cortados em pedaços pequenos e uniformes, de modo que cozinhem uniformemente.

Deve-se ter à mão um caldo bem temperado e encorpado, um fundo, ou um *velouté* leve. Às vezes, é apropriado ter leite ou um *béchamel light*. Ferva o líquido suavemente com os temperos, aromáticos ou outros ingredientes que forneçam sabor. Consulte receitas específicas para melhor orientação.

Os espessantes, inclusive o *roux* preparado, a farinha, as batatas ou o espessamento natural do ingrediente principal amassado, conferem textura às sopas-creme. Contudo, é desnecessário juntar espessantes se a base líquida for um *velouté* preparado. Reúna antecipadamente os ingredientes do acabamento, aromatizante final e temperos, e guarnições, a fim de estar pronto para adicioná-los no momento adequado. Cozinhe em fogo brando o creme de leite antes de acrescentá-lo a uma sopa que também esteja fervendo suavemente. Misture *liaisons* e acerte a consistência pouco antes de servir a sopa.

Para as sopas-creme, uma boa escolha são os caldeirões com fundo grosso e liso, feitos de materiais não reativos, como o aço inoxidável ou o alumínio anodizado. Cozinhe essas sopas em *flattops* ou sobre um difusor de calor para impedir a formação de áreas mais quentes, que podem queimar a sopa. Tenha à mão colheres de pau, conchas e escumadeiras durante todo o processo de cozimento. Use o liquidificador e o *mixer*, processadores de alimento e passadores de legumes, sozinhos ou combinados, para passar a sopa. Para conseguir uma textura aveludada na sopa pronta, você também pode precisar de peneiras de malha fina ou de uma peça de musselina, para escorrer a sopa uma última vez.

sopa-creme

» receita básica

Sopa-creme
(3,84 ℓ)

454 g de *mirepoix* branco (p. 257)

1,81 kg de ingredientes aromáticos, como vegetais, carnes, aves ou peixe

3,84 ℓ de *velouté* de frango ou outro *velouté* (p. 308), *nappé* "fino"

Temperos e aromáticos (sal e pimenta, *sachet d'épices* padrão, p. 255, ou *bouquet garni*, p. 255)

480 mℓ de creme de leite fresco (36% a 40%)

Ingredientes de finalização e para guarnecer apropriados (*liaison* [p. 263], ingredientes aromáticos, em cubos ou em *julienne*, ou ervas, picadas ou em *chiffonade*)

método rápido »

1. Cozinhe o mirepoix ou outro aromático.
2. Acrescente o aromático principal e cozinhe em fogo baixo.
3. Junte o *velouté*. Ferva.
4. Cozinhe em fogo brando, sem ferver.
5. Junte o *sachet d'épices* ou o *bouquet garni*.
6. Cozinhe em fogo brando e escume.
7. Descarte o *bouquet garni* ou o *sachet d'épices* quando o sabor ideal for alcançado.
8. Faça um purê com a sopa e coe se necessário.
9. Ajuste a consistência se necessário.
10. Aqueça em fogo brando, acerte o tempero e junte o creme de leite fresco.
11. Esfrie e guarde, ou finalize e guarneça para servir.

dicas do especialista «

Para espessar, qualquer um dos itens seguintes pode ser usado, dependendo dos resultados desejados:

ROUX AMARELO / ROUX BRANCO / FARINHA DE TRIGO / BATATAS

Podem-se juntar também ingredientes adicionais para se desenvolver mais sabor. Faça isso no momento apropriado. Acrescente alguns no início do processo de cozimento, para infundir sabor. Os outros podem ser adicionados mais tarde, de modo a reter seu sabor e/ou textura individuais.

SACHET D'ÉPICES / BOUQUET GARNI

Uma outra forma de introduzir e influenciar sabores é guarnecer a sopa-creme. Os ingredientes da guarnição devem ser cortados no tamanho apropriado e na forma desejada, e adicionados no final do cozimento ou pouco antes de servir. Pode-se usar qualquer dos itens seguintes:

LIAISON / CREME DE LEITE INTEGRAL / INGREDIENTE AROMÁTICO PRINCIPAL, EM CUBOS OU EM *JULIENNE* / ERVAS AROMÁTICAS, PICADAS OU EM *CHIFFONADE*

Para uma opção mais saudável, use vegetais batidos (principalmente os ricos em amido) para engrossar a sopa em vez de *roux*, *velouté* ou farinha. Substitua o creme de leite fresco por leite desnatado reduzido para diminuir as calorias e as gorduras.

método detalhado »

1. **Cozinhe os vegetais aromáticos** para desenvolver uma boa base de sabor. Nas sopas-creme, o *mirepoix* branco é uma combinação aromática comum. Aqui, é usado para a base aromática a fim de preservar a cor verde-clara da sopa.

2. **Em algumas sopas,** o(s) principal(is) ingrediente(s) aromático(s) também pode(m) ser adicionado(s) no início do cozimento. Refogue os brócolis e aromáticos até que fiquem translúcidos. Acrescente o *velouté*. Cozinhe sobre fogo bem baixo em óleo, ou manteiga integral, ou manteiga clarificada, até que os vegetais fiquem macios e translúcidos e comecem a liberar seus sucos. Se você usar um *velouté* ou um *béchamel* já prontos, use apenas gordura suficiente para abafar os aromáticos e impedir que se queimem. Uma outra alternativa é acrescentar uma batata para engrossar a sopa.

Junte, pouco a pouco, o *velouté* ou *béchamel*. Espere que comece a ferver suavemente, mexendo com frequência. Verifique o tempero da sopa e faça os ajustes necessários. Certos ingredientes devem ser adicionados à sopa a intervalos, dependendo de sua densidade e do efeito que o cozimento prolongado pode ter sobre eles. Ervilhas frescas e tenras, caso submetidas a um tempo de cocção muito longo, tornam-se cinzentas e empastadas. Um *sachet d'épices* deixado na sopa por tempo demais pode perder a frescura do sabor. Consulte as receitas para as instruções específicas sobre quando acrescentar ingredientes.

Continue a fervura suave até que o ingrediente principal esteja completamente cozido e tenro, e a sopa tenha um bom sabor, mexendo, escumando e ajustando o tempero durante todo o tempo do cozimento. As sopas-creme, em geral, precisam de 30 a 45 minutos de cozimento suave para desenvolver o sabor e engrossar adequadamente. Mexa muitas vezes para evitar que se queimem. Escume a sopa para remover as impurezas e o excesso de gordura, a fim de criar sabor, cor e textura agradáveis na sopa pronta. Puxe a panela um pouco para o lado do queimador; assim, a gordura e as impurezas se juntarão em um só lado do caldeirão, de onde será mais fácil retirá-las. Prove a sopa com frequência, enquanto ela se desenvolve, e junte temperos e aromáticos se necessário.

sopa-creme

3. **Escorra a sopa** e transforme em purê (se necessário). A sopa deve ser coada e, depois, os sólidos devem ser transformados em purê. Então, a sopa base deve ser acrescentada novamente aos sólidos, até que se obtenha a consistência desejada. Use um passador de legumes, liquidificador, *mixer* ou processador de alimentos para sopas-creme de vegetais, que depois devem ser coadas usando-se uma peneira de malha fina ou um pedaço de musselina bem lavado e dobrado. Se usar uma peneira fina, empurre os sólidos contra os lados para extrair o purê.

A coação produz a textura aveludada de uma boa sopa-creme, removendo todas as fibras. As sopas baseadas em carne, peixe ou aves não necessariamente são transformadas em purê.

A essa altura, a sopa deve ter o sabor e a consistência desejados. Se houver necessidade, acerte a consistência agora. A sopa está pronta para o acabamento ou pode ser resfriada rapidamente e refrigerada para uso posterior (ou para servir como sopa gelada).

4. **Cozinhe a sopa em fogo brando,** verificando seu sabor, consistência e tempero antes de juntar o creme de leite. Para uma sopa quente cremosa, devolva a sopa a uma fervura suave em fogo médio e acrescente creme de leite quente suficiente para enriquecê-la, sem sufocar o sabor do ingrediente principal. Volte a ferver suavemente e ajuste o tempero, se necessário.

5. **As guarnições devem estar bem quentes,** quando adicionadas à sopa quente. Reaqueça-as em líquido aromatizado para sublinhar ainda mais o sabor da sopa. As sopas-creme podem ser acabadas e guarnecidas em porções individuais ou em lotes, conforme as necessidades da cozinha. Cozinhe a guarnição completamente e tempere bem. Trata-se de uma operação separada, pois os ingredientes da guarnição, na verdade, não se cozinham na sopa. Junte a guarnição aquecida e temperada à sopa, se desejar, e sirva imediatamente em tigelas ou xícaras aquecidas.

Para dar acabamento a uma sopa-creme fria, acrescente creme de leite gelado à sopa. Ajuste o tempero, se necessário (os alimentos frios frequentemente precisam de mais tempero do que o mesmo prato servido quente), e junte a guarnição gelada e temperada. Sirva imediatamente em tigelas ou xícaras geladas.

6. **Boas sopas-creme** têm sabor rico, que equilibra os ingredientes aromáticos principais e sublinha os sabores aromáticos e do acabamento, textura aveludada e consistência ligeiramente engrossada, semelhante à do creme de leite integral. Sopas-creme muito grossas oferecem uma sensação e sabor pastosos, ou porque há espessante demais ou porque foram cozidas demais. Sabor e cor decepcionantes indicam que ou não foi usada quantidade suficiente do(s) ingrediente(s) aromático(s) principal(is), ou os ingredientes foram cozidos em demasia, ou se acrescentou líquido em excesso. Creme de leite em demasia pode sufocar o sabor principal da sopa, mascarando o sabor primário.

CHOWDER

A palavra *chowder* vem do francês *chaudière*, o caldeirão em que os pescadores faziam seus guisados. Classicamente, os *chowders* eram feitos de peixes e frutos do mar e incluíam porco, batatas e cebolas, embora não seja raro que qualquer sopa grossa, suculenta, com pedaços inteiros, seja chamada *chowder*. Há também um grupo de *chowders*, dos quais provavelmente o **chowder de mexilhões à moda de Manhattan** (p. 360) é o mais conhecido, que são preparados como caldos fortes. Os ingredientes aromáticos principais são, com frequência, frutos do mar, peixes ou vegetais (como o milho). Os vegetais, usados como aromatizantes principais ou como aromáticos, devem ser bem lavados, depois descascados, aparados e cortados em pedaços pequenos e uniformes, para que cozinhem por igual.

Tenha à mão um caldo bem temperado, encorpado, ou um fundo, ou água. Ferva o líquido suavemente com os temperos, aromáticos ou outros ingredientes que forneçam sabor. Consulte receitas específicas para melhor orientação. Os espessantes, inclusive a farinha de trigo e as batatas, conferem textura aos *chowders*.

Reúna antecipadamente os ingredientes do acabamento, aromatizantes e temperos finais, e guarnições para estar pronto a acrescentá-los no momento adequado. Se acrescentar creme de leite, ferva-o suavemente antes de juntá-lo ao *chowder*, que também deve estar fervendo suavemente.

Tradicionalmente, o *chowder* é feito empregando-se o método *singer*, no qual a farinha para engrossar é cozida com os aromáticos, em vez de separadamente, como para o *velouté*. Por essa razão, é necessário usar mais gordura ao cozinhar os aromáticos; isso é fundamental para fazer qualquer sopa usando esse método.

Precisamente por essa razão, o método *singer* pode não ser confiável para preparar o *chowder*. Os resultados variam muito porque a gordura, tradicionalmente, vem da carne de porco utilizada na receita, e é difícil saber quanto de gordura será liberado; portanto, fica difícil determinar quanto será preciso de gordura adicional. A quantidade de gordura desprendida pode criar uma proporção não confiável entre farinha e gordura, resultando em uma quantidade de *roux* inadequada e espessando muito ou insuficientemente a sopa.

Além disso, os vegetais liberam umidade enquanto são suados, o que pode interferir na formação do *roux*. Usar a quantidade adequada de *roux* preparado separadamente garante o sucesso na consistência do *chowder*.

Para maior controle sobre o produto final, pode ser feita uma sopa tendo como base o *velouté*. (Ver o método detalhado na p. 332 para mais informações.) Como o *roux* vai estar quente, assegure que o líquido a ser adicionado esteja frio ou em temperatura ambiente, ou ele ficará com grumos. Acrescente o líquido vagarosamente, sem deixar de mexer, a fim de que o líquido finalizado para o *chowder* fique macio.

As sopas em purê são ligeiramente mais grossas que as sopas-creme e têm a textura um pouco mais áspera. Com frequência, são à base de legumes secos ou vegetais amidoados e, em geral, são inteiramente feitas em purê, embora, de vez em quando, alguns dos sólidos sejam deixados inteiros para acrescentar interesse à textura. Se bem que não seja necessário, os ingredientes do acabamento podem incluir leite ou creme de leite. Muitas vezes, são guarnecidas com croûtons ou pequenos cubos de carne ou vegetais complementares.

sopas em purê

Muitas dessas sopas são à base de feijão seco: feijão-branco graúdo, feijão-branco, feijão-preto, lentilhas e ervilhas secas, por exemplo. Os feijões e as ervilhas secas podem ser deixados de molho por muitas horas antes de serem cozinhados. Ao absorver algum líquido, o tempo de cozimento se reduz e o feijão cozinha de maneira mais uniforme.

Os vegetais relativamente amidoados, como batatas, abóboras ou aipo-rábano são, muitas vezes, usados como base para outras sopas em purê. Devem ser descascados e cortados em cubos ou em fatias. Apesar de os ingredientes serem transformados em purê, é necessária certa uniformidade no tamanho do corte, para que cozinhem por igual.

Os ingredientes aromáticos, como cebolas, alho, cenouras e salsão são encontrados com frequência nas sopas em purê. Os vegetais podem ser assados ou grelhados com antecedência, para se obter mais sabor. Consulte receitas específicas para ter instruções sobre a preparação e o corte.

Os líquidos base mais usados são a água, o caldo e os fundos. Antes de colocá-los na sopa, verifique o frescor dos caldos ou fundos armazenados.

Muitas sopas em purê à base de um legume pedem um pouco de gordura da carne de porco salgada derretida, presunto defumado, *bacon* ou outros produtos curados de porco. Em alguns casos, esses ingredientes devem ser branqueados antes, para remover o excesso de sal: cubra-os com água fria, espere que comece a ferver suavemente e, depois, escorra e enxágue. Para melhor orientação, consulte receitas específicas. Uma alternativa é usar um caldo à base de presunto. Os ingredientes usados para temperar sopas em purê, além de porco curado, são vários, como pimentas, cogumelos secos, molho de pimenta, *zestes* ou suco de frutas cítricas e vinagre. As guarnições incluem ervas aromáticas picadas, *croûtons*, carne em cubos, *tortillas* assadas ou fritas, molhos de tomate, creme de leite azedo, e assim por diante.

Os equipamentos necessários para fazer sopas em purê são bastante semelhantes àqueles para as sopas-creme. Procure panelas que tenham fundos pesados para evitar que os ingredientes se queimem ou que se criem partes mais quentes. Se disponível, deve-se usar um difusor de calor ou algo similar para manter a uniformidade do calor. Colheres e xícaras medidoras devem ficar à mão, de modo que você possa verificar o sabor da sopa durante todo o tempo de cozimento. Mantenha por perto também colheres de pau, conchas e escumadeiras durante todo o tempo de cocção. Para terminar a sopa, é necessário ter o equipamento para fazer o purê, como o passador de legumes ou o liquidificador. Você também vai precisar de recipientes para esfriar ou manter a sopa aquecida.

sopas em purê

» receita básica

Sopa em purê
(3,84 ℓ)

1,81 kg de vegetais feculentos, como batatas e/ou abóbora, ou 680 g a 907 g de leguminosas secas, como lentilhas

3,84 ℓ de fundo ou caldo para sopa feito com batatas ou vegetais com amido, ou 4,8 ℓ de fundo ou caldo para sopa feito com leguminosas

Aromáticos como carne de porco salgada, presunto defumado ou *bacon*

1 *sachet d'épices* padrão ou *bouquet garni* padrão (p. 255)

454 g de *mirepoix* padrão ou branco (p. 257) ou outros vegetais aromáticos

Temperos e aromáticos, como sal e pimenta, tomates, suco de limão ou vinagre

Ingredientes para finalizar ou guarnecer, como *croûtons*, ervas frescas ou presunto em cubos

Nota: Essa receita varia de acordo com o conteúdo de amido do ingrediente utilizado. Leguminosas secas contêm menos amido que vegetais feculentos como a batata e a abóbora. A quantidade de fundo usado e o tempo para o cozimento adequado vão variar bastante também de acordo com a quantidade de amido.

método rápido »

1. Refogue os vegetais.
2. Junte o líquido.
3. Cozinhe em fogo brando.
4. Acrescente o ingrediente principal, se não fizer parte dos ingredientes do passo 1.
5. Acrescente o *sachet d'épices* ou o *bouquet garni*.
6. Descarte o *sachet d'épices* ou o *bouquet garni* quando o sabor adequado tiver sido alcançado.
7. Coe.
8. Faça um purê com os sólidos.
9. Reincorpore o líquido para chegar à consistência adequada e tempere (sal, pimenta, ácidos).
10. Esfrie e guarde, ou finalize e guarneça para servir.

dicas do especialista «

Ingredientes adicionais podem ser acrescentados para intensificar o sabor da sopa em purê. Junte o ingrediente no momento adequado. Acrescente alguns no começo do cozimento para infundir sabor. Outros podem ser adicionados mais tarde para reter seu sabor original.

MIREPOIX / SACHET D'ÉPICES / BOUQUET GARNI / PRESUNTO DEFUMADO OU CARNE DE PORCO SALGADA / TOMATES

A guarnição de uma sopa em purê também pode introduzir e influenciar sabores. Ingredientes de guarnição cortados no tamanho e no formato apropriados são acrescentados no final do processo de cozimento ou um pouco antes de servir.

CROÛTONS / PRESUNTO EM CUBOS PEQUENOS / PEQUENOS CUBOS OU PEDAÇOS INTEIROS DO INGREDIENTE AROMÁTICO PRINCIPAL / ERVAS FRESCAS

Para uma opção mais saudável: Reduza ou remova os acréscimos que podem incorporar excesso de gordura e calorias, como produtos cárneos. Use vegetais como o único ou o principal ingrediente.

método detalhado »

1. Leve ao fogo a carne de porco salgada para começar a criar uma base aromática. Com isso, você também obterá a gordura necessária para dourar ou fazer suar os aromáticos. Doure ligeiramente os vegetais aromáticos. Se a receita pedir carne de porco salgada ou *bacon* picados, leve-os ao fogo baixo para soltar a gordura. Ou, então, aqueça a manteiga ou o óleo e adicione a cebola, o alho, as chalotas, os alhos-porós ou outros vegetais aromáticos. Cozinhe em fogo de baixo a médio, durante 20 a 30 minutos, mexendo de vez em quando, até que se desenvolva um aroma forte, ou até que os ingredientes ganhem um rico matiz dourado.

2. Adicione os ingredientes restantes e o líquido a intervalos apropriados. Cozinhe em fogo brando até que a sopa esteja bem aromatizada e todos os ingredientes macios. Acrescente ingredientes secos, densos, duros, fibrosos ou amidoados (por exemplo, feijão seco, vegetais de raiz, abóbora) no início do cozimento, assim que o fundo ou o caldo tenha voltado a ferver suavemente. Como a sopa é transformada em purê antes do serviço, não é fundamental que esses ingredientes não cozinhem demais, como em um caldo forte, em que os ingredientes devem reter sua forma durante o cozimento e o serviço. Cozinhe a sopa em fogo brando até que esteja bem aromática e com todos os ingredientes macios, em 25 a 30 minutos para sopas feitas com vegetais feculentos ou batatas, ou 45 minutos a 1 hora para sopas com leguminosas secas.

Mexa a sopa com frequência para evitar que os ingredientes com amido grudem no fundo da panela. Acrescente quanto for necessário de fundo ou outro líquido durante o cozimento. Os ingredientes com amido ou secos usados em muitas sopas em purê vão absorver diferentes quantidades de líquido enquanto cozinham, dependendo de sua maturação. Escume a sopa enquanto cozinha, para remover quaisquer impurezas ou espuma, e ajuste os temperos conforme for preciso. Acrescente um *sachet d'épices* ou um *bouquet garni* nos últimos 30 minutos da preparação.

As sopas em purê com leguminosas podem ficar boas com jarrete de porco ou cortes suínos defumados semelhantes. O jarrete de porco defumado é muito duro e tem de ficar no fogo baixo por muito tempo até estar bom para ser usado em sopas em purê. Geralmente, um caldo com jarrete de porco é cozido por 3 a 5 horas antes de a sopa em purê ser preparada. Quando a carne estiver cozida, o caldo resultante poderá ser usado como o líquido base para a sopa. Remova o jarrete (ou similar) da sopa quando ela estiver com o sabor desejado. Corte a carne em pedaços pequenos e reserve para adicionar como guarnição.

sopas em purê

3. Coe uma pequena porção do líquido e reserve para ajustar a consistência final da sopa. Faça o purê misturando os sólidos e os líquidos da sopa e ajuste o tempero e a consistência. Diferentes tipos de equipamento para fazer o purê produzirão diferentes texturas na sopa pronta. Os purês rústicos ou de estilo doméstico podem ser relativamente ásperos e apenas depender do amido do ingrediente principal para dar à sopa uma textura espessa. Um passador de legumes com um disco grosso também pode ser usado para um purê com textura. Os processadores de alimentos, liquidificadores e *mixers* produzem sopas bem homogêneas, com consistência bem fina. Verifique a consistência regularmente e ajuste se necessário. A essa altura, a sopa está pronta para receber acabamento para o serviço, ou para ser resfriada rapidamente e refrigerada.

4. As sopas em purê são mais grossas e têm textura um pouco mais áspera do que outras sopas grossas, mas, ainda assim, devem ser líquidas o suficiente para que possam ser facilmente despejadas com a concha na tigela; sua consistência é semelhante à do creme de leite integral. Para obter uma sopa com sabor robusto e agradável, deve-se atingir o equilíbrio apropriado entre os ingredientes sólidos e líquidos. Para maior suculência, pode-se optar por um pouco de manteiga amolecida sobre a sopa, pouco antes que ela deixe a cozinha para a sala de jantar.

TRADICIONALMENTE, AS *BISQUES* SÃO FEITAS À BASE DE CRUSTÁCEOS, COMO CAMARÃO, LAGOSTA OU LAGOSTIM, E ENGROSSADAS COM ARROZ, FARINHA DE ARROZ OU PÃO. AS CASCAS DOS CRUSTÁCEOS SÃO, EM GERAL, PULVERIZADAS COM OS OUTROS INGREDIENTES ANTES DA COAÇÃO FINAL. O RESULTADO FINAL É UMA SOPA COM CONSISTÊNCIA SEMELHANTE À DE UMA SOPA-CREME.

bisque

As *bisques* contemporâneas podem ser à base de outros ingredientes e depender de um purê de vegetais ou *roux* como espessante. A *bisque* à base de vegetais é preparada do mesmo modo que uma sopa em purê. Se o vegetal principal não contiver amido suficiente para agir como espessante, pode-se usar arroz, *roux* ou um vegetal amidoado, como batatas, para engrossá-la mais. Quando os vegetais são macios, a sopa é transformada em purê até ficar homogênea. Por isso, a distinção entre um purê e uma *bisque* nem sempre é clara.

A carne e as cascas dos crustáceos para a *bisque* devem ser bem lavadas e, depois, picadas grosseiramente. Os mexilhões devem ser escovados até eliminar toda a sujeira. Consulte receitas específicas para orientação mais precisa. Antes de usá-los para preparar a *bisque*, verifique a qualidade dos *fumets*, fundos ou caldos armazenados. Ferva uma pequena quantidade e experimente para ver se há odores ácidos ou se se estragaram. Descasque, apare e pique os vegetais a serem usados na *bisque*. Em geral, fazem parte da sopa *mirepoix* de cebolas ou alho picados. Outros ingredientes usados muitas vezes para acrescentar sabor e cor são extrato de tomate, páprica doce, *brandy* e vinho.

A maior parte das *bisques* é finalizada com creme e *sherry*. A guarnição mais comum são cubos pequenos do ingrediente aromático principal.

O equipamento para fazer *bisque* é idêntico àquele utilizado para fazer sopa-creme (ver p. 330) e inclui uma panela de fundo grosso, equipamento para purê e um escorredor ou pedaço de musselina, assim como recipientes para manter, servir e armazenar *bisques*.

» receita básica

Bisque
(3,84 ℓ)

907 g de um ou mais ingredientes aromáticos, como cascas de crustáceos (camarão, caranguejo, lagosta ou uma combinação dos três)

454 g de *mirepoix* padrão ou **branco** (p. 257)

Purê ou extrato de tomate

Um agente espessante, como *roux* amarelo (p. 260), farinha ou arroz (grãos ou farinha de arroz), se não estiver sendo usado um *velouté* já preparado

3,84 ℓ de líquido (fundo de frutos do mar, *fumet*, caldo ou *velouté* de frutos do mar)

Temperos e aromáticos, como sal e pimenta, páprica, *sachet d'épices* padrão ou *bouquet garni* padrão (p. 255)

Ingredientes de finalização e de guarnição, como 480 mℓ de creme de leite fresco (36% a 40%), camarão, lagosta ou caranguejo em cubos ou outro corte; *sherry*

método rápido »

1. Toste as cascas de crustáceos na gordura. Retire as cascas da panela.
2. Acrescente o *mirepoix* e sue.
3. Acrescente o extrato/purê de tomate e faça a *pinçage*.
4. Adicione a bebida alcoólica, se estiver usando, e reduza *au sec*.
5. Incorpore o *roux*, se estiver usando.
6. Acrescente o líquido e o *sachet d'épices* ou o *bouquet garni* à panela, e as cascas a seguir.
7. Cozinhe em fogo brando e escume.
8. Descarte o *sachet d'épices* ou o *bouquet garni* quando estiver com o sabor desejado.
9. Coe.
10. Faça um purê com os sólidos.
11. Reincorpore líquido até chegar à consistência adequada.
12. Coe.
13. Esfrie e guarde, ou finalize e guarneça para servir.

dicas do especialista «

Para engrossar, inclua qualquer um dos ingredientes abaixo dependendo dos resultados esperados:

VELOUTÉ / ROUX AMARELO / FARINHA / ARROZ OU FARINHA DE ARROZ

Ingredientes adicionais podem também ser acrescentados para desenvolver mais sabor. Faça isso no momento apropriado. Acrescente alguns no início do processo de cozimento, para infundir sabor. Outros podem ser adicionados mais tarde, para reter sabor e/ou textura individuais.

MIREPOIX / SACHET D'ÉPICES / BOUQUET GARNI / EXTRATO DE TOMATE

Guarnecer a *bisque* é outra maneira de introduzir e influenciar sabores. Os ingredientes da guarnição devem ser cortados no tamanho apropriado e na forma desejada e adicionados no final do cozimento ou pouco antes de servir. Pode-se usar qualquer dos itens seguintes:

CREME DE LEITE FRESCO (36% A 40%) / SHERRY / CAMARÃO, LAGOSTA OU CARANGUEJO EM CUBOS

Para uma opção mais saudável: Use purê de vegetais (principalmente os ricos em amido) para engrossar a sopa em vez de *roux*, *velouté* ou farinha. Substitua o creme de leite por leite desnatado reduzido para diminuir as calorias e as gorduras.

método detalhado »

1. **Lave bem as cascas** e pique as maiores, como as de caranguejo ou de lagosta. Escorra e seque bem. As *bisques* tradicionais obtêm cor e sabor de cascas de camarão, lagosta, caranguejo ou lagostim. Use um tipo de crustáceo ou uma combinação deles. Doure as cascas na gordura de cozimento, mexendo frequentemente, até que ganhem cor laranja ou vermelho-brilhante. Retire-as da panela.

2. **Acrescente o *mirepoix*** à panela e cozinhe em fogo médio por 20 a 30 minutos ou até que os vegetais estejam macios e as cebolas douradas. A essa altura, muitas vezes se adiciona extrato de tomate, e cozinha-se até que ocorram um aroma doce e uma forte cor de ferrugem. Junte especiarias (como páprica) às cascas, e outros aromáticos para cozinhar na gordura.

3. Adicione um *roux* já preparado

às cascas e cozinhe por tempo suficiente para amaciá-lo. Bata o caldo até formar um *velouté*.

Um fundo ou caldo de boa qualidade é tão importante para o sabor da *bisque* quanto as cascas. Se disponível, pode-se usar um *velouté* leve já preparado feito de fundo de cascas de frutos do mar ou peixe, espessado com um *roux* amarelo. Espere que o *velouté* comece a ferver suavemente enquanto cozinha os vegetais aromáticos, para ganhar tempo. Um fundo tradicional, engrossado com arroz, também pode ser usado como base para a sopa. Nesse caso, não há necessidade de adicionar nem farinha de trigo, nem *roux* já pronto.

A essa altura, acrescente vinho e ervas ou aromáticos, como um *sachet d'épices* ou *bouquet garni*.

4. Prove a sopa

e modifique os temperos ou a consistência durante o cozimento. Junte mais líquido, se necessário, para manter um bom equilíbrio entre o líquido e os sólidos, enquanto a sopa cozinha. Misture com frequência e monitore a chama. A *bisque*, como qualquer outra sopa com ingredientes amidoados, pode se queimar em um instante se não receber atenção, mesmo que seja apenas por alguns minutos.

Para cozinhar de maneira adequada, a *bisque* leva de 45 minutos a 1 hora. Nesse ponto, todos os ingredientes (com exceção das cascas, é claro) devem estar relativamente macios, de modo que podem ser facilmente transformados em purê. Escume a *bisque* o tempo todo. Retire e despreze o *sachet* ou *bouquet* antes de fazer o purê. Use um liquidificador ou *mixer* para que a *bisque* fique razoavelmente homogênea e tenha consistência uniforme. Pulverizar as cascas e transformar os vegetais aromáticos em purê ajuda a conferir maior sabor à sopa. Se houver tempo, devolva a *bisque* em purê a uma fervura suave por vários minutos, e faça os acertos ao tempero ou à consistência antes de coar.

5. Use musselina para coar uma *bisque* de frutos do mar. A musselina retira todos os restos de casca e dá à *bisque* uma textura muito fina, delicada. Essa tarefa é para duas pessoas. Em primeiro lugar, coloque uma peneira ou escorredor sobre um recipiente limpo. Forre o recipiente com a musselina e despeje aí a *bisque*. A maior parte da *bisque* passará através do tecido. Cada pessoa segura duas pontas da musselina e as ergue em sequência, alternadamente (método chamado de ordenha). Quando ficarem apenas sólidos no pano, cada pessoa junta as pontas; então, elas torcem em direções contrárias para terminar de coá-la (chamado método de torcer). Tome muito cuidado ao empregar o método de torcer a musselina para não se queimar. Um coador de malha de linho com musselina também pode ser usado para coar a sopa. Agora, a *bisque* está pronta para o acabamento, ou pode ser resfriada rapidamente e refrigerada para uso posterior.

6. Termine a *bisque* e acrescente os ingredientes da guarnição. Devolva a *bisque* ao fogo médio e espere que comece a ferver suavemente. Prove a sopa e ajuste os temperos, se necessário. À parte, aqueça o creme de leite até que comece a ferver suavemente e acrescente-o, pouco a pouco, à *bisque*. Deve haver creme suficiente para enriquecer a sopa e acrescentar um sabor sedoso à boca, mas não tanto a ponto de mascarar o ingrediente principal.

Uma boa *bisque* reflete o sabor do ingrediente principal. Todas as *bisques* são levemente ásperas ou granulosas, com consistência semelhante à do creme de leite integral. A *bisque* de crustáceos é rosa-clara ou vermelha; se for de frutos do mar, será marfim; a *bisque* vegetal terá a cor, mais pálida, do vegetal principal.

orientação geral para sopas

COZIMENTO

Acrescente os vegetais a intervalos regulares, de acordo com os tempos de cozimento. Mexa a sopa de quando em quando, durante todo o processo de cozimento, para impedir que os ingredientes amidoados grudem no fundo da panela e para obter os melhores sabor, textura e aparência. Quando o sabor se tiver desenvolvido completamente e todos os ingredientes estiverem macios, a sopa pode ser terminada ou guarnecida e servida imediatamente, ou pode ser resfriada e refrigerada. Embora algumas sopas desenvolvam um sabor mais arredondado e cremoso se servidas no dia seguinte ao que foram preparadas, nenhuma sopa se beneficia com horas e horas no fogo. Não só o sabor se tornará enfadonho e sem graça, como o valor nutritivo também se reduzirá muito.

AJUSTANDO A CONSISTÊNCIA

As sopas grossas, especialmente aquelas feitas com vegetais amidoados ou feijão seco, podem continuar a engrossar durante o cozimento, o armazenamento, o reaquecimento ou a manutenção. Como regra, sopas-creme e *bisques* têm a consistência aproximada do creme de leite integral frio e são líquidas o bastante para poderem ser despejadas com a concha numa tigela. As sopas em purê são um pouco mais grossas.

Se a sopa ficar fina demais, acrescente um pouco de *slurry* amidoado. A sopa deve estar fervendo suavemente quando o *slurry* for adicionado; depois disso, mexa sem parar e continue a ferver suavemente por 2 ou 3 minutos.

AJUSTANDO O SABOR E O TEMPERO

Tempere as sopas durante todo o processo de cocção. Pode-se acrescentar molho de carne ou aves para sublinhar um caldo ou *consommé* fracos, mas isso afetará a transparência. Também se podem adicionar ervas frescas picadas, algumas gotas de suco de limão, molho tabasco, molho inglês ou *zestes* de frutas cítricas para reavivar-lhe o sabor.

DESENGORDURANDO

Algumas sopas, especialmente aquelas à base de caldo, podem ser preparadas com antecedência e depois resfriadas e refrigeradas. Então, será fácil remover a gordura que se solidifica na superfície, antes de reaquecê-la. Se a sopa precisar ser servida assim que estiver pronta, remova da superfície tanta gordura quanto possível. Das sopas claras pode-se absorver a gordura usando tiras de papel-toalha ou papel parafinado não encerado. Coloque o papel sobre a superfície, depois retire-o com cuidado. Os *consommés* devem ser inteiramente desengordurados, mas, nos caldos e nas sopas claras vegetais, costumeiramente boiam algumas gotas de gordura.

DANDO ACABAMENTO

Algumas sopas podem ser preparadas até determinado ponto, e depois ser resfriadas ou refrigeradas. Guarneça sopas claras pouco antes do serviço, para impedir que se turvem e para que a guarnição se mantenha fresca.

Algumas guarnições são acrescidas, porção por porção, a xícaras ou tigelas aquecidas, momentos antes do serviço. Em outros casos, como para os bufês, a guarnição pode ser adicionada à sopa inteira.

Acabe sopas-creme e *liaisons* pouco antes do serviço, por duas razões: a sopa terá sabor mais fresco e sua vida de prateleira será mais longa. Espere que o creme de leite ferva antes de acrescentá-lo à sopa, para verificar seu frescor e evitar que reduza a temperatura da sopa. Acrescente à *liaison* uma porção de líquido quente para impedir que talhe (ver pp. 263-264). Faça os ajustes finais ao tempero depois que a sopa estiver pronta, e verifique-o novamente logo antes do serviço.

GUARNECENDO

As guarnições podem fornecer contrastes de sabor e textura, ou introduzir um sabor complementar. Também podem fornecer cor adicional ou contrastante. Em todos os casos, devem ser selecionadas com atenção, bem preparadas e bem temperadas.

As guarnições grandes, como *dumplings*, *wontons* ou *quenelles*, devem ser cortadas em tamanho que caiba na xícara ou no prato de sopa selecionado para o serviço. É igualmente importante que não sejam muito difíceis de comer. Devem ser macias o bastante para serem cortadas com o lado de uma colher de sopa.

Como a temperatura de serviço é extremamente importante para todas as sopas, lembre-se de trazer a guarnição à temperatura de serviço antes de juntá-la à sopa. Há várias maneiras de fazer isso:

» Aqueça a guarnição em uma panela de vapor ou em pequena quantidade de caldo ou *consommé* e mantenha-a em uma mesa de vapor.

» Corte os itens delicados em tamanhos que permitam que o calor da sopa os aqueça totalmente. (Se forem pequenos e relativamente finos, não causarão a redução da temperatura da sopa.)

» Mantenha quentes e ligeiramente úmidos os itens grandes, como *dumplings*, *wontons* e *quenelles*, em uma mesa de vapor ou na prateleira sobre o fogão.

SERVINDO

As sopas quentes devem ser servidas bem quentes. Quanto mais fina for a sopa, mais importante se torna isso. Como os *consommés* e os caldos perdem calor rapidamente, devem estar perto da ebulição antes de serem servidos em xícaras aquecidas. Quanto maior a superfície exposta ao ar, mais rapidamente a sopa esfria. Essa é uma das razões pelas quais os *consommés* e outras sopas à base de caldo são tradicionalmente servidas em xícaras, em vez de pratos de sopa ou tigelas, mais largos e planos, em geral usados para sopas-creme e sopas em purê. Servir sopas finas em xícaras também facilita aos garçons que as transportem sem derramar. As sopas frias devem estar totalmente geladas e ser servidas em xícaras, tigelas ou copos gelados.

Tente colocar as sopas, principalmente os *consommés*, no prato ou na xícara somente quando o garçom estiver na cozinha, pronto para levar o pedido. Dessa maneira, as sopas não ficarão esfriando na fila, esperando pelo garçom. Se houver, use coberturas de xícaras de sopa.

REAQUECENDO

Se a sopa foi preparada com antecedência, reaqueça apenas a quantidade necessária para um determinado período de serviço. Manter alimentos a altas temperaturas por tempo prolongado muitas vezes provoca efeitos indesejáveis no sabor e na textura. Uma boa forma de manter a qualidade ótima e minimizar perdas é reaquecer porções

orientação geral para sopas

individuais, pedido a pedido. Entretanto, algumas vezes essa abordagem não é prática. Aprenda qual a melhor maneira de usar o equipamento disponível para determinar como servir os pratos à temperatura de serviço. É importante fazê-los passar através da zona de perigo rapidamente.

As sopas claras devem apenas começar a ferver. Antes de servir, verifique o tempero e a consistência e junte as guarnições apropriadas. Reaqueça uma sopa grossa brandamente, de início em fogo baixo, mexendo com frequência, até que se dilua um pouco. Depois, aumente um pouco a chama e espere que a sopa cozinhe em fogo brando. Se já deu acabamento à sopa com creme de leite, creme de leite azedo ou, em particular, com uma *liaison*, não deixe que ferva, pois pode talhar. A temperatura de 82 °C é adequada tanto para a manutenção da qualidade como para a segurança. Verifique o tempero e a consistência e junte as guarnições imediatamente antes de servir.

Verifique com regularidade a temperatura de sopas mantidas na mesa de vapor. Se a todo momento estiverem com temperatura mais baixa do que a desejável (74 °C para a maior parte das sopas e molhos), ajuste o termostato da mesa de vapor, mande arrumá-la ou aprenda a compensar a diferença trazendo rapidamente as porções individuais para a temperatura correta, sobre calor direto ou no micro-ondas.

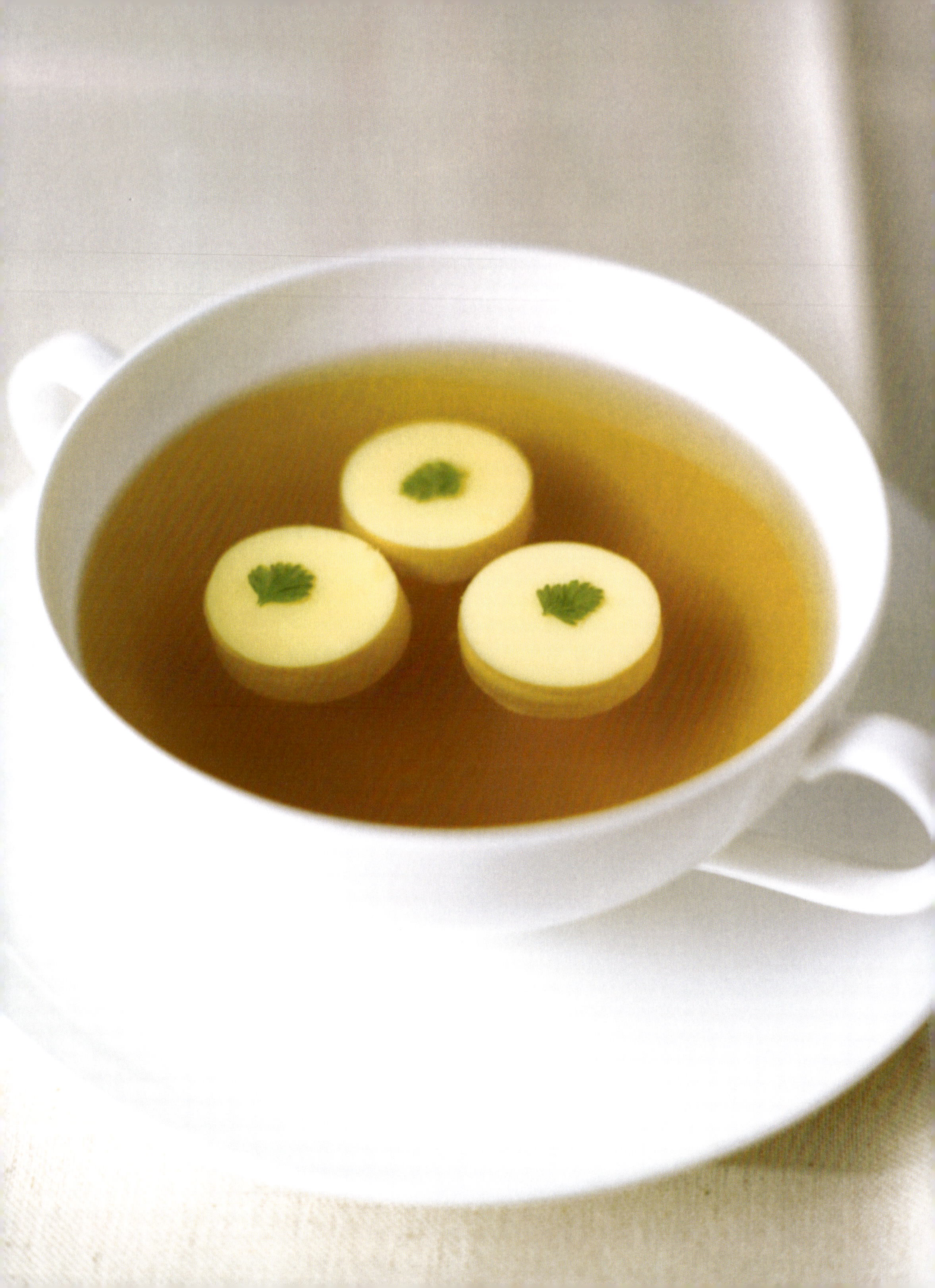

Consommé de carne

Rendimento: 3,84 ℓ

CLARIFICAÇÃO

454 g de *mirepoix* padrão (p. 257) moída ou picada

1,36 kg de paleta bovina moída

12 claras de ovo, batidas

28 g de sal

284 g de tomate fresco ou enlatado, picado

1 *sachet d'épices* padrão (p. 255), mais 1 cravo-da-índia e 2 bagas de pimenta-da-jamaica (ver notas)

Aromáticos (opcionais)

5,76 ℓ de **fundo claro de carne** (p. 277)

2 **cebolas *brûlé*** (ver p. 254) (opcional)

1. Misture o *mirepoix*, a carne moída, as claras, o sal, os tomates e o *sachet*. Deixe macerar por 1 a 2 horas se possível.
2. Aqueça o fundo até cerca de 38 °C em um caldeirão em que caibam todos os ingredientes. Junte a mistura da clarificação ao fundo. Mexa bem.
3. Aqueça a mistura a 63 °C, mexendo sempre até que o filtro comece a se formar, em 8 a 10 minutos. As proteínas vão começar a flutuar e formar aglomerados com caldo mais claro entre elas. Quando o filtro se formar, faça um pequeno orifício em uma parte dele. Se estiver usando, junte as cebolas *brûlés* ao fundo perto do orifício.
4. Cozinhe em fogo brando por 1h a 1½ h ou até obter o sabor e a transparência adequados (ver p. 323). Regue a base de vez em quando, sempre através do orifício. Prove constantemente para garantir que o *consommé* esteja com o sabor apropriado antes de coar.
5. Coe o *consommé* com um filtro de papel ou um pedaço de musselina dobrado. Use uma concha para cuidadosamente empurrar o filtro e permitir que o caldo flua para dentro da concha antes de despejá-lo no filtro de papel. Repita até que o filtro chegue ao fundo da panela. Com cuidado incline o caldo na concha e não rompa o filtro. Ajuste o tempero com sal, se necessário. O *consommé* está pronto para ser arrematado ou pode ser resfriado rapidamente e refrigerado para uso posterior.
6. Para terminar a sopa para o serviço, ferva-a novamente. Desengordure o *consommé* quente escumando ou secando a gordura com toalhas de papel, ou retirando-a da superfície do *consommé* refrigerado.
7. Prove o *consommé* e acerte o tempero com sal. Sirva em tigelas ou xícaras aquecidas e guarneça como desejar.

NOTAS: Os aromáticos podem ser adicionados como *sachet* (que controlará melhor o sabor do prato pronto) ou como ingredientes soltos.

Se a primeira clarificação não der certo, clarifique o caldo uma segunda vez combinando 3,84 ℓ de *consommé* frio com não mais do que 12 claras batidas, um pouco de *mirepoix* e 15 mℓ de purê de tomate ou suco de limão. Espere que o *consommé* ferva em fogo baixo. Conforme as claras de ovos se coagulam, as impurezas ficarão presas. Contudo, essa medida de emergência tende a remover não só as impurezas, mas também um pouco do sabor.

Consommé de frango *royale*: Substitua o *mirepoix* padrão por igual quantidade de *mirepoix* branco (p. 257), a carne moída por frango moído e o fundo claro de carne por fundo de frango (p. 277). Cozinhe em fogo brando por 1h00 a 1h15. Guarneça o *consommé* com *custard royale* (ver receita abaixo).

Custard royale

Rendimento: 90 círculos de 3 cm

3 gemas de ovo

1 ovo

180 mℓ de **fundo de frango** ou **fundo claro de carne** (p. 277)

¼ de colher (chá)/1 g de sal, ou a gosto

1 pitada de pimenta-do-reino branca moída, ou a gosto

1. Misture todos os ingredientes e coloque em uma meia-cuba untada com manteiga. O creme não deve ficar com mais de 9 mm de altura.
2. Coloque o recipiente em banho-maria e leve ao forno a 149 °C por cerca de 30 minutos, ou até que a mistura esteja firme.
3. Com um cortador redondo de 3 cm de diâmetro, corte o creme em círculos. Tampe e leve à geladeira até precisar deles.

NOTAS: Para que o creme tenha espessura uniforme, selecione uma cuba que tenha o fundo bem plano e verifique se a prateleira interior do forno está bem horizontal.

Pode-se cortar o *royale* de várias formas, como losangos ou quadrados. O rendimento varia, dependendo da forma e tamanho dos cortadores.

Caldo de frango

Rendimento: 3,84 ℓ

- 1,81 kg de frango
- 4,8 ℓ de água
- 454 g de *mirepoix* padrão em cubos médios (p. 257)
- 1 *sachet d'épices* padrão (p. 255)
- Sal, a gosto
- Pimenta-do-reino preta moída, a gosto

1. Parta o frango pela metade e coloque-o num caldeirão com a água, que deve cobrir o frango. Em fogo médio, deixe que o líquido cozinhe em fogo brando. Reduza ligeiramente a chama e continue a ferver suavemente por 3 a 5 horas, escumando a superfície conforme necessário.
2. Junte o *mirepoix* e cozinhe em fogo brando por 30 minutos. Adicione o *sachet* ao caldo e continue a ferver suavemente até que o frango esteja bem cozido e macio, e o caldo tenha adquirido um bom corpo e sabor suculento, em cerca de 30 a 40 minutos.
3. Retire o frango do caldo quando estiver bem cozido e macio. Despreze os ossos, a pele e os tendões. Reserve a carne para usar como guarnição para o caldo ou para outros pratos, se o desejar.
4. Prove o caldo e tempere com sal e pimenta-do-reino. Coe em uma peneira de malha fina ou um pedaço de musselina e desengordure, se for necessário. Ele está pronto para ser guarnecido e servido em tigelas ou xícaras aquecidas (veja as notas), ser usado como ingrediente em outro prato ou ser resfriado rapidamente e refrigerado para uso posterior.

NOTAS: Na p. 329, você encontrará algumas ideias para guarnecer caldos. Neste caso em particular, sugerimos a utilização de 284 g da carne de frango reservada, em cubos; 284 g de macarrão com ervas cortado em quadrados de 3 cm e cozido; e 170 g tanto de cenoura como de salsão – ambos cortados em *paysanne* –, cozidos até ficarem macios.

Há outras opções para guarnecer caldo de frango: carne em *julienne*, vegetais em cubos ou em *julienne* fina, cevada ou *Spätzle*.

Sopa *amish* de milho e frango: Substitua o fundo de frango (p. 277) por água quando fizer o caldo. Acrescente, ao *sachet*, ¼ de colher (chá)/2 g de fiapos de açafrão amassados. Corte em cubos ou pique a carne de frango reservada e junte-a ao caldo com 170 g de milho cozido (fresco ou congelado), 170 g de macarrão de ovos cozido e 57 g de salsinha picada.

Caldo de carne: Substitua o frango por igual quantidade de músculo, acém, coxão duro, rabo ou costelas.

Caldo de vitelo: Substitua o frango por igual quantidade de músculo traseiro ou dianteiro de vitelo, acém, coxão duro ou cabeça de vitelo.

Caldo de presunto ou de porco defumado: Substitua o frango por igual quantidade de pernil de porco (fresco ou defumado) ou ossos de presunto com carne.

Caldo de cordeiro: Substitua o frango por igual quantidade de músculo, perna, paleta ou pescoço de cordeiro.

Caldo de peru ou aves de caça: Substitua o frango por igual quantidade de pescoços, carcaças ou pernas de peru, galinha-d'angola, pato, faisão, ganso ou outras aves, domésticas ou de caça.

Caldo de peixe: Substitua o frango por igual quantidade de peixe de carne branca e magra como bacalhau, halibute, merluza, linguado ou congro. Use *mirepoix* branco (p. 257) para manter a cor clara.

Caldo de frutos do mar: Substitua o frango por igual quantidade de camarão, lagosta, lagostim e/ou caranguejo.

Sopa de cebola

Rendimento: 3,84 ℓ

- 2,27 kg de cebola em fatias finas
- 57 g de manteiga clarificada ou integral
- 120 mℓ de Calvados ou *sherry* (ver nota)
- 3,84 ℓ de **fundo de frango** ou **fundo claro de carne** (p. 277), quente
- 1 *sachet d'épices* padrão (p. 255)
- Sal, a gosto
- Pimenta-do-reino moída, a gosto

1. Em uma frigideira de fundo largo, caramelize a cebola na manteiga em fogo médio, mexendo ocasionalmente, até que doure bem, em cerca de 25 a 30 minutos. Não acrescente sal nesse momento, para ajudar a obter uma perfeita clarificação.
2. Deglace a panela com o Calvados ou o *sherry* e reduza até conseguir consistência de xarope.
3. Acrescente o fundo e o *sachet*, e cozinhe em fogo brando, durante 30 a 35 minutos, até que as cebolas estejam macias e a sopa adequadamente aromatizada. Ela agora está pronta para ser terminada, ou pode ser resfriada rapidamente e refrigerada para uso posterior.
4. Para terminar a sopa para o serviço, leve-a ao fogo e ferva. Tempere com o sal e a pimenta-do-reino e sirva em tigelas ou xícaras aquecidas.

NOTA: Se estiver usando *sherry*, coloque-o na sopa no final do preparo. Se adicioná-lo no passo 2 o sabor do vinho poderá se dissipar. É melhor acrescentar vinhos doces, como *sherry*, quando a sopa está pronta.

Sopa de cebola branca: Cozinhe as cebolas suavemente na manteiga, em fogo baixo, até que amoleçam, mas não ganhem cor. Se desejar, acrescente 170 g de farinha como espessante. As cebolas também podem ser transformadas em purê e depois recolocadas na sopa, ou espalhadas sobre *croûtons*.

Sopa de cebola gratinada: Guarneça cada porção da sopa com um *croûton*. Sobre cada um deles, espalhe bastante *gruyère* ralado (30 mℓ por porção) e doure na salamandra por 3 a 5 minutos ou até dourar ligeiramente.

Sopa de *tortilla*

Rendimento: 3,84 ℓ

- 12 tomates italianos (680 g) sem semente
- 1 cebola branca (284 g) descascada e cortada pela metade
- 4 dentes de alho com a casca
- 300 mℓ de óleo de canola
- 3,84 ℓ de **caldo de frango** (p. 350)
- 12 ramos de erva-de-santa-maria amarrados por um barbante
- Sal, a gosto
- 4 pimentas *pasilla*
- 24 *tortillas* de milho em *julienne*
- 2 avocados em cubos médios
- 2 xícaras/480 mℓ de queijo fresco (vaca e cabra) ralado

1. Toste a seco os tomates, a cebola e o alho em uma *comal* ou frigideira de ferro fundido em fogo de médio a alto até que os tomates comecem a amaciar e suas pontas, a queimar. Quando o alho começar a dourar, tire-o da frigideira e descasque.
2. Coloque esses ingredientes em um liquidificador e bata até a mistura ficar bem lisa.
3. Aqueça 120 mℓ de óleo em um caldeirão em fogo de médio a alto e esquente a mistura batida, mexendo sempre, até que a cor fique mais escura, em 5 minutos aproximadamente. Junte o caldo de frango e a erva-de-santa-maria. Tempere com sal e cozinhe em fogo brando por 45 minutos.
4. Enquanto isso, fatie as pimentas *pasilla* em anéis de 1 cm. Agite os anéis para remover as sementes. Descarte os talos e as sementes.
5. Aqueça os 180 mℓ de óleo restantes em fogo médio/alto até ficar bem quente, mas antes de soltar fumaça. Acrescente as pimentas e tire imediatamente do fogo; transfira as pimentas de uma só vez com uma escumadeira para um prato com papel absorvente. Este passo precisa ser feito muito depressa para evitar que as pimentas queimem.
6. Baixe o fogo para médio. Em pequenos lotes, frite as fatias de *tortilla* no óleo em que as pimentas foram fritas até elas ficarem douradas e crocantes. Remova com uma escumadeira e seque com papel absorvente.
7. Remova os ramos de erva-de-santa-maria da sopa antes de servir. Sirva a sopa em tigelas ou xícaras aquecidas e guarneça cada uma com generosas porções de *tortillas* fritas, pimentas *pasilla*, avocado e queijo fresco.

Sopa de frango com arroz

Rendimento: 3,84 ℓ

Cerca de 1,36 kg de frango, cortado em 6 pedaços

60 mℓ de azeite de oliva

227 g de *mirepoix* **padrão** cortado grosseiramente (p. 257)

14 g de gengibre picado

2 folhas de louro

1 a 2 pimentas malagueta ou *jalapeño*, picadas

1 galho de alecrim

Sal, a gosto

Pimenta-do-reino preta moída, a gosto

3,84 ℓ de **fundo de frango** (p. 277)

85 g de arroz de grão longo, lavado e escorrido

15 mℓ de azeite de dendê

3 dentes de alho picados

454 g de milho, fresco ou congelado

43 g de coentro em *chiffonade*

1. Seque os pedaços de frango com uma toalha de papel. Aqueça o azeite de oliva em um caldeirão, em fogo médio. Adicione os pedaços de frango, de início com a pele para baixo, e doure de todos os lados, durante 12 a 14 minutos. Retire o frango do caldeirão.

2. Acrescente o *mirepoix*, o gengibre, folhas de louro e as malaguetas ou os *jalapeños*. Salteie por cerca de 5 minutos, mexendo frequentemente.

3. Recoloque o frango no caldeirão, juntamente com o alecrim, o sal, a pimenta-do-reino e o fundo de frango. Espere ferver, mexendo e raspando o fundo do caldeirão. Baixe o fogo, tampe e deixe cozinhar suavemente por 1h00 a 1h30. Certifique-se de que o frango a está macio.

4. Retire a sopa do fogo, separe os pedaços de frango e coe em uma peneira de malha fina. Despreze o que ficou na peneira e deixe o caldo coado descansar por alguns minutos, de modo que toda a gordura venha à superfície. Retire a gordura e despreze-a. Reserve o caldo.

5. Retire a pele e os ossos do frango, e corte a carne em cubos médios. Reserve para guarnecer a sopa mais tarde.

6. Enquanto isso, cozinhe o arroz em uma panela separada, escorra, deixe secar ao ar e reserve para o serviço.

7. No caldeirão da sopa, aqueça o azeite de dendê e o alho em fogo médio. Não doure o alho. Junte o sal, a pimenta-do-reino e o caldo reservado. Espere ferver. Baixe o fogo, tampe e cozinhe por 15 minutos.

8. Junte a carne do frango em cubos e o milho. Continue cozinhando por mais 5 minutos, ou até que o milho esteja macio e o frango bem quente.

9. Acrescente o arroz cozido e ajuste o tempero com sal e pimenta-do-reino. Guarneça com o coentro e sirva a sopa em tigelas ou xícaras aquecidas, ou esfrie adequadamente e leve ao refrigerador para uso posterior.

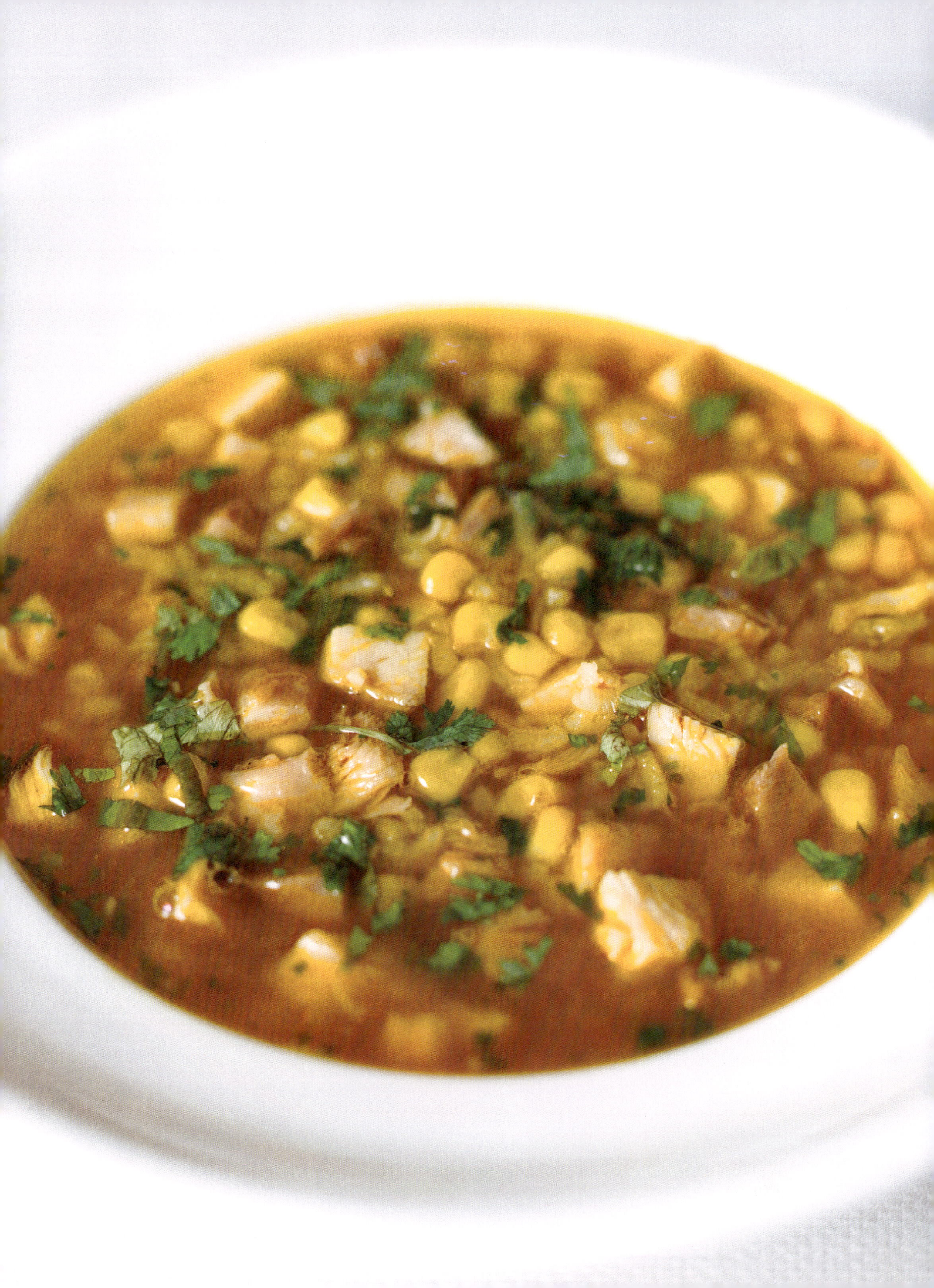

Sopa-creme de tomate

Sopa-creme de tomate

Rendimento: 3,84 ℓ

227 g de *bacon* em cubos pequenos (opcional; ver notas)

454 g de *mirepoix* padrão (p. 257), em cubos pequenos

4 dentes de alho picados

2,88 ℓ de **fundo de frango** (p. 277)

255 g de *roux* amarelo (p. 260)

907 g de tomate italiano picado, fresco ou enlatado

720 mℓ de purê de tomate

1 *sachet d'épices* padrão (p. 255), mais 2 cravos-da-índia

480 mℓ de creme de leite fresco (36% a 40%), quente

Sal, a gosto

2,5 g pimenta-do-reino branca moída, a gosto

GUARNIÇÃO

227 g de *croûtons* (p. 983)

1. Derreta o *bacon*, se usar, em um caldeirão, em fogo baixo, por 5 a 6 minutos. Acrescente a manteiga ou o óleo, o *mirepoix* e o alho. Refogue os vegetais em fogo médio alto até ficarem macios, de 8 a 10 minutos.

2. Adicione o fundo e deixe ferver. Junte o *roux* e misture bem. Adicione os tomates, o purê de tomates e o *sachet*. Ferva a sopa suavemente a 85 °C por cerca de 25 minutos.

3. Remova e descarte o *sachet*. Escorra os sólidos e transforme-os em purê até ficarem bem homogêneos. Volte a colocar o purê no líquido e continue fervendo suavemente em fogo médio baixo por 8 a 10 minutos. Escorra a sopa em uma peneira de malha fina ou um pedaço de musselina, se desejar.

4. Agora a sopa está pronta para ser terminada ou pode ser resfriada rapidamente e refrigerada para uso posterior.

5. Devolva a sopa à fervura suave a 85 °C para o serviço. Adicione o creme de leite e acerte o tempero com o sal e a pimenta. Guarneça as porções individuais com *croûtons* e sirva em tigelas ou xícaras individuais.

NOTAS: Se não estiver usando *bacon*, sue o *mirepoix* e o alho em 90 mℓ de óleo vegetal.

Se estiver usando um liquidificador para bater a sopa, a cor final será ligeiramente mais alaranjada que a de um purê feito por outro método.

Sopa-creme de tomate com arroz: Adicione 454 g de arroz de grão longo cozido à sopa de tomate, imediatamente antes de servir.

Sopa-creme de brócolis

Rendimento: 3,84 ℓ

1,81 kg de brócolis

60 mℓ de manteiga clarificada ou óleo vegetal

454 g de *mirepoix* branco (p. 257) em cubos médios

3,84 ℓ de *velouté* de frango (p. 308)

1 *sachet d'épices* padrão (p. 255)

480 mℓ de creme de leite fresco (36% a 40%), quente

Sal, a gosto

Pimenta-do-reino preta moída, a gosto

Noz-moscada recém-ralada, a gosto

1. Retire os caules dos brócolis e reserve os floretes para guarnecer. Descasque os caules e corte em cubos.

2. Aqueça a manteiga ou o óleo e acrescente o *mirepoix*. Refogue até que as cebolas estejam translúcidas, em 6 a 8 minutos. Adicione os caules dos brócolis e cozinhe até que amaciem um pouco.

3. Junte o *velouté* à panela e espere ferver. Reduza a chama e cozinhe em fogo brando até que a sopa tenha engrossado, em cerca de 35 minutos. Adicione o *sachet* e continue a ferver suavemente por mais 25 minutos. Mexa frequentemente e escume conforme necessário.

4. Corte os floretes em tamanhos pequenos, mantendo a forma, e branqueie-os em água salgada fervente até que fiquem macios, entre 5 a 7 minutos. Retire os floretes e esfrie-os sobre um recipiente com gelo. Reserve-os para o serviço.

5. Escorra os sólidos da sopa e transforme-os em um purê bem homogêneo. Junte novamente a sopa coada ao purê. Coe outra vez, usando uma peneira de malha fina ou um pedaço de musselina. A sopa agora está pronta para ser arrematada ou pode ser resfriada rapidamente e refrigerada para uso posterior.

6. Volte a ferver a sopa suavemente a 85°C. Adicione o creme de leite e tempere com o sal e a pimenta-do-reino. Aqueça os floretes de brócolis em fundo ou água fervendo suavemente, e guarneça em porções individuais ou a sopa toda. Sirva em tigelas ou xícaras aquecidas.

Creme de aspargos (*crème argenteuil*): Substitua os brócolis por quantidade igual de caules de aspargos. Guarneça com pontas de aspargos branqueadas.

Creme de salsão (*crème de céleri*): Substitua os brócolis por igual quantidade de salsão ou aipo-rábano. Guarneça com salsão branqueado, cortado em cubos pequenos.

receitas de sopas

capítulo 14 » SOPAS

Sopa de queijo *cheddar* e cerveja à moda do Wisconsin

Rendimento: 3,84 ℓ

- 180 mℓ de manteiga clarificada
- 170 g de cebola bem picada
- 85 g de cogumelo em fatias bem finas
- 85 g de salsão cortado grosseiramente
- 28 g de alho picado
- 170 g de farinha comum
- 2,88 ℓ de **fundo de frango** (p. 277)
- 340 g de *roux* **amarelo** (p. 260)
- 240 mℓ de cerveja
- 907 g de *cheddar* ralado
- 14 g de mostarda seca
- 240 mℓ de creme de leite fresco (36% a 40%), quente
- Molho tabasco, a gosto
- Molho inglês, a gosto
- Sal, a gosto
- Pimenta-do-reino preta moída, a gosto

GUARNIÇÃO

227 g de **croûtons** de centeio (p. 983)

1. Em um caldeirão grande ou *rondeau*, aqueça a manteiga em fogo médio. Refogue as cebolas, cogumelos, salsão e alho, até que as cebolas fiquem translúcidas, 8 a 10 minutos.
2. Junte o fundo e aqueça a 85 °C. Bata o *roux* e engrosse. Cozinhe em fogo brando a 85 °C ou até que a sopa tenha um bom sabor e textura aveludada, cerca de 30 minutos.
3. Coe em peneira de malha fina. Agora, a sopa está pronta para ser terminada ou pode ser resfriada rapidamente e levada à geladeira para uso posterior.
4. Para terminar a sopa para o serviço, ferva-a de novo suavemente. Pouco antes de servir, acrescente a cerveja e o queijo, e continue a aquecer em fogo bem baixo até que o queijo derreta. Não ferva.
5. Misture a mostarda seca com água suficiente para formar uma pasta. Adicione essa mistura e o creme à sopa e espere que ferva de novo, suavemente. Ajuste a consistência com mais fundo, se necessário. Tempere a sopa com tabasco, molho inglês, sal e pimenta.
6. Sirva em tigelas ou xícaras aquecidas, acompanhada dos *croûtons* de centeio separadamente.

Chowder de mexilhões à moda da Nova Inglaterra

Rendimento: 3,84 ℓ

- 60 mexilhões
- 2,88 ℓ ou mais de fundo de peixe (p. 269), ou água para fazer um caldo de mexilhões
- 227 g de carne de porco salgada, moída até se tornar uma pasta
- 227 g de cebola ralada
- 113 g de salsão em cubos pequenos
- 340 g de *roux* **amarelo** (p. 260)
- 454 g de batata *russet* descascada, em cubos pequenos
- 1 *sachet d'épices* **padrão** (p. 255)
- 480 mℓ de creme de leite fresco (36% a 40%), quente
- sal, a gosto
- 3 g de pimenta-do-reino preta moída, a gosto
- 2 colheres (chá)/10 mℓ de molho tabasco, ou a gosto
- 2 colheres (chá)/10 mℓ de molho inglês, ou a gosto

1. Coloque os mexilhões numa panela com o fundo de peixe ou água, tampe e cozinhe por cerca de 10 minutos, até que se abram.
2. Decante e coe o caldo num filtro ou pedaço de musselina. Reserve. Retire os mexilhões da casca, pique e reserve.
3. Em um caldeirão grande, leve ao fogo o porco salgado em fogo médio-baixo, por cerca de 10 a 15 minutos, até derreter a gordura. Junte a cebola e o salsão. Refogue até que fiquem translúcidos, em cerca de 6 a 7 minutos.
4. Misture o caldo de mexilhões reservado com fundo ou água suficiente para totalizar 3,84 ℓ de líquido. Adicione os aromáticos ao líquido e ferva. Pouco a pouco, junte o fundo ao *roux* e misture bem, desmanchando quaisquer grumos.
5. Ferva suavemente por 30 minutos, escumando a superfície conforme necessário.
6. Junte as batatas e continue a cozinhar em fogo brando, até que estejam macias. Agora, a sopa está pronta para ser terminada ou pode ser resfriada rapidamente e levada à geladeira para uso posterior.
7. Para servir, leve novamente a sopa ao fogo para ferver suavemente. Junte os mexilhões reservados e o creme. Tempere com sal, pimenta, molho tabasco e molho inglês. Sirva em tigelas ou xícaras aquecidas.

Chowder de concha-rainha

Rendimento: 3,84 ℓ

- 1,13 kg de carne de concha-rainha, passada pelo acessório de 3 mm da máquina de moer carne
- 60 mℓ de suco de limão
- 43 g de manteiga
- 907 g de *mirepoix* padrão ou branco (p. 257) em cubos médios
- 1 pimenta *scotch bonnet* sem sementes, picada
- 680 g de batata descascada, em cubos médios
- 1,92 ℓ de água
- 1,92 ℓ de **fundo de peixe** (p. 267)
- 680 g de tomate italiano sem pele nem sementes, em cubos médios
- 57 g de extrato de tomate
- 2 folhas de louro
- 1 colher (sopa)/3 g de tomilho fresco picado
- Sal, a gosto
- Pimenta-do-reino preta moída, a gosto

1. Em uma tigela grande, misture a carne de concha-rainha com o suco de limão e deixe marinar por 30 minutos.
2. Coloque a manteiga e o *mirepoix* em um caldeirão grande, em fogo médio. Refogue os vegetais até que fiquem macios, durante cerca de 7 minutos. Junte a pimenta *scotch bonnet* e as batatas, e cozinhe por mais 2 ou 3 minutos.
3. Adicione a água, o fundo, a concha-rainha marinada, os tomates, o extrato de tomate, as folhas de louro e de tomilho. Cozinhe em fogo brando a 85 °C até que as batatas estejam muito macias e a sopa bem aromatizada.
4. Tempere com sal. Pode não ser preciso adicionar pimenta, uma vez que a pimenta *scotch bonnet* é bastante forte. Remova e descarte as folhas de louro. Sirva em tigelas ou xícaras aquecidas.

Chowder de milho

Rendimento: 3,84 ℓ

- 227 g de carne de porco salgada ou *bacon*
- 170 g de cebola em cubos pequenos
- 170 g de salsão em cubos pequenos
- 113 g de pimentão verde em cubos pequenos
- 113 g de pimentão vermelho em cubos pequenos
- 2,88 ℓ de **fundo de frango** (p. 277)
- 255 g de *roux* amarelo (p. 260)
- 680 g de milho, fresco ou congelado
- 680 g de batata descascada, em cubos pequenos
- 1 folha de louro
- 480 mℓ de creme de leite fresco (36% a 40%), quente
- Sal, a gosto
- Pimenta-do-reino branca moída, a gosto
- 2 colheres (chá)/10 mℓ de molho tabasco
- 2 colheres (chá)/10 mℓ de molho inglês

1. Refogue a carne de porco salgada em um caldeirão grande, em fogo médio, até que os pedacinhos magros da carne fiquem ligeiramente crocantes, em cerca de 6 minutos.
2. Acrescente a cebola, o salsão e os pimentões e refogue até que fiquem macios, em cerca de 5 a 7 minutos.
3. Acrescente o fundo e cozinhe em fogo brando a 85 °C. Acrescente o *roux* amarelo e mexa vigorosamente para eliminar os grumos. Cozinhe em fogo brando até que fique ligeiramente espesso.
4. Bata metade do milho no liquidificador e acrescente-o à sopa com as batatas. Adicione o restante do milho e a folha de louro. Deixe ferver suavemente, com o caldeirão tampado, até que o milho e as batatas fiquem macios, em cerca de 25 minutos.
5. Junte o creme de leite e misture bem. Aqueça em fogo brando até que comece a cozinhar, em cerca de 10 minutos. Retire e despreze a folha de louro. Agora, a sopa está pronta para ser arrematada ou pode ser resfriada rapidamente e refrigerada para uso posterior.
6. Para terminar a sopa para o serviço, cozinhe-a novamente. Tempere com sal, pimenta, molho tabasco e molho inglês, e sirva em tigelas ou xícaras aquecidas.

Chowder marinho do Pacífico

Rendimento: 3,84 ℓ

- 480 mℓ de vinho branco seco
- 240 mℓ de água
- 1 *sachet d'épices*, contendo 3 dentes de alho amassados; 28 g de gengibre descascado; 4 talos de capim-limão cortados em pedaços de 3 cm; e 5 folhas de limão *kaffir*
- 1,92 ℓ da água dos mexilhões
- 1,44 ℓ de leite de coco
- 240 mℓ de creme de leite fresco (36% a 40%), quente
- 57 g de **pasta de *curry* vermelha** (p. 387)
- 680 g de inhame descascado, em cubos médios
- 1 chuchu em cubos médios
- 2 colheres (sopa)/ 30 mℓ de óleo vegetal
- Sal, a gosto
- Pimenta-do-reino preta moída, a gosto
- 28 g de maisena (para fazer *slurry*)
- 454 g de filé de pargo, sem pele, em cubos médios
- 454 g de camarão descascado, limpo, em cubos médios
- Suco de 1 limão
- Sal, a gosto

GUARNIÇÃO

- 14 g de folhas de manjericão em *chiffonade*

1. Coloque o vinho, a água e o *sachet* em um caldeirão grande e espere abrir fervura. Baixe o fogo e cozinhe em fogo brando por 10 minutos. Junte a água dos mexilhões, o leite de coco e o creme de leite. Volte a ferver e adicione a pasta de *curry*.
2. Junte o inhame e cozinhe em fogo brando até ficar macio, em cerca de 15 minutos.
3. Enquanto isso, unte o chuchu com o óleo e tempere com sal e pimenta-do-reino. Asse o chuchu em forno a 177 °C até ficar macio, em 15 a 20 minutos. Reserve.
4. Junte o amido de milho com um pouco de água até alcançar a consistência de creme de leite fresco e junte à sopa até obter uma consistência encorpada. Cozinhe para engrossar, em 5 minutos. Retire o *sachet*. A sopa estará pronta para finalizar agora, ou ser resfriada e guardada na geladeira para ser usada depois.
5. Para finalizar a sopa no momento de servir, volte a aquecê-la a 85 °C. Acrescente o peixe em cubos e o camarão e mantenha no fogo até que os frutos do mar estejam cozidos, em cerca de 5 minutos. Junte o chuchu assado e aqueça.
6. Junte o suco de limão e acerte o sal. Sirva em tigelas ou xícaras aquecidas e guarneça cada porção com manjericão.

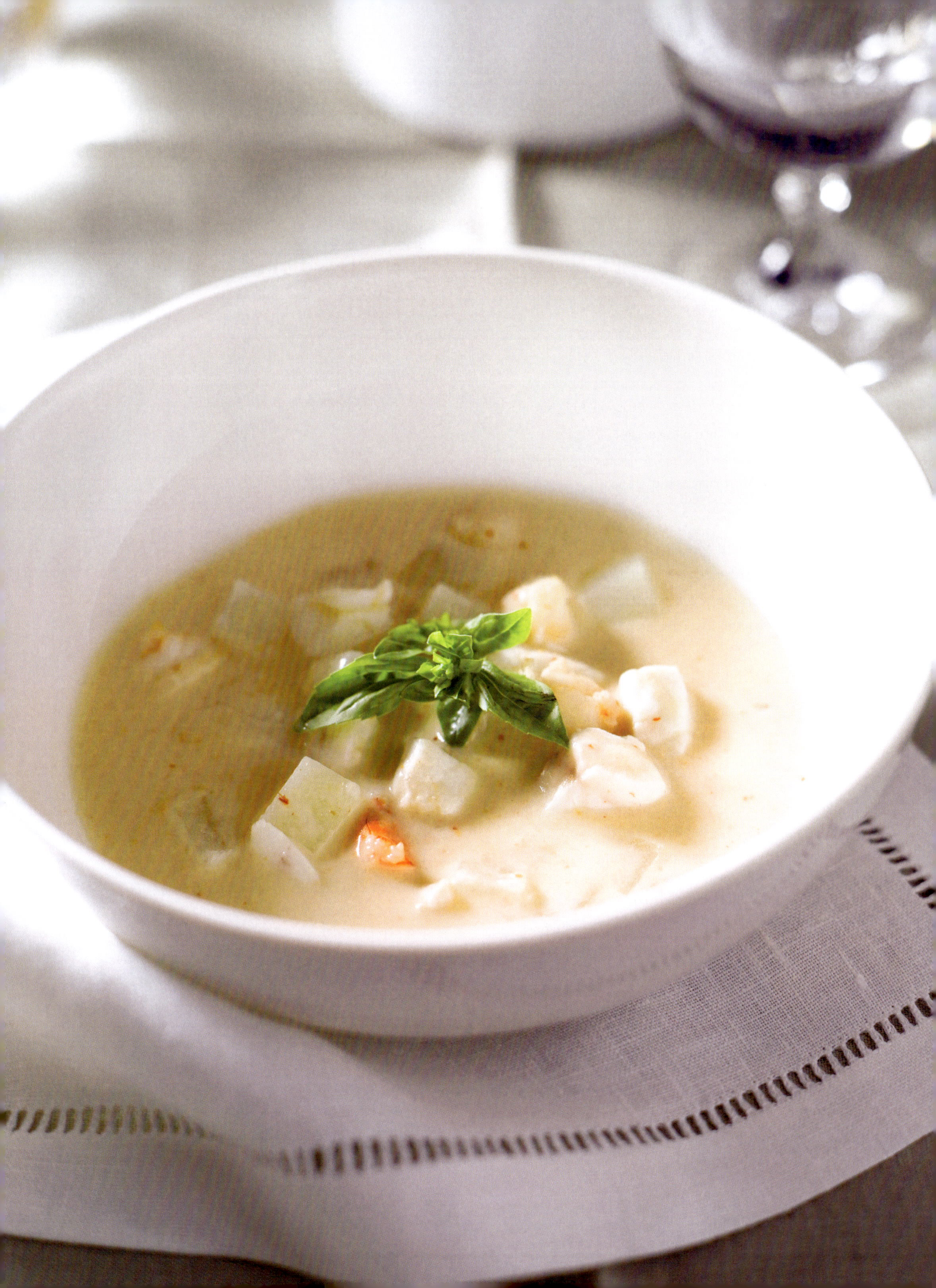

Chowder de mexilhões à moda de Manhattan

Rendimento: 3,84 ℓ

4,54 kg de mexilhão para *chowder*, lavado

85 g de carne de porco salgada, moída como uma pasta

454 g de **mirepoix** padrão (p. 257) em cubos médios

113 g de alho-poró em cubos médios, apenas a parte branca

113 g de pimentão verde em cubos médios

1 colher (chá)/3 g de alho picado

340 g de batata *russet* descascada, em cubos médios

1 folha de louro

1 galhinho de tomilho

1 galho de orégano

454 g de tomate italiano, sem pele nem sementes, em cubos médios

Sal, a gosto

Pimenta-do-reino branca moída, a gosto

½ colher (chá)/2,5 mℓ de molho tabasco

½ colher (chá)/2,5 mℓ de molho inglês

¼ de colher (chá)/0,5 g de tempero Old Bay*

1. Coloque os mexilhões em uma panela com um pouco de água e tampe. Cozinhe até que se abram, em cerca de 5 minutos. Retire das cascas a carne dos mexilhões; pique e reserve. Coe e reserve o caldo.
2. Coloque a carne de porco salgada em um caldeirão e espere a gordura derreter por cerca de 6 minutos. Junte o *mirepoix*, os alhos-porós e os pimentões; refogue até que fiquem macios, em cerca de 5 minutos.
3. Adicione o alho e refogue por 1 minuto, até se tornar aromático. Adicione o caldo de mexilhões reservado, as batatas, a folha de louro, o tomilho e o orégano. Cozinhe em fogo brando por 30 minutos em fogo de médio a médio-baixo.
4. Acrescente os tomates e cozinhe em fogo brando até que elas fiquem macias, em 8 a 10 minutos. Retire as ervas e descarte-as. Agora a sopa está pronta para ser arrematada ou pode ser resfriada rapidamente e refrigerada para uso posterior.
5. Para terminar a sopa para o serviço, ferva-a novamente. Retire a gordura. Adicione os mexilhões reservados e tempere com sal, pimenta-do-reino, molho tabasco, molho inglês e Old Bay. Sirva em tigelas ou xícaras aquecidas.

*Mistura de temperos comercializada nos Estados Unidos feita com louro, sementes de mostarda, sal de salsão, pimenta vermelha, canela e gengibre. É usado tradicionalmente para temperar caranguejos e camarões. (N.E.)

Sopa em purê de lentilhas

Rendimento: 3,84 ℓ

227 g de *bacon* picado

454 g de **mirepoix** padrão (p. 257) picado

907 g de lentilha escolhida e lavada

5,76 ℓ de **fundo de frango** (p. 277)

1 **sachet d'épices** padrão (p. 255)

Sal, a gosto

Pimenta-do-reino preta moída, a gosto

60 mℓ de suco de limão

GUARNIÇÃO

227 g de **croûtons** (p. 983)

28 g de cerefólio picado

1. Frite o *bacon* em um caldeirão médio, em fogo baixo, até a gordura derreter. Reserve os pedacinhos de *bacon* para a guarnição.
2. Junte o *mirepoix* e cozinhe até que fique macio e ligeiramente dourado, em cerca de 15 minutos.
3. Adicione as lentilhas e toste ligeiramente antes de juntar o fundo. Acrescente o fundo e o *sachet*. Cozinhe em fogo brando a 85 °C e escume conforme necessário.
4. Cozinhe em fogo brando por 30 minutos ou até que as lentilhas estejam macias. Retire do fogo e despreze o *sachet*. Acrescente o sal e a pimenta.
5. Coe a mistura, reservando o caldo. Transforme os sólidos em purê usando um processador de alimentos, um passador de legumes ou um *mixer*. Acrescente o caldo de sopa reservado, em quantidade suficiente para chegar à consistência correta.
6. Tempere com o suco de limão. Agora, a sopa está pronta para ser terminada ou pode ser resfriada rapidamente e refrigerada para uso posterior.
7. Coloque a sopa no fogo e cozinhe em fogo brando para o serviço. Ajuste o tempero com sal e pimenta. Guarneça porções individuais com o *bacon* reservado, *croûtons* e cerefólio, e sirva em tigelas ou xícaras aquecidas.

Sopa em purê de ervilhas secas

Rendimento: 3,84 ℓ

- 227 g de *bacon* picado
- 454 g de *mirepoix* **padrão** ou **branco** (p. 257) em cubos pequenos
- 2 colheres (chá)/6 g de alho picado
- 4,80 ℓ de **fundo de frango** (p. 277)
- 227 g de batata descascada, em cubos grandes
- 680 g de ervilha seca verde
- 1 jarrete de porco
- 1 folha de louro
- Sal, a gosto
- Pimenta-do-reino preta moída, a gosto

GUARNIÇÃO
- 454 g de *croûtons* (p. 983)

1. Refogue o *bacon* em uma panela grande em fogo médio até a gordura derreter e a carne estar ligeiramente crocante, em 10 minutos. Retire os pedaços de *bacon* e reserve.
2. Junte o *mirepoix* à gordura refogada e salteie até as cebolas ficarem transparentes, em 8 a 10 minutos. Adicione a alho e salteie até liberar seus aromas; não doure o alho.
3. Acrescente o fundo, as batatas, as ervilhas, o jarrete de porco e a folha de louro e cozinhe em fogo brando a 85 °C. Cozinhe a sopa até as ervilhas estarem macias, em 45 minutos aproximadamente. Remova a folha de louro. Retire o jarrete de porco e fatie a carne, se quiser. Reserve para a finalização.
4. Use um mixer para deixar a sopa lisa. Caso queira, acrescente novamente a carne de porco e ajuste o tempero com sal e pimenta. Resfrie e refrigere, caso vá utilizar a sopa posteriormente.
5. Para terminar a sopa para o serviço, ferva-a novamente a 85 °C. Sirva em tigelas ou xícaras aquecidas e guarneça com *croûtons* e *bacon*, se desejar.

Sopa em purê de ervilhas secas amarelas: Substitua as ervilhas secas verdes por igual quantidade de ervilhas secas amarelas.

Sopa em purê de feijão-preto à moda do Caribe

Rendimento: 3,84 ℓ

- 85 g de carne de porco salgada, em cubos pequenos
- 227 g de *mirepoix* **padrão** (p. 257) em cubos pequenos
- 907 g de feijão-preto, demolhado durante a noite
- 5,76 ℓ de **fundo de frango** (p. 277)
- 1 *sachet d'épices* padrão (p. 255)
- 2 jarretes de porco defumados
- 165 mℓ de *sherry* seco
- ½ colher (chá)/1 g de pimenta-da-jamaica moída
- Sal, a gosto
- Pimenta-do-reino preta moída, a gosto

GUARNIÇÃO
- 369 g de creme azedo (*sour cream*)
- 156 g de tomate italiano, sem pele nem sementes, em cubos médios
- 28 g de cebolinha em fatias bem finas, cortadas diagonalmente

1. Leve ao fogo a carne de porco salgada em fogo baixo, por cerca de 10 minutos, para que a gordura derreta.
2. Junte o *mirepoix* e refogue até que a cebola esteja translúcida, em 5 a 7 minutos.
3. Junte o feijão demolhado, o fundo, o *sachet* e os jarretes de porco. Cozinhe em fogo brando até que o feijão esteja bem macio, em 3 a 4 horas.
4. Retire os jarretes de porco e corte a carne magra em cubos, para acrescentar como guarnição, se desejar.
5. Passe metade do feijão em um passador de legumes ou processador de alimentos. Acrescente esse purê à sopa. Termine a sopa com o *sherry* e a pimenta-da-jamaica. Tempere com o sal e a pimenta-do-reino. Agora a sopa está pronta para ser servida ou pode ser resfriada rapidamente e levada à geladeira para uso posterior.
6. Para aprontar a sopa para o serviço, ferva-a novamente. Guarneça com o presunto em cubos, creme azedo, tomate e cebolinhas. Sirva em tigelas ou xícaras aquecidas.

Sopa de feijão do Senado

Rendimento: 3,84 ℓ

- 680 g de feijão-branco seco, demolhado de véspera
- 5,76 ℓ de **fundo de frango** (p. 277)
- 2 jarretes de porco defumados
- 60 mℓ de óleo vegetal
- 170 g de cebola em cubos médios
- 170 g de cenoura em cubos médios
- 170 g de salsão em cubos médios
- 2 dentes de alho picados
- 1 *sachet d'épices* padrão (p. 255)
- 6 a 8 gotas de molho tabasco
- Sal, a gosto
- Pimenta-do-reino preta moída, a gosto

1. Coloque num caldeirão o feijão, o fundo de frango e os jarretes de porco. Cozinhe em fogo médio, por 2 horas.
2. Coe o caldo e reserve. Retire os jarretes de porco do feijão e corte a carne em cubos para guarnição. Reserve.
3. Aqueça o óleo no mesmo caldeirão. Junte a cebola, a cenoura e o salsão. Refogue em fogo médio, por 4 a 5 minutos, até que a cebola esteja translúcida. Acrescente o alho e refogue até ficar aromático, em cerca de 1 minuto.
4. Volte a colocar o feijão e o caldo no caldeirão. Adicione o *sachet*. Cozinhe em fogo brando até o feijão ficar macio, em 20 a 30 minutos. Retire e despreze o *sachet*.
5. Passe metade da sopa no liquidificador ou passador de legumes. Coloque esse purê e o presunto reservado na sopa restante. Ajuste a consistência com mais caldo ou água, se necessário. Agora a sopa está pronta para ser terminada ou pode ser resfriada rapidamente e levada à geladeira para uso posterior.
6. Para aprontar a sopa para o serviço, leve-a de novo à fervura suave em fogo baixo, por 6 a 8 minutos, e tempere com molho tabasco, sal e pimenta-do-reino.

Potage garbure

Rendimento: 3,84 ℓ

- 57 g de carne de porco salgada, moída
- 60 mℓ de azeite de oliva
- 227 g de cebola bem picada
- 227 g de cenoura bem picada
- 340 g de alho-poró bem picado, as partes brancas e verde-claras
- 2,88 ℓ de **fundo de frango** (p. 277)
- 340 g de batata, em fatias bem finas
- 340 g de repolho verde em fatias bem finas
- 340 g de tomate, sem pele nem sementes, picado
- Sal, a gosto
- Pimenta-do-reino preta moída, a gosto

GUARNIÇÃO

- 227 g de *croûtons* (p. 983)

1. Aqueça a carne de porco e o azeite de oliva em um caldeirão, em fogo médio, até que a gordura do porco derreta, em 12 a 15 minutos.
2. Junte as cebolas, as cenouras e os alhos-porós. Misture até que os vegetais estejam bem envolvidos com a gordura. Tampe a panela e faça-os suar em fogo baixo até que estejam macios e translúcidos, em 10 a 12 minutos, mexendo de vez em quando.
3. Junte o fundo de frango, as batatas, o repolho e os tomates. Cozinhe em fogo brando em fogo de baixo a médio até que as batatas comecem a se desmanchar, de 20 a 25 minutos. Escume a superfície da sopa, conforme necessário, durante o tempo de cozimento. Prove a sopa de vez em quando para monitorar o tempo de cocção e ajuste o tempero enquanto a sopa ferve suavemente.
4. Transforme a sopa em um purê grosseiro. Agora, ela está pronta para ser terminada ou pode ser resfriada rapidamente e levada à geladeira para uso posterior.
5. Para terminar a sopa para o serviço, ferva-a novamente. Prove e tempere com o sal e a pimenta-do-reino. Sirva em tigelas ou xícaras aquecidas e guarneça cada porção com *croûtons*.

Vichyssoise

Rendimento: 3,84 ℓ

- 45 mℓ de óleo vegetal
- 680 g de alho-poró bem picado, apenas a parte branca
- 170 g de cebola bem picada
- 1,36 kg de batata descascada, em cubos médios
- 2,88 ℓ de **fundo de frango** (p. 277)
- 1 *sachet d'épices* padrão (p. 255)
- 1 colher (sopa)/10 g de sal, ou a gosto
- Pimenta-do-reino branca moída, a gosto
- 720 mℓ de creme de leite (12%)
- 57 g de cebolinha francesa cortada com a tesoura

1. Aqueça o óleo em um caldeirão médio. Junte o alho-poró e a cebola e refogue em fogo médio-baixo até que fiquem translúcidos, em 2 a 3 minutos.
2. Passe para fogo alto e acrescente as batatas, o fundo, o *sachet*, 1 colher (sopa) de sal e a pimenta-do-reino branca. Espere ferver e reduza a chama para média-baixa, fervendo suavemente até que as batatas estejam macias, em cerca de 30 minutos. Retire e despreze o *sachet*.
3. Transforme a sopa em purê usando o liquidificador ou o passador de legumes.
4. Prepare a sopa para o serviço, misturando o creme de leite e as cebolinhas francesas. Ajuste o tempero com o sal e a pimenta. Sirva em tigelas ou xícaras geladas.

Bisque de camarão

Rendimento: 3,84 ℓ

- 680 g de cascas de camarão
- 85 g de manteiga
- 454 g de cebola picada
- 3 dentes de alho picados
- 1 colher (sopa)/6 g de páprica, ou a gosto
- 57 g de extrato de tomate
- 90 mℓ de *brandy*
- 2,88 ℓ de *velouté* de peixe ou de camarão (p. 308)
- Sal, a gosto
- Pimenta-do-reino preta moída, a gosto
- 960 mℓ de creme de leite fresco (36% a 40%), quente
- 737 g de camarão, descascado e limpo
- ½ colher (chá)/1 g de tempero Old Bay
- ½ colher (chá)/2,5 mℓ de molho tabasco, ou a gosto
- ½ colher (chá)/2,5 mℓ de molho inglês, ou a gosto
- 120 mℓ de *sherry* seco

1. Lave as cascas de camarão e escorra. Refogue em um caldeirão médio em 57 g de manteiga, sobre fogo médio alto por 1 a 2 minutos, até que as cascas fiquem bem cor-de-rosa.
2. Reduza o fogo para médio e acrescente a cebola. Refogue até que fiquem translúcida, em cerca de 2 minutos.
3. Junte o alho, a páprica e o extrato de tomate e cozinhe por 2 minutos, até sentir um aroma doce de tomates cozidos e as cascas ficarem um pouco mais macias.
4. Deglace a mistura com o *brandy* e reduza por 2 a 3 minutos até ficar quase seco. Recoloque de volta as cascas de camarão cozidas.
5. Junte o *velouté* e cozinhe por 45 minutos em fogo médio-baixo, até que a *bisque* ganhe uma forte cor de ferrugem e tenha engrossado ligeiramente. Tempere com sal e pimenta.
6. Coe a *bisque* em uma peneira de malha fina ou usando o método de torcer (ver p. 344).
7. Coloque a *bisque* de volta na panela, leve-a ao fogo baixo até ferver suavemente e acrescente o creme.
8. Corte os camarões em cubos pequenos e refogue nos 28 g de manteiga restantes por 1 a 2 minutos, em fogo médio alto, até que estejam totalmente cozidos e cor-de-rosa. Acrescente os camarões à *bisque* e cozinhe em fogo brando por 5 minutos.
9. Junte o Old Bay, o tabasco e o molho inglês e ajuste o tempero com sal e pimenta. A sopa agora está pronta para ser terminada, ou pode ser resfriada rapidamente e levada à geladeira para uso posterior.
10. Para terminar a sopa para o serviço, ferva-a novamente. Adicione o *sherry* e sirva em tigelas ou xícaras aquecidas.

Bisque de lagosta (bisque de homard)

Rendimento: 3,84 ℓ

90 mℓ de azeite de oliva

510 g de cebola em cubos pequenos

510 g de cenoura em cubos pequenos

510 g de salsão em cubos pequenos

227 g de alho-poró em fatias finas

1,25 kg de erva-doce em cubos pequenos

6 dentes de alho amassados

2,86 kg de casca de lagosta limpa, esmagada e tostada

113 g de extrato de tomate

75 mℓ de *brandy*

360 mℓ de vinho branco seco

2,88 ℓ de **fundo de peixe** (p. 267)

1,44 ℓ de água

113 g de arroz *arborio* ou *carnaroli*

142 g de **roux** amarelo (p. 260)

720 mℓ de creme de leite fresco (36% a 40%), quente

Sal, a gosto

Pimenta-de-caiena, a gosto

30 mℓ de suco de limão

28 g de folhas de estragão picadas

1. Em um caldeirão grande ou *rondeau*, aqueça o azeite em fogo médio. Adicione a cebola e refogue por 5 minutos. Acrescente a cenoura, o salsão, o alho-poró, a erva-doce e o alho e refogue por mais 5 minutos.
2. Junte as cascas de lagosta e refogue por 10 minutos, até que as cascas fiquem bem cheirosas e o líquido se solte.
3. Adicione o extrato de tomate e cozinhe até que ganhe cor marrom ferrugem.
4. Junte o *brandy* e flambe.
5. Adicione o vinho e reduza-o à metade, em cerca de 5 minutos.
6. Coloque o fundo e a água e espere ferver. Junte o arroz e cozinhe, tampado, por 45 minutos.
7. Quando o arroz estiver bem macio, coe a sopa numa peneira de malha fina, devolva-a à panela e ferva.
8. Acrescente o *roux* e cozinhe por mais 10 minutos, até que a sopa engrosse, mexendo para retirar quaisquer grumos.
9. Junte o creme, reduza à consistência desejada e tempere com o sal, a pimenta-de-caiena e o suco de limão. Passe pela peneira de novo, se necessário. Agora, a sopa está pronta para ser terminada ou pode ser resfriada rapidamente e levada à geladeira para uso posterior.
10. Para terminar a sopa para o serviço, ferva-a novamente. Adicione o estragão e sirva em tigelas ou xícaras aquecidas.

Gumbo de frango e camarão

Rendimento: 3,84 ℓ

15 mℓ de óleo vegetal

113 g de linguiça *andouille** em cubos pequenos

227 g de peito de frango sem osso e sem pele, em cubos médios

227 g de cebola em cubos médios

142 g de pimentão verde em cubos médios

142 g de salsão em cubos médios

14 g de *jalapeño* picado

99 g de cebolinha em fatias bem finas, cortadas na diagonal

14 g de alho picado

142 g de quiabo em fatias

227 g de tomate italiano, sem pele nem sementes, em cubos médios

142 g de farinha comum, assada até ficar marrom-escura

2,88 ℓ de **fundo de frango** (p. 277)

2 folhas de louro

---

* Linguiça de carne e intestinos de porco defumados com cebola, vinho, pimentão e temperos. De origem francesa, hoje é associada à gastronomia *cajun*. (N. E.)

1 colher (chá)/2 g de orégano seco
1 colher (chá)/2 g de cebola em pó
½ colher (chá)/1 g de tomilho seco
½ colher (chá)/1 g de manjericão seco
Sal, a gosto
Pimenta-do-reino preta moída, a gosto
567 g de camarão sem casca, limpo e picado
369 g de arroz de grão longo cozido
1 colher (sopa)/9 g de pó de filé*

1. Aqueça o óleo em fogo médio alto, em um caldeirão grande de fundo grosso, e acrescente a *andouille*. Refogue até que a linguiça comece a ficar firme, em cerca de 1 minuto, mexendo de vez em quando.
2. Junte o frango e creste-o até que comece a perder sua aparência de crua, em 2 a 3 minutos.
3. Acrescente a cebola, o pimentão, o salsão, os *jalapeños*, as cebolinhas, o alho, o quiabo e os tomates. Refogue os vegetais até que fiquem macios e as cebolas translúcidas, em 5 a 7 minutos, mexendo de vez em quando.
4. Adicione a farinha à mistura e cozinhe por 1 minuto, mexendo constantemente. Junte o fundo e continue mexendo sempre para retirar quaisquer grumos.
5. Coloque as folhas de louro, o orégano, a cebola em pó, o tomilho, o manjericão, o sal e a pimenta. Cozinhe em fogo brando por 30 minutos.
6. Acrescente o camarão e o arroz, cozinhe suavemente por 2 minutos e adicione o pó de filé. Misture bem. Não deixe que a sopa volte a ferver. Agora, a sopa está pronta para o acabamento ou pode ser resfriada rapidamente e levada à geladeira para uso posterior.
7. Para terminar a sopa para o serviço, leve-a novamente à fervura suave. Ajuste o tempero com sal e pimenta, se necessário. Sirva em tigelas ou xícaras aquecidas.

*Tempero feito com folhas de canela-de-sassafrás, também chamado filé gumbo. (N. E.)

Gazpacho andaluz

Rendimento: 3,84 ℓ

3,63 kg de tomate italiano, sem pele nem sementes, em cubos médios
454 g de pimentão verde em cubos
454 g de pepino em cubos
8 dentes de alho amassados
240 mℓ de vinagre de vinho tinto
480 mℓ de azeite de oliva
Sal, a gosto
Pimenta-do-reino preta, a gosto

GUARNIÇÃO
113 g de tomate em cubos pequenos
113 g de pimentão verde em cubos pequenos
113 g de pepino em cubos pequenos

1. Misture todos os ingredientes, com exceção das guarnições. Tampe, leve à geladeira e deixe marinar a noite inteira.
2. Transforme os ingredientes marinados em purê, no liquidificador ou no passador de legumes. Se necessário, faça isso aos lotes. Coe em uma peneira de malha fina. Ajuste os temperos com sal e pimenta-do-reino.
3. Esfrie bem a sopa antes de servir.
4. Na hora de servir, guarneça a sopa com os cubos pequenos de tomate, pimentão e pepino. Sirva em tigelas ou xícaras geladas.

Sopa de couve-manteiga e osso de presunto

Rendimento: 3,84 ℓ

- 113 g de carne de porco salgada, moída
- 90 mℓ de manteiga clarificada ou óleo vegetal
- 227 g de cebola em cubos pequenos
- 113 g de salsão em cubos pequenos
- 142 g de farinha comum
- 2,88 ℓ de **fundo de frango** (p. 277)
- 3 jarretes de porco
- 1 *sachet d'épices* padrão (p. 255)
- 454 g de couve-manteiga picada, branqueada
- Sal, a gosto
- Pimenta-do-reino preta moída, a gosto

1. Leve a carne de porco salgada ao fogo médio, em um caldeirão, por 5 a 7 minutos.
2. Adicione a manteiga ou o óleo, a cebola e o salsão, e refogue até que fiquem translúcidos, em cerca de 6 minutos.
3. Acrescente a farinha e cozinhe por vários minutos, para fazer um *roux* branco, misturando frequentemente.
4. Aos poucos, adicione o fundo de frango ao *roux*, batendo para desmanchar quaisquer grumos.
5. Junte os jarretes de porco e o *sachet*, e cozinhe em fogo brando por 1 hora. Acrescente a couve-manteiga à sopa. Cozinhe lentamente até que fique macia, em cerca de 30 minutos.
6. Retire os jarretes de porco e o *sachet*. Tire a carne do pé, corte em cubos pequenos e junte à sopa. Tempere com o sal e a pimenta-do-reino. A sopa está pronta para ser servida ou pode ser resfriada rapidamente e levada à geladeira para uso posterior.
7. Para terminar a sopa, leve-a ao fogo até ferver. Sirva em tigelas ou xícaras aquecidas.

Sopa chinesa quente e azeda (*suan la tang*)

Rendimento: 3,84 ℓ

- 60 mℓ de óleo vegetal
- 1 colher (sopa)/9 g de gengibre picado
- 21 g de cebolinha em fatias bem finas
- 227 g de lombo de porco moído
- 28 g de cogumelo orelha de judeu, demolhado, em *julienne* curta
- 43 g de broto de hemerocale, demolhado, em *julienne* curta
- 227 g de repolho crespo em *chiffonade*
- 227 g de *tofu* firme, em cubos pequenos
- 3,36 mℓ de **fundo de frango** (p. 277)
- 60 mℓ de molho de soja escuro
- 240 mℓ de vinagre de arroz
- 1 colher (sopa)/10 g de sal
- 21 g de pimenta-do-reino preta moída
- 64 g de amido de milho
- 120 mℓ de água
- 3 ovos, ligeiramente batidos
- 30 mℓ de óleo de gergelim

GUARNIÇÃO

- 28 g de cebolinha em fatias bem finas

1. Aqueça o óleo vegetal em um *wok* ou caldeirão, em fogo médio alto. Acrescente o gengibre e as cebolinhas e *stir-fry* até que fiquem aromáticos, em cerca de 30 segundos.
2. Adicione a carne de porco moída e *stir-fry* até cozinhar, em 4 a 5 minutos.
3. Junte os cogumelos orelha de judeu, os hemerocales e o repolho, e *stir-fry* até que o repolho esteja macio, em 3 a 4 minutos.
4. Acrescente o tofu, o fundo de frango, o molho de soja, o vinagre, o sal e a pimenta-do-reino. Espere ferver.
5. Misture o amido de milho com a água e, pouco a pouco, adicione o *slurry* à sopa fervente, mexendo constantemente. Devagar, acrescente os ovos à sopa.
6. Mantenha quente, mas não deixe ferver.
7. Adicione o óleo de gergelim. Guarneça com as cebolinhas e sirva em tigelas ou xícaras aquecidas.

Sopa de carne condimentada (*yukkaejang*)

Rendimento: 3,84 ℓ

- 3,4 kg de osso de boi
- 680 g de bife do vazio já limpo, reserve a gordura
- 4,32 ℓ de água
- 454 g de cebola descascada, cortada em quatro
- 28 g de gengibre descascado, em fatias de 3 mm
- 57 g de gordura de boi
- 28 g de farinha comum
- 1 colher (sopa)/6 g de cebolinha, em fatias bem finas
- 120 mℓ de pasta coreana de pimenta vermelha
- 240 mℓ de pasta de soja coreana
- 1 colher (chá)/5 mℓ de molho de soja *light*
- 284 g de repolho verde em *chiffonade*
- 1½ colher (chá)/7,5 mℓ de óleo de gergelim
- 1 colher (chá)/3 g de alho picado
- 85 g de broto de feijão (*moyashi*), em pedaços de 3 cm
- 2 ovos, ligeiramente batidos
- Sal, a gosto
- Pimenta-do-reino preta moída, a gosto

1. Branqueie os ossos em um caldeirão grande, escorra e enxágue.
2. Coloque os ossos, a carne e a água no caldeirão, espere levantar fervura, baixe o fogo e cozinhe lentamente. Em fogo médio-baixo, cozinhe até a carne ficar macia, por cerca de 1 hora e 15 minutos. Retire a carne da panela e mergulhe em água fria por 15 minutos. Corte em tiras de 3 cm. Tampe e leve à geladeira.
3. Adicione a cebola e o gengibre à panela e volte a cozinhar lentamente, em fogo médio-baixo, por cerca de 1 hora. A essa altura, o caldo pode ser coado, resfriado rapidamente e levado à geladeira.
4. Para terminar a sopa, escume a gordura da superfície e leve ao fogo.
5. Derreta a gordura, dourando-a ligeiramente. Coe e transfira 30 mℓ para um caldeirão. Adicione a farinha para fazer um *roux*, mexendo em fogo baixo por 5 minutos. Junte aos poucos o caldo quente, mexendo com frequência, e espere ferver.
6. Acrescente as cebolinhas, a pasta de pimenta vermelha, a pasta de soja, o molho de soja, o repolho e a carne reservada. Espere ferver, mexendo de vez em quando.
7. Em uma frigideira de ferro separada, aqueça o óleo de gergelim em fogo médio. Junte o alho e *stir-fry* até que fique aromático, em cerca de 30 segundos. Adicione os brotos de feijão e *stir-fry* até que estejam cozidos, mas ainda firmes, em cerca de 3 minutos. Junte os brotos cozidos à sopa.
8. Acrescente os ovos e misture suavemente para criar longas fitas. Prove e tempere com o sal e a pimenta-do-reino. Sirva em tigelas ou xícaras aquecidas.

Sopa de missô

Sopa de missô

Rendimento: 3,84 ℓ

- 14 g de alga *wakame* desidratada
- 3,84 ℓ de **ichi ban dashi** (p. 280)
- 240 mℓ de missô (*aka*/vermelho para o verão e *shiro*/branco para o inverno)
- 680 g de *tofu* em cubos pequenos

GUARNIÇÃO

- 35 g de cebolinha em fatias bem finas, cortadas em diagonal

1. Demolhe o *wakame* em água quente por 30 minutos. Escorra, despeje água fervente sobre ele e mergulhe em água muito fria (sem gelo). Escorra bem. Retire quaisquer partes mais duras. Pique a alga grosseiramente (no máximo 1 cm). Enrole em um pano de musselina e esprema para extrair o excesso de umidade.
2. Coloque o *dashi* em um caldeirão grande ou num wok. Derreta o missô no *dashi* aos poucos, mexendo constantemente, até obter uma mistura uniforme.
3. Cozinhe em fogo brando, adicione o *tofu* e a alga *wakame* picados e continue cozinhando por mais 1 minuto. Agora a sopa está pronta para ser terminada ou pode ser resfriada rapidamente e levada à geladeira para uso posterior.
4. Para terminar a sopa, ferva-a novamente. Adicione as cebolinhas e sirva em tigelas ou xícaras aquecidas.

Sopa tailandesa de frango com leite de coco e galanga

Rendimento: 3,84 ℓ

- 30 mℓ de óleo vegetal
- 92 g de chalota bem picada
- 1½ colher (chá)/4,5 g de alho bem picado
- 57 g de capim-limão bem picado
- 30 mℓ de pasta de pimenta tailandesa
- 43 g de galanga em fatias de 6 mm
- 18 folhas de limão *kaffir*, machucadas
- 1,44 ℓ de **fundo de frango** (p. 277)
- 1 colher (sopa)/15 g de açúcar, ou a gosto
- 180 mℓ de molho de peixe, ou a gosto
- 1,92 ℓ de leite de coco
- 227 g de coxa de frango, em tiras
- 184 g de cogumelo palha enlatado, escorrido e cortado ao meio
- 113 g de tomate em cubos médios
- 30 mℓ de suco de limão, ou a gosto
- 1 colher (sopa)/10 g de sal, ou a gosto

GUARNIÇÃO

- 40 galhinhos de coentro

1. Aqueça o óleo em um caldeirão, em fogo médio, e coloque as chalotas, o alho, o capim-limão e a pasta de pimenta. Cozinhe até que fiquem aromáticos, em cerca de 30 segundos.
2. Adicione a galanga, as folhas de limão, o fundo de frango, o açúcar, o molho de peixe e o leite de coco. Cozinhe em fogo brando por 15 minutos.
3. Escorra, passando para outra panela. Acrescente o frango, os cogumelos e os tomates. Cozinhe em fogo brando por 3 a 5 minutos, até o frango ficar pronto.
4. Junte o suco de limão e o sal. Ajuste os temperos com o açúcar e o molho de peixe. Agora, a sopa está pronta para ser terminada ou pode ser resfriada rapidamente e levada à geladeira para uso posterior.
5. Para terminar a sopa para o serviço, ferva-a de novo suavemente. Guarneça com galhinhos de coentro e sirva em tigelas ou xícaras aquecidas.

Sopa tailandesa quente e azeda (*tom yum kung*)

Rendimento: 3,84 ℓ

- 30 mℓ de óleo vegetal
- 60 mℓ de **pasta de *curry* vermelha** (p. 387)
- Cascas de camarão, reservadas dos camarões (ver abaixo)
- 1 colher (sopa)/8 g de pimenta Thai bird bem picada
- 3,84 ℓ de **fundo de frango** (p. 277)
- 4 galhinhos de capim-limão, machucados, cortados com 8 cm de comprimento
- 28 g de galanga em fatias de 3 mm
- 12 folhas de limão *kaffir*, machucadas
- 397 g de tomate italiano cortado em oito
- 510 g de cogumelo palha enlatado, escorrido, cortado pela metade
- 120 mℓ de molho de peixe
- 28 g de açúcar
- 120 mℓ de suco de limão
- 454 g de camarão de tamanho médio (de 31 a 36 unidades) sem casca, limpo, cortado ao meio no sentido do comprimento
- 43 g de folhas de coentro

1. Aqueça o óleo em fogo médio, acrescente a pasta de *curry* e cozinhe, misturando, por 1 minuto, sem dourar.
2. Junte as cascas de camarão reservadas, a pimenta, o fundo de frango, o capim-limão, a galanga e as folhas de limão *kaffir*. Cozinhe em fogo brando por 10 minutos.
3. Escorra o caldo passando para outro caldeirão, junte os tomates, os cogumelos, o molho de peixe e o açúcar, e ferva.
4. Adicione o suco de limão e ajuste o tempero com o molho de peixe. Agora a sopa está pronta para ser terminada ou pode ser resfriada rapidamente e levada à geladeira para ser servida mais tarde.
5. Escalfe o camarão até ficar opaco e cozido, de 2 a 3 minutos. Retire-o do líquido e esfrie-o em um tabuleiro. (O líquido utilizado para escalfar pode ser adicionado à sopa.) Distribua sobre o camarão frio as folhas de coentro e reserve para o serviço.
6. Para terminar a sopa antes de servir, ferva-a novamente. Coloque a mistura de camarão com coentro em uma tigela ou xícara aquecida e, com a concha, despeje o caldo por cima. Sirva imediatamente.

Sopa *wonton*

Rendimento: 3,84 ℓ

WONTONS

- 227 g de carne de porco moída
- 227 g de *pak choi* picado bem fino
- 28 g de cebolinha em fatias bem finas
- 2 colheres (chá)/6 g de gengibre bem picado
- 15 mℓ de molho de soja *light*
- 15 mℓ de óleo de gergelim
- ½ colher (chá)/1,5 g de sal, ou a gosto
- 1 colher (sopa)/15 g de açúcar
- ¼ de colher (chá)/0,5 g de pimenta-do-reino branca moída, ou a gosto
- 48 invólucros de *wonton* (quadrados de 8 cm)
- 1 ovo, ligeiramente batido

SOPA

- 30 mℓ de óleo vegetal ou de amendoim
- 57 g de cebolinha em fatias bem finas, cortadas na diagonal
- 1 colher (chá)/3 g de gengibre bem picado
- 3,84 ℓ de **fundo de frango** (p. 277)
- 75 mℓ de molho de soja escuro
- ¼ de colher (chá)/1 g de sal, ou a gosto
- 1 pitada de pimenta-do-reino branca moída, ou a gosto
- 170 g de folhas de espinafre
- 113 g de presunto em *julienne* fina

OMELETE

- 15 mℓ de óleo vegetal ou de amendoim
- 4 ovos, batidos

1. Para preparar o recheio dos *wontons*, misture a carne de porco moída, o *pak choi*, a cebolinha, o gengibre, o molho de soja, o óleo de gergelim, o sal, o açúcar e a pimenta. Mexa bem com uma colher ou com as mãos, até obter uma mistura uniforme, que deve ser refrigerada até o momento de rechear os *wontons*.
2. Para fazer os *wontons*, coloque 1 colher (chá)/5 mℓ da mistura do recheio no centro de cada invólucro e pincele as bordas com o ovo batido. Dobre o *wonton* ao meio formando um triângulo e depois sobreponha as pontas, pressionando-as. Mantenha os *wontons* cobertos enquanto estão sendo preparados.

3. Cozinhe os *wontons* aos poucos, em água fervente salgada, por 2 a 3 minutos, ou até que estejam prontos. Escorra e reserve, mantendo-os cobertos.

4. Para fazer a sopa, aqueça o óleo em um caldeirão, em fogo médio alto. Adicione a cebolinha e o gengibre e salteie, misturando com frequência, até que fiquem aromáticos, em cerca de 1 minuto.

5. Junte o fundo, espere ferver e tempere com molho de soja, sal e pimenta. Agora a sopa está pronta para ser terminada ou pode ser resfriada rapidamente e refrigerada para ser servida mais tarde.

6. Ferva água salgada num caldeirão grande. Adicione o espinafre e branqueie por 30 segundos. Escorra e enxágue em água fria, até esfriar. Escorra novamente, esprema o excesso de água e pique grosseiramente. Reserve.

7. Para fazer a omelete, aqueça o óleo em uma frigideira média ou omeleteira. Cozinhe os ovos, misturando constantemente, até que endureçam um pouco. Achate-os para obter uma camada uniforme e enrole a omelete fora da frigideira. Deixe esfriar um pouco e depois corte em *julienne* fina.

8. Para terminar a sopa, devolva-a ao fogo e cozinhe em fogo brando. Junte o espinafre, o presunto e a omelete. Continue a cozinhar por tempo suficiente para aquecê-la, cerca de 2 minutos.

9. Reaqueça os *wontons*, se necessário, e coloque três deles em uma tigela ou xícara aquecida. Com uma concha, despeje a sopa sobre os *wontons*, e sirva imediatamente.

Sopa toscana de feijão--branco e escarola

Rendimento: 3,84 ℓ

30 mℓ de azeite de oliva

340 g de *pancetta* em cubos pequenos

170 g de cebola em cubos pequenos

28 g de chalota bem picada

340 g de feijão-branco seco, demolhado de véspera

680 g de tomate enlatado, sem sementes, picado

2,4 ℓ de **fundo de frango** (p. 277)

1 *sachet d'épices* **padrão** (p. 255)

113 g de cenoura em cubos pequenos

Sal, a gosto

Pimenta-do-reino preta moída, a gosto

227 g de escarola picada bem fino

227 g de macarrão *tubettini*

Azeite de oliva, a gosto

50 g de alho em fatias

GUARNIÇÃO

20 *croûtons* (p. 983)

43 g de queijo parmesão ralado

1. Aqueça o azeite num caldeirão grande e pesado, em fogo médio alto, e adicione a *pancetta*. Cozinhe até dourar ligeiramente, mexendo com frequência. Retire a *pancetta* com a escumadeira e escorra sobre papel absorvente. Reserve 15 mℓ da gordura para uso posterior e despreze o restante.

2. Reduza a chama para fogo baixo, adicione a cebola e a chalota, e cozinhe por 5 a 6 minutos, até que fiquem macias e ligeiramente douradas.

3. Acrescente o feijão escorrido, os tomates, o fundo de frango, o *sachet* e a *pancetta* cozida. Cozinhe em fogo brando até que o feijão esteja quase macio, em cerca de 1 hora.

4. Junte a cenoura e cozinhe de 15 a 20 minutos, até que tanto o feijão como a cenoura estejam macios. Tempere com o sal e a pimenta e mantenha quente. Agora a sopa está pronta para ser terminada ou pode ser resfriada rapidamente e refrigerada para ser servida mais tarde.

5. Branqueie a escarola em água fervente salgada por cerca de 1 minuto, coloque-a em água gelada e reserve.

6. Cozinhe os *tubettini* em água fervente salgada até ficarem *al dente*. Passe-os por água gelada, escorra bem e misture com o azeite de oliva.

7. Para terminar a sopa, volte a fervê-la suavemente. Em uma *sauteuse*, doure o alho em fatias na gordura, na qual foi cozida a *pancetta*, reservada, em fogo médio alto, por 2 a 3 minutos. Adicione o alho dourado à sopa. Junte a escarola e o macarrão e cozinhe até que estejam completamente quentes, em cerca de 3 minutos. Ajuste o tempero com o sal e a pimenta. Guarneça com *croûtons* e queijo parmesão ralado, e sirva em tigelas ou xícaras aquecidas.

Sopa de vegetais à moda da Emilia-Romagna (*minestrone alla Emiliana*)

Sopa de vegetais à moda da Emilia-Romagna (*minestrone alla Emiliana*)

Rendimento: 3,84 ℓ

240 mℓ de azeite de oliva

113 g de manteiga

454 g de cebola em fatias bem finas

454 g de cenoura em cubos pequenos

454 g de salsão em cubos pequenos

510 g de batata *russet* descascada, em cubos pequenos

680 g de abobrinha em cubos pequenos

340 g de vagem em cubos pequenos

907 g de repolho crespo em tirinhas

3,84 ℓ de **brodo** (p. 280)

2 cascas de parmesão, em quadrados de 8 cm, limpas

454 g de tomate italiano enlatado, com os sucos

Sal, a gosto

Pimenta-do-reino preta moída, a gosto

284 g de feijão-branco graúdo (ou feijão-branco, cozido, p. 1.181)

GUARNIÇÃO

57 g de queijo parmesão ralado, ou a gosto

120 mℓ de azeite de oliva extravirgem, ou a gosto

1. Aqueça o azeite e derreta a manteiga em um caldeirão grande, em fogo baixo. Acrescente as cebolas e refogue-as até ficarem murchas e macias. Junte a cenoura e cozinhe por 3 minutos.
2. Adicione os vegetais na sequência seguinte, sem dourar, deixando que cada um deles amoleça antes de acrescentar os outros ingredientes: salsão, batatas, abobrinhas, vagem e repolho.
3. Junte o *brodo*, as cascas de queijo e os tomates com o suco. Tampe parcialmente e cozinhe em fogo brando por 20 a 25 minutos, até os vegetais ficarem prontos. Junte mais caldo, se necessário. Agora, a sopa está pronta para ser terminada ou pode ser resfriada rapidamente e refrigerada para uso posterior.
4. Para terminar a sopa, volte a fervê-la. Prove e tempere com o sal e a pimenta. Adicione o feijão cozido e sirva em tigelas ou xícaras aquecidas, com queijo parmesão ralado e um fio de azeite de oliva.

Minestrone

Rendimento: 3,84 ℓ

57 g de carne de porco salgada, picada

60 mℓ de azeite de oliva

454 g de cebola cortada à *paysanne*

227 g de salsão cortado à *paysanne*

227 g de cenoura cortada à *paysanne*

227 g de pimentão verde cortado à *paysanne*

227 g de repolho verde cortado à *paysanne*

14 g de alho amassado

454 g de tomate *concassé*

2,88 ℓ de **fundo de frango** (p. 277)

Sal, a gosto

Pimenta-do-reino preta moída, a gosto

113 g de grão-de-bico cozido (ver p. 1.181)

170 g de feijão-fradinho cozido (ver p. 1.181)

170 g de *ditalini* cozido (ver p. 833)

GUARNIÇÃO

142 g de parmesão ralado

1. Refogue a carne de porco salgada com azeite em uma panela grande em fogo médio até a gordura derreter, porém sem deixar que a carne doure, em cerca de 10 minutos.
2. Acrescente as cebolas, o salsão, as cenouras, os pimentões, o repolho e o alho e refogue até que a cebola esteja translúcida, cerca de 15 minutos.
3. Junte o tomate *concassé*, o fundo de frango, o sal e a pimenta-do-reino. Cozinhe em fogo brando durante 25 a 30 minutos, até que os vegetais estejam macios. Não cozinhe demais.
4. Acrescente o grão-de-bico, o feijão-fradinho e os *ditalini*. Agora, a sopa está pronta para ser terminada ou pode ser resfriada rapidamente e armazenada para uso posterior.
5. Para terminar a sopa, ferva-a suavemente. Ajuste o tempero com o sal e a pimenta. Guarneça as porções individuais com parmesão ralado.

carnes, aves, peix

es e frutos do mar

PARTE 4

mise en place para carnes, aves e peixes

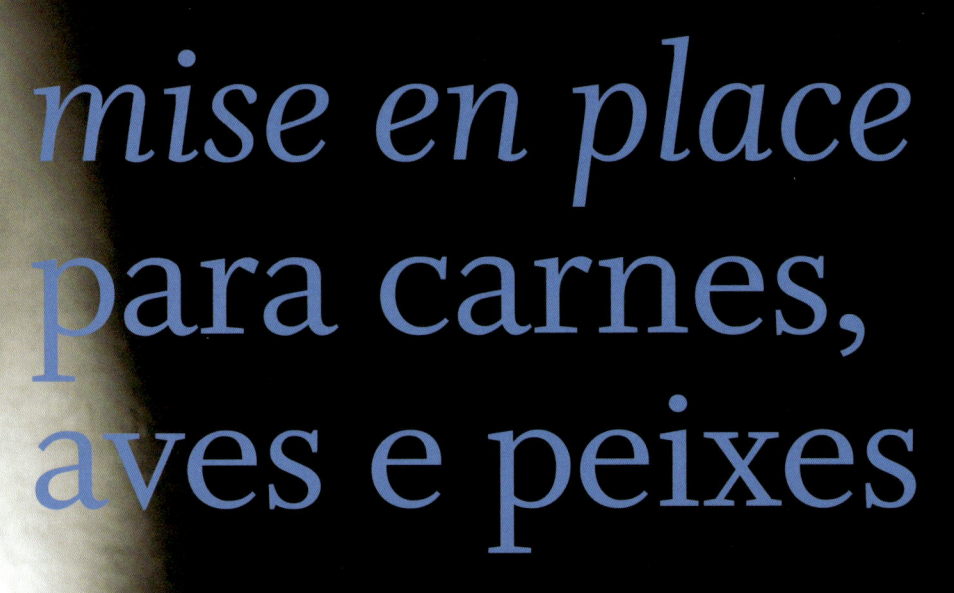

Um talento que parece vir naturalmente ao chef profissional é extrair o melhor sabor das carnes, aves e peixes. Outra marca do bom profissional é a habilidade de cozinhar tudo isso no ponto perfeito. Essas aptidões se desenvolvem por meio da concentração, da prática e da compreensão básica das técnicas de tempero e cozimento.

CAPÍTULO 15

É ESSENCIAL ADICIONAR OS TEMPEROS NO MOMENTO CERTO DO PROCESSO DE COZIMENTO, PARA DAR AO PRATO PRONTO O MÁXIMO SABOR. A GAMA DE TEMPEROS VAI DE MISTURAS SIMPLES A COMPLEXAS, DE ERVAS AROMÁTICAS E ESPECIARIAS OU MARINADAS, QUE PODEM INCLUIR ÓLEOS, ÁCIDOS E AROMÁTICOS, TAIS COMO CEBOLA, ALHO, ERVAS FRESCAS OU DESIDRATADAS, OU ESPECIARIAS. ENTRETANTO, EM QUALQUER CASO, OS TEMPEROS DEVEM SUBLINHAR O SABOR, MAS NÃO DEPRECIAR OU SUFOCAR O PRATO. AS MARINADAS LÍQUIDAS PODEM MUDAR A TEXTURA DOS ALIMENTOS, ALÉM DE AROMATIZÁ-LOS.

temperos

O sal e a pimenta são considerados tão básicos que alguns cozinheiros principiantes erram ao não utilizar esses dois temperos no momento certo do estágio inicial do cozimento ou em quantidade suficiente para extrair o melhor sabor dos alimentos cozidos; quando adicionados antes da cocção, esses condimentos extraem os sabores que lhes são inerentes. Se forem acrescentados só depois do prato pronto, o sal e a pimenta acabam por adquirir demasiado significado. Geralmente, é melhor aplicá-los separadamente; use as pontas dos dedos para adicioná-los, a fim de controlar a quantidade acrescentada e para distribuí-los com maior uniformidade.

O sal e a pimenta são fundamentais, mas as misturas, que combinam várias especiarias, ervas e outros aromáticos, podem criar um perfil de sabor muito particular, quando aplicados diretamente à carne, às aves ou aos peixes crus. Para intensificar o sabor de sementes e especiarias, toste-as no fogão, ou em forno moderado, pouco antes de moê-las. Preste atenção, elas passam de perfeitamente tostadas a queimadas com muita rapidez.

Toste sementes ou especiarias em forno moderado, espalhando-as num tabuleiro seco, até sentir um aroma agradável. Mexa com frequência para assegurar um dourado uniforme. Retire imediatamente e transfira para outro recipiente para esfriar.

Para tostar especiarias e sementes no fogão, espalhe-as, formando uma camada fina, em uma frigideira para saltear preaquecida e mexa ou movimente a frigideira até que soltem um aroma rico e penetrante. Transfira-as para um recipiente frio para evitar que se queimem.

As ervas frescas e os outros ingredientes, como alho, farinha de rosca fresca ou seca, ou queijos ralados, podem ser combinados em uma pasta ou misturados para empanar. Algumas vezes são umedecidos com óleo, molho de mostarda ou ingredientes desse tipo, para criar uma textura que lhes permita aderir mais tranquilamente ao alimento ou que facilite seu acréscimo a um prato como tempero final. As ervas aromáticas frescas podem ter sujeira nas folhas, portanto higienize corretamente para remover terra ou areia. Depois, seque-as com cuidado para melhorar o sabor e a textura da mistura, evitando que a água que fica nas folhas dilua o sabor.

Quando uma mistura de especiarias é usada como tempero seco (também chamada marinada seca) para revestir um alimento, este é refrigerado depois da aplicação, para absorver os sabores. Com muita frequência, esses temperos contêm um pouco de sal para ajudar a intensificar todos os sabores do prato e podem ser deixados no alimento durante o cozimento ou ser raspados antes. As misturas de especiarias também podem ser adicionadas a vegetais aromáticos enquanto cozinham, no início da preparação de um braseado ou de um guisado. A gordura usada para cozinhar os vegetais extrai o sabor das especiarias e o infunde ao prato com mais eficácia do que se essas mesmas especiarias fossem simplesmente adicionadas em fervura suave. A carne de churrasco e o porco *jerked* jamaicano são exemplos de pratos que podem ser preparados usando-se temperos secos. Os galetos *jerked* da p. 477 são marinados com pasta.

As marinadas geralmente contêm óleo, ácidos e aromáticos (especiarias, ervas e vegetais). Os óleos protegem o alimento do calor intenso durante a cocção e ajudam a manter os outros ingredientes aromáticos em contato com o alimento. Os ácidos – como o vinagre, o vinho, o iogurte e os sucos cítricos – aromatizam o alimento e mudam sua textura. Em alguns casos, os ácidos endurecem os alimentos (por exemplo, a marinada de suco de limão, que "cozinha" o peixe cru no *ceviche*).

Os tempos de marinada variam de acordo com a textura do alimento: os tenros ou delicados, como peixe ou peito de aves, requerem menos tempo. Um corte de carne mais duro pode ser marinado por dias a fio. A proporção de ácido em relação aos outros ingredientes também pode afetar o tempo. As marinadas altamente ácidas, como aquelas usadas para preparar *ceviche*, produzem o efeito desejado entre 15 a 20 minutos depois de aplicadas. Outras, devem ser deixadas em contato com os alimentos por muitas horas, e outras, ainda, requerem vários dias de molho.

Algumas marinadas são cozidas antes de serem usadas; outras, não. Às vezes, a marinada é usada para aromatizar o molho que acompanha o prato, ou pode se tornar um molho para *dip*. As que estiverem em contato com alimentos crus podem ser usadas desse modo, desde que, antes, sejam fervidas por vários minutos, para eliminar quaisquer elementos patogênicos.

Para usar uma marinada líquida, acrescente-a ao ingrediente e vire-o bem para cobri-lo por igual. Cubra e marine, refrigerado, pelo tempo indicado na receita, segundo o tipo de carne, ave ou peixe, e de acordo com o resultado que deseja obter. Pincele ou raspe o excesso de marinada antes do cozimento; seque também, particularmente se a marinada contiver ervas ou outros aromáticos que se queimam com facilidade.

Um corte de carne com a quantidade adequada de temperos secos.

A marinada pode ser pincelada sobre o ingrediente ou este pode ser mergulhado na marinada, sendo totalmente envolvido.

OS RECHEIOS ACRESCENTAM SABOR, UMIDADE E TEXTURA AOS PRATOS. OS MAIS SIMPLES SÃO FEITOS APENAS DE ERVAS, VEGETAIS E FRUTAS, E AS OPÇÕES INCLUEM CEBOLAS CORTADAS AO MEIO OU EM QUARTOS, DENTES DE ALHO, LIMÕES OU LARANJAS, E GALHOS OU MAÇOS DE ERVAS FRESCAS. EMBORA NÃO SEJAM COMPLICADOS, ESSES INGREDIENTES PODEM TER UM IMPACTO IMPRESSIONANTE SOBRE O SABOR.

recheios

O pão e, em particular, os recheios de carne moída, são opções mais complexas. Prepare os recheios de pão cortando-o em cubos ou quebrando-o (pão italiano, pão de milho ou pão francês) em pedaços pequenos. Em geral, são condimentados com vegetais aromáticos (costumeiramente cozidos em um pouco de gordura para desenvolver o sabor), ervas e especiarias. Alguns desses recheios são umedecidos com fundos ou caldos, sendo opcional incluir ovos para fazer a liga. Também podem ser adicionados outros ingredientes, como linguiças cozidas, peixes e frutos do mar, ou cogumelos.

Os recheios à base de grãos são feitos com arroz, cevada, *kasha** ou outros grãos que foram cozidos até ficarem macios (use os métodos do *pilaf* ou do cozimento em água; ver pp. 779 e 772). Os grãos devem esfriar completamente antes de o recheio ser adicionado à carne, à ave ou ao peixe. Esses recheios podem ser temperados, umedecidos e ligados de modo semelhante aos recheios feitos com pão.

Os recheios de carne moída podem ser preparados usando qualquer dos métodos ou das receitas do Capítulo 33 (pp. 1.065-1.108). Essas misturas devem ser manuseadas com cuidado, para que se conservem bem geladas e saudáveis. Mantenha esses recheios sobre gelo, para garantir tanto a qualidade como a segurança alimentar. Frequentemente são usados para rechear cortes de carne e peixe delicados (por exemplo, para encher filés de peixe antes de enrolá-los em *paupiettes* e em cozimento em pouco líquido).

Outro elemento importante em relação aos recheios, ao lado do sabor e da qualidade, é o manuseio adequado para a higiene alimentar. Quaisquer ingredientes que requeiram pré-cozimento devem ser resfriados para menos de 4 °C antes de serem combinados a outros ingredientes, e o recheio pronto também deve ser refrigerado antes de ser usado. Durante o cozimento final, os recheios devem chegar à temperatura de segurança mínima; por exemplo, o de um peito ou perna de frango, deve chegar a 74 °C. Por essa razão, em cozinhas profissionais, raramente se recheiam frangos e perus inteiros, pois, quando o recheio chegar à temperatura necessária, a carne já estará cozida além do ponto. Com maior frequência, os recheios para aves assadas são preparados separadamente.

* Mingau feito de trigo-sarraceno cozido, ou outro grão semelhante. (N. E.)

OS ALIMENTOS SÃO EMPANADOS PARA SE CRIAR UMA CROSTA CROCANTE NOS ALIMENTOS FRITOS, PASSANDO OS INGREDIENTES POR FARINHA DE TRIGO, *EGG WASH* E FARINHA DE ROSCA OU OUTRAS. O EMPANAMENTO PADRÃO É A MANEIRA MAIS EFICIENTE DE REVESTIR GRANDE NÚMERO DE ITENS, UTILIZANDO UMA SEQUÊNCIA CONSISTENTE.

empanamento padrão

Tempere o alimento antes de empaná-lo.

Use farinha de trigo ou ingredientes semelhantes, como amido de milho, para polvilhar os alimentos antes de mergulhá-los no *egg wash*.

Prepare o *egg wash* misturando ovos (inteiros, gemas ou claras) e água ou leite. Uma orientação geral seria usar 60 mℓ de leite para cada 2 ovos inteiros. Alguns ingredientes são mergulhados em leite ou leitelho, em lugar de *egg wash*, antes de serem empanados.

A farinha de rosca produzida no restaurante (também chamada de farinha de pão) pode ser seca ou fresca. A farinha de rosca de pão branco fresca (chamada *mie de pain* em francês) é feita ralando ou processando pão de textura fina, como o pão de forma branco, sem casca. A farinha de rosca seca (chamada *chapelure* em francês) é feita de pão amanhecido, que pode ser mais ressecado ou tostado no forno quente.*

No lugar da farinha de rosca, ou além dela, podem-se usar outros ingredientes. As opções incluem frutos secos, sementes, coco ralado, *cornflakes*, flocos de batata, batatas raladas, queijo ralado, especiarias moídas, pasta de alho ou ervas picadas.

Seque bem o alimento com papel absorvente e tempere a gosto. Segure-o com uma mão e mergulhe-o na farinha. Sacuda para retirar o excesso e transfira-o para o recipiente com o *egg wash*. Troque de mão, pegue o alimento e vire-o, se necessário, para envolvê-lo de todos os lados. Transfira-o para o recipiente da farinha de rosca. Use a mão seca para colocar a farinha de rosca uniformemente em torno do alimento. Sacuda para retirar

* Comercialmente é possível encontrar farinha de rosca crua ou tostada em supermercados. Algumas padarias vendem a farinha de pão tostada. (N. E.)

A organização do procedimento de empanar padrão.

o excesso, depois transfira para um tabuleiro forrado. Armazene alimentos empanados em uma só camada, mas, se precisar empilhá-los, use papel-manteiga ou encerado para separar as camadas.

Despreze a farinha de trigo, o *egg wash* e a farinha de rosca que sobrarem. A presença de sucos, gorduras ou partículas do alimento que você acabou de empanar pode contaminar esses produtos, e não será seguro usá-los com outros alimentos. Peneirar a farinha de trigo ou de rosca, ou filtrar o *egg wash* não serão medidas suficientes para impedir a contaminação cruzada e eliminar a potencial intoxicação alimentar.

orientação geral para determinar se carnes, aves e peixes estão no ponto

Ao cozinhar, os chefs devem contar não só com um termômetro, mas também com seus sentidos, que passam por um teste difícil para determinar se o alimento está pronto na cocção *à la minute*, porque, diferentemente do que ocorre quando estão fazendo uma sopa ou um molho, eles não podem provar o que estão servindo. Siga a orientação abaixo:

» O CHEIRO. À medida que o alimento chega ao ponto, o cheiro muda. Os aromas se intensificam e se tornam mais fáceis de identificar. Cada método de cozimento produz um determinado aroma. Os alimentos grelhados devem ter um aroma defumado, tostado, agradável, que indica sabor profundo, suculento. Alimentos *pochés* e cozidos no vapor têm um cheiro mais sutil.

» O TATO. Os alimentos devem ser fáceis de cortar e mastigar. Toque os alimentos (com a mão enluvada) para sentir a resistência. Quanto mais malpassada a carne, mais estará macia e cederá ao toque. Para julgar pelo tato, é necessário ter prática. Tenha em mente, também, que a textura varia nos diferentes cortes de carne.

» A APARÊNCIA. À medida que a carne cozinha, a parte externa muda de cor. As cores internas também mudam, fator importante para determinar o ponto em carnes cozidas à preferência do cliente (malpassada, ao ponto ou bem passado). Se a carne parece pálida ou acinzentada, não está cozida adequadamente. Os sucos que ela libera, embora mínimos, devem ter a cor adequada; serão mais sangrentos quanto mais malpassada estiver.

A aparência também é um fator importante para saber quando virar um pedaço de carne. Quando a superfície superior começar a parecer muito úmida (pode até mesmo haver gotas de umidade), deve-se virar a carne. Os pedaços pequenos podem começar a mudar de cor nas pontas quando estiverem prontos para ser virados.

As temperaturas na tabela que segue são as temperaturas finais de descanso, baseadas nas temperaturas de cozimento consideradas seguras pelo Departamento de Agricultura dos Estados Unidos. A maior parte das carnes, aves e peixes precisa ser retirada da frigideira, grelha ou forno antes de chegar à temperatura final, para evitar que cozinhe demais e resseque. Mesmo depois de afastados da fonte de calor, os alimentos retêm um calor residual, que continua a cozer o alimento. As temperaturas internas tomadas no momento em que o alimento é retirado do forno, por exemplo, e novamente depois de descansar, mostrarão uma diferença que pode ir de alguns poucos graus a dez, quinze ou mais graus. Os fatores que influenciam as mudanças na temperatura interna durante o descanso são o tamanho do alimento que está sendo preparado e a presença ou ausência de recheio e de ossos.

Temperaturas e descrições de graus de ponto

PONTO	TEMPERATURA DE DESCANSO FINAL	DESCRIÇÃO
carne fresca de boi, vitelo, cordeiro e carneiro		
MALPASSADA	57 °C	Aparência interna brilhante.
AO PONTO PARA MALPASSADA	63 °C	Vermelho forte a cor-de-rosa.
AO PONTO	71 °C	Cor-de-rosa para cor-de-rosa-claro.
BEM PASSADA	77 °C	Rosa-claro acinzentado nas bordas para ao ponto bem passado e nenhum rosa para bem passado.
carne fresca de porco		
AO PONTO	71 °C	Carne totalmente opaca, cede ligeiramente à pressão, sucos rosa-pálidos.
BEM PASSADA	77 °C	Cede ligeiramente à pressão, sucos claros.
presunto		
PRESUNTO FRESCO	71 °C	Cede ligeiramente à pressão, sucos rosa-pálidos.
PRÉ-COZIDO (PARA REAQUECER)	60 °C	Carne já inteiramente cozida.
aves		
AVES INTEIRAS (FRANGO, PERU, PATO, GANSO)	82 °C	Pernas fáceis de mover na junta, sucos ligeiramente rosados.
PEITO DE AVES	77 °C	Carne opaca, toda firme.
COXAS, SOBRECOXAS, ASAS	82 °C	A carne se solta do osso.
RECHEIO (COZIDO EM SEPARADO OU NA AVE)	74 °C	A aparência do recheio completamente cozido dependerá da receita.
carne moída e misturas de carne		
PERU, FRANGO	74 °C	Carne inteiramente opaca, sucos transparentes.
CARNE DE BOI, VITELO, CARNEIRO, CORDEIRO, PORCO	71 °C	Carne opaca, pode ter matiz avermelhado, sucos opacos, não vermelhos.

orientação geral

Temperaturas e descrições de graus de ponto – continuação

PONTO	TEMPERATURA DE DESCANSO FINAL	DESCRIÇÃO
peixes e frutos do mar		
PEIXE	63 °C ou até ficarem com coloração opaca	Ainda úmido, separa-se facilmente em segmentos.
CAMARÃO, LAGOSTA, CARANGUEJO		As cascas ficam vermelhas, a carne se torna pérola-opaca.
VIEIRAS		Torna-se branca-leitosa ou opaca e firme.
MEXILHÕES, MARISCOS, OSTRAS		As cascas se abrem.

Garam masala

Rendimento: 57 g

- 12 a 13 bagas de cardamomo, verde ou preto
- 4 colheres (chá)/7 g de sementes de coentro
- 4 colheres (chá)/8 g de sementes de cominho
- 1 pau de canela quebrado em pedaços pequenos
- 1¼ de colher (chá)/2,5 g de cravo-da-índia
- 2 ½ colheres (chá)/5 g de grão de pimenta-do-reino preta
- ¼ de colher (chá)/0,5 g de noz-moscada ralada
- 2 a 3 folhas de louro (opcional)

1. Abra as bagas de cardamomo e retire as sementes. Misture todos os ingredientes, com exceção da noz-moscada e do louro (se usar). Toste no forno a 177 °C por 5 minutos. Retire e espere esfriar um pouco.
2. Misture as especiarias com a noz-moscada e o louro (se usar) e utilize um moedor de especiarias limpo para moer e obter um pó de finura média.
3. Coloque em um recipiente que se feche hermeticamente e use no prazo de 1 mês.

Cinco especiarias chinesas

Rendimento: 57 g

- 5 anises-estrelados
- 2 a 3 cravos-da-índia
- 4½ colheres (chá)/9 g de grãos de pimenta de Sichuan (chinesa)
- 1 colher (sopa)/7 g de sementes de erva-doce
- ¼ de pau de canela

1. Coloque todos os ingredientes em um moedor de especiarias limpo e moa até obter um pó médio-fino. Coloque em recipiente que possa ser fechado hermeticamente e use no prazo de 1 mês.
2. Quando pronto para usar, meça a quantidade adequada e toste ligeiramente o pó em uma frigideira seca, sem óleo, até sentir o aroma das especiarias. Passe rapidamente o pó tostado para um recipiente ou panela fria, para que não se queime.

Mistura de especiarias para churrasco

Rendimento: 57 g

- 14 g de páprica espanhola
- 14 g de **chili em pó** (receita a seguir ou comprado pronto)
- 14 g de sal
- 2 colheres (chá)/4 g de cominho moído
- 2 colheres (chá)/10 g de açúcar
- 1 colher (chá)/2 g de mostarda em pó
- 1 colher (chá)/2 g de pimenta-do-reino preta, moída
- 1 colher (chá)/2 g de tomilho desidratado
- 1 colher (chá)/2 g de orégano desidratado
- 1 colher (chá)/3 g de **curry em pó** (p. 386 ou comprado pronto)
- ½ colher (chá)/1 g de pimenta-de-caiena

Misture todas as especiarias. Coloque-as em um recipiente que possa ser fechado hermeticamente e use no prazo de 1 mês.

Chili em pó

Rendimento: 57 g

- 43 g de pimenta *chili* seca vermelha ou verde, moída
- 14 g de cominho moído
- 1 colher (chá)/2 g de orégano desidratado
- ½ colher (chá)/1 g de alho em pó
- ¼ de colher (chá)/0,5 g de coentro moído
- ¼ de colher (chá)/0,5 g de cravo-da-índia, moído (opcional)

Misture todas as especiarias, inclusive os cravos-da-índia, se usar. Coloque em um recipiente que possa ser fechado hermeticamente e use no prazo de 1 mês.

NOTAS: Retire as sementes das pimentas se quiser uma mistura menos picante.

Algumas pimentas em pó preparadas comercialmente são, na realidade, uma mistura semelhante a essa. Essa pimenta não deve ser confundida com as pimentas moídas que algumas receitas pedem.

Curry em pó

Rendimento: 57 g

- 43 g de sementes de cominho
- 14 g de sementes de coentro
- 2 colheres (sopa)/12 g de canela moída
- 14 g de açafrão-da-terra moído
- 2 colheres (sopa)/12 g de gengibre moído
- 2 colheres (chá)/8 g de sementes de mostarda
- 8 pimentas vermelhas secas

1. Misture todas as especiarias. Toste por 5 a 7 minutos no forno, a 177 °C. Retire e espere esfriar ligeiramente. Abra as pimentas e retire as sementes.
2. Coloque todos os ingredientes em um moedor de especiarias limpo e moa até obter um pó médio-fino. Passe para um recipiente que possa ser fechado hermeticamente e use no prazo de 1 mês.

NOTA: Se desejar, adicione páprica, cravos-da-índia ou folhas frescas de *curry* à mistura.

Quatre épices

Rendimento: 57 g

- 35 g de grãos de pimenta-do-reino preta
- 14 g de noz-moscada moída
- 1 colher (sopa)/6 g de canela moída
- 2 colheres (chá)/4 g de cravo-da-índia

Coloque todos os ingredientes em um moedor de especiarias limpo e moa até obter um pó médio-fino. Passe para um recipiente que possa ser fechado hermeticamente e use no prazo de 1 mês.

Ervas finas

Rendimento: 57 g

- 14 g de folhas de cerefólio picadas
- 14 g de cebolinha francesa picada
- 14 g de folhas de salsa picadas
- 14 g de folhas de estragão picadas

Misture bem todas as ervas. Coloque em um recipiente que possa ser fechado hermeticamente e conserve na geladeira por 1 ou 2 dias ou use se necessário.

NOTAS: Se desejar, adicione à mistura de ervas pimpinela, manjerona, segurelha, lavanda ou agrião, para ajustar o sabor.

As ervas finas devem ser acrescentadas perto do fim do cozimento, porque não mantêm o sabor por muito tempo.

Com elas se aromatizam omeletes ou crepes, ou são adicionadas, no final do cozimento, a sopas e *consommés*.

Pasta de *curry* vermelha

Rendimento: 57 g

- 14 g de pimenta vermelha tailandesa
- 4 pimentas New Mexico ou *guajillo* secas, sem o cabo, cortadas em pedacinhos
- ½ colher (chá)/1 g de sementes de cominho
- 1½ colher (chá)/2,5 g de sementes de coentro
- ¼ de colher (chá)/0,5 g de grãos de pimenta-do-reino branca
- 3 dentes de alho, em fatias finas
- 1 a 2 chalotas médias, em fatias finas
- 1 colher (sopa)/9 g de capim-limão, em fatias finas
- 1½ colher (chá)/4,5 g de galanga (ou gengibre), em fatias finas
- ½ colher (chá)/1,5 g de *zestes* de limão ralado
- 1 a 2 folhas de limão *kaffir* picadas
- 1½ colher (chá)/1 g de raiz de coentro bem picado
- 1 colher (chá)/2 g de pasta de camarão tailandesa
- ½ colher (chá)/1,5 g de sal
- 60 mℓ de água, conforme necessário

1. Demolhe as pimentas secas em água quente, por 15 minutos. Escorra e reserve.
2. Misture os grãos de cominho, coentro e pimenta em uma frigideira pequena. Toste em fogo médio até ficarem perfumados, em cerca de 3 a 5 minutos, misturando com frequência. Espere esfriar.
3. Coloque o cominho, o coentro e os grãos de pimenta em um moedor de especiarias limpo e moa até obter um pó médio-fino. Reserve.
4. Ponha os ingredientes restantes no liquidificador, com exceção das especiarias moídas, e bata até conseguir uma pasta fina.
5. Combine a pasta com as especiarias moídas e bata tudo junto até obter uma mistura uniforme.
6. Passe para um recipiente que possa ser fechado hermeticamente e conserve na geladeira, por até 1 semana ou use se necessário.

Pasta de *curry* verde

Rendimento: 57 g

- ¼ de colher (chá)/0,5 g de sementes de cominho
- 1½ colher (chá)/2,5 g de sementes de coentro
- 5 grãos de pimenta-do-reino branca
- 1 a 2 chalotas médias, em fatias finas
- 3 dentes de alho em fatias finas
- 5 pimentas verdes tailandesas, sem sementes
- 14 g de capim-limão em fatias finas
- 1½ colher (chá)/1 g de raiz de coentro, bem picada
- ½ colher (chá)/1 g de galanga (ou gengibre) em fatias
- ½ colher (chá)/1,5 g de *zestes* de limão *kaffir*
- 1 a 2 folhas de limão *kaffir*, picadas
- ½ colher (chá)/1 g de pasta de camarão
- ½ colher (chá)/1,5 g de sal

1. Toste as sementes de cominho e coentro até ficarem douradas e aromáticas. Passe para uma tigela pequena.
2. Na mesma panela, toste os grãos de pimenta da mesma maneira, e misture com o cominho e o coentro.
3. Moa, num moedor de especiarias limpo, o cominho, o coentro e os grãos de pimenta tostados até obter um pó médio-fino. Reserve.
4. Coloque no liquidificador os ingredientes restantes, com exceção das especiarias moídas, e bata até obter uma pasta fina.
5. Combine a pasta com as especiarias moídas e bata tudo junto até obter uma mistura uniforme.
6. Passe para um recipiente que possa ser fechado hermeticamente e conserve na geladeira por até 1 semana ou use se necessário.

Pasta de *curry* amarela

Rendimento: 57 g

- ½ colher (chá)/1 g de sementes de cominho
- 1½ colher (chá)/2,5 g de sementes de coentro
- 2 grãos de pimenta-do-reino branca
- 14 g de pimenta tailandesa fresca, sem sementes
- 2 dentes de alho em fatias
- 2 chalotas médias, em fatias
- 1½ colher (chá)/3 g de cúrcuma moída
- 1½ colher (chá)/4,5 g de galanga (ou gengibre), em fatias bem finas
- ½ colher (chá)/1,5 g de *zestes* de limão *kaffir*
- 1 a 2 folhas de limão *kaffir*, picadas
- 1 colher (chá)/2 g de pasta de camarão tailandesa
- 1 colher (chá)/3 g de sal
- 1½ colher (chá)/7,5 mℓ de óleo vegetal

1. Toste as sementes de cominho e coentro até ficarem douradas e aromáticas. Passe para uma tigela pequena.
2. Na mesma panela, toste os grãos de pimenta do mesmo modo e misture com o cominho e o coentro.
3. Coloque as pimentas na panela e toste ligeiramente, até que comecem a aparecer manchas escuras. (Não deixe que fiquem pretas.) Retire do fogo e reserve.
4. Salteie o alho e as chalotas da mesma maneira. Reserve.
5. Em um moedor de especiarias limpo, moa o cominho, o coentro e a pimenta até obter um pó médio-fino. Reserve.
6. Coloque no liquidificador os ingredientes restantes, com exceção das especiarias moídas e do óleo. Bata até obter uma pasta fina.
7. Acrescente as especiarias moídas e o óleo e bata mais um pouco, até obter uma pasta homogênea.
8. Passe para um recipiente que possa ser fechado hermeticamente e conserve na geladeira por até 1 semana ou use se necessário.

Mistura de temperos para carnes e aves no espeto

Rendimento: 64 g

- 35 g de sal
- 2 colheres (sopa)/12 g de mostarda em pó
- 2½ colheres (chá)/5 g de pimenta-do-reino preta moída
- 1½ colher (chá)/3 g de tomilho desidratado
- 1½ colher (chá)/3 g de orégano desidratado
- 1½ colher (chá)/3 g de coentro moído
- 1½ colher (chá)/2,5 g de sementes de salsão

Misture todas as especiarias. Passe para um recipiente que possa ser fechado hermeticamente e use no prazo de 1 mês.

Marinada asiática

Rendimento: 480 ml

- 180 ml de molho *hoisin*
- 180 ml de *sherry* seco
- 60 ml de vinagre de vinho de arroz
- 60 ml de molho de soja
- 14 g de alho picado

Misture todos os ingredientes. Passe para um recipiente que possa ser fechado hermeticamente e conserve na geladeira por até 1 semana, ou use se necessário.

Marinada para churrasco

Rendimento: 480 ml

- 300 ml de óleo vegetal
- 150 ml de vinagre de sidra
- 30 ml de molho inglês
- 1 colher (sopa)/15 g de açúcar mascavo
- 2 colheres (chá)/6 g de alho picado
- 2 colheres (chá)/4 g de mostarda em pó
- 1 colher (chá)/5 ml de molho tabasco
- 1 colher (chá)/2 g de alho em pó
- 1 colher (chá)/2 g de cebola em pó

Misture todos os ingredientes. Passe para um recipiente que possa ser fechado hermeticamente e conserve na geladeira por até 1 semana ou use se necessário.

Marinada para peixe

Rendimento: 480 ml

- 360 ml de azeite de oliva
- 120 ml de suco de limão, vinho branco seco ou vermute branco
- 14 g de alho picado
- 2 colheres (chá)/10 g de sal
- 2 colheres (chá)/4 g de pimenta-do-reino preta moída

Misture todos os ingredientes. Passe para um recipiente que possa ser fechado hermeticamente e conserve na geladeira por até 1 semana ou use se necessário.

Marinada de vinho tinto para caça

Rendimento: 480 ml

- 180 ml de vinho tinto seco
- 30 ml de azeite de oliva
- 30 ml de vinagre de vinho tinto
- 1 colher (chá)/2 g de tomilho desidratado
- ½ colher (chá)/1 g de baga de zimbro
- ½ colher (chá)/1 g de segurelha desidratada
- ½ colher (chá)/1 g de pimenta-do-reino preta moída
- 1 a 2 galhos de salsa
- 1 colher (chá)/3 g de alho picado
- 43 g de cenoura em cubos
- 142 g de cebola em cubos
- 43 g de salsão em cubos
- 1 folha de louro

Misture todos os ingredientes. Passe para um recipiente que possa ser fechado hermeticamente e conserve na geladeira por 2 ou 3 dias ou use se necessário.

Marinada para cordeiro

Rendimento: 480 ml

- 120 ml de vinho tinto seco
- 120 ml de vinagre de vinho tinto
- 60 ml de azeite de oliva
- 1 colher (sopa)/15 g de açúcar
- 1 colher (sopa)/6 g de hortelã desidratada
- 1 colher (chá)/3 g de sal
- 1 colher (chá)/2 g de baga de zimbro
- 2 folhas de louro
- 2 fatias de cebola
- 1 ramo de salsa
- 1 ramo de tomilho
- 1 dente de alho picado
- 1 pitada de noz-moscada moída

Misture todos os ingredientes. Passe para um recipiente que possa ser fechado hermeticamente e conserve na geladeira por 2 ou 3 dias ou use se necessário.

Marinada latina de cítricos (*Mojo*)

Rendimento: 480 ml

- 270 ml de suco de laranja
- 135 ml de suco de limão-siciliano
- 3 colheres (sopa)/45 ml de suco de limão
- 4½ colheres (chá)/8 g de sementes de urucum moída
- 1 colher (chá)/3 g de alho picado
- 1½ colher (chá)/5 g de sal
- ¾ de colher (chá)/1,5 g de orégano desidratado
- ¾ de colher (chá)/1,5 g de cominho moído
- ¼ de colher (chá)/0,5 g de cravo-da-índia em pó
- ¼ de colher (chá)/0,5 g de canela em pó
- ¼ de colher (chá)/0,5 g de pimenta-do-reino preta moída

Misture todos os ingredientes. Passe para um recipiente que possa ser fechado hermeticamente e leve à geladeira por 2 ou 3 dias ou use se necessário.

Marinada de vinho tinto para carnes grelhadas

Rendimento: 480 ml

- 240 ml de vinho tinto
- 180 ml de azeite de oliva
- 60 ml de suco de limão-siciliano
- 2 colheres (chá)/6 g de alho picado
- 1 colher (chá)/3 g de sal
- 1 colher (chá)/2 g de pimenta-do-reino preta moída

Misture todos os ingredientes. Passe para um recipiente que possa ser fechado hermeticamente e conserve na geladeira por 2 ou 3 dias ou use se necessário.

Marinada *teriyaki*

Rendimento: 480 ml

- 180 ml de molho de soja
- 180 ml de óleo de amendoim
- 90 ml de *sherry* seco
- 28 g de mel
- 2 colheres (chá)/6 g de alho picado
- 2 colheres (chá)/6 g de gengibre ralado
- 2 colheres (sopa)/18 g de *zestes* de laranja ralado (opcional)

Misture todos os ingredientes, incluindo os *zestes* de laranja se for usar. Passe para um recipiente que possa ser fechado hermeticamente e conserve na geladeira por 2 ou 3 dias ou use se necessário.

manufaturando carnes, aves e peixes

Não importa qual seja o tamanho do estabelecimento, a carne, as aves e os peixes constituem a parte mais cara do orçamento de uma operação de serviços alimentares. Em geral, o tamanho e o âmbito da operação determinam a forma pela qual se adquirem esses itens. Para aquelas com recursos limitados de mão de obra e armazenamento, carnes, aves e peixes manufaturados de qualidade, adquiridos em caixas, são uma forma aceitável de aquisição.

CAPÍTULO 16

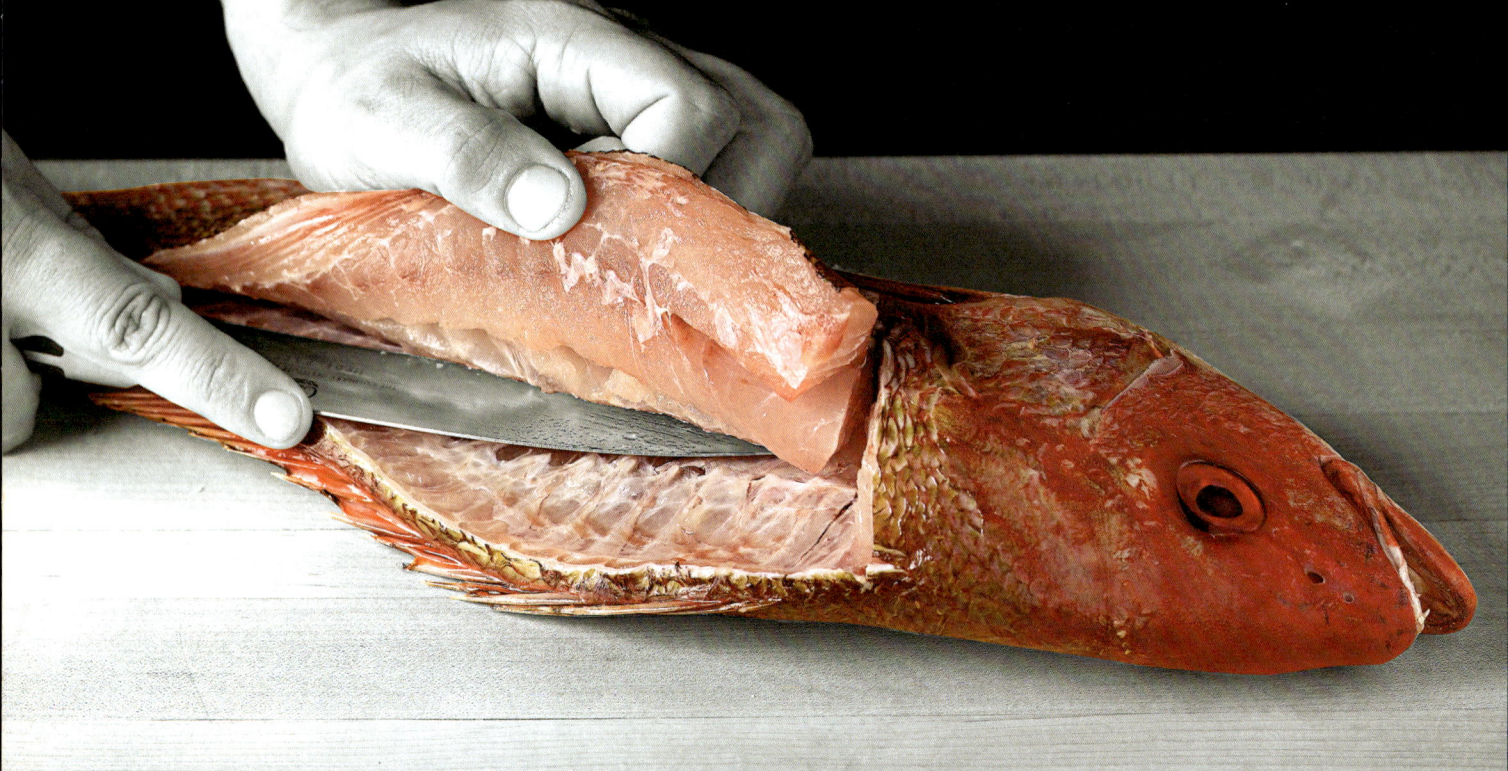

Muitas vezes, os chefs que têm os meios para fazê-lo preferem desempenhar muitas das tarefas da manufatura em seu próprio estabelecimento, para controlar o tamanho e a qualidade da porção – itens importantes para a reputação do estabelecimento.

preparo de carnes

Dependendo dos preços que prevalecem no mercado local em relação a alimentos e mão de obra, a manufatura no próprio estabelecimento pode ser menos dispendiosa do que comprar cortes pré-manufaturados. O fato de as aparas e os ossos poderem ser usados para preparar outros pratos (por exemplo, fundos, sopas, molhos e recheios) figura como benefício econômico adicional.

Há semelhanças gerais entre cortes de carne de boi, vitelo, cordeiro, veado e porco, se forem das mesmas partes do animal. Grupos musculares que são usados mais frequentemente na realização de maiores esforços serão mais duros do que grupos musculares mais sedentários. Músculos localizados ao longo das costas são usados com menos frequência do que músculos das extremidades. Portanto, as costelas e o lombo contêm os cortes mais macios. Eles costumam ser mais caros que cortes da paleta, que costumam ser mais exercitados e, portanto, mais duros. As pernas podem conter tanto cortes macios como cortes bem duros. A idade e o método de criação do animal também influenciam o grau de maciez da carne. O que pode ser tido como um corte de qualidade em uma espécie pode ser um corte duro em outro animal.

O manuseio adequado durante a produção prepara a carne para o cozimento posterior. As técnicas básicas incluem limpar, desossar, porcionar, amaciar, moer e amarrar. A maior parte das técnicas aqui apresentadas não exige conhecimento especial de ossos em um corte de carne ou de anatomia geral do animal, embora talvez seja útil consultar o Capítulo 6, "Identificação de carnes, aves e carne de caça".

preparo de carnes

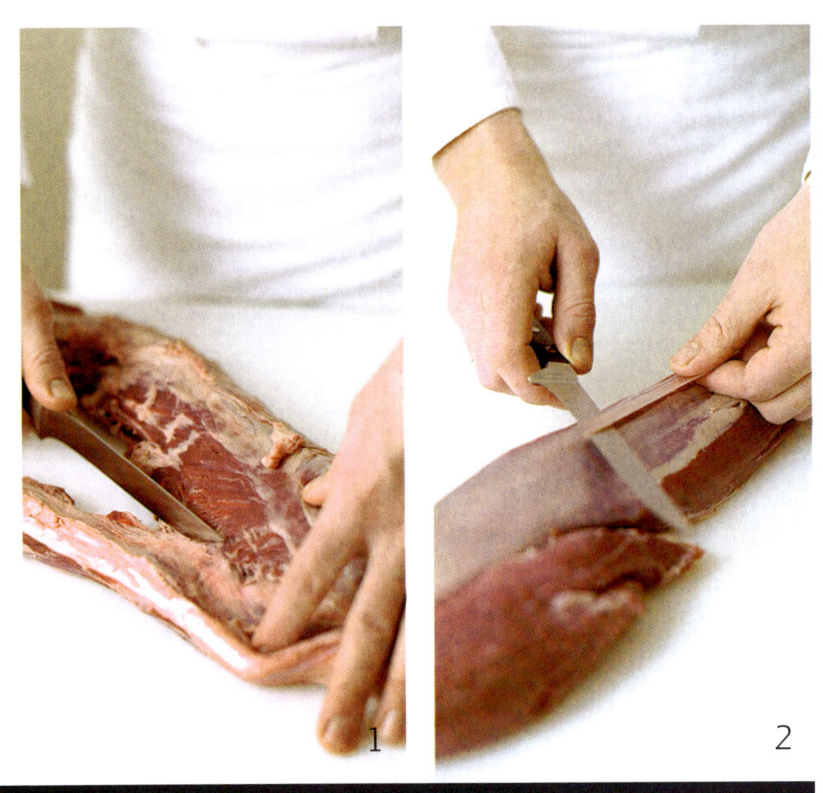

Limpando o filé-mignon

Um lombo inteiro de porco com osso costuma custar menos por peso que o desossado. Remover a gordura e os ossos é relativamente fácil, e os ossos e nervos retirados podem ser assados e usados no preparo de um rico *jus* ou fundo escuro. Pode levar algum tempo para aprender como cortar e desossar adequadamente um lombo para um assado ou em escalopes.

1. Erga e puxe o cordão do filé-mignon. Ele sai facilmente e a lâmina de uma faca para desossar é usada para segurar o filé-mignon, enquanto o cordão é retirado. Se necessário, use a faca para ajudar a removê-lo da peça de carne.

2. Remova completamente a membrana, o colágeno e a pele prateada. Trabalhe de modo que seu corte se mova da parte mais fina para a mais grossa do filé-mignon. Essa membrana dura, cujo nome provém de sua cor meio prateada, tende a encolher quando exposta ao calor, e provoca um cozimento desigual. Coloque a parte superior da faca para desossar entre a carne e a pele prateada, e segure-a firme, deslizando a lâmina, voltada ligeiramente para cima. Aqui mostramos um filé-mignon, mas as mesmas técnicas se aplicam a lombo de porco, de vitelo e de cordeiro, assim como a outros cortes de carne com pele prateada, inclusive o coxão mole de boi e vitelo, e cortes de lombo de veado e outros animais de caça grandes.

capítulo 16 » MANUFATURANDO CARNES, AVES E PEIXES

Moldando um medalhão

Os cortes sem osso do filé-mignon e o lombo ou filé-mignon do vitelo, do cordeiro ou do porco podem ser chamados medalhões, *noisettes* (assim denominados porque são como pequenas nozes de carne) ou *grenadins* (cortes grandes do lombo). Os termos *noisette* e medalhão são frequentemente permutados para referir-se a um corte de carne pequeno, sem osso e macio, pesando de 57 g a 170 g. *Tournedos* e *châteaubriand* são termos especiais, usados, em geral, apenas para cortes de filé-mignon bovino. Costumeiramente, os *tournedos* são cortados do lado mais fino do filé-mignon e pesam 142 g. O *châteaubriand* serve duas pessoas e é cortado do centro do filé-mignon, pesando, em média, 284 g.

Depois que os medalhões ou cortes sem osso semelhantes forem cortados no tamanho da porção, podem ser envolvidos, na altura, por uma faixa de musselina e moldados para que tenham uma forma compacta, uniforme. Isso não só dá à carne uma aparência mais agradável, mas também contribui para que o medalhão cozinhe por igual. Junte as pontas da musselina e torça para apertá-la em torno da carne. Enquanto você torce o pano com uma das mãos, aperte a carne firmemente para baixo, com pressão uniforme, moderada, usando a parte larga da lâmina da faca ou objeto achatado semelhante. Os medalhões à esquerda foram moldados e são de tamanho mais uniforme.

preparo de carnes

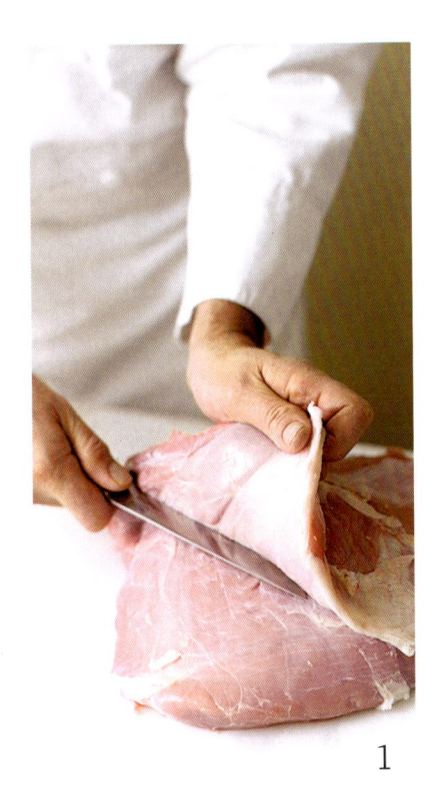

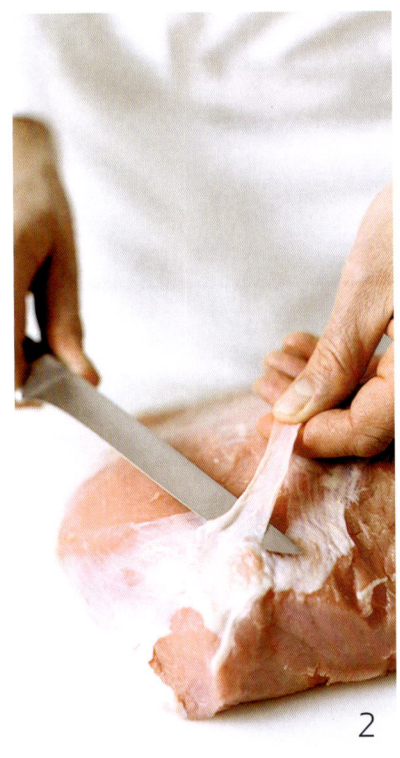

Limpando carnes sem osso

Muitas vezes, as carnes a serem salteadas ou fritas, grelhadas ou guisadas, são retiradas de cortes maiores sem osso, do traseiro, lombo e/ou filés-mignons. Esses cortes são habitualmente compostos de um ou mais músculos. Cada músculo tem seus próprios veios, ou direções em que correm as fibras da carne. Retirar partes individuais de um corte de carne maior permite que o chef corte cada pedaço de carne da maneira mais adequada para a receita ou o menu.

1. Para dividir cortes maiores (acima, coxão mole de vitelo), siga as juntas naturais do músculo – elas funcionam como um mapa para definir cortes específicos. Isso torna possível cortar cada músculo contra os veios e retirar facilmente qualquer tecido conectivo ou gordura.

2. Usando a mesma técnica utilizada para o filé-mignon de boi, retire a gordura e a pele prateada. Preste atenção ao ângulo da lâmina da faca. Ela deve ficar para cima, para impedir a remoção da carne.

3. Cortar a carne de atravessado (sentido oposto à direção das fibras) produz um corte de carne menos duro do que se ela for cortada ao longo do veio.

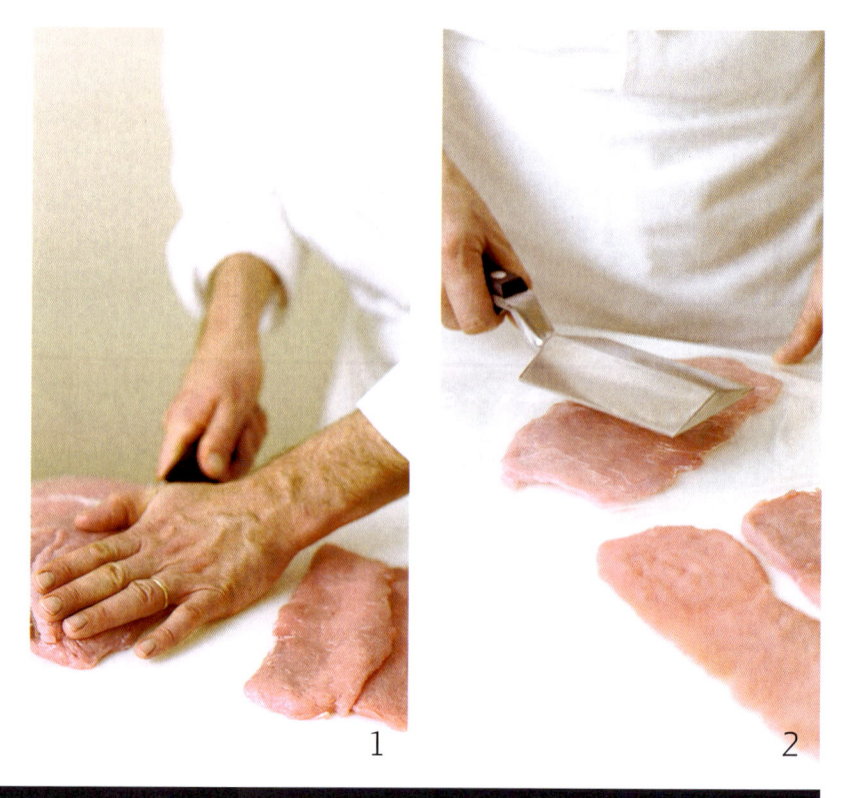

Cortando e moendo carnes

A palavra francesa para esse corte é *émincé*, ou "cortado em lascas". A carne é cortada contra o veio em tiras finas, de comprimento e largura apropriados para o prato. Como geralmente é salteada, o corte deve ser um dos mais macios. Essa técnica pode ser usada para a carne de boi, de cordeiro ou mesmo de porco. Certifique-se de que a carne esteja completamente limpa antes de cortá-la *en émincé*. Depois disso, o *émincé* pode ser batido, se for o caso, usando a mesma técnica para bater escalopes. Seque o *émincé* batido antes de cozinhar.

Cortando e batendo escalopes

O escalope é um corte de carne fino, sem osso, preparado do lombo, do filé-mignon ou de qualquer outro corte de carne macio o suficiente, como o coxão mole. As palavras *scaloppine*, em italiano, e *escalope*, em francês, referem-se ao mesmo corte e são usadas de acordo com o estilo do menu. Os escalopes são costumeiramente cortados de atravessado, em diagonal.

Frequentemente, os escalopes são batidos para que tenham grossura uniforme em toda a superfície, de modo que possam ser rapidamente salteados ou fritos. O *paillard* é um escalope batido grelhado, e não salteado ou frito. Ajuste o peso do batedor de carne e a força da batida de modo a corresponder à delicadeza da carne. Os escalopes de peru (fatias de peito de peru), por exemplo, requerem toque mais delicado do que os de porco. Cuidado para não rasgar ou esticar a carne demais enquanto bate.

1. Corte peças do mesmo peso (geralmente, de 28 g a 113 g) e circunferência. Não é absolutamente necessário usar uma faca cimitarra, mas usá-la pode ajudar a evitar rasgos na carne, enquanto se corta.

2. Coloque a carne entre camadas de plástico. Faça um movimento de bater e empurrar, para afinar o escalope por igual. Aumentar a área de superfície e diminuir a grossura do escalope promovem maior rapidez no cozimento.

preparo de carnes

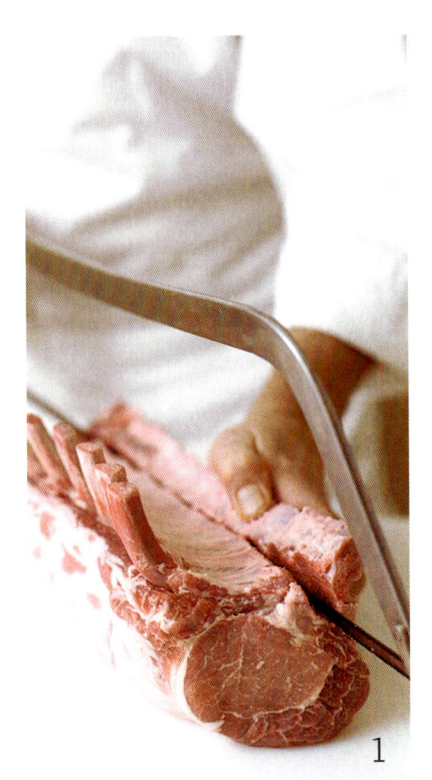

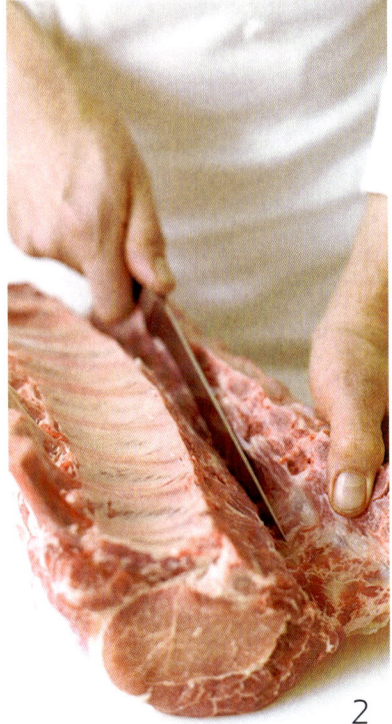

Cortando costeletas com osso

As costeletas e os bifes são feitos de cortes com osso provenientes das costelas ou do lombo. Os ossos grandes podem ser difíceis de serrar, mas os cortes com osso das costelas e do lombo de porco, cordeiro, veado e boi são mais fáceis de administrar.

1. Corte a coluna vertebral com um serrote. Retire-a completamente dos ossos das costelas, sem cortar os músculos.

2. Usando a mão para segurar a coluna vertebral longe da carne, trabalhe com a ponta de uma faca de desossar dando golpes uniformes ao longo das vértebras, afastando perfeitamente a carne dos ossos.

3. Faça um corte entre cada costela com uma cimitarra ou faca de chef. Quando estiver cortando, use uma pressão uniforme, para criar uma superfície lisa nas costelas.

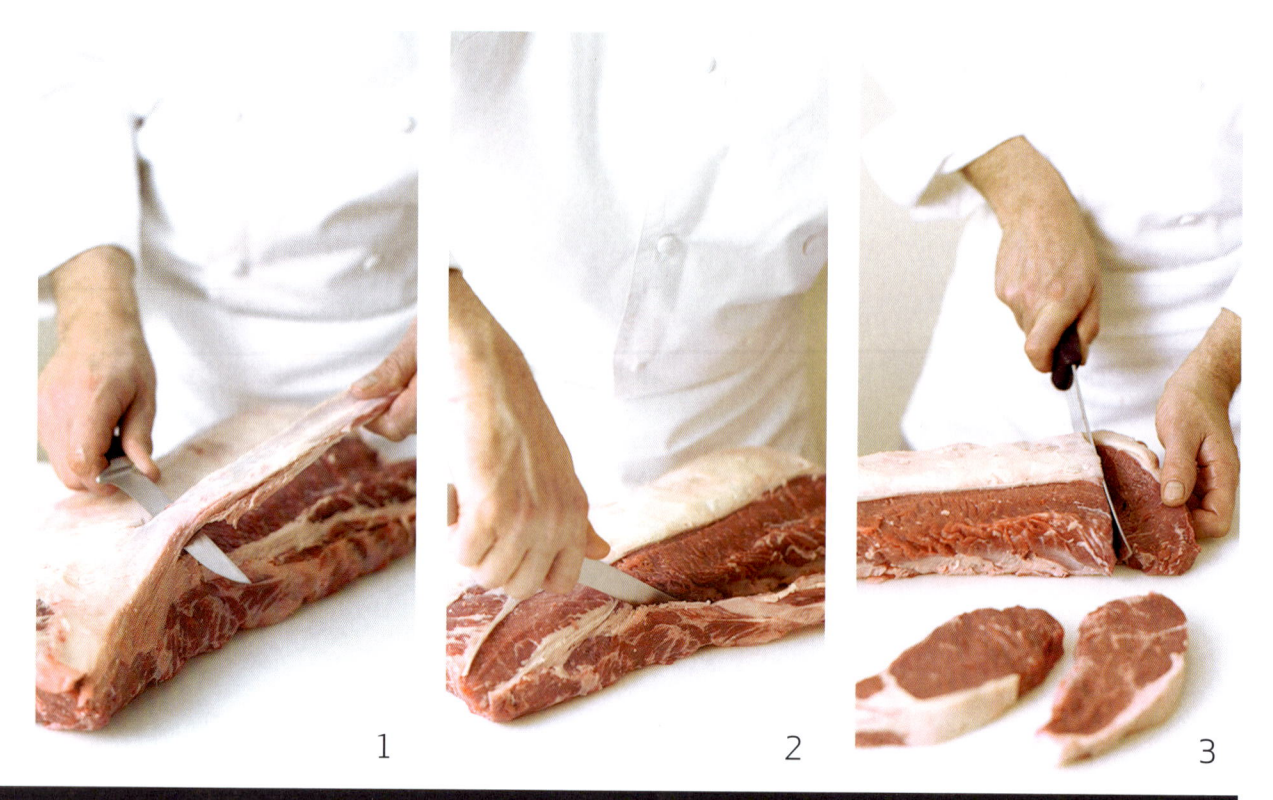

Limpando o contrafilé e cortando bifes sem osso

Cortar bifes atraentes no próprio estabelecimento pode manter o custo dos alimentos mais baixo. Os cortes devem ser uniformes, para que o tempo de cozimento também seja uniforme.

1. O contrafilé tem uma "capa" que corre ao longo de uma borda do músculo. Essa pesada camada de gordura é retirada primeiro, com cuidado para não se cortar a parte interna do músculo. Segure essa cobertura de gordura esticada enquanto corre a lâmina da faca ao longo do comprimento do contrafilé, voltando-a levemente para cima. Retire de 4 cm a 5 cm da capa de gordura.

2. O contrafilé pode ter uma parte chamada cordão. Depois que a capa de gordura for aparada para chegar à grossura desejada, o cordão é retirado. Reserve-o para outro uso.

3. O chef está cortando bifes da ponta do contrafilé que dá para as costelas. O bife à esquerda foi retirado daí. A listra de colágeno em forma de V foi retirada e o bife à direita foi cortado da ponta que dá para a alcatra. Os bifes cortados de uma ponta são tão macios quanto os da outra, mas o colágeno, em si, é duro, e pode dar a impressão de que o bife é duro.
   Ajuste a grossura do corte para produzir bifes de tamanho igual, no peso desejado. Conserve os bifes cortados na geladeira até o momento de cozê-los.

preparo de carnes

Limpando e retirando os ossos do lombo de porco

Frequentemente, um lombo de porco inteiro custa menos por quilo do que um lombo limpo e sem ossos. Retirar a gordura e os ossos é relativamente simples, e os ossos e as aparas magras podem, então, ser assados e usados para preparar um suculento fundo escuro ou *jus*. No começo, pode levar algum tempo para aprender como aparar e retirar os ossos do lombo para um assado ou para escalopes.

1. O principiante deve cortar devagar e parar para examinar o lombo entre um corte e outro. O primeiro passo é remover o filé-mignon, se ainda estiver intacto. Depois, retirar a capa de gordura para obter a grossura desejada. Dê golpes leves ao longo dos ossos das costelas para liberar a carne, como se vê aqui. Empurre os ossos afastando-os da carne com a outra mão, para facilitar a visão e evitar cortá-la. Passe a faca perto dos ossos, raspando-os, e deixando neles a menor quantidade possível de carne.

2. Use a ponta da faca para cortar nas juntas e entre os ossos, e a parte chata da lâmina para golpes mais longos, extensos. Perto da parte inferior das costelas há uma saliência ou degrau como um calombo, que forma quase um ângulo reto; deve-se cortar em torno dele para remover totalmente a carne do osso. Tome cuidado para não cortar a carne quando passar a faca em torno dessa saliência.

Depois de limpo e retirados os ossos, o lombo pode ser usado para preparar grande variedade de itens do menu, inclusive medalhões, escalopes e *émincés*.

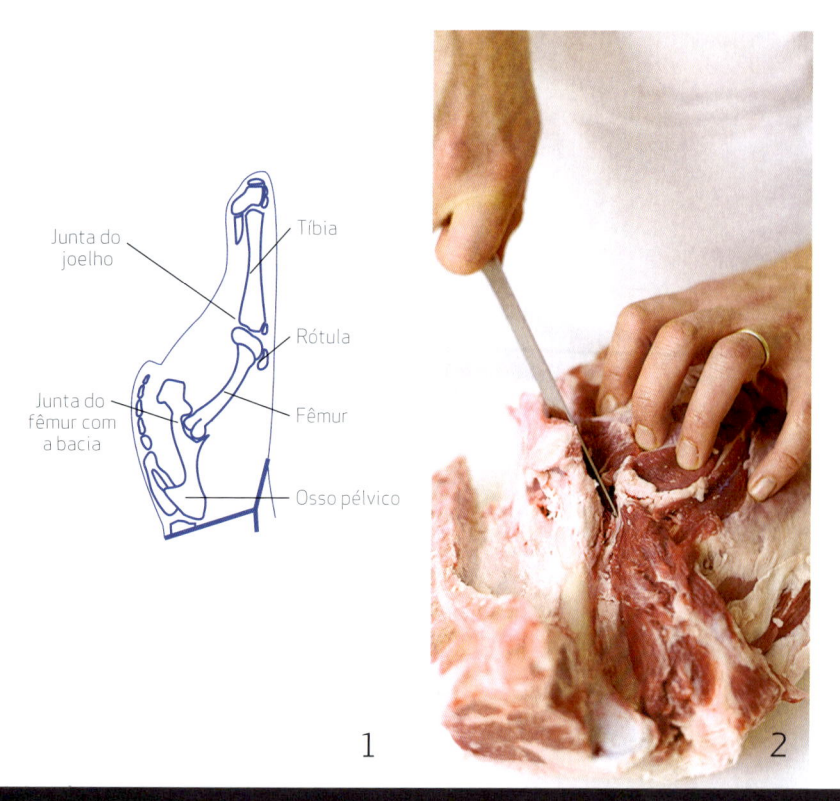

Retirando o osso de um pernil de cordeiro

Esse procedimento pode parecer difícil, mas é possível executá-lo com sucesso seguindo os passos que as ilustrações mostram.

O pernil é coberto por uma camada de gordura e por uma membrana. A gordura e a membrana devem ser retiradas com cuidado, deixando a carne tão intacta quanto possível.

O pernil de cordeiro pode ser desossado para ser usado de várias formas diferentes. Pode ser aberto em borboleta e grelhado, ou enrolado, amarrado e assado. A carne pode ser dividida ao longo das juntas naturais, para fazer pequenos assados, ou cortada em fatias como escalopes ou cubos.

1. O pernil contém a tíbia posterior, os ossos pélvicos (que são o osso da bacia e o osso pélvico), uma parte da espinha dorsal e da cauda, e o osso da perna (também chamado fêmur).

2. Passe a ponta da faca em torno do osso pélvico. Enquanto cortar a carne para remover os ossos, segure a faca firmemente e corte, com a parte superior da lâmina, em torno dos ossos e das juntas. A ponta da faca deve correr ao longo do osso para retirar tanta carne quanto for possível.

CARNES, AVES, PEIXES E FRUTOS DO MAR

preparo de carnes

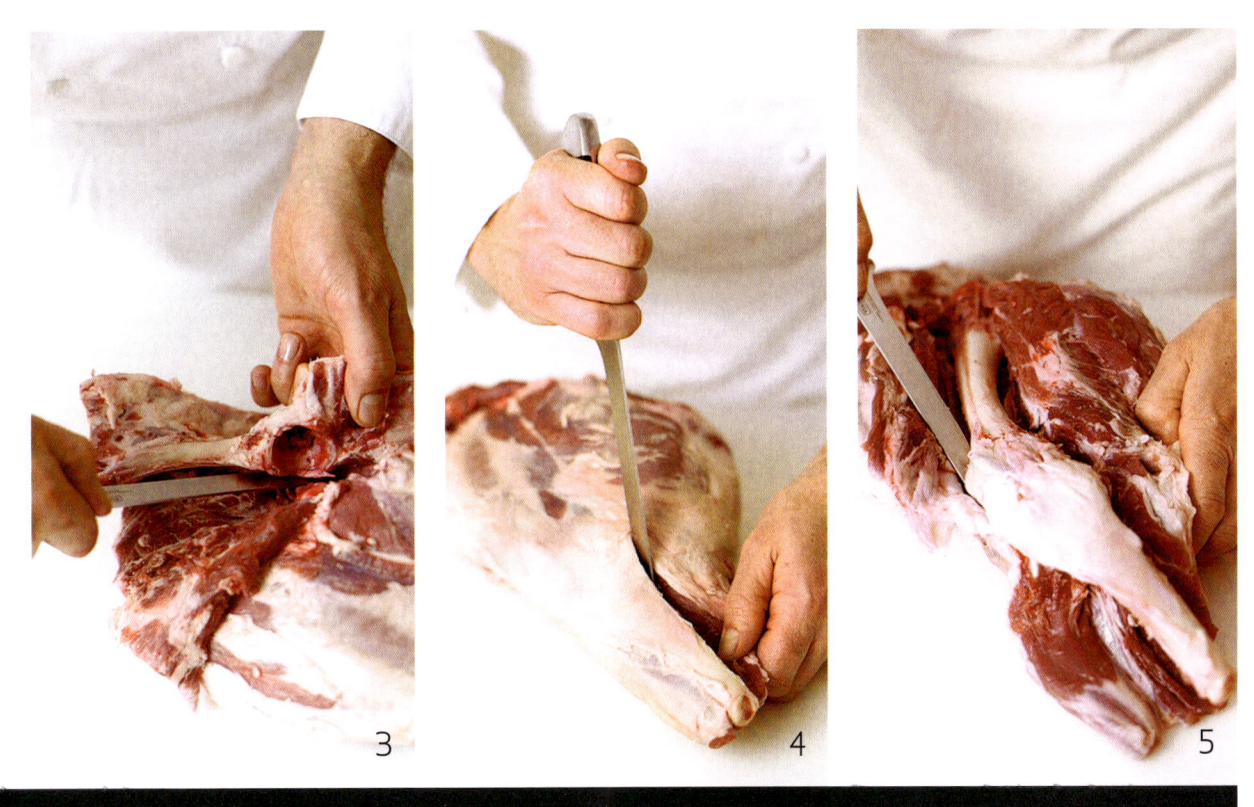

3. Quando a carne sair do osso pélvico, levante o osso e retire-o da perna.

4. Faça um corte sobre a tíbia e corte a carne, afastando-a do osso.

5. Depois de retirar a carne da tíbia, corte em torno do fêmur para remover os ossos da carne.

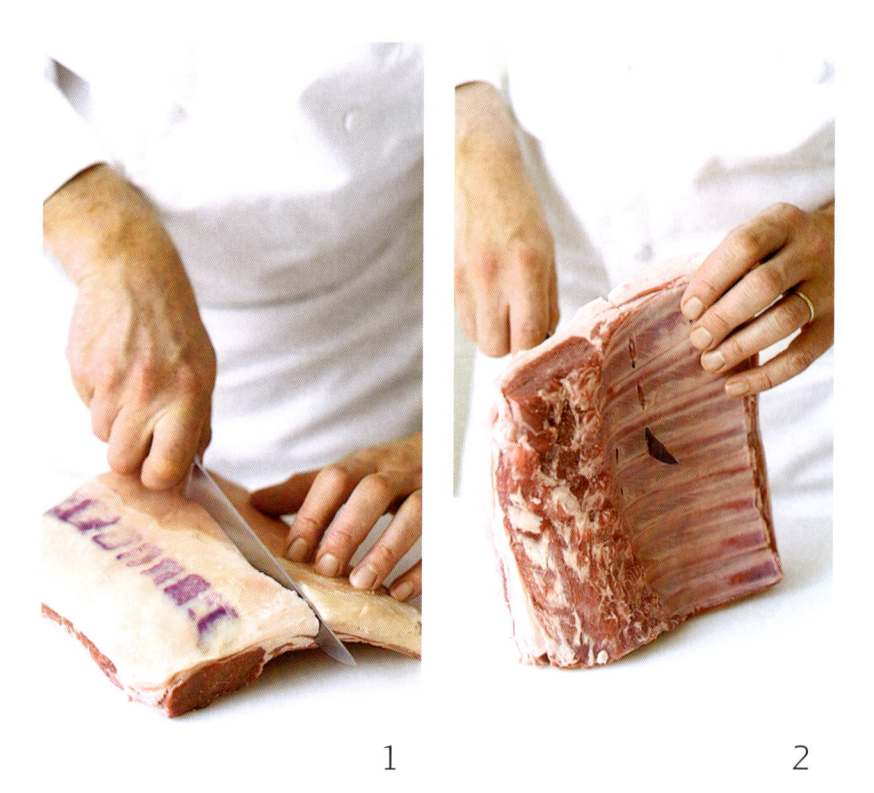

Cortando costelas de cordeiro em tiras

Esta técnica é uma das mais complicadas, mas não particularmente difícil de dominar. É certo que ripa ou costelas de cordeiro cortadas em tiras e limpas podem ser obtidas com o fornecedor de carne, mas o chef pode exercer maior controle sobre as perdas de aparas se o trabalho for feito em sua cozinha. A mesma técnica pode ser usada para cortar costelas de cordeiro em tiras, vitelo ou porco. As aparas magras podem ser usadas para preparar um *jus* ou um fundo.

1. Faça um corte uniforme até o osso na cobertura de gordura. O corte deve ficar a cerca de 3 cm do centro da carne.

2. Coloque a ripa em pé e faça um corte fundo entre cada osso, usando o corte inicial como guia.

preparo de carnes

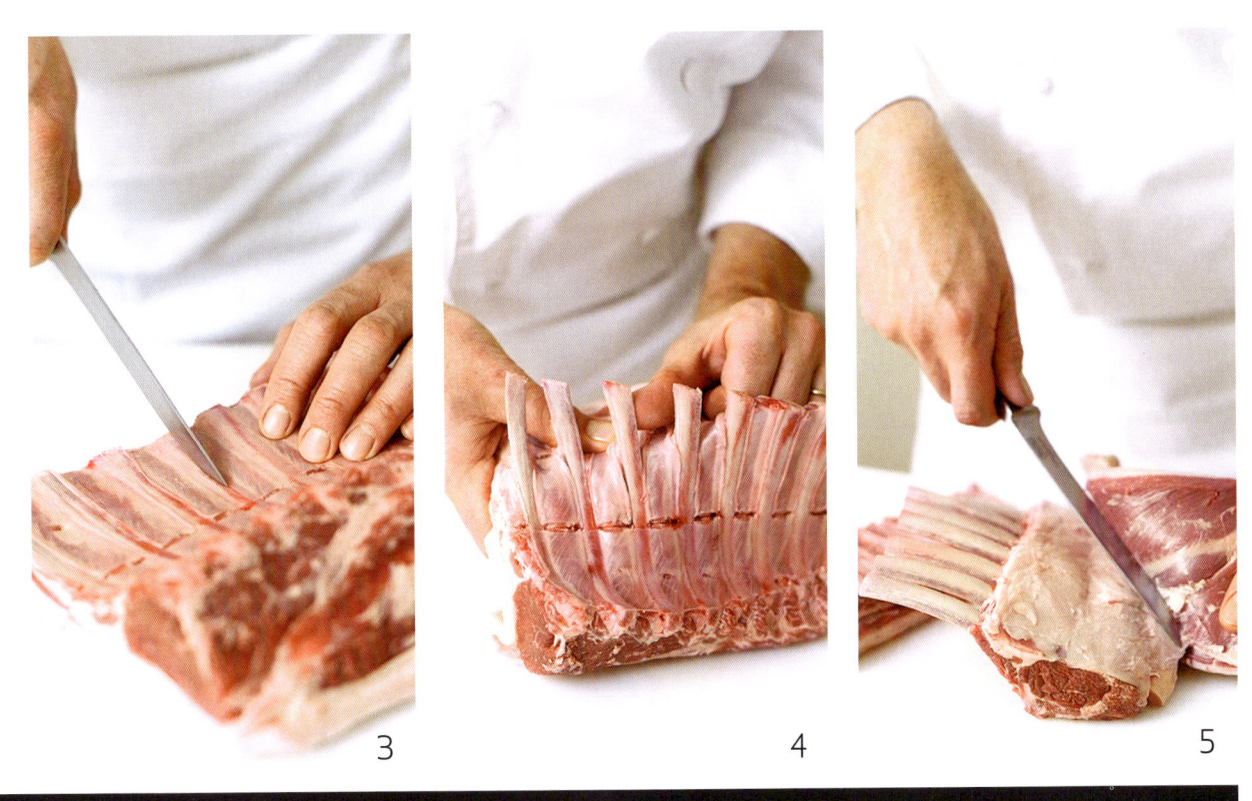

3. Use a ponta de uma faca para desossar para fazer um corte na fina membrana que cobre os ossos. Isso permitirá romper a membrana facilmente.

4. Empurre os ossos através da membrana. Use os dedos para estabilizar a parte inferior da ripa enquanto retira as membranas cortadas e empurra os ossos para fora com os polegares.

5. Coloque a ripa sobre a superfície de trabalho com os ossos para baixo. Faça um corte uniforme para retirar a carne que circunda as pontas dos ossos. Ela deve se soltar facilmente.

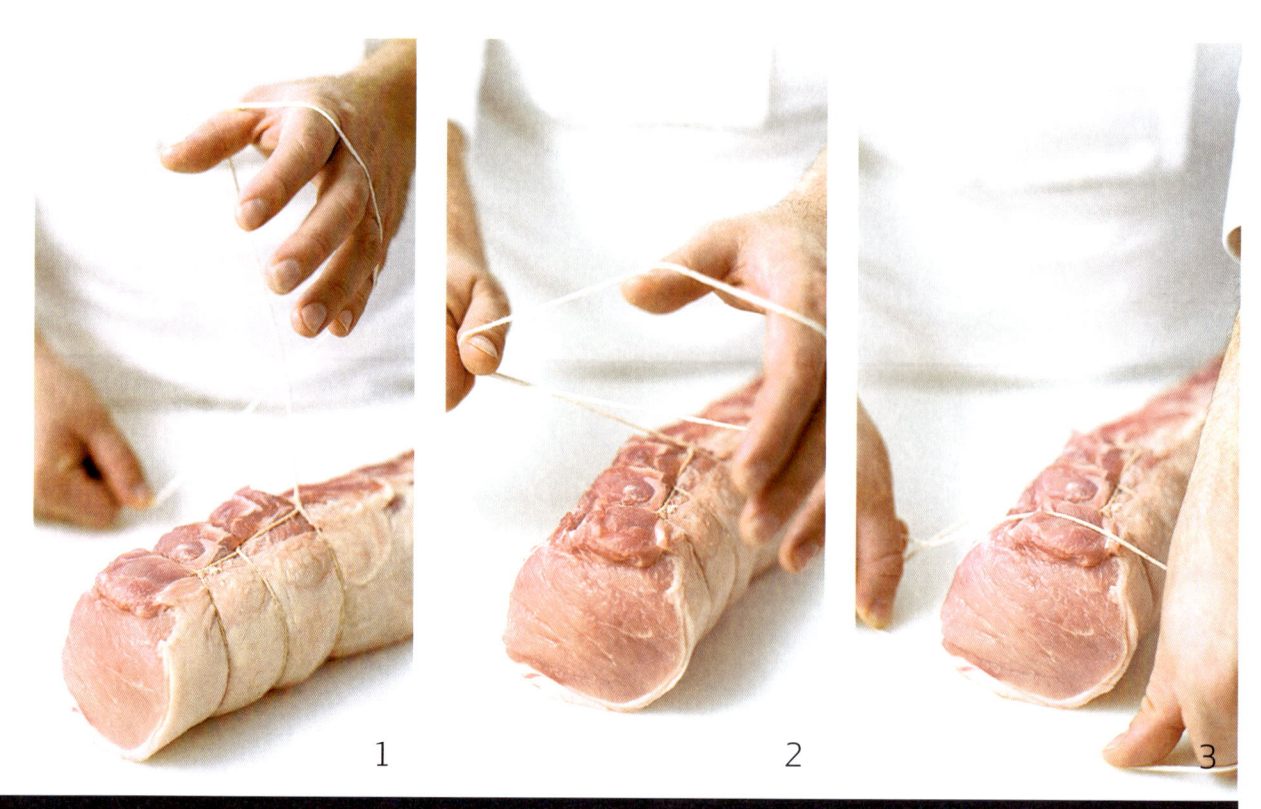

Amarrando um assado

Amarrar um assado com nós seguros, com a tensão certa, é um dos tipos de preparação de carne mais simples e dos mais necessários. Assegura que o assado cozinhará por igual e reterá sua forma depois de pronto. Embora simples, a técnica é, muitas vezes, uma das mais frustrantes para aprender. Para começar, dar nós nem sempre é fácil. Entretanto, desde que o barbante esteja esticado o suficiente para dar ao assado uma forma compacta, sem estar apertado demais, o resultado será bom. Deixe o barbante bem comprido, de modo que possa envolver facilmente todo o diâmetro da carne. Ou não corte o barbante do rolo; faça-o apenas quando todo o assado estiver amarrado.

Primeira técnica

Nesta técnica, o barbante não é cortado do rolo. Para começar a amarrar o assado, amarre a ponta do barbante em torno da parte mais grossa da carne (pode-se usar qualquer nó que segure firme).

1. Passe o barbante em torno dos dedos e do polegar abertos, de modo que o barbante se cruze e forme um X.

2. Abra bem a mão para aumentar o laço.

3. Continue a aumentar o laço até que seja largo o suficiente para passar facilmente em torno da parte mais grossa da carne, circundando-a completamente.

4. Rodeie a carne com o laço, certificando-se de que os nós estão espaçados a intervalos regulares.

CARNES, AVES, PEIXES E FRUTOS DO MAR

preparo de carnes

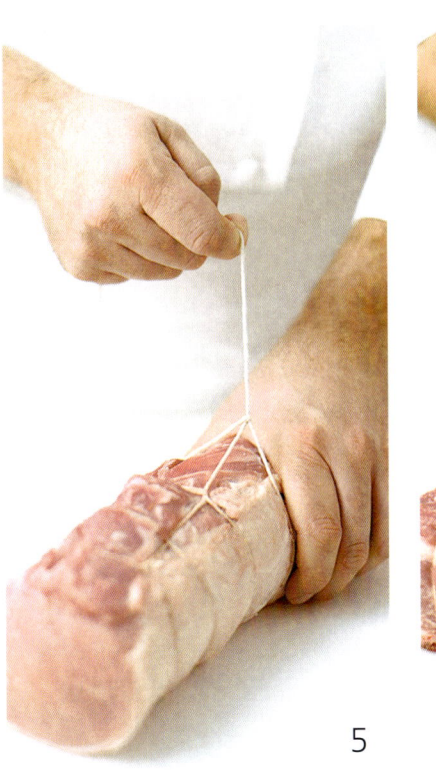

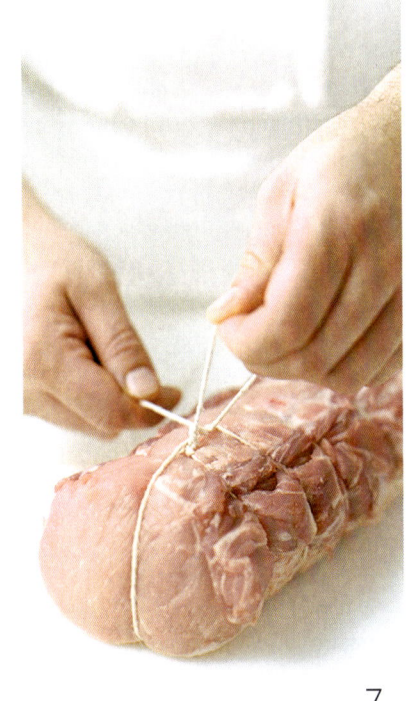

5.

6.

7.

5. Puxe a ponta solta do barbante até que o laço esteja bem apertado em torno da carne. Note que, a essa altura, o barbante já formou um seminó. Continue até que o corte de carne inteiro tenha sido amarrado com laços.

6. Vire o corte de carne. Passe a ponta solta do barbante pelo laço, depois passe-a em torno da carne e sob o laço. Aperte o barbante e continue executando a mesma operação por todo o comprimento da carne.

7. Depois que o barbante passou por cada laço de uma ponta à outra, vire a carne novamente. Corte a ponta solta e amarre o barbante, fortemente, ao primeiro laço.

Segunda técnica

Para esta técnica, corte vários pedaços de barbante. Cada um deles deve ser longo o suficiente para circundar completamente a carne e dar um nó duplo.

Além dos dois métodos que mostramos aqui, há outros métodos para amarrar assados. Se você tiver oportunidade de aprender outros, será mais fácil adaptar-se a amarrar os diferentes cortes de carne.

As duas técnicas aqui ilustradas funcionam tanto para assados sem osso como para aqueles com osso. A escolha da técnica é questão de preferência pessoal.

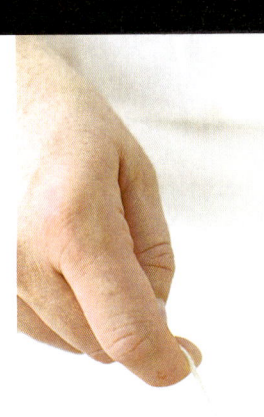

Segunda técnica

capítulo 16 » MANUFATURANDO CARNES, AVES E PEIXES

trabalhando com carnes diversas

Nos últimos anos, à medida que os americanos ficaram menos melindrosos a respeito dos miúdos, a demanda por fígado, rins, língua, molejas e outros tipos de carne cresceu. Como esses cortes são difíceis de encontrar no supermercado, ou mesmo no açougue, muitas pessoas não têm ideia de quais são as técnicas de preparo adequadas.

Fígado

Prepare o fígado antes de cozinhá-lo, removendo a pele prateada, as membranas duras, as veias e as impurezas. Quando submetida a calor intenso, a pele prateada encolhe mais rapidamente do que a carne, franzindo o fígado e impedindo-o de cozinhar por igual.

Rins

O sabor único dos rins virá à tona se estiverem perfeitamente frescos e forem manuseados adequadamente. Demolhe os rins em água salgada por 12 horas, depois enxágue-os bem e demolhe-os em leite por mais 12 a 24 horas. Enxágue e corte-os ao meio, removendo toda a gordura e as veias. Em alguns casos, as receitas podem indicar que os rins devem ser branqueados primeiro. Retire a pele dos rins removendo a membrana que os cobre.

Língua

A língua é um músculo bastante duro. Esse corte de carne pode ser vendido com a pele, que é mais fácil de ser removida da língua defumada cozida. Cozinhe em fogo brando a língua em caldo ou *bouillon* aromáticos e ela ficará muito macia. Deixe-a esfriar no líquido de cozimento para reforçar o sabor. Depois, cuidadosamente, retire a pele. Esta adere com maior força perto da base da língua, por isso, pode ser necessário usar uma faca de legumes para removê-la daí e da parte inferior. Entretanto, sai com facilidade perto da ponta, onde você pode simplesmente usar os dedos.

Após retirar a pele, a língua pode ser usada de muitas maneiras. Cortada em *julienne* ou cubos, pode guarnecer molhos, sopas ou patês; em fatias finas, pode ser servida quente ou fria, ou usada como forro em formas de *terrine*. Constitui um ingrediente clássico do chucrute alsaciano.

Tutano

O tutano – a substância macia que fica no interior dos ossos – é usado muitas vezes como guarnição para sopas, molhos e outros pratos. Certos ossos contêm quantidade significativa de tutano, que é relativamente fácil de retirar usando-se a técnica seguinte: submerja os ossos em água fria salgada, por algumas horas, para remover o excesso de sangue e impurezas. Depois de demolhados, empurre o tutano para fora com o polegar.

Molejas

Molejas são a glândula timo do vitelo. Sua estrutura macia permite que seja cortada com o garfo, desde que adequadamente preparada. Esse miúdo é considerado uma iguaria, com um preço mais alto.

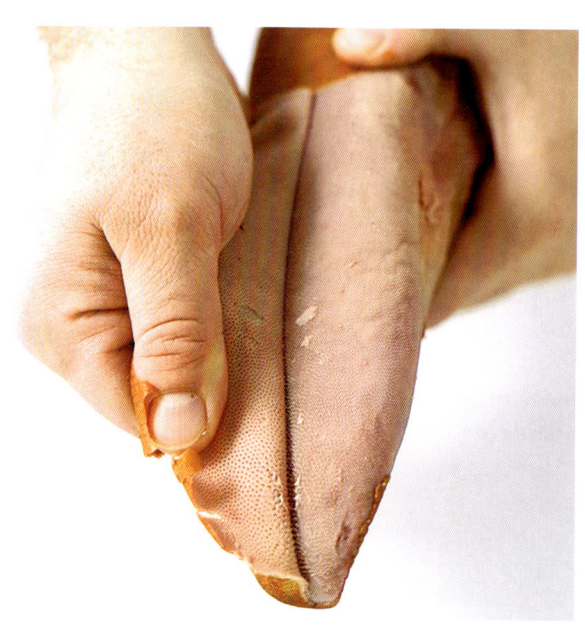

Língua

Tutano

trabalhando com carnes diversas

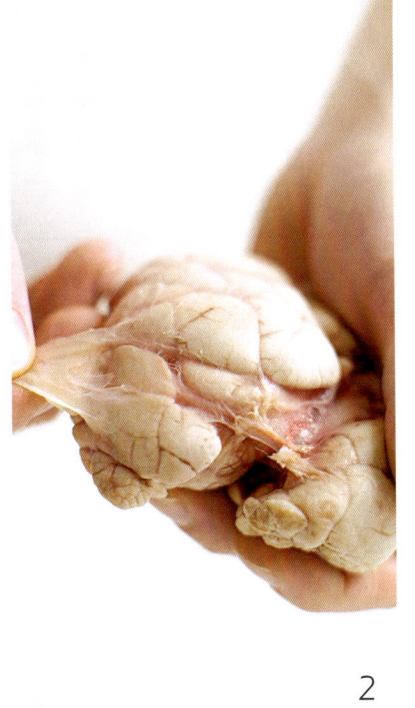

Trabalhando com molejas

As molejas devem ser bem lavadas, em água fria, para retirar todos os traços de sangue. Depois, devem ser branqueadas em um *court bouillon*, ter a pele retirada e ser pressionadas para ficar com uma textura mais firme e atraente. As molejas podem, então, ser preparadas *à la meunière* (passadas na farinha e salteadas). Também são usadas para preparar *terrines*.

1. As molejas devem ser bem lavadas em água fria para remover todos os traços de sangue. Em seguida, devem ser branqueadas em uma quantidade de *court bouillon* suficiente para cobri-las.

2. Depois de branqueá-las, deixe-as esfriar o bastante para poder manuseá-las com facilidade. Retire a membrana que cobre a carne.

3. Enrole em musselina, firmemente, as molejas sem pele, para lhes dar uma textura mais firme e atraente. Ponha-as em um tabuleiro perfurado (como na ilustração acima), coloque um peso sobre elas e mantenha-as sob pressão, na geladeira, por muitas horas.

4. As molejas pressionadas devem ficar firmes, compactas e fáceis de serem cortadas em fatias. Podem ser preparadas *à la meunière* (passadas por farinha e salteadas), usadas para preparar *terrines* ou utilizadas em outras preparações.

capítulo 16 » MANUFATURANDO CARNES, AVES E PEIXES

DA ESQUERDA PARA A DIREITA:
Corpo, propulsor, navalha, discos de diferentes tamanhos, arruela.

DA ESQUERDA PARA A DIREITA:
Carne moída com disco de orifícios grandes, orifícios médios e orifícios pequenos.

Moendo carne

Para moer a carne é preciso prestar muita atenção à segurança das práticas de manuseio de alimentos (ver p. 33). Esta técnica de preparação se aplica a carnes e também a aves e peixes. Observe os seguintes procedimentos para obter os melhores resultados:

» Retire o moedor da tomada antes de montá-lo ou desmontá-lo.

» Limpe bem o moedor e monte-o corretamente. Verifique se a navalha está bem encaixada no disco. Nessa posição, a lâmina corta o alimento com eficiência, em vez de rasgá-la ou fragmentá-la.

» Corte a carne em tiras ou cubos que caibam facilmente na entrada de alimentação do moedor.

» Antes de moê-las, refrigere as carnes completamente, assim como todas as partes do moedor que entrarão em contato com o alimento. Uma outra alternativa é submergi-las em água gelada.

» Não force a carne através da entrada de alimentação com um socador. Se forem do tamanho correto, os pedaços serão facilmente puxados pelo propulsor.

» Certifique-se de que a navalha está amolada. A carne deve ser cortada com eficiência, nunca estropiada ou amassada, ao passar pelo moedor.

» Com exceção de carnes muito delicadas (como salmão ou outros peixes, por exemplo), comece com um disco que tenha orifícios grandes. A carne parecerá grosseira.

» Moa progressivamente usando discos com orifícios cada vez menores, até conseguir a consistência desejada.

» Uma passada final através de um disco com orifícios pequenos confere à carne moída uma textura mais refinada e combina melhor a carne magra e a gordura.

As aves, sempre populares e fáceis de obter, estão entre as carnes mais baratas usadas nos pratos principais e em outros itens do menu. Aqui, as técnicas de preparo são demonstradas em um frango, a ave mais usada nos restaurantes. Mas essas técnicas podem ser aplicadas a todos os tipos de aves, como pombos, patos, faisões, perus e codornas, com algumas modificações para adaptá-las ao tamanho (aves menores requerem cortes mais delicados e precisos; aves maiores ou mais velhas requerem uma lâmina mais pesada e maior pressão para romper juntas e tendões duros).

preparo de aves

O ganso costuma ser maior que o pato e o frango, mas sua estrutura óssea é semelhante. A dificuldade no preparo está no fato de o ganso ser muito gorduroso, o que torna a definição sobre onde cortá-lo um pequeno desafio.

Quanto mais jovem a ave, mais fácil é cortá-la. As aves jovens são, em geral, muito menores e seus ossos ainda não endureceram completamente. A maior facilidade ou dificuldade no preparo da ave depende de seu tamanho e tipo. Em geral, é bem mais simples cortar frangos do que, por exemplo, faisões. Os tendões e ligamentos do frango são bem menos desenvolvidos, com exceção das aves caipiras, que se movem livremente no galinheiro ou quintal.

Quando estiver preparando aves, preste muita atenção aos regulamentos de segurança alimentar. Algumas cozinhas usam tábuas de carne com códigos de cor para evitar contaminação cruzada entre carne, aves, peixes e vegetais. Independentemente do material com que as tábuas sejam feitas (madeira ou resina plástica), se forem limpas adequadamente, elas permanecerão higiênicas.

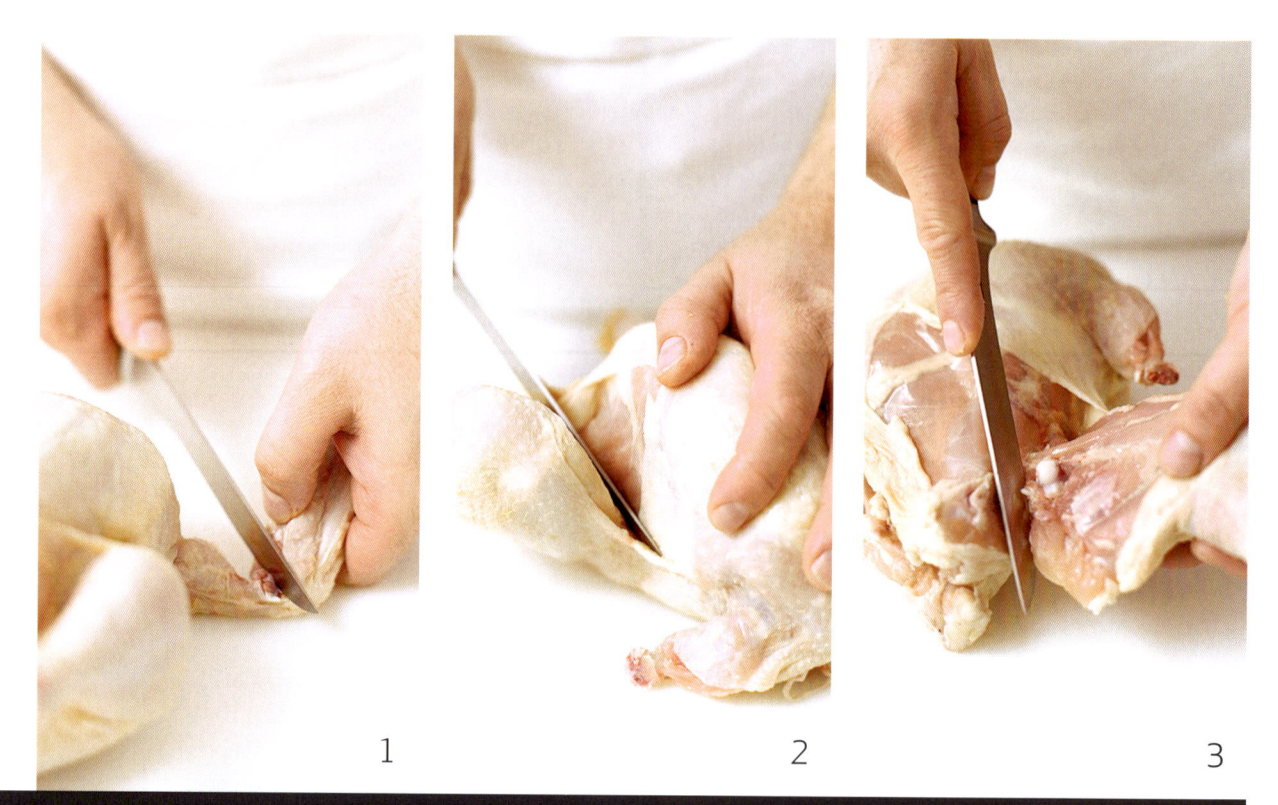

Preparando um *suprême*

O *suprême* é metade do peito de ave semidesossado, em geral frango, faisão, perdiz ou pato, e é assim chamado por ser a melhor (*suprême*) porção. Uma asa, muitas vezes cortada em tiras, é deixada junto à carne do peito. Se a pele for removida do *suprême*, ele pode ser chamado de *côtelette*. Os *suprêmes* podem ser salteados, escalfados ou grelhados.

Para preparar um *suprême* de um frango inteiro com essa técnica, você precisa cortar a ponta da asa e depois retirar as pernas. A carne do peito e a primeira junta da asa são separadas da carcaça da ave. Reserve a carcaça para fazer fundo ou caldo.

1. Com a ponta de uma faca para desossar, faça um corte circundando a segunda junta do osso da asa. Certifique-se de cortar também através da membrana da asa. Curve o osso da asa na segunda junta, para quebrá-la. Continue a cortar a junta até que a asa e a ponta sejam retiradas, deixando a *drumette* (coxinha da asa) ligada ao peito.

2. Corte a pele entre a coxa e o peito.

3. Curve a perna para trás, para longe do corpo, para expor a junta da perna. Depois, faça um corte que corra ao longo da espinha até a junta da perna, conforme a ilustração acima. Segure o frango com o apoio da faca, e empurre a perna para longe do corpo, com firmeza e uniformidade. Isso retirará a perna com eficácia da estrutura da espinha dorsal. Faça o mesmo do outro lado.

4. Com o peito da ave para cima, faça um corte com a faca ao longo dos dois lados da carena (esterno). Use a outra mão para manter a ave firme.

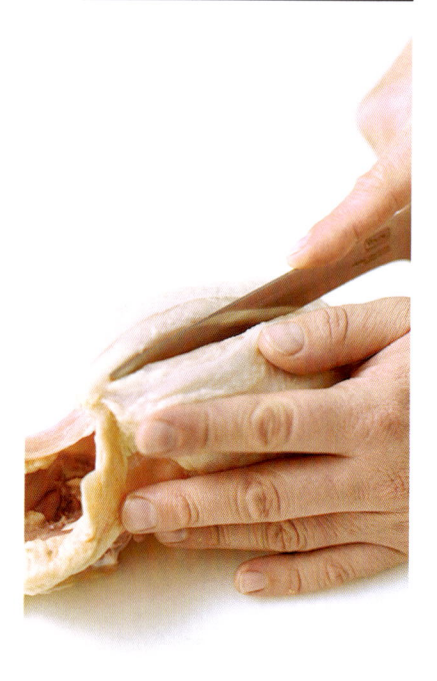

preparo de aves

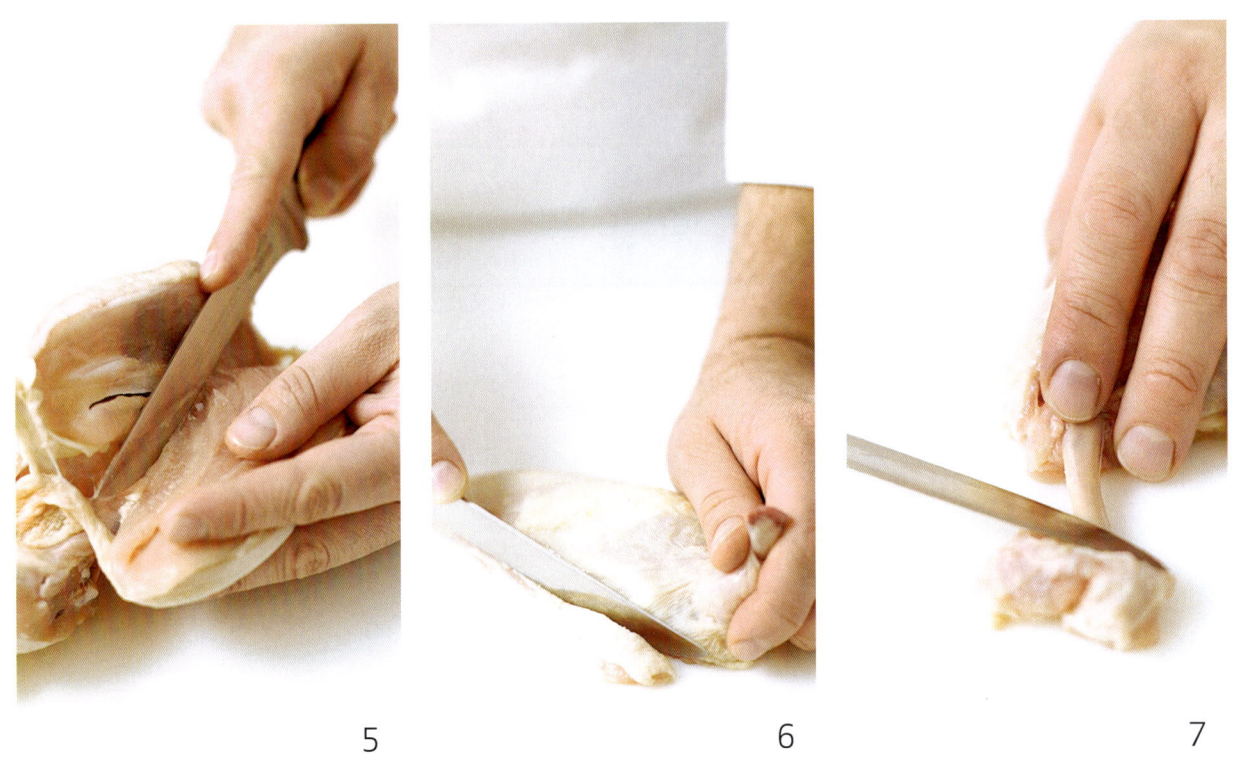

5 6 7

5. Retire a carne do peito da caixa toráxica com cortes delicados. Use a faca para soltar a carne dos ossos, correndo a ponta ao longo dos ossos para obter melhores resultados.

6. Retire o excesso de pele do peito, mas deixando intacta pele suficiente para cobrir o peito do frango.

7. Use a lâmina para raspar a carne do osso de asa restante, para expô-lo completamente. Isso é chamado cortar o osso em tiras. Não é absolutamente necessário cortar em tiras o osso de um *suprême*.

8. O *suprême* à esquerda não tem um osso cortado em tiras, ao passo que o da direita teve o excesso de carne retirado.

8

capítulo 16 » MANUFATURANDO CARNES, AVES E PEIXES

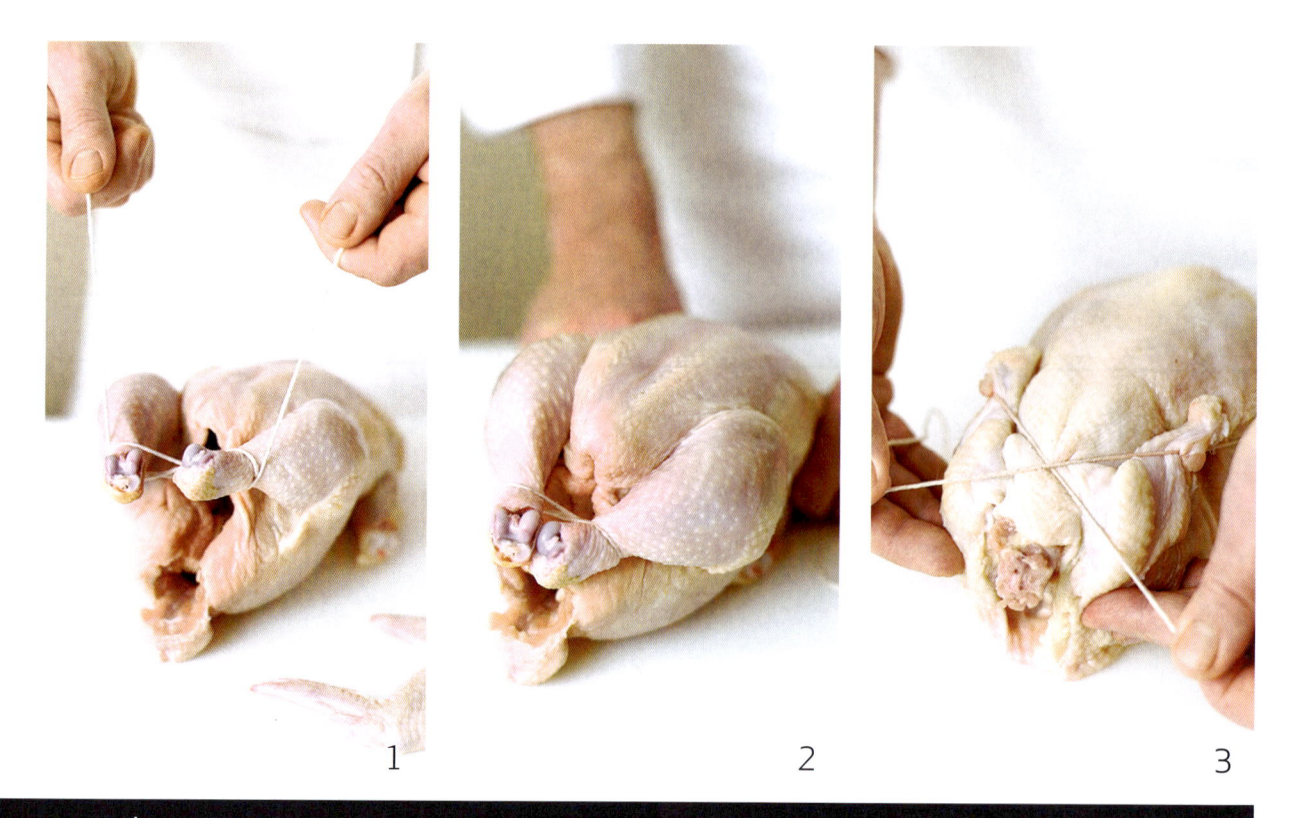

Amarrando aves

O objetivo de amarrar uma ave é dar-lhe uma forma regular, compacta, de modo que cozinhe por igual e retenha umidade. Há muitos métodos diferentes de amarrar aves, alguns deles envolvendo agulhas, outros apenas barbante. Mostramos aqui uma maneira simples de amarrar com barbante.

1. Corte a ponta e a asa. Passe o meio do comprimento de um pedaço de barbante por baixo das juntas no final da coxa e cruze as pontas do barbante para fazer um X. Puxe as pontas do barbante para baixo, em direção ao rabo, para dar um laço em torno das juntas.

2. Puxe as duas pontas do barbante firmemente pela junta que conecta a coxa à sobrecoxa e continue a puxar, ao longo do corpo, em direção às costas, prendendo as asas sob o barbante.

3. Vire a ave e puxe o barbante firmemente. Faça um X sobre as asas para segurá-las firmemente contra o corpo.

preparo de aves

4. Puxe as pontas do barbante para baixo da espinha dorsal, na abertura do pescoço. Amarre as duas pontas do barbante com um nó seguro.

5. Uma ave amarrada adequadamente vista pela frente e por trás.

1 2

Cortando aves ao meio e em quartos

Os frangos e as outras aves podem ser cortados ao meio ou em quartos antes ou depois do cozimento. Aves menores, como coquelet e galetos, que serão grelhadas são, frequentemente, cortadas ao meio. Essas aves são pequenas o bastante para cozinhar completamente antes que a pele se queime ou toste. Se os ossos forem deixados intactos enquanto grelham, eles as protegem um pouco contra o encolhimento.

Em muitos restaurantes, os patos necessários para uma noite de serviço são assados com antecedência, depois partidos ao meio e parcialmente desossados. Então, na hora do serviço, é necessário apenas reaquecê-los e crestar sua pele no forno quente.

1. Corte pelas costas, do rabo ao pescoço, abrindo os dois lados da espinha dorsal. Puxe ligeiramente para cima enquanto corta, exercendo pressão suficiente para cortar através das costelas.

2. Exponha todo o peito, com os ossos para cima. Use a ponta de uma faca para desossar para cortar a cartilagem branca bem no alto da carena.

preparo de aves

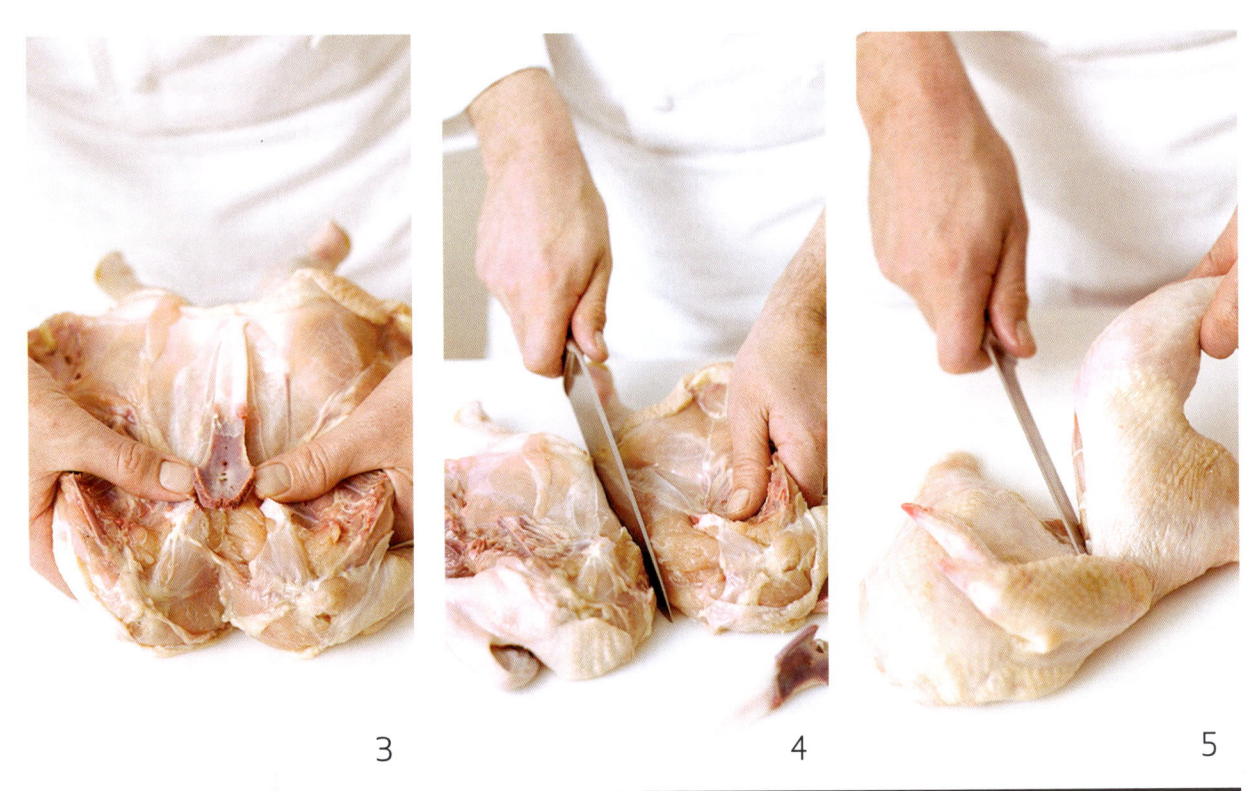

3. Abra o peito como um livro, expondo a carena. Segure-a firmemente e puxe-a, com a cartilagem, para longe da carne do peito. A cartilagem pode se separar da carena. Remova a estrutura inteira.

4. Corte o frango em metades com um corte no centro da ave.

5. Separe a coxa e a sobrecoxa do peito e da asa cortando através da pele no ponto exato onde o peito e a sobrecoxa se encontram.

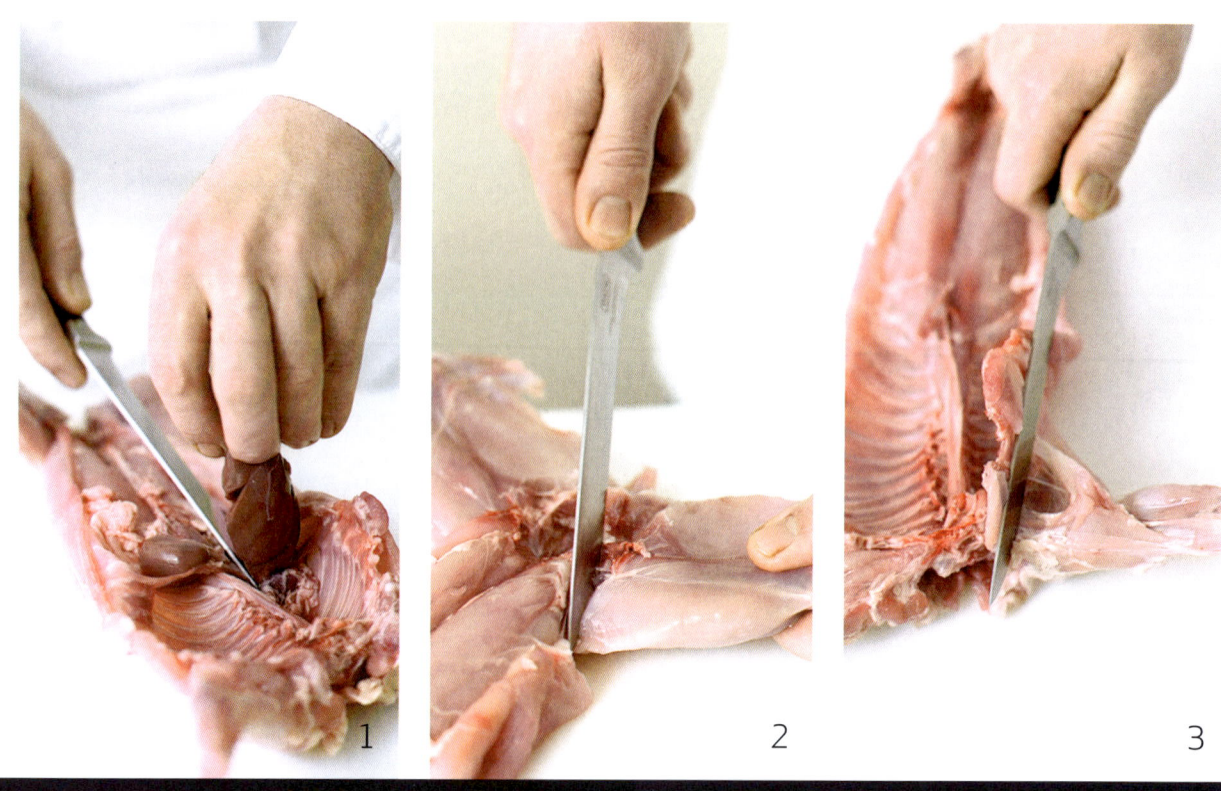

Trinchando o coelho

A técnica de trinchar um coelho é semelhante à usada para o frango. O coelho tem carne relativamente magra, de sabor suave. O lombo e as costelas são mais magros do que as pernas, do mesmo modo que o peito de frango é mais magro do que as pernas. Removendo as pernas dianteiras e traseiras, pode-se aplicar dois métodos de cozimento diferentes a um só coelho – calor úmido para as pernas e calor seco para o lombo –, a fim de se conseguir os resultados mais satisfatórios.

1. Abra a cavidade abdominal do coelho e retire os rins e o fígado. Corte a membrana que prende o fígado à cavidade. Se desejar, reserve o fígado para outro uso.

2. Retire as pernas traseiras cortando pelas juntas e, depois, cortando a carne para separar a perna traseira do lombo.

3. Para separar as pernas dianteiras e traseiras do resto do corpo, puxe a perna para longe do corpo e corte na junta.

preparo de coelho

4. Corte as porções traseira e dianteira do lombo para produzir o cano do lombo.

5. A ilustração mostra um coelho totalmente trinchado, incluindo as pernas traseiras (no alto), o cano do lombo, o fígado, os rins e as pernas dianteiras e traseiras.

capítulo 16 » MANUFATURANDO CARNES, AVES E PEIXES

A MAIORIA DOS PEIXES COMPRADOS POR CHEFS É CORTADA EM FILÉS MANUALMENTE OU POR EQUIPAMENTOS ESPECÍFICOS PARA FILETAR. OS FILÉS SE TORNARAM TÃO DIFUNDIDOS QUE FICOU MUITO DIFÍCIL E CARO AOS FORNECEDORES COMUNS ENCONTRAR PEIXES INTEIROS E TRANSPORTÁ-LOS AOS RESTAURANTES OU PONTOS DE VENDA. NA AQUISIÇÃO DE PEIXES PARA RESTAURANTES, FORNECEDORES DE PEIXES INTEIROS SÃO MUITO MAIS EQUIPADOS PARA LIDAR COM O PRODUTO E COMPREENDER SUA QUALIDADE.

preparo de peixes

A maior parte dos peixes pode ser classificada em uma de duas categorias: redondos ou chatos. O tempo, a prática e a experiência ajudarão a determinar, entre as diversas técnicas existentes, qual deve ser usada para preparar determinado peixe. Os diferentes métodos podem atingir virtualmente os mesmos resultados, e aqueles mostrados aqui nem sempre são os únicos.

O procedimento básico para escamar – o primeiro passo na preparação do peixe, antes de qualquer outra coisa – se aplica a todos os tipos de peixes. Entretanto, para eviscerar peixes redondos e chatos, os métodos diferem ligeiramente. Do mesmo modo, a técnica para fazer filés de um peixe redondo é diferente da usada para um peixe chato. É importante saber as propriedades específicas de um peixe (ver Capítulo 7, "Identificação de peixes e frutos do mar") para determinar como prepará-lo. Outros frutos do mar, incluindo crustáceos (lagosta, camarão, lagostim e caranguejo), moluscos (mexilhões, ostras e mariscos) e cefalópodes (lulas e polvos), também devem ser manuseados com cuidado para manter a qualidade e a integridade.

preparo de peixes

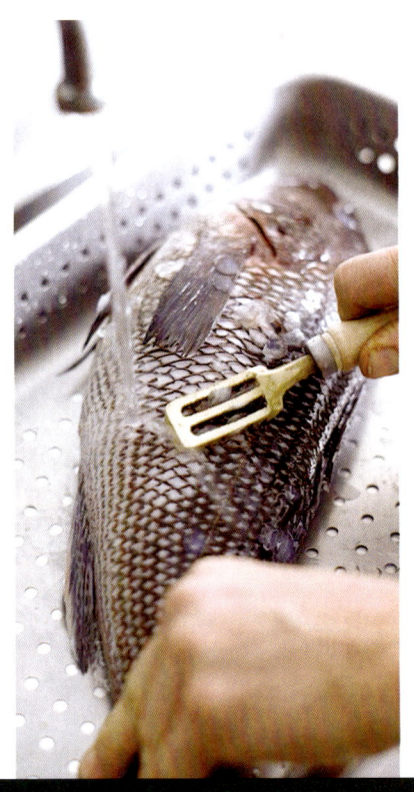

Escamando e limpando peixes

A maior parte dos peixes – embora nem todos – tem escamas que devem ser retiradas. É o primeiro passo no preparo. A melhor maneira de retirar escamas é com um escamador de peixes; mas, se não houver um, podem ser usados outros utensílios (por exemplo, o lado cego de uma faca, o cabo de uma colher). As barbatanas e a cauda podem ser cortados a essa altura, ou mais tarde, quando o peixe for eviscerado.

Para escamar um peixe, segure-o pela cauda e trabalhe a partir dela em direção à cabeça. Deixe que a água escorra sobre o peixe para impedir que as escamas se espalhem por toda parte. Não aperte demais o peixe, para não machucar a carne.

Eviscerando peixes redondos

Frequentemente, as vísceras do peixe são retiradas logo depois que ele é tirado da água, no próprio barco de pesca. As enzimas presentes nas vísceras podem começar a danificar a carne rapidamente, degradando-a. Se o peixe ainda não tiver sido eviscerado, isso deve ser feito logo depois que for descamado.

Para eviscerar um peixe redondo, faça um corte na barriga do peixe e puxe as vísceras para fora. Lave bem a cavidade abdominal sob água corrente fria para remover as vísceras e o sangue.

Fazendo filés de peixes redondos: método do corte direto

Um dos preparos mais comuns dos peixes são os filés. Esses pedaços de peixe sem espinhas e (em geral) sem pele, podem ser salteado, grelhados, assados, formados em *paupiettes*, ou cortados em porções ou *goujonettes*.

Os peixes redondos são preparados em dois filés, um de cada lado do peixe. Há duas técnicas para se obter filés. A primeira é usada em peixes redondos de ossos macios, como os da família do salmão, da truta e da cavala espanhola. O nome dessa técnica é filetar. A segunda, a ser usada em peixes redondos de ossos duros, é chamada corte em postas.

1. Coloque o peixe sobre uma tábua com a espinha paralela à superfície de trabalho e a cabeça do mesmo lado de sua mão dominante. Usando uma faca para filés, corte atrás da cabeça e das guelras. Coloque a faca em ângulo, de tal forma que o movimento seja para baixo e para longe do corpo. Isso não separa a cabeça do peixe do corpo.

2. Sem retirar a faca, vire-a de modo que a lâmina aponte para o rabo do peixe. Posicione a faca de modo que o cabo fique mais baixo do que a ponta da lâmina. Isso melhorará o rendimento, mantendo a lâmina apontada para os ossos, e não para a carne. Corra a lâmina ao longo do comprimento do peixe, cortando contra a espinha dorsal. Evite serrar com a lâmina, em movimentos para a frente e para trás.

3. Se cortar uniformemente, e de modo homogêneo, você separará a cauda, como se vê na ilustração. Coloque o peixe sobre a superfície de trabalho com a pele para baixo, ou em uma cuba.

preparo de peixes

4. Vire o peixe e repita os passos anteriores para retirar o segundo filé.

5. Retire as espinhas da barriga com pancadinhas leves contra elas, para extraí-los com perfeição. Se necessário, retire o que restou da espinha dorsal, correndo a lâmina bem embaixo da linha da espinha.

6. Para retirar a pele, coloque o filé paralelo à borda da superfície de corte. Segure a faca de modo que a lâmina fique contra a pele. Estique bem a pele com a outra mão, enquanto corre a faca.

7. Localize a coluna correndo a ponta do dedo sobre o filé. Use um alicate meia-cana ou pinças para peixe. Puxe-a na direção da cabeça do filé (no sentido das fibras) para evitar romper a carne.

capítulo 16 » MANUFATURANDO CARNES, AVES E PEIXES

A técnica *up and over* para peixes redondos

Esta técnica só pode ser usada com peixes redondos de ossos duros. Ela exige uma faca de desossar com lâmina flexível.

1. Coloque o peixe sobre a tábua com a barriga do lado oposto ao seu e a cabeça à sua direita. Corte a barriga, sob a barbatana peitoral e em torno da guelra, chegando até a cabeça.

2. Marque a pele, da cabeça à cauda, com um longo corte. Continue fazendo cortes longos e retos das costas até a espinha central.

3. Flexione a faca para cima e acima da espinha dorsal, cortando através das espinhas.

4. Continue cortando perto das espinhas da barriga até que o filé se solte da carcaça. O modo de retirar a pele é o mesmo utilizado para o método do corte direto (ver pp. 422 e 423).

preparo de peixes

Eviscerando peixes chatos

De hábito, todos os peixes são eviscerados antes de serem enviados ao mercado. Se isso não ocorreu, deve-se eviscerar o peixe imediatamente após retirar-lhe as escamas.

1. Para eviscerar um peixe chato, corte em torno da cabeça, formando um V.

2. Puxe a cabeça para longe do corpo, torcendo-a ligeiramente. As vísceras sairão com a cabeça. Lave bem a cavidade abdominal em água corrente fria para remover qualquer traço de vísceras e sangue.

Retirando filés de peixes chatos: fazendo filés completos

Dos peixes chatos podem ser obtidos dois filés, um da parte superior e outro da parte inferior do peixe.

1. Para fazer dois filés de um peixe chato, use uma faca para filés para separar a carne dos ossos, começando numa borda externa e trabalhando a partir da cauda, em direção à cabeça.

2. Ajuste a direção e o comprimento dos cortes para chegar ao topo da espinha, no centro do filé. Segure o filé para cima e longe das espinhas, enquanto trabalha para ver a estrutura óssea. Continue cortando até a outra borda e retire o filé superior em um único pedaço. Repita do outro lado.

preparo de peixes

Fazendo quatro filés de peixes chatos

Podem-se retirar quatro filés de peixes chatos, removendo o filé de cada lado da espinha dorsal na parte superior e depois na inferior.

1. Posicione o peixe com a cabeça na sua direção e faça um corte de um lado da espinha dorsal.

2. Faça cortes ao longo das espinhas, trabalhando do centro para a borda.

3. Depois que o filé for retirado, você pode ver as ovas e a barriga. Elas devem ser retiradas dos filés.

Cortando o peixe em postas

As postas de peixe são simplesmente cortadas no sentido transversal, o que é relativamente simples de fazer. O peixe é escamado, eviscerado e suas barbatanas e guelras retiradas. As postas podem ter qualquer grossura. *Darnes*, palavra francesa, indica postas grossas. Há poucos peixes chatos que sejam grandes o bastante para serem cortados em postas. Ao contrário, peixes redondos, como o salmão, geralmente são preparados desse modo.

Começando com um peixe escamado, eviscerado e limpo (neste caso, salmão), use uma faca de chef para fazer cortes transversais em todo o peixe para obter postas do tamanho desejado. Os peixes prontos para ir para a panela são menores; sem cabeça, sem vísceras e sem cauda, mas com os ossos e a pele; em geral, são servidos inteiros.

preparo de peixes

Tranche

A *tranche* é simplesmente uma fatia do filé. É cortada com a faca em ângulo para expor mais superfície, dando ao pedaço de peixe uma aparência maior. Pode ser cortada de qualquer filé de peixe relativamente grande – por exemplo, salmão ou halibute. Embora esse corte normalmente seja associado a pratos salteados ou fritos, a *tranche* frequentemente é grelhada.

Com uma faca bem afiada, corte o peixe em aproximadamente 45 graus. Quanto maior o ângulo do corte, maior a superfície que ficará exposta.

Paupiette

A *paupiette* é um filé fino enrolado e, muitas vezes – mas não necessariamente –, recheado. Quando preparada adequadamente, parece-se com uma rolha grande. As *paupiettes* são feitas, geralmente, com peixe magro, como o linguado comum ou o linguado grande, embora também possam ser usados outros peixes moderadamente gordurosos, como a truta e o salmão. A técnica mais comum de preparo de *paupiettes* é ferver em pouco líquido.

Goujonette

O nome para esse corte deriva do nome francês para um pequeno peixe, o *goujon*. As *goujonettes* são pequenas tiras cortadas de um filé. Em geral, são empanadas ou mergulhadas em massa mole e depois fritas por imersão. Esse corte tem aproximadamente a mesma largura do dedo indicador de um adulto. As *goujonettes* são, quase sempre, feitas com peixes brancos magros, como o linguado comum ou o linguado grande. Também são chamadas de "isca de peixe".

Faça cortes uniformes, da largura de um dedo, em ângulo, através das fibras da carne.

Linguado

O linguado é manuseado de modo especial. Muitos chefs gostam de retirar a pele do peixe antes de fazer os filés. A pele é separada da cauda usando-se uma faca para filés, e, depois, simplesmente puxada.

1. Corte as barbatanas com a tesoura de cozinha.

2. Faça um corte inicial para separar a pele da carne da cauda. Segure a cauda firmemente e puxe a pele, antes de fazer os filés.

As principais categorias de frutos do mar são: crustáceos, com esqueletos externos ao corpo; moluscos, com uma única concha (univalves) ou duas conchas (bivalves); e cefalópodes, com tentáculos. A lagosta, o camarão, o lagostim e o caranguejo são crustáceos; entre os moluscos estão os mexilhões, as ostras e os mariscos; as lulas e polvos são cefalópodes. Todos eles devem ser preparados antes do cozimento, usando diversas técnicas.

preparo de frutos do mar

Trabalhando com lagostas vivas

A lagosta é melhor quando comprada viva. O primeiro passo para prepará-la é fervê-la ou cozê-la no vapor para matá-la. Elas também podem ser partidas ao meio antes de serem grelhadas ou assadas.

1. Mantenha as pinças da lagosta presas com elásticos e coloque-a, com a barriga para baixo, sobre uma superfície de trabalho. Insira a ponta de uma faca de chef na base da cabeça. Empurre a faca bem para baixo através da casca, cortando a cabeça ao meio.

2. Separe a cauda voltando a lagosta para a outra direção e posicionando a ponta da faca no ponto em que fez seu corte inicial. Depois, corte através da casca até chegar à cauda.

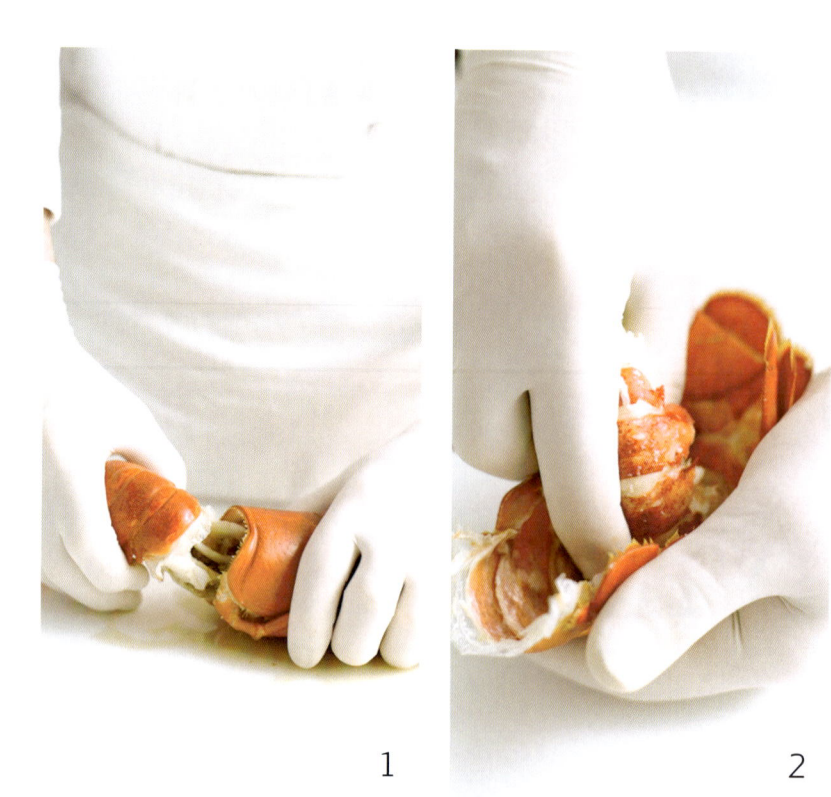

Lagosta cozida

A carne da lagosta e de outros crustáceos adere fortemente à casca, até ser cozida. Quando tiver de ser servida fora da casca ou usada em saladas, recheios ou como guarnição, pode ser cozida inteira no vapor, na grelha, ou escalfada por imersão. Assim que tiver resfriado o suficiente para ser manuseada, a carne pode, facilmente, ser removida da casca.

A carne pode ser retirada da lagosta, como na ilustração, para produzir uma grande porção de cauda e seções de pinças intactas, assim como pequenos pedaços das juntas e das pernas. O *tomalley* (fígado) e o coral (ovas; somente nas fêmeas) da lagosta devem ser retirados e usados como ingrediente em recheios, molhos ou manteiga.

1. Segure a parte da cauda com uma mão e o corpo da lagosta com a outra. Torça as mãos em direções opostas, puxando a cauda para longe do corpo.

2. Use a tesoura para cortar os dois lados da parte inferior da cauda. Puxe a carne da cauda para fora da casca. Ela deve sair inteira.

preparo de frutos do mar

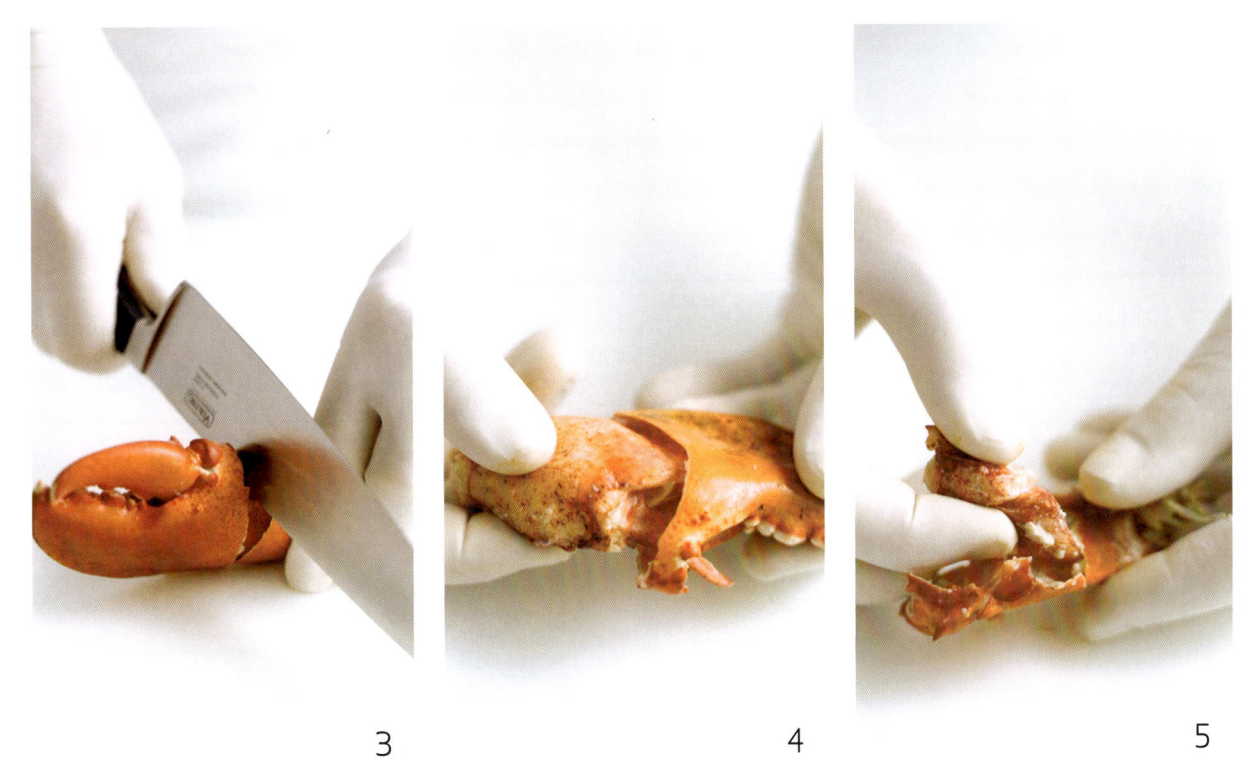

3

4

5

3. Use o lado cego da faca ou o apoio de uma faca de chef para romper as pinças.

4. Retire a casca usando os dedos. A carne das pinças também deve sair inteira, mantendo a forma da pinça.

5. Use a faca para cortar a junta. Retire a carne.

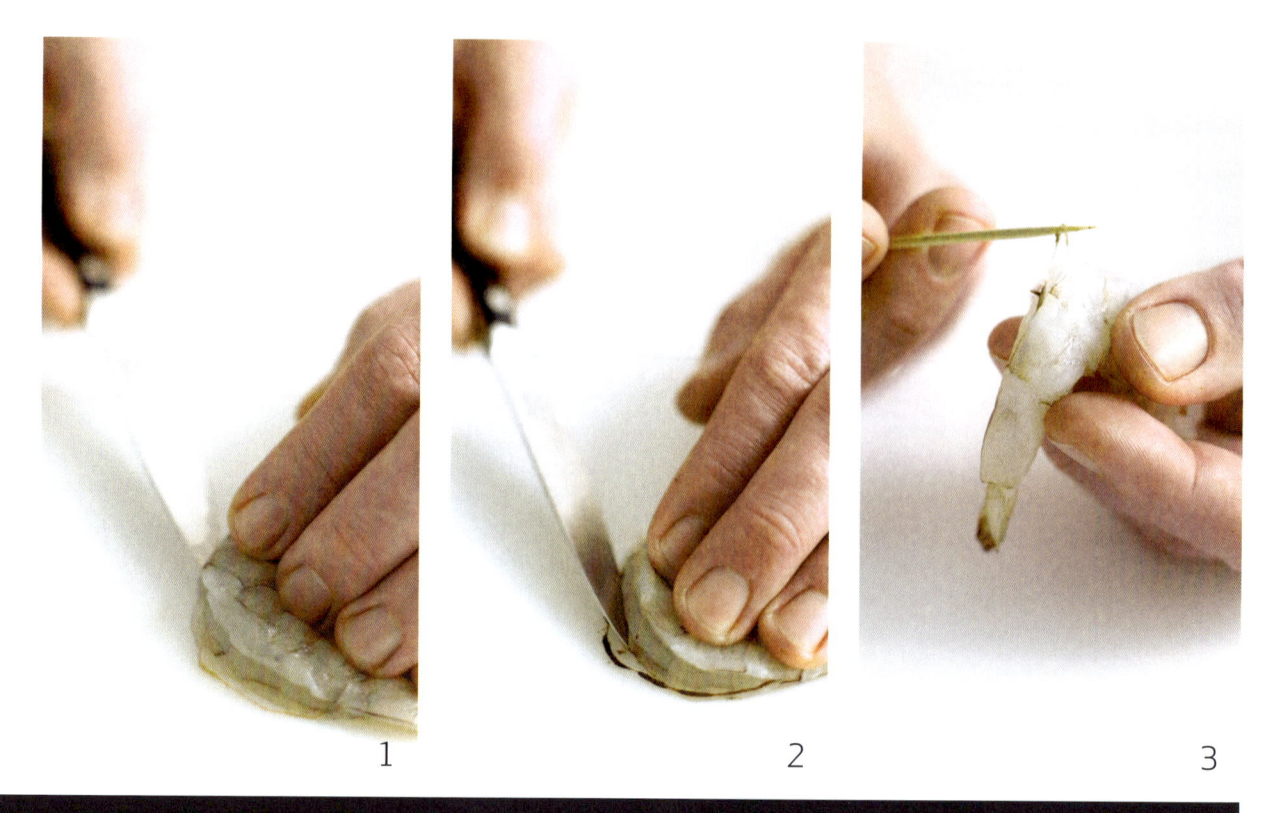

Camarão

Para limpar camarões, retire a casca e depois a tripa que corre ao longo das costas do camarão, antes ou depois de cozinhar. O camarão que foi escalfado ou cozido no vapor com a casca é mais úmido e roliço do que aquele que foi descascado e limpo antes da cocção. O camarão que vai ser servido frio – em tira-gostos ou saladas, por exemplo – pode ser cozido na casca. Os camarões que serão salteados ou grelhados, em geral, são descascados e limpos antes de serem cozidos. As cascas podem ser reservadas para outros usos, como para fazer fundo de camarão, *bisque* ou manteigas de frutos do mar.

1. Para retirar a tripa do camarão, coloque o camarão sem casca sobre uma superfície de trabalho, com a borda exterior curva do mesmo lado da mão com que você corta. Use uma faca de legumes ou faca de carne e cozinha, fazendo um corte raso para retirar a tripa, ou um mais profundo para cortar o camarão em borboleta.

2. Use a ponta da faca para raspar a tripa para fora.

3. Uma outra alternativa é retirar a tripa sem cortar o camarão, fisgando-a com um palito ou espetinho e puxando-a completamente para fora.

preparo de frutos do mar

1 2 3

Limpando caranguejos de casca mole

Os caranguejos de casca mole, um favorito sazonal, são considerados uma excelente iguaria. Não são particularmente difíceis de limpar, depois que suas diversas partes forem identificadas.

Em geral, são salteados ou preparados em fritura rasa, e a casca pode ser comida com a carne.

1. Desprenda a casca pontuda para trás e raspe os filamentos branquiais de cada um dos lados.

2. Retire os olhos e a boca da cabeça cortando logo atrás dos olhos, e aperte suavemente para forçar a saída da bolha verde, que tem sabor desagradável.

3. Curve para trás a aba da cauda e puxe-a torcendo levemente. A veia intestinal é retirada do corpo ao mesmo tempo.

4. O caranguejo está limpo, sem a aba da cauda, sem a cabeça e sem os filamentos branquiais.

4

capítulo 16 » MANUFATURANDO CARNES, AVES E PEIXES

Ostras

Abra as ostras forçando a faca na junta entre as duas conchas. Ao abrir ostras e mexilhões, reserve os sucos, que adicionam grande sabor a sopas, guisados e fundos.

1. Use uma luva de metal para segurar a ostra, posicionada de tal forma que a junta esteja do lado externo. Force a ponta de uma faca para ostras para abri-la na junta, entre as conchas superior e inferior. Torça-a para romper a junta.

2. Uma vez aberta, escorregue a faca sobre a parte interna da casca superior para soltar a ostra. Faça o mesmo para soltá-la da concha inferior.

Lagostins

Os lagostins compartilham diversas semelhanças com as lagostas, mas são bem menores. Se, quando for comprá-los, houver lagostins vivos, despreze os que estão mortos. (Eles também podem ser comprados congelados, inteiros, ou então apenas as caudas.) É relativamente simples retirar a veia do lagostim antes de cozinhar, embora isso possa ser feito depois, se assim preferir.

Os lagostins podem ser escalfados ou cozidos no vapor, com a casca. Podem ser servidos assim, inteiros, ou descascados depois do cozimento, para escolher a carne da cauda.

preparo de frutos do mar

Mexilhões

Mariscos

Use uma luva de metal para proteger a mão que segura o mexilhão. Insira o lado de uma faca para abri-lo na junta, entre a casca superior e a inferior.

1. Segure o mexilhão com a dobradiça voltada para a palma de sua mão. Os dedos de sua mão enluvada podem ser usados para ajudar a guiar a faca e lhe conferir uma força extra. Torça a lâmina ligeiramente, como uma chave na fechadura, para abrir a casca.

2. Depois de abrir o mexilhão, escorregue a faca sobre a parte interna da casca superior para soltar o mexilhão. Faça o mesmo para soltá-lo da inferior.

Raramente se servem mariscos crus, mas o método para limpá-los antes de cozê-los no vapor e escalfá-los é semelhante àquele usado para os mexilhões. Ao contrário dos mexilhões e ostras, os mariscos, frequentemente, têm uma "barba" escura, desgrenhada, que, em geral, é removida antes do cozimento.

Puxe a barba para fora da casca. Removê-la mata o marisco, então, faça isso bem perto da hora de servir.

Limpando lulas

Os polvos e as lulas pertencem a uma categoria de frutos do mar chamada cefalópodes. Devem ser limpos adequadamente e cortados de modo a aproveitar ao máximo seu sabor e textura em qualquer prato pronto. Pequenas lulas e polvos são tenros e úmidos quando manuseados da maneira adequada, mesmo quando cozidos rapidamente, a altas temperaturas. Os maiores ficam melhores quando cozidos em guisados ou braseados.

O manto das lulas pode ser cortado em anéis para saltear, para fritura rasa ou por imersão; ou, então, a lula pode ser deixada inteira para grelhar ou brasear, com ou sem recheio. Se desejar, o saco de tinta pode ser reservado e usado para preparar vários pratos, que ganharão uma dramática cor preta.

1. Separe o manto dos tentáculos. O olho, o saco de tinta e os intestinos sairão com os tentáculos.

2. Puxe a barbatana transparente do manto e despreze-a.

preparo de frutos do mar

3. Retire quanto puder da pele do manto. Despreze-a.

4. Separe os tentáculos da cabeça fazendo um corte logo abaixo do olho. Se desejar, reserve o saco de tinta. Despreze o resto da cabeça.

5. Abra os tentáculos para expor o olho. Retire-o e despreze-o. Os tentáculos podem ser deixados inteiros se forem pequenos, ou cortados em pedaços se forem grandes. Depois que a lula estiver limpa, enxágue-a em água fria.

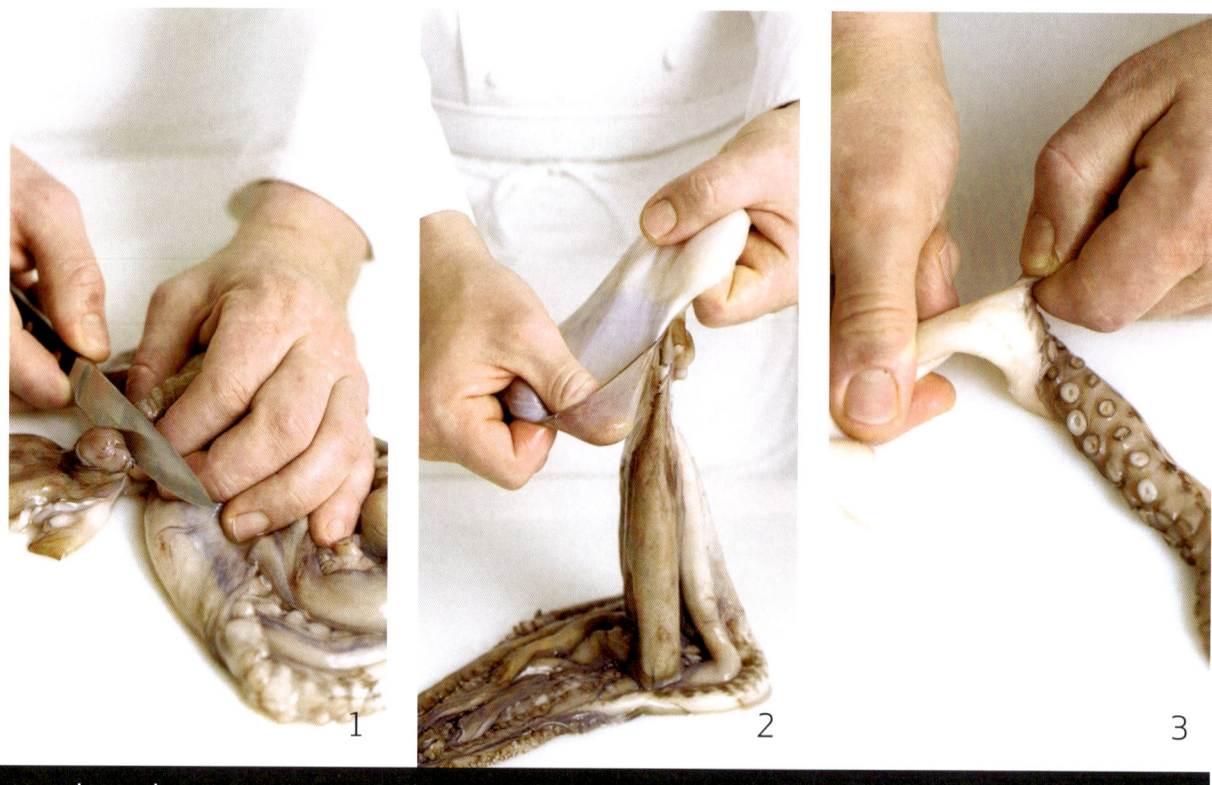

Limpando polvos

O polvo é, costumeiramente, vendido já limpo. Entretanto, às vezes pode ser preciso remover as vísceras e o olho. Se o polvo que você comprar já estiver limpo, simplesmente separe a cabeça dos tentáculos e corte cada pedaço no tamanho apropriado. Os polvos pequenos são, em geral, cozidos inteiros.

1. Use uma faca de legumes para cortar em torno do olho e retire-o.

2. Retire a pele do corpo, puxando com firmeza.

3. Se desejar, retire as ventosas dos tentáculos. O polvo está pronto para ser usado.

grelhar e assar

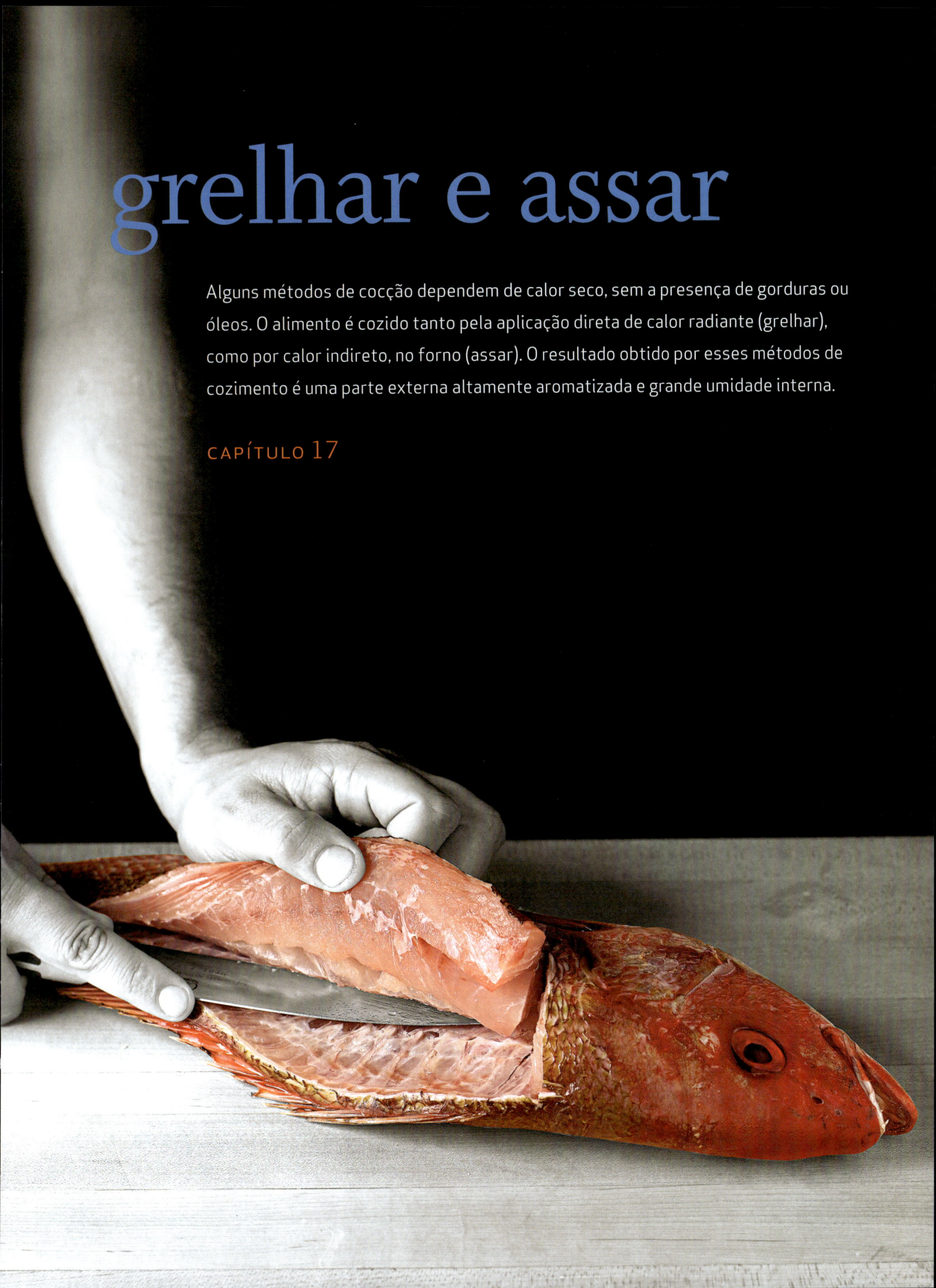

Alguns métodos de cocção dependem de calor seco, sem a presença de gorduras ou óleos. O alimento é cozido tanto pela aplicação direta de calor radiante (grelhar), como por calor indireto, no forno (assar). O resultado obtido por esses métodos de cozimento é uma parte externa altamente aromatizada e grande umidade interna.

CAPÍTULO 17

GRELHAR É UMA TÉCNICA RÁPIDA DE COZIMENTO USADA PARA PORÇÕES OU PEDAÇOS MENORES DE CARNE, AVES OU PEIXES NATURALMENTE MACIOS. POR OUTRO LADO, ASSAR REQUER UM TEMPO MAIOR DE COZIMENTO E É UMA TÉCNICA USADA, FREQUENTEMENTE, COM CORTES MAIORES DE CARNE, EM AVES INTEIRAS E PEIXES CORTADOS EM TIRAS.

grelhar na grelha ou na salamandra

Grelhar na grelha cozinha o alimento com calor radiante localizado abaixo dele. Parte dos sucos é, na verdade, reduzido diretamente no ingrediente, enquanto o restante pinga. Os alimentos grelhados oferecem um sabor ligeiramente tostado, que resulta dos sucos e das gorduras liberados enquanto cozinham, assim como o contato direto com as grades da grelha.

Grelhar na salamandra é semelhante, mas usa uma fonte de calor localizada acima do alimento. Em geral, os ingredientes delicados, como peixes magros de carne branca, são pincelados com manteiga ou óleo, submetidos ao calor em uma chapa untada com óleo e depois colocados na prateleira abaixo da fonte de calor, em vez de ficar diretamente sobre a grade.

As porções macias de cortes de aves, cortes de carne do lombo, costela ou coxão mole, e filés de peixes gordurosos, como o atum e o salmão, são apropriados para grelhar, tanto na grelha como na salamandra. Os peixes magros também podem ser grelhados se forem besuntados com óleo ou ficarem de molho numa marinada à base de óleo. Também podem ser usados alguns cortes menos macios, como o *onglet** ou pauta, se cortados bem fino.

Ao preparar carnes ou peixes para grelhar, bata-os levemente para uniformizar sua espessura, se necessário. Da carne devem-se retirar o excesso de gordura, a pelanca e os nervos. Carnes e peixes devem ser cortados de maneira uniforme; alguns alimentos são cortados em tiras, pedaços ou cubos e depois colocados no espeto. Os ingredientes devem ser temperados e, em alguns casos, untados ligeiramente.

Algumas partes da grelha são mais quentes do que outras. Divida-a em zonas de intensidade de calor variável, deixando uma muito quente, para tostar o alimento rapidamente, e uma área de calor de moderado a baixo, para cozer devagar e manter os alimentos aquecidos. (Se o combustível da grelha for madeira ou carvão, separe uma área para acender o fogo e usar para cozinhar os alimentos diretamente.) Aloque áreas distintas para diferentes tipos de alimentos, para impedir a transferência de sabores indesejáveis. Esse sistema de distribuição dos alimentos na grelha ou na salamandra, tanto por tipo de alimento como por grau de cozimento, ajuda a acelerar o trabalho na linha.

As madeiras especiais, como a prosópis, a nogueira-pecã ou a macieira, são, muitas vezes, usadas para conferir sabores especiais. Lascas de madeira, galhos de ervas, aparas de videira e outros aromáticos podem ser colocados na caixa de defumação (uma caixa de aço perfurada) ou embrulhados em papel-alumínio perfurado. Esses dois métodos permitem que a fumaça permeie a grelha sem que os aromáticos peguem fogo.

Grelhas e *char broilers* precisam de boa manutenção e limpeza para produzir um alimento de boa qualidade. Reserve um tempo para cuidar da grelha antes de preparar a comida, durante e depois.

*Pequeno corte de carne muito popular na França, do tamanho de um punho fechado, que fica na parte inferior do diafragma do boi, entre o lombo e a última costela, mais ou menos entre os rins. (N. E.)

grelhar na grelha ou na salamandra

» receita básica

Grelhar ou assar
(1 porção de prato principal)

1 porção (170 g a 227 g) de carne, ave ou peixe e frutos do mar

Temperos como sal, pimenta ou marinadas, especiarias secas, glacês ou molho de churrasco, se desejar

Outros acompanhamentos, como manteigas compostas, molhos escuros, *coulis* de vegetais ou salsas

método rápido »

1. Limpe cuidadosamente e preaqueça a grelha ou o *char broiler*.
2. Unte as grelhas com uma cobertura leve de óleo.
3. Tempere o item principal e deixe-o marinar ou passe óleo nele para evitar que grude na grelha.
4. Coloque o item principal sobre a grelha ou sobre as hastes do *char broiler*; use uma grelha doméstica para alimentos delicados, como peixes.
5. Vire o item 90° para produzir marcas cruzadas, se desejar.
6. Vire o item para completar o cozimento até o ponto desejado.

dicas do especialista «

Para temperar o ingrediente principal, há muitas opções. Aplique cada uma delas no momento certo, mais comumente antes de cozinhar.

MARINADAS (deve-se retirar o excesso da marinada antes de grelhar, para evitar chamas) / **ESPECIARIAS SECAS** / **PRÉ-SALGA** (massageie o item com sal ou especiarias secas. Deixe passar a noite, e então lave e seque bem o item antes de grelhá-lo)

Para adicionar sabor, coloque itens no fogo da grelha para criar uma fumaça aromática, como:

LASCAS DE MADEIRA / **GALHOS DE ERVAS AROMÁTICAS** / **APARAS DE VIDEIRA**

capítulo 17 » GRELHAR E ASSAR

método detalhado »

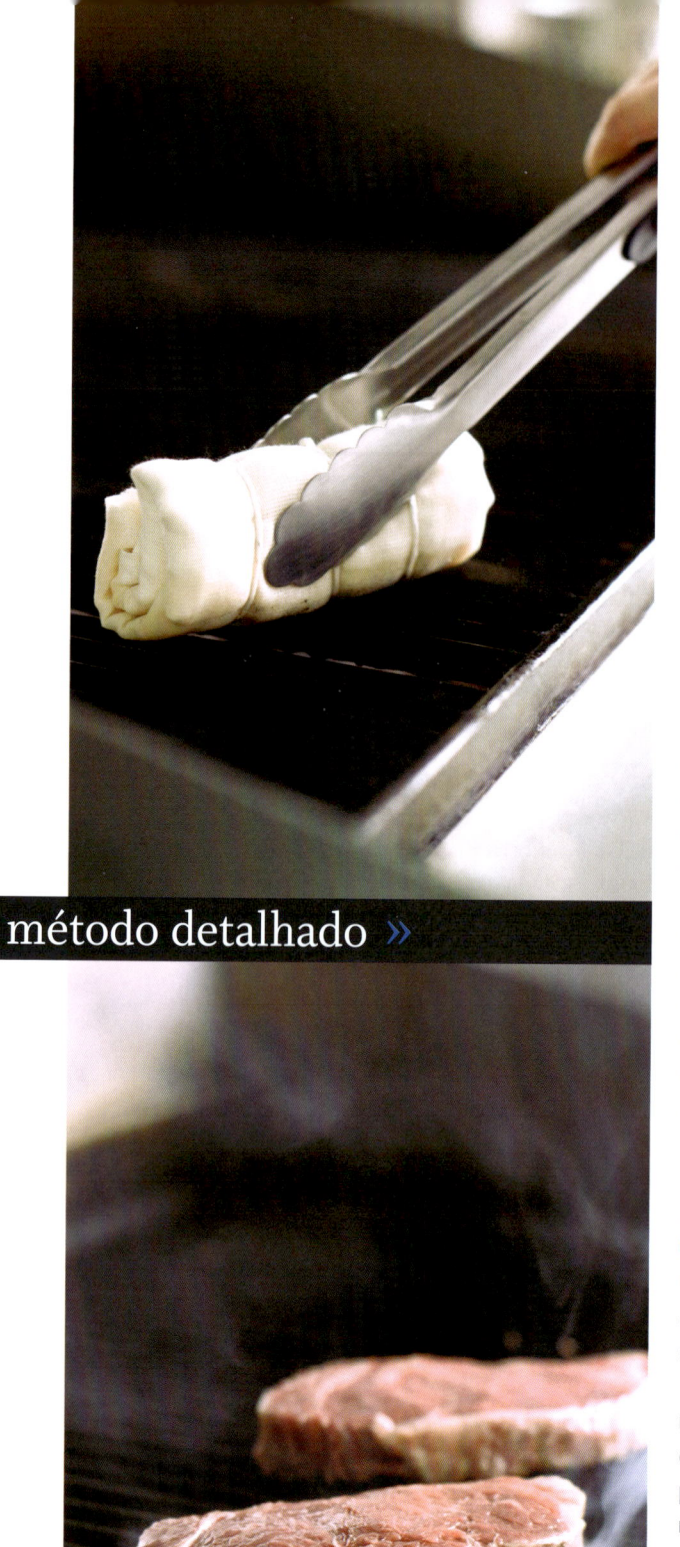

1. **Ligue a grelha** ou o *char broiler* com antecedência e deixe que o calor queime todas as partículas antigas das hastes. Quando essas partículas tiverem se transformado em cinza branca, elas poderão ser escovadas com uma escova de arame ou limpas com um pano molhado. Ao limpar as grelhas com pano umedecido em óleo, fique atento à quantidade, pois excesso de óleo pode produzir muita fumaça e chamas. Limpe e unte com óleo os espetos de metal antes de usar; mergulhe os espetos de madeira em água para evitar que eles fiquem muito queimados ou peguem fogo. Prateleiras manuais pequenas para alimentos delicados, ou para os que não podem ser virados com facilidade, também devem ser limpas e untadas com óleo entre um uso e outro, a fim de impedir que a carne grude e se despedace.

As chapas de ferro (pesos), pinças, espátulas, espátulas flexíveis e pincéis para aplicar glaçados, marinadas ou molho de churrasco devem fazer parte da *mise en place* do equipamento da praça de grelha, assim como todos os itens necessários para o serviço (pratos aquecidos, colheres ou conchas).

É preciso manter as hastes limpas durante o cozimento. Uma escovinha própria para grelha deve estar à mão, assim como um pano molhado, para limpar as hastes. Se o alimento tiver sido marinado com um preparo à base de óleo, antes de colocá-lo para grelhar, retire o excesso de óleo, para evitar chamas. Qualquer chama deixará o alimento com aroma e aparência desagradáveis.

2. **Deixe que o alimento cozinhe de um lado,** sem mexer nele, antes de virá-lo. Isso desenvolve um sabor melhor e também permite que as gorduras naturais do alimento (se houver) ajudem a soltar o alimento da grelha sem se despedaçar.

Coloque o alimento temperado na grade da grelha ou na salamandra preaquecida, para que comece a cozinhar e para marcá-lo. O lado do alimento que vai para a grelha primeiro faz diferença. Na grelha, o lado de melhor aparência sempre deve ser voltado para baixo; entretanto, na salamandra, esse lado deve estar sempre voltado para cima. Quando o alimento entra em contato com a grade aquecida, criam-se marcas em sua superfície. Para fazer marcas cruzadas na grelha, coloque uma espátula ou pinças delicadamente sob o alimento e gire-o 90 graus. É comum que se faça referência a esse método como método de marcação "10:00/2:00", fazendo-se alusão a como esses horários são marcados no relógio.

grelhar na grelha ou na salamandra

De modo geral, é uma boa ideia cozinhar parcialmente o alimento antes de adicionar o molho, porque muitos molhos de churrasco contêm açúcar e se queimam facilmente. Desse modo, enquanto o alimento termina de cozinhar, o molho reduz e carameliza levemente, sem se queimar. Uma única camada de molho pode ser aplicada em cada lado do alimento ou, então, para se ter um revestimento de molho mais grosso, ligeiramente crocante, o ingrediente pode ser coberto com camadas finas de molho, várias vezes.

3. Vire o alimento e continue cozinhando até o ponto desejado. Como a maior parte dos alimentos grelhados são relativamente magros e tenros, depois que forem virados não requerem muito mais tempo de cozimento. Os cortes mais grossos ou os que precisam atingir um ponto maior de cozimento interno podem precisar ser colocados na parte menos quente da grelha, para não ficarem com a parte externa queimada. (O corte borboleta pode ser empregado em carnes ou peixes para reduzir a sua espessura.) Ou, então, podem ser retirados da grelha e terminar de cozer no forno. Em banquetes, os alimentos podem ser marcados rapidamente na grade da grelha, mal cozendo a camada externa do alimento; depois, podem ser colocados em tabuleiros e terminar de cozer no forno. Essa abordagem lhe permitirá expandir o rendimento potencial da grelha ou da salamandra. Por razões de segurança alimentar, tenha o cuidado de resfriar rapidamente os alimentos parcialmente cozidos, se não forem servidos de imediato.

Retire a carne ou o peixe enquanto ainda um pouco malpassado, de modo que não esteja cozido demais no momento de servir. Mesmo fatias finas de carne ou peixe reterão algum calor, o que lhes permitirá continuar cozinhando mesmo depois de retirados do fogo.

Os alimentos grelhados da maneira adequada apresentam um sabor defumado distinto, ressaltado por certa quantidade de tostado e pela adição, à grelha, de lascas de madeira ou raminhos de ervas aromáticas. O sabor e o aroma defumados não devem sufocar o sabor natural do alimento, e o tostado não deve abranger uma área muito grande, a fim de evitar passar para o alimento um sabor amargo ou carbonizado. Qualquer marinada ou glaçado deve sublinhar, e não mascarar, o sabor natural do alimento.

GRELHAR NA PANELA

Grelhar na panela envolve cozinhar alimentos no fogo, em calor intenso, usando uma panela pesada, de ferro ou outro metal resistente, com fundo sulcado. Esses sulcos no fundo criam marcas semelhantes às da grade da grelha e mantêm o alimento acima e afastado de quaisquer sucos ou gordura que pinguem. Entretanto, é importante considerar que grelhar na panela não confere o mesmo sabor que na grelha tradicional. Grelhas e salamandras devem ser bem mantidas e conservadas limpas para produzir pratos principais grelhados de boa qualidade. Reserve um tempo para preparar a grelha antes, durante e depois do uso.

O AROMA E O GOSTO DE UM ALIMENTO BEM ASSADO CONTRIBUEM PARA A SENSAÇÃO DE INTENSIDADE, RIQUEZA E PROFUNDIDADE DE SABOR. TANTO A COR COMO A APARÊNCIA DE UM PRATO SÃO IMPORTANTES PARA A SUA APRESENTAÇÃO. ALIMENTOS PÁLIDOS NÃO TÊM APELO VISUAL NEM PROFUNDIDADE DE SABOR. ALIMENTOS BEM ASSADOS SÃO MACIOS E ÚMIDOS. A PELE, AO SE SOLTAR DO ALIMENTO, DEVE SER CROCANTE, CRIANDO UM CONTRASTE COM A TEXTURA DO INTERIOR DA CARNE.

assar

Preparar alimentos no forno, seja em assadeira para assados ou outras assadeiras, em defumador ou um *poêle*, é uma maneira de cozinhar por calor indireto.

Para assar em assador, coloca-se o alimento em um espeto, girando-o, manualmente ou com um motor. O calor radiante proporcionado pelo fogo, ou pelo jato de gás, cozinha o alimento que gira constantemente, umedecendo-se em seus próprios sucos e garantindo um cozimento uniforme.

No forno, os alimentos são assados por meio do contato com o ar quente e seco, em ambiente fechado. Assim que as camadas externas se aquecem, os sucos naturais do alimento se transformam em vapor e penetram mais profundamente. Os sucos derramados constituem a base dos molhos, preparados enquanto o assado descansa.

Assar com defumação é uma adaptação do assado que permite que os alimentos adquiram um suculento sabor defumado. O alimento é cozido – sobre chama viva ou no forno – em ambiente firmemente fechado ou enfumaçado.

Em geral, assar se refere a grandes, múltiplas porções de cortes de carne, aves inteiras e peixes temperados. As carnes macias da costela, do lombo e dos pernis proporcionam os melhores resultados. As aves jovens e tenras podem ser assadas inteiras, assim como os peixes temperados. Retire o excesso de gordura e a pele preteada. A camada de gordura e a pele das aves ajudam a regar os alimentos, naturalmente, enquanto assam. Tempere as carnes, aves e peixes antes de assá-los, para permitir o completo desenvolvimento do sabor; obtém-se sabor adicional durante o cozimento usando-se ervas ou vegetais aromáticos para recheá-los ou inserindo-os sob a pele.

Um bom recipiente para assado tem o fundo plano com os lados mais baixos, para que o ar quente circule livremente em torno do alimento que está sendo assado. Escolha um em que o alimento caiba confortavelmente, mas não muito grande, para que os sucos não se queimem. O alimento a ser assado pode ser colocado em uma grade sobre a assadeira, o que vai permitir que o ar quente entre em contato com todas as superfícies. O recipiente não deve ser coberto.

O forno deve ser preaquecido. Existem diferentes técnicas relacionadas à temperatura durante o assamento. Alguns itens devem ser assados rapidamente em temperatura elevada. Outros devem começar o cozimento em temperatura baixa e terminar em temperatura elevada. Outros, ainda, devem começar em alta e, depois, terem o fogo reduzido. Asse grandes peças, como uma costela, em baixa a média temperatura. Comece a assar alimentos pequenos ou delicados em temperatura baixa a média (149 °C a 163 °C) e, quando estiver perto de tirá-los do forno, doure-os aumentando a temperatura para 177 °C a 191 °C.

Você pode precisar de barbante ou espetos, assim como de um termômetro digital e de um garfo de cozinha grande. É bom que haja uma assadeira adicional para armazenar o alimento assado, enquanto o molho é preparado com seus sucos. Para fazer o molho são necessários filtros e escumadeiras ou conchas. Tenha uma tábua de carne e uma faca bem afiada por perto, para finalizar o prato.

assar

» receita básica

Carne, ave, peixes e frutos do mar assados
(1 porção)

1 porção de carne, ave, peixe ou frutos do mar limpa, amarrada ou costurada

28 g de *mirepoix* (p. 257) para cada 454 g de carne

Temperos

60 mℓ (para cada porção) de molho de panela ou molho de assadeira preparados, ou de outro molho adequado

MOLHO DE ASSADEIRA

Fundo (fortificado ou regular)

Mirepoix ou outros vegetais aromáticos

Um espessante, como *roux* ou *slurry* de amido. Em alguns casos, o purê do *mirepoix* pode ser usado para engrossar o molho. A redução é usada para tornar mais espessos alguns molhos de panela.

método rápido »

1. Tempere, recheie, marine, bardeie ou lardeie o item principal e chamusque-o direto na chama do fogão ou leve-o ao forno quente, se desejar.
2. Acomode o alimento numa assadeira para assados, para que o ar quente possa alcançar todos os seus lados.
3. Asse o alimento descoberto até que ele chegue à temperatura interna desejada. Certifique-se de que o assado ainda não esteja completamente cozido, pois o alimento continuará cozinhando com o calor residual.
4. Adicione o *mirepoix* à assadeira, para fazer o molho de assadeira nos últimos 30 minutos de forno, se desejar.
5. Deixe a carne descansar antes de cortar.
6. Prepare o molho de assadeira.
7. Corte o alimento e sirva com o molho de assadeira ou outro molho apropriado.

dicas do especialista «

Chamusque o alimento antes de assar para obter sabor e cor adicionais. Depois de temperados e amarrados ou costurados, os alimentos podem ser chamuscados em gordura quente no topo do fogão, sob a salamandra ou no forno bem quente. O chamuscamento é usado nesses métodos de cocção como uma maneira efetiva de desenvolver sabor e cor em métodos de cozimento mais longos e lentos.

A técnica de regar adiciona sabor e umidade. Se o alimento for magro e não liberar gordura suficiente para ser regado por ela, pode-se utilizar qualquer um dos seguintes ingredientes:

MANTEIGA DERRETIDA / ÓLEO / MARINADAS

Chamusque na panela itens menores ou que tenham uma superfície muito suave – como o contrafilé. Chamusque no forno itens que tenham formato irregular. A temperatura do forno para chamuscar deve ser de 218 °C a 232 °C.

Se os assados forem aparados drasticamente, uma "pele" alternativa deve ser adicionada sob forma de crosta ou de revestimento. Para formar essa crosta, pode-se combinar uma pequena quantidade de gordura a diferentes ingredientes:

FLOCOS DE BATATA SECOS E TEMPERADOS / FLOCOS DE ARROZ / FLOCOS DE MILHO / FUBÁ / COGUMELOS SECOS EM FATIAS FINAS

Alguns alimentos também podem ser glaçados para adicionar sabor. Para tanto, use um líquido à base de fundo ou de fruta.

Alimentos como aves inteiras, peito de frango e costelas podem ser recheados antes de serem levados para o forno. Tempere o recheio e resfrie a 4 °C antes de juntá-los à carne vermelha, ao peixe ou à ave. Dê um tempo para o tempero interagir com a comida antes de levá-la ao forno.

capítulo 17 » GRELHAR E ASSAR 447

COZINHAR DEVAGAR E EM FOGO BAIXO: DEFUMAÇÃO E CHURRASCO

Essas técnicas continuam a ganhar popularidade entre os clientes e podem ser um acréscimo rentável ao menu de qualquer chef, desde que ele conte com o equipamento correto e aplique as técnicas apropriadas.

DEFUMAÇÃO

A técnica de defumação consiste em assar uma carne à baixa temperatura por um longo período de tempo, impregnando-a com os sabores da fumaça e deixando-a muito macia no fim do preparo. Os chefs podem usar, para defumar, cortes duros de carne, já que o longo tempo de cozimento vai romper os tecidos conjuntivos da carne. Alguns cortes ideais para defumação incluem peito de boi, paleta suína e costelas bovinas ou suínas.

DICAS PARA DEFUMAR E FAZER CHURRASCO

» *A maioria das receitas orienta para a retirada do excesso de gordura e de cartilagem antes do preparo, mas é importante não remover muita gordura da carne que será defumada ou preparada como churrasco. A gordura (principalmente aquela capa que fica na superfície do corte) vai manter a umidade. Caso muito da gordura seja removido, a carne vai secar com facilidade em decorrência do longo tempo de cocção nesses métodos.*

» *Especiarias secas são ideais para esse tipo de preparo, porque temperam a carne e dão um excelente sabor sem queimar durante o processo. Molhos de churrasco e marinadas, embora muito saborosos, geralmente contêm açúcar e outros ingredientes que queimam com facilidade. Molhos desse tipo devem ser adicionados quando a carne estiver quase pronta ou depois de assada, ou, ainda, servidos à parte.*

» *O tipo de madeira usado durante o processo de defumação afeta o sabor final da carne. Diferentes tipos de madeira proporcionam diferentes sabores à carne, e algumas madeiras podem se sobrepor ao sabor da carne. As mais usadas são as de algarobeira, de cerejeira, de nogueira, de amieiro, de nogueira-pecã e de macieira.*

» *O espaçamento da carne durante a defumação é crucial para o cozimento por igual. Assegure que haja, entre as peças de carne, espaço suficiente para o ar e a fumaça circularem ao redor do item de maneira uniforme.*

» *A marca do "anel de defumação" é sinal de uma carne bem defumada. Ele se forma pelo acúmulo de ácido nítrico na superfície da carne, que é então absorvido pela carne. Depois de assar, um anel levemente rosado pode ser encontrado logo abaixo da crosta da carne. Sua espessura pode variar, mas em geral o melhor é que tenha de 6 mm a 12 mm.*

DIFERENÇAS DE ESTILO POR REGIÃO

Defumação, churrasco e outros estilos de cozimento lento e em temperatura baixa são populares no mundo todo. Países da Ásia, da Europa e do Caribe apresentam uma ampla variedade de técnicas tão singulares como os lugares de onde elas provêm. Nos Estados Unidos há sete principais estilos por região.

Carolina do Norte: *A carne de porco – geralmente, um porco inteiro – é a principal escolha para churrasco, e os molhos são ralos e preparados principalmente com vinagre e ketchup ou outro derivado de tomate.*

Carolina do Sul: *Também a preferência é por carne suína, e os molhos também são ralos e feitos à base de vinagre, mas generosamente temperados com mostarda e outras especiarias.*

Kansas City: *Tanto a carne suína como a bovina são muito usadas, e os molhos são espessos, adocicados e à base de tomate.*

Texas: *Carne bovina e linguiças são as mais usadas. Os molhos em geral são espessos e defumados, temperados com chili e especiarias como cominho.*

St. Louis: *Costelas de porco são o item mais comum, geralmente com um suave molho de tomate não tão denso quanto o de Kansas nem tão condimentado quanto o do Texas.*

Memphis: *A paleta suína é a mais popular. Um molho ralo à base de tomate é sempre servido sobre a carne depois de assada.*

Kentucky: *A carne de carneiro é muito usada, acompanhada do famoso molho "negro", que é temperado com Bourbon, molho inglês e melaço.*

Interior de um defumador profissional.

Esse peito bovino exibe um claro anel de defumação: a camada rosada logo abaixo da crosta exterior.

método detalhado »

1. Use as gorduras ou os sucos

liberados pelo alimento como o tradicional líquido para regar. Entretanto, um outro líquido também pode ser usado, como uma marinada, glaçado ou uma manteiga natural ou aromatizada.

Depois que os alimentos forem temperados, amarrados ou, se necessário, costurados, podem ser chamuscados em gordura quente no topo do fogão, na salamandra ou em forno muito quente. Alguns alimentos não são chamuscados, especialmente os cortes grandes, pois o tempo de assar prolongado demais produzirá uma coloração profunda em seu exterior.

Acomode o alimento na assadeira para que o ar quente entre em contato com todos os lados da carne, da ave ou do peixe. (Uma grade pode ajudar a melhorar a circulação do ar.) Para o alimento caber confortavelmente, deve haver espaço suficiente na assadeira para adição de aromáticos.

Coloque-a no forno preaquecido. Asse, ajustando a temperatura do forno, conforme necessário. Regue várias vezes durante o tempo de cozimento (como se vê na foto).

Regar devolve um pouco de umidade ao alimento, impedindo-o de ressecar; o líquido utilizado também proporciona sabor adicional. Há diversas alternativas, como a manteiga derretida, o óleo ou as marinadas, que serão particularmente úteis se o alimento for magro e não liberar gordura suficiente para utilizar na rega. Para um molho de panela ou feito com os sucos do alimento, adicione à assadeira o *mirepoix* ou outro ingrediente aromático (opcional).

2. Use um termômetro digital

para determinar o ponto de alimentos assados. Para uma leitura mais precisa, o termômetro deve ser inserido pelo menos até a pequena marca da haste. Note que a haste deve ser colocada na parte mais grossa do alimento, longe dos ossos.

Asse os alimentos até o ponto correto e deixe-os descansar antes de servir. As carnes, os peixes, as aves e as carnes de caça são cozidas, em geral, até uma temperatura interna especificada (ver pp. 383-384). Quando a carne estiver quase pronta, retire-a e deixe-a descansar. Cubra o alimento com um papel laminado para mantê-lo úmido e coloque-o em um lugar aquecido para descansar. Os alimentos pequenos podem descansar 5 minutos, os médios de 15 a 20 minutos, e os assados bem grandes, 45 minutos ou mais. Isso é feito porque, enquanto o alimento assa, seus sucos vão se concentrando no centro.

O período de descanso, antes de cortá-lo, fornece aos sucos tempo para se redistribuirem uniformemente por todo o assado. O repouso também permite que a temperatura do alimento se iguale, o que beneficia sua textura, seu aroma e seu sabor; desempenha um papel-chave, que deve ser encarado como o último estágio de cozimento.

3. Sirva os alimentos assados com um molho à base das gorduras do próprio alimento. O *jus* e o molho da assadeira são os molhos preparados com maior frequência. Cebolas, cenouras, salsão, alho e outros vegetais ou ervas aromáticas podem ser acrescentados à assadeira para dourar e assar nos líquidos e na gordura que goteja durante o assamento. Eles adquirirão uma coloração intensa e absorverão um pouco do sabor da gordura derretida, adicionando cor e sabor ao molho de panela ou de assadeira pronto. Antes de fazer o molho, certifique-se de que as gorduras liberadas pelo alimento não estão queimadas, pois você só conseguiria um molho amargo e impalatável.

Para fazer o molho, coloque a assadeira no topo do fogão e cozinhe as gorduras liberadas pelo alimento em fogo médio, até que o *mirepoix* doure e a gordura esteja transparente. Os sucos se separam da gordura e se transformam em um *fond de cuisine*. Desengordure a panela e prepare o *roux*. Para o molho, retire um pouco da gordura, mas deixe o suficiente para preparar o *roux*, cozinhando a gordura com um pouco de farinha de trigo. Se for preparar um *jus*, não use a farinha.

4. Depois que o *roux* dourar, adicione o fundo, pouco a pouco, à assadeira e mexa constantemente, para não formar grumos. Não deixe o líquido ficar muito quente, pois pode espirrar.

Adicione o fundo e ferva o molho ou o *jus*. Cozinhe o molho até engrossar, mas no mínimo por 20 minutos, para que o amido da farinha fique suficientemente cozido. Para preparar um molho estilo *jus*, retire toda a gordura remanescente e, se desejar, deglace a panela com vinho ou outro líquido. Adicione um fundo que combine com a carne. Ferva suavemente por 15 a 20 minutos, até que o sabor tenha se desenvolvido. Escume o *jus* enquanto ele ferve para remover a gordura e as partículas da superfície. Acerte o tempero e coe para terminar. O *jus* pode ser cozido até engrossar ou pode ser espessado usando-se um *slurry* de amido. Para preparar um *jus lié*, engrosse-o com araruta ou com *slurry* de amido de milho pouco antes de coar.

capítulo 17 » GRELHAR E ASSAR

5. Use uma peneira de malha fina para coar o molho em um recipiente limpo para ser armazenado ou em uma panela para mantê-lo aquecido para o serviço. Mantenha o molho pronto ou o *jus* em uma mesa de vapor ou em banho-maria, como qualquer outro molho. Tampe hermeticamente o *jus*.

BARDER E LARDEAR

Duas técnicas tradicionais de assar alimentos naturalmente magros são *barder* (amarrar pedaços finos de gordura do lombo do porco, *bacon* ou *crépine* em torno do alimento) e lardear (inserir pequenos pedaços de gordura de lombo de porco dentro do alimento). A gordura extra proporciona sabor adicional e ajuda a manter a carne macia e úmida. Os veados, os javalis e as aves de caça, assim como certos cortes de carne de boi ou cordeiro, podem ser preparados com essas técnicas. Também se empregam variações usando diferentes produtos, para conferir diferentes sabores aos alimentos assados. Por exemplo, em vez de ser lardeado com gordura do lombo do porco, o assado pode ser salpicado com lascas de alho que não proporcionarão a mesma maciez, mas adicionarão muito sabor.

Atualmente, com o aumento da preocupação em relação à quantidade de gorduras em dietas alimentares, no esforço de reduzir as gorduras no prato final, cada vestígio de gordura ou de pele é removido, mesmo que a gordura não penetre muito no interior da carne, como nos assados. A gordura e a pele protegem contra o ressecamento no forno, sem mudar drasticamente a quantidade de gordura da carne, e os alimentos, sem essa proteção natural, podem ficar ressecados e perder sabor.

OS ASSADOS GRANDES DEVEM SER CORTADOS CORRETAMENTE EM PORÇÕES, PARA SEREM APROVEITADOS AO MÁXIMO. OS TRÊS ALIMENTOS TRINCHADOS NAS PRÓXIMAS PÁGINAS – UM PATO INTEIRO, UMA COSTELA DE BOI ASSADA E UM PERNIL DE PORCO – DEVEM SER CONSIDERADOS PROTÓTIPOS PARA OUTRAS CARNES. POR EXEMPLO, COMO SÃO SEMELHANTES NA ESTRUTURA, A PERNA DE CORDEIRO DEVE SER CORTADA DA MESMA MANEIRA QUE O PERNIL DE PORCO.

técnicas para trinchar

Trinchando um pato assado

Quando um cliente pede pato, esta apresentação é a mais fácil. A maioria dos ossos é removida, de modo que a perna e o peito fiquem com um único osso. As duas partes são acomodadas juntas para que a carne desossada do peito e da coxa se sobreponham. O comensal pode simplesmente cortar a carne sem ter o trabalho de cortar ao redor dos ossos.

1. Separe as pernas do corpo no ponto em que elas encontram o peito. Puxar a perna para fora revela a cabeça do osso; corte na junta, para separá-la completamente.

2. Use a faca de desossar para fazer um corte de cada lado do osso esterno.

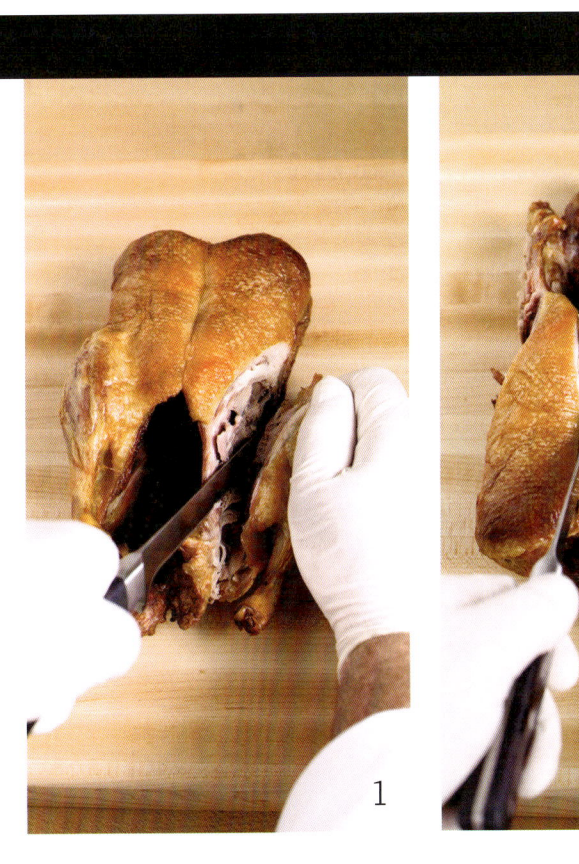

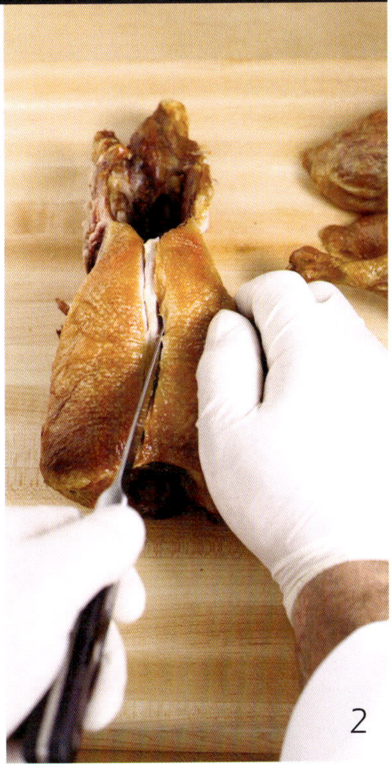

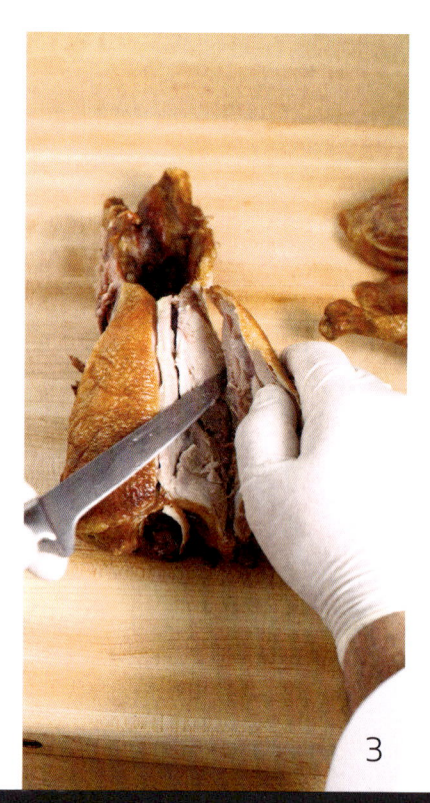

Trinchando um pato assado – continuação

3. Afaste o peito das costelas, fazendo correr a ponta da lâmina o mais próximo possível dos ossos, para que haja poucas aparas.

4. Puxe o osso da sobrecoxa para cima e afaste-o da carne. Use a faca, como se vê na foto, para separar o osso na junta da coxa.

5. Para acomodar as pernas e o peito de modo apresentável, posicione a perna no fundo e a porção do peito sobre ela, colocando o osso da coxa de um lado e o da asa no lado oposto.

técnicas para trinchar

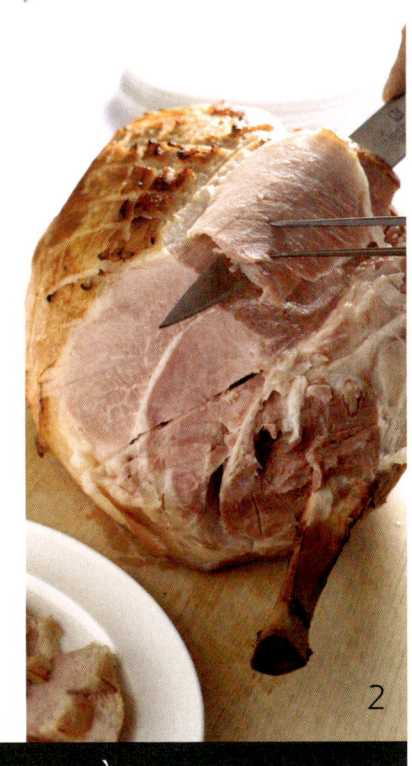

Cortando uma costela assada | Trinchando um pernil de porco à mesa

A costela de carne assada é um corte grande, mais fácil de manusear se estiver de lado. Esse método de trinchar também pode ser usado em costelas de veado ou vitelo. Os assados menores não precisam ser virados de lado e os cortes são feitos de cima para baixo, entre os ossos. A carne pode ser retirada dos ossos para se obter fatias ou os ossos podem ser deixados ali para se obter costeletas.

1. Coloque o assado de lado. Com uma faca para fatiar, faça cortes paralelos de fora para dentro, em direção aos ossos. Use a ponta da faca para separar as fatias de carne dos ossos. Se necessário, armazene o lado cortado para cima para impedir a perda de sucos.

Esse método de corte também pode ser usado para pernil de cordeiro e *steamship rounds*.

1. Depois de cortar a parte final, faça cortes paralelos de cima para baixo, em direção ao osso. Continue cortando as fatias de carne da perna, longe do osso, para obter fatias uniformes. Os cortes iniciais são feitos verticalmente, até alcançar o osso.

2. Quando as fatias se tornarem muito grandes, comece a cortar a carne de lado, primeiro do lado esquerdo e depois do lado direito, alternando até que toda a perna esteja fatiada.

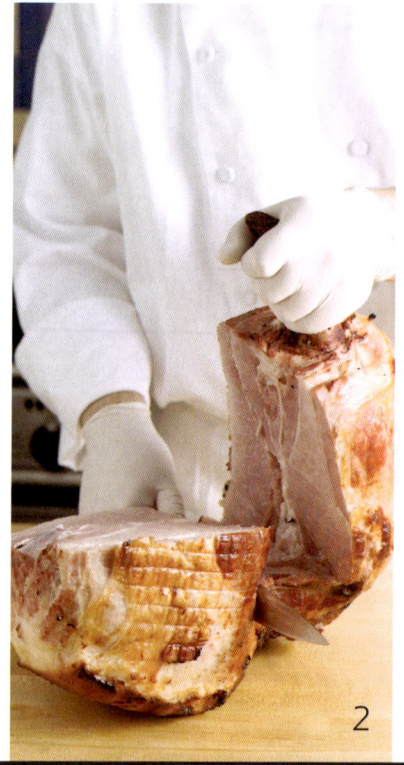

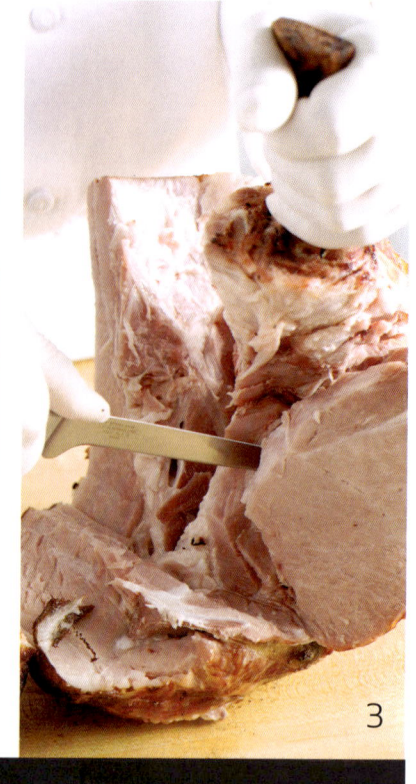

Trinchando um pernil na cozinha

1. Apoie o presunto na mesa, com o lado mais grosso da carne para baixo. Segure o osso com a mão para manter o presunto firme. Faça um corte na parte mais magra, logo abaixo do osso, e siga a curva natural do fêmur.

2. Corte ao redor da junta do fêmur. Esse primeiro corte não separará completamente a carne do osso. Retire o pedaço de carne do osso pélvico.

3. Repita a mesma sequência de cortes no outro lado do osso para retirar completamente a carne. Vai parecer que a carne tem um entalhe em forma de V, onde foi cortada do osso.

técnicas para trinchar

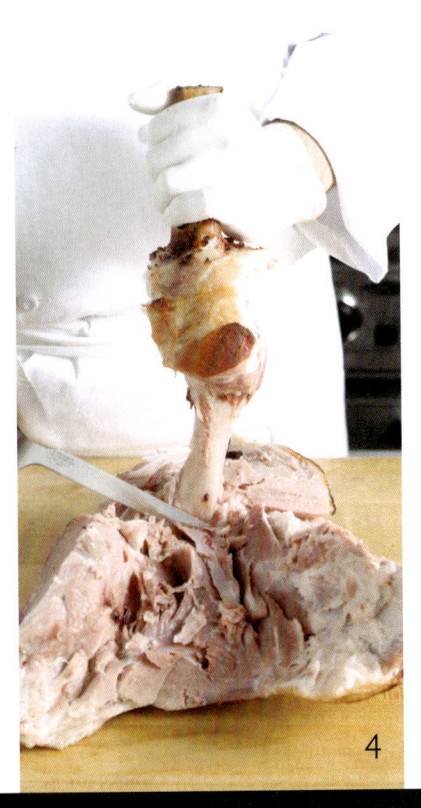

4. Corte a carne do lado de trás do fêmur. Tente manter as fatias intactas.

5. Corte as peças maiores de presunto em pedaços que sejam de mais fácil manuseio, para que possam ser fatiados em porções.

6. Corte o presunto em fatias com uma fatiadora de carne, como se vê na foto. O presunto também pode ser fatiado com uma fatiadora de carne elétrica.

Bifes de alcatra grelhados com molho de cogumelo

Rendimento: 10 porções

- 10 bifes de alcatra (284 g cada)
- 1 colher (sopa)/10 g de sal
- 1 ½ colher (chá)/3 g de pimenta-do-reino preta moída
- 3 colheres (sopa)/45 mℓ de óleo vegetal
- 600 mℓ de **molho de cogumelo** (ver receita ao lado)

1. Preaqueça a grelha ou a salamandra.
2. Tempere os bifes com o sal e a pimenta-do-reino.
3. Coloque o lado de melhor aparência para baixo, nas grades da grelha, ou para cima, na salamandra. Deixe-os grelhar por dois minutos. (Opcional: gire cada bife 90° para fazer marcas cruzadas.)
4. Vire os bifes e complete o cozimento: cerca de 5 minutos mais para malpassados (temperatura interna de 57 °C); 6½ minutos para ao ponto malpassado (63 °C); 8 minutos para ao ponto (71 °C); 9 minutos para ao ponto bem-passado (74 °C) e 11 minutos para bem passado (77 °C).
5. Aqueça o molho de cogumelos. Sirva cada bife imediatamente com 60 mℓ de molho.

Bife de alcatra grelhado com manteiga à *maître d'hôtel*: Substitua o molho de cogumelos por 284 g de manteiga à *maître d'hôtel* (p. 314), modelada no bico de confeitar ou fatiada em dez porções de 28 g. Grelhe os bifes e coloque uma fatia de manteiga sobre cada um deles. Aqueça na salamandra até que a manteiga comece a derreter. Sirva imediatamente.

Molho de cogumelo

Rendimento: 960 mℓ

- 43 g de chalota picada
- 57 g de manteiga clarificada
- 1,02 kg de cogumelo-de-paris fatiado
- 240 mℓ de vinho branco seco
- 960 mℓ de **demi-glace** (p. 307)
- 113 g de manteiga integral cortada em cubos
- Sal, a gosto
- Pimenta-do-reino preta moída, a gosto

1. Refogue a chalota na manteiga clarificada em uma panela *rondeau* pequena, em fogo médio.
2. Adicione os cogumelos e salteie-os em fogo alto, mexendo sempre até que os sucos evaporem.
3. Adicione o vinho para deglaçar a panela. Cozinhe até que o vinho seja reduzido em dois terços.
4. Adicione o *demi-glace* e ferva suavemente por mais 5 minutos ou até que o molho tenha uma boa consistência e sabor. Finalize o molho com a manteiga (*monte au beurre*).
5. Tempere com o sal e a pimenta-do-reino. Agora, o molho está pronto para ser servido ou pode ser resfriado rapidamente ou refrigerado para uso posterior.

Alcatra grelhada com molho *marchand de vin*

Rendimento: 10 porções

- 10 bifes de alcatra (284 g cada)
- 1 colher (sopa)/10 g de sal
- 1 ½ colher (chá)/3 g de pimenta-do-reino preta moída
- 3 colheres (sopa)/45 mℓ de óleo vegetal
- 600 mℓ de **molho *marchand de vin*** (receita ao lado)

1. Preaqueça a grelha ou a salamandra.
2. Tempere os bifes com o sal e a pimenta-do-reino e pincele ligeiramente com óleo.
3. Coloque o lado de melhor apresentação do bife para baixo, nas grades da grelha, ou para cima, na salamandra. Cozinhe por 2 minutos. (Opcional: gire cada bife 90° para fazer marcas cruzadas.)
4. Vire os bifes e termine o cozimento até o ponto desejado: cerca de 5 minutos para malpassado (temperatura interna de 57 °C), 6½ minutos para ao ponto malpassado (63 °C), 8 minutos para ao ponto (71 °C), 9 minutos para ao ponto bem-passado (74 °C) e 11 minutos para bem-passado (77 °C).
5. Aqueça o molho *marchand de vin* e sirva imediatamente cada bife com 60 mℓ de molho.

Molho *marchand de vin*

Rendimento: 960 mℓ

- 57 g de chalota picada
- 2 galhinhos de tomilho
- 1 folha de louro
- ½ colher (chá)/1 g de grãos de pimenta-do-reino preta picados grosseiramente
- 480 mℓ de vinho tinto
- 960 mℓ de ***demi-glace*** (p. 307)
- Sal, a gosto
- Pimenta-do-reino preta moída, a gosto
- 113 g de manteiga em cubos

1. Coloque as chalotas, os galhinhos de tomilho, a folha de louro, a pimenta-do-reino e o vinho em uma *sauteuse* de tamanho médio. Espere ferver e reduza até ficar como xarope, em cerca de 5 minutos.
2. Adicione o *demi-glace* e reduza-o até que o molho cubra a parte inferior de uma colher, em cerca de 8 a 10 minutos.
3. Tempere com o sal e a pimenta. Coe o molho e finalize com a manteiga.
4. Agora o molho está pronto para ser servido ou pode ser resfriado rapidamente e refrigerado para uso posterior.

Seitan satay

Rendimento: 10 porções

SEITAN

2 colheres (sopa)/30 ml de azeite de oliva

57 g de chalota em cubos

14 g de *jalapeño* sem sementes picado

14 g de alho picado

14 g de gengibre picado

150 ml de molho de soja

75 ml de suco de limão-siciliano

2 colheres (sopa)/30 ml de óleo de gergelim

57 g de mel

2 colheres (sopa)/6 g de coentro picado grosseiramente

851 g de *seitan* em cubos ou em tiras de 6 mm

MOLHO DE AMENDOIM APIMENTADO

2 colheres (sopa)/30 ml de óleo de amendoim

14 g de **pasta de curry vermelha** (p. 387)

1 colher (chá)/2 g de açafrão-da-terra moído

255 g de manteiga de amendoim

240 ml de leite de coco

240 ml de **fundo de vegetais** (p. 279)

3 colheres (sopa)/45 ml de suco de limão-siciliano

75 ml de molho tailandês de pimenta *chili* doce

170 g de amendoim tostado e picado grosseiramente

1. Para o *seitan*, aqueça o azeite em uma *sauteuse* em fogo baixo. Acrescente as chalotas e os *jalapeños* e salteie até amaciar, por cerca de 2 minutos. Acrescente o alho e o gengibre e salteie até ficar aromático, em mais 1 minuto aproximadamente. Transfira para um liquidificador ou processador de alimentos.

2. Acrescente o molho de soja, o suco de limão, o óleo de gergelim, o mel e o coentro. Pulse até ficar liso. Se a mistura estiver grossa e pastosa demais, acrescente água, 1 colher (sopa)/15 ml de cada vez, para fazer um molho grosso para marinar.

3. Transfira a mistura para uma cuba rasa e acrescente o *seitan*. Vire-os para revestir todos os pedaços. Marine coberto na geladeira por 1 hora no mínimo e até um dia no máximo.

4. Deixe os espetinhos de madeira de molho na água por 30 minutos.

5. Para o molho de amendoim, aqueça o óleo em uma *sauteuse* média em fogo médio. Acrescente a pasta de *curry* e o açafrão-da-terra mexendo até a mistura começar a borbulhar, em 1 minuto aproximadamente.

6. Misture a manteiga de amendoim, o leite de coco, o fundo, o suco de limão e o molho de pimenta e abaixe o fogo. Cozinhe mexendo constantemente por 3 minutos. Quando o líquido começar a borbulhar, retire do fogo e continue mexendo por mais 1 minuto. Acrescente os amendoins e reserve para o serviço.

7. Introduza os *seitan* marinados nos espetinhos. Grelhe os *seitan* até que dourem e aqueçam por dentro, de 3 a 4 minutos de cada lado. Sirva com molho apimentado de amendoim.

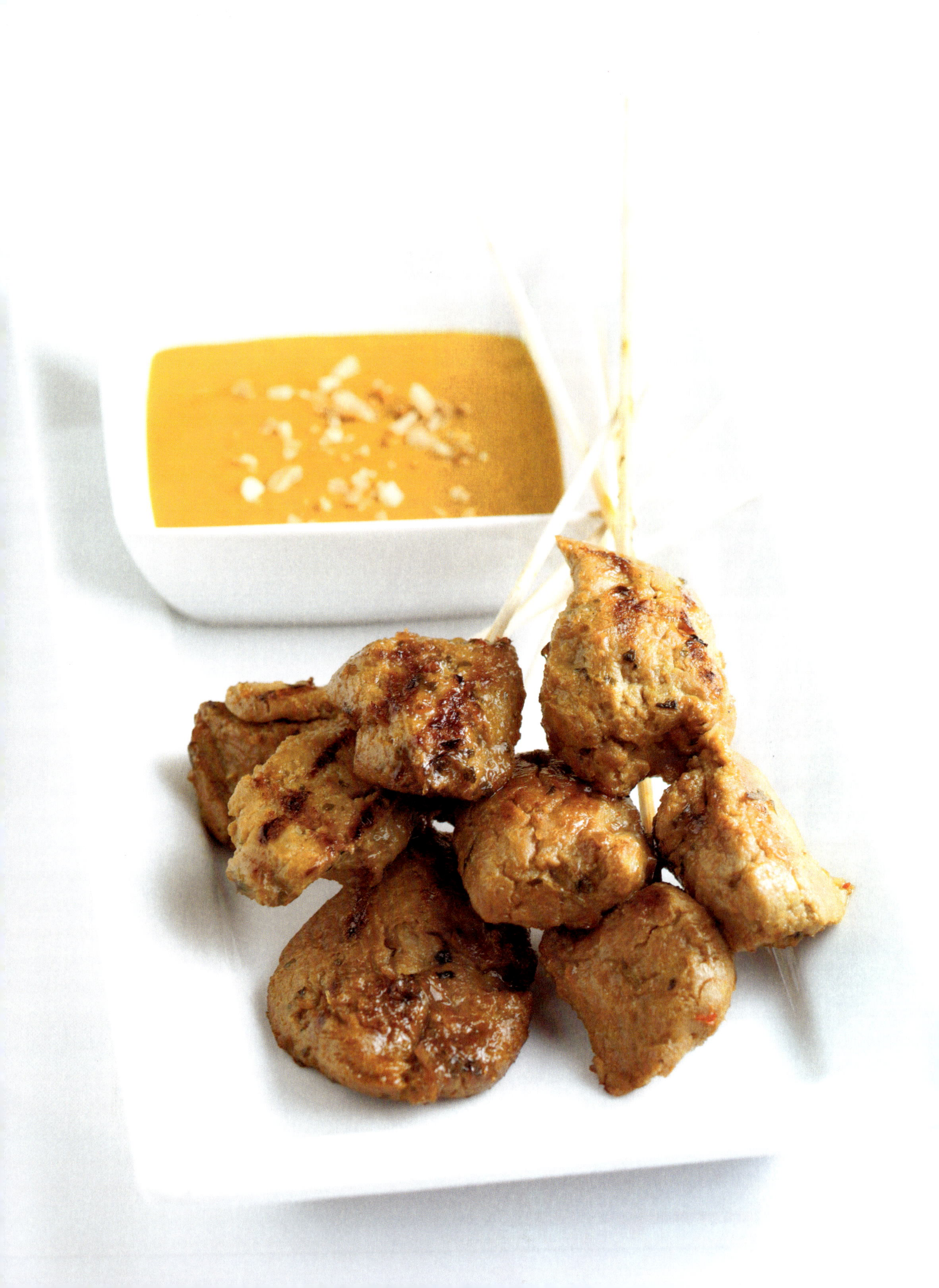

Bife *teriyaki* com soja *baby* fervida (p. 699) e
arroz chinês cozido no vapor (*Lo han*) (p. 805)

Bife *teriyaki*

Rendimento: 10 porções

MARINADA

240 mℓ de molho de soja *light*

240 mℓ de saquê

180 mℓ de *mirin*

106 g de açúcar

64 g de maçã ralada

10 bifes de ponta de agulha (170 g cada)

454 g de ervilha-torta

30 mℓ de óleo vegetal

20 cogumelos-de-paris, de tamanho médio

454 g de brotos de feijão (*moyashi*)

1½ colher (chá)/5 g de sal

1. Para fazer a marinada, ferva juntos o molho de soja, o saquê, o *mirin* e o açúcar. Retire do fogo, adicione a maçã e misture bem. Espere esfriar completamente.
2. Despeje a marinada sobre os bifes e deixe no refrigerador em uma cuba tampada por 8 horas ou a noite inteira.
3. Corte as ervilhas-tortas em dois ou três pedaços, diagonalmente.
4. Aqueça o óleo em uma *sauteuse* ou num *wok*, em fogo médio-alto. Adicione os cogumelos, os brotos de feijão, as ervilhas-tortas e salteie-os até ficarem macios. Tempere com o sal. Reserve-os aquecidos.
5. Preaqueça a grelha ou a salamandra. Escorra o excesso de marinada do bife antes de grelhar; seque, se for necessário.
6. Coloque o lado de melhor apresentação dos espetos virado para baixo, nas grades da grelha, ou para cima, na salamandra. Deixe por 2 minutos. (Opcional: gire cada espeto em 90° para adquirir as marcas cruzadas da grelha.)
7. Vire os bifes e termine o cozimento até o ponto desejado: cerca de 5 minutos a mais para malpassado (temperatura interna de 57 °C), 6½ minutos para ao ponto malpassado (63 °C), 8 minutos para ao ponto (71 °C), 9 minutos para ao ponto bem-passado (74 °C) e 11 minutos para bem-passado (77 °C).
8. Retire os bifes da grelha e deixe descansar por 5 minutos em lugar aquecido. Fatie cada bife na diagonal, em 5 pedaços.
9. Sirva imediatamente, acompanhado dos vegetais.

Bife no churrasco com crosta de ervas

Rendimento: 10 porções

CROSTA DE ERVAS

170 g de farinha de rosca

170 g de manteiga derretida

14 g de salsa, picada grosseiramente

2 colheres (chá)/6 g de alho picado

1 colher (chá)/3 g de sal

½ colher (chá)/1 g de pimenta-do-reino preta moída

BIFES

10 bifes de alcatra (284 g cada)

1 colher (sopa)/10 g de sal

1½ colher (chá)/3 g de pimenta-do-reino preta moída

1 colher (sopa)/9 g de alho amassado

45 mℓ de óleo vegetal

360 mℓ de **molho *barbecue*** (p. 493; opcional)

1. Preaqueça a grelha ou a salamandra.
2. Combine todos os ingredientes para a crosta de ervas e misture bem.
3. Tempere os bifes com o sal e a pimenta, esfregue o alho e pincele ligeiramente com óleo.
4. Coloque o lado de melhor aparência dos bifes virado para baixo, nas grades da grelha, ou para cima, na salamandra. Grelhe sem mexer, por 2 minutos.
5. Vire os bifes e termine o cozimento até o ponto desejado: cerca de mais 5 minutos para malpassado (temperatura interna de 57 °C), 6½ minutos para ao ponto malpassado (63 °C), 8 minutos para ao ponto (71 °C), 9 minutos para ao ponto bem-passado (74 °C) e 11 minutos para bem-passado (77 °C).
6. Cubra os bifes com a crosta de ervas e doure na salamandra. Sirva imediatamente. Se desejar, acompanhe com o molho de churrasco.

Bife no espeto com cebolinha

Rendimento: 10 porções

MARINADA
120 mℓ de molho de soja

60 mℓ de óleo de gergelim

43 g de açúcar

14 g de alho amassado

14 g de gengibre picado

1 colher (chá)/2 g de pimenta-do-reino preta moída

BIFES
1,70 kg de bife de alcatra, com 3 cm de largura, 10 cm de comprimento e 3 mm de espessura

6 maços de cebolinha cortados em pedaços de 9 cm de comprimento

1. Misture os ingredientes da marinada, adicione os bifes e deixe marinar no refrigerador por 3 horas ou durante a noite toda.
2. Coloque os espetos de bambu de molho por 10 minutos. Espete os bifes nos espetos, alternando com as cebolinhas.
3. Preaqueça a grelha ou a salamandra a 204 °C.
4. Coloque o lado de melhor apresentação dos espetos virado para baixo, nas grades da grelha, ou para cima, na salamandra. Deixe por 1 minuto. (Opcional: Vire cada espeto em 90° para adquirir as marcas cruzadas da grelha.)
5. Vire os espetos e termine o cozimento até o ponto desejado ou até que cheguem a uma temperatura mínima interna de 63 °C.
6. Sirva imediatamente.

Bife de contrafilé grelhado

Rendimento: 10 porções

MARINADA
480 mℓ de azeite de oliva

14 g de pimenta-do-reino preta moída

13 dentes de alho amassados

1 maço de alecrim, picado grosseiramente

BIFES
10 bifes de contrafilé (284 g cada)

28 g de sal

14 g de pimenta-do-reino preta moída

1. Preaqueça a grelha.
2. Misture todos os ingredientes da marinada em uma cuba. Despeje a marinada sobre a carne, cubra e deixe no refrigerador por, pelo menos, 3 horas.
3. Retire o excesso de azeite dos bifes com um pano limpo. Tempere com o sal e a pimenta. Coloque o lado de melhor apresentação dos bifes virado para baixo, nas grades da grelha, ou para cima, na salamandra. Deixe por 2 minutos. (Opcional: gire cada bife em 90° para que adquiram as marcas cruzadas da grelha.)
4. Vire os bifes e termine o cozimento até o ponto desejado ou até que cheguem a uma temperatura mínima interna de 63 °C.
5. Sirva imediatamente.

Espetos de porco e vitelo (*Raznjici*)

Rendimento: 10 porções

MARINADA

120 mℓ de suco de limão

120 mℓ de óleo vegetal

113 g de cebola, em fatias

50 g de alho fatiado bem fino

2 colheres (sopa)/6 g de salsa picada

907 g de coxão mole de vitelo em cubos de 4 cm

907 g de lombo de porco em cubos de 4 cm

1 colher (sopa)/10 g de sal

1½ colher (chá)/3 g de pimenta-do-reino preta moída

GUARNIÇÃO

340 g de cebola fatiada bem fina

600 mℓ de **molho de *dill*** (receita a seguir)

1. Misture os ingredientes da marinada em uma cuba. Adicione a carne e deixe no refrigerador coberta por 3 horas ou durante a noite toda.
2. Deixe os espetos de bambu de molho por 30 minutos. Espete a carne nos espetos. Escorra o excesso de marinada antes de grelhar; seque, se necessário. Tempere com o sal e a pimenta.
3. Preaqueça a grelha ou a salamandra.
4. Coloque o lado de melhor apresentação dos espetos virado para baixo, nas grades da grelha, ou para cima, na salamandra. Deixe por 3 a 4 minutos.
5. Vire os espetos e termine o cozimento, em mais 3 a 4 minutos, ou até que cheguem a uma temperatura mínima interna de 63 °C. Enquanto a carne grelha, pincele com a marinada.
6. Sirva imediatamente, com as fatias de cebola e o molho de *dill*.

Espetos de cordeiro grelhados com manteiga de pimentão: Substitua o vitelo e o porco por igual quantidade de perna de cordeiro sem osso. Substitua o molho de *dill* por manteiga de pimentão (p. 314).

Molho de *dill*

Rendimento: 960 mℓ

720 mℓ de **velouté de frango** (p. 308)

240 mℓ de creme azedo (*sour cream*)

3 colheres (sopa)/9 g de *dill*, picado

Sal, a gosto

Pimenta-do-reino preta moída, a gosto

1. Em uma panela média, aqueça o *velouté* até que comece a ferver suavemente. Aqueça também o creme azedo e adicione ao molho.
2. Acrescente o *dill*. Espere reaquecer sem que ferva, a cerca de 82 °C. Tempere com o sal e a pimenta-do-reino, e mantenha o molho aquecido para o serviço.

Costeletas de porco defumadas e grelhadas de Iowa

Rendimento: 10 porções

10 costeletas de porco (cerca de 227 g cada)

1 colher (sopa)/10 g de sal

1½ colher (chá)/3 g de pimenta-do-reino preta moída

60 mℓ de óleo vegetal, ou a gosto

600 mℓ de **molho de sidra** (receita logo a seguir)

10 porções de **maçãs caramelizadas** (segunda receita a seguir)

1,28 kg de **repolho roxo braseado** (p. 729)

1. Coloque seis briquetes de carvão na grade, diretamente sobre a chama de um queimador, até ficarem bem vermelhos.
2. Coloque a carne de porco em uma grelha sobre uma bandeja no forno frio.
3. Transfira o carvão cuidadosamente para uma cuba. Salpique lascas de madeira para criar fumaça.
4. Coloque a cuba com as lascas de madeira indiretamente sob o porco.
5. Retire o porco e deixe-o na geladeira até o momento de usar. Despeje água sobre o carvão até apagá-lo e despreze-o.
6. Preaqueça a grelha a 204 °C. Tempere o porco com o sal e a pimenta e pincele ligeiramente com óleo. Coloque o lado de melhor apresentação das costeletas de porco voltado para baixo, na grelha. Deixe por 2 minutos. (Opcional: gire as costeletas em 90° para adquirirem marcas cruzadas da grelha.)
7. Vire as costeletas e grelhe até chegar a uma temperatura interna de 63 °C.
8. Aqueça o molho de sidra, as maçãs caramelizadas e o repolho roxo braseado. Sirva cada costeleta com 128 g de repolho roxo braseado, 60 mℓ de molho e seis fatias de maçãs.

Molho de sidra

Rendimento: 960 mℓ

227 g de carne de porco, em cubos de 3 cm

1 colher (chá)/3 g de sal

½ colher (chá)/1 g de pimenta-do-reino preta moída

30 mℓ de óleo vegetal

113 g de **mirepoix padrão** (p. 257), em cubos médios

480 mℓ de sidra

30 mℓ de conhaque de maçã

1,92 ℓ de **fundo escuro de vitelo** (p. 277)

3 raminhos de tomilho

5 grãos de pimenta-do-reino preta amassados

1 folha de louro

Slurry (p. 261), a gosto

1. Tempere o porco com o sal e a pimenta. Aqueça o óleo em fogo médio-alto em uma panela grande, junte o porco e cozinhe até dourar por igual, de todos os lados. Retire da cuba e reserve.
2. Adicione o *mirepoix* à cuba e cozinhe até caramelizar.
3. Deglace com a sidra e o conhaque. Reduza à metade.
4. Retorne o porco à panela. Adicione o fundo, o tomilho, a pimenta e a folha de louro. Espere ferver suavemente (entre 82 °C e 85 °C) até reduzir à metade, escume se necessário, por 25 a 30 minutos.
5. Engrosse com o *slurry* se o molho estiver ralo. Coe-o e mantenha-o aquecido até o momento de ser servido.

Maçãs caramelizadas

Rendimento: 10 porções

8 maçãs de época

2 limões espremidos (suco)

198 g de açúcar

Sal, a gosto

1. Descasque e retire as sementes das maçãs. Divida cada uma em oito pedaços, fazendo cortes radiais. Borrife metade do suco de limão sobre as maçãs para que não se oxidem.
2. Coloque o açúcar numa *sauteuse* grande com o suco de limão restante e misture bem. Caramelize o açúcar, em fogo alto.
3. Adicione as fatias de maçã cuidadosamente e cubra com o açúcar caramelizado. Tempere ligeiramente com uma pitada de sal. Reserve aquecido.

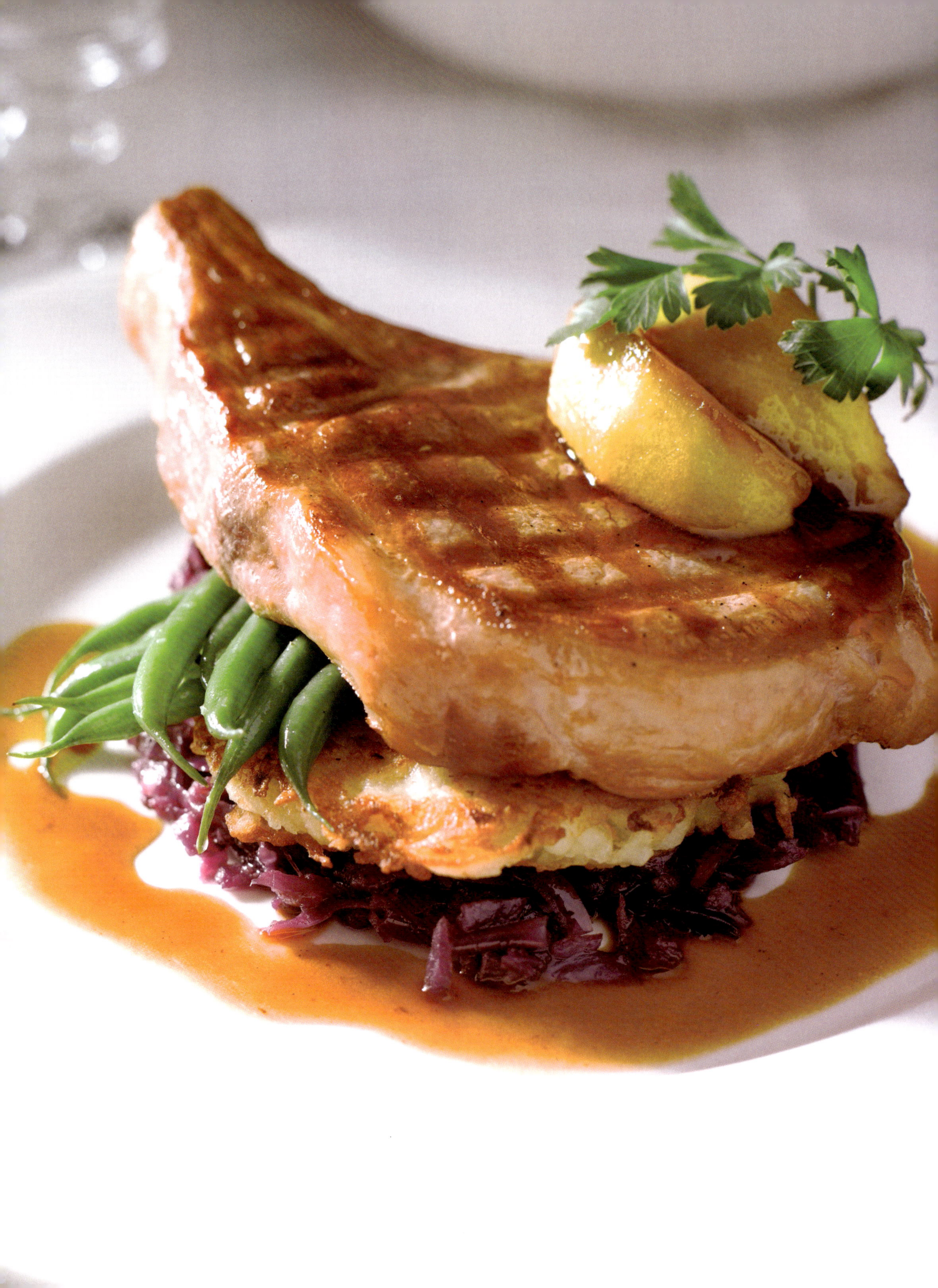

Costela de porco grelhada com molho de vinagre de *sherry*

Rendimento: 10 porções

- 10 costelas (cerca de 340 g cada) de porco, de 5 cm de espessura
- 1 colher (sopa)/10 g de sal
- 1½ colher (chá)/3 g de pimenta-do-reino preta moída
- 60 mℓ de azeite de oliva
- 600 mℓ de **molho de vinagre de sherry** (receita a seguir)

1. Preaqueça a grelha ou a salamandra.
2. Tempere o porco com o sal e a pimenta e pincele ligeiramente com o azeite. Coloque o lado de melhor apresentação das costelas virado para baixo, nas grades da grelha, ou para cima, na salamandra. Deixe por 8 a 10 minutos. (Opcional: gire as costelas em 90° para ganharem marcas cruzadas da grelha.)
3. Vire as costelas de porco do outro lado e complete o cozimento, até que cheguem a uma temperatura interna mínima de 63 °C.
4. Retire as costelas de porco da grelha ou da salamandra e deixe-as descansar por cerca de 5 minutos.
5. Aqueça o molho de vinagre de *sherry* e distribua 60 mℓ sobre cada costela de porco. Sirva imediatamente.

Molho de vinagre de *sherry*

Rendimento: 960 mℓ

- 120 mℓ de vinagre de *sherry*
- 85 g de açúcar mascavo
- 780 mℓ de **jus de veau lié** (p. 307) ou **demi-glace** (p. 307)
- Sal, a gosto
- Pimenta-do-reino preta moída, a gosto
- 113 g de manteiga em cubos

1. Prepare um *gastrique* da seguinte maneira: cozinhe o vinagre e o açúcar em uma panela, em fogo médio-alto, até que a mistura ferva e o açúcar esteja completamente dissolvido, em 4 a 6 minutos.
2. Retire a panela do fogo e adicione o *jus lié* ao *gastrique*. Misture bem e volte a cozinhar suavemente em fogo médio, até que se reduza a uma espessura que cubra a parte inferior de uma colher, em cerca de 15 minutos.
3. Tempere com o sal e a pimenta. Coe o molho e finalize com manteiga integral (*monte au beurre*). Agora, ele está pronto para ser servido ou pode ser resfriado rapidamente e levado à geladeira para uso posterior.

Costeletas de cordeiro grelhadas com alecrim, alcachofras assadas e cebolas *cipollini*

Rendimento: 10 porções

MARINADA

6 grãos de pimenta-do-reino preta

1 folha de louro

57 g de folhas de salsa

14 g de raminhos de tomilho

14 g de folhas de alecrim

28 g de alho

720 ml de azeite de oliva

20 costeletas de cordeiro (113 g cada uma)

ALCACHOFRAS E CEBOLAS

3 limões-sicilianos espremidos (suco)

30 alcachofras *baby*

180 ml de azeite de oliva extravirgem

1 colher (sopa)/10 g de sal

1½ colher (chá)/3 g de pimenta-do-reino preta moída

30 cebolas *cipollini*

57 g de alho, em fatias

3 colheres (sopa)/9 g de salsa picada

2 colheres (sopa)/6 g de orégano picado

720 ml de **fundo de frango** (p. 277)

170 g de manteiga em cubos

1. Coloque os grãos de pimenta, a folha de louro, a salsa, o tomilho, o alecrim e o alho no liquidificador. Adicione 60 ml do azeite de oliva e bata até obter uma mistura uniforme. Junte, gradualmente, o restante do azeite.

2. Despeje a marinada sobre as costeletas de cordeiro e leve à geladeira por, no mínimo, 45 minutos.

3. Misture 3,84 l de água com o suco de limão. Retire o caule e as folhas externas duras das alcachofras e corte ao meio no sentido longitudinal. Com uma colher, remova a parte fibrosa (espinhos) do miolo da alcachofra. Divida cada metade do miolo da alcachofra pela metade e os coloque na água com limão para que não oxidem.

4. Aqueça 90 ml ou mais, se necessário, de azeite de oliva extravirgem numa *sauteuse*, em fogo médio alto. (Use mais azeite do que no salteado, mas menos do que na fritura rasa.) Escorra completamente as alcachofras. Doure ligeiramente as alcachofras sem encher a panela demais. (Se necessário, divida-as em porções.) Tempere as alcachofras com o sal e a pimenta, retire-as da panela e coloque-as em papel-toalha para escorrer. Reserve.

5. Cozinhe as cebolas em água em uma panela grande por 8 a 10 minutos ou até ¾ do cozimento. Passe-as por água fria, descasque e corte-as ao meio. Aqueça uma *sauteuse* grande com 60 ml de azeite de oliva extravirgem, em fogo médio. Salteie as cebolas até ficarem levemente caramelizadas, em cerca de 5 minutos. Retire-as da panela, espere esfriar e reserve.

6. Refogue as fatias de alho em 30 ml de azeite de oliva em uma *sauteuse* grande, em fogo médio, até que as bordas comecem a dourar. Adicione as cebolas, as alcachofras, a salsa, o orégano e ajuste o tempero com o sal e a pimenta. Junte o fundo e reduza em ¾. Acrescente a manteiga e deixe cozinhar até que os vegetais estejam glaçados. Reserve, aquecido, enquanto grelha o cordeiro.

7. Preaqueça a grelha. Escorra o excesso de marinada e tempere as costeletas de cordeiro com o sal e a pimenta. Se desejar, envolva os ossos com papel-alumínio.

8. Coloque o lado de melhor apresentação do cordeiro voltado para baixo, nas grades da grelha, ou para cima, na salamandra. Deixe por 2 minutos. (Opcional: gire as costeletas 90° para que adquiram as marcas cruzadas da grelha.)

9. Vire as costeletas e termine o cozimento até o ponto desejado ou até que atinjam uma temperatura interna de 63 °C.

10. Sirva o *ragout* de vegetais no meio do prato, com duas costeletas por cima.

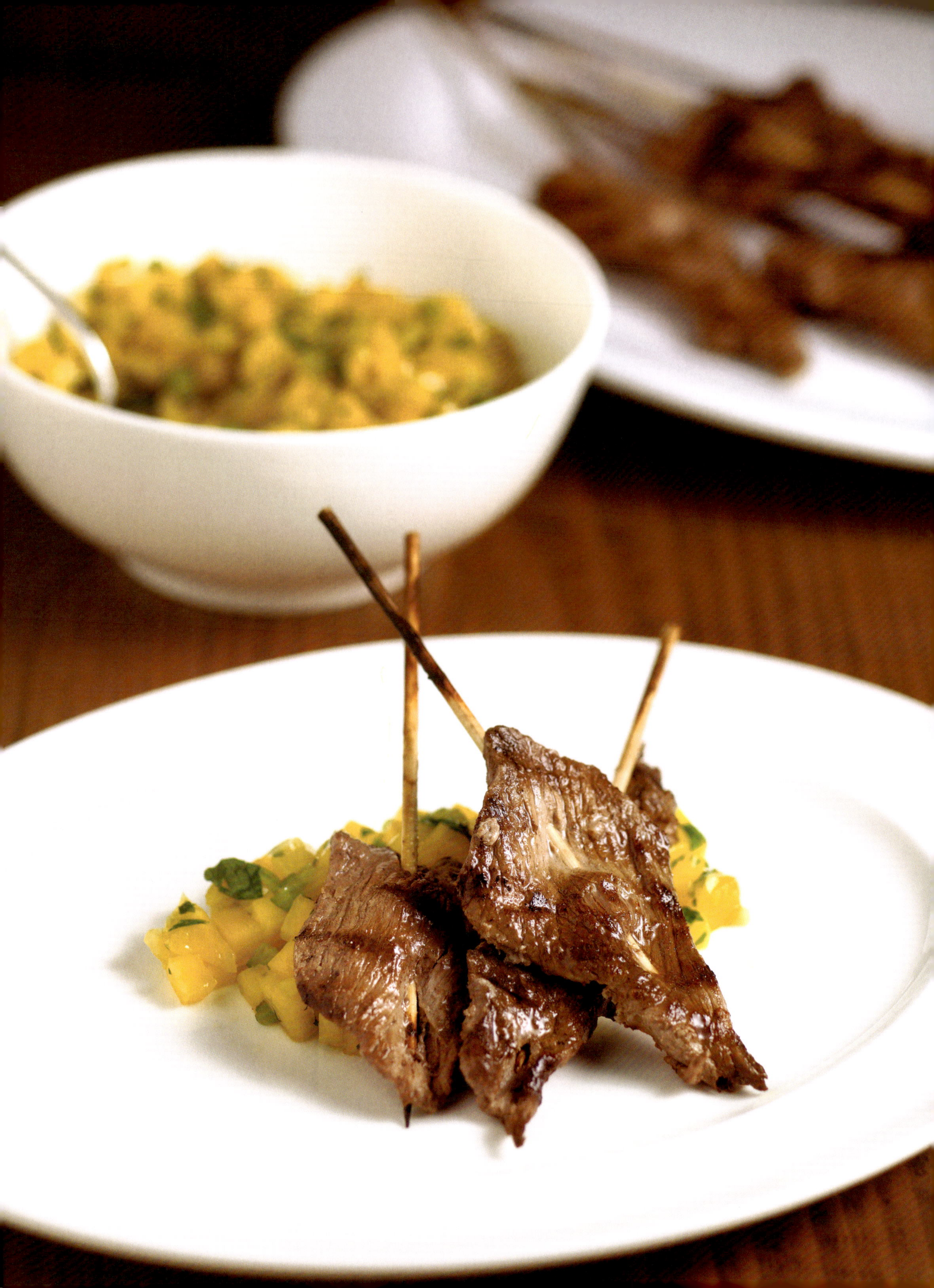

Cordeiro grelhado com *chutney* de manga fresco à moda indiana

Rendimento: 10 porções

2,72 kg de **pernil de cordeiro sem osso, em borboleta** (p. 402)

MARINADA

1 colher (chá)/2 g de cardamomo verde moído

1 colher (chá)/2 g de cominho moído

½ colher (chá)/1 g de noz-moscada ralada

113 g de cebola ralada

21 g de alho amassado

21 g de gengibre ralado

1 colher (chá)/2 g de pimenta-do-reino preta moída

120 ml de iogurte natural

600 ml de ***chutney* de manga fresco** (receita a seguir)

1. Limpe o cordeiro e separe os músculos. Retire toda a gordura interna e a cartilagem. Corte a carne em tiras longas e finas (10 cm × 3 cm × 3 mm).
2. Prepare a marinada. Toste ligeiramente, numa panela, o cardamomo e o cominho. Adicione a noz-moscada, as cebolas, o alho, o gengibre, a pimenta e salteie até aromatizar. Deixe esfriar. Junte ao iogurte.
3. Despeje a marinada sobre o cordeiro em uma cuba, e vire-o para cobri-lo por igual. Deixe marinar no refrigerador tampada por 8 horas ou a noite toda.
4. Preaqueça a grelha. Coloque o cordeiro nos espetos e escorra o excesso de marinada.
5. Coloque o lado do lombo de melhor apresentação virado para baixo. Deixe por cerca de 1 minuto. (Opcional: gire cada espeto em 90° para que adquira as marcas da grelha.)
6. Vire os espetos e termine o cozimento até o ponto desejado ou até uma temperatura mínima interna de 65 °C.
7. Sirva de três a quatro espetos por pessoa, com 60 ml de *chutney*.

Chutney de manga fresco

Rendimento: 960 ml

907 g de manga em cubos pequenos

60 ml de suco de limão

4 colheres (chá)/4 g de coentro picado

2 colheres (chá)/6 g de gengibre ralado

1 colher (chá)/3 g de *jalapeño* picado (opcional)

Sal, a gosto

Pimenta-do-reino preta moída, a gosto

Junte todos os ingredientes, inclusive o *jalapeño* picado, se ele estiver sendo usado. Deixe o *chutney* descansar no refrigerador por até 2 horas, para que os sabores se combinem. Se necessário, acerte o tempero com o suco de limão, o sal e a pimenta, antes de servir.

Bolinhos de cordeiro à moda paquistanesa

Rendimento: 10 porções

57 g de cebola picada

2 colheres (sopa)/30 mℓ de óleo vegetal

1 colher (sopa)/9 g de alho amassado

57 g de farinha de rosca crua (ou farinha de pão)

60 mℓ de água, ou quanto baste

1,36 kg de cordeiro moído

85 g de *pinole* tostado

2 ovos batidos

28 g de *tahine*

3 colheres (sopa)/9 g de salsa picada

1 colher (sopa)/10 g de sal

1½ colher (chá)/3 g de pimenta-do-reino preta moída

1 colher (chá)/2 g de coentro moído

2 colheres (sopa)/12 g de cominho em pó

1 colher (chá)/2 g de sementes de erva-doce moídas

2 colheres (sopa)/18 g de gengibre ralado

1. Refogue as cebolas no óleo em uma *sauteuse* pequena, em fogo médio, até ficarem translúcidas, em cerca de 5 minutos. Adicione o alho e refogue por mais 1 minuto. Retire do fogo e deixe esfriar.
2. Demolhe a farinha de rosca em água. Esprema o excesso de umidade. Misture às cebolas e ao alho.
3. Junte a mistura de farinha de rosca ao cordeiro, acrescente os *pinoles*, os ovos, o *tahine*, a salsa, o sal, a pimenta, as especiarias e o gengibre. Misture com cuidado, até combinar bem. Faça dez bolinhos e leve-os à geladeira.
4. Preaqueça a grelha. Coloque os bolinhos nas grades da grelha ou da salamandra. Deixe por 2 minutos. (Opcional: gire os bolinhos em 90° para que adquiram as marcas cruzadas da grelha.)
5. Vire os bolinhos e termine o cozimento até o ponto desejado ou até que cheguem a uma temperatura interna mínima de 63 °C.
6. Sirva imediatamente.

Peitos de frango grelhados com manteiga de tomate seco e orégano

Rendimento: 10 porções

10 peitos de frango (170 g cada) sem osso, com a pele

1 colher (sopa)/10 g de sal

1½ colher (chá)/3 g de pimenta-do-reino preta moída

3 colheres (sopa)/45 mℓ de óleo vegetal

Manteiga, o quanto baste

284 g de **manteiga de tomate seco e orégano** (p. 314), modelada com o bico de confeitar ou em 10 fatias de 28 g

1. Preaqueça a grelha ou a salamandra.
2. Tempere o frango com o sal e a pimenta e pincele ligeiramente com óleo.
3. Coloque o lado do frango de melhor apresentação voltado para baixo, nas grades da grelha, ou para cima, na salamandra. Deixe por cerca de 2 minutos. (Opcional: gire o frango em 90° para que adquira as marcas cruzadas da grelha.)
4. Vire do outro lado e cozinhe por 6 a 8 minutos (temperatura interna mínima de 74 °C) até os peitos de frango ficarem prontos.
5. Cubra cada peito de frango com uma porção da manteiga de tomate seco e orégano. Aqueça na salamandra até a manteiga começar a derreter. Sirva imediatamente.

Peito de frango grelhado com erva-doce

Rendimento: 10 porções

- 180 mℓ de azeite de oliva
- 3 dentes de alho amassados
- ¾ de colher (chá)/2 g de sementes de erva-doce amassada
- ¾ de colher (chá)/2,5 g de sal
- ½ colher (chá)/1 g de pimenta-do-reino preta moída
- 10 peitos de frango, sem osso e sem pele (entre 142 g e 170 g)

ERVA-DOCE

- 57 g de manteiga
- 28 g de chalota ralada
- 567 g de erva-doce em *julienne*
- 30 mℓ de Pernod
- 10 folhas de erva-doce (opcional)

1. Misture o azeite, o alho, as sementes de erva-doce, ½ colher (chá)/1,5 g de sal e ¼ de colher (chá)/0,5 g de pimenta-do-reino em uma cuba. Adicione o frango e marine no refrigerador por 30 minutos.
2. Preaqueça a grelha ou a salamandra. Antes de grelhar, escorra o excesso de marinada do frango. Se necessário, seque.
3. Coloque o lado do frango de melhor apresentação voltado para baixo, nas grades da grelha, ou para cima, na salamandra. Deixe por cerca de 2 minutos sem mexer.
4. Pincele com a marinada e vire os peitos de frango. Continue a cozinhar, pincelando de vez em quando com a marinada, até que o frango esteja completamente cozido (temperatura interna mínima de 74 °C), em 6 a 8 minutos. Reserve aquecido.
5. Para a erva-doce, aqueça a manteiga numa panela média, em fogo médio alto. Refogue as chalotas até ficarem translúcidas, em aproximadamente 1 minuto.
6. Adicione a erva-doce e tampe a panela. Cozinhe até que a erva-doce fique macia, em aproximadamente 5 minutos. Tire a panela do fogo e junte o Pernod. Flambe o Pernod até a chama se apagar. Ajuste o tempero com sal e pimenta.
7. Sirva os peitos de frango sobre uma camada de erva-doce. Se desejar, guarneça com folhas de erva-doce.

Paillard de frango grelhado com manteiga de estragão

Rendimento: 10 porções

- 10 peitos de frango (cerca de 142 g a 170 g cada), sem osso e sem pele

MARINADA

- 60 mℓ de óleo vegetal
- 60 mℓ de suco de limão
- 2 colheres (chá)/2 g de folhas de estragão picadas
- 1 colher (chá)/3 g de sal
- ½ colher (chá)/1 g de pimenta-do-reino preta moída

284 g de **manteiga de estragão** (p. 314), modelada com o bico de confeitar ou em 10 fatias de 28 g

1. Limpe e bata o frango em *paillards* (ver p. 398).
2. Misture todos os ingredientes da marinada, junte o frango e deixe por 30 minutos na geladeira.
3. Preaqueça a grelha ou a salamandra. Escorra o excesso de marinada do frango antes de grelhar. Se necessário, seque-o.
4. Coloque o lado do frango de melhor apresentação voltado para baixo, nas grades da grelha, ou para cima, na salamandra. Deixe por cerca de 2 minutos. (Opcional: gire cada peito em 90° para adquirirem as marcas cruzadas da grelha.) Vire o frango. Continue a cozinhar até que fique completamente pronto, em 3 a 5 minutos (74 °C).
5. Coloque sobre cada *paillard* uma porção de manteiga de estragão e sirva imediatamente.

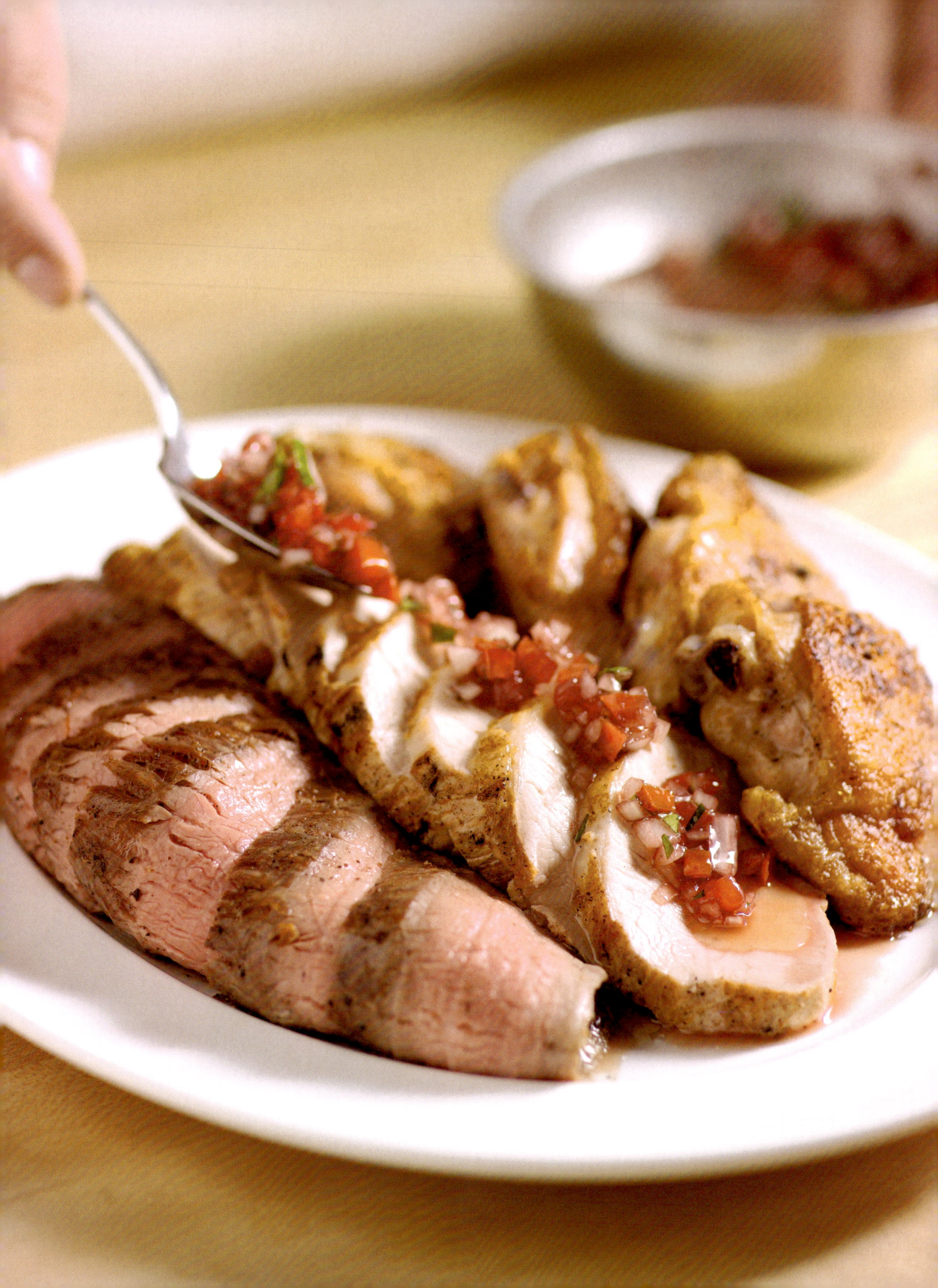

Mix brasileiro de carnes grelhadas

Rendimento: 10 porções

MARINADA

60 ml de azeite de oliva

14 g de pimenta-malagueta ou *habanero* picada

1 colher (chá)/1 g de tomilho picado

1 colher (chá)/3 g de alho picado

2½ colheres (chá)/8,5 g de sal

1½ colher (chá)/3 g de pimenta-do-reino preta moída

MIX DE CARNES

5 coxas e sobrecoxas de frango inteiras (cerca de 227 g cada uma), separadas

907 g de lombo de porco sem osso

907 g de fraldinha

600 ml de **molho apimentado** (receita a seguir)

1. Para fazer a marinada, junte o azeite, as pimentas, o tomilho, o alho, ½ colher (chá)/1,5 g de sal e ½ colher (chá)/1 g da pimenta em uma cuba. Marine o frango, coberto, na geladeira por 8 horas ou de um dia para o outro.
2. Preaqueça a grelha.
3. Tempere a carne de porco com 1 colher (chá)/3 g de sal e ½ colher (chá)/1 g da pimenta. Tempere a fraldinha com o restante do sal e da pimenta. Retire do frango o excesso da marinada; passe papel absorvente, se preciso.
4. Grelhe a carne de porco até que fique dourada, em 4 a 5 minutos de cada lado. Transfira-a para o forno aquecido a 177 °C e asse até chegar à temperatura interna de 68 °C, em cerca de 10 minutos, dependendo da sua espessura. Tire do forno e deixe descansar por 10 minutos.
5. Coloque a fraldinha e o frango com o lado que deve ficar para cima na hora de servir voltado para baixo sobre hastes da grelha. Grelhe o frango até estar cozido adequadamente (temperatura interna de 74 °C), em 8 a 10 minutos de cada lado. Vire o necessário para garantir que fique dourado por igual.
6. Enquanto isso, grelhe a fraldinha sem mexer por cerca de 2 minutos. Vire os pedaços de carne e complete o cozimento até o ponto desejado, ou até a temperatura interna mínima de 63 °C.
7. Fatie o lombo de porco em porções de 1 cm. Fatie a fraldinha. Sirva uma coxa ou sobrecoxa, duas fatias de lombo de porco e duas fatias de fraldinha. Sirva com o molho apimentado.

Molho apimentado

Rendimento: 960 ml

680 g de cebola em cubos pequenos

680 g de tomate italiano sem pele, em cubos pequenos

21 g de salsinha picada

¾ de colher (chá)/2,25 g de alho picado

90 ml de vinagre de vinho tinto

90 ml de óleo vegetal

Óleo de pimenta-malagueta ou molho de pimenta, a gosto

Sal, a gosto

Pimenta-do-reino preta moída, a gosto

1. Junte as cebolas, os tomates, a salsinha e o alho em uma tigela pequena. Acrescente o vinagre e o óleo vegetal e tempere com o óleo ou molho de pimenta, sal e pimenta-do-reino.
2. Cubra e leve à geladeira por pelo menos 1 hora antes de servir. Ajuste o tempero com sal, pimenta-do-reino e óleo ou molho de pimenta, se necessário.

Churrasco de peito de frango com molho de feijão-preto

Rendimento: 10 porções

MARINADA
240 ml de sidra

30 ml de vinagre de sidra

14 g de chalota ralada

1 colher (chá)/3 g de alho amassado

1 colher (chá)/2 g de grãos de pimenta-do-reino preta amassados

FRANGO
10 peitos de frango (170 g cada) sem osso, com pele

1 colher (sopa)/10 g de sal

1½ colher (chá)/3 g de pimenta-do-reino preta moída

480 ml de **molho** *barbecue* (p. 493)

600 ml de **molho de feijão-preto** (receita a seguir)

1. Combine todos os ingredientes da marinada em uma cuba. Adicione o frango e vire-o para revesti-lo uniformemente. Deixe no refrigerador por 1 a 2 horas.
2. Preaqueça a grelha ou a salamandra. Antes de grelhar, escorra o excesso de marinada do frango. Se necessário, seque-o. Tempere com o sal e a pimenta-do-reino.
3. Coloque o lado do frango de melhor apresentação voltado para baixo, nas grades da grelha, ou para cima, na salamandra. Deixe por cerca de 2 minutos. (Opcional: gire cada peito de frango em 90° para adquirirem as marcas cruzadas da grelha.)
4. Pincele com o molho *barbecue* e vire o frango. Continue a cozinhar o frango, pincelando de vez em quando com uma camada leve de molho de churrasco, até que esteja completamente pronto, em 6 a 8 minutos (com temperatura interna mínima de 74 °C).
5. Sirva em pratos aquecidos, com o molho de feijão-preto.

Molho de feijão-preto

Rendimento: 960 ml

269 g de feijão-preto seco, demolhado por toda a noite

1,5 ℓ de **fundo de frango** (p. 277)

14 g de toucinho em cubos

15 ml de óleo vegetal

113 g de cebola picada

2 colheres (chá)/6 g de alho amassado

¼ de colher (chá)/0,25 g de orégano picado

½ colher (chá)/1 g de cominho moído

½ colher (chá)/1,5 g de *jalapeño* picado

1 *chili* seco

Sal, a gosto

Pimenta-do-reino moída, a gosto

14 g de tomate seco, picado

15 ml de suco de limão, ou a gosto

1 colher (chá)/5 ml de vinagre de *sherry*

1. Numa panela média, ferva suavemente o feijão no fundo de galinha, em fogo médio, até ficar macio, em cerca de 1 hora. Escorra e reserve cerca de 240 ml do líquido de cozimento.
2. Numa outra panela média, aqueça o toucinho em fogo médio até que solte a gordura, em cerca de 5 minutos. Adicione o óleo, a cebola, o alho, o orégano, o cominho, os *jalapeños* e o *chili* seco. Salteie em fogo médio, mexendo ocasionalmente, até que as cebolas estejam macias e translúcidas, em 6 a 8 minutos.
3. Adicione o feijão cozido aos vegetais salteados e aqueça todos os ingredientes. Tempere o molho com o sal e a pimenta e cozinhe por mais 10 a 15 minutos.
4. Separe um terço do feijão e bata no liquidificador. Coloque esse purê de volta no molho, juntamente com os tomates. Acerte a consistência com o restante do líquido de cozimento, conforme necessário. Tempere com o suco de limão e o vinagre.
5. Acerte o tempero com o sal e a pimenta-do-reino. Agora, o molho está pronto para ser servido ou pode ser resfriado rapidamente e refrigerado para uso posterior.

Galetos *jerked*

Rendimento: 10 porções

TEMPERO

120 mℓ de óleo vegetal

113 g de cebola cortada grosseiramente

71 g de cebolinha cortada grosseiramente

60 mℓ de rum escuro

60 mℓ de molho de soja

1 colher (sopa)/6 g de pimenta-da-jamaica moída

1 colher (sopa)/6 g de canela moída

4 colheres (chá)/4 g de tomilho

1½ colher (chá)/5 g de sal

1½ colher (chá)/3 g de noz-moscada moída

1 colher (sopa)/2 g de cravo-da-índia moído

1 a 2 pimentas *scotch bonnet*, sem caule nem sementes, cortadas grosseiramente

10 galetos desossados (em borboleta)

28 g de sal grosso

1. Misture todos os ingredientes do tempero. Bata para formar uma pasta grossa e homogênea.
2. Usando luvas, esfregue esse tempero dos dois lados dos galetos. Leve à geladeira, tampado, e deixe marinar por 8 horas ou a noite toda.
3. Preaqueça a grelha ou a salamandra. Tempere cada galeto com ½ colher (chá)/2,5 g do sal. Cozinhe, com o lado de melhor apresentação virado para baixo, por 12 minutos. Reduza o fogo, vire os galetos e cozinhe por mais 12 minutos ou até que a temperatura interna chegue a 74 °C.
4. Sirva imediatamente.

Filé de dourado-do-mar com molho de abacaxi e jacatupé

Rendimento: 10 porções

1,70 kg de filé de dourado-do-mar cortado em 10 porções de 170 g

1 colher (sopa)/10 g de sal

1½ colher (chá)/3 g de pimenta-do-reino preta moída

75 mℓ de suco de limão

75 mℓ de óleo vegetal

600 mℓ de **molho de abacaxi e jacatupé** (receita a seguir)

1. Preaqueça a grelha ou a salamandra.
2. Tempere os filés com o sal, a pimenta-do-reino e o suco de limão e pincele ligeiramente com o óleo.
3. Coloque o lado de melhor apresentação do peixe voltado para baixo, nas grades da grelha, ou para cima, na salamandra. Grelhe por cerca de 2 minutos.
4. Vire o peixe e continue cozinhando até que a carne fique opaca e firme, em 3 a 5 minutos.
5. Sirva imediatamente, com o molho de jacatupé e abacaxi.

Molho de abacaxi e jacatupé

Rendimento: 960 mℓ

15 mℓ de azeite de oliva

45 mℓ de suco de limão

Sal, a gosto

Pimenta-do-reino preta moída, a gosto

1 colher (sopa)/3 g de coentro picado

170 g de jacatupé sem casca, em *julienne* fina

227 g de abacaxi, em cubos pequenos

120 g de cebola roxa ralada

128 g de pimenta vermelha em cubos pequenos

14 g de *jalapeño* bem picado

Misture o azeite, o suco de limão, o sal, a pimenta-do-reino e o coentro. Adicione os ingredientes restantes e mexa bem para revesti-los por igual. Acerte o tempero com o sal e a pimenta-do-reino. Agora o molho está pronto para ser servido ou pode ser refrigerado para uso posterior.

Lagosta recheada grelhada com salada verde mista (p. 925)

Lagosta recheada grelhada

Rendimento: 10 porções

- 10 lagostas (680 g cada)
- 99 g de manteiga
- 284 g de cebola ralada
- 142 g de salsão ralado
- 113 g de pimentão vermelho bem picado
- 113 g de pimentão verde em fatias finas
- 1 colher (sopa)/10 g de sal
- 1½ colher (chá)/3 g de pimenta-do-reino preta moída
- 35 g de farinha de rosca
- 45 mℓ de *sherry* seco
- 57 g de manteiga derretida

1. Preaqueça a salamandra.
2. Ferva água salgada numa panela grande. Adicione as lagostas e cozinhe parcialmente por 7 minutos. Escorra e espere que esfriem um pouco.
3. Separe as pinças do corpo da lagosta. Retire a carne das pinças e corte-a em cubos. Reserve. Corte os corpos ao meio, no sentido do comprimento. Se desejar, remova as ovas e o *tomalley* e reserve para adicionar ao recheio.
4. Derreta a manteiga numa *sauteuse*, em fogo médio-alto. Junte as cebolas, o salsão e os pimentões e refogue por 5 a 6 minutos, ou até que as cebolas fiquem translúcidas. Tempere com o sal e a pimenta-do-reino e retire do fogo. Adicione as ovas e o *tomalley*, se usar, a carne das pinças em cubos, a farinha de rosca e o *sherry*. Se necessário, ajuste o tempero com o sal e a pimenta.
5. Com uma colher, coloque a mistura na cavidade do corpo de cada lagosta. Não coloque o recheio sobre a carne da cauda. Tempere esta última com o sal e a pimenta e pincele ligeiramente com manteiga derretida.
6. Coloque as lagostas na grade da salamandra, com a casca para baixo, até que o recheio comece a ficar crocante e dourado, em 5 a 7 minutos.

Anchova grelhada à l'anglaise com manteiga à *maître d'hôtel*

Rendimento: 10 porções

- 1,70 kg de filé de anchova cortado em 10 porções de 170 g
- 1 colher (sopa)/10 g de sal
- 1½ colher (chá)/3 g de pimenta-do-reino preta moída
- 75 mℓ de suco de limão
- 113 g de manteiga derretida
- 28 g de farinha de rosca crua
- 284 g de **manteiga à *maître d'hôtel*** (p. 314), modelada com o bico de confeitar ou cortada em 10 fatias de 28 g

1. Preaqueça a salamandra.
2. Tempere os filés com o sal, a pimenta-do-reino e o suco de limão. Pincele-os ligeiramente com a manteiga, passe pela farinha de rosca e pressione de leve a superfície.
3. Coloque os filés numa chapa untada e grelhe até que estejam levemente cozidos (a carne deve ficar opaca e firme), em cerca de 3 a 4 minutos.
4. Cubra cada filé com uma porção de manteiga à *maître d'hôtel* e passe pela salamandra rapidamente para começar a derreter a manteiga. Sirva imediatamente.

Kebabs de peixe

Rendimento: 10 porções

MARINADA

300 mℓ de creme azedo (*sour cream*)

113 g de pasta de castanha-de-caju

85 g de farinha de grão-de-bico

14 g de pimenta tailandesa bem picada

45 mℓ de suco de limão

4½ colheres (chá)/9 g de pimenta-do-reino branca moída

1 colher (sopa)/9 g de pasta de alho

1 colher (sopa)/6 g de erva-doce moída

2 colheres (chá)/4 g de *ajowan* amassado

1 colher (chá)/3 g de gengibre em pó

Sal, a gosto

1,7 kg de filé de bacalhau negro, em cubos de 8 cm

Sal, a gosto

Suco de limão, a gosto

60 mℓ de manteiga clarificada derretida

600 mℓ de **chutney de hortelã e iogurte** (receita a seguir)

1. Preaqueça a salamandra.
2. Faça a marinada, misturando todos os ingredientes em uma cuba. Se necessário, acerte o tempero com o sal, a pimenta-do-reino e as pimentas adicionais.
3. Tempere o peixe com o sal e o suco de limão. Deixe-o descansar por 15 minutos.
4. Remova o excesso de umidade com papel-toalha e coloque o peixe na marinada. Leve ao refrigerador tampado por, pelo menos, 1 hora e não mais do que uma noite.
5. Coloque o peixe numa grade e depois a grade numa assadeira; regue com a manteiga. Certifique-se de haver marinada suficiente sobre cada pedaço.
6. Aqueça a salamandra em fogo alto e cozinhe o peixe por 12 a 15 minutos, ou até que a parte superior do peixe esteja dourada, com pintas pretas.
7. Sirva imediatamente com o *chutney* de hortelã e iogurte.

Chutney de hortelã e iogurte

Rendimento: 960 mℓ

156 g de folhas e talos de coentro

156 g de folhas de hortelã

2 colheres (chá)/4 g de sementes de cominho

16 pimentas tailandesas

180 mℓ de suco de limão

28 g de açúcar

Sal, a gosto

600 mℓ de iogurte natural, escorrido

1. Coloque o coentro, a hortelã, o cominho e as pimentas no liquidificador e bata até que a pasta fique uniforme. Se necessário, adicione 30 mℓ de suco de limão quando bater. A mistura não deve ficar aguada (se for preciso, escorra-a).
2. Combine a mistura de ervas ao suco de limão restante e acrescente o açúcar, o sal e o iogurte. Prove e acerte o tempero. (O *chutney* deve ser refrescante, picante, doce e salgado.)
3. Agora o *chutney* está pronto para ser servido ou pode ser refrigerado para uso posterior.

Bife Wellington

Rendimento: 10 porções

- 1,81 a 2,27 kg de filé-mignon
- 1 colher (sopa)/10 g de sal
- 1½ colher (chá)/3 g de pimenta-do-reino preta moída
- 60 ml de manteiga clarificada ou óleo vegetal
- 227 g de patê de *foie gras*
- 57 g de cascas de trufas em fatias finas
- 1 pacote de **massa folhada** (p. 1.094)
- 90 ml de **egg wash** (p. 1.041)
- 600 ml de **molho Madeira** (ver receita a seguir)

1. Tempere o filé-mignon com o sal e a pimenta-do-reino. Aqueça a manteiga ou o óleo numa *sauteuse* grande, em fogo alto. Sele o filé-mignon de todos os lados e espere esfriar.
2. Distribua o patê sobre o filé e salpique com as trufas.
3. Abra a massa até que tenha 5 mm de espessura. Coloque o filé no centro da massa, com a parte superior para baixo. Feche a massa em volta do filé. Dobre as pontas para baixo e deixe a emenda na parte inferior. Pincele com o *egg wash*.
4. Coloque a carne numa assadeira untada com óleo e leve ao forno a 204 °C. Asse até que a massa folhada fique levemente dourada e a carne atinja uma temperatura interna mínima de 63 °C, em cerca de 20 minutos. (Se possível, use um forno de convecção.) Retire do forno e deixe descansar por 15 minutos.
5. Corte em fatias de 2 cm. Sirva imediatamente, acompanhado de molho Madeira.

Molho Madeira

Rendimento: 960 ml

- 1,2 l de **jus de veau lié** (p. 307) ou **demi-glace** (p. 307)
- 360 ml de vinho Madeira
- Sal, a gosto
- Pimenta-do-reino preta moída, a gosto
- 113 g de manteiga em cubos médios

1. Espere que o *jus lié* ou o *demi-glace* ferva suavemente e reduza-o à metade, em fogo médio.
2. Adicione o vinho Madeira e ferva suavemente por mais 2 a 3 minutos ou até que o molho tenha um bom sabor e consistência. Tempere com o sal e a pimenta-do-reino.
3. Adicione a manteiga e bata, em fogo baixo, pouco antes de servir.

Molho Marsala: Substitua o vinho Madeira por vinho Marsala.

Lombo *au jus*

Rendimento: 25 porções

- 6,35 kg de lombo, com osso (ver nota)
- 35 g de sal
- 1 colher (sopa)/6 g de pimenta-do-reino preta moída
- 680 g de **mirepoix** padrão (p. 257), em cubos médios
- 1,92 ℓ de **fundo escuro de vitelo** (p. 277)

1. Tempere a carne com o sal e a pimenta-do-reino.
2. Coloque a carne numa grade, e depois a grade na assadeira e asse até que a temperatura interna chegue aos 52 °C.
3. Trinta minutos antes de o assado ficar pronto, adicione o *mirepoix* e deixe dourar.
4. Retire o assado da assadeira e deixe descansar por 30 minutos.
5. Enquanto isso, coloque a assadeira no topo do fogão. Asse até o *mirepoix* estar bem dourado e a gordura estar clara, em 5 minutos aproximadamente, e os líquidos da assadeira terem reduzido. Desengordure se necessário. Deglace a assadeira com o fundo. Ajuste o tempero com sal e pimenta. Filtre e reserve em banho-maria. Mantenha quente até a hora de servir.
6. Fatie a carne e sirva imediatamente, com o *jus*.

NOTA: O peso da peça de carne pode variar de 6,35 kg a 9,97 kg.

Paleta de vitelo *poêlé*

Rendimento: 10 porções

- 1,81 kg de paleta de vitelo, sem osso
- 1½ colher (chá)/5 g de sal
- 1 colher (chá)/2 g de pimenta-do-reino preta moída
- ¼ de colher (chá)/0,25 g de alecrim bem picado
- ½ colher (chá)/0,50 de manjericão em *chiffonade*
- ½ colher (chá)/0,50 g de tomilho bem picado
- ½ colher (chá)/0,50 g de manjerona bem picada
- 2 dentes de alho amassados
- 60 mℓ de manteiga clarificada
- 57 g de *bacon* ou presunto defumado, em cubos
- 227 g de **mirepoix** padrão (p. 257), em cubos pequenos
- 28 g de extrato de tomate (opcional)
- 240 mℓ de **fundo escuro de vitelo** (p. 277)
- 240 mℓ de vinho branco
- 2 folhas de louro
- 1 colher (chá)/3 g de amido de milho diluído em água ou caldo, para fazer um *slurry*

1. Corte a paleta em borboleta e tempere-a com o sal e a pimenta-do-reino.
2. Misture o alecrim, o manjerição, o tomilho, a manjerona e o alho e distribua essa mistura uniformemente na parte interna do vitelo. Enrole e amarre a paleta.
3. Prepare o *matignon*; aqueça a manteiga em fogo médio em uma *sauteuse* com tampa. Adicione o *bacon* ou o presunto e cozinhe por 1 ou 2 minutos. Junte o *mirepoix*; refogue até que fique ligeiramente dourado, em 10 a 12 minutos. Se desejar, acrescente o extrato de tomate e cozinhe rapidamente.
4. Num recipiente refratário com tampa, coloque o vitelo sobre o *matignon* e regue com um pouco mais de manteiga.
5. Tampe o refratário e leve para *poêler* no forno a 149 °C, regando a cada 20 minutos, por cerca de 1 hora. Retire a tampa nos últimos 30 minutos, para que o vitelo doure.
6. Verifique o ponto: a carne deve estar macia quando espetada com um garfo. Quando estiver pronta, retire o vitelo do forno e mantenha-o aquecido.
7. Coloque no refratário fundo, o vinho e as folhas de louro; ferva suavemente por 20 minutos. Se necessário, desengordure.
8. Engrosse com o *slurry* e reduza, se necessário. Acerte o tempero com o sal e a pimenta-do-reino.
9. Trinche cortando em porções e sirva com o molho.

Porco assado com *jus lié*

Rendimento: 10 porções

- 2,04 kg de lombo de porco com osso
- 14 g de alho amassado
- 1 colher (chá)/1 g de alecrim bem picado
- 1 colher (sopa)/10 g de sal
- 1½ colher (chá)/3 g de pimenta-do-reino preta moída

JUS LIÉ

- 227 g de **mirepoix padrão** (p. 257), em cubos médios
- 30 mℓ de extrato de tomate
- 120 mℓ de vinho branco seco
- 960 mℓ de **fundo escuro de vitelo** (p. 277)
- 2 galhinhos de tomilho
- 1 folha de louro
- 30 mℓ de *slurry* de araruta, ou a gosto

1. Limpe o lombo de porco e amarre. Esfregue a carne com o alho, o alecrim, o sal e a pimenta-do-reino. Coloque o lombo de porco numa grade, e depois numa assadeira de tamanho adequado.
2. Asse por 1 hora a 191 °C, regando de vez em quando. Espalhe o *mirepoix* em torno da carne e continue a assar por mais 30 a 45 minutos ou até que o termômetro inserido no centro do lombo registre 63 °C.
3. Retire o porco da assadeira e deixe descansar por 20 minutos antes de trinchar.
4. Prepare o *jus lié*. Coloque a assadeira no topo do fogão e cozinhe até que o *mirepoix* esteja dourado e a gordura, transparente. Retire toda a gordura. Deglace com o vinho. Adicione o extrato de tomate e cozinhe, mexendo frequentemente, até que exale um aroma agradável e adquira uma cor vermelho-tijolo, de 30 a 45 segundos. Acrescente o vinho e deglace. Reduza até evaporar o álcool.
5. Adicione o fundo escuro de vitelo, mexendo para desgrudar completamente o *fond* da assadeira. Junte o tomilho e a folha de louro, e ferva o *jus* suavemente por 20 a 30 minutos ou até que adquira o sabor e a consistência apropriados. Acrescente *slurry* para engrossar o molho o bastante para cobrir a parte inferior de uma colher. Desengordure e acerte o tempero com o sal e a pimenta-do-reino.
6. Coe o *jus lié* com uma peneira de malha fina e mantenha-o quente para o serviço. Trinche o lombo de porco em porções e sirva-o imediatamente, com o *jus lié*.

Costeletas de porco recheadas e assadas

Rendimento: 10 porções

- 10 costeletas de porco (227 g a 284 g cada) do centro da peça, com 4 cm de espessura

RECHEIO

- 60 mℓ de óleo vegetal
- 113 g de cebola picada
- 85 g de salsão bem picado
- 2 colheres (chá)/6 g de alho amassado
- 680 g de farinha de rosca
- 1 colher (sopa)/3 g de salsa picada
- 1 colher (chá)/1 g de sálvia amassada
- 2 colheres (chá)/6,5 g de sal
- 1 colher (chá)/2 g de pimenta-do-reino preta moída
- 180 mℓ de **fundo de frango** (p. 277), ou conforme necessário
- 720 mℓ de **demi-glace** (p. 307)

1. Corte um "bolsinho" em cada costeleta de porco e leve à geladeira até que o recheio esteja preparado e frio.
2. Aqueça 30 mℓ do óleo numa panela, em fogo médio. Adicione as cebolas e refogue até dourá-las, de 8 a 10 minutos. Junte o salsão e o alho, e cozinhe até que o salsão amoleça, em mais 8 a 10 minutos. Retire da panela, espalhe numa assadeira e espere esfriar completamente.
3. Junte a mistura de cebolas à farinha de rosca, à salsa e à sálvia. Tempere com o sal e a pimenta-do-reino. Acrescente fundo suficiente para fazer um recheio úmido, mas não molhado. Esfrie o recheio até que chegue a 4 °C.
4. Divida a mistura em 10 porções iguais e coloque 1 porção em cada costeleta. Feche as costeletas com espetinhos.
5. Tempere as costeletas com o sal e a pimenta-do-reino. Aqueça o óleo restante numa *sauteuse* grande, em fogo alto. Sele as costeletas até ficarem douradas dos dois lados. Transfira-as para uma assadeira e termine o cozimento no forno preaquecido a 177 °C, para conseguir uma temperatura interna de 63 °C.
6. Retire o excesso de óleo da *sauteuse*. Adicione o *demi-glace* e deixe ferver suavemente. Se necessário, desengordure o molho. Acerte o tempero com o sal e a pimenta-do-reino.
7. Sirva as costeletas recheadas com o molho.

Porco assado cantonense (*Char siu*)

Rendimento: 10 porções

1,81 kg de paleta suína sem osso

SALMOURA

3,84 ℓ de água

113 g de sal

113 g de açúcar mascavo

Zestes de 1 laranja inteira

1 pau de canela

1 colher (sopa)/6 g de grão de pimenta-do-reino preta

1 colher (sopa)/6 g de pimenta Tsechuan

3 anises-estrelados

14 g de gengibre amassado

10 pimentas chinesas secas

1 maço de cebolinha picada

MARINADA

90 mℓ de **fundo de frango** (p. 277) ou **fundo escuro de porco** (p. 278)

60 mℓ de vinho de arroz chinês (Shaoxing)

43 g de açúcar mascavo

2 colheres (sopa)/30 mℓ de molho de soja com cogumelos

4 colheres (chá)/20 mℓ de molho *hoisin*

1 colher (sopa) de pasta de feijão escura

2 colheres (chá)/6 g de alho picado

1 colher (chá)/5 mℓ de óleo de gergelim

1 colher (chá)/3 g de **cinco especiarias chinesas** (p. 385)

142 g de cebolinha em fatias finas

1. Corte o porco em retângulos (8 cm × 8 cm × 20 cm). Refrigere até que a salmoura esteja pronta.
2. Ferva a água para a salmoura e adicione todos os outros ingredientes. Mexa para dissolver o açúcar e o sal. Deixe a salmoura esfriar até chegar à temperatura ambiente.
3. Coloque o porco na salmoura fria, tampe e deixe na geladeira por toda a noite.
4. No dia seguinte, tire o porco da salmoura, seque e despreze a salmoura.
5. Faça a marinada, misturando todos os ingredientes. Despeje a marinada sobre o porco, massageie os temperos na carne, tampe e deixe na geladeira por toda a noite, virando a carne ocasionalmente.
6. No terceiro dia, retire o porco da marinada e retire o excesso, reservando-o para glaçar. Coloque o porco na grade, e depois na assadeira.
7. Encha uma panela com água, coloque-a no forno e aqueça-o a 163 °C.
8. Leve o porco ao forno e asse, glaceando a cada 30 minutos com a marinada reservada, até que alcance uma temperatura interna de 66 °C, em aproximadamente 1½ hora.
9. Retire o porco do forno e deixe-o descansar por 5 minutos antes de fatiar. Sirva guarnecido com cebolinhas ou pique-o e use em sanduíches de carne de porco.

Costelas de porco glaçadas com goiaba

Rendimento: 10 porções

MARINADA

720 ml de água

480 ml de vinagre de vinho tinto

227 g de cebola picada

57 g de coentro picado

57 g de orégano picado

14 g de cominho em pó

2 colheres (chá)/4 g de pimenta-do-reino preta moída

10 dentes de alho

5,9 kg de costela de leitão

720 ml de **molho de churrasco com goiaba** (receita a seguir)

1. Para fazer a marinada, bata todos os ingredientes no liquidificador.
2. Coloque as costelas num recipiente grande e não reativo e cubra-as com a marinada. Deixe-as no refrigerador tampadas a noite inteira.
3. Passe as costelas e a marinada para um *rondeau* e ferva suavemente por 30 minutos. Escorra o líquido e deixe que as costelas esfriem.
4. Aqueça o forno a 177 °C. Coloque as costelas numa grade, e depois sobre uma assadeira. Asse as costelas por 20 a 25 minutos. Pincele os dois lados com o molho de churrasco e asse por mais 8 a 10 minutos. Pincele-as novamente com o molho, vire, e cozinhe por mais 8 a 10 minutos, até que estejam bem glaceadas.
5. Sirva imediatamente.

Molho de churrasco com goiaba

Rendimento: 960 ml

340 g de geleia de goiaba

57 g de extrato de tomate

28 g de melaço

28 g de mostarda em pó

1 colher (sopa)/6 g de cominho em pó

21 g de alho amassado

120 ml de *sherry* seco

1 pimenta *scotch bonnet* amassada

240 ml de água

Sal, a gosto

Pimenta-do-reino preta moída, a gosto

120 ml de suco de limão

1. Coloque, em uma panela média, a geleia, o extrato de tomate, o melaço, a mostarda, o cominho, o alho, o *sherry*, a pimenta *scotch bonnet* e a água. Tempere com o sal e a pimenta-do-reino.
2. Ferva o molho suavemente por 30 minutos. Retire do fogo e espere esfriar.
3. Quando estiver frio, adicione o suco de limão. Agora, o molho está pronto para servir ou pode ser conservado na geladeira para uso posterior.

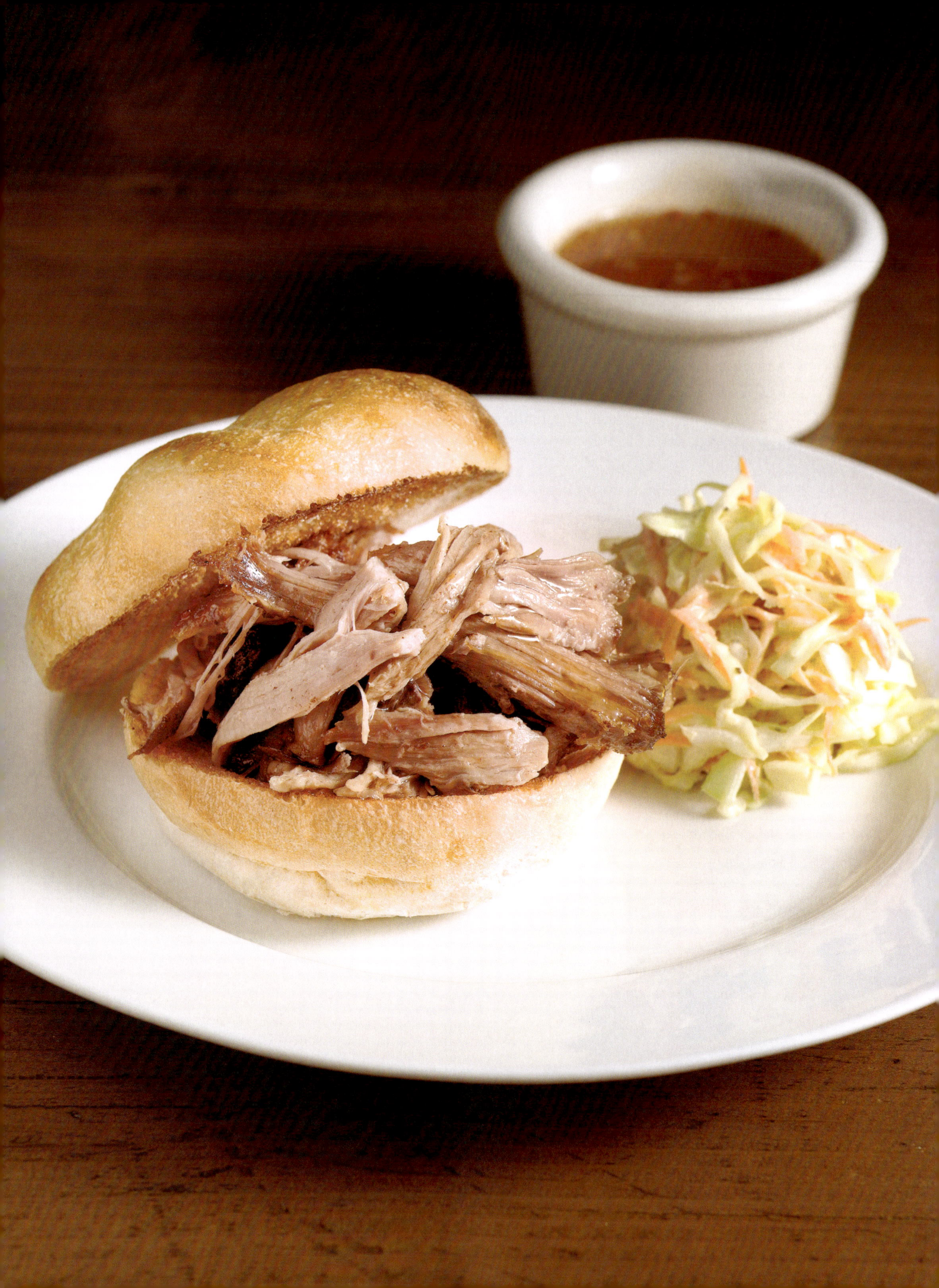

Churrasco da Carolina

Rendimento: 10 porções

5,44 kg de paleta suína

28 g de sal

14 g de pimenta-do-reino preta moída

10 pãezinhos para sanduíche, cortados e tostados

300 mℓ de **molho piemontês da Carolina do Norte** (receita a seguir)

300 mℓ de **molho de churrasco** (segunda receita a seguir)

300 mℓ de **molho de mostarda para churrasco** (terceira receita a seguir)

1. Tempere a paleta suína com o sal e a pimenta-do-reino. Asse no forno a 149 °C, até ficar macia, em cerca de 5 horas.
2. Retire o porco do forno e espere esfriar ligeiramente. Quando estiver frio o suficiente para manusear, desfie-o ou pique-o.
3. Para cada porção, sirva cerca de 170 g de porco num pãozinho tostado, acompanhado dos molhos, a seguir.

Molho piemontês da Carolina do Norte

Rendimento: 960 mℓ

450 mℓ de vinagre branco

450 mℓ de vinagre de sidra

3½ colheres (chá)/7 g de flocos de pimenta vermelha

45 mℓ de molho tabasco

50 g de açúcar

4 colheres (chá)/8 g de pimenta-do-reino preta amassada

Combine todos os ingredientes e misture bem. Agora, o molho está pronto para ser servido ou pode ser conservado na geladeira para uso posterior.

Molho de churrasco (molho ocidental da Carolina do Norte)

Rendimento: 960 mℓ

43 g de açúcar mascavo

4½ colheres (chá)/9 g de páprica

4½ colheres (chá)/9 g de *chili em pó* (p. 385 ou comprado pronto)

4½ colheres (chá)/9 g de mostarda em pó

1 colher (chá)/3 g de sal

¾ de colher (chá)/1,5 g de pimenta-de-caiena

30 mℓ de molho inglês

240 mℓ de vinagre de vinho branco

720 mℓ de *ketchup*

60 mℓ de água

Coloque todos os ingredientes numa tigela e misture bem. Ajuste o tempero com o sal e a pimenta-de-caiena, se necessário. Agora, o molho está pronto para ser usado ou pode ser conservado na geladeira para uso posterior.

Molho de mostarda para churrasco (molho da planície oriental da Carolina do Norte)

Rendimento: 960 mℓ

30 mℓ de óleo vegetal

454 g de cebola picada

43 g de alho picado

480 mℓ de vinagre de vinho branco

330 mℓ de mostarda escura condimentada

2 colheres (chá)/4 g de sementes de salsão

99 g de açúcar

Sal, a gosto

Pimenta-do-reino preta moída, a gosto

1. Aqueça o óleo numa panela, em fogo médio. Adicione as cebolas e refogue-as até ficarem translúcidas, em cerca de 4 minutos. Junte o alho e cozinhe até aromatizar, em aproximadamente 1 minuto.
2. Acrescente os ingredientes restantes e ferva suavemente para derreter o açúcar. Retire a panela do fogo e deixe que os sabores se misturem, por cerca de 30 minutos. Ajuste o tempero com o sal e a pimenta-do-reino.
3. Agora o molho está pronto para ser servido ou pode ser conservado na geladeira para uso posterior.

Paleta suína com *coleslaw*

Rendimento: 10 porções

78 g de sal

64 g de pimenta-do-reino preta moída grosseiramente

50 g de *adobo*

6,18 kg de paleta ou sobrepaleta suína com osso

1,44 ℓ de **molho *barbecue*** (p. 493)

MAIONESE

3 colheres (sopa)/45 mℓ de gema de ovo pasteurizada

1 colher (sopa)/15 mℓ de água

1 colher (sopa)/15 mℓ de vinagre de vinho branco

7 g de mostarda de Dijon

1,25 g de açúcar

360 mℓ de óleo vegetal

1 colher (sopa)/15 mℓ de suco de limão-siciliano

1 colher (chá)/3 g de sal

2 pitadas de pimenta-do-reino branca moída

COLESLAW

180 mℓ de creme azedo (*sour cream*)

60 mℓ de vinagre de sidra

3½ colheres (chá)/7 g de mostarda em pó

43 g de açúcar

1 colher (chá)/3 g de sementes de salsão

1 colher (sopa)/15 mℓ de molho de pimenta

1 colher (sopa)/10 g de sal

1 colher (chá)/2 g de pimenta-do-reino preta moída

851 g de repolho verde ralado

206 g de cenoura ralada

1. Misture o sal, a pimenta e o *adobo* em uma pequena tigela para criar um tempero seco.
2. Localize e remova a glândula que está localizada do lado de trás do osso da escápula.
3. Passe o tempero seco sobre a paleta. Marine coberta na geladeira durante uma noite ou até 24 horas.
4. Deixe a carne descansar à temperatura ambiente por pelo menos 1 hora antes de defumar.
5. Preaqueça o defumador a 91 °C.
6. Coloque as paletas no defumador com a gordura voltada para cima, não deixando mais de 3 cm entre as peças.
7. Defume a carne até ficar macia com uma temperatura interna de 77 °C, em 10 a 12 horas. O tempo total de defumação dependerá do tamanho da paleta.
8. Remova a paleta do defumador e retire o osso. Deixe a carne descansar por 45 minutos.
9. Use os dedos ou dois garfos para desfiar a carne. Aqueça o molho *barbecue*. Misture o molho na carne desfiada em uma quantidade suficiente para deixá-la umedecida. Mantenha a carne e o molho aquecidos separadamente até o momento de servir.
10. Para fazer a maionese, junte as gemas, a água, o vinagre, a mostarda e o açúcar em uma tigela média. Bata até espumar ligeiramente.
11. Gradativamente acrescente o óleo em um fio fino, batendo constantemente até o óleo se incorporar e a maionese ficar consistente e homogênea. Tempere com sal, pimenta e suco de limão.
12. Para fazer a *coleslaw*, misture a maionese que foi feita com o creme azedo, o vinagre, a mostarda, o açúcar, a semente de salsão e o molho de pimenta em uma tigela grande e misture até ficar homogênea. Tempere com sal e pimenta.
13. Acrescente o repolho e a cenoura e misture até que tudo esteja coberto de forma homogênea.
14. Sirva 297 g da paleta desfiada juntamente com 113 g de *coleslaw* e o molho *barbecue*.

Quando a paleta é defumada corretamente, o osso sai com facilidade.

A carne defumada deve ficar macia o suficiente para que se possa desfiá-la com os dedos.

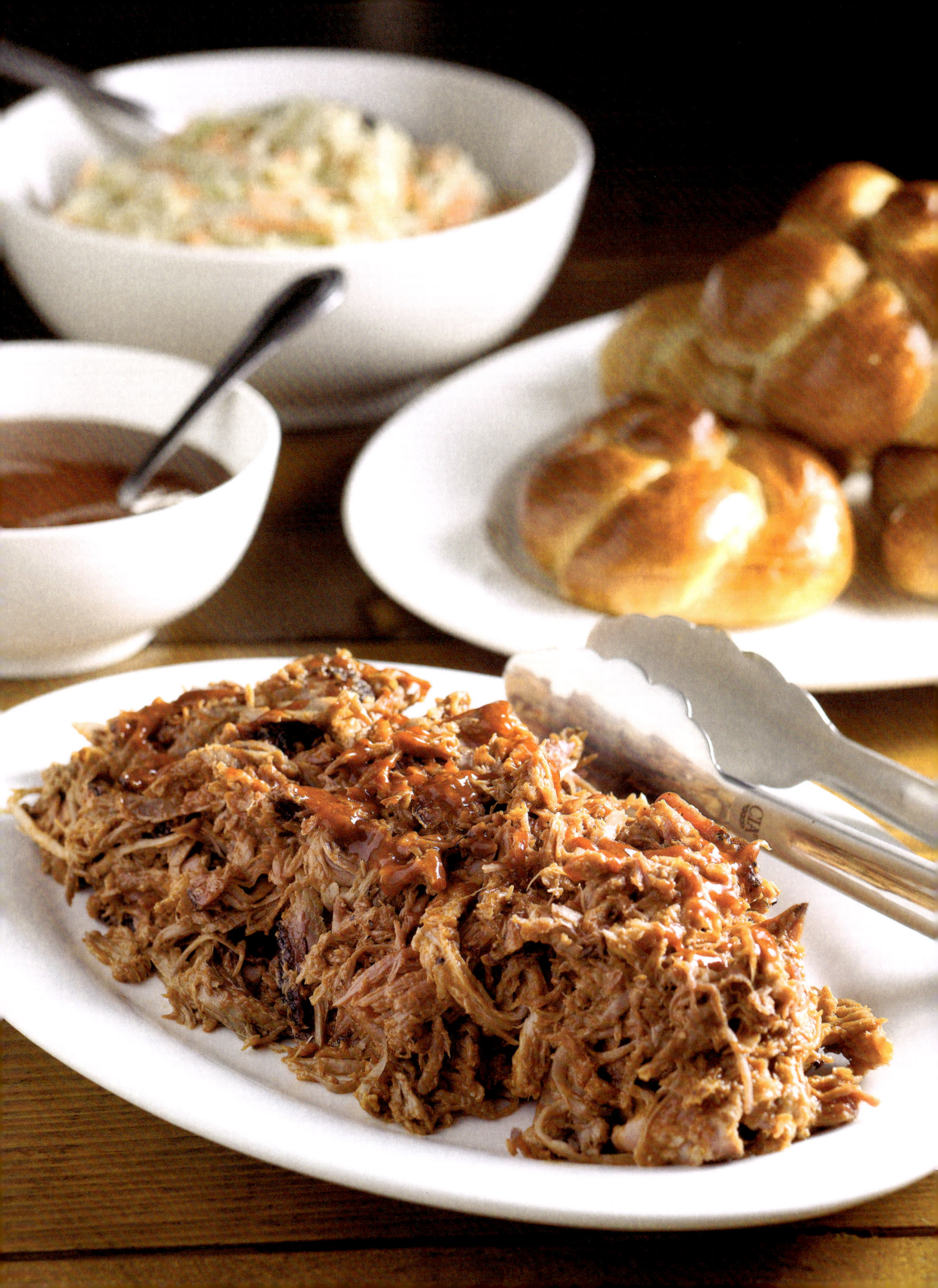

Peito bovino defumado com picles doces

Rendimento: 10 porções

9,07 kg de peito bovino com capa de gordura

78 g de sal

57 g de *chili* escuro em pó

50 g de páprica

35 g de pimenta-do-reino preta moída grosseiramente

21 g de alho em pó

21 g de cebola em pó

PICLES DOCES

907 g de pepino japonês

227 g de cebola

360 mℓ de vinagre de sidra

1½ colher (chá)/5 g de sal

½ colher (chá)/2 g de sementes de mostarda

397 g de açúcar

960 mℓ de água

300 g de vinagre de vinho branco

1 colher (sopa)/14 g de sementes de salsão

1½ colher (chá)/5 g de pimenta-da-jamaica esmagada

1 colher (chá)/2 g de açafrão-da-terra moído

600 mℓ de **molho *chef Clark's* Southwest-style** (receita a seguir)

1. Remova o excesso de gordura da capa, deixando apenas de 1 cm a 2 cm na superfície da carne. Não remova toda a gordura.
2. Misture o sal, o *chili* em pó, a páprica, a pimenta, o alho em pó e a cebola em pó em uma pequena tigela. Esfregue a mistura por igual na carne e deixe-a descansar coberta na geladeira.
3. Tire a carne da geladeira e deixe em temperatura ambiente uma hora antes de defumar.
4. Preaqueça o defumador a 91 °C (ver nota).
5. Coloque a carne no defumador com a gordura voltada para cima, não deixando mais do que 3 cm entre as peças de carne. Defume a carne até ficar bem macia, em 10 a 12 horas.
6. Para fazer os picles doces, lave os pepinos e os fatie com 6 mm de espessura. Fatie as cebolas com 6 mm de espessura.
7. Misture os pepinos, as cebolas, o vinagre de sidra, o sal, as sementes de mostarda, 15 g de açúcar e a água em uma panela de inox. Cozinhe em fogo brando por 10 minutos e transfira para um recipiente para guardar.
8. Ferva o vinagre de vinho branco, a semente de salsão, a pimenta-da-jamaica, o açafrão-da-terra e o restante do açúcar em uma panela média.
9. Despeje a mistura de vinagre sobre os pepinos e as cebolas. Cubra e deixe na geladeira por 3 a 4 dias antes de servir. Os picles agora podem ser guardados e refrigerados por até uma semana.
10. Sirva o peito bovino com os picles doces e um pouco do molho *chef Clark's Southwest-style*.

NOTA: Mantenha a temperatura da câmara defumadora em torno de 91 °C. A essa temperatura, a gordura na superfície derreterá em vez de ferver, como pode acontecer a temperaturas mais altas.

Molho *chef Clark's* Southwest-style

Rendimento: 600 mℓ

57 g de manteiga

135 g de cebola em cubos

14 g de alho

28 g de pimenta tailandesa picada

28 g de ***chili* em pó** (p. 385 ou comprado pronto)

113 g de café forte coado

É essencial esfregar a mistura de temperos uniformemente.

O ideal é que o peito bovino pronto apresente um anel de defumação de 6 mm a 13 mm.

128 g de molho inglês
120 mℓ de ketchup
60 mℓ de vinagre de sidra
50 g de açúcar mascavo
14 g de amido de milho
60 mℓ de água

1. Derreta a manteiga em uma panela grande em fogo médio. Acrescente as cebolas e sue até ficarem translúcidas, em 4 a 5 minutos.
2. Acrescente o alho e a pimenta tailandesa e cozinhe até que a mistura fique aromática, em 2 a 3 minutos.
3. Acrescente o *chili* em pó e continue cozinhando até que o sabor dele se desenvolva, em 2 a 3 minutos mais.
4. Misture o café, o molho inglês, o *ketchup*, o vinagre e o açúcar e ferva suavemente até que um bom sabor se desenvolva, em aproximadamente 45 minutos.
5. Misture o amido de milho e a água em uma tigela pequena até a mistura ficar homogênea.
6. Junte ao molho para ajustar a densidade. Ferva o molho antes de esfriar.
7. O molho agora está pronto para uso ou pode ser guardado e refrigerado por até uma semana.

receitas de grelhar e assar

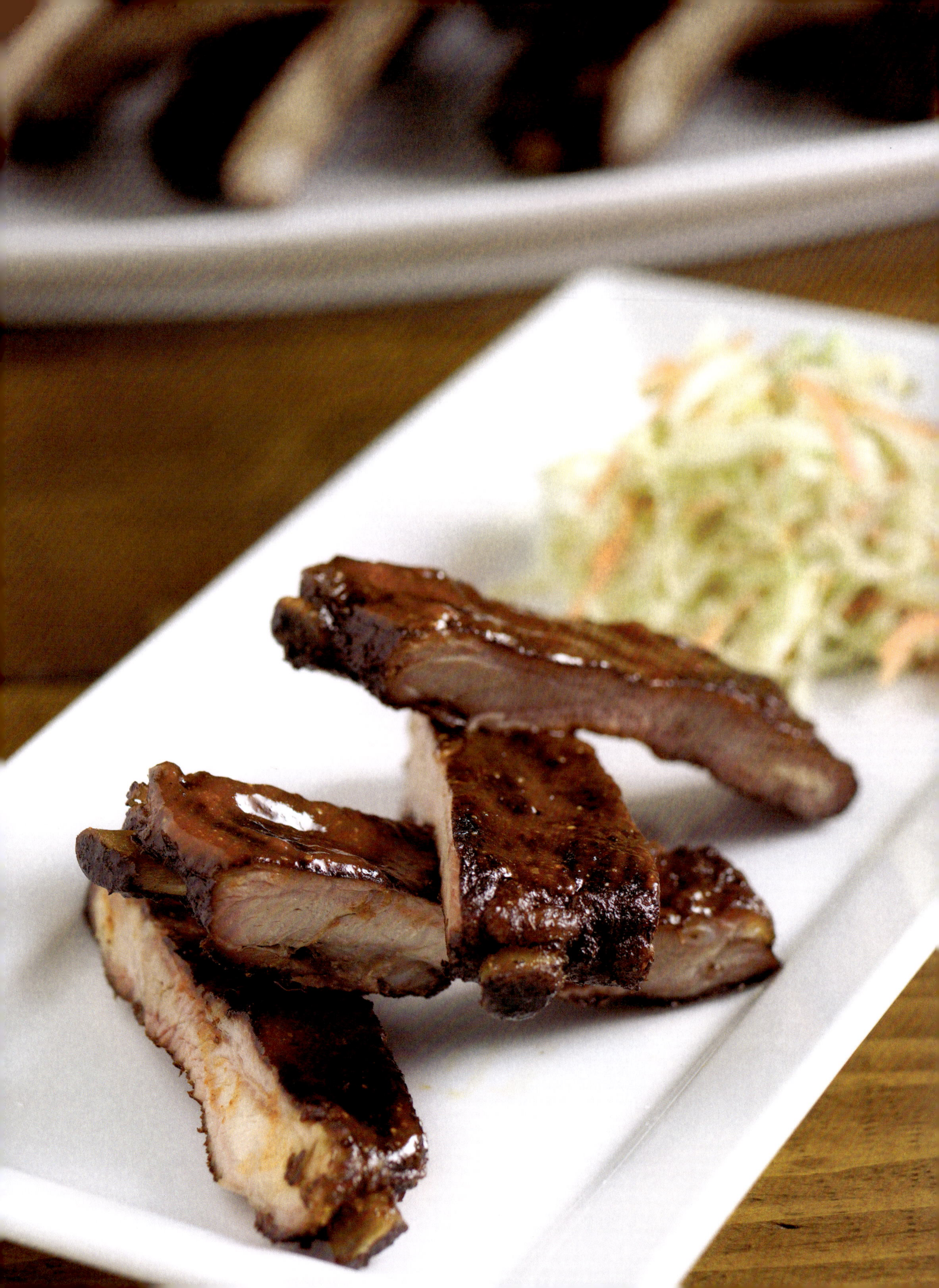

Costelinhas St. Louis

Rendimento: 10 porções

- 2 colheres (sopa)/20 g de sal
- 4 colheres (chá)/8 g de tomilho desidratado
- 1 colher (sopa)/6 g de pimenta-do-reino preta moída grosseiramente
- 3 colheres (sopa)/18 g de sementes de salsão
- 4 colheres (sopa)/24 g de páprica
- 3 colheres (sopa)/31 g de cebola em pó
- 12,25 kg de costelinha de porco
- 1,44 ℓ de **molho** *barbecue* (receita a seguir)
- 1,13 kg de *coleslaw* (p. 488)

1. Junte o sal, o tomilho, a pimenta, a semente de salsão, a páprica e a cebola em pó em uma tigela média. Esfregue essa mistura por igual nas costelinhas. Deixa-as na geladeira cobertas por 8 horas ou de um dia para o outro.
2. Preaqueça o defumador a 91 °C (ver nota).
3. Defume as costelinhas até que a carne se afaste das pontas do osso de 9 a 13 mm, em cerca de 4½ horas. A carne deve ser removida do osso com facilidade, e o osso deve aparentar estar seco em 10 a 15 segundos.
4. Tire as costelinhas do defumador. Passe o molho *barbecue* dos dois lados. Coloque o lado que vai ficar para cima na hora de servir voltado para as hastes de uma grelha aquecida. Grelhe sem mexer até que o molho comece a caramelizar. Vire as costelinhas e grelhe até que o molho desse lado comece a caramelizar.
5. Separe as porções das costelinhas e sirva com os molhos *barbecue* e *coleslaw*.

NOTA: Muitos tipos de madeira podem ser usados; os mais tradicionais são as de nogueira, de cerejeira e de algarobeira.

Molho *barbecue*

Rendimento: 1,44 ℓ

- 960 mℓ de *ketchup*
- 255 g de vinagre de vinho branco
- 113 g de água
- 106 g de açúcar mascavo
- 75 mℓ de molho inglês
- 21 g de páprica
- 21 g de *chili* em pó (p. 385 ou comprado pronto)
- 21 g de mostarda em pó
- 2 colheres (chá)/6,5 g de sal
- 1½ colher (chá)/3 g de pimenta-de-caiena

Junte todos os ingredientes em um liquidificador e bata até o molho ficar homogêneo. Use imediatamente ou leve à geladeira. Esse molho pode ser guardado por até três semanas.

Antes de esfregar os temperos secos, remova a membrana das costelinhas.

Corte as costelinhas prontas em porções individuais.

Costeleta de porco laqueada (*Kao paigu*)

Rendimento: 10 porções

- 45 mℓ de molho de soja escuro
- 45 mℓ de *sherry*
- 5 costeletas de porco limpas

MARINADA

- 240 mℓ de molho *hoisin*
- 180 mℓ de molho de feijão-preto
- 360 mℓ de *ketchup*
- 1 colher (sopa)/9 g de alho amassado
- 2 colheres (chá)/6 g de gengibre ralado
- 1 colher (chá)/2 g de pimenta-do-reino branca moída
- 14 g de cebolinha em fatias bem finas
- 60 mℓ de vinho de arroz chinês (*Shaoxing*)
- 30 mℓ de óleo de gergelim
- 1 colher (sopa)/10 g de sal
- 99 g de açúcar

REVESTIMENTO LAQUEADO

- 120 mℓ de mel
- 15 mℓ de óleo de gergelim

1. Misture o molho de soja ao *sherry* e pincele as costelas.
2. Prepare a marinada combinando todos os ingredientes. Coloque a mistura sobre as costelas, massageie os temperos na carne, tampe e leve à geladeira por 8 horas ou de um dia para o outro, virando-as ocasionalmente.
3. Retire as costelas da marinada e escorra o excesso. Coloque-as numa grade, e depois sobre uma assadeira.
4. Encha uma cuba com água, coloque-a no forno e aqueça-a a 163 °C.
5. Leve as costelas ao forno e asse-as até que atinjam uma temperatura interna de 66 °C, em aproximadamente 1½ hora.
6. Para fazer o revestimento laqueado, misture o mel e o óleo de gergelim. Pincele as costelas com essa mistura durante os últimos 20 minutos do cozimento.
7. Retire as costelas do forno e deixe descansar por 10 minutos. Antes de servir, corte as costelas ao meio ou separe em costelas individuais.

Pernil de cordeiro assado à *boulangère*

Rendimento: 10 porções

- 4,08 kg de pernil de cordeiro, com osso (ver nota)
- 35 g de sal
- 1 colher (sopa)/6 g de pimenta-do-reino preta moída
- 28 g de alho em lascas
- 1,13 kg de batatas *russet*, em fatias de 3 mm de espessura
- 227 g de cebola em fatias bem finas
- 360 mℓ de **fundo escuro de cordeiro** (p. 278) ou **fundo escuro de vitelo** (p. 277), ou a gosto
- 600 mℓ de **jus de veau lié** (p. 307) ou **demi-glace** (p. 307)

1. Tempere o cordeiro com um pouco do sal e da pimenta-do-reino, e salpique as lascas de alho sobre ele.
2. Coloque o cordeiro numa grade, e esta sobre uma assadeira. Leve ao forno a 204 °C, por 1 hora, regando de vez em quando. Coloque o cordeiro em outra assadeira e retire a gordura.
3. Faça uma camada de fatias de batata e cebola na assadeira. Tempere com o sal e a pimenta-do-reino restantes. Adicione fundo suficiente para umedecer bem.
4. Ponha o cordeiro sobre as batatas. Continue a assar até o ponto desejado ou até que chegue a uma temperatura interna de 63 °C. As batatas devem ficar macias.
5. Retire o cordeiro do forno e deixe-o descansar antes de trinchá-lo.
6. Aqueça o *jus de veau lié* ou o *demi-glace* em fogo médio, enquanto o cordeiro descansa.
7. Corte o cordeiro em fatias. Para cada porção, ponha 85 g de batatas e cebolas em um prato aquecido. Por cima, coloque 170 g de cordeiro assado e, sobre ele, despeje 60 mℓ de molho. Sirva imediatamente.

NOTA: O tamanho do pernil de cordeiro varia de 4,08 a 5,44 kg e pode render de 10 a 15 porções.

Rack de cordeiro persillé assado

Rendimento: 8 porções

- 2 costelas de cordeiro, cortadas em tiras (907 g)
- 30 mℓ de óleo vegetal
- 1 colher (sopa)/10 g de sal
- 1½ colher (chá)/3 g de pimenta-do-reino preta moída
- 1 colher (chá)/1 g de alecrim picado
- 1 colher (chá)/1 g de tomilho picado
- 284 g de *mirepoix* padrão (p. 257), em cubos
- 1,2 ℓ de **fundo escuro de cordeiro** (p. 278) ou **fundo escuro de vitelo** (p. 277)
- 340 g de *persillade* (receita a seguir)

1. Pincele ligeiramente os canés de cordeiro com o óleo, tempere com o sal e a pimenta-do-reino, e esfregue com o alecrim e o tomilho picados. Coloque o cordeiro numa grade, e esta sobre uma assadeira.

2. Asse por 15 minutos a 204 °C, regando de vez em quando com os sucos e a gordura que se formam no fundo. Espalhe o *mirepoix* em torno do cordeiro e reduza o fogo para 163 °C. Continue a assar até o ponto desejado. Transfira o cordeiro para uma panela rasa e mantenha-o aquecido.

3. Para fazer o *jus*, coloque a assadeira no topo do fogão e cozinhe até que o *mirepoix* doure e a gordura fique transparente. Retire toda a gordura. Adicione o fundo escuro e mexa para desgrudar o *fond* da assadeira. Ferva suavemente por 20 a 30 minutos, ou até obter o sabor e a consistência apropriados. Desengordure e acerte o tempero com o sal e a pimenta-do-reino. Coe numa peneira de malha fina e mantenha-o aquecido.

4. Espalhe metade da *persillade* sobre cada cané. Devolva o cordeiro ao forno e deixe até que a *persillade* esteja ligeiramente dourada.

5. Corte o cordeiro em costeletas e sirva com o molho.

Persillade

Rendimento: 340 g

- 142 g de farinha de rosca crua (ou farinha de pão)
- 2 colheres (chá)/6 g de alho, amassado até formar uma pasta
- 35 g de salsa picada
- 99 g de manteiga derretida
- 2 colheres (chá)/6,5 g de sal

Combine todos os ingredientes até obter uma mistura úmida e uniforme. Coloque em um recipiente bem fechado e leve à geladeira ou use conforme necessário.

Paleta de cordeiro assada com cuscuz marroquino (*Mechoui*)

Rendimento: 10 porções

454 g de manteiga amolecida

57 g de alho, amassado até obter uma pasta, com 1 pitada de sal

21 g de salsa picada

21 g de coentro picado grosseiramente

1 colher (sopa)/6 g de tomilho seco

1 colher (sopa)/6 g de cominho em pó

1 colher (sopa)/6 g de páprica

4,54 kg de paleta de cordeiro, já limpa, em cubos

28 g de sal

1 colher (sopa)/6 g de pimenta-do-reino preta moída

120 mℓ de azeite de oliva extravirgem, ou a gosto

240 mℓ de água, ou a gosto

1 colher (sopa)/9 g de amido de milho, misturado com 15 mℓ de água, para fazer um *slurry*

CONDIMENTO

1 colher (sopa)/10 g de sal grosso

1 colher (sopa)/6 g de cominho em pó

1 colher (chá)/2 g de pimenta-do-reino preto moída

1,36 kg de **cuscuz marroquino** (p. 844), quente

1. Misture a manteiga com o alho, a salsa, o coentro, o tomilho, o cominho e a páprica.
2. Tempere o cordeiro com cerca de 1 colher (chá)/5 g do sal e ¼ de colher (chá)/0,5 g da pimenta-do-reino. Envolva o cordeiro em uma camada de manteiga temperada.
3. Coloque o cordeiro sobre uma grade e esta sobre uma assadeira. Adicione azeite e água suficientes para cobrir o fundo da assadeira, sem tocar no cordeiro. (A quantidade necessária depende do tamanho da assadeira usada.)
4. Asse, sem cobrir, no forno a 177 °C, regando a cada 15 minutos, até que se forme uma camada de cor caramelo, em cerca de 45 minutos.
5. Cubra o cordeiro e continue a assar até que a carne fique extremamente macia, em cerca de 2 a 3 horas. Verifique o nível da água/azeite a cada 30 minutos.
6. Retire a carne da assadeira e mantenha-a aquecida.
7. Desengordure o líquido da assadeira. Adicione aos poucos o *slurry*, batendo constantemente. Ajuste o sal e a pimenta.
8. Junte todos os ingredientes do condimento.
9. Corte o cordeiro em fatias bem finas e sirva imediatamente, com o cuscuz e a mistura condimentada.

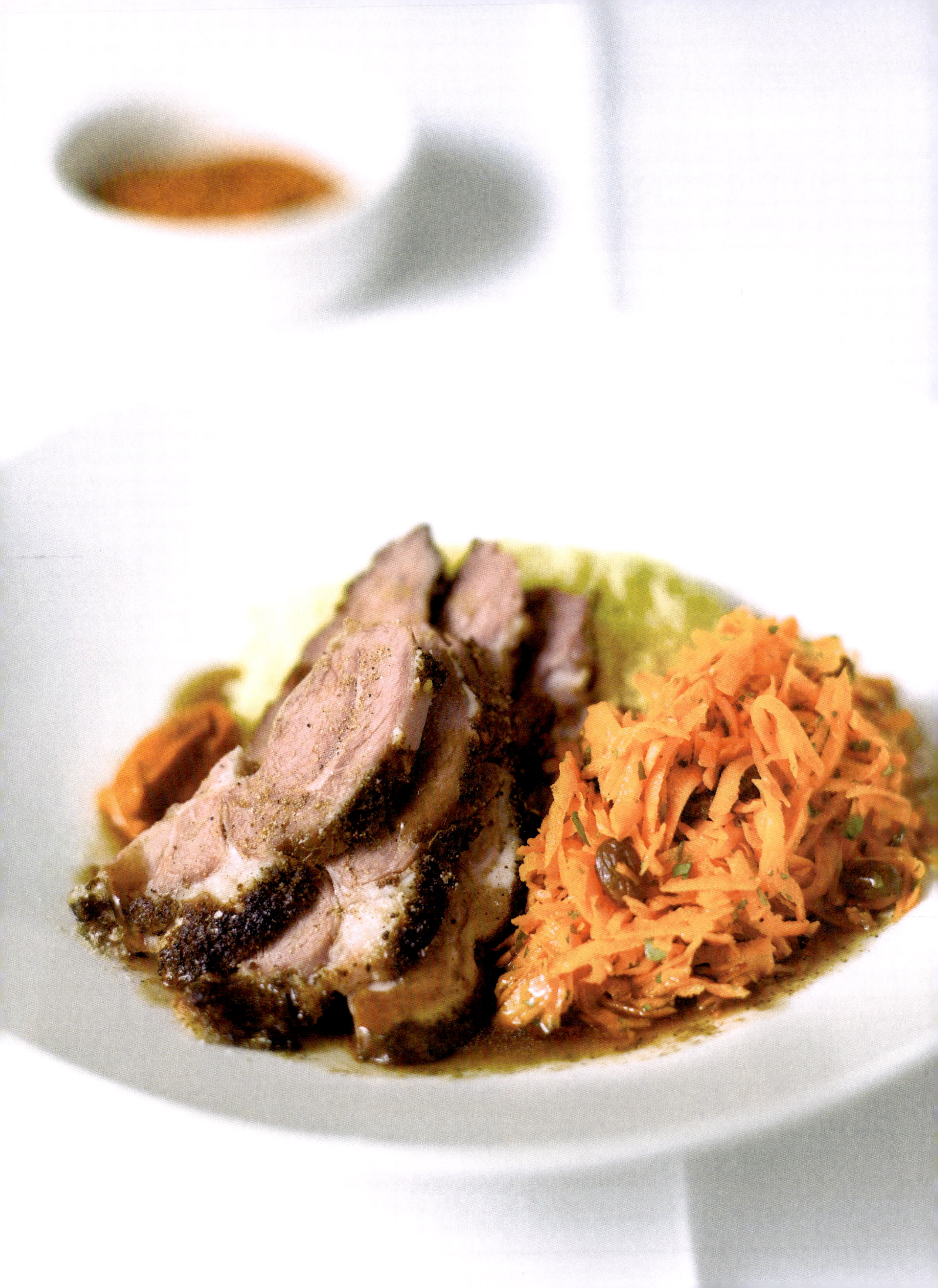

Pernil de cordeiro assado com feijão-branco (Gigot à la bretonne)

Rendimento: 10 porções

FEIJÃO-BRANCO

680 g de feijão-branco seco

30 mℓ de azeite de oliva

340 g de cebola picada

21 g de alho amassado

2 folhas de louro

2 ramos de salsa

1 colher (sopa)/10 g de sal

1½ colher (chá)/3 g de pimenta-do-reino preta moída

28 g de manteiga

680 g de tomate, sem pele nem sementes, em cubos médios

½ colher (chá)/0,5 g de tomilho

CORDEIRO

4,08 kg de pernil de cordeiro, com osso (ver nota)

14 g de alho em lascas

15 mℓ de azeite de oliva

1 colher (sopa)/10 g de sal

1½ colher (chá)/3 g de pimenta-do-reino preta moída

180 mℓ de água fervente

120 mℓ de vinho branco seco

1. Escolha o feijão e enxágue bem com água fria. Demolhe o feijão usando o método longo ou curto (ver p. 771). Escorra o feijão demolhado.

2. Cubra o feijão com água, em uma panela grande, e espere ferver. Limpe toda a espuma que subir à superfície, retire do fogo e escorra. Na mesma panela, aqueça o azeite e adicione 113 g da cebola picada e 2 colheres (chá)/6 g do alho amassado. Refogue em fogo baixo até que a cebola comece a amolecer. Devolva o feijão à panela e adicione água fria suficiente para cobri-lo até 5 cm além da superfície. Espere ferver, adicione as folhas de louro e os ramos de salsa, tampe e ferva suavemente por 45 minutos.

3. Adicione o sal e mais 2 colheres (chá)/6 g de alho amassado. Tampe e continue a cozinhar por mais 30 minutos, ou até que o feijão esteja macio, mas não se desmanchando. Retire as folhas de louro e os ramos de salsa e ajuste o tempero com o sal e a pimenta-do-reino. Reserve.

4. Enquanto o feijão cozinha, aqueça a manteiga em uma frigideira de fundo grosso e adicione a cebola e o alho restantes. Refogue em fogo baixo por 5 a 10 minutos, mexendo até dourar. Junte os tomates e o tomilho, mexendo sempre. Cozinhe em fogo médio, mexendo de vez em quando, por 15 minutos. Ajuste o tempero com sal e pimenta-do-reino e acrescente essa mistura ao feijão.

5. Faça algumas incisões no pernil e coloque dentro delas as lascas de alho. Esfregue com o azeite e tempere com o sal e a pimenta-do-reino.

6. Chamusque todos os lados do cordeiro numa assadeira na chama do fogão.

7. Leve-a ao forno preaquecido a 204 °C. Depois dos primeiros 15 minutos, adicione a água fervente. Regue o pernil com o líquido de vez em quando. Asse por 1 hora, ou até que o termômetro marque no mínimo 63 °C de temperatura interna. Retire o cordeiro da assadeira e deixe-o descansar em lugar aquecido.

8. Desengordure a assadeira e deglace com o vinho branco. Reduza à metade, e adicione os sucos da assadeira ao feijão. Se necessário, reaqueça os feijões para servir.

9. Fatie o cordeiro e sirva sobre uma camada de feijão.

NOTA: O pernil de cordeiro pode variar de 4,08 a 5,44 kg e render de 10 a 15 porções.

Pernil de cordeiro assado com molho de hortelã

Rendimento: 10 porções

2,72 kg de pernil de cordeiro sem osso

21 g de **sal de ervas** (receita a seguir)

14 g de alho amassado

60 mℓ de óleo vegetal, ou a gosto

113 g de *mirepoix* padrão (p. 257) em cubos médios

MOLHO DE HORTELÃ

720 mℓ de *demi-glace* (p. 307)

57 g de talos de hortelã

1 colher (sopa)/10 g de sal

1½ colher (chá)/3 g de pimenta-do-reino preta moída

28 g de hortelã em *chiffonade*

1. Esfregue o sal de ervas e o alho em todos os lados do cordeiro, e deixe marinar na geladeira durante a noite toda.
2. Enrole e amarre o assado. Esfregue com óleo, coloque na grade, e esta sobre a assadeira.
3. Asse a 177 °C por 45 minutos, regando de vez em quando.
4. Espalhe o *mirepoix* em torno do cordeiro e continue a assar até que o termômetro inserido no centro da carne registre um mínimo de 63 °C, ou seja, por mais 30 a 40 minutos. Retire o cordeiro da assadeira e deixe descansar.
5. Faça o molho de hortelã. Coloque a assadeira na boca do fogão e cozinhe até que o *mirepoix* fique dourado e a gordura, transparente. Retire toda a gordura. Adicione o *demi-glace*, mexendo para tirar completamente o que ficou grudado no fundo da assadeira. Junte os raminhos de hortelã e ferva suavemente por 20 a 30 minutos, ou até obter um molho de sabor e consistência apropriados. Desengordure e tempere com o sal e a pimenta-do-reino. Coe com uma peneira de malha fina. Decore com a hortelã em *chiffonade*.
6. Corte o cordeiro em porções e sirva com o molho de hortelã.

Sal de ervas

Rendimento: 57 g

35 g de sal

4 colheres (chá)/4 g de folhas de alecrim

4 colheres (chá)/4 g de folhas de tomilho

1 colher (chá)/2 g de grãos de pimenta-do-reino preta

6 folhas de louro

Coloque todos os ingredientes em um triturador de especiarias limpo e moa até obter um pó médio-fino. Coloque em um recipiente bem fechado e deixe descansar por 12 horas antes de usar.

Frango assado com molho

Rendimento: 10 porções

5 frangos (1,13 kg cada), com as pontas das asas retiradas e reservadas

57 g de sal

4 colheres (chá)/8 g de pimenta-do-reino branca moída

5 galhinhos de tomilho

5 ramos de alecrim

5 folhas de louro

150 mℓ de manteiga clarificada ou óleo vegetal

340 g de *mirepoix* padrão ou branco (p. 257), em cubos médios

57 g de farinha de trigo comum

1,2 ℓ de **fundo de frango** (p. 277), quente

1. Tempere os frangos por dentro com o sal e a pimenta-do-reino. Coloque 1 ramo de tomilho, 1 de alecrim e 1 folha de louro dentro de cada um.
2. Esfregue a pele dos frangos com manteiga ou óleo e amarre todos eles com barbante.
3. Coloque os frangos com o peito virado para cima, sobre uma grade, e esta sobre uma assadeira em um forno preaquecido a 232 °C. Espalhe as pontas das asas pela assadeira. Depois que os frangos dourarem, diminua a temperatura para 177 °C.
4. Asse por 45 minutos, regando de vez em quando. Espalhe o *mirepoix* ao redor dos frangos e continue a assar até que a carne da sobrecoxa registre uma temperatura interna de 74 °C.
5. Retire os frangos da assadeira e deixe-os descansar. Mantenha aquecido.
6. Coloque a assadeira no topo do fogão e cozinhe até que o *mirepoix* fique dourado e a gordura, transparente. Reserve 45 mℓ de gordura e despreze o resto.
7. Adicione a farinha e cozinhe o *roux* por 2 minutos. Bata o fundo com o batedor até ficar completamente uniforme.
8. Ferva o molho suavemente a 82 °C por 20 a 30 minutos, aproximadamente, até obter sabor e consistência apropriados. Dispense a gordura e ajuste o tempero com sal e pimenta-do-reino. Coe numa peneira de malha fina.
9. Corte os frangos ao meio e sirva-os imediatamente com o molho.

Coxas de frango com recheio *duxelles*

Rendimento: 10 porções

10 coxas de frango (170 g cada)

RECHEIO *DUXELLES*

170 g de chalota picada

57 g de manteiga

907 g de cogumelo-de-paris em cubos pequenos

1 colher (sopa)/10 g de sal

2 colheres (chá)/4 g de pimenta-do-reino preta moída

240 mℓ de creme de leite fresco (36% a 40%) reduzido pela metade

227 g de farinha de rosca fresca

1 colher (sopa)/3 g de salsa picada

57 g de manteiga derretida

600 mℓ de **molho *suprême*** (p. 308)

1. Desosse as coxas de frango. Coloque a carne entre pedaços de papel-manteiga ou filme plástico. Bata as coxas com o batedor de carne para achatá-las. Guarde na geladeira até o momento de usar.
2. Para fazer o recheio *duxelles*, refogue as chalotas na manteiga, em fogo médio alto, até que fiquem translúcidas, em 2 a 3 minutos. Junte os cogumelos e refogue até que sequem, para criar o *duxelles*. Tempere com um pouco do sal e da pimenta-do-reino.
3. Adicione o creme de leite, a farinha de rosca e a salsa, misturando bem. Se desejar, o *duxelles* pode ser levado à geladeira e reservado para uso posterior.
4. Tempere as coxas com o sal e a pimenta-do-reino restantes. Coloque 85 g do *duxelles* em cada uma delas. Dobre a carne sobre o recheio e disponha-a sobre uma grade, e esta sobre uma assadeira, com a emenda para baixo.
5. Pincele as coxas recheadas com manteiga. Asse no forno a 191 °C, regando de vez em quando, até que um termômetro, inserido no centro das coxas, chegue à temperatura de 74 °C, em 25 a 30 minutos. As coxas devem ficar douradas.
6. Sirva cada coxa de frango em um prato aquecido, com 60 mℓ do molho.

Frango defumado no forno

Rendimento: 10 porções

- 10 peitos de frango (170 g cada)
- ½ colher (chá)/1,5 g de sal
- ¼ de colher (chá)/0,5 g de pimenta-do-reino preta moída

MARINADA

- 240 mℓ de sidra
- 60 mℓ de vinagre de sidra
- 14 g de chalota ralada
- 2 colheres (chá)/6 g de alho amassado

1. Lave o frango, seque, tempere com o sal e a pimenta-do-reino, e coloque em uma cuba rasa.
2. Combine todos os ingredientes da marinada e despeje sobre o frango, virando para distribuir por igual. Tampe e deixe marinar na geladeira, por 3 horas, ou por uma noite inteira.
3. Coloque o frango em uma grade e esta sobre uma assadeira contendo lascas de madeira ligeiramente umedecidas. Tampe bem e aqueça no forno a 232 °C, até que o cheiro de fumaça fique evidente, em 6 a 8 minutos. Conte mais 3 minutos a partir daí. Passe o frango para uma outra assadeira e termine de assar (sem defumar) no forno a 177 °C, até ficar completamente cozido, em mais 10 a 12 minutos.
4. Sirva imediatamente ou esfrie e conserve na geladeira para uso posterior.

Peito de galeto recheado com cogumelos (*farce* de cogumelos)

Rendimento: 10 porções

- 10 galetos (567 g cada)
- 1,25 kg de ***farce* de cogumelos** (receita a seguir)
- 1 colher (sopa)/10 g de sal
- 1½ colher (chá)/3 g de pimenta-do-reino preta moída
- 30 mℓ de manteiga clarificada derretida
- 600 mℓ de **molho Madeira** (p. 481)

1. Retire os peitos das aves e prepare-os como *suprêmes*. Retire e reserve a carne das coxas e sobrecoxas para preparar a *farce* de cogumelos. Leve à geladeira até o momento de usar.
2. Solte a pele dos peitos. Tempere-os de todos os lados com o sal e a pimenta-do-reino. Com o bico de confeitar, coloque cerca de 57 g da *farce* entre a pele e a carne de cada peito. Alise a superfície para espalhar o recheio uniformemente.
3. Coloque os peitos recheados em uma assadeira. Pincele ligeiramente com manteiga. Asse em forno preaquecido a 177 °C, por 20 a 25 minutos, ou até que atinjam uma temperatura interna de 74 °C. Regue com mais manteiga ou com os sucos que se formarem na assadeira durante o cozimento.
4. Aqueça o molho Madeira e sirva 60 mℓ com cada peito (2 *suprêmes*).

NOTA: Opcional: corte cada peito em 4 fatias, ligeiramente na diagonal, e abra-as em leque sobre um prato aquecido.

Farce de cogumelos

Rendimento: 1,25 kg

340 g da carne das coxas e sobrecoxas de galeto, em cubos pequenos (ver nota)

2 colheres (chá)/6,5 g de sal

½ colher (chá)/1 g de pimenta-do-reino preta moída

71 g de *bacon* picado em fatias finas

28 g de manteiga

28 g de chalota ralada

1 dente de alho amassado

284 g de cogumelo-de-paris moído

284 g de cogumelo morel moído

1 raminho de tomilho

1 folha de louro

4 folhas de sálvia

120 mℓ de vinho Madeira

1 ovo

150 mℓ de creme de leite fresco (36% a 40%)

1. Tempere a carne com o sal e a pimenta-do-reino e leve à geladeira até o momento de usar.
2. Coloque o *bacon* e a manteiga em uma *sauteuse*, em fogo médio. Frite o *bacon* até ficar crocante. Adicione as chalotas e o alho, e refogue até ficarem perfumados. Junte todos os cogumelos e refogue-os até que amaciem ligeiramente. Acrescente o tomilho, a folha de louro, a sálvia e o vinho Madeira. Reduza até engrossar. Retire e despreze a folha de louro, o tomilho e a sálvia. Ajuste o tempero com o sal e a pimenta-do-reino. Esfrie a mistura até atingir uma temperatura inferior a 4 °C.
3. Coloque a carne cortada e o ovo no processador de alimentos e bata até obter uma pasta, raspando o recipiente de quando em quando. Adicione o creme de leite e pulse, ligando e desligando, até que ele seja incorporado. Transfira para uma tigela. Acrescente a mistura de cogumelos já fria. Deixe na geladeira até o momento de usar.

NOTA: Essa *farce* pode ser preparada usando-se qualquer carne magra de aves.

Pato assado com molho bigarade

Rendimento: 10 porções

5 patos (2,5 kg cada)

14 g de sal

1 colher (chá)/2 g de pimenta-do-reino preta moída

25 galhos de salsa

5 raminhos de tomilho

5 folhas de louro

240 mℓ de **fundo escuro de vitelo** (p. 277)

MOLHO BIGARADE

21 g de açúcar

15 mℓ de água

30 mℓ de vinho branco

30 mℓ de vinagre de sidra

90 mℓ de suco de toranja

960 mℓ de ***demi-glace*** (p. 307)

480 mℓ de **fundo escuro de vitelo** (p. 277)

Sal, a gosto

Pimenta-do-reino preta moída, a gosto

5 toranjas

1. Lave e limpe os patos, removendo a gordura (reserve para outro uso, se desejar). Coloque-os, com o peito para cima, sobre uma grade, e esta sobre uma assadeira. Tempere com o sal e a pimenta-do-reino. Ponha 5 galhos de salsa, 1 raminho de tomilho e 1 folha de louro na cavidade de cada ave.
2. Asse os patos a 218 °C, até que os sucos fiquem rosados e a carne da sobrecoxa atinja 82 °C, em cerca de 1 hora. Retire os patos da assadeira e deixe-os descansar por 10 minutos, pelo menos, antes de trinchá-los.
3. Desengordure e deglace a assadeira com 240 mℓ de fundo. Escorra e reserve a parte sólida.
4. Enquanto os patos assam, combine o açúcar e a água numa panela. Cozinhe em fogo médio até o açúcar derreter e caramelizar, ganhando uma forte cor dourada, em cerca de 1 minuto.

5. Adicione o vinho, o vinagre e o suco de toranja. Misture bem e ferva suavemente em fogo médio-alto, até reduzir à metade, em cerca de 1 minuto. Misture para dissolver os grumos.
6. Junte o *demi-glace* e o fundo. Ferva. Adicione a parte sólida reservada da assadeira. Reduza o calor e ferva em fogo médio, até desenvolver um bom sabor e consistência, em cerca de 15 minutos. Tempere com o sal e a pimenta-do-reino. Coe o molho em um pedaço de musselina e reserve-o, mantendo-o aquecido.
7. Retire os *zestes* da toranja, corte em *julienne* e branqueie. Corte a polpa da toranja em segmentos.
8. Trinche os patos para o serviço separando o peito das costelas e retirando as coxas do corpo. Coloque em uma assadeira, sobrepondo as porções de peito e coxa, com a pele para cima. Pincele com um pouco do molho e reaqueça no forno a 232 °C, até ficar crocante, em cerca de 5 minutos.
9. Coloque 60 mℓ do molho em cada prato e disponha o pato sobre o molho. Guarneça com os *zestes* branqueados e com segmentos de toranja.

Peru assado com molho e recheio de castanhas

Rendimento: 10 porções

1 peru de 5,9 kg

1 colher (sopa)/10 g de sal

1 colher (chá)/2 g de pimenta-do-reino preta moída

2 cebolas, descascadas e cortadas em quatro

12 a 15 galhos de salsa

150 mℓ de manteiga clarificada amolecida, ou óleo vegetal

340 g de **mirepoix** padrão (p. 257), em cubos médios

57 g de farinha de trigo comum

1,2 ℓ de **fundo de frango** (p. 277), quente

1,25 kg de **recheio de castanhas** (receita a seguir)

1. Tempere a parte interna do peru com o sal e a pimenta-do-reino. Coloque a cebola cortada em quartos e os galhos de salsa.
2. Esfregue a pele do peru com manteiga ou óleo e amarre com barbante.
3. Coloque o peru, com o peito para cima, sobre uma grade, e esta sobre uma assadeira.
4. Asse a 177 °C por 3 horas, regando de vez em quando.
5. Espalhe o *mirepoix* em torno do peru e continue a assar por mais 30 a 40 minutos, até que a carne da sobrecoxa registre uma temperatura interna de 74 °C. Retire o peru da assadeira e deixe descansar.
6. Coloque a assadeira na parte superior do fogão e cozinhe até que o *mirepoix* doure e a gordura fique transparente. Reserve 30 mℓ da gordura e despreze o resto.
7. Junte a farinha e cozinhe o *roux* por 4 a 5 minutos até que fique dourado. Adicione o fundo, batendo com o batedor até a mistura ficar bem uniforme.
8. Ferva o molho suavemente por 20 a 30 minutos, ou até que chegue à consistência e ao sabor apropriados. Retire a gordura e ajuste o tempero com o sal e a pimenta-do-reino. Coe em uma peneira de malha fina. Trinche o peru cortando em porções e sirva com o molho e o recheio de castanhas.

Recheio de castanhas

Rendimento: 1,25 kg

113 g de cebola ralada

113 g de gordura de *bacon* ou manteiga

680 g de pão amanhecido, em cubos

240 mℓ de **fundo de frango** (p. 277) quente

1 ovo

2 colheres (sopa)/6 g de salsa picada

1 colher (chá)/1 g de sálvia picada

227 g de castanhas descascadas, assadas e picadas

1 colher (chá)/3 g de sal

½ colher (chá)/1 g de pimenta-do-reino preta moída

1. Salteie as cebolas na gordura de *bacon* ou manteiga, até ficarem macias.
2. Misture o pão, o fundo e o ovo, e acrescente à cebola. Junte a salsa, a sálvia, as castanhas, o sal e a pimenta-do-reino. Misture bem.
3. Coloque o recheio em uma cuba untada de manteiga e cubra com papel-manteiga. Asse o recheio a 177 °C, por 45 minutos.
4. Sirva imediatamente.

Filé de salmão com salmão defumado em crosta de raiz-forte

Rendimento: 10 porções

1,7 kg de filé de salmão, cortado em 10 porções de 170 g

60 mℓ de suco de limão

2 colheres (chá)/6 g de chalota ralada

2 colheres (chá)/6 g de alho amassado

2 colheres (chá)/4 g de grãos de pimenta-do-reino preta amassados

MISTURA CROCANTE

1½ colher (chá)/4,5 g de chalota ralada

¾ de colher (chá)/2,25 g de alho amassado

85 g de manteiga

142 g de farinha de rosca crua

142 g de salmão defumado moído

28 g de molho de raiz-forte

600 mℓ de **beurre blanc** (p. 312)

1. Esfregue os filés de salmão com o suco de limão, as chalotas, o alho e os grãos de pimenta amassados. Leve à geladeira enquanto prepara a mistura crocante.
2. Para preparar a mistura crocante, salteie as chalotas e o alho na manteiga, até que fiquem perfumados, em cerca de 1 minuto.
3. Passe as chalotas e o alho para o processador e junte a farinha de rosca, o salmão defumado e a raiz-forte. Processe até obter uma consistência fina.
4. Coloque cerca de 28 g da mistura crocante sobre cada filé.
5. Asse o salmão no forno a 177 °C, até que fique rosa-opaco por fora e comece a formar flocos, em cerca de 6 a 7 minutos.
6. Sirva o salmão em pratos aquecidos, com o *beurre blanc*.

saltear, fritar raso e fritar por imersão

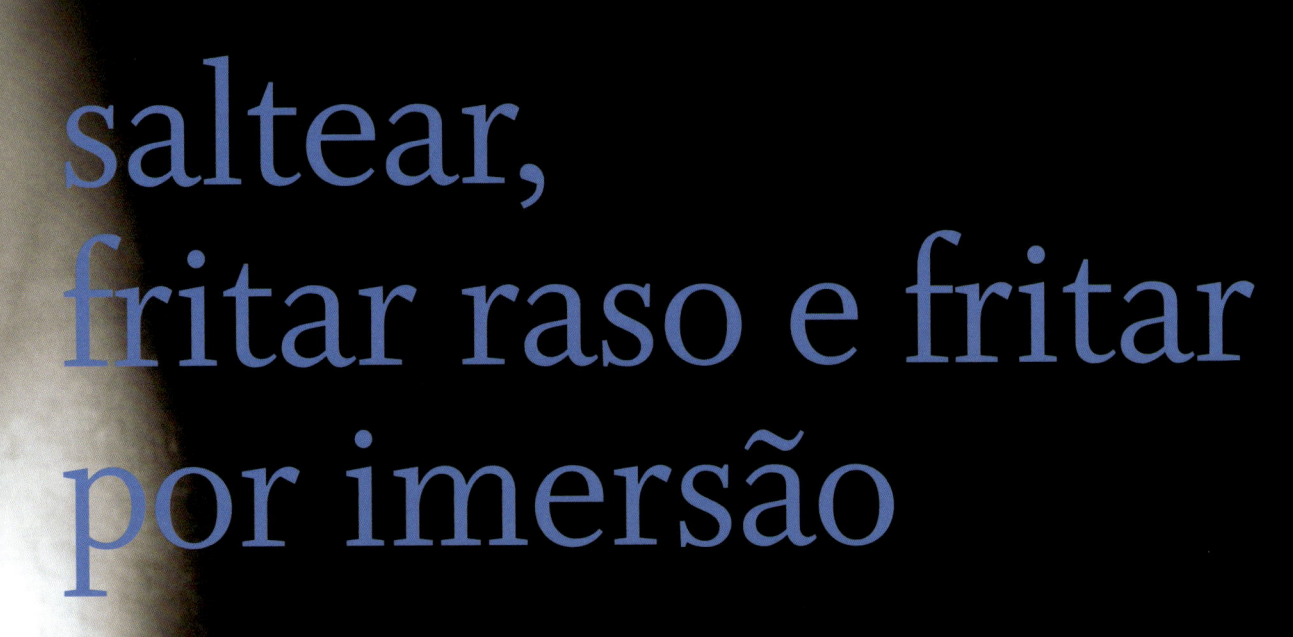

As técnicas culinárias mostradas neste capítulo se baseiam nas gorduras ou nos óleos como meio de cocção. Como a quantidade de gordura pode ir de uma camada fina a gordura suficiente para submergir completamente os alimentos, os resultados obtidos são diferentes.

CAPÍTULO 18

Saltear é uma técnica que cozinha o alimento rapidamente, com pouca gordura, em fogo alto. Certos itens do menu, às vezes descritos como selados/selados na frigideira, chamuscados/chamuscados na frigideira, ou grelhados na frigideira, são, essencialmente, salteados. (Esses termos do menu acabaram por sugerir que se usa menos óleo do que no salteado tradicional.) Os pratos salteados, em geral, incluem um molho feito com as gorduras liberadas pelo alimento ou com o *fond* que fica na panela, e são preparados à moda *à la minute*.

saltear

Selar pode ser o primeiro passo para alguns alimentos assados, braseados ou guisados. Em outras palavras, eles são cozidos rapidamente em pequena quantidade de óleo, sobre calor direto. A diferença entre selar e saltear não é a maneira de usar a técnica, mas o fato de os alimentos não estarem completamente cozidos depois de selados. Selam-se os alimentos como uma maneira eficaz de desenvolver cor e sabor naqueles métodos mais longos e lentos de cocção.

A técnica de *stir-frying*, associada à cozinha asiática e adaptada com sucesso por chefes ocidentais inovadores, apresenta muitas semelhanças com o salteado. Os alimentos são, costumeiramente, cortados em pedaços pequenos, quase sempre em tiras, cubos ou desfiados e cozidos rapidamente em pouco óleo. São adicionados à panela em sequência; os que requerem maior tempo de cozimento são colocados primeiro, e, aqueles que cozinham rapidamente, só no último momento. O molho para um salteado preparado com essa técnica é feito ou terminado na mesma frigideira, para capturar todo o sabor do prato.

Escolha os cortes mais macios, como os filés-mignons ou do lombo, assim como porções do pernil, quando trabalhar com carne, vitela, cordeiro, porco ou grandes animais de caça. As aves e os peitos de aves de caça são, frequentemente, os preferidos para salteado. Os peixes de textura moderada ou firme são mais fáceis de saltear do que os muito delicados. Os frutos do mar, com ou sem concha, também são adequados para serem salteados. Selecione a gordura de cozimento de acordo com o sabor que quer criar, o custo do alimento, a disponibilidade e o ponto de fumaça.

A base para um molho de um salteado pode variar, para combinar com o sabor do item principal; as opções vão dos molhos mais escuros, como o *demi-glace* ou o *jus lié*, *velouté*, aos fundos reduzidos (espessados com um *slurry*, se necessário), *coulis* de vegetais ou molho de tomate. Para maiores detalhes, consulte as receitas específicas.

A panela para salteado tem lados baixos, inclinados, e é mais larga do que alta, para que a umidade evapore rapidamente. É feita de um metal que precisa responder velozmente às mudanças bruscas de calor. Os *woks* são usados para preparar *stir-fries*. Os itens selados são, muitas vezes, preparados em panelas pesadas de fundo grosso, que retêm calor, como as panelas de ferro.

Tenha à mão pinças ou espátulas para virar os alimentos e retirá-los da panela, recipientes para armazenar alimentos enquanto prepara ou termina o molho e todos os itens necessários para o serviço (pratos aquecidos, guarnições e acompanhamentos).

saltear

» receita básica

Saltear
(1 porção de prato principal)

1 porção sem osso (170 g a 227 g) de carne, peixe ou ave (ajuste o tamanho da porção descontando o peso de ossos, peles ou cascas)

Pequena quantidade de gordura ou óleo

Sal, pimenta e outros temperos, a gosto

Aromáticos e guarnições para o molho de panela

2 colheres (sopa) /30 mℓ de líquido para deglaçar a panela

60 mℓ de base de molho preparada

Ingredientes de finalização, se preciso

método rápido »

Salteado
1. Salteie a carne dos dois lados em óleo quente até dourar.
2. Tire do fogo e finalize o preparo da carne no forno, se preciso.
3. Deglace a panela.
4. Acrescente o líquido para o molho.
5. Reduza o molho.
6. Junte os ingredientes de finalização (exceto a manteiga), se apropriado.
7. Ajuste o tempero, a gosto.
8. Volte a carne à panela para reaquecê-la, se preciso.
9. Monte o molho na manteiga (*monte au beurre*), se desejado.

Salteado *stir-fry* – rápido em gordura quente (salteado estilo asiático)
1. Aqueça o óleo em um *wok* ou uma *sauteuse* grande.
2. Coloque o ingrediente principal.
3. Salteie (certifique-se de que a panela e o óleo estejam quentes), mantendo o ingrediente principal em constante movimento.
4. Acrescente outros ingredientes, como aromáticos, na sequência apropriada (o que demora mais para cozinhar, acrescente antes; o que demora menos para cozinhar, acrescente depois).
5. Junte o líquido para o molho; acrescente o espessante.
6. Sirva imediatamente.

« dicas do especialista

Para incrementar o sabor, tempere o item principal com ingredientes complementares antes de saltear:

MARINADAS / ESPECIARIAS E TEMPEROS SECOS

Acrescentar ingredientes adicionais dependendo do resultado desejado, depois de saltear, pode incrementar ainda mais o sabor principal:

MANTEIGA INTEGRAL / MOLHOS / GLACE

Para uma opção mais saudável: Use gorduras mais saudáveis, como azeite de oliva, para saltear o item principal.

método detalhado »

1. **Pouco antes de cozinhar,** tempere os alimentos com sal e pimenta, e também com misturas de especiarias úmidas ou secas, se apropriado, para conferir sabor ao prato. Temperar antes de cozinhar é mais eficaz do que simplesmente adicionar sal e pimenta-do-reino no final. A farinha ajuda a absorver o excesso de umidade, impede que o item grude na panela e cria uma bela cor na superfície de algumas carnes magras ou brancas, aves e peixes. Polvilhar com farinha é opcional, mas, se for essa a sua escolha, revista o item por igual e retire o excesso.

Selecione uma frigideira de tamanho apropriado; deve ser grande o suficiente para que o item principal cubra o fundo da frigideira, em uma única camada.

Aquecer a panela antes de colocar o óleo é chamado de "queimar a panela". Junte gordura suficiente para recobrir ligeiramente o fundo, ajustando a quantidade ao alimento, ao tamanho da frigideira e à sua superfície, assim como ao item a ser cozido. Quanto mais marmorização ou gordura natural houver no alimento, menos gordura é necessária. No caso de panelas bem condicionadas ou antiaderentes pode não ser preciso usar qualquer gordura além da já existente no alimento. Espere que a frigideira e a gordura cheguem à temperatura correta antes de colocar o alimento, para que o processo de cozimento comece assim que o alimento for colocado ali. Para saltear carnes vermelhas e/ou pedaços de carne bem finos, aqueça a gordura até que a superfície ondule. Para carnes brancas, peixes e frutos do mar, assim como para cortes mais grossos, o calor pode ser menos intenso.

Acrescente imediatamente o alimento à frigideira. Coloque o lado de melhor apresentação do alimento voltado para baixo, para conseguir os alimentos salteados de melhor aparência. Esse lado estará virado para cima quando o prato for apresentado ao cliente. Salteie o primeiro lado até ganhar cor ou ficar dourado. Certifique-se de que cada porção esteja em contato direto com a gordura, sem se sobrepor ou se tocar. Deixe que o alimento salteie, sem tocá-lo, por vários segundos até um minuto ou dois, para que o salteado terminado tenha desenvolvido sabor e cor apropriados. No primeiro momento, o alimento pode grudar na panela, mas vai se desgrudar sozinho quando for hora de virá-lo.

Vire os alimentos salteados apenas uma vez para desenvolver bom sabor e cor. Cada vez que a carne é virada, a temperatura, tanto da carne como da frigideira, diminui. Por essa razão, os alimentos salteados são virados somente uma vez, para que o *fond* se desenvolva. Virá-los com maior frequência pode atrapalhar esse processo; entretanto, existem exceções. Camarões salteados ou carne cortada *émincée*, por exemplo, podem ser virados várias vezes.

Se necessário, ajuste o fogo dos salteados para completar o cozimento no topo do fogão. Em alguns casos, o alimento salteado pode ser terminado no forno, tanto na *sauteuse* como em uma assadeira.

O ponto correto do alimento salteado depende do próprio alimento, da segurança ao manuseá-lo e da preferência do cliente. Retire-o do fogo pouco antes de chegar ao ponto, porque continua cozinhando e não pode ter passado do ponto quando for hora de colocá-lo no prato. Para mais informações, reveja a "Orientação geral para determinar se carnes, aves e peixes estão no ponto" (ver p. 382). Transfira o alimento da *sauteuse* para uma outra panela e reserve em um lugar aquecido enquanto prepara o molho direto na *sauteuse* usada.

2. Adicione um líquido como um fundo ou vinho para soltar o *fond*, e para dar ao molho um sabor profundo e personalizado. Retire o alimento da frigideira quando estiver pronto e prepare um molho com o *fond*. Para fazer um molho incorporando o *fond* que se formou na *sauteuse*, comece por retirar o excesso de gordura ou óleo. Acrescente ingredientes aromáticos ou os itens para a guarnição que precisam ser cozidos. Depois, deglace a panela, raspando o que estiver no fundo. Para esse passo, é comum usar vinho, fundo ou caldo.

3. Reduza o vinho ou o fundo até que esteja quase seco (ou *au sec*). O molho base (como um molho preparado separadamente, *jus lié*, fundo reduzido, ou purê de vegetais ou *coulis*) deve ser adicionado à frigideira até ferver suavemente. O creme, se estiver na receita, deve ser acrescentado com o molho base, para ser reduzido ao mesmo tempo que o molho. Alguns molhos devem ser engrossados antes de servir. Se assim for, junte uma pequena quantidade de *slurry* de amido de miho, até obter a consistência correta.

capítulo 18 » SALTEAR, FRITAR RASO E FRITAR POR IMERSÃO

4. Há várias maneiras de terminar e guarnecer o molho. Antes de acrescentar qualquer ingrediente ou guarnição final, o molho pode ser coado em uma peneira de malha fina, para se obter uma textura leve e homogênea. Ferva suavemente, no molho, os ingredientes finais e as guarnições, o suficiente para que fiquem aquecidos. Ajuste o tempero com sal, pimenta-do-reino, ervas frescas, sucos, essências, purês ou itens semelhantes. Se desejar, pode acrescentar uma pequena quantidade de manteiga pouco antes de servir *(monté au beurre)*, para adicionar sabor e corpo. Após assegurarem-se de que o tempero está correto, os chefs, muitas vezes, optam por retornar brevemente o item principal (um peito de frango ou escalope de vitelo, por exemplo) ao molho pronto, para revestir e reaquecer delicadamente o item. O molho pode ser espalhado pelo prato e o alimento, colocado por cima. Também pode ser distribuído com generosidade sobre o alimento *(nappé)* ou ao redor dele *(cordon)*. Antes de o prato ser enviado ao salão, retire as gotas derramadas no prato com um pano limpo umedecido em água quente e torcido.

O objetivo, ao saltear, é produzir um exterior muito saboroso, depois de dourado, que sirva para intensificar o sabor do alimento. Cor e sabor fracos indicam que o alimento foi salteado a uma temperatura baixa ou que a frigideira estava cheia demais. A "cor agradável" depende do tipo de alimento. Quando bem salteado, a parte externa de carnes vermelhas e de caça deve ser marrom-escura. As carnes brancas (vitelo, porco e aves) devem ficar douradas ou âmbar. Os peixes brancos magros ficam dourado-claros quando salteado como filés sem pele, ao passo que as postas de peixe mais firmes, como o atum, adquirem cor mais escura.

São salteados somente alimentos naturalmente macios e, depois de cozidos, eles devem permanecer tenros e úmidos. Secura em excesso é sinal de que o alimento foi cozido demais, que foi cozido com muita antecedência e mantido aquecido por tempo muito longo ou que foi salteado a uma temperatura superior à necessária.

Os alimentos preparados em fritura rasa possuem uma rica crosta texturizada, são úmidos e cheios de sabor na parte interna, produzindo um prato com contrastes intrigantes em textura e sabor. Quando um molho cuidadosamente selecionado os acompanha, os efeitos podem variar do estilo doméstico à alta gastronomia. Quase sempre, os alimentos preparados em fritura rasa são revestidos – passados em farinha, em massa mole ou empanados e fritos em óleo suficiente para chegar à metade ou a dois terços de sua altura; frequentemente, são cozidos em fogo menos intenso do que aquele para saltear.

fritar raso

O produto é cozido mais pelo calor do óleo do que pelo contato direto com a frigideira. Na fritura rasa, o óleo quente sela a superfície do alimento, prendendo os seus sucos naturais em seu interior. Como os sucos não são liberados e é usada uma grande quantidade de óleo, os molhos que acompanham esses alimentos costumam ser preparados separadamente.

O objetivo dessa técnica é produzir um exterior saboroso, com uma crosta crocante e dourada que atua como uma barreira para reter os sucos e os sabores. A cor do alimento vai depender do tipo de revestimento dele, de sua espessura e do alimento em si.

A fritura rasa é, de hábito, do tamanho de uma porção, ou menor. Selecione cortes que sejam naturalmente macios, como faria para os salteados. Os filés-mignons ou os cortes do lombo, pernil, ou peitos de aves são boas escolhas. Os peixes magros, como o linguado, são bastante apropriados para a fritura rasa. Retire qualquer gordura, pele prateada e cartilagens. Se necessário ou desejado, retire a pele e os ossos das aves e dos filés de peixe. Podem-se, também, bater os bifes para obter uma espessura uniforme e diminuir o tempo de cozimento. Isso significa que o exterior vai dourar sem cozinhar demais, no mesmo período de tempo em que a carne fica cozida.

Entre os ingredientes para empanar estão a farinha, o leite e/ou ovos batidos, a farinha de rosca e o amido de milho. Para instruções sobre empanar, ver a p. 381.

A gordura usada na fritura rasa deve ser resistente a altas temperaturas, sem fumegar, como os óleos vegetais, o azeite de oliva e as gorduras vegetais. A banha de porco, de ganso e outras gorduras animais são usadas em determinados pratos étnicos e regionais. A escolha da gordura faz muita diferença no sabor do prato pronto.

A frigideira usada na fritura rasa deve ser grande o suficiente para conter os alimentos em uma única camada, sem que se toquem. Se estiver muito cheia, a temperatura da gordura cairá rapidamente e não se formará uma boa crosta. As frigideiras devem ser feitas de metal pesado e apropriadas para transmitir o calor de maneira uniforme. Os lados devem ser mais altos do que os das panelas para salteados, para evitar que o óleo quente espirre para fora da panela quando se adicionarem mais alimentos ou ao virá-los durante o cozimento. Tenha à mão um recipiente forrado com papel absorvente, para escorrer a gordura da superfície dos alimentos fritos. Selecione recipientes rasos e largos para colocar a farinha de trigo, a de rosca ou a massa mole.

» receita básica

Itens preparados em fritura rasa
(1 porção de prato principal)

1 porção sem osso (170 g a 227 g) de carne, de peixe ou de ave (ajuste o tamanho da porção descontando o peso de ossos, peles e conchas)

Gordura ou óleo suficiente para cobrir de metade a dois terços do item empanado

Procedimento padrão, massa mole ou outro ingrediente para empanar

Sal, pimenta e outros temperos, a gosto

60 mℓ a 90 mℓ de molho pronto

método rápido »

1. Aqueça o óleo ou a gordura.
2. Acrescente a carne (geralmente empanada pelo procedimento padrão ou por massa mole).
3. Frite primeiro o lado que vai ser servido até ficar bem dourado.
4. Vire o alimento e frite até chegar ao ponto desejado.
5. Retire o item e finalize no forno, se necessário.
6. Seque com papel absorvente.
7. Tempere e sirva com o molho e a guarnição desejados.

dicas do especialista «

Dependendo do resultado desejado, crostas diferentes podem ser criadas de acordo com o ingrediente usado para empanar. Esses ingredientes incluem:

MASSA MOLE / FARELO DE PÃO / FLOCOS DE MILHO / FARINHA DE TRIGO

Para incrementar o sabor, tempere com ingredientes adicionais antes de empanar. Esses ingredientes também podem ser acrescentados ao ingrediente que será usado para empanar o ingrediente principal:

ERVAS FRESCAS / ESPECIARIAS SECAS

fritar raso

1. **Empane os bifes** usando o procedimento descrito na p. 381. Primeiro, seque o alimento com papel absorvente. Qualquer umidade deixada na superfície pode umedecer demais o revestimento. A gordura também vai se decompor mais rapidamente e espirrar para fora da frigideira. Adicione o tempero antes de empanar. Os alimentos são, em geral, mergulhados na farinha de trigo ou em farinha de cereais moídos, e depois no *egg wash* (ovos batidos), seguidos de uma camada de farinha de rosca. Essa última deve ser aplicada quando o alimento estiver pronto para ir para a panela. O empanamento padrão pode ser aplicado com 20 a 25 minutos de antecedência.

A panela e a gordura devem alcançar a temperatura correta antes de se adicionar o alimento. Do contrário, o desenvolvimento da crosta será mais lento, podendo não alcançar nunca a textura crocante e a cor dourada desejadas. Como regra geral, coloque gordura suficiente para chegar à altura de metade a dois terços do alimento; quanto mais fino for o alimento, menos gordura será necessária. Quando ficar um pouco opaca ou tremeluzir de leve, a gordura, provavelmente, está quente o bastante. Para testar a temperatura, mergulhe um canto do alimento na gordura. Se estiver a cerca de 177 °C, borbulhará em torno do alimento e o revestimento começará a escurecer em 45 segundos.

« método detalhado

2. **Coloque cuidadosamente o alimento** na gordura quente e frite de um lado, até obter uma boa crosta dourada. A essa altura, seja extremamente cuidadoso, para evitar que o alimento queime. Fazer que os alimentos em fritura rasa fiquem dourados e crocantes por igual exige que eles estejam em contato direto com a gordura quente. Para obter boa cor e textura, não encha demais a frigideira. Se não houver gordura suficiente na frigideira, o alimento pode grudar e romper-se ou o revestimento pode sair. Quando se tratar de grandes quantidades, retire ou escorra as partículas soltas entre uma fritura e outra. Acrescente mais gordura para manter o nível constante e para evitar produzir fumaça ou espuma.

3. Vire o alimento uma vez e continue a fritar até que o outro lado esteja dourado e o alimento, adequadamente cozido. É difícil dar instruções precisas para determinar o ponto de alimentos preparados em fritura rasa. De modo geral, quanto mais a carne for fina e delicada, mais rapidamente cozinhará. Tanto os itens preparados com fritura rasa como aqueles salteados e fritos por imersão, mesmo quando se tratar de pedaços finos, continuarão a cozinhar. Por isso, é melhor não cozê-los inteiramente. Para mais informações, veja a "Orientação geral para determinar se carnes, aves e peixes estão no ponto", na p. 382.

Quando os alimentos são grossos ou incluem ossos ou recheio, podem precisar ser retirados da gordura e colocados no forno para terminar o cozimento. Se for necessário ir para o forno, não tampe o recipiente, pois o vapor que se cria amoleceria a crosta crocante.

Escorra ou seque os alimentos prontos em papel absorvente ou pano limpo. Agora, o alimento está pronto para ser servido. Mantenha os alimentos fritos por apenas um período muito breve antes de servir; deixe-os em calor seco, sobre uma grade. Sirva os molhos para alimentos preparados em fritura rasa sob o item, ou separadamente, para preservar a crosta.

Os alimentos fritos por imersão apresentam muitas das características dos alimentos preparados em fritura rasa, inclusive uma parte exterior crocante e dourada, e a interior úmida e saborosa. Entretanto, os alimentos fritos por imersão são cozidos em gordura ou óleo suficiente para submergi-los completamente, usando-se muito mais gordura do que para saltear ou fritar raso.

fritar por imersão

O alimento é, quase sempre, revestido pelo empanamento padrão, com uma massa mole como *tempura*, com massa mole de cerveja ou, simplesmente, com um revestimento de farinha. Esses revestimentos funcionam como barreira entre a gordura e o alimento e também contribuem para o sabor e a textura.

Para cozinhar rápida e uniformemente, os alimentos devem ser limpos e cortados de tamanho e forma semelhantes. Selecione cortes naturalmente macios; algumas escolhas habituais são aves, peixes, frutos do mar e vegetais. Retire a pele e os ossos das aves e dos filés de peixe, se necessário. Tempere o alimento antes de revesti-lo. A fritura por imersão também é adequada para croquetes e pratos semelhantes, feitos com misturas de carnes, peixes ou aves cozidos, em pequenos cubos, ligados por um *béchamel* grosso e empanados.

Tanto empanar como utilizar outros tipos de revestimento são comuns para alimentos fritos por imersão. Pode-se empanar com 20 a 25 minutos de antecedência e os itens serem mantidos na geladeira antes de serem fritos; porém, o ideal é empanar tão perto do momento de servir quanto possível. Para instruções sobre o empanamento padrão, ver a p. 381. O revestimento com massa mole ou farinha de trigo é aplicado imediatamente antes do cozimento.

As fritadeiras elétricas ou a gás, com cestos, são costumeiramente usadas para fritura por imersão, embora também seja possível fritar alimentos usando-se uma panela grande. Os lados devem ser altos o bastante para impedir que a gordura forme espuma ou espirre, e largos o suficiente para permitir que o chef acrescente e retire os alimentos com facilidade. Use um termômetro para verificar a temperatura da gordura, independentemente de estar usando uma fritadeira elétrica ou a gás, ou uma panela no topo do fogão. Familiarize-se com o tempo de recuperação da fritadeira, ou seja, o tempo necessário para que a gordura volte à temperatura adequada depois que os alimentos são adicionados. A gordura esfriará por um tempo muito breve. Quanto mais alimentos forem acrescentados, mais a temperatura baixará e mais tempo levará para voltar ao nível apropriado.

As cozinhas que devem fritar muitos tipos de alimentos têm muitas fritadeiras diferentes para impedir que o sabor seja transferido de uma para outra. Tenha um recipiente forrado com papel absorvente para secar a fritura antes de servir. Pinças, espátulas e cestos ajudam a acrescentar alimentos à fritadeira e a retirá-los depois de cozidos.

» receita básica

Fritura por imersão
(1 porção de prato principal)

1 porção sem osso (170 g a 227 g) de carne, ave, peixe ou frutos do mar (ajuste o tamanho da porção descontando o peso de ossos, peles e conchas)

Gordura ou óleo suficiente para cobrir completamente o alimento

Procedimento padrão, massa mole ou outra cobertura

Sal, pimenta e outros temperos, a gosto

60 mℓ a 90 mℓ de molho pronto

método rápido »

1. Aqueça a gordura à temperatura adequada.
2. Acrescente o ingrediente empanado (geralmente revestido com farinha de rosca ou massa mole) a essa gordura quente usando o método apropriado.
3. Vire o alimento durante a fritura, se necessário.
4. Retire o item da frigideira e finalize o cozimento no forno, se necessário.
5. Seque o alimento com papel absorvente.
6. Tempere e sirva com o molho e a guarnição apropriados.

dicas do especialista «

Dependendo do resultado desejado, crostas diferentes podem ser criadas de acordo com o ingrediente usado para empanar. Esses ingredientes incluem:

MASSA MOLE / FARELO DE PÃO / FARINHA DE TRIGO

Para incrementar o sabor, tempere com ingredientes adicionais antes de empanar. Esses ingredientes também podem ser acrescentados ao ingrediente que será usado para empanar a carne:

ERVAS FRESCAS / ESPECIARIAS SECAS

fritar por imersão

1. **Aqueça a gordura** até obter a temperatura adequada (geralmente 163 °C a 191 °C). Para preparar alimentos fritos não gordurosos, crocantes e saborosos, a gordura deve chegar e manter-se a uma temperatura quase estável. Lidar com o óleo de maneira adequada ajuda a prolongar sua vida. Gorduras e óleos velhos têm cor mais escura e aroma mais pronunciado do que o óleo fresco, e também podem criar fumaça a temperaturas mais baixas e espumar quando os alimentos forem adicionados. Coe ou filtre o óleo adequadamente depois de cada período de refeição. Reabasteça o óleo da fritadeira para o nível apropriado, se necessário.

A *fritura por imersão* geralmente é usada para alimentos revestidos com massa mole. Para revesti-los, passe-os pela farinha de trigo e retire o excesso antes de mergulhá-los na massa mole. Com cuidado, usando pinças, deposite o alimento revestido no óleo quente, até a metade. Quando começar a borbulhar, solte-o e ele não vai afundar. A *fritura por imersão em cesta* geralmente é usada para itens empanados. Coloque o alimento empanado em uma cesta de fritadeira e mergulhe-a na gordura quente; depois que estiver frito, use a cesta para erguê-lo. Os alimentos que tendem a subir à superfície muito rapidamente são mantidos na gordura por uma segunda cesta, colocada por cima deles; esse método é chamado de cesta dupla.

A escolha entre os dois métodos de fritura por imersão depende do alimento, do revestimento e do resultado que se deseja obter. Use todos os seus sentidos, assim como o termômetro, para julgar precisamente o ponto interno de cozimento. Para maiores informações, ver "Orientação geral para determinar se carnes, aves e peixes estão no ponto", na p. 382.

2. **Frite o alimento até que fique completamente cozido** e o revestimento tenha adquirido uma leve cor dourada. Seque em papel-toalha antes de servir. Avalie a qualidade do alimento frito por imersão. Deve ter o gosto do ingrediente, e não da gordura usada (ou de outros itens fritos previamente na mesma gordura). Os alimentos servidos bem quentes, diretamente da frigideira para o prato, têm sabor melhor, menos gorduroso. Se o alimento ficar pesado, estiver gorduroso ou tiver o cheiro forte de outro ingrediente, é sinal de que a gordura não estava quente o bastante, era velha demais ou um alimento de sabor forte, como peixe, tinha sido frito na mesma gordura.

O alimento frito por imersão bem preparado tem a parte interna úmida e macia, e uma crosta crocante e delicada. Se a crosta amolecer, é porque demorou tempo demais na cozinha depois de pronto ou, novamente, o óleo não estava na temperatura correta.

« **método detalhado**

capítulo 18 » SALTEAR, FRITAR RASO E FRITAR POR IMERSÃO

Frango salteado com molho de ervas finas

Rendimento: 10 porções

- 10 *suprêmes* de frango (198 g a 227 g) sem osso
- 2 colheres (chá)/6,5 g de sal
- 1 colher (chá)/2 g de pimenta-do-reino preta moída
- 85 g de farinha de trigo comum (opcional)
- 60 mℓ de manteiga clarificada ou óleo
- 21 g de chalota ralada
- 120 mℓ de vinho branco seco
- 600 mℓ de **molho de ervas finas** (receita a seguir)
- 113 g de **ervas finas** (p. 386)

1. Seque o frango com papel-toalha ou com um pano limpo e tempere com sal e pimenta-do-reino. Polvilhe com farinha, se desejar.
2. Aqueça a manteiga ou o óleo em uma *sauteuse*, em fogo médio-alto. Salteie o frango de um lado até ficar dourado, em cerca de 3 minutos. Vire-o e continue a salteá-lo até que esteja inteiramente cozido (82 °C). Retire o frango da *sauteuse* e mantenha-o quente enquanto termina o molho.
3. Desengordure a panela. Adicione as chalotas e salteie-as até que estejam translúcidas, em cerca de 1 minuto.
4. Deglace a panela com o vinho; reduza até ficar quase seco, em cerca de 3 minutos. Junte o molho de ervas finas, ferva suavemente por pouco tempo, depois reduza-o até que obtenha consistência de *nappé*.
5. Ajuste o tempero com sal e pimenta-do-reino e junte as ervas finas. Misture.
6. Sirva o frango imediatamente, com o molho, ou mantenha-o quente para o serviço.

NOTA: Para produção em grande escala, o molho a ser usado no salteado pode ser preparado com antecedência. A qualidade do molho pode variar porque os resíduos da panela nem sempre podem ser usados em um molho feito com antecedência.

Molho de ervas finas

Rendimento: 960 mℓ

- 2 colheres (sopa)/30 mℓ de manteiga clarificada
- 21 g de chalota ralada
- 270 mℓ de vinho branco seco
- 170 g de **ervas finas** (p. 386)
- 600 mℓ de *jus de volaille lié* (p. 307), *jus de veau lié* (p. 307) ou **demi-glace** (p. 307)
- 300 mℓ de creme de leite fresco (36% a 40%)
- Sal, a gosto
- Pimenta-do-reino preta moída, a gosto

1. Aqueça a manteiga em uma panela, em fogo médio alto. Adicione as chalotas e refogue-as até ficarem translúcidas, em 2 a 3 minutos. Junte o vinho e as ervas finas e ferva suavemente até ficar quase seco.
2. Acrescente o *jus lié* ou *demi-glace*, ferva suavemente e reduza um pouco. Adicione o creme de leite e continue a cozinhar o molho, até obter uma consistência e sabor agradáveis, escumando se necessário.
3. Tempere com o sal e a pimenta-do-reino; coe o molho.
4. Agora, o molho está pronto para ser servido ou pode ser resfriado rapidamente e conservado na geladeira para uso posterior.

NOTA: Este molho também pode ser preparado com a técnica *à la minute* com 1 colher (sopa)/ 15 mℓ de glace de *volaille* para cada *suprême*.

Frango à provençal

Rendimento: 10 porções

- 10 (198 g a 227 g) *suprêmes* de frango
- 2 colheres (chá)/6,5 g de sal
- 1 colher (chá)/2 g de pimenta-do-reino preta moída
- 85 g de farinha de trigo comum (opcional)
- 60 mℓ de manteiga clarificada ou óleo

MOLHO À PROVENÇAL

- 2 colheres (chá)/6 g de alho amassado
- 3 filés de anchova, amassados em uma pasta
- 300 mℓ de vinho branco seco
- 720 mℓ de **jus de volaille lié** (p. 307), **jus de veau lié** (p. 307) ou **demi-glace** (p. 307)
- 340 g de tomate *concassé*
- 113 g de azeitona preta em fatias ou em *julienne*
- 28 g de manjericão em *chiffonade*

1. Seque o frango com papel-toalha e tempere com o sal e a pimenta-do-reino. Passe por farinha de trigo, se desejar.

2. Aqueça a manteiga ou o óleo em uma *sauteuse* grande, em fogo médio-alto. Frite o frango de um lado, até ficar bem dourado, em cerca de 3 minutos. Vire-o e continue a salteá-lo até ficar inteiramente cozido (74 °C). Retire o frango da *sauteuse* e mantenha-o quente, enquanto termina o molho.

3. Retire o excesso de gordura da panela e adicione o alho e as anchovas. Salteie-os por 30 a 40 segundos para liberar o aroma. Adicione o vinho para deglaçar a panela e ferva suavemente até que fique quase seco.

4. Adicione o *jus lié* ou *demi-glace* e os sucos liberados pelo frango. Reduza até obter bom sabor e consistência. Adicione os tomates, as azeitonas e o manjericão. Ajuste o tempero com o sal e a pimenta-do-reino, se necessário.

5. Coloque novamente o frango na panela para aquecer. Sirva imediatamente acompanhado do molho ou mantenha quente até a hora do serviço.

NOTA: Nesse prato você pode escolher usar diferentes tipos de azeitona, introduzir algumas alcaparras ou juntar outras ervas aromáticas, ou simplesmente adicioná-las em substituição ao manjericão. Orégano, manjerona, cebolinhas francesas, cerefólio e tomilho são boas escolhas.

Tournedos **à provençal:** Substitua o frango por 170 g de *tournedos* e o vinho branco por vinho tinto. Tempere a carne com o sal e a pimenta-do-reino preta e salteie-a até o ponto desejado, seguindo o método utilizado para fazer o frango à provençal, 2 minutos de cada lado para malpassado (57 °C), 3 minutos de cada lado para ao ponto malpassado (63 °C), 4½ minutos de cada lado para ao ponto (71 °C), 6 minutos de cada lado para ao ponto bem-passado (74 °C) e 7 minutos de cada lado para bem-passado (77 °C). Retire a carne da *sauteuse* e reserve-a quente enquanto termina o molho, seguindo o método anterior. Para obter pedaços macios de carne, nunca se deve fervê-los no molho, o que faz com que endureçam.

Vitelo em pedaços à moda suíça com batatas rösti (p. 762) e vagem

Vitelo em pedaços à moda suíça

Rendimento: 10 porções

    1,7 kg de coxão mole de vitelo ou corte da perna macio, cortado em *émincé*

    4 colheres (chá)/13 g de sal

    2 colheres (chá)/4 g de pimenta-do-reino preta moída

    85 g de farinha de trigo comum (opcional)

    60 ml de manteiga clarificada ou óleo

    85 g de chalota picada

    142 g de cogumelo-de-paris em fatias

    300 ml de vinho branco

    300 ml de *jus de veau lié* (p. 307) ou *demi-glace* (p. 307)

    120 ml de creme de leite fresco (36% a 40%)

    30 ml de conhaque

    2 colheres (chá)/10 ml de suco de limão

1. Seque o vitelo com papel-toalha e tempere com o sal e a pimenta-do-reino. Passe por farinha de trigo, se desejar.
2. Aqueça a manteiga ou o óleo em uma *sauteuse* grande, em fogo médio-alto. Salteie o vitelo aos poucos, mexendo de vez em quando, até chegar ao ponto desejado (74 °C), em cerca de 3 minutos. Retire-o do fogo e mantenha-o aquecido, enquanto termina o molho.
3. Desengordure a panela. Adicione as chalotas e os cogumelos e refogue-os até que estejam macios e translúcidos, em cerca de 3 minutos.
4. Deglace a panela com o vinho; reduza até ficar quase seco, em cerca de 3 minutos.
5. Adicione o *jus lié* ou *demi-glace*, o creme de leite, o conhaque e os sucos liberados pelo vitelo. Reduza até obter bom sabor e consistência, em 1 a 2 minutos.
6. Junte o suco de limão e ajuste o tempero com o sal e a pimenta-do-reino, se necessário.
7. Sirva o vitelo imediatamente com o molho ou mantenha-o quente para o serviço.

Scaloppine de vitelo ao Marsala

Rendimento: 10 porções

    1,7 kg de traseiro de vitelo sem osso, cortado em 10 porções de 170 g

    2 colheres (chá)/6,5 g de sal

    1 colher (chá)/2 g de pimenta-do-reino preta moída

    85 g de farinha de trigo comum (opcional)

    60 ml de manteiga clarificada ou óleo

    14 g de chalota ralada

    180 ml de vinho branco

    720 ml de **molho Marsala** (p. 522)

    142 g de manteiga em cubos (opcional)

1. Coloque cada porção de vitelo entre folhas de papel-manteiga ou filme plástico e bata até ficarem com 6 mm de espessura. Seque com papel-toalha e tempere com o sal e a pimenta-do-reino. Passe pela farinha de trigo, se desejar.
2. Aqueça a manteiga ou o óleo em uma *sauteuse* grande, em fogo médio-alto. Salteie o vitelo até o ponto desejado, cerca de 2 minutos de cada lado para ao ponto (74 °C). Retire o vitelo da panela e mantenha-o aquecido enquanto prepara o molho.
3. Desengordure a panela. Adicione as chalotas e salteie-as até que fiquem translúcidas, em cerca de 1 minuto.
4. Deglace a panela com o vinho; reduza até ficar quase seco, em cerca de 3 minutos. Junte o molho Marsala, ferva suavemente por pouco tempo.
5. Coloque o vitelo novamente no molho. Devolva-os ao fogo para ferver suavemente e ajuste o tempero com o sal e a pimenta-do-reino, se necessário. Acrescente a manteiga e mexa para terminar o molho, se desejar.
6. Sirva o vitelo imediatamente, acompanhado do molho, ou mantenha-o quente para o serviço.

Scaloppine **de porco com molho de tomate:** Substitua o vitelo por lombo de porco sem osso e o molho Marsala por molho de tomate (p. 309).

Molho Marsala

Rendimento: 960 ml

- 113 g de chalota ralada
- 454 g de cogumelo-de-paris em fatias finas
- 30 ml de manteiga clarificada
- 720 ml de **jus de veau lié** (p. 307) ou **demi-glace** (p. 307)
- 240 ml de vinho Marsala
- Sal, a gosto
- Pimenta-do-reino preto moída, a gosto
- 113 g de manteiga em cubos pequenos (ver nota)

1. Salteie numa panela as chalotas e os cogumelos até que os cogumelos fiquem macios e as cebolas fiquem transparentes. Adicione o Marsala e reduza à metade.
2. Adicione o *jus lié* ou *demi-glace* e continue a ferver suavemente (82 a 85 °C) até que o molho chegue a bom sabor e consistência.
3. Tempere com o sal e a pimenta-do-reino. Peneire o molho em uma panela limpa.
4. Termine acrescentando a manteiga e batendo bem. Ajuste o tempero com o sal e a pimenta-do-reino. Agora o molho está pronto para ser servido ou pode ser resfriado rapidamente e levado à geladeira para uso posterior se tiver usado o *demi-glace*.

NOTAS: Uma opção é substituir a manteiga por 240 ml de creme de leite fresco (36% a 40%). O molho pode precisar ser ligeiramente reduzido para alcançar a consistência ideal.

Incorpore a manteiga apenas se for servir o molho imediatamente. Se for guardar para uso posterior, incorpore a manteiga apenas antes de servir.

Se for usar o molho para acompanhar o *scaloppine* de vitelo ao Marsala, não use manteiga.

Noisettes de porco com grãos de pimenta verde e abacaxi

Rendimento: 10 porções

- 1,7 kg de pernil ou lombo de porco, em vinte *noisettes* (85 g cada)
- 2 colheres (chá)/6,5 g de sal
- 1 colher (chá)/2 g de pimenta-do-reino preta moída
- 60 ml de manteiga clarificada ou óleo
- 21 g de chalota ralada
- 240 ml de vinho branco
- 600 ml de **fundo escuro de porco** (p. 278), **jus de veau lié** (p. 307) ou **demi-glace** (p. 307)
- 150 ml de creme de leite fresco (36% a 40%)
- 15 ml de mostarda de Dijon
- 198 g de abacaxi, em cubos pequenos
- 28 g de grãos de pimenta verde

1. Seque a carne de porco com papel-toalha e tempere com o sal e a pimenta-do-reino.
2. Aqueça a manteiga ou o óleo em uma *sauteuse* grande, em fogo médio-alto. Salteie o porco por 2 a 3 minutos de cada lado, até chegar a 63 °C. Retire-o da panela e mantenha-o aquecido, enquanto termina o molho.
3. Desengordure a panela. Adicione as chalotas e refogue-as até que fiquem translúcidas, em cerca de 1 minuto.
4. Deglace a panela com o vinho e reduza até ficar quase seco, em cerca de 3 minutos.
5. Junte o fundo, *jus lié* ou *demi-glace*, o creme de leite e os sucos liberados pela carne. Reduza até obter bom sabor e consistência. Peneire para uma panela limpa e leve de volta ao fogo para ferver suavemente.
6. Acrescente a mostarda, o abacaxi e os grãos de pimenta verde, e ajuste o tempero com o sal e a pimenta-do-reino, se necessário. Coloque o porco no molho para reaquecer.
7. Sirva imediatamente 2 *noisettes* por porção, acompanhadas do molho, ou mantenha-as aquecidas para o serviço.

Medalhões de porco salteados com molho de frutas de inverno

Rendimento: 10 porções

1,7 kg de lombo de porco, em 20 medalhões (85 g cada)

2 colheres (chá)/6,5 g de sal

1 colher (chá)/2 g de pimenta-do-reino preta moída

60 mℓ de manteiga clarificada ou óleo

240 mℓ de vinho branco seco

600 mℓ de **molho de frutas de inverno** (receita a seguir)

1. Seque o porco com papel absorvente e tempere-o com o sal e a pimenta-do-reino.
2. Aqueça a manteiga ou o óleo em uma *sauteuse* grande, em fogo médio alto. Salteie o porco por 2 a 3 minutos de cada lado, até alcançar 63 °C. Retire-o da panela e mantenha-o aquecido, enquanto termina o molho.
3. Desengordure a panela. Deglace com o vinho; reduza até ficar quase seco, em cerca de 3 minutos.
4. Adicione o molho de frutas de inverno e os sucos liberados pelo porco. Reduza até obter bom sabor e consistência. Ajuste o tempero com o sal e a pimenta-do-reino.
5. Sirva o porco imediatamente com o molho ou mantenha-o aquecido para o serviço.

Molho de frutas de inverno

Rendimento: 960 mℓ

300 mℓ de vinho branco meio seco

99 g de damasco desidratado (sem enxofre)

50 g de cereja desidratada

60 mℓ de manteiga clarificada ou óleo

28 g de chalota ralada

142 g de maçã *red delicious* em cubos pequenos

113 g de pera *Bartlett* em cubos pequenos

60 mℓ de conhaque aromatizado com maçãs

720 mℓ de **fundo escuro de porco** (p. 278), ***jus de veau lié*** (p. 307) ou ***demi-glace*** (p. 307)

2 colheres (chá)/10 mℓ de suco de limão, ou a gosto

Sal, a gosto

Pimenta-do-reino preta moída, a gosto

1. Aqueça o vinho em uma panela pequena, até pouco abaixo do ponto de ebulição. Retire a panela do fogo e acrescente as frutas desidratadas. Deixe que as frutas macerem no vinho por 30 minutos. Escorra as frutas e reserve o vinho.
2. Aqueça a manteiga ou o óleo em uma panela, em fogo médio, e acrescente as chalotas. Refogue-as até ficarem translúcidas, em 1 a 2 minutos. Adicione e salteie as maçãs e as peras até ficarem ligeiramente douradas.
3. Junte o conhaque para deglaçar a panela e deixe reduzir até que quase seque completamente. Acrescente o vinho reservado e deixe ferver suavemente. Adicione o fundo, *jus lié* ou *demi-glace* e espere ferver de novo. Cozinhe até obter bom sabor e consistência. Junte as frutas desidratadas maceradas e tempere com suco de limão, sal e pimenta-do-reino.
4. Agora, o molho está pronto para ser servido ou pode ser resfriado rapidamente e conservado na geladeira para uso posterior.

Medalhões de porco com salada de repolho quente

Rendimento: 10 porções

- 1,7 kg de lombo de porco, cortado em 30 medalhões de 57 g cada
- 2 colheres (chá)/6,5 g de sal
- 1 colher (chá)/2 g de pimenta-do-reino preta moída
- 60 ml de manteiga clarificada ou óleo
- 180 ml de vinho branco seco
- 600 ml de **molho de vinagre de *sherry*** (p. 468)
- 10 porções de **salada de repolho quente** (receita a seguir)

1. Seque a carne de porco com papel absorvente e tempere com o sal e a pimenta-do-reino.
2. Aqueça a manteiga ou o óleo em uma *sauteuse* grande, em fogo médio alto. Salteie o porco por 2 a 3 minutos de cada lado, a 71 °C. Retire-o da panela e mantenha-o aquecido, enquanto termina o molho.
3. Desengordure a panela e junte o vinho para deglaçá-la; reduza até que seque quase completamente.
4. Adicione o molho de vinagre de *sherry* e os sucos liberados pelo porco. Reduza até obter bom sabor e consistência. Ajuste o tempero com o sal e a pimenta-do-reino, conforme necessário.
5. Sirva o porco imediatamente, com o molho e a salada de repolho quente, ou mantenha-o aquecido para o serviço.

Noisettes de porco com *confit* de cebola roxa: Salteie o porco seguindo o método anterior. Substitua a salada de repolho quente pelo *confit* de cebola roxa. Para fazer o *confit*, ferva suavemente 907 g de cebola roxa em fatias, com 120 ml de mel, 120 ml de vinho tinto e 150 ml de vinagre de vinho tinto, até que a mistura chegue à consistência de geleia, em cerca de 40 minutos. Ajuste o tempero com sal e pimenta-do-reino preta. Mantenha-o aquecido para o serviço ou esfrie-o rapidamente e leve-o à geladeira para uso posterior. (Ver foto da página ao lado com essa variação.)

Salada de repolho quente

Rendimento: 10 porções

- 50 g de *bacon* em fatias finas
- 28 g de manteiga
- 99 g de cebola roxa em cubos pequenos
- 14 g de alho espremido
- 907 g de repolho roxo em *chiffonade*
- 53 ml de vinagre de *sherry*
- 28 g de açúcar
- 1 colher (chá)/2 g de sementes de alcaravia
- 1 colher (sopa)/3 g de salsa picada
- Sal, a gosto
- Pimenta-do-reino preta moída, a gosto

1. Doure o *bacon* em uma *sauteuse*, em fogo médio, até derreter a gordura e o *bacon* ficar crocante. Retire o *bacon* com uma escumadeira, escorrendo a gordura, e reserve-o.
2. Adicione a manteiga à panela. Junte a cebola e o alho, e salteie-os até ficarem translúcidos e macios, em 2 a 3 minutos.
3. Junte o repolho, misture para revesti-lo com a gordura por igual, e salteie até amolecer, mexendo frequentemente, de 6 a 8 minutos.
4. Adicione o vinagre, o açúcar e as sementes de alcaravia. Ferva suavemente até que o repolho esteja bem quente e macio, em mais 3 a 4 minutos. Junte a salsa. Tempere com o sal e a pimenta-do-reino.
5. Sirva a salada imediatamente ou mantenha-a aquecida para o serviço.

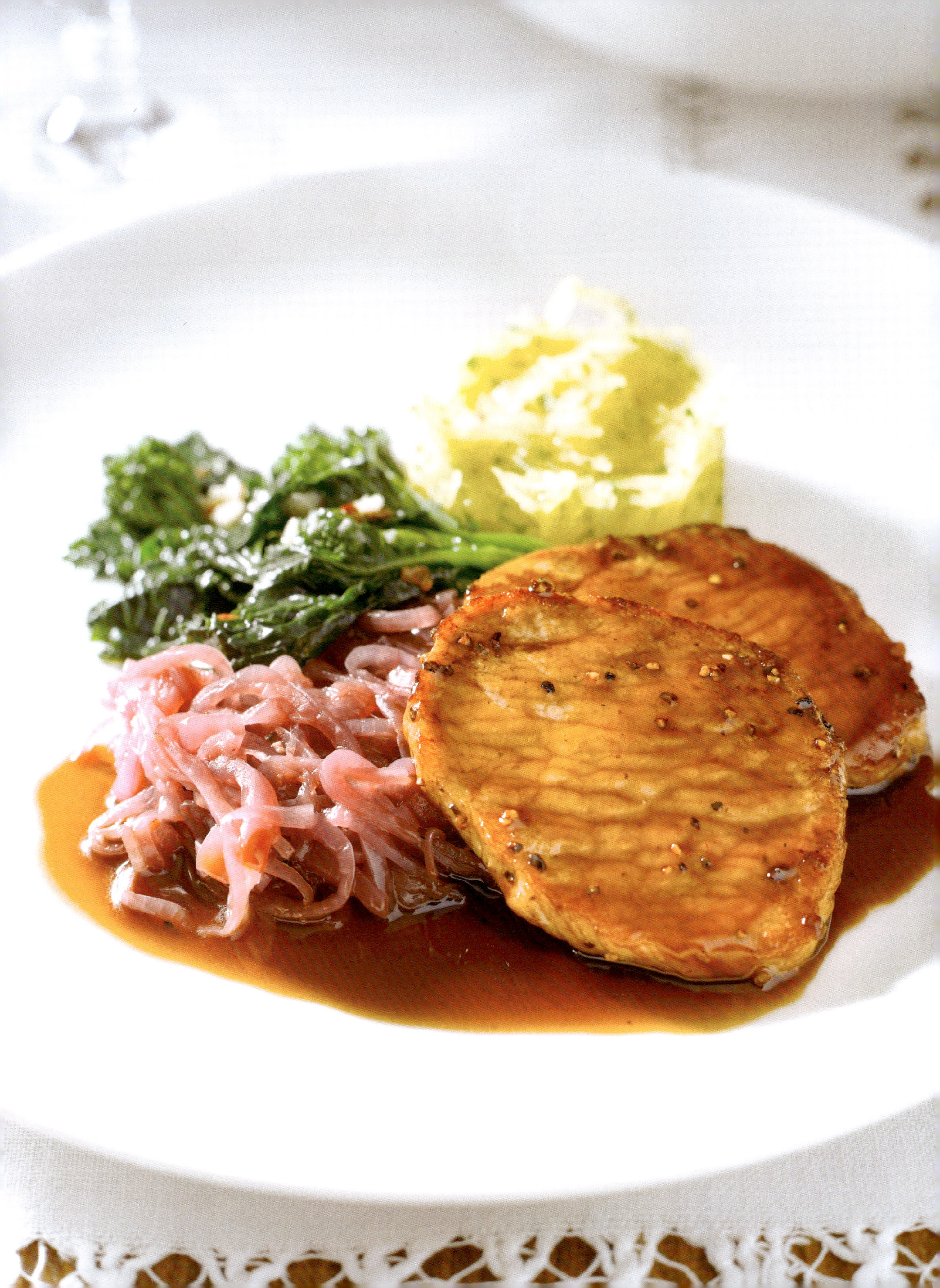

Escalopes de porco com molho Robert

Rendimento: 10 porções

- 1,7 kg de pernil ou lombo de porco, em 10 porções (170 g cada)
- 2 colheres (chá)/6,5 g de sal
- 1 colher (chá)/2 g de pimenta-do-reino preta moída
- 85 g de farinha de trigo comum (opcional)
- 60 mℓ de manteiga clarificada ou óleo
- 120 mℓ de vinho branco seco
- 600 mℓ de **molho Robert** (receita a seguir)

1. Coloque cada porção do porco entre folhas de papel-manteiga ou filme plástico e bata até obter uma espessura de 6 mm.
2. Seque a carne e tempere com o sal e a pimenta-do-reino. Passe por farinha de trigo, se desejar.
3. Aqueça a manteiga ou o óleo em uma *sauteuse* grande, em fogo médio-alto. Aos poucos, salteie o porco de um lado até dourar bem, em cerca de 3 minutos. Vire-o e continue a saltear até ficar pronto (63 °C), em 2 a 3 minutos. Retire-o da panela e mantenha-o aquecido, enquanto termina o molho.
4. Desengordure a panela e deglace com o vinho; reduza até ficar quase seco, em cerca de 3 minutos. Adicione o molho Robert e os sucos liberados pela carne. Cozinhe até aquecer completamente, mexendo sempre. Ajuste o tempero com o sal e a pimenta-do-reino, se necessário.
5. Sirva os escalopes imediatamente com o molho, ou mantenha-os aquecidos para o serviço.

Molho Robert

Rendimento: 960 mℓ

- 60 mℓ de manteiga clarificada ou óleo
- 57 g de chalota bem picada
- 240 mℓ de vinho branco seco
- 1 colher (chá)/2 g de grãos de pimenta-do-reino preta amassados
- 960 mℓ de **demi-glace** (p. 307)
- 30 mℓ de mostarda de Dijon
- 2 colheres (chá)/10 mℓ de suco de limão
- Sal, a gosto
- Pimenta-do-reino preta moída a gosto
- 113 g de manteiga em cubos

1. Aqueça a manteiga ou o óleo em uma panela média, em fogo médio-baixo. Adicione as chalotas e salteie-as até ficarem translúcidas, em 2 a 3 minutos.
2. Junte o vinho e os grãos de pimenta, espere começar a ferver suavemente e reduza à metade.
3. Acrescente o *demi-glace* e mexa. Espere voltar a ferver e cozinhe por 20 minutos, mexendo frequentemente, até que o molho tenha engrossado. Peneire o molho em uma panela limpa e leve novamente ao fogo para ferver suavemente.
4. Adicione a mostarda e o suco de limão. Tempere com o sal e a pimenta-do-reino.
5. Termine o molho juntando a manteiga e misturando bem. Agora, ele está pronto para ser servido ou pode ser resfriado rapidamente e levado à geladeira para uso posterior.

Molho *charcuterie*: Acrescente 43 g de *cornichon* em *julienne* ao molho, com a mostarda e o suco de limão.

Pargo com molho de toranja

Rendimento: 10 porções

- 1,7 kg de filé de pargo, com a pele, em 10 porções (170 g cada)
- 1 colher (chá)/3 g de sal
- 1 pitada de pimenta-do-reino preta moída
- 113 g de farinha de trigo comum, ou a gosto
- 60 ml de azeite de oliva, ou a gosto
- 600 ml de **molho de toranja** (p. 973)

1. Tempere o pargo com o sal e a pimenta-do-reino. Passe a carne dele, mas não a pele, pela farinha de trigo, retirando o excesso.
2. Aqueça o azeite em uma *sauteuse*, em fogo médio alto. Salteie o pargo até dourar bem, de 2 a 3 minutos de cada lado, dependendo da espessura do filé.
3. Sirva imediatamente com o molho.

Truta *amandine*

Rendimento: 10 porções

- 10 filés (170 g cada) de truta
- 2 colheres (chá)/6,5 g de sal
- 1 colher (chá)/2 g de pimenta-do-reino preta moída
- 240 ml de leite, ou a gosto (opcional)
- 85 g de farinha de trigo comum, ou a gosto
- 60 ml de manteiga clarificada ou óleo
- 284 g de manteiga integral
- 142 g de amêndoa laminada
- 150 ml de suco de limão
- 57 g de salsinha picada

1. Seque os filés de truta com papel absorvente e tempere-os com o sal e a pimenta-do-reino. Demolhe os filés no leite, se desejar, e passe pela farinha, retirando o excesso.
2. Aqueça a manteiga clarificada ou o óleo em uma *sauteuse* grande, em fogo médio. Salteie a truta por 2 a 3 minutos de cada lado, até que a carne esteja opaca e firme (63 °C). Retire-a da panela e mantenha-a aquecida, enquanto prepara o molho.
3. Desengordure a panela e aqueça a manteiga até ficar ligeiramente dourada, com aroma de castanhas, em 2 a 3 minutos.
4. Junte as amêndoas e misture para que fiquem uniformemente cobertas pela manteiga. Junte o suco de limão e mexa, para deglaçar a panela. Acrescente a salsinha.
5. Sirva a truta imediatamente, com o molho, ou mantenha-a aquecida para o serviço.

Salmão em crosta de pimenta *ancho* com *mole* amarelo servido com feijão-preto guisado (p. 793) e macarrão com abóbora-moranga (p. 722)

Salmão em crosta de pimenta *ancho* com *mole** amarelo

Rendimento: 10 porções

- 2 pimentas *ancho***
- 1 colher (sopa)/6 g de sementes de cominho
- 1 colher (sopa)/6 g de sementes de erva-doce
- 4 ½ colheres (chá)/7,5 g de sementes de coentro
- 1 colher (sopa)/6 g de grãos de pimenta-do-reino preta inteiros
- 1 colher (sopa)/6 g de folhas de tomilho desidratadas
- 1 colher (sopa)/6 g de orégano desidratado
- 43 g de sal
- 1 colher (sopa)/6 g de mostarda em pó
- 1,7 kg de filés de salmão, em 10 porções (170 g cada)
- 45 mℓ de manteiga clarificada ou óleo
- 600 mℓ de **mole** amarelo (receita a seguir)

1. Retire os caules e sementes das pimentas e pique-as grosseiramente.
2. Toste as pimentas com as sementes de cominho, erva-doce e coentro no forno a 149 °C, por 5 minutos ou até que exalem aroma. Retire-as e deixe-as esfriar à temperatura ambiente.
3. Coloque as especiarias tostadas no moedor de especiarias. Acrescente os grãos de pimenta-do-reino, o tomilho e o orégano. Moa grosseiramente. Misture o sal e a mostarda em pó e reserve.
4. Passe ligeiramente cada porção de salmão nessa mistura. Aqueça a manteiga ou o óleo em uma *sauteuse*, em fogo médio-alto. Salteie o salmão do lado que vai servir, até que as especiarias comecem a dourar, em 1 a 2 minutos.
5. Vire o salmão e cozinhe em fogo médio, ou no forno a 177 °C, por 4 a 6 minutos (dependendo da espessura do filé), até o ponto desejado.
6. Sirva-o imediatamente com o *mole*, ou mantenha-o aquecido para o serviço.

* No México, a palavra significa molho. (N. E.)
** Pimenta mexicana *poblano*, amadurecida e desidratada. (N. E.)

Mole amarelo

Rendimento: 960 mℓ

- 30 mℓ de azeite de oliva
- 340 g de cebola em fatias finas
- 1 colher (chá)/3 g de alho, em fatias
- 680 g de pimentão amarelo sem sementes, picado
- 142 g de erva-doce picada
- 1 pau de canela de 5 cm
- ¼ de colher (chá)/0,5 g de pimenta-da-jamaica moída
- 1 ½ colher (chá)/3 g de erva-de-santa-maria desidratada
- 21 g de açúcar
- 240 mℓ de água
- 85 g de tomatillo, cortado em quatro
- 30 mℓ de suco de limão, ou a gosto
- Sal, a gosto

1. Aqueça o azeite em uma panela de fundo grosso, em fogo médio alto. Acrescente a cebola e o alho e refogue-os até ficarem translúcidos, em cerca de 8 minutos.
2. Adicione os pimentões, a erva-doce, o pau de canela, a pimenta-da-jamaica, a erva-de-santa-maria, o açúcar e a água.
3. Tampe a panela e deixe ferver suavemente, em fogo baixo, até que os pimentões fiquem macios, em cerca de 25 minutos.
4. Transfira a mistura para o liquidificador e bata com os *tomatillos* até obter um purê bem uniforme. Escorra numa peneira de malha grossa.
5. Tempere com o suco de limão e o sal. Agora o molho está pronto para ser servido ou pode ser resfriado rapidamente e conservado na geladeira para uso posterior.

Vatapá com guisado de filé de lagosta e filé de robalo

(por Dadá, Varal da Dadá, Salvador)

Rendimento: 6 porções

VATAPÁ

1 kg de camarão seco descascado

15 pães cacetinhos (pães franceses)

250 g de amendoim

250 g de castanha-de-caju

600 ml de leite de coco grosso

50 g de gengibre

1 molho de coentro

4 cebolas picadas

1 xícara (chá) de azeite de dendê

Sal, a gosto

CALDO DE CABEÇA DE PEIXE

2 kg de cabeça de peixe (robalo, pescada amarela ou algum pescado parecido)

400 ml de leite de coco grosso

1 molho de coentro picado

3 dentes de alho

3 cebolas grandes picadas

3 tomates grandes picados

Suco de 1 limão

Sal, a gosto

GUISADO

6 tomates-cereja (para decoração)

3 tomates picados

2 cebolas picadas

1 pimentão picado

2 dentes de alho picados

4 colheres (sopa) de coentro picado

3 colheres (sopa) de salsa picada

3 colheres (sopa) de cebolinha verde picada

1 colher (sobremesa) de sal

1 xícara (chá) de leite de coco

1 xícara (chá) de creme de leite fresco

4 colheres (sopa) de azeite de oliva

300 g de filé de robalo cortado em cubos

400 g de filé de lagosta fatiado

1 lagosta inteira aferventada (para decoração)

CALDO DE CABEÇA DE PEIXE

Machuque o alho, as cebolas, o coentro e os tomates, acrescente o suco de limão e o sal e misture as cabeças de peixe. Coloque numa panela e leve ao fogo alto para cozinhar. Acrescente o leite de coco, verifique o sabor e desligue o fogo. Retire toda a carne das cabeças de peixe e bata no liquidificador com o caldo coado. Reserve.

VATAPÁ

Coloque os pães de molho em 200 ml de leite de coco e deixe amolecer. Bata no liquidificador as cebolas, a metade do camarão seco, o amendoim, a castanha-de-caju, o coentro, o sal e o gengibre e reserve. Bata também no liquidificador o pão amolecido com o caldo das cabeças de peixe. Numa panela, misture o tempero com o pão batido no liquidificador e leve ao fogo, mexendo sempre. Acrescente o restante do leite de coco e continue mexendo. Coloque o azeite de dendê e o restante do camarão seco. Retire do fogo quando estiver soltando da panela.

GUISADO

Primeiro tempere os filés de lagosta e de robalo com alho, sal e coentro. Depois, machuque a salsa, a cebolinha verde, os tomates, as cebolas e o pimentão e divida em duas partes. Coloque uma parte numa frigideira funda, com os filés temperados. Leve ao fogo, acrescente o azeite de oliva e o leite de coco, sempre mexendo esses ingredientes para que o leite não seja "cortado" quando levantar fervura. Prove e acrescente a outra parte do tempero e o creme de leite fresco. Ferva por mais 10 minutos. Quando passar esse tempo, prove e desligue o fogo.

MONTAGEM

Numa vasilha funda, arrume em seis camadas, uma de vatapá, outra de guisado, sucessivamente, até formar seis camadas. Por último, decore com a lagosta aferventada, o coentro picado e os tomates-cereja. Sirva bem quente, acompanhado de arroz branco.

Truta salteada à la meunière

Rendimento: 10 porções

- 10 trutas (255 g a 284 g cada) evisceradas
- 2 colheres (chá)/6,5 g de sal
- 1 colher (chá)/2 g de pimenta-do-reino preta moída
- 57 g de farinha de trigo comum
- 60 mℓ de manteiga clarificada ou óleo
- 284 g de manteiga integral
- 60 mℓ de suco de limão
- 3 colheres (sopa)/9 g de salsinha picada

1. Seque as trutas com papel absorvente e tempere-as com o sal e a pimenta-do-reino. Passe pela farinha de trigo.
2. Aqueça a manteiga clarificada ou o óleo em uma *sauteuse* grande, em fogo médio. Salteie as trutas aos poucos, durante 3 a 4 minutos por lado, até que estejam ligeiramente douradas e cozidas. Retire-as da panela e mantenha-as aquecidas enquanto termina o molho.
3. Desengordure a panela e aqueça a manteiga até dourar ligeiramente e adquirir um aroma de amêndoas, em 2 a 3 minutos.
4. Adicione o suco de limão à panela e mexa para deglaçar. Junte a salsa e coloque o molho sobre a truta. Sirva imediatamente.

Camarão ticin-xic

Rendimento: 8 porções

- 106 g de pasta de urucum
- 57 g de cebola branca picada
- ¼ de colher (chá)/0,5 g de cravo-da-índia
- 6 dentes de alho
- 1 pitada de pimenta-da-jamaica moída
- 1 colher (chá)/2 g de pimenta-do-reino preta moída
- 1½ colher (chá)/5 g de sal
- 120 mℓ de suco de laranja de Sevilha (laranja amarga)
- 2 colheres (sopa)/30 mℓ de vinagre de vinho branco
- 113 mℓ de suco de limão
- 21 g de pimenta *serrano* sem os talos
- 907 g de camarão descascado e limpo
- 60 mℓ de azeite de oliva (opcional)
- 2 folhas de bananeira em quadrados de 15 cm (opcional)

1. Em um processador de alimentos ou liquidificador, bata a pasta de urucum, a cebola, o cravo, o alho, a pimenta-da-jamaica, a pimenta-do-reino, o sal, o suco de laranja, o vinagre, o suco de limão e a pimenta *serrano* até obter uma massa uniforme.
2. Coloque os camarões em um prato raso e jogue o purê sobre eles. Deixe marinar por 1 hora, na geladeira, antes de cozinhar.
3. O camarão pode ser cozido de duas maneiras. Salteie o camarão no azeite de oliva em fogo alto até ele ficar pronto, em 2 a 3 minutos. Como alternativa, coloque 4 camarões no meio de cada quadrado de folha de bananeira e dobre os cantos da folha sobre os camarões, para envolvê-los. Feche os "pacotes" com barbante ou tiras de folha de bananeira. Aqueça uma frigideira de ferro fundido de 30 cm de diâmetro em fogo médio. Trabalhando em lotes, se necessário, cozinhe os camarões por 4 minutos e vire os "pacotes". Cozinhe por mais 4 minutos ou até o camarão estar no ponto. Desembrulhe os camarões da folha de bananeira antes de servir.

Bibimbap

Rendimento: 10 porções

MARINADA

60 ml de molho de soja coreano

1 colher (sopa)/15 g de açúcar

21 g de cebolinha (parte branca e parte verde) em fatias finas

21 g de alho amassado

1 colher (sopa)/9 g de gengibre ralado

1 colher (sopa)/6 g de sementes de gergelim, tostadas e moídas

1 colher (chá)/5 ml de óleo de gergelim torrado

1 colher (chá)/2 g de pimenta-do-reino preta moída

454 g de ponta de agulha em *julienne*

227 g de rabanete em *julienne*

227 g de *daikon* em *julienne*

227 g de cenoura em *julienne*

227 g de pepino em *julienne*

10 folhas de *perilla* em *chiffonade*

227 g de alface-americana em *chiffonade*

75 ml de óleo vegetal

10 ovos

1,98 kg de **arroz chinês cozido no vapor** (p. 805)

300 ml de pasta de pimenta vermelha coreana

1. Misture o molho de soja, o açúcar, a cebolinha, o alho, o gengibre, as sementes de gergelim, o óleo de gergelim e a pimenta em uma cuba. Acrescente a carne, cubra e leve à geladeira por 24 horas.
2. Misture bem o rabanete, o *daikon*, a cenoura, o pepino, as folhas de *perilla* e a alface e mantenha na geladeira até a hora de servir.
3. Aqueça 60 ml do óleo vegetal em um *wok*, em fogo médio-alto. Seque a carne e salteie durante 3 a 4 minutos, para que ela fique mal cozida. Retire-a da panela e mantenha-a aquecida.
4. Aqueça uma *sauteuse* não aderente com os 15 ml restantes de óleo vegetal. Frite os ovos deixando as gemas moles, para cima.
5. Para cada porção, coloque 43 g da carne frita com cerca de 113 g de vegetais crus e sirva-os sobre 198 g do arroz. Despeje um ovo frito da panela em cima da carne e dos vegetais.
6. Sirva imediatamente com 30 ml de pasta de pimenta vermelha coreana ao lado.

Lulas salteadas com manjericão tailandês

Rendimento: 10 porções

- 43 g de alho, em fatias
- 2 colheres (sopa)/6 g de raiz de coentro bem picada
- 28 g de pimenta tailandesa bem picada
- 1 colher (chá)/2 g de grãos de pimenta-do-reino preta amassados
- 60 mℓ de óleo vegetal
- 907 g de lula, corpo e tentáculos, cortada em pedaços
- 227 g de pimentão vermelho em *julienne*
- 85 g de cebolinha (parte branca e parte verde) em *julienne*
- 60 mℓ de molho de ostra
- 60 mℓ de molho de peixe
- 28 g de açúcar
- 240 mℓ de **fundo de frango** (p. 277)
- 28 g de folha de manjericão tailandês

1. Coloque o alho, a raiz de coentro, as pimentas e os grãos de pimenta-do-reino no liquidificador. Bata até obter uma pasta.
2. Aqueça o óleo em um *wok*, adicione a pasta e salteie até que esteja perfumada, em cerca de 30 segundos.
3. Junte as lulas e salteie-as até que estejam meio cozidas e com as bordas douradas, em 3 a 4 minutos.
4. Acrescente os pimentões e salteie por mais 1 minuto.
5. Adicione as cebolinhas, o molho de ostras, o molho de peixe, o açúcar e o fundo. Deixe até que as lulas estejam cozidas, em 2 a 3 minutos.
6. Adicione o manjericão e misture bem. Sirva imediatamente ou mantenha aquecido para o serviço.

Peitos de frango com recheio *duxelles* e molho *suprême*

Rendimento: 10 porções

- 10 *suprêmes* de frango (198 g a 227 g cada), sem osso
- 2 colheres (chá)/6,5 g de sal
- 1 colher (chá)/2 g de pimenta-do-reino preta moída
- 907 g de **recheio *duxelles*** (p. 500)
- 142 g de farinha de trigo comum, ou a gosto
- 180 mℓ de ***egg wash*** (p. 1.041) ou a gosto
- 340 g de farinha de rosca, ou a gosto
- 720 mℓ de manteiga clarificada ou óleo, ou a gosto
- 600 mℓ de **molho *suprême*** (p. 308)

1. Limpe os *suprêmes* de frango e retire a pele, se desejar. Abra cada porção de peito em borboleta e coloque-a entre folhas de papel-manteiga ou filme plástico e bata para que tenham espessura uniforme.
2. Na hora do serviço ou com até 3 horas de antecedência, seque o frango com papel-toalha e tempere-o com o sal e a pimenta-do-reino. Coloque uma porção do recheio *duxelles* sobre cada *suprême* e enrole-o sobre si mesmo. Sobreponha as bordas para formar uma emenda.
3. Faça o empanamento padrão: passe o frango pela farinha, mergulhe em *egg wash* e passe depois pela farinha de rosca. (Se empanar com antecedência, leve à geladeira com a emenda para baixo.)
4. Aqueça cerca de 1 cm de manteiga ou óleo a 177 °C, em fogo médio. Adicione o frango ao óleo quente, com a emenda para baixo, e frite por 2 a 3 minutos, ou até que fique dourado e crocante. Vire-o uma vez e termine de fritar do outro lado, em mais 3 minutos ou até que atinja temperatura interna de 77 °C. (Termine o cozimento no forno a 177 °C assim que a crosta estiver dourada, se preferir.)
5. Coloque o frango sobre papel absorvente para escorrer, pouco antes de servi-lo com o molho *suprême* aquecido.

Frango frito em leitelho

Rendimento: 10 porções

- 4 frangos (1,59 kg cada um), cortados em 10 pedaços cada
- 480 ml de leitelho
- 4 colheres (sopa)/12 g de estragão picado
- 120 ml de mostarda de Dijon
- 1½ colher (chá)/2 g de tempero para aves
- 4 colheres (sopa)/40 g de sal
- 907 g de farinha de trigo comum
- 1½ colher (chá)/3 g de pimenta-de-caiena
- 14 g de tempero Old Bay
- 1,92 l de gordura vegetal, ou a gosto
- 600 ml de **molho camponês** (receita a seguir)

1. Misture os pedaços de frango com o leitelho, o estragão, a mostarda, o tempero para aves e 2 colheres (sopa)/20 g de sal. Deixe marinar por uma noite inteira, tampados, no refrigerador.
2. Combine a farinha de trigo com a pimenta-de-caiena e o Old Bay. Misture bem.
3. Retire o frango da mistura de leitelho e escorra. Passe pela farinha e deixe descansar por pelo menos 30 minutos sobre uma grelha.
4. Aqueça a gordura em uma panela de ferro grande em fogo médio-alto. Passe o frango novamente pela farinha. Aos poucos, frite-o até dourar dos dois lados, em cerca de 15 minutos.
5. Termine o cozimento no forno a 177 °C colocando o frango em uma grade sobre uma assadeira, até que chegue à temperatura interna de 82 °C.
6. Sirva-o imediatamente com o molho camponês ou mantenha-o aquecido para o serviço.

Molho camponês

Rendimento: 960 ml

- 85 g de toucinho moído
- 60 ml de manteiga clarificada
- 227 g de cebola ralada
- 57 g de salsão ralado
- 1½ colher (chá)/4,5 g de alho amassado
- 71 g de farinha de trigo comum
- 1,44 l de **fundo de frango** (p. 277)
- 454 g de asa de galinha, dourada
- 1 folha de louro
- Sal, a gosto
- Pimenta-do-reino preta moída, a gosto
- 120 ml de creme de leite fresco (36% a 40%)

1. Frite o toucinho na manteiga, em fogo médio-baixo, até que esteja crocante, em cerca de 8 minutos.
2. Adicione a cebola, o salsão e o alho, e refogue-os até que a cebola fique translúcida, em 4 a 6 minutos.
3. Junte a farinha e cozinhe em fogo médio, para fazer um *roux* amarelo.
4. Adicione o fundo, as asas e a folha de louro. Tempere com o sal e a pimenta-do-reino.
5. Deixe o molho ferver suavemente por 1½ h a 2 h, escumando sempre que necessário. Junte o creme de leite, e espere que o molho ferva de novo, suavemente.
6. Peneire o molho. Ajuste o tempero com o sal e a pimenta-do-reino.
7. Agora o molho está pronto para ser servido ou pode ser resfriado rapidamente e levado à geladeira para uso posterior.

Frango frito em leitelho com molho camponês, batatas batidas (p. 753) e couve-manteiga braseada (p. 728)

Escalopes de vitelo à milanesa

Rendimento: 10 porções

1,7 kg de coxão mole de vitelo sem osso, em 10 escalopes (170 g cada)

1 colher (chá)/3 g de sal

½ colher (chá)/1 g de pimenta-do-reino preta moída

142 g de farinha de trigo comum, ou a gosto

180 mℓ de **egg wash** (p. 1.041), ou a gosto

340 g de farinha de rosca, ou a gosto

720 mℓ de óleo vegetal, ou a gosto

1. Coloque cada porção de vitelo entre folhas de papel-manteiga ou filme plástico e bata até chegar a uma espessura de 6 mm.
2. Na hora do serviço, ou até 25 minutos antes, empane o vitelo da maneira padrão: seque-o, tempere com o sal e a pimenta-do-reino, passe pela farinha, mergulhe em *egg wash* e passe por farinha de rosca. (Se empanar com antecedência, conserve na geladeira.)
3. Aqueça cerca de 3 mm de óleo até aproximadamente 177 °C, em fogo médio. Aos poucos, acrescente o vitelo empanado ao óleo quente e frite-o de um lado por cerca de 2 minutos, ou até ficar bem dourado e crocante. Vire-o uma vez e termine de fritar do outro lado, por 1 ou 2 minutos mais, ou até obter uma temperatura interna de 71 °C.
4. Escorra-o rapidamente sobre papel absorvente e sirva-o imediatamente ou mantenha-o aquecido para o serviço.

Wiener schnitzel: Prepare os escalopes conforme a receita acima. Aqueça 113 g de manteiga em uma *sauteuse* até que comece a borbulhar, em cerca de 2 minutos. Acrescente o vitelo frito à manteiga quente e vire-o do outro lado, para envolvê-lo por igual. Sirva-o imediatamente em pratos aquecidos, com gomos ou fatias de limão e salsinha.

Escalopes de porco fritos à milanesa: Substitua o vitelo por igual quantidade de lombo de porco. Prepare os escalopes conforme as instruções acima.

Vitelo *cordon bleu*

Rendimento: 10 porções

1,7 kg de coxão mole de vitelo sem osso, em 10 porções (170 g cada)

1 colher (chá)/3 g de sal

½ colher (chá)/1 g de pimenta-do-reino preta moída

142 g de presunto cru, em fatias bem finas

142 g de queijo *gruyère*, em fatias bem finas

142 g de farinha de trigo comum, ou a gosto

120 mℓ de **egg wash** (p. 1.041), ou a gosto

227 g de farinha de rosca fresca, ou a gosto

600 mℓ de **molho de cogumelo** (p. 458), ou a gosto

1. Coloque cada porção de vitelo entre folhas de papel-manteiga ou filme plástico e bata até obter uma espessura de 6 mm. Seque e tempere o vitelo com o sal e a pimenta-do-reino.
2. Coloque sobre cada escalope 14 g de presunto e 14 g de queijo. Enrole a carne em torno do recheio, formando uma meia-lua. Bata as bordas abertas com cuidado, entre folhas de papel-manteiga ou plástico, para selar o *cordon bleu*.
3. Na hora do serviço, ou até 25 minutos antes, empane o vitelo da maneira padrão: passe-o pela farinha de trigo, mergulhe no *egg wash* e passe por farinha de rosca. (Se empanar com antecedência, conserve na geladeira.)
4. Aqueça cerca de 1 cm de óleo a 177 °C, em fogo médio em uma *sauteuse* grande. Adicione o vitelo ao óleo quente e frite de um lado por 2 a 3 minutos, ou até ficar bem dourado e crocante. Vire o vitelo uma vez e termine a fritura do outro lado, em mais 2 minutos, ou até que chegue à temperatura interna de 71 °C. (Opcional: termine o cozimento no forno a 177 °C, se preferir.)
5. Escorra o vitelo sobre folhas de papel absorvente. Sirva-o imediatamente com o molho de cogumelos ou mantenha-o aquecido para o serviço.

Piccata di vitello alla milanese

Rendimento: 10 porções

- 1,7 kg de coxão mole de vitelo sem osso, cortado em 10 porções de 170 g
- 4 ovos batidos
- 57 g de queijo parmesão ralado
- 240 mℓ de óleo vegetal, ou a gosto
- 1 colher (chá)/3 g de sal
- ½ colher (chá)/1 g de pimenta-do-reino preta moída
- 170 g de farinha de trigo comum, ou a gosto
- 600 mℓ de **molho à milanesa** (receita a seguir)

1. Coloque cada porção de vitelo entre folhas de papel-manteiga ou filme plástico e bata até chegar a uma espessura uniforme de 6 mm.
2. Misture bem os ovos e o queijo parmesão e reserve.
3. Aqueça cerca de 1 cm de óleo em uma *sauteuse* grande até aproximadamente 177 °C em fogo médio.
4. Seque o vitelo, tempere com o sal e a pimenta-do-reino, passe pela farinha, mergulhe na mistura de ovo e passe pela farinha de novo. Adicione o vitelo ao óleo quente e frite de um lado, por cerca de 2 minutos. Quando estiver dourado e crocante, vire o vitelo e termine de fritar o outro lado por mais 2 minutos, ou até obter uma temperatura interna de 71 °C.
5. Retire-o da frigideira e escorra-o em papel absorvente. Sirva-o imediatamente com o molho à milanesa ou mantenha-o aquecido para o serviço.

NOTA: Não coloque o vitelo na mistura de ovos se não for preparar imediatamente, porque a massa vai se desprender da carne e terá de ser aplicada novamente na hora de fritar.

Molho à milanesa

Rendimento: 960 mℓ

- 90 mℓ de manteiga clarificada
- 113 g de cogumelo-de-paris em *julienne*
- 57 g de chalota ralada
- 360 mℓ de vinho tinto seco
- 720 mℓ de **molho de tomate** (p. 309)
- 720 mℓ de *jus de veau lié* (p. 307)
- 113 g de presunto cru em *julienne*
- 57 g de língua de boi em *julienne*
- 4 colheres (chá)/4 g de salsa picada
- Sal, a gosto
- Pimenta-do-reino preta moída, a gosto

1. Aqueça a manteiga numa panela, em fogo médio. Acrescente os cogumelos e as chalotas e refogue por cerca de 1 a 2 minutos.
2. Adicione o vinho e reduza até quase secar. Junte o molho de tomate e o *jus lié*. Ferva suavemente até que o molho tenha se reduzido em cerca de um quarto à metade, dependendo da consistência desejada.
3. Junte o presunto, a língua e a salsa e continue a ferver suavemente, até que todos os ingredientes estejam quentes. Tempere com o sal e a pimenta-do-reino.
4. Agora o molho está pronto para ser servido ou pode ser resfriado rapidamente e levado à geladeira para uso posterior.

Prato do pescador

Rendimento: 10 porções

567 g de linguado, cortado em *goujonettes* de 28 g cada

20 mexilhões *littleneck* sem casca

20 ostras, sem casca

20 camarões pequenos (16 a 20 unidades) descascados e limpos

284 g de vieiras sem músculos

60 ml de suco de limão-siciliano, ou a gosto

1 colher (chá)/3 g de sal

½ colher (chá)/1 g de pimenta-do-reino preta moída

142 g de farinha de trigo comum, ou a gosto

180 ml de **egg wash** (p. 1.041), ou a gosto

340 g de farinha de rosca, ou a gosto

480 ml de óleo vegetal, ou a gosto

600 ml de **molho *rémoulade*** (receita a seguir)

1. Na hora do serviço, ou até 25 minutos antes, seque a superfície do peixe, dos mexilhões, das ostras, dos camarões e das vieiras e tempere com o suco de limão-siciliano, o sal e a pimenta-do-reino. Empane da maneira padrão: passe cada item por farinha de trigo, mergulhe em *egg wash* e passe por farinha de rosca. (Se empanar com antecedência, conserve na geladeira.)

2. Aqueça cerca de 1 cm de óleo a 177 °C, em uma *sauteuse* grande, em fogo médio. Adicione o peixe e os frutos do mar ao óleo quente e frite-os de um lado por cerca de 2 minutos, ou até ficarem bem dourados e crocantes. Vire-os uma vez e termine de fritar do outro lado, em 1 ou 2 minutos mais, ou até que cada pedaço chegue à temperatura interna de 63 °C. (Termine de cozinhar no forno a 177 °C assim que a crosta estiver bem dourada, se preferir.)

3. Escorra rapidamente o peixe e os frutos do mar em papel absorvente. Sirva 2 *goujonettes*, 2 mexilhões, 2 ostras, 2 camarões e 1 vieira por porção, com 60 ml de molho *rémoulade*.

Molho *rémoulade*

Rendimento: 960 ml

840 ml de **maionese** (p. 921)

57 g de alcaparra picada

3 colheres (sopa)/9 g de cebolinha francesa picada

3 colheres (sopa)/9 g de estragão picado

15 ml de mostarda de Dijon

1 colher (chá)/5 ml de pasta de anchovas

Sal, a gosto

Pimenta-do-reino preta moída

Molho inglês, a gosto

Molho tabasco, a gosto

Misture bem todos os ingredientes. Ajuste o tempero com o sal, o molho inglês e o tabasco. Agora o molho está pronto para ser servido ou pode ser conservado na geladeira para uso posterior.

Bolinhos de bacalhau à moda antiga

Rendimento: 10 porções

680 g de bacalhau salgado

1,92 ℓ de água

960 mℓ de leite

1,36 kg de batata *russet*

340 g de cebola ralada

4 colheres (chá)/12 g de alho amassado

57 g de manteiga

3 ovos

4½ colheres (chá)/22,5 mℓ de mostarda

4½ colheres (chá)/22,5 mℓ de molho inglês

14 g de salsa picada

2 colheres (chá)/6,5 g de sal

½ colher (chá)/1 g de pimenta-do-reino preta moída

85 g de farinha *panko*

454 g de toucinho em fatias bem finas

480 mℓ de óleo vegetal para fritar

1. Demolhe o bacalhau salgado em muita água, trocando-a várias vezes. Deixe passar a noite na água, em geladeira.

2. No dia seguinte, retire o bacalhau da água, corte-o em pedaços grandes e ferva suavemente no leite, em fogo médio-baixo, por 15 minutos.

3. Despreze o leite e enxágue o bacalhau em água corrente. Prove-o; não deve estar salgado. Se estiver, repita o processo quantas vezes forem necessárias, usando leite fresco. Desfie ou corte o bacalhau em pedaços pequenos. Leve-o à geladeira até ficar totalmente gelado.

4. Escove, descasque e corte as batatas em pedaços grandes. Cozinhe as batatas na água ou no vapor até que estejam macias o suficiente para serem amassadas. Escorra e seque em fogo baixo, ou em uma assadeira no forno a 149 °C, até que não saia mais vapor. Enquanto as batatas ainda estiverem quentes, amasse-as em um espremedor de batatas ou passador de legumes, em uma tigela aquecida.

5. Enquanto as batatas cozinham, refogue a cebola e o alho na manteiga em uma *sauteuse*, em fogo médio, até que fiquem translúcidos, em 3 a 4 minutos. Leve-os à geladeira até que fiquem bem gelados.

6. Misture as batatas ao bacalhau. Deve haver pequenos flocos de bacalhau visíveis em toda a mistura.

7. Acrescente os ovos, a mostarda, o molho inglês, a salsa, e também a cebola e o alho gelados à mistura de bacalhau. Tempere com o sal e a pimenta-do-reino. Leve a mistura à geladeira e espere ficar bem gelada antes de usar.

8. Faça bolinhos de 85 g com a mistura de bacalhau, que devem ter aproximadamente 6 cm de diâmetro e 3 cm de espessura.

9. Passe os bolinhos ligeiramente pela farinha *panko* e depois enrole um pedaço de toucinho em torno de cada um. Prenda o toucinho com um palito.

10. Aqueça cerca de 120 mℓ do óleo num *sautoir*, em fogo médio-alto. Frite os bolinhos de bacalhau, durante 3 a 4 minutos de cada lado, até ficarem dourados, crocantes e inteiramente cozidos. Adicione óleo limpo ao *sautoir* sempre que necessário.

11. Escorra os bolinhos de bacalhau sobre papel absorvente e sirva-os imediatamente ou mantenha-os aquecidos para o serviço.

Truta de arroio frita com *bacon*

Rendimento: 10 porções

15 fatias de *bacon*

10 trutas de arroio limpas, sem espinhas

2 colheres (chá)/6,5 g de sal

1 colher (chá)/2 g de pimenta-do-reino preta moída

480 ml de leitelho, ou a gosto

480 ml de óleo vegetal, ou a gosto

227 g de farinha de trigo comum, ou a gosto

2 limões-sicilianos, cortados em gomos

1. Coloque o *bacon* em uma assadeira, em uma só camada. Leve ao forno a 191 °C e cozinhe por 15 minutos, até ficar crocante. Corte cada fatia ao meio e reserve.
2. Tempere a parte interna da truta com o sal e a pimenta-do-reino. Coloque a truta numa cuba com o leitelho.
3. Aqueça o óleo em uma frigideira de ferro ou uma *sauteuse* grande, em fogo médio alto. Passe a truta ligeiramente pela farinha de trigo e retire o excesso.
4. Frite a truta por 4 a 5 minutos de cada lado. Abaixe o fogo, se necessário, para evitar que queime.
5. Escorra rapidamente sobre papel absorvente.
6. Coloque 3 fatias de *bacon* crocante sobre cada truta e sirva-as imediatamente com um gomo de limão-siciliano, ou mantenha-as aquecidas para o serviço.

Linguado à Orly

Rendimento: 10 porções

960 ml de óleo vegetal, ou a gosto

1,7 kg de filé de linguado em 10 porções de 170 g

30 ml de suco de limão-siciliano

1 colher (chá)/3 g de sal

½ colher (chá)/1 g de pimenta-do-reino preta moída

Farinha de trigo comum, a gosto

660 ml de **massa mole de cerveja** (receita a seguir)

600 ml de **molho de tomate** (p. 309)

20 galhinhos de salsa

10 gomos de limão-siciliano

1. Aqueça o óleo a 177 °C, em uma frigideira funda ou panela alta.
2. No momento do serviço, seque o peixe e tempere-o com o suco de limão-siciliano, o sal e a pimenta-do-reino. Passe pela farinha, retire o excesso, depois mergulhe na massa mole de cerveja. Coloque o linguado em uma cesta de fritura, ponha-a no óleo e frite o peixe por imersão até ficar dourado e cozido, em 3 a 4 minutos.
3. Seque-o rapidamente em papel absorvente e sirva imediatamente com 60 ml de molho de tomate, 2 galhinhos de salsa e 1 gomo de limão-siciliano.

Massa mole de cerveja

Rendimento: 60 ml

284 g de farinha de trigo comum

½ colher (chá)/1,5 g de fermento em pó

1 colher (chá)/3 g de sal

1 ovo, separado

480 ml de cerveja

1. Misture a farinha de trigo, o fermento e o sal. Adicione a gema e a cerveja ao mesmo tempo e bata até a mistura ficar bem homogênea. Conserve-a na geladeira até o momento de usar.
2. Na hora do serviço, bata a clara reservada em ponto de neve. Misture-a à massa mole e use imediatamente.

Tempura de camarão

Rendimento: 10 porções

- 1,7 kg de camarão (de 16 a 20 unidades), descascado e limpo
- 480 mℓ de óleo vegetal
- 240 mℓ de óleo de amendoim
- 240 mℓ de óleo de gergelim

MASSA MOLE PARA TEMPURA

- 3 ovos batidos
- 480 mℓ de água
- 227 g de gelo picado
- 369 g de farinha de trigo comum, e um pouco mais para empanar
- 600 mℓ de **molho para tempura** (receita a seguir)

1. Se desejar, faça algumas incisões na parte inferior de cada camarão, para que fiquem retos. Mantenha na geladeira até a hora do serviço.
2. Coloque o óleo vegetal, o de amendoim e o de gergelim em uma panela funda ou fritadeira. Aqueça a 177 °C.
3. Para preparar a massa mole, misture os ovos, a água e o gelo. Adicione a farinha de trigo e misture cuidadosamente. Não misture demais.
4. Passe os camarões ligeiramente pela farinha. Pegue-os pela cauda e mergulhe o corpo na massa mole, para cobrir de leve. Frite-os por imersão imediatamente, até que fiquem crocantes e brancos ou levemente dourados.
5. Escorra o *tempura* em papel absorvente e sirva-o imediatamente com o molho.

Molho para tempura

Rendimento: 960 mℓ

- 480 mℓ de molho de soja *light*
- 240 mℓ de **ichi ban dashi** (p. 280)
- 240 mℓ de *mirin*
- 142 g de *daikon*, ralado bem fino
- 1 colher (sopa)/9 g de gengibre, ralado bem fino

Coloque todos os ingredientes numa panela e aqueça ligeiramente, em fogo baixo. Agora o molho está pronto para ser servido ou pode ser resfriado rapidamente e levado à geladeira para uso posterior.

Frango crocante à tangerina

Rendimento: 10 porções

MARINADA

30 mℓ de molho de soja *light*

1½ colher (chá)/4,5 g de alho amassado

1 colher (chá)/3 g de sal

2 colheres (chá)/4 g de pimenta-do-reino branca moída

907 g de sobrecoxa de frango sem pele, cortada em cubos de 3 cm

960 mℓ de óleo vegetal, ou a gosto

CROSTA

1 ovo batido

120 mℓ de água

170 g de amido de milho

60 mℓ de óleo de amendoim

1 colher (sopa)/9 g de gengibre ralado

1 colher (sopa)/9 g de alho amassado

14 g de cebolinha, em fatias bem finas (parte branca e parte verde)

14 g de *zestes* de tangerina seca, reidratada e moída

2 colheres (chá)/7 g de pimenta vermelha desidratada

227 g de cogumelo-de-paris, cortado em quatro

227 g de pimentão vermelho, em cubos de 3 cm

227 g de florete de brócolis branqueado

420 mℓ de **molho de alho doce** (receita a seguir)

1. Misture o molho de soja, o alho, o sal e a pimenta-do-reino branca. Despeje a marinada sobre o frango e deixe no refrigerador por 20 minutos.
2. Aqueça o óleo vegetal a 177 °C em uma panela funda.
3. Para preparar a crosta, misture o ovo, a água e o amido de milho até obter uma pasta homogênea. Escorra o frango da marinada e cubra com a mistura da crosta.
4. Frite o frango por imersão até ficar bem dourado, crocante e bem cozido, em 2 a 3 minutos. Escorra-o rapidamente em papel absorvente e reserve-o aquecido.
5. No momento do serviço, aqueça o óleo de amendoim em um *wok*, em fogo médio-alto. Adicione o gengibre, o alho, a cebolinha, a casca de tangerina e a pimenta. Salteie até que fiquem aromáticos, de 15 a 30 segundos.
6. Acrescente os cogumelos e salteie por mais 2 minutos. Junte os pimentões vermelhos e frite por 1 a 2 minutos. Adicione o brócolis e salteie por mais 1 a 2 minutos.
7. Junte o frango já frito e salteie para reaquecer, em 1 a 2 minutos.
8. Acrescente devagar o molho de alho doce, mexendo constantemente, para revestir o frango e os vegetais.
9. Sirva imediatamente.

Molho de alho doce

Rendimento: 960 mℓ

75 mℓ de óleo vegetal

2 colheres (chá)/6 g de gengibre ralado

28 g de alho amassado

35 g de cebolinha bem picada

2 colheres (chá)/10 mℓ de pasta de feijão quente

480 mℓ de molho de soja *light*

75 mℓ de vinho de arroz (*Shaoxing*)

75 mℓ de vinagre de arroz

300 mℓ de **fundo de frango** (p. 277)

156 g de açúcar

2 colheres (chá)/10 mℓ de óleo de gergelim

71 g de amido de milho misturado com água, para fazer um *slurry*

1. Aqueça o óleo em um *wok*, em fogo médio-alto. Adicione o gengibre, o alho e as cebolinhas e frite-os até que fiquem aromáticos, em 15 a 30 segundos.
2. Junte a pasta de feijão e salteie por mais 15 a 30 segundos.
3. Acrescente o molho de soja, o vinho de arroz, o vinagre e o fundo. Espere ferver.
4. Junte o açúcar e o óleo de gergelim e misture bem. Espere ferver novamente.
5. Pouco a pouco, acrescente o *slurry* de amido de milho ao molho, até ficar um pouco mais grosso.
6. Agora, o molho está pronto para ser servido ou pode ser resfriado rapidamente e levado à geladeira para uso posterior.

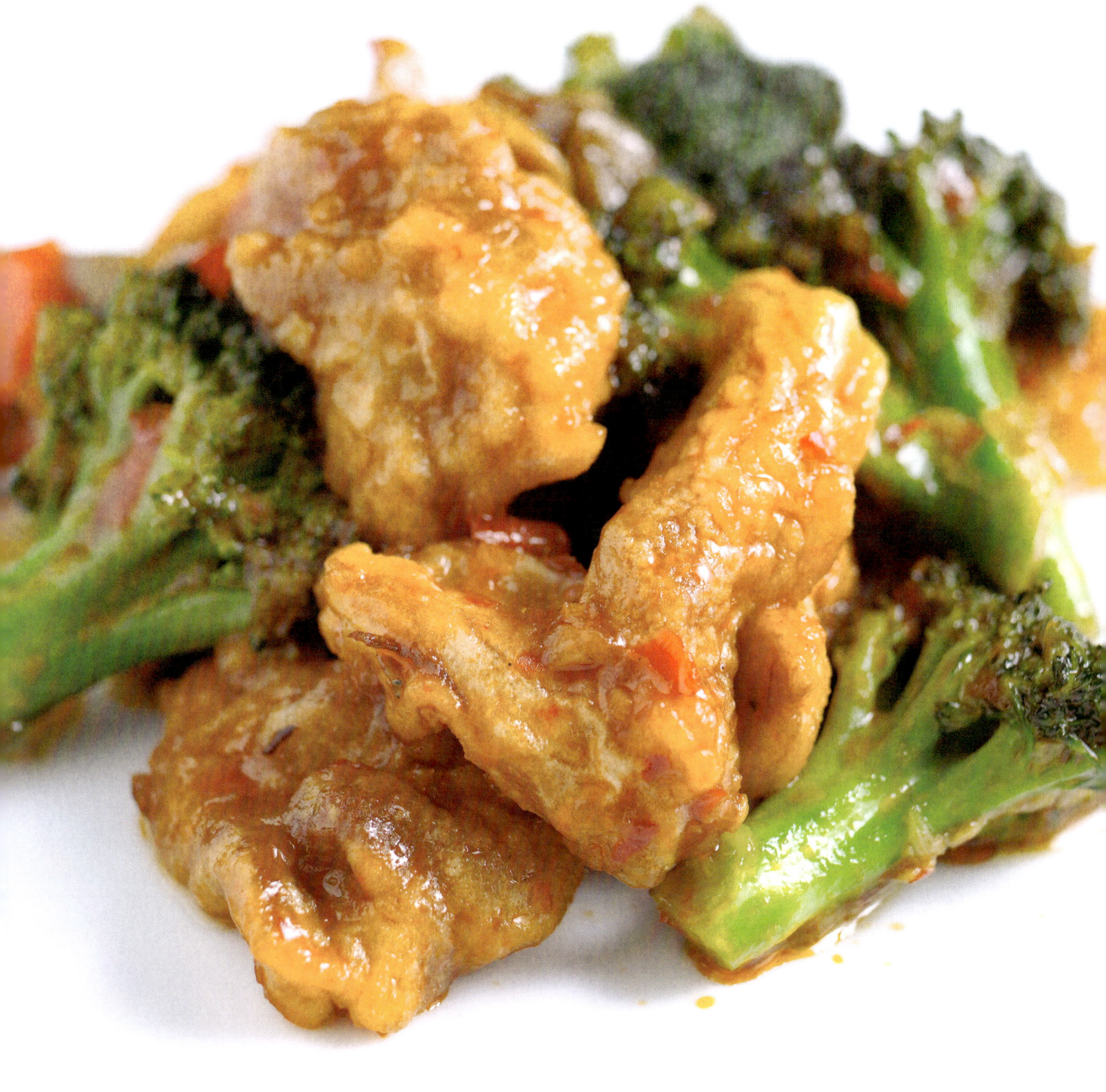

Ma po dofu

Tofu da vovó (Ma po dofu)

Rendimento: 10 porções

- Óleo vegetal, a gosto
- 1,13 kg de tofu firme em triângulos de 1 cm de espessura
- 120 mℓ de óleo de amendoim
- 1 colher (sopa)/9 g de gengibre picado
- 1 colher (sopa)/9 g de alho picado
- 1 colher (sopa)/11 g de cebolinha em fatias finas (parte branca e parte verde)
- 3 colheres (sopa)/71 g de *doubanjiang*
- 3 colheres (sopa)/71 g de *douchi*
- 1 colher (sopa)/6 g de *chili* em pó coreano
- 284 g de *shiitake* sem talo e em fatias
- 227 g de ervilha-torta, com o cordão removido, cortada ao meio na diagonal
- 227 g de pimentão vermelho em *batonnet*
- 227 g de broto de feijão (*moyashi*)
- 60 mℓ de molho de ostra vegetariano
- 2 colheres (sopa)/30 mℓ de óleo de gergelim tostado
- 2 colheres (sopa)/6 g de coentro picado
- 1 colher (chá)/3 g de sal
- ½ colher (chá)/1 g de pimenta-do-reino branca moída
- 1 colher (chá)/2 g de grão de pimenta *Sichuan* moída

1. Aqueça o óleo a 176 °C em uma caçarola funda. Trabalhando aos poucos, se necessário, frite o tofu por imersão até ficar dourado, em 5 minutos. Seque com papel absorvente e reserve.
2. Aqueça o óleo de amendoim em um *wok*. Acrescente o gengibre, o alho e as cebolinhas e salteie (*stir-fry*) até ficar aromático, em cerca de 1 minuto. Junte o *doubanjiang*, o *douchi* e o *chili* em pó e salteie por mais 1 minuto. Junte o *shiitake*, as ervilhas, os pimentões vermelhos e o *moyashi* e salteie até que os vegetais estejam macios, em 6 a 8 minutos.
3. Adicione o tofu, o molho de ostras, o óleo de gergelim, o coentro, o sal e a pimenta. Salteie até aquecer por completo, em cerca de 3 minutos. Finalize com a pimenta *Sichuan*.

NOTA: Para um *Ma po dofu* tradicional, junte 454 g de carne moída ao *wok* com o tofu no passo 3.

Peixe frito com *dill* à moda de Hanói (Cha ca thang long)

Rendimento: 10 porções

- 113 g de farinha de arroz
- 2 colheres (chá)/4 g de açafrão-da-terra
- 1 colher (sopa)/10 g de sal
- 960 mℓ de óleo vegetal
- 1,36 kg de filé de peixe-lobo cortado em quadrados de 5 cm
- 2 colheres (sopa)/30 mℓ de óleo de amendoim
- 113 g de cebolinha (parte branca e parte verde) em *julienne*
- 30 folhas de manjericão tailandês, cortados ao meio no sentido do comprimento
- 60 folhas de coentro
- 60 raminhos de *dill*, sem caule
- 454 g de *vermicelli* de arroz, cozidos
- 71 g de amendoim tostado em frigideira
- 480 mℓ de **molho vietnamita para *dips*** (p. 975)

1. Coloque numa tigela grande a farinha de arroz, o açafrão-da-terra e o sal. Aqueça o óleo vegetal a 191 °C.
2. Passe o peixe pela mistura de farinha, retire o excesso e frite-o por imersão imediatamente, até ficar dourado e crocante, em 2 a 3 minutos. Escorra-o sobre papel absorvente e reserve-o aquecido.
3. Aqueça o óleo de amendoim em um *wok*, salteie as cebolinhas por cerca de 5 segundos. Adicione o manjericão, o coentro e o *dill*, e salteie durante 30 a 45 segundos, até que as ervas amoleçam um pouco. Retire imediatamente.
4. Sirva o peixe sobre uma camada de macarrão em que foi distribuída a mistura de ervas. Guarneça com o amendoim tostado e sirva com o molho vietnamita.

receitas de saltear, fritar raso e fritar por imersão

Bolinhos de peixe fritos

Rendimento: 10 porções

- 10 pimentas tailandesas
- 43 g de chalota
- 2 dentes de alho
- 14 g de raiz ou caule de coentro
- 1 colher (sopa)/8 g de galanga
- 3 folhas de limoeiro *kaffir*
- 1 colher (chá)/3 g de sal
- 567 g de filé de peixe de carne branca moído
- 30 ml de molho de peixe
- 113 g de feijão-chicote em fatias muito finas
- 960 ml de óleo de amendoim
- 600 ml de **salada de pepino** (p. 940)

1. Coloque no processador de alimentos as pimentas, a chalota, o alho, o coentro, a galanga, as folhas de limoeiro e o sal e bata até obter uma pasta.
2. Coloque numa tigela a pasta de temperos, o peixe, o molho de peixe e o feijão e trabalhe com as mãos até obter uma mistura uniforme, com consistência ligeiramente pegajosa.
3. Forme discos redondos e achatados de 71 g com a massa. Deixe-os na geladeira até o momento de cozinhar.
4. Aqueça o óleo a 177 °C. Frite os bolinhos por imersão até que estejam dourados por fora e flutuem no óleo, em cerca de 3 minutos.
5. Retire os bolinhos do óleo e escorra-os em papel absorvente. Sirva-os imediatamente com a salada de pepino ou mantenha-os aquecidos para o serviço.

Pimentas *poblano* recheadas com *picadillo oaxaqueño*

Rendimento: 10 porções

PICADILLO OAXAQUEÑO

- 907 g de paleta suína sem osso, em cubos de 5 cm
- 142 g de cebola branca, em cubos médios
- 2 colheres (chá)/6 g de alho amassado
- 1½ colher (sopa)/15 g de sal, ou quanto baste
- 3 colheres (sopa)/45 ml de óleo de canola
- 397 g de cebola branca picada, em cubos
- 2 colheres (sopa)/18 g de alho picado
- 907 g de tomate italiano, em cubos
- 2 colheres (sopa)/20 g de uva-passa picada
- 2 colheres (chá)/8 g de alcaparra escorrida e picada
- 57 g de azeitona verde sem caroço
- 2 colheres (sopa)/25 g de amêndoa picada
- 57 g de salsinha
- ¼ de colher (chá)/0,5 g de cravo-da-índia
- ¼ de colher (chá)/0,5 g de pimenta-do-reino preta em grão
- 1 colher (chá)/2 g de canela em pau
- 2 colheres (chá)/10 ml de vinagre de vinho branco
- 2 colheres (chá)/10 g de açúcar

CALDILLO

- 907 g de tomate italiano
- 480 ml de água
- 113 g de cebola branca picada
- 1 colher (chá)/3 g de alho picado
- 1½ colher (sopa)/22,5 ml de óleo de canola
- 2 folhas de louro
- 2 colheres (chá)/6,5 g de sal

PIMENTA RECHEADA

- 907 g de pimenta *poblano*
- 99 g de farinha de trigo comum
- 5 ovos separados
- Sal, a gosto
- 1,92 ℓ de óleo vegetal

1. Para fazer o *picadillo*, coloque em uma panela grande a carne de porco, as cebolas em cubos médios e o alho amassado. Cubra com água e tempere com sal a gosto. Deixe ferver e em seguida abaixe o fogo e cozinhe em fogo brando até a carne ficar macia, em cerca de 1½ hora.

2. Escorra a carne de porco e descarte o caldo, a cebola e o alho. Deixe a carne esfriar. Use os dedos ou dois garfos para desfiar a carne.

3. Aqueça o óleo em uma panela *roundeau* média a fogo médio. Salteie as cebolas picadas em cubos até ficarem macias, em 3 a 4 minutos. Junte o alho picado e salteie até liberar o aroma, em mais 1 minuto. Junte os tomates e salteie até cozinhar por inteiro, mexendo de vez em quando, em 8 a 10 minutos. Junte as uvas-passas, as alcaparras, as azeitonas, as amêndoas e a salsinha.

4. Em um moedor de especiarias, moa os cravos, a pimenta e a canela. Junte à mistura de tomate. Baixe o fogo e cozinhe em fogo brando por 10 minutos.

5. Tire o fogo e junte a carne de porco, o vinagre, o açúcar e 1½ colher (sopa)/15 g de sal. Misture bem. Deixe o *picadillo* esfriar completamente antes de rechear as pimentas *poblano*.

6. Para fazer o *caldillo*, coloque os tomates em uma caçarola média. Junte a água e espere ferver. Baixe o fogo e cozinhe em fogo brando, com a panela tampada, até os tomates estarem completamente cozidos, em 10 a 12 minutos.

7. Escorra os tomates e reserve o líquido do cozimento. Faça um purê com os tomates, a cebola e o alho em um processador de alimentos ou liquidificador, para fazer um molho leve.

8. Aqueça o óleo em uma panela grande e cozinhe o molho de tomate, mexendo sempre, até chegar a uma coloração vermelho ferrugem. Junte as folhas de louro e líquido suficiente para deixar o molho na consistência desejada. Cozinhe em fogo baixo por 30 minutos.

9. Retire as folhas de louro e tempere com sal. O *caldillo* está pronto para ser usado ou pode ser resfriado rapidamente e levado à geladeira para uso posterior.

10. Recheie as pimentas *poblano* com o *picadillo*, tomando cuidado para não encher demais. Feche as pimentas em volta do recheio.

11. Polvilhe as pimentas recheadas em 85 g de farinha, retirando o excesso.

12. Bata as gemas de ovos levemente, só para misturar. Bata as claras em ponto de picos altos em uma batedeira. Verta os 14 g de farinha restantes nas gemas de ovos e tempere com sal. Deixe a mistura mais leve juntando um terço das claras de ovos batidas às gemas. Junte o restante das claras de ovos.

13. Aqueça o óleo vegetal a 177 °C em uma panela funda. Uma de cada vez, mergulhe as pimentas *poblano* na mistura de ovos e frite até ficarem douradas. Seque com papel absorvente e as mantenha aquecidas.

14. Sirva as pimentas *poblano* recheadas com o molho de *caldillo*.

Tinga poblano

Rendimento: 10 porções

- 1,36 kg de paleta suína sem osso, em cubos de 5 cm
- 1½ cebola branca média descascada
- 2 dentes de alho
- 1½ colher (sopa)/15 g de sal, ou a gosto
- 340 g de batata asterix descascada
- 60 mℓ de óleo de canola
- 340 g de *chorizo* mexicano
- 1½ cebola branca, em fatias finas
- 907 g de tomate italiano, em cubos
- 8 pimentas *chipotle* em conserva de molho *adobo*, em tiras de 6 mm
- 4½ colheres (chá)/22,5 mℓ de vinagre de sidra
- 1 colher (sopa)/15 g de açúcar
- 2 avocados sem caroço, descascados e em fatias finas
- ½ cebola branca em fatias muito finas

1. Coloque a carne de porco em uma panela grande de 30 cm de diâmetro e cubra com água. Espere ferver, escorra e descarte a água.
2. Devolva a carne na panela. Junte a cebola inteira, o alho e água até cobrir. Tempere com 1½ colher (chá)/5 g de sal e leve para ferver. Abaixe o fogo e cozinhe em fogo brando até a carne ficar macia, por cerca de 45 minutos.
3. Escorra a carne e descarte o caldo, a cebola e o alho. Deixe a carne esfriar. Use os dedos ou dois garfos para desfiar a carne. Reserve.
4. Ferva as batatas em água salgada até que estejam cozidas *al dente*, em 15 minutos, aproximadamente.
5. Escorra as batatas e deixe esfriar. Corte em cubos médios e reserve.
6. Aqueça o óleo em uma *sauteuse* grande em fogo médio e frite o *chorizo* até cozer por inteiro, em 5 a 7 minutos. Escorra o excesso de gordura e reserve o *chorizo*.
7. Salteie a cebola em cubos na gordura reservada em fogo médio a alto só até começar a dourar, em 5 minutos. Junte a carne e salteie até dourar e ficar levemente crocante, em cerca de 6 minutos. Junte os tomates e cozinhe por cerca de 3 minutos. Junte as batatas, o *chorizo*, as pimentas *chipotle*, o vinagre, 1 colher (sopa)/10 g de sal e o açúcar e aqueça. Prove e coloque mais pimentas *chipotle* se não estiver suficientemente picante.
8. Guarneça a *tinga* com o avocado e as fatias de cebola.

NOTA: A *tinga poblano* pode ser servida com arroz cozido ou feijão-preto e *tortillas*.

cozinhar a vapor e escalfado

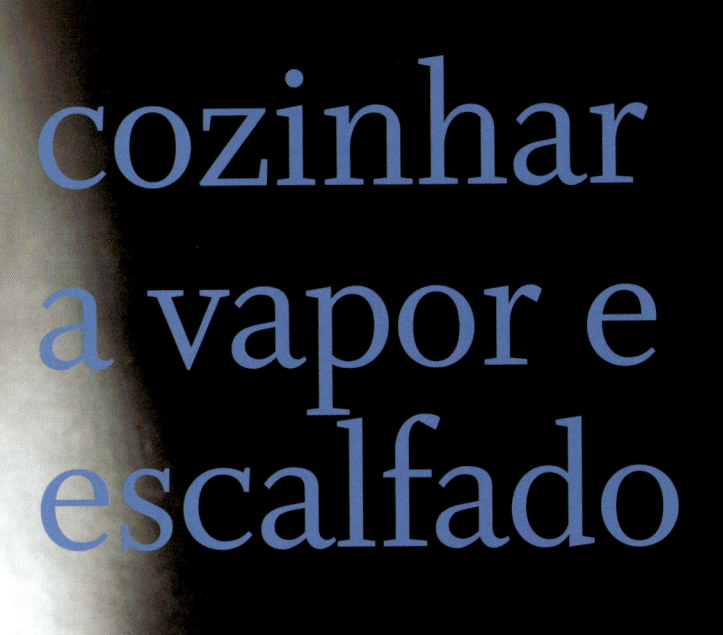

Em técnicas de umidade-calor – cozinhar a vapor, *en papillote*, escalfado raso, escalfado fundo e ferver suavemente –, o meio de cocção são líquidos e/ou vapor de água. O segredo para dominar os métodos de umidade-calor são o monitoramento cuidadoso das temperaturas, do tempo de cozimento e a determinação precisa do ponto de cozimento.

CAPÍTULO 19

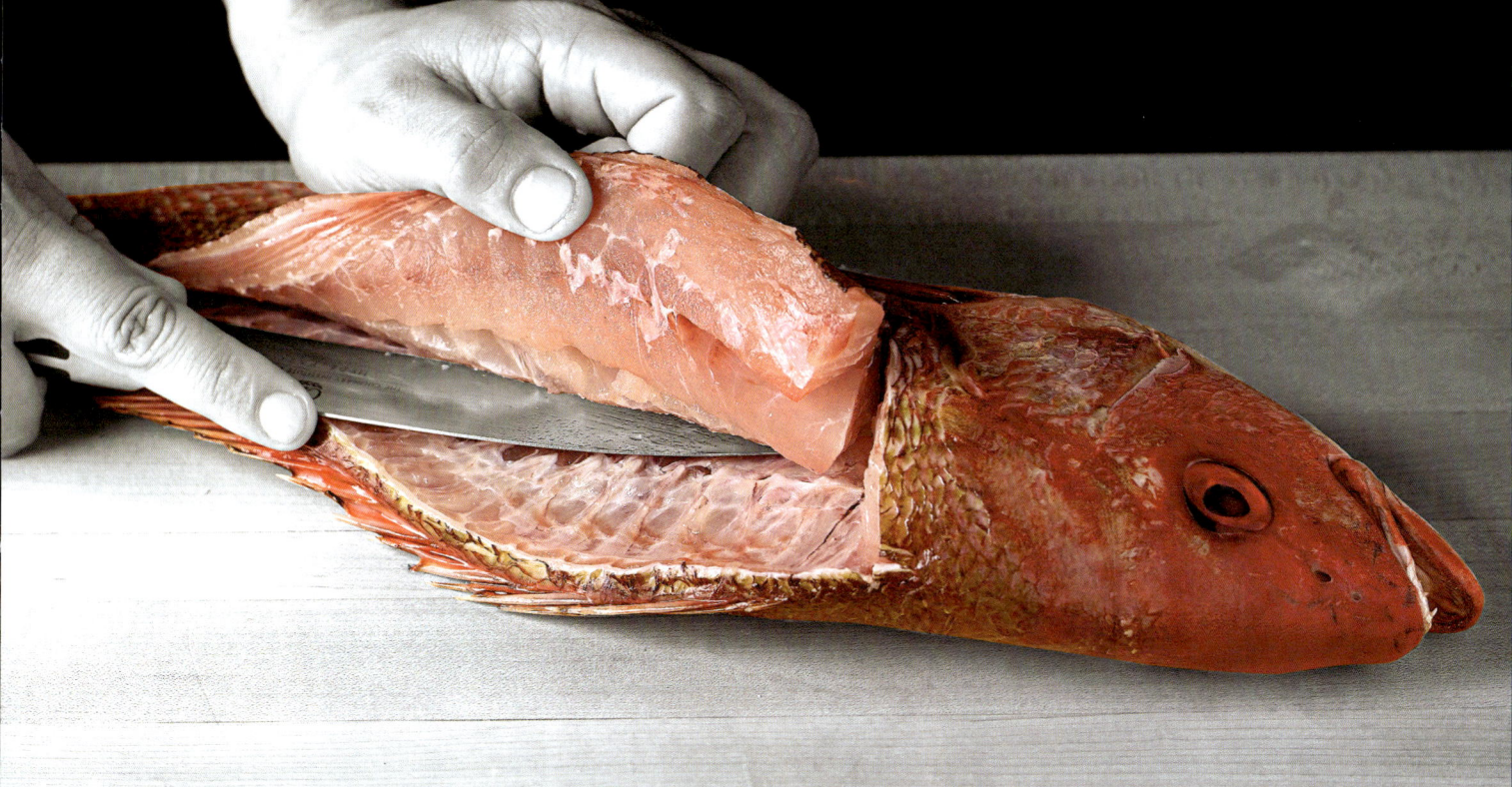

QUANDO COZIDOS A VAPOR DE ÁGUA EM UM RECIPIENTE FECHADO, OS ALIMENTOS APRESENTAM SABORES PUROS, LIMPOS. A CIRCULAÇÃO DE VAPOR AO REDOR DO ALIMENTO PROMOVE UM AMBIENTE UNIFORMEMENTE ÚMIDO. COZINHAR A VAPOR É UM MODO EFICIENTE E MUITO EFICAZ DE PREPARAR DE MODO NATURAL AVES E PEIXES MACIOS. OS ALIMENTOS COZIDOS A VAPOR DA MANEIRA APROPRIADA SÃO SABOROSOS, ÚMIDOS E MACIOS, E NÃO COSTUMAM PERDER MUITO DO VOLUME ORIGINAL.

cozinhar a vapor

Com frequência, os alimentos cozidos a vapor retêm maior sabor intrínseco do que os cozidos por outros métodos, porque o meio de cocção, por si só, em geral não fornece muito sabor. As cores também permanecem.

Os melhores alimentos para cozinhar a vapor são os naturalmente macios e de tamanho e forma que permitam o cozimento em um curto espaço de tempo. Se necessário, corte o alimento no tamanho apropriado. O peixe costuma ser cozido como filé, embora existam algumas apresentações típicas de peixe inteiro. Igualmente, os peitos de frango sem pele e sem osso, ou *suprêmes*, cozinham bem no vapor. Os frutos do mar podem ser deixados na concha, a menos que a receita indique o contrário; por exemplo, as vieiras são, de hábito, retiradas da concha. Os camarões também podem ser descascados antes de serem cozidos no vapor.

Vários tipos de líquido são usados no cozimento a vapor. A água é a mais comum, mas pode ser substituída por caldos ou fundos aromáticos, *court bouillons*, vinho ou cerveja, especialmente se o líquido usado para o vapor for servido com o alimento. Adicionar ingredientes aromáticos como ervas e especiarias, *zestes* de frutas cítricas, capim-limão, gengibre, alho e cogumelos ao líquido acentua seu sabor, assim como o do alimento que está sendo cozido. Algumas vezes, o alimento é cozido sobre uma camada de vegetais, em um recipiente fechado; a umidade natural dos vegetais se torna parte do vapor que cozinha o alimento. Para preparar alimentos a vapor também podem ser usados recheios, marinadas e invólucros. Algumas vezes, o peixe é envolvido num invólucro para, dessa maneira, mantê-lo excepcionalmente úmido.

Pequenas quantidades de alimento podem ser cozidas a vapor usando-se uma pequena panela de encaixe. Mas é melhor usar um *steamer* em prateleiras para quantidades maiores ou para alimentos que cozinham em tempos diferentes. Lembre-se de que é importante deixar espaço suficiente para que o vapor circule à vontade em torno dos alimentos, estimulando um cozimento rápido e uniforme.

Panelas de cozimento a vapor de pressão – que alcançam maiores temperaturas que as panelas de vapor em andares – e panelas de cozimento a vapor de convecção são indicadas para cozinhar grandes quantidades de alimento. O chef pode, então, preparar lotes do tamanho apropriado durante todo o tempo de uma refeição ou administrar as demandas mais intensas de um banquete ou de uma refeição institucional.

» receita básica

Item cozido a vapor
(1 porção de prato principal)

1 porção (170 g a 227 g) de carne, ave, peixe ou frutos do mar

Líquido para o vapor suficiente para durar até o final do preparo

Sal e temperos para o item principal e para o líquido que produzirá o vapor

Ingredientes adicionais para a finalização e a guarnição

60 mℓ a 90 mℓ de molho já pronto

método rápido »

1. Ferva o líquido.
2. Coloque o ingrediente principal na panela de vapor em uma só camada.
3. Tempe a panela de vapor.
4. Cozinhe a vapor até ficar pronto.
5. Sirva imediatamente com o molho e a guarnição adequados.

dicas do especialista «

Para incrementar o sabor, substitua parte da água ou toda ela por:

CALDO / SUCO DE FRUTAS, COMO LARANJA, MAÇÃ, OXICOCO (*CRANBERRY*) / FUNDO

Dependendo do resultado esperado, o líquido pode ser temperado com vegetais aromáticos:

CENOURAS / SALSÃO / CEBOLAS

Dependendo do resultado esperado, o líquido pode ser temperado com ervas e especiarias:

FOLHA DE LOURO / ALHO PICADO / SALSINHA PICADA / TOMILHO PICADO / SEMENTES DE COENTRO / GRÃOS DE PIMENTA QUEBRADOS / SEMENTES DE COMINHO / GENGIBRE RALADO

cozinhar a vapor

método detalhado »

1. **Ferva o líquido** e os aromáticos adicionais até borbulhar, em um recipiente coberto. Coloque líquido suficiente, na parte inferior da panela de vapor, para durar todo o tempo de cozimento. Juntar mais líquido à panela durante o cozimento reduz a temperatura e aumenta o tempo necessário para preparar os alimentos no vapor. Se você precisar adicionar mais líquido, aqueça-o antes.

2. **Coloque o item principal** na panela de vapor, em uma só camada. Use uma panela de vapor em andares se tiver de cozinhar mais de uma camada de alimentos de cada vez. Os alimentos podem ser colocados em pratos ou travessas rasas sobre a grade, para coletar os sucos.

Ajuste a chama para manter o calor moderado, uniforme. Os líquidos não precisam borbulhar para produzir vapor. Na verdade, uma ebulição forte pode evaporar o líquido depressa demais.

Tampe novamente e cozinhe até ficar pronto. Como o cozimento a vapor ocorre em um recipiente fechado, fica mais difícil julgar o tempo necessário para cozer os alimentos. As receitas podem fornecer essa informação, mas, ainda assim, é importante começar a verificar o ponto de cozimento a partir do momento em que se presume que o alimento possa estar pronto.

Ao erguer a tampa, lembre-se de afastá-la de você, para que o vapor não atinja seu rosto e suas mãos.

3. Cozinhe os alimentos no vapor;
quando ficarem prontos, sirva-os imediatamente. Os alimentos cozidos no vapor podem, facilmente, ficar emborrachados e secos se cozinharem demais. Qualquer suco liberado deve ser quase incolor. As carnes dos peixes e dos frutos do mar perdem o brilho quando prontas, ganhando aparência quase opaca. A concha dos moluscos (mexilhões, mariscos e ostras) se abre, a carne se torna opaca e as bordas, tortas. Os crustáceos (camarão, caranguejo e lagosta) ganham cor rosa ou vermelho-brilhante quando estão prontos. As aves se tornam opacas e a carne apresenta pouca resistência quando pressionada com a ponta do dedo.

Sirva o alimento imediatamente, em pratos aquecidos, com o molho apropriado ou como indicado pela receita. Lembre-se de que os alimentos cozidos a vapor continuam a cozinhar mesmo depois de retirados da panela.

Avalie a qualidade dos alimentos cozidos no vapor pelo sabor, aparência e textura. Como não se doura o alimento inicialmente, o sabor permanece delicado. Nenhum aromático adequado ao alimento pode ser muito intenso, para não sufocar o item principal. Quando preparada da maneira adequada, a superfície do alimento fica bastante úmida. Os peixes, especialmente o salmão, não devem ter depósitos de albumina branca na carne, pois isso indica que foram cozidos além da conta e/ou cozidos muito rapidamente.

Nessa variação de cozimento a vapor, cujo nome é literalmente traduzido por "no papel", o item principal e os acompanhamentos são envoltos em papel-manteiga e cozidos no vapor produzido por seus próprios sucos. A expressão *en papillote* indica uma preparação específica, mas existem pratos semelhantes, com nomes regionais, ao redor do mundo.

cozinhar *en papillote*

O envoltório clássico para um prato *en papillote* é o papel-manteiga, mas o efeito é semelhante quando se usam folhas de papel-alumínio, de alface, de bananeira-da-terra, de parreira ou de bananeira, folhas da espiga de milho ou envoltórios semelhantes para fechar o alimento enquanto cozinha. O envoltório bloqueia o vapor originado pelo alimento quando se aquece – frequentemente, o prato é apresentado ao cliente no invólucro e, quando o pacote é aberto, libera uma nuvem de vapor aromático.

Os alimentos preparados *en papillote* devem ser cozidos até ficarem prontos. Isso é difícil de determinar sem experiência, porque não se pode abrir o invólucro para ver ou sentir o ponto de cozimento. Se o alimento foi cortado no tamanho certo, ou se foi parcialmente cozido antes, deve estar pronto quando o pacote estiver muito inchado e o papel, escuro. Realizar alguns testes com um prato *en papillote* ajuda a estabelecer um tempo de cozimento confiável para aquele prato, desde que os ingredientes sejam preparados antes, sempre da mesma maneira.

O cozimento *en papillote*, assim como aquele a vapor, é apropriado para alimentos naturalmente macios, como frangos, peixes e frutos do mar. Limpe e corte os alimentos em porções, como pede a receita. Eles podem ser marinados ou selados como passo inicial. As marinadas podem adicionar cor e sabor; selar ajuda a assegurar que cortes mais grossos cozinhem mais depressa e realça a cor e o sabor do item. Alguns alimentos podem ser recheados.

Inclua vegetais para obter mais umidade, sabor, cor e textura. Corte-os em tamanho pequeno, geralmente em fatias finas, em *julienne* ou em cubos e, se necessário, refogue-os ou branqueie-os antes, para que fiquem completamente cozidos. Deixe as ervas nos ramos, corte-as em *chiffonade* ou moa-as. Tenha à mão um molho preparado, creme de leite fresco (36% a 40%) reduzido, vinho ou sucos cítricos, como a receita pedir.

Para cozinhar *en papillote*, você vai precisar de papel-manteiga (ou outro invólucro) ou assadeiras e itens para o serviço. Corte o invólucro em tamanho grande o bastante para conter o alimento e os ingredientes adicionais com folga.

cozinhar en papillote

» receita básica

Cozinhar *en papillote*
(1 porção de prato principal)

1 porção (170 g a 227 g) de carne, ave, peixe ou frutos do mar

Até 2 colheres (sopa)/30 ml de líquido para cozimento (fundo, molho, vinho) ou vegetais suficientemente úmidos para produzir vapor

Sal e outros temperos

Ingredientes adicionais para a finalização e a guarnição

método rápido »

1. Corte papel-manteiga em forma de coração do tamanho adequado e unte-o com manteiga ou óleo.
2. Faça uma cama com aromáticos, vegetais ou molho em uma metade do papel e coloque o ingrediente principal sobre essa cama.
3. Dobre o papel ao meio e feche as suas bordas.
4. Coloque o *papillote* em uma travessa rasa preaquecida.
5. Asse o *papillote* até que ele esteja estufado e escuro.
6. Coloque o *papillote* no prato e sirva imediatamente.

dicas do especialista «

Para incrementar o sabor, use líquidos ricos em sabor para produzir o vapor que vai cozinhar o item principal:

FUNDO / CALDO / VINHO / MOLHOS

Ingredientes adicionais podem ser usados para conferir maior sabor. Acrescentá-los diretamente aos *papillotes* vai infundir sabor durante o processo de cozimento. Certos ingredientes, como vegetais úmidos, também podem ajudar a criar mais vapor:

***MIREPOIX* / LEGUMES, VERDURAS E COGUMELOS / ERVAS FRESCAS**

capítulo 19 » COZINHAR A VAPOR E ESCALFADO

método detalhado »

1. **Prepare os invólucros.** Corte o papel-manteiga ou outro invólucro em forma de coração ou outro formato grande o bastante para conter o alimento em uma metade, com 3 cm de margem em torno de todo o papel.

   Unte o papel ligeiramente com óleo ou manteiga, dos dois lados, para impedir que se queime. Faça uma camada de vegetais, aromáticos ou molho em metade do invólucro e, por cima, coloque o item principal.

2. **Dobre a outra metade** e vire as pontas do papel duas vezes ou amarre o invólucro com segurança para fechá-lo. Fechar as bordas do invólucro impede a saída do vapor, de modo que o alimento cozinha da maneira adequada.

3. Coloque o invólucro em uma assadeira e asse em forno moderado preaquecido até que o invólucro inche e o papel escureça. A temperatura do forno precisa ser cuidadosamente monitorada, porque alimentos delicados, como filés de peixe, podem ficar cozidos demais muito depressa.

À medida que o invólucro esfria, ele vai desinchando; portanto, sirva os pratos *en papillote* o mais rápido possível. Para uma apresentação mais dramática, faça com que o garçom abra o invólucro diante do cliente.

Avalie a qualidade do prato pronto. As carnes, os peixes e as aves preparados *en papillote* ou com técnicas semelhantes devem ser cozidos de acordo com os padrões de ponto desejado pela cozinha ou segundo a preferência do cliente (ver tabela nas pp. 383-384). Os molhos, os líquidos de cozimento e outros ingredientes também devem ter sabor agradável e estar cozidos adequadamente.

ESCALFAR RASO, ASSIM COMO SALTEAR E GRELHAR, É UMA TÉCNICA *À LA MINUTE*. OS ALIMENTOS SÃO COZIDOS EM UMA COMBINAÇÃO DE VAPOR E LÍQUIDO QUE FERVE SUAVEMENTE. OS ALIMENTOS ESCALFADOS RASO SÃO PARCIALMENTE SUBMERSOS EM LÍQUIDO QUE, MUITAS VEZES, CONTÉM UM ÁCIDO (VINHO OU SUCO DE LIMÃO). OS AROMÁTICOS, COMO CHALOTAS E ERVAS, SÃO ADICIONADOS PARA SE OBTER MAIS SABOR. TAMPE A PANELA PARA CAPTURAR PARTE DO VAPOR LIBERADO PELO LÍQUIDO DURANTE O COZIMENTO.

escalfado raso

Uma quantidade significativa de sabor é transferida do alimento para o líquido de cozimento. Para extrair o máximo de sabor, o líquido de cozimento (*cuisson*) é, em geral, reduzido e usado como base para um molho. Os ácidos fornecem ao molho brilho e sabor equilibrados. A manteiga pode facilmente ser emulsificada no molho; o *beurre blanc* é a escolha mais frequente de molho para alimentos preparados com essa técnica.

Assim como no cozimento a vapor, os alimentos naturalmente macios, de tamanho e forma que permitam cozimento rápido, funcionam melhor. Os peixes, frutos do mar e peitos de frango estão entre as opções mais comuns para esse método. Limpe apropriadamente o item principal. Retire os ossos e a pele dos peixes para fazer filés ou das aves para fazer *suprêmes* ou porções de peito sem osso e sem pele. Os filés de peixe podem ser enrolados ou dobrados ao redor de um recheio para formar *paupiettes* (p. 429), com o lado das espinhas do peixe para fora. Se desejar, retire os mexilhões da concha.

Os líquidos proporcionam sabor ao alimento, assim como ao molho preparado a partir deles. Escolha caldos ou fundos ricos e adicione vinho, vinagre ou suco cítrico, como desejar.

Corte os aromáticos em fatias finas. Outros ingredientes a serem servidos com o molho como guarnição devem ser cortados em tiras, em cubos, em *julienne* ou *chiffonade*; eles são, muitas vezes, previamente refogados ou branqueados, para desenvolver o melhor sabor possível e também para assegurar que todas as partes do prato pronto estejam completamente cozidas ao mesmo tempo.

O molho pode ser um *beurre blanc* (p. 312) ou molho *vin blanc* (p. 559) ou simplesmente o líquido de cozimento reduzido. Veja receitas específicas para sugestões ou orientações adicionais.

Use uma *sauteuse* ou outro recipiente raso, como um *sautoir* ou um *rondeau*, para o escalfado raso. Selecione com cuidado o recipiente ou assadeira; se houver espaço demais ou muito pouco espaço em redor do alimento, ele pode cozer de mais ou de menos, ou pode ficar líquido de mais ou de menos para o molho. Usa-se papel-manteiga untado com manteiga ou óleo, ou uma tampa não muito justa, para cobrir parte da panela enquanto o alimento cozinha. Isso retém vapor suficiente para cozinhar a parte do alimento não exposta, mas não o bastante para aumentar a velocidade de cozimento. Você pode precisar de uma peneira para o molho e também de utensílios para segurar o alimento escalfado, como uma espátula e pratos aquecidos para o serviço.

escalfado raso

» receita básica

Escalfar raso
(1 porção de prato principal)

1 porção (113 g a 170 g) de peito de frango ou peixe sem pele e sem osso

28 g de manteiga

14 g de chalota

30 ml de vinho branco e 30 ml de fundo branco, de acordo com a quantidade de comida que vai ser feita

Sal e outros temperos tanto para o ingrediente principal como para o líquido usado para escalfar

Ingredientes adicionais para a finalização e a guarnição

método rápido »

1. Aqueça a manteiga em uma *sauteuse*.
2. Sue os aromáticos e faça uma cama.
3. Adicione o ingrediente principal e o líquido para escalfar.
4. Aqueça até quase começar a ferver.
5. Cubra com papel-manteiga.
6. Finalize o cozimento na chama do fogão ou no forno.
7. Remova o item principal, umedeça-o e o mantenha aquecido.
8. Reduza o *cuisson* (caldo remanescente) e prepare um molho como desejado.
9. Sirva o item escalfado com o molho e a guarnição adequados.

dicas do especialista «

Para incrementar o sabor, use líquidos ricos em sabor para fazer o escalfado:

FUNDO / CALDO / VINHO / MOLHOS

Um *cuisson* também pode ser usado de uma maneira que não precise de redução, como um caldo no qual servir o ingrediente escalfado. Esse método é chamado às vezes de *à la nage*.

Dependendo do resultado esperado, o líquido de cozimento pode ser usado para criar um molho para finalizar o item escalfado.

Para fazer um *beurre blanc*: Reduza o líquido de cozimento até a consistência de xarope. Se preferir, filtre-o em uma panela separada. Aqueça o líquido de cozimento em fogo brando e acrescente, aos poucos, pedaços de manteiga gelada. Mantenha a panela em movimento conforme acrescenta a manteiga, misturando-a ao molho enquanto ela derrete.

Para fazer um molho *vin blanc*: Reduza o líquido de cozimento e acrescente os aromáticos desejados e um *velouté* apropriado. Filtre o molho, se necessário, e finalize com creme de leite ou *liaison* e alguma guarnição adicional.

Para mais informações sobre o preparo de molhos para pratos escalfados, consulte receitas específicas.

método detalhado »

1. Certifique-se de que o nível do líquido não chegue a mais do que a metade da altura do alimento; em geral, um pouco menos é suficiente. Se for utilizado muito líquido, será necessário um longo tempo para reduzi-lo apropriadamente ou apenas parte dele ficará disponível para ser utilizado no molho.

Passe um pouco de manteiga numa frigideira rasa e coloque os aromáticos, para dar um bom sabor ao molho pronto e ao líquido de cozimento. Se esses aromáticos puderem ser inteiramente cozidos no tempo necessário para as *paupiettes*, podem ser adicionados crus. Do contrário, cozinhe-os antes, em separado, refogando-os ligeiramente na manteiga.

Tempere e coloque o item principal sobre os aromáticos, depois despeje o líquido em redor. Na maioria dos casos, não é necessário preaquecer o líquido, embora isso possa ocorrer quando se tratar de grandes quantidades. Não deixe que ferva forte.

2. Cubra as *paupiettes* com papel-manteiga (*cartouche*) untado com manteiga antes de colocá-las no forno. É melhor terminar de escalfar os alimentos no forno porque, ali, o calor é mais brando e uniforme do que o calor direto. Isso também libera espaço, nos queimadores, para outras finalidades.

Espere que o líquido aqueça o suficiente (71 °C a 82 °C) para o cozimento em calor direto, coberto com o papel-manteiga, e finalize com forno moderado. Algumas vezes, entretanto, é preferível cozinhar totalmente no forno. A quantidade de alimento preparado e o equipamento disponível determinarão o que é mais lógico. Não permita que o líquido ferva, para que o alimento não cozinhe rápido demais, afetando a qualidade do prato.

CARNES, AVES, PEIXES E FRUTOS DO MAR

escalfado raso

3. Escalfe raso os alimentos, até que estejam prontos. Os peixes e os frutos do mar devem ficar opacos e ligeiramente firmes; as ostras, mariscos e mexilhões devem se enrolar nas bordas. Os *suprêmes* de frango devem ficar opacos e oferecer pequena resistência quando pressionados com a ponta do dedo.

Transfira as *paupiettes* para uma travessa e umedeça-as com uma pequena quantidade do líquido de cozimento, para que não ressequem enquanto o molho é preparado. Mantenha o alimento aquecido. Acrescente ao líquido de cozimento os ingredientes adicionais para o molho, conforme a receita. Os pratos escalfados raso, quando bem preparados, refletem o sabor do alimento e do líquido de cozimento. O molho adiciona um rico sabor complementar. Em geral, os alimentos parecem úmidos, opacos e de cor relativamente clara. O peixe não deve ter depósitos de albumina branca, que é indício de ter sido cozido por tempo excessivo ou muito rapidamente. Os alimentos escalfados raso preparados da maneira adequada são muito macios e bem úmidos. Como essa técnica é, em geral, utilizada com alimentos delicados, estes apresentam uma textura quase frágil. Entretanto, se começarem a se desmanchar ou a ficar secos, é porque foram cozidos demais.

4. Ferva suavemente o líquido de cozimento (*cuisson*), em calor direto, para concentrar o sabor e espessar o líquido. Um *velouté* de peixe pronto foi adicionado ao *cuisson* reduzido. Outras opções incluem creme de leite, purês de vegetais ou manteiga.

O ESCALFADO FUNDO E A FERVURA SUAVE SÃO FEITOS IMERGINDO-SE COMPLETAMENTE ALIMENTOS NUM LÍQUIDO A TEMPERATURA CONSTANTE E MODERADA. O OBJETIVO DO ESCALFADO FUNDO E DA FERVURA SUAVE É O MESMO – PRODUZIR ALIMENTOS ÚMIDOS E BEM MACIOS. OS FATORES QUE DIFERENCIAM OS DOIS MÉTODOS SÃO AS DIFERENTES TEMPERATURAS DE COZIMENTO E OS TIPOS DE ALIMENTOS APROPRIADOS. O ESCALFADO FUNDO É FEITO A TEMPERATURA MAIS BAIXA E É MAIS ADEQUADO PARA CORTES DE CARNE, AVES OU PEIXE NATURALMENTE MACIOS.

escalfado fundo e fervura suave

A fervura suave ocorre a temperaturas um pouco mais altas, de modo que os cortes mais duros possam se tornar macios e úmidos durante o cozimento. Os itens a escalfar fundo devem ser naturalmente macios; os que devem ser fervidos suavemente podem ser mais duros, pois esse método de cozimento vai amaciá-los. Embora, em geral, sejam usados cortes do tamanho de uma porção – um quarto de frango, por exemplo –, os itens escalfados fundo e fervidos suavemente também incluem peixe eviscerado, aves inteiras ou grandes peças de carne.

Embrulhe o peixe com musselina para impedir que se desmanche durante o cozimento. Se desejar, recheie a ave e amarre-a para manter o formato.

O líquido usado no escalfado fundo e na fervura suave deve ser muito bem aromatizado. Para carnes e aves, selecione um caldo bem temperado, com o sabor apropriado. Para peixes e frutos do mar, use caldo de peixe, *fumet*, vinho ou *court bouillon*. Podem ser adicionados ao líquido de cozimento ingredientes aromáticos, como ervas e especiarias, vinho, vegetais, sucos de vegetais ou *zestes* cítricos, para realçar o sabor do prato pronto. Para instruções sobre como preparar e adicionar esses ingredientes, consulte receitas específicas.

Os alimentos escalfados fundo e fervidos suavemente são, com frequência, servidos com um molho preparado à parte. A carne "fervida", por exemplo, é tradicionalmente servida com um molho de raiz-forte, e o salmão escalfado é, muitas vezes, servido com um molho emulsionado de manteiga quente, como o *béarnaise* ou *mousseline*. Consulte receitas específicas para sugestões de molhos.

A panela utilizada para escalfar fundo ou ferver suavemente deve conter com folga o alimento, o líquido e os aromáticos, havendo espaço suficiente para permitir a expansão do líquido enquanto aquece. O espaço deve permitir também que a superfície possa ser escumada durante o cozimento, se necessário. Uma tampa bem justa pode ser útil para elevar a temperatura do líquido, mas manter a panela tampada durante todo o processo de cozimento pode fazer com que o líquido fique mais quente do que o necessário.

Outros equipamentos úteis são conchas ou escumadeiras, recipientes para manter os alimentos aquecidos, tábuas de cortar e fatiadoras. O termômetro digital ajuda a monitorar a temperatura do líquido de cozimento; pode ser difícil estabelecer a diferença entre um líquido na temperatura perfeita para escalfar e outro que esteja a um ou dois graus de uma fervura suave, mas a diferença pode ser muito importante para o alimento.

escalfado fundo e fervura suave

» receita básica

Escalfado fundo
(1 porção de prato principal)

1 porção (170 g) de carne, peixe ou ave

Cerca de 300 mℓ de *court bouillon*, fundo ou outro líquido

Vegetais variados

Sal e outros temperos, tanto para o ingrediente principal como para o líquido

Ingredientes adicionais para a finalização e a guarnição

método rápido »

1. Aqueça o líquido até estar quase fervendo.
2. Junte o item principal, usando uma espátula, se necessário. Certifique-se de que o alimento esteja completamente submerso.
3. Cubra o alimento (se a receita assim o orientar).
4. Finalize o cozimento no fogão ou no forno.
5. Remova o ingrediente escalfado, umedeça-o e o mantenha aquecido enquanto prepara o molho, ou deixe esfriar dentro do líquido, se adequado.

dicas do especialista «

Para incrementar o sabor, opte por líquido para escalfar bem temperado:

FUNDO / CALDO / VINHO

Ingredientes adicionais podem ser usados para conferir maior sabor. Acrescentá-los diretamente no líquido para escalfar vai infundir sabor durante o processo de cozimento.

MIREPOIX **/ LEGUMES E VERDURAS / ERVAS FRESCAS**

O líquido para escalfar pode ser coado, dependendo do resultado esperado.

capítulo 19 » COZINHAR A VAPOR E ESCALFADO

método detalhado »

1. Coloque o alimento no *fumet* à temperatura adequada (71 °C a 85 °C) para escalfar. A panela não deve estar muito cheia, senão o alimento cozinhará de modo desigual.

Inicia-se o cozimento de alguns alimentos com líquido frio, mas aquele usado para escalfar deve estar entre 71 °C e 85 °C. A superfície do líquido pode mostrar algum movimento, mas nenhuma bolha de ar deve irromper à superfície. O líquido que ferve suavemente apresenta pequenas bolhas que irrompem delicadamente à superfície, e sua temperatura deve ficar entre 85 °C e 93 °C. Dependendo do resultado desejado, pode-se coar o líquido.

2. Certifique-se de que o alimento esteja completamente submerso no líquido. Se uma parte do alimento ficar acima do nível do líquido de cozimento, a cocção não será uniforme e o produto final não terá a cor delicada que se espera.

Mantenha a velocidade apropriada de cozimento durante todo o processo de escalfar ou ferver suavemente, até que o item esteja pronto. Escume conforme necessário enquanto cozinha, e ajuste o tempero. Se usar uma tampa, a temperatura deve ser monitorada com frequência. Tampar a panela cria pressão, que aumenta a temperatura do líquido. Deixar a tampa entreaberta é uma boa precaução para se ter certeza de que o líquido não comece a ferver inadvertidamente.

3. **Escalfe o alimento** até que fique pronto. Os testes para ver o ponto de cozimento variam com o alimento. Se um item escalfado ou fervido suavemente for servido frio, pode ser desejável deixá-lo ligeiramente abaixo do ponto de cozimento completo. Retire a panela do fogo e deixe o alimento esfriar no líquido em que foi cozido, porque haverá calor suficiente para completar o cozimento. Esfrie o líquido em um recipiente de água com gelo para impedir o desenvolvimento de bactérias. Assim que chegar à temperatura ambiente, retire o alimento e continue a prepará-lo. O mesmo líquido pode ser usado para escalfar ou ferver suavemente outros itens.

As aves e as carnes escalfadas ou fervidas suavemente da maneira adequada mostram-se macias ao serem espetadas com um garfo, e os sucos das aves são quase incolores. A carne das aves adquire aparência uniformemente opaca e oferece pouca resistência quando pressionada com a ponta do dedo. Quando aves inteiras estão bem cozidas, as pernas se movem com facilidade nas juntas.

A carne de peixes e frutos do mar, quando cozida do modo apropriado, fica ligeiramente firme e perde um pouco do brilho, tornando-se quase opaca. Os frutos do mar se abrem e as bordas do molusco se enrolam. Os camarões, os caranguejos e as lagostas adquirem cor rosa ou vermelho-brilhante.

escalfado fundo e fervura suave

Sous vide – cozinhar a vácuo

Embora exista há quarenta anos, o *sous vide* ganhou imensa popularidade e vem sendo amplamente difundido nos últimos anos em todo o mundo.

Essa expressão francesa – que significa "a vácuo" – se transformou em algo que engloba um conceito e uma abordagem moderna de cozinhar. Pode ser resumido como *a aplicação de calor a um produto alimentar que é selado a vácuo em uma embalagem plástica praticamente impermeável ao ar e cozido por um período relativamente longo de tempo em fogo baixo, a uma temperatura baixa precisa.* Essa combinação de fatores permite ao chef alcançar resultados incríveis, que podem ser reproduzidos de maneira eficiente com alto grau de precisão.

A CIÊNCIA DO ALIMENTO BÁSICA PARA COZINHAR À *SOUS VIDE*

O cozimento a baixas temperaturas há muito tem sido o método preferido para cortes duros com quantidades grandes de tecido conjuntivo. Quando a temperatura adequada é aplicada em um ambiente de calor úmido, todo o tecido fibroso lentamente se dissolve, formando uma gelatina que contribui para um produto final suculento. Isso geralmente acarretaria cozinhar o produto por um longo período e sujeitá-lo aos efeitos degradantes da oxidação, assim como a condições microbiológicas inseguras. Assim, as temperaturas tradicionalmente empregadas que tornam a carne segura para consumo desnaturam as fibras musculares, fazendo com que ela inicialmente endureça e libere toda a água, resultando em um produto seco, cozido em excesso e pobre em nutrientes.

O controle preciso da temperatura no processo de *sous vide*, porém, faz com que os tecidos conjuntivos da carne possam, ao longo do tempo, ser transformados em uma gelatina macia sem desnaturar as fibras musculares, o que preserva todos os sucos da carne. O ambiente no interior da embalagem também elimina a oxidação e evita que qualquer umidade inerente à carne evapore.

Esse tipo de controle de temperatura pode ser aplicado também a carnes vermelhas, que exigem graus diferentes de cozimento. Certas enzimas que amaciam as proteínas, naturalmente encontradas no tecido, são ativadas pelas baixas temperaturas do *sous vide* e contribuem significativamente para um produto mais tenro, mesmo que malpassado.

O ciclo de cozimento brando com um ciclo de resfriamento brando e a pressão criada pelo vácuo garantem que quaisquer sucos sejam consistentemente reabsorvidos pelo produto, aumentando a suculência.

O vácuo a que os alimentos preparados à *sous vide* são submetidos remove qualquer resistência que eles possam oferecer contra as pressões do ar que os envolve, o que cria pressão no exterior da embalagem e também no produto. Isso não apenas resulta em um produto com aparência mais atraente como também estimula a absorção de todos os aromas adicionados à embalagem. Esse mesmo vácuo diminui o ponto de ebulição da água contida no produto, o que causaria a fervura e a ruptura das células se o produto fosse processado quente demais. Por isso, os produtos preparados à *sous vide* devem ser mantidos muito frios antes de serem embalados.

O equipamento para aquecimento do *sous vide*, que comumente tem alta precisão de temperatura, pode ser usado para outros produtos "não *sous vide*", a fim de proporcionar a mesma estabilidade de fonte de calor para cozimento a baixas temperaturas de itens não embalados. Um excelente exemplo disso é o cozimento de ovo na casca com um circulador térmico em que as temperaturas de coagulação das diferentes proteínas do ovo possam ser obtidas conforme o gosto.

PRINCIPAIS PROCESSOS E BENEFÍCIOS DA TÉCNICA

O principal objetivo de qualquer método de cozimento que se possa empregar, tradicionalmente ou à *sous vide*, é maximizar as qualidades organolépticas do produto (cor, suculência, maciez, sabor, etc.), garantindo a sua segurança e a sua validade. Apesar de o método de cozinha tradicional e o *sous vide* terem muitas coisas em comum e de resultados semelhantes serem alcançáveis em ambos os métodos, o *sous vide* dá ao chef a oportunidade de incorporar o melhor de ambos: qualidades organolépticas, a segurança e o prazo de validade em uma só investida. E, mesmo que não possa ser considerado uma técnica de conservação por si só, o *sous vide* confere aos alimentos um tempo de validade maior.

Veja a seguir alguns dos benefícios do *sous vide*.

SUCULÊNCIA em razão da retenção de umidade inerente e da reabsorção dos líquidos do cozimento, bem como da total gelificação dos tecidos conjuntivos da carne.

AUMENTO DE RENDIMENTO, pela redução do encolhimento decorrente da não evaporação ou perda de umidade, assim como da redução da perda de gordura em itens com baixo ponto de fusão, como o *foie gras*.

Sous vide – cozinhar a vácuo

CONSISTÊNCIA da cor e da textura em todo o produto – sem "média". Isso indica que não há variações no cozimento do produto; todo o produto está em apenas um ponto de cozimento. Nesse ponto, fica a critério de cada um tostar (dourar intensamente) a carne para adicionar coloração *Maillard*.

NUTRIÇÃO E SABOR APRIMORADOS, o que é possível ao manter o meio de cozimento do líquido afastado de qualquer contato direto com o alimento. Assim, garante-se que nenhum sabor ou nutriente seja perdido no líquido em cozimento. As marinadas e os aromas ficam mais pronunciados e efetivos; o frescor é retido e não ocorre a oxidação.

UNIFORMIDADE DO FORMATO, principalmente quando embalagens retráteis são usadas ou se exerce pressão suave sobre itens delicados.

MODIFICAÇÃO DE TEXTURA, ou seja, alimentos com texturas delicadas podem ser também comprimidos ou alterados para causar efeito agradável e alterar o sabor e/ou a textura.

SEGURANÇA, visto que a pasteurização dentro da embalagem evita recontaminação, resultando em um produto microbiologicamente seguro e de validade estendida.

VANTAGENS AMBIENTAIS, como consumo de energia reduzido, além de economia em mão de obra, equipamentos, limpeza e resíduos químicos e biológicos. O espaço de armazenamento e processamento é minimizado, e o atendimento ao cliente é simplificado, eficiente e preciso.

Um corte de carne braseada leva horas para ficar macio o suficiente, e um item assado também leva um tempo considerável para chegar à temperatura interna ideal. A peça assada chegará a um centro rosado e um exterior relativamente bem passado e seco. A peça braseada resultará em um produto acinzentado, oxidado, sem líquido e com valor nutritivo diminuído, que requer do seu suco de cozimento o sabor para fazer do prato algo satisfatório.

Mas e se o primeiro aspecto pudesse ser alcançado sem que o segundo ocorresse? Isso é possível com o *sous vide*. Ele permite que se cozinhe um pedaço inteiro de proteína com cor e textura consistentes e uniformes, enquanto retém a suculência, o sabor maximizado e o teor nutritivo.

A "média" da cor da maioria das carnes cozidas é obtida dependendo da temperatura à qual ela está sujeita e dos resultados desejados. A maciez é um assunto um pouco mais complexo – essa qualidade inerente à carne está diretamente relacionada à espécie e a idade do animal, que estão ligadas à quantidade de tecido conjuntivo. Como em qualquer aplicação de calor à proteína, há uma retração imediata das fibras musculares, o que resulta no endurecimento da proteína e na perda de água se a temperatura for extrema. Para combater esse efeito, é necessário, no final das contas, fazer o tecido ficar mais solúvel por meio do processo de hidrólise ou pela quebra do tecido em reação com água. E, como qualquer um que já tenha cozido um pedaço de carne sabe, isso demora.

O conceito de *sous vide versus* a cozinha tradicional pode ser resumido em duas palavras: concentração e diluição.

A cozinha tradicional – de calor seco e calor úmido – tem suas vantagens e seus benefícios, mas cobra um preço. A intensa selagem da proteína para conseguir um dourado agradável com um sabor da reação de *Maillard* cria essas características, mas acarreta encolhimento e perda de rendimento. Mesmo a aplicação de calor mais branda em um método de calor úmido tradicional de cozinha tende a cozer em excesso a maioria dos alimentos ao extrair toda a umidade ao mesmo tempo que o oxida. Mesmo um refogado extrai a umidade inerente a um produto, assim como alguns componentes de sabor e de valor nutricional vitais. Isso é diluição. E, apesar de o cozimento a vapor ser uma técnica saudável, mesmo essa é uma fonte muito intensa de calor para certos itens delicados, como frutos do mar.

Em termos técnicos, a diferença entre a temperatura de cocção aplicada e a temperatura final desejada no interior do produto é conhecida como delta T ou, simplesmente, ΔT. Quanto maior esse número, mais impulso energético o alimento tem, o que está relacionado à quantidade de transferência de calor que provavelmente acontecerá quando uma fonte de energia é aplicada, as moléculas se agitam e o interior do produto começa a esquentar. Como a margem de erro é reduzida pelas altas temperaturas, qualquer abuso nesse sentido resultará em um produto seco e duro. O inverso também é verdade e explica a qualidade final do produto na aplicação de baixas temperaturas e um ΔT menor. Esse último método permite ao chef uma margem de erro maior, evitando que ele exceda a temperatura de cocção ideal, o que resultará em um produto cozido demais.

Usando uma embalagem plástica praticamente impermeável ao ar, o cozimento *sous vide* capta todos os sabores essenciais e até os concentra. As temperaturas muito baixas aliadas à embalagem fechada a vácuo resultam em alimentos macios, suculentos, uniformemente cozidos, com alto rendimento e cor e formato atraentes (até mesmo braseados rosados, se desejado). A crocância da crosta, altamente apreciada na superfície

PROCEDIMENTOS

É importante empregar calor consistente a todas as partes do produto, por razões de cozimento por igual e pasteurização. Portanto, como a água é até cem vezes mais eficiente em transferir calor do que ar, o banho de água é um método de cozimento preferencial. Uma fonte de calor precisa e eficaz é necessária; assim, a maior parte dos chefs emprega um circulador térmico monitorado por um *termômetro digital e acoplado a uma agulha térmica* para obter o melhor desempenho.

Um produto cru ou selado que está totalmente resfriado a uma temperatura de 6 °C (ou mais baixa) é colocado em *uma embalagem plástica laminada*, alinhado e ajustado com blocos de espaçamento para centrar a beirada da embalagem com a barra de selagem do *equipamento a vácuo*. O equipamento é então programado para a quantidade de *vácuo* desejada e para qualquer *tempo pós-vácuo* necessário (caso o produto seja poroso) e para o *tempo de selagem*, que depende do tipo e da espessura do plástico usado.

A embalagem selada é resfriada ligeiramente e, depois, mergulhada em um banho no qual é mantida por um tempo necessário para cozinhar o produto até o seu ponto, bem como pasteurizar e considerar o produto seguro para armazenamento e, posteriormente, reaquecimento e serviço.

Quando o cozimento é finalizado, o produto é submerso em um banho de água e gelo (ao menos 50% de gelo) até que se chegue à temperatura central de 3 °C, em cerca de 2 horas. Essa temperatura precisa ser atingida, caso contrário o produto deve ser descartado. A embalagem, então, deve ser etiquetada com produto, data, hora e prazo de validade. O produto é assim armazenado em um refrigerador a no máximo 3 °C (ou congelado) com registro eletrônico das datas de validade (ver legislação a respeito nos órgãos de vigilância sanitária). Para reaquecimento, a embalagem é mergulhada em um banho quente até o alimento chegar à temperatura de centro adequada. Posteriormente, é aberta, e o produto, imediatamente servido.

Do início ao fim do processo de *sous vide* deve haver um rigoroso registro relativo à temperatura e ao tempo de cozimento, de resfriamento, de armazenamento e de reaquecimento. Deve haver também um registro da data de descarte de cada produto.

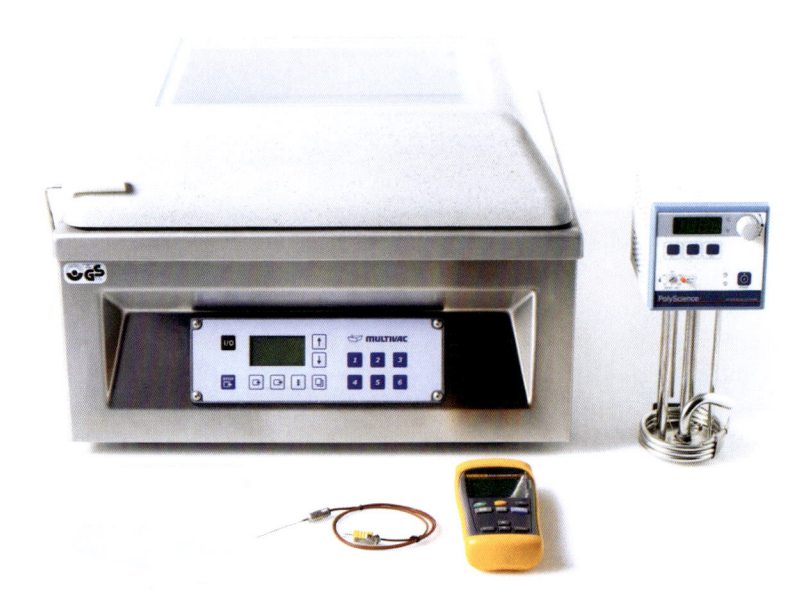

Equipamento necessário para cozimento por imersão. EM SENTIDO HORÁRIO, A PARTIR DO CANTO SUPERIOR ESQUERDO: seladora a vácuo, termocirculador de imersão, termômetro digital, agulha térmica, embalagens a vácuo.

Sous vide – cozinhar a vácuo

Não encha demais a embalagem a vácuo. Os alimentos no interior da embalagem nunca devem tocar uns nos outros.

Certifique-se de posicionar cuidadosamente a embalagem dentro da seladora, deixando suficiente sobra a fim de criar uma selagem mais segura.

Embalagem adequadamente fechada a vácuo.

Para evitar que ar e umidade escapem da embalagem selada, aplique fita espuma adesiva (células fechadas) na área em que será inserido o termômetro. Delicadamente insira o termômetro através da fita e dentro da peça de carne.

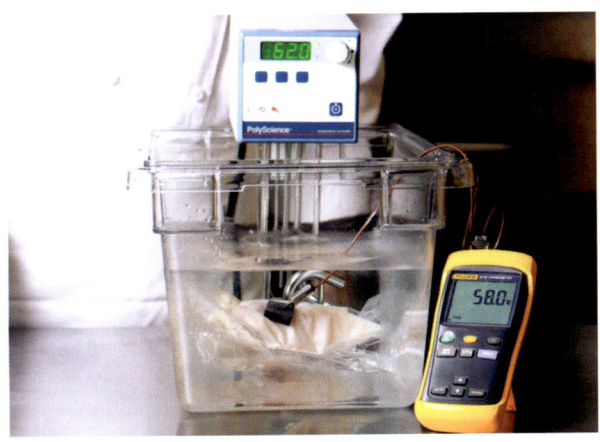

Quando o termocirculador for posicionado dentro da cuba de água, é absolutamente essencial que o nível de água em torno da embalagem a vácuo seja mantido, o tempo todo, acima da mangueira de retorno. Se o nível de água descer abaixo do nível da mangueira, a máquina poderá ser danificada.

Mergulhe a embalagem em um banho gelado contendo no mínimo 50% de gelo.

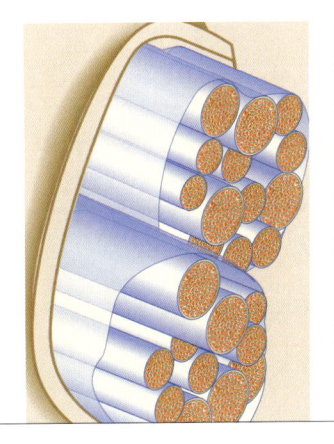

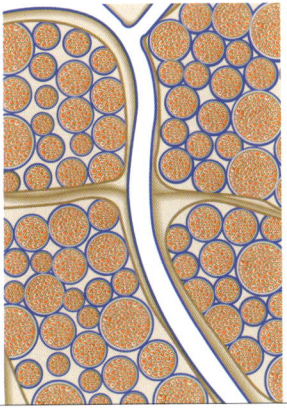

A textura da carne é determinada pela estrutura de suas fibras musculares e do tecido conjuntivo que envolve cada uma dessas fibras. À esquerda, as fibras musculares envolvidas por membranas de tecido conjuntivo. À direita, um corte transversal dos feixes de fibras.

capítulo 19 » COZINHAR A VAPOR E ESCALFADO 569

de proteínas submetidas aos métodos de cozimento de calor seco, pode ser aplicada tanto antes como depois do processamento térmico do produto. Desse modo, o alimento beneficia-se da maciez e da suculência do calor brando aplicado, bem como dos sabores robustos obtidos com os compostos da reação de *Maillard*.

Obviamente, apenas produtos puros e absolutamente frescos devem ser preparados à *sous vide*, pois o processo não maximiza e concentra apenas os sabores inatos, mas também os indesejáveis. É pelo fato de concentrar os sabores que temperos e aromáticos devem ser usados de forma controlada e criteriosa. Alho cru e óleos não refinados tendem a produzir um sabor muito pronunciado, em decorrência de seu rompimento durante os longos períodos de cozimento.[1] A natureza dos vegetais também causa problemas quando cozidos ou usados como aromáticos, pois o amido e a pectina envolta em celulose são solúveis em temperaturas bem acima daquelas utilizadas para o cozimento das proteínas. Portanto, se usados como aromáticos, devem ser alterados antes de sua introdução na embalagem.

No começo, os alimentos cozidos em embalagens a vácuo eram cozidos a altas temperaturas para garantir a segurança microbiológica, mas com resultados de cor, sabor e textura diminuídos. O método moderno conhecido como "cozimento à temperatura certa"[2] emprega baixas temperaturas acompanhadas de tempos de cozimento longos que são calculados para produzir os melhores resultados sensoriais, sendo ao mesmo tempo pasteurizado e microbiologicamente seguro. Nesse sentido, o *sous vide* é tanto um processo de cozimento quanto um processo que prolonga o prazo de validade do produto.

O processo básico de cozimento de *sous vide* pode ser dividido em CCRS e CS. CCRS (*cook, chill, reheat, serve* – ou seja, cozinhar, resfriar, reaquecer, servir) refere-se ao espaço em que o produto é marcado (grelhado ou selado: opcional) embalado, termicamente processado (para cozinhar e pasteurizar o produto), resfriado ou congelado e, depois, reaquecido (marcado: novamente opcional) para ser *servido* imediatamente. CS (*cook, serve* – ou cozinhar, servir) *refere-se ao espa*ço em que o produto fracionado é embalado, cozido sob encomenda e servido imediatamente. Esse último é o método preferido atualmente por muitos chefs para o preparo de frutos do mar.

SEGURANÇA

Qualquer pessoa treinada em segurança alimentar sabe que as bactérias nunca são completamente eliminadas; devem ser mantidas em um "nível aceitável".

Por meio de diversas experiências, cientistas analisaram os índices de crescimento e morte de todas as formas de bactéria sujeitas a uma variedade de condições ao longo do tempo. Os resultados dessas experiências estão expressos nas tabelas de tempo/temperatura que a Agência Nacional de Vigilância Sanitária (Anvisa) publica nas legislações alimentares a serem seguidas, de modo que alimentos cozidos e crus possam ser considerados próprios para consumo. APPCC é uma análise de risco importante para o xconsumidor, o chef e o produto. É esse risco que está no cerne da segurança do *sous vide* e requer uma boa quantidade de conhecimento e treinamento por parte do chef que vai empregá-la.

O ambiente do *sous vide* (interior da embalagem) cria uma zona que evita a oxidação e inibe o crescimento de bactérias *aeróbicas* deteriorantes e patogênicas por privação de oxigênio. Ao mesmo tempo, ele é um ambiente propício ao desenvolvimento de bactérias *anaeróbicas* deteriorantes patogênicas, principalmente se o produto tiver sido exposto a temperaturas inadequadas. Apesar de muitos desses ambientes poderem ser controlados com pH e sal adequados, o processamento *sous vide* o faz principalmente com controle de temperatura e tempo.[3]

Portanto, é imperativo que alimentos de qualidade impecável sejam usados para *sous vide*, a fim de reduzir consideravelmente o risco de contaminação. Se calor suficiente for aplicado para pasteurizar o produto durante o processamento, todas as formas vegetativas (ativas) de bactérias patogênicas ou deteriorantes serão destruídas ou neutralizadas de modo significativo. As únicas ameaças reais ao processo são as *Clostridium perfringens* e *Botulinum*, cujos esporos se mostram em grande parte resistentes ao calor. No entanto, seu crescimento pode ser controlado com segurança se o produto for mantido a temperatura inferior a 3 °C por não mais que um período de tempo específico após o processamento.

Por essas razões, é importante entender que o *sous vide* não deve ser visto como um sistema de armazenamento nem como um sistema para prorrogar o prazo de validade dos alimentos indefinidamente. Cada produto com suas especificidades de processamento terá um prazo de validade e uma forma de estocagem próprios que devem ser respeitados e seguidos com rigor. Caso contrário, o método *sous vide* se tornará um método potencialmente perigoso de cozimento e estocagem. Apenas por esse motivo o *sous vide* não é melhor ou pior que os métodos tradicionais de cozimento; mas, se as condições corretas forem atendidas, constitui um método de estocagem mais seguro, pois não há risco de recontaminação.

---

[1] J. M. Farber e K. L. Dodds (orgs.), *Principles of Modified-Atmosphere and Sous Vide Product Packaging* (Lancaster: Techomic, 1995), pp. 5, 94, 106, 111, 119, 153, 199, 243 e 253.
[2] *Ibid.*
[3] *Ibid.*

Robalo e vieiras *en papillote*

Rendimento: 10 porções

454 g de filé de robalo, em 10 porções de 43 g cada

454 g de vieira limpa

57 g de manteiga

720 mℓ de **fundo de vegetais** (p. 279)

240 mℓ de vermute seco

907 g de salsão em *julienne*

454 g de batata asterix em fatias finas

315 g de cenoura em *julienne*

315 g de pepino em *julienne*

150 mℓ de **gremolata** (p. 619)

1 colher (chá)/2 g de grãos de pimenta-do-reino preta amassados

1. Corte 10 pedaços de papel-manteiga em forma de coração, de modo que caibam neles o peixe, as vieiras e os vegetais. Unte-os levemente com manteiga em ambos os lados.

2. Misture o fundo com o vermute em uma panela grande e cozinhe em fogo brando (85 °C). À parte, branqueie o salsão, as batatas e as cenouras na mistura do fundo até amaciarem. Escorra os vegetais e junte-os ao pepino.

3. Faça uma cama com cerca de 198 g de vegetais em uma das metades do papel-manteiga. Cubra os vegetais com 1 porção de robalo e 43 g de vieiras. Cubra com cerca de 16 mℓ de *gremolata* e salpique a pimenta.

4. Dobre o outro lado do papel e feche firmemente as bordas do *papillote*. Deixe na geladeira o tempo que for necessário.

5. Para cada porção, coloque 1 *papillote* em uma assadeira ou travessa preaquecidas e asse em forno a 218 °C por 7 minutos. O *papillote* deve ficar estufado e o papel deve estar escurecido. Sirva imediatamente. Para uma apresentação especial, abra o *papillote* diante do cliente.

Robalo escalfado com mexilhões, *bacon* e pimentão

Rendimento: 10 porções

113 g de manteiga gelada

1,7 kg de filé de robalo em 10 porções de 170 g cada

50 mexilhões *littleneck*, escovados e limpos

300 mℓ de vinho branco seco

150 mℓ de **fumet de peixe** (p. 278)

150 mℓ de caldo de mexilhões

Sal, a gosto

Pimenta-do-reino preta moída, a gosto

227 g de pimentão verde em *julienne*, branqueado

284 g de *bacon* moído, crocante

1 colher (sopa)/3 g de cebolinha francesa picada

1. Unte ligeiramente uma frigideira rasa com 28 g de manteiga. Adicione o peixe, os mexilhões, o vinho, o fundo e o caldo de mexilhões.

2. Ferva o líquido suavemente, em calor direto (71 °C a 82 °C). Coloque um pedaço de papel-manteiga (*cartouche*) untado sobre os filés, cobrindo-os. Transfira a frigideira para o forno aquecido a 177 °C.

3. Escalfe o peixe e os mexilhões até que o peixe esteja quase pronto e os mexilhões quase abertos, em 10 a 12 minutos.

4. Transfira o peixe e os mexilhões para uma assadeira, cubra-os com o *cartouche* e mantenha-os aquecidos.

5. Coloque a frigideira com o *cuisson* em fogo direto e reduza este em dois terços. Acrescente a manteiga restante, batendo para engrossar o molho. Tempere com o sal e a pimenta-do-reino.

6. Coe o molho em uma peneira de malha fina, sobre uma panela limpa ou, se desejar, em uma panela para banho-maria. Arremate o molho com o pimentão e o *bacon*.

7. Sirva imediatamente o peixe e os mexilhões com o molho, guarnecidos com a cebolinha francesa, ou mantenha-os aquecidos para o serviço.

Paupiettes de truta escalfadas com açafrão

Paupiettes de truta escalfadas com açafrão

Rendimento: 10 porções

- 20 filés (85 g a 113 g) de truta, sem pele
- 2 colheres (chá)/6,5 g de sal, ou quanto baste
- ¾ de colher (chá)/1,5 g de pimenta-do-reino preta moída
- 284 g de **mousseline de truta e açafrão** (receita a seguir)
- 28 g de manteiga
- 3 chalotas médias raladas
- 300 ml de vinho branco seco
- 300 ml de *fumet* de peixe (p. 278)
- 300 ml de *velouté* de peixe (p. 308)
- 198 g de tomate *concassé*
- 2 colheres (sopa)/6 g de cebolinha francesa picada
- 284 g de espinafre *baby* salteado

1. Tempere a truta com o sal e a pimenta-do-reino. Espalhe uniformemente uma camada de *mousseline* sobre os filés e enrole-os um a um para fazer as *paupiettes*. Coloque-os em uma cuba, com a emenda virada para baixo, até o momento de escalfar.
2. Passe um pouco de manteiga em uma *sautoir* de 30 cm e espalhe metade das chalotas por igual. Coloque metade das *paupiettes* por cima, com a emenda para baixo. Adicione metade do vinho e metade do *fumet* para alcançar não mais que metade das *paupiettes*.
3. Ferva o líquido suavemente, em calor direto (71 °C a 82 °C). Coloque um pedaço de papel-manteiga (*cartouche*) untado sobre os filés, cobrindo-os. Transfira a panela para o forno aquecido entre 149 °C e 163 °C.
4. Escalfe a truta por 10 a 12 minutos ou até que a carne fique opaca e ceda sob ligeira pressão.
5. Transfira as *paupiettes* para uma assadeira, cubra-as com o *cartouche* e mantenha-as aquecidas.
6. Coloque a frigideira com o *cuisson* sobre calor direto e reduza-o em dois terços. Adicione o *velouté* e ferva suavemente por 1 a 2 minutos. Ajuste o tempero com o sal e a pimenta-do-reino.
7. Coe o molho em uma peneira de malha fina sobre uma panela limpa ou, se desejar, em uma panela para banho-maria. Finalize o molho com os tomates e a cebolinha francesa.
8. Seque as *paupiettes* em papel absorvente. Sirva-as imediatamente com o molho, sobre uma camada de espinafre *baby*, ou mantenha-as aquecidas para o serviço.
9. Repita as etapas 2 a 8 para o segundo lote.

NOTA: Adicionar suco de limão-siciliano ao finalizar um molho vai acrescentar um agradável nível de complexidade ao prato.

Paupiettes de linguado escalfadas com *mousse* de açafrão:
Substitua a truta por igual quantidade de linguado.

Mousseline de truta e açafrão

Rendimento: 284 g

- 2 pitadas de açafrão em pó
- 240 ml de creme de leite fresco (36% a 40%)
- 454 g de filé de truta picado
- 1 colher (chá)/3 g de sal, ou quanto baste
- 1 clara de ovo
- 1 pitada de pimenta-do-reino branca moída na hora

1. Coloque o açafrão e o creme de leite em uma panela e aqueça até ferver suavemente. Retire do fogo e deixe de molho por 30 minutos. Leve à geladeira.
2. Ponha a truta e a clara em um processador de alimentos. Processe até obter uma massa fina, raspando os lados do recipiente conforme necessário. Adicione o creme de leite com açafrão, o sal e a pimenta-do-reino branca, pulsando o processador para misturar bem.
3. Teste a *mousseline* escalfando um pouquinho em água salgada que esteja fervendo suavemente. Se necessário, ajuste o tempero.
4. Se desejar, passe a *mousseline* por uma peneira de malha fina.
5. Agora, a *mousseline* está pronta para ser servida ou pode ser conservada na geladeira para uso posterior.

NOTA: Guarneça com 1 colher (sopa)/3 g de cebolinha francesa picada ou outra erva que possa ser misturada.

Mousseline de linguado: Substitua a truta por igual quantidade de linguado. Não use o açafrão.

Mousseline de salmão: Substitua a truta por igual quantidade de salmão. Não use o açafrão.

Paupiettes de truta escalfadas com molho vin blanc

Rendimento: 10 porções

20 filés (85 g a 113 g cada) de truta, sem pele

1 colher (chá)/3 g de sal

½ colher (chá)/1 g de pimenta-do-reino branca moída

454 g de **mousseline de salmão** (p. 573)

28 g de manteiga

3 chalotas médias raladas

5 caules de salsa

5 ramos de cebolinha francesa

¼ de colher (chá)/0,5 g de grão de pimenta-do-reino branca, partido grosseiramente

300 mℓ de vinho branco seco

300 mℓ de **fumet de peixe** (p. 278)

300 mℓ de **velouté de peixe** (p. 308)

300 mℓ de creme de leite fresco (36% a 40%)

2 colheres (sopa)/30 mℓ de suco de limão, ou a gosto (opcional)

1. Tempere a truta com o sal e a pimenta-do-reino branca. Espalhe sobre os filés de truta uma camada uniforme de *mousseline* e enrole os pedaços para fazer as *paupiettes*. Coloque-as em uma cuba, com a emenda virada para baixo, até o momento de escalfar.

2. Passe um pouco de manteiga em uma frigideira rasa e salpique as chalotas uniformemente. Coloque por cima os caules de salsa, a cebolinha francesa e os grãos de pimenta-do-reino branca. Adicione o vinho e o *fumet*.

3. Espere que o líquido comece a ferver suavemente, em calor direto. Cubra os filés com um pedaço de papel-manteiga (*cartouche*) untado com manteiga. Transfira a panela para o forno aquecido à temperatura de 149 °C a 163 °C.

4. Escalfe a truta por 10 a 12 minutos ou até que a carne fique opaca e ceda sob ligeira pressão.

5. Transfira as *paupiettes* para uma cuba, adicione uma pequena quantidade de *cuisson*, cubra-as com o *cartouche* e mantenha-as aquecidas.

6. Coloque a frigideira com o *cuisson* restante em fogo direto e reduza em dois terços, em fogo médio-alto. Reduza o fogo para médio, adicione o *velouté* e ferva suavemente por 1 a 2 minutos. Acrescente o creme de leite e reduza à consistência de *nappé*. Se desejar, junte o suco de limão e ajuste o tempero com o sal e a pimenta-do-reino branca.

7. Coe o molho em uma peneira de malha fina sobre uma panela limpa ou ou uma panela de banho-maria.

8. Seque as *paupiettes* em papel absorvente. Sirva-as imediatamente com o molho ou mantenha-as aquecidas para o serviço.

À ESQUERDA: Depois que os filés tiverem sido gentilmente aplainados entre filme plástico (para garantir o cozimento por igual), cubra cada filé com o recheio frio. Espalhe o recheio por igual sobre toda a superfície das *paupiettes*. O recheio é opcional, mas, se for usado, deve ser mantido bem gelado até o momento de ir ao forno. À DIREITA: O recheio tem de estar completamente envolvido para garantir que fique retido durante o preparo e não vaze. O peixe é enrolado completamente sobre o recheio antes de as *paupiettes* serem transferidas para o recipiente em que serão mantidas até serem usadas.

Paupiettes de linguado escalfadas à Veronique

Rendimento: 10 porções

- 10 filés (142 g a 170 g) de linguado
- 1 colher (chá)/3 g de sal
- ½ colher (chá)/1 g de pimenta-do-reino branca moída
- 284 g de *mousseline* de linguado (p. 573)
- 28 g de manteiga
- 28 g de chalota ralada
- 8 talos de salsinha picados
- 300 mℓ de vinho branco seco
- 300 mℓ de *fumet* de peixe (p. 278)
- 300 mℓ de *glaçage* real (receita a seguir)
- 284 g de uva verde sem sementes, descascada e aquecida (cerca de 4 por porção)

1. Tempere o linguado com o sal e a pimenta. Espalhe uniformemente uma camada de *mousseline* sobre os filés e enrole cada peça para fazer as *paupiettes*. Coloque-as em uma assadeira, com a emenda para baixo, até o momento de escalfar.
2. Unte ligeiramente uma frigideira rasa com manteiga e espalhe as chalotas por igual. Por cima, coloque os caules de salsa e depois as *paupiettes*, com a emenda para baixo. Adicione o vinho e o *fumet*.
3. Ferva o líquido suavemente, em calor direto (71 °C a 82 °C). Coloque um pedaço de papel-manteiga (*cartouche*) untado sobre os filés, cobrindo-os. Transfira a frigideira para o forno aquecido entre 149 °C e 163 °C.
4. Escalfe o linguado por 10 a 12 minutos ou até que a carne esteja opaca e ceda sob ligeira pressão. (Reserve o *cuisson* para o *glaçage* real.)
5. Transfira o linguado para uma assadeira e cubra com o *glaçage*. Doure na salamandra.
6. Sirva imediatamente, com uma guarnição de uvas, ou mantenha aquecido para o serviço.

NOTA: As uvas podem ser servidas sobre as *paupiettes* antes de acrescentar a *glaçage* e dourar.

Glaçage real

Rendimento: 720 mℓ

- 150 mℓ de líquido para escalfar, se disponível, ou *fumet* de peixe (p. 278)
- 240 mℓ de *velouté* de peixe (p. 308)
- 240 mℓ de molho *hollandaise* (p. 312)
- 240 mℓ de creme de leite fresco (36% a 40%)

1. Se houver líquido para escalfar, reduza-o até ficar quase seco. Coe o líquido em uma tigela.
2. O *velouté* e o *hollandaise* devem estar à mesma temperatura (cerca de 77 °C). Adicione-os ao *cuisson* reduzido e misture bem.
3. Bata o creme de leite em picos médios.
4. Junte o creme de leite à mistura de *velouté* e *hollandaise* delicadamente. Mantenha aquecido e use se necessário.

Linguado escalfado com vegetais em *julienne* e molho *vin blanc*

Rendimento: 10 porções

10 filés (142 g a 170 g) de linguado

1 colher (chá)/3 g de sal

½ colher (chá)/1 g de pimenta-do-reino branca moída

227 g de pimentão vermelho em *julienne*, branqueado

227 g de cenoura em *julienne*, branqueada

227 g de abóbora-moranga em *julienne*, branqueada

227 g de abobrinha em *julienne*, branqueada

28 g de manteiga

3 chalotas médias raladas

5 talos de salsinha

5 caules de cebolinha francesa

¼ de colher (chá)/0,5 g de grão de pimenta-do-reino branca, amassado grosseiramente

300 ml de vinho branco seco

300 ml de **fumet** de peixe (p. 278)

680 g de camarão (de 21 a 25 unidades), descascados e limpos

300 ml de **velouté** de peixe (p. 308)

300 ml de creme de leite fresco (36% a 40%)

30 ml de suco de limão-siciliano, ou a gosto (opcional)

2 colheres (sopa)/6 g de cebolinha francesa bem picada

2 colheres (sopa)/6 g de salsa bem picada

1. Disponha os filés com a pele virada para cima e tempere-os com o sal e a pimenta-do-reino branca. Misture o pimentão, a cenoura, a abóbora e a abobrinha. Coloque uma boa porção dessa mistura sobre cada filé, permitindo que os vegetais se espalhem para além das bordas do peixe. Enrole (ou dobre) os filés da cauda à cabeça. Coloque-os em uma assadeira, com a emenda virada para baixo, até o momento de escalfar.

2. Unte ligeiramente com manteiga uma frigideira rasa e espalhe as chalotas por igual. Distribua, então, os talos da salsa, os caules da cebolinha francesa e os grãos de pimenta sobre as chalotas. Por cima, ponha o linguado enrolado, com a emenda para baixo. Adicione o vinho e o *fumet*.

3. Ferva o líquido suavemente, em calor direto (71 °C a 82 °C). Coloque um pedaço de papel-manteiga (*cartouche*) untado sobre os filés, cobrindo-os. Transfira a frigideira para o forno aquecido entre 149 °C e 163 °C.

4. Após 6 minutos, adicione à frigideira 3 camarões por porção. Escalfe por mais 4 a 6 minutos ou até que a carne do peixe e do camarão esteja opaca e ceda a ligeira pressão.

5. Transfira o linguado e o camarão para uma assadeira, cubra-os com o *cartouche* e mantenha-os aquecidos.

6. Coloque a frigideira com o *cuisson* em calor direto médio-alto, ferva suavemente e reduza-o em dois terços. Reduza o fogo para médio, adicione o *velouté* e ferva suavemente por 1 a 2 minutos. Junte o creme e reduza até obter consistência de *nappé*. Se desejar, acrescente o suco de limão e ajuste o tempero com o sal e a pimenta-do-reino branca.

7. Coe o molho em uma peneira de malha fina sobre uma panela ou banho-maria. Misture ao molho a cebolinha francesa e a salsa.

8. Seque os rolos de linguado e camarão sobre papel absorvente. Sirva-os imediatamente com o molho ou mantenha-os aquecidos para o serviço.

Filé de pargo *en papillote*

Rendimento: 10 porções

10 filés (170 g cada) de pargo-vermelho

170 g de manteiga

1 colher (chá)/3 g de sal

½ colher (chá)/1 g de pimenta-do-reino preta moída

113 g de farinha de trigo comum

150 ml de **velouté** de peixe (p. 308)

71 g de chalota ralada

142 g de cebolinha em fatias finas

142 g de cogumelo-de-paris em fatias finas

150 ml de vinho branco seco

1. Corte 10 pedaços de papel-manteiga em formato de coração, grandes o bastante para envolver os

filés. Unte ligeiramente com cerca de 57 g de manteiga os dois lados do papel.

2. Aqueça a manteiga em uma *sauteuse*, em fogo médio-alto. Tempere os filés com o sal e a pimenta-do-reino, passe-os na farinha e sele brevemente apenas nos lados. Tire o peixe da panela.

3. Coloque 15 mℓ do *velouté* em 1 lado de cada coração de papel-manteiga. Salpique 2 colheres (chá)/6 g de chalotas sobre o *velouté*. Por cima, coloque os filés, com a pele virada para baixo. Salpique 14 g de cebolinha sobre cada filé. Espalhe 14 g de cogumelo em fatias sobre a cebolinha e borrife com 15 mℓ de vinho branco.

4. Dobre a outra metade do coração de papel sobre o peixe. Volte a dobrar as pontas do papel para fechá-lo firmemente. Leve à geladeira até o momento de usar.

5. Para cada porção, coloque 1 pacote de papel-manteiga em uma assadeira, e asse por 7 minutos no forno preaquecido a 218 °C. O pacote deve ficar estufado e o papel, escuro. Sirva imediatamente. Para uma apresentação especial, abra o invólucro diante do cliente.

Filé de pargo *en papillote*

receitas de cozimento a vapor e escalfado

Jantar praieiro da Nova Inglaterra

Jantar praieiro da Nova Inglaterra

Rendimento: 10 porções

- 113 g de manteiga
- 284 g de cebola em cubos pequenos
- 14 g de alho amassado
- 1 colher (chá)/2 g de tomilho seco
- 2 folhas de louro
- 480 mℓ de **fundo de frango** (p. 277), ou a gosto
- 5 espigas de milho debulhadas, cortadas em quatro
- 5 caudas de lagosta, cortadas ao meio
- 60 mexilhões *littleneck* ou *cherrystone*
- 60 mariscos, bem esfregados, sem a "barba"
- 907 g de batata asterix
- 567 g de filé de bacalhau
- 5 alhos-porós, cortados ao meio no sentido longitudinal, limpos
- 30 cebolas pérola para conserva, branqueadas e descascadas
- 284 g de vieira limpa
- 567 g de abobrinha, em *batonnet* grosso
- 2 colheres (sopa)/6 g de salsa picada

1. Aqueça a manteiga em uma panela grande, em fogo médio. Adicione as cebolas e cozinhe por 2 a 3 minutos, mexendo frequentemente, até que fiquem macias e translúcidas. Junte o alho e refogue por 1 minuto, até ficar aromatizado.
2. Acrescente o tomilho, as folhas de louro e o fundo. Ferva suavemente, em fogo baixo.
3. Coloque, sobre a cebola, os ingredientes na seguinte sequência: milho, lagosta, mariscos, mexilhões, batatas, bacalhau, alho-poró, cebola pérola, vieira e abobrinha.
4. Cubra a panela com uma tampa bem justa e cozinhe no vapor, em fogo médio, até que tudo esteja cozido, em cerca de 25 minutos.
5. Coloque o peixe, os frutos do mar e os vegetais numa travessa ou sirva diretamente na panela. Guarneça com salsa. Coe o caldo e, se desejar, sirva-o separadamente.

Bacalhau novo (*scrod*) com creme, alcaparras e tomates à moda de Boston

Rendimento: 10 porções

- 1,7 kg de filé de bacalhau novo, em 10 porções de 170 g
- 1 colher (chá)/3 g de sal
- ½ colher (chá)/1 g de pimenta-do-reino preta moída
- 113 g de manteiga gelada
- 3 colheres (sopa)/9 g de chalota ralada
- 113 g de cogumelo-de-paris em fatias, salteado
- 300 mℓ de vinho branco seco
- 300 mℓ de **fumet** de peixe (p. 278)
- 300 mℓ de creme de leite fresco (36% a 40%)
- 113 g de tomate *concassé*
- 2 colheres (sopa)/30 mℓ de alcaparra escorrida
- 30 mℓ de suco de limão-siciliano, ou a gosto

1. Tempere o bacalhau com o sal e a pimenta-do-reino.
2. Unte levemente um *sautoir* com 28 g de manteiga e espalhe as chalotas e os cogumelos nele. Coloque o peixe por cima. Adicione o vinho e o *fumet*.
3. Ferva o líquido suavemente, em fogo direto (71 °C a 82 °C). Ponha um pedaço untado de papel-manteiga (*cartouche*) sobre o bacalhau, cobrindo-o. Transfira o *sautoir* para o forno aquecido a 177 °C.
4. Escalfe o peixe por 10 a 12 minutos ou até que a carne fique opaca e ceda sob ligeira pressão. Transfira o peixe para uma cuba, adicione um pouco de *cuisson*, cubra-o com filme plástico e mantenha-o aquecido.
5. Ponha o creme de leite em uma panela e reduza-o à metade, em fogo médio. Ao mesmo tempo, coloque o *sautoir* com o *cuisson* restante em calor direto e reduza-o em dois terços. Reduza o fogo para médio, adicione o creme e ferva suavemente por 1 a 2 minutos.
6. Junte o tomate e as alcaparras e ferva suavemente por tempo suficiente para que o molho desenvolva bom sabor e consistência de *nappé*, em 3 a 4 minutos. Acrescente a manteiga restante, junte o suco de limão e ajuste o tempero.
7. Sirva o bacalhau e os cogumelos imediatamente com o molho ou mantenha-os aquecidos para o serviço.

Pescada *à la* veracruzana

Rendimento: 10 porções

- 10 filés de pescada (170 g cada)
- 1 colher (chá)/3 g de sal
- ½ colher (chá)/1 g de pimenta-do-reino preta moída
- 180 mℓ de suco de limão

MOLHO
- 90 mℓ de azeite de oliva
- 454 g de cebola ralada
- 3 dentes de alho amassados
- 1,36 kg de tomate sem pele nem sementes, em cubos médios
- 15 azeitonas verdes, descaroçadas e picadas
- 14 g de alcaparra lavada
- 5 picles de *jalapeños* em *julienne*
- 3 folhas de louro
- 1½ colher (chá)/1,5 g de manjerona ou orégano fresco picados
- 1½ colher (chá)/1,5 g de tomilho picado
- 960 mℓ de **fumet** de peixe (p. 278), ou quanto baste

GUARNIÇÃO
- 4 colheres (sopa)/12 g de salsa picada

1. Faça cortes cruzados e rasos sobre a pele de todos os filés, com uma faca para desossar. Tempere o peixe com o sal e a pimenta-do-reino e deixe marinar em suco de limão, na geladeira, por pelo menos 1 hora ou durante a noite toda.
2. Para preparar o molho, aqueça 60 mℓ do óleo em uma panela, em fogo médio-alto. Adicione as cebolas e o alho e refogue até que comecem a dourar. Junte os tomates, as azeitonas picadas, as alcaparras, os *jalapeños*, as folhas de louro, a manjerona ou o orégano, o tomilho e o fundo. Ferva o molho suavemente até que os tomates fiquem macios e os sabores se combinem. Se necessário, ajuste o tempero com o sal e a pimenta-do-reino. Reserve.
3. Unte ligeiramente uma frigideira rasa com o óleo restante. Coloque o peixe e despeje o molho por cima e ao redor dele.
4. Ferva o líquido suavemente (71 °C a 82 °C), em calor direto. Ponha um pedaço de papel-manteiga (*cartouche*) untado sobre o peixe, cobrindo-o. Transfira a frigideira para o forno aquecido a 177 °C.
5. Escalfe o peixe por 6 a 8 minutos ou até que esteja completamente cozido (60 °C).
6. Sirva o peixe imediatamente, com o molho por cima. Guarneça com a salsa, as alcaparras e as azeitonas.

Cioppino

Rendimento: 10 porções

- 2 colheres (sopa)/30 mℓ de azeite de oliva
- 340 g de cebola bem picada
- 1 maço de cebolinha (parte branca e parte verde) fatiada na diagonal
- 340 g de pimentão verde em cubos pequenos
- 340 g de erva-doce em cubos pequenos
- 1 colher (sopa)/10 g de sal
- ¼ de colher (chá)/0,5 g de pimenta-do-reino preta moída
- 4 colheres (chá)/12 g de alho amassado
- 1,81 kg de tomate *concassé*
- 240 mℓ de vinho branco seco
- 480 mℓ de **molho de tomate** (p. 309)
- 2 folhas de louro
- 960 mℓ de **fumet** de peixe (p. 278)
- 1,13 kg de mexilhão de Manila, bem escovado
- 1,13 kg de marisco, bem escovado e sem barba
- 680 g de camarão (de 16 a 20 unidades em 450 g), descascado e limpo
- 1,13 kg de bacalhau em cubos grandes
- 340 g de vieira limpa
- 10 **croûtons ao alho** (receita a seguir)
- 21 g de manjericão, em *chiffonade*

1. Aqueça o azeite em um caldeirão grande, em fogo médio. Adicione a cebola, as cebolinhas, os pimentões e a erva-doce, e tempere com o sal e a pimenta-do-reino. Refogue até que as cebolas estejam translúcidas, em 7 a 8 minutos. Junte o alho e refogue até ficar aromático, em mais 1 minuto.

2. Adicione o *concassé*, o vinho, o molho de tomate, as folhas de louro e o *fumet*. Tampe e ferva suavemente por cerca de 20 minutos. Adicione mais *fumet*, se necessário. Retire do fogo e despreze as folhas de louro.
3. Acrescente os frutos do mar e o peixe à panela e ferva suavemente até que o bacalhau, o camarão e as vieiras estejam cozidas, e os mexilhões e mariscos estejam abertos, em 7 a 8 minutos.
4. Guarneça o *cioppino* com um *croûton* e manjericão e sirva imediatamente.

Croûtons ao alho

Rendimento: 10 porções

10 fatias finas de baguete francesa ou italiana, cortadas em diagonal

5 dentes de alho, descascados e cortados ao meio

60 mℓ de azeite de oliva

Sal, a gosto

Pimenta-do-reino preta moída, a gosto

1. Coloque as fatias de pão em uma assadeira. Esfregue cada uma delas com o alho e pincele com o azeite dos dois lados. Tempere com o sal e a pimenta-do-reino.
2. Doure o pão na salamandra; vire-o e doure do outro lado. Reserve-o até o momento de servir.

Peito de frango escalfado com molho de estragão

Rendimento: 10 porções

10 *suprêmes* de frango (198 g a 227 g) sem osso

Sal, a gosto

Pimenta-do-reino branca moída, a gosto

57 g de manteiga

57 g de chalota ralada

300 mℓ de vinho branco seco

300 mℓ de **fundo de frango** (p. 277)

300 mℓ de ***velouté*** **de frango** (p. 308)

300 mℓ de creme de leite fresco (36% a 40%)

1 colher (sopa)/3 g de estragão picado

1. Tempere o frango com o sal e a pimenta-do-reino branca.
2. Unte ligeiramente uma frigideira rasa com manteiga e espalhe as chalotas por igual. Coloque o frango por cima. Adicione o vinho e o fundo.
3. Ferva o líquido suavemente, em calor direto (71 °C a 82 °C). Coloque um pedaço de papel-manteiga (*cartouche*) untado sobre o frango, cobrindo-o. Transfira a panela para o forno aquecido a 177 °C.
4. Escalfe o frango por 12 a 14 minutos ou até que esteja inteiramente cozido (74 °C).
5. Transfira o frango para uma assadeira, cubra-o com o *cartouche* e mantenha-o aquecido.
6. Coloque a frigideira com o *cuisson* em calor direto e reduza-o em dois terços. Adicione o *velouté* e ferva suavemente por 1 a 2 minutos. Junte o creme e reduza a uma consistência de *nappé*. Ajuste o tempero com o sal e a pimenta.
7. Coe o molho em uma peneira de malha fina sobre uma panela limpa ou uma panela para banho-maria. Acrescente o estragão ao molho.
8. Seque o frango em papel absorvente. Sirva-o imediatamente com o molho ou mantenha-o aquecido para o serviço.

Frango caipira com biscoitos *angel*

Rendimento: 10 porções

10 *suprêmes* de frango (198 g a 227 g), sem pele e sem osso

Sal, a gosto

Pimenta-do-reino branca moída, a gosto

85 g de manteiga

3 chalotas médias raladas

680 g de cogumelo-de-paris em fatias

300 mℓ de vinho branco seco

300 mℓ de **fundo de frango** (p. 277), ou quanto baste

300 mℓ de *velouté* de frango (p. 308)

30 cenouras *baby*, descascadas e branqueadas

30 nabos brancos em *batonnet*, branqueados

30 rutabagas em *batonnet*, branqueadas

15 couves-de-bruxela, cortadas ao meio e branqueadas

20 porções de **massa salgada de biscoito** (p. 853)

4 colheres (sopa)/12 g de salsa picada

4 colheres (sopa)/12 g de *dill* picado

1. Tempere o frango com o sal e a pimenta-do-reino.
2. Unte ligeiramente uma frigideira rasa com metade da manteiga e espalhe as chalotas por igual. Coloque o frango por cima. Adicione o vinho e o fundo.
3. Ferva o líquido suavemente, em calor direto. Coloque um pedaço de papel-manteiga (*cartouche*) untado sobre o frango, cobrindo-o. Transfira a frigideira para o forno aquecido a 177 °C.
4. Escalfe o frango por 12 a 14 minutos ou até que esteja inteiramente cozido (74 °C).
5. Transfira o frango para uma assadeira, adicione um pouco de *cuisson*, cubra-o com filme plástico e mantenha-o aquecido.
6. Coloque a frigideira com o *cuisson* restante em calor direto e reduza-o em dois terços. Adicione o *velouté* e reduza à consistência de *nappé*. Ajuste o tempero com o sal e a pimenta-do-reino.
7. Coe o molho em uma peneira de malha fina sobre uma panela limpa ou uma panela para banho-maria. Reserve-o aquecido.
8. Aqueça 28 g da manteiga restante em uma *sauteuse*, em fogo médio-alto. Adicione os cogumelos e refogue-os até ficarem macios. Tempere com o sal e a pimenta-do-reino. Reserve-os aquecidos.
9. Aqueça a manteiga restante em outra *sauteuse* e reaqueça as cenouras, os nabos, as rutabagas e as couves-de-bruxelas. Se necessário, junte um pouco de fundo. Tempere com o sal e a pimenta-do-reino.
10. Sirva imediatamente o frango com o molho, os vegetais e os biscoitos. Guarneça com uma pitada de salsa e *dill* picados.

Poule au pot (frango com vegetais)

Rendimento: 8 porções

- 2 galetos (cerca de 1,36 kg cada) com os miúdos, exceto o fígado
- 3,36 ℓ de **fundo de frango** (p. 277)
- 1 *bouquet garni* padrão (p. 255)
- 1 *sachet d'épices* padrão (p. 255)
- 227 g de batata em cubos grandes
- 227 g de cenoura em cubos grandes
- 227 g de aipo-rábano em cubos grandes
- 227 g de pastinaca em cubos grandes
- 227 g de alho-poró (parte branca e parte verde) em cubos grandes
- 1 colher (sopa)/10 g de sal
- 1 colher (chá)/2 g de pimenta-do-reino preta moída
- 28 g de cebolinha francesa picada

1. Retire a coluna vertebral dos frangos e reserve-a. Corte as aves em quatro, depois corte os peitos ao meio.
2. Ferva o fundo suavemente (82 °C a 85 °C), em uma panela grande. Coloque os frangos, as espinhas dorsais, os pescoços, os corações e os miúdos – exceto os fígados – em um caldeirão e adicione o fundo fervente em quantidade suficiente para cobrir os ingredientes por cerca de 3 a 4 cm. Espere que o fundo ferva suavemente de novo, em fogo baixo. Escume com cuidado durante todo o tempo de cozimento.
3. Adicione o *bouquet garni* e o *sachet*. Ferva suavemente por cerca de 45 minutos. Transfira as pernas e os peitos de frango para uma panela limpa. Coe o caldo sobre o frango e despreze o *bouquet garni*, o *sachet*, as espinhas dorsais, os pescoços, os corações e os miúdos. Volte a ferver suavemente, em fogo baixo, por mais 30 minutos.
4. Adicione os vegetais ao caldo na seguinte sequência, com intervalo de 1 a 2 minutos entre um e outro: batatas, cenouras, aipo-rábano, pastinacas, alho-poró.
5. Continue a ferver suavemente, escumando, se necessário, até que o frango esteja macio e todos os vegetais, cozidos, em 20 a 25 minutos.
6. Retire o frango e separe as coxas das sobrecoxas. Corte as metades de peito ao meio novamente, na diagonal. Tempere com o sal e a pimenta-do-reino.
7. Arrume o frango (uma porção de peito e uma coxa ou sobrecoxa) em cada tigela com os vegetais, acrescente o caldo e termine com a cebolinha francesa. Sirva imediatamente ou mantenha aquecido para o serviço.

Macarrão *udon* com vegetais

Rendimento: 10 porções

- 907 g de macarrão *udon* seco
- 30 mℓ de óleo vegetal
- 3,84 ℓ de **ichi ban dashi** (p. 280)
- 20 mexilhões *littleneck*
- 680 g de sobrecoxa de frango sem osso, sem pele, em pedaços pequenos
- 20 camarões pequenos descascados, limpos e branqueados
- 992 g de cogumelo *shiitake*, sem talos
- 567 g de couve-chinesa, branqueada e cortada ao meio
- 454 g de espinafre, em *chiffonade*
- 454 g de cenoura em rodelas, branqueada
- 227 g de ervilha-torta, limpa, branqueada
- 300 mℓ de molho de soja
- 30 mℓ de *mirin*
- 2 cebolinhas, em fatias, na diagonal

1. Leve ao fogo uma panela grande com água salgada. Quando ferver, cozinhe o macarrão até ficar macio, durante 6 a 8 minutos. Escorra o macarrão e passe por água fria. Escorra-o novamente, coloque o óleo e reserve.
2. Ferva o *dashi* suavemente, em uma panela grande.
3. Coloque os mexilhões, o frango, os camarões e os cogumelos *shiitake* em outra panela e distribua o *dashi* fervido por cima. Escalfe até que os mexilhões se abram e o frango esteja inteiramente cozido (74 °C).
4. Sirva os mexilhões, o frango, o camarão e o *shiitake* em uma tigela, sobre uma camada de macarrão com a couve-chinesa, o espinafre, as cenouras e as ervilhas-tortas. Distribua o *dashi* por cima e sirva imediatamente. Guarneça com o molho de soja, o *mirin* e as cebolinhas.

Corned beef com vegetais de inverno

Rendimento: 12 a 14 porções

- 4,54 kg de peito bovino em conserva, limpo
- 2,88 ℓ de **fundo claro de carne** (p. 277) frio ou água, ou a gosto
- 907 g de repolho verde cortado em 12 a 14 gomos
- 14 batatas pequenas, cortadas ao meio
- 30 cenouras *baby*, descascadas
- 14 nabos *baby*, descascados
- 454 g de cebola pérola, branqueada e descascada
- Sal, a gosto
- Pimenta-do-reino preta moída, a gosto

1. Desmanche a carne de peito pela junta natural, em dois pedaços.
2. Coloque a carne em uma panela funda e adicione fundo claro de carne suficiente, ou água, para cobri-la. Ferva suavemente (82 °C a 85 °C), escumando a superfície conforme necessário. Reduza o fogo, tampe, e continue fervendo suavemente por 2½ horas, até que a carne esteja macia quando espetada com um garfo.
3. Adicione os vegetais à carne e continue cozinhando em fogo bem baixo, até que fiquem macios, cheios de sabor e a carne esteja tenra, em 35 a 45 minutos. Tempere com o sal e a pimenta-do-reino, se necessário, ao longo do cozimento.
4. Retire a carne do líquido de cozimento e corte-a em fatias. Sirva-a imediatamente com os vegetais ou mantenha-a quente para o serviço.

Corned beef com vegetais de inverno

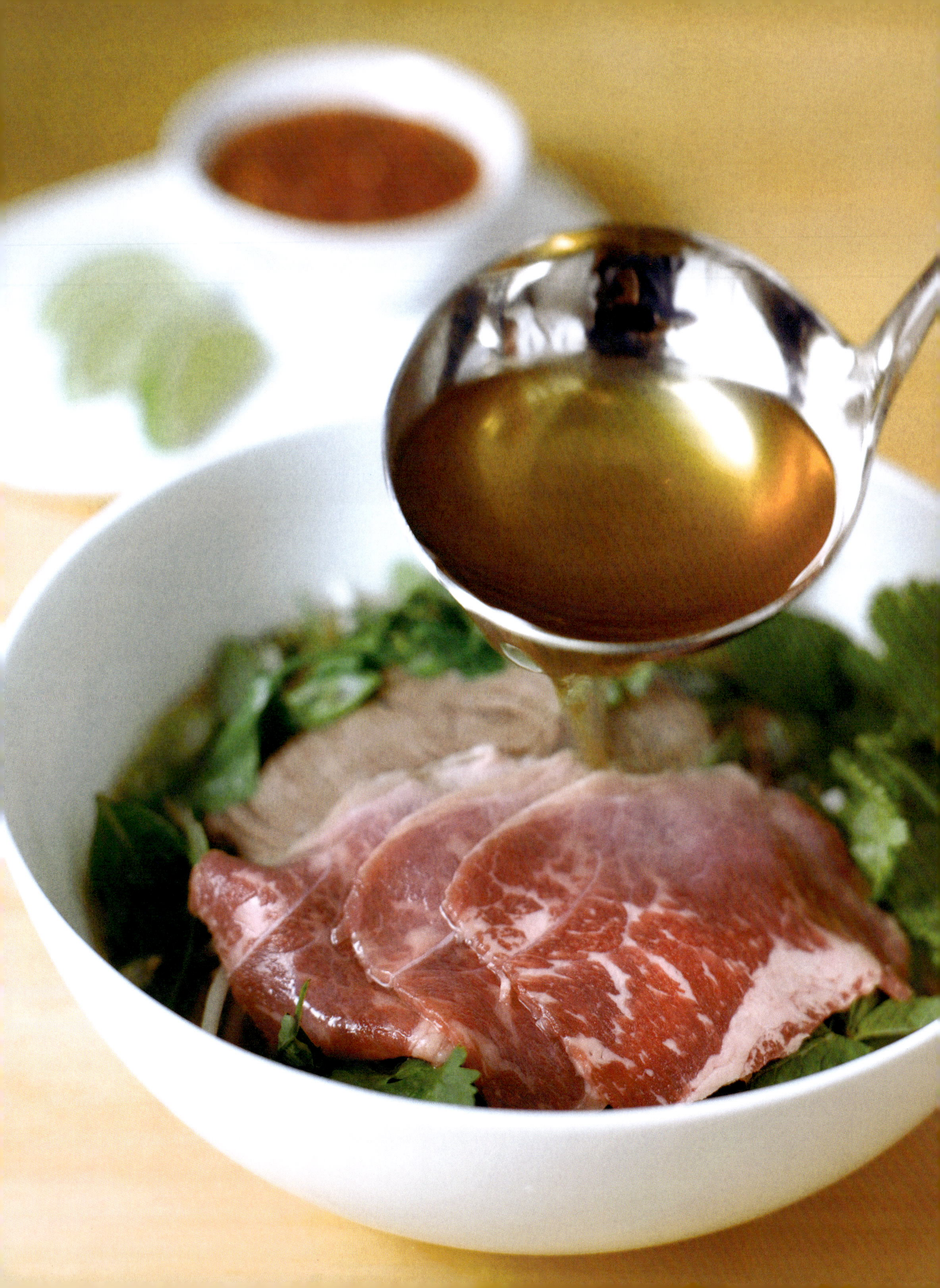

Sopa de carne e macarrão (pho bo)

Rendimento: 10 porções

4,54 kg de ossos de boi com tutano

907 g de paleta de boi

11,52 ℓ de água

284 g de gengibre, cortado ao meio no sentido longitudinal, assado a seco

10 chalotas médias, descascadas, assadas a seco

240 mℓ de molho de peixe

198 g de açúcar

6 paus de canela

12 anises-estrelados ligeiramente tostados

6 cravos-da-índia ligeiramente tostados

Sal, a gosto

Pimenta-do-reino preta moída, a gosto

454 g de macarrão de arroz com 3 mm de largura

170 g de broto de feijão (*moyashi*)

1 cebola média, em fatias bem finas

227 g de contrafilé, levemente congelado, em fatias bem finas

4 cebolinhas, em fatias bem finas

30 folhas de manjericão tailandês

30 folhas de coentro

30 folhas de hortelã

30 folhas de *rau ram* (hortelã vietnamita)

5 pimentas tailandesas, em fatias bem finas

10 gomos de limão

150 mℓ de molho de pimenta vietnamita

1. Branqueie os ossos e a paleta. Escorra-os
2. Em uma panela grande, cubra os ossos e a paleta com a água. Adicione o gengibre e as chalotas assadas, o molho de peixe e o açúcar. Espere ferver.
3. Ferva suavemente até que a paleta esteja macia, em cerca de 1½ hora, escumando a superfície durante o cozimento, conforme necessário.
4. Retire a paleta do líquido e deixe-a de molho, por 15 minutos, em uma tigela de água fria.
5. Adicione ao caldo a canela, o anis-estrelado e os cravos-da-índia, e continue a ferver suavemente durante cerca de 30 minutos, até ressaltar os sabores. Coe o caldo e tempere com o sal e a pimenta-do-reino. Reserve.
6. Retire a paleta da água, corte em fatias finas e reserve.
7. Em uma panela grande, ferva água salgada. Adicione o macarrão e cozinhe até ficar *al dente*. Sirva imediatamente ou enxágue até esfriar, escorra bem e reaqueça para o serviço.
8. Para cada porção, coloque o macarrão em uma tigela. Por cima, distribua alguns brotos de feijão e fatias de cebola, e depois algumas fatias de paleta. Sobre elas, ponha 2 a 3 fatias de carne crua. Com uma concha, adicione o caldo quente. O caldo deve ficar 3 cm acima da carne.
9. Sirva imediatamente, guarnecido com as cebolinhas, as ervas e as pimentas. Sirva os gomos de limão e o molho de pimenta separadamente.

Carne cozida com *spätzle* e batatas (*Gaisburger Marsch*)

Rendimento: 10 porções

1,81 kg de músculo em cubos de 1 cm

5,76 ℓ de **fundo claro de carne** (p. 277)

1,25 kg de cebola em cubos médios

2 folhas de louro

1 cravo-da-índia

Sal, a gosto

Pimenta-do-reino preta moída, a gosto

454 g de batata em cubos médios

340 g de alho-poró em cubos médios

85 g de manteiga

907 g de **spätzle** (p. 852) cozido em caldo de carne ou água salgada, escorrido e resfriado

28 g de salsa picada

1. Branqueie a carne e escorra.
2. Junte-a ao fundo, com 340 g das cebolas, as folhas de louro e o cravo-da-índia. Ferva suavemente, em fogo baixo, até que a carne esteja macia. Escume conforme necessário e tempere com o sal e a pimenta-do-reino durante o cozimento.
3. Depois de 45 minutos a 1 hora, remova quantidade suficiente do caldo da carne para cobrir as batatas em panela de tamanho médio. Cozinhe as batatas até amaciarem, em 10 a 15 minutos. Retire e reserve para esfriarem um pouco. Junte o alho-poró ao caldo e cozinhe por 3 minutos; retire e deixe esfriar.
4. Enquanto isso, salteie as cebolas restantes na manteiga em uma *sauteuse* grande até ficarem dourado-escuras.
5. Junte as batatas e o *spätzle* e aqueça. Adicione o alho-poró e a salsinha. Acerte o tempero com sal e pimenta. Sirva imediatamente com carne ou mantenha aquecido para o serviço.

Frutos do mar escalfados em caldo de açafrão com erva-doce

Rendimento: 10 porções

960 mℓ de **fumet** de peixe (p. 278)

1 colher (chá)/1,5 g de açafrão em pó

1 *sachet d'épices* padrão (p. 255)

120 mℓ de Pernod

120 mℓ de vinho branco seco

454 g de erva-doce em *julienne*

Sal, a gosto

Pimenta-do-reino preta moída, a gosto

1,36 kg de frutos do mar sortidos (ver nota)

454 g de tomate *concassé*

3 g de salsa ou ramos de erva-doce picados

1. Misture o *fumet*, o açafrão, o *sachet*, o Pernod, o vinho e a erva-doce. Ferva o líquido a 82 °C a 85 °C até que a erva-doce esteja ligeiramente cozida e o caldo bem saboroso, em cerca de 12 minutos. Retire o *sachet*. Tempere com o sal e a pimenta-do-reino. Use imediatamente ou resfrie rapidamente e reserve para uso posterior.
2. Na hora do serviço, leve o caldo e a erva-doce a uma fervura suave. Adicione os frutos do mar e escalfe-os até que fiquem cozidos, em 6 a 8 minutos. Acrescente o tomate e continue cozinhando até ficar aquecido.
3. Sirva o prato imediatamente com o caldo ou mantenha-o aquecido para o serviço. Guarneça com a salsa.

NOTA: Podem-se usar diversos peixes e frutos do mar, incluindo camarões, tubarão-anjo, lulas, cação, vieiras e lagostas.

brasear e guisar

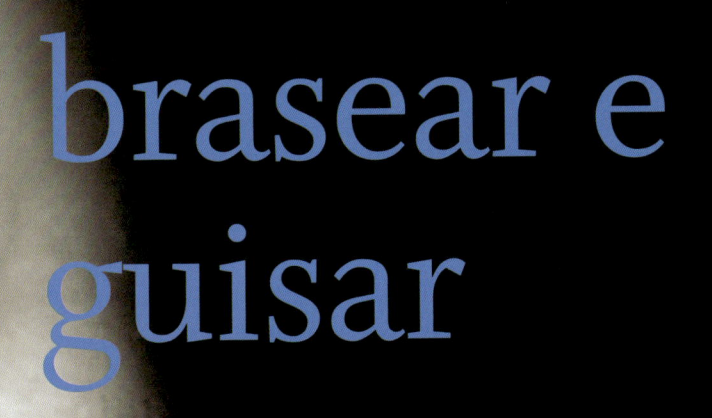

Frequentemente, os braseados e os guisados são considerados pratos camponeses, porque muitas vezes são feitos com ingredientes menos macios (e menos caros) do que aqueles usados com as outras técnicas. Esses pratos têm sabor robusto e forte e, em geral, são considerados refeições apropriadas para o outono e o inverno. Entretanto, substituindo os ingredientes tradicionais por aves, peixes ou frutos do mar, os braseados e guisados podem ser mais rápidos de preparar, mais leves no sabor e na cor, e apropriados para os *menus* contemporâneos.

CAPÍTULO 20

PARA BRASEAR CARNE, PRIMEIRO SELE-A EM GORDURA QUENTE ATÉ OBTER A COR DESEJADA, DEPOIS COZINHE EM FERVURA SUAVE EM UM FUNDO OU OUTRO LÍQUIDO DE COZIMENTO. A QUANTIDADE DE LÍQUIDO USADA NO BRASEADO É CRUCIAL PARA QUE O PRATO PRONTO FAÇA SUCESSO. VERIFIQUE SE HÁ LÍQUIDO SUFICIENTE PARA MANTER O ALIMENTO ÚMIDO DURANTE TODO O TEMPO DE COCÇÃO E SE SERÁ PRODUZIDA UMA QUANTIDADE ADEQUADA DE MOLHO PARA SER SERVIDA COM O PRATO PRONTO. EM GERAL, DE UM TERÇO A METADE DO ITEM PRINCIPAL DEVE ESTAR SUBMERSO NO MEIO DE COCÇÃO.

braseados

Um dos benefícios do braseado é que os cortes de carne duros se tornam tenros à medida que o calor úmido penetra delicadamente na carne e amacia os tecidos conjuntivos. Uma outra vantagem é que o sabor é liberado no líquido de cozimento, que vai se tornar o molho de acompanhamento. Assim, todos os sabores e nutrientes são virtualmente retidos. O molho resultante de um braseado também tem corpo excepcional, pois o cozimento lento rompe os tecidos conjuntivos duros, que formam uma gelatina.

Alimentos tenros, mesmo peixes e frutos do mar delicados, também podem ser braseados. Para fazê-lo adequadamente, use menos líquido na cocção e cozinhe o alimento a temperatura inferior por menos tempo.

Os cortes de carne menos macios que serão braseados da maneira tradicional provêm de animais mais velhos e com músculos mais trabalhados. Esses cortes apresentam sabor mais profundo do que aqueles macios usados para saltear e cozinhar a vapor. Os alimentos braseados são muitas vezes, mas nem sempre, deixados em um só pedaço grande, que pode ser fatiado ou trinchado em porções. Em geral, convém amarrar a carne, para que mantenha a forma apropriada.

O alimento também pode ser embrulhado em folhas de alface ou outros invólucros, para ajudá-lo a manter a forma e impedir que ele se desmanche durante o cozimento.

Os líquidos de cocção usados quase sempre são fundos ricos ou uma combinação de fundo e molho (como *espagnole*, *demi-glace* ou *velouté*) que combinem com o sabor do item principal. Também podem ser usados caldos, essências ou sucos vegetais. O vinho é, muitas vezes, utilizado para deglaçar a panela antes de acrescentar o líquido para brasear.

Algumas vezes, adicionam-se ao líquido de cocção vegetais aromáticos, ervas e outros ingredientes, para se obter mais sabor. Se forem coados ou batidos no liquidificador e acrescentados novamente ao molho, não é muito importante descascá-los e cortá-los de maneira uniforme. Entretanto, caso os ingredientes aromáticos sejam usados como guarnição no prato pronto, devem ser descascados, cortados por igual em tamanho e forma e acrescidos ao prato na sequência adequada, de modo que todos os componentes terminem de cozinhar ao mesmo tempo.

Os produtos do tomate – tomate *concassé*, purê de tomates ou extrato de tomate – podem ser incluídos para conferir cor e sabor adicionais ao prato pronto. Prepare um *sachet d'épices* ou um *bouquet garni* com especiarias, ervas e outros ingredientes aromáticos, conforme desejar ou a receita indicar. Para um sabor mais intenso e adocicado, pode-se empregar uma cabeça de alho assada com um pouco de óleo.

Para engrossar o líquido do braseado e formar um molho, use *roux*, reduções, *beurre manié* ou, em último caso, *slurry* de amido puro. Outra possibilidade é transformar *mirepoix* em purê e adicioná-lo ao molho.

Braseie em um *rondeau* ou uma panela pesada, com tampa, de tamanho e forma que melhor abrigue a carne ou ave, para um cozimento lento e uniforme. Use um garfo trinchante para verificar o ponto da carne e uma colher para remover o alimento do molho. Tenha à mão uma faca para trinchar e outros equipamentos para terminar o molho, como uma peneira e/ou um *mixer*.

» receita básica

Braseado
(4 porções de prato principal)

850 g a 1,13 kg de carne, de ave ou de peixe

1,92 ℓ de líquido para cozinhar (fundo escuro, molho escuro e/ou outro líquido aromático, como vinho)

113 g de aromáticos preparados (*mirepoix* e/ou outros vegetais)

Sal e outros temperos (*sachet d'épices* ou *bouquet garni*, por exemplo)

Ingredientes adicionais para a finalização e a guarnição

método rápido »

1. Sele todos os lados do item principal em gordura quente.
2. Retire o item principal.
3. Junte o *mirepoix* e refogue.
4. Junte o *roux*, se estiver sendo usado.
5. Retorne o item principal para a cama de *mirepoix* na panela.
6. Junte o líquido.
7. Cozinhe em fogo brando direto.
8. Cubra; termine o cozimento no forno até que esteja macio.
9. Junte o *sachet d'épices* ou o *bouquet garni* e as guarnições no momento apropriado.
10. Retire o item principal e o mantenha aquecido.
11. Prepare o molho: coe, reduza, engrosse e guarneça como desejado.
12. Fatie ou desosse o item principal e sirva com molho e uma guarnição adequada.

dicas do especialista «

Para espessar o molho, qualquer um dos ingredientes a seguir pode ser usado, dependendo dos resultados que se deseja obter. A farinha de trigo pode ser adicionada, passando por ela o item principal ou colocando-a diretamente na panela com os vegetais aromáticos. Para reduzir o molho, cozinhe-o em fogo médio até que chegue a uma boa consistência.

FARINHA (*ROUX*) / *SLURRY* DE AMIDO / VEGETAIS AROMÁTICOS EM PURÊ / REDUÇÃO

Podem-se acrescentar outros ingredientes para desenvolver mais sabor. Para isso, junte alguns no início do processo de cozimento. Outros podem ser adicionados mais tarde, de modo que retenham seu próprio sabor individual e/ou textura.

ALHO ASSADO / *SACHET D'ÉPICES* OU *BOUQUET GARNI* / OUTROS VEGETAIS

O molho para o braseado pode ser servido sem ser coado, contendo ingredientes cozidos com o item principal, como batatas e outros vegetais. Em outros casos, o molho é coado antes de ser servido, e quaisquer ingredientes adicionais de acabamento ou guarnição são acrescentados pouco antes do serviço.

método detalhado »

1. Retire dos pedaços de carne todo o excesso de gordura e cartilagens. As carnes e aves devem ser temperadas com sal e pimenta-do-reino moída na hora, misturas de especiarias ou marinadas, antes de serem seladas.

A carne preparada adequadamente melhora a qualidade e o sabor do prato. Brasear concentra os sabores naturais do item principal, do líquido de cozimento e dos ingredientes adicionados, mas, ainda assim, é importante temperar os alimentos antes de começar a cozinhar. Os tempos de fervura suave muito longos reduzem o volume do líquido e tornam quantidades relativamente pequenas de tempero mais intensas. Prove e ajuste o tempero durante todo o processo de cozimento.

2. Sele a carne para desenvolver seu sabor e para que ganhe uma rica cor dourada. Aqueça a panela e o óleo e sele o item principal temperado de todos os lados, até obter uma cor dourado-escura. Doure o item principal em fogo alto, virando-o quantas vezes forem necessárias, até que todos os lados fiquem bem dourados. Alguns alimentos são selados só até que a parte externa endureça sem dourar, para se obter um prato mais claro. Depois de selado, retira-se o item principal e coloca-se o *mirepoix* para refogar ou até se obter a cor desejada.

braseados

3. Depois de dourar o *mirepoix*, cozinhe o extrato de tomate até que ganhe uma forte cor de ferrugem e tenha um cheiro doce. Adicione os vegetais aromáticos à panela e deixe cozinhar. Em geral, as cebolas e os alhos-porós são acrescentados antes, até conseguirem a cor apropriada: tenros e translúcidos para um braseado de cor clara ou dourado-forte para um braseado escuro. Cozinhe por tempo suficiente para que esses ingredientes fiquem prontos.

Acrescente outros vegetais, ervas aromáticas e especiarias à panela, em sequência. Frequentemente, adicionam-se aos braseados ingredientes ácidos, como tomates ou vinho. O ácido ajuda a amaciar os tecidos duros de alguns alimentos e adiciona sabor e cor agradáveis ao prato pronto.

4. Adicione fundo suficiente ao *pinçage* para cobrir de um terço a metade do item. Espere ferver suavemente e acrescente o item principal ao líquido fervente, com alguns ingredientes adicionais. Tampe a panela e braseie no forno.

A quantidade de líquido deve ser adequada às características do item principal. Espere que o líquido ferva suavemente (não uma fervura forte), mexendo bem, especialmente se foi acrescentada farinha aos vegetais aromáticos.

Junte os aromáticos (como alho assado, um *sachet* ou *bouquet*, vegetais adicionais ou outros ingredientes) no momento apropriado. Adicione alguns no início do processo de cozimento para infundir sabor ao prato. Os outros podem ser acrescentados mais tarde, de modo a reter seu próprio sabor ou textura.

5. Braseie até que o item principal esteja completamente cozido e macio. Ferva suavemente sobre fogo direto, tampe a panela e termine de cozinhar o braseado em forno moderado (aproximadamente 135 °C a 163 °C) ou em fogo direto muito baixo. Misture, escume e ajuste o tempero e a quantidade de líquido durante o tempo de cocção. Vire os alimentos de vez em quando, para que todas as superfícies se umedeçam com o líquido de cocção. Isso ajuda o alimento a cozinhar por igual.

Remova a tampa na fase final do cozimento, pois isso reduzirá adequadamente o líquido de cozimento, de modo que o molho tenha bom sabor e consistência. Uma outra consideração é que, se o item principal for virado com frequência depois que a tampa for retirada e ficar, assim, exposto ao ar quente, se formará um *glace* na superfície, que proporcionará brilho e bom sabor. Os alimentos tenros braseados escorregam facilmente do garfo de cozinha e podem ser cortados com a lateral do garfo.

Embora a continuação do processo de cozimento não seja um fator muito importante para esses pratos como o são para assados, grelhados e salteados, é mais fácil trinchar alimentos depois que estes descansaram por muitos minutos. Transfira o item principal para uma panela e mantenha-o aquecido enquanto termina o molho.

Enquanto o alimento braseado descansa, o molho pode ser terminado de diversas maneiras. Retire e despreze o *sachet d'épices* ou *bouquet garni*. Volte a ferver suavemente o líquido do braseado e desengordure o molho escumando a gordura da superfície. Depois que ele chegar à consistência correta, ajuste o tempero conforme necessário. Muitos braseados incluem vegetais, batatas ou outros componentes, que são cozidos com o item principal. Sirva esses molhos sem coar. Em outros casos, o molho é coado antes de servir.

O braseado pode ser resfriado rapidamente e guardado na geladeira, para uso posterior. Acrescente quaisquer ingredientes de finalização ou guarnição pouco antes de servir.

Os braseados bem feitos têm sabor intenso – como resultado do cozimento longo, em fogo baixo – e uma textura macia, quase se derretendo. Os sucos naturais do item principal, bem como o líquido de cocção, se concentram, fornecendo sabor acentuado e um molho encorpado. Os alimentos braseados têm cor forte, dependendo do tipo de alimento. Devem reter sua forma natural, embora uma quantidade significativa de volume se perca durante o cozimento. Quando prontos, os alimentos braseados são muito macios. Não devem, entretanto, ficar secos ou desmanchar-se. Isso é sinal de que o alimento foi cozido em excesso, ou rápido demais, em fogo alto.

Os guisados* são muito semelhantes aos braseados, dos cortes de carne escolhidos à textura do prato pronto. Diferem dos braseados pelo fato de os alimentos serem cortados em pedaços pequenos e serem cozidos em maior quantidade de líquido. Muitas vezes, os guisados são considerados pratos únicos, produzindo um prato macio e muito saboroso, incluindo não só carne, ave ou peixe, mas também grande variedade de vegetais em um molho fragrante.

guisados

O próprio molho ganha sabor marcante e encorpa durante o cozimento. Também é possível terminar um guisado com creme, ervas aromáticas ou uma *liaison* de ovos e creme.

Os guisados são baseados nos mesmos cortes de carne, aves ou peixes que os braseados. Retire a gordura interna e externa, as cartilagens e os tendões. Separe as peças maiores pelas juntas, de modo que fique mais fácil cortar no sentido contrário às fibras, para obter um guisado mais macio. O tamanho do corte varia de acordo com o estilo do guisado, mas, de hábito, ele é em forma de cubo de 2,5 cm. Se forem cortados pedaços muito pequenos, boa parte da área de superfície ficará exposta e a carne vai secar.

Tempere os alimentos para guisar antes de cozer, usando sal, pimenta, marinadas ou esfregando temperos secos, para conferir um bom sabor ao prato pronto. Selecione o líquido de cozimento de acordo com o alimento que for guisado ou segundo a recomendação da receita. Podem-se usar fundos saborosos ou combinações de fundos e molhos, sucos vegetais ou de frutas ou simplesmente água. Com frequência, os guisados incluem vegetais – como componentes aromáticos ou como componentes do prato. Lave, descasque e corte os vegetais em tamanho uniforme, para que cozinhem por igual. Mantenha os vegetais separados, de modo que possam ser acrescentados ao guisado na sequência apropriada.

Escolha uma panela pesada ou *rondeau* com tampa para um cozimento lento e uniforme. Tenha à mão uma concha ou escumadeira, para escumar o guisado enquanto cozinha. Para testar o ponto de cozimento, use um garfo de mesa para cortar um pedaço ou morda um pedacinho pequeno.

Alguns guisados pedem que a carne ou a ave seja passada por farinha de trigo e depois cozida em óleo quente até começar a endurecer, sem dourar. Outras receitas recomendam que o item principal seja cozido até ficar dourado-escuro. Depois que a carne, ave ou peixe tiver adquirido a cor apropriada, retire-o da panela e mantenha-o quente enquanto refoga, abafa ou doura os vegetais aromáticos, se assim desejar.

Não é preciso que o item principal seja salteado antes de adicionar o líquido de cozimento no caso de guisados brancos, como *blanquettes*. Por seu lado, o líquido de cozimento temperado é acrescentado diretamente à carne crua. Outra alternativa é acrescer o líquido do guisado à panela com os aromáticos e devolver o item principal ao guisado.

Carnes, peixes e aves devem ser limpos e temperados. Pode ser interessante polvilhar esses itens com farinha de trigo. Descasque e corte frutas e outros vegetais como for necessário. Feijões e outros grãos devem ficar de molho ou ser pré-cozidos.

*Outro nome comum para guisado é ensopado. Nas preparações brasileiras é mais usual esse termo. Também é comum o termo ensopado para guisados mais caldosos. (N. E.)

» receita básica

Guisado
(1 porção de prato principal)

1 porção (227 g a 284 g) de carne, de ave ou de peixe

240 mℓ a 300 mℓ de líquido para cozinhar (fundo, molho e/ou outro líquido aromático, como vinho)

28 g de aromático preparado (*mirepoix* e/ou outros vegetais)

Sal e outros temperos (*sachet d'épices* ou *bouquet garni*, por exemplo)

Ingredientes adicionais para incrementar o sabor e guarnecer (ver receitas específicas)

método rápido »

1. Sele ou branqueie o item principal.
2. Remova o item principal da panela; escorra o líquido de branqueamento, se usado.
3. Doure ou refogue o *mirepoix*.
4. Retorne o item principal para a cama de *mirepoix* na panela.
5. Junte o líquido.
6. Cozinhe em fogo brando direto.
7. Cubra a panela; termine o cozimento no forno até que o item principal esteja macio.
8. Junte o *sachet d'épices* ou o *bouquet garni* e as guarnições no momento apropriado.
9. Reduza o molho, se preciso. (Remova a carne antes.)
10. Guarneça o guisado adequadamente e sirva.

dicas do especialista «

Para engrossar o guisado, qualquer um dos ingredientes a seguir pode ser usado, dependendo dos resultados esperados. A farinha de trigo pode ser adicionada, passando a carne por ela ou colocando-a diretamente na panela com os vegetais aromáticos. Para reduzir o molho, cozinhe-o em fogo médio até que chegue a uma boa consistência.

FARINHA (*ROUX*) / *SLURRY* DE AMIDO / VEGETAIS AROMÁTICOS EM PURÊ / REDUÇÃO / *BEURRE MANIÉ*

Podem-se acrescentar outros ingredientes para desenvolver mais sabor. Para isso, junte alguns no início do processo de cozimento para a infusão do sabor. Outros podem ser adicionados mais tarde, de modo que mantenham seu sabor e/ou sua textura característicos.

***SACHET D'ÉPICES* / *BOUQUET GARNI* / ALHO**

Para uma opção mais saudável: Use purê de vegetais (principalmente os ricos em amido) para engrossar o guisado em vez de *roux* ou *slurry*.

guisados

1. Aqueça a panela e o óleo e sele o item principal de todos os lados, até obter a cor desejada, ou combine o item principal com o líquido de cozimento. Ferva o líquido de cozimento suavemente em separado, antes de despejá-lo sobre a carne preparada. Dessa maneira, o líquido pode ser temperado e o tempo total de cozimento, reduzido. Isso também melhora a textura do prato.

Selar o item principal ajuda a desenvolver cor e sabor. Para obter uma boa cor, o item principal não deve ser colocado na panela em quantidades tão grandes que os pedaços se toquem. Se isso ocorrer, a temperatura da panela diminui significativamente, impedindo que a comida ganhe cor. O segredo é selar o item aos lotes, e cada lote deve ser retirado quando tiver ganhado uma bela cor.

A quantidade de líquido varia de um corte de carne ou ave para outro. Alimentos delicados ou tenros, como peixes ou frutos do mar, podem precisar de muito pouca umidade adicional para serem guisados com sucesso.

Os cortes mais duros podem precisar, proporcionalmente, de mais líquido, para um tempo de cozimento mais prolongado, como também para amaciar os tecidos duros. Consulte receitas específicas para melhor orientação.

2. Cubra completamente a carne com o líquido de cozimento. Escumar melhora o sabor, a cor e a textura do prato pronto, porque remove impurezas e partículas sólidas. Mantenha uma tigela pequena por perto para colocar a espuma que retirar.

Ferva o líquido suavemente, em fogo baixo, tampe a panela e termine o guisado em forno moderado ou em fogo direto baixo, sem tampar. Mexa, escume e ajuste a quantidade de líquido e tempero durante todo o tempo de cocção. Para conseguir um sabor rico e complexo e a textura perfeita, acrescente quaisquer aromáticos adicionais e guarnições vegetais na sequência apropriada durante o cozimento. Em certos pratos, algumas ou todas as guarnições são preparadas separadamente, para conservar a cor. Acrescente ingredientes pré-cozidos, branqueados ou de cozimento rápido o mais próximo possível da hora de servir. Prove o líquido de cozimento antes de decidir quais os aromáticos necessários, se for o caso. Se o fundo já estiver bem saboroso, pode não ser preciso acrescentar um *bouquet garni* ou *sachet*.

« método detalhado

capítulo 20 » BRASEAR E GUISAR

método detalhado »

3. Antes de retirar a carne para terminar o molho, espete alguns pedaços para certificar-se de que a carne está completamente cozida e macia. Os alimentos adequadamente guisados devem ser fáceis de cortar com o lado de um garfo de mesa. (O contraste de textura, quando desejado, pode ser fornecido por uma guarnição final ou acompanhamento.) Despreze o *sachet d'épices* ou *bouquet garni*. Os guisados podem ser preparados até esse ponto, depois resfriados e armazenados para uso posterior. Resfriar o guisado torna mais fácil retirar a gordura da superfície.

O líquido de cozimento é transformado em molho. Em primeiro lugar, retire os ingredientes sólidos com uma escumadeira. Umedeça-os com um pouco do líquido de cocção, tampe e mantenha-os quentes. Se necessário, coe e espesse o molho, reduzindo-o em chama direta. Acrescente espessantes adicionais, como *roux* ou *slurry* de amido, e continue a cozinhar, escumando conforme for preciso, até que o molho adquira bom sabor e consistência.

Devolva os ingredientes sólidos ao molho e volte a ferver o guisado suavemente. Muitos guisados incluem componentes adicionais como vegetais, cogumelos, batatas ou massas. Quando esses componentes forem cozidos juntamente com o ingrediente principal, seus próprios sabores serão melhorados, assim como o sabor de todo o guisado.

4. Faça os ajustes finais no sabor e na consistência do guisado. O guisado pronto deve ter um molho aveludado, e todos os ingredientes devem estar inteiramente cozidos, mas ainda retendo a forma. Acrescente creme de leite fresco (36% a 40%) ou uma *liaison* (p. 263) ao guisado para dar um toque final especial. Ajuste a consistência fervendo suavemente um pouco mais, se necessário. Tempere com sal, pimenta, suco de limão ou outros ingredientes. Junte as guarnições adicionais ao guisado, em lotes ou em porções individuais.

Avalie a qualidade do guisado. Quando bem feito, o guisado tem sabor rico e textura macia, quase derretendo. Os sucos naturais dos ingredientes, bem como o líquido de cocção, se concentram e fornecem tanto um sabor agradável como um molho encorpado. Os componentes principais do guisado retêm a forma natural, embora certa quantidade do volume possa se perder durante o cozimento. Quando pronto, o guisado é extremamente macio, a ponto de poder ser cortado com o lado de um garfo, mas sem se desmanchar. Caso se desmanche, é porque o alimento foi cozido em demasia.

Guisados geralmente são mais saborosos um dia ou dois depois do preparo. Pode-se reaquecê-los na chama do fogão em fogo baixo, no forno ou no micro-ondas.

Rabada braseada

Rendimento: 10 porções

- 4,54 kg de rabo de boi, cortado em pedaços de 5 cm
- 2 colheres (sopa)/20 g de sal, ou a gosto
- 1¾ de colher (chá)/3,5 g de pimenta-do-reino preta moída
- 60 mℓ de óleo vegetal
- 454 g de *mirepoix* padrão (p. 257) em cubos grandes
- 60 mℓ de extrato de tomate
- 960 mℓ de vinho tinto seco
- 960 mℓ de **fundo escuro de vitelo** (p. 277)
- 1 *sachet d'épices* padrão (p. 255)
- 170 g de cenoura torneada ou em *batonnet*
- 170 g de aipo-rábano torneado ou em *batonnet*
- 170 g de nabo branco torneado ou em *batonnet*
- 170 g de rutabaga torneada ou em *batonnet*
- 284 g de **cebola frita por imersão** (receita a seguir)

1. Tempere os pedaços de rabo com sal e pimenta-do-reino.
2. Aqueça o óleo em um *rondeau* ou *brasier*, em fogo médio-alto, até que comece a tremeluzir. Coloque os pedaços de rabo cuidadosamente no óleo e sele-os até que fiquem dourado-escuros de todos os lados. Passe para uma assadeira e reserve.
3. Passe para o fogo médio, adicione o *mirepoix* à panela e cozinhe, mexendo de vez em quando, até que fique bem dourado. Acrescente o extrato de tomate e cozinhe até que ganhe uma cor forte e exale um cheiro doce, em cerca de 1 minuto.
4. Aumente o fogo, adicione o vinho, mexendo para liberar o *fond* da panela. Reduza o vinho à metade. Volte a colocar os pedaços de rabo na panela, juntamente com quaisquer sucos que tenham sido liberados. Acrescente o fundo de vitelo para cobrir dois terços da carne.
5. Ferva suavemente em fogo médio-baixo e adicione o *sachet*. Tampe a panela e transfira-a para um forno moderado (177 °C). Braseie os pedaços de rabo por 2 horas.
6. Junte as cenouras, o aipo-rábano, os nabos e a rutabaga. Continue a brasear até que a carne esteja macia ao ser espetada com um garfo e os vegetais estejam completamente cozidos, mexendo de vez em quando para manter a umidade uniforme.
7. Transfira os pedaços de rabo para uma cuba ou outro recipiente e umedeça-os com um pouco do líquido de cocção. Mantenha-os aquecidos enquanto termina o molho.
8. Continue a ferver suavemente o líquido de cocção até que adquira bom sabor e consistência. Escume para desengordurar o molho. Ajuste o tempero com o sal e a pimenta-do-reino e coe.
9. Sirva os pedaços de rabo imediatamente com o molho e os vegetais, ou mantenha-os aquecidos para o serviço. Guarneça com as cebolas fritas por imersão.

Cebola frita por imersão

Rendimento: 10 porções

- 960 mℓ de óleo vegetal
- 340 g de cebola em *julienne* ou em fatias finas
- 142 g de farinha de trigo comum
- Sal, a gosto

1. Aqueça o óleo vegetal em uma frigideira ou panela funda, a 191 °C.
2. Passe a cebola pela farinha e retire o excesso. Frite por imersão até dourá-la bem.
3. Escorra em papel absorvente, tempere com sal e mantenha quente até a hora do serviço.

Costelas braseadas à moda da Coreia (kalbi jjim)

Rendimento: 10 porções

- 10 cogumelos *shiitake* desidratados
- 20 costelas de boi (cerca de 4,54 kg), em pedaços de 8 cm
- 480 mℓ de *mirin*
- 240 mℓ de molho de soja *light*, ou quanto baste
- 227 g de cebola em pedaços de 5 cm
- 57 g de gengibre, descascado e ligeiramente amassado
- 6 dentes de alho picados
- 71 g de jujuba (tâmara chinesa)
- 454 g de *daikon*, em fatias
- 454 g de cenoura cortada em diagonal
- 1 colher (chá)/3 g de sal
- 2 colheres (sopa)/30 mℓ de óleo vegetal
- 4 ovos, separados
- Açúcar, quanto baste
- 142 g de *pinole* tostado
- 15 mℓ de óleo de gergelim

1. Reidrate os cogumelos em água fria durante toda a noite, ou em água quente, no dia do serviço. Retire os talos e corte os cogumelos ao meio. Coe a água da reidratação e reserve-a.
2. Ferva água em uma panela grande. Branqueie as costelas por 6 a 8 minutos para retirar as impurezas. Retire a espuma que se forma na superfície; escorra e enxágue.
3. Coloque as costelas em uma panela grande e junte o *mirin*, o molho de soja, a cebola, o gengibre, o alho, as jujubas (tâmaras chinesas) e água da reidratação dos cogumelos suficiente para cobrir as costelas.
4. Ferva suavemente em fogo baixo, até que as costelas se mostrem macias quando espetadas com um garfo, em cerca de 2 horas, virando a carne de vez em quando para mantê-la umedecida por igual.
5. Quando a carne estiver tenra, acrescente os cogumelos, o *daikon*, as cenouras e o sal. Ferva suavemente por mais 10 minutos ou até que os vegetais estejam macios.
6. Nesse meio-tempo, aqueça metade do óleo vegetal em uma *sauteuse*. Cozinhe as claras de ovo para fazer uma omelete fina. Repita com o óleo restante e as gemas de ovo. Corte as duas omeletes, de claras e de gemas, em losangos. Reserve-as.
7. Retire e despreze o gengibre do líquido de cozimento. Acrescente o açúcar e ajuste o tempero com o molho de soja, se necessário. Junte os *pinoles* e o óleo de gergelim e cozinhe até aquecer.
8. Sirva as costelas imediatamente com o molho ou mantenha-as aquecidas para o serviço. Guarneça com os losangos de omelete.

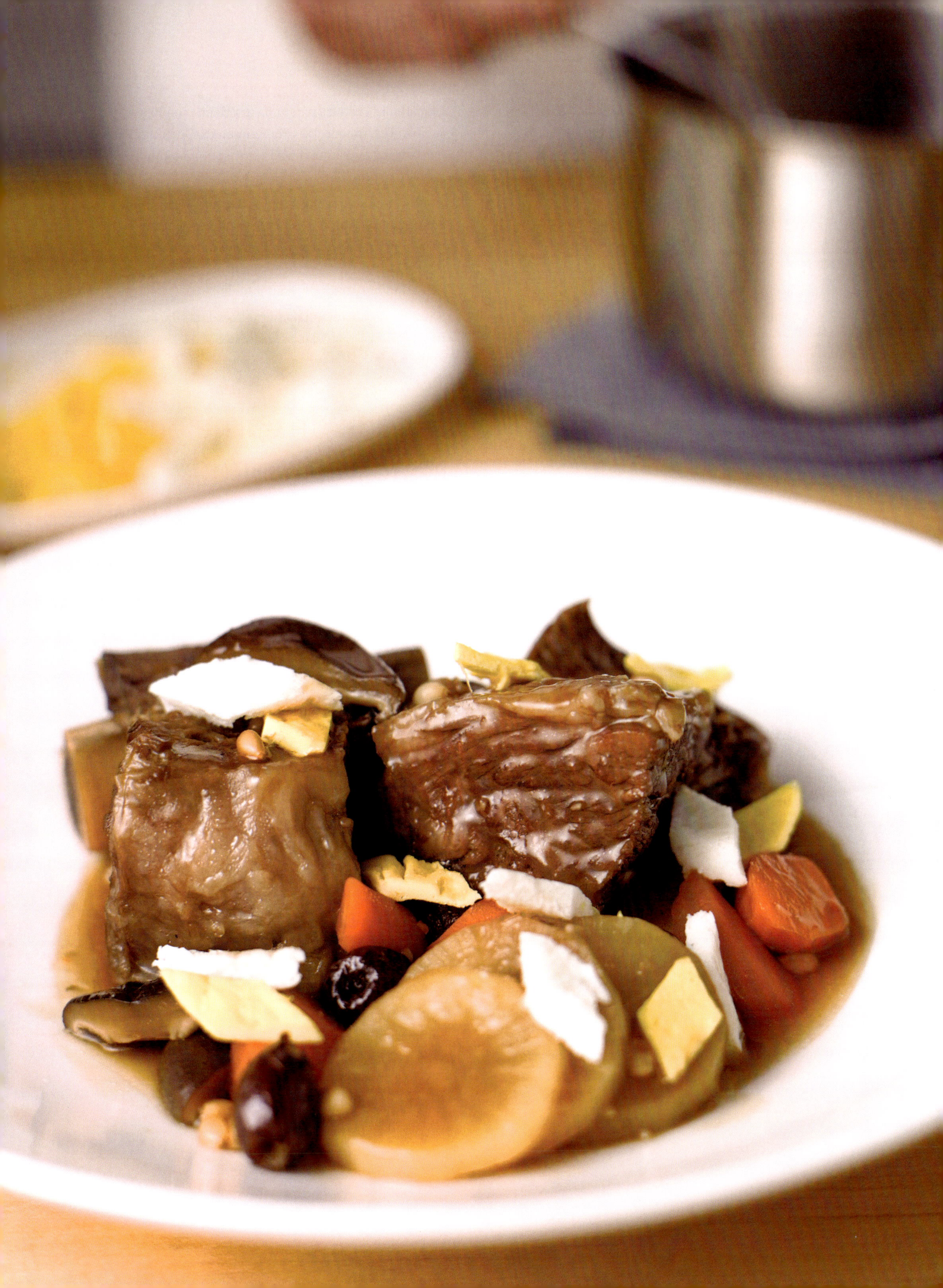

Costelas braseadas

Rendimento: 10 porções

- 10 costelas de boi (cerca de 3,85 kg), com 5 cm de comprimento
- 1½ colher (sopa)/15 g de sal
- 1¾ de colher (chá)/3,5 g de pimenta-do-reino preta moída
- 60 mℓ de óleo vegetal
- 227 g de *mirepoix* padrão (p. 257) em cubos grandes
- 60 mℓ de extrato de tomate
- 120 mℓ de vinho tinto seco
- 240 mℓ de **fundo escuro de vitelo** (p. 277)
- 960 mℓ de *demi-glace* (p. 307) ou molho *espagnole* (p. 308)
- 2 folhas de louro
- 1 pitada de tomilho desidratado
- 90 mℓ de vinho Madeira ou *sherry*

1. Tempere as costelas com 10 g de sal e 3 g de pimenta-do-reino.
2. Aqueça o óleo em fogo médio-alto em um *rondeau* ou *brasier*, até que comece a tremeluzir. Coloque cuidadosamente as costelas no óleo e sele-as até que fiquem bem douradas, de todos os lados, por 15 a 20 minutos. Passe-as para uma assadeira e reserve-as.
3. Passe para fogo médio, junte o *mirepoix* na panela e cozinhe, mexendo de vez em quando, por 7 a 10 minutos, até que fique bem dourado. Junte o extrato de tomate e cozinhe até que ganhe uma cor forte e exale um aroma doce, em cerca de 1 minuto.
4. Adicione o vinho, mexendo para soltar o *fond* da panela. Reduza o vinho à metade, por cerca de 3 minutos. Devolva as costelas à panela, juntamente com quaisquer sucos que tenham liberado. Acrescente o fundo de vitelo, *demi-glace*, ou molho *espagnole* suficiente para cobrir dois terços da altura das costelas.
5. Ferva suavemente em fogo médio-baixo. Tampe a panela e leve-a ao forno a 177 °C. Braseie as costelas por 45 minutos.
6. Adicione as folhas de louro e o tomilho e, se necessário, desengordure o líquido. Termine de brasear as costelas até que se mostrem macias quando espetadas com um garfo, em cerca de mais 30 minutos.
7. Transfira as costelas para uma assadeira ou outro recipiente e umedeça-as com um pouco do líquido de cozimento. Mantenha-as aquecidas enquanto termina o molho.
8. Continue a ferver suavemente o líquido de cozimento até que adquira bom sabor e consistência. Escume para desengordurar o molho. Ajuste o tempero com o sal e a pimenta-do-reino e coe. Junte o vinho Madeira ou *sherry* para finalizar o molho.
9. Sirva as costelas imediatamente com o molho ou mantenha-as aquecidas para o serviço.

Roulade de carne em molho *burgundy*

Rendimento: 10 porções

- 1,36 kg de coxão duro sem osso, limpo, em 20 pedaços de 57 g
- 1 colher (sopa)/10 g de sal
- 1½ colher (chá)/3 g de pimenta-do-reino preta moída
- 567 g de **recheio para *roulade*** (receita a seguir)
- 20 pepininhos em conserva
- 85 g de farinha de trigo comum, ou quanto baste
- 60 mℓ de óleo vegetal, ou quanto baste
- 170 g de cebola em cubos pequenos
- 1 colher (chá)/3 g de alho amassado
- 113 g de extrato de tomate
- 120 mℓ de vinho Burgundy ou outro vinho tinto seco
- 1,68 ℓ de *demi-glace* (p. 307) ou molho *espagnole* (p. 308)

1. Coloque os pedaços de carne entre folhas de papel-manteiga ou filme plástico e bata-os até obter uma espessura de 6 mm. Seque e tempere os pedaços com o sal e a pimenta-do-reino.
2. Coloque 15 mℓ do recheio sobre cada pedaço, um pepininho por cima, e enrole a carne em torno do recheio. Prenda com palitos ou barbante. Passe os rolinhos de carne pela farinha de trigo e bata para retirar o excesso.

3. Aqueça o óleo em fogo médio-alto em um *rondeau* ou *brasier*, até que comece a tremeluzir. Com cuidado, coloque os rolos de carne no óleo e sele-os por cerca de 5 minutos, até que fiquem dourado-escuros de todos os lados. Transfira-os para uma assadeira e reserve-os.

4. Adicione a cebola e cozinhe, mexendo-a de vez em quando, até que fique dourada, em 7 a 8 minutos. Junte o alho e cozinhe até aromatizar, em mais 1 minuto. Acrescente o extrato de tomate e espere até que a cor fique mais forte e exale um aroma doce, em cerca de 1 minuto.

5. Adicione o vinho, mexendo para soltar o que está preso no fundo da panela. Reduza à metade. Devolva os rolos de carne à panela, com os sucos liberados. Junte *demi-glace* ou molho *espagnole* suficiente para cobrir até dois terços da altura dos rolos.

6. Ferva suavemente em fogo médio-baixo. Tampe e braseie no forno a 163 °C por 1 a 1½ hora, ou até que a carne se mostre macia quando espetada com um garfo, virando os rolos de carne de vez em quando para mantê-los uniformemente umedecidos.

7. Transfira os rolos de carne para uma assadeira, umedeça-os com um pouco do líquido de cocção e mantenha-os aquecidos.

8. Continue a ferver o líquido de cocção suavemente, para obter bom sabor e consistência. Escume para desengordurar o molho. Ajuste o tempero com o sal e a pimenta-do-reino e coe o molho.

9. Sirva a *roulade* imediatamente com o molho ou mantenha-a aquecida para o serviço.

Recheio para *roulade*

Rendimento: 680 g

60 mℓ de óleo vegetal

227 g de *bacon* picado

85 g de cebola ralada

113 g de pernil de porco sem gordura picado

57 g de carne moída

2 ovos batidos

99 g de farinha de rosca, ou quanto baste

1 colher (sopa)/3 g de salsa picada

1 colher (chá)/3 g de sal

½ colher (chá)/1 g de pimenta-do-reino preta moída

1. Aqueça o óleo em uma *sauteuse*, em fogo médio-alto. Acrescente o *bacon* e frite até que espume e doure. Acrescente a cebola e refogue-a até ficar macia e translúcida, em 4 a 5 minutos. Transfira-os para uma tigela e deixe-os esfriar.

2. Adicione o pernil, a carne e os ovos, e mexa bem até obter uma mistura uniforme.

3. Acrescente farinha de rosca suficiente para ligar o recheio; a mistura deve ficar agregada, mas ainda úmida. Tempere com a salsa, o sal e a pimenta-do-reino.

4. Agora o recheio está pronto para ser usado ou pode ser conservado na geladeira, para uso posterior.

Assado de panela *yankee*

Rendimento: 10 porções

1,81 kg de raquete, coxão duro ou lagarto, limpo

4 colheres (chá)/12 g de sal

1 colher (chá)/2 g de pimenta-do-reino preta moída

60 ml de óleo vegetal

227 g de cebola em cubos pequenos

170 g de extrato de tomate

227 ml de vinho tinto seco

1,68 l de **fundo escuro de vitelo** (p. 277)

720 ml de **demi-glace** (p. 307) ou **molho espagnole** (p. 308)

1 *sachet d'épices* padrão (p. 255)

10 batatas bolinha (1,92 kg) cortadas ao meio

10 nabos *baby* (227 g) cortados ao meio

20 cenouras *baby* (227 g) descascadas

60 cebolas pérola (567 g) branqueadas e descascadas

1. Tempere a carne com 6,5 g de sal e 1 g de pimenta-do-reino e amarre-a.
2. Aqueça o óleo em fogo médio-alto em um *rondeau* ou *brasier*, até que comece a tremeluzir. Coloque a carne cuidadosamente no óleo e sele-a até que todos seus lados fiquem dourado-escuros. Transfira-a para uma assadeira e reserve-a.
3. Em fogo médio, adicione a cebola à panela e refogue-a, mexendo de vez em quando, até que fique dourada, em 6 a 8 minutos. Junte o purê de tomate e deixe até que ganhe cor mais forte e exale um aroma doce, em cerca de 1 minuto.
4. Junte o vinho, mexendo para soltar o *fond* da panela. Reduza o vinho à metade. Devolva a carne à panela, com os sucos que liberou. Junte fundo de vitelo e *demi-glace* ou molho *espagnole* suficiente para chegar até metade da altura da carne.
5. Ferva suavemente em fogo médio-baixo. Tampe a panela e leve ao forno moderado (163 °C a 177 °C). Braseie por 1½ hora, virando a carne de vez em quando para mantê-la umedecida por igual. Junte o *sachet* e tire a gordura do líquido, se necessário.
6. Acrescente as batatas, os nabos, as cenouras e as cebolas pérola e braseie até que a carne se mostre macia quando espetada com um garfo e os vegetais estejam completamente cozidos, em mais 35 a 45 minutos.
7. Transfira a carne para uma assadeira ou outro recipiente e umedeça-a com um pouco do líquido de cozimento. Mantenha-a aquecida enquanto termina o molho.
8. Continue a ferver suavemente o líquido de cocção até que tenha bom sabor e consistência. Escume para retirar a gordura do molho. Acerte o tempero com o sal e a pimenta-do-reino, se necessário.
9. Retire o barbante da carne, corte-a em fatias e sirva-a imediatamente com o molho e os vegetais ou mantenha-a quente para o serviço.

Sauerbraten

Rendimento: 10 porções

MARINADA

240 mℓ de vinho tinto seco
240 mℓ de vinagre de vinho tinto
1,92 ℓ de água
340 g de cebola em fatias
8 grãos de pimenta-do-reino preta
10 bagas de zimbro
2 folhas de louro
2 cravos-da-índia

1,81 kg de coxão duro, sem osso
2 colheres (chá)/6,5 g de sal, ou a gosto
1 colher (chá)/2 g de pimenta-do-reino preta moída
90 mℓ de óleo vegetal
454 g de **mirepoix padrão** (p. 257)
113 g de extrato de tomate
57 g de farinha de trigo comum
2,88 ℓ de **fundo escuro de vitelo** (p. 277)
85 g de biscoito de gengibre em pó

1. Para preparar a marinada, misture o vinho, o vinagre, a água, a cebola, os grãos de pimenta-do-reino e zimbro, as folhas de louro e os cravos-da-índia em uma panela média e ferva. Depois, deixe esfriar e leve à geladeira.
2. Tempere a carne com o sal e a pimenta-do-reino e amarre-a. Coloque-a na marinada. Deixe-a na geladeira por 3 a 5 dias, virando-a duas vezes por dia.
3. Retire a carne da marinada. Seque-a bem e tempere-a novamente com o sal e a pimenta-do-reino.
4. Coe a marinada e reserve o líquido e os sólidos separadamente. Ferva a marinada coada e retire a espuma. Coloque os sólidos em uma musselina e amarre como é feito para um *sachet d'épices*.
5. Aqueça o óleo em fogo médio-alto em um *rondeau* ou *brasier* médio até que comece a tremeluzir. Coloque a carne cuidadosamente no óleo e sele-a até que fique dourado-escura de todos os lados. Passe-a para uma cuba e reserve-a.
6. Coloque o *mirepoix* na panela e cozinhe, mexendo de vez em quando, até que doure. Junte o extrato de tomate e cozinhe até que ganhe cor forte e exale um aroma doce, em cerca de 1 minuto.
7. Adicione a marinada reservada à panela, mexendo para soltar o *fond* da panela. Junte os sólidos da marinada e reduza a marinada à metade.
8. Junte a farinha de trigo para fazer um *roux*. Cozinhe por 4 a 5 minutos. Deixe esfriar um pouco antes de misturar à marinada reduzida.
9. Acrescente o fundo de vitelo e deixe ferver suavemente, mexendo sempre. Devolva a carne à panela, com os sucos liberados. Tampe e ferva suavemente, em fogo baixo, até que a carne esteja macia, de 3½ a 4½ horas.
10. Transfira a carne para uma cuba ou outro recipiente e umedeça-a com um pouco do líquido de cocção. Mantenha-a quente enquanto finaliza o molho.
11. Continue a ferver suavemente o líquido de cocção até que tenha bom sabor e consistência, em 30 a 35 minutos. Escume bem para tirar a gordura do molho.
12. Adicione os biscoitos de gengibre e cozinhe o molho por 10 minutos, até que os biscoitos se dissolvam. Coe o molho em uma peça de musselina. Ajuste o tempero com o sal e a pimenta-do-reino, se necessário.
13. Retire o barbante da carne, corte-a em fatias e sirva imediatamente com o molho ou mantenha-a aquecida para o serviço.

Mole negro

Rendimento: 10 porções

- 64 g de pimenta *chili guajillo* sem sementes e sem veios (guarde as sementes)
- 43 g de pimenta *ancho* (poblano seca) sem sementes e sem veios (guarde as sementes)
- 14 g de pimenta *chipotle* sem sementes e sem veios (guarde as sementes)
- 539 g de cebola branca
- 454 g de tomate italiano
- 227 g de *tomatillo* (tomate mexicano)
- 28 g de dente de alho com casca
- 234 g de lardo, ou quanto baste
- 255 g de banana-da-terra madura em fatias
- 64 g de *brioche*
- 14 g de amêndoa inteira
- 21 g de noz-pecã
- 14 g de amendoim
- 2 colheres (sopa)/18 g de uva-passa
- 57 g de sementes de gergelim
- 1 colher (chá)/2 g de canela em pau moída
- 5 grãos de pimenta-do-reino preta
- 3 cravos-da-índia
- ½ colher (chá)/1 g de orégano mexicano
- ½ colher (chá)/1 g de manjerona desidratada
- ½ colher (chá)/1 g de tomilho desidratado
- 3 folhas de avocado
- 960 ml de **caldo de frango** (p. 350)
- 142 g de chocolate mexicano em lascas
- 2 colheres (sopa)/20 g de sal
- Açúcar, a gosto
- 4 coxas e sobrecoxas de frango escalfadas
- 4 peitos de frango sem pele e sem osso escalfados

1. Toste as pimentas *guajillo*, *ancho* e *chipotle* em uma frigideira de ferro fundido de 30 cm de diâmetro em fogo médio até que escureçam bastante, mas sem queimar.
2. Deixe as pimentas tostadas de molho em água quente por 15 minutos. Escorra e descarte a água.
3. Toste as sementes das pimentas reservadas em uma frigideira de 15 cm de diâmetro em fogo médio até que escureçam bastante, mas sem queimar, em 15 a 20 minutos. (Esse passo só pode ser feito em um ambiente com muita ventilação ou ao ar livre.)
4. Deixe as sementes tostadas de molho em água quente por 10 minutos. Escorra e descarte a água.
5. Toste as cebolas, os tomates e os *tomatillos* na frigideira grande de ferro fundido em fogo médio. Vá virando os ingredientes até que que fiquem macios, em cerca de 15 minutos. Tire da frigideira e reserve.
6. Toste o alho na frigideira pequena de ferro fundido em fogo médio até sua pele começar a escurecer, em 7 a 10 minutos. Retire do fogo e remova a pele.
7. Aqueça o lardo em uma *sauteuse* em fogo médio e frite a banana-da-terra até ficar marrom-escura, em cerca de 5 minutos. Escorra as bananas-da-terra em uma peneira e reserve a gordura coada.
8. Repita os mesmos procedimentos com os seguintes ingredientes, fritando cada um deles separadamente até que fiquem marrom dourados e coando para remover o máximo de gordura possível: *brioche*, amêndoas, nozes-pecã, amendoins, uvas-passas e sementes de gergelim.
9. Toste a canela, os grãos de pimenta, os cravos-da-índia, o orégano, a manjerona e o tomilho em uma *sauteuse* pequena em fogo médio até os aromas se desprenderem, em cerca de 1 minuto.
10. Bata no liquidificador as pimentas e as sementes de pimenta com cerca de 480 ml de água, ou o suficiente para formar uma pasta macia. Passe essa pasta por uma peneira de malha fina e reserve.
11. Aqueça 90 ml da gordura reservada em uma panela em fogo médio. Baixe o fogo e frite o purê de pimenta até que a maior parte do seu líquido evapore, em cerca de 5 minutos. (Você deve conseguir ver o fundo da panela ao mexer.)
12. Bata no liquidificador os vegetais e as especiarias tostadas e todos os ingredientes fritos com água suficiente para formar um purê macio. Passe essa mistura por uma peneira de malha fina e reserve.
13. Junte o purê de vegetais ao purê de pimentas quando você conseguir enxergar o fundo da panela ao mexer e o óleo subir para a parte de cima do purê. Abaixe o fogo e cozinhe em fogo brando até que o *mole* grude na colher e você possa enxergar o fundo da panela ao mexer, em cerca de 30 minutos.

14. Toste as folhas de avocado em uma *sauteuse* limpa em fogo médio até ficarem perfumadas. Junte as folhas inteiras ao *mole*.
15. Junte 480 ml do caldo e continue mexendo em fogo baixo por 1 hora.
16. Junte as lascas de chocolate e mexa até dissolver. Tempere com sal e açúcar.
17. Continue cozinhando em fogo médio e mexendo de vez em quando por mais 1 hora. Junte mais água ou caldo se o *mole* ficar muito grosso.
18. Acrescente o frango escalfado ao *mole* e cozinhe por mais cerca de 5 minutos.
19. Ajuste os temperos com sal, açúcar e chocolate. Remova e descarte as folhas de avocado. O *mole* está pronto para servir ou pode ser resfriado rapidamente e levado à geladeira para consumo posterior.

NOTAS: Sirva o *mole negro* com arroz *blanco* e *tortillas* de milho aquecidas.

O molho do *mole negro* pode ser guardado na geladeira por até duas semanas, mas deve ser reaquecido e diluído com água morna a cada três dias. Se congelado, o *mole negro* pode ser guardado por até dois meses.

Guisado de carne

Rendimento: 10 porções

3,4 kg de músculo ou acém sem osso, em cubos de 5 cm

1 colher (sopa)/10 g de sal

1½ colher (chá)/3 g de pimenta-do-reino preta moída

60 ml de óleo vegetal

142 g de cebola ralada

5 dentes de alho amassados

60 ml de extrato de tomate (opcional)

900 ml de vinho tinto

1,2 ℓ de **fundo escuro de vitelo** (p. 277), ou quanto baste

2,4 ℓ de **molho** *espagnole* (p. 308)

1 *sachet d'épices* **padrão** (p. 255)

1 *bouquet garni* **padrão** (p. 255)

57 g de manteiga

240 ml de **fundo de frango** (p. 277)

567 g de cenoura em cubos grandes ou *batonnet*, branqueada

567 g de nabo branco em cubos grandes ou *batonnet*, branqueado

567 g de nabo amarelo em cubos grandes ou *batonnet*, branqueado

567 g de vagem em pedaços de 3 cm, branqueada

14 g de salsa picada

1. Tempere a carne com o sal e a pimenta-do-reino.
2. Aqueça o óleo em fogo médio-alto em um *rondeau* ou *brasier*, até que comece a tremeluzir. Coloque a carne cuidadosamente no óleo e sele-a até ficar dourado-escura de todos os lados. Transfira-a para uma assadeira e reserve-a.
3. Retire a gordura da panela, se necessário. Adicione aí as cebolas e refogue, mexendo de vez em quando, até caramelizar. Junte o alho e o extrato de tomate, se usar, e deixe até que o extrato de tomate fique com cor mais forte e exale um aroma doce, em cerca de 1 minuto.
4. Junte o vinho, mexendo para soltar o *fond* da panela. Reduza o vinho em três quartos. Devolva a carne à panela, juntamente com os sucos que liberou.
5. Acrescente o fundo de vitelo, o molho *espagnole*, o *sachet* e o *bouquet garni*. Ferva suavemente em fogo médio-baixo. Tampe e cozinhe até ficar macio, em cerca de 2 horas. Junte mais fundo durante o cozimento, se necessário. Escume e desengordure o guisado enquanto cozinha.
6. Retire e despreze o *sachet* e o *bouquet garni*.
7. Na hora do serviço, aqueça a manteiga e o fundo de frango em uma *sauteuse* grande, em fogo médio-alto. Adicione os vegetais branqueados e mexa bem para revesti-los por igual, até que o fundo tenha se reduzido e os vegetais estejam quentes. Ajuste o tempero com o sal e a pimenta-do-reino.
8. Sirva o guisado imediatamente com os vegetais, ou mantenha-o quente para o serviço. Guarneça com a salsa.

Rolinhos de porco braseados em molho de carne com rigatoni (braciole di maiale al ragù e rigatoni)

Rendimento: 10 porções

- 2,27 kg de paleta suína, em fatias finas
- 255 g de pão sem casca, seco, em cubos de 3 cm
- 360 mℓ de leite
- 43 g de *pinole* tostado
- 50 g de salsa bem picada
- 28 g de alho amassado
- 57 g de queijo parmesão ralado bem fino
- 57 g de queijo *pecorino* ralado bem fino
- 78 g de uva-passa
- 1 colher (chá)/3 g de sal, ou quanto baste
- ¼ de colher (chá)/0,5 g de pimenta-do-reino preta moída
- 113 g de presunto cru em fatias bem finas
- 113 g de queijo provolone em *batonnet*
- 120 mℓ de azeite de oliva extravirgem
- 57 g de alho, descascado e amassado
- 240 mℓ de vinho tinto
- 5,67 kg de tomate italiano sem pele, processado no passador de legumes, com o líquido
- 1 colher (chá)/2 g de flocos de pimenta vermelha
- 3 folhas de louro
- 907 g de linguiça com erva-doce
- 454 g de *rigatoni* cozido
- 2 colheres (sopa)/6 g de manjericão em *chiffonade*

1. Coloque os pedaços de porco entre folhas de papel-manteiga ou filme plástico e bata para obter um pedaço de 20 cm × 20 cm e 3 mm de espessura. Use o lado áspero do batedor de carne para amaciar a carne. Guarde-a na geladeira.
2. Para fazer o recheio, demolhe o pão no leite até ficar macio. Esprema para retirar o excesso e misture com os *pinoles*, 43 g de salsa, o alho amassado, 43 g de parmesão, 43 g de *pecorino* e uvas-passas. Tempere com o sal e a pimenta-do-reino.
3. Coloque em cada fatia de carne de porco um pedaço pequeno de presunto cru. Por cima, espalhe o recheio, deixando cerca de 1 cm nas bordas. Ponha um *batonnet* de provolone sobre o recheio em cada pedaço.
4. Enrole a carne sobre o recheio e faça um embrulho amarrado com barbante. Tempere a parte externa dos rolinhos com o sal e a pimenta-do-reino restantes.
5. Aqueça metade do óleo em fogo médio-alto, em um *rondeau* ou *brasier*, até que comece a tremeluzir. Coloque os rolinhos de porco cuidadosamente no óleo e sele-os até que fiquem bem dourados, de todos os lados. Transfira-os para uma assadeira e reserve-os.
6. Abaixe o fogo, acrescente o alho amassado à panela e refogue, mexendo de vez em quando, até que fique dourado, em 3 a 4 minutos. Retire e despreze o alho.
7. Junte o vinho, mexendo para liberar o *fond* da panela. Reduza-o até ficar quase seco, em cerca de 8 minutos. Junte os tomates e espere ferver suavemente. Devolva os rolinhos de porco à panela com os sucos que eles liberaram. Adicione os flocos de pimenta vermelha e as folhas de louro. Ajuste o tempero com o sal e a pimenta-do-reino.
8. Ferva suavemente em fogo médio-baixo. Tampe e cozinhe por 1 hora ou até que os rolinhos estejam macios quando espetados com um garfo, virando-os de vez em quando para mantê-los umedecidos por igual.
9. Enquanto isso, aqueça o óleo restante em uma frigideira pesada. Coloque aí a linguiça e cozinhe lentamente, em fogo baixo, até dourá-la, em cerca de 15 minutos.
10. Junte a linguiça aos rolinhos de porco depois de 1 hora e cozinhe por mais 30 minutos.
11. Deixe que os rolinhos de porco, a linguiça e o molho descansem por 30 minutos. Retire a gordura, se necessário.
12. Retire os barbantes dos rolinhos de porco e sirva imediatamente, sobre uma camada de *rigatoni*, com a linguiça e o molho, ou mantenha tudo aquecido para o serviço. Guarneça com o restante do parmesão, do *pecorino*, da salsa e do manjericão.

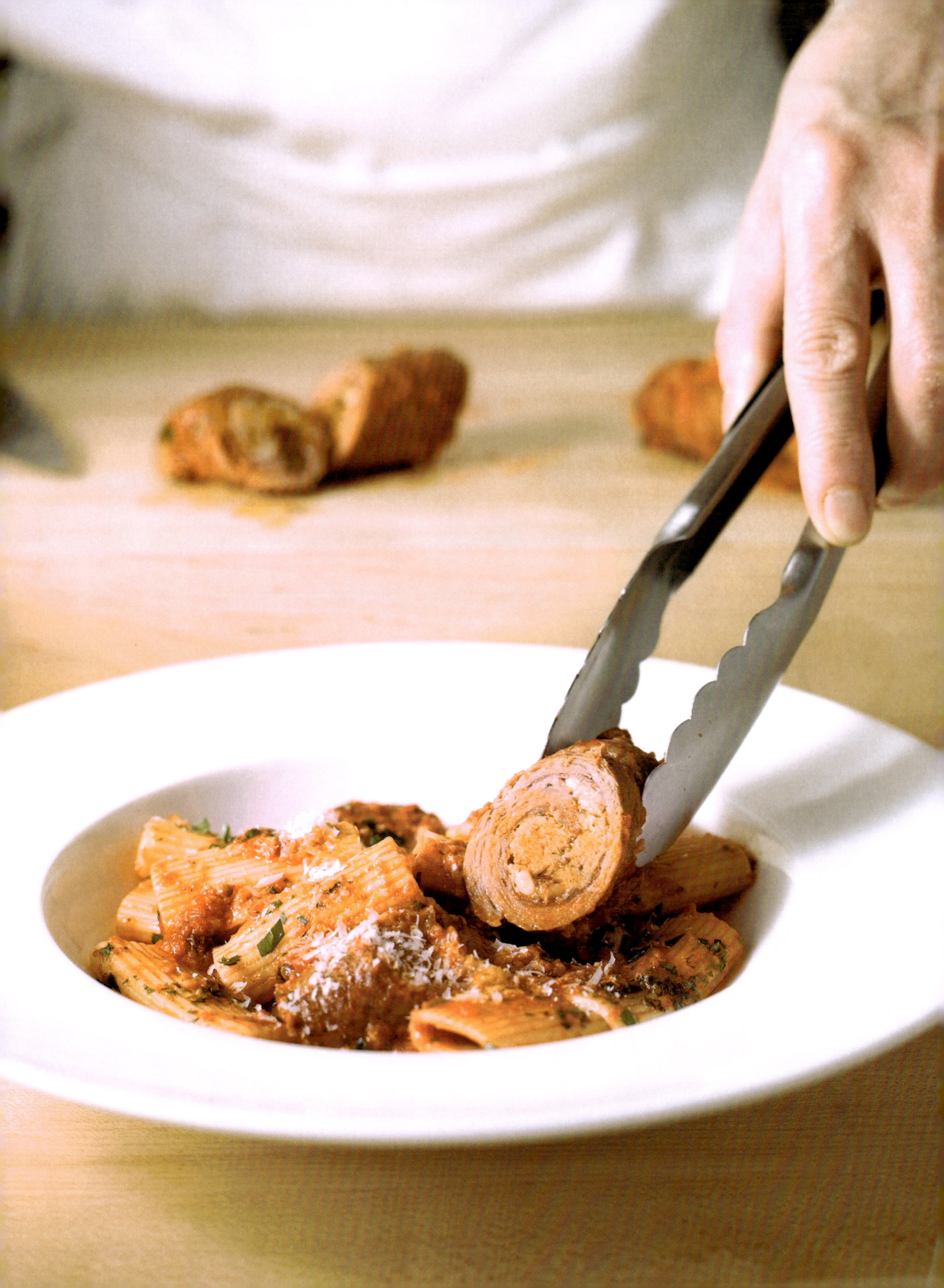

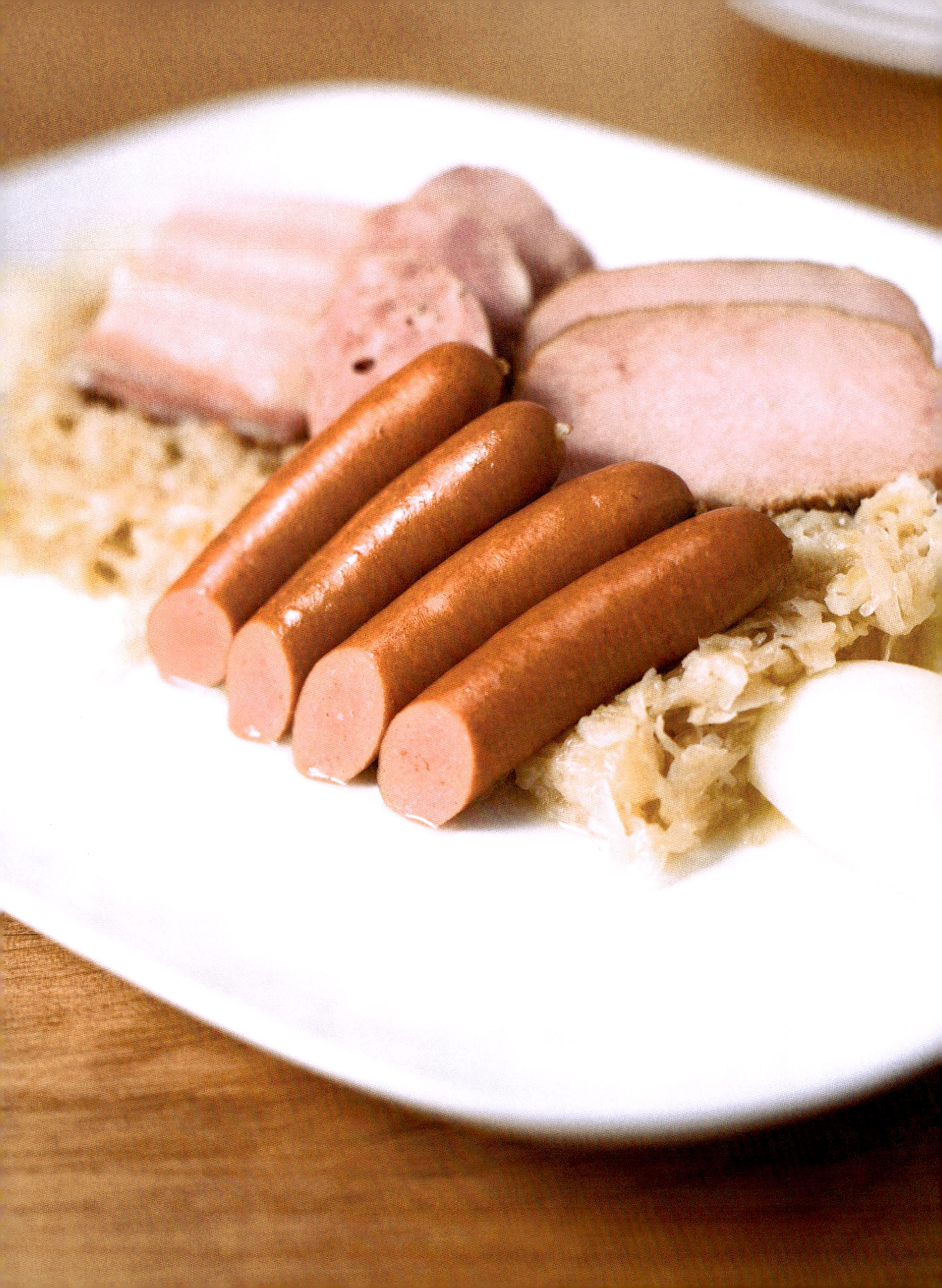

Chucrute

Rendimento: 10 porções

851 g de lombo de porco defumado

Sal, a gosto

Pimenta-do-reino preta moída, a gosto

10 salsichas do tipo viena

567 g de linguiça com alho

180 mℓ de gordura de ganso, banha de porco ou gordura vegetal derretida

284 g de cebola em fatias

28 g de alho amassado

1,13 kg de *sauerkraut* caseiro (receita a seguir)

240 mℓ de vinho branco seco

1 *sachet d'épices* padrão (p. 255), mais 6 bagas de zimbro

567 g de toucinho em fatias de 3 cm × 5 cm

1,7 kg de batata *russet* torneada

1. Tempere o porco com o sal e a pimenta-do-reino e amarre-o, se necessário. Fure as salsichas e linguiças em 5 ou 6 lugares, para impedir que estourem. Guarde na geladeira.

2. Aqueça a gordura em fogo médio, em um *rondeau* ou *brasier*. Adicione a cebola e o alho e refogue-os na gordura quente, sem dourá-los. Junte o *sauerkraut* à mistura de cebolas.

3. Acrescente o vinho e o *sachet d'épices*. Mexa e espere ferver suavemente.

4. Coloque o porco e o toucinho sobre o *sauerkraut*. Tampe e cozinhe em forno a 163 °C por cerca de 45 minutos. Junte as salsichas e linguiças à panela, tampe novamente e continue a cozinhar até que o porco, as salsichas e as linguiças cheguem à temperatura interna de 68 °C, em 15 a 20 minutos.

5. Passe a carne para um recipiente e mantenha-a aquecida. Retire-a e despreze o *sachet*.

6. Adicione as batatas ao *sauerkraut* e ferva suavemente até que as batatas estejam inteiramente cozidas, em cerca de 15 minutos. Acerte o tempero com o sal e a pimenta-do-reino.

7. Corte em fatias o porco, as salsichas e as linguiças e sirva imediatamente sobre uma camada de *sauerkraut* e batatas ou mantenha tudo aquecido para o serviço.

Sauerkraut caseiro

Rendimento: 7,68 ℓ

9,07 kg de repolho verde fatiado em tirinhas de 5 cm de comprimento

227 g de sal

1. Misture o repolho ao sal até obter uma consistência uniforme.

2. Forre com musselina um balde de plástico. Coloque o repolho salgado e dobre a musselina na parte superior. Pressione firmemente para embrulhar o repolho e criar uma superfície lisa.

3. Coloque um peso sobre o repolho e cubra com filme plástico. Etiquete com a data. Deixe que o *sauerkraut* fermente à temperatura ambiente por 10 dias. Retire os pesos, cubra bem e leve à geladeira.

4. Agora, o *sauerkraut* está pronto para ser servido, ou pode ser guardado na geladeira, para uso posterior. Enxágue o *sauerkraut* em água fria corrente para retirar um pouco do excesso de sal antes de usar.

Cassoulet

Rendimento: 12 porções

GUISADO DE FEIJÃO

2,88 ℓ de **fundo de frango** (p. 277)

907 g de feijão-branco seco, demolhado por toda a noite

454 g de toucinho em fatias de 6 mm de espessura

454 g de linguiça com alho

2 cebolas médias

28 g de alho picado

1 *bouquet garni* padrão (p. 255)

1 colher (sopa)/10 g de sal

GUISADO DE CARNE

680 g de lombo de porco em cubos de 5 cm

680 g de paleta ou pernil de cordeiro em cubos de 5 cm

Sal, a gosto

Pimenta-do-reino preta moída, a gosto

90 mℓ de azeite de oliva

454 g de **mirepoix** branco (p. 257)

½ colher (chá)/1,5 g de alho amassado para formar uma pasta

90 mℓ de vinho branco

227 g de tomate *concassé*

1 *sachet d'épices* padrão (p. 255)

480 mℓ de *demi-glace* (p. 307)

960 mℓ de **fundo escuro de vitelo** (p. 277)

794 g de **confit de pato** (p. 613)

340 g de farinha de rosca

2 colheres (sopa)/6 g de salsa picada

1. Para fazer o ensopado de feijão, ferva o fundo de frango em uma panela grande e acrescente o feijão e o toucinho. Baixe o fogo para que ferva suavemente e cozinhe por 30 minutos.

2. Junte a linguiça, a cebola, o alho e o *bouquet garni*. Volte a ferver e cozinhe até que a linguiça chegue a 66 °C e o toucinho esteja macio quando espetado com um garfo, em cerca de 30 minutos. Retire a linguiça, o toucinho, a cebola e o *bouquet garni*. Reserve o toucinho e a linguiça.

3. Adicione o sal e continue a cozinhar o feijão até que esteja macio, em 20 a 25 minutos. Escorra o feijão e reserve-o. Reduza o fundo à metade, até que esteja começando a ter consistência de *nappé*, em cerca de 30 minutos. Reserve o molho para uso posterior.

4. Tempere o porco e o cordeiro com o sal e a pimenta-do-reino. Aqueça o azeite em fogo médio-alto, em um *rondeau* ou *brasier*, até que comece a tremeluzir. Coloque o porco e o cordeiro cuidadosamente no azeite e sele-os até que todos seus lados adquiram uma cor dourado-escura. Transfira as carnes para uma assadeira e reserve.

5. Retire a gordura da panela, se necessário. Acrescente o *mirepoix* ao azeite e refogue, em fogo médio, mexendo de vez em quando, até caramelizar, em cerca de 11 minutos. Junte o alho e cozinhe até ficar aromático, em cerca de 1 minuto.

6. Acrescente o vinho, mexendo para liberar o *fond* da panela. Reduza o vinho até que esteja quase seco. Devolva as carnes à panela, juntamente com os sucos que elas liberaram.

7. Acrescente o *concassé*, o *sachet d'épices*, o *demi-glace* e o fundo de vitelo. Ferva suavemente em fogo médio-baixo. Tampe a panela e leve ao forno a 135 °C. Braseie a carne por 1 hora ou até que esteja macia quando espetada com um garfo.

8. Transfira as carnes para um recipiente e umedeça-as com um pouco do líquido do cozimento. Mantenha-as quentes enquanto finaliza o molho.

9. Continue a ferver o líquido de cocção suavemente, até obter bom sabor e consistência. Escume para retirar a gordura do molho. Ajuste o tempero com o sal e a pimenta-do-reino e coe. Despeje o molho sobre as carnes e mantenha-os aquecidos para o serviço.

10. Tire a pele da linguiça reservada e corte-a em fatias de 2 cm de espessura. Faça o mesmo com o toucinho. Coloque a linguiça, o toucinho, o porco e o cordeiro em um recipiente refratário com tampa.

11. Cubra as carnes com metade do feijão, depois o *confit* de pato e, então, o feijão restante.

12. Despeje o molho do feijão sobre a mistura e espalhe por cima a farinha de rosca e a salsa. Asse o *cassoulet* no forno a 149 °C até que esteja inteiramente quente e tenha formado uma boa crosta por cima, em cerca de 1 hora.

13. Sirva-o imediatamente ou mantenha-o aquecido para o serviço.

Confit de pato

Rendimento: 1,81 kg

- 71 g de sal
- ¼ de colher (chá)/1 g de sal de cura
- ¼ de colher (chá)/0,5 g de pimenta-do-reino preta moída
- 2 bagas de zimbro amassadas
- 1 folha de louro em pedaços
- ¼ de colher (chá)/0,75 g de alho em pedaços
- 12 coxas de pato inteiras (de 2,72 a 3,18 kg)
- 720 mℓ de gordura de pato derretida

1. Misture os dois tipos de sal, a pimenta-do-reino, as bagas de zimbro, o louro e o alho. Passe a mistura de temperos sobre as coxas de pato. Coloque-as em um recipiente com peso na tampa e pressione por 72 horas, na geladeira.
2. Retire o excesso da mistura de temperos. Coloque o pato em um *rondeau* ou *brasier* e cubra-o com a gordura de pato derretida. Cozinhe a carne na gordura, em fogo médio-baixo, cerca de 149 °C, até que esteja bem macia, em cerca de 2 horas.
3. Esfrie e armazene o pato na gordura do cozimento.
4. Quando for usar o *confit*, raspe o excesso de gordura e coloque o pato em uma grade na salamandra, até que a pele fique crocante, em cerca de 2 minutos, ou aqueça no forno a 232 °C. Use conforme necessário.

Guisado de pimenta verde à moda do Novo México

Rendimento: 10 porções

- 227 g de feijão-branco, demolhado a noite toda
- 1,59 kg de paleta de porco sem osso, em cubos médios
- 2,4 ℓ de **fundo de frango** (p. 277)
- 680 g de pimenta Anaheim
- 30 mℓ de óleo vegetal
- 340 g de cebola em cubos pequenos
- 28 g de alho amassado
- 907 g de batata *russet* em cubos médios
- 43 g de *jalapeño* sem sementes
- 78 g de coentro picado grosseiramente
- 21 g de sal
- 21 g de galhinhos de coentro

1. Coloque o feijão em uma panela pequena e cubra-o com água. Ferva suavemente, em fogo médio-baixo por cerca de 1 hora ou até ficar bem cozido. Adicione mais água durante o processo de cozimento, se necessário. Reserve o feijão no líquido de cozimento.
2. Ferva água em uma panela grande, enquanto o feijão cozinha. Branqueie o porco por 6 minutos em água fervendo suavemente, para remover as impurezas. Retire a espuma que se forma sobre a superfície; escorra e enxágue o porco.
3. Coloque o porco branqueado em uma panela grande e adicione o fundo de frango. Ferva suavemente em fogo baixo até o porco ficar macio, em cerca de 2 horas.
4. Asse as pimentas de Anaheim diretamente sobre a chama do fogão, por 6 a 8 minutos, ou até que a pele fique preta e a polpa esteja macia. Coloque-as em uma tigela e cubra-as com plástico para reter o vapor. Retire as peles e as sementes. Reserve.
5. Aqueça o óleo em uma *sauteuse* média, em fogo médio-alto. Adicione a cebola e o alho, e refogue até que as cebolas estejam translúcidas, em cerca de 5 minutos. Junte a cebola e o alho ao porco.
6. Acrescente as batatas e o feijão ao porco e ferva suavemente por cerca de 10 minutos ou até que as batatas estejam macias.
7. Coloque as pimentas tostadas, os *jalapeños* e o coentro picado no liquidificador. Bata até obter uma mistura bem homogênea. Junte um pouco do líquido de cozimento do guisado para facilitar. Se desejar, passe a mistura por uma peneira de malha grossa.
8. Adicione o purê ao guisado pouco antes de servir. Ferva suavemente por 1 a 2 minutos. Tempere com sal.
9. Sirva imediatamente ou mantenha aquecido para o serviço. Guarneça com os galhinhos de coentro.

Porco vindaloo

Rendimento: 20 porções

PASTA DE ESPECIARIAS

1 colher (chá)/2 g de cravos-da-índia

1 colher (chá)/2 g de bagas de cardamomo

3 colheres (sopa)/18 g de sementes de cominho

20 dentes de alho em fatias finas

142 g de gengibre em fatias

12 g de açafrão-da-terra em pó

6 colheres (sopa) de sementes de coentro

4½ colheres (chá)/9 g de sementes de feno-grego

397 g de pimenta vermelha desidratada

540 mℓ de vinagre de palmeira

99 g de açúcar

240 mℓ de polpa de tamarindo coada

85 g de sal

1 colher (sopa)/6 g de canela moída

MARINADA DE PORCO

360 mℓ de vinagre de palmeira

99 g de açúcar

12 g de *chili* coreano, em pó

1 colher (sopa)/6 g de açafrão-da-terra, em pó

6,8 kg de lombo de porco sem osso, em cubos de 3 cm

360 mℓ de *ghee* ou óleo vegetal

4 cebolas médias em cubos grandes

170 g de extrato de tomate

480 mℓ de vinagre de palma

60 g de sal, ou a gosto

Pimenta-do-reino preta moída, a gosto

1. Misture todos os ingredientes da pasta de especiarias. Cubra e deixe na geladeira por 1 dia.
2. Junte todos os ingredientes da marinada. Despeje a marinada sobre o porco, misture bem, tampe e deixe na geladeira a noite inteira.
3. Passe a mistura de especiarias pelo liquidificador para fazer uma pasta grossa.
4. Aqueça o *ghee* em fogo médio-alto, em um *rondeau* ou *brasier* médio. Adicione a cebola e salteie-a até dourar. Junte 600 mℓ da pasta de especiarias e cozinhe até liberar o aroma. Misture o extrato de tomate e o vinagre e acrescente à panela. Cozinhe até que a maior parte do líquido tenha evaporado e a mistura esteja quase seca.
5. Escorra o porco da marinada e coloque-o na panela. Mexa para cobrir os cubos de carne com a mistura de especiarias.
6. Espere ferver suavemente, em fogo médio-baixo. Tampe a panela e cozinhe até o porco ficar macio, mexendo de vez em quando para que a carne não queime. Escume e retire a gordura do guisado enquanto ele cozinha.
7. Tempere com o sal e a pimenta-do-reino e sirva imediatamente ou mantenha aquecido para o serviço.

Porco em molho de *curry* verde

Rendimento: 10 porções

2,4 ℓ de leite de coco

240 mℓ de **pasta de *curry* verde** (p. 387)

1,81 kg de lombo de porco em cubos de 5 cm

12 folhas de limão *kaffir* amassadas

120 mℓ de molho de peixe

71 g de açúcar de palmeira

454 g de berinjela tailandesa cortada em quatro

50 folhas de manjericão tailandês

3 a 4 pimentas tailandesas em *julienne* fina

1. Retire o creme de leite grosso da parte superior do leite de coco. Coloque o creme em uma panela grande e cozinhe-o, mexendo constantemente, até que ele comece a se separar.
2. Adicione a pasta de *curry* e cozinhe até liberar o aroma em, pelo menos, 2 minutos. Acrescente o porco e as folhas de limão *kaffir* e misture bem, para envolver o porco.
3. Junte o molho de peixe, o açúcar e o leite de coco restante. Quando ferver suavemente, adicione a berinjela e continue a cozinhar até que o porco esteja macio e bem cozido.
4. Retire a panela do fogo, acrescente o manjericão e misture bem.
5. Sirva imediatamente ou mantenha aquecido para o serviço. Guarneça com as pimentas.

Gulache Székely (Székely Gulyás)

Rendimento: 10 porções

- 340 g de barriga de porco em cubos pequenos
- 454 g de cebola em cubos pequenos
- 4 colheres (chá)/8 g de páprica doce, ou quanto baste
- 1,59 kg de pernil ou paleta de porco em cubos de 2 cm
- 2,04 kg de *sauerkraut* caseiro (p. 611)
- 1,44 ℓ de **fundo claro de carne** (p. 277) ou **fundo de frango** (p. 277), ou quanto baste
- 57 g de farinha de trigo comum misturada com água para fazer um *slurry*
- 480 mℓ de creme azedo (*sour cream*)
- 284 g de barriga de porco com pele, em fatias grossas

1. Derreta a gordura dos cubos pequenos da barriga de porco em fogo médio, em uma panela grande, até ficarem crocantes, em cerca de 10 minutos. Retire-os da panela e reserve-os.
2. Adicione as cebolas à panela e salteie em fogo médio-alto até ficarem translúcidas, em 6 a 8 minutos. Retire a panela do fogo.
3. Junte 1 colher (sopa)/6 g de páprica e a paleta à panela. Tampe e cozinhe em fogo baixo por 30 minutos, mexendo de vez em quando. (Tenha cuidado para não secar completamente e queimar a páprica.)
4. Junte o *sauerkraut* à panela. Despeje, por cima da mistura, fundo em quantidade suficiente para cobri-la toda. Ferva suavemente, tampe e cozinhe até que a carne fique macia ao ser espetada com um garfo, em cerca de 1 hora.
5. Misture o *slurry* de farinha de trigo com 240 mℓ do creme azedo. Adicione essa mistura ao gulache e ferva suavemente por 4 a 5 minutos ou até que o molho esteja espesso o bastante.
6. Para fazer "cristas de galo", faça incisões (1 a 2 cm) na pele de cada fatia de barriga de porco a intervalos de 1 a 2 cm. Salteie a barriga de porco até ficar crocante e dourada. Mergulhe as pontas das cristas de galo na páprica restante e mantenha-as aquecidas até a hora de servir.
7. Sirva o gulache imediatamente, com o creme de leite azedo restante por cima, ou mantenha-o aquecido, sem qualquer guarnição, para o serviço. Guarneça com as cristas de galo.

Blanquette de vitelo

Rendimento: 10 porções

- 1,81 kg de peito de vitelo sem osso e sem gordura, em cubos de 5 cm
- 1 colher (sopa)/10 g de sal
- ½ colher (chá)/1 g de pimenta-do-reino branca moída
- 1,92 ℓ de **fundo claro de vitelo** (p. 277), **fundo claro de carne** (p. 277) ou **fundo de frango** (p. 277)
- 1 *bouquet garni* padrão (p. 255)
- 227 g de **roux** branco ou amarelo (p. 260)
- 794 g de cogumelo-de-paris salteado na manteiga e/ou fundo até ficar macio
- 340 g de cebola pérola, cozida e descascada
- 2 gemas batidas
- 240 mℓ de creme de leite fresco (36% a 40%)
- Suco de limão-siciliano, o quanto baste

1. Tempere o vitelo com o sal e a pimenta.
2. Aqueça o fundo até ferver suavemente e tempere com o sal e a pimenta, se necessário. Coloque o vitelo em outra panela e despeje por cima o fundo aquecido. Volte a ferver suavemente, mexendo e escumando conforme necessário, para retirar impurezas. Ferva suavemente por 1 hora.
3. Acrescente o *bouquet garni*. Continue a cozinhar até que o vitelo esteja macio, em 30 a 45 minutos. Transfira o vitelo para uma assadeira e mantenha-o aquecido.
4. Acrescente o *roux* ao líquido fervendo, batendo para misturar bem, e deixe ferver forte. Reduza a chama e cozinhe em fogo brando, mexendo e escumando conforme necessário, até que o molho espesse e esteja saboroso, em 20 a 30 minutos.
5. Volte a colocar o vitelo e os sucos que ele liberou no molho, juntamente com os cogumelos e as cebolas pérola. Cozinhe suavemente até aquecer. (O guisado pode ser resfriado rapidamente e levado à geladeira para uso posterior. Volte a ferver o guisado suavemente antes de adicionar a *liaison*.)
6. Misture as gemas e o creme para fazer uma *liaison*. Acrescente um pouco do líquido fervente e junte ao guisado. Cozinhe, em fogo baixo, até que tenha espessado ligeiramente e chegue à temperatura de 74 °C. (Calor e/ou cozimento em excesso coagulam as gemas). Adicione o suco de limão e ajuste o tempero com o sal e a pimenta.
7. Sirva a *blanquette* imediatamente ou mantenha-a aquecida para o serviço.

Peito de vitelo braseado com salsicha de cogumelos

Rendimento: 15 a 20 porções

1 peito de vitelo sem osso (cerca de 3,63 kg)

1 colher (sopa)/10 g de sal, ou a gosto

1½ colher (chá)/3 g de pimenta-do-reino preta moída

1,25 kg de **salsicha de cogumelos** (receita a seguir)

60 mℓ de azeite de oliva

227 g de ***mirepoix*** **padrão** (p. 257) em cubos pequenos

57 g de extrato de tomate

180 mℓ de vinho branco seco

480 mℓ de **fundo escuro de vitelo** (p. 277)

480 mℓ de ***demi-glace*** (p. 307) ou *jus de veau lié* (p. 307)

1. Abra o peito de vitelo em borboleta e bata para que fique com espessura uniforme. Tempere com o sal e a pimenta-do-reino. Coloque a salsicha no centro da carne, enrole o vitelo em torno dela acompanhando o veio da carne e amarre.
2. Aqueça o azeite em fogo médio-alto em um *rondeau* ou *brasier*, até que comece a tremeluzir. Coloque cuidadosamente o vitelo no azeite e sele-o até dourar de todos os lados. Transfira-o para uma assadeira e reserve-o.
3. Adicione o *mirepoix* à panela e cozinhe, mexendo de vez em quando, até que doure, em 7 a 8 minutos. Acrescente o extrato de tomate e cozinhe até ficar com uma cor forte e exalar um aroma doce, em cerca de 1 minuto.
4. Junte o vinho, mexendo para soltar o *fond* da panela. Reduza à metade. Devolva a carne à panela com os sucos que ela liberou. Adicione fundo de vitelo e *demi-glace* ou *jus lié* suficiente para chegar à altura de dois terços da carne.
5. Ferva suavemente em fogo médio-baixo. Tampe e braseie no forno a 177 °C por um período de 1 hora e 45 minutos a 2 horas ou até que a carne se mostre macia quando espetada com um garfo, mexendo de vez em quando para manter a carne umedecida por igual.
6. Transfira o vitelo para uma assadeira, umedeça-o com um pouco do líquido de cocção e mantenha-o aquecido.
7. Continue a ferver suavemente o líquido de cocção, até obter bom sabor e consistência. Escume para desengordurar o molho. Ajuste o tempero com o sal e a pimenta-do-reino e coe o molho.
8. Retire o barbante e corte o vitelo em fatias. Sirva-a imediatamente com o molho ou mantenha-o quente para o serviço.

Salsicha de cogumelos

Rendimento: 1,25 kg

MISTURA DE ESPECIARIAS

2 colheres (chá)/6 g de cebola em pó

1 colher (chá)/3 g de sal

¾ de colher (chá)/4 g de **especiarias para patê** (p. 1.029)

½ colher (chá)/3 g de sementes de anis

¼ de colher (chá)/0,75 g de alho em pó

¼ de colher (chá)/0,5 g de páprica espanhola

¼ de colher (chá)/0,5 g de pimenta-de-caiena

794 g de músculo de vitelo ou carne de porco magra em cubos

170 g de arroz cozido

99 g de cebola ralada

90 mℓ de creme de leite fresco (36% a 40%)

3 claras de ovo

198 g de cogumelo-de-paris picado

1. Combine os ingredientes para a mistura de especiarias e espalhe sobre o vitelo ou o porco. Mexa bem para distribuir por igual. Leve à geladeira até o momento de usar.
2. Moa grosseiramente a carne temperada. Adicione o arroz e a cebola à carne moída e moa novamente. (Gele a mistura de carne se a temperatura subir acima de 4 °C.)
3. Trabalhe sobre uma bacia cheia de gelo; junte o creme de leite e as claras de ovo e misture com a mão até ficar uniforme. Junte os cogumelos.
4. Agora a salsicha está pronta para ser usada ou pode ser conservada na geladeira para uso posterior.

Gulache de porco

Rendimento: 10 porções

1,81 kg de paleta de porco sem osso, em cubos de 5 cm

21 g de páprica húngara

Sal, a gosto

Pimenta-do-reino preta moída, a gosto

85 g de óleo vegetal ou banha

1,36 kg de cebola em cubos pequenos

240 mℓ de vinho branco seco

480 mℓ de **jus de veau lié** (p. 307)

480 mℓ de **fundo escuro de vitelo** (p. 277)

SACHET D'ÉPICES

1 colher (chá)/3 g de *zestes* de limão-siciliano

1 colher (chá)/2 g de semente de alcaravia

½ colher (chá)/1 g de manjerona desidratada

½ colher (chá)/1 g de segurelha desidratada

¼ de colher (chá)/0,5 g de tomilho desidratado

¼ de colher (chá)/0,5 g de grão de pimenta-do-reino preta

2 folhas de louro

2 dentes de alho

240 mℓ de creme azedo (*sour cream*)

1. Tempere o porco com a páprica, o sal e a pimenta-do-reino.
2. Aqueça o óleo ou a banha em fogo médio-alto, em um *rondeau* ou *brasier*, até começar a tremeluzir. Coloque cuidadosamente o porco no óleo e sele-o até que doure bem de todos os lados. Transfira o porco para uma cuba e reserve-o.
3. Adicione a cebola e cozinhe, mexendo de vez em quando, até dourá-la, em 6 a 8 minutos.
4. Junte o vinho, mexendo para soltar o *fond* da panela. Reduza o vinho à metade. Devolva o porco à panela com os sucos que ele liberou. Acrescente *jus lié* e fundo de vitelo suficientes para cobrir completamente o porco.
5. Ferva suavemente em fogo médio-baixo. Junte o *sachet*, tampe a panela e continue a cozinhar em fogo baixo, ou transfira para um forno a 175 °C. Deixe por 1 hora e 15 minutos ou até que o porco se mostre macio quando espetado com um garfo.
6. Escume para retirar a gordura do guisado. Retire e despreze o *sachet*. Ajuste o tempero com o sal e a pimenta-do-reino. Sirva o ensopado em tigelas aquecidas, com creme azedo.

Gulache de carne: Substitua o porco por igual quantidade de lagarto ou acém sem osso.

Ossobuco alla milanese com risoto alla milanese (p. 802)

Ossobuco alla milanese

Rendimento: 10 porções

- 10 *ossobucos* de vitelo (340 g cada), com espessura de 4 cm
- 1 colher (sopa)/10 g de sal, ou a gosto
- 1½ colher (chá)/3 g de pimenta-do-reino preta moída
- 120 mℓ de azeite de oliva
- 57 g de farinha de trigo comum
- 340 g de **mirepoix** padrão (p. 257) em cubos pequenos
- 1 colher (chá)/3 g de alho amassado
- 85 g de extrato de tomate
- 240 mℓ de vinho branco seco
- 1,92 ℓ de **fundo escuro de vitelo** (p. 277)
- 1 **bouquet garni** padrão (p. 255)
- 28 g de **gremolata** (receita a seguir)

1. Tempere os *ossobucos* de vitelo com o sal e a pimenta-do-reino e amarre um barbante em torno de cada um deles para que mantenham a forma.
2. Aqueça o azeite em fogo médio-alto, em um *rondeau* ou *brasier*, até que comece a tremeluzir. Passe levemente os ossobucos na farinha e sacuda-os para tirar o excesso. Coloque aí os *ossobucos* com cuidado e sele-os até que estejam bem dourados de todos os lados. Transfira a carne para uma cuba e reserve-a.
3. Abaixe o fogo. Acrescente as cebolas do *mirepoix* à panela e cozinhe, mexendo de vez em quando, até dourá-las bem. Junte as cenouras e o salsão e cozinhe até que fiquem translúcidos. Acrescente o alho e o extrato de tomate, e cozinhe até que fique com cor mais escura e exale um aroma doce, em cerca de 1 minuto.
4. Junte o vinho, mexendo para soltar o *fond* da panela. Reduza-o à metade. Devolva a carne à panela, com os sucos que ela liberou. Adicione fundo de vitelo suficiente para chegar a dois terços da altura do *ossobuco*.
5. Ferva suavemente em fogo médio-baixo. Tampe a panela e transfira para um forno moderado (163 °C). Braseie os *ossobucos* por 45 minutos. Adicione o *bouquet garni* e retire a gordura do líquido, se necessário. Termine de brasear o vitelo até que ele se mostre macio ao ser espetado com um garfo, em mais 1 a 1½ hora.
6. Transfira os *ossobucos* para uma assadeira ou outro recipiente e umedeça-os com um pouco do líquido de cozimento. Mantenha-os aquecidos enquanto finaliza o molho.
7. Continue a ferver suavemente o líquido de cozimento, até obter bom sabor e consistência. Escume para retirar a gordura do molho. Ajuste o tempero com o sal e a pimenta-do-reino e coe. Mantenha aquecido para o serviço.
8. Sirva os *ossobucos* imediatamente com o molho e a *gremolata* ou mantenha-os aquecidos para o serviço.

Gremolata

Rendimento: 198 g

- 142 g de farinha de rosca *panko*
- 14 g de *zestes* de laranja branqueados, picados
- 14 g de *zestes* de limão branqueados, picados
- 4 dentes de alho amassados
- 14 g de salsa picada
- Sal, a gosto
- Pimenta-do-reino preta moída, a gosto

1. Faça uma camada fina com a farinha de rosca em uma assadeira. Toste-a no forno a 204 °C até que doure ligeiramente, em cerca de 7 minutos. Transfira para uma tigela e reserve-a.
2. Junte os *zestes* de laranja e limão, o alho, a salsa, o sal e a pimenta-do reino à farinha de rosca. Misture bem.
3. Agora a *gremolata* está pronta para ser usada ou pode ser conservada em geladeira para uso posterior.

NOTA: Para uma *gremolata* mais tradicional, combine 14 g de alho amassado, 21 g de *zestes* de limão, 43 g de salsa picada e, se desejar, 7 g de filés de anchova.

Repolho recheado à polonesa

Rendimento: 10 porções

20 folhas de repolho crespo (folhas externas)

RECHEIO

340 g de peito de vitelo sem osso, em cubos

340 g de paleta de porco sem osso, em cubos

340 g de coxão duro sem osso, em cubos

1 colher (sopa)/15 g de sal

1½ colher (chá)/3 g de pimenta-do-reino preta moída

284 g de cebola em cubos pequenos, salteada e fria

240 ml de creme de leite fresco (36% a 40%)

3 ovos

170 g de farinha de rosca crua

50 g de noz-moscada ralada, ou a gosto

170 g de *mirepoix* padrão (p. 257), em fatias finas

1 folha de louro

2,4 l de **fundo claro de carne** (p. 277), ou quanto baste, quente

170 g de toucinho, em 10 fatias (opcional)

750 ml de **molho de tomate** (p. 309)

1. Ferva água salgada em uma panela grande e cozinhe as folhas de repolho por 5 minutos. Escorra, enxágue em água fria e escorra novamente. Retire o veio grande de todas as folhas. Reserve-as na geladeira.

2. Tempere o vitelo, o porco e a carne com 10 g de sal e 2 g de pimenta-do-reino para fazer o recheio.

3. Moa grosseiramente a carne temperada no moedor de carne. Acrescente a cebola à carne e moa novamente. (Esfrie a mistura de carne se a temperatura subir acima dos 4 °C.)

4. Trabalhe sobre uma bacia com gelo. Adicione o creme e os ovos, e misture com uma espátula de silicone em uma tigela, até a mistura ficar homogênea. Acrescente a farinha de rosca. Tempere com o sal e a pimenta-do-reino restantes e a noz-moscada.

5. Para cada bola de repolho, umedeça 30 centímetros quadrados de musselina. Coloque o tecido em uma tigela redonda com capacidade para 240 ml. Ponha 2 folhas de repolho na tigela, sobrepondo-as, de modo a não haver espaço aberto. Coloque 113 g da mistura de carne no centro das folhas; embrulhe o recheio com as folhas. Enrole a musselina das bordas para formar uma bola. Não torça demais para evitar que as folhas de repolho se rompam. Retire os enformados de repolho da musselina e passe-os com cuidado para um prato ou uma cuba.

6. Coloque o *mirepoix* e a folha de louro em um *rondeau* ou *brasier*. Ponha as bolas de repolho por cima, com a emenda para baixo. Adicione fundo quente em quantidade suficiente para chegar à altura de metade das bolas. Por cima delas, distribua o toucinho em fatias, se desejar. Ferva suavemente o fundo, em fogo médio-baixo. Tampe a panela e transfira para um forno moderado (163 °C). Braseie as bolas de repolho até que cheguem à temperatura interna de 71 °C, por 25 a 30 minutos.

7. Sirva as bolas de repolho imediatamente, com 75 ml de molho de tomate por porção, ou mantenha-as aquecidas para o serviço.

NOTA: Este prato é diferente de um braseado típico porque não é servido com o líquido do cozimento reduzido; serve-se com um molho à parte.

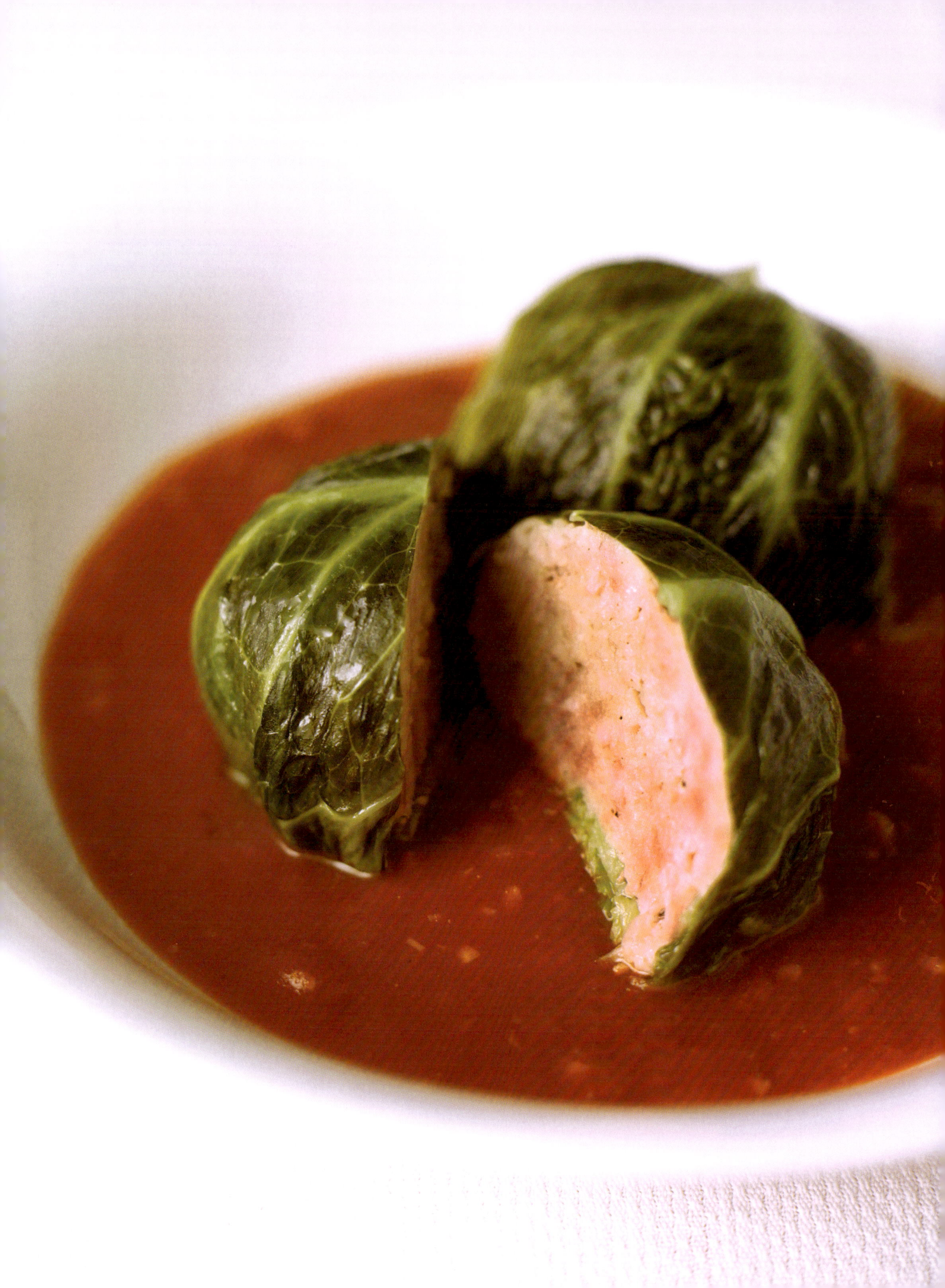

Pernil de cordeiro braseado

Rendimento: 10 porções

10	pernas de cordeiro (454 g cada)
2	colheres (sopa)/20 g de sal
2 ½	colher (chá)/5 g de pimenta-do-reino preta moída
60 ml	de óleo vegetal
454 g	de *mirepoix* padrão (p. 257) em cubos grandes
30 ml	de extrato de tomate
480 ml	de vinho tinto seco
1,92 l	de **fundo escuro de cordeiro** (p. 278) ou **fundo escuro de vitelo** (p. 277)
227 g	de **roux amarelo** (p. 260), fino
1	*sachet d'épices* padrão (p. 255)
1	cabeça de alho, cortada ao meio e assada (ver p. 652)
	Slurry de araruta (ver p. 262), ou quanto baste (opcional)

1. Tempere as pernas de cordeiro com 10 g de sal e 3 g de pimenta-do-reino.

2. Aqueça o óleo em fogo médio-alto, em um *rondeau* ou *brasier*, até que comece a tremeluzir. Coloque cuidadosamente a carne no óleo e sele-a até dourar bem de todos os lados, em cerca de 15 minutos. Transfira-a para uma assadeira e reserve-a.

3. Coloque as cebolas do *mirepoix* na panela e cozinhe, mexendo de vez em quando, até dourá-las bem, por cerca de 7 minutos. Junte as cenouras e o salsão, e cozinhe até que fiquem um pouco translúcidos. Acrescente o extrato de tomate e deixe cozinhar até que o extrato ganhe cor mais forte e exale um aroma doce, em cerca de 1 minuto.

4. Adicione o vinho, mexendo para soltar o *fond* da panela. Reduza-o à metade. Acrescente o fundo (de cordeiro ou vitelo), mexa bem e ferva suavemente. Misture o *roux* frio e deixe ferver suavemente. Devolva o pernil de cordeiro à panela com quaisquer sucos que tenha liberado.

5. Ferva suavemente em fogo médio-baixo. Tampe a panela e leve-a ao forno moderado (163 °C). Braseie o cordeiro por 45 minutos. Adicione o *sachet* e a cabeça de alho e desengordure o líquido, se necessário. Termine de brasear a carne até que ela se mostre bem macia ao ser espetada com um garfo, em cerca de mais 2 horas.

6. Transfira a carne para uma assadeira ou outro recipiente e umedeça-a com um pouco do líquido de cozimento. Mantenha-a aquecida enquanto termina o molho.

7. Continue a ferver suavemente o líquido de cozimento até que tenha bom sabor e consistência, por cerca de 3 minutos. Escume para desengordurar o molho. Se necessário, o molho pode ser espessado ligeiramente com *slurry* de araruta. Ajuste o tempero com o sal e a pimenta-do-reino e coe. Mantenha-o aquecido para o serviço.

8. Sirva as pernas imediatamente com o molho, ou mantenha-as aquecidas para o serviço.

NOTAS: Para preparar pernil de cordeiro braseado com antecedência e terminá-lo em porções ou *à la minute*, esfrie-o depois que o retirar do líquido de cozimento.

Os alimentos braseados com osso têm sabor e textura maravilhosos, mas podem ser um desafio na hora de comer. Algumas vezes é mais apropriado retirar os ossos antes do serviço. Depois que o pernil esfriar o suficiente para ser manuseado, retire o osso. Transfira a carne sem osso para uma cuba. Tampe e leve o pernil de cordeiro frio à geladeira. Esfrie e armazene o molho separadamente, em um recipiente de banho-maria ou outro qualquer.

Para finalizar o pernil para o serviço, coloque uma pequena quantidade de um fundo saboroso, *remouillage* ou caldo e reaqueça-o no forno.

Para completar o prato, reaqueça a quantidade de molho de que precisa em uma *sauteuse*, junte o pernil de cordeiro reaquecido, ferva suavemente por pouco tempo e ajuste o tempero.

Pernil de cordeiro recheado à portuguesa

Rendimento: 12 porções

2,27 kg de pernil de cordeiro sem osso

1 colher (sopa)/10 g de sal, ou quanto baste

1½ colher (chá)/3 g de pimenta-do-reino preta moída

1,25 kg de **recheio de *farce* com ervas** (receita a seguir)

60 ml de azeite de oliva

340 g de *mirepoix* padrão (p. 257) em cubos pequenos

60 ml de extrato de tomate

90 ml de *sherry* seco

1,44 ℓ de **fundo escuro de cordeiro** (p. 278) ou **fundo escuro de vitelo** (p. 277)

2 folhas de louro

Slurry de araruta (ver p. 262), o quanto baste

1 colher (sopa)/3 g de coentro picado

1. Corte o cordeiro em borboleta e bata para obter uma espessura uniforme.
2. Tempere com o sal e a pimenta-do-reino. Espalhe o recheio por cima, enrole e amarre.
3. Aqueça o azeite em fogo médio-alto, em um *rondeau* ou *brasier*, até que comece a tremeluzir. Coloque cuidadosamente o cordeiro no azeite e sele-o até ficar bem dourado de todos os lados. Transfira-o para uma cuba e reserve-o.
4. Ponha o *mirepoix* na panela e cozinhe, mexendo de vez em quando, até que doure, em 7 a 8 minutos. Acrescente o extrato de tomate e cozinhe até adquirir uma cor bem forte e exalar um aroma doce, em cerca de 1 minuto.
5. Junte o *sherry*, mexendo para liberar o *fond* da panela. Reduza à metade. Devolva o cordeiro à panela com os sucos que ele liberou. Adicione fundo em quantidade suficiente para chegar a dois terços da altura do cordeiro.
6. Ferva suavemente em fogo médio-baixo. Acrescente as folhas de louro, tampe e braseie no forno a 163 °C por 1½ hora a 2 horas ou até que o cordeiro se mostre macio ao ser espetado com um garfo, virando-o ocasionalmente para manter a carne umedecida por igual.
7. Transfira o cordeiro para uma assadeira, umedeça-o com um pouco do líquido de cocção e mantenha-o aquecido.
8. Continue a ferver suavemente o líquido de cozimento, até obter bom sabor e consistência. Escume para retirar a gordura do molho. Se necessário, espesse com *slurry* de araruta. Ajuste o tempero com o sal e a pimenta-do-reino e coe. Acrescente o coentro ao prato inteiro ou às porções individuais. Mantenha-o aquecido para o serviço.
9. Retire os barbantes e corte o cordeiro em fatias. Sirva imediatamente com o molho ou mantenha-o aquecido para o serviço.

Recheio de *farce* com ervas

Rendimento: 1,02 kg

57 g de manteiga

227 g de cebola em fatias finas

85 g de salsão em fatias finas

227 g de cogumelo-de-paris em fatias finas

142 g de miolo de pão em cubos pequenos

170 g de carne bovina moída

170 g de carne de porco moída

170 g de carne de vitelo moída

1 ovo

14 g de salsa picada

½ colher (chá)/0,5 g de manjericão em *chiffonade*

½ colher (chá)/0,5 g de segurelha em fatias finas

½ colher (chá)/0,5 g de sálvia em fatias finas

Sal, a gosto

Pimenta-do-reino preta moída, a gosto

1. Aqueça a manteiga em uma *sauteuse*, em fogo médio alto. Acrescente a cebola e refogue, mexendo frequentemente, até que doure bem, em 5 a 6 minutos. Junte o salsão e os cogumelos. Continue a cozinhar até que fiquem macios e translúcidos. Passe-os para uma tigela e esfrie.
2. Combine o pão, as carnes moídas, o ovo, as ervas aromáticas, o sal e a pimenta-do-reino. Misture bem. O recheio está pronto para ser usado ou pode ser conservado na geladeira para uso posterior.

Cordeiro *navarin*

Rendimento: 10 porções

1,81 kg de paleta, pescoço ou pernil de cordeiro sem osso, em cubos de 5 cm

1 colher (sopa)/10 g de sal

1½ colher (chá)/3 g de pimenta-do-reino preta moída

60 mℓ de óleo vegetal

170 g de cebola em cubos médios

1 colher (chá)/3 g de alho amassado

60 mℓ de extrato de tomate

120 mℓ de vinho tinto seco

1,44 ℓ de **fundo escuro de cordeiro** (p. 278) ou **fundo escuro de vitelo** (p. 277), ou quanto baste

600 mℓ de **demi-glace** (p. 307), *jus d'agneau lié* (p. 307), *jus de veau lié* (p. 307) ou **molho** *espagnole* (p. 308)

1 *sachet d'épices* padrão (p. 255)

227 g de cenoura torneada ou cortada em diagonal

227 g de batata torneada ou em cubos médios

227 g de salsão torneado ou cortado em diagonal

227 g de nabo torneado ou em cubos médios

227 g de cogumelo-de-paris

170 g de tomate *concassé*

1. Tempere o cordeiro com o sal e a pimenta-do-reino.
2. Aqueça o óleo em fogo médio-alto, em um *rondeau* ou *brasier*, até que comece a tremeluzir. Coloque cuidadosamente o cordeiro no óleo e sele-o até que doure bem de todos os lados. Transfira-o para uma cuba e reserve-o.
3. Retire a gordura da panela, se necessário. Coloque aí a cebola e cozinhe em fogo médio, mexendo de vez em quando, até caramelizá-la. Junte o alho e o extrato de tomate e cozinhe até que escureça e exale um aroma doce, em cerca de 1 minuto.
4. Acrescente o vinho, mexendo para soltar o *fond* da panela. Reduza-o em três quartos. Devolva o cordeiro à panela com os sucos que ele liberou.
5. Adicione fundo e *demi-glace* suficientes para cobrir o cordeiro, bem como o *sachet*. Ferva suavemente em fogo médio-baixo. Tampe a panela e cozinhe por cerca de 1 hora. Junte mais fundo durante o cozimento, se necessário. Escume e desengordure conforme for preciso, durante o cozimento.
6. Adicione as cenouras, as batatas, o salsão, os nabos e os cogumelos. Continue a cozer até que o cordeiro e os vegetais estejam macios. Retire o *sachet* e despreze-o. Junte o *concassé* e ferva suavemente até que os tomates estejam bem quentes, em mais 10 minutos. Ajuste o tempero com o sal e a pimenta-do-reino.
7. Sirva o guisado imediatamente ou mantenha-o aquecido para o serviço.

Cordeiro *khorma*

Rendimento: 10 porções

MARINADA

300 mℓ de iogurte

2 colheres (chá)/4 g de pimenta-do-reino branca moída

2 colheres (chá)/4 g de cardamomo moído

1 colher (sopa)/9 g de pasta de alho

1 colher (sopa)/9 g de pasta de gengibre

CORDEIRO

2,27 kg de cordeiro, em cubos de 4 cm

240 mℓ de *ghee* ou óleo vegetal

680 g de cebola em cubos pequenos

3 colheres (sopa)/18 g de cominho moído

1 colher (chá)/2 g de cardamomo moído

1 colher (sopa)/9 g de erva-doce moída

1 colher (sopa)/2 g de pimenta-do-reino preta moída

1 ½ colher (sopa)/9 g de gengibre picado

2 colheres (sopa)/12 g de coentro moído

6 pimentas tailandesas moídas

28 g de talos de coentro picados

454 g de castanha-de-caju, demolhada em água quente, moída em pasta

240 mℓ de creme de leite fresco (36% a 40%)

21 g de folhas de coentro picadas grosseiramente

1. Misture todos os ingredientes da marinada. Adicione o cordeiro e deixe marinar por 30 minutos, na geladeira.

2. Aqueça o *ghee* ou o óleo em fogo médio-alto, em um *rondeau* ou *brasier*. Adicione a cebola e refogue até que fique translúcida.

3. Coloque em fogo baixo. Em intervalos de 1 a 2 minutos, junte o cominho, o cardamomo, a erva-doce, a pimenta, o gengibre e o coentro moído. Quando as especiarias liberarem aroma, adicione as pimentas e os talos de coentro. Cozinhe por 1 a 2 minutos.

4. Retire o cordeiro da marinada, escorra-o e junte-o às especiarias. Aumente o fogo e misture até que a carne fique coberta pelas especiarias de maneira uniforme. Ferva suavemente, tampe e cozinhe em fogo médio-baixo por 1½ h, mexendo de vez em quando, para que a carne não grude no fundo da panela. Se a mistura ficar seca demais, adicione mais água.

5. Acrescente pasta de castanha suficiente para que o molho fique espesso, mexendo bem para que não grude na panela. Acrescente o creme de leite e ajuste o tempero com o sal e a pimenta. Misture bem e continue a cozinhar até que a carne fique macia.

6. Sirva o cordeiro imediatamente ou mantenha-o aquecido para o serviço. Guarneça com as folhas de coentro.

Cabra ao *curry* com molho de salada de papaia verde

Rendimento: 20 porções

- 11,34 kg de carne de cabra, em pedaços grandes
- 28 g de sal
- 4 colheres (chá)/8 g de pimenta-do-reino preta moída
- 240 ml de óleo vegetal
- 7,68 l de **fundo escuro de vitelo** (p. 277)
- 8 galhinhos de tomilho
- 2 pimentas *habanero*, sem sementes, moídas
- 14 g de **curry em pó** (p. 386)
- *Demi-glace* (p. 307), o quanto baste (opcional)
- 20 tomates italianos, sem pele nem sementes, em cubos médios
- 567 g de cebolinha, em fatias com 1 cm de espessura
- 210 ml de suco de limão
- 1,2 l de **molho de salada de papaia verde** (p. 939)

1. Tempere a carne com o sal e a pimenta-do-reino.
2. Aqueça parte do óleo em fogo médio-alto, em um *brasier*, até que comece a tremeluzir. Trabalhando em porções, coloque os pedaços de cabra cuidadosamente no óleo e sele-os, até que estejam bem dourados de todos os lados. Passe-os para uma assadeira e reserve-os.
3. Depois de selar toda a carne, devolva os pedaços ao *brasier*, com o fundo e o tomilho. Ajuste o tempero com o sal e a pimenta-do-reino. Ferva suavemente em fogo médio-baixo. Tampe e passe para um forno moderado (177 °C). Braseie a cabra por pelo menos 2 a 3 horas ou até que esteja bem macia.
4. Transfira a carne para assadeiras ou outros recipientes e umedeça-a com um pouco do líquido de cozimento. Mantenha-a aquecida enquanto finaliza o molho.
5. Continue a ferver suavemente o líquido de cozimento, até que se tenha reduzido à metade. Escume para retirar a gordura do molho. Acerte o tempero com o sal e a pimenta-do-reino e coe. Mantenha-o aquecido para o serviço.
6. Desfie a carne de cabra em pedaços grandes e descarte os ossos.
7. Aqueça um pouco de óleo em um *rondeau* grande, em fogo médio-alto. Adicione as pimentas e refogue-as até que fiquem macias e aromáticas. Junte a carne desfiada, o *curry* e o líquido de cocção reduzido. Ferva suavemente e ajuste o tempero com o sal e a pimenta-do-reino. Se desejar, acrescente *demi-glace* à mistura.
8. Pouco antes do serviço, acrescente os tomates, metade das cebolinhas e o suco de limão. Sirva imediatamente, com o molho de salada de papaia verde, guarnecido com as cebolinhas restantes, ou mantenha aquecido para o serviço.

Guisado irlandês

Rendimento: 10 porções

- 1,81 kg de paleta de cordeiro sem osso, em cubos de 5 cm
- 1 colher (sopa)/10 g de sal
- ½ colher (chá)/0,5 g de pimenta-do-reino branca moída
- 1,92 l de **fundo claro de carne** (p. 277)
- 1 *bouquet garni* padrão (p. 255)
- 454 g de cebola pérola, branqueada e descascada
- 454 g de batata em cubos grandes
- 227 g de salsão em cubos grandes
- 227 g de cenoura em cubos grandes
- 227 g de pastinaca em cubos grandes
- 227 g de nabo em cubos grandes
- 2 colheres (sopa)/6 g de salsa picada

1. Tempere o cordeiro com o sal e a pimenta.
2. Aqueça o fundo de carne até ferver suavemente e ajuste o tempero com o sal e a pimenta, conforme necessário. Coloque o cordeiro em outra panela e despeje por cima o fundo aquecido. Volte a ferver suavemente, mexendo de vez em quando e escumando se for preciso, para remover impurezas. Ferva suavemente por 1 hora.
3. Junte o *bouquet garni* e os vegetais. Continue a ferver suavemente até que o cordeiro e os vegetais estejam macios, em 30 a 45 minutos.
4. Sirva o guisado imediatamente ou mantenha-o aquecido para o serviço. Guarneça com a salsa.

Cuscuz marroquino com guisado de cordeiro e frango

Rendimento: 10 porções

907 g de paleta ou pernil de cordeiro sem osso, em cubos de 3 cm

1,36 kg de coxa e sobrecoxa de frango sem pele, com osso, separadas

1 colher (sopa)/10 g de sal

1½ colher (chá)/3 g de pimenta-do-reino preta moída

120 ml de azeite de oliva

227 g de cebola em cubos

21 g de alho amassado

1 colher (sopa)/9 g de gengibre ralado

14 g de cominho moído

14 g de açafrão-da-terra moído

1 colher (chá)/2 g de coentro moído

½ colher (chá)/1 g de noz-moscada ralada

2 folhas de louro

1 pitada de açafrão em pistilo

1 pitada de cravo-da-índia em pó

2,4 l de **fundo escuro de cordeiro** (p. 278) ou **fundo escuro de frango** (p. 278)

227 g de cenoura em cubos grandes

113 g de nabo em cubos grandes

454 g de cuscuz marroquino

227 g de abobrinha em cubos pequenos

227 g de pimentão verde em cubos pequenos

113 g de grão-de-bico cozido

57 g de feijão-de-lima cozido

454 g de tomate sem pele, cortado em gomos

170 g de fundo de alcachofra cortado em quatro

113 g de trufa branca árabe, em fatias (opcional)

GUARNIÇÃO

170 g de amêndoa laminada, tostada

170 g de uva-passa clara ou escura

2 colheres (sopa)/30 ml de **harissa** (p. 977)

14 g de salsa picada

1. Tempere o cordeiro e o frango com o sal e a pimenta-do-reino.
2. Aqueça 60 ml de azeite em fogo médio-alto, na parte inferior da cuscuzeira, até que comece a tremeluzir. Coloque cuidadosamente o cordeiro no azeite e sele-o até dourar bem todos os lados.
3. Junte as cebolas, o alho, o gengibre e as especiarias. Adicione fundo suficiente para cobrir o cordeiro. Espere ferver suavemente e cozinhe por 45 minutos.
4. Acrescente as cenouras, os nabos e o frango ao guisado e deixe ferver suavemente de novo, em fogo baixo. Escume e retire a gordura conforme necessário.
5. Forre a parte superior da cuscuzeira com musselina branca. Adicione o cuscuz. Tampe e continue a cozinhar por mais 30 minutos.
6. Retire a parte superior da cuscuzeira, acerte o tempero com o sal e adicione cerca de 60 ml de azeite, desmanchando quaisquer grumos que se tenham formado. Mantenha aquecido enquanto termina o guisado.
7. Adicione as abobrinhas e os pimentões verdes ao guisado e cozinhe por 4 minutos.
8. Junte o grão-de-bico, o feijão-de-lima, o tomate, os fundos de alcachofras e as trufas, se usar, e ferva suavemente até que todos os ingredientes estejam macios e bem quentes. Acerte o tempero com o sal, a pimenta-do-reino e especiarias, se necessário.
9. Coloque o cuscuz em um prato ou travessa aquecida e ponha o guisado no centro. Distribua por cima as amêndoas, as uvas-passas, pingos de *harissa* e salsa. Sirva imediatamente.

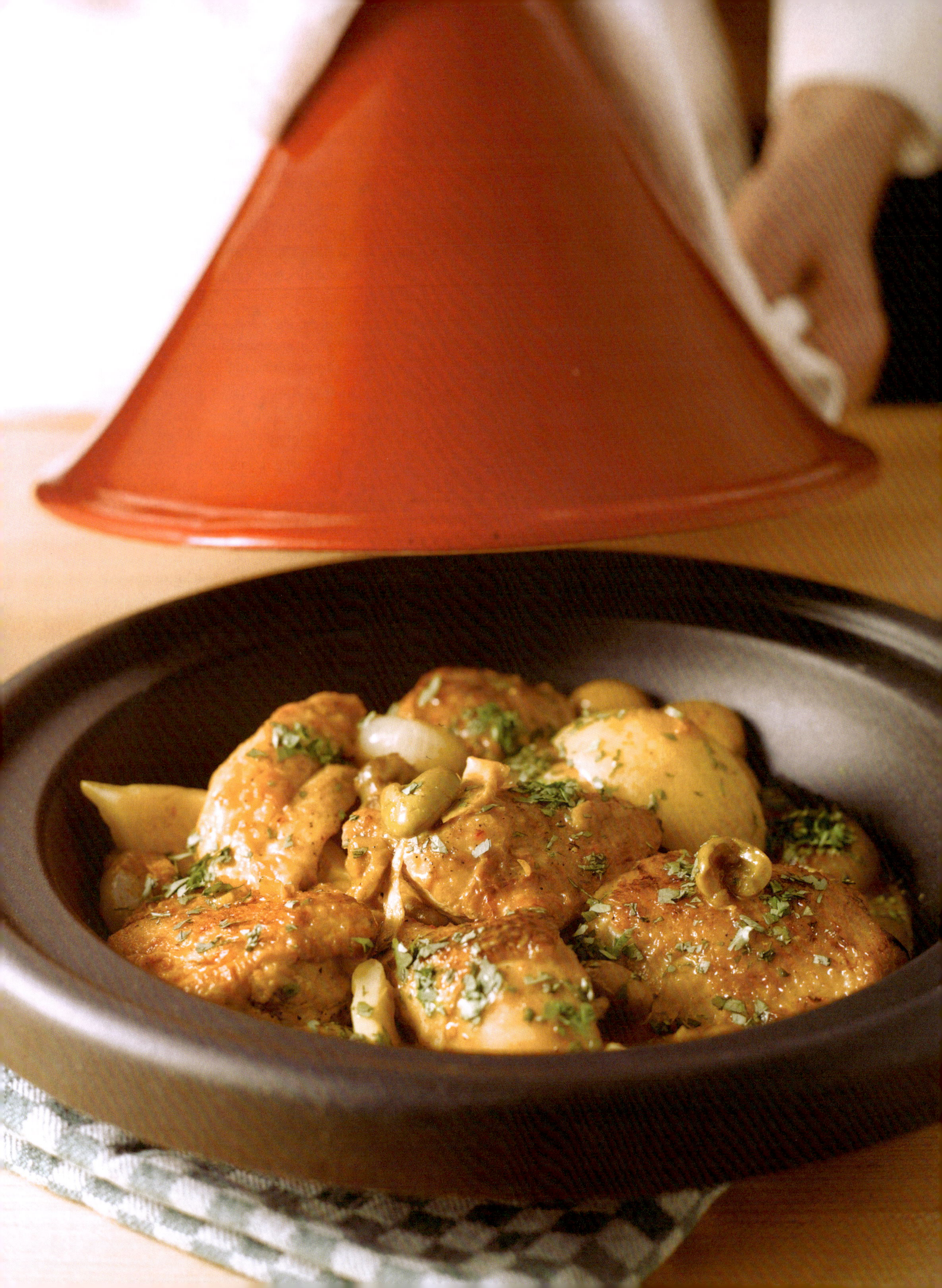

Frango *tagine**

Rendimento: 10 porções

- 5 frangos (1,13 kg cada), cortados em 6 pedaços cada um
- 1 colher (sopa)/10 g de sal
- 1½ colher (chá)/3 g de pimenta-do-reino preta moída
- 60 mℓ de azeite de oliva extravirgem
- 30 cebolas *cipollini* branqueadas e descascadas
- 1 pedaço de gengibre (1 cm de comprimento) em fatias finas
- 5 dentes de alho em fatias finas
- 1 colher (chá)/2 g de sementes de cominho tostadas e moídas
- ½ colher (chá)/0,2 g de açafrão
- 240 mℓ a 300 mℓ de água ou **fundo de frango** (p. 277), ou quanto baste
- 50 azeitonas *picholine*
- 2 **limões-sicilianos em conserva** (receita a seguir)
- 12 g de salsa picada

1. Tempere os pedaços de frango com o sal e a pimenta-do-reino.
2. Aqueça o azeite em fogo médio-alto, em um *tagine*, *rondeau* ou *brasier*. Coloque os pedaços de frango cuidadosamente no azeite e sele-os até que estejam bem dourados. Transfira o frango para uma cuba e reserve-o.
3. Ponha as cebolas na panela e refogue, mexendo de vez em quando, até dourá-las, em 7 a 8 minutos. Adicione o gengibre e o alho, e toste até liberarem o aroma, em mais 1 minuto. Acrescente o cominho e o açafrão e cozinhe até que a mistura adquira uma cor mais escura e exale um aroma doce, em cerca de 1 minuto.
4. Devolva o frango à panela e junte a água ou o fundo de frango. Acerte o tempero com o sal e a pimenta-do-reino. Ferva suavemente em fogo médio-baixo. Tampe e cozinhe por 30 a 40 minutos ou até que o frango esteja bem cozido, virando os pedaços de vez em quando, para mantê-los umedecidos por igual. (Mantenha apenas uma pequena quantidade de água ou fundo, de modo que o líquido de cozimento fique concentrado.)
5. Nos últimos 15 minutos, adicione as azeitonas, os limões e a salsa. Ferva a mistura suavemente, até que as azeitonas estejam macias e o aroma dos limões, evidente.
6. Retire os limões e sirva o *tagine* imediatamente ou mantenha-o aquecido para o serviço.

Limões-sicilianos em conserva

Rendimento: 6 limões

- 6 limões-sicilianos
- 142 g de sal
- 300 mℓ de suco de limão-siciliano, ou quanto baste

1. Lave bem os limões. Corte cada um deles em 6 gomos no sentido do comprimento e retire todas as sementes. Coloque os pedaços em um vidro bem limpo. Adicione o sal e o suco de limão e misture bem. Junte mais suco de limão, se necessário, até cobrir os limões.
2. Tampe e leve à geladeira. Mexa os limões a cada 1 ou 2 dias, para ajudar a dissolver o sal. Deixe os limões curarem por, pelo menos, 1 semana.
3. Enxágue-os em água fria antes de usá-los.

---

* *Tagine* é um tipo de panela especial com tampa cônica que faz com que os vapores liberados na cocção condensem e retornem à produção, auxiliando no controle de temperatura do cozimento. Geralmente a base é levada à mesa para o serviço. (N. E.)

Frango *fricassée*

Rendimento: 10 porções

5 frangos (1,13 kg cada), cortados em 8 pedaços cada um

1 colher (sopa)/10 g de sal

¼ de colher (chá)/0,5 g de pimenta-do-reino branca moída

60 mℓ de manteiga clarificada ou óleo vegetal

454 g de cebola picada

2 colheres (chá)/6 g de alho amassado

57 g de farinha de trigo comum

240 mℓ de vinho branco

480 mℓ de **fundo de frango** (p. 277)

2 folhas de louro

1 colher (sopa)/3 g de tomilho

240 mℓ de creme de leite fresco (36% a 40%)

454 g de cenoura em cubos pequenos, branqueada

454 g de alho-poró em cubos pequenos, branqueado

14 g de cebolinha francesa ou salsinha picadas

1. Tempere os pedaços de frango com o sal e a pimenta.
2. Aqueça a manteiga em fogo médio, em um *rondeau* ou *brasier*. Acrescente a cebola e o alho e refogue, mexendo de vez em quando, até que a cebola fique translúcida, em cerca de 5 minutos.
3. Adicione a farinha e cozinhe, mexendo frequentemente, por cerca de 5 minutos.
4. Junte o vinho, mexa para soltar o *fond* da panela. Adicione o fundo de frango, as folhas de louro e o tomilho, e ferva suavemente. Devolva os pedaços de frango à panela.
5. Tampe e cozinhe os pedaços de frango em fogo de baixo a médio até que se mostrem macios ao serem espetados com um garfo, em 30 a 40 minutos. (Uma alternativa é assar o frango no forno a 163 °C.)
6. Passe o frango para uma assadeira ou outro recipiente e umedeça com um pouco do líquido de cozimento. Mantenha-o quente, enquanto finaliza o molho.
7. Adicione o creme e ferva suavemente até o molho engrossar ligeiramente, em 5 a 7 minutos. Escume para retirar a gordura. Acerte o tempero com o sal e a pimenta e coe.
8. Devolva o frango ao molho, juntamente com as cenouras e os alhos-porós. Ferva suavemente por cerca de 2 minutos.
9. Sirva imediatamente ou mantenha aquecido para o serviço. Guarneça com as cebolinhas francesas ou com a salsa.

Vitelo *fricassée*: Substitua o frango por igual quantidade de paleta, peito ou pernil de vitelo.

Ragu* de frango e camarão (*mar i muntanya*)

Rendimento: 10 porções

3 frangos (1,13 kg cada), cortados em 8 pedaços cada um

1 colher (sopa)/10 g de sal

1½ colher (chá)/3 g de pimenta-do-reino preta moída

60 mℓ de azeite de oliva extravirgem

794 g de camarão pequeno limpo, com as cascas

340 g de cebola em cubos pequenos

680 g de tomate italiano

300 mℓ de vinho branco

480 mℓ de **fundo de frango** (p. 277)

30 mℓ de Pernod

PICADA

35 g de alho amassado

14 g de pão francês tostado

71 g de chocolate mexicano

28 g de amêndoa sem pele, branqueada, tostada ou pinole tostado

1 colher (chá)/1 g de salsa picada

Sal, a gosto

Pimenta-do-reino preta moída, a gosto

15 mℓ de azeite de oliva extravirgem

*Ragu, *ragout* ou *ragù* é uma variação regional do guisado. Tradicionalmente adotado para o cozimento de carnes e aves duras, também é possível encontrá-lo em preparações de peixes, frutos do mar e vegetais. (N. E.)

1. Tempere os pedaços de frango com o sal e a pimenta-do-reino.
2. Aqueça o azeite em fogo médio-alto, em um *rondeau* ou *brasier*. Coloque aí os pedaços de frango cuidadosamente e salteie-os até que dourem. Transfira o frango para uma cuba e reserve-o.
3. Na mesma panela, salteie o camarão com casca, até que fique vermelho-brilhante, em cerca de 3 minutos. Transfira-o para uma assadeira e reserve-o.
4. Desengordure a panela, se necessário. Coloque aí a cebola e o tomate e cozinhe, mexendo de vez em quando, até ficarem macios e ganharem uma leve cor de ferrugem, em cerca de 15 minutos.
5. Acrescente o vinho, mexendo para soltar a gordura do fundo. Reduza à metade. Devolva os pedaços de frango à panela, com os sucos que eles liberaram. Junte fundo de frango suficiente para cobrir o frango.
6. Ferva suavemente em fogo médio-baixo. Tampe e cozinhe o frango até que se mostre macio quando espetado com um garfo, em 30 a 40 minutos.
7. Junte o Pernod e continue a ferver suavemente por mais 10 minutos. Adicione o camarão e termine o cozimento, em cerca de 2 minutos. Acerte o tempero com o sal e a pimenta-do-reino.
8. Para fazer a picada, amasse ou moa o alho, o pão, o chocolate e as amêndoas, até obter uma mistura uniforme. Junte a salsa e mexa bem. Tempere com o sal e a pimenta-do-reino. Adicione azeite suficiente para cobrir a picada e trabalhe até obter uma pasta grossa.
9. Adicione a picada ao ragu e cozinhe por mais 2 minutos.
10. Sirva o ragu imediatamente ou mantenha-o aquecido para o serviço.

batatas, grãos
vegetais, m

, legumes, outros

acarrão e massas

PARTE 5

mise en place para ervas frescas e outros vegetais

Muitas ervas e outros vegetais precisam ser preparados com antecedência antes de estarem prontos para ser servidos ou usados como ingrediente em um prato, devendo ser limpos, descascados, fatiados ou cortados em cubos. Podem-se utilizar vários cortes para moldar vegetais e ervas. Dominar totalmente as habilidades com a faca inclui preparar vegetais adequadamente para cortar, utilizar diversos utensílios de corte e fazer cortes uniformes e precisos.

CAPÍTULO 21

Independentemente dos vegetais que estejam sendo preparados, sempre corte-os em pedaços de mesmo tamanho para garantir a uniformidade de cozimento. O apelo estético da apresentação do prato também depende bastante do uso de verduras e legumes adequadamente preparados. O melhor prato começa com o produto da melhor qualidade.

cortar vegetais e ervas frescas

Reveja as informações sobre aquisição e manuseio de produtos agrícolas no capítulo 8. Manuseie os produtos frescos cuidadosamente – para manter seu sabor, sua cor e seu valor nutritivo –, em todos os estágios de preparo e cozimento. Um dos segredos em preservar a qualidade dos vegetais é fazer todos os cortes tão perto quanto possível do momento de cozimento.

Outro fator importante é a habilidade de selecionar o utensílio adequado para o trabalho e manter esse utensílio em boas condições de funcionamento. Sempre que você estiver cortando qualquer alimento, deve ter uma chaira à mão, para poder amolar periodicamente a lâmina enquanto trabalha. Para uma revisão do manuseio básico de uma faca, ver pp. 46-47.

OS CORTES BÁSICOS COM A FACA INCLUEM:

Picar / picar em fatias finas	Moer
Chiffonade (cortar em tiras)	*Julienne* e *batonnet*
Cubos	*Paysanne (fermière)*
Diamante (losango)	*Rondelle*, diagonal, oblíquo ou em rolinhos

Sempre que tiver de cortar alguma coisa, seu objetivo deve ser cortar o alimento em pedaços de forma e tamanho uniformes. Os itens mal cortados dão a impressão de falta de cuidado e podem estragar a aparência do prato. Uma consideração ainda mais importante é que os alimentos em tamanhos e formas diferentes não cozinharão por igual.

Quando for necessário fazer cortes precisos como *julienne*, *batonnet*, *brunoise* e em cubos, é importante aplicar a técnica de "fatiar". Deve-se segurar a faca com firmeza, de maneira equilibrada e com o pulso estável. O movimento de fatiar deve ser tanto de trás para a frente como de frente para trás. Não pressione a faca para baixo nem a segure sem firmeza, pois isso pode ocasionar cortes menos precisos.

cortar vegetais e ervas frescas

Descascar vegetais

Todos os produtos frescos, mesmo os que serão descascados antes de cortar, devem ser bem lavados para retirar a sujeira, bactérias e outros contaminantes que poderiam entrar em contato com as superfícies de corte por meio da faca ou do descascador. Para uma vida de prateleira mais longa, lave os vegetais tão perto do momento da preparação quanto possível.

Nem todos os vegetais precisam ser descascados antes de ser cozidos, mas, quando isso for necessário, use um utensílio que remova a pele com precisão e uniformidade, retirando apenas o estritamente necessário da polpa comestível. Para descascar um vegetal de casca grossa, como a abóbora, use uma faca do chef. Elas são mais indicadas para vegetais maiores ou para os que têm casca muito dura, como o aipo-rábano e as abóboras. Retire as cascas fibrosas ou duras dos brócolis e dos vegetais semelhantes usando uma faca de legumes ou um descascador de lâmina giratória. Muitas vezes, a casca pode ser puxada depois do corte inicial.

Alguns vegetais e frutas têm cascas relativamente finas, como cenouras, nabos, aspargos, maçãs, peras e batatas. Descasque-os usando um descascador de lâmina giratória. Esses descascadores podem ser usados em duas direções, de modo que a casca seja retirada com movimentos para cima e para baixo. Em alguns casos, pode-se usar uma faca de legumes em lugar do descascador. Segure a borda da lâmina em um ângulo de 20° em relação à superfície do vegetal e passe a lâmina logo abaixo da superfície para retirar uma camada fina.

1. Descasque vegetais de casca grossa, como abóboras, com uma faca do chef.

2. Descasque vegetais com cascas relativamente finas, como aspargos e cenouras, com um descascador de lâmina giratória.

Picar

Para *mirepoix* ou ingredientes aromáticos semelhantes que serão coados e desprezados depois, em geral se usa picar grosseiramente. Picar é normalmente um corte feito com movimentos retos, de cima para baixo. Esse também é o corte apropriado para vegetais que serão batidos no liquidificador. Se necessário, retire a raiz e as pontas dos caules e depois descasque os vegetais. Fatie ou corte os vegetais em intervalos quase regulares, até que os cortes estejam relativamente uniformes. Esses cortes não precisam ser perfeitos, mas todos os pedaços devem ser mais ou menos do mesmo tamanho.

1. Enxágue e seque bem as ervas, depois retire as folhas dos caules. Junte as ervas em uma bola apertada antes de fatiar, o que produz um corte bem grosseiro. Use a mão guia para segurá-las no lugar. Posicione a faca de modo a poder cortar deslizando pelo punhado de ervas e picar grosseiramente, mas de modo uniforme.

2. Depois que as ervas forem cortadas grosseiramente, use a ponta dos dedos da mão guia para manter a ponta da faca de chef em contato com a tábua. Com a ponta da lâmina contra a tábua, baixe a faca com firmeza e rapidez, cortando repetidamente as ervas.

cortar vegetais e ervas frescas

Picar em fatias finas

É o corte adequado para muitos vegetais e ervas. Muitas vezes, cortamos cebolas, alhos e chalotas picados em fatias finas.

1. Corte as ervas em fatias finas, continuando até chegar à finura desejada.

2. As cebolinhas e as cebolinhas francesas são picadas em fatias finas de maneira diferente. Em lugar de cortá-las repetidamente, faça fatias bem finas. Veja como cortar uma cebola em fatias finas na p. 649.

Chiffonade/corte em tiras

O corte em *chiffonade* é usado para vegetais e ervas de folha. O resultado são tiras fininhas, com frequência usadas como guarnição ou camada inferior.

Para o *radicchio*, retire as folhas e faça uma pilha com elas. Faça cortes paralelos para conseguir as tiras. Para vegetais verdes com folhas grandes, como a alface-romana, enrole as folhas em cilindros antes de cortá-las. Empilhe as folhas menores, como manjericão, uma sobre a outra, depois enrole-as em cilindros e corte. Use uma faca de chef para fazer cortes bem finos, paralelos, e produzir tiras finas.

capítulo 21 » *MISE EN PLACE* PARA ERVAS FRESCAS E OUTROS VEGETAIS

CORTES PADRÕES PARA VEGETAIS

Os cortes padrões para vegetais são ilustrados na página seguinte. As dimensões indicadas são apenas uma orientação e podem ser modificadas conforme a necessidade. Determine o tamanho do corte segundo o que pede a receita ou o item do menu, a natureza do vegetal a ser cortado, o tempo de cozimento e a aparência desejada.

JULIENNE FINA
1,5 mm x 1,5 mm x 3 a 5 cm

JULIENNE/ALLUMETTE
3 mm x 3 mm x 3 a 5 cm

BATONNET
6 mm x 6 mm x 5 a 6 cm

BRUNOISE FINA
1,50 mm x 1,50 mm x 1,50 mm

cortar vegetais e ervas frescas

Antes de picar ou cortar vegetais, eles devem ser limpos para retirar as raízes, o centro, os caules ou as sementes. Também se pode cortar um lado de um vegetal redondo. Isso torna a tarefa de cortar vegetais mais segura, pois será mais difícil o vegetal rolar ou escorregar durante o processo. Para produzir cortes bem regulares e precisos, como *julienne* ou cubos, retire uma fatia de cada lado e as duas pontas do vegetal, de modo a obter um retângulo ou quadrado uniforme.

BRUNOISE
3 mm x 3 mm x 3 mm

CUBOS PEQUENOS
6 mm x 6 mm x 6 mm

CUBOS MÉDIOS
1,25 cm x 1,25 cm x 1,25 cm

CUBOS GRANDES
2 cm x 2 cm x 2 cm

capítulo 21 » *MISE EN PLACE* PARA ERVAS FRESCAS E OUTROS VEGETAIS

OUTROS CORTES PARA VEGETAIS

Os vegetais vistos aqui foram cortados seguindo os padrões para uma apresentação de maior classe. Eles podem ser cortados de modo que a forma natural do vegetal seja visível em cada fatia.

O corte torneado (p. 648) pode ser feito na forma clássica de bola de futebol americano mostrada aqui, ou modificada para adequar-se a diferentes tipos de vegetal.

PAYSANNE
1 cm x 1 cm x 3 mm

FERMIÈRE
Corte na espessura desejada:
de 3 mm até 1 cm

LOSANGOS
Forma de diamante:
1 cm x 1 cm x 3 mm

RONDELLE
Corte na espessura desejada:
de 3 mm a 1 cm

TORNEADO (*TOURNÉ*)
Aproximadamente 5 cm de comprimento com sete faces

cortar vegetais e ervas frescas

Julienne e batonnet

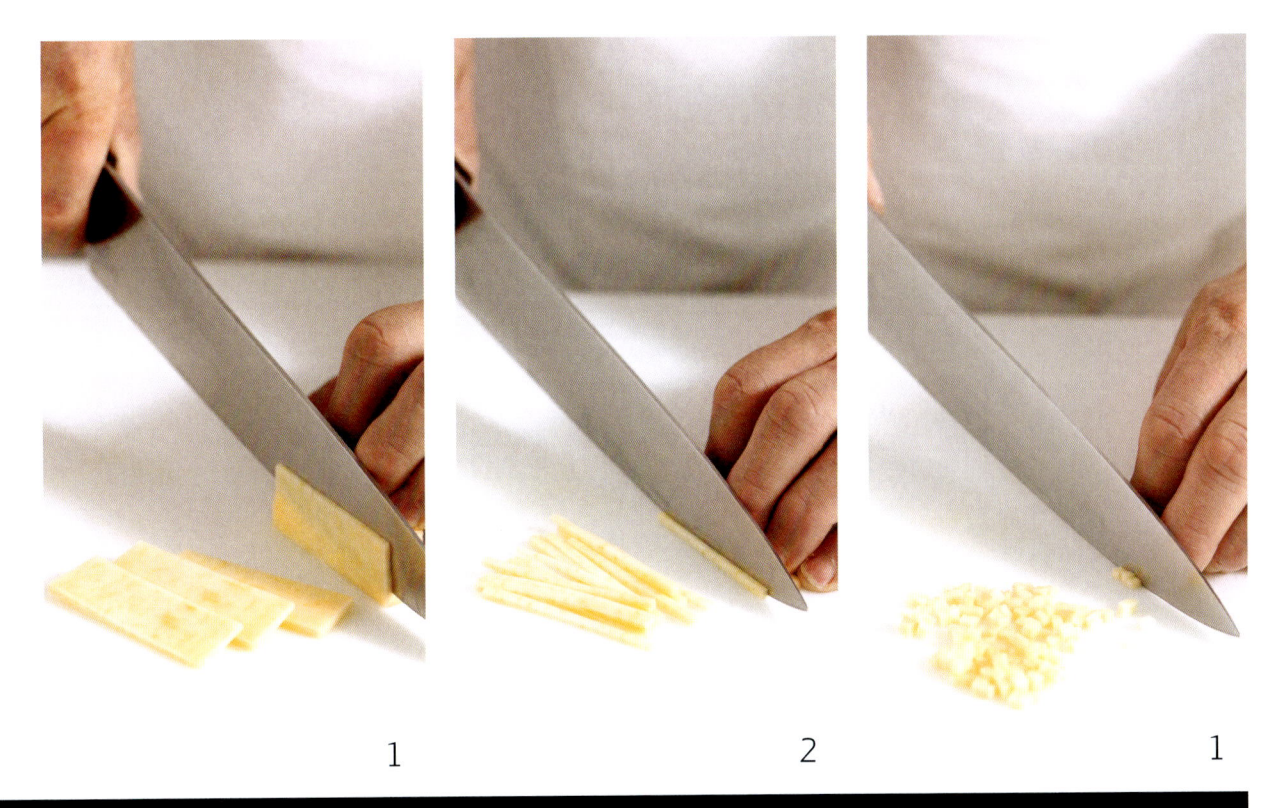

Julienne e *batonnet* são cortes longos, retangulares. O corte de *pommes frites* padrão e *pommes pont neuf* (ambos são nomes franceses para batatas fritas) e o corte *allumette* (ou palito de fósforo) estão relacionados a eles. A diferença entre esses cortes é o tamanho final.

Limpe e dê forma quadrilátera ao vegetal, deixando as bordas retas. Corte as duas pontas para que o bloco fique uniforme. Essas fatias iniciais tornam mais fácil produzir cortes uniformes. As aparas podem ser usadas para fundos, sopas, purês ou outras preparações em que a forma não seja importante.

1. Depois de dar uma forma quadrilátera ao vegetal, corte-o em fatias no sentido do comprimento, fazendo cortes paralelos de espessura igual.

2. Empilhe as fatias, alinhando as bordas, e faça cortes uniformes, paralelos, de mesma espessura, para obter um *batonnet*. Para o corte *julienne*, as fatias devem ser mais finas.

Cortar em cubos

As diferentes preparações requerem cubos de tamanhos diferentes. Os nomes dados aos cubos são *brunoise* fina/*brunoise*, e cubos pequenos, médios e grandes. O quadro de ilustrações "Cortes padrões para vegetais" (p. 640) lista as dimensões. Para começar, limpe e corte o vegetal como se fosse para *julienne* ou *batonnet*.

1. Junte os pedaços de *julienne* ou *batonnet* e corte lateralmente, a intervalos uniformes.

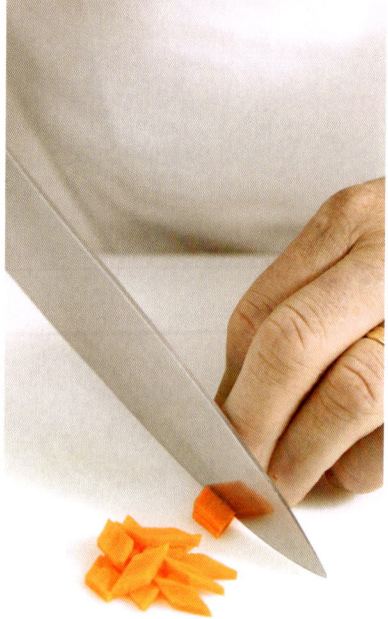

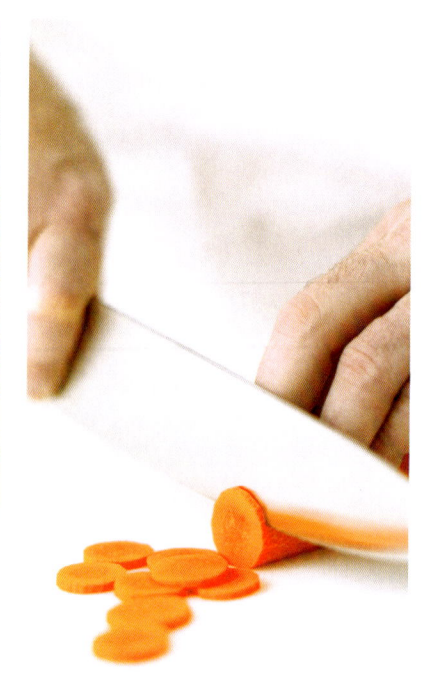

Fazer *paysanne/fermière*

Geralmente, os cortes no estilo *paysanne* (camponês) e *fermière* (agricultor) são usados em pratos cujo atrativo é o de serem rústicos ou domésticos. Quando usados em especialidades regionais tradicionais, podem ser cortados de tal maneira que a forma, curva ou irregular, das bordas do vegetal ainda seja visível no corte terminado. Entretanto, é importante cortar todos da mesma espessura, de modo que cozinhem uniformemente.

Primeiro, dê ao vegetal uma forma quadrilátera e faça *batonnets* grandes, com 2 cm de espessura. Faça cortes paralelos e uniformes, a intervalos de 3 mm, para produzir o corte *paysanne*. Para uma apresentação mais rústica, corte o vegetal em metades, quartos ou oitavos, dependendo do tamanho. Os pedaços devem ser mais ou menos semelhantes, na dimensão, a um *batonnet*. Faça cortes transversais regulares, finos, a intervalos de 3 mm.

Fazer cortes em diamante/losango

O corte em diamante ou losango é semelhante ao *paysanne*. Em lugar de cortar *batonnets*, fatie o vegetal bem fino, depois corte em tiras da largura apropriada.

Limpe e fatie o vegetal. Corte as fatias em diagonal, em tiras com 3 mm de espessura, da largura correta. Para começar, faça um corte em diagonal. Isso vai deixar um pouco de aparas (reserve-as para usar em preparações que não requeiram cortes caprichados, decorativos). Continue a fazer cortes em diagonal, paralelos ao primeiro.

Fazer círculos/*rondelles*

Círculos ou *rondelles* são simples de fazer. Corte transversalmente um vegetal cilíndrico, como uma cenoura ou pepino. A forma redonda básica pode ser variada cortando-se o vegetal diagonalmente, para produzir um disco alongado ou oval, ou fatiando-o em meias-luas. Entalhe o vegetal com um decorador de cítricos para produzir formas de flor. Limpe e descasque o vegetal, se necessário. Faça cortes paralelos a intervalos regulares. Enquanto corta, guie o vegetal apertando a ponta com o polegar. O formato em círculo básico pode ser variado cortando o legume em diagonal (para produzir um disco alongado ou ovalado) ou cortando o legume ao meio, na longitudinal, e depois em meias-luas.

cortar vegetais e ervas frescas

Fazer cortes em diagonal

Muitas vezes, esse corte é usado para preparar vegetais para *stir-fries* e outros pratos de estilo asiático, por expor uma superfície maior e encurtar o tempo de cozimento. Para fazer um corte em diagonal, coloque o vegetal descascado ou limpo sobre a superfície de trabalho. Segure a lâmina de modo que corte em ângulo através do alimento. Quanto mais largo o ângulo, mais alongada será a superfície do corte. Continue a fazer cortes paralelos, ajustando o ângulo da lâmina, de modo que todos os pedaços sejam aproximadamente do mesmo tamanho.

Fazer cortes oblíquos

Esse corte é usado principalmente com vegetais longos, cilíndricos, como nabos ou cenouras. Coloque o vegetal descascado sobre uma tábua. Faça um corte em diagonal para retirar a ponta do caule. Segure a faca na mesma posição e posicione o vegetal em um ângulo de aproximadamente 90°. Fatie-o na mesma diagonal, formando um pedaço com duas bordas em ângulo. Reduza o ângulo da diagonal à medida que o diâmetro do vegetal fica maior, para garantir cortes uniformes, que cozinharão por igual. Repita até que todo o vegetal tenha sido cortado. Como alternativa, corte o vegetal dando uma meia-volta em relação à posição inicial (180°) para obter o resultado mostrado na foto acima.

capítulo 21 » *MISE EN PLACE* PARA ERVAS FRESCAS E OUTROS VEGETAIS

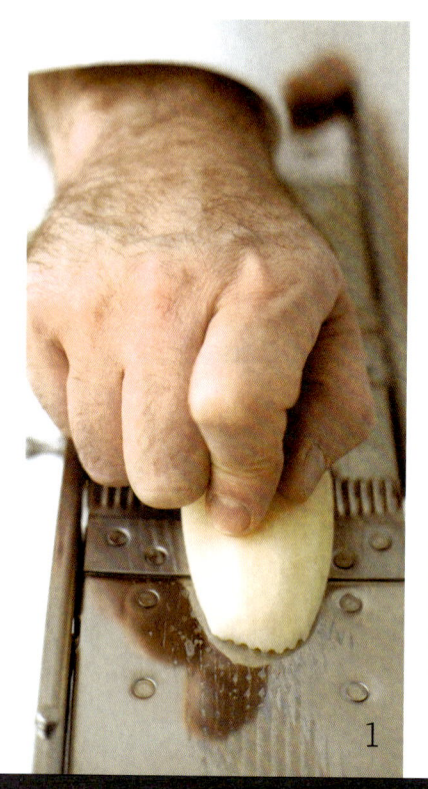

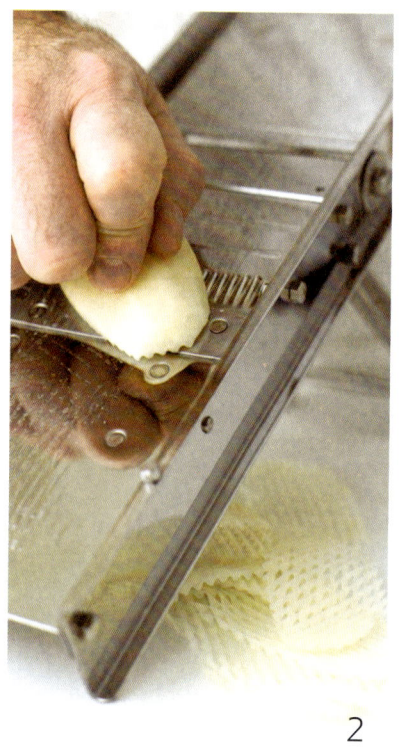

Waffle/gaufrette

Use a *mandoline* para fazer cortes *waffle* ou *gaufrette*. Pode-se usar esse corte em batatas, batatas-doces, beterrabas e outros alimentos relativamente sólidos e grandes.

1. As lâminas da *mandoline* são colocadas de tal maneira que a primeira passada do vegetal não corta realmente uma fatia, só faz ranhuras.

2. Vire a batata em 45° e dê a segunda passada para criar batatas com corte *waffle*. Passe o vegetal por todo o comprimento da *mandoline*. Gire o vegetal em 45° e repita o movimento. Realize novamente esse procedimento, virando o vegetal 45° em cada passada sobre a *mandoline*.

cortes decorativos usando técnicas especiais

Canelagem

É necessária alguma prática para dominar a canelagem, mas o corte faz guarnições realmente atraentes. Normalmente, ele é usado em cogumelos.

1. Segure o cogumelo entre o polegar e o indicador da mão guia. Retire a camada externa do chapéu do cogumelo, descascando-o. Comece na parte inferior do chapéu, indo em direção ao centro.

2. Coloque a lâmina de uma faca de legumes em um pequeno ângulo contra o centro do chapéu do cogumelo. Descanse o polegar da mão que corta sobre o cogumelo e use-o para firmar a faca. Rode a faca em direção à base do chapéu, enquanto vira o cogumelo na direção oposta.

3. Termine o cogumelo comprimindo ligeiramente a ponta da faca de legumes no topo do cogumelo, para criar uma estrela. Vire ligeiramente o cogumelo e repita os passos do corte. Continue até que todo o chapéu esteja canelado. Retire as aparas e o caule.

Cortar vegetais torneados/*tourné*

Tornear vegetais (*tourner*, em francês) requer uma série de cortes que, ao mesmo tempo, limpam e modelam o vegetal. A forma é semelhante a um pequeno barril ou bola de futebol americano. Descasque o vegetal, se desejar, e corte-o em pedaços de tamanho manuseável. Corte vegetais redondos ou ovais grandes, como beterrabas e batatas, em quatro, seis ou oito (dependendo do tamanho), para formar pedaços ligeiramente maiores do que 5 cm. Corte vegetais cilíndricos, como cenouras, em pedaços de 5 cm.

1. Usando uma faca de legumes ou um *tourné*, corte os vegetais em pedaços manuseáveis antes de torneá-los. Dê aos pedaços a forma de barril ou de bola de futebol americano. Tente fazer tão poucos cortes quanto possível, para criar os sete lados, de modo que as faces do *tourné* permaneçam distintas. As faces devem ser lisas, espaçadas uniformemente e estreitar-se nas pontas, de modo que as duas extremidades sejam mais estreitas do que o centro.

Corte em leque

O corte em leque usa um corte básico, fácil de dominar, para produzir guarnições que parecem complicadas. É usado em alimentos cozidos ou crus, como picles, morangos, metades de pêssegos, abacates, abobrinhas e outros vegetais e frutas um pouco flexíveis.

1. Deixando a ponta do lado do caule intacta, faça uma série de fatias paralelas no sentido do comprimento. Abra a fruta ou vegetal em forma de leque.

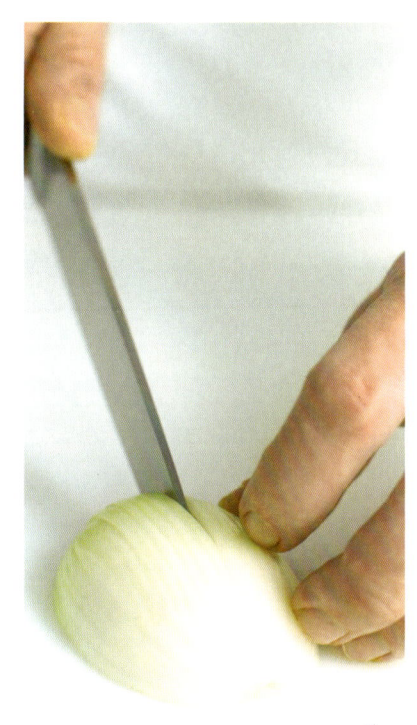

técnicas de preparo para vegetais específicos

Cebolas

Cebolas de todo tipo têm melhor paladar quando cortadas o mais próximo possível do momento de serem usadas. Quanto mais tempo as cebolas cortadas ficarem armazenadas, mais sabor e qualidade perderão. Depois de cortadas, elas desenvolvem um sabor forte, sulfuroso, que pode estragar o aroma e a atração de um prato.

1. Ao descascar uma cebola, retire a menor quantidade possível de camadas. Aqui, o chef está usando uma faca de legumes para retirar as camadas externas de casca.

Use essa mesma faca para cortar uma fatia fina das pontas da raiz e do caule do bulbo. Segure a casca entre o polegar e o lado chato da lâmina da faca e puxe-a. Retire quaisquer manchas marrons das camadas inferiores, se necessário, antes de cortar o vegetal no tamanho e forma desejados.

Se precisar de fatias ou anéis, deixe a cebola inteira depois de descascá-la. Para cortar anéis de uma cebola inteira, segure-a firmemente com a mão guia. A cebola, por ser arredondada, pode escorregar ao ser cortada.

Corte-a ao meio, indo do lado da raiz ao lado do caule, para cortar em *julienne* ou em cubos. O lado da raiz, embora limpo, ainda deve estar intacto. Isso ajuda a manter as camadas de cebola juntas, enquanto ela é fatiada ou cortada em cubos. Para cortar em *julienne* metade de uma cebola, faça uma marca em forma de V de cada lado da ponta correspondente à raiz.

Um outro método de descascar é particularmente adequado para cortar e usar a cebola de imediato. Corte-a ao meio no sentido do comprimento, antes de limpar e descascar. Limpe as pontas, deixando a ponta da raiz intacta caso a cebola seja cortada em cubos, e tire a casca de cada metade.

Corte fino

1. Para cortar ou picar finamente metade de uma cebola, coloque o lado cortado sobre a tábua. Usando uma faca de chef, faça uma série de cortes paralelos, a espaços regulares, no sentido do comprimento, com a ponta da faca, deixando intacta a ponta da raiz. Cortes a 6 mm um do outro farão pequenos cubos; cortes a 1 cm ou 2 cm do outro produzirão cubos médios ou grandes. Cortes a 3 mm um do outro produzirão cortes finos.

capítulo 21 » *MISE EN PLACE* PARA ERVAS FRESCAS E OUTROS VEGETAIS

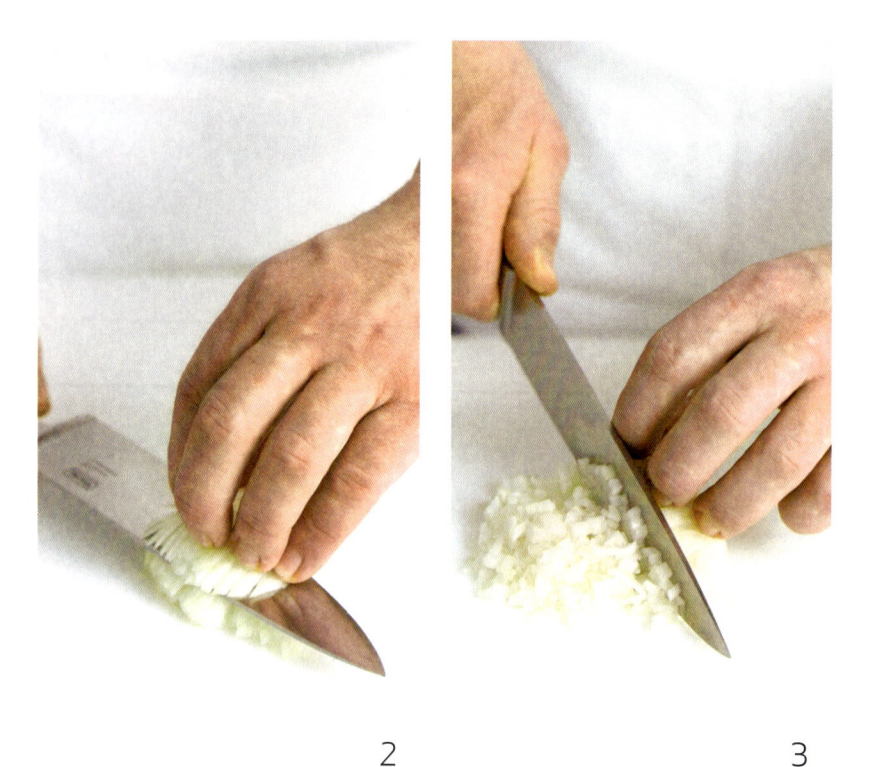

Corte fino – continuação

2. Faça dois ou três cortes horizontais paralelos à superfície de trabalho, a partir do lado do caule, em direção à raiz, mas não corte até o fim, enquanto segura os cortes verticais. Isso tornará o corte mais uniforme.

3. Para terminar os cubos, faça cortes uniformes, transversais, trabalhando a partir da ponta do caule em direção à raiz e cortando até o fim todas as camadas de cebola. Reserve quaisquer aparas para *mirepoix*.

Alguns chefs preferem cortar cebolas fazendo, a espaços regulares, uma série de cortes que sigam a sua curva natural. Retire a raiz da cebola antes de fazer cortes uniformes que acompanhem a curva natural da cebola.

Alho

O alho adquire sabores distintos e diferentes dependendo de como é cortado. Pode ser comprado já descascado ou picado, mas isso deve ser evitado, a não ser em operações de grande volume. Uma vez cortado, o alho (assim como a cebola) começa a ficar com sabor mais forte.

O alho amassado ou espremido entra em muitas preparações, por isso é importante ter quantidade suficiente para durar um período de serviço. Para impedir o crescimento de bactérias, armazene o alho amassado cru, coberto em óleo, no refrigerador e use dentro de 24 horas.

Para separar os dentes de alho, enrole uma cabeça de alho inteira em um pano de pratos e pressione o topo. Os dentes se separarão perfeitamente da ponta radicular. O pano impede que a pele fina voe para todos os lados da área de trabalho.

1. Em algumas épocas do ano, e sob certas condições de armazenamento, o alho pode começar a brotar. Abra o dente de alho ao meio e retire o broto, para obter melhor sabor.

Coloque os dentes de alho descascados sobre a tábua e, por cima, o lado chato da lâmina da faca. Com um movimento semelhante àquele para romper a casca, bata firmemente na lâmina com o punho para esmagar os dentes. Uma outra alternativa para retirar a casca do dente de alho é descascá-lo usando uma faca de desossar. Para soltar a casca de cada dente, coloque-o sobre a tábua, ponha o lado chato da lâmina por cima e bata na lâmina com o punho fechado. Descasque e retire a ponta radicular e quaisquer manchas escuras.

2. Fatie o alho descascado antes de picá-lo.

Alho – continuação

3. Corte as fatias de alho para picá-lo grosseiramente.

4. Pique os dentes de alho como se pica uma cebola, em fatias finas, usando um movimento para a frente e para trás, como para ervas.

Para amassar o alho, segure a faca quase plana contra a tábua e use a borda cortante para amassar o alho contra a tábua. Repita esse passo até que o alho esteja amassado como uma pasta. Se desejar, borrife o alho com sal antes de amassá-lo. O sal atua como abrasivo, apressando o processo e impedindo que o alho grude na lâmina da faca. Para amassar grandes quantidades de alho descascado, use um processador de alimentos. Ou, então, esmague e moa alho borrifado com sal com um pilão, até obter uma pasta.

Assar alho

O sabor do alho se torna rico, doce e defumado depois de assar. O alho assado pode ser utilizado como componente de purês de vegetais ou batatas, marinadas, glaçados e vinagretes, assim como pasta para espalhar sobre pão grelhado.

Coloque as cabeças de alho com casca em uma panela pequena ou em uma assadeira. Para obter uma textura mais seca, coloque o alho sobre uma camada de sal. Embrulhe as cabeças de alho inteiras em papel-alumínio. Corte a ponta de cada dente antes, para ficar mais fácil espremer o alho assado para fora, ou descasque os dentes antes. Unte-os ligeiramente, envolva-os em papel-manteiga e asse-os.

1. Asse à temperatura moderada (177 °C) até que os dentes de alho estejam bem macios, em geral de 30 a 45 minutos. Qualquer suco liberado pelo alho ficará escuro. O aroma deve ser doce e agradável, não áspero ou sulfuroso. Separe os dentes e esprema o alho assado para fora da casca ou use um passador de legumes.

BATATAS, GRÃOS, LEGUMES, OUTROS VEGETAIS, MACARRÃO E MASSAS

técnicas de preparo para vegetais específicos

Alhos-porós

O alho-poró cresce em camadas, prendendo dejetos e areia entre elas, e uma das maiores preocupações quando se trabalha com ele é retirar toda a sujeira. É essencial lavá-lo com muito cuidado.

1. Para limpar o alho-poró, lave bem toda a superfície, prestando atenção especial às raízes, onde a sujeira se prende. Coloque o alho-poró na tábua e, com uma faca de chef, retire a porção pesada, verde-escura, das folhas. Cortando em ângulo, você pode evitar que se perca a parte macia verde-clara do vegetal. Reserve a parte verde-escura para fazer *bouquet garni* ou outros usos.

2. Retire a parte das raízes. Corte o alho-poró no sentido do comprimento em duas, três ou quatro partes. Depois enxágue-o em água corrente para retirar qualquer outra impureza.

Corte o alho-poró na forma desejada. Ele pode ficar em metades ou quartos, com o caule ainda intacto, para brasear. Ou pode ser cortado em fatias, em *chiffonade*, em *julienne*, em cubos ou em *paysanne*.

Tomates

Os tomates frescos e enlatados são usados em inúmeros pratos. Podem ser cortados com vários tipos de facas ou com um fatiador elétrico.

Os tomates têm uma pele que adere fortemente à polpa, e o interior contém sementes e suco. Quando o tomate é descascado, as sementes retiradas e depois picado, é chamado tomate *concassé*.* As técnicas para retirar as sementes e picar ou cortar em cubos podem ser usadas tanto para os tomates frescos como para os enlatados. Os tomates, inteiros ou em fatias, podem ser assados para intensificar seu sabor e mudar sua textura.

preparar tomate *concassé*

O tomate *concassé* é necessário para preparar ou terminar muitos molhos e pratos diferentes. A quantidade a ser preparada com antecedência deve ser suficiente apenas para durar um período de serviço. Depois de descascados e picados, os tomates começam a perder sabor e textura.

Tomates podem ser cortados em diferentes tamanhos, dependendo da utilização. *Concassé* cortado finamente deve ser usado como guarnição, ao passo que *concassé* de corte regular pode ser empregado para todos os outros propósitos, como ingrediente de um prato ou de um molho.

1. Corte um X no fundo do tomate, mas não muito profundo. Retire a haste.

---

* O termo *concasser* é usado para qualquer ingrediente a ser picado grosseiramente. No caso do tomate, é usual utilizar tomate *concassé* quando são retiradas a pele e a semente para ser picado de forma regular. (N. E.)

BATATAS, GRÃOS, LEGUMES, OUTROS VEGETAIS, MACARRÃO E MASSAS

técnicas de preparo para vegetais específicos

Cortes precisos

2. Leve ao fogo uma panela com água, até abrir fervura. Tenha um banho de gelo pronto para dar um choque nos tomates. Coloque-os na água. Depois de 10 a 15 segundos, dependendo da idade e do grau de maturação, retire-os com uma escumadeira, colher perfurada ou espátula. Mergulhe os tomates imediatamente em água gelada ou com pedras de gelo.

3. Use uma faca de legumes para tirar a pele do tomate. Se foram branqueados adequadamente, nenhuma polpa sairá junto.

4. Corte o tomate ao meio transversalmente, na parte mais larga. (Corte tomates italianos no sentido do comprimento para retirar as sementes com maior facilidade.) Retire as sementes com cuidado. Para maior precisão, corte os tomates em quatro e retire as sementes. Para picar em fatias finas, é só espremer as sementes para fora. As sementes e os sucos do tomate podem ser reservados para outros preparos.

5. A definição de *concassé* exige picar em fatias finas, mas os tomates sem pele nem sementes podem ser cortados como se desejar.

Para preparar tomates de modo que possam ser precisamente cortados em *julienne*, em cubos, em losangos ou cortes semelhantes, a polpa deve ser limpa mantendo uma espessura uniforme. Corte o tomate sem pele ao meio ou em quatro, partindo do caule para o fundo. Com a ponta de uma faca, corte as sementes e as membranas. Essa técnica também é usada para pimentões e pimentas. Corte a polpa em *julienne* ou outras formas, como desejar.

Os tomates preparados dessa maneira podem ser usados para guarnecer itens quentes, como sopas ou molhos. Também podem ser usados em preparações frias, como saladas, ou na produção de *hors-d'oeuvre*, onde podem ser usados como base ou cortados em fatias finas para se obter uma guarnição colorida e saborosa. Tomates sem pele e cortados têm tendência a liberar sucos, por isso, quando for usá-los em preparações frias, corte e monte o prato tão próximo da hora de servir quanto possível.

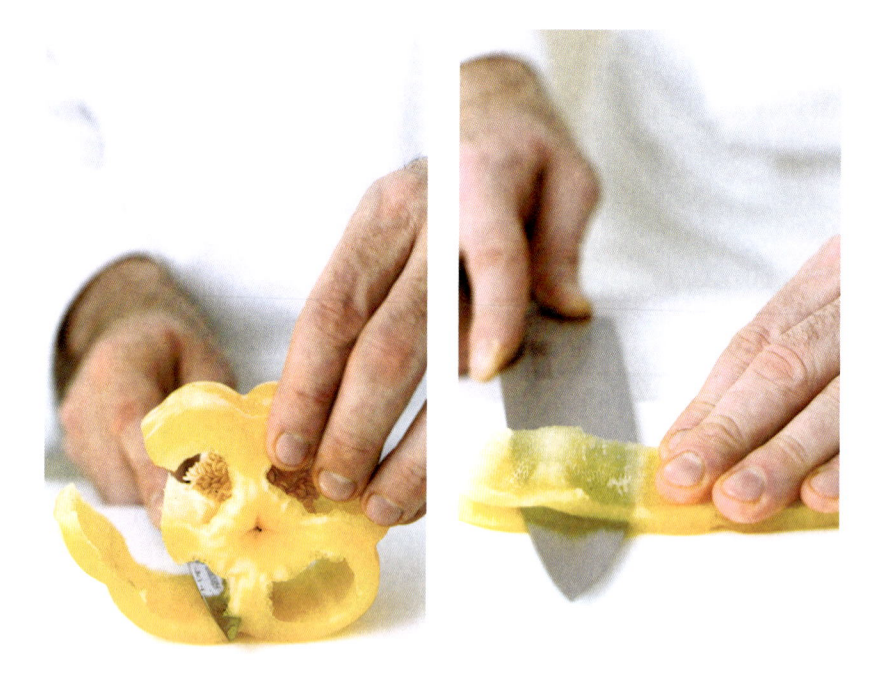

1 2

Pimentões e pimentas frescas

Os pimentões e as pimentas são usados em pratos de cozinhas tão diversas como as da América Central e do Sul, muitos países asiáticos, Espanha e Hungria. Como o interesse em pimentões e pimentas aumentou, podem-se encontrar muitas variedades especiais, tanto frescas como secas. Para maiores informações sobre como trabalhar com pimentas secas, ver p. 663. Quando lidar com pimentas muito picantes, use luvas plásticas para proteger a pele dos óleos irritantes que elas contêm.

cortar e retirar as sementes de pimentões e pimentas frescas

Corte o pimentão de cima para baixo. Continue a cortar em quatro, especialmente se o pimentão for grande.

Usando a ponta de uma faca de legumes, retire o caule e as sementes. Esse corte retira a menor quantidade possível de polpa do pimentão. As pimentas retêm boa parte da pungência nas sementes, nas membranas e na ponta inferior. O grau do apimentado do prato pode ser controlado ajustando-se quanto dessas partes da pimenta é adicionado a ele.

1. É possível fazer cortes em fatias finas, ou até mesmo *julienne* ou cubos, ao filetar o pimentão – ou seja, retirando as sementes e membranas – antes de cortá-lo. Retire a parte superior e a inferior do pimentão para criar um retângulo uniforme. Role o pimentão para longe da faca de legumes, à medida que retira as sementes e as membranas, para criar um longo retângulo que pode ser cortado como quiser.

2. Retire a pele, se desejar, e depois corte a polpa em *julienne* ou em cubos. Para um preparo mais preciso, use uma faca de chef para cortar uma camada fina da polpa, formando uma superfície completamente plana. Isso criará uma *julienne* ou cubos mais quadrados e uniformes. Reserve as aparas comestíveis para usar em *coulis* ou para aromatizar caldos, guisados ou *court bouillons*.

técnicas de preparo para vegetais específicos

Tirar pele de pimentões ou pimentas frescos

Muitas vezes, os pimentões e as pimentas são descascados antes de utilizados num prato, para melhorar seu sabor, sua textura, ou as duas coisas.

1. Muitas vezes, os pimentões e as pimentas são queimados numa chama, ou grelhados, para produzir um sabor rico e profundo, e permitir tirar suas peles mais facilmente. Para tostar e retirar a pele de pequenas quantidades de pimentões ou pimentas frescos, segure-os sobre a chama do queimador do fogão com pinças ou com um garfo de cozinha, ou coloque-os numa grade. Vire-os e toste-os até a superfície ficar queimada por igual. Depois, coloque-os em um saco de plástico ou papel, ou em uma tigela coberta, e deixe descansar por pelo menos 30 minutos, para que a pele se solte com o vapor.

2. Quando estiverem frios o bastante para serem manuseados, use uma faca de legumes para retirar a pele queimada já solta. Tenha à mão uma tigela com água para tirar a pele queimada da faca, enquanto trabalha. Para retirar pedacinhos de pele queimada que ficarem, esfregue levemente com um pano de prato limpo.

Quantidades maiores de pimentões ou pimentas são, muitas vezes, tostadas no forno quente ou na salamandra, em vez de serem queimadas individualmente sobre a chama. Corte os pimentões ou as pimentas ao meio e retire os caules, as sementes e as membranas, se desejar. (Os pimentões ou as pimentas também podem ser deixados inteiros.) Coloque o lado cortado para baixo, em uma assadeira untada. Ponha a assadeira em forno bem quente ou na salamandra. Asse ou grelhe até que fiquem tostados por igual. Retire do forno ou da salamandra e cubra imediatamente, usando uma assadeira invertida. Deixe descansar por 30 minutos, para que o vapor solte a pele e fique mais fácil retirá-la.

capítulo 21 » *MISE EN PLACE* PARA ERVAS FRESCAS E OUTROS VEGETAIS

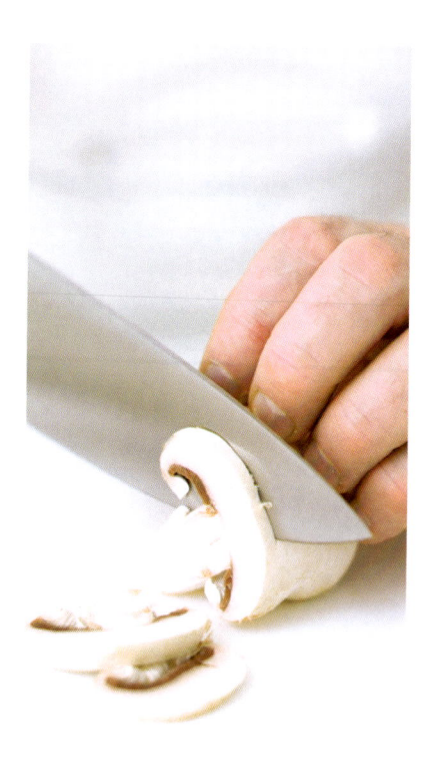

Cogumelos

Limpe os cogumelos pouco antes de prepará-los, enxaguando-os rapidamente em água fria, por tempo suficiente para retirar a sujeira. Não deixe os cogumelos de molho; eles absorvem líquidos com rapidez, e o excesso de umidade fará com que se deteriorem rapidamente. (Algumas pessoas limpam cogumelos esfregando-os com um pano macio ou escovando-os com uma escova macia, o que nem sempre é prático numa cozinha profissional.) Deixe os cogumelos escorrerem e seque-os bem em camadas de papel absorvente antes de cortá-los em fatias ou picá-los.

Depois que os cogumelos foram cortados, cozinhe-os assim que for possível, para obter os melhores sabor, cor e consistência no prato pronto. Evite cortar mais do que precisa.

De alguns cogumelos retira-se o talo. Os talos dos *shiitakes*, por exemplo, são muito duros, lenhosos; separe-os do chapéu e guarde-os para fazer fundos ou dar sabor a molhos. Os talos de outros cogumelos, como os brancos, morel e *cèpes*, podem, em geral, ser deixados intactos, embora se deva cortar uma fatia da ponta do caule para retirar porções secas ou fibrosas.

Se possível, coloque o cogumelo sobre a superfície de trabalho do lado plano, para que haja maior estabilidade enquanto você fatia. Segure o chapéu do cogumelo com a mão guia, fatie cortando o chapéu e o talo, se este não tiver sido retirado. Para cortar uma quantidade grande com eficiência, corte os cogumelos de modo que as fatias formem camadas. Depois, corte as camadas com a espessura desejada para criar tiras em *julienne*. Vire a *julienne* de modo que as tiras fiquem paralelas à borda da superfície de trabalho. Faça cortes transversais a fim de picar os cogumelos em fatias finas, para usá-los em *duxelles* ou em outras aplicações.

Castanhas

Para retirar a pele de castanhas usando uma faca de legumes ou faca de nozes, corte um X no lado plano de cada castanha, atravessando a casca externa. Ferva ou asse as castanhas até que a pele comece a sair. Trabalhe em porções pequenas, mantendo as castanhas quentes, depois puxe e corte a casca exterior dura. As castanhas cozidas podem ser deixadas inteiras, preparadas como purê, adoçadas ou glaçadas.

técnicas de preparo para vegetais específicos

Milho

As espigas de milho inteiras podem ser fervidas ou cozidas no vapor, depois de se retirar a palha. Os fios finos, chamados cabelos, que estão na espiga, devem ser retirados. Depois, cozinhe o milho tão rápido quanto possível.

Para retirar os grãos da espiga, segure-a em pé e corte para baixo, tão perto da espiga quanto possível. Para limpar o milho, retire a palha e o cabelo. Coloque a espiga sobre a superfície de trabalho e marque ligeiramente cada fileira de grãos. Depois, use a parte não cortante da faca, uma colher ou um raspador de manteiga para raspar a polpa e limpar.

Ervilhas em vagem

As ervilhas-tortas e as ervilhas frescas têm vagens comestíveis e habitualmente são consumidas cruas, cozidas no vapor ou salteadas. Elas devem ser selecionadas cuidadosamente pelo frescor, pois seu sabor e qualidade se deterioram com rapidez. A melhor estação é do início da primavera até o verão.

Dependendo da variedade, as ervilhas-tortas e as ervilhas frescas têm um fiapo duro ao longo de uma de suas emendas. Esse fiapo deve ser removido antes de se cozinhar as ervilhas. Quebre a ponta do caule usando uma faca de legumes ou os dedos e puxe. O fiapo sairá facilmente.

Aspargos

Os aspargos novos podem não precisar de nenhum outro preparo além de simplesmente se retirar a ponta do caule e um enxágue rápido. Já no caso de aspargos mais maduros pode ser preciso extrair um pedaço um pouco maior do caule e descascá-los parcialmente para retirar a pele externa, que pode ser dura e esfiapada.

À medida que o aspargo amadurece, o caule endurece. Para retirar a parte lenhosa, curve o caule suavemente até que se quebre. Usando um descascador de aspargos especial ou um descascador de lâmina giratória, descasque a parte restante do caule; isso melhora o sabor e também facilita o cozimento do aspargo de modo uniforme.

Os aspargos podem ser amarrados frouxamente em maços para facilitar retirá-los da água fervente em que são branqueados ou fervidos. Não amarre apertado, nem faça maços com mais do que alguns centímetros de diâmetro, do contrário os que estão no meio não cozinharão bem.

técnicas de preparo para vegetais específicos

Alcachofras

As alcachofras pertencem à família das compostas. As folhas são pontiagudas, como espinhos. A polpa comestível da alcachofra é encontrada na base de cada folha, que cresce de um caule, assim como na base do vegetal, chamada fundo da alcachofra. As alcachofras têm um centro piloso, que pode ser macio o bastante nas alcachofras *baby*, mas não é comestível nas alcachofras maduras.

Para preparar alcachofras inteiras, comece retirando o caule. O tamanho do caule retirado é determinado pelo modo como a alcachofra será apresentada, e também pelo fato de o caule ser macio ou não. Se o caule for cortado próximo ao fundo da alcachofra, haverá uma superfície plana que permitirá que a alcachofra fique em pé sobre o prato. Se a alcachofra for cortada ao meio, ou em quatro, parte do caule pode ser deixada intacta. Descasque o caule com uma faca de legumes. Corte as pontas do topo da alcachofra. Retire as pontas espinhosas de cada folha com a tesoura de cozinha. Esfregue suco de limão nas superfícies cortadas para impedir a oxidação ou mantenha a alcachofra já limpa em água acidulada (uma mistura de água e suco de limão). A alcachofra pode ser fervida suavemente ou cozida no vapor, se desejar, ou o centro da alcachofra, a parte pilosa, pode ser retirado antes de cozinhar. Para eliminar os pelos, abra as folhas da alcachofra, crua ou cozida, e retire-os com uma colher.

1. Para preparar fundos de alcachofra, retire as folhas em volta do caule e limpe-o como desejar. Faça um corte transversal na alcachofra na parte mais larga, logo acima do fundo.

2. Use uma faca de legumes para retirar as folhas externas duras do fundo da alcachofra.

3. Retire os pelos do fundo da alcachofra. Mantenha os fundos limpos em água acidulada para evitar a oxidação.

Abacates

Os abacates têm uma casca dura e grossa e um caroço grande. Assim como as batatas, as bananas e as alcachofras, eles escurecem quando expostos ao ar. Para evitar a oxidação, corte-os tão perto da hora do serviço quanto possível. Os sucos cítricos sublinham o sabor desse alimento rico, mas relativamente brando, e impedem que a polpa escureça.

Para retirar a pele e o caroço do abacate, segure-o firme, mas suavemente, com as pontas dos dedos da mão guia. Insira a lâmina da faca no fundo do abacate. Vire-o contra a lâmina da faca para fazer um corte completo em torno dele. O corte deve penetrar na casca e passar pela polpa indo até o caroço.

Descasque o abacate e corte-o no sentido do comprimento para obter fatias ou gomos. Para cortar em quadrados, corte transversalmente através dos gomos. Quando o abacate está maduro, é fácil transformar a polpa em purê.

1. Torça as duas metades do abacate para longe uma da outra e puxe suavemente para separá-las.

2. Como pode ser difícil tirar o caroço com os dedos sem mutilar a polpa, remova-o com uma colher, tirando a menor quantidade de polpa que puder, ou coloque o apoio da faca no caroço, depois torça e retire-o. Para tirar o caroço da faca com segurança, use a borda da tábua ou de um recipiente.

3. Para descascar o abacate, segure a casca entre o polegar e o lado chato da lâmina da faca e puxe. Se a polpa ainda não estiver madura, isso pode não ser possível; nesse caso, use a faca para cortar a casca.

trabalhar com frutas e vegetais secos

Os vegetais e frutas secos sempre foram usados em inúmeras cozinhas. Desidratá-los torna os alimentos adequados para armazenamento a longo prazo e concentra os sabores.

Mesmo hoje, alguns vegetais e frutas são perecíveis demais para serem transportados a grandes distâncias, ou têm uma estação muito curta. Fora da estação, durante o resto do ano, eles só podem ser encontrados conservados. O sabor de pimentas, cogumelos, tomates e frutas como maçãs, cerejas e uvas secos é especial, mesmo que esses mesmos ingredientes possam ser comprados frescos durante o ano todo.

Para obter o máximo desses ingredientes, as receitas podem exigir que sejam reidratados ou "revitalizados", deixando-os de molho em um líquido. Para reidratar vegetais e frutas secos, verifique primeiro se há infestação por insetos e retire as impurezas ou as unidades que estejam manchadas ou emboloradas. Coloque o vegetal ou a fruta em uma tigela ou outro recipiente e acrescente líquido (água, vinho, suco de frutas ou caldo) fervente, ou muito quente, em quantidade suficiente para cobri-lo. Deixe o vegetal ou a fruta demolhar por muitos minutos, até que esteja macio e revitalizado. Retire o líquido e reserve-o, se desejar, para uso em outra preparação. Se necessário, coe em um filtro de café ou pedaço de musselina para retirar qualquer impureza.

Outras frutas e vegetais secos podem ser tostados ou "queimados" na chama do queimador, em uma chapa ou em uma frigideira aquecida para amaciá-los. Alguns podem ser tostados e depois reidratados.

Toste pimentas secas do mesmo modo que se faz com especiarias secas, frutos secos e sementes, colocando-as em uma frigideira seca, em fogo moderado, ou passe-as repetidamente por uma chama até que estejam tostadas e macias. Raspe a polpa e as sementes ou use a pimenta inteira, segundo as instruções da receita. Quebre ou corte a pimenta e sacuda para que as sementes saiam. Depois de tostar, reidrate em líquido quente.

orientação geral para a *mise en place* de vegetais e ervas

Uma das maneiras de distinguir o chef principiante do experiente é a maneira com que cada um aborda a tarefa de cortar vegetais e ervas. O objetivo é obter consistência e rapidez. Sem prática, é impossível conseguir qualquer uma delas.

Para abordar melhor a *mise en place* de vegetais, comece por entender o tempo apropriado de trabalho. Faça uma lista e estabeleça a prioridade das tarefas, de modo que os alimentos que podem ser preparados com bastante antecedência sejam feitos primeiro, enquanto aqueles que perdem sabor ou cor, quando cortados cedo demais, sejam trabalhados tão perto da hora de servir ou de cozinhar quanto possível. Fazer essa lista envolve conhecer o menu, estimar os períodos de refeição (se conhecidos) para os quais os vegetais estão sendo cortados e a prática padrão da cozinha para armazenar vegetais cortados.

Antes de começar, pense cuidadosamente no trabalho. Reúna todos os utensílios de que precisa, incluindo recipientes para os vegetais não preparados, para os preparados, para as aparas utilizáveis e para as aparas a desprezar. Reúna os descascadores, as facas e a chaira. Amole as facas (inclusive a faca de legumes) no início e durante o trabalho.

Lave os vegetais e as ervas logo ao começar a trabalhar com eles, para evitar que a superfície de trabalho fique suja sem necessidade. Seque as folhas e as ervas frescas antes de cortá-las.

Organize o trabalho em um fluxo lógico, com os utensílios e os ingredientes posicionados de tal modo que sejam fáceis de ser alcançados. Isso torna o trabalho mais fácil, mais rápido, mais econômico e mais confortável.

Mantenha todos os utensílios e a superfície de trabalho limpos. Retire as aparas à medida que se acumularem, antes que caiam no chão. Limpe as lâminas das facas e as tábuas entre as fases do trabalho. Sanitize todas as superfícies de corte e de trabalho quando passar de um alimento para outro. Lave as mãos, também, e lembre-se de usar luvas se os vegetais não forem cozidos antes de servir.

Além das técnicas e preparações já discutidas, cozer vegetais muitas vezes requer conhecimento de outras técnicas – muitas das quais podem ser encontradas neste livro:

Preparando vegetais verdes (ver pp. 157-169).

Tostando especiarias, frutas secas e sementes (ver p. 378).

Retirando *zeste* de frutas cítricas e cortando *suprêmes* (ver p. 909).

Preparando frutas (ver pp. 908-911).

Marinadas (ver pp. 389-391).

Empanando pelo procedimento padrão (ver p. 381).

cozinhar vegetais

Os vegetais não são apenas um acompanhamento casual, e representam papel muito importante no planejamento do menu contemporâneo. São o âmago dos pratos vegetarianos, podem ser selecionados e preparados para salientar outro prato ou podem ser servidos como tira-gosto ou *hors-d'oeuvre*. Comprar vegetais que tenham o máximo de qualidade, observar padrões de armazenamento e manuseio adequados e prestar atenção meticulosa ao processo de cozimento é vital para produzir um prato de vegetais atraente.

CAPÍTULO 22

BRANQUEAR É UMA TÉCNICA FUNDAMENTAL PARA COZER VEGETAIS, CUJO RESULTADO PODE SER UM AMPLO LEQUE DE TEXTURAS E SABORES, DEPENDENDO DE COMO SEJA APLICADA. OS VEGETAIS PODEM SER BRANQUEADOS, PRÉ-COZIDOS OU COMPLETAMENTE COZIDOS. AQUELES BRANQUEADOS PODEM SER SERVIDOS GELADOS, ADICIONADOS A OUTRO PRATO – UM GUISADO, POR EXEMPLO – PARA TERMINAR DE COZER, GLAÇADOS OU TERMINADOS EM MANTEIGA OU EM ÓLEO, OU USADOS PARA FAZER PURÊ. QUASE TODOS PODEM SER FERVIDOS, DESDE QUE SEJAM FEITAS AS MODIFICAÇÕES ADEQUADAS AO PROCESSO DE EBULIÇÃO.

branquear

Prepare os vegetais para ferver, enxaguando-os ou escovando-os bem para retirar a sujeira. Eles podem ser limpos e cortados antes do cozimento, ou ser cozidos inteiros, segundo sua natureza e a apresentação que se planeja dar a eles. Se o vegetal tiver tendência a oxidar-se depois de cortado e exposto ao ar (como as alcachofras), tente cortá-lo imediatamente antes de cozer, ou mantenha-o imerso em água pura e acidulada. Mas ficar muito tempo na água, depois de ser descascado ou cortado, pode lhe reduzir o sabor, a textura e o valor nutritivo. Os vegetais fervidos, inteiros ou cortados, devem ser de tamanho, forma e diâmetro semelhantes, para que o cozimento seja uniforme.

A água é o líquido mais usado para ferver, embora outros possam ser utilizados, dependendo do sabor que se deseje dar ao prato pronto. Adicionar sal e outros temperos ao líquido sublinha o sabor do vegetal. Outros sabores e atrativos podem ser fornecidos com ingredientes de acabamento e de guarnição.

Vegetais verdes delicados devem ser cozidos em poucas quantidades por vez em água abundante com bastante sal sempre fervente. Além disso, devem sempre levar um choque térmico com água gelada depois do cozimento. Se for cozinhar uma quantidade grande de vegetais, faça-o em lotes, assim a água estará com temperatura sempre alta e fervente. Adicionar sal à água para pré-cozer vegetais aumenta o sabor e ajuda a temperatura do líquido a subir e ser recuperada mais rapidamente. Dilua o sal em uma pequena quantidade de água morna ou quente e o adicione à água fria. Quando a coloração verde dos vegetais ficar mais intensa, submeta-os ao choque térmico. Faça-o com água gelada.

Selecione o tamanho da panela levando em conta a quantidade de alimento que esteja preparando. Ela deve conter os vegetais, o líquido e os aromáticos confortavelmente, com espaço suficiente para que o líquido se expanda à medida que aquece. Deixe espaço suficiente para que a superfície possa ser escumada, se necessário. A tampa justa é útil para trazer o líquido à temperatura adequada, mas não é essencial. Alguns vegetais verdes, por exemplo, vão desbotar se forem cozidos o tempo todo em panela tampada. Deixar a panela tampada reduz o tempo de preparo, mas deve-se verificar os vegetais constantemente para evitar que cozinhem demais ou desbotem.

Outros utensílios úteis são escorredores ou peneiras para escorrer, equipamento para esfriar vegetais cozidos com antecedência, recipientes para armazená-los, mantendo-os quentes, e colheres, conchas ou escumadeiras para cozinhar, provar e servir.

Tempere o líquido de cocção e espere que chegue à temperatura correta antes de adicionar os vegetais preparados. A quantidade de líquido necessária varia, dependendo do tipo e da quantidade de vegetais e do tempo de cocção. De modo geral, deve haver água suficiente para cobrir os vegetais, sem encher demais a panela. Acrescente sal e outros temperos, ou ingredientes aromáticos, ao líquido.

branquear

» receita básica

Cozimento/branqueamento de vegetais verdes
(10 porções)

1,13 kg de vegetais preparados (pesados depois de limpos, descascados e cortados)

Água fria salgada suficiente para cobrir generosamente os vegetais no caldeirão e permitir que se movam livremente durante a cocção (cerca de seis porções de água para cada porção de vegetais). Use 57 g de sal para cada 3,7 litros de água

Cozimento/branqueamento de tubérculos
(10 porções)

1,13 kg de vegetais preparados (pesados depois de limpos, descascados e cortados)

Água fria salgada suficiente para cobrir generosamente os vegetais no caldeirão durante o cozimento

Cozimento/branqueamento de vegetais vermelhos ou brancos cozidos
(10 porções)

1,13 kg de vegetais preparados (pesados depois de limpos, descascados e cortados)

Água fria salgada suficiente para envolver os vegetais sem que eles fiquem apinhados

120 mℓ de vinagre, suco de limão ou outro líquido ácido para cada 3,7 litros de água

método rápido »

1. Quando a água ferver, adicione os temperos e os aromáticos.
2. Junte os vegetais.
3. Cozinhe até chegar ao ponto desejado.
4. Escorra os vegetais.
5. Sirva os vegetais ou resfrie-os e guarde-os.

dicas do especialista «

Determinar o ponto dos vegetais é crucial para todas as preparações com esses itens, embora seja particularmente importante no cozimento, a técnica mais básica de preparo.

BRANQUEAR: Imerja os vegetais rapidamente – em geral de 30 segundos a 1 minuto, dependendo do tipo de vegetal e do ponto de maturação – em água fervente para facilitar a retirada da casca, para eliminar ou reduzir odores ou sabores fortes, para estabelecer a cor quando vai servi-los frios, e/ou como primeiro passo em outras técnicas de cocção.

PRÉ-COZER: Os vegetais são parcialmente cozidos, a fim de prepará-los para o acabamento, grelhando, salteando ou guisando.

TENRO-CROCANTE OU *AL DENTE*: Cozinhe os vegetais até que possam ser mordidos com facilidade, mas ainda ofereçam certa resistência e sensação de textura. (A expressão *al dente*, que em italiano significa "ao dente", é usada mais precisamente para descrever o ponto desejado do macarrão, e não dos vegetais.)

método detalhado »

1. **Espere que a água abra fervura,** exceto no caso de vegetais de raiz densos ou amidoados como nabo e aipo-rábano. (Esses vegetais são colocados em água fria que depois é fervida, para um cozimento uniforme.) Para obter a melhor cor no repolho roxo, na beterraba e nos vegetais brancos, como nabo ou aipo-rábano, tampe a panela. Isso ajuda a reter os ácidos que mantêm a cor desses vegetais. Tampe a panela quando ferver vegetais de cor laranja ou amarela (cenouras e abóboras, por exemplo), se desejar. Se estiver preparando um vegetal verde que cozinha rapidamente, como ervilhas ou espinafre, tampe a panela para encurtar o tempo de cozimento. Os vegetais verdes mais densos, como os brócolis, devem ser branqueados sem tampa para produzir uma bela cor verde no vegetal cozido.

Depois que forem colocados na panela, espere que a água ferva rápida e suavemente, e cozinhe os vegetais até o ponto apropriado.

Eles devem ser retirados da água, seja escorrendo o líquido de cocção em um escorredor ou peneira, seja retirando os vegetais da água usando uma escumadeira ou uma espátula.

2. **Agora, os vegetais estão prontos** para o acabamento e o tempero (ver "Finalizar e glaçar no salteado", p. 688). Eles também podem ser resfriados rapidamente para interromper o cozimento, para serem servidos em um prato frio ou conservados até o momento de seu uso.

O procedimento para esfriar vegetais, algumas vezes chamado de branquear, é conforme segue: depois de escorrê-los, imerja-os em água muito fria ou com gelo, por tempo suficiente para esfriá-los. Assim que estiverem frios, escorra-os novamente, coloque-os em recipientes de armazenamento, tampe e leve à geladeira. Os vegetais não devem ficar na água por períodos prolongados. O melhor método para resfriar vegetais com amido e pigmentos estáveis, como nabo, mandioquinha ou cenoura, é espalhá-los em uma única camada e colocá-los em um lugar fresco antes de levá-los à geladeira. Avalie a qualidade do vegetal fervido. Prove o vegetal. Deve ter um sabor bom, fresco. A maior parte dos vegetais fervidos e servidos quentes deve estar macia, mas ainda manter a forma original. A cor deve ser atraente. Os vegetais verdes devem ser de um verde-profundo ou brilhante, sem traços cinzentos ou amarelados. Os brancos devem ser brancos ou marfim. Os vermelhos ficam com a cor mais forte, alguns deles adquirindo uma cor arroxeada ou magenta, mas não azul ou verde.

Prove e avalie os vegetais, se foram mantidos para o serviço, e substitua-os por outros, se necessário, durante o tempo de serviço.

OS VEGETAIS COZIDOS A VAPOR PRODUZEM PRATOS DE SABORES PUROS, CONCENTRADOS. COMO TÉCNICA DE COZIMENTO DE VEGETAIS, COZINHAR A VAPOR É BASTANTE SEMELHANTE À FERVURA. QUALQUER VEGETAL QUE PODE SER FERVIDO PODE TAMBÉM SER COZIDO A VAPOR. PARA A MAIOR PARTE DAS PESSOAS SERIA DIFÍCIL DISTINGUIR CENOURAS COZIDAS A VAPOR DE CENOURAS FERVIDAS, SE FOSSEM APRESENTADAS LADO A LADO. MAS HÁ ALGUMAS DIFERENÇAS.

cozinhar a vapor

Quando cozidos através do contato direto com o vapor, e não com o líquido, os vegetais podem ficar menos encharcados do que quando fervidos. Além disso, em geral, considera-se que têm maior valor nutritivo.

Prepare os vegetais para cozê-los a vapor como faria para fervê-los. Todos eles devem ser lavados ou escovados adequadamente, descascados, limpos e cortados tão perto do momento de servir quanto seja razoável.

Embora o líquido mais comum usado para o cozimento a vapor seja a água, algumas vezes ela pode ser substituída, total ou parcialmente, por fundos, caldos ou outros líquidos aromáticos. A quantidade de líquido necessária depende de quanto tempo o vegetal vai levar para ficar cozido; quanto mais curto o tempo de cozimento, menos líquido se usa.

O sal, a pimenta e os outros temperos podem ser combinados com os vegetais enquanto cozinham ou quando estiverem sendo acabados para o serviço. Os vegetais aromáticos, as especiarias, as ervas ou os *zestes* cítricos podem ser adicionados ao líquido para produzir sabores específicos. Os vegetais cozidos a vapor podem ser reaquecidos ou terminados com óleos aromatizados, manteiga, creme de leite fresco ou molhos.

A quantidade de vegetais a serem cozidos a vapor determina qual o equipamento correto a utilizar. Quantidades pequenas podem ser cozidas usando a parte superior da panela de vapor. Quantidades maiores, ou uma combinação de vegetais que necessite de tempos de cozimento diferentes, são mais bem preparadas em panelas de vapor em andares, panelas de vapor a pressão ou fornos a vapor de convecção. É importante deixar espaço suficiente para que o vapor circule em torno dos alimentos enquanto cozinham, para promover um cozimento rápido e uniforme.

Além das panelas de vapor, é importante ter à mão os utensílios necessários para manusear os vegetais para o serviço ou para a armazenagem. Também são necessários recipientes para colocar molhos, além de colheres, conchas e outros utensílios para servir.

» receita básica

Vegetais cozidos a vapor
(10 porções)

1,13 kg de vegetais preparados (pesados depois de limpos, descascados e cortados)

Líquido de cozimento suficiente para produzir vapor durante todo o tempo de cozimento (5 cm a 8 cm de altura no suporte de cozimento)

Tempero para os vegetais e para a água do cozimento

método rápido »

1. Quando a água ferver, adicione os temperos e os aromáticos.
2. Coloque os vegetais numa panela de vapor em uma só camada.
3. Cozinhe no vapor até chegar ao ponto desejado.
4. Sirva os vegetais ou resfrie-os e guarde-os.

dicas do especialista «

Os vegetais são, por si só, saborosos, mas, para acrescentar sabor adicional a um vegetal cozido no vapor, experimente uma das alternativas seguintes, ou uma combinação delas. Substitua a água, parcial ou totalmente, por:

CALDO / **SUCOS DE FRUTA, COMO LARANJA, MAÇÃ, OXICOCO (CRANBERRY)** / **FUNDO**

Dependendo do resultado esperado, adicione vegetais aromáticos para aromatizar o líquido:

CENOURAS / **SALSÃO** / **CEBOLAS**

Dependendo do resultado esperado, adicione especiarias e ervas para aromatizar o líquido:

LOURO / **ALHO FRESCO PICADO** / **SALSA FRESCA PICADA** / **TOMILHO FRESCO PICADO** / **COENTRO** / **GRÃOS DE PIMENTA PARTIDOS** / **COMINHO** / **GENGIBRE RALADO**

cozinhar a vapor

1. **Espere que o líquido de cozimento abra fervura** na parte inferior de uma panela de vapor (*steamer*) tampada. Os vegetais devem ser arranjados em uma única camada na parte superior do *steamer*, para permitir que o vapor entre em contato com todos os lados do alimento. Os temperos devem ser adicionados aos vegetais antes de estes serem colocados na panela de vapor, para que desenvolvam o melhor sabor. Quando o líquido ferver, produzirá o vapor para cozinhar os vegetais. Tampe a panela para que o líquido ferva mais rapidamente e prenda o vapor.

Temperar o líquido no começo ajuda a liberar seus sabores. Antes de colocar a panela de vapor sobre o fogo direto, adicione os aromáticos ou os temperos desejados ao líquido, de modo que possam liberar o sabor no vapor com maior eficácia.

Cozinhe os vegetais no vapor até o ponto desejado. O ponto é determinado pelo modo como o vegetal será manuseado depois de cozido. Os vegetais cozidos no vapor podem ser manuseados da mesma maneira que os fervidos.

2. **Os vegetais adequadamente cozidos no vapor** apresentam bom sabor e cores vibrantes. Prove para avaliar o sabor e a textura. As texturas podem variar de muito crocantes (vegetais branqueados) a macios o bastante para fazer purê. Por exemplo, os brócolis cozidos no vapor da maneira correta devem ser verde-brilhantes e o caule deve poder ser espetado com uma faca de legumes sem encontrar resistência. Os temperos têm de sublinhar o sabor do prato. A menos que se pretenda servi-los frios, os vegetais devem estar bem quentes na hora de servir.

« **método detalhado**

capítulo 22 » COZINHAR VEGETAIS

O COZIMENTO A VAPOR NA PANELA É UMA BOA TÉCNICA À *LA MINUTE* PARA PEQUENAS QUANTIDADES OU PEDIDOS INDIVIDUAIS. OS VEGETAIS SÃO PREPARADOS NUMA PANELA TAMPADA, COM UMA QUANTIDADE DE LÍQUIDO RELATIVAMENTE PEQUENA. EM GERAL, O LÍQUIDO MAL COBRE OS VEGETAIS, E A MAIOR PARTE DO COZIMENTO OCORRE PELO VAPOR.

cozer a vapor na panela

Uma das grandes vantagens dessa técnica é a velocidade. Os vegetais verdes, que às vezes perdem a cor quando cozidos em uma panela tampada (como a vagem), são feitos com rapidez suficiente para reter uma cor brilhante. Uma outra vantagem é que os líquidos de cocção reduzidos podem ser usados para fazer um molho ou glaçado.

O cozimento a vapor na panela é eficaz porque os vegetais cozinham muito rapidamente, antes de perder sabor, cor, textura ou valor nutritivo significativos. Para reduzir o tempo que os vegetais ficam na panela, alguns chefs gostam de, primeiro, ferver suavemente o líquido. Além disso, esse passo permite que o chef coloque no líquido temperos e aromáticos, como chalotas e gengibre, para infundir mais sabor ao prato pronto.

Praticamente todos os vegetais podem ser preparados por essa técnica. Inspecione-os para verificar a qualidade e o frescor. Lave, limpe, descasque e corte os vegetais tão próximo do momento do cozimento quanto possível, para obter o melhor sabor e valor nutritivo. Todos os cortes devem ser precisos e uniformes, para que o prato pronto apresente os melhores sabor e textura. Mantenha os vegetais cortados tampados e refrigerados sempre que necessário.

Frequentemente, usa-se água para cozer os vegetais a vapor na panela, mas, se desejar, ela pode ser substituída por fundos ou caldos, para se obter maior sabor. Verifique o tempero de qualquer líquido de cocção, adicionando sal ou outros aromatizantes, como vinho, suco de fruta, ervas aromáticas, especiarias ou vegetais aromáticos, como alhos-porós ou chalotas.

Se desejar, inclua adoçantes, como açúcar refinado, açúcar mascavo, xarope de bordo, mel ou melaço, que podem ser adicionados para glaçar vegetais. Se o líquido de cocção for usado para preparar um molho, tenha à mão temperos ou guarnições adicionais, espessantes, creme ou *liaison*, como indicado pela receita.

cozer a vapor na panela

» receita básica

Vegetais cozidos a vapor na panela
(10 porções)

1,13 kg de vegetais preparados (pesados depois de limpos, descascados e cortados)

Líquido de cozimento suficiente para produzir vapor durante todo o tempo de cozimento (suficiente para quase cobrir os vegetais na panela)

Ingredientes ou preparos adicionais conforme especificado

método rápido »

1. Coloque líquido de cozimento suficiente para cozinhar os vegetais. Use uma tampa que feche com firmeza.
2. Verifique constantemente o nível da água e o ponto dos vegetais.
3. Cozinhe no vapor até chegar ao ponto desejado.
4. Se quiser, remova a tampa e reduza o líquido de cozimento para fazer uma glace ou um molho de panela.
5. Sirva os vegetais ou resfrie-os e guarde-os.

dicas do especialista «

Para desenvolver sabor adicional, opte por líquidos de cozimento bem temperados:

FUNDO / **SUCOS DE FRUTAS, COMO MAÇÃ, LARANJA OU OXICOCO (*CRANBERRY*)** / **CALDO**

Ingredientes adicionais podem ser acrescentados para incrementar o sabor. Coloque-os diretamente no líquido de cozimento para infundir sabor durante o processo.

MIREPOIX / **VEGETAIS** / **ERVAS FRESCAS**

capítulo 22 » COZINHAR VEGETAIS 673

método detalhado »

1. **Coloque líquido** de cozimento suficiente na panela, para cozinhar os vegetais adequadamente. Os vegetais muito densos ou cortados em tamanhos grandes precisarão de mais líquido do que os tenros ou os cortados em tamanhos pequenos. Para cenouras, adicione líquido suficiente para quase cobrir o vegetal. Pode restar uma pequena quantidade de líquido depois que o cozimento terminar, entretanto a panela não pode ficar seca.

Durante todo o tempo de cozimento, verifique se o nível do líquido de cozimento está adequado. Tampar a panela com uma tampa justa captura o vapor liberado pelo líquido, que se condensa na tampa e volta a cair sobre os vegetais. Isso significa que todo o sabor passado para o líquido de cozimento é retido.

2. **Cheque os vegetais** periodicamente, enquanto cozinham, para verificar o ponto e manter o nível adequado de calor. Os vegetais podem ser cozidos no vapor na panela em diversos pontos, de acordo com o que se tenciona fazer com eles. Eles podem ser branqueados muito levemente, pré-cozidos ou inteiramente cozidos. Para verificar o ponto, morda ou corte um pedaço.

3. Se desejar, retire a tampa e deixe que o líquido de cocção continue a reduzir-se, para fazer um glaçado ou molho. Antes de fazer um molho, retire os vegetais da panela se forem delicados ou se forem ficar cozidos demais antes que o molho esteja pronto. Deixe o líquido de cozimento reduzir-se até ficar saboroso e, se necessário, acrescente um *slurry* de amido ou *beurre manié* para engrossá-lo. Quando o molho estiver pronto, retorne os vegetais para a panela e cozinhe até esquentar. Para glaçados com açúcar, deixe os vegetais na panela enquanto o líquido de cozimento reduz para formar glace.

Olhe para o prato, cheire-o e prove-o. Os vegetais devem ser atraentes, uniformes e cortados com habilidade. O prato deve ser cheiroso e refletir os temperos, os ingredientes de guarnição e o acabamento selecionados. Devem estar cozidos adequadamente, macios, saborosos, muito quentes e bem temperados.

O intenso calor das grelhas e dos *char broilers* confere aos vegetais um sabor rico, atrevido. A principal característica a determinar quais vegetais podem ou não ser grelhados é o tamanho. Expandindo uma lista relativamente curta, que incluía abóboras-morangas, pimentões e cebolas fatiadas, os chefs experimentaram e conseguiram grelhar, na grelha e no *char broilers*, tanto vegetais macios como cabeças de *radicchio* quanto vegetais tão densos e firmes como abóbora-menina.

grelhar na grelha e no *char broiler*

Selecione para a grelha vegetais perfeitamente frescos, sem partes moles, descoloridas ou murchas. Uma vez selecionados, os vegetais devem ser lavados ou escovados de modo adequado. Retire a pele ou a casca, o centro e as sementes, se apropriado. Corte-os uniformemente, em fatias ou em outros formatos, antes de colocá-los na grelha ou no *char broiler*.

Os vegetais muito úmidos ou tenros podem ser grelhados crus; os densos ou amidoados podem precisar de um cozimento preliminar para assegurar um cozimento completo. Entre os vegetais que podem ser grelhados crus estão a berinjela, as abobrinhas, os pimentões e os cogumelos. Já a erva-doce, as batatas-doces, as cenouras e as beterrabas são, habitualmente, pré-cozidas. Prepare os vegetais de acordo com seu tipo e com o resultado que deseja. Lave, limpe, descasque e corte em pedaços uniformes. Se desejar, coloque-os em espetinhos.

Os vegetais macios e os mais duros, pré-cozidos, podem ser marinados rapidamente (de 15 a 30 minutos) antes de grelhados. Mariná-los por mais tempo pode fazer com que absorvam umidade demais. Se foi usada uma marinada, ela pode ser servida como molho, com os vegetais cozidos. Outros acompanhamentos possíveis incluem molhos, molho de soja, um molho à base de *jus*, molho de manteiga ou de creme de leite.

Faça a manutenção das grelhas e dos *char broilers* cuidadosamente. Esfregue bem as grades com uma escova de metal ao grelhar alimentos diferentes, e depois de cada período de serviço, para evitar que as partículas de alimentos queimados se acumulem. Esfregue as grades levemente com um pano molhado em óleo vegetal para lubrificá-las antes de preaquecer a grelha e durante todo o período de serviço.

Os vegetais grelhados têm um distinto sabor defumado. Na maior parte, a aparência externa é dourado-profunda, algumas vezes com as marcas da grade. A parte interna é, geralmente, muito tenra, com sabor intenso.

grelhar na grelha e no *char broiler*

» receita básica

Vegetais grelhados na grelha ou no *char broiler*
(10 porções)

1,13 kg de vegetais preparados (pesados depois de limpos, descascados e cortados)

Óleo, marinada ou glace (opcional)

Sal, pimenta e outros temperos

Molho e ingredientes de finalização ou guarnição

método rápido »

1. Aqueça a grelha ou o *char broiler*.
2. Marine os vegetais ou besunte-os com óleo.
3. Grelhe os vegetais até estarem devidamente cozidos.
4. Sirva imediatamente.

dicas do especialista «

Há muitas opções para temperar os vegetais. Acrescente cada tempero no momento adequado, geralmente antes do cozimento.

TEMPEROS SECOS / MARINADAS / GLACES

Para incrementar o sabor, junte itens à chama da grelha, a fim de criar uma fumaça aromática, como:

LASCAS DE MADEIRA / GALHOS DE ERVAS / APARAS DE VIDEIRA

capítulo 22 » COZINHAR VEGETAIS

método detalhado »

1. Coloque os vegetais preparados

diretamente na grade da grelha ou do *char broiler*. Os vegetais podem ser temperados com uma marinada antes de ser grelhados. Escorra bem o excesso de marinada para evitar que peguem fogo inesperadamente. Se não forem marinados antes do preparo, tempere os vegetais durante o cozimento pincelando-os com uma camada de glaçado ou de marinada.

O sal e a pimenta não aderem bem a todos os vegetais crus, mas não há problemas em usar esses temperos sobre vegetais quentes. Se grudarem facilmente nas grades ou caírem entre as hastes, coloque-os em uma assadeira.

Grelhe os vegetais, virando-os se necessário, até que estejam adequadamente cozidos. Use uma espátula ou pinças para virar os vegetais depois que o primeiro lado foi marcado ou já estiver dourado. Para criar marcas cruzadas, gire os vegetais em 90° depois que as hastes da grelha os tiverem marcado; então, espere que as hastes os marquem de novo. Complete o tempo de cozimento do segundo lado para produzir um exterior bem dourado.

Os vegetais podem ser grelhados apenas o suficiente para marcá-los e aromatizá-los, antes de serem usados em outro prato. Aqueles cortados grosso, ou de alto conteúdo de amido, podem reter calor depois que forem retirados da grelha ou do *char broiler*. Para evitar cozinhar demais, leve isso em conta ao calcular cuidadosamente o tempo de cozimento.

OS VEGETAIS ASSADOS PODEM SER PREPARADOS INTEIROS OU CORTADOS, PARA PRODUZIR UMA PARTE EXTERNA DOURADA. ELES SÃO ASSADOS POR MUITAS RAZÕES DIFERENTES: OS QUE TÊM CASCA GROSSA, COMO ABÓBORAS-MENINAS OU BERINJELAS, PODEM SER ASSADOS PARA FAZER UM PURÊ DE EXCELENTE SABOR. O *MIREPOIX* E OUTROS VEGETAIS AROMÁTICOS SÃO ASSADOS PARA ACRESCENTAR UMA DIMENSÃO ESPECIAL DE COR E SABOR A FUNDOS, MOLHOS E OUTROS PRATOS. OS TOMATES E PIMENTÕES PODEM SER ASSADOS PARA INTENSIFICAR SEU SABOR E DAR A ELES UMA TEXTURA MAIS SECA.

assar

Vegetais inteiros de casca grossa, como batatas e outros vegetais de raiz, abóboras-meninas e berinjelas, são bastante apropriados para assar. A pele protege o interior, impedindo que sequem ou queimem. Assar também é excelente para vegetais cortados ao meio, picados, fatiados ou em cubos, assim como para vegetais que poderiam ser difíceis de descascar, como os pimentões. Lave, descasque, limpe e corte o vegetal, conforme necessário. Para assegurar um cozimento uniforme, corte os vegetais em pedaços de mesmo tamanho. Pincele-os com óleo para impedir que sequem ou queimem.

As marinadas podem sublinhar o sabor e dar proteção extra aos vegetais quando cozinham em calor seco. Acrescente temperos ou aromáticos como sal, pimenta, misturas de especiarias ou alho.

Tenha os ingredientes de acabamento prontos (ervas frescas picadas, óleos puros ou aromatizados, manteiga aromatizada ou não, creme de leite fresco (36% a 40%) reduzido ou um molho) conforme desejar ou segundo as recomendações da receita. Tenha à mão assadeiras que possam conter os vegetais, com espaço suficiente para que o ar circule livremente, mas não tanto que os sucos dos alimentos se queimem. Alguns vegetais também podem ser colocados em grades. Para pratos assados, use cubas, travessas ou recipientes semelhantes.

» receita básica

Vegetais assados
(10 porções)

1,59 kg de vegetais preparados
(pesados depois de limpos,
descascados e cortados)

Óleo, marinada ou glace (opcional)

Sal, pimenta e outros temperos

Molho e ingredientes de
finalização ou guarnição

método rápido »

1. Coloque os vegetais em forno preaquecido em temperatura alta ou média.
2. Asse-os até o ponto desejado.
3. Sirva, guarde ou use-os em uma técnica secundária.

dicas do especialista «

Gorduras ou outros líquidos podem ser acrescentados aos vegetais antes do cozimento para infundir sabor:

ÓLEOS AROMATIZADOS / MARINADAS / GLACES

Ingredientes adicionais podem ser acrescentados para desenvolver mais sabor:

VEGETAIS AROMÁTICOS / ERVAS FRESCAS / ESPECIARIAS / ALHO

1. **Prepare os vegetais** para assar, como apropriado, pelo tipo ou pelo uso que pretenda fazer deles e coloque-os na assadeira, com o lado cortado para baixo. Os vegetais cortados ou fatiados podem ser temperados com sal, pimenta, especiarias, sucos ou marinadas. Para cozer vegetais densos, adicione um pouco de líquido ao recipiente, de modo a impedir que fiquem muito escuros ou que se queimem enquanto assam. Coloque-os em uma grade sobre o líquido ou diretamente no líquido, como preferir. O ideal é o líquido evaporar até o fim do cozimento para atingir as qualidades características de itens assados.

« método detalhado

2. **Coloque o vegetal** preparado em forno moderado ou quente e asse-o até o ponto desejado. Sirva-o imediatamente, guarde-o para uso posterior ou utilize-o como ingrediente em outro prato.

Quanto mais longo for o tempo de cozimento – fator determinado pelo tipo, tamanho e espessura, diâmetro do corte e densidade do vegetal –, mais baixa deve ser a temperatura do forno. Os vegetais podem ser assados em tabuleiros ou assadeiras ou, em alguns casos, diretamente sobre a grade do forno, para permitir a livre circulação de ar. Em geral, os vegetais assados estão prontos quando podem ser furados facilmente com a ponta da faca ou do garfo de cozinha. Enquanto assam, eles devem ser virados, para promover cozimento uniforme, porque a maioria dos fornos tem algumas partes mais quentes do que as outras. Colocar outros itens no forno também pode provocar um cozimento desigual. Mexa ou vire os vegetais para impedir que aqueles que estão nas bordas da assadeira se queimem. Se a assadeira tiver sido coberta, retire a cobertura ou o papel-alumínio no estágio final do cozimento, para desenvolver sabor e cor satisfatórios.

Os vegetais assados são melhores quando servidos imediatamente em pratos aquecidos, com ingredientes de acabamento, como se desejar. Se tiverem de ser armazenados, deixe-os em local aquecido sem tampa, pelo menor tempo possível.

FAZENDO PURÊ

Muitas vezes, os vegetais são fervidos, cozidos no vapor ou assados até ficarem macios o suficiente para se preparar um purê. Alguns são naturalmente macios ou úmidos o bastante para serem amassados, mesmo quando não inteiramente cozidos. O purê, em si, pode ser servido como está ou usado como base para pratos como *timbales* vegetais, cremes, croquetes ou suflês. Também podem ser usados como ingredientes em outros pratos, ou para aromatizar ou colorir um molho ou uma sopa.

A textura dos vegetais pode variar de grosseira a muito fina. Se necessário ou desejado, cozinhe o vegetal até que a polpa esteja macia o suficiente para ser amassada com facilidade. Os vegetais cozidos devem ser amassados enquanto estiverem bem quentes. Use um pano de prato limpo para proteger as mãos enquanto trabalha.

Depois de assados, corte as cascas, as peles, os caules/talos ou as raízes fibrosas ou não comestíveis. Retire as sementes com uma colher ou comprimindo o vegetal. Tente retirar a menor quantidade de polpa comestível possível. Quebre ou corte o vegetal em pedaços, no tamanho adequado para o equipamento usado para fazer o purê.

Selecione esse equipamento de acordo com a maneira como será usado. Um passador de legumes, um espremedor de batatas ou uma peneira removerá fibras, pele e sementes. Esses utensílios produzem purês com textura bastante grosseira. Os processadores de alimento podem fazer purês bem homogêneos com vegetais cozidos ou crus, que já foram limpos, descascados e não têm sementes. Se o vegetal for fibroso, o processador não necessariamente retirará os fiapos, caso em que o purê terá de ser peneirado. Os liquidificadores de mesa, os *mixers* e as máquinas de picar verticais podem cortar vegetais bem fino, produzindo um purê muito homogêneo, embora também não retirem fibras e fiapos de alguns vegetais.

Um purê vegetal pode ser acabado ajustando o tempero, adicionando creme de leite ou manteiga, ou misturando-o com outras preparações. Ou pode ser resfriado e armazenado para ser usado depois. Antes de embalar e armazenar, resfrie os purês quentes sobre uma tigela com gelo. Reaqueça os purês esfriados em fogo baixo ou em banho-maria.

O SALTEADO E A TÉCNICA A ELE RELACIONADA, O *STIR-FRY*, PODEM SER CONSIDERADOS TÉCNICAS CULINÁRIAS ESSENCIAIS PARA OS VEGETAIS, ASSIM COMO TÉCNICAS DE ACABAMENTO À *LA MINUTE*. OS VEGETAIS FERVIDOS, COZIDOS NA PANELA DE VAPOR OU COZIDOS A VAPOR NA PANELA PODEM SER PASSADOS NA MANTEIGA EM FOGO ALTO OU COZIDOS EM PEQUENA QUANTIDADE DE LÍQUIDO, MOLHO OU CREME AROMATIZADOS PARA ACABAMENTO. OS VEGETAIS SALTEADOS TÊM UM SABOR DISTINTO, QUE DEPENDE ESSENCIALMENTE DO PRÓPRIO VEGETAL, MAS TAMBÉM É INFLUENCIADO PELO TIPO DE GORDURA UTILIZADA, ASSIM COMO POR QUAISQUER OUTROS INGREDIENTES DE ACABAMENTO OU GUARNIÇÃO.

saltear

Glaçar é uma outra técnica de acabamento que se baseia no método de saltear. Adicione ao vegetal uma pequena quantidade de manteiga e mel, açúcar ou xarope de bordo, enquanto o reaquece. Os açúcares se liquefazem e podem ser caramelizados, cobrindo o vegetal por igual para lhe conferir sabor, brilho e uma cor dourada.

Lave, limpe, descasque e corte o vegetal cru. Rúcula, espinafre e outros vegetais de folhas verdes, cogumelos, abóboras-morangas e cebolas crus podem ser salteados. Escorra os vegetais de folhas e outros que possam reter umidade em excesso. Esse passo importante assegura mais sabor, textura e cor ao prato pronto.

Alguns vegetais não cozinham completamente quando salteados, a menos que tenham sido cozidos antes por outro método. Nesse caso, termine os vegetais pelo método de saltear. Se necessário, primeiro cozinhe o vegetal parcial ou completamente fervendo-o, cozendo-o a vapor ou assando-o.

Selecione uma gordura que complemente o sabor do vegetal. Pode-se usar azeite de oliva, óleos de amendoim, canola, milho ou açafroa, assim como manteiga integral ou clarificada, ou gordura animal (banha, gordura de pato, *bacon*). Temperos e aromáticos (sal, pimenta e suco de limão) opcionais podem ajustar ou sublinhar o sabor. Pique ou corte bem fino ervas frescas e adicione-as no último minuto.

Ao selecionar a panela, leve em conta a quantidade de alimento a saltear; é preciso que seja grande o bastante para não ficar cheia demais, caso em que a temperatura cairá muito rapidamente. Por outro lado, a panela não pode ser muito grande para evitar que o alimento se queime. Certos materiais são melhores para conduzir o calor e reagem rapidamente a mudanças de temperatura; outros oferecem um calor mais constante e não reagem tão depressa. Há benefícios nos dois tipos de panela; você aprenderá rapidamente qual panela funciona melhor em cada situação e com que tipo de alimento.

» receita básica para saltear vegetais

Vegetais salteados
(10 porções)

1,13 kg de vegetais preparados (pesados depois de limpos, descascados e cortados, branqueados ou pré-cozidos; no caso de folhas verdes, estes vegetais perdem cerca de metade do peso durante o salteado, portanto comece com 1,81 kg para 10 porções)

Pequena quantidade de óleo ou outra gordura

Sal, pimenta e outros temperos

Molho e ingredientes de finalização ou guarnição

método rápido »

1. Aqueça a *sauteuse*; aqueça nela a gordura.
2. Junte os vegetais.
3. Salteie os vegetais, sempre em movimento.
4. Junte os aromáticos e os temperos ou a glace e esquente.
5. Sirva imediatamente.

dicas do especialista «

Quando os vegetais são parcial ou totalmente cozidos no vapor, fervidos ou assados, podem ser salteados por tempo suficiente para reaquecê-los ou para concluir o cozimento – técnica chamada de finalização.

A manteiga integral é uma opção comum para dar acabamento aos vegetais, mas outras gorduras ricas em sabor podem ser usadas para emprestar um sabor específico ao prato:

AZEITE DE OLIVA EXTRAVIRGEM / ÓLEOS AROMATIZADOS / GORDURA DO BACON OU PATO

Os vegetais também podem ser cozidos em uma pequena quantidade de líquido, apenas o suficiente para envolver os vegetais, como:

CREME DE LEITE FRESCO / FUNDO / CALDO / MOLHO

Se desejado, o glace pode ser adoçado para incrementar o sabor ou evitar que os vegetais fiquem amargos:

AÇÚCAR / MEL / XAROPE

Ingredientes ou guarnições adicionais podem ser acrescentados para incrementar o sabor. Esses ingredientes podem ser adicionados quando o meio de cocção estiver quente ou no fim do preparo, dependendo do resultado esperado.

ALHO / ERVAS FRESCAS / GENGIBRE RALADO

Aqueça a gordura, o creme ou o molho em fogo moderado. Acrescente os vegetais à panela sem exagerar na quantidade e misture-os, mexa-os ou vire-os até que estejam bem quentes e envolvidos por igual. Prove para ajustar o tempero e testar o ponto e sirva imediatamente.

Para uma opção mais saudável: Use óleos vegetais no lugar de gorduras animal ou hidrogenada, como azeite de oliva, para saltear os vegetais.

saltear

1. **Adicione os vegetais preparados** à gordura e aos aromáticos refogados na panela. Use apenas óleo ou gordura suficiente para untar a panela e impedir que os vegetais se queimem. O meio de cocção deve estar quente, mas não esfumaçando. Os vegetais necessitam de calor menos intenso do que a carne, as aves e os peixes; quando são salteados, alguns deles começam a ser preparados cozendo-se ingredientes aromáticos no óleo para adicionar sabor ao prato terminado.

Se mais de um tipo de vegetal estiver sendo preparado, os vegetais devem ser adicionados em sequência, começando por aqueles que precisam de tempo mais prolongado para cozinhar e terminando com os que requerem menos tempo.

Não encha a panela em demasia. Na maior parte dos casos, basta adicionar vegetais o suficiente para formar uma camada relativamente fina. Os vegetais de folhas verdes podem ser colocados na panela com folga, porque perdem volume rapidamente ao serem cozidos.

Acrescente os temperos e continue a saltear até que os vegetais estejam totalmente cozidos e saborosos. Salgar os vegetais muito antes de prepará-los pode tirar a umidade do alimento e prejudicar o processo de saltear. Alguns devem ser mantidos em movimento quase constante; outros desenvolvem mais cor e sabor quando virados apenas uma ou duas vezes. Use espátulas, pinças ou utensílios para virá-los e erguê-los enquanto cozinham.

2. **Durante o processo,** os vegetais murcham ou amolecem e a cor se intensifica. Cada componente de um prato vegetal salteado deve ser cozido até o ponto desejado, estar muito quente e bem temperado. Não deixe de checar a temperatura e o tempero dos vegetais que ficaram à espera da hora do serviço em uma mesa de vapor. Veja a p. 688 para mais informações sobre a finalização de vegetais salteados.

« método detalhado

receita básica para salteados *stir-fry* de vegetais

Salteados *stir-fry* de vegetais (salteado estilo asiático)
(10 porções)

1,13 kg de vegetais preparados (pesados depois de limpos, descascados e cortados)

Pequena quantidade de óleo ou outra gordura

Sal, pimenta e outros temperos

Molho ou ingredientes para preparar um molho (opcional)

método rápido »

1. Aqueça o *wok*; aqueça nele a gordura.
2. Acrescente os aromáticos. Junte os vegetais.
3. Salteie os vegetais, sempre em movimento. Desloque os primeiros vegetais salteados para cima, em um dos lados do *wok*, antes de acrescentar mais vegetais.
4. Junte os aromáticos e os temperos ou glace e esquente.
5. Sirva imediatamente.

dicas do especialista

Outros ingredientes podem ser acrescentados para desenvolver mais sabor:

VEGETAIS AROMÁTICOS / ERVAS FRESCAS / ESPECIARIAS / ALHO

Líquidos ou molhos podem ser usados para finalizar os vegetais salteados e acrescentar mais sabor:

CALDO / GLACES / MOLHOS JÁ PRONTOS

vegetais stir-fry

1. **Aqueça o *wok*** antes de colocar o óleo com a concha em torno da borda superior da panela. Quando o óleo no fundo da panela estiver quente, adicione os aromáticos para que liberem seus sabores. Para saltear vários tipos de vegetais, adicione-os já cortados em sequência, começando com aqueles que levam mais tempo para cozinhar, como cenouras e brócolis. Mantenha os vegetais em movimento constante.

2. **À medida que os vegetais se aquecerem,** empurre-os para os lados do *wok*. Isso permite que o *wok* recupere o calor antes de adicionar o próximo vegetal. Continue acrescentando os vegetais ao centro do *wok* e salteie até que estejam bem quentes. Junte vegetais como abobrinhas e abóboras-grande na metade do cozimento e os ingredientes muito macios, como ervas frescas, no último momento.

« método detalhado

capítulo 22 » COZINHAR VEGETAIS 687

3. Um vegetal salteado preparado da maneira adequada apresenta uma combinação de sabores, texturas e cores. Alguns podem ficar muito tenros (por exemplo, berinjelas ou abobrinhas), enquanto outros devem ter uma textura quase crocante. Podem-se acrescentar diversos tipos de temperos e aromatizantes ao salteado terminado. Sirva esses vegetais muito quentes, diretamente no *wok*.

FINALIZAR E GLAÇAR NO SALTEADO

Quando os vegetais são, parcial ou totalmente, cozidos no vapor, fervidos ou assados, podem ser salteados por tempo suficiente para reaquecê-los ou para completar o cozimento – técnica chamada de acabamento.

A manteiga é uma escolha comum para dar acabamento aos vegetais, mas outras gorduras saborosas, como azeite de oliva extravirgem, óleos aromatizados ou *bacon*, também são usadas para dar um sabor específico ao prato. Os vegetais também podem ser cozidos em um pouco de creme de leite fresco ou molho, em geral em quantidade suficiente apenas para aderir aos vegetais.

Aqueça a gordura, o creme ou o molho em fogo moderado. Adicione uma pequena quantidade de açúcar, mel ou outro xarope para produzir um glaçado doce, se desejar. As guarnições podem ser acrescentadas nesse momento, ou depois que os vegetais estiverem quentes.

Coloque os vegetais preparados na panela sem exagerar na quantidade e misture-os, mexa-os ou vire-os até que estejam bem quentes e revestidos por igual. Prove para sentir o ponto e o tempero e sirva imediatamente.

OS VEGETAIS FRITOS APRESENTAM UMA PARTE EXTERNA GOSTOSA, CROCANTE, QUE OFERECE UM CONTRASTE AGRADÁVEL À PARTE INTERNA ÚMIDA, SABOROSA. FRITAR RASO É SEMELHANTE A SALTEAR, E A PRINCIPAL DIFERENÇA É QUE, NA FRITURA RASA, A QUANTIDADE DE ÓLEO USADA COMO MEIO DE COCÇÃO É MAIOR. UMA OUTRA DIFERENÇA É QUE QUALQUER MOLHO SERVIDO COM VEGETAIS PREPARADOS DESSA MANEIRA É FEITO SEPARADAMENTE. OS VEGETAIS PODEM SER EMPANADOS OU REVESTIDOS COM FARINHA OU MASSA MOLE.

fritar raso

Lave, descasque, limpe e corte o vegetal. Se necessário, cozinhe-o parcial ou totalmente. Empane da maneira padrão, ou passe por farinha de trigo ou massa mole.

Na fritura rasa podem-se usar manteiga clarificada, a maior parte dos óleos vegetais, gorduras vegetais e gorduras animais (como gordura de ganso ou banha). A gordura deve chegar até a metade da altura dos vegetais na panela.

Os aromáticos e os temperos podem ser adicionados ao vegetal antes ou depois do cozimento, ou podem ser misturados à farinha de rosca ou à massa mole, se apropriado. Além disso, a receita pode pedir ingredientes de acabamento, como manteiga aromatizada, molho, *relish* ou molho de tomate.

A frigideira deve ser grande o bastante para não ficar superlotada, caso em que a temperatura do óleo cairá rapidamente e não se formará uma boa crosta. Se isso ocorrer, o vegetal pode absorver o óleo e o empanado ficar encharcado e até mesmo se desmanchar em alguns lugares. Use pinças, uma escumadeira ou uma espátula para retirar os vegetais do óleo. Tenha à mão uma frigideira ou travessa forrada com papel para escorrer o excesso de óleo dos vegetais antes de servi-los.

» receita básica

Vegetais preparados em fritura rasa
(10 porções)

1,13 kg de vegetais preparados (pesados depois de limpos, descascados e cortados), crus, branqueados, pré-cozidos ou completamente cozidos, se necessário

Ingredientes para revestir, como farinha de trigo, farinha de milho, ovos ligeiramente batidos (*egg wash*), farinha de rosca ou massa mole (opcional)

Óleo ou outra gordura para fritar

Sal, pimenta e outros temperos

Molho e ingredientes de finalização ou guarnição

método rápido »

1. Aqueça a gordura.
2. Junte os vegetais.
3. Cozinhe até o exterior ficar dourado e crocante.
4. Seque com papel absorvente.
5. Tempere e sirva imediatamente.

dicas do especialista «

Dependendo do resultado desejado, crostas diferentes podem ser criadas de acordo com o ingrediente usado para empanar. Esses ingredientes incluem:

MASSA MOLE / FARELO DE PÃO / FARINHA DE MILHO / FARINHA DE TRIGO

Para incrementar o sabor, tempere com ingredientes adicionais antes de empanar. Esses ingredientes também podem ser acrescentados no revestimento que será usado para empanar o vegetal:

ERVAS FRESCAS / ESPECIARIAS SECAS

fritar raso

1. **Aqueça a gordura** numa frigideira de fundo grosso, *rondeau* ou *brasier*. A fritura rasa requer fogo alto. Quando a gordura parece tremeluzir, está quente o bastante. Monitore a temperatura da gordura para mantê-la constante durante todo o tempo de cozimento. Quanto mais curto for o tempo de cozimento necessário, mais alta pode ser a chama. Para um cozimento rápido e para obter a melhor cor, não coloque vegetais demais na frigideira. Adicione-os gradualmente; se você colocar vegetais em demasia, a temperatura de cozimento se reduz e o revestimento pode se desprender do vegetal.

Cozinhe os vegetais em fogo médio alto até que um lado fique ligeiramente dourado e crocante. Vire-os e termine o cozimento do outro lado. Retire os vegetais e escorra rapidamente em papel absorvente para tirar o excesso de gordura. Tempere com sal e pimenta fora da gordura, para que o óleo dure por diversos lotes de fritura. Antes de colocar o lote seguinte, escume os pedacinhos de revestimento.

Os vegetais cozidos adequadamente em fritura rasa apresentam uma parte exterior dourada e crocante, enquanto a interior fica tenra e muito quente. Seu revestimento é crocante e leve.

« método detalhado

Os vegetais perfeitamente fritos são leves e saborosos e oferecem ao chef um leque de texturas e sabores para exibir em tira-gostos, acompanhamentos, guarnições e pratos principais. Quando os vegetais são fritos por imersão, os resultados podem ir de CHIPS crocantes e frágeis a excelentes croquetes. A fritura por imersão estilo TEMPURA passa os vegetais frescos em uma massa mole leve. (Para batatas fritas por imersão, ver p. 750.)

fritar por imersão

Escolha vegetais frescos e saborosos e prepare-os para fritar segundo as indicações da receita ou o estilo do serviço. Todos os vegetais devem ser muito bem lavados e, em alguns casos, escovados. Retire as cascas duras ou não comestíveis, os caroços, as sementes ou as raízes e corte-os ou fatie-os. Quando necessário, os vegetais devem ser parboilizados antes de serem fritos.

Nas misturas para croquete, corte os vegetais em cubos, pique bem ou faça purê com eles, usando uma liga apropriada para fazer massa mole. As opções incluem *béchamel* ou *velouté* grossos, creme de leite fresco (36% a 40%), queijos frescos, ovos ou farinha de rosca. Algumas preparações de vegetais fritos exigem empanar pelo procedimento padrão (p. 381) ou usar massa mole, que deve ser aplicada pouco antes de o vegetal ir para a frigideira.

Escolha óleos ou gorduras que possam atingir altas temperaturas sem esfumaçar ou se estragar. Os óleos vegetais, inclusive o óleo de milho, o de canola e o de açafrão têm sabor neutro e altos pontos de fumaça. Podem-se usar óleos especiais para obter sabores específicos. O óleo de oliva e a gordura de pato ou de ganso podem ser apropriados.

Use uma fritadeira. As fritadeiras elétricas ou a gás mantêm a temperatura constante durante todo o tempo de cozimento e são eficientes para menus que produzem grande quantidade de vegetais e outros pratos fritos. Use a cesta para baixar alguns itens no óleo e para retirá-los depois de prontos. Para outros alimentos fritos, use pinças para colocar os vegetais na frigideira e uma espátula ou escumadeira para retirá-los. Prepare um recipiente forrado com papel absorvente para escorrer as frituras retiradas da panela.

fritar por imersão

» receita básica

Vegetais fritos por imersão
(10 porções)

1,13 kg de vegetais preparados (pesados depois de limpos, descascados e cortados), crus, branqueados, pré-cozidos ou completamente cozidos, se necessário

Ingredientes para revestir, como farinha de trigo, ovos ligeiramente batidos (*egg wash*), farinha de rosca ou massa mole (opcional)

Gordura ou óleo suficiente para cobrir completamente o vegetal

Sal, pimenta e demais temperos a gosto

Molho e ingredientes de finalização ou guarnição

método rápido »

1. Empane o vegetal.
2. Aqueça o óleo em uma panela funda ou uma fritadeira e acrescente o vegetal.
3. Frite o vegetal até ficar dourado por igual.
4. Retire-o da gordura e seque com papel absorvente.
5. Tempere e sirva imediatamente.

dicas do especialista «

Dependendo do resultado desejado, crostas diferentes podem ser criadas de acordo com o ingrediente usado para empanar. Esses ingredientes incluem:

MASSA MOLE / FARELO DE PÃO / FARINHA DE TRIGO

Para incrementar o sabor, tempere o vegetal com ingredientes adicionais antes de fritar. Esses ingredientes também podem ser acrescentados ao ingrediente que será usado para empanar:

ERVAS FRESCAS / ESPECIARIAS SECAS

método detalhado »

1. **Aqueça o óleo** em uma fritadeira. A melhor temperatura para fritar por imersão a maior parte dos vegetais é perto de 177 °C. Use uma cesta para colocar os vegetais empanados no óleo. Deixe espaço suficiente entre os pedaços maiores para impedir que grudem uns nos outros, e não encha a cesta em demasia. Os vegetais passados em massa mole devem ser mergulhados na massa (em alguns casos, devem ser passados por farinha antes de passar na massa) usando-se pinças ou uma espátula, depois colocados imediatamente no óleo quente.

Adicionar os vegetais abaixa a temperatura do óleo por algum tempo (chamado tempo de recuperação), portanto ajuste o tamanho dos lotes que coloca na frigideira para reduzir o tempo de recuperação.

2. **Frite os vegetais** até estarem cozidos. Retire e escorra. Tempere se for necessário. Os tempos de fritura variam segundo o tipo de vegetal em questão. O vegetal (ou a mistura de vegetais, no caso de croquetes e bolinhos) deve ficar inteiramente cozido, tenro e quente. O revestimento, se houver, deve ter cor dourado-clara ou escura. Entretanto, os vegetais preparados no estilo *tempura* não devem ser dourado-escuros – como um item que foi frito usando-se o procedimento padrão de empanar –, mas ficar de brancos a levemente dourados e ter uma textura crocante por fora.

Os vegetais empanados com farinha de rosca e preparados pelo método da cesta em geral ficam submersos até estarem de todo cozidos, quando sobem à superfície do óleo. Use a cesta para retirá-los. Segure a cesta sobre a fritadeira por alguns momentos, para permitir que o óleo escorra. Os vegetais passados em massa mole, fritos com o uso do método *swimming*, podem ser virados durante a fritura, para cozinhar e dourar por igual. Use pinças, uma espátula ou utensílios semelhantes para virar os vegetais e erguê-los da panela quando estiverem prontos.

Transfira os vegetais fritos para um recipiente forrado com papel absorvente, para escorrê-los. Então, tempere com sal, pimenta ou mistura de especiarias. Nunca se deve temperar diretamente sobre a fritadeira, porque esses temperos podem encurtar a utilização do óleo. A essa altura, os vegetais fritos têm a melhor qualidade e devem ser servidos de imediato. Se necessário, podem ser armazenados por até 15 minutos em lugar aquecido (tal como sob uma lâmpada de aquecimento).

Em geral, quanto mais fino o corte usado, mais crocante o prato ficará. A parte externa do vegetal deve estar com uma cor dourado-clara ou escura e um sabor fresco e atraente. O revestimento, se foi usado, deve ter espessura uniforme e não excessiva em relação à porção de vegetais. Tanto o vegetal como os revestimentos devem estar temperados de modo adequado e quentes ao extremo.

GUISADOS E BRASEADOS VEGETAIS INCLUEM PRATOS DELICADOS COMO *PETIT POIS À LA FRANÇAISE* E, NA OUTRA PONTA DO ESPECTRO, PRATOS ROBUSTOS E SÓLIDOS COMO *RATATOUILLE* E REPOLHO BRASEADO. OS VEGETAIS GUISADOS OU BRASEADOS LITERALMENTE COZINHAM EM SEUS PRÓPRIOS SUCOS. OS VEGETAIS GUISADOS SÃO, EM GERAL, CORTADOS EM PEDAÇOS PEQUENOS, ENQUANTO OS VEGETAIS BRASEADOS SÃO CORTADOS EM PEDAÇOS GRANDES OU DEIXADOS INTEIROS. OCASIONALMENTE, ADICIONA-SE *BEURRE MANIÉ* OU *SLURRY* DE AMIDO AOS SUCOS, PARA DAR AO PRATO MAIS SUBSTÂNCIA E MELHORAR SUA APARÊNCIA. O MOLHO ESPESSADO REVESTE O VEGETAL LIGEIRAMENTE, FORNECENDO UM BRILHO ATRAENTE. OS VEGETAIS GUISADOS E BRASEADOS APRESENTAM SABORES PROFUNDOS, CONCENTRADOS. DEVEM MOSTRAR-SE MACIOS QUANDO ESPETADOS COM UM GARFO OU, EM ALGUNS CASOS, QUASE DERRETENDO.

guisar e brasear

Os guisados e braseados vegetais podem ser compostos de um ingrediente principal ou de uma combinação deles. A erva-doce braseada, por exemplo, contém um único ingrediente principal; a *ratatouille* é um guisado que combina vários vegetais diferentes. Os braseados e guisados, em geral, incluem alguns ingredientes aromáticos, como chalotas ou *mirepoix*.

Prepare os vegetais segundo o tipo e o resultado desejado. Lave, descasque, limpe e corte os vegetais, se necessário. Branqueie-os para retirar sabores amargos ou para remover a casca mais facilmente.

A gordura ou o óleo escolhido deve ter bom sabor – um que seja apropriado ao prato. Os vegetais que não liberam quantidade significativa de sucos enquanto cozinham podem precisar de mais líquido, fundo, vinho, *fumet*, suco ou água, por exemplo.

Prepare e use os temperos e aromáticos como sal e pimenta, chalotas, alho, ervas picadas, especiarias, *mirepoix* ou *matignon*. Para desenvolver um sabor complexo em pratos vegetais braseados e guisados, algumas receitas incluem um produto suíno (porco salgado, *bacon* ou presunto) ou um ácido (vinagre, *zeste* ou sucos cítricos, ou vinho).

Também se pode usar um espessante adicional, como um *slurry* de araruta, amido de milho, amido de batata ou *beurre manié*. Vários ingredientes de acabamento, como creme de leite fresco reduzido, em molho ou cremoso, manteiga ou uma *liaison*, podem ser adicionados para dar ao guisado vegetal um sabor rico, um pouco de brilho e uma textura lisa. Caso se deseje, um guisado ou braseado vegetal pode ser guarnecido com farinha de rosca e queijo para criar um *gratin*.

O principal equipamento necessário para brasear é um *brasier* ou *rondeau* (ou outro recipiente fundo e largo) com tampa. Use a escumadeira ou uma colher furada para retirar os vegetais braseados ou guisados da panela antes de terminar o molho.

Use uma peneira ou um *mixer* para terminar o molho.

» receita básica

Vegetais guisados ou braseados
(10 porções)

1,35 kg a 1,59 kg de vegetais preparados (pesados depois de limpos, descascados e cortados)

Vegetais aromáticos, temperos, ervas e especiarias

Líquido de cozimento aromático

Pequena quantidade de óleo ou outra gordura

Ingredientes para finalização e guarnição

método rápido »

1. Aqueça o óleo ou o fundo.
2. Abafe os vegetais e os temperos ou aromáticos.
3. Junte o líquido e cozinhe os vegetais em fogo brando.
4. Junte os vegetais aromáticos restantes.
5. Cozinhe o guisado ou braseado até os vegetais ficarem macios.
6. Ajuste o tempero e finalize de acordo com a receita.
7. Sirva ou guarde.

dicas do especialista «

Para incrementar o sabor, acrescente líquidos saborosos ao guisado ou braseado:

FUNDO / CALDO

Ingredientes adicionais podem ser usados para desenvolver mais sabor. Acrescente alguns no começo do preparo para infundir sabor. Acrescente outros mais tarde, de maneira que eles retenham seu sabor e/ou textura característicos.

SACHET D'ÉPICES / BOUQUET GARNI / ALHO

Para preparar um molho do líquido do cozimento, remova os vegetais do líquido de cozimento e o engrosse de uma das seguintes maneiras:

» Reduza o líquido até chegar à consistência de molho.
» Faça um purê com parte dos vegetais aromáticos e retorne esse purê para o líquido de cozimento.
» Junte um pouco de *beurre manié* ou *slurry* de amido ao líquido de cozimento.

guisar e brasear

1. Refogue os vegetais aromáticos em gordura, começando com os membros da família da cebola, para que o prato desenvolva um sabor doce e suave. Cozinhe os vegetais aromáticos em um guisado ou braseado de cor clara, até que comecem a ficar tenros e liberem alguns de seus sucos naturais. Para outros pratos, doure os aromáticos até o ponto desejado, indo de um leve dourado a um dourado-escuro. Use óleo suficiente para cozinhar os aromáticos sem queimar e mexa se necessário para desenvolver sua cor e seu sabor.

2. Adicione os ingredientes restantes em ordem, do menos ao mais macio, mexendo se necessário e ajustando o tempero e a consistência do prato enquanto cozinha. Cozinhe guisados vegetais em fogo baixo, em recipiente tampado, para que liberem o sabor que será capturado pelo líquido de cocção. Os braseados podem ser cozidos em fogo direto ou no forno. Se o líquido de cozimento se evaporar rápido demais, acrescente mais um pouco e baixe ligeiramente o fogo. Se o líquido não se reduzir de modo adequado durante o cozimento, retire a tampa para estimular uma redução natural. Guise ou braseie os vegetais até que estejam saborosos, completamente cozidos e macios quando espetados com um garfo. O guisado ou braseado agora está pronto para ser servido, mas pode ser terminado preparando-se um molho com o líquido de cocção.

Sirva em pratos aquecidos ou termine os vegetais com um *gratin*: doure na salamandra. Os vegetais guisados e braseados podem ser mantidos por tempo mais longo do que os outros sem perder muito de sua qualidade. Coloque-os numa mesa de vapor e tampe. Podem também ser resfriados e refrigerados, depois reaquecidos se necessário.

« método detalhado

capítulo 22 » COZINHAR VEGETAIS

orientação geral para os vegetais

Cada técnica de cocção produz resultados específicos e característicos que afetam de diferentes maneiras o sabor, a textura e o valor nutritivo de cada vegetal. O chef pode tirar vantagem de todo o leque de possibilidades de um método para produzir pratos vegetais feitos especificamente sob medida para as necessidades da operação. As cozinhas que se apoiam em produtos agrícolas regionais e sazonais podem adaptar uma técnica para as necessidades de um ingrediente específico e para obter determinado efeito. Por exemplo, embora a abóbora japonesa seja muitas vezes assada ou preparada como purê, também pode ser guisada em creme ou grelhada e servida com um molho. Os pepinos, que em geral são consumidos crus, podem ser cozidos no vapor, salteados ou mesmo braseados. As diferenças no sabor, na textura e na cor produzidos num vegetal quando preparado por diferentes técnicas podem ser extraordinárias.

Os vegetais manuseados cuidadosamente mantêm por mais tempo o sabor, a cor, a textura e o valor nutritivo. Lave os vegetais de folhas ou delicados evitando machucá-los e seque-os bem.

Escove os vegetais mais duros antes de descascá-los. Certifique-se de que todos os traços de sujeira ou areia foram removidos.

Em todos os casos, de um simples prato de vegetais cozidos no vapor ou fervidos, servidos temperados mas sem qualquer decoração, a um *gratin* vegetal complexo, a melhor qualidade é obtida pelo cozimento dos vegetais no ponto adequado e servindo-os logo que possível. O estilo do serviço e o volume total da cozinha determinam com quanta antecedência o prato pode ser cozido e quanto se pode mantê-lo aquecido, tanto quanto a natureza do vegetal e o método de cozimento. Pratos salteados preparados em fritura rasa ou por imersão podem ser feitos na hora do serviço. Os braseados, guisados e purês são apropriados para cozinhar em porções, pois são fáceis de manter aquecidos e perdem um pouco do sabor e da textura quando preparados com antecedência e reaquecidos (e podem, de fato, melhorar se descansarem um pouco antes de serem servidos).

Há diferenças na análise de quanto um vegetal deve estar macio quando cozido. Alguns deles – brócolis e vagens, por exemplo – não são considerados cozidos até que estejam bem tenros. Outros, como as ervilhas-tortas e ervilhas frescas devem estar cozidos, mas ainda firmes. As preferências em relação ao ponto correto de certos vegetais podem variar de uma parte a outra do mundo, e de um vegetal a outro. Além disso, há diferentes padrões para diferentes técnicas de cocção. Por exemplo, a fritura rasa, em geral, resulta em uma textura bem crocante, ao passo que assar ou brasear produz vegetais muito tenros.

OPÇÕES PARA REAQUECER OS VEGETAIS

Em água ou fundo fervendo suavemente. Coloque os vegetais numa peneira ou cesta perfurada e depois numa panela com água ou fundo fervendo suavemente por tempo suficiente para aquecer os vegetais. Escorra e termine de imediato os pratos com manteiga, molho, temperos, entre outros.

No micro-ondas. Esse método é melhor para pequenas quantidades. Distribua os vegetais sobre um prato liso, redondo ou oval, ou outro recipiente apropriado para micro-ondas. Pode ser necessário adicionar um pouco de líquido para manter os vegetais úmidos. Cubra com filme plástico e faça alguns cortes nele para permitir que o vapor escape ou cubra com papel-manteiga. Use a potência mais alta para reaquecer no menor tempo possível, tempere imediatamente e sirva.

Saltear. Aqueça uma pequena quantidade de azeite de oliva, manteiga, creme, fundo, molho ou glaçado em uma panela para saltear e adicione os vegetais. Mexa, em fogo médio alto, até que estejam quentes. Acrescente temperos, se necessário, e sirva.

receitas de vegetais

Cenouras fervidas

Rendimento: 10 porções

2,88 ℓ de água

Sal, a gosto

1,36 kg de cenoura cortada da forma desejada (oblíqua, *rondelles*, *batonnet*, *julienne*, etc.)

1. Leve ao fogo uma panela grande com água e espere abrir fervura. Acrescente sal suficiente para dar sabor à água. Junte as cenouras. Se necessário, tampe a panela para que a água volte a ferver tão rápido quanto possível.
2. Ferva as cenouras até ficarem macias, de 4 a 7 minutos, dependendo da espessura do corte. Escorra imediatamente.
3. Dê o acabamento que desejar e sirva o prato em seguida ou esfrie as cenouras rapidamente e leve-as à geladeira para reaquecê-las e servi-las mais tarde.

Soja *baby* fervida

Rendimento: 10 porções

170 g de sal marinho

960 mℓ de água

454 g de soja *baby* descascada

1. Coloque o sal na água, reservando 1 colher (chá)/3 g, e espere abrir fervura.
2. Acrescente a soja *baby* e ferva-a suavemente até ficar macia, por cerca de 4 a 5 minutos. Escorra-a e tempere-a com o sal reservado. Sirva-a quente ou esfrie-a até chegar à temperatura ambiente.

Brócolis cozidos no vapor

Rendimento: 10 porções

1,59 kg de brócolis (cerca de 4 maços)

Sal, a gosto

Pimenta-do-reino preta moída, a gosto

1. Limpe os brócolis, retire os talos e corte em floretes. Arrume-os em uma panela de vapor ou numa grade e tempere-os com o sal e a pimenta-do-reino.
2. Espere que a água abra fervura em uma panela a vapor firmemente tampada. Coloque a grade com os brócolis, volte a tampar e deixe cozer no vapor até ficarem macios, de 5 a 7 minutos.
3. Retire os brócolis da panela de vapor, ajuste o tempero com o sal e a pimenta-do-reino e sirva-os imediatamente ou esfrie-os e armazene-os para uso posterior.

Brócolis e alho salteado: Refogue alho em fatias finas na manteiga ou no óleo, até dourar. Adicione os brócolis cozidos no vapor e mexa até aquecer bem. Ajuste o tempero com o sal e a pimenta-do-reino, se necessário. Sirva imediatamente.

Beterrabas glaçadas

receitas de vegetais

Beterrabas glaçadas
Rendimento: 10 porções

- 3,84 ℓ de água
- 75 mℓ de vinagre de vinho tinto ou branco
- 1,13 kg de beterraba roxa ou dourada sem o caule e a raiz, com a casca
- 99 g de açúcar
- 3 colheres (sopa)/45 mℓ de suco de laranja
- 240 mℓ de **fundo de frango** (p. 277)
- 43 g de manteiga
- Sal, a gosto
- Pimenta-do-reino preta moída, a gosto

1. Misture a água e 60 mℓ de vinagre em uma panela grande e acrescente as beterrabas. Espere ferver, abaixe o fogo e cozinhe suavemente. Deixe-as cozinhar até que se mostrem macias quando espetadas com um garfo, em cerca de 40 minutos.
2. Escorra e espere esfriar um pouco. Descasque as beterrabas e corte-as em fatias com 6 mm de espessura ou em gomos. Mantenha-as aquecidas até o momento de servir.
3. Em uma *sauteuse*, coloque o açúcar, o restante do vinagre, o suco, o fundo e a manteiga. Cozinhe em fogo brando até que o glaçado tenha a consistência de um xarope leve, em cerca de 15 minutos.
4. Quando pronto para servir, coloque no glaçado as beterrabas cortadas, em fogo médio. Tempere com o sal e a pimenta-do-reino. Sirva imediatamente.

Milho cremoso
Rendimento: 10 porções

- 170 g de alho-poró, parte verde-clara e parte branca, picado em fatias finas
- 480 mℓ de creme de leite fresco (36% a 40%)
- Sal, a gosto
- Pimenta-do-reino preta moída, a gosto
- Noz-moscada ralada, quanto baste
- 680 g de milho, fresco ou congelado
- 1 colher (sopa)/3 g de cerefólio picado

1. Coloque numa panela não reativa de tamanho médio o alho-poró e o creme de leite. Tempere com o sal, a pimenta-do-reino e a noz-moscada. Cozinhe suavemente, em fogo médio, até que o creme esteja reduzido à metade.
2. Cozinhe o milho no vapor sobre água fervente até ficar macio, em 4 a 5 minutos. Acrescente o milho à mistura de alho-poró e cozinhe em fogo brando até obter um bom sabor e consistência, em mais 2 a 3 minutos.
3. Ajuste o tempero com o sal e a pimenta-do-reino, se necessário. Junte o cerefólio picado. Sirva imediatamente ou mantenha o prato aquecido para uso posterior.

Cenouras cozidas no vapor na panela

Rendimento: 10 porções

- 1,13 kg de cenoura em fatias de 6 mm de espessura
- 85 g de manteiga
- 1 colher (chá)/1 g de salsa picada
- Sal, a gosto
- Pimenta-do-reino preta moída, a gosto

1. Coloque cerca de 3 cm de água salgada em uma panela grande e espere ferver.
2. Adicione as cenouras, acrescentando mais água, se necessário. Ferva novamente. Feche bem a panela e baixe ligeiramente o fogo.
3. Deixe que as cenouras cozinhem no vapor até ficarem macias, em 5 a 6 minutos.
4. Quando estiver pronto, escorra a água. Devolva as cenouras ao fogo e deixe que o excesso de líquido evapore. Acrescente a manteiga e a salsa e tempere com o sal e a pimenta-do-reino. Misture até que as cenouras estejam recobertas por igual e muito quentes. Sirva imediatamente.

Vagens cozidas no vapor na panela: Substitua a cenoura por 1,13 kg de vagem. Cozinhe no vapor, seguindo a receita acima. Para finalizar, refogue 1 colher (sopa)/9 g de chalota em 2 colheres (sopa)/30 mℓ de azeite de oliva até ficarem translúcidas. Junte as vagens cozidas e mexa para revesti-las por igual. Tempere com o sal e a pimenta-do-reino preta e sirva imediatamente.

Cenouras-pecã: Prepare as cenouras conforme a receita acima. No passo 4, acrescente 21 g de chalota bem picada, 43 g de mel e 85 g de pecã picada e salteada na manteiga. Substitua a salsa por cebolinha francesa picada.

Ervilha-torta e abóbora-pescoço com gengibre

Rendimento: 10 porções

- 2 colheres (sopa)/30 mℓ de óleo de amendoim
- 2 colheres (sopa)/18 g de gengibre ralado
- 14 g de chalota bem picada
- 2 colheres (chá)/6 g de alho amassado
- 680 g de ervilha-torta sem casca
- 340 g de abóbora-pescoço, em cubos médios
- Sal, a gosto
- Pimenta-do-reino branca moída na hora, a gosto

1. Aqueça o óleo em uma *sauteuse* grande em fogo médio.
2. Junte o gengibre, as chalotas e o alho e salteie até desprenderem os aromas, em cerca de 1 minuto.
3. Junte as ervilhas tortas e a abóbora e salteie até ficarem macias, em 2 a 3 minutos. Tempere com sal e pimenta. Sirva imediatamente.

Vagem-macarrão com nozes

Rendimento: 10 porções

    1,13 kg de vagem-macarrão

    57 g de manteiga

    57 g de chalota ralada

    1 colher (chá)/3 g de alho amassado

    240 mℓ de **fundo de frango** (p. 277) quente

    Sal, a gosto

    Pimenta-do-reino preta moída, a gosto

    2 colheres (sopa)/30 mℓ de óleo de nozes

    85 g de nozes picadas

    1 colher (sopa)/3 g de cebolinha francesa bem picada

1. Corte a vagem-macarrão na diagonal, se desejar.
2. Aqueça a manteiga em um pequeno *rondeau* ou *sautoir* grande. Acrescente as chalotas e o alho e refogue-os até ficarem translúcidos, em 1 a 2 minutos.
3. Adicione a vagem-macarrão em uma camada uniforme. Junte o fundo de frango quente. Tempere com o sal e a pimenta-do-reino.
4. Espere que o fundo ferva suavemente, tampe a panela e cozinhe até que a vagem-macarrão fique macia. O líquido de cocção deve reduzir durante esse tempo e espessar um pouco para revestir a vagem. Se necessário, retire a tampa e continue a ferver suavemente até que o líquido esteja quase todo reduzido, em mais 1 a 2 minutos.
5. Misture bem a vagem com o óleo, as nozes e as cebolinhas francesas. Ajuste o tempero com o sal e a pimenta-do-reino e sirva imediatamente.

Cenouras glaçadas

Rendimento: 10 porções

    85 g de manteiga

    1,13 kg de cenoura cortada na diagonal

    43 g de açúcar

    360 mℓ de **fundo de frango** (p. 277) ou **fundo de vegetais** (p. 279) quente

    Sal, a gosto

    Pimenta-do-reino branca moída, a gosto

1. Derreta a manteiga em uma *sauteuse* grande em fogo médio-baixo e adicione as cenouras.
2. Tampe a panela e deixe refogar por 2 a 3 minutos.
3. Adicione o açúcar e o fundo de frango ou de vegetais. Tempere com o sal e a pimenta-do-reino branca. Espere que o fundo cozinhe suavemente, em fogo médio.
4. Tampe a panela e cozinhe as cenouras em fogo baixo, até que estejam quase macias, em cerca de 5 minutos.
5. Retire a tampa e continue a ferver suavemente até que o líquido de cocção se reduza a um glaçado e as cenouras estejam tenras, em 2 a 3 minutos.
6. Ajuste o tempero com o sal e a pimenta-do-reino branca e sirva imediatamente.

Vegetais grelhados à provençal

Rendimento: 10 porções

- 57 g de dente de alho
- 240 ml de azeite de oliva, a gosto
- 2 colheres (sopa)/6 g de alecrim em fatias finas
- 567 g de abobrinha em fatias de 2 cm (em diagonal ou no sentido do comprimento)
- 567 g de berinjela em fatias de 2 cm (em diagonal ou no sentido do comprimento)
- 227 g de cebola, fatiada em anéis de 1,25 cm de espessura
- Sal, a gosto
- Pimenta-do-reino preta moída, a gosto
- 170 g de pimentão verde
- 170 g de pimentão vermelho
- 113 g de tomate sem pele nem semente, em cubos médios
- 1 colher (sopa)/15 ml de vinagre balsâmico
- 28 g de manjericão em *chiffonade*

1. Coloque o alho em uma panela grande e rasa, e acrescente azeite suficiente apenas para cobri-lo. Adicione o alecrim e cozinhe suavemente em fogo muito baixo, até que o alho esteja refogado, mas não se desmanchando, em 15 a 20 minutos. Retire do fogo e esfrie à temperatura ambiente. Reserve.
2. Pincele a abobrinha, a berinjela e os anéis de cebola com o azeite de alho e alecrim e tempere com o sal e a pimenta-do-reino. Coloque-os na grelha e cozinhe de um lado até dourar. Vire uma vez e complete o cozimento do outro lado, até que os vegetais estejam macios, em cerca de 3 minutos ou mais. Retire-os da grelha.
3. Grelhe os pimentões até que estejam dourados por igual, de todos os lados. Retire e espere esfriar. Retire a pele, o caule, as sementes e as membranas.
4. Em uma panela grande e funda coloque o alho refogado e 60 ml do azeite restante. Aqueça em fogo médio. Adicione os vegetais grelhados e o *concassé* e mexa suavemente para terminar de aquecer e combinar os sabores. Junte o vinagre e acerte o tempero com o sal e a pimenta-do-reino. Acrescente o manjericão ou use-o para guarnecer porções individuais. Sirva imediatamente ou reserve para o serviço.

Vegetais marinados grelhados: Para fazer a marinada, misture 240 ml de óleo vegetal, 60 ml de molho de soja, 2 colheres (sopa)/30 ml de suco de limão-siciliano, 2 colheres (chá)/6 g de alho amassado e ½ colher (chá)/1 g de sementes de erva-doce. Marine a abobrinha, a berinjela, os anéis de cebola e os pimentões por 1 hora, depois escorra o excesso de marinada antes de grelhar.

Cogumelos *shiitake* grelhados com glaçado de soja e gergelim

Rendimento: 10 porções

GLAÇADO DE SOJA E GERGELIM
- 120 ml de molho de soja ou *tamari*
- 60 ml de água
- 60 ml de óleo de amendoim ou de milho
- 57 g de *tahine*
- 1 colher (sopa)/15 ml de óleo de gergelim
- 1 colher (sopa)/9 g de alho amassado
- 2 colheres (chá)/6 g de gengibre ralado
- ½ colher (chá)/1 g de flocos de pimenta vermelha (opcional)

- 1,13 kg de cogumelo *shiitake*
- 10 cebolinhas limpas, sem raízes
- 21 g de sementes de gergelim tostadas

1. Misture todos os ingredientes do glaçado em uma tigela. Mantenha na geladeira até o momento de usar.
2. Se desejar, corte a parte de cima dos cogumelos pela metade.
3. Acrescente os cogumelos e as cebolinhas ao glaçado e deixe marinar entre 15 minutos a 1 hora.
4. Retire os cogumelos e as cebolinhas do glaçado, escorrendo o excesso.
5. Grelhe, por cerca de 2 minutos de cada lado, os cogumelos e as cebolinhas em uma grelha preaquecida, até que estejam marcados de todos os lados e bem cozidos.
6. Distribua por cima as sementes de gergelim e sirva imediatamente.

NOTA: Depois de grelhados, os cogumelos podem ser recolocados na marinada até chegarem à temperatura ambiente e adicionados a saladas ou a outros pratos, como guarnição.

Cogumelos *shiitake* grelhados com glaçado de soja e gergelim

Panquecas de abobrinha com tzatziki

Rendimento: 10 porções

- 326 g de abobrinha ralada
- Sal, a gosto
- 128 g de cebolinha em fatias finas
- 4 ovos
- 71 g de farinha de trigo comum
- 14 g de *dill* picado
- 35 g de salsa picada
- 2 colheres (sopa)/6 g de estragão picado
- ½ colher (chá)/1 g de pimenta-do-reino preta moída
- 85 g de queijo *feta* bem esmagado
- 85 g de *pinole*
- Azeite de oliva, a gosto

TZATZIKI

- 120 mℓ de iogurte natural
- 120 mℓ de creme azedo (*sour cream*)
- 71 g de pepino sem casca e sem sementes, em cubos pequenos
- 1 colher (chá)/3 g de alho picado
- 1 colher (sopa)/15 mℓ de azeite de oliva extravirgem
- 1 colher (sopa)/3 g de hortelã ou *dill* picado
- 1 colher (chá)/5 mℓ de suco de limão-siciliano
- ½ colher (chá)/1,5 g de *zestes* de limão-siciliano
- Sal, a gosto
- Pimenta-do-reino preta moída, a gosto

1. Coloque a abobrinha em uma peneira. Salpique 1½ colher (chá)/5 g de sal nela e deixe descansar por 30 minutos.
2. Esprema as abobrinhas para drenar o máximo possível de líquido. Seque-as apertando-as entre várias camadas de papel absorvente.
3. Misture as abobrinhas, as cebolinhas, os ovos, a farinha, o *dill*, a salsinha e o estragão. Tempere com sal e pimenta-do-reino moída. Misture até ficarem bem incorporadas. Incorpore delicadamente o queijo *feta* (ver nota).
4. Junte os *pinoles*.
5. Coloque uma assadeira em forno preaquecido a 149 °C para manter as panquecas aquecidas ao longo do preparo.
6. Coloque em uma *sauteuse* grande uma quantidade de óleo suficiente para chegar a uma altura de 3 mm. Aqueça em fogo médio-alto até que a superfície do óleo comece a fremir. Trabalhando em lotes, despeje sobre o óleo de 2 a 3 colheres (sopa)/30 mℓ a 45 mℓ da mistura de abobrinhas, deixando espaço para as panquecas se espalharem durante o cozimento. Frite as panquecas até dourarem e estarem completamente cozidas, em cerca de 3 minutos cada lado. Escorra as panquecas em papel absorvente antes de transferir cada lote para a assadeira que vai ser levada ao forno para mantê-las aquecidas. Durante a fritura, acrescente mais óleo se for necessário.
7. Para fazer o molho *tzatziki*, misture o iogurte, o creme azedo, o pepino e o alho em um processador de alimentos e processe até resultar em um purê homogêneo. Transfira para uma tigela e misture o azeite, a hortelã, o suco e os *zestes* de limão.
8. Mexa bem e tempere com sal e pimenta-do-reino moída. Mantenha refrigerado até o momento do serviço.
9. Sirva as panquecas com o molho *tzatziki* ao lado.

NOTA: A mistura de panqueca pode ser preparada até o passo 4 com antecedência de 3 horas. Cubra bem e refrigere. Misture para homogeneizar antes de continuar.

Aspargo com molho *hollandaise* ao limão

Rendimento: 10 porções

MOLHO *HOLLANDAISE*

- 14 g de chalota picada
- ¾ de colher (chá)/1,5 g de grão de pimenta-do-reino preta quebrado
- 3 colheres (sopa)/45 mℓ de vinho branco
- 90 mℓ de vinagre de sidra
- 180 mℓ de água fria
- 6 gemas de ovos
- 454 g de manteiga clarificada morna

2 colheres (chá)/10 mℓ de suco de limão-siciliano

1 colher (chá)/3 g de sal

¼ de colher (chá)/0,5 g pimenta-do-reino branca moída

¼ de colher (chá)/1,25 mℓ de molho de pimenta

1,96 kg de aspargo

7,68 ℓ de água

57 g de sal

1. Para fazer o molho *hollandaise*, junte as chalotas, os grãos de pimenta-do-reino quebrados, o vinho branco e o vinagre de sidra em uma panela pequena sobre fogo médio. Deixe ferver até quase secar, em torno de 5 minutos.
2. Acrescente a água fria na panela para interromper a redução. Coe a mistura fria em uma tigela com as gemas e bata com o batedor de ovos, misturando bem.
3. Coloque a tigela sobre uma panela com água quase fervente. A água nunca deve tocar o fundo da tigela. Bata até ficar leve e aerada e a mistura cair em fita quando o batedor for levantado sobre a tigela. Remova do calor por cerca de 1 minuto e continue batendo por 10 segundos para permitir a estabilização da temperatura; em seguida, coloque novamente sobre o calor, batendo continuamente. Remova do calor e continue batendo para evitar que a mistura não passe do ponto por causa do calor residual.
4. Lentamente derrame em fio a manteiga clarificada sobre a mistura de gemas, batendo sem cessar. Se a manteiga não se misturar completamente, pare e continue batendo até incorporar totalmente e, então, continue o processo.
5. Uma vez totalmente incorporada a manteiga, bata por mais 10 segundos e tempere com suco de limão, sal, pimenta-do-reino branca e molho de pimenta.
6. Passe pela peneira, para eliminar qualquer grumo, e sirva imediatamente ou transfira para um recipiente metálico sobre banho-maria a 66 °C.
7. Para remover a parte fibrosa dos aspargos, dobre-os levemente até quebrarem.
8. Misture a água e o sal em uma panela grande e ferva. Coloque os aspargos e ferva até estarem cozidos, em cerca de 5 minutos.
9. Escorra os aspargos e sirva imediatamente com o molho *hollandaise*.

Abóbora japonesa assada com compota de oxicoco e laranja

Rendimento: 12 porções

3 abóboras japonesas (cerca de 680 g cada)

71 g de açúcar demerara, mel ou xarope de bordo

142 g de manteiga em 12 cubos

1½ colher (chá)/5 g de sal, ou quanto baste

¾ de colher (chá)/1,5 g de pimenta-do-reino preta moída, ou quanto baste

720 mℓ de **compota de oxicoco e laranja** (receita a seguir)

1. Corte cada abóbora em quatro e retire as sementes. Coloque as abóboras em um tabuleiro, com o lado cortado para cima. Borrife os pedaços com açúcar, mel ou xarope de bordo. Divida a manteiga em partes iguais e coloque uma em cada pedaço de abóbora. Tempere com o sal e a pimenta-do-reino.
2. Cubra as abóboras com papel-alumínio e asse por 30 minutos a 204 °C. Retire o papel-alumínio e asse-as por mais 15 minutos, ou até que estejam macias, regando periodicamente.
3. Sirva cada porção da abóbora em pratos aquecidos, com 60 mℓ de compota de oxicoco e laranja por cima.

Compota de oxicoco e laranja

Rendimento: 960 mℓ

907 g de oxicoco

360 mℓ de suco de laranja

227 g de açúcar, ou quanto baste

113 g de *zestes* de laranja branqueados

Sal, a gosto

Pimenta-do-reino preta moída, a gosto

1. Coloque numa panela não reativa de tamanho médio o oxicoco, o suco de laranja e água suficiente apenas para cobrir as frutinhas. Adicione o açúcar e cozinhe suavemente em fogo médio, até que o oxicoco esteja macio e o líquido tenha engrossado, por 8 a 10 minutos.
2. Acrescente os *zestes* de laranja. Tempere com o sal e a pimenta-do-reino. Sirva quente.

Abóbora espaguete

Abóbora espaguete

Rendimento: 10 porções

- 1,81 kg de abóbora espaguete
- 28 g de manteiga
- Sal, a gosto
- Pimenta-do-reino preta moída, a gosto

1. Corte a abóbora ao meio e retire as sementes. Coloque-a em uma assadeira com o lado cortado para baixo. Adicione água suficiente para chegar a um terço da altura da abóbora. Cubra com uma tampa ou papel-alumínio.
2. Asse a 191 °C durante cerca de 1 hora, até que a abóbora esteja extremamente macia. Para verificar o ponto, fure com um garfo de cozinha ou uma faca de legumes. Não deve haver resistência.
3. Quando a abóbora tiver resfriado o suficiente para ser manuseada, escave a polpa, usando um garfo para separá-la em fios.
4. Reaqueça a abóbora refogando-a na manteiga, em fogo médio, e tempere com o sal e a pimenta-do-reino. Sirva imediatamente.

Purê de abóbora paulista

Rendimento: 10 porções

- 1,81 kg de abóbora paulista cortada ao meio
- 113 g de manteiga à temperatura ambiente
- 120 mℓ de creme de leite fresco (36% a 40%), quente
- Sal, a gosto
- Pimenta-do-reino preta moída, a gosto

1. Fure a abóbora e coloque-a em uma assadeira média, com o lado cortado para baixo. Acrescente água suficiente para criar vapor durante o tempo de cozimento inicial. Cubra com uma tampa ou papel-alumínio, se desejar.
2. Asse a 191 °C, até que a abóbora esteja extremamente macia, em cerca de 1 hora. Para verificar o ponto, fure com um garfo de cozinha ou faca de legumes. Não deve haver resistência. Retire a tampa ou o papel-alumínio durante os 15 minutos finais de cozimento, para dourar.
3. Retire do forno. Assim que a abóbora puder ser manuseada sem perigo (mas ainda deve estar bem quente), escave a polpa.
4. Faça um purê no passador de legumes, liquidificador ou processador de alimentos.
5. Se necessário, transfira o purê para uma panela média e cozinhe-o suavemente para engrossá-lo.
6. Adicione a manteiga e o creme de leite e tempere com o sal e a pimenta-do-reino. O purê está pronto para ser usado de imediato, ou pode ser resfriado rapidamente e armazenado na geladeira para uso posterior.

Couve-flor assada ao *curry*

Rendimento: 10 porções

- 2 couves-flor (cerca de 1,8 kg) sem a parte central
- 60 mℓ de azeite de oliva, ou quanto baste
- 2 colheres (sopa)/13 g de **curry em pó** (p. 386 ou comprado pronto)
- 2 colheres (chá)/4 g de sementes de cominho moídas
- 1 colher (chá)/3 g de sal, ou quanto baste
- ½ colher (chá)/1 g de pimenta-do-reino preta moída, ou quanto baste

1. Desmembre a couve-flor em pedaços e parta os pedaços grandes ao meio. Tempere com o azeite, o *curry*, as sementes de cominho, o sal e a pimenta.
2. Coloque a couve-flor em uma forma forrada com papel-manteiga e asse a 240 °C até ficar dourada, em cerca de 30 minutos, virando, se necessário. Sirva imediatamente.

Tomates assados no forno

Rendimento: 10 porções

- 2,04 kg de tomate Roma
- 90 mℓ de azeite de oliva extravirgem
- 14 g de alho amassado
- 14 g de chalota ralada
- 2 colheres (chá)/2 g de manjericão em *chiffonade*
- 2 colheres (chá)/2 g de orégano picado
- 1 colher (chá)/1 g de tomilho picado
- Sal, a gosto
- Pimenta-do-reino preta moída, a gosto

1. Retire os talos dos tomates e corte da forma desejada (ao meio, em quartos, em gomos ou em fatias). Arrume em uma única camada, em um recipiente raso.
2. Misture o azeite, o alho, a chalota, o manjericão, o orégano e o tomilho. Tempere com o sal e a pimenta-do-reino. Borrife essa mistura sobre os tomates e vire-os cuidadosamente para espalhar por igual.
3. Arrume os tomates em grades, sobre assadeiras. Asse no forno a 135 °C por 1 hora a 1½ hora ou até que estejam secos e ligeiramente dourados.
4. Agora os tomates estão prontos para ser servidos ou para serem usados como ingredientes em outros pratos. Podem, ainda, ser resfriados nas grades e armazenados, cobertos e refrigerados.

Tomates assados no forno

Pimentões assados marinados

Pimentões assados marinados

Rendimento: 10 porções

    1,93 kg de pimentão vermelho e amarelo assado

    120 mℓ de azeite de oliva

    113 g de uva-passa branca

    113 g de *pinole* tostado

    14 g de salsa picada

    7,5 g de alho amassado

    Sal, a gosto

    Pimenta-do-reino preta moída, a gosto

1. Corte os pimentões assados em fatias de 6 mm e escorra-os em uma peneira ou escorredor por 2 horas.
2. Misture os pimentões com os outros ingredientes: azeite, uvas-passas, *pinoles*, salsa, alho, sal e pimenta-do-reino.
3. Sirva imediatamente ou mantenha na geladeira para uso posterior.

Cenouras assadas

Rendimento: 10 porções

    57 g de gordura de pato ou banha

    1,13 kg de cenoura cortada na diagonal

    Sal, a gosto

    Pimenta-do-reino preta moída, a gosto

1. Preaqueça uma assadeira média no forno a 177 °C. Coloque nela a gordura e derreta.
2. Adicione as cenouras e tempere com o sal e a pimenta-do-reino. Asse-as até que estejam macias e douradas.
3. Sirva imediatamente.

Chuchus recheados com camarão

Rendimento: 10 porções

- 5 chuchus
- 85 g de manteiga
- 227 g de cebola ralada
- 2 pimentões verdes médios, em fatias finas
- 2 talos de salsão em cubos pequenos
- 2 dentes de alho amassados
- 227 g de camarão descascado, limpo, em cubos pequenos
- 142 g de farinha de rosca crua
- Molho de pimenta, quanto baste
- 1 colher (sopa)/3 g de tomilho picado
- Sal, a gosto
- Pimenta-do-reino preta moída, a gosto
- 1 ovo, ligeiramente batido
- Óleo vegetal, quanto baste

1. Coloque água salgada numa panela grande, em fogo alto e espere abrir fervura. Ferva os chuchus por 20 minutos ou até que se mostrem macios ao serem espetados com um garfo. Escorra-os.
2. Quando estiverem frios o bastante para serem manuseados, corte os chuchus pela metade, no sentido do comprimento, retire e despreze a grande semente central, e escave a polpa usando um boleador, deixando as cascas intactas (com lados de 6 mm de espessura). Pique a polpa grosseiramente e reserve-a.
3. Em uma *sauteuse* grande, derreta 57 g da manteiga em fogo médio. Adicione a cebola, os pimentões, o salsão e o alho. Refogue, mexendo frequentemente, até que os vegetais comecem a ficar macios, em cerca de 5 minutos. Junte a polpa do chuchu picada e cozinhe por mais 5 minutos. Acrescente os camarões e 85 g da farinha de rosca, o molho de pimenta e o tomilho. Tempere com o sal e a pimenta-do-reino.
4. Espere que a mistura esfrie um pouco e acrescente o ovo.
5. Distribua as cascas de chuchu em uma assadeira untada e seque a umidade das cascas com toalhas de papel. Com uma colher, distribua o recheio pelas cascas, borrife com a farinha de rosca restante e ponha um pouco de manteiga por cima.
6. Asse em forno a 177 °C, sem tampar, por 30 a 35 minutos, ou até que o recheio esteja firme e a parte superior, dourada. Sirva imediatamente.

Berinjelas *à parmigiana*

Rendimento: 10 porções

- 1,81 kg de berinjela
- 43 g de sal
- 1 colher (chá)/2 g de pimenta-do-reino preta moída
- 369 g de farinha de trigo comum
- 480 mℓ de **egg wash** (p. 1.041)
- 680 g de farinha de rosca
- 780 mℓ de óleo vegetal
- 1,5 ℓ de **molho de tomate** (p. 309)
- 284 g de queijo parmesão ralado
- 680 g de mozarela de búfala, em 20 fatias de 3 mm

1. Descasque as berinjelas e corte-as em círculos com 1 cm de espessura. Você vai precisar de quarenta fatias no total (quatro por porção). Coloque os círculos em uma assadeira forrada com papel-manteiga e salgue-os ligeiramente. Deixe-os descansar por 30 minutos até que liberem a umidade.
2. Escorra as berinjelas em toalhas de papel. Tempere as berinjelas com pimenta-do-reino. Empane usando o empanamento padrão (p. 381).
3. Aqueça o óleo em uma *sauteuse* grande, em fogo médio-alto. Frite as fatias de berinjela em lotes, até que estejam douradas. Escorra por 2 a 3 minutos sobre papel-toalha, depois transfira para uma grade.
4. Coloque dez recipientes refratários com capacidade de 360 mℓ em um tabuleiro. Espalhe no fundo de cada um 60 mℓ de molho de tomate. Coloque duas fatias de berinjela frita sobre o molho. Distribua aproximadamente 14 g de parmesão por cima e uma fatia de mozarela. Coloque, então, mais 60 mℓ de molho de tomate e mais 2 fatias de berinjela. Espalhe mais 30 mℓ de molho de tomate por cima e cubra com a fatia de mozarela restante e 14 g de parmesão.
5. Asse até que a parte superior esteja dourada e o molho, borbulhando. Sirva imediatamente.

Berinjelas à parmigiana

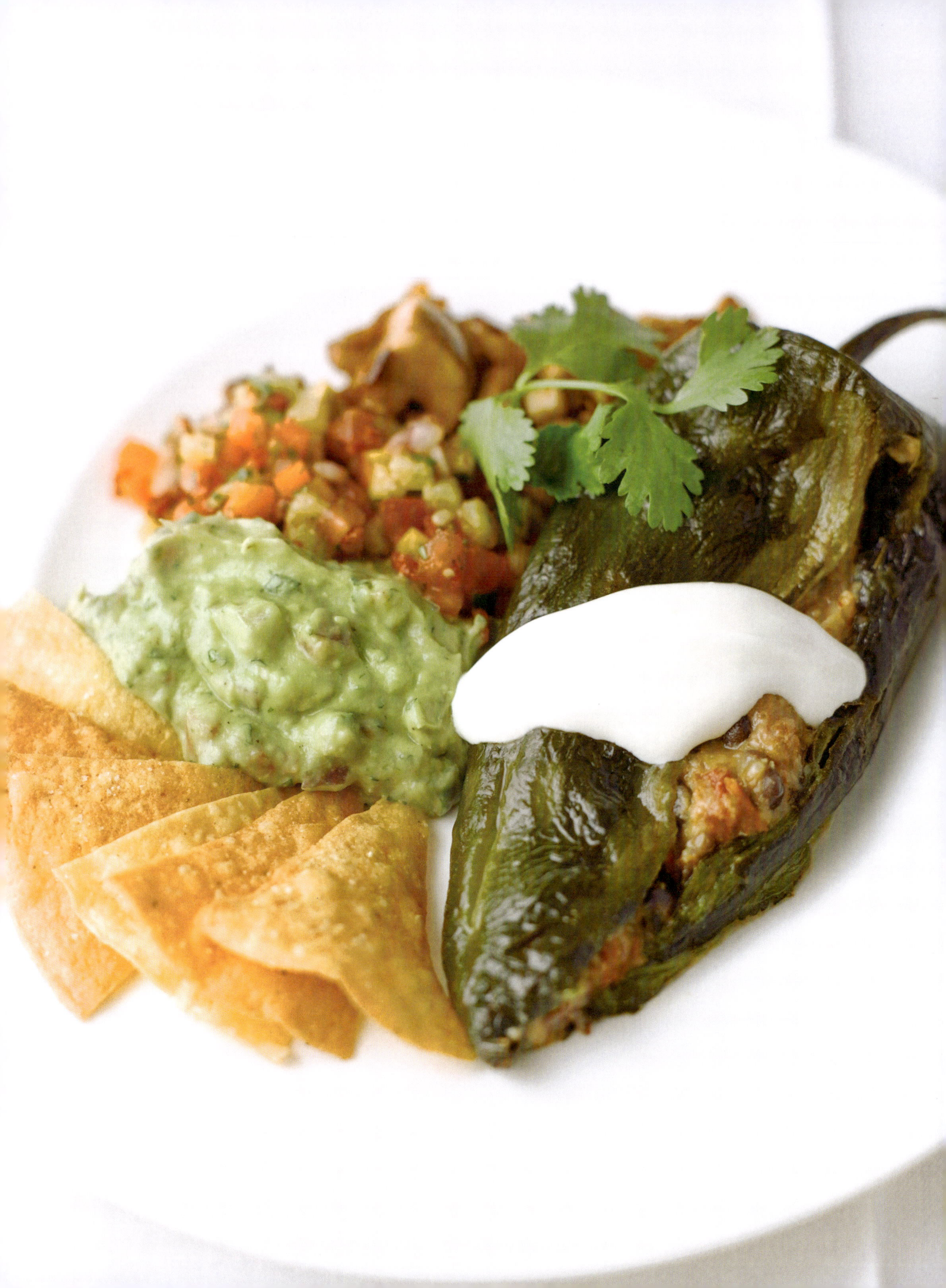

Poblanos rellenos

Rendimento: 10 porções

- 113 g de feijão-preto, demolhado durante a noite
- 113 g de feijão-vermelho, demolhado durante a noite
- 10 pimentas *poblano*

RECHEIO

- 57 g de cebola em cubos pequenos
- 2 colheres (chá)/6 g de alho amassado
- 1 colher (sopa)/15 mℓ de azeite de oliva
- 113 g de queijo *jalapeño* Jack ralado
- 113 g de queijo Jack seco ralado
- 113 g de *queso* Chihuahua ralado
- 113 g de *ancho caciotta* ralado
- 2 colheres (chá)/2 g de manjerona picada
- 1½ colher (chá)/1,5 g de erva-de-santa-maria
- 1 colher (chá)/2 g de orégano mexicano seco amassado
- 2 colheres (chá)/6,5 g de sal
- ½ colher (chá)/1 g de pimenta-do-reino preta, moída na hora

- 60 **tortillas chips** (p. 980)
- 10 raminhos de coentro
- 300 mℓ de **guacamole** (p. 976)
- 150 mℓ de creme azedo (*sour cream*)
- 300 mℓ de **molho de abóbora-moranga** (receita a seguir)

1. Cozinhe cada tipo de feijão separadamente, em água fervente, até que estejam bem macios: cerca de 90 minutos para o feijão-preto e 1 hora para o feijão-vermelho. Escorra e espere esfriar à temperatura ambiente.
2. Lave e seque as pimentas. Leve-as à chama do fogão, em fogo médio, virando de vez em quando. Quando a pele delas estiver com bolhas, coloque-as em uma tigela grande, feche com filme plástico e deixe "suar" por 30 minutos.
3. Usando a parte não cortante da lâmina de uma faca de legumes, retire a pele das pimentas, sem cortá-las ou machucá-las. Faça um corte ao longo de cada pimenta. Retire as sementes, deixando as pimentas inteiras.
4. Para preparar o recheio, refogue a cebola e o alho no azeite, em uma *sautesse* média, em fogo médio, até que estejam translúcidos, por 2 a 3 minutos. Junte-os aos feijões. Acrescente o *jalapeño* Jack, o Jack seco, o *queso* Chihuahua, o *caciotta*, a manjerona, a erva-de-santa-maria, o orégano, 3 g de sal e a pimenta-do-reino. Misture suavemente.
5. Recheie cada pimenta com 85 g da mistura e enrole-as, sobrepondo as bordas cortadas.
6. Aqueça os *poblanos rellenos* no forno a 177 °C até que o recheio esteja bem quente, em 18 a 20 minutos.
7. Sirva cada *poblano relleno* com 6 *tortilla chips*, 1 raminho de coentro, 30 mℓ de guacamole, 15 mℓ de creme azedo e 30 mℓ de molho de abóbora-moranga.

NOTA: As pimentas também podem ser empanadas e fritas, como na receita de pimentas *poblano* recheadas com *picadillo oaxaqueño* (p. 546).

Molho de abóbora-moranga

Rendimento: 960 mℓ

- 1 abóbora-grande sem sementes, em cubos pequenos
- 1 abobrinha sem sementes, em cubos pequenos
- 43 g de cenoura em cubos pequenos
- 184 g de tomate italiano, em cubos pequenos
- 85 g de *tomatillo* em cubos pequenos
- 85 g de cebola roxa em cubos pequenos
- 14 g de pimenta *chipotle* finamente picada
- 1½ colher (chá)/1,5 g de manjerona picada grosseiramente
- 4 colheres (chá)/4 g de coentro picado grosseiramente
- 30 mℓ de azeite de oliva extravirgem
- 30 mℓ de vinagre de arroz
- ½ colher (chá)/2,5 g de açúcar
- Sal, a gosto
- Pimenta-do-reino preta moída, a gosto

1. Branqueie a abóbora, a abobrinha e a cenoura separadamente, em água fervente salgada, até ficarem macias. Passe por água gelada e escorra.
2. Misture-as bem com os ingredientes restantes. Acerte o tempero com o sal e a pimenta-do-reino.
3. Agora o molho está pronto para ser servido ou pode ser conservado na geladeira para uso posterior.

Quesadillas de cogumelos aos dois molhos

Rendimento: 10 porções

TORTILLAS DE FARINHA

78 g de gordura vegetal

539 g de farinha de trigo comum

14 g de sal

300 mℓ de água (32 °C)

RECHEIO DE COGUMELOS

1 colher (sopa)/15 mℓ de azeite de oliva

191 g de cebola picada

3 dentes de alho picados

907 g de cogumelo-de-paris em fatias de 3 mm

1 colher (sopa)/8 g de pimenta *serrano* picada

90 mℓ de suco de limão

1 colher (chá)/1 g de erva-de-santa-maria desidratada

1 ½ colher (chá)/3 g de tomilho desidratado

Sal, a gosto

Pimenta-do-reino preta moída, a gosto

227 g de *queso* Chihuahua

1,92 ℓ de *frijoles a la charra* (p. 791)

907 g de *arroz mexicano* (p. 800)

454 g de *salsa roja* (p. 972)

765 g de *salsa verde cruda* (p. 972)

1. Para fazer as *tortillas* de farinha, junte com os dedos a gordura vegetal com a farinha de trigo em uma tigela média. Continue amassando até a mistura adquirir uma consistência esfarelada.
2. Junte o sal e a água e misture só até que se forme uma massa macia. Cubra a massa e deixe descansar em temperatura ambiente por 20 minutos.
3. Divida a massa em pedaços de 50 g e faça bolas. Abra cada bola de massa em uma superfície esfarinhada, formando discos de cerca de 1,5 mm de espessura. Retire o excesso de farinha e empilhe as *tortillas* com papel-manteiga, separando-as, para evitar que grudem umas nas outras.
4. Faça as *tortillas* em lotes em uma panela média, sem óleo, em fogo médio, até que elas adquiram uma coloração marrom dourado dos dois lados, em 2 a 3 minutos. Cubra as *tortillas* e reserve.
5. Faça o recheio de cogumelos: aqueça o óleo em uma *sauteuse* média em fogo médio. Coloque a cebola e o alho e salteie até as cebolas ficarem translúcidas, em 4 a 5 minutos. Junte os cogumelos e as pimentas e salteie até os cogumelos ficarem macios, em 4 a 5 minutos mais.
6. Junte o suco de limão, a erva-de-santa-maria e o tomilho. Tempere com sal e pimenta. Cozinhe até o líquido evaporar. Esfrie a mistura completamente e reserve.
7. Rale o *queso* Chihuahua e junte-o ao cogumelo reservado.
8. Monte as *quesadillas* dividindo o recheio de cogumelo entre as *tortilhas* de farinha.
9. Esquente as *quesadillas* montadas em uma frigideira de ferro fundido levemente untada com óleo em fogo médio até que elas fiquem levemente marrons por fora e o recheio esquente. Se necessário, as *quesadillas* podem ser finalizadas no forno a 177 °C.
10. Sirva com *frijoles a la charra*, arroz mexicano, *salsa roja* e *salsa verde cruda*.

Tortas de vegetais da estação

Rendimento: 10 porções

- 75 mℓ de azeite de oliva
- 184 g de cebola fatiada
- 14 g de alho
- 284 g de abobrinha cortada na diagonal em pedaços de 6 mm de espessura
- 397 g de abóbora amarela cortada na diagonal em pedaços de 6 mm de espessura
- 482 g de berinjela cortada na diagonal em pedaços de 6 mm de espessura
- 361 g de tomate italiano cortado na diagonal em pedaços de 6 mm de espessura
- Sal, a gosto
- Pimenta-do-reino preta moída, a gosto
- 2 colheres (sopa)/6 g de tomilho picado
- 28 g de azeitona Kalamata sem caroço picada grosseiramente

PÂTE BRISÉE
- 1,02 kg de farinha de trigo para bolo
- 21 g de sal
- 510 g de manteiga em cubos
- 240 mℓ de água
- 113 g de ovo

GUARNIÇÃO
- Manjericão em *chiffonade*, a gosto

1. Aqueça metade do azeite de oliva em uma *sauteuse* média em fogo médio. Junte a cebola e refogue até ficar macia, em 4 a 5 minutos. Acrescente o alho e salteie até liberar o aroma. Tire da frigideira e reserve.

2. Coloque o restante do azeite na frigideira. Salteie a abobrinha, a abóbora e a berinjela separadamente até ficarem macias. Remova da panela e reserve em uma tigela.

3. Junte os tomates à abobrinha, à berinjela e à abóbora, misture bem e tempere com sal e pimenta. Junte o tomilho e as azeitonas e misture bem. Reserve.

4. Faça a *pâte brisée*: junte a farinha de trigo e o sal. Adicione a manteiga e bata na batedeira com o batedor gancho até ficar como uma farofa grossa.

5. Junte a água aos ovos. Adicione gradualmente à mistura de farinha e manteiga, batendo em baixa velocidade até começar a formar uma massa. Remova a massa da batedeira e cubra firmemente com filme plástico. Deixe descansar, na geladeira, por 1 hora.

6. Divida a massa em dez porções em uma superfície levemente enfarinhada. Embrulhe cada porção de massa e deixe na geladeira quanto for necessário (ver nota).

7. Abra a massa em discos com 3 mm de espessura em uma superfície levemente enfarinhada. Corte a massa com um cortador de 15 cm. Perfure aleatoriamente a massa com um garfo e asse em uma assadeira forrada com papel-manteiga a 177 °C até ficar dourada, em cerca de 20 minutos. Deixe esfriarem completamente.

8. Distribua igualmente as cebolas e o alho reservados entre as massas assadas. Coloque a mistura de vegetais em círculos sobre as cebolas. Asse em forno a 177 °C até amornar as tortas, em cerca de 10 minutos. Guarneça com manjericão e sirva imediatamente.

NOTA: *Pâte brisée* pode ser guardada na geladeira ou no *freezer*. Descongele, se for o caso, à temperatura ambiente.

Rúcula salteada

Rendimento: 10 porções

- 1,81 kg de rúcula
- 60 mℓ de óleo vegetal ou azeite de oliva
- 14 g de chalota picada
- 2 ½ colheres (chá)/7,5 g de alho amassado
- Sal, a gosto
- Pimenta-do-reino preta moída, a gosto

1. Lave e escorra a rúcula, retirando os caules duros ou estragados.
2. Aqueça o óleo em uma *sauteuse* bem grande, coloque as chalotas e salteie-as até que fiquem translúcidas, em 1 a 2 minutos. Junte o alho e refogue-o até que comece a exalar seu aroma.
3. Acrescente a rúcula, enchendo a panela (a rúcula murchará com o calor) e cozinhando em lotes, se necessário. Mexa enquanto cozinha.
4. Salteie a rúcula até que esteja completamente murcha e macia, e muito quente. Tempere com o sal e a pimenta-do-reino e sirva imediatamente.

Pak choi de Xangai *stir-fried* (Qinchao Shanghai baicai)

Rendimento: 10 porções

- 907 g de *pak choi baby*
- 60 mℓ de óleo vegetal
- 8 dentes de alho em fatias finas
- Sal, a gosto
- Açúcar, a gosto

1. Enxágue o *pak choi* e escorra bem. Corte-o no sentido do comprimento. Marque a parte central com a faca, para cozinhar por igual.
2. Branqueie o *pak choi* em água salgada fervente, passe por água gelada e escorra-o bem.
3. Aqueça o óleo em um *wok*, adicione o alho e salteie-o rapidamente até liberar o aroma e ficar ligeiramente dourado.
4. Junte o *pak choi* e o salteado para completar o processo de cozimento. Se necessário, adicione um pouco de água ao *wok* para impedir que o alho se queime. Tempere com o sal e o açúcar.
5. Sirva imediatamente.

Pak choi de Xangai stir-fried (Qinchao Shanghai baicai)

Macarrão com abóbora-moranga

Rendimento: 10 porções

- 360 g de abóbora-moranga em *julienne* longa
- 360 g de abobrinha em *julienne* longa
- 360 g de alho-poró, parte verde-clara e parte branca, em *julienne* longa
- 360 g de feijão verde em *julienne* longa
- 43 g de manteiga
- Sal, a gosto
- Pimenta-do-reino preta moída, a gosto
- 21 g de ervas aromáticas, como estragão, manjericão e coentro, picadas

1. Misture a abóbora, a abobrinha, o alho-poró e o feijão em uma tigela grande.
2. Aqueça a manteiga em uma *sauteuse* grande, em fogo médio. Adicione os vegetais e salteie, mexendo frequentemente, até que estejam quentes e macios, em cerca de 5 minutos.
3. Tempere os vegetais com o sal e a pimenta-do-reino. Junte as ervas aromáticas picadas e sirva imediatamente.

Endívia belga *à la meunière*

Rendimento: 10 porções

- 1,13 kg de endívia belga
- 28 g de sal (mais se necessário)
- 1 colher (sopa)/15 g de açúcar
- 60 mℓ de suco de limão-siciliano
- 180 mℓ de leite
- Pimenta-do-reino preta moída, a gosto
- 64 g de farinha de trigo comum
- 3 colheres (sopa)/45 mℓ de manteiga clarificada ou óleo
- 85 g de manteiga
- 14 g de salsa picada

1. Retire as folhas externas estragadas das endívias. Ferva uma panela grande com água e tempere com o sal, o açúcar e 15 mℓ de suco de limão-siciliano. Junte as endívias e cozinhe-as, durante cerca de 3 minutos, até que estejam parcialmente cozidas.
2. Limpe o centro das endívias com uma faca amolada (deve sobrar parte central suficiente para que as folhas não se separem) e achate cada endívia levemente, com a palma da mão.
3. Para finalizar a endívia, mergulhe-a em leite, tempere-a com o sal e a pimenta-do-reino e passe-a por farinha de trigo, retirando o excesso.
4. Aqueça a manteiga clarificada ou óleo em fogo médio alto, em uma *sauteuse* grande. Salteie a endívia até ficar crocante e dourada dos dois lados, em 3 a 4 minutos no total. Retire-a da frigideira e mantenha-a aquecida.
5. Retire da frigideira o excesso de manteiga ou óleo. Acrescente a manteiga restante em fogo médio, até que comece a dourar e exalar um aroma de castanhas. Junte o suco de limão restante e a salsa e mexa até que a mistura engrosse ligeiramente, em 2 a 3 minutos. Despeje o molho sobre as endívias e sirva imediatamente.

Broto de brócolis com alho e pimenta (*Cime di broccoli con aglio e peperoncino*)

Rendimento: 10 porções

- 1,81 kg de broto de brócolis lavado e limpo
- 60 mℓ de azeite de oliva extravirgem
- 28 g de alho, em fatias finas
- 1½ colher (chá)/2,5 g de pimenta vermelha, em flocos
- 120 mℓ de **fundo de frango** (p. 277), ou quanto baste
- Sal, a gosto
- 2 colheres (sopa)/30 mℓ de suco de limão
- 1½ colher (chá)/4,5 g de *zestes* de limão, ralados finamente

1. Ferva água salgada em uma panela grande. Trabalhando em pequenos lotes, juntando os brotos de brócolis e cozinhando-os até que fiquem macios, mas firmes, em cerca de 3 minutos. Passe-os por água gelada e escorra-os muito bem. Leve-os à geladeira se vai servi-los mais tarde.
2. Aqueça o azeite em uma *sauteuse* grande, em fogo médio-alto. Adicione o alho e os flocos de pimenta e salteie até que o alho esteja ligeiramente dourado, em cerca de 2 minutos.
3. Junte o broto de brócolis e o fundo de frango e cozinhe em fogo alto, mexendo para distribuir o alho e a pimenta por igual. Cozinhe até que a maior parte do líquido tenha evaporado, em 2 a 3 minutos.
4. Tempere com o sal e o suco de limão. Sirva o prato imediatamente, guarnecido com os *zestes*.

Vegetais *jardinière*

Rendimento: 10 porções

- 255 g de cenoura em *batonnet*
- 255 g de salsão em *batonnet*
- 255 g de nabo branco em *batonnet*
- 255 g de ervilha verde fresca, descascada
- 113 g de manteiga
- Sal, a gosto
- Pimenta-do-reino preta moída, a gosto
- Açúcar, a gosto
- 1 colher (sopa)/3 g de salsa picada

1. Branqueie os vegetais, separadamente, em água fervente salgada por 1 a 2 minutos. Escorra, passe por água gelada e escorra novamente.
2. Aqueça a manteiga em uma *sauteuse* grande, em fogo médio. Junte os vegetais (em porções individuais ou em lotes) e tempere com o sal, a pimenta-do-reino e o açúcar. Misture até que os vegetais estejam revestidos com a manteiga por igual e muito quentes.
3. Junte a salsa e sirva imediatamente.

Vegetais em *julienne*

Rendimento: 10 porções

- 113 g de cenoura em *julienne*
- 113 g de salsão em *julienne*
- 113 g de alho-poró, apenas partes branca e verde-clara, em *julienne*
- 57 g de manteiga
- Sal, a gosto
- Pimenta-do-reino preta moída, a gosto

1. Branqueie os vegetais, separadamente, em água fervente salgada por 1 ou 2 minutos. Escorra, passe por água gelada e escorra novamente.
2. Aqueça a manteiga em uma *sauteuse* média, em fogo médio. Junte os vegetais (em porções individuais ou em lotes) e tempere com o sal e a pimenta-do-reino. Misture até que os vegetais estejam revestidos com a manteiga por igual e muito quentes.
3. Sirva imediatamente.

Macedônia de vegetais

Rendimento: 10 porções

- 57 g de manteiga
- 57 g de cogumelo-de-paris em cubos grandes
- 14 g de chalota em fatias finas
- 57 g de cebola em cubos grandes
- 113 g de salsão em cubos grandes
- 170 g de abobrinha em cubos grandes
- 170 g de abóbora-pescoço em cubos grandes
- 170 g de cenoura cozida, em cubos grandes
- 170 g de nabo branco cozido, em cubos grandes
- 170 g de rutabaga cozida, em cubos grandes
- 57 g de pimentão vermelho em cubos pequenos
- Cebolinha francesa picada, a gosto
- Estragão picado, a gosto
- Manjericão em *chiffonade*, a gosto
- Sal, a gosto
- Pimenta-do-reino preta moída, a gosto

1. Aqueça a manteiga em uma *sauteuse* grande, em fogo médio-alto. Coloque nela o cogumelo e a chalota e cozinhe, durante 2 a 3 minutos, mexendo de vez em quando, até que a umidade se reduza.
2. Junte a cebola e o salsão e refogue até que a cebola esteja translúcida, em cerca de 5 minutos.
3. Acrescente a abobrinha e a abóbora e salteie-as até ficarem macias, em 2 a 3 minutos.
4. Adicione a cenoura, o nabo, a rutabaga e o pimentão vermelho. Salteie-os até que estejam bem quentes, em mais 2 minutos.
5. Coloque a cebolinha francesa, o estragão e o manjericão e misture bem. Tempere com o sal e a pimenta-do-reino. Sirva imediatamente ou mantenha aquecido para o serviço. Se for manter aquecido até a hora de servir, acrescente as ervas logo que for servir.

Panquecas de espinafre

Rendimento: 10 porções

- 360 mℓ de leite
- 28 g de manteiga derretida
- 4 ovos
- 340 g de farinha de trigo comum
- 1 colher (sopa)/15 g de açúcar
- 907 g de espinafre branqueado, bem escorrido, picado grosseiramente
- 1 colher (chá)/3 g de sal
- ½ colher (chá)/1 g de pimenta-do-reino preta moída
- ¼ de colher (chá)/0,5 g de noz-moscada
- 60 mℓ de óleo vegetal

1. Misture o leite, a manteiga e os ovos até obter uma mistura uniforme.
2. Coloque numa tigela grande a farinha de trigo e o açúcar. Faça um buraco no centro da tigela e coloque a mistura de leite. Mexa até formar uma massa mole homogênea.
3. Junte o espinafre à massa e tempere com o sal, a pimenta-do-reino e a noz-moscada.
4. Aqueça uma pequena quantidade de óleo numa *sauteuse* antiaderente, em fogo médio. Com a concha, coloque 60 mℓ da massa para cada panqueca. Cozinhe por 2 a 3 minutos cada uma, até que a parte inferior esteja dourada.
5. Vire as panquecas e cozinhe por mais 3 a 4 minutos. Sirva imediatamente ou transfira para uma mesa de vapor para mantê-las aquecidas para o serviço.

Abobrinhas em fritura rasa

Rendimento: 10 porções

- 1,13 kg de abobrinha
- 960 mℓ de óleo vegetal
- 14 g de sal
- 113 g de farinha de trigo comum
- 737 g de **massa mole de cerveja** (p. 540)

1. Corte as abobrinhas em diagonal, com 1 cm de espessura. Seque bem.
2. Coloque cerca de 5 cm de óleo em uma *sauteuse* média. Aqueça a 163 °C.
3. Tempere as abobrinhas com sal e passe-as pela farinha, sacudindo, em seguida, para tirar o excesso. Mergulhe-as na massa mole, revestindo-as uniformemente. Deixe o excesso escorrer de volta à tigela. Coloque as fatias de abobrinha na gordura quente com cuidado. Frite de um lado até dourar, por 1 a 2 minutos. Vire e complete o cozimento do outro lado, em mais 1 a 2 minutos.
4. Retire as fatias de abobrinha do óleo, ponha-as sobre o papel absorvente e ajuste o tempero com sal, se necessário. Sirva imediatamente.

Bolinhos de milho

Rendimento: 10 porções

- 1,13 kg de milho, fresco ou congelado
- 2 ovos batidos
- 57 g de queijo *cheddar* ralado (opcional)
- 113 g de farinha de trigo comum
- 57 g de açúcar
- 1 colher (chá)/3 g de sal, ou a gosto
- ¼ de colher (chá)/0,5 g de pimenta-do-reino preta moída
- 240 mℓ de óleo, ou quanto baste para fritar

1. Misture o milho, os ovos e o queijo, se quiser, em uma tigela pequena. Em outra tigela, misture a farinha, o açúcar, o sal e a pimenta-do-reino, e faça um buraco no centro. Ponha nele a mistura de milho, de uma só vez. Misture até obter uma massa mole relativamente lisa.
2. Aqueça cerca de 1 cm de óleo numa *sauteuse* média, a 185 °C. Com a concha, coloque 30 mℓ da massa mole para cada bolinho, no óleo quente.
3. Frite-os de um lado até ficarem dourados, em 2 a 3 minutos. Vire-os uma vez e termine de fritá-los do outro lado, em mais 2 minutos. Coloque-os sobre o papel absorvente, ajuste o tempero com sal, se necessário, e sirva-os bem quentes.

Tempura vegetal

Rendimento: 10 porções

- 480 ml de óleo vegetal
- 240 ml de óleo de amendoim
- 240 ml de óleo de gergelim
- 2 batatas baraka em tiras de 3 mm a 6 mm
- 2 cebolas em tiras de 3 mm a 6 mm
- 2 cenouras em tiras de 3 mm a 6 mm
- 454 g de vagem com 5 cm de comprimento
- 20 folhas de *perilla**
- 454 g de raiz de lótus em fatias de 3 mm de espessura
- 227 g de farinha de trigo comum, ou quanto baste
- **Massa mole para *tempura*** (p. 541), quanto baste
- 600 ml de **molho para *tempura*** (p. 541)

1. Misture os três tipos de óleo em uma frigideira funda e aqueça entre 166 °C e 171 °C.
2. Passe os vegetais pela farinha, depois pela massa mole e frite imediatamente, até que fiquem crocantes e brancos ou um pouco dourados.
3. Coloque o *tempura* numa grade forrada com papel absorvente para escorrer o óleo.
4. Sirva imediatamente com o molho para *tempura*.

Bananas-da-terra fritas

Rendimento: 10 porções

- 960 ml de óleo vegetal, ou quanto baste para fritar
- 3 bananas-da-terra, não muito maduras
- Sal, a gosto

1. Aqueça o óleo a 177 °C em um *rondeau* ou fritadeira.
2. Descasque as bananas-da-terra e corte-as em fatias bem finas (cerca de 1,5 mm), na diagonal.
3. Frite as bananas-da-terra, virando-as com frequência, até que fiquem douradas, em 4 a 5 minutos. Trabalhe em lotes, se necessário. Escorra-as em papel absorvente e tempere-as com sal assim que saírem da fritadeira. Sirva imediatamente.

Tostones: Corte as bananas-da-terra em fatias com 1 cm de espessura e frite-as conforme as instruções ao lado. Pressione-as com uma pequena *sauteuse* até que cheguem a uma espessura de cerca 6 mm. Misture 240 ml de água, 28 g de sal e 4 dentes de alho amassados. Coloque as bananas-da-terra já cozidas nessa mistura. Retire o excesso de água e frite por imersão pela segunda vez. Escorra em papel absorvente e tempere com sal. Sirva imediatamente.

Ratatouille

Rendimento: 10 porções

- 90 ml de azeite de oliva, ou quanto baste
- 340 g de cebola em cubos médios
- 21 g de alho amassado
- 28 g de extrato de tomate
- 113 g de pimentão vermelho em cubos médios
- 454 g de berinjela em cubos médios
- 340 g de abobrinha em cubos médios
- 227 g de tomate sem pele nem sementes, em cubos médios
- 120 ml de **fundo de frango** (p. 277) ou **fundo de vegetais** (p. 279), ou quanto baste
- Sal, a gosto
- Pimenta-do-reino preta moída, a gosto
- 14 g de ervas, como tomilho, salsa e orégano, picadas

1. Aqueça o azeite em fogo médio, em uma panela grande ou *rondeau*. Coloque as cebolas e salteie-as até ficarem translúcidas, em 4 a 5 minutos. Adicione o alho e refogue até que ele fique macio, em cerca de 1 minuto.
2. Reduza a chama para médio-baixa. Adicione o extrato de tomate e cozinhe até revestir completamente as cebolas e desenvolver uma cor mais forte, em 1 a 2 minutos.
3. Adicione os vegetais na seguinte sequência: pimentões, berinjelas, abobrinhas, cogumelos e tomates. Cozinhe cada vegetal até ficar macio (2 a 3 minutos cada) antes de acrescentar o seguinte.
4. Acrescente o fundo e ponha em fogo baixo, para cozinhar os vegetais, que devem ficar úmidos, mas não ensopados demais. Cozinhe até que os vegetais estejam macios e saborosos. Tempere com o sal, a pimenta-do-reino e as ervas frescas. Sirva imediatamente.

---

*Erva aromática amplamente cultivada na Índia e no leste asiático. (N. E.)

Bananas-da-terra fritas

Couve-manteiga braseada

Rendimento: 10 porções

- 1,81 kg de couve-manteiga lisa ou crespa
- 113 g de *bacon* finamente picado
- 227 g de cebola ralada
- 3 dentes de alho amassados
- 300 mℓ de **fundo de frango** (p. 277)
- 15 g de açúcar
- 1 jarrete de porco
- Sal, a gosto
- Pimenta-do-reino preta moída, a gosto
- 2 colheres (sopa)/30 mℓ de vinagre de sidra

1. Tire o talo da couve e corte-a em bocados pequenos.
2. Derreta a gordura do *bacon* em uma *sauteuse* grande, em fogo médio. Quando ele estiver dourado, junte as cebolas e o alho, e refogue até liberar o aroma.
3. Acrescente a couve branqueada, deglace com um pouco do fundo e reduza à metade. Junte o açúcar.
4. Adicione o jarrete de porco e o fundo restante. Tempere com o sal e a pimenta-do-reino. Braseie no forno a 177 °C, durante cerca de 30 a 45 minutos, até ficar macio.
5. Retire a couve e o jarrete de porco da panela e reserve. Junte o vinagre aos sucos e reduza o líquido pela metade. Junte o líquido reduzido à couve e ajuste o tempero com sal e pimenta. Desosse a carne do porco e junte à couve, se desejar. Sirva imediatamente.

Erva-doce braseada na manteiga

Rendimento: 10 porções

- 2,04 kg de erva-doce
- 170 g de manteiga
- 360 mℓ de **fundo de frango** (p. 277) ou **fundo de vegetais** (p. 279)
- 60 mℓ de suco de limão-siciliano
- Sal, a gosto
- Pimenta-do-reino preta moída, a gosto
- 113 g de queijo parmesão ralado

1. Tire os caules da erva-doce e limpe as raízes. Corte ao meio ou em quatro, do caule para a raiz, dependendo do tamanho dos bulbos.
2. Aqueça metade da manteiga em um *rondeau*, em fogo médio-alto. Adicione a erva-doce e vire-a para revesti-la com manteiga por igual. Acrescente o fundo e tempere com o suco de limão, o sal e a pimenta-do-reino.
3. Espere ferver suavemente, tampe e braseie a erva-doce no forno a 163 °C até que esteja bem macia, mas sem perder a forma, em cerca de 45 minutos. O líquido deve ter evaporado quase todo. Se necessário, cozinhe suavemente em fogo médio até que se tenha reduzido.
4. Retire a tampa do recipiente e espalhe o parmesão, em uma camada uniforme, sobre a erva-doce. Distribua, então, a manteiga restante em pedacinhos.
5. Coloque a erva-doce, sem tampa, no forno a 232 °C ou na salamandra, até que a manteiga e o queijo formem uma crosta dourada. Sirva imediatamente.

Repolho roxo braseado

Rendimento: 10 porções

- 3 colheres (sopa)/45 mℓ de óleo vegetal ou gordura de *bacon* derretida
- 113 g de cebola em cubos médios
- 227 g de maçã Granny Smith descascada, em cubos médios
- 240 mℓ de vinho tinto
- 240 mℓ de vinagre de vinho tinto
- 28 g de açúcar
- 57 g de geleia de groselhas vermelhas
- 1 pau de canela
- 1 cravo-da-índia
- 1 folha de louro
- 3 bagas de zimbro
- 907 g de repolho roxo em *chiffonade*
- **Fundo de vegetais** (p. 279) ou água, se necessário
- ½ colher (chá)/1,5 g de sal
- ¼ de colher (chá)/0,5 g de pimenta-do-reino preta moída

1. Aqueça o óleo ou a gordura de *bacon* em uma panela grande ou *rondeau*, em fogo médio-baixo. Adicione as cebolas e as maçãs e refogue-as até que as cebolas estejam translúcidas e as maçãs, ligeiramente macias, em cerca de 5 minutos.
2. Acrescente a água, o vinho, o vinagre, o açúcar e a geleia. O sabor deve ficar ácido e forte.
3. Faça um *sachet* com o pau de canela, o cravo-da-índia, a folha de louro e as bagas de zimbro. Adicione o *sachet* e o repolho na panela. Tampe e braseie no forno a 177 °C até que o repolho esteja macio, em 45 minutos a 1 hora. Verifique de vez em quando para assegurar-se de que os líquidos não evaporaram completamente. Adicione mais água, se necessário.
4. Retire o *sachet*. Tempere com o sal e a pimenta-do-reino e sirva imediatamente.

Alface-romana braseada

Rendimento: 10 porções

- 2,04 kg de alface-romana
- 71 g de manteiga
- 142 g de cebola em cubos pequenos
- 142 g de cenoura em fatias finas
- 300 mℓ de **fundo escuro de vitelo** (p. 277), **fundo de frango** (p. 277) ou **fundo de vegetais** (p. 279)
- Sal, a gosto
- Pimenta-do-reino preta moída, a gosto
- 170 g de toucinho sem casca em fatias de 3 mm de espessura

1. Limpe a alface retirando as folhas estragadas e a parte inferior. Remova partes amareladas. Ferva água salgada numa panela grande. Branqueie os pés de alface inteiros por 1 minuto, até que a cor fique brilhante e as folhas estejam macias. Escorra a alface, passe-a por água fria para interromper o cozimento e escorra-a novamente.
2. Para fazer porções individuais, corte a alface-romana no sentido do comprimento, em dez partes iguais. Retire as partes duras. Enrole cada porção em forma de cilindro, espremendo o excesso de água enquanto enrola. Para fazer porções maiores, que podem ser fatiadas para o serviço, retire as folhas externas maiores e arrume-as para formar um retângulo grande em um filme plástico ou papel-manteiga. Retire a parte central dos pés de alface e arrume as folhas uniformemente sobre as folhas externas. Enrole como rocambole, espremendo para retirar a água.
3. Aqueça a manteiga em um *rondeau*, em fogo médio. Adicione as cebolas e as cenouras e refogue, em fogo baixo, até que fiquem macias e comecem a liberar seus sucos, em 8 a 10 minutos. Junte a alface-romana à panela, em uma camada uniforme. Acrescente o fundo e espere ferver suavemente. Tempere com o sal e a pimenta-do-reino. Por cima da alface, distribua as fatias de toucinho.
4. Tampe a panela e braseie a alface no forno a 177 °C, por 25 a 30 minutos, ou até que esteja bem tenra e o toucinho, crocante. Retire a tampa nos 10 minutos finais, se necessário, para reduzir o líquido de cocção adequadamente e dourar o toucinho.

5. Retire a alface do líquido e mantenha-a aquecida. Desengordure o líquido e ajuste o tempero com o sal e a pimenta-do-reino. Reduza o líquido ainda mais para fazer um molho e concentrar o sabor, se necessário.
6. Sirva com o molho, em pratos aquecidos.

Sauerkraut braseado

Rendimento: 10 porções

120 mℓ de gordura de porco derretida ou óleo vegetal

227 g de cebola em cubos pequenos

198 g de maçã Golden Delicious ralada e descascada

170 g de batata baraka ralada

1,13 kg de **sauerkraut caseiro** (p. 611)

1 colher (chá)/2 g de sementes de alcaravia

12 bagas de zimbro

960 mℓ de **fundo escuro de porco** (p. 278) ou **fundo escuro de vitelo** (p. 277)

1. Aqueça a gordura de porco ou o óleo em um *rondeau* grande, em fogo médio. Adicione as cebolas e as maçãs e refogue-as até ficarem macias e translúcidas, em 8 a 10 minutos.
2. Acrescente as batatas e cozinhe por mais alguns minutos. Junte o *sauerkraut*, as sementes de alcaravia, as bagas de zimbro e o fundo. Espere ferver, tampe e braseie no forno a 163 °C até que o fundo tenha evaporado quase completamente e o *sauerkraut* tenha um bom sabor, em 1 a 1½ hora. Se o *sauerkraut* tiver líquido demais, coloque-o no topo do fogão e reduza o líquido, se necessário.
3. Agora, o *sauerkraut* está pronto para ser servido ou pode ser resfriado rapidamente e guardado na geladeira para uso posterior.

Ervilhas frescas à francesa

Rendimento: 10 porções

57 g de cebola pérola

113 g de manteiga

567 g de ervilha fresca descascada

340 g de alface romana em *chiffonade*

120 mℓ de **fundo de frango** (p. 277)

Sal, a gosto

Pimenta-do-reino preta moída, a gosto

3 colheres (sopa)/25 g de farinha de trigo comum

1. Leve ao fogo uma panela grande com água e espere abrir fervura. Adicione a cebola pérola e branqueie-as por 1 minuto. Retire a cebola, passe-a por água fria até que possa ser manuseada e descasque-a.
2. Aqueça 57 g da manteiga em uma *sauteuse* grande, em fogo baixo, e adicione a cebola pérola. Tampe e cozinhe até que esteja macia e translúcida, em cerca de 8 a 10 minutos.
3. Acrescente a ervilha, a alface e o fundo à cebola. Tempere com o sal e a pimenta-do-reino. Espere que o fundo ferva suavemente em fogo baixo e tampe a panela. Cozinhe a ervilha até que esteja macia, em cerca de 3 a 4 minutos.
4. Misture a manteiga restante à farinha de trigo e acrescente-as gradativamente à ervilha até que o líquido de cocção espesse ligeiramente. Acerte o tempero, se necessário, e sirva em pratos aquecidos.

cozinhar batatas

A batata é um dos vegetais mais versáteis, sendo encontrada em praticamente todas as categorias de *menu*, como componente principal de tira-gostos, sopas, pratos principais e acompanhamentos, e também como ingrediente importante em preparações como suflês, panquecas e pães.

CAPÍTULO 23

variedades de batata

As batatas diferem em conteúdo de amido e umidade, cor da pele e da polpa e tamanho. As batatas-doces e o inhame, embora não relacionadas à batata botanicamente, compartilham com ela muitas características e podem ser tratadas da mesma maneira. Cada técnica de cocção produz diferenças marcantes em textura, sabor e aparência das batatas. É importante para qualquer chef conhecer as características naturais de cada tipo de batata e as maneiras como uma determinada técnica podem ressaltar ou depreciar essas características.

BAIXA UMIDADE/ALTO TEOR DE AMIDO

As batatas desta categoria incluem a Idaho ou a *russet* (também chamadas *baking* ou *bakers*) e algumas variedades miúdas. Quanto mais alto o teor de amido, mais granular e seca a batata fica depois de cozida. É fácil amassar sua polpa ou fazer flocos com ela. Essas batatas, boas para assar e para purês, também servem para fritar porque o baixo teor de umidade torna menos provável que respinguem. Sua tendência natural para absorver umidade também as torna uma boa escolha para pratos de escalope ou outros, de estilo *casserole*.

UMIDADE E AMIDO MODERADOS

As batatas desta categoria incluem as chamadas comum, *boiling*, inglesa, Maine e US 1, e também as batatas de casca vermelha, *waxy yellow* (por exemplo, Yellow Finn e Yukon Gold), e certas variedades *fingerling*. As batatas com quantidade moderada de umidade e amido tendem a manter a forma mesmo depois de cozidas até ficarem macias. Isso as torna uma boa escolha para ferver, cozer no vapor, saltear, assar no forno e brasear ou ensopar. São frequentemente usadas em saladas e sopas. Muitos chefs gostam de usar batatas *waxy yellow* para assar, fazer purê e pratos no estilo *casserole*, em virtude de seu sabor excepcional.

ALTA UMIDADE/BAIXO TEOR DE AMIDO

As batatas desta categoria incluem as "novas" (qualquer batata colhida com menos de 4 cm de diâmetro) e algumas variedades miúdas. A casca da batata nova é macia e não precisa ser retirada antes de cozinhar ou de comer. Seu sabor naturalmente doce e fresco se destaca melhor em técnicas simples como ferver, cozer a vapor ou assar no forno.

As batatas cozidas estão entre as preparações mais simples, com um sabor sutil, natural. Na ausência de um grande número de aromáticos ou sabores de sustentação, a atenção deve se focalizar na boa técnica e na seleção e manuseio cuidadoso da própria batata. Cada variedade tem textura e sabor únicos depois de fervida. Algumas mantêm a forma mesmo quando fervidas até ficarem muito macias, e apresentam consistência suave e macia. Outras têm consistência mais farinhenta e tendência a se desmanchar depois de cozidas. Tanto as batatas fervidas como as cozidas no vapor podem ser cozidas em determinado ponto: parcialmente cozidas para pratos salteados, completamente cozidas para purês e cozidas e resfriadas para saladas.

batatas cozidas

As batatas com umidade moderada ou alta são uma boa escolha para os pratos em que devem aparecer inteiras, pois mantêm a forma quando fervidas. Aquelas com pouca umidade são preferíveis para fazer purês.

Escove as batatas ou lave-as e retire os olhos e brotos. As batatas podem ser descascadas antes de cozidas em água; as miúdas de pele macia e as batatas novas, em geral, são preparadas com casca, o que, em francês, é chamado *en chemise*. Se as batatas forem cozidas inteiras, certifique-se de que sejam semelhantes no tamanho. Se necessário, corte-as em formas regulares e uniformes.

As manchas verdes da batata devem ser completamente retiradas. Essa cor indica a presença de uma toxina chamada solanina, que é prejudicial à saúde quando ingerida em grandes quantidades. Essa mesma toxina está presente nos brotos e nos olhos das batatas, que, por isso, devem ser retirados.

As batatas cruas oxidam e perdem a cor depois de descascadas; começam por tornar-se rosa-claras e, finalmente, cinza-escuras ou pretas. Para impedir essa descoloração, coloque as batatas descascadas ou cortadas cruas em água fria, até o momento de cozinhar. Quando possível, use a água em que as demolhou para cozinhá-las, de modo a reter os nutrientes.

Para que as batatas cozinhem por igual, coloque-as em líquido frio, em geral água, embora algumas receitas especifiquem fundo ou leite para obter sabor, textura ou aparência especiais. Muitas vezes, o sal é adicionado ao líquido de cocção. Se estiver usando sal, coloque o suficiente para sublinhar o sabor da batata. Especiarias podem ser adicionadas ao líquido de fervura; açafrão ou açafrão-da-terra conferem às batatas cozidas uma cor dourada e um sabor especial. Se estiver precozendo, junte um pouco mais de sal do que se estiver cozendo completamente as batatas.

A batata fervida de modo adequado tem aroma e sabor delicados e textura macia. As batatas fervidas que serão servidas inteiras devem manter a forma, mas estar extremamente macias. Os temperos acrescidos à água do cozimento, assim como quaisquer outros ingredientes de acabamento ou guarnição, devem ser apropriados para o prato pronto.

As necessidades de equipamento para batatas fervidas são simples: uma panela grande o bastante para conter a água e as batatas, uma colher perfurada ou escorredor para escorrê-las e recipientes para conservá-las aquecidas. Podem-se usar assadeiras para manter as batatas em uma só camada, a fim de esfriá-las rapidamente ou secá-las.

» receita básica

Batatas cozidas
(10 porções)

1,81 kg de batata com umidade moderada ou alta (pesada antes de descascar e de cortar) ou 1,47 kg de batata descascada e cortada

Líquido frio suficiente para cobrir as batatas completamente

Sal e outros temperos

Ingredientes de finalização e de guarnição

método rápido »

1. Coloque as batatas em uma panela.
2. Adicione líquido suficiente para cobri-las.
3. Espere ferver.
4. Abaixe o fogo.
5. Cozinhe em fogo brando até chegar ao ponto ideal.
6. Escorra e seque as batatas. Sirva imediatamente, faça purê ou guarde para outra finalidade.

dicas do especialista «

As batatas podem ser preparadas de várias maneiras, dependendo do resultado desejado. O método usado sempre vai ter um efeito sobre o sabor e a textura do prato finalizado. Fatores a serem considerados incluem:

TAMANHO DA BATATA / **BATATA COM CASCA** *VERSUS* **DESCASCADA** / **TIPO DE CORTE**

Outros ingredientes podem ser adicionados para incrementar o sabor. Acrescente-os no momento apropriado, geralmente depois de as batatas serem cozidas:

ERVAS FRESCAS / **ESPECIARIAS MOÍDAS** / **ALHO ASSADO**

batatas cozidas

1. **Coloque as batatas** em uma panela de tamanho apropriado e acrescente água fria suficiente para cobri-las totalmente. Adicione sal e/ou outros temperos ao líquido de cozimento, conforme necessário. Começar o processo de cozimento com água fria permite que o calor penetre devagar e de maneira uniforme, dando às batatas textura regular, sem cozinhar demais a polpa exterior. Cozinhe suavemente até que as batatas estejam prontas.

Para testar o ponto, prove um pedaço ou fure a batata com a ponta do garfo. Se não houver resistência, elas estão cozidas. Se tiver de cozê-las apenas parcialmente, deve haver resistência crescente à medida que o garfo for inserido na batata.

Escorra as batatas assim que estiverem prontas e seque-as para melhorar o sabor e a textura. As batatas podem ser secas colocando-as de volta na panela, sem tampa, em fogo muito baixo. Ou então espalhe-as, em uma única camada, em um tabuleiro e coloque-o no forno preaquecido. As batatas estarão secas o bastante quando não liberarem mais vapor.

Se as batatas foram cozidas com casca, descasque-as assim que estiverem frias o bastante para ser manuseadas. Use uma faca de legumes para retirar olhos ou manchas escuras. Para mantê-las na cozinha por pouco tempo (menos do que uma hora), cubra-as com um pano limpo úmido e mantenha-as aquecidas.

« método detalhado

COZINHANDO BATATAS NO VAPOR

O cozimento a vapor pode ser usado como alternativa à fervura. Para fazê-lo da maneira adequada, prepare as batatas como se fosse fervê-las; corte-as de modo uniforme ou selecione batatas inteiras, de tamanho semelhante, para cozinhar no mesmo lote. As batatas devem ser arranjadas em camadas uniformes nas grades ou panelas superiores da panela a vapor para que o vapor circule completamente e estimule um cozimento completo e rápido.

Os fornos a vapor e convecção ou pressão são úteis para cozer grande quantidade de batatas a vapor. Permitem o preparo de lotes, conforme necessário, durante todo o período da refeição, e são adequados às intensas demandas de um banquete ou em refeições de cunho institucional.

Sempre que usar uma panela para cozimento a vapor no topo do fogão, lembre-se de que, quanto maiores forem as batatas, mais tempo levarão para cozinhar e haverá necessidade de mais líquido. Coloque água na parte inferior da panela e espere abrir fervura antes de colocar a parte superior com as batatas ou os outros andares. As batatas devem ser arrumadas de modo que o vapor possa circular livremente em torno delas. Não as empilhe nem coloque batatas demais. Várias ervas, especiarias ou vegetais aromáticos podem ser acrescentados ao líquido de cocção ou diretamente sobre as batatas, para permitir que o vapor transfira o sabor para elas.

O PURÊ DE BATATAS É UMA PREPARAÇÃO BÁSICA IMPORTANTE. PODE SER MISTURADO COM LEITE E MANTEIGA PARA SE OBTER UM PURÊ ESPECIAL, COM GEMAS DE OVO PARA FAZER BATATAS *DUCHESSE* OU CROQUETES, OU COM *PÂTE À CHOUX* PARA FRITAR COMO *POMMES LORETTE*. AS BATATAS QUE SERÃO USADAS NO PURÊ SÃO PRIMEIRO COZIDAS POR FERVURA, A VAPOR OU ASSADAS COM A CASCA.

purê de batatas

As melhores batatas para fazer purê são as de umidade baixa a moderada, como as *russet* e *waxy yellow*. Tenha à mão batatas cozidas no vapor já escorridas e secas, que ainda estejam bem quentes. Também podem ser utilizadas batatas assadas.

Além de sal e pimenta-do-reino, que são temperos padrões para purê de batatas, para se obter sabores especiais, muitos outros ingredientes podem ser adicionados. Todos esses ingredientes devem ser aquecidos à mesma temperatura do purê ou à temperatura ambiente. As escolhas incluem leite ou creme de leite, manteiga macia (não derretida), caldo de frango ou carne, alho, chalotas, cebolinha francesa, raiz-forte, mostarda, queijo ou purês de outros vegetais, como nabo ou aipo-rábano. Para fazer batatas *duchesse* ou *lorette* também são necessárias gemas de ovo ou *pâte à choux*.

A melhor textura de purê de batatas é obtida com o passador de legumes ou com o espremedor de batatas. Use um amassador de batatas para obter uma textura mais grossa. O purê pode ser misturado com outros ingredientes à mão, com uma colher de pau ou com um misturador elétrico, para um purê especial. Se o purê se destinar à decoração de pratos ou tiver de ser modelado de diversas formas, será necessário um bico de confeitar com pontas pitanga ou simples.

purê de batatas

» receita básica

Purê de batatas
(10 porções)

1,81 kg de batata com baixa umidade (pesada antes de descascar e de cortar) ou 1,47 kg de batata descascada e cortada

360 mℓ a 480 mℓ de leite ou creme de leite fresco (36% a 40%)

113 g a 227 g de manteiga à temperatura ambiente

Sal, pimenta e/ou outros temperos

método rápido »

1. Cozinhe em água, no vapor ou asse as batatas até que elas estejam macias.
2. Seque as batatas cozidas ou preparadas no vapor em uma assadeira rasa em forno médio.
3. Faça o purê passando as batatas por um espremedor, uma peneira ou um passador de legumes.
4. Adicione leite quente, creme de leite ou manteiga à temperatura ambiente.
5. Ajuste os temperos conforme necessário.
6. Sirva ou guarde as batatas ainda mornas.

dicas do especialista «

O purê de batatas básico contém leite, manteiga, sal e pimenta, mas há outros ingredientes que podem ser usados ou substituir os tradicionais de acordo com suas necessidades ou seu gosto.

Leite, provavelmente, é o líquido mais comumente usado em purê de batatas. Para criar um purê com sabor e textura diferenciados, tente substituir parte do leite ou mesmo todo ele por um dos ingredientes a seguir:

CALDO (DE VEGETAIS, FRANGO, CARNE OU VITELO) / CREME DE LEITE FRESCO / FUNDO

Outros ingredientes que conferem sabor e aroma ao purê incluem:

CEBOLINHAS OU CEBOLINHAS FRANCESAS PICADAS / ERVAS PICADAS, COMO SALSINHA, ALECRIM OU SÁLVIA / QUEIJO RALADO / AZEITE DE OLIVA / PURÊ DE VEGETAIS, COMO CENOURA, ABÓBORA OU SALSÃO / ALHO ASSADO OU SALTEADO

capítulo 23 » COZINHAR BATATAS 737

método detalhado »

1. **Cozinhe as batatas** em água, no vapor ou assando-as, até que fiquem bem macias. Aqueça o leite ou creme de leite. As batatas podem ser descascadas e cortadas em cubos antes de cozinhar, para reduzir o tempo de cozimento e secagem, quando fervidas (p. 733) ou cozidas a vapor (p. 735). Para assar batatas para purês, deixe-as inteiras, com casca (p. 741). Tempere, fure e asse as batatas até que estejam bem macias. Quando estiverem prontas, corte-as imediatamente ao meio e retire a polpa. Use um pano de pratos limpo para proteger as mãos enquanto trabalha.

Para obter os melhores resultados, as batatas devem estar quentes e o equipamento, aquecido; depois de escorridas e secas, processe-as com um passador de legumes ou pelo espremedor de batatas quente. Se estiverem adequadamente cozidas, não devem oferecer qualquer resistência. Verifique a tigela periodicamente para certificar-se de que não está cheia demais. Não use liquidificador ou processador de alimentos, pois a textura da batata pode se tornar viscosa, grudenta e não poderá ser modelada. Quantidades maiores de batatas podem ser passadas por um moedor diretamente na tigela do *mixer*.

2. **Adicione temperos** e quaisquer ingredientes adicionais, como desejar ou seguindo a orientação da receita. Certifique-se de que os outros ingredientes estão na temperatura correta quando os acrescentar ao purê. O leite ou o creme de leite deve estar em temperatura próxima da fervura suave; a manteiga, à temperatura ambiente. Tempere o purê de batatas com cuidado, com sal e pimenta-do-reino.

Junte aromatizantes como purê de alho assado. Mexa com uma colher ou use a pá de uma batedeira elétrica. Não mexa o tempo todo, para que a batata não libere amido demais, o que daria ao purê uma consistência pesada e viscosa.

BATATAS, GRÃOS, LEGUMES, OUTROS VEGETAIS, MACARRÃO E MASSAS

purê de batatas

3. Para fazer batatas *duchesse*, faça um purê como explicado na p. 753 e o coloque em um saco de confeitar e ponha porções uniformes em uma assadeira coberta com papel-manteiga. O purê de batatas também pode ser colocado diretamente em bandejas ou nos pratos.

O purê pode esperar pela hora do serviço sobre água quente ou em uma mesa de vapor, com a superfície diretamente coberta com filme plástico. Não o deixe esperar por muito tempo, para não degradar sua qualidade.

4. Asse batatas *duchesse*, como se vê ao lado, até obter uma rica cor dourada. Um bom purê de batatas é homogêneo, de textura leve, e mantém a forma quando cai da colher. Deve ser cremoso, sem evidências de que a gordura se tenha separado do purê.

Os purês a serem usados em pratos que depois serão assados, salteados ou fritos por imersão podem ser refrigerados por muitas horas. Depois que o cozimento final terminar, devem ser servidos imediatamente.

capítulo 23 » COZINHAR BATATAS

A BATATA ASSADA CLÁSSICA É SERVIDA EM SUA PRÓPRIA CASCA CROCANTE E GUARNECIDA COM MANTEIGA, SAL, PIMENTA-DO-REINO E, TALVEZ, CREME AZEDO E CEBOLINHAS FRANCESAS. QUANDO AS BATATAS SÃO COZIDAS NO FORNO SEM QUALQUER LÍQUIDO OU VAPOR, DESENVOLVEM SABOR INTENSO E UMA TEXTURA SECA, LEVE. AS BATATAS COM ALTO TEOR DE AMIDO, COMO IDAHO OU *RUSSET*, FICAM FARINHENTAS. QUANTO MAIS ALTA FOR A UMIDADE DA BATATA, MAIS CREMOSA E ÚMIDA SERÁ A BATATA ASSADA.

batatas assadas

Muitas vezes, as batatas assadas são servidas em sua forma original, em suas cascas, mas há outros usos e apresentações para elas. A polpa pode ser retirada da casca e transformada em purê, que pode ser servido num prato ou devolvido à casca vazia, numa preparação chamada batatas recheadas ou assadas duas vezes. Quando cozidas no forno, as batatas são cobertas com óleo, manteiga ou com os sucos de um item assado até dourarem por fora e ficarem completamente macias por dentro.

As batatas com baixo teor de umidade são, de hábito, melhores para assar, embora as *waxy yellow* também deem bons resultados. Para assar no forno, podem-se usar batatas com baixa ou alta umidade. Escove-as bem. Para batatas com casca relativamente grossa, a escova funciona bem. Com batatas novas, use um pano. Seque as batatas antes de colocá-las na assadeira, para impedir o excesso de vapor quando começarem a assar. Fure a pele em alguns lugares, a fim de permitir a saída do vapor que se cria durante o cozimento.

Nunca enrole a batata em papel-alumínio antes de assar, pois o resultado será semelhante ao cozimento a vapor: a pele não ficará crocante e há uma notável diferença no sabor. Pelas mesmas razões, as batatas assadas no micro-ondas não dão bons resultados. Alguns chefs acreditam que assar batatas sobre uma camada de sal, ou esfregando a casca levemente com óleo, estimula o desenvolvimento de uma pele crocante e delicada e de um interior macio.

Para assar batatas no forno, escove-as ou descasque-as e corte-as no tamanho desejado. Passe por gordura (gordura e sucos de carnes assadas, óleo, manteiga clarificada, banha, gordura de ganso, etc.) e tempere como desejar, com sal e pimenta, ervas frescas ou secas, ou especiarias.

Avalie a qualidade da batata assada pronta. Ela deve ter a casca muito crocante e estar macia o suficiente para ser facilmente amassada quando cozida. Sirva as batatas assadas assim que estiverem prontas; isso assegura o melhor sabor possível, uma boa textura e uma ótima temperatura de serviço.

As necessidades de equipamento para assar batatas são mínimas; apenas o forno é realmente essencial. As batatas podem ser colocadas diretamente nas grades do forno, ou arranjadas em assadeiras (o que torna mais fácil tirá-las e colocá-las no forno, em particular quando se trata de quantidades grandes). Se você for rechear as batatas, será necessário o equipamento para purê, como o espremedor de batatas ou passador de legumes. Tenha à mão os utensílios para aquecer e servir, conforme necessário. Para fazer batatas assadas, tenha à mão assadeiras rasas, que possam conter as batatas em uma única camada. Também é preciso ter utensílios para virar as batatas enquanto elas assam.

batatas assadas

» receita básica

Batatas assadas
(10 porções)

10 batatas para assar (cerca de 170 g cada) ou 1,81 kg de batata de baixa umidade ou batata de polpa amarela escovada

Sal ou óleo para besuntar levemente as batatas (opcional)

Ingredientes de finalização e de guarnição

Batatas douradas no forno
(10 porções)

1,81 kg de batata com umidade moderada ou alta (pesada antes de descascar e de cortar) ou 1,47 kg de batata descascada e cortada

Gordura suficiente para envolver levemente as batatas

Sal e outros temperos

Ingredientes de finalização e de guarnição

método rápido »

1. Escove as batatas e fure a casca. (*Opcional*: besunte-as com óleo ou sal.)
2. Coloque as batatas no forno quente.
3. Asse até ficarem macias.
4. Sirva ou guarde as batatas.

dicas do especialista «

Ingredientes adicionais podem ser usados para conferir maior sabor. Acrescente-os no momento certo. Ingredientes ou guarnições adicionais para batatas assadas geralmente são acrescentados depois de as batatas estarem assadas, no entanto há ingredientes que podem ser adicionados antes de elas serem douradas no forno, para infundir sabor.

AZEITE DE OLIVA / ALHO ASSADO OU CRU / CEBOLAS ASSADAS OU CRUAS / ERVAS PICADAS, COMO SALSINHA, ALECRIM OU SÁLVIA / CEBOLINHAS OU CEBOLINHAS FRANCESAS PICADAS / QUEIJO RALADO

método detalhado »

1. Para assar batatas inteiras, com casca, escove-as, seque-as e esfregue-as com óleo ou sal, se desejar. Fure-as com um garfo para permitir a saída do vapor enquanto assam. As batatas inteiras podem ser colocadas nas grades do forno ou em tabuleiros. Se colocadas em tabuleiros, vire-as uma vez, durante o cozimento, porque o lado em contato com o metal pode ficar ligeiramente encharcado e as batatas podem não assar por igual.

Tempere as batatas, fure-as e asse-as até ficarem macias. Leva cerca de 1 hora para uma batata de 170 g assar. Para testar o ponto, experimente um pedaço ou fure a batata com um garfo. Se não houver resistência quando ele entrar na polpa, a batata está pronta. Mexa as batatas assadas com tanta frequência quanto possível durante o tempo de cozimento, para que dourem por igual.

Sirva as batatas assadas imediatamente. Se isso não for possível, elas podem esperar em local aquecido, sem tampa, por menos de uma hora. Entretanto, o vapor interno pode fazer com que a casca crocante fique encharcada. As batatas recheadas podem ser preparadas com antecedência e conservadas, tampadas, na geladeira. Reaqueça e doure pouco antes de servir.

NOTA: Para batatas douradas no forno, escove, seque e corte-as em formato regular, se desejar. Descascá-las é opcional, já que alguns chefs preferem manter a casca para dar um sabor especial e melhorar o valor nutricional. Coloque as batatas em uma única camada em uma assadeira ou um tabuleiro. Mexa as batatas sempre que necessário enquanto estiverem assando para garantir que dourem por igual. Para verificar se estão prontas, prove um pedaço ou espete um garfo.

AS BATATAS *EN CASSEROLE* SÃO ASSADAS COM CREME DE LEITE OU COM UM CREME. AS BATATAS EM "ESCALOPE", *AU GRATIN* E *DAUPHINOISE* SÃO BONS EXEMPLOS DISSO. PARA PRATOS PREPARADOS *EN CASSEROLE*, BATATAS DESCASCADAS E FATIADAS (CRUAS OU PRÉ-COZIDAS PARA REDUZIR O TEMPO DE COZIMENTO) SÃO COMBINADAS COM CREME DE LEITE FRESCO (36% A 40%), UM MOLHO OU CREME CRU AROMATIZADOS E DEPOIS ASSADAS LENTAMENTE, ATÉ FICAREM BEM MACIAS, MAS AINDA EM CONDIÇÕES DE MANTER A FORMA QUANDO CORTADAS PARA O SERVIÇO.

batatas assadas *en casserole*

As batatas pouco úmidas, por tender a absorver líquidos, produzem batatas *en casserole* muito tenras. As *waxy yellow* também são, muitas vezes, preparadas dessa maneira; elas têm uma textura ligeiramente mais perceptível e cor dourada.

Escove e descasque as batatas, removendo os olhos. Corte-as em fatias finas, em cubos uniformes ou torneadas. Seque bem as batatas cruas que ficaram na água, antes de combiná-las com outros ingredientes. O excesso de água pode afetar de maneira desfavorável o sabor e a textura final do prato. Seque também as batatas pré-cozidas.

Aqueça o componente líquido do prato (creme de leite, creme ou fundo, por exemplo) antes de combiná-lo com as batatas, para que o prato chegue à temperatura de cozimento mais rapidamente, reduzindo o tempo de cocção e permitindo a infusão de sabores de ingredientes como ervas e temperos.

O sal e a pimenta-do-reino são básicos para qualquer prato *en casserole*. Muitas vezes, outras especiarias também se fazem necessárias. Muitos desses pratos pedem um ou mais queijos ralados, como *gruyère* e/ou parmesão. Podem-se usar ingredientes adicionais para introduzir cor, sabor e textura. São comuns opções com ervas, cogumelos, mostarda e farinha de rosca.

Os pratos *en casserole* são preparados em assadeiras ou recipientes semelhantes. Unte a assadeira generosamente com manteiga ou óleo, para evitar que grudem. O equipamento adicional útil, mas não essencial, inclui uma *mandoline*, para cortar a batata em fatias finas de maneira uniforme, e uma grande espátula, para servir porções individuais do prato.

» receita básica

Batatas *en casserole*
(10 porções)

1,47 kg de batata de baixa umidade ou batata amarela do tipo cerosa escovada (pesada antes de descascar e de cortar) ou 1,25 kg de batata descascada e cortada

720 ml a 900 ml de líquido (creme de leite fresco, leite, meio a meio, fundo ou molho)

2 ou 3 ovos, ou gemas de ovos (opcional)

113 g a 142 g de queijo ralado ou outra cobertura (opcional)

método rápido »

1. Coloque as batatas fatiadas em uma assadeira funda untada com manteiga.
2. Junte o creme de leite, o molho ou o creme de ovos (aquecidos).
3. Agite a assadeira para distribuir os ingredientes uniformemente e cubra com papel-alumínio.
4. Asse as batatas em forno médio até ficarem macias.
5. Polvilhe com farelo de pão, manteiga e queijo ralado e deixe gratinar.
6. Sirva ou guarde as batatas.

dicas do especialista «

Use líquidos aromáticos para incrementar o sabor e a textura:

CALDO (DE VEGETAIS, FRANGO, CARNE OU VITELO) / **CREME DE LEITE FRESCO** / **FUNDO**

Ingredientes adicionais podem ser usados para desenvolver maior sabor. Alguns podem ser acrescentados à mistura de batatas, e outros são usados como guarnição ou cobertura:

ALHO ASSADO OU SALTEADO / **CEBOLAS SALTEADAS** / **CEBOLINHAS OU CEBOLINHAS FRANCESAS PICADAS** / **ERVAS PICADAS, COMO SALSINHA, ALECRIM OU SÁLVIA** / **QUEIJO RALADO**

batatas assadas en casserole

» método detalhado

1. **Use uma *mandoline*** para obter fatias de batata finas e uniformes, com rapidez e eficiência. Use batatas de baixa umidade ou *waxy yellow*.

   Pré-cozinhe no líquido que a receita pede, se necessário. Cozinhe as batatas em fogo brando até que elas estejam parcialmente cozidas. Elas ainda devem estar firmes, mas macias. Se as batatas forem muito cozidas nessa etapa, ao final do processo a textura ficará muito amolecida, sem que se possam distinguir as camadas ao serem fatiadas. Se as batatas não forem suficientemente cozidas, o prato poderá ficar muito duro depois de pronto.

2. **Faça camadas uniformes** com as batatas, numa assadeira untada com manteiga. Arrume as batatas cruas ou pré-cozidas em camadas, separando as fatias, de modo a permitir que cozinhem por igual. Acrescente ingredientes aromáticos e temperos como alho em fatias, queijo ou sal e pimenta-do-reino, em cada camada, para distribuir melhor o sabor (ou coloque-os no líquido de cocção). Despeje um pouco do líquido sobre cada camada.

capítulo 23 » COZINHAR BATATAS

método detalhado »

3. Despeje o líquido de cocção quente sobre as batatas, uniformemente. Os cremes de leite, molhos e sucos liberados por outros alimentos devem estar muito quentes; os cremes devem estar aquecidos, mas não chegar a ferver. Agite ligeiramente a assadeira para distribuir o líquido entre as camadas por igual. Acrescente os ingredientes de cobertura, agora ou depois do cozimento, conforme necessário. Muitos pratos *en casserole* são chamados *gratins*. A superfície do *gratin* doura gradualmente e forma uma crosta.

Asse em forno quente (149 °C a 163 °C) até que as batatas estejam macias, e a parte superior, dourada. A temperatura média para assar evita que os cremes coalhem. Pode-se conseguir melhor textura cremosa assando pratos *en casserole* em banho-maria.

Se a cobertura começar a dourar depressa demais, reduza a temperatura do forno e borrife o prato levemente, com leite ou fundo, para umedecer e esfriar um pouco. Se as batatas ficarem prontas antes de o topo dourar, coloque o prato rapidamente sob a salamandra, para ganhar cor.

4. As batatas devem ficar úmidas e tenras, e manter a forma quando cortadas em porções e colocadas no prato. O molho deve ficar grosso e muito homogêneo, não aquoso, granuloso ou coalhado. O queijo deve dourar e ficar crocante, para maior sabor.

Esses pratos são, em particular, adequados para banquetes, porque são facilmente divididos em porções. Os pratos podem ser mantidos por todo o período de serviço habitual. Cubra o prato com papel-alumínio folgadamente e mantenha-o em local aquecido. Se necessário, reaqueça as batatas no forno ou doure-as ligeiramente na salamandra pouco antes de servi-las.

O SALTEADO É O MÉTODO PARA PREPARAR BATATAS FRITAS EM CASA, BATATAS ANNA, PANQUECAS DE BATATA, *HASH BROWNS*, *RÖSTI* E BATATAS *LYONNAISE*. AS BATATAS SALTEADAS COMBINAM UM EXTERIOR DOURADO E CROCANTE COM UM INTERIOR MACIO E ÚMIDO. A GORDURA DESEMPENHA PAPEL SIGNIFICATIVO NO SABOR DO PRATO PRONTO, E AS ESCOLHAS VÃO DO SABOR DAS BATATAS ESTILO ANNA OU *RÖSTI*, COZIDAS EM QUANTIDADES GENEROSAS DE MANTEIGA, AO SABOR MAIS RÚSTICO DE *HASH BROWNS* OU FRITAS FEITAS EM CASA, COM BANHA OU GORDURA DE PATO.

batatas salteadas

A chave para o sucesso dos pratos salteados está no preparo das batatas; elas devem estar inteiramente cozidas quando a parte exterior terminar de desenvolver boa cor e textura.

As batatas com umidade moderada têm as melhores textura e aparência para pratos salteados. Escove e descasque as batatas; remova os olhos. Corte-as em fatias, cubos, *julienne*, torneadas ou boleadas, de maneira uniforme. Se elas forem descascadas e cortadas com antecedência, mantenha-as submersas em água fria até o momento de cozê-las. Escorra-as e seque-as em papel absorvente imediatamente antes de saltear, para evitar que respinguem. Para reduzir o tempo de cozimento, cozinhe-as parcial ou totalmente com antecedência, no vapor ou em água fervente. Escorra e seque como descrito na p. 735.

Podem-se usar diferentes tipos de gordura, sós ou combinadas, para obter o melhor sabor no prato terminado: óleos vegetais, azeite de oliva, manteiga clarificada ou gordura de pato, ganso ou *bacon* derretida.

Tempere as batatas com sal e pimenta-do-reino durante o cozimento. Para produzir um prato com sabor ou aparência especiais, existe um amplo leque de ervas aromáticas e especiarias, vegetais e carnes que podem ser combinados às batatas. Entre eles estão as cebolas, as chalotas, as cebolinhas; pimentões verdes e vermelhos, em cubos; *bacon* ou toucinho, em cubos. Os ingredientes de acabamento, como creme de leite aquecido, manteiga derretida, creme azedo aquecido ou queijo ralado, podem ser adicionados às batatas durante o processo de cozimento ou depois que estas forem cozidas até ficar tenras.

Escolha uma *sauteuse* grande o bastante para conter as batatas sem ficar muito cheia. As panelas de ferro são em particular adequadas para batatas, porque criam uma crosta excepcionalmente crocante. Também podem ser necessárias espátulas, utensílios para servir e papel absorvente para secar o excesso de gordura.

» receita básica

Batatas salteadas
(10 porções)

1,81 kg de batata com umidade moderada (pesada antes de descascar e de cortar) ou 1,47 kg de batata descascada e cortada

Gordura para saltear (óleo, manteiga clarificada, gordura de pato, ganso ou *bacon*)

Sal e outros temperos

Ingredientes de finalização e guarnição

método rápido »

1. Aqueça a gordura em uma *sauteuse*.
2. Acrescente as batatas cortadas.
3. Agite a *sauteuse* vigorosamente para envolver as batatas uniformemente com a gordura.
4. Salteie as batatas, mexendo-as e virando-as constantemente, até que fiquem douradas por fora e macias por dentro.
5. Tempere e sirva.

dicas do especialista «

Para garantir sabor e aroma especiais às batatas salteadas, tente uma das opções a seguir ou uma combinação delas.

A gordura usada para fritar as batatas vai influenciar significativamente no sabor. Quaisquer das gorduras a seguir é comumente usada sozinha ou com alguma outra, dependendo do ponto de fumaça da gordura e do sabor desejado.

MANTEIGA CLARIFICADA / **AZEITE DE OLIVA** / **GORDURA DE PATO OU DE GANSO** / **ÓLEO VEGETAL**

A adição de certas carnes também é comum para incrementar o sabor das batatas salteadas:

BACON / **PANCETTA**

Ervas, especiarias e vegetais aromáticos acrescentados no momento adequado vão valorizar o sabor e a cor:

SALSÃO PICADO / **ALHO PICADO** / **ERVAS PICADAS, COMO SALSINHA, ALECRIM OU CEBOLINHA FRANCESA** / ***JALAPEÑOS* PICADOS** / **PIMENTAS PICADAS**

batatas salteadas

1. **Escove e descasque as batatas cruas** e corte-as, fatie-as ou rale-as, como desejar. Se as batatas ficaram na água antes de cozer, escorra-as e seque-as antes de salteá-las. Algumas receitas podem indicar que as batatas devem ser fervidas suavemente até estarem meio cozidas, antes ou depois de ser fatiadas ou cortadas.

   Use gordura suficiente para cobrir a panela generosamente, a fim de impedir que as batatas grudem ou se desmanchem enquanto cozinham. A gordura deve estar quente, de modo que a crosta comece a se formar de imediato. Essa crosta assegura a cor, o sabor e a textura adequados, e também impede que as batatas absorvam gordura demais.

   Doure as batatas de um lado, de maneira uniforme, antes de virá-las. Mexa-as ou agite a panela de vez em quando enquanto as batatas cozinham, para dourá-las por igual. Em geral, adicionam-se os ingredientes de guarnição ou acabamento quando as batatas estão quase cozidas. Para conseguir o máximo em sabor e textura, sirva as batatas salteadas imediatamente depois de cozinhá-las. Se necessário, entretanto, elas podem esperar por 5 a 10 minutos, sem tampa, em local aquecido.

2. **As batatas salteadas** devem apresentar a parte externa crocante, e a interna, macia. As batatas salteadas oferecem o sabor rico do dourado das batatas, assim como da própria gordura utilizada. Use temperos para sublinhar o sabor das batatas e ingredientes de guarnição e acabamento que acentuem ainda mais o sabor acrescentando seus próprios sabores, texturas e cores à apresentação final.

« **método detalhado**

As batatas fritas, assim como as cortadas em *waffle*, em palitos e as batatas suflês, são todas fritas por imersão. Pode parecer fácil fazê-las, mas isso exige muito cuidado, caso se pretenda atingir uma excelente qualidade. A maior parte das batatas fritas por imersão são, de início, branqueadas em óleo aquecido entre 149 °C e 163 °C até ficarem macias e quase translúcidas. Depois, são bem escorridas e conservadas até pouco antes de servir. Só então são finalizadas em óleo aquecido entre 177 °C e 191 °C.

batatas fritas por imersão

O branqueamento assegura que a batata pronta tenha a cor, a textura e o sabor apropriados, e que cozinhe completamente sem ficar gordurosa ou queimada. É particularmente importante branquear batatas suflês, de modo que inchem da maneira adequada. As batatas cortadas muito finamente (por exemplo, batatas em palito) podem, em geral, ser cozidas de uma só vez, sem branquear primeiro. As fritas por imersão, como *lorette*, *croquette* e *dauphine*, são feitas a partir de um purê.

As melhores batatas para fritar por imersão são as com baixa umidade. Escove-as, descasque-as e retire os olhos. Corte em fatias, *julienne*, *batonnet* ou outros cortes, de maneira uniforme. Se as batatas forem descascadas e cortadas antes de cozinhar, mantenha-as imersas em água fria. Se indicado, enxágue as batatas várias vezes em água fria, escorra-as e seque-as bem para impedir que respinguem quando forem adicionadas ao óleo. Enxaguá-las várias vezes em água fria retira o amido de sua superfície e impede que grudem umas nas outras. As que serão fritas por imersão para fazer batata palha ou palito, em particular, devem ser enxaguadas, para que não grudem enquanto cozinham. Aquelas usadas para ninhos de batatas e bolinhos precisam da coesão fornecida pelo amido da superfície, por isso não devem ser enxaguadas.

Escolha um óleo neutro, com ponto de fumaça alto, para fritar. Em geral, as batatas fritas por imersão são temperadas com sal depois de fritas, antes de ser servidas. Condimentos – *ketchup* e vinagre de malte são os mais comuns – podem ser servidos com elas.

Use um caldeirão próprio para fritura, uma frigideira funda, ou as fritadeiras elétricas ou a gás, que são excelentes para a fritura por imersão porque mantêm a temperatura constante. Elas também são fabricadas de tal maneira que torna relativamente fácil tanto limpar como lidar com o óleo de modo adequado. Utilize um termômetro para monitorar e controlar a temperatura. Depois que atingir a temperatura para fritar, ajuste o calor de modo que a temperatura permaneça mais ou menos constante. Também devem estar à mão outros utensílios, como cestas, pinças, espátulas e recipientes com papel absorvente.

batatas fritas por imersão

» receita básica

Batatas fritas por imersão
(10 porções)

1,13 kg a 1,59 kg de batata descascada e cortada

Óleo suficiente para cobrir completamente as batatas

Sal e outros temperos

Ingredientes de finalização e guarnição

método rápido »

1. Branqueie as batatas em óleo a 149 °C.
2. Escorra-as.
3. Aumente a temperatura do óleo para 191 °C.
4. Frite as batatas branqueadas até que fiquem douradas e subam à superfície do óleo.
5. Seque-as com papel absorvente.
6. Coloque sal longe da frigideira.
7. Sirva imediatamente.

dicas do especialista «

As batatas fritas por imersão podem parecer simples, mas, quando preparadas com carinho, podem se tornar um complemento muito importante para as texturas e sabores do prato.

Os diferentes cortes de batata oferecem resultados diferentes. Os mais finos ficam bem crocantes, enquanto os mais grossos, ou maiores, têm a parte externa crocante e a interna cremosa. Alguns dos diferentes cortes de batatas para fritura por imersão são:

ALLUMETTE OU PALITO / **SHOE STRING** / **GAUFRETTE**

O sal e, algumas vezes, a pimenta são os temperos mais comuns para batatas fritas por imersão. Além deles, tente diferentes especiarias moídas, ou misturas de especiarias, depois de fritar, para combinar com o perfil de determinado prato:

PIMENTA-DE-CAIENA / **COENTRO** / **COMINHO**

Acrescente galhos secos de ervas frescas às batatas. Fritar ervas frescas com as batatas vai aromatizar o óleo e dar mais sabor às batatas:

ALECRIM / **SÁLVIA**

método detalhado »

1. **Escove, descasque, corte e mantenha** as batatas em água fria. Imediatamente antes de cozinhar, enxágue-as várias vezes em água fria, se indicado, e escorra-as. Seque-as bem. Aqueça o óleo entre 149 °C e 163 °C. Branqueie as batatas até que fiquem quase cozidas, mas ainda meio sem cor.

As batatas branqueadas podem ser conservadas, cobertas e colocadas na geladeira por muitas horas antes de terminar o processo de cozimento. Podem ser congeladas por até um mês.

2. **Pouco antes do serviço, reaqueça o óleo** entre 177 °C e 191 °C. Frite as batatas por imersão até ficarem douradas por igual e bem cozidas. Retire-as do óleo com uma cesta ou espátula e deixe o excesso de óleo escorrer na fritadeira.

Transfira-as para um recipiente forrado com papel absorvente para que sequem melhor. Acrescente os temperos que desejar às batatas fritas bem quentes. Faça isso longe do óleo usado para a fritura, para prolongar a vida do óleo.

Avalie a qualidade das batatas prontas. Prove uma. As batatas cortadas em fatias muito finas, como as *gaufrettes* (corte em *waffle*), devem estar extremamente crocantes, quase a ponto de se estilhaçar quando mordidas. As batatas cortadas em pedaços grossos devem ter a parte externa crocante e a interna macia, fofa. As batatas fritas por imersão não podem esperar a hora do serviço por mais de alguns minutos.

Batatas batidas

Rendimento: 10 porções

- 907 g de batata *russet*
- 113 g de manteiga à temperatura ambiente
- 120 mℓ de leite quente
- 60 mℓ de creme de leite fresco (36% a 40%) quente
- Sal, a gosto
- Pimenta-do-reino preta moída, a gosto

1. Escove, descasque e corte as batatas em pedaços grandes. Cozinhe em água ou no vapor até ficarem macias o suficiente para serem amassadas com facilidade (ver nota). Leve as batatas para secar em uma assadeira ao forno médio (149 °C) até que não saia mais nenhum vapor delas, em 10 a 15 minutos. Enquanto elas ainda estiverem quentes, em uma tigela aquecida faça um purê com espremedor de batatas ou com passador de legumes.
2. Junte a manteiga e bata com as batatas à mão ou em uma batedeira usando o batedor gancho ou a pá só até incorporar. Junte o leite, o creme de leite, o sal e a pimenta e bata à mão ou ou na batedeira até obter uma mistura homogênea.
3. Sirva, a colheradas, em pratos aquecidos ou use um saco de confeiteiro para dar o formato desejado. Sirva imediatamente.

NOTA: Como alternativa, as batatas podem ser assadas com a casca até ficarem bem macias. Parta-as ao meio e tire o conteúdo com a colher enquanto elas ainda estiverem bem quentes.

Batatas *duchesse*

Rendimento: 10 porções

- 907 g de batata *russet*
- 57 g de manteiga à temperatura ambiente
- 4 gemas batidas
- Noz-moscada ralada, a gosto
- Sal, a gosto
- Pimenta-do-reino preta moída, a gosto
- **Egg wash** (p. 1.041), quanto baste

1. Escove, descasque e corte as batatas em pedaços grandes. Ferva-as ou cozinhe-as no vapor até que estejam macias o suficiente para ser amassadas com facilidade. Escorra e seque as batatas em fogo baixo, ou em um tabuleiro no forno a 149 °C, até que não saia mais vapor. Enquanto ainda estiverem quentes, processe-as no passador de legumes ou no espremedor de batatas sobre uma tigela aquecida.
2. Adicione a manteiga e as gemas batidas. Tempere com a noz-moscada, o sal e a pimenta-do-reino e misture bem à mão ou com a pá da batedeira elétrica.
3. Transfira a mistura para o saco de confeitar, coloque o bico desejado e esprema sobre uma assadeira forrada com papel-manteiga. Pincele ligeiramente com *egg wash*.
4. Leve ao forno a 191 °C até que as batatas estejam douradas e aquecidas, em 10 a 12 minutos. Sirva imediatamente.

Batatas fervidas com salsa

Batatas fervidas com salsa

Rendimento: 10 porções

- 2,04 kg de batata *russet*
- Sal, a gosto
- 57 g de manteiga
- 28 g de salsa picada
- Pimenta-do-reino preta moída, a gosto

1. Escove as batatas e, se desejar, descasque-as. Corte-as em cubos de 5 cm ou em gomos (deixe-as em água fria até o momento de cozinhar, para impedir que oxidem).
2. Coloque-as numa panela grande o bastante para contê-las com água fria que as cubra com uma sobra de 5 cm. Tempere com sal e deixe a água ferver, em fogo médio. Tampe e cozinhe suavemente até que as batatas possam ser facilmente espetadas com o garfo, em cerca de 15 minutos. Escorra-as, volte a colocá-las na panela e deixe-as secar rapidamente em fogo baixo, até que não saia mais vapor, em 10 a 15 minutos.
3. Aqueça a manteiga em uma *sauteuse*, em fogo médio. Junte as batatas, mexendo bem para revesti-las por igual, e aqueça.
4. Acrescente a salsa e tempere com o sal e a pimenta-do-reino. Sirva imediatamente.

Batatas assadas com cebolas fritas por imersão

Rendimento: 10 porções

- 10 batatas *russet*
- 1 colher (sopa)/15 mℓ de óleo vegetal
- Sal, a gosto
- Pimenta-do-reino preta moída, a gosto
- 300 mℓ de creme azedo (*sour cream*)
- 2 colheres (sopa)/6 g de cebolinha francesa picada
- 284 g de **cebola frita por imersão** (p. 599)

1. Escove e seque bem as batatas. Fure as cascas em alguns lugares com uma faca de legumes ou garfo de cozinha. Envolva as batatas com óleo e tempere com sal e pimenta.
2. Asse as batatas em uma grade, no forno a 218 °C, até que estejam bem macias, em cerca de 1 hora, virando uma vez.
3. Enquanto isso, misture o creme azedo com a cebolinha francesa. Tempere com o sal e a pimenta-do-reino.
4. Corte as batatas ao meio, coloque sobre cada uma delas 30 mℓ da mistura de creme azedo e, por cima, as cebolas fritas. Sirva imediatamente.

Batatas assadas à moda da Toscana

Rendimento: 10 porções

- 1,5 kg de batata baraka
- 90 mℓ de azeite de oliva
- 57 g de alho, em fatias finas
- 3 colheres (sopa)/9 g de alecrim picado
- 3 colheres (sopa)/9 g de sálvia picada
- Sal, a gosto
- Pimenta-do-reino preta moída, a gosto

1. Escove, descasque e corte as batatas em cubos grandes. Coloque-as numa panela, cubra-as com água fria e espere levantar fervura em fogo médio-alto. Baixe o fogo e cozinhe suavemente por cerca de 10 minutos, até que as batatas estejam parcialmente cozidas. Escorra-as com cuidado para não as quebrar.
2. Aqueça uma *sauteuse* grande, em fogo médio, e adicione o azeite. Junte as batatas e doure-as de todos os lados. Reserve as batatas e retire o azeite da panela deixando apenas 45 mℓ.
3. Abaixe o fogo e acrescente o alho, o alecrim e a sálvia. Cozinhe até que o alho esteja ligeiramente dourado e as ervas, crocantes. Cubra as batatas com a mistura de ervas e alho.
4. Tempere com o sal e a pimenta-do-reino. Sirva imediatamente.

NOTA: Em vez de pré-cozer as batatas em água fervente, é possível misturá-las com 60 mℓ de azeite de oliva, 2 colheres (sopa)/18 g de alho picado, 2 colheres (sopa)/6 g de alecrim picado, 2 colheres (sopa)/6 g de sálvia picada, sal e pimenta, colocá-las em uma assadeira untada e assá-las a 191 °C até ficarem macias e douradas, em 40 a 45 minutos.

Batatas-doces glaçadas

Rendimento: 10 porções

- 1,81 kg de batata-doce
- 227 g de abacaxi em cubos pequenos
- 60 mℓ de suco de limão-siciliano
- 227 g de açúcar
- 1 colher (chá)/2 g de canela em pó
- 57 g de manteiga
- Sal, a gosto
- Pimenta-do-reino preta moída, a gosto

1. Escove e seque as batatas. Fure as batatas em vários lugares com um garfo ou uma faca de legumes. Arrume-as em uma assadeira, numa única camada. Asse-as no forno a 218 °C até que estejam bem macias e cozidas, em 45 a 50 minutos, virando-as uma vez.
2. Coloque numa panela o abacaxi, o suco de limão-siciliano, o açúcar, a canela, a manteiga, o sal e a pimenta-do-reino. Ferva suavemente enquanto as batatas assam. Continue a cozinhar até que o glacê engrosse ligeiramente. Mantenha-o aquecido.
3. Assim que as batatas estiverem frias o bastante para ser manuseadas, descasque-as e corte-as em fatias ou pedaços grandes. Arrume-as numa assadeira. Despeje o glacê sobre elas e asse a 177 °C até que estejam bem quentes, em cerca de 10 minutos. Sirva imediatamente.

Purê de batatas-doces com gengibre

Rendimento: 10 porções

- 1,36 kg de batata-doce
- 57 g de manteiga
- 120 mℓ de creme de leite fresco (36% a 40%), quente
- 1½ colher (chá)/4,5 g de gengibre ralado
- Sal, a gosto
- Pimenta-do-reino preta moída, a gosto

1. Escove e seque as batatas. Fure as cascas em alguns lugares com uma faca de legumes ou garfo de cozinha.
2. Asse-as numa grade, no forno a 218 °C, até que estejam bem macias e cozidas, em cerca de 45 minutos.
3. Corte as batatas ao meio, retire a polpa enquanto ainda estiverem quentes e processe-as no passador de legumes ou no espremedor de batatas sobre uma tigela aquecida.
4. Misture a manteiga, o creme de leite e o gengibre em uma panela pequena. Ferva suavemente. Despeje a mistura sobre o purê de batatas-doces. Tempere com o sal e a pimenta-do-reino. Sirva imediatamente.

Batatas *au gratin* (*gratin dauphinoise*)

Rendimento: 10 porções

1,47 kg de batata baraka
5 dentes de alho
960 ml de leite
Noz-moscada ralada, a gosto
Sal, a gosto
Pimenta-do-reino preta moída, a gosto
360 ml de creme de leite fresco (36% a 40%)
113 g de manteiga em pedaços pequenos

1. Escove, descasque e corte as batatas em fatias finas usando uma *mandoline* ou um fatiador elétrico.
2. Coloque o alho em uma panela com o leite e ferva. Tempere com a noz-moscada, o sal e a pimenta-do-reino e adicione as batatas em fatias.
3. Ferva o leite suavemente a 82 °C e cozinhe parcialmente as batatas, por 8 a 10 minutos, cuidando para que o leite não suba ao ferver. Despreze os dentes de alho.
4. Transfira as batatas e o leite para uma assadeira untada com manteiga, despeje o creme por cima e distribua os pedacinhos de manteiga.
5. Asse no forno a 191 °C por 45 minutos ou até que as batatas estejam douradas e o leite tenha sido absorvido.
6. Deixe descansar por 10 a 15 minutos, antes de fatiar para servir.

NOTA: Uma maneira tradicional de montagem é dispor as batatas na assadeira em fileiras, de modo que cada fatia cubra parcialmente a seguinte. Antes de assar, coloque na assadeira 113 g a 142 g de queijo *cheddar* ralado, depois as batatas e, por cima, mais 142 g de queijo *cheddar* ralado. Cubra o recipiente com papel-alumínio e asse por 35 minutos. Retire o papel e deixe que o queijo doure ligeiramente.

Batatas *lyonnaise*

Rendimento: 10 porções

1,81 kg de batata baraka
60 ml de óleo vegetal
454 g de cebola em fatias
Sal, a gosto
Pimenta-do-reino preta moída, a gosto
3 colheres (sopa)/9 g de salsa picada

1. Escove, descasque e corte as batatas em fatias. Cozinhe-as parcialmente em água fervente salgada, por 6 a 8 minutos. Escorra-as e seque-as em fogo baixo ou em uma assadeira, no forno a 149 °C, por cerca de 5 a 10 minutos, ou até que não saia nenhum vapor deles.
2. Aqueça o óleo em uma frigideira, em fogo médio-alto. Adicione as cebolas e refogue, mexendo frequentemente, até que elas fiquem um pouco douradas, em 7 a 8 minutos. Retire as cebolas da frigideira.
3. Adicione as batatas ao óleo e tempere com o sal e a pimenta-do-reino. Continue a saltear em fogo médio-alto, mexendo de vez em quando, até que as batatas estejam macias e bem douradas de todos os lados, em 5 a 7 minutos. Volte a colocar as cebolas na frigideira. Guarneça com salsa e sirva imediatamente.

Batatas *château*

Rendimento: 10 porções

- 1,81 kg de batata baraka ou *waxy*
- 30 ml de manteiga clarificada ou óleo
- 14 g de salsa picada
- Sal, a gosto
- Pimenta-do-reino preta moída, a gosto

1. Escove as batatas e, se desejar, descasque-as. Torneie em tamanho igual, do tamanho aproximado de uma azeitona (mantenha-as em água fria até o momento de cozinhar, para impedir que se oxidem). Enxágue, escorra e seque bem as batatas.
2. Aqueça a manteiga clarificada ou o óleo em uma *sauteuse*, em fogo médio. Adicione e salteie as batatas até que estejam macias e douradas, em 8 a 10 minutos.
3. Distribua a salsa por cima e tempere com o sal e a pimenta-do-reino. Sirva imediatamente.

Batatas Delmonico*

Rendimento: 10 porções

- 2,27 kg de batata baraka
- 30 ml de manteiga clarificada
- 57 g de manteiga
- Sal, a gosto
- Pimenta-do-reino preta moída, a gosto
- 2 colheres (sopa)/6 g de salsa picada
- 45 ml de suco de limão-siciliano

1. Escove e descasque as batatas. Use um boleador para modelá-las em bolas grandes.
2. Cozinhe as batatas em água ou no vapor, até que estejam quase macias, em cerca de 5 a 7 minutos. Escorra-as e seque-as em fogo baixo, ou em uma assadeira, no forno a 149 °C, até que não soltem mais vapor, em 5 a 10 minutos.
3. Aqueça a manteiga clarificada em uma *sauteuse* grande, em fogo alto. Adicione e salteie as batatas até que estejam cozidas e ligeiramente douradas. Acrescente a manteiga e derreta. Tempere com o sal e a pimenta-do-reino.
4. Distribua por cima a salsa e o suco de limão-siciliano. Sirva imediatamente.

Batatas *hash brown*

Rendimento: 10 porções

- 1,81 kg de batata baraka
- 60 ml de manteiga clarificada ou óleo vegetal
- Sal, a gosto
- Pimenta-do-reino preta moída, a gosto
- 2 colheres (sopa)/6 g de salsa picada

1. Escove e descasque as batatas. Cozinhe-as parcialmente em água fervente salgada, por 15 a 20 minutos, dependendo de seu tamanho. Escorra-as e seque-as em fogo baixo ou em uma assadeira, no forno a 149 °C, por cerca de 5 minutos. Corte-as em fatias, cubos médios ou pequenos, ou rale-as.
2. Aqueça a manteiga ou o óleo em uma *sauteuse* grande, em fogo médio-alto. Adicione as batatas e tempere com o sal e a pimenta-do-reino.
3. Salteie as batatas até que fiquem inteiramente cozidas e douradas de todos os lados. Guarneça com a salsa e sirva imediatamente.

---

* Podem-se encontrar diversas receitas diferentes para as batatas Delmonico nas fontes de pesquisa, havendo inclusive uma discussão a respeito de sua real origem, mas preferimos manter esta, aprovada pelo The Culinary Institute of America. (N. E.)

Batatas *hash brown*

Panquecas de batata

Panquecas de batata

Rendimento: 10 porções

1,13 kg de batata *russet*

227 g de cebola ralada grosseiramente; deve ser espremida para retirar o líquido extra, que é desprezado

1 colher (sopa)/9 g de alho amassado

2 colheres (sopa)/6 g de salsa picada

2 colheres (sopa)/6 g de cebolinha francesa em fatias

3 ovos batidos ligeiramente

1 colher (sopa)/7 g de farinha de trigo comum

Sal, a gosto

Pimenta-do-reino preta moída, a gosto

240 mℓ de óleo vegetal

1. Escove, descasque e rale as batatas grosseiramente. Misture-as com a cebola, o alho, a salsa, a cebolinha, os ovos e a farinha. Tempere com o sal e a pimenta-do-reino.
2. Aqueça 45 mℓ de óleo em uma frigideira grande, em fogo médio. Adicione 2 colheres (sopa)/30 mℓ da mistura de batatas e achate com a colher para formar uma *galette* (5 a 8 cm de diâmetro).
3. Frite até dourar de um lado, depois vire para dourar do outro, cerca de 6 minutos de cada lado.
4. Escorra-a em papel absorvente e sirva-a imediatamente.

Batatas *latkes*

Rendimento: 10 porções

1,36 kg de batata *russet*

454 g de cebola

2 ovos ligeiramente batidos

28 g de farinha de rosca

28 g de farinha de *matzo*

Sal, a gosto

Pimenta-do-reino preta moída, a gosto

480 mℓ de óleo vegetal, ou quanto baste para fritar

1. Escove as batatas. Triture ou rale as batatas e as cebolas juntas, no processador de alimentos ou à mão.
2. Esprema as batatas raladas com as cebolas em uma musselina, para retirar o excesso de umidade. Passe-as para uma tigela e adicione os ovos, a farinha e a farinha de *matzo*. Tempere com o sal e a pimenta-do-reino.
3. Aqueça 6 mm de óleo em uma frigideira de ferro, a 177 °C. Coloque a massa mole de batatas no óleo quente às colheradas. Doure de um lado por cerca de 3 minutos. Vire e doure do outro lado por mais 2 a 3 minutos. Se necessário, as panquecas podem ser terminadas no forno a 191 °C, até ficarem douradas e crocantes.
4. Seque as panquecas em papel absorvente e sirva-as imediatamente.

Batatas Anna

Rendimento: 10 porções

- 1,81 kg de batata baraka
- 75 mℓ de manteiga clarificada, ou quanto baste
- Sal, a gosto
- Pimenta-do-reino preta moída, a gosto

1. Escove, descasque e limpe as batatas. Corte-as em cilindros uniformes e depois em fatias finas, usando uma *mandoline* ou o fatiador elétrico.
2. Pincele generosamente um *sautoir* ou recipiente refratário com manteiga. Faça uma camada com as fatias de batatas em círculos concêntricos. Tempere com o sal e a pimenta-do-reino e pincele com um pouco de manteiga.
3. Cubra as batatas e leve ao fogão, em fogo médio, até a camada de baixo estar dourada, em cerca de 8 minutos. Vire o bolo de batata de ponta-cabeça e doure o outro lado, de 6 a 8 minutos.
4. Leve a forma ao forno aquecido a 204 °C e asse até as batatas ficarem macias, de 30 a 35 minutos.
5. Retire o excesso de gordura e coloque um prato de ponta-cabeça sobre a forma e passe as batatas para o prato. Corte em fatias e sirva-o imediatamente.

Batatas *macaire*

Rendimento: 10 porções

- 1,81 kg de batata *russet*
- Sal, a gosto
- 57 g de manteiga
- Pimenta-do-reino preta moída, a gosto
- 1 ovo
- 30 mℓ de manteiga clarificada ou óleo vegetal

1. Escove e seque as batatas. Tempere com o sal. Fure as cascas em alguns lugares com uma faca de legumes ou um garfo de cozinha.
2. Asse-as no forno a 218 °C, até que estejam muito macias e bem cozidas, em cerca de 1 hora.
3. Corte as batatas ao meio, retire as polpas enquanto ainda estiverem bem quentes e transfira-as para uma tigela aquecida. Amasse com um garfo ou colher de pau as batatas, a manteiga, o sal, a pimenta-do-reino e o ovo, até obter uma mistura uniforme. Faça bolinhos.
4. Aqueça a manteiga ou o óleo em uma *sauteuse* grande, em fogo médio-alto. Trabalhando em lotes, salteie os bolinhos até dourarem dos dois lados e ficarem bem quentes, em 2 a 3 minutos por lado. Sirva-os imediatamente.

Batatas *rösti*

Rendimento: 10 porções

- 1,81 kg de batata *russet*
- 120 mℓ de manteiga clarificada, ou quanto baste
- Sal, a gosto
- Pimenta-do-reino preta moída, a gosto
- 57 g de manteiga, ou quanto baste

1. Escove e coloque as batatas em água fria, cobrindo-as com 5 cm de líquido além de sua altura. Ferva suavemente e as cozinhe até que um garfo espetado nelas encontre resistência no meio, em cerca de 20 minutos. Escorra-as e seque-as em fogo baixo ou em uma assadeira no forno a 149 °C, até que não soltem mais vapor, em 5 a 10 minutos.
2. Descasque as batatas assim que tiverem resfriado o suficiente para ser manuseadas. Rale-as no lado maior do ralador.
3. Aqueça uma panela para *rösti* ou *sauteuse* em fogo alto. Coloque um pouco da manteiga clarificada. Disponha uma camada de batatas raladas na panela. Espalhe ligeiramente sobre cada camada um pouco mais de manteiga e tempere com o sal e a pimenta-do-reino. Repita com o restante das batatas, da manteiga, do sal e da pimenta. Coloque pedacinhos de manteiga também nas bordas externas.
4. Cozinhe a massa de batata até que fique dourada e forme um bolo, em 4 a 5 minutos. Vire o bolo inteiro, coloque mais pedacinhos de manteiga nas bordas e doure o outro lado até que a massa esteja inteiramente cozida e macia, e a crosta dourada e crocante. Retire o bolo da panela, corte-o em porções e sirva-o imediatamente.

Batatas *rösti*

Chips de batata-doce

receitas com batatas

Batatas fritas
Rendimento: 10 porções

- 1,81 kg de batata *russet*
- 960 mℓ de óleo vegetal, ou quanto baste para fritar
- Sal, a gosto

1. Escove, descasque e corte as batatas da forma que desejar (mantenha-as em água fria até o momento de cozer, para impedir que percam a cor). Enxágue, escorra e seque bem as batatas.
2. Aqueça o óleo a 149 °C. Adicione as batatas em lotes e branqueie-as até que fiquem macias, mas não douradas (o tempo varia de acordo com o tamanho das batatas).
3. Escorra bem as batatas e transfira-as para recipientes forrados com papel absorvente, separando-as em porções, se desejar.
4. Pouco antes do serviço, reaqueça o óleo a 191 °C e finalize as batatas, fritando-as até que dourem e fiquem bem cozidas. Escorra-as bem, tempere com o sal (longe da fritadeira) e sirva-as imediatamente.

Chips de batata-doce
Rendimento: 10 porções

- 1,36 kg de batata-doce
- 960 mℓ de óleo vegetal, ou quanto baste para fritar
- Sal, a gosto

1. Escove, descasque e corte as batatas-doces em círculos com 1,5 mm de espessura usando uma *mandoline* ou o fatiador elétrico.
2. Aqueça o óleo a 163 °C e frite as batatas por imersão, em lotes, até ficarem douradas, em 1 a 2 minutos. Escorra-as em papel absorvente e tempere-as com sal. Sirva-as imediatamente ou armazene-as, sem tampa, em local aquecido.

Batatas *berny*
Rendimento: 10 porções

- 1,81 kg de batata *russet*
- 71 g de manteiga à temperatura ambiente
- 2 gemas batidas
- Noz-moscada ralada, a gosto
- Sal, a gosto
- Pimenta-do-reino preta moída, a gosto
- 57 g de trufa picada
- 57 g de amêndoa laminada
- 57 g de farinha de rosca
- **Egg wash** (p. 1.041), quanto baste
- Óleo vegetal, quanto baste

1. Escove, descasque e corte as batatas em pedaços grandes. Cozinhe-as na fervura ou no vapor até ficarem macias o suficiente para poderem ser amassadas com facilidade. Escorra-as e seque-as em fogo baixo ou em uma assadeira no forno a 149 °C, até que não saia mais vapor, de 10 a 15 minutos. Enquanto ainda estiverem quentes, processe-as no passador de legumes ou no espremedor de batatas sobre uma tigela aquecida.
2. Adicione a manteiga e as gemas às batatas. Tempere com a noz-moscada, o sal e a pimenta-do-reino e misture bem, à mão ou com a pá de uma batedeira elétrica. Junte as trufas.
3. Misture as amêndoas e a farinha de rosca em um recipiente raso.
4. Separe a mistura de batatas em porções de 57 g e modele-as como peras, ou como desejar. Passe-as pelo *egg wash* e depois na mistura de amêndoas e farinha de rosca.
5. Aqueça o óleo a 191 °C e frite os bolinhos por imersão, até que estejam dourados, em 4 a 5 minutos. Escorra-os rapidamente em papel absorvente e sirva de imediato.

Batatas *suflês* (estufadas)

Rendimento: 10 porções

- 2,04 kg de batata *russet*
- 960 mℓ de óleo vegetal, ou quanto baste para fritar
- Sal, a gosto

1. Escove, descasque e limpe as batatas. Corte-as em cilindros uniformes e depois em fatias finas (1,5 a 3 mm) usando uma *mandoline* ou o fatiador elétrico.
2. Aqueça o óleo a 149 °C em uma panela funda. Adicione as fatias de batata em pequenos lotes. Agite a panela cuidadosamente para impedir que as batatas grudem. Quando as fatias formarem bolhas, retire-as e escorra-as em uma única camada, sobre papel absorvente. Reserve até a hora de servir.
3. No momento de servir, reaqueça o óleo a 191 °C e adicione as fatias de batata branqueadas. Frite-as até que inchem e dourem. Escorra-as bem. Tempere com sal a gosto e sirva imediatamente.

Croquetes de batata

Rendimento: 10 porções

- 907 g de batata *russet*
- 57 g de manteiga à temperatura ambiente
- 2 gemas batidas
- Noz-moscada ralada, a gosto
- Sal, a gosto
- Pimenta-do-reino preta moída, a gosto
- 85 g de farinha de trigo comum
- 2 ovos, misturados com 2 colheres (sopa)/30 mℓ de leite ou água e batidos juntos
- 142 g de farinha de rosca
- 720 mℓ de óleo vegetal, ou quanto baste para fritar

1. Escove, descasque e corte as batatas em pedaços grandes. Cozinhe-as em água ou no vapor até que fiquem macias o suficiente para poder ser amassadas com facilidade, em 20 a 25 minutos. Escorra-as e seque-as em fogo baixo ou em uma assadeira no forno a 149 °C, até que não soltem mais vapor, em 10 a 15 minutos. Enquanto ainda estiverem quentes, processe-as no passador de legumes ou no espremedor de batatas sobre uma tigela aquecida.
2. Adicione às batatas a manteiga e as gemas. Tempere com a noz-moscada, o sal e a pimenta-do-reino e misture bem, à mão ou com a pá de uma batedeira elétrica.
3. Transfira a mistura para um saco de confeitar e forme longos cordões de aproximadamente 3 cm de diâmetro. Corte esses cordões em cilindros de 8 cm de comprimento. Passe esses cilindros pela farinha de trigo, ovos batidos com leite ou água e farinha de rosca. Isso pode ser feito pouco antes do serviço ou até 4 horas antes, mantendo-se os croquetes na geladeira.
4. Aqueça o óleo a 191 °C e frite os croquetes por imersão até dourarem e ficarem bem quentes, em 3 a 4 minutos. Escorra-os rapidamente em papel absorvente e sirva-os imediatamente.

Batatas *lorette*

Rendimento: 10 porções

- 1,81 kg de batata *russet*
- 71 g de manteiga à temperatura ambiente
- 2 gemas batidas
- Noz-moscada ralada, a gosto
- Sal, a gosto
- Pimenta-do-reino preta moída, a gosto
- 567 g de **pâte à choux** (p. 1.102) à temperatura ambiente
- 960 mℓ de óleo vegetal, ou quanto baste para fritar

1. Escove, descasque e corte as batatas em pedaços grandes. Ferva-as ou cozinhe-as no vapor até que estejam macias o bastante para poder ser amassadas com facilidade. Escorra-as e seque-as em fogo baixo ou em uma assadeira, em forno a 149 °C, até que não soltem mais vapor. Enquanto as batatas ainda estiverem quentes, processe-as no passador de legumes ou no espremedor de batatas sobre uma tigela aquecida.
2. Adicione a manteiga e as gemas às batatas. Tempere com a noz-moscada, o sal e a pimenta-do-reino e misture bem, à mão ou com a pá de uma batedeira elétrica. Junte a *pâte à choux*.

3. Transfira a mistura para um saco de confeitar e modele em forma de lua crescente, em tiras de papel-manteiga.
4. Aqueça o óleo a 191 °C em uma panela funda e coloque cuidadosamente as tiras de papel na fritadeira. Quando as *lorettes* se soltarem do papel, retire-o e despreze-o. Frite as *lorettes* por imersão até dourarem, virando-as se necessário, para dourar por igual. Retire-as do óleo, seque-as em papel absorvente e sirva-as imediatamente.

Salada alemã de batatas

Rendimento: 10 porções

- 1,5 kg de batata asterix
- 284 g de *bacon* picado
- 312 g de cebola picada
- 60 mℓ de vinagre de vinho tinto
- 3 colheres (sopa)/45 mℓ de óleo vegetal
- 3 colheres (sopa)/45 mℓ de mostarda de Dijon
- 1 colher (sopa)/15 mℓ de mostarda *Pommery*
- 480 mℓ de **fundo de frango** (p. 277) morno
- 1 colher (sopa)/10 g de sal
- 1 colher (chá)/2 g de pimenta-do-reino preta moída
- 2 colheres (sopa)/6 g de cebolinha francesa picada
- 3 colheres (sopa)/9 g de salsinha picada

1. Coloque as batatas em uma panela grande com água fria e cozinhe em fogo médio até as batatas ficarem macias, em 18 a 20 minutos.
2. Escorra e descasque as batatas ainda mornas. Corte em rodelas de cerca de 1 cm de espessura. Mantenha as batatas aquecidas.
3. Em uma *sauteuse* média, salteie o *bacon* em fogo médio até dourar, em 10 a 15 minutos. Remova o *bacon* e deixe a gordura na *sauteuse*. Refogue as cebolas na mesma frigideira até ficarem macias, em 5 a 7 minutos.
4. Transfira as cebolas para uma tigela grande. Junte o *bacon*, o vinagre, o óleo, as mostardas e o fundo.
5. Junte as batatas mornas ao molho e misture com cuidado. Tempere com o sal e a pimenta e finalize com a cebolinha francesa e a salsinha. Sirva imediatamente.

Salada de batata-doce ao *curry*

Rendimento: 10 porções

- 907 g de batata-doce descascada, em cubos grandes
- 907 g de batata *russet* descascada, em cubos grandes
- 340 g de cebola roxa picada
- 340 g de manga em cubos médios
- 85 g de cebolinha em fatias de 3 mm (parte branca e parte verde)
- 2 colheres (sopa)/18 g de **curry em pó** (p. 386 ou comprado pronto)
- 1 colher (chá)/2 g de cominho em pó
- 1 colher (chá)/2 g de cardamomo em pó
- 360 mℓ de **maionese** (p. 921)
- 1 colher (sopa)/15 g de açúcar
- 120 mℓ de vinagre de arroz
- 2 colheres (sopa)/30 mℓ de suco de limão
- Sal, a gosto
- Pimenta-do-reino preta moída, a gosto

1. Coloque as batatas em uma panela grande e cubra-as com água fria salgada, cozinhando em fogo médio até as batatas ficarem macias, em cerca de 20 minutos.
2. Escorra bem as batatas, espalhe-as sobre uma forma grande e deixe-as secar.
3. Em uma tigela grande, misture as batatas, a cebola, a manga e a cebolinha.
4. Em uma tigela média, misture o *curry* em pó, o cominho, o cardamomo, a maionese, o açúcar, o vinagre e o suco de limão.
5. Adicione o molho às batatas e misture bem. Tempere com sal e pimenta. Sirva ou mantenha refrigerada até servi-la.

capítulo 23 » COZINHAR BATATAS

Tortilla de papas

Rendimento: 10 porções

TORTILLA

454 g de batata baraka em cubos médios

454 g de batata-roxa em cubos médios

227 g de manteiga clarificada (mais o necessário para fritar)

454 g de cebola espanhola em fatias finas

1,59 kg de ovos

SALADA DE ALCACHOFRA E PIMENTÃO

737 g de minialcachofra

3,84 ℓ de água

75 mℓ de suco de limão-siciliano

1 folha de louro

3 ramos de tomilho

10 grãos de pimenta-do-reino preta

454 g de pimentão vermelho

454 g de pimentão amarelo

227 g de cebola fatiada

2 colheres (sopa)/30 mℓ de azeite de oliva extravirgem

1 colher (sopa)/15 mℓ de vinagre balsâmico

1 colher (sopa)/3 g de salsinha picada

1½ colher (chá)/1,5 g de tomilho picado

Sal, a gosto

Pimenta-do-reino preta moída, a gosto

227 g de queijo de cabra esfarelado

21 g de ramos de cerefólio

1. Coloque as batatas em uma panela grande, cubra-as com água fria e salgada e ferva. Abaixe o fogo e cozinhe até as batatas estarem parcialmente cozidas. Escorra e deixe esfriar até chegar em temperatura ambiente.

2. Aqueça metade da manteiga clarificada em uma *sauteuse* média sobre fogo médio. Junte as batatas e salteie até dourarem, em 8 a 10 minutos. Remova as batatas e reserve.

3. Ainda em fogo médio, aqueça a manteiga clarificada restante na mesma *sauteuse*. Junte as cebolas espanholas e salteie até caramelizarem, em 8 a 10 minutos. Remova da *sauteuse* e reserve com as batatas.

4. Bata bem os ovos e reserve.

5. Para fazer a salada de alcachofras e pimentões, apare e corte as alcachofras em quartos. Coloque-as em uma panela de aço inoxidável com água, suco de limão, louro, tomilho e grãos de pimenta. Cozinhe em fogo brando até que a parte mais grossa das alcachofras fique macia, em 15 a 20 minutos.

6. Deixe as alcachofras esfriarem à temperatura ambiente dentro do próprio líquido de cozimento. Escorra bem e transfira para uma tigela grande.

7. Chamusque e remova a pele dos pimentões de acordo com as instruções na página 657. Corte-os em *batonnet*. Junte às alcachofras na tigela os pimentões, as cebolas, o azeite, o vinagre balsâmico, a salsinha, o tomilho, o sal e a pimenta. Mantenha aquecido.

8. Para fazer as *tortillas*, aqueça uma pequena quantidade de manteiga clarificada em cada uma de várias *sauteuses* antiaderentes médias. Despeje uma concha de 170 g de ovos batidos em cada frigideira. Quando a mistura começar a coagular, distribua as batatas e as cebolas salteadas entre as frigideiras. Deixe cada *tortilla* firmar e dourar ligeiramente, em seguida coloque-as em um forno preaquecido a 240 °C e cozinhe até os ovos firmarem.

9. Transfira as *tortillas* para pratos, cubra com a salada de alcachofras e pimentões e guarneça com o queijo de cabra e os ramos de cerefólio.

cozinhar grãos e leguminosas

Uma das mudanças mais dramáticas no cenário da culinária, nos últimos anos, foi a redescoberta de grãos e legumes. Grãos do dia a dia – trigo, milho, arroz – estão aparecendo com inúmeras novas roupagens, e o feijão também se tornou mais popular. Além disso, grãos exóticos, como painço e quinoa, e tipos de feijão que raramente eram encontrados – por exemplo, *flageolets* e *borlotti* –, estão aparecendo com frequência cada vez maior.

CAPÍTULO 24

OS GRÃOS E AS LEGUMINOSAS SÃO ALIMENTOS SECOS QUE DEVEM SER ADEQUADAMENTE REIDRATADOS PELO COZIMENTO, EM FUNDO OU ÁGUA, ANTES DE SEREM CONSUMIDOS. OS LEGUMES E A MAIOR PARTE DOS GRÃOS SÃO, EM GERAL, COMBINADOS AO LÍQUIDO ANTES ELE FERVER, MAS ALGUNS, COMO A QUINOA, SÃO ADICIONADOS AO LÍQUIDO SÓ DEPOIS DA FERVURA. ALGUNS TEMPEROS SÃO ADICIONADOS NO INÍCIO DO COZIMENTO, OUTROS NO FINAL. (CONSULTE RECEITAS ESPECÍFICAS PARA MAIS DETALHES.) MUITAS VEZES, CONSIDERA-SE QUE OS GRÃOS E OS LEGUMES SEJAM FERVIDOS, MAS, NA VERDADE, DEVEM SER FERVIDOS SUAVEMENTE OU COZIDOS NO VAPOR. O CALOR INTENSO DE UM LÍQUIDO FERVENTE TENDE A ENDURECÊ-LOS.

ferver suavemente grãos integrais e leguminosas

Quando um grão absorve completamente o líquido de cozimento, frequentemente julga-se que foi cozido no vapor. Os grãos também podem ser cozidos em uma quantidade de líquido maior do que podem absorver; depois de completamente cozidos, o excesso de líquido é escorrido.

Antes de cozinhar, escolha com cuidado os grãos e as leguminosas. Espalhe-os em uma assadeira, numa única camada, e trabalhe sistematicamente, de uma ponta a outra do recipiente, para retirar pedras e grãos estragados. Coloque o feijão ou as leguminosas em uma panela ou tigela grande e cubra com água fria. Se algum boiar na superfície, é por estar seco demais para cozinhar e deve ser desprezado. Escorra o feijão ou as leguminosas em um escorredor de macarrão ou peneira, e depois enxágue-os bem com água corrente fria, para retirar a poeira.

A maior parte das leguminosas e alguns grãos são demolhados antes de ser cozidos. Os grãos integrais – como a cevada inteira ou moída grosseiramente, o trigo e o centeio – beneficiam-se quando demolhados, porque a camada exterior fica mais macia. A cevada pérola, cujo farelo foi retirado mecanicamente, não precisa ser demolhada. Os arrozes *basmati* e *jasmine* devem ser demolhados para se retirar o excesso de amido da superfície e impedir que os grãos grudem uns nos outros, mas não precisam ser demolhados. Coloque de molho o trigo para quibe, fino ou médio, em líquido fervente por vários minutos, até que o grão amoleça o bastante para ser mastigado com facilidade. Ponha de molho também o cuscuz marroquino instantâneo em fundo ou água quente. (Apesar de o cuscuz ser, de fato, uma forma de macarrão, muitas vezes pensa-se nele como grão, em virtude de sua textura e aparência.)

Colocar ou não as leguminosas de molho* é motivo de debate entre os chefs. Alguns acreditam que a maior parte das leguminosas, com algumas poucas e notáveis exceções (lentilhas, ervilhas secas e feijão-fradinho), são mais fáceis de preparar e produzem um prato pronto de melhor qualidade se forem demolhados, porque a pele amolece um pouco, permitindo um cozimento mais rápido e uniforme. Outros acham que demolhar não traz benefícios além de encurtar o tempo de cozimento, e que cozinhar legumes sem demolhar tem como resultado uma textura mais cremosa. Se você escolher demolhar, há dois métodos geralmente usados: o longo e o curto. Exceto pelo tempo do processo, não há diferença considerável entre eles. Se os grãos e as leguminosas forem servidos em temperatura ambiente ou resfriados para acompanhar uma salada, devem ser cozidos por mais tempo para ficar mais macios.

Também é objeto de discussão se devemos ou não usar a água em que as leguminosas foram demolhadas para o cozimento. Além de amolecer a casca, demolhar as leguminosas faz com que muitos dos oligossacarídeos (açúcares complexos não digeríveis que podem causar flatulência) das leguminosas passem para a água. Ao mesmo tempo, pequenas quantidades de nutriente, sabor e cor também vão junto. Quando se usa a água do demolho como líquido de cocção, os nutrientes, sabor e cor permanecem, mas também os oligossacarídeos.

A escolha mais comum de líquido de cozimento são a água, o fundo e o caldo. Cada tipo de grão ou leguminosa absorve uma quantidade diferente de líquido. (Ver "Proporções e tempos de cozimento para grãos selecionados", pp. 1.182-1.183, ou leia as instruções do pacote ou a receita para mais detalhes.) Os grãos são, quase sempre, cozidos em uma quantidade de líquido maior do que podem, realmente, absorver. Isso é especialmente desejável para grãos que devem ficar separados, macios e bem secos depois do cozimento. A quantidade de líquido necessária para leguminosas depende do tipo e da idade da leguminosa, e do tempo de cozimento total. As leguminosas devem ficar completamente cobertas pelo líquido, o tempo todo, durante o cozimento. Se absorverem todo o líquido, podem desmanchar-se ou queimar-se.

O sal deve ser acrescentado ao líquido de cozimento no início (para os grãos) ou perto do fim (para as leguminosas) para sublinhar adequadamente os sabores naturais. As leguminosas e os grãos têm sabores relativamente sutis e frequentemente exigem um estímulo de especiarias e ervas – durante ou depois da cocção.

Os grãos estão prontos quando estiverem macios; devem ficar fofos, com um sabor adocicado, que lembre o de amêndoas. As leguminosas estão prontas quando ficarem completamente macias e cremosas na parte interna, mas ainda retiverem a forma original. Devem ser fáceis de amassar com o garfo ou a colher. Um erro muito comum é cozinhar as leguminosas menos do que o necessário.

As necessidades de equipamento para ferver suavemente grãos e leguminosas são bastante simples: uma panela grande o suficiente para permitir a expansão do grão ou da leguminosa, um escorredor ou peneira, se forem escorridos depois, e recipientes para mantê-los aquecidos e servi-los.

* O demolho ajuda na eliminação de alguns fatores antinutricionais encontrados em cereais e leguminosas. (N. E.)

DEMOLHO DE GRÃOS E LEGUMINOSAS

O MÉTODO LONGO DE DEMOLHAR
Coloque as leguminosas escolhidas e enxaguadas em um recipiente e adicione água fria suficiente para cobri-las, ultrapassando em 5 cm a altura delas. Deixe as leguminosas demolhando na geladeira por 4 horas ou a noite inteira, dependendo do tipo.

O MÉTODO CURTO DE DEMOLHAR
Coloque as leguminosas escolhidas e enxaguadas em uma panela e acrescente água suficiente para cobri-las, ultrapassando em 5 cm a altura delas. Espere ferver suavemente. Retire a panela do fogo e tampe. Deixe as leguminosas de molho por 1 hora.

» receita básica

Grãos ou leguminosas cozidos
(10 porções)

454 g de grãos ou
454 g de leguminosas

Fundo ou água suficiente para cobrir os grãos ou as leguminosas durante todo o tempo do cozimento

Sal e pimenta

Sachet d'épices ou *bouquet garni* padrão

Mirepoix ou outros vegetais aromáticos

método rápido »

1. Deixe as leguminosas de molho, se desejado.
2. Junte os grãos ou as leguminosas ao líquido frio.
3. Espere levantar fervura.
4. Baixe o fogo e cozinhe em fogo brando até chegar ao ponto desejado.
5. Escorra e sirva ou guarde em um local aquecido.

dicas do especialista «

Para incrementar o sabor, opte por líquidos já ricos em sabor para cozinhar os grãos ou as leguminosas:

FUNDO / CALDO / VINHO

Ingredientes adicionais podem ser acrescentados para desenvolver mais sabor. Incluí-los diretamente nos grãos ou nas leguminosas vai infundir sabor durante o preparo:

VEGETAIS AROMÁTICOS / ERVAS FRESCAS / ESPECIARIAS INTEIRAS OU MOÍDAS / ALHO

Para uma opção mais saudável: Use grãos integrais sempre que possível, uma vez que eles trazem maiores benefícios à saúde; arroz integral, quinoa, trigo integral, trigo-sarraceno, painço e cevada são apenas algumas das muitas opções.

ferver suavemente grãos integrais e leguminosas

1. Cozinhe os grãos ou as leguminosas. Misture-os com o líquido de cocção e espere abrir fervura. Reduza ligeiramente o fogo até ferver suavemente e cozinhe-os até o ponto desejado. As leguminosas e alguns tipos de grãos devem ser mexidos de vez em quando enquanto cozinham, para não queimarem. Verifique o nível do líquido de cozimento e acrescente mais, se for necessário, para manter as leguminosas ou os grãos completamente cobertos.

Para verificar o ponto, experimente um grão ou uma leguminosa. O sal é, de hábito, acrescentado aos legumes depois que ficarem macios. Adicionar sal ou ingredientes ácidos, como sucos cítricos ou vinagre, no início do cozimento, pode endurecer a pele.

Escorra os grãos ou as leguminosas ou, se for usá-los mais tarde, deixe-os esfriar no líquido de cocção, para manter a pele macia. Em muitos casos, o líquido de cocção é um ingrediente importante no prato pronto. Termine e sirva em pratos aquecidos ou use em outra preparação.

Se o líquido não for inteiramente absorvido, escorra os grãos em um escorredor, sobre uma panela. Tampe-a e deixe que os grãos sequem no vapor por alguns minutos, em fogo baixo. Use um garfo para separar os grãos, mas não mexa, para que os grânulos de amido não estourem, criando uma textura gomosa. Ajuste o tempero, se necessário, com o sal, a pimenta-do-reino e os outros ingredientes. Mantenha o prato em local aquecido, se necessário, até o momento de servir.

método detalhado

Os grãos podem passar por algum tipo de processamento (moagem), para produzir farinhas e cereais, antes de chegar à cozinha. Quando o grão integral é moído, quebra-se em partículas sucessivamente menores. Dependendo do grão, o resultado final pode ser bem grosseiro (trigo ou aveia partidos) ou bem fino (fubá ou farinha comum). Alguns grãos são tratados antes da moagem; por exemplo, o trigo para quibe é cozido no vapor e seco antes de ser amassado.

cozinhar e ferver suavemente cereais e farinhas

Os cereais incluem várias formas de aveia, trigo-sarraceno amassado e flocos de centeio, assim como grãos partidos, como o trigo para quibe. As farinhas incluem a de milho moído grosseira ou bem finamente, a farinha de trigo, a semolina e o creme de arroz. (Farinhas são moídas ainda mais finamente.) Os cereais e as farinhas variam muito, segundo a maneira como são processados. Podem ser moídos grosseiramente ou, ao contrário, muito finamente. O farelo e o germe podem ser deixados intactos ou removidos. O tipo de equipamento para a moagem afeta tanto o sabor como o conteúdo nutricional. Os cereais picados mais grosseiramente apresentam uma textura densa como a de um mingau; os moídos finamente produzem uma textura homogênea, quase sedosa, semelhante à de um pudim.

Todos os cereais e grãos devem ter um aroma fresco, atraente. À medida que envelhecem, os óleos naturais se tornam rançosos. Despreze os cereais ou as farinhas que não tenham esse aroma fresco. Antes de pesar a farinha, escolha-a para remover quaisquer impurezas. Alguns cereais e grãos devem ser enxaguados antes do cozimento. Outros devem estar secos, para que possam ser adicionados gradualmente ao líquido de cocção.

A água, o fundo ou o caldo podem ser usados como líquido de cocção, dependendo do grão, do prato e do *menu*. Com frequência, os cereais e as farinhas de grão são cozidos em líquido suficiente para que possam absorvê-lo. Cada tipo de cereal ou farinha absorve uma quantidade diferente de líquido. (Consulte a embalagem ou a receita para mais detalhes.)

O sal, em geral, é adicionado à água do cozimento e, algumas vezes, também se juntam especiarias ou ervas. Experimente e acerte o tempero no final do cozimento. Os grãos tendem a precisar de quantidade considerável de sal, ou ficarão sem gosto.

As panelas para cozinhar o cereal ou a farinha podem ser pequenas ou grandes, dependendo da quantidade, mas, de modo geral, devem ter fundo grosso. Será necessário um escorredor para escorrer os grãos. Tenha à mão utensílios para mantê-los aquecidos e para servi-los.

» receita básica

Farinhas ou cereais cozidos em água
(10 porções)

454 g de cereais em grãos, partidos, em flocos ou farinha

Fundo ou caldo, água, leite ou uma combinação de líquidos

Sal e pimenta

Sachet d'épices ou *bouquet garni*

Vegetais aromáticos como cebola ou alho, ou açúcar, mel ou outro adoçante para preparações doces

método rápido »

1. Ferva o líquido e junte os cereais/farinha, ou misture o líquido com os cereais/farinha e leve à fervura, dependendo do grão.

2. Junte o cereal/farinha ao líquido fervente aos poucos, em um fluxo fino e uniforme. (Se o grão ou farinha tiver sido adicionado no passo 1, omita este passo.)

3. Baixe o fogo e cozinhe em fogo brando até chegar ao ponto desejado.

4. Sirva ou guarde em um local aquecido.

dicas do especialista «

Para incrementar o sabor, opte por líquidos já ricos em sabor para cozinhar os cereais ou as farinhas. Use cada líquido sozinho ou uma combinação deles para criar diferentes resultados:

FUNDO / CALDO / LEITE

Ingredientes adicionais podem ser acrescentados para desenvolver mais sabor. Incluí-los diretamente nos cereais ou nas farinhas vai infundir sabor durante o preparo:

VEGETAIS AROMÁTICOS / *BOUQUET GARNI* / *SACHET D'ÉPICES* / ALHO

Dependendo do resultado esperado, podem ser incluídos ingredientes adoçantes para alcançar um sabor diferente:

AÇÚCAR / MEL / XAROPE DE BORDO

método detalhado »

1. Dependendo do grão, espere que o líquido abra fervura e acrescente o cereal ou a farinha em um fluxo fino, mexendo sem parar, ou combine o cereal e o líquido e espere ferver. Você também pode adicionar o cereal (farinha de milho para polenta) à água fria, como faria para um *slurry*, e depois esperar que cozinhe suavemente, de modo a impedir que se formem grumos. O sal e outros temperos podem ser adicionados ao líquido à medida que ele ferve, com quaisquer outros temperos e aromatizantes.

Reduza a chama para que ferva suavemente e cozinhe, mexendo sempre que necessário, até que esteja pronto. A maior parte dos cereais devem ser mexidos de vez em quando, enquanto cozinham, para que não se queimem. Passe a colher pelo fundo e pelos cantos da panela para soltar o cereal ou a farinha, à medida que cozinha e engrossa. Algumas farinhas ou cereais podem endurecer o bastante para soltar-se dos lados da panela e são de textura relativamente pesada. Outros permanecem fluidos o suficiente para serem despejados com facilidade.

2. Cozinhe as farinhas de grão de modo que fiquem fluidas o suficiente para despejar enquanto ainda estiverem quentes. Elas também têm de apresentar uma textura cremosa homogênea. Forre uma forma com papel-manteiga e espalhe a polenta quente em uma camada por igual, para que esfrie rapidamente.

3. Avalie a qualidade da farinha ou do cereal quando o preparado estiver finalizado. As polentas, os mingaus e os pudins feitos com farinhas de grão ficarão grossos, com consistência de grosseira a fina, dependendo do cereal.

A farinha cozida fria, como a polenta, pode ser cortada de diversas formas, depois salteada, grelhada, assada ou preparada em fritura rasa antes de ser servida.

NOTA DO CHEF SOBRE A POLENTA

Ingredientes como vegetais e queijo podem ser acrescentados à polenta quando ela for resfriada para ser assada ou frita posteriormente. Os vegetais devem ser cozidos e acrescentados à polenta assim que estiver cozida, ainda quente. Devem ser cortados em pedaços pequenos, salteados e temperados adequadamente. Vá colocando-os na polenta quente, recém-preparada, antes que ela esfrie. Espalhe a polenta em uma assadeira de maneira uniforme, cubra e leve à geladeira. Quando estiver gelada, corte como desejar e faça uma fritura rasa ou asse para ficar crocante por fora e completamente aquecida.

Originário do Oriente Médio, o *pilaf* (também chamado pilau) é um prato de grãos em que o grão – em geral arroz – é de início aquecido em uma panela, a seco ou em gordura, depois combinado com um líquido quente e, em seguida, cozido, tampado, em chama direta ou no forno.

pilaf

Os *pilafs* podem ser pratos simples, compostos apenas do grão e do líquido de cozimento, ou ser bastante substanciais e incluir um amplo leque de ingredientes adicionais, como carne ou frutos do mar, vegetais, frutos secos ou frutas desidratadas. No *pilaf*, os grãos permanecem separados e ganham um sabor amendoado em virtude do salteado inicial do grão, que ganha uma textura bem mais firme do que quando é fervido.

O arroz é o grão usado com mais frequência para preparar *pilaf*, embora outros grãos, como o trigo para quibe ou a cevada, também possam ser usados. Escolha e, se necessário, enxágue e seque o grão ao ar, espalhando-o numa camada fina em uma assadeira.

Para refogar os aromáticos e saltear o grão, em geral se usa um óleo vegetal de sabor neutro, mas também pode-se usar uma gordura que contribua com seu próprio sabor, como manteiga ou gordura de ganso derretida.

De hábito, o líquido de cocção preferido é o fundo. Ferva-o em uma panela separada antes de adicioná-lo ao grão, para encurtar o tempo de cozimento. Até metade do líquido pode ser substituído por suco de vegetais ou de frutas, ou por um *coulis* vegetal, para conferir um determinado sabor e/ou cor. Se o suco for ácido (suco de tomate, por exemplo), poderá ser necessário prolongar o tempo de cozimento em até 15 a 20 minutos.

Para fazer *pilaf*, em geral é necessária a presença de um membro da família da cebola, como cebolas bem picadas ou raladas, chalotas, cebolinhas (parte branca) ou alhos-porós. Além disso, também são usadas folhas de louro e tomilho, que adicionam sabor. Outras ervas e especiarias também podem ser acrescentadas, assim como outros vegetais, para refogar com a cebola. Também são usados, com frequência, outros ingredientes, como peixes e frutos do mar, carne, vegetais e frutas secas. (Consulte as receitas para mais detalhes.)

Para permitir o cozimento a vapor e impedir a queima, é preciso usar uma panela pesada do tamanho apropriado, com tampa. Também serão necessários utensílios para manter os alimentos aquecidos e para servi-los.

pilaf

» receita básica

Pilaf
(10 porções)

2 xícaras/480 mℓ de arroz, quinoa ou grãos integrais similares

454 g de *risoni* ou outra massa curta semelhante

397 g a 454 g de cevada ou lentilha

840 mℓ a 960 mℓ de fundo, caldo (temperados) ou água para arroz branco cozido sem tampa ou

840 mℓ de fundo, caldo ou água para arroz carolino ou

720 mℓ de fundo, caldo ou água para arroz *basmati*, *texmati* ou *jasmine* ou

1,92 ℓ de fundo, caldo ou água para arroz selvagem ou

1,2 ℓ de fundo, caldo ou água para arroz integral, quinoa ou grãos integrais semelhantes ou

960 mℓ a 1,2 ℓ de fundo, caldo ou água para *risoni* ou massas curtas semelhantes ou

1,2 ℓ a 1,44 ℓ de fundo, caldo ou água para cevada

Sal e pimenta

Folhas de louro, tomilho ou outras ervas

Outros vegetais aromáticos

método rápido »

1. Aqueça a gordura.
2. Junte as cebolas e refogue-as.
3. Junte o grão e salteie-o.
4. Junte o líquido e os aromáticos.
5. Cozinhe em fogo brando.
6. Cubra a panela e a coloque no forno.
7. Deixe no forno até que os grãos fiquem macios.
8. Ajuste os temperos e sirva o *pilaf*.

dicas do especialista «

Para incrementar o sabor, opte por líquidos já ricos em sabor para cozinhar o *pilaf*:

FUNDO / CALDO

Ingredientes adicionais podem ser acrescentados para desenvolver mais sabor. Incluí-los diretamente no *pilaf* vai infundir sabor durante o preparo:

VEGETAIS AROMÁTICOS / ERVAS FRESCAS / ALHO

Para uma opção mais saudável: Use grãos integrais sempre que possível, uma vez que eles trazem maiores benefícios à saúde; arroz integral, quinoa, trigo integral, trigo-sarraceno, painço e cevada são apenas algumas das muitas opções.

método detalhado »

1. Refogue os vegetais aromáticos em gordura ou óleo, até ficarem macios. Adicione os grãos e salteie-os, mexendo frequentemente, até que fiquem bem revestidos com a gordura.

Aquecer o grão em gordura quente ou óleo, processo chamado de *parching*, começa a gelatinizar os amidos. Isso estimula os grãos a manter-se separados depois de cozidos e a absorver o sabor dos aromáticos.

2. Aqueça o líquido, acrescente os grãos e ferva suavemente. Aquecer o líquido antes de acrescentá-lo aos grãos acelera o processo de cozimento. Mexa os grãos uma ou duas vezes antes que comecem a cozinhar suavemente, para impedir que grudem no fundo da panela. A essa altura, adicione quaisquer ingredientes aromatizantes. Tampe a panela e complete o cozimento em forno moderado ou em fogo baixo, no topo do fogão.

pilaf

3. Quando o líquido tiver sido totalmente absorvido (18 a 20 minutos para arroz; para outros grãos esse tempo varia; ver tabela nas pp. 1.182-1.183), retire a panela do fogo e deixe o *pilaf* descansar, coberto, por 5 minutos. Fazer isso permite que ele absorva o líquido e o vapor restantes. Destampe e use um garfo para separar os grãos e soltar o vapor. Acerte o tempero.

Avalie a qualidade do *pilaf* pronto. Prove alguns grãos, mordendo-os. Devem estar macios, mas com textura evidente, não empapados. Além disso, os grãos individuais devem separar-se facilmente. Não deve haver líquido visível no fundo da panela. Os *pilafs* que cozinharam demais adquirem sabor pastoso, os grãos podem ficar empapados ou encharcados e grudados uns nos outros. Os grãos que não cozinharam o suficiente ou que foram cozidos em pouco líquido ficam crocantes demais.

NOTA DO CHEF SOBRE O *PILAF*

Acrescentar lentilhas ao arroz *pilaf* resulta em um prato mais encorpado, que pode ser servido sozinho ou como o componente principal de um prato vegetariano. Lentilhas verdes ou marrons são as únicas leguminosas que cozinham rápido o suficiente para serem acrescentadas a um *pilaf*. Elas levam o mesmo tempo para cozinhar que o arroz ou outros grãos semelhantes, de modo que o *pilaf* fica macio, mas, ao mesmo tempo, seco – e não amolecido. Acrescente quaisquer outros ingredientes, como vegetais, carne ou peixe, como você faria com qualquer *pilaf* tradicional.

capítulo 24 » COZINHAR GRÃOS E LEGUMINOSAS

O RISOTO CLÁSSICO É UM PRATO RICO E DE CONSISTÊNCIA CREMOSA, MAS, AINDA ASSIM, CADA GRÃO DE ARROZ FICA DURINHO POR DENTRO. NO RISOTO ITALIANO, O ARROZ É SECO COMO NO MÉTODO DO *PILAF*, MAS O LÍQUIDO É ACRESCENTADO E ABSORVIDO GRADUALMENTE, ENQUANTO SE MEXE A PANELA QUASE SEM PARAR. O AMIDO SE LIBERA DEVAGAR DURANTE O PROCESSO DE COZIMENTO, PRODUZINDO UMA TEXTURA CREMOSA.

risoto

Em geral se acrescentam queijo ralado e vegetais, carnes ou peixes, para criar um risoto que possa ser servido como entrada ou prato principal. Embora a preparação do risoto seja relativamente extensa e requeira atenção constante, há maneiras de agilizar o processo, tornando-o adequado para o serviço de restaurantes.

Tradicionalmente, o risoto é feito com variedades italianas especiais de arroz de grão médio, arredondado. O mais famoso deles é o *arborio*, mas outras variedades podem ser o Vialone Nano e o Carnaroli. Outros grãos, incluindo arrozes de grão longo ou integrais, cevada, trigo ou macarrão curto, também podem ser preparados por esse método, mas a qualidade do prato pronto não é a mesma. O tempo de cozimento será mais longo para o arroz e grãos integrais, e a quantidade de líquido será, provavelmente, maior.

O líquido de cozimento que se sugere com maior frequência para o risoto é o fundo ou caldo de alta qualidade. Meça a quantidade apropriada de líquido, tempere se necessário, e ferva suavemente antes de começar a cozinhar. Em algumas receitas, o vinho pode substituir uma parte do fundo ou do caldo. Começar por ferver o fundo suavemente encurta um bocado o tempo de cozimento e fornece oportunidade de adicionar ingredientes para infundir sabor e cor ao caldo. As opiniões diferem em relação ao vinho: alguns pensam que deve ser adicionado no início do cozimento, outros perto do final. Alguns chefs preferem combinar o fundo e o vinho e fervê-los juntos, suavemente, para retirar o sabor áspero do vinho cru e melhorar o gosto do prato.

Quase sempre, incluem-se no risoto alhos-porós, chalotas ou cebolas picados finamente. Algumas vezes, podem-se adicionar cogumelos, erva-doce, cenouras ou salsão, que devem ser finamente picados, ou cortados em fatias bem finas, para que liberem completamente seus sabores. As especiarias, como açafrão e ervas frescas, também podem comparecer.

A manteiga contribui para o risoto com um sabor doce e rico. Também podem ser usadas outras gorduras e óleos, em particular o azeite de oliva. O queijo, em geral parmesão ou romano, deve ser adicionado tão perto da hora de servir quanto possível, para melhor sabor. Também podem ser incluídos carne, peixes, aves ou vegetais.

Para fazer risoto, o melhor é usar uma panela larga e pesada. Use uma colher, de preferência de pau, para mexer e, se o risoto precisar ser esfriado e terminado mais tarde, use uma assadeira rasa.

risoto

» receita básica

Risoto
(10 porções)

2 xícaras/480 mℓ de arroz *arborio* ou outro arroz branco de grão médio a curto ou integral

454 g de *risoni* ou macarrão curto semelhante

454 g de *aletria* ou macarrão fino semelhante

1,44 ℓ a 1,68 ℓ de fundo, caldo ou água para qualquer arroz branco

Arroz integral ou macarrões pequenos podem precisar de mais líquido

(*Opcional*: Substitua até 20% do líquido de cozimento por vinho branco seco)

Sal e pimenta

Folhas de louro, tomilho ou outras ervas

Cebola ou outros vegetais aromáticos

Queijo ralado

método rápido »

1. Aqueça a gordura.
2. Junte a cebola e os outros aromáticos.
3. Acrescente o arroz e refogue até ficar brilhante.
4. Junte o líquido (que deve estar aquecido em fogo brando) em três partes; mexa constantemente enquanto o arroz absorve o líquido.
5. Junte o vinho, se usado, como última adição de líquido.
6. Ajuste os temperos e sirva o risoto.

dicas do especialista «

Há três pontos básicos em que os ingredientes aromatizantes e os temperos podem ser acrescentados ao risoto.

Antes de acrescentar o arroz, os vegetais aromáticos podem ser adicionados à cebola refogada, para sublinhar o sabor do risoto pronto. Alguns exemplos são:

CENOURAS / SALSÃO / ALHO

Ervas e temperos podem ser acrescentados depois de ficarem de molho no líquido, em infusão. A escolha do líquido também ajudará a determinar o sabor do prato terminado e deve ser selecionado com cuidado, para complementar todos os outros sabores. Algumas ervas e temperos mais comuns são:

FOLHAS DE LOURO / AÇAFRÃO / A ÁGUA DE REIDRATAÇÃO DE COGUMELOS SECOS

Perto do fim, ou no fim do cozimento, acrescentam-se os ingredientes de guarnição. Esse momento é importante e vai depender do tempo de cozimento de cada um dos ingredientes.

VEGETAIS CORTADOS OU INTEIROS, COMO BRÓCOLIS, ERVILHAS OU ASPARGOS / ERVAS FRESCAS, COMO MANJERICÃO, ORÉGANO OU SÁLVIA / FRUTOS DO MAR, COMO CAMARÃO, VIEIRAS OU LULAS

Para uma opção mais saudável: Use grãos integrais sempre que possível, uma vez que eles trazem maiores benefícios à saúde; a espelta substitui facilmente o arroz *arborio* e resulta num produto final muito semelhante.

capítulo 24 » COZINHAR GRÃOS E LEGUMINOSAS

método detalhado »

1. Seque o arroz no óleo depois de refogar os aromáticos. As cebolas ou outros vegetais aromáticos devem ter tempo suficiente para refogar na manteiga ou no óleo quente, de modo a desenvolver completamente o sabor. Em alguns risotos, em vez de usar cebolas picadas, usa-se um purê de cebola cozido. As especiarias, inteiras ou moídas, podem ser acrescentadas a essa altura, também. (Se usar açafrão, coloque-o no líquido de cocção para melhor sabor e cor.)

Cozinhar o arroz na gordura produz a textura correta no risoto pronto. Depois que um aroma tostado se tornar aparente, faça a primeira adição de líquido.

2. Acrescente o líquido fervendo suavemente em partes. Adicione cerca de um quarto a um terço do líquido de cocção ao arroz seco e mexa constantemente, em fogo médio, até que o líquido seja absorvido. Continue adicionando porções do líquido dessa maneira. Depois que o arroz absorver um terço do líquido, os grãos parecem firmes e distintos, e nenhuma cremosidade é, ainda, evidente. Depois que o arroz absorver a segunda adição de líquido, os grãos parecem mais macios e começam a ficar com consistência mais cremosa, parecida com a de um molho.

3. Mexa constantemente até que todo o líquido tenha sido incorporado, o arroz esteja cozido, e o risoto esteja cremoso e grosso. O tempo médio de cozimento para risoto feito com arroz *arborio* é de 20 minutos.

Embora o melhor risoto seja preparado do início ao fim pouco antes de servir, é possível cozinhá-lo parcialmente, com antecedência. Para tanto, retire o risoto do fogo depois que o arroz absorveu dois terços a três quartos da quantidade total de líquido. Coloque-o em uma assadeira rasa e espalhe-o numa camada uniforme. Esfrie-o rapidamente e leve-o à geladeira. Para finalizar o risoto conservado desse modo, coloque o terço ou quarto do líquido de cocção em uma panela e aqueça. Coloque o risoto parcialmente cozido e esquente em fogo médio. Termine de cozinhar até que o risoto esteja cremoso e o arroz, inteiramente cozido.

A finalização do preparo também pode ser feita em porções.

4. Acrescente ao risoto manteiga e queijo ralado ou outros ingredientes de acabamento, mexendo vigorosamente, em fogo baixo, até que estejam bem misturados. Alguns ingredientes de guarnição podem ser acrescentados no início do processo de cozimento, de modo que cozinhem completamente ao mesmo tempo que o risoto. Outros, podem ser cozidos em separado e adicionados no fim. (Consulte receitas específicas para mais detalhes.) Junte ervas frescas, se desejar; acerte o tempero a gosto e sirva o risoto em pratos aquecidos.

Avalie a qualidade do prato pronto. Os italianos descrevem um risoto cozido adequadamente como *all'onda* (como uma onda), o que significa que o risoto tem uma consistência cremosa, mas os grãos individuais estão ligeiramente firmes, com textura perceptível. O risoto cozido em fogo alto, ou muito rapidamente, não chegará à consistência adequada, nem ficará cozido da maneira apropriada. A consistência final deve ser cremosa, e os grãos do risoto devem estar *al dente*.

Purê de feijão-preto

Rendimento: 10 porções

- 907 g de feijão-preto seco
- Água ou **fundo de frango** (p. 277), quanto baste
- 2 folhas de louro
- 2 colheres (chá)/4 g de orégano desidratado
- Sal, a gosto
- 120 mℓ de azeite de oliva
- 227 g de cebola em cubos médios
- 4 dentes de alho amassados
- 2 colheres (sopa)/6 g de cominho em pó
- 2 colheres (sopa)/6 g de orégano picado
- Pimenta-do-reino preta moída, a gosto

1. Escolha o feijão e enxágue-o bem em água fria. Deixe-o de molho usando o método longo ou curto (ver p. 771).
2. Escorra-o.
3. Misture o feijão e a água, ou o fundo, em uma panela média e acrescente o louro e o orégano. Ferva suavemente por 1 hora.
4. Tempere com sal e continue a ferver suavemente até que o feijão esteja macio, em 20 a 30 minutos.
5. Retire as folhas de louro, escorra o excesso de líquido e reduza-o, até adquirir consistência de xarope.
6. Aqueça o óleo em uma *sauteuse*, em fogo médio-alto. Junte a cebola e o alho e refogue-os até ficarem macios. Acrescente o cominho e o orégano e misture bem.
7. Adicione o feijão à mistura de cebola e bata no liquidificador, até obter um purê. Se a mistura ficar grossa demais, junte o líquido do feijão reduzido para afiná-la. Tempere com o sal e a pimenta-do-reino.
8. Sirva o purê imediatamente ou mantenha-o aquecido para o serviço.

Feijão-preto com pimentão e *chorizo*

Rendimento: 10 porções

- 340 g de feijão-preto seco
- 2,88 ℓ de água ou **fundo de frango** (p. 277)
- Sal, a gosto
- 60 mℓ de óleo vegetal
- 85 g de *bacon* finamente picado
- 170 g de cebola, em cubos médios
- 2 colheres (chá)/6 g de alho amassado
- 113 g de *chorizo* em fatias
- 85 g de pimentão vermelho em cubos médios
- 85 g de pimentão verde em cubos médios
- 57 g de cebolinha em fatias (mais o necessário para a guarnição)
- 1 colher (sopa)/3 g de orégano picado
- 1 colher (sopa)/3 g de coentro picado
- Pimenta-do-reino preta moída, a gosto
- 150 mℓ de creme azedo (*sour cream*) (opcional)

1. Escolha o feijão e enxágue-o bem em água fria. Deixe-o de molho usando o método longo ou curto (ver p. 771). Escorra-o.
2. Junte o feijão e a água, ou o fundo, em uma panela média. Ferva suavemente por 1 hora.
3. Adicione o sal e continue a ferver suavemente até que o feijão esteja macio, em 20 a 30 minutos. Reserve-o em seu próprio líquido.
4. Em uma panela grande, aqueça o óleo e adicione o *bacon*. Cozinhe até que a gordura derreta. Adicione e salteie a cebola até ficar macia e ligeiramente dourada, em cerca de 8 minutos. Junte o alho e cozinhe por mais 1 minuto, mexendo frequentemente.
5. Acrescente o *chorizo* e os pimentões e salteie, mexendo frequentemente, até que os pimentões estejam macios, em 6 a 8 minutos.
6. Escorra o feijão e acrescente-o, com líquido de cocção suficiente para mantê-lo úmido (a consistência deve ser a de um guisado espesso). Ferva o feijão suavemente até que todos os sabores se desenvolvam e todos os ingredientes estejam quentes.
7. Junte a cebolinha e as ervas e tempere com o sal e a pimenta-do-reino. Sirva com o creme azedo, se desejar.

Feijão-preto com pimentão e *chorizo*

Crêpes vegetarianos de feijão-preto

Crêpes vegetarianos de feijão-preto

Rendimento: 10 porções

CRÊPES

300 ml de líquido do cozimento do feijão-preto

106 g de farinha de trigo comum

106 g de amido de milho

2½ colheres (sopa)/37,5 g de manteiga derretida

2½ colheres (chá)/8,5 g de sal

5 ovos

RECHEIO

2½ colheres (sopa)/37 ml de azeite de oliva

142 g de cebola em cubos

5 dentes de alho picados

2 *jalapeños* sem sementes e picados

284 g de feijão-preto cozido, escorrido

113 g de tomate seco picado

1¼ de colher (chá)/2,5 g de cominho moído

1¼ de colher (chá)/2,5 g de sementes de coentro moída

Sal e pimenta-do-reino preta moída, a gosto

Óleo, a gosto

14 g de coentro picado

2 xícaras/600 ml de *queso* Chihuahua esfarelado

GUARNIÇÃO

300 ml de **salsa roja** (p. 972)

150 ml de creme azedo (*sour cream*)

28 g de cebolinha

1. Para fazer os *crêpes*, junte todos os ingredientes em um processador de alimentos ou liquidificador. Bata por 30 segundos. Mexa raspando as bordas do copo do liquidificador ou do processador e bata por mais 1 minuto. A massa deve ser bem leve e ter a consistência de creme de leite fresco. Se necessário, ajuste a consistência com leite ou farinha de trigo.
2. Deixe a massa descansar na geladeira por 30 minutos.
3. Para fazer o recheio, aqueça o azeite de oliva em uma *sauteuse* grande em fogo médio. Junte a cebola, o alho e os *jalapeños*. Salteie até as cebolas ficarem translúcidas, em 6 a 8 minutos.
4. Junte os feijões, os tomates secos, o cominho e as sementes de coentro moídas e aqueça. Tempere com sal e pimenta. Mantenha quente.
5. Aqueça uma frigideira para *crêpe* ou uma *sauteuse* pequena em fogo médio. Unte-a com óleo. Despeje 120 ml da massa na frigideira quente, girando-a e inclinando-a para cobrir todo o seu fundo. Cozinhe, baixando o fogo se necessário, até que um lado ganhe um pouco de cor, em cerca de 2 minutos.
6. Use uma espátula fina de metal ou de silicone para virar o *crêpe*. Cozinhe do outro lado até ficar levemente dourado, em cerca de mais 1 minuto. Retire o *crêpe* da frigideira e empilhe os *crêpes* com papel-manteiga, separando-os, para não grudarem uns nos outros.
7. Coloque cerca de 3 colheres (sopa)/45 ml de recheio em cada *crêpe*. Polvilhe com coentro picado e queijo e dobre o *crêpe* em quatro. Sirva em pratos aquecidos com molho e creme azedo (*sour cream*) e guarneça com cebolinha.

NOTA: A massa pode ser feita com antecedência e refrigerada por até 12 horas. Substitua o *queso* Chihuahua por queijo Monterey Jack.

Frijoles refritos

Rendimento: 10 porções

120 ml de óleo de canola

1 cebola branca média, em fatias finas

1,13 kg de **feijão-preto ensopado** (p. 793)

Fundo de vegetais (p. 279), a gosto

57 g de *queso* fresco ralado

Tortillas chips (p. 980), a gosto

1. Aqueça o óleo em uma *sauteuse* média em fogo médio. Acrescente a cebola e salteie até caramelizar, em 7 a 9 minutos. Retire a cebola e reserve para outro uso, se quiser.
2. Junte os feijões ao óleo aromatizado. Amasse os feijões com um amassador de batatas e baixe o fogo, se preciso, para evitar que a mistura queime.
3. Cozinhe os feijões até eles secarem levemente. Continue cozinhando, mexendo sempre para não grudar na panela, até que eles virem uma pasta. Ajuste a consistência com caldo, se necessário.
4. Sirva imediatamente com *queso* e *tortillas chips*.

Feijão *corona* (*fagioli all'uccelletto*)

Rendimento: 10 porções

- 907 g de feijão *corona** seco
- 240 mℓ de azeite de oliva
- 14 g de alho amassado
- 113 g de presunto cru ou *pancetta* em cubos grandes
- 2 cenouras em cubos grandes
- 4 talos de salsão em cubos grandes
- 1 raminho de tomilho
- 1 raminho de alecrim
- 1 folha de louro
- 3,84 ℓ de água, ou quanto baste
- Sal, a gosto
- 2 colheres (sopa)/6 g de alecrim picado
- 14 g de sálvia picada
- 14 g de salsa picada
- Pimenta-do-reino preta moída, a gosto

1. Escolha o feijão e enxágue-o bem em água fria. Demolhe-o usando o método longo ou curto (ver p. 771).
2. Escorra-o.
3. Aqueça metade do azeite em uma panela média, acrescente o alho e refogue-o até dourar ligeiramente, em cerca de 2 minutos. Junte o presunto cru, ou a *pancetta*, e cozinhe por 1 minuto. Adicione as cenouras, o salsão, o tomilho, o alecrim e a folha de louro. Cozinhe por mais 2 minutos.
4. Acrescente o feijão e a água. Ferva suavemente por 1 hora.
5. Tempere com sal e continue a ferver suavemente até que o feijão esteja macio, em 20 a 30 minutos.
6. Retire o alho, o presunto, as cenouras, o salsão e as ervas. O feijão pode ser escorrido para uso imediato, reservando-se um pouco do líquido de cocção, ou esfriado rapidamente e refrigerado no próprio líquido.
7. Para finalizar, aqueça o azeite restante em uma panela, em fogo médio. Junte o feijão com um pouco do líquido de cozimento. Acrescente o alecrim, a sálvia e a salsa, tomando cuidado para não romper os grãos de feijão. Tempere com o sal e a pimenta-do-reino.

* Feijão branco seco, grande, originário da Itália. (N. E.)

Creme de feijão-rajado (*frijoles maneados*)

Rendimento: 10 porções

- 680 g de feijão-rajado seco
- 1,92 ℓ de água
- 454 g de cebola ralada
- 5 pimentas *ancho*, sem sementes nem membranas internas
- 1½ colher (chá)/3 g de cominho em pó
- 15 g de extrato de tomate
- 1½ colher (chá)/1,5 g de orégano mexicano
- 240 mℓ de leite
- 60 mℓ de óleo vegetal
- 3 dentes de alho amassados
- Sal, a gosto
- Pimenta-do-reino preta moída, a gosto
- 227 g de *queso* Chihuahua ralado

1. Escolha o feijão e enxágue-o bem em água fria. Demolhe-o usando o método longo ou curto (ver p. 771).
2. Escorra-o.
3. Coloque o feijão em uma panela grande, com a água e a cebola. Ferva suavemente, na panela tampada, em fogo médio, até ficar macio, em cerca de 20 minutos.
4. Aqueça rapidamente as pimentas na salamandra, sem deixar que cozinhem. Corte em *chiffonade* e acrescente-as ao feijão, juntamente com o cominho, o extrato de tomate e o orégano.
5. Retire uma porção do feijão e um pouco do líquido de cozimento, com uma colher. Coloque no liquidificador ou processador de alimentos. Junte cerca de 60 mℓ do leite e bata. Repita a operação com porções do feijão e leite, até que todo o feijão tenha sido batido.
6. Aqueça o óleo em um *rondeau* pequeno, em fogo médio. Adicione o alho e refogue-o até ficar aromático. Junte o feijão batido e misture bem. Tempere com o sal e a pimenta-do-reino.
7. Tampe a panela, coloque no forno a 177 °C e cozinhe por 45 minutos a 1 hora.
8. Retire a panela do forno, distribua o queijo ralado por cima do feijão e sirva imediatamente ou mantenha-o aquecido para o serviço.

receitas com grãos e leguminosas

Frijoles a la charra

Rendimento: 10 porções

454 g de feijão-preto lavado e escolhido
1½ colher (chá)/3 g de cominho tostado e moído
1 colher (chá)/2 g de orégano desidratado
1½ colher (chá)/3 g de páprica
1 colher (chá)/2 g de tomilho desidratado
1 colher (sopa)/15 g de extrato de tomate
3 folhas de chicória
Pimenta-do-reino preta moída, a gosto
1 colher (sopa)/15 mℓ de óleo vegetal
170 g de cebola picada
1 pimenta *serrano* picada
2 dentes de alho picados
2 xícaras/480 mℓ de tomate em cubos médios
3 colheres (sopa)/30 g de sal

1. Deixe o feijão de molho de um dia para o outro em três partes de água para cada parte de feijão.
2. Escorra o feijão. Coloque-o numa panela grande com água suficiente para ficar 2,5 cm acima do feijão. Junte o cominho, o orégano, a páprica, o tomilho, o extrato de tomate, a chicória e a pimenta. Cozinhe em fogo brando e deixe tampado enquanto cozinha.
3. Aqueça o óleo em um *rondeau* em fogo médio e refogue a cebola, a pimenta, o alho e o tomate. Continue a refogar até os vegetais ficarem macios, mas sem dourar, em cerca de 10 minutos. Junte essa mistura ao feijão e mantenha em fogo brando até que o feijão fique macio e comece a se partir. Junte mais água, se necessário, para manter o nível da água sempre, no máximo, 2,5 cm acima do feijão. Tempere com sal e pimenta.
4. Mantenha quente até a hora de servir. Sirva em vasilhas de cerâmica sobre um prato.

Frijoles puercos estilo Sinaloa

Rendimento: 10 porções

454 g de feijão-rajado seco
57 g de cebola branca cortada em quatro
1 colher (sopa)/9 g de alho amassado
113 g de lardo
113 g de *bacon* em cubos pequenos
113 g de *chorizo* mexicano sem o invólucro
135 g de cebola branca em cubos pequenos
113 g de *queso* Chihuahua
57 g de pimentas *chipotle* em conserva de molho *adobo*
28 g de azeitona verde sem caroço em cubos
1 colher (sopa)/10 g de sal

1. Escolha o feijão e enxágue-o bem em água fria. Deixe de molho de um dia para o outro.
2. Escorra o feijão.
3. Leve o feijão para uma panela grande com os quartos de cebola, o alho e água suficiente para cobrir generosamente o feijão. Cozinhe em fogo brando até o feijão ficar macio, em 30 a 40 minutos.
4. Escorra o feijão, reserve o líquido do cozimento e descarte a cebola e o alho. Espere o feijão esfriar.
5. Em lotes, se necessário, transfira o feijão já frio para um liquidificador. Bata com uma quantidade de água do cozimento suficiente para formar um purê liso. Reserve.
6. Em um *rondeau*, aqueça o lardo em fogo médio. Salteie o *bacon* e o *chorizo* até ficarem crocantes. Retire-os da panela e reserve. Coloque a cebola em cubos e salteie até a cebola começar a amaciar, em 2 a 3 minutos.
7. Junte o purê de feijão e mexa constantemente para não grudar. Quando a mistura começar a ferver, junte o queijo, a pimenta *chipotle*, as azeitonas, a carne reservada e o sal. Sirva quente.

Grão-de-bico à moda do Oriente Médio

Rendimento: 10 porções

340 g de grão-de-bico seco

SACHET D'ÉPICES

14 g de gengibre em fatias

1½ colher (chá)/3 g de sementes de cominho

1 colher (chá)/1,5 g de sementes de coentro

¼ de colher (chá)/1 g de sementes de mostarda

½ colher (chá)/1 g de grãos de pimenta rosa esmagada

½ colher (chá)/1 g de pimenta-do-reino preta esmagada

5 bagas de cardamomo

1 pau de canela

30 mℓ de óleo vegetal

170 g de cebola picada

14 g de alho amassado

2,88 ℓ de **fundo de frango** (p. 277), ou quanto baste

Sal, a gosto

Suco de limão-siciliano, a gosto

Pimenta-do-reino preta moída, a gosto

1. Escolha o grão-de-bico e enxágue-o bem em água fria.
2. Demolhe-o usando o método longo ou curto (ver p. 771). Escorra-o.
3. Faça o *sachet d'épices*; combine o cominho, o coentro, a mostarda, o gengibre, os grãos de pimenta, o cardamomo e a canela em uma peça de musselina e amarre com um barbante.
4. Aqueça o óleo em uma panela média, em fogo médio. Adicione a cebola e refogue-a até ficar macia e translúcida, em cerca de 5 a 6 minutos. Acrescente o alho e cozinhe mais 1 minuto.
5. Adicione o grão-de-bico, o fundo e o *sachet*. Ferva suavemente por 1 hora.
6. Adicione o sal e continue a ferver suavemente até que o grão-de-bico esteja macio, em 20 a 30 minutos.
7. Tempere com o suco de limão, o sal e a pimenta-do-reino.
8. O grão-de-bico pode ser escorrido para uso imediato ou esfriado rapidamente e levado à geladeira com o líquido de cocção.

Feijão-de-lima à romana

Rendimento: 10 porções

340 g de feijão-de-lima seco

BOUQUET GARNI

2 galhinhos de tomilho

2 galhinhos de orégano

1 galhinho de alecrim

½ colher (chá)/1 g de grãos de pimenta-do-reino preta amassado

2 folhas de alho-poró, com 8 a 10 cm de comprimento

30 mℓ de azeite de oliva

113 g de *pancetta* em cubos

170 g de cebola picada

14 g de alho amassado

2,88 ℓ de **fundo de frango** (p. 277), ou quanto baste

1 casca de queijo parmesão (opcional)

Sal, a gosto

Vinagre de vinho tinto, a gosto

Pimenta-do-reino preta moída, a gosto

1. Escolha o feijão e enxágue-o bem em água fria. Demolhe-o usando o método longo ou curto (ver p. 771).
2. Escorra-o.
3. Prepare o *bouquet garni*, coloque as ervas e os grãos de pimenta entre as folhas de alho-poró e faça uma trouxinha amarrada com barbante.
4. Aqueça o azeite em uma panela média, em fogo médio. Adicione a *pancetta* e cozinhe até a gordura derreter. Acrescente a cebola e refogue-a até ficar macia e translúcida, em 5 a 6 minutos. Junte o alho e cozinhe mais um minuto. Não deixe o alho dourar.
5. Adicione o feijão-de-lima, o fundo, o *bouquet* e a casca de queijo, se for usar. Ferva o feijão suavemente por 1 hora.
6. Adicione o sal e continue a ferver suavemente até que o feijão fique macio, em 20 a 30 minutos.
7. Retire o *bouquet* e tempere com o vinagre, o sal e a pimenta-do-reino.
8. O feijão-de-lima pode ser escorrido para uso imediato ou esfriado rapidamente e levado à geladeira no líquido de cocção.

Guisado de feijão-branco à moda do Sudoeste

Rendimento: 10 porções

- 907 g de **feijão-branco fervido** (p. 795), escorrido
- 2 colheres (chá)/10 mℓ de óleo vegetal
- 170 g de cebola picada
- 113 g de pimentão vermelho em cubos pequenos
- 57 g de *jalapeño* bem picado
- 28 g de alho amassado
- 60 mℓ de vinagre de *sherry*
- 113 g de tomate *concassé*
- 2 colheres (sopa)/6 g de coentro picado
- Sal, a gosto
- Pimenta-do-reino preta moída, a gosto

1. Bata no liquidificador metade do feijão cozido e misture com o feijão restante.
2. Aqueça o óleo em uma panela média, em fogo médio-alto. Acrescente a cebola, o pimentão, o *jalapeño* e o alho. Refogue até que a cebola esteja translúcida, em cerca de 5 a 6 minutos.
3. Adicione e salteie o feijão, misturando constantemente, até que ele esteja bem quente.
4. Junte o vinagre e o tomate *concassé* e continue a saltear até ficar bem quente.
5. Misture o coentro e tempere com o sal e a pimenta-do-reino. Sirva o ensopado imediatamente ou mantenha-o aquecido para o serviço.

Feijão-preto ensopado

Rendimento: 10 porções

- 907 g de feijão-preto seco
- 30 mℓ de azeite de oliva
- 227 g de cebola em cubos pequenos
- 28 g de alho em fatias bem finas
- 1 jarrete de porco
- **Fundo de frango** (p. 277), quanto baste
- Sal, a gosto
- 3 *chipotles** em molho *adobo*,** bem picados
- 85 g de tomates secos, em cubos pequenos
- Pimenta-do-reino preta moída, a gosto

1. Escolha o feijão e enxágue-o bem, em água fria. Demolhe-o usando o método longo ou curto (ver p. 771).
2. Escorra-o.
3. Aqueça azeite em uma panela média. Adicione a cebola e o alho e refogue-os até a cebola ficar translúcida.
4. Junte o feijão, o jarrete de porco, e fundo suficiente para cobrir o feijão mais 3 cm além de sua altura. Ferva suavemente por 1 hora.
5. Adicione o sal, os *chipotles* e o tomate. Continue a ferver suavemente até que o feijão fique macio, em 20 a 30 minutos.
6. Retire a carne do jarrete de porco, corte-a em cubos e coloque-a de volta no feijão. Tempere com o sal e a pimenta-do-reino.
7. Sirva o ensopado imediatamente ou mantenha-o aquecido para o serviço.

*Nome que se dá, no México, ao *jalapeño* defumado. (N. E.)
**Tempero ou marinada, em espanhol. (N. E.)

Falafel

Rendimento: 10 porções

- 312 g de grão-de-bico seco, demolhado durante a noite
- 312 g de favas secas, demolhadas durante 2 noites
- 1 maço de salsa picada
- 3 cebolinhas bem picadas
- 1 colher (chá)/2 g de pimenta-de-caiena
- 1 colher (sopa)/6 g de cominho em pó
- 1¼ de colher (chá)/2,5 g de coentro em pó
- 6 dentes de alho, amassados com sal
- 1¼ de colher (chá)/3,75 g de fermento em pó
- 1 colher (sopa)/10 g de sal
- 960 mℓ de óleo vegetal, ou quanto baste para fritar

1. Escorra o grão-de-bico e as favas demolhadas. Enxágue-os e seque-os.
2. Coloque no processador de alimentos o grão-de-bico, as favas, a salsa, a cebola, a pimenta-de-caiena, o cominho, o coentro, o alho, o fermento e o sal, batendo até obter uma mistura homogênea.
3. Forme bolas com 3 a 4 cm de diâmetro com a mistura e amasse-as ligeiramente.
4. Aqueça o óleo a 177 °C em um *rondeau* grande ou numa fritadeira, e frite o *falafel* por imersão, até ficar crocante e dourado, em cerca de 4 minutos.
5. Retire e escorra o *falafel* rapidamente, em papel absorvente. Sirva-o imediatamente.

Arroz e feijão

Rendimento: 10 porções

- 454 g de feijão-vermelho seco, demolhado
- 113 g de *bacon* em cubos
- 2 dentes de alho amassados
- 1,44 ℓ de **fundo de frango** (p. 277)
- 142 g de arroz branco, de grão longo
- 240 mℓ de leite de coco
- 43 g de cebolinha picada
- 1 colher (sopa)/3 g de tomilho picado
- Sal, a gosto
- Pimenta-do-reino preta moída, a gosto

1. Escorra o feijão demolhado.
2. Em uma panela média, derreta o *bacon* em fogo baixo. Adicione o alho e refogue-o até ficar aromático. Junte o fundo e o feijão. Ferva suavemente até o feijão ficar macio.
3. Em um escorredor, enxágue o arroz em água fria até que a água saia transparente. Escorra-o bem, antes de usá-lo.
4. Adicione o arroz e o leite de coco ao feijão. Tampe e ferva suavemente até o arroz ficar macio, em cerca de 20 minutos, ou até que o líquido seja totalmente absorvido.
5. Junte a cebolinha verde e o tomilho com cuidado e tempere com o sal e a pimenta-do-reino.
6. Sirva imediatamente ou mantenha aquecido para o serviço.

Feijão-vermelho e arroz fervido

Rendimento: 10 porções

- 454 g de feijão-vermelho seco, demolhado
- 113 g de linguiça *andouille* em fatias de 1 cm
- 1 jarrete de porco defumado
- 113 g de cebola ralada
- 57 g de salsão em cubos pequenos
- 57 g de pimentão verde em cubos pequenos
- 4 dentes de alho amassados
- 28 g de gordura de *bacon*
- Sal, a gosto
- Pimenta-do-reino preta moída, a gosto
- Molho de pimenta, quanto baste
- 680 g de arroz branco de grão longo
- 5,76 ℓ de água

1. Escorra o feijão demolhado e coloque-o em uma panela média. Adicione a linguiça e o jarrete de porco e cubra com 3 cm de água. Ferva suavemente até que esteja completamente cozido. Se necessário, junte mais água para manter o líquido 3 cm acima do feijão, enquanto cozinha. Reserve o feijão, a linguiça e o jarrete de porco no líquido de cozimento.
2. Em um *rondeau* grande, salteie a cebola, o salsão, o pimentão e o alho na gordura de *bacon*, até que comecem a dourar. Adicione o feijão e o líquido de cozimento. Ferva suavemente por 30 minutos. Tempere com o sal e a pimenta-do-reino. O feijão deve ficar com algum líquido; se necessário, junte mais água.
3. Retire a carne do jarrete de porco, despreze o osso, corte-a em cubos médios e acrescente-a ao feijão. Amasse o feijão com a parte inferior de uma colher, até que fique cremoso. Junte o molho de pimenta e acerte o tempero com o sal e a pimenta-do-reino.
4. Em um escorredor, enxágue o arroz em água fria até que a água saia transparente. Escorra-o bem, antes de usá-lo. Ferva a água e salgue-a.
5. Ferva a água em uma panela e acrescente 71 g de sal. Adicione o arroz escorrido à água fervente e ferva suavemente até que ele fique macio, em 10 a 15 minutos. Mexa o arroz enquanto cozinha, para evitar que se queime.
6. Sirva o feijão imediatamente sobre uma camada de arroz ou mantenha tudo aquecido para o serviço.

Feijão-branco fervido

Rendimento: 10 porções

- 454 g de feijão-branco seco
- 30 mℓ de óleo vegetal
- 113 g de cebola picada
- 1 jarrete de porco (opcional)
- 1,92 ℓ de **fundo de frango** (p. 277)
- 1 *sachet d'épices* padrão (p. 255)
- Sal, a gosto

1. Escolha o feijão e enxágue-o bem em água fria. Demolhe o feijão usando o método longo ou curto (ver p. 771).
2. Escorra-o.
3. Aqueça o óleo em uma panela média. Adicione a cebola e refogue-a até ficar translúcida.
4. Acrescente o feijão, o jarrete de porco, se usar, o fundo e o *sachet d'épices*. Ferva suavemente por 1 hora.
5. Tempere com o sal e continue a ferver até que o feijão esteja macio, em 20 a 30 minutos.
6. Retire a carne do jarrete de porco, despreze os ossos, corte-a em cubos médios e adicione-a ao feijão.
7. Retire o *sachet d'épices*.
8. O feijão pode ser escorrido para uso imediato ou esfriado rapidamente e conservado na geladeira no líquido de cozimento.

Chili vegetariano

Rendimento: 10 porções

- 454 g de feijão-preto seco
- Sal, a gosto
- 60 ml de azeite de oliva
- 227 g de cebola em cubos pequenos
- 227 g de pimentão verde em cubos pequenos
- 227 g de pimentão vermelho em cubos pequenos
- 227 g de pimentão amarelo em cubos pequenos
- 14 g de alho amassado
- ½ a 1 chipotle em molho *adobo*, picado fino
- 1 colher (chá)/5 ml de molho *adobo*
- 2 pimentas *poblano* tostadas, sem pele nem sementes, em cubos pequenos
- 2 colheres (chá)/4 g de **chili em pó** (p. 385 ou comprado pronto)
- 1 colher (sopa)/6 g de cominho em pó
- ¾ de colher (chá)/1,5 g de coentro em pó
- 1 pitada de canela em pó
- 71 g de extrato de tomate
- 180 ml de vinho branco
- 840 ml de **fundo de vegetais** (p. 279)
- 142 g de tomate em cubos pequenos
- 14 g de *masa harina*,* diluída em fundo vegetal, para fazer um *slurry*
- Pimenta-do-reino preta moída, a gosto
- Açúcar, a gosto
- 227 g de queijo Monterey Jack, ralado
- 150 ml de creme azedo (*sour cream*)
- 3 colheres (sopa)/9 g de coentro picado

1. Escolha o feijão e enxágue-o bem em água fria. Demolhe o feijão usando o método longo ou curto (ver p. 771).
2. Escorra-o.
3. Coloque o feijão em uma panela grande e adicione bastante água. Ferva suavemente por 1 hora.
4. Adicione o sal e continue a ferver suavemente até que o feijão fique macio, em 20 a 30 minutos. Escorra-o bem e reserve.
5. Aqueça o azeite em uma panela grande, em fogo médio-alto. Adicione a cebola, os pimentões, o alho, o *chipotle* e os *poblanos*. Refogue-os até que fiquem aromáticos e a cebola e o alho comece a dourar.
6. Junte o *chili* em pó, o cominho, o coentro e a canela e cozinhe até ficarem aromáticos. Adicione o extrato de tomate e cozinhe por 2 minutos.
7. Acrescente o vinho e reduza-o em ⅔. Junte o fundo e os tomates, espere ferver suavemente e deixe por 8 a 10 minutos, até que os vegetais estejam macios.
8. Acrescente o feijão-preto escorrido e cozinhe mais 5 minutos.
9. Adicione o *slurry* de *masa* ao *chili*, misture bem e espere que comece a ferver suavemente. Tempere com o sal, a pimenta-do-reino e o açúcar.
10. Sirva o *chili* imediatamente, guarnecido com o queijo, o creme azedo e o coentro, ou mantenha-o aquecido para o serviço.

---

*Farinha usada para fazer *tortillas*, *tamales* e outros pratos mexicanos. A tradução literal significa "farinha para massa", porque a farinha é feita de massa desidratada, feita com milho especialmente tratado. (N. E.)

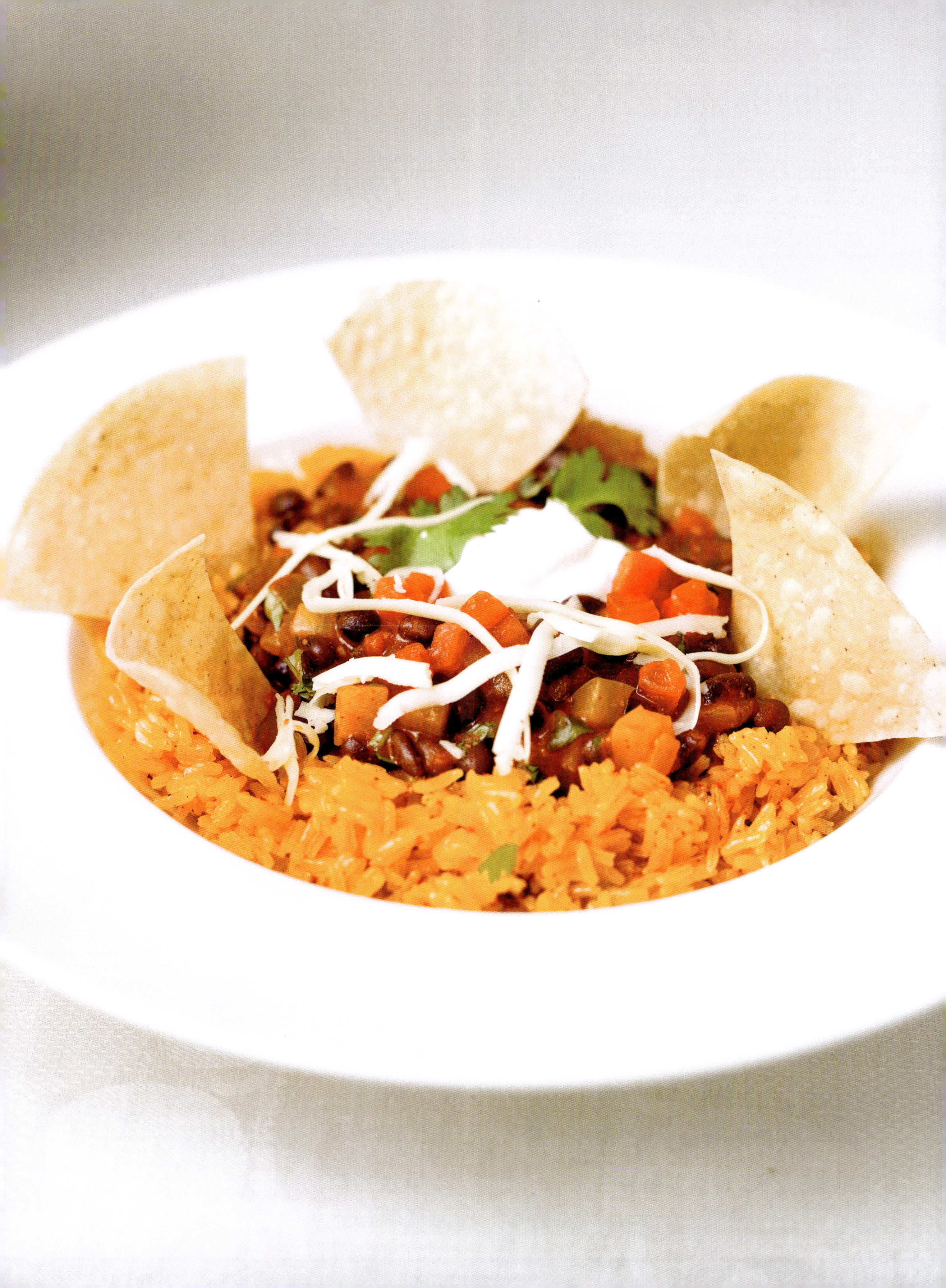

Pilaf de arroz

Rendimento: 10 porções

- 2 xícaras/480 mℓ de arroz branco de grão longo
- 2 colheres (sopa)/30 mℓ de manteiga clarificada ou óleo vegetal
- 21 g de cebola ralada
- 840 mℓ a 960 mℓ de **fundo de frango** (p. 277) quente
- 1 folha de louro
- 2 raminhos de tomilho
- Sal, a gosto
- Pimenta-do-reino preta moída, a gosto

1. Em um escorredor, enxágue o arroz em água fria até que a água saia transparente. Escorra bem.
2. Aqueça a manteiga ou o óleo em uma panela pesada, em fogo médio. Adicione a cebola e refogue-a, mexendo frequentemente, até que fique macia e translúcida, em 5 a 6 minutos.
3. Adicione e salteie o arroz, mexendo frequentemente, até que ele fique bem envolvido na manteiga ou no óleo, e bem quente, em 2 a 3 minutos.
4. Acrescente ao arroz o fundo aquecido e espere ferver suavemente, mexendo para impedir que o arroz grude no fundo da panela ou forme grumos.
5. Junte a folha de louro, o tomilho, o sal e a pimenta-do-reino. Tampe a panela e leve-a ao forno a 177 °C (ou deixe-a no topo do fogão em fogo bem baixo). Cozinhe até que os grãos estejam macios, em 16 a 20 minutos.
6. Deixe o arroz descansar 5 minutos, separe os grãos com um garfo e sirva-o imediatamente, ou mantenha-o aquecido para o serviço.

Pilaf de arroz branco de grão curto (Valência): Substitua o arroz de grão longo por igual quantidade de arroz de grão curto. Diminua o fundo para uma quantidade entre 480 mℓ e 720 mℓ. Aumente o tempo de cozimento para um período entre 20 e 30 minutos.

Pilaf de arroz parboilizado: Substitua o arroz de grão longo por igual quantidade de arroz parboilizado. Use 840 mℓ de fundo de frango. Aumente o tempo de cozimento para 25 a 30 minutos.

Pilaf de arroz selvagem: Substitua o arroz de grão longo por igual quantidade de arroz selvagem. Aumente o fundo para 1,92 ℓ. Aumente o tempo de cozimento para 45 minutos a 1 hora.

Pilaf de trigo: Substitua o arroz de grão longo por igual quantidade de grãos de trigo inteiros. Demolhe o trigo durante a noite em água fria, na geladeira, e escorra-o antes de cozinhar. Aumente o fundo para 1,2 ℓ. Aumente o tempo de cozimento para um período entre 1 e 1 ½ hora.

Pilaf de cevada perolada: Substitua o arroz de grão longo por igual quantidade de cevada. Aumente o fundo para 1,2 a 1,44 ℓ. Aumente o tempo de cozimento para 40 minutos.

Pilaf de arroz integral com pecã e cebolinha

Rendimento: 10 porções

- 2 xícaras/480 mℓ de arroz branco de grão longo
- 43 g de manteiga ou óleo
- 57 g de cebola ralada
- 1,44 ℓ de **fundo de frango** (p. 277) quente
- 1 *bouquet garni* padrão (p. 255)
- Sal, a gosto
- Pimenta-do-reino preta moída, a gosto
- 57 g de pecã torrada picada
- 57 g de cebolinha em fatias

1. Em um escorredor, enxágue o arroz em água fria até a água sair transparente. Escorra bem.
2. Aqueça a manteiga ou o óleo em uma panela pesada, em fogo médio. Adicione a cebola e refogue-a, mexendo constantemente, até que esteja macia e translúcida, em 5 a 6 minutos.
3. Acrescente o arroz e salteie-o, mexendo frequentemente, até que fique revestido com a manteiga ou óleo e bem quente, em 2 a 3 minutos.
4. Acrescente o fundo ao arroz e espere ferver suavemente, mexendo para impedir que o arroz forme grumos ou grude no fundo da panela.
5. Junte o *bouquet garni*, o sal e a pimenta-do-reino. Tampe a panela e coloque-a no forno a 177 °C (ou deixe-a no topo do fogão, em fogo baixo). Cozinhe até que os grãos estejam macios, de 35 a 40 minutos.
6. Deixe o arroz descansar por 5 minutos. Destampe, acrescente as pecãs e a cebolinha, misturando com um garfo enquanto separa os grãos e libera o vapor. Sirva o *pilaf* imediatamente ou mantenha-o aquecido para o serviço.

Pilaf de arroz integral de grão curto: Substitua o arroz integral de grão longo por igual quantidade de arroz integral de grão curto. Diminua a quantidade de fundo para 1,2 ℓ. Diminua o tempo de cozimento para 30 a 35 minutos.

Arroz de urucum

Rendimento: 10 porções

- 2 xícaras/480 mℓ de arroz branco de grão longo
- 28 g de manteiga
- 22,5 mℓ de urucum em pasta
- 454 g de **mirepoix padrão** ou **branco** em cubos pequenos (p. 257)
- ½ pimenta *scotch bonnet*, sem sementes, picado
- 3 dentes de alho amassados
- 1 folha de louro
- 840 mℓ de **fundo de frango** (p. 277)
- Sal, a gosto
- Pimenta-do-reino preta moída, a gosto

1. Em um escorredor, enxágue o arroz em água fria até que a água saia transparente. Escorra bem.
2. Em uma panela de fundo grosso, aqueça a manteiga e dissolva a pasta de urucum.
3. Adicione o *mirepoix*, a pimenta *scotch bonnet*, o alho e a folha de louro. Refogue-os em fogo médio até que as cebolas fiquem translúcidas, em cerca de 10 minutos.
4. Junte o arroz, o fundo, o sal e a pimenta-do-reino. Espere ferver, reduza o fogo, tampe a panela e cozinhe suavemente no forno a 177 °C, por 12 a 15 minutos.
5. Deixe o arroz descansar por 5 minutos, separe-o com um garfo e sirva-o imediatamente ou mantenha-o aquecido para o serviço.

Arroz *blanco*

Rendimento: 10 porções

- 2 xícaras/480 mℓ de arroz branco de grão longo
- Água quente, quanto baste
- 170 g de cebola picada
- 1 dente de alho picado
- 2 colheres (chá)/6 g de sal, ou a gosto
- 60 mℓ de óleo de canola
- 2 ramos de salsa

1. Cubra o arroz com água quente e deixe descansar por 5 minutos. Drene-o em um escorredor.
2. Em um escorredor, enxágue o arroz em água fria até que a água saia transparente. Escorra bem.
3. No liquidificador, faça um purê com a cebola, o alho, o sal e 120 mℓ de água quente.
4. Aqueça o óleo em uma panela e refogue o arroz em fogo médio por cerca de 3 minutos, até que comece a dourar.
5. Junte o purê e 720 mℓ de água quente e ferva por 3 minutos.
6. Tempere com sal e adicione a salsa. Reduza o fogo e cozinhe em fogo brando; cubra com uma tampa fechada firmemente. Cozinhe por cerca de 20 minutos, até que comecem a aparecer buraquinhos no arroz. Solte o arroz com um garfo, retire a salsa, tampe novamente e mantenha aquecido até servir.

Arroz mexicano

Rendimento: 10 porções

- 454 g de arroz branco de grão longo
- 113 g de tomate Roma em cubos médios
- 85 g de cebola branca em cubos médios
- ½ colher (chá)/1,5 g de alho picado
- 2 colheres (sopa)/20 g de sal (mais se necessário)
- 60 mℓ de óleo de canola
- 780 mℓ de água
- 28 g de pimenta *serrano* picada
- 170 g de cenoura em cubos pequenos
- 85 g de ervilha
- 85 g de batata em cubos pequenos
- Ramos de salsinha

1. Cubra o arroz com água quente e deixe por 5 minutos. Passe o arroz por um escorredor.
2. Lave o arroz no escorredor com água fria até a água ficar clara. Retire o excesso de água agitando a peneira vigorosamente.
3. Bata os tomates, as cebolas, o alho e o sal no liquidificador ou no processador de alimentos até ficar um creme liso.
4. Aqueça o óleo em uma panela média e em fogo médio e refogue o arroz até ele começar a estalar ao ser mexido, em cerca de 3 minutos.
5. Junte o purê ao arroz e cozinhe até mudar de cor e secar, em 4 a 6 minutos.
6. Junte a água e espere ferver. Junte a pimenta, a cenoura, a ervilha, a batata e a salsinha. Experimente e ajuste o sal, se necessário.
7. Reduza o fogo e cozinhe em fogo brando e cubra com uma tampa apropriada e fechada firmemente. Cozinhe até que comecem a aparecer buraquinhos no arroz, em cerca de 20 minutos.
8. Solte o arroz com um garfo, remova os ramos de salsinha e deixe descansar, em panela tampada, por 10 minutos antes de servir.

Arroz brasileiro

Rendimento: 10 porções

- 43 g de manteiga
- 113 g de cebola picada
- 1½ colher (chá)/4,5 g de alho picado
- 2 xícaras/480 mℓ de arroz branco longo
- 1 cravo-da-índia
- 840 mℓ a 960 mℓ de água quente
- Sal, a gosto
- Pimenta-do-reino preta moída, a gosto

1. Aqueça a manteiga em uma panela grande em fogo médio. Junte a cebola e o alho e salteie até a cebola ficar translúcida, em cerca de 5 minutos.
2. Coloque o arroz, mexendo sempre, até ele absorver a manteiga e os grãos ficarem translúcidos.
3. Coloque o cravo-da-índia e a água e deixe ferver. Abaixe o fogo, tempere com sal e pimenta, tampe a panela e deixe cozinhar em fogo brando até o arroz ficar macio, em cerca de 20 minutos.
4. Deixe o arroz descansar por 5 minutos, solte-o com um garfo, tire o cravo-da-índia e sirva imediatamente ou mantenha quente até o momento de servir.

Arroz de coco

Rendimento: 10 porções

- 397 g de arroz branco de grão longo
- 3 colheres (sopa)/45 mℓ de óleo vegetal ou manteiga derretida
- 480 mℓ de água
- 360 mℓ de leite de coco sem açúcar
- Sal, a gosto
- Pimenta-do-reino preta moída, a gosto

1. Em um escorredor, enxágue o arroz em água fria até que a água saia transparente, se desejar. Escorra-o bem.
2. Aqueça o óleo ou a manteiga em uma panela de fundo grosso, em fogo médio. Adicione o arroz e refogue-o, misturando com frequência, até revesti-lo todo com manteiga ou óleo.
3. Junte a água e o leite de coco e tempere com o sal e a pimenta-do-reino. Espere ferver, reduza a chama, tampe e cozinhe no forno a 177 °C por 12 a 15 minutos.
4. Deixe o arroz descansar por 5 minutos, separe-o com um garfo e sirva-o imediatamente ou mantenha-o aquecido para o serviço.

Risoto

Rendimento: 10 porções

- 57 g de cebola ralada
- 57 g de manteiga
- 2 xícaras/480 mℓ de arroz *arborio*
- 1,44 ℓ de **fundo de frango** (p. 277) quente
- Sal, a gosto
- Pimenta-do-reino preta moída, a gosto

1. Refogue a cebola na manteiga em uma panela de fundo grosso, em fogo baixo, até que esteja macia e translúcida, em 6 a 8 minutos.
2. Adicione o arroz e misture bem para revesti-lo com a manteiga. Cozinhe, mexendo constantemente, até sentir um aroma tostado, em cerca de 1 minuto.
3. Acrescente um terço do fundo e cozinhe, mexendo constantemente, até que o arroz tenha absorvido o líquido.
4. Repita a operação, juntando o fundo restante em duas porções, deixando que cada uma seja absorvida antes de acrescentar a outra. Cozinhe o risoto até que o arroz esteja *al dente* e a maior parte do líquido tenha sido absorvida. (O prato deve ficar cremoso.)
5. Tempere com o sal e a pimenta-do-reino e sirva o risoto imediatamente ou mantenha-o aquecido para o serviço.

Risoto de parmesão: Prepare o risoto substituindo até um quarto do fundo por vinho branco seco. Adicione o vinho ao fundo enquanto ferve suavemente, para obter o melhor sabor. Termine o risoto acrescentando 113 g de queijo parmesão ralado e 113 g de manteiga.

Risoto de cogumelos selvagens: Demolhe 85 g de cogumelo selvagem desidratado em 240 mℓ de água morna por 30 minutos a 1 hora. Escorra o cogumelo e acrescente-o à panela com a cebola. Passe o líquido em que demolhar ou por um filtro de papel para remover os sedimentos, meça-o e use-o para substituir igual quantidade de fundo para o risoto.

Risoto de ervilhas verdes (*risi e bisi*): Acrescente 227 g de ervilha verde cozida ao risoto pronto.

Risoto com pontas de aspargos: Adicione 71 g de ponta de aspargo branqueada ao risoto pronto. Termine acrescentando 113 g de queijo parmesão ralado, 113 g de manteiga e 43 g de salsa picada.

Risoto *alla milanese*

Rendimento: 10 porções

- 1,44 ℓ de **fundo de frango** (p. 277)
- ¾ de colher (chá)/0,6 g de açafrão
- Sal, a gosto
- Pimenta-do-reino preta moída, a gosto
- 85 g de cebola ralada
- 210 mℓ de azeite de oliva extravirgem
- 2 xícaras/480 mℓ de arroz *arborio*
- 60 mℓ de vinho branco seco
- 142 g de manteiga
- 170 g de queijo parmesão ralado

1. Aqueça o fundo em fogo baixo em uma panela ou *sautoir* grande. Adicione o açafrão e tempere com o sal e a pimenta-do-reino. Mantenha aquecido.
2. Refogue a cebola em 60 mℓ do azeite até ficar macia e translúcida, em 6 a 8 minutos.
3. Junte o arroz e misture bem com o azeite. Cozinhe, mexendo constantemente, até sentir um aroma tostado, em cerca de 1 minuto.
4. Acrescente o vinho e cozinhe até evaporar.
5. Adicione ⅓ do fundo ao arroz e cozinhe, mexendo constantemente, até que o arroz tenha absorvido o líquido.
6. Repita, acrescentando o fundo restante em mais duas porções, esperando que cada uma seja absorvida antes de acrescentar a seguinte. Cozinhe o risoto até que o arroz esteja *al dente* e a maior parte do líquido tenha sido absorvida. (O prato deve ficar cremoso.)
7. Junte a manteiga, o queijo e o azeite restante. Acerte o tempero com o sal e a pimenta-do-reino e sirva o risoto imediatamente ou mantenha-o aquecido para o serviço.

Risoto vegetariano

Rendimento: 10 porções

- 907 g de couve-de-folhas em cubos pequenos
- Óleo, a gosto
- 907 g de abóbora-cheirosa em cubos pequenos
- 63 g de cebola picada
- 57 g de manteiga
- 2 xícaras/480 mℓ de arroz *arborio*
- 1,68 ℓ de **fundo de vegetais** (p. 279)
- 1 *sachet d'épices* padrão (p. 255)
- Sal, a gosto
- Pimenta-do-reino branca moída, a gosto
- 85 g de queijo parmesão ralado
- 90 mℓ de óleo vegetal
- 907 g de cogumelo *portobello* em cubos pequenos
- 907 g de pimentão vermelho tostado sem pele, em cubos
- 21 g de sálvia picada
- 43 g de salsinha picada
- 142 g de sementes de abóbora tostada

1. Branqueie a couve-de-folhas ligeiramente em água salgada fervente. Dê choque térmico com água gelada e reserve.
2. Unte uma assadeira com pouco óleo e coloque a abóbora. Asse a 204 °C até ficar macia, em 15 a 20 minutos. Reserve.
3. Refogue a cebola na manteiga em uma panela média até ela ficar translúcida, em 6 a 8 minutos. Junte o arroz e misture bem. Cozinhe mexendo constantemente até desprender um aroma tostado, em cerca de 1 minuto.
4. Junte um terço do fundo e o *sachet* e cozinhe, mexendo constantemente, até o arroz absorver todo o fundo. Repita a operação, acrescentando o caldo restante em mais duas porções, acrescentando a seguinte só depois de a anterior ter sido completamente absorvida pelo arroz. Cozinhe até o arroz ficar macio, mas com uma textura agradável e até que todo o líquido tenha sido absorvido.
5. Retire o *sachet*. Tempere o risoto com sal e pimenta. Misture o queijo. Mantenha aquecido.

6. Quando for servir, aqueça o óleo vegetal em uma *sauteuse* média. Junte os cogumelos e os salteie até ficarem dourados, em 5 a 7 minutos. Junte a couve, a abóbora e os pimentões. Salteie até a mistura ficar quente, mexendo bem para misturar os vegetais.

7. Sirva o risoto coberto por vegetais, sálvia, salsinha e sementes de abóbora, ou misture essa mistura delicadamente ao risoto.

Risoto com mariscos

Rendimento: 10 porções

2,27 kg de mariscos, limpos e sem barba

1,2 ℓ de **fumet** de peixe (p. 278) quente

Sal, a gosto

Pimenta-do-reino preta moída, a gosto

57 g de cebola ralada

170 g de manteiga

2 xícaras/480 mℓ de arroz *arborio*

43 g de salsa bem picada

1. Cozinhe os mariscos no vapor em pequena quantidade de água e sal, numa panela funda tampada, até que as conchas se abram. Retire os mariscos das cascas e reserve-os. Filtre a água do cozimento.

2. Ferva o fundo e o líquido de cozimento dos mariscos e abaixe o fogo. Tempere com o sal e a pimenta-do-reino. Mantenha quente.

3. Refogue a cebola em 57 g de manteiga em um *sautoir* médio até ficar macia e translúcida, em 6 a 8 minutos.

4. Acrescente o arroz e misture bem. Cozinhe, mexendo constantemente, até sentir um aroma tostado, em cerca de 1 minuto.

5. Junte ⅓ do fundo ao arroz e cozinhe, mexendo constantemente, até que o arroz tenha absorvido todo o fundo.

6. Repita, acrescentando o fundo restante em duas porções, esperando que cada uma delas seja inteiramente absorvida antes de juntar a porção seguinte.

7. Adicione os mariscos e cozinhe até que o arroz esteja *al dente* e a maior parte do líquido seja absorvida. (O prato deve ficar cremoso.)

8. Retire do fogo e junte a salsinha e a manteiga restante. Acerte o tempero com o sal e a pimenta-do-reino e sirva imediatamente.

Arroz fervido básico

Rendimento: 10 porções

2 xícaras/480 mℓ de arroz branco de grão longo

2,88 ℓ de água

Sal, a gosto

1. Em um escorredor, enxágue o arroz em água fria até que a água saia transparente. Escorra-o bem.

2. Espere que a água abra fervura em uma panela grande e acrescente o sal.

3. Junte o arroz em um fluxo fino, mexendo com um garfo para que os grãos não formem grumos. (Deve haver água suficiente para cobrir o arroz.) Quando a água voltar a ferver, reduza a chama, para que ferva suavemente.

4. Ferva o arroz até ficar macio, em cerca de 15 minutos. Escorra-o imediatamente em um escorredor e coloque este sobre a panela. Devolva ao fogo para evaporar a água que ficou, por 5 minutos. (O arroz não deve ficar pegajoso.)

5. Solte o arroz com um garfo e sirva-o imediatamente ou mantenha-o aquecido para o serviço.

Arroz frito com linguiça chinesa

Arroz chinês cozido no vapor (Lo han)

Rendimento: 10 porções

- 907 g de arroz chinês de grão longo
- 1,44 ℓ de água, ou quanto baste

1. Em um escorredor, enxágue o arroz sob água fria até que a água saia transparente, se desejar. Escorra-o bem.
2. Coloque o arroz em uma cuba e adicione água suficiente para cobri-lo, mais 6 mm na altura.
3. Tampe bem com filme plástico e cozinhe em uma panela a vapor ou arrozeira elétrica por 45 minutos, ou até que os grãos estejam macios.
4. Deixe o arroz descansar por 10 minutos, solte-o com um garfo e sirva-o imediatamente ou mantenha-o aquecido para o serviço.

Arroz para sushi

Rendimento: 10 rolos inteiros

- 1,59 kg de arroz de grão curto
- Água de fria para gelada, o quanto baste
- 1 quadrado de *kombu* de 15 cm (opcional)
- 180 mℓ de vinagre de arroz japonês sem tempero
- 71 g de açúcar
- 35 g de sal marinho

1. Em um escorredor, enxágue o arroz em água fria até que a água saia meio transparente. Cubra o arroz com água fria e deixe-o de molho por 1 hora. Escorra-o bem.
2. Misture o arroz escorrido com a água em uma assadeira com 5 cm de profundidade. Cozinhe-o no vapor até que esteja quase cozido, em cerca de 30 minutos.
3. Deixe o arroz descansar à temperatura ambiente por 10 minutos.
4. Se usar o *kombu*, corte-o com uma faca em alguns lugares e limpe-o com um pano úmido para remover a areia; tome cuidado para não retirar o saboroso pó branco. Misture o vinagre, o açúcar, o sal e o *kombu* em uma panela pequena. Aqueça em fogo baixo, mexendo para dissolver o açúcar e o sal. Não deixe a mistura ferver. Espere esfriar à temperatura ambiente.
5. Passe o arroz para duas assadeiras com 5 cm de profundidade. Distribua por cima a mistura de vinagre. Com uma pá de arroz de madeira, "corte" e dobre o arroz com golpes horizontais. Continue até que a mistura tenha esfriado e adquirido uma aparência brilhante.
6. Misture os dois recipientes de arroz e sirva imediatamente ou leve à geladeira para uso posterior.

Arroz frito com linguiça chinesa

Rendimento: 10 porções

- 75 mℓ de óleo vegetal
- 227 g de linguiça chinesa em cubos médios
- 170 g de cebola ralada
- 227 g de cenouras em cubos médios, branqueadas
- 227 g de cogumelos *shiitake* em cubos médios
- 227 g de couve-chinesa picada grosseiramente
- 2,04 kg de arroz de grão longo cozido, gelado
- Sal, a gosto
- Pimenta-do-reino preta moída, a gosto
- 227 g de ervilha-torta, em quadrados de 2 cm
- 5 ovos batidos
- 60 mℓ de molho de soja e cogumelos (opcional)

1. Aqueça 60 mℓ do óleo em um *wok*, em fogo médio. Acrescente a linguiça e cozinhe-a para derreter a gordura.
2. Aumente o fogo e acrescente a cebola. Salteie rapidamente até que a cebola fique aromática e comece a dourar.
3. Adicione a cenoura, o cogumelo e a couve-chinesa nessa ordem, dando tempo a cada ingrediente para começar a dourar antes de acrescentar o próximo.
4. Junte o arroz, o sal e a pimenta-do-reino e salteie até que o arroz esteja quente e comece a dourar.
5. Acrescente a ervilha-torta e cozinhe até que ela fique verde-brilhante.
6. Junte o óleo restante aos lados do *wok* e distribua a mistura de ovos por cima do arroz. Enquanto a mistura de ovos cozinha, combine-a com o arroz. Adicione o molho de soja, se usá-lo.
7. Acerte o tempero com o sal, a pimenta-do-reino e o molho de soja, se usá-lo. Sirva imediatamente ou mantenha aquecido para o serviço.

Arroz glutinoso tailandês com mangas (*Mamuang kao nieo*)

Rendimento: 10 porções

- 397 g de arroz glutinoso, demolhado durante a noite
- 660 ml de leite de coco sem açúcar
- 340 g de açúcar de palmeira tailandês
- 21 g de sal
- 35 g de açúcar
- 28 g de farinha de arroz
- 2 colheres (sopa)/30 ml de água
- 4 mangas descascadas, em fatias

1. Escorra o arroz demolhado e coloque-o em uma panela de vapor forrada com musselina. Cozinhe até que os grãos estejam macios, em 20 a 25 minutos.
2. Enquanto o arroz cozinha, misture numa panela pequena 165 ml do leite de coco com o açúcar de palmeira e 1 colher (sopa)/10 g de sal. Aqueça em fogo baixo para dissolver o sal e o açúcar. Misture bem e reserve.
3. Quando o arroz estiver pronto, passe para uma tigela. Enquanto ainda estiver quente, adicione a mistura de leite de coco e açúcar. Use uma espátula para envolver os grãos rápida e uniformemente. Tampe com filme plástico e reserve por 15 minutos, ou até que o arroz absorva o líquido.
4. Misture numa panela o leite de coco restante com o açúcar e o sal. Ferva e reduza a chama. Junte a farinha de arroz e a água, mexendo bem. Enquanto o molho ferve suavemente, distribua a mistura de farinha de arroz, sem parar de mexer. Espere ferver novamente e retire a panela do fogo. Reserve.
5. Sirva o arroz imediatamente com 15 ml a 30 ml da cobertura de coco e as fatias de manga ou mantenha aquecido para o serviço.

Paella valenciana

Rendimento: 10 porções

- 20 camarões médios (16 a 20 unidades)
- 90 ml de azeite de oliva extravirgem
- 2 ¼ de colheres (chá)/1,8 g de açafrão em pó
- 2,16 l de **fundo de frango** (p. 277), ou quanto baste
- 10 coxas de frango, separadas
- Sal, a gosto
- Pimenta-do-reino preta moída, a gosto
- 170 g de cebola em cubos grandes
- 170 g de pimentão vermelho em cubos grandes
- 170 g de pimentão verde em cubos grandes
- 43 g de alho amassado
- 170 g de *chorizo* espanhol seco, em fatias de 3 mm
- 680 g de arroz bomba
- 170 g de tomate sem pele nem sementes, em cubos grandes
- 20 mexilhões *little neck* limpos
- 1,36 kg de marisco limpo e sem barba
- 170 g de ervilha verde cozida
- 43 g de cebolinha em fatias finas
- 4 pimentas *piquillo* em *julienne*

1. Descasque e tire a tripa dos camarões, reservando as cascas. Salteie as cascas em 30 ml do azeite, até que fiquem rosadas. Acrescente o açafrão e o fundo e ferva suavemente por 30 minutos. Escorra e reserve o caldo, mantendo-o quente.
2. Tempere o frango com o sal e a pimenta-do-reino. Adicione 30 ml do azeite a uma *paellera* e aqueça até o ponto de fumaça. Junte o frango e doure de todos os lados. Retire-o da panela e reserve-o.
3. Junte o azeite restante à panela com a cebola e os pimentões. Refogue-os por 2 a 3 minutos, adicione o alho e refogue por mais 1 minuto. Acrescente o *chorizo* e o arroz, mexendo para envolver o arroz no óleo.
4. Adicione à panela o tomate, o fundo reservado, o frango e os mexilhões. Tampe, reduza a chama e cozinhe por 5 minutos, até que os mexilhões estejam abertos. Não mexa o arroz durante o processo de cozimento.
5. Acrescente os mariscos e o camarão à panela. Tampe-a e cozinhe por 5 a 7 minutos. No último minuto, acrescente as ervilhas. (Junte mais fundo durante o cozimento, se necessário, de modo que o arroz não seque.)
6. Sirva imediatamente, guarnecido com cebolinhas e pimentas *piquillo*.

Paella valenciana

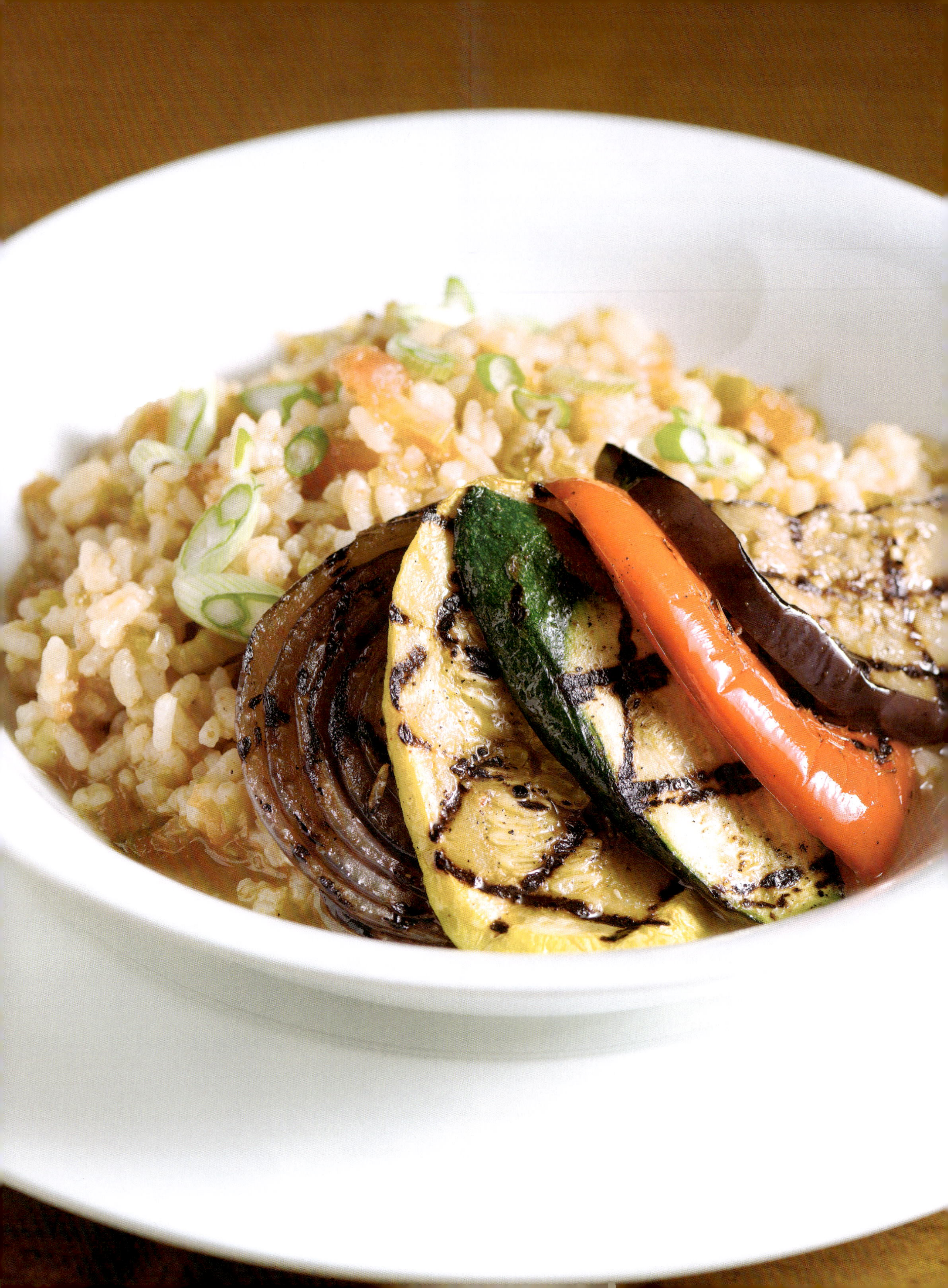

receitas com grãos e leguminosas

Arroz de açafrão

Rendimento: 10 porções

- 907 g de arroz *basmati*
- 5,76 ℓ de água
- 1 colher (sopa)/10 g de sal
- 57 g de manteiga
- 60 mℓ de leite
- 1½ colher (chá)/1,2 g de açafrão em pó

1. Em um escorredor, enxágue o arroz em água fria até que a água saia transparente. Escorra-o bem.
2. Ferva a água e adicione o sal.
3. Unte ligeiramente um *rondeau* médio com a manteiga. Prepare papel-manteiga e de alumínio para usar como tampa para o *rondeau*.
4. Derreta a manteiga restante numa panela, junte o leite e o açafrão para demolhar.
5. Acrescente o arroz à água fervente, tampe e cozinhe por 7 minutos. Escorra o arroz em um escorredor e passe-o para o *rondeau* untado.
6. Coloque a mistura de leite sobre o arroz e misture ligeiramente com um garfo para combinar. Não mexa.
7. Tampe o *rondeau* com o papel-manteiga e depois com o papel-alumínio.
8. Asse em forno a 204 °C por 15 minutos.
9. Deixe o arroz descansar por 5 minutos sem tampa, separe-o com um garfo e sirva-o imediatamente ou mantenha-o aquecido para o serviço.

Jambalaya de vegetais grelhados

Rendimento: 10 porções

- 90 mℓ de azeite de oliva (mais o necessário para grelhar)
- 680 g de cebola picada
- 454 g de pimentão verde sem semente, em cubos pequenos
- 454 g de salsão em cubos pequenos
- 3 dentes de alho picados
- 14 g de páprica
- ½ colher (chá)/1 g de pimenta-do-reino preta moída
- 1 pitada de pimenta-do-reino branca moída
- 1 pitada de pimenta-de-caiena
- Tempero seco para churrasco (receita a seguir)
- 680 g de tomate italiano sem semente, em cubos médios
- 960 mℓ de **fundo de vegetais** (p. 279)
- 1 colher (sopa)/6 g de orégano desidratado
- Sal, a gosto
- 2 folhas de louro
- ¼ de xícara/120 mℓ de manjericão em *chiffonade*
- 1 colher (sopa)/3 g de tomilho picado
- 1½ colher (chá)/7,5 mℓ de molho inglês
- 1 colher (sopa)/15 mℓ de molho de pimenta
- 340 g de abobrinha verde cortada na diagonal em fatias de 1 cm de espessura (10 fatias)
- 340 g de abobrinha amarela cortada na diagonal em fatias de 1 cm de espessura (10 fatias)
- 2½ pimentões vermelhos cortados em quatro (10 quartos)
- 2 cebolas roxas, em rodelas de 1 cm de espessura (10 fatias)
- 1 berinjela descascada, em rodelas de 1 cm de espessura (10 rodelas)
- 3 xícaras de arroz para *sushi*

GUARNIÇÃO

1 punhado de cebolinha em fatias finas

1. Aqueça o azeite em um *rondeau* grande em fogo alto. Gentilmente salteie a cebola, os pimentões verdes, o salsão, o alho, a páprica, as pimentas branca e preta, a pimenta-de-caiena e 1 colher (sopa)/15 mℓ de tempero seco para churrasco até os ingredientes ficarem levemente dourados, em cerca de 3 minutos.
2. Tampe a panela e cozinhe até os vegetais começarem a ficar macios, em cerca de 10 minutos. Junte os tomates com seus sucos, o fundo, o orégano, o sal e as folhas de louro e mexa até misturarem. Junte o manjericão, o tomilho, o molho inglês e o molho de pimenta e cozinhe em fogo brando. Mantenha o líquido da *jambalaya* aquecido em fogo brando.
3. Prepare as abobrinhas verde e amarela, o pimentão vermelho, a cebola e a berinjela para grelhar passando um pouco de azeite e tempero em ambos os lados e uma quantidade generosa do tempero seco para churrasco. Reserve.
4. Coloque o arroz em uma panela com 1,08 ℓ do líquido quente da *jambalaya*. Tampe firmemente e deixe cozinhar em fogo médio. Termine o cozimento em forno a 177 °C até o arroz ficar macio, em 10 a 12 minutos. Reserve mantendo aquecido.

5. Para finalizar o prato, grelhe as abobrinhas, o pimentão vermelho, as cebolas roxas e a berinjela até adquirirem maciez. Reserve em forno aquecido.
6. Misture o arroz cozido com a base da *jambalaya* em fogo médio. Ajuste o tempero com sal, pimenta e tempero seco para churrasco e guarde em forno aquecido.
7. Sirva cada porção de *jambalaya* em um prato fundo. Cubra com 1 fatia de abobrinha verde, 1 fatia de abobrinha amarela, 1 quarto de um pimentão vermelho, 1 fatia de cebola roxa e 1 fatia de berinjela.
8. Guarneça cada porção com 2 colheres (sopa)/30 ml de cebolinha.

Tempero seco para churrasco

Rendimento: ¾ de xícara

½ xícara/80 g de sal
¼ de xícara/28 g de páprica
1½ colher (chá)/3 g de cebola em pó
1½ colher (chá)/3 g de alho em pó
1 colher (chá)/2 g de pimenta-de-caiena
1 colher (chá)/2 g de pimenta-do-reino preta moída
½ colher (chá)/1 g de pimenta-do-reino branca moída

Misture bem todos os ingredientes. Guarde em um pote hermeticamente fechado.

Croquetes de arroz

Rendimento: 10 porções

680 g de **arroz fervido básico** (p. 803) ou **risoto** (p. 801)
300 ml de **molho *béchamel*** (cremoso) (p. 309)
85 g de queijo parmesão ralado
3 gemas
Sal, a gosto
Pimenta-do-reino preta moída, a gosto
198 g de farinha de rosca, ou quanto baste para empanar
85 g de fubá grosso, ou quanto baste para empanar
227 g de farinha de trigo comum
120 ml de ***egg wash*** (p. 1.041), ou quanto baste para empanar
960 ml de óleo vegetal, ou quanto baste para fritar

1. Misture o arroz cozido ou risoto com o molho *béchamel*, o queijo e as gemas. Tempere com o sal e a pimenta-do-reino. Espalhe a mistura em uma camada uniforme sobre uma assadeira forrada com papel-manteiga untado com manteiga. Coloque uma folha de filme plástico sobre a mistura e leve-a à geladeira por várias horas ou a noite toda, para gelar e firmar o arroz.
2. Misture a farinha de rosca e o fubá grosso. Corte o arroz da forma desejada e mergulhe primeiro no *egg wash* e depois na mistura de farinha de rosca.
3. Aqueça o óleo a 177 °C e frite os croquetes por imersão até ficarem dourados, em 5 a 6 minutos. Escorra-os rapidamente em papel absorvente e sirva-os imediatamente.

Polenta básica

Rendimento: 10 porções

4,8 ℓ de água
Sal, a gosto
4 xícaras/960 ml de fubá amarelo grosso (sêmola de milho)
57 g de manteiga
Pimenta-do-reino preta moída, a gosto

1. Ferva a água em uma panela de fundo grosso, em fogo médio e tempere-a com sal.
2. Despeje o fubá na água em um fluxo contínuo, mexendo sem parar, até terminar. Reduza para fogo baixo. Ferva suavemente, mexendo com frequência, até que a polenta comece a soltar-se dos lados da panela, em cerca de 45 minutos. A polenta não deve ficar com gosto amidoado ou arenoso.
3. Retire a panela do fogo e acrescente a manteiga. Tempere com o sal e a pimenta-do-reino.
4. Sirva imediatamente a polenta macia ou mantenha-a aquecida até o momento de servir.

NOTA: Para uma polenta firme, diminua a quantidade de água para 3,84 ℓ. Depois de colocar a manteiga na polenta, espalhe a mistura em uma assadeira untada ou forrada com plástico, e leve à geladeira até que esteja fria o bastante para cortar da forma desejada. Termine salteando, ou com fritura rasa, ou na grelha ou no forno.

Polenta com queijo parmesão: Substitua a água por fundo de frango (p. 277). Refogue 14 g de chalota ralada e 1 colher (sopa)/9 g de alho amassado em 28 g de manteiga até que estejam aromáticos, em cerca de 3 minutos. Adicione o fundo e cozinhe a polenta seguindo as instruções acima. Retire a panela do fogo e adicione 3 gemas e 57 g de queijo parmesão ralado.

Polenta com queijo parmesão

Quirera com milho

Quirera com milho

Rendimento: 10 porções

454 g de quirera branca

1,92 ℓ de **fundo de frango** (p. 277)

2 colheres (sopa)/30 mℓ de azeite extravirgem

276 g de cebola picada

14 g de alho picado

298 g de pimenta *poblano* picada, sem sementes

142 g de pimentão vermelho picado, sem sementes

1 colher (sopa)/10 g de sal

709 g de grãos de milho fresco ou congelado

652 g de milho branco cozido e escorrido

1 colher (chá)/2 g de pimenta-do-reino preta moída

GUARNIÇÃO

227 g de tomate em cubos

71 g de queijo Monterey Jack esfarelado

1. Junte a quirera com o fundo e leve para cozinhar em fogo médio. Abaixe o fogo, tampe e cozinhe em fogo brando até a quirera ficar macia, em 45 a 50 minutos.
2. Enquanto isso, aqueça o óleo em uma *sauteuse* grande em fogo médio. Junte a cebola e salteie até ficar translúcida, em 4 a 5 minutos.
3. Junte o alho, as pimentas *poblano* e o pimentão vermelho. Tampe e cozinhe em fogo baixo até o pimentão ficar macio, em cerca de 10 minutos. Tempere com sal.
4. Junte a quirera e salteie até ela incorporar, em cerca de 1 minuto. Solte com um garfo e misture os milhos. Aqueça novamente em fogo baixo.
5. Tampe, tire do fogo e deixe descansar por 5 minutos. Tempere com pimenta. Guarneça cada porção com 2 colheres (sopa)/23 g de tomate e 7 g de queijo. Sirva quente.

Congee

Rendimento: 10 porções

3,84 ℓ de água

1 pedaço de gengibre de 5 cm amassado

454 g de sobrecoxa de frango sem pele

794 g de arroz branco de grão longo

15 mℓ de molho de peixe

Sal, a gosto

CONDIMENTOS

60 mℓ de molho de soja

30 mℓ de molho de peixe

30 mℓ de molho de pimenta

2 colheres (sopa)/2 g de camarão seco

3 colheres (sopa)/9 g de coentro picado grosseiramente

1 chalota em fatias

28 g de amendoim torrado, amassado

1. Coloque a água e o gengibre em uma panela grande e espere ferver. Junte o frango e ferva suavemente por cerca de 20 minutos até que fique macio. Retire o frango do líquido, espere que esfrie à temperatura ambiente e desfie-o. Mantenha o frango refrigerado.
2. Retire o gengibre do líquido e despreze-o. Junte o arroz em um fluxo fino, mexendo com um garfo para impedir que os grãos formem grumos. Quando a água voltar a abrir fervura, reduza a chama.
3. Ferva o arroz suavemente até que fique macio, em cerca de 25 minutos. Junte o molho de peixe e o sal. Acerte a consistência com água, se necessário; o *congee* deve ficar líquido como sopa.
4. Acrescente a carne de frango ao *congee*. Espalhe os condimentos sobre o arroz e sirva-o imediatamente.

Purê de painço e couve-flor

Rendimento: 10 porções

- 3 colheres (sopa)/45 ml de azeite de oliva extravirgem
- 397 g de couve-flor
- 319 g de painço
- 1 colher (sopa)/10 g de sal
- ¼ de colher (chá)/0,5 g de pimenta-do-reino preta moída
- 990 ml de **fundo de frango** (p. 277)
- 45 ml de creme de leite (36% a 40%)
- 28 g de **alho assado** (p. 652)

1. Aqueça o azeite em uma panela grande em fogo médio. Junte a couve-flor e refogue até dourar, em 4 a 5 minutos. Adicione o painço e mexa constantemente até dourá-lo, em cerca de mais 3 minutos.
2. Tempere com o sal e a pimenta-do-reino. Adicione o fundo de frango e ferva em fogo médio. Abaixe o fogo e cozinhe em fogo brando, mexendo ocasionalmente, até que o painço fique macio e comece a se partir, em cerca de 30 minutos.
3. Retire do fogo e adicione o creme de leite e o alho.
4. Trabalhando em lotes, se necessário, faça um purê da mistura de painço no processador de alimentos ou no liquidificador. Se o purê estiver muito espesso, adicione mais fundo.
5. Se o purê esfriar, retorne à panela e mexa em fogo baixo para aquecê-lo. Sirva quente.

Pilaf de cereais mistos

Rendimento: 10 porções

- 269 g de centeio em grãos
- 184 g de trigo em grãos
- 128 g de arroz selvagem
- 156 g de cevada em grãos
- 30 ml de azeite de oliva extravirgem
- 142 g de cebola roxa picada
- 2 colheres (sopa)/18 g de alho picado
- 2,4 l de **fundo de frango** (p. 277)
- 1 folha de louro
- 1 ramo de tomilho
- 8 grãos de pimenta-do-reino preta
- 1 ramo de salsinha
- 2 colheres (sopa)/20 g de sal
- ½ colher (chá)/1 g de pimenta-do-reino preta moída

1. Lave juntos o centeio, o trigo, o arroz selvagem e a cevada e escorra-os bem em uma peneira.
2. Aqueça o azeite em uma panela grande em fogo médio. Adicione as cebolas e cozinhe até ficarem translúcidas, em 4 a 5 minutos. Adicione o alho e cozinhe até desprender os aromas, em cerca de mais 1 minuto.
3. Junte os cereais, o fundo, o louro, o tomilho, a pimenta-do-reino em grãos, a salsinha, o sal e a pimenta moída. Ferva em fogo médio, cubra e cozinhe em fogo brando até ficarem macios, em 1½ hora aproximadamente. Se o líquido não estiver totalmente evaporado, aumente o fogo e cozinhe sem a tampa por mais 5 ou 10 minutos, mexendo sempre.
4. Deixe o *pilaf* descansar por 5 minutos. Com um garfo, solte os grãos e sirva imediatamente ou mantenha aquecido para o serviço.

Pilaf de cebolinha e trigo partido

Rendimento: 10 porções

- 510 g de trigo para quibe
- 120 ml de azeite de oliva extravirgem
- 284 g de cebolinha em fatias
- 28 g de extrato de tomate
- 3,6 l de água
- 1½ colher (chá)/3 g de páprica doce
- 1½ colher (chá)/3 g de páprica picante
- Sal, a gosto
- Pimenta-do-reino preta moída, a gosto

1. Lave e enxágue o trigo em uma peneira de malha fina.
2. Aqueça metade do azeite numa panela, em fogo médio-alto. Adicione a cebolinha e salteie por 30 segundos a 1 minuto.
3. Acrescente o extrato de tomate e cozinhe em fogo médio por 30 segundos a 1 minuto.

4. Junte o trigo e refogue em fogo médio-alto, mexendo com frequência, até que ele fique totalmente envolvido pelo extrato de tomate e aquecido, em 2 a 3 minutos.
5. Acrescente a água e ferva em fogo alto. Adicione as pápricas à água fervente. Tempere com o sal e a pimenta-do-reino.
6. Ferva a mistura de trigo suavemente, tampada, até que toda a água tenha sido absorvida, em cerca de 20 minutos.
7. Deixe que o trigo descanse por 10 minutos, depois tempere-o com o azeite restante.
8. Sirva o *pilaf* imediatamente ou mantenha-o aquecido para o serviço.

Pilaf de cebolinha e trigo partido

Salada de grãos de trigo com laranja, cereja e noz-pecã

Kasha com pecãs condimentadas e xarope de bordo

Rendimento: 10 porções

- 2 claras ligeiramente batidas
- 397 g de *kasha*
- 720 mℓ de **fundo de frango** (p. 277) ou **fundo de vegetais** (p. 279)
- Sal, a gosto
- 43 g de manteiga
- 85 g de pecãs tostadas e picadas
- 60 mℓ de xarope de bordo
- Pimenta-de-caiena, a gosto

1. Misture as claras e a *kasha* em uma panela e cozinhe em fogo baixo, mexendo constantemente, por 2 minutos, até que a mistura fique seca e dourada.
2. Adicione o fundo, o sal e a manteiga à *kasha* e ferva em fogo alto. Reduza a chama e ferva suavemente, com a panela tampada, por cerca de 15 minutos, até que a *kasha* fique macia.
3. Retire do fogo e deixe no vapor por cerca de 5 minutos. Destampe e solte a *kasha* cuidadosamente com dois garfos, para remover quaisquer grumos.
4. Enquanto a *kasha* está no vapor, coloque as pecãs, o xarope de bordo e a pimenta-de-caiena em uma *sauteuse* pequena. Aqueça em fogo baixo até que as pecãs estejam bem envolvidas no xarope, que deve ter, agora, uma consistência bem grossa.
5. Espalhe as pecãs condimentadas sobre a *kasha* e sirva o prato imediatamente ou mantenha-o quente para o serviço.

Salada de grãos de trigo com laranja, cereja e noz-pecã

Rendimento: 10 porções

- 496 g de laranjas em suprême (ver p. 909), reservando o suco
- 1 colher (chá)/3 g de tomilho picado
- ½ colher (chá)/1,5 g de alecrim picado
- ½ colher (chá)/1,5 g de sálvia picada
- 60 mℓ de azeite de oliva extravirgem
- 2 colheres (sopa)/30 mℓ de vinagre de champanhe
- 1½ colher (chá)/5 g de sal
- ½ colher (chá)/1 g de pimenta-do-reino preta moída
- 340 g de grãos de trigo cozido
- 57 g de cereja desidratada, ou quanto baste
- 71 g de noz-pecã tostada

1. Com um batedor de ovos, bata juntos em uma tigela grande o suco de laranja, o tomilho, o alecrim, a sálvia, o azeite e o vinagre. Tempere com o sal e a pimenta-do-reino.
2. Junte o trigo, as cerejas, as nozes-pecã e os *suprêmes* de laranja. Misture bem.
3. Se necessário, guarneça com mais algumas cerejas e nozes-pecã.

Salada de cevada com pepino e hortelã

Rendimento: 10 porções

- 269 g de cevada em grãos
- 227 g de tomate sem pele nem sementes, em cubos pequenos
- 206 g de pepino sem casca nem sementes, em cubos pequenos
- 198 g de berinjela assada e sem casca, em cubos pequenos
- 85 g de salsinha picada
- 21 g de hortelã picada
- 35 g de cebolinha em fatias finas
- 300 mℓ de azeite de oliva extravirgem
- 135 mℓ de suco de limão-siciliano
- 1 colher (sopa)/9 g de *zestes* de limão-siciliano
- 1 colher (chá)/3 g de sal
- ¼ de colher (chá)/0,5 g de pimenta-do-reino preta moída

1. Coloque a cevada em uma tigela e cubra com água fria. Deixe de molho por 30 minutos.
2. Escorra bem o cereal. Transfira para uma panela média, cubra com água salgada e ferva em fogo alto. Reduza para fogo baixo e cozinhe até ficar macio, em 40 a 50 minutos.
3. Escorra a cevada e enxágue em água fria. Escorra bem e deixe esfriar completamente.
4. Combine em uma tigela grande a cevada, os tomates, os pepinos, a berinjela, a salsinha, a hortelã e a cebolinha.
5. Bata juntos em uma tigela pequena o azeite, o suco de limão, os *zestes* de limão, o sal e a pimenta-do-reino.
6. Despeje o molho sobre a salada de cevada e misture bem. Sirva imediatamente ou refrigere até servir.

Salada doce e picante de triguilho

Rendimento: 10 porções

- 2 colheres (sopa)/30 mℓ de azeite de oliva
- 454 g de tomate-cereja
- 43 g de tomate seco picado
- 1 colher (sopa)/10 g de sal
- 1 colher (sopa)/9 g de alho picado
- 340 g de triguilho
- 720 mℓ de água
- 709 g de rúcula
- 1 colher (chá)/2 g de pimenta calabresa em flocos
- 3 colheres (sopa)/45 mℓ de suco de limão
- 21 g de mel
- ½ colher (chá)/1 g de pimenta-do-reino preta moída

1. Aqueça o azeite em uma *sauteuse* grande. Adicione os tomates-cereja e cozinhe em fogo médio-alto até amolecerem, em 2 a 3 minutos.
2. Junte os tomates secos e continue cozinhando por mais 2 ou 3 minutos, até ficarem bem macios. Tempere com o sal.
3. Reduza o fogo para baixo, adicione o alho e o triguilho e refogue até desprenderem os aromas, em 1 a 2 minutos.
4. Adicione a água e cozinhe em fogo médio até levantar fervura. Reduza a chama e cozinhe em fogo baixo até o triguilho ficar macio, em 10 a 15 minutos.
5. Solte os grãos com um garfo. Delicadamente, misture a rúcula. Tempere com a pimenta calabresa, o suco de limão, o mel e a pimenta-do-reino. Misture bem. Sirva quente.

Salada doce e picante de triguilho

Salada de trigo partido e tomate

Salada de trigo partido e tomate

Rendimento: 10 porções

- 340 g de trigo partido
- 907 g de tomate sem pele e nem sementes, em cubos médios
- 227 g de cebola roxa em cubos médios
- 85 g de mozarela fresca em cubos médios
- 3 colheres (sopa)/45 mℓ de vinagre de vinho tinto
- 210 mℓ de azeite de oliva extravirgem
- 2 colheres (sopa)/6 g de orégano picado
- 14 g de manjericão picado
- 2 colheres (chá)/4 g de pimenta calabresa em flocos
- 1 colher (chá)/3 g de sal
- ¼ de colher (chá)/0,5 g de pimenta-do-reino preta moída
- 43 g de queijo parmesão ralado fino (opcional)

1. Coloque o trigo em uma panela média, cubra com água e sal e cozinhe em fogo brando até ficar macio, em 30 a 35 minutos. Remova do calor e escorra, espremendo bem para soltar todo o excesso de líquido. Deixe esfriar em temperatura ambiente.
2. Misture os tomates, as cebolas e a mozarela em uma tigela grande.
3. Bata, em uma tigela pequena, o vinagre, o azeite, o orégano, o manjericão e a pimenta calabresa. Tempere com sal e pimenta-do-reino. Junte à mistura de tomates e incorpore bem. Junte o trigo e misture bem.
4. Sirva à temperatura ambiente ou refrigere até o momento de servir. Se desejar, sirva com o parmesão ralado.

Panquecas de amaranto

Rendimento: 10 porções

- 284 g de amaranto em grãos
- 595 g de farinha de trigo comum
- 1 colher (chá)/3 g de fermento químico em pó
- 1 colher (chá)/3 g de sal
- 128 g de açúcar
- 454 g de ovos
- 960 mℓ de leitelho
- 60 mℓ de manteiga derretida
- Óleo vegetal ou manteiga clarificada, a gosto

1. Aqueça uma *sauteuse* em fogo médio-alto e adicione o amaranto, sacudindo a frigideira para obter uma camada uniforme de grãos. Cozinhe, mexendo ocasionalmente para evitar que queimem, até que os grãos comecem a estourar. Continue cozinhando até que parem de estourar. Remova a panela do fogo e deixe esfriar.
2. Misture o amaranto, a farinha, o fermento em pó, o sal e o açúcar em uma tigela grande. Faça uma cova no meio.
3. Bata os ovos com o leitelho e misture bem. Despeje de uma vez só no meio dos ingredientes secos. Lentamente e com movimentos circulares, bata a mistura com um batedor de ovos.
4. Quando os ingredientes secos já estiverem três quartos incorporados, adicione a manteiga derretida. Continue a bater apenas o suficiente para incorporar totalmente a manteiga. Cuidado para não bater em excesso.
5. No caso de estar trabalhando em grandes quantidades, mantenha a massa bem fria, colocando a tigela com a mistura sobre uma tigela maior com água e gelo, ou dividindo em porções e mantendo o excesso no refrigerador.
6. Aqueça uma *sauteuse* grande ou chapa para grelhar em fogo médio e cubra com uma leve camada de óleo vegetal.
7. Com uma concha, despeje aproximadamente 75 mℓ da mistura líquida na *sauteuse* para fazer uma panqueca. Quando aparecerem bolhinhas no topo da massa e o fundo estiver dourando, em 1 a 2 minutos, vire as panquecas. Termine de cozinhar o lado que está para baixo. Repita o processo até terminar toda a massa e sirva quente.

Crêpes Saigon

Rendimento: 10 porções

- 28 g de feijão-mungo amarelo partido
- 720 ml de leite de coco sem açúcar
- 240 ml de água
- 319 g de farinha de arroz
- 14 g de açúcar
- 1 colher (chá)/3 g de sal
- 1 colher (chá)/2 g de açafrão-da-terra em pó
- 35 g de cebolinha picada
- 28 g de talos e raízes de coentro picados
- Óleo, a gosto
- 234 g de broto de feijão (*moyashi*)
- 14 g de folhas de coentro
- **Molho de soja com coentro e limão** (p. 974) ou molho *Sriracha*, a gosto

1. Toste levemente o feijão em uma frigideira sem óleo em fogo moderado até liberar um aroma amendoado.
2. Cubra o feijão com água e deixe de molho por 8 horas ou durante a noite toda.
3. Escorra o feijão e coloque-o em um liquidificador junto com o leite de coco, a água, a farinha de arroz, o açúcar, o sal e o açafrão-da-terra. Bata até obter a consistência de purê liso. Coe em uma tigela.
4. Junte à mistura as cebolinhas e os talos e raízes de coentro.
5. Aqueça uma frigideira para *crêpes* com 15 cm de diâmetro em fogo médio-alto e cubra com um fio de óleo. Com uma concha, despeje 120 ml da mistura na frigideira quente. Pressione um pouco os brotos de feijão e as folhas de coentro sobre o lado ainda não cozido da panqueca. Regue os brotos e o coentro com um fio de óleo.
6. Cozinhe sobre fogo médio-alto por cerca de 4 minutos, até que o fundo das panquecas doure bem. Vire e cozinhe o outro lado até ficar levemente dourado, em cerca de 3 a 4 minutos. Repita o processo até terminar toda a massa.
7. Coloque cada *crêpe* sobre uma tábua de cortar e dobre ao meio para obter uma meia-lua. Corte em três e sirva as peças intercaladas com um molho vegetariano.

Bolinhos fritos de risoto ao queijo *fontina*

Rendimento: 10 porções

BOLINHOS
- 1,47 kg de **risoto** (p. 801) frio
- 57 g de queijo parmesão ralado
- 2 ovos
- 2 colheres (sopa)/4 g de pimenta calabresa em flocos
- Sal, a gosto
- Pimenta-do-reino preta moída, a gosto
- 454 g de queijo *fontina* em cubos de 6 mm

- 142 g de farinha de rosca
- 43 g de queijo parmesão ralado
- 397 g de farinha de trigo comum, ou quanto baste
- 4 ovos batidos
- Óleo vegetal para fritura

1. Para fazer os bolinhos, misture em uma tigela o risoto, o queijo parmesão, os ovos e a pimenta em flocos. Tempere com sal e pimenta-do-reino, se necessário (ver a nota).
2. Envolva uma porção de 43 g de risoto em torno de um cubo pequeno de queijo *fontina*, enrole até obter uma pequena bola. Repita com o risoto e o queijo restantes. Vá colocando os bolinhos em uma assadeira e refrigere até a hora de fritar.
3. Misture a farinha de rosca e o parmesão ralado. Passe os bolinhos na farinha de trigo; depois, nos ovos batidos e, finalmente, na farinha de rosca, usando o procedimento padrão para milanesa (p. 381). Continue com os bolinhos restantes.
4. Aqueça o óleo na fritadeira a 177 °C. Frite até que dourem e comecem a flutuar na superfície do óleo, em cerca de 5 a 7 minutos. Sirva quente.

NOTA: Sal e pimenta podem não ser necessários caso o risoto já tenha sido temperado.

Bolinhos de risoto de queijo *asiago* e milho

Rendimento: 10 porções

- 2 colheres (sopa)/30 mℓ de azeite de oliva extravirgem
- 163 g de cebola picada
- 43 g de salsão em cubos pequenos
- 1 colher (chá)/3 g de alho picado
- 454 g de arroz *arborio*
- 240 mℓ de vinho branco
- 1,08 ℓ de **fundo de vegetais** (p. 279)
- 6 espigas de milho-verde, com os grãos removidos da espiga
- 85 g de cebolinha em fatias finas
- 2 colheres (sopa)/6 g de cebolinha francesa em fatias finas
- 2 colheres (sopa)/6 g de salsinha picada
- 113 g de queijo *asiago* ralado
- 120 mℓ de creme de leite fresco (36% a 40%)
- 1 colher (sopa)/10 g de sal
- ½ colher (chá)/1 g de pimenta-do-reino preta moída
- 227 g de farinha de trigo comum
- 2 ovos levemente batidos
- 64 g de farinha de pão

MOLHO

- 2 colheres (sopa)/30 mℓ de azeite de oliva extravirgem
- 57 g de cebola em cubos pequenos
- 1 colher (chá)/3 g de alho picado
- 284 g de bulbo de erva-doce em cubos pequenos
- 1 ramo de tomilho
- 3 ramos de salsinha
- 1 folha de louro
- 540 mℓ de **fundo de vegetais** (p. 279), ou quanto baste
- 60 mℓ de suco de limão-siciliano
- 1 colher (chá)/3 g de sal
- Pimenta-do-reino preta moída, a gosto
- Óleo vegetal para fritura

1. Aqueça o óleo em uma panela média em fogo médio. Junte a cebola, o salsão e o alho e sue até ficar macio, em 4 a 5 minutos. Junte o arroz e cozinhe por mais 2 a 3 minutos.
2. Adicione o vinho, reduza o fogo para baixo e cozinhe em fogo brando. Cozinhe, mexendo constantemente até que o arroz absorva o vinho.
3. Usando uma concha, junte aos poucos o caldo, mexendo sem parar, até que seja totalmente absorvido. Somente então adicione outra concha e repita até que o arroz esteja quase totalmente cozido, em 15 a 20 minutos.
4. Junte o milho, a cebolinha, a cebolinha francesa e a salsinha. Cozinhe até tudo estar aquecido, em cerca de mais 2 minutos.
5. Misture delicadamente o queijo. Adicione o creme de leite. Tempere com sal e pimenta-do-reino.
6. Passe um pouco de óleo em uma assadeira média e espalhe o risoto em uma camada homogênea. Deixe o risoto esfriar por 10 minutos à temperatura ambiente. Cubra e leve à refrigeração por no mínimo 1 hora.
7. Use cortadores redondos de biscoito de 10 cm a 13 cm e corte o risoto em círculos. Passe os bolinhos pela farinha, pelos ovos batidos e, finalmente, pela farinha de rosca, usando o procedimento padrão para milanesa (p. 381). Coloque os bolinhos sobre uma assadeira com o fundo forrado com papel-manteiga e cubra até o momento de fritar.
8. Para fazer o molho, aqueça o azeite em uma panela média em fogo médio. Junte as cebolas e refogue-as até ficarem macias, em 4 a 5 minutos. Adicione o alho e frite até desprender os aromas, em cerca de mais 1 minuto.
9. Adicione a erva-doce, o ramo de tomilho, o ramo de salsinha e o louro. Cubra a mistura com o caldo e cozinhe em fogo brando até que os vegetais fiquem bem macios, em 10 minutos aproximadamente.
10. Remova o tomilho, a salsinha e o louro. Transfira a mistura para um liquidificador ou processador de alimentos e bata até obter um purê liso, adicionando mais caldo, se for necessário. Tempere com suco de limão, sal e pimenta-do-reino moída. Reserve.
11. Aqueça cerca de 2 cm de óleo em uma *sauteuse* pequena em fogo médio até que o óleo chegue a 177 °C. Frite os bolinhos até ficarem bem dourados, em cerca de 3 minutos de cada lado.
12. Sirva com o molho.

NOTA: Os bolinhos podem ser fritos por imersão.

Bolinhos de arroz selvagem

Rendimento: 10 porções

BOLINHOS DE ARROZ

28 g de manteiga

369 g de salsão picado

312 g de pimentão vermelho picado

43 g de cebolinha em fatias finas

14 g de alho picado

14 g de gengibre picado

2 colheres (sopa)/30 ml de molho de pimenta

2 ovos

150 ml de **maionese** (p. 921 ou comprada pronta)

330 ml de creme azedo (*sour cream*)

14 g de cebolinha francesa

227 g de milho branco em conserva, lavado e escorrido

822 g de arroz selvagem cozido

425 g de farinha de trigo comum

28 g de sal

1 colher (sopa)/6 g de pimenta-do-reino preta moída

567 g de farinha de trigo comum

4 ovos batidos

113 g de farinha de pão (tipo *panko*)

Óleo vegetal para fritura

1. Aqueça a manteiga em uma *sauteuse* grande em fogo médio. Junte o salsão e o pimentão e salteie até ficarem macios, em 4 a 5 minutos. Retire do fogo e deixe esfriar até chegar à temperatura ambiente.
2. Em uma tigela grande, misture bem as cebolinhas, o alho, o gengibre, o molho de pimenta, os ovos, a maionese, o creme azedo (*sour cream*), as cebolinhas francesas e o milho branco. Transfira um terço da mistura para um liquidificador e bata para fazer uma pasta.
3. Junte a pasta à mistura na tigela e adicione o arroz selvagem, a farinha e a mistura já fria de salsão. Tempere com sal e pimenta-do-reino moída.
4. Forme a mistura de arroz em bolinhos chatos de 57 g com 1,25 cm de espessura. Passe os bolinhos pela farinha de trigo, pelos ovos batidos e, finalmente, pela farinha de pão (*panko*), usando o procedimento padrão para milanesa (p. 381).
5. Aqueça cerca de 6 mm de óleo em uma frigideira em fogo médio. Frite os bolinhos até ficarem dourados e crocantes, em cerca de 3 a 5 minutos de cada lado. Sirva imediatamente.

cozinhar massas

A imensa popularidade do macarrão e das massas não surpreende. Esses alimentos são nutritivos e extremamente versáteis, constituindo elementos importantes na maior parte das cozinhas. São baseados em ingredientes baratos e fáceis de armazenar: farinha e ovos. Adaptam-se bem a diversos usos e podem ser encontrados em *menus* contemporâneos como tira-gostos, pratos principais, saladas e até sobremesas.

CAPÍTULO 25

A RECEITA DE MACARRÃO FRESCO PODE SER CONSIDERADA BÁSICA PARA FAZER UMA MASSA DURA QUE PODE VARIAR EM MILHARES DE FORMAS, SABORES E CORES. A CATEGORIA GERAL DE MACARRÃO INCLUI TANTO O TALHARIM FRESCO COMO O SECO. O MACARRÃO PODE SER FRESCO, PREPARADO NO LOCAL OU COMPRADO FRESCO OU SECO. HÁ VANTAGENS TANTO EM UNS COMO NOS OUTROS. O MACARRÃO FRESCO DÁ AO CHEF A LIBERDADE DE CRIAR PRATOS COM SABORES, CORES, FORMAS OU RECHEIOS ESPECIAIS, MAS TEM VIDA DE PRATELEIRA LIMITADA, AO PASSO QUE O MACARRÃO SECO PODE SER ARMAZENADO QUASE INDEFINIDAMENTE.

fazer macarrão fresco, talharim e massas (*dumpling*)

Mudar a proporção de farinha para líquido ou introduzir outros ingredientes em uma receita básica de macarrão produz massas duras e moles que são manuseadas e cozidas de maneira diferente da receita básica. Por exemplo, a quantidade de líquido pode ser aumentada para criar uma massa mole para *spätzle*, que pode ser cortada em uma tábua para *spätzle* ou despejada em uma peneira ou máquina de *spätzle* num líquido fervendo suavemente, em vez de ser enrolada ou extrudada como se fosse para uma massa de macarrão mais grossa.

Acrescentar uma levedura à receita básica de macarrão produz uma massa mole que pode ser usada em *dumplings* maiores, com textura semelhante ao pão, que são cozidos suavemente em guisados, ou em outros líquidos. Embora a palavra *dumpling* possa ter significado muito específico para um determinado grupo étnico, na verdade abrange uma enorme categoria. Alguns *dumplings* são baseados em massas duras e moles, e outros em ingredientes que vão do pão ao purê de batatas. O popular *dim sum* chinês, que inclui massas levedadas cozidas no vapor e rolos de ovos fritos, é uma outra categoria. Os *dumplings* podem ser cozidos de diversas maneiras, de acordo com o tipo; uma alternativa é fervê-los suavemente em líquido, ou cozê-los no vapor, ou prepará-los *pochés*, assados, em fritura rasa ou por imersão. Pode-se usar uma grande variedade de ingredientes; ver as receitas deste capítulo para instruções específicas.

Como a farinha fornece a estrutura para o macarrão, é importante escolher uma que tenha as qualidades necessárias para fazer a melhor massa possível. As farinhas comuns podem ser usadas com sucesso na maior parte das massas frescas. A farinha de trigo integral, a semolina, a farinha de milho grossa, a de trigo-sarraceno, a de centeio, de legumes moídos (grão-de-bico, por exemplo) e outras farinhas especiais podem substituir uma parte da farinha comum, dando ao macarrão sabor, textura e cor únicos. A experimentação é, frequentemente, a melhor maneira de determinar como usar essas farinhas especiais. Consulte as receitas para orientar-se sobre tipos, proporções e substituições.

Muitas vezes, os ovos são acrescidos à massa do macarrão para fornecer umidade, sabor e estrutura. Receitas diferentes podem especificar o uso de ovos inteiros, gemas ou claras. Como é particularmente importante ter a quantidade adequada de umidade, muitas receitas indicam água. As massas secas demais, ou úmidas demais, são difíceis de abrir.

Com frequência, também se usa óleo neutro ou aromatizado na massa de macarrão, porque ajuda a mantê-la flexível, tornando mais fácil trabalhá-la.

Acrescentar sal à massa auxilia a desenvolver o sabor. Para mudar sua cor, sabor ou textura podem-se adicionar outros ingredientes, como ervas, purês vegetais ou *zestes* cítricos. Entretanto, se esses ingredientes aromatizantes ou coloríficos contiverem muita umidade, será necessário ajustar a receita básica, ou usando mais farinha, ou menos água. Os purês vegetais usados para dar sabor ou cor muitas vezes são secados ligeiramente antes, sendo salteados para concentrar seus sabores.

O macarrão fresco e o talharim podem ser cobertos e guardados na geladeira por até dois dias. Se o macarrão for cortado em fios compridos, borrife-os com farinha de milho, semolina ou farinha de arroz para impedir que os fios grudem uns nos outros. Armazene o macarrão em bandejas forradas e cobertas com plástico. O macarrão recheado deve ser colocado em bandejas forradas, arranjado de maneira a não tocar um nos outros.

Se o macarrão tiver de ser armazenado por mais de dois dias, enrole os fios longos em ninhos e arrume-os em bandejas forradas com papel-manteiga. Deixe-as em local seco e aquecido por vários dias, até que o macarrão endureça e seque. Depois disso, pode-se guardá-lo, bem embrulhado, em local frio e seco, da mesma maneira que os macarrões comerciais secos. O macarrão fresco, especialmente o recheado, como *tortellini* e ravióli, também pode ser congelado.

As necessidades de equipamento para fazer macarrão fresco são bem básicas, embora algumas peças especiais possam tornar a tarefa ainda mais simples. Você vai precisar de, pelo menos, as mãos, um rolo de macarrão e uma faca. Também pode usar uma batedeira elétrica com o batedor de massas ou um processador de alimentos para misturar os ingredientes, e uma máquina de macarrão para abrir a massa. Há acessórios, que vêm com as máquinas de macarrão, que cortam o macarrão uniformemente.

» receita básica

Massa fresca
(10 porções)

454 g de farinha de trigo 00 ou comum

4 ovos inteiros

1 a 2 colheres (sopa)/15 mℓ a 30 mℓ de água

Sal

Óleo

Outros ingredientes aromatizantes ou de guarnição desejados

método rápido »

1. Faça um monte com os ingredientes secos em uma superfície de trabalho e abra um orifício no centro.
2. Junte todos os ingredientes líquidos e despeje-os no orifício.
3. Rapidamente, junte os ingredientes secos e líquidos, misturando bem para formar uma massa informe.
4. Trabalhe a massa até ficar lisa e deixe-a descansar antes de abri-la.

dicas do especialista «

Fazer macarrão fresco é empolgante não só pelo sabor e pela textura fresca e macia, mas também porque fornece uma outra oportunidade de introduzir sabores em um prato.

Use farinhas diferentes, combinadas à farinha comum, para criar sabor:

TRIGO-SARRACENO / FARINHA DE MILHO / ARROZ / CENTEIO / SEMOLINA / TRIGO INTEIRO

Enquanto mistura a massa, adicione-lhe sabor colocando ervas, especiarias, líquidos aromatizados ou infundidos, e purês vegetais:

LÍQUIDOS AROMATIZADOS OU INFUNDIDOS / TINTA DE LULA

ERVAS E ESPECIARIAS:

MANJERICÃO / SALSA / SÁLVIA / AÇAFRÃO / ERVAS SECAS COMO ALECRIM

PURÊS VEGETAIS:

CENOURAS / ESPINAFRE / TOMATE

Para obter um efeito dramático, ervas inteiras e até flores comestíveis podem ser colocadas entre duas folhas de massa:

FOLHAS DE MANJERICÃO / FOLHAS DE CEREFÓLIO / FLORES E FOLHAS DE CAPUCHINHA / FOLHAS DE SALSA

Para uma opção mais saudável: Use grãos integrais sempre que possível, uma vez que eles trazem maiores benefícios à saúde; farinha de trigo 100% integral ou outras farinhas podem ser usadas para fazer massa fresca.

fazer massa fresca

1. **Misture a massa à mão** ou à máquina. Quando se tratar de quantidades pequenas, pode ser mais eficiente misturar a massa à mão. Por outro lado, grandes quantidades podem ser trabalhadas muito mais facilmente com um processador de alimentos ou uma batedeira elétrica.

Para misturar a massa à mão, coloque a farinha e o sal em uma tigela ou superfície de trabalho e faça um buraco no centro. Coloque nele os ovos, os ingredientes aromatizantes e o azeite (se usar). Trabalhando tão rápido quanto possível, incorpore gradualmente a farinha aos ingredientes líquidos até obter uma massa informe.

Para fazer a mistura em um processador de alimentos, coloque todos os ingredientes na tigela do processador, usando a lâmina de aço. Processe até misturar bem. A massa deve se parecer com uma farinha grossa, que formará uma bola quando for trabalhada. Não processe demais.

Para fazer a mistura em uma batedeira elétrica, coloque todos os ingredientes na tigela, usando o batedor de massas. Misture em velocidade média até que a massa forme uma bola macia que se separa facilmente dos lados da tigela.

Enquanto a massa é misturada, ajuste a consistência com farinha ou água adicionais, para compensar as variações dos ingredientes, a umidade da cozinha ou a adição de aromatizantes opcionais. Em dias muito secos, pode ser necessário adicionar algumas gotas de água para chegar à consistência desejada.

2. **Trabalhe a massa** até ficar macia. Deixe a massa descansar antes de abri-la e cortá-la. Depois de misturada, seja à mão, no processador ou na batedeira, a massa deve ser colocada em uma superfície de trabalho enfarinhada e trabalhada até que a textura se torne macia e elástica.

« método detalhado

3. Forme uma bola, cubra-a e deixe-a descansar à temperatura ambiente por, pelo menos, 1 hora. Sem esse descanso, fica difícil abrir a massa em folhas finas. Essa fase é particularmente importante se a massa vai ser aberta à mão.

Avalie a qualidade da massa de macarrão fresco pronta. Em geral, ela deve ser macia, bastante elástica e ligeiramente úmida ao toque. Se estiver pegajosa (por excesso de umidade) ou esfarelando-se (seca demais), será difícil abri-la adequadamente. A experiência é a melhor professora para determinar quando se conseguiu a consistência apropriada.

4. Passe a massa pela máquina de macarrão na regulagem mais larga, reduzindo-a enquanto passa a massa, para criar folhas cada vez mais finas.

Corte um pedaço de massa (a quantidade varia, dependendo da largura da máquina) e achate-a; cubra o restante. Regule os rolos para a abertura mais larga e comece a guiar a massa através da máquina, enfarinhando-a ligeiramente, conforme necessário, para impedir que grude, formando assim uma tira longa e larga. Continue diminuindo a regulagem até obter folhas finas e corte na forma que desejar. Se não for cozinhá-la de imediato, armazene-a sob uma folha de plástico.

Massas de macarrão e ovos podem ser abertas e cortadas à mão, ou cortadas com a máquina de macarrão. Para abri-las à mão, amasse um pedaço de massa do tamanho aproximado de uma laranja, sobre uma superfície de trabalho enfarinhada. Trabalhe com o rolo de macarrão do centro da massa para as bordas, com movimentos para diante e para trás, para abri-la e esticá-la, virando-a ocasionalmente e enfarinhando-a, até obter a espessura desejada. Depois, corte-a com uma faca em tiras finas para obter macarrões chatos e compridos como *fettuccine* ou *linguine*, ou com cortadores, para obter quadrados ou círculos, se vai fazer macarrão recheado, como ravioli.

fazer massa fresca

5. **Neste método de cortar massa, junte as duas pontas** da folha de massa para abri-la continuamente. Dobre a tira em terços, como uma carta, e passe-a pelos rolos novamente. Repita esse passo uma ou duas vezes, dobrando a massa em terços, a cada vez. Se necessário, enfarinhe a massa para impedir que grude nos rolos e se rompa.

Continue a passar a massa pela máquina, regulando os rolos para conseguir uma massa cada vez mais fina, até que a folha de macarrão chegue à espessura desejada. A massa deve ficar macia e nada grudenta. Para impedir que seque, mantenha-a coberta quando não a estiver trabalhando.

NOTA: Máquinas diferentes operam de maneiras diferentes. Estas instruções são para fazer folhas de massa com a máquina manual comum, de dois rolos. (Macarrão em tubos, como macaroni ou ziti, são feitos forçando a massa através de um acessório especial da máquina de macarrão à extrusão.)

6. **Corte as folhas de macarrão** usando um acessório da máquina, uma faca ou cortadores. O macarrão pode ser cozido fresco, assim como está, pode ser colocado em secadores ou arranjado em ninhos para secar e depois ser armazenado.

COZINHE O MACARRÃO, TANTO O FRESCO COMO O SECO, EM GRANDE QUANTIDADE DE ÁGUA SALGADA, PARA OBTER O MELHOR SABOR E UMA TEXTURA UNIFORME E ATRAENTE. ALGUNS MACARRÕES COZINHAM MUITO RAPIDAMENTE; OUTROS, LEVAM VÁRIOS MINUTOS PARA FICAR ADEQUADAMENTE COZIDOS. SE VOCÊ ESTÁ TRABALHANDO COM UM TIPO DE MACARRÃO DIFERENTE, CONSULTE AS INSTRUÇÕES DA EMBALAGEM.

cozinhar macarrão fresco e seco

O macarrão apresenta melhor sabor e textura quando servido logo que estiver cozido. Isto é particularmente verdade no caso do macarrão fresco. Entretanto, há técnicas apropriadas para manter macarrões secos cozidos e agilizar o cozimento durante o serviço (ver Esperando pelo serviço, p. 836).

O macarrão fresco e seco deve ser escolhido de acordo com o menu, ou o que peça a receita. O líquido de cocção mais comum é a água, embora algumas preparações possam indicar fundos. O sal é acrescentado à água assim que começar a ferver.

Escolha uma panela mais alta do que larga para a maior parte dos macarrões. A massa recheada pode ser preparada em panelas mais largas do que altas, para facilitar a retirada do macarrão sem rompê-lo. Para grandes quantidades de macarrão, você pode usar cozedores de macarrão especiais, que se parecem com fritadeiras. Coloque o macarrão em uma cesta de arame com cabo e baixe-a na água fervente até cozinhar, depois erga a cesta para fora da água, permitindo que o macarrão escorra. Tenha à mão escorredores, peneiras e escumadeiras para escorrê-lo, assim como utensílios especiais para cortar e dar forma, como uma forma de ravióli ou cortadores redondos.

» receita básica

Cozinhar massa de macarrão
(10 porções)

680 g de macarrão seco

Água suficiente (pelo menos 5,76 ℓ)

Cerca de 43 g de sal para cada 3,84 ℓ de água

Ingredientes de finalização, incluindo:

Sal e pimenta

Queijo ralado

Molhos

Óleos

método rápido »

1. Ferva a água salgada.
2. Acrescente a massa e misture até separar os fios.
3. Cozinhe a massa até ela ficar macia, mas não mole.
4. Escorra a massa imediatamente e sirva de uma vez ou resfrie em água gelada para interromper o cozimento.

dicas do especialista «

Massa *al dente* é o ponto mais adequado para a maioria das massas. O termo *al dente* é italiano e significa "ao dente", referindo-se à massa que ainda tem resistência ao ser mordida, e não amolecida e excessivamente cozida. Cozinhe as massas até elas poderem ser mordidas com facilidade, mas com uma textura que ofereça leve resistência.

cozinhar macarrão fresco e seco

método detalhado »

1. Leve ao fogo uma grande quantidade de água e espere abrir fervura. Calcule 3,84 ℓ de água para cada 454 g de macarrão. Adicione cerca de 21 g a 28 g de sal à água do cozimento. Prove a água antes de colocar o macarrão. Deve-se perceber que está salgada, mas de maneira agradável.

Acrescente à água fervente o macarrão, chato ou extrudado, de uma só vez. Os fios longos devem ser submersos cuidadosamente na água, à medida que ficam macios. Misture o macarrão algumas vezes para separá-lo, impedindo que grude. Os macarrões recheados devem ser colocados na água e, em seguida, baixa-se a chama durante todo o tempo de cozimento, para impedir que se rompam.

Ferva o macarrão até que esteja cozido e macio. Escorra-o imediatamente num escorredor de macarrão.

Alguns deles cozinham muito rapidamente: o macarrão fresco pode cozinhar em menos de 3 minutos; o seco pode levar até 8 minutos ou mais, dependendo do tamanho e da forma. Se você estiver trabalhando com um tipo de macarrão que não conhece, não deixe de ler as instruções da embalagem. O teste mais preciso para o ponto é morder ou romper um fio ou pedaço de macarrão, e examinar o interior. O macarrão fica translúcido quando estiver cozido. Se o centro estiver opaco, ainda não está completamente cozido.

Escorra o macarrão chato ou extrudado em um escorredor, sacudindo ligeiramente para que a água do cozimento saia. As formas em tubo tendem a reter a água; revolvê-las delicadamente com as mãos enluvadas ajuda a expulsar o máximo possível de água. Os macarrões recheados devem ser retirados cuidadosamente da água com uma espátula ou colher furada, para evitar que se rompam. Podem ser transferidos para um escorredor para escorrer, ou secos rapidamente com um pano para remover o excesso de água.

A massa fresca deve ser servida imediatamente. Adicione o molho ou outros ingredientes de finalização e sirva. A massa seca pode ser refrigerada e guardada para servir depois.

NOTA: Reserve um pouco da água da massa escorrida para ajustar a consistência do molho, se necessário.

2. Avalie a qualidade do macarrão cozido. O macarrão seco cozido adequadamente fica macio, mas ainda tem textura (foto superior), ao passo que o macarrão cozido demais fica mole (foto inferior). O macarrão seco cozido é macio, mas apresenta uma textura perceptível, que os italianos chamam de *al dente*. O fresco cozinha rapidamente, o que torna mais fácil cozinhá-lo além do ponto; ele deve ficar completamente cozido, e não cru, nem com gosto de massa. Os macarrões, curtos e compridos, devem cozer separadamente e ser mexidos uma ou duas vezes enquanto cozinham. O que foi resfriado deve estar adequadamente cozido depois de reaquecido. Os molhos e outros ingredientes de acabamento devem ser escolhidos para complementar a forma ou textura do macarrão (ver Combinando o macarrão com os molhos, a seguir).

COMBINANDO O MACARRÃO COM OS MOLHOS

Em geral, os molhos são selecionados para combinar com determinado tipo de macarrão. Os longos e chatos, como *fettuccine* ou *linguine*, são, de hábito, servidos com molhos suaves e leves, como os cremosos, *coulis* vegetais, ou combinações de manteiga e queijo, que envolvem os fios uniformemente. Os macarrões em tubo, como *macaroni* ou *ziti*, e os torcidos, como *fusilli*, quase sempre são combinados com molhos de estrutura mais pesada, como os de carne, ou um molho com guarnição de vegetais frescos, porque esse tipo de macarrão consegue reter o molho.

O sabor do macarrão também é uma consideração importante na escolha do molho. O sabor delicado do macarrão fresco combina perfeitamente com um creme leve ou com molhos à base de manteiga. Molhos mais energéticos, como os que incluem carnes, habitualmente são combinados com macarrão seco.

Os macarrões recheados requerem apenas um molho muito leve, porque o recheio já fornece certa quantidade de sabor e umidade. Não é apropriado usar um molho que sufoque o sabor do recheio.

orientação geral para servir macarrão

Os pratos de macarrão são apropriados para muitos estilos diferentes de serviço. A rapidez e a facilidade de preparar macarrão o torna uma boa escolha para restaurantes *à la carte*. De fato, algumas cozinhas de restaurante incluem uma praça separada de macarrão na linha do alimento quente. Quando preparado, manuseado e conservado adequadamente, o macarrão também pode ser usado para serviços de banquete e de bufê. Tanto o macarrão como os molhos que o acompanham podem ser preparados com antecedência.

Para o serviço *à la carte*, cozinhe ou reaqueça o macarrão tão perto do momento de servir quanto possível. Como o macarrão perde calor rapidamente, aqueça as tigelas ou os pratos em que vai ser levado à mesa e sirva de imediato.

Para o serviço de bufê, escolha macarrões firmes, que se mantêm bem. Preaqueça completamente a mesa de vapor ou as lâmpadas de calor antes de colocar o macarrão no bufê. Cozinhe, reaqueça e/ou termine o macarrão tão perto do momento de servir quanto possível. Escolha uma assadeira com profundidade bastante para conter o macarrão facilmente, mas não tão grande que permita que o macarrão se espalhe em uma camada fina, caso em que perderá calor e umidade com rapidez. Mesmo em uma mesa de vapor, a perda de calor é veloz. Há um limite de tempo para os pratos de macarrão serem mantidos no serviço de bufê. Se ficarem tempo demais sobre a fonte de calor, o molho pode secar e o macarrão começará a perder a textura.

ESPERANDO PELO SERVIÇO

Se necessário ou apropriado, esfrie o macarrão rapidamente e armazene-o, reaquecendo as porções se precisar delas, durante o serviço. Como leva mais tempo para cozinhar macarrão seco, às vezes ele é cozido com antecedência e armazenado para o serviço. (O macarrão fresco não se mantém tão bem como o seco, mas, como cozinha rapidamente, em geral é possível cozê-lo na hora, durante o serviço.) Se o macarrão for cozido com antecedência, deve sê-lo um pouquinho menos que o ponto ideal, para não ultrapassar esse ponto durante o reaquecimento. Para esfriar o macarrão, enxágue-o com água fria e escorra-o bem.

Para reaquecê-lo, esquente um pouco de água salgada. Deve haver água suficiente para cobrir bem o macarrão, embora não tanta quanto a necessária para cozinhá-lo. Coloque o macarrão na água diretamente ou usando um cesto, e deixe-o ferver suavemente por tempo suficiente para que se aqueça, dependendo de sua espessura. Retire-o da água e escorra-o bem antes de dar acabamento para o serviço.

Macarrão fresco de ovos

Rendimento: 680 g

- 454 g de farinha de trigo
- 1 pitada de sal
- 4 ovos
- 1 ou 2 colheres (sopa)/15 a 30 mℓ de água, ou quanto baste
- 2 colheres (sopa)/30 mℓ de azeite de oliva ou óleo vegetal (opcional)

1. Misture a farinha e o sal em uma tigela grande, e faça um buraco no centro.
2. Coloque os ovos, a água e o azeite, se usar, no centro do buraco. Com um garfo, empurre gradualmente os ingredientes secos para a mistura de ovos. Mexa até que se forme uma massa. À medida que mistura a massa, acerte a consistência com mais farinha ou água. A massa tem de estar pegajosa, mas minimamente úmida.
3. Passe a massa para uma superfície de trabalho enfarinhada e trabalhe até que a textura tenha se tornado homogênea e elástica, em 4 a 5 minutos. Forme uma bola com a massa, cubra-a e deixe-a descansar à temperatura ambiente por, pelo menos, 1 hora.
4. Abra a massa em folhas finas e corte da forma desejada, à mão ou usando uma máquina de macarrão. Agora, o macarrão está pronto para ser cozido ou pode ser coberto e conservado na geladeira por até 2 dias.

Macarrão de trigo integral: Substitua metade da farinha comum por farinha de trigo integral.

Macarrão de trigo-sarraceno: Substitua 92 g de farinha comum por igual quantidade de farinha de trigo-sarraceno.

Macarrão de espinafre: Bata 170 g de folhas de espinafre no liquidificador formando um purê, esprema-o em uma peça de musselina até secá-lo e adicione-o aos ovos. Acerte a consistência da massa com mais farinha, se necessário.

Macarrão de açafrão: Demolhe 2 a 4 colheres (chá)/1,6 g a 3,2 g de açafrão em pó em 30 mℓ de água quente e adicione aos ovos. Acerte a massa com farinha adicional, conforme necessário.

Macarrão cítrico: Adicione 4 colheres (chá)/12 g de *zestes* de limão-siciliano ou laranja ralados bem finamente aos ovos. Substitua 30 mℓ de água por suco de limão ou laranja. Acerte a massa com farinha adicional, se necessário.

Macarrão com *curry*: Adicione 2 a 4 colheres (chá)/4 g a 8 g de *curry* em pó (p. 386) à farinha.

Macarrão com ervas: Adicione 57 g a 85 g de ervas frescas picadas aos ovos. Ajuste a massa com farinha adicional, se necessário.

Macarrão com pimenta-do-reino: Adicione 2 colheres (chá)/4 g de grãos de pimenta-do-reino amassada à farinha.

Macarrão com pimentão vermelho: Refogue 170 g de purê de pimentão vermelho assado, até reduzi-lo e secá-lo. Esfrie-o e adicione-o aos ovos. Ajuste a massa com mais farinha, se necessário.

Macarrão com tomate: Refogue 85 g de purê de tomate até que fique reduzido e seco. Esfrie-o e adicione-o aos ovos. Acerte a massa com mais farinha, se necessário.

Macarrão com abóbora, cenoura ou beterraba: Refogue 170 g de purê de abóbora, cenoura ou beterraba até reduzi-lo e secá-lo. Esfrie-o e adicione-o aos ovos. Acerte a massa com mais farinha, se necessário.

Macarrão fervido básico

Rendimento: 10 porções

- 5,76 ℓ de água
- 43 g de sal, ou a gosto
- 680 g de macarrão seco ou fresco
- Molho ou guarnição (opcional), quanto baste
- Óleo (opcional), quanto baste

1. Ferva a água e o sal em uma panela grande.
2. Adicione o macarrão e mexa bem para separar os fios. Cozinhe-o até ficar macio, mas não macio demais. (O macarrão fresco pode cozinhar em menos de 3 minutos; o macarrão seco pode levar até 8 minutos ou mais, dependendo do tamanho e da forma.)
3. Escorra o macarrão de imediato. Acrescente o molho ou a guarnição desejada e sirva.
4. Se não for servir logo, mergulhe-o em água fria ou enxágue-o bem em água fria para interromper o cozimento. Escorra-o imediatamente e coloque uma pequena quantidade de óleo para impedir que grude. Uma outra alternativa é escorrer o macarrão, distribuir um pouco de óleo, espalhá-lo em uma única camada em uma assadeira forrada com papel-manteiga e levar à geladeira.

Orecchiette com linguiça italiana, broto de brócolis e queijo parmesão

receitas de massas

Orecchiette com linguiça italiana, broto de brócolis e queijo parmesão

Rendimento: 10 porções

- 1,02 kg de broto de brócolis
- 120 mℓ de azeite de oliva
- 340 g de cebola ralada
- 240 g de **extrato de tomate** (p. 309)
- 567 g de linguiça italiana
- 1,02 kg de macarrão *orecchiette*
- 2 dentes de alho em fatias
- ¼ de colher (chá)/0,5 g de pimenta vermelha, em flocos
- 30 mℓ de **fundo de frango** (p. 277) ou água
- 57 g de salsinha picada
- 57 g de manjericão, em *chiffonade*
- 57 g de orégano picado
- 57 g de cebolinha francesa picada
- 142 g de queijo parmesão ralado

1. Limpe os brotos de brócolis cortando 3 cm da ponta de cada caule. Branqueie em água fervente salgada até que fique 90% cozido, em cerca de 4 minutos. Retire-os e passe-os por água gelada. Reserve-os.
2. Em uma *sauteuse* grande, aqueça 60 mℓ do azeite, em fogo médio. Adicione a cebola e refogue-a até ficar macia, em cerca de 4 minutos. Acrescente o extrato de tomate e a linguiça. Desmanche a linguiça com um batedor, na panela. Deixe cozinhar até que a linguiça se pareça com um molho à bolonhesa, em cerca de 5 minutos. Retire a mistura da panela e reserve-a.
3. Ferva água salgada em uma panela grande e cozinhe o macarrão até ficar *al dente*, em cerca de 6 minutos. Retire-o da água e escorra-o.
4. Enquanto o macarrão cozinha, aqueça uma *sauteuse* grande, em fogo médio, com o azeite restante. Junte o alho, os flocos de pimenta, o fundo ou água, e a mistura de linguiça reservada. Cozinhe por 1 minuto, mexendo bem. Acrescente as ervas e os brotos de brócolis. Adicione o macarrão cozido e 85 g de queijo parmesão. Mexa bem.
5. Guarneça com os 57 g de queijo parmesão restantes e sirva imediatamente.

Macarrão à *carbonara*

Rendimento: 10 porções

- 680 g de *pancetta* picada
- 907 g de espaguete
- 6 ovos batidos
- 2 colheres (sopa)/12 g de grãos de pimenta-do-reino preta quebrados
- 170 g de queijo *pecorino romano* ralado, ou quanto baste
- Salsinha picada, a gosto

1. Refogue a *pancetta* em uma *sauteuse* grande em fogo baixo até ficar dourada, em 7 a 10 minutos, mexendo de vez em quando. Reserve a carne e a gordura na *sauteuse* e mantenha aquecidas.
2. Ferva água salgada em uma panela grande. Adicione o espaguete e mexa alguns minutos para separar os fios. Cozinhe o espaguete até ficar tenro, mas sem perder a textura.
3. Escorra o espaguete em um escorredor de macarrão (ver nota).
4. Volte a *sauteuse* com a *pancetta* para o fogo médio. Acrescente o espaguete e mexa bem para ele ser envolvido pela gordura de porco. A massa deve estar bem quente. Aproveite os resíduos do fundo da panela.
5. Remova a *sauteuse* do fogo. Junte os ovos e mexa até os ovos estarem cozidos. Junte as pimentas e o queijo e misture bem.
6. Guarneça com salsinha picada e mais queijo *pecorino*, se quiser. Sirva imediatamente.

NOTA: Se o espaguete for preparado com antecedência, passe água fria nele, escorra bem e passe uma pequena quantidade de óleo entre os fios. Mantenha na geladeira até a hora de servir. Reaqueça o macarrão em água salgada fervente e escorra bem antes de continuar o preparo.

Macarrão celofane stir-fried (Japchae)

Rendimento: 10 porções

20 cogumelos *shiitake*, secos

57 g de cogumelo orelha de judeu, seco

1,02 kg de macarrão de batata-doce

6 cebolinhas, limpas, em fatias bem finas

240 mℓ de molho de soja *light*

30 mℓ de óleo de gergelim

28 g de açúcar

240 mℓ de óleo vegetal

340 g de cebola em fatias bem finas

50 g de alho amassado

227 g de pimentão vermelho em *julienne*

567 g de repolho verde em *chiffonade*

340 g de cenouras em *julienne*

Sal, a gosto

Pimenta-do-reino preta moída, a gosto

10 ovos ligeiramente batidos e cozidos para fazer uma omelete com 3 mm de espessura, em *julienne*

1. Reidrate os *shiitake* em água fria, durante a noite. Escorra-os e reserve a água da reidratação.
2. Corte o caule dos *shiitake* e despreze-os (ou reserve-os para outro uso). Corte os cogumelos orelha de judeu em tiras com 3 mm de largura.
3. Despeje água fervente sobre o macarrão, cobrindo-o totalmente, mais 5 cm na altura. Demolhe-o até que se reidrate e fique elástico, em 8 a 10 minutos. Escorra e enxágue o macarrão em água fria e reserve-o.
4. Bata juntos a cebolinha, o molho de soja, o óleo de gergelim e o açúcar.
5. Aqueça o óleo num *wok* e salteie a cebola e o alho, até que fiquem aromáticos. Adicione os cogumelos, o pimentão, o repolho e as cenouras, e salteie até que os vegetais estejam quase cozidos.
6. Acrescente o macarrão. Salteie até esquentar bem.
7. Adicione a mistura de molho de soja. Tempere com o sal e a pimenta-do-reino. Se a mistura parecer seca demais, use o líquido dos cogumelos *shiitake* reservado para umedecê-la.
8. Guarneça com a omelete em *julienne*. Sirva imediatamente.

Pad thai

Rendimento: 10 porções

1,36 kg de macarrão de arroz, com 6 mm de largura

2 colheres (sopa)/14 g de camarão seco

60 mℓ de pasta de pimenta tailandesa (*nahm prik paw*), ou quanto baste

120 mℓ de molho de peixe, ou quanto baste

60 mℓ de vinagre de arroz, ou quanto baste

50 g de açúcar de palmeira, ou quanto baste

60 mℓ de óleo vegetal, ou quanto baste

35 g de alho picado

1 alho-poró com a parte verde, em *julienne*

907 g de *tofu* bem firme, comprimido, em tiras de 6 mm

6 ovos, batidos ligeiramente

4 cebolinhas em tiras de 3 cm

454 g de broto de feijão (*moyashi*)

78 g de coentro picado grosseiramente

10 gomos de limão

142 g de amendoim tostado, picado grosseiramente

1. Demolhe o macarrão em água morna por 30 minutos. Escorra-o bem. Demolhe o camarão seco por 30 minutos em água fria. Escorra-o e pique-o bem.
2. Bata juntos a pasta de pimenta, o molho de peixe, o vinagre e o açúcar.
3. Aqueça o óleo em um *wok*, em fogo médio alto. Adicione o camarão, o alho, o alho-poró e o *tofu*. Salteie até que o alho-poró fique brilhante e ligeiramente mais macio. O alho deve ter começado a ganhar cor, mas ainda não estar dourado.
4. Junte o macarrão e envolva-o no óleo. Salteie por 30 segundos. Empurre o macarrão para a parte superior lateral do *wok*. Acrescente um pouquinho de óleo no espaço criado no *wok*, depois coloque os ovos batidos e espalhe-os com uma espátula, para começar a cozinhar. Deixe que os ovos cozinhem por 10 segundos antes de começar a saltear a mistura de macarrão e ovos.
5. Acrescente a mistura de molho de peixe e cebolinhas verdes. Salteie até que o macarrão esteja macio, juntando água, se necessário, para facilitar a reidratação.
6. Adicione os brotos de feijão e o coentro. Acerte o tempero com a pasta de pimenta, o molho de peixe e o açúcar, se necessário. Guarneça com os gomos de limão e o amendoim. Sirva imediatamente.

Pad thai

Macarrão com castanha-de-caju e *tempeh*

Macarrão com castanha-de-caju e *tempeh*

Rendimento: 10 porções

¾ de xícara/89 g de castanha-de-caju tostada

6 dentes de alho picados

60 mℓ de molho de soja

3 colheres (sopa)/45 mℓ de vinagre de arroz

2 colheres (chá)/9 g de açúcar mascavo

1 colher (sopa)/15 mℓ de óleo de gergelim

1 colher (sopa)/16 g de pimenta em pasta

284 g de macarrão *udon*

2 colheres (sopa)/30 mℓ de óleo vegetal

454 g de *tempeh* em cubos pequenos

1 cebola em cubos

1 pimentão vermelho em cubos pequenos

1 abobrinha grande em fatias finas

227 g de vagem cortada ao meio

GUARNIÇÃO

Coentro picado, a gosto

Castanha-de-caju tostada, a gosto

1. Junte as castanhas, dois terços do alho, o molho de soja, o vinagre, o açúcar, o óleo de gergelim e a pimenta em pasta e passe pelo processador de alimentos ou bata no liquidificador até obter uma mistura lisa. Reserve.
2. Cozinhe o macarrão em água fervente até ficar tenro, em 7 a 9 minutos. Escorra.
3. Aqueça o óleo em uma *sauteuse* grande ou um *wok* em fogo médio. Salteie o *tempeh*, a cebola e o pimentão até a cebola ficar translúcida, em 4 a 5 minutos.
4. Acrescente a abobrinha e a vagem e salteie até ficarem macias, em 3 a 5 minutos mais. Junte o alho restante e salteie até desprender os aromas, em cerca de 1 minuto.
5. Junte o macarrão e misture bem. Acrescente o molho de castanhas e mexa para envolver toda a massa. Aqueça por cerca de 5 minutos.
6. Sirva imediatamente, guarnecido com coentro e castanha-de-caju.

Lasagna di carnevale napolitana

Rendimento: 10 porções

284 g de massa para lasanha

284 g de linguiça doce italiana

397 g de ricota

340 g de queijo parmesão ralado

3 ovos

21 g de salsinha bem picada

Sal, a gosto

Pimenta-do-reino preta moída, a gosto

Noz-moscada moída (opcional), a gosto

960 mℓ de **molho de tomate** (p. 309), com carne

1 colher (sopa)/15 mℓ de azeite de oliva

284 g de mozarela, em fatias bem finas ou em retalhos

1. Ferva água salgada em uma panela grande. Adicione a massa para lasanha e mexa bem para separá-la. Cozinhe-a até ficar macia, mas não demais, em cerca de 8 minutos. Escorra a lasanha imediatamente e enxágue-a com água bem fria. Escorra-a novamente e reserve-a.
2. Escalfe a linguiça em água até ficar cozida, em cerca de 15 minutos. Retire a pele e corte a linguiça em fatias bem finas. Reserve-a.
3. Para fazer o recheio de queijo, misture a ricota, 113 g do queijo parmesão, os ovos e a salsinha. Tempere com o sal, a pimenta-do-reino e a noz-moscada, se usar. Misture bem.
4. Espalhe uma pequena quantidade de molho no fundo de uma assadeira untada.
5. Coloque as folhas de lasanha, sobrepondo-as, mas não ultrapassando uma altura de 6 mm. Não deixe que saiam pelos lados da assadeira.
6. Espalhe o recheio de queijo com cerca de 6 mm de altura, depois coloque uma camada de linguiça, uma de molho, mozarela e distribua um pouco de queijo parmesão. Continue fazendo as camadas de ingredientes nessa ordem, reservando uma porção de molho e parmesão. Termine com uma camada de massa.
7. Cubra com o molho reservado e termine com o parmesão restante.

8. Asse no forno a 191 °C, por 15 minutos. Reduza o calor para 163 °C e asse por mais 45 minutos. Se a parte superior dourar depressa demais, cubra a assadeira com papel-alumínio untado.
9. Deixe a lasanha descansar por 30 a 45 minutos antes de cortá-la em porções.

NOTA: A *lasanha* também pode ser feita com massa fresca.

Cuscuz marroquino

Rendimento: 10 porções

- 600 a 720 mℓ de água fria
- 2 colheres (chá)/6,5 g de sal
- 454 g de cuscuz marroquino
- ½ colher (chá)/85 g de manteiga derretida
- ½ colher (chá)/1 g de cúrcuma
- Pimenta-do-reino preta moída, a gosto

1. Misture 480 mℓ de água com metade do sal. Demolhe o cuscuz na água salgada por 1 hora.
2. Escorra o cuscuz em um escorredor ou na parte superior de um cuscuzeiro colocado sobre uma panela com água fervendo suavemente, ou com ensopado. Tampe e deixe o cuscuz no vapor por 10 minutos.
3. Ponha o cuscuz numa assadeira e mexa para separar os grãos. Adicione 60 mℓ da água e misture à mão. Deixe descansar por 15 minutos.
4. Repita os passos 2 e 3 mais duas vezes.
5. Junte a manteiga e a cúrcuma. Tempere com o sal e a pimenta-do-reino. Sirva o cuscuz imediatamente.

Lasanha à bolonhesa clássica com ragu e *béchamel* (*lasagna al forno*)

Rendimento: 10 porções

- 907 g de **macarrão de espinafre** (p. 837)
- 1,2 ℓ de **molho de carne à bolonhesa** (p. 310) frio
- 1,92 ℓ de **molho *béchamel*** (p. 309) frio
- 113 g de queijo parmesão ralado finamente
- 57 g de manteiga
- 900 mℓ de **molho de tomate** (p. 309)

1. Abra o macarrão com espessura de 1,5 mm. Corte as folhas de macarrão em retângulos de 13 cm × 28 cm.
2. Ferva água salgada em uma panela grande. Acrescente o macarrão, espere ferver novamente e cozinhe por 10 segundos. Escorra-o e passe-o por água fria. Espere esfriar por 2 minutos, escorra-o e coloque-o sobre papel absorvente para secar.
3. Espalhe uma pequena quantidade de molho de carne no fundo de uma assadeira untada.
4. Faça uma camada com os retângulos de macarrão, sobrepondo-os numa altura nunca superior a 6 mm. Não deixe que o macarrão chegue aos lados da assadeira.
5. Espalhe uma pequena quantidade de *béchamel* sobre o macarrão e distribua o queijo.
6. Repita o processo até ter 5 camadas de macarrão, alternando entre elas o molho de carne e o molho *béchamel*. Termine a última camada com *béchamel* e queijo ralado, e coloque por cima algumas bolinhas de manteiga.
7. Leve a lasanha ao forno a 232 °C, na prateleira superior, até ficar dourada, em 20 a 25 minutos.
8. Deixe a lasanha descansar 10 minutos antes de cortá-la em porções de 8 cm × 10 cm. Sirva cada porção com 90 mℓ do molho de tomate.

Lasanha à bolonhesa clássica com ragu e *béchamel* (*lasagna al forno*)

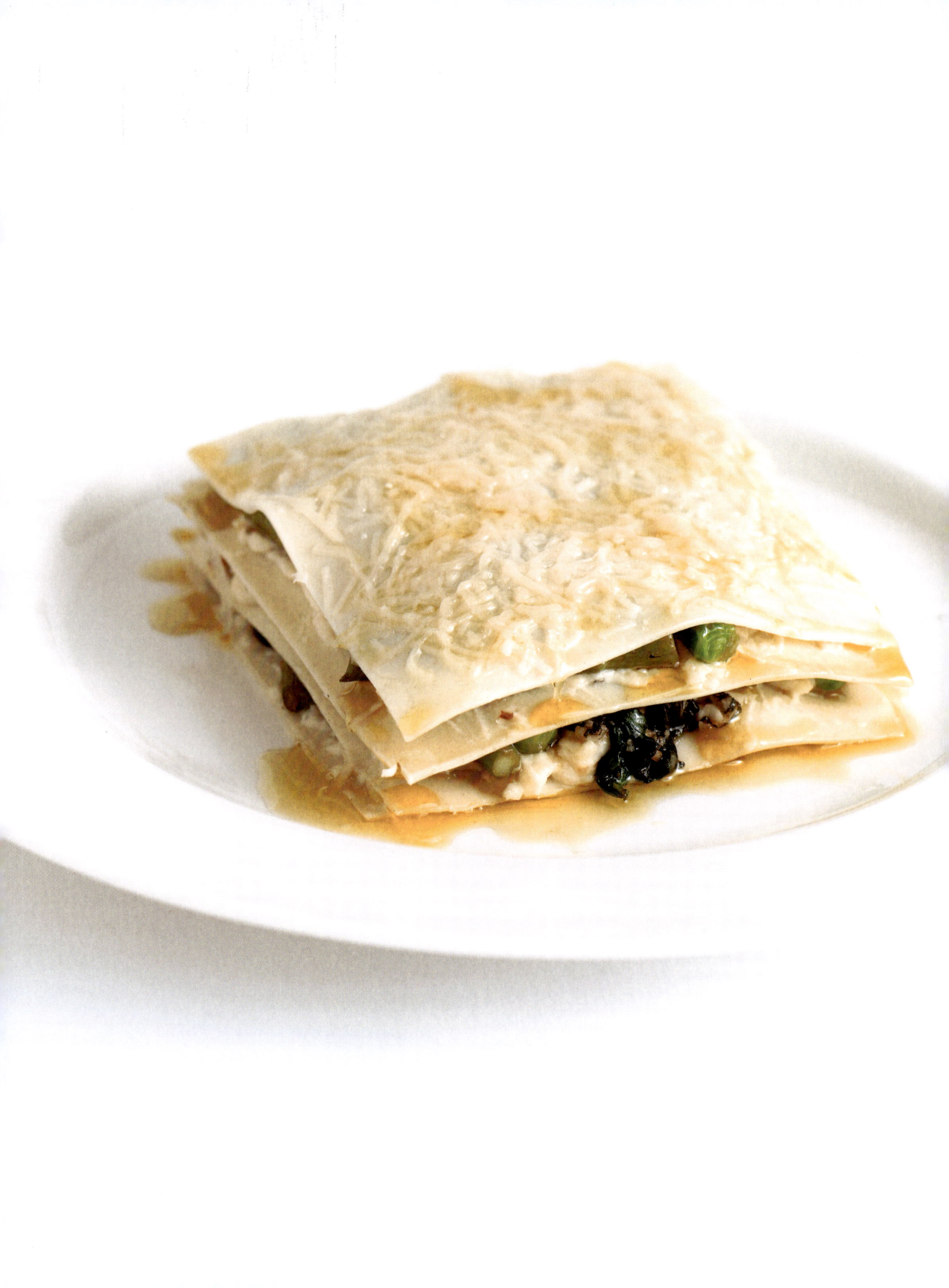

Lasanha de aspargos e feijão-branco

Rendimento: 10 porções

907 g de **macarrão fresco de ovos** (p. 837)

454 g de feijão-branco cozido, escorrido

3 dentes de alho inteiros

1 colher (sopa)/3 g de alecrim picado

120 mℓ de azeite de oliva extravirgem, ou quanto baste

Sal, a gosto

Pimenta-do-reino preta moída, a gosto

85 g de chalota picada

3 dentes de alho picados

340 g de espinafre baby

60 mℓ de vinho Madeira

907 g de aspargo branqueado e cortado em pedaços de 3 cm

454 g de ervilha

2 colheres (sopa)/6 g de sálvia picada

GUARNIÇÃO

Azeite de oliva extravirgem, a gosto

Queijo parmesão ralado, a gosto

1. Abra a massa em fatias finas com as mãos ou com uma máquina de massa. Corte essas fatias em 12 quadrados grandes e cubra-os com filme plástico até o momento de usar.
2. Bata o feijão, os dentes de alho inteiros, o alecrim e o azeite de oliva em um processador de alimentos ou no liquidificador até obter uma mistura homogênea. Tempere com sal e pimenta. Reserve.
3. Em uma *sauteuse* grande, aqueça 2 colheres (sopa)/30 mℓ de azeite de oliva em fogo médio. Acrescente as chalotas, o alho picado e o espinafre e salteie até as chalotas ficarem transparentes e o espinafre murchar, em 2 a 3 minutos.
4. Deglace com o vinho Madeira. Reduza o líquido completamente. Acrescente os aspargos e as ervilhas, salteie e aqueça por cerca de 1 minuto. Acrescente a sálvia. Mantenha aquecido em fogo baixo.
5. Cozinhe as fatias de massa em água fervente salgada até a massa ficar macia, em 6 a 8 minutos. Escorra.
6. Coloque uma fatia de massa em um prato aquecido e cubra com uma porção de purê de feijão. Coloque outra fatia de massa, acrescente uma segunda camada de purê de feijão e cubra com mais uma fatia de massa. Cubra a última camada de massa com uma colherada da mistura de aspargos.
7. Guarneça os pratos de lasanha com um fio de azeite de oliva e queijo parmesão ralado e sirva imediatamente.

Ravióli Bercy

Rendimento: 10 porções

43 g de manteiga

1,05 kg de alho-poró em fatias finas

369 g de ricota

2 colheres (sopa)/6 g de salsinha picada

2 colheres (sopa)/6 g de cebolinha francesa picada

2 colheres (sopa)/6 g de cerefólio picado

2 colheres (sopa)/6 g de estragão picado

Sal, a gosto

907 g de **macarrão fresco de ovos** (p. 837)

MOLHO BERCY DE COGUMELOS

43 g de manteiga

113 g de cogumelo *chanterelle*

113 g cogumelo pleuroto

680 g de cogumelo-de-paris

128 g de chalota picada em fatias finas

14 g de pasta de alho

240 ml de vinho branco

2 colheres (sopa)/6 g de salsinha picada

720 ml de **molho *béchamel*** (p. 309) quente

14 g de mini rúcula

Sal, a gosto

Pimenta-do-reino preta moída, a gosto

1. Aqueça a manteiga em fogo médio. Acrescente o alho-poró e salteie até ficar macio, em 3 a 4 minutos. Transfira para uma tigela média e espere esfriar completamente.

2. Junte a ricota, a salsinha, a cebolinha francesa, o cerefólio e o estragão ao alho-poró. Reserve.

3. Abra a massa em tiras de 10 cm de largura usando a máquina de macarrão. Vá abrindo a massa gradualmente até o cilindro atingir a posição número 2. Passe duas vezes nesta posição para finalizar.

4. Use um cortador com 10 cm de diâmetro para cortar vinte pedaços de massa.

5. Monte os raviólis colocando cerca de 2 colheres/30 ml de recheio em cada um dos pedaços de massa. Pincele as extremidades levemente com água e então cubra com outro pedaço de massa. Pressione firmemente para fechar.

6. Branqueie os raviólis em água salgada quase fervente por 1 minuto e coloque-os em água com gelo. Guarde em uma forma tampada e deixe na geladeira até o momento de servir.

7. Para fazer o molho, aqueça a manteiga em uma *sauteuse* grande em fogo médio. Coloque os cogumelos e salteie até ficarem macios, em 4 a 5 minutos. Acrescente as chalotas e o alho e salteie até liberarem os aromas, em cerca de 2 minutos.

8. Junte o vinho branco e cozinhe em fogo brando até o molho reduzir e ficar ligeiramente espesso. Junte a salsinha.

9. No momento de servir, termine de cozinhar o ravióli em água salgada sobre fogo brando até ficar *al dente*, em 3 a 4 minutos. Escorra bem.

10. Coloque uma concha, cerca de 60 ml, do molho Bercy de cogumelos em um prato e cubra com um ravióli. Cubra com molho bechamel e com a rúcula. Tempere com sal e pimenta e sirva.

Gnocchi di semolina gratinati

Rendimento: 10 porções

- 1,5 ℓ de leite
- 1 colher (sopa)/10 g de sal
- 227 g de semolina de grão médio
- 113 g de manteiga
- 2 gemas batidas
- 113 g de queijo parmesão ralado

1. Ferva o leite com o sal numa panela de fundo grosso, em fogo médio alto.
2. Baixe o fogo para médio-baixo. Despeje a semolina no leite em um fluxo fino, batendo sem parar, até terminar. Ferva suavemente, mexendo com frequência, até que a semolina esteja cozida, em cerca de 20 a 30 minutos. A semolina não deve ficar com uma textura arenosa demais.
3. Retire a panela do fogo e acrescente 85 g de manteiga, as gemas e 85 g de queijo.
4. Dê à mistura de *gnocchi* a forma de *quenelle* ou espalhe-a numa assadeira com espessura de 1 cm. Espere esfriar completamente e corte como desejar.
5. Cozinhe os *gnocchi* em uma boa quantidade de água salgada fervente até que eles flutuem; cozinhe por mais 2 ou 3 minutos.
6. Para servir os *gnocchi*, transfira-os para uma assadeira bem untada. Pincele ou espalhe por cima a manteiga restante e distribua o queijo que sobrou. Asse em forno a 204 °C ou doure em uma salamandra por 5 a 6 minutos. Sirva imediatamente, em pratos aquecidos.

Gnocchi di ricotta

Rendimento: 10 porções

- 624 g de ricota
- 227 g de farinha comum, peneirada
- 3 ovos
- 90 mℓ de azeite de oliva
- 1¼ de colher (chá)/4 g de sal
- 680 mℓ de **fundo de frango** (p. 277) quente
- 43 g de manteiga
- 227 g de queijo parmesão ralado
- ½ colher (chá)/1 g de pimenta-do-reino preta moída

1. Coloque no processador de alimentos a ricota, a farinha, os ovos, o azeite e o sal. Processe até que os ingredientes formem uma massa homogênea, em cerca de 1 minuto. Transfira a massa para uma tigela.
2. Ferva água salgada numa panela grande. Molde a massa em *quenelles* ovais, usando duas colheres. Coloque-as, uma a uma, na água fervente. Quando toda a massa tiver sido usada, ferva novamente a água por 1 minuto. Passe os *gnocchi* para uma tigela usando uma colher furada.
3. Aqueça o fundo e também a manteiga em uma frigideira média, em fogo médio. Adicione os *gnocchi* e o fundo à manteiga. Aqueça bem, em 1 a 2 minutos.
4. Com uma colher furada, transfira os *gnocchi* para um recipiente de servir. Guarneça com o queijo e a pimenta-do-reino. Sirva imediatamente.

NOTA: *Gnocchi* de ricota são muito frágeis e podem se desmanchar facilmente; portanto, tome cuidado ao tirá-los da água e ao transferi-los para o prato de servir.

Gnocchi piemontesi

Rendimento: 10 porções

- 1,36 kg de batata *russet*
- 85 g de manteiga
- 3 ovos
- Sal, a gosto
- Pimenta-do-reino moída, a gosto
- Noz-moscada ralada (opcional), a gosto
- 454 g de farinha comum, ou quanto baste
- 85 g de queijo parmesão ralado
- 28 g de salsa picada

1. Escove, descasque e corte as batatas em pedaços grandes. Ferva-as ou cozinhe-as no vapor até que estejam macias o bastante para serem amassadas com facilidade. Escorra-as e seque-as em fogo baixo, ou em uma assadeira, no forno a 149 °C, por 10 a 15 minutos, até que não saia mais vapor. Enquanto ainda estiverem quentes, passe-as no amassador de batatas ou no passador de legumes e coloque-as em uma tigela aquecida.

2. Adicione 28 g de manteiga, os ovos, o sal, a pimenta-do-reino e a noz-moscada, se usar. Misture bem. Incorpore farinha suficiente para formar uma massa mais consistente.

3. Abra a massa em cilindros com cerca de 3 cm de diâmetro. Corte os cilindros em pedaços com cerca de 5 cm de comprimento. Role cada um deles sobre os dentes de um garfo, pressionando e enrolando a massa com o polegar.

4. Cozinhe os *gnocchi* em água fervendo suavemente, por 2 a 3 minutos, ou até que subam à superfície. Retire-os da água com a escumadeira ou escorra-os num escorredor.

5. Aqueça a manteiga restante em uma panela para salteado, em fogo médio alto. Acrescente os *gnocchi* e mexa-os até que estejam bem quentes e envolvidos em manteiga. Adicione o queijo e a salsa. Ajuste o tempero com o sal e a pimenta-do-reino. Sirva imediatamente, em pratos aquecidos.

Modele os *gnocchi* usando um garfo.

Modele-os usando uma tábua para *gnocchi*.

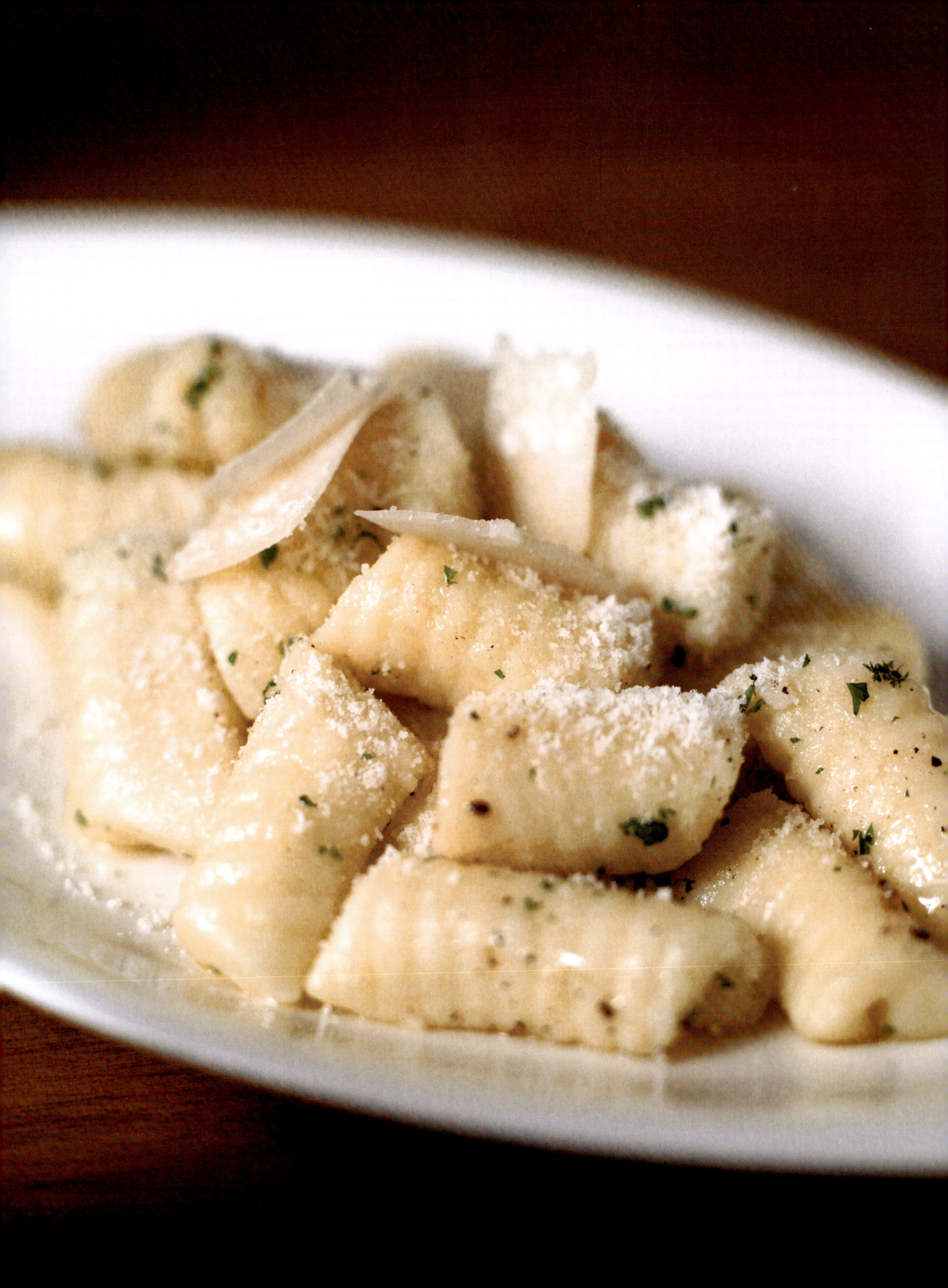

Spätzle

Rendimento: 10 porções

- 6 ovos
- 150 mℓ de leite
- 240 mℓ de água
- Sal, a gosto
- Pimenta-do-reino branca moída, a gosto
- Noz-moscada, a gosto
- 28 g de **ervas finas** (p. 386), opcional
- 454 g de farinha comum
- 113 g de manteiga

1. Misture os ovos, o leite e a água. Tempere com o sal, a pimenta-do-reino e a noz-moscada. Adicione as ervas finas, se usá-las. Trabalhe a farinha à mão e bata até a massa ficar homogênea. Deixe-a descansar por 1 hora.

2. Ferva uma panela grande de água salgada e baixe um pouco o fogo. Passe a massa por um aparelho de *spätzle* sobre água. Quando o *spätzle* subir à superfície, cerca de 2 a 3 minutos, retire-o com uma espátula. Agora o *spätzle* está pronto para ser finalizado ou pode ser resfriado em água gelada, escorrido e guardado na geladeira para ser usado posteriormente.

3. Aqueça a manteiga em uma panela para salteado grande, em fogo médio alto. Adicione o *spätzle* e salteie-o até que fique bem quente. Acerte o tempero com o sal e a pimenta-do-reino, guarneça com mais ervas finas (se usar) e sirva imediatamente.

NOTA: Embora não seja tradicional dourar o *spätzle*, alguns chefs gostam de deixá-los mais tempo no fogo para dourá-los e deixá-los levemente crocantes.

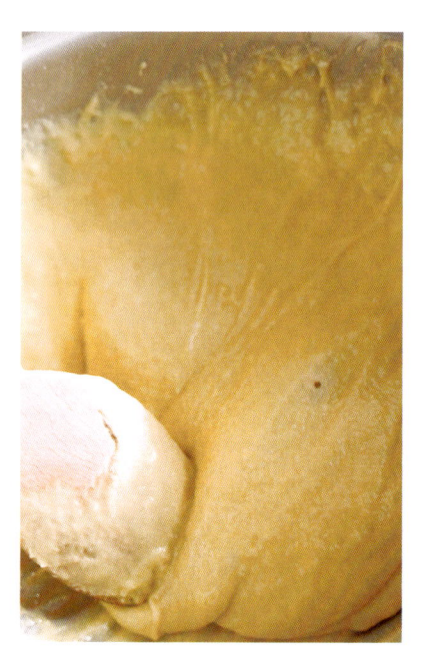

A massa do *spätzle* deve ser grossa, mas, ainda assim, fluir livremente.

Mova o recipiente devagar, para a frente e para trás, através das aberturas, para produzir o *spätzle*. Certifique-se de que a água ferve forte quando colocar o *spätzle*.

O *spätzle* salteado deve ser completamente aquecido.

Massinha de pão

Rendimento: 10 porções

- 454 g de pão branco ou pãezinhos, com a casca, em cubos pequenos
- 57 g de manteiga
- 113 g de cebola ralada
- 113 g de farinha comum
- 240 mℓ de leite, ou quanto baste
- 5 ovos
- 14 g de salsa picada
- Sal, a gosto
- Pimenta-do-reino branca moída, a gosto
- Noz-moscada ralada (opcional), a gosto

1. Seque o pão no forno a 121 °C, por 20 a 30 minutos.
2. Aqueça a manteiga em uma *sauteuse* e acrescente a cebola, salteando-a até dourar ligeiramente, em 8 a 10 minutos. Retire a cebola da panela e esfrie-a.
3. Misture o pão seco, a farinha e a cebola salteada em uma tigela grande. Misture o leite, os ovos, a salsa, o sal, a pimenta e a noz-moscada, se usá-la, em outra tigela. Despeje a mistura líquida sobre a mistura seca e mexa ligeiramente. Deixe descansar, com tampa, por 30 minutos. Adicione mais leite se o pão estiver muito seco.
4. Modele a mistura em *dumplings* de 5 cm, à mão.
5. Escalfe os *dumplings* em água salgada fervendo suavemente, por 15 minutos. Agora estão prontos para ser servidos ou podem ser umedecidos ligeiramente e mantidos cobertos em uma assadeira para o serviço.
6. Para servir, escorra os *dumplings* com uma colher furada ou escumadeira e sirva-os em pratos aquecidos.

Massa salgada de biscoito

Rendimento: 10 porções

- 227 g de farinha comum
- 2 colheres (chá)/6 g de fermento em pó
- 1 colher (chá)/3 g de sal
- 240 mℓ de leite
- 1 colher (sopa)/3 g de salsa picada (opcional)
- 2,4 ℓ de caldo, sopa ou guisado, ou quanto baste

1. Peneire juntos a farinha, o fermento e o sal. Adicione o leite e a salsa, se usá-la, e misture cuidadosamente. Não misture demais. A consistência deve ser ligeiramente mais macia do que a massa para biscoitos.
2. Coloque porções de 28 g no caldo, na sopa ou no guisado fervendo suavemente, a 3 cm um do outro. Trabalhe em lotes, se necessário. Tampe a panela e cozinhe os *dumplings* até que tenham se expandido e estejam completamente cozidos, em cerca de 15 minutos por lote. Entre um lote e outro, ferva de novo o líquido de cocção.
3. Agora os *dumplings* estão prontos para ser servidos ou podem ser deixados no líquido de cozimento para manter-se aquecidos para o serviço.

Hush puppies

Hush puppies

Rendimento: 10 porções

- 2 ovos batidos
- 240 mℓ de leite
- 60 mℓ de gordura de *bacon* derretida
- 43 g de cebola ralada
- 340 g de fubá branco
- 170 g de farinha para bolo
- 2 colheres (chá)/6 g de fermento em pó
- 1½ colher (chá)/5 g de sal
- ½ colher (chá)/1 g de pimenta-do-reino preta moída
- ¼ de colher (chá)/0,5 g de pimenta-de-caiena
- 960 mℓ de óleo vegetal ou banha, ou quanto baste para fritar

1. Misture os ovos, o leite, a gordura e a cebola em uma tijela pequena.
2. Misture o fubá, a farinha, o fermento, o sal, a pimenta-do-reino e a pimenta-de-caiena. Faça um buraco no centro e adicione cuidadosamente os ingredientes úmidos. Mexa até que os ingredientes fiquem bem misturados.
3. Modele bolas com cerca de 3 cm de diâmetro.
4. Aqueça o óleo a 177 °C e frite por imersão até que fiquem crocantes e dourados, trabalhando em lotes, se necessário. Retire com uma escumadeira e escorra em papel absorvente. Sirva imediatamente.

Dim sum

Rendimento: 20 porções

MASSA

- 454 g de farinha comum
- 240 mℓ de água quente

RECHEIO

- 340 g de carne de porco moída
- 227 g de couve-chinesa rasgada
- 57 g de cebolinha picada
- 1 colher (chá)/3 g de gengibre ralado
- 1 colher (sopa)/15 mℓ de molho de soja
- 1 colher (sopa)/15 mℓ de óleo de gergelim
- 1 clara de ovo
- Sal, a gosto
- Pimenta-do-reino branca, a gosto

1. Para preparar a massa, misture a farinha e a água para obter uma massa lisa. Deixe-a descansar por 30 minutos. Divida-a em porções de 14 g cada e abra cada uma delas em um círculo fino.
2. Para preparar o recheio, combine todos os ingredientes do recheio e misture bem. Verifique a consistência e o tempero, salteando uma pequena quantidade e provando-a.
3. Coloque 1 colher (sopa)/15 mℓ de recheio sobre um círculo de massa. Frise e feche as bordas firmemente.
4. Cozinhe os *dumplings* no vapor, sobre água fervente, até que estejam cozidos, em cerca de 8 minutos. Sirva imediatamente.

Jiaozi: Use invólucros prontos de *wonton* em vez de fazer a massa, se desejar. Recheie e feche os *dumplings* seguindo as instruções acima. Aqueça cerca de 6 mm de óleo em uma frigideira grande. Coloque os *dumplings* em uma só camada e cozinhe-os em fritura rasa até que o fundo esteja bem crocante e dourado. Acrescente fundo, caldo ou água suficiente para chegar a 1 cm da altura da panela. Tampe e cozinhe os *jiaozi* por 6 a 8 minutos, ou até que o invólucro esteja translúcido e macio. Sirva imediatamente.

Dumplings no vapor (Shao-mai)

Rendimento: 10 porções

227 g de carne de porco moída, bem gelada

2 colheres (chá)/6 g de gengibre ralado

2 cebolinhas verdes, em fatias finas

2 colheres (chá)/10 mℓ de molho de ostras

1 colher (chá)/5 mℓ de molho de soja *light*

1 colher (chá)/5 mℓ de óleo de gergelim

2 colheres (sopa)/18 g de amido de milho

1 ovo

15 mℓ de vinho de arroz Shaoxing

1 colher (chá)/3 g de sal

1 pitada de pimenta-do-reino preta moída

113 g de camarão descascado limpo, picado em pedaços de 6 mm

14 g de castanha-d'água *brunoise*

28 g de cenoura *brunoise*

1 colher (sopa)/3 g de coentro picado

20 invólucros *shao-mai*

300 mℓ de **molho de gengibre e soja** (p. 859)

1. Coloque na tigela gelada do processador de alimentos a carne de porco, o gengibre, a cebolinha verde, o molho de ostra, o molho de soja, o óleo, o amido de milho, o ovo, o vinho, o sal e a pimenta-do-reino. Pulse a mistura até misturar bem, começando a formar uma massa. Passe para uma tigela gelada.

2. Adicione o camarão, a castanha-d'água, a cenoura e o coentro. Misture para incorporar e leve a massa à geladeira até ficar bem gelada.

3. Com uma colher, coloque um pouco do recheio no centro de cada invólucro. Junte as bordas do invólucro para formar um cilindro, de modo que o recheio fique exposto, na parte superior. Aperte a "cintura" central do *dumpling* entre o polegar e o indicador. Molhe o polegar da outra mão em água (para não grudar) e use-o para compactar o recheio. Bata o *dumpling* com cuidado sobre a mesa para que fique em pé na panela de vapor.

Alinhe os círculos de massa e coloque o recheio no centro de cada um deles. Junte as bordas da massa para formar um cilindro em torno do recheio, fazendo a massa formar dobrinhas.

Aqui, os *dumplings* foram colocados sobre folhas de repolho para que não grudem na panela de vapor.

4. Ferva fortemente a água da panela de vapor. Unte a panela de vapor superior com óleo de gergelim ou forre com folhas de repolho ou papel-manteiga, para impedir que os *dumplings* grudem.

5. Arrume os *dumplings* na panela de vapor. Tampe e cozinhe por cerca de 5 minutos ou até que estejam bem cozidos e firmes.

6. Desligue o fogo e deixe os *dumplings* descansarem por alguns minutos antes de retirá-los. Sirva-os imediatamente, com o molho.

NOTA: Para *dumplings* menores, servidos como *hors-d'oeuvre*, use 1 colher (chá)/5 mℓ de recheio por *dumpling*.

receitas de massas

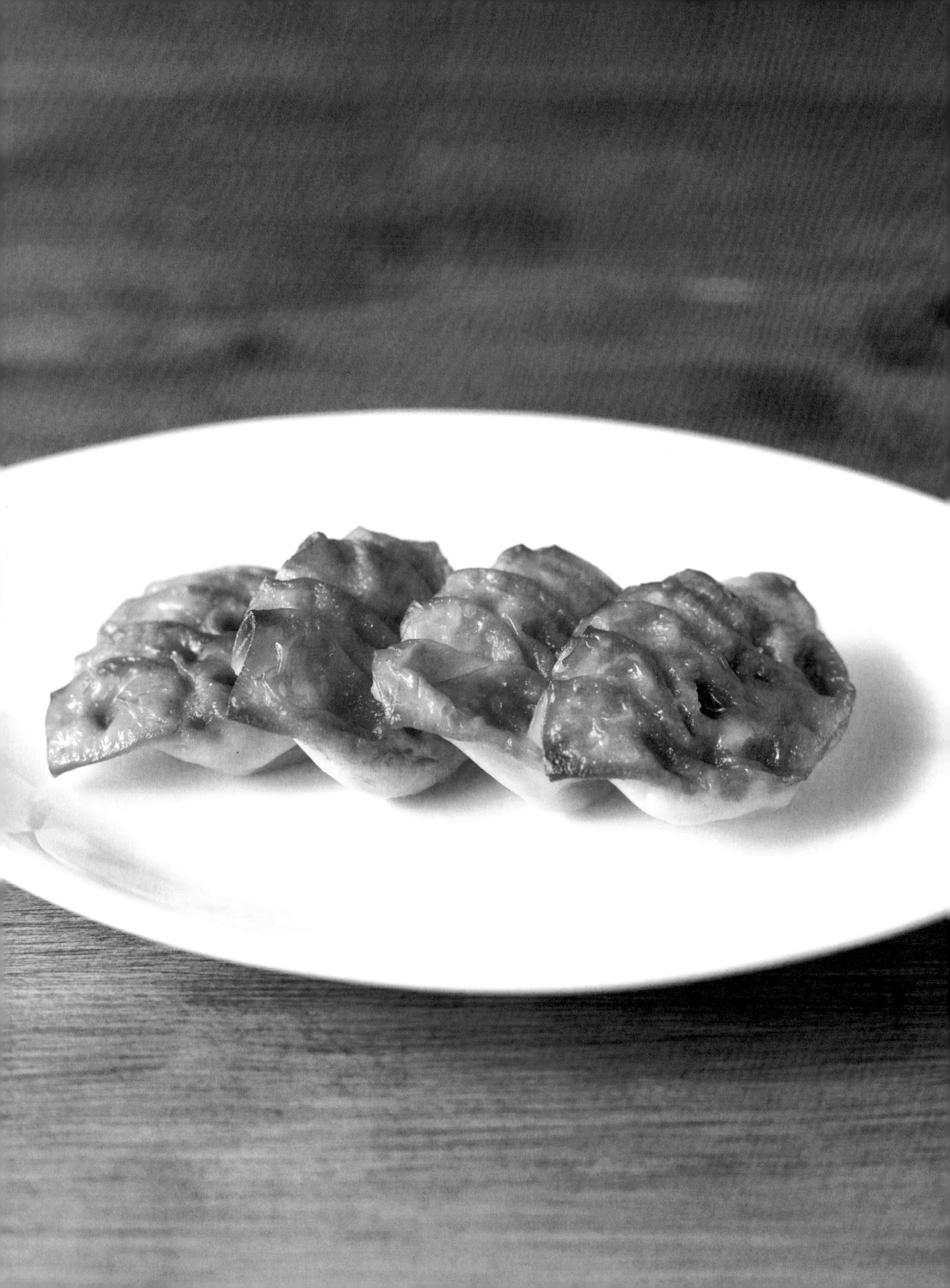

Dumplings fritos (Guo tie)

Rendimento: 10 porções

- 113 g de farinha comum
- 113 g de amido de trigo
- 1½ colher (chá)/5 g de manteiga, bem gelada, cortada em pedacinhos
- 165 mℓ de água fervente
- 170 g de carne de porco moída
- 170 g de couve-chinesa em fatias finas
- 1 cebolinha em fatias finas
- 1 colher (chá)/3 g de gengibre ralado
- 1 colher (sopa)/15 mℓ de molho de soja
- 1 colher (sopa)/15 mℓ de óleo de gergelim
- 1 ovo
- 1½ colher (chá)/4,5 g de amido de milho
- 1 colher (chá)/3 g de sal
- ½ colher (chá)/1 g de pimenta-do-reino branca moída
- 1½ colher (chá)/7,5 mℓ de *sherry*
- ½ colher (chá)/2,5 g de açúcar
- 60 mℓ de óleo vegetal, ou quanto baste
- 360 mℓ de **fundo de frango** (p. 277)
- 300 mℓ de **molho de gengibre e soja** (receita a seguir)

1. Coloque na tigela do processador a farinha e o amido de trigo. Enquanto bate, adicione a manteiga gelada e pulse. Junte a água aos poucos; a massa deve começar a se tornar sólida.
2. Deixe bater por mais 10 segundos. Retire a massa do processador para uma superfície de trabalho enfarinhada e trabalhe-a até ficar homogênea. Enrole-a em plástico e deixe-a descansar por 1 hora em temperatura ambiente.
3. Em uma tigela grande, coloque o porco, a couve-chinesa, a cebolinha, o gengibre, o molho de soja, o óleo de gergelim, o ovo, o amido de milho, o sal, a pimenta-do-reino, o *sherry* e o açúcar. Misture bem e acerte o tempero.
4. Divida a massa ao meio. Abra cada metade com espessura de 1,5 mm. Use um cortador redondo enfarinhado para cortar a massa em 10 pedaços de 9 cm. Cubra a massa para que ela não seque.
5. Coloque 1 colher (sopa)/15 mℓ de recheio em cada círculo de massa e dobre como desejar. Transfira para uma assadeira forrada com papel-manteiga ligeiramente enfarinhado.
6. Para servir, aqueça uma frigideira de ferro grande até ficar bem quente. Adicione 30 mℓ do óleo vegetal e gire a frigideira para umedecer seus lados.
7. Arrume os *dumplings* em círculos concêntricos, começando pela borda externa da frigideira.
8. Cozinhe até que a parte inferior esteja bem dourada. Solte os *dumplings* da frigideira com uma espátula antes de passar para o próximo passo.
9. Aos poucos e cuidadosamente junte o fundo até metade dos lados dos *dumplings*. Cozinhe em fogo brando, tampe a panela e cozinhe até que a massa esteja cozida e os *dumplings* estejam quentes, em 1 a 2 minutos.
10. Destampe e cozinhe até que todo o fundo de frango se tenha evaporado ou sido absorvido. Junte o óleo restante e cozinhe até que o fundo dos *dumplings* esteja crocante. Sirva imediatamente, com o molho.

Molho de gengibre e soja

Rendimento: 1,02 ℓ

- 480 mℓ de vinagre de arroz
- 240 mℓ de molho de soja *light*
- 240 mℓ de água
- 142 g de gengibre ralado
- 60 mℓ de óleo de gergelim
- 113 g de açúcar

Bata todos os ingredientes juntos, até dissolver o açúcar. Agora o molho está pronto para ser servido ou pode ser conservado na geladeira para uso posterior.

Pierogi recheados com batata e *cheddar* com cebolas caramelizadas, *beurre noisette* e sálvia

Rendimento: 10 porções

RECHEIO
2,72 kg de batata baraka

7 gemas

255 g de queijo *cheddar*

50 g de cebolinha cortada ao meio, em fatias finas

Sal, a gosto

Pimenta-do-reino preta moída, a gosto

Noz-moscada, a gosto

MASSA
595 g de semolina

595 g de farinha comum

9 ovos

28 g de sal

60 ml de *egg wash* (p. 1.041)

170 g de manteiga clarificada

340 g de manteiga

¼ de colher (chá)/1 g de sal

1 pitada de pimenta-do-reino branca

794 g de cebola caramelizada

2 colheres (sopa)/6 g de sálvia, em *chiffonade*

480 ml de creme azedo (*sour cream*)

1. Escove, descasque e corte as batatas em pedaços grandes. Ferva-as em água salgada até que estejam macias o bastante para serem amassadas com facilidade. Escorra-as, reservando na geladeira 240 ml do líquido de cocção. Seque as batatas em fogo baixo ou em uma assadeira no forno a 149 °C, até que não saia mais vapor. Enquanto ainda estiverem quentes, passe-as pelo espremedor de batatas ou passador de legumes; coloque-as em uma tigela aquecida.

2. Adicione as gemas, o queijo e a cebolinha. Tempere com o sal, a pimenta e a noz-moscada. Reserve o recheio.

3. Para fazer a massa, coloque a água das batatas reservada, as farinhas, os ovos e o sal na batedeira, com o batedor de massas. Bata em velocidade média até que se forme uma bola homogênea, em 3 a 4 minutos. Divida a massa em quatro partes e trabalhe sobre uma superfície enfarinhada até que a massa esteja só um pouco pegajosa. Cubra com plástico e deixe descansar por 20 minutos.

4. Abra a massa usando a máquina de macarrão, com espessura de 1,5 mm. Corte a massa em círculos usando um cortador de biscoitos de 6 cm. Pincele ligeiramente as bordas com *egg wash*.

5. Coloque cerca de 1 colher (sopa)/15 ml de recheio no centro de cada círculo de massa. Dobre ao meio formando um pastel e aperte as bordas para fechar.

6. Cozinhe os *pierogi* em água fervente salgada até que a massa das bordas esteja inteiramente cozida, de 4 a 5 minutos. Agora os *pierogi* estão prontos para o acabamento ou podem ser resfriados em água gelada, escorridos e guardados na geladeira para uso posterior.

7. Aqueça a manteiga clarificada em uma panela para salteado grande, em fogo médio. Adicione os *pierogi* e salteie-os – durante cerca de 2 minutos de cada lado –, até ficarem dourados dos dois lados, e bem quentes.

8. Retire a manteiga clarificada, aumente o fogo para médio alto, acrescente a manteiga e espere que se torne *noisette* (bem dourada), em cerca de 2 minutos. Junte uma pitada de sal e a pimenta-do-reino branca, e distribua sobre os *pierogi*.

9. Guarneça com as cebolas caramelizadas, a sálvia e o creme de leite azedo. Sirva imediatamente.

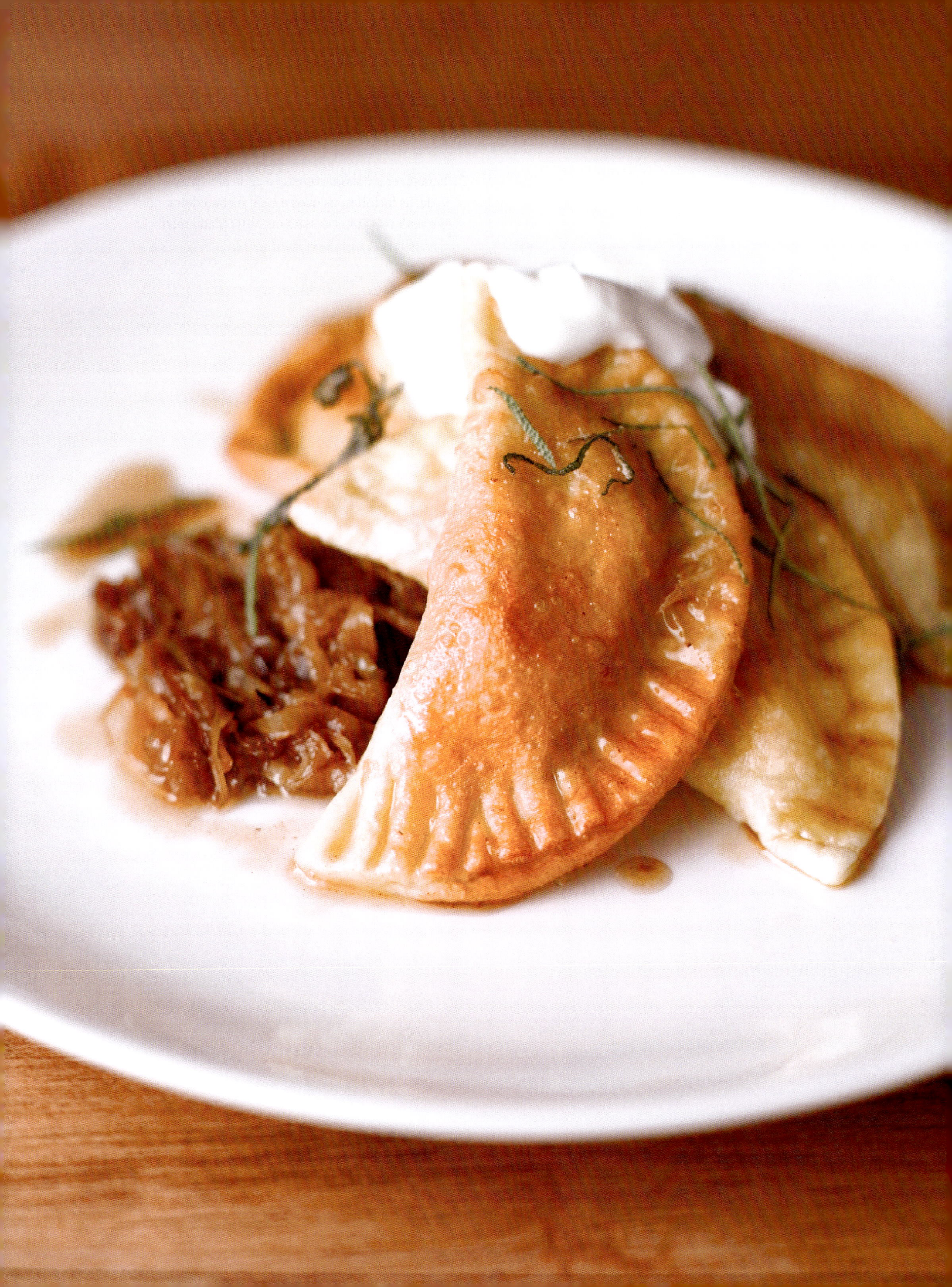

café da man

hã e *garde manger*

PARTE 6

cozinhar ovos

Os ovos podem ser servidos em qualquer refeição, como parte de qualquer prato. Podem ser cozidos na casca, *pochés*, fritos, mexidos ou preparados como omeletes ou suflês. É importante usar ovos bem frescos na cozinha, para assegurar os melhores sabor e qualidade do prato pronto. A classificação mais alta dos ovos, AA, indica que os ovos estão frescos. Têm uma clara que não se espalha excessivamente depois que o ovo é quebrado, e a gema deve ficar alta, na superfície da clara. Cozer os ovos adequadamente é essencial para a qualidade do prato acabado. Independentemente da receita ou do método de cocção usado, quando os ovos são cozidos demais, a coagulação excessiva das proteínas força a água para fora e os ovos ficam ressecados.*

CAPÍTULO 26

* No Brasil, os ovos *in natura* são classificados como extra, especial, primeira qualidade, segunda qualidade, terceira qualidade e fabrico. (N. E.)

Embora a palavra *fervido* possa aparecer no nome, para se obter o melhor resultado, os ovos preparados na casca devem, na verdade, ser cozidos em fervura suave. Utiliza-se esse método de cozimento na casca para fazer ovos duros, moles e quentes, servidos diretamente na casca ou descascados e usados para fazer um outro prato, como ovos à *la diable*, ou como guarnição para saladas ou vegetais.

cozinhar ovos na casca

Inspecione cuidadosamente todos os ovos e despreze os que tiverem a casca rachada. Eles devem sempre ser refrigerados adequadamente, até que você queira cozinhá-los.

Selecione uma panela com profundidade suficiente para que os ovos fiquem submersos na água. Tenha à mão uma colher furada, uma escumadeira ou espátula para retirar os ovos da água assim que estiverem cozidos.

Coloque os ovos numa panela com água suficiente para submergi-los completamente (o nível da água deve ficar aproximadamente 5 cm acima dos ovos). É comum que a água já esteja fervendo suavemente quando se preparam ovos quentes e moles. Os ovos duros podem começar a cozer em água fria ou fervendo suavemente. Em qualquer caso, coloque com cuidado os ovos na panela, de modo que não rachem, e depois deixe a água ferver em fogo bem baixo. Não deixe que a água ferva forte. Perto da fervura suave, a água cozinhará os ovos uniformemente, sem endurecer as claras. Além disso, a fervura intensa pode rachar as cascas.

Comece a cronometrar o tempo só depois que a água começar a ferver suavemente, e cozinhe até o ponto desejado. Por exemplo, um ovo de 3 minutos cozinha por 3 minutos a partir do momento em que a água recomeçar a ferver suavemente, depois que o ovo foi colocado na água. Se a cronometragem começar quando a água está fria, o ovo não ficará adequadamente cozido. Os ovos duros devem ferver suavemente por 10 a 12 minutos.

É mais fácil descascar ovos duros enquanto ainda estiverem quentes. Coloque-os sob água corrente fria até que tenham resfriado o bastante para ser manuseados. Pressione-os cuidadosamente sobre a superfície de trabalho e role-os para romper a casca. Retire-a, e também a membrana, com os dedos.

As gemas de ovos moles cozidos adequadamente são quentes, mas ainda líquidas, ao passo que as dos ovos meio cozidos estão coaguladas em parte. Os ovos duros cozidos da maneira correta ficam coagulados de modo completo e uniforme, com claras firmes mas macias, não duras, e sem uma camada esverdeada em torno da gema.

Essa camada esverdeada é resultado de uma reação química entre o ferro e o enxofre naturalmente presentes nos ovos, que formam sulfeto de ferro verde. O calor apressa essa reação. A melhor maneira de impedir que se forme essa camada verde é prestar atenção ao tempo de cozimento e não permitir que os ovos fervam mais que o necessário. O esfriamento rápido também ajuda a impedir a formação dessa camada.

cozinhar ovos na casca

» receita básica

Ovos cozidos na casca
(10 porções)

20 ovos (2 por porção)

Água quase fervente suficiente para cozimento de ovos quentes (gema cremosa) e ovos cozidos (gema macia, média ou dura); água fria suficiente para cobrir os ovos quando se optar pelo método alternativo para preparo de ovos cozidos com gema dura.

1 colher (sopa)/10 g de sal

método rápido »

1. Mergulhe os ovos em água quase fervente, em fogo brando.
2. Espere a água retornar à temperatura inicial.
3. Cozinhe até o ponto desejado

O ponto ideal de um ovo cozido duro.

capítulo 26 » COZINHAR OVOS

PREPARE OVOS ESCALFADOS (POCHÉS) DESLIZANDO OS OVOS, SEM CASCA, EM ÁGUA QUASE FERVENTE, DEIXANDO COZINHAR EM FOGO BAIXO ATÉ QUE TOMEM FORMA. QUANTO MAIS FRESCO O OVO, MAIS A GEMA FICA CENTRALIZADA, E MENOS PROVÁVEL SERÁ QUE A CLARA SE ESPALHE COMO UM TRAPO. ESSES OVOS MACIOS E DELICADOS SÃO A BASE DE MUITOS PRATOS. OS EXEMPLOS MAIS CONHECIDOS SÃO OS OVOS BENEDICT OU *FLORENTINE* OU OVOS *POCHÉS* USADOS COMO ACABAMENTO PARA *HASH*.

escalfar ovos

Os ovos *pochés* podem ser preparados com antecedência para serem servidos durante um período típico de serviço, facilitando o fluxo de trabalho. Escalfe os ovos ligeiramente, passe-os por água gelada para interromper o processo de cozimento, apare-os e mantenha-os em água fria. No momento de servi-los, reaqueça-os em água fervendo suavemente.

Na maior parte das vezes, os ovos são escalfados em água, embora também possam ser usados outros líquidos, como vinho tinto, fundo ou creme. Acrescente vinagre e sal à água para estimular a proteína do ovo a solidificar-se rapidamente; do contrário, as claras podem se espalhar demais antes de coagular.

Escolha uma panela não reativa e profunda o suficiente para que os ovos fiquem completamente submersos. O tamanho da panela depende do tamanho da porção. Tenha à mão recipientes para colocar os ovos crus, assim como uma colher furada, uma escumadeira ou espátula para retirar o ovo da água, toalhas absorventes para secá-los, uma faca de legumes para apará-los, e utensílios para mantê-los aquecidos na cozinha e servi-los. Um termômetro de leitura instantânea ajuda bastante a monitorar, com precisão, a temperatura da água.

escalfar ovos

» receita básica

Ovos escalfados
(10 porções)

20 ovos bem frescos (2 por porção), gelados em xícaras individuais até estarem prontos para ser escalfados

13 cm a 15 cm de água em fervura baixa (74 °C a 82 °C)

240 mℓ de vinagre para cada 3,84 ℓ de água

14 g de sal para cada 3,84 ℓ de água

método rápido »

1. Adicione os ovos sem casca no líquido para escalfar aquecido em fogo brando.
2. Cozinhe até o ponto desejado.
3. Retire os ovos com uma escumadeira.
4. Escorra o excesso de líquido e apare as pontas.
5. Para guardar, mergulhe os ovos em água gelada e escorra.

dicas do especialista «

A forma final dos ovos escalfados pode ser afetada pela maneira como são manipulados antes e durante o processo de cozimento. Para obter um formato agradável, tenha cuidado ao remover os ovos da casca, ao mergulhá-los na água e ao removê-los do líquido de cozimento. Esse cuidado vai diminuir as chances de a gema quebrar antes do cozimento, bem como prevenir um resultado indesejável ou "desordenado".

método detalhado »

1. Com cuidado, adicione os ovos, um de cada vez, ao líquido que ferve suavemente (82 °C). Para obter uma forma mais atraente, como uma lágrima, certifique-se de que a água tem profundidade suficiente. Encha uma panela com água até atingir uma altura entre 13 cm a 15 cm e tempere com vinagre e sal suficientes para impedir que as claras se espalhem. O vinagre e o sal devem ser pouco perceptíveis, para que não se sinta o gosto desses ingredientes no ovo *poché*. Em geral, 240 mℓ de vinagre e 10 g de sal para cada 3,84 ℓ de água são o bastante.

Para reduzir a possibilidade de que o ovo se rompa no líquido usado para escalfar, quebre os ovos numa xícara. Despreze aqueles que têm manchas de sangue nas gemas. Passe o ovo da xícara diretamente para o líquido.

Assim que estiver na água, o ovo irá para o fundo da panela, depois flutuará de volta à superfície. As claras ficarão em torno da gema, para criar uma forma de lágrima. Quanto mais ovos forem adicionados à água de uma vez, mais a temperatura da água cairá e levará mais tempo para escalfar os ovos da maneira adequada. Trabalhar em lotes pequenos é, na verdade, mais eficiente. Em geral, bastam 3 a 4 minutos para escalfar um ovo.

2. Use uma colher furada, escumadeira ou espátula para retirar o ovo da água com cuidado. Seque o ovo em papel absorvente para retirar tanta água quanto possível. O ovo escalfado da maneira correta deve ter a clara toda coagulada, o centro quente, só em parte coagulado (ligeiramente engrossado, mas ainda fluindo), e deve estar macio, com forma oval compacta. Se as claras ficarem com aparência de rasgadas, apare-as com uma faca de legumes para lhes dar melhor aparência. O ovo *poché* agora está pronto para ser servido. Para preparar ovos que serão gelados e usados posteriormente, não os cozinhe completamente.

3. Retire os ovos do líquido em que foram escalfados e submerja-os em água gelada até ficarem bem gelados. Apare as irregularidades da clara em torno das bordas e deixe-os em água gelada até o momento de servir. Escorra os ovos e deixe-os em uma panela perfurada até o momento de serem reaquecidos. Nesse momento, coloque-os em água fervendo suavemente por 30 a 60 segundos, para terminar seu cozimento e reaquecê-los. Sirva os ovos bem quentes.

escalfar ovos

Os ovos para fritar devem estar perfeitamente frescos, na temperatura correta, usando-se a quantidade de gordura apropriada e uma mão hábil. Os ovos fritos à americana podem ser servidos com a gema para cima (não virados) ou para baixo (virados apenas uma vez). Os ovos fritos podem ser cobertos com gordura enquanto fritam. Os *huevos rancheros*, por exemplo, apresentam ovos fritos como parte de um energético prato que inclui *tortillas* e feijão. Os franceses preferem ovos assados (*sur le plat*), preparados no forno com diversas guarnições.

fritar ovos

Usar ovos bem frescos é a única maneira de assegurar um sabor rico e a boa aparência do prato pronto. Quando ovos bem frescos são quebrados em um prato, a gema fica alta na clara, perto do centro. A clara é compacta e grossa e mantém a gema no lugar. Quando o ovo é frito, a clara não se separa, mantém uma forma adequada e a gema permanece intacta. À medida que os ovos envelhecem, a clara e a gema se enfraquecem e afinam.

Prepare ovos para fritar quebrando-os em xícaras limpas; aqueles com gemas rompidas podem ser reservados para outro uso. Mantenha-os, sem casca, no refrigerador. (Isso pode ser feito com até 1 hora de antecedência.)

Empregue óleos, manteiga integral ou clarificada, ou gordura animal derretida para fritar, mesmo se usar uma panela antiaderente. Essas gorduras não só lubrificam a frigideira, como também adicionam seu próprio sabor particular. Tempere os ovos com o sal e a pimenta-do-reino enquanto cozinham, para obter o melhor sabor.

Frite os ovos em uma *sauteuse* ou em uma chapa. Os melhores materiais para fritar ovos são aço preto bem temperado ou superfícies antiaderentes. Uma espátula também é necessária para virar e mover os ovos.

Coloque uma frigideira em fogo médio. Adicione a gordura à frigideira e continue a aquecê-la até que a gordura esteja quente. A temperatura ideal para fritar ovos vai de 124 °C a 138 °C – a mesma temperatura em que a manteiga derrete, sem escurecer. Se usar uma chapa, ajuste a temperatura e pincele óleo ou outra gordura na superfície. Se a chama estiver muito baixa, o ovo vai grudar. Se estiver muito alta, as bordas da clara podem se queimar e escurecer antes que o resto do ovo esteja adequadamente cozido.

Quebre os ovos em xícaras. Os ovos fritos devem ter as gemas intactas, a menos que o cliente peça que sejam rompidas. Despeje os ovos na frigideira.

Cozinhe-os até o ponto desejado. Aqui, eles estão com a gema para cima. Estão no ponto depois que as claras coagularam; as gemas podem estar macias e fluidas, ou duras. Para ovos cozidos dos dois lados, com a gema ainda líquida, ou com a gema solidificada, vire-os no ar ou utilize uma espátula para isso. Você também pode jogar a gordura quente por cima deles para coagular a parte superior, em vez de virá-los. Ou, então, espirre algumas gotas de água sobre o ovo, tampe a frigideira e deixe a água cozinhar os ovos no vapor.

Os ovos fritos da maneira correta têm claras brilhantes, macias, endurecidas, e forma bastante compacta; não têm bolhas nem são escuras. As gemas devem estar cozidas adequadamente, segundo o pedido do cliente ou a maneira como se pretende usá-los.

fritar ovos

» receita básica

Ovos fritos
(10 porções)

20 ovos bem frescos (2 por porção), refrigerados até o momento do preparo

UM DOS SEGUINTES MEIOS DE COCÇÃO:

Manteiga integral

Manteiga clarificada

Óleo de cozinha

Gordura de *bacon*

método rápido »

1. Aqueça a gordura a 124 °C a 138 °C.
2. Coloque os ovos sem casca com cuidado na frigideira.
3. Cozinhe até o ponto desejado.

dicas do especialista «

O tipo de gordura usado vai incrementar o sabor final do ovo frito. Dependendo do resultado desejado, quaisquer das seguintes gorduras podem ser usadas para acrescentar mais sabor:

MANTEIGA INTEGRAL OU CLARIFICADA / AZEITE DE OLIVA / ÓLEOS AROMATIZADOS / GORDURA DE *BACON*

Os ovos mexidos podem ser feitos de duas formas: ou mexendo-os constantemente, em fogo baixo, para que talhem de modo macio e delicado, adquirindo uma textura cremosa, ou mexendo com menor frequência enquanto cozinham, para que talhem mais e fiquem com textura firme. Sejam eles preparados a pedido ou para um bufê, os ovos mexidos devem ser servidos quentes, frescos e úmidos.

ovos mexidos

Escolha ovos frescos, com cascas intactas. Adicionar uma pequena quantidade de água ou fundo (cerca de 2 colheres de chá/10 mℓ por ovo) aos ovos batidos irá inflá-los mais quando a água se transformar em vapor. Para enriquecer o prato, pode-se usar leite ou creme de leite. Os ovos mexidos podem ser temperados com sal e pimenta-do-reino e/ou aromatizados ou guarnecidos com ervas frescas, queijo, vegetais salteados, peixe defumado ou trufas.

Os ovos podem ser mexidos em uma *sauteuse* ou na chapa. As superfícies não aderentes tornam mais fácil prepará-los, com uma quantidade mínima de gordura. As panelas de aço preto são apropriadas, desde que sejam adequadamente mantidas e preparadas. Se for possível, as frigideiras usadas para ovos devem ser reservadas apenas para esse uso. São necessários um garfo, uma colher de pau ou uma espátula para mexer os ovos enquanto cozinham.

Misture os ovos até que as gemas e as claras se incorporem. Adicione líquido, se preferir, e os temperos. Use um garfo ou um batedor para obter uma mistura lisa e homogênea.

Primeiro, aqueça a frigideira e a gordura, em fogo médio. Depois, despeje os ovos na frigideira; eles devem começar a coagular quase imediatamente. Finalmente, baixe bem o fogo. Use um garfo ou uma colher de pau para misturá-los enquanto cozinham. Movimente continuamente a frigideira e o garfo para produzir coalhos pequenos e macios. Quanto mais baixo for o fogo e mais constante a agitação, mais cremosos ficarão os ovos. De fato, eles podem ser preparados sendo mexidos constantemente sobre uma panela com água, para impedir que dourem.

Adicione guarnições, queijos ou ingredientes aromatizantes assim que os ovos assentarem, e coloque-os na panela em fogo baixo, até que se incorporem. Retire os ovos do fogo quando ainda não estiverem inteiramente cozidos. Continuarão a cozinhar suavemente, pelo calor que retêm.

Ovos mexidos preparados da maneira correta têm textura úmida, consistência cremosa e sabor delicado. Quando os ovos largarem umidade, é porque foram cozidos demais.

» receita básica

Ovos mexidos
(10 porções)

20 a 30 ovos muito frescos
(2 ou 3 por porção)

Até 1 colher (sopa)/15 mℓ de água, leite ou creme de leite fresco (opcional)

Sal e pimenta-do-reino, a gosto

1 a 2 colheres (sopa)/15 mℓ a 30 mℓ de óleo, manteiga clarificada ou gordura animal

método rápido »

1. Bata os ovos com os temperos.
2. Aqueça a gordura em fogo médio.
3. Acrescente os ovos e baixe o fogo.
4. Cozinhe, mexendo os ovos constantemente, até o ponto desejado.

dicas do especialista «

Dependendo do resultado esperado, a adição de um líquido pode afetar o sabor e a textura dos ovos mexidos. Líquidos cuja inclusão podem ser considerados:

ÁGUA / LEITE / CREME DE LEITE FRESCO

Guarnecer ovos mexidos é outra maneira de introduzir aroma e textura. Dependendo do resultado desejado, quaisquer dos seguintes ingredientes podem ser acrescentados:

ESPECIARIAS / ERVAS FRESCAS / QUEIJO RALADO / *BACON***, PRESUNTO OU LINGUIÇA PREVIAMENTE COZIDOS / VEGETAIS**

ovos mexidos

capítulo 26 » COZINHAR OVOS

A OMELETE ENROLADA, OU AO ESTILO FRANCÊS, COMEÇA COM OS OVOS MEXIDOS, MAS, QUANDO COMEÇAM A ENDURECER, SÃO ENROLADOS. A OMELETE DOBRADA, AO ESTILO AMERICANO, É PREPARADA MAIS OU MENOS DO MESMO MODO, EMBORA SEJA, EM GERAL, COZIDA EM UMA CHAPA – NÃO NA FRIGIDEIRA –, E, EM VEZ DE SER ENROLADA, É DOBRADA AO MEIO.

fazer omeletes

Há dois outros estilos de omeletes, ambos baseados em uma mistura de ovos batidos, cozidos, ou sobre fogo direto ou no forno. As omeletes planas, também chamadas omeletes à camponesa, *frittatas* (italiano) ou *tortillas* (espanhol), são versões assadas. O prato pronto é mais denso e mais fácil de fatiar em porções. Os ovos para as omeletes suflês ou espumosas são, primeiro, separados em gemas e claras. As claras batidas são misturadas às gemas batidas e o prato é preparado assando a omelete em forno quente.

Escolha ovos frescos, com cascas intactas. Assim como ocorre com os ovos mexidos, a possibilidade de o ovo manter a forma é irrelevante, mas é preferível trabalhar com ovos frescos. Tempere as omeletes com sal, pimenta-do-reino e ervas. A gordura utilizada mais comum é a manteiga clarificada ou o óleo.

As omeletes podem ser recheadas ou guarnecidas, entre outras coisas, com queijos, vegetais ou batatas salteadas, carnes e peixes defumados. Esses recheios e guarnições são incorporados na altura apropriada, para assegurar que estarão inteiramente cozidos e quentes quando os ovos terminarem de cozinhar. Os queijos ralados ou esfarelados derreterão o suficiente pelo calor dos ovos e serão, muitas vezes, adicionados pouco antes de se enrolar ou dobrar a omelete.

Comece com *frittatas* maiores, assim como omeletes suflês, em uma frigideira aquecida, com a gordura, antes de adicionar os ovos e o forno preaquecido. Acrescente guarnições para omeletes planas ou suflês no início do tempo de cozimento. Para omeletes enroladas ou dobradas, junte recheios – como queijo, por exemplo – antes de se formarem os coalhos.

As omeletes enroladas e suflês são feitas individualmente em frigideiras para omelete que são, basicamente, pequenas *sauteuses*. Essas frigideiras devem ser bem preparadas ou ter superfície antiaderente. Trate as frigideiras com cuidado e evite arranhar a superfície antiaderente com metal. Uma colher de pau ou espátula de silicone são úteis para misturar os ovos enquanto cozinham.

NOTA DO CHEF SOBRE A OMELETE

Os ovos para omeletes devem ser batidos apenas o suficiente para misturar a clara à gema, evitando que incorporem ar ou fiquem espumosos.

Considere o tamanho da frigideira em relação ao tamanho da omelete (quantidade de ovos) que você vai preparar. Uma frigideira muito grande ou muito pequena vai afetar o resultado do prato.

Ao selecionar ingredientes para rechear a omelete, considere a delicadeza do sabor dos ovos e selecione ingredientes que vão complementá-lo e não o sobrepujar.

Antes de começar o preparo, certifique-se de que você tem todos os ingredientes e utensílios de que vai precisar à mão. Dessa forma, vai ter tempo para se dedicar ao preparo dos ovos em si.

fazer omeletes

» receita básica

Omelete
(1 porção)

2 ou 3 ovos

Até 2 colheres (chá)/10 mℓ de água, fundo, leite ou creme de leite fresco (opcional)

Sal

Pimenta

1 a 2 colheres (sopa)/15 mℓ a 30 mℓ de gordura para cozinhar

método rápido »

1. Misture os ovos, acrescentando os temperos e líquidos que for usar.
2. Despeje a mistura de ovos em uma frigideira aquecida e untada.
3. Gire a frigideira sobre o fogo, raspando os ovos simultaneamente até que a omelete comece a coagular.
4. Adicione um recheio, se desejado.
5. Cozinhe a omelete até estar pronta.

dicas do especialista «

Dependendo do resultado esperado, a adição de um líquido pode afetar o sabor e a textura da omelete. Líquidos cuja inclusão pode ser considerada:

ÁGUA / FUNDO / LEITE / CREME DE LEITE FRESCO

Guarnecer uma omelete é outra maneira de introduzir aroma e textura. Dependendo do resultado desejado, quaisquer dos seguintes ingredientes podem ser acrescentados:

ESPECIARIAS / ERVAS FRESCAS / QUEIJO RALADO / *BACON***, PRESUNTO OU LINGUIÇA / VEGETAIS**

método detalhado »

1. Para omeletes, retire os ovos da casca
e misture-os com o líquido – se este for usado –, sal, pimenta-do-reino e temperos, tão próximo do momento de cozinhar quanto possível.

Para omeletes suflês, separe as claras das gemas. Misture as gemas com os temperos e o líquido que desejar, depois bata as claras em picos médios e junte à mistura de gemas.

Uma frigideira de omelete do tamanho de uma porção deve ser aquecida em fogo alto. Adicione a manteiga ou óleo e deixe aquecer também. A gordura deve parecer ligeiramente ondulada, mas não deve chegar ao ponto de fumaça. Alguns ingredientes de guarnição são colocados na frigideira antes dos ovos; outros, quando os coalhos estiverem quase completamente prontos, dependendo dos resultados desejados e das instruções específicas da receita.

Perto do início do cozimento, mexa os ovos constantemente com a espátula, para estimular um cozimento por igual. Para omeletes enroladas e dobradas preparadas individualmente, mantenha os ovos em movimento constante enquanto eles cozinham. Cozinhe essas omeletes em fogo alto para que os ovos comecem a endurecer quase de imediato e não grudem na panela. Se utilizar uma panela para omelete, use uma mão para movimentar a panela sobre a fonte de calor e a outra para mexer os ovos – e não deixar que grudem no fundo e nos lados da panela – com um garfo ou uma espátula de silicone resistente ao calor. Quando utilizar a chapa, use uma espátula flexível para virar e mexer a omelete.

2. Agite a panela com cuidado
para espalhar os ovos uniformemente, ou use uma espátula, para melhor apresentação. Guarneça a omelete como desejar. Espalhe ou achate a omelete na panela para uniformizá-la, obtendo assim omeletes enroladas ou dobradas com excelente aparência. A omelete deve ter espessura uniforme, ou não cozinhará por igual.

3. Faça uma omelete enrolada

usando a espátula para dobrar um terço dela sobre si mesma.

Use uma espátula de silicone ou um garfo para enrolar a borda da omelete mais próxima do cabo, em direção ao centro. Agite a panela para soltar a omelete, de modo a facilitar sua passagem para o prato.

4. Segure o prato perto da panela

e escorregue a omelete para o prato.

Escorregue a omelete para fora da panela, com todo seu recheio (as bordas devem ficar na parte inferior da omelete), diretamente para um prato aquecido. Pode ser necessário moldar a omelete com um pano de prato limpo.

Avalie a omelete pronta. A omelete enrolada deve ter forma oval e cor amarelo-dourada, com interior cremoso e úmido. A omelete dobrada tem forma de semicírculo: a parte externa, algumas vezes, tem cor dourada muito leve. A omelete plana deve ser densa, mas úmida, podendo ser cortada ou fatiada em porções e, ainda assim, manter a forma. A omelete suflê deve ser leve e espumosa, com cor ligeiramente dourada na superfície superior; entretanto, ela começa a perder volume rapidamente depois de sair do forno.

PREPARAR, MONTAR E ASSAR UM SUFLÊ NÃO É, EM SI, UMA TAREFA DIFÍCIL. A PARTE COMPLICADA É O TEMPO. OS SUFLÊS, COMO AS OMELETES E QUICHES, NÃO SÃO ESTRITAMENTE PARA O CAFÉ DA MANHÃ. DE FATO, SÃO, DE HÁBITO, PARTE DO MENU DO BRUNCH, ALMOÇO OU ATÉ DO JANTAR, EM QUE, MUITAS VEZES, PEQUENOS SUFLÊS COMPARECEM COMO TIRA-GOSTOS QUENTES, ACOMPANHAMENTOS DE PRATOS SALGADOS OU COMO SOBREMESA.

suflês salgados

Os componentes básicos do suflê, doce ou salgado, são a base e as claras batidas. A base de muitos suflês salgados é, muitas vezes, um *béchamel* forte a que se incorporaram mais gemas. Os doces são, com frequência, baseados em creme de confeiteiro. Outras misturas ou preparações, como purês vegetais, podem ser usadas como base ou para aromatizar a base. É importante que a mistura de base forneça estrutura suficiente para impedir que o suflê desabe assim que for retirado do forno. A base pode ser aromatizada ou guarnecida de muitas maneiras: com queijo ralado, espinafre picado ou frutos do mar, por exemplo.

As claras fornecem volume e estrutura ao suflê. Devem ser cuidadosamente separadas das gemas e batidas em picos moles, pouco antes de serem incorporadas à base. As gemas também podem ser adicionadas à base do suflê, ou reservadas para outros usos. Mantenha os ovos bem gelados o tempo todo, para ter um alimento saudável e saboroso.

Os suflês podem ser servidos com muitos tipos de molhos. O molho de queijo *cheddar* (p. 309) ou *mornay* (p. 309), *coulis* ou ragus vegetais, ou vários molhos de tomate são apropriados para suflês salgados, que geralmente são assados em pratos de cerâmica ou vidro, ou em *ramequins*.* Para que o suflê cresça bem, os lados do recipiente devem ser retos.

Prepare os recipientes, untando-os ligeiramente, espalhando no fundo e nos lados queijo parmesão ralado ou farinha de rosca, se desejar. Use tigelas bem limpas e batedores para bater as claras, a fim de conseguir o melhor volume no suflê pronto.

O forno deve estar na temperatura apropriada; em geral 204 °C a 218 °C para uma porção individual. Quando se tratar de suflês maiores, a temperatura deve ser um pouco mais baixa. As necessidades de equipamento incluem um batedor (ou batedeira elétrica) e tigelas para bater as claras, uma espátula para mexer a mistura de massa e uma assadeira para levar ao forno.

---

* Pequeno recipiente côncavo, em geral usado para o preparo de pequenas porções de várias receitas cozidas no forno. (N. E.)

suflês salgados

» receita básica

Suflê
(1 porção)

UMA BASE:

60 mℓ de *béchamel* grosso para suflês salgados

60 mℓ de creme de confeiteiro para suflês doces

60 mℓ de purê de vegetais (consistência similar à do *béchamel*)

UM AERADOR:

60 mℓ de claras de ovos batidas em ponto de picos moles

OPÇÕES DE TEMPEROS, AROMÁTICOS OU GUARNIÇÃO:

Sal e pimenta-do-reino

Vegetais

Queijo ralado

método rápido »

1. Prepare a base.
2. Junte o aromático.
3. Bata as claras em picos moles.
4. Incorpore as claras à base.
5. Encha as formas.
6. Leve-as ao forno quente.
7. Não mexa.
8. Sirva os suflês imediatamente.

dicas do especialista «

A base contém o aromatizante do suflê. É importante que aromatizantes ou temperos adicionados à base sejam um tanto fortes. O acréscimo de claras de ovos batidas diluirá o sabor, de modo que, para compensar isso, a base deve começar sendo muito aromatizada.

Alguns dos ingredientes que podem ser usados como aromatizantes ou temperos para a base de suflê são:

LÍQUIDOS AROMATIZANTES PARA PREPARAR A BASE:

CALDOS / FUNDOS / SUCOS OU PURÊS DE VEGETAIS

INGREDIENTES ADICIONADOS À BASE DEPOIS DE PRONTA:

PEIXES, FRUTOS DO MAR OU CARNE BEM PICADA / QUEIJOS RALADOS / VEGETAIS RALADOS / PURÊS VEGETAIS

método detalhado »

1. **Faça a base e misture** o aromatizante. Aqui, usamos espinafre e queijo parmesão.

A mistura base para muitos suflês salgados é, essencialmente, um *béchamel* grosso. Muitas vezes, adicionam-se gemas à base quente para se conseguir melhores sabor, cor e estrutura. A base pode ser preparada com antecedência e guardada na geladeira. Para que o suflê pronto cresça bem, tenha a base à temperatura ambiente, ou trabalhe com uma colher de pau até que ela esteja macia. Acrescente à base os ingredientes aromatizantes, como purê de espinafre, até que a mistura esteja uniforme.

Prepare as formas com uma leve camada de manteiga e um pouco de farinha.

2. **Bata as claras em picos moles** e incorpore-as cuidadosamente à base.

Os picos moles farão com que o suflê pronto cresça adequadamente, com a textura e a estrutura corretas. Adicione as claras batidas em duas ou três partes. A primeira adição tornará a base mais leve, de modo que os acréscimos subsequentes reterão o volume máximo.

3. Encha as formas preparadas

assim que as claras forem misturadas à base.

    Coloque a massa mole na forma cuidadosamente, com uma colher ou concha, para evitar que o ar deixe a massa. Encha cerca de dois terços da forma. Limpe as bordas e a parte externa, para que o crescimento seja uniforme. Asse os suflês assim que as claras forem incorporadas à base.

4. Coloque os suflês

imediatamente no forno aquecido a 218 °C e asse bem até crescerem e ficarem bem dourados. Para um cozimento uniforme e crescimento adequado, coloque as formas em uma assadeira. A prateleira deve ficar no centro do forno. Não mexa nos suflês enquanto assam. A queda de temperatura quando se abre a porta do forno é suficiente para afetar o suflê.

    Retire os suflês individuais do forno quando estiverem prontos, em 16 a 18 minutos. Para verificar o ponto do suflê, agite o prato com delicadeza. O centro deve ficar firme e solidificado. Um palito inserido na parte lateral deve sair limpo.

    Sirva o suflê imediatamente. Qualquer molho de acompanhamento deve estar quente e pronto para ser servido. A pessoa que vai servir deve estar alerta, pronta para levar os suflês para a mesa assim que saírem do forno.

    O suflê preparado da maneira correta oferece o gosto do ingrediente aromatizante primário e fica intumescido, crescido e dourado.

suflês salgados

Ovos duros

Rendimento: 10 porções

20 ovos

1. Coloque os ovos em uma panela. Encha-a com água fria suficiente para atingir um nível 5 cm acima dos ovos.
2. Baixe o fogo, assim que a água abrir fervura, para que ferva suavemente. Comece a cronometrar o tempo a partir desse momento.
3. Cozinhe ovos pequenos por 10 minutos, ovos médios por 11 minutos, ovos grandes por 12 a 13 minutos, e ovos extragrandes por 14 minutos.
4. Esfrie os ovos rapidamente em água fria e descasque-os tão logo seja possível manuseá-los. Sirva os ovos agora ou guarde-os na geladeira até precisar deles.

NOTAS: Descascar os ovos logo após o cozimento fará escapar os gases internos, reduzindo a coloração verde em torno da gema. Além disso, fica mais fácil descascá-los se isso for feito assim que tiverem resfriado o bastante para ser manuseados. Entretanto, se esfriarem completamente, a membrana sob a casca tende a grudar na clara do ovo, e a operação se torna mais difícil.

Um método alternativo para os ovos duros é retirar a panela do fogo quando a água começar a ferver. Tampe-a e deixe os ovos na água quente por 15 minutos. Esse método é mais adequado para grandes quantidades de ovos (duas dúzias ou mais).

Ovos quentes: Coloque os ovos frios em água fervendo suavemente e deixe por 30 segundos.

Ovos moles: Coloque os ovos frios em água fervendo suavemente e deixe por 3 a 4 minutos.

Ovos médios: Coloque os ovos frios em água fervendo suavemente e deixe por 5 a 7 minutos.

Ovos *à la diable*

Rendimento: 10 porções

10 **ovos duros** (receita anterior) frios
180 mℓ de **maionese** (p. 921)
14 g de molho de mostarda
Molho inglês, a gosto
Molho de pimenta, a gosto
Sal, a gosto
Pimenta-do-reino preta moída, a gosto

1. Corte os ovos ao meio, no sentido do comprimento. Separe as gemas das claras. Reserve as claras, até o momento de rechear.
2. Passe as gemas por uma peneira ou coloque-as na tigela de um processador de alimentos.
3. Adicione a maionese, a mostarda, o molho inglês, o molho de pimenta, o sal e a pimenta-do-reino. Misture ou processe os ingredientes até que se incorporem.
4. Usando uma colher ou um saco de confeitar, coloque a mistura nas claras, guarneça como desejar e sirva imediatamente.

NOTAS: Os ovos podem ser separados e o recheio temperado com antecedência. Mas, se eles não forem servidos imediatamente, as claras e as gemas devem ser mantidas separadas até pouco antes do momento de servir.

As guarnições podem incluir salsa picada, cebolinha francesa em fatias, a parte superior de cebolinhas em fatias, galhinhos de *dill*, tirinhas de pimentão, azeitonas picadas, caviar, cenouras picadas, cominho em pó, orégano desidratado, pimenta-de-caiena ou flocos de pimenta vermelha amassados.

Pode-se substituir a maionese, no todo ou em parte, por manteiga amolecida, manteiga temperada, creme de leite azedo, queijo *cottage* em purê, *cream cheese* amolecido, iogurte ou *crème fraîche*.

Ovos *à la diable* com tomate: Adicione 57 g de tomate *concassé* salteado, ½ colher (chá)/1 g de ervas desidratadas (manjericão, orégano, sálvia, tomilho) e/ou ½ colher (chá)/1,5 g de alho amassado ou chalotas salteadas à mistura de gemas.

Ovos *à la diable* com verduras: Adicione 50 g de espinafre, agrião, azedinha, alface ou outras verduras verdes, branqueadas e batidas em purê, à mistura de gemas.

Ovos *à la diable* com queijo: Adicione 21 g de queijo duro ralado, ou 57 g de queijo mole à mistura de gemas.

Ovos à la diable

Picles de ovos

Rendimento: 10 porções

- 10 **ovos duros** (p. 884)
- 2 colheres (chá)/4 g de mostarda em pó
- 2 colheres (chá)/6 g de amido de milho
- 720 mℓ de vinagre de vinho branco
- 2 colheres (chá)/10 g de açúcar
- 1 colher (chá)/2 g de açafrão-da-terra ou *curry* **em pó** (p. 386)

1. Coloque os ovos em uma tigela de aço inoxidável e reserve-os.
2. Numa panela pequena, dilua a mostarda e o amido de milho em 15 mℓ de água fria. Adicione o vinagre, o açúcar e o açafrão-da-terra ou *curry* em pó. Cozinhe a mistura em fogo médio, baixe o fogo e deixe ferver suavemente por 10 minutos.
3. Despeje a mistura sobre os ovos. Esfrie estes e a solução de picles à temperatura ambiente, depois leve o conjunto à geladeira durante uma noite. Agora, os ovos estão prontos para ser servidos.

Picles de ovos vermelhos: Substitua 240 mℓ de vinagre por suco de beterraba.

Ovos *pochés* (escalfados)

Rendimento: 10 porções

- 3,84 ℓ de água
- 1 colher (sopa)/10 g de sal
- 60 mℓ de vinagre branco destilado
- 20 ovos

1. Junte a água, o sal e o vinagre em uma panela funda e espere até que comece a ferver suavemente (71 ºC a 82 ºC).
2. Quebre os ovos, um de cada vez, em uma xícara limpa, e depois despeje-os cuidadosamente para a água. Cozinhe por 3 a 5 minutos, ou até que as claras estejam sólidas e opacas.
3. Retire os ovos da água com uma colher furada, seque-os em papel-toalha e apare as bordas, se desejar. Agora, os ovos estão prontos para ser servidos em pratos aquecidos ou podem ser resfriados rapidamente e levados à geladeira para uso posterior.

Ovos pochés mornay

Rendimento: 10 porções

- 20 fatias de pão tostado, redondas ou ovais
- 113 g de manteiga derretida
- 20 **ovos pochés** (receita anterior)
- 480 ml de **molho mornay** (p. 309) quente
- 85 g de queijo *gruyère* ralado

1. Pincele o pão com a manteiga e coloque os ovos *pochés* por cima. Distribua, então, o molho e o queijo ralado.
2. Doure ligeiramente na salamandra e sirva imediatamente.

Ovos pochés à camponesa: Coloque sobre o pão fatias de tomate sem pele, presunto cozido, creme de cogumelos e ovos *pochés*.

Ovos pochés com cogumelos: Recheie *tarteletes* com creme de cogumelos, coloque os ovos *pochés* por cima e distribua, então, o molho *hollandaise* (p. 312).

Ovos pochés massena: Aqueça fundos de alcachofra frescos e recheie com molho *béarnaise* (p. 312). Por cima, coloque ovos *pochés*, molho de tomate (p. 309) e polvilhe salsa picada.

Ovos escalfados com picadinho de corned beef

Rendimento: 10 porções

- 60 ml de óleo vegetal ou gordura de *bacon*
- 227 g de cebola em cubos grandes
- 142 g de pastinaca em cubos grandes
- 85 g de cenoura em cubos grandes
- 680 g de batata asterix (descascada, se quiser)
- 907 g de *corned beef* já cozida, em cubos de 3 cm
- 3 colheres (sopa)/45 ml de purê de tomate
- Sal, a gosto
- Pimenta-do-reino preta, a gosto
- 10 **ovos pochés** (p. 886)
- **Molho hollandaise** (p. 312), a gosto

1. Aqueça uma assadeira em forno médio. Coloque 2 colheres (sopa)/30 ml de óleo, junte a cebola e sue até ficar macia, em 5 a 6 minutos. Junte a pastinaca, a cenoura, a batata e a *corned beef* e cubra com papel-alumínio.
2. Coloque a assadeira em forno aquecido a 191 °C e asse por cerca de 1 hora. Tire o papel-alumínio, junte o purê de tomate e retorne ao forno, sem cobrir. Asse até o purê de tomate ficar marrom, em cerca de 15 minutos. Tempere com sal e pimenta. Esfrie um pouco.
3. Passe a mistura pelo disco médio de um moedor de carne. Molde 10 tortinhas (57 g a 85 g cada) com a mão ou com um molde circular. Deixe na geladeira até a hora de servir.
4. Aqueça as 2 colheres (sopa)/30 ml restantes de óleo em uma *sauteuse* grande ou em uma chapa. Cozinhe as tortinhas até ficarem crocantes dos dois lados e quentes no centro. Trabalhe em lotes, se preciso.
5. Coloque sobre cada tortinha um ovo escalfado e um pouco de molho *hollandaise*. Sirva imediatamente.

Ovos Benedict

receitas com ovos

Ovos Benedict

Rendimento: 10 porções

20 **ovos pochés** (p. 886)

10 *muffins* ingleses tostados, cortados ao meio, com manteiga

20 fatias de lombo canadense, aquecido

600 mℓ de **molho *hollandaise*** (p. 312) quente

1. Se os ovos foram escalfados com antecedência, reaqueça-os em água fervendo suavemente, até que fiquem bem quentes. Escorra-os em papel absorvente e modele-os, se necessário.
2. Coloque sobre cada metade de *muffin* uma fatia de lombo canadense e um ovo *poché*.
3. Espalhe de 15 mℓ a 30 mℓ de molho *hollandaise* quente sobre cada ovo.
4. Sirva imediatamente.

Ovos *florentine*: Substitua as fatias de lombo canadense por 57 g de espinafre salteado.

Ovos *pochés* à americana: Substitua as fatias de lombo canadense por uma fatia de tomate sem pele salteado e substitua o molho *hollandaise* por molho de queijo *cheddar* (p. 309). Guarneça com *bacon* cozido picado e salsa.

Ovos *pochés* com fígado de galinha *chasseur*: Substitua as fatias de lombo canadense por fígados de galinha salteados e o molho *hollandaise* por molho *chasseur* (p. 286).

Ovos *pochés* com salmão defumado: Substitua o *muffin* por um *bagel* tostado e as fatias de lombo canadense por 1 fatia de salmão defumado. Guarneça com salsa picada.

Ovos fritos

Rendimento: 10 porções

20 ovos

70 g de manteiga integral ou clarificada, ou quanto baste para fritar

Sal, a gosto

Pimenta-do-reino preta moída, a gosto

1. Quebre os ovos em xícaras limpas (um ovo por xícara).
2. Para cada porção, aqueça 1 ½ colher (chá)/4 g de manteiga numa frigideira, em fogo médio. Escorra os ovos para a frigideira e frite até que a clara se solidifique.
3. Incline a frigideira, para que a gordura fique de um lado, e distribua a gordura sobre os ovos, enquanto cozinham.
4. Tempere os ovos com sal e pimenta-do-reino e sirva-os imediatamente, em pratos aquecidos.

Ovos com a gema mole, média ou cozida, fritos dos dois lados: Vire os ovos do outro lado perto do fim do cozimento, com uma espátula, e cozinhe até o ponto desejado, de 20 a 30 segundos para gema mole, 1 minuto para gema média, 2 minutos para gema dura.

capítulo 26 » COZINHAR OVOS

Ovos mexidos

Rendimento: 10 porções

- 30 ovos
- 1 colher (sopa)/10 g de sal
- 1 colher (chá)/2 g de pimenta-do reino branca moída
- 150 mℓ de água ou leite (opcional)
- 75 mℓ de manteiga clarificada ou óleo

1. Para cada porção, bata bem 3 ovos e tempere com o sal e a pimenta. Adicione o líquido, cerca de 1 colher (sopa), se usar.
2. Aqueça uma frigideira antiaderente em fogo médio e adicione a manteiga ou óleo, revolvendo a panela para untar toda a superfície. A frigideira deve estar quente, mas não esfumaçando.
3. Despeje a mistura de ovos na frigideira e cozinhe em fogo baixo, mexendo frequentemente com um garfo ou colher de pau, até que os ovos estejam macios e cremosos. Retire do fogo quando os ovos estiverem inteiramente cozidos, mas ainda úmidos.
4. Sirva imediatamente, em pratos aquecidos.

Claras mexidas: Substitua os ovos inteiros por 1,8 ℓ de claras e omita o líquido opcional. Para cada porção, bata bem 180 mℓ de claras e tempere com o sal e a pimenta. Aqueça uma frigideira antiaderente em fogo médio e adicione a manteiga ou o óleo. Uma alternativa seria usar uma camada leve de *spray* culinário, pois muitas dietas contemporâneas de alto teor de proteínas pedem pouca ou nenhuma gordura. Despeje a mistura de ovos na frigideira. Use uma espátula de silicone ou uma colher de pau para empurrar as claras para o centro da frigideira, tomando cuidado para não quebrar os coalhos. Cozinhe até que as claras estejam macias e fofas. Quebre as claras em coalhos no final do cozimento.

Ovos mexidos com queijo: Para cada porção, adicione 14 g de queijo – *gruyère* ou *cheddar* – aos ovos. Se desejar, acrescente 1 ½ colher (chá)/7,5 mℓ de creme de leite aos ovos poucos antes de retirá-los do fogo.

Ovos mexidos à sueca: Para cada porção, adicione 28 g de salmão defumado picado aos ovos. Guarneça com 1 colher (chá)/1 g de cebolinhas verdes picadas.

Ovos mexidos à caçadora: Para cada porção, adicione aos ovos 21 g de cubinhos de *bacon* cozidos e ½ colher (chá)/0,5 g de cebolinhas verdes picadas. Antes de servir, distribua por cima 85 g de cogumelos salteados em fatias sobre os ovos mexidos.

Ovos mexidos com *bratwurst*: Para cada porção, coloque os ovos mexidos sobre duas fatias de tomate salteados sem pele e 28 g de *bratwurst* cozida, em fatias.

Ovos mexidos gratinados: Para cada porção, coloque molho *mornay* (p. 309) sobre os ovos mexidos, distribua por cima queijo *gruyère* ralado e doure ligeiramente na salamandra.

Ovos mexidos à grega: Para cada porção, corte uma berinjela japonesa em fatias de 1 cm de espessura, no sentido do comprimento, tempere com sal e salteie em óleo. Refogue 28 g de tomate *concassé* com alho, sal e pimenta a gosto. Coloque os ovos mexidos sobre as fatias de berinjela e, por cima, o tomate *concassé*.

Omelete enrolada simples

Rendimento: 10 porções

- 30 ovos
- 1 colher (sopa)/10 g de sal
- 1 colher (chá)/2 g de pimenta-do-reino branca moída
- 150 mℓ de água, fundo, leite ou creme de leite (opcional)
- 75 mℓ de manteiga clarificada ou óleo, ou quanto baste para fritar

1. Para cada porção, bata bem três ovos e tempere com o sal e a pimenta. Adicione 1 colher (sopa) do líquido, se usá-lo.
2. Aqueça uma frigideira antiaderente para omelete em fogo alto e adicione a manteiga ou o óleo, inclinando a panela para cobrir toda a superfície.
3. Despeje a mistura de ovos na frigideira e mexa com um garfo ou uma colher de pau. Movimente a frigideira e o utensílio ao mesmo tempo, até que a mistura de ovos tenha coagulado levemente. Espalhe os ovos em uma camada uniforme.
4. Deixe que a mistura de ovos termine de cozinhar sem mexer nela.
5. Incline a frigideira e escorregue um garfo ou colher em torno da borda, sob a omelete, para certificar-se de que não grudou. Escorregue a omelete para a frente da frigideira e use um garfo ou colher de pau para dobrá-la para dentro, em direção ao centro.
6. Vire a frigideira de cabeça para baixo, rolando a omelete para o prato. A omelete pronta deve ter forma oval.

NOTAS: Opções para rechear a omelete: um recheio pré-cozido pode ser adicionado aos ovos depois que estes forem espalhados em uma camada uniforme e antes de enrolar a omelete. Uma outra alternativa é abrir a omelete enrolada na parte superior e colocar nesse orifício, com uma colher, o recheio pré-cozido ou o molho.

Para dar à omelete um brilho adicional, passe ligeiramente pela superfície um pouco de manteiga.

Omelete enrolada de claras simples: Substitua os ovos inteiros por 1,8 ℓ de claras e omita o líquido opcional. Para cada porção, bata bem 180 mℓ de claras e tempere com sal e pimenta. Aqueça a frigideira para omelete em fogo médio e adicione a manteiga ou o óleo. Uma outra alternativa é usar uma leve camada de *spray* culinário, pois muitas dietas contemporâneas ricas em proteínas indicam pouca ou nenhuma gordura. Despeje a mistura de ovos na frigideira. Use uma espátula de silicone ou uma colher de pau para, delicadamente, empurrar as claras para o centro da frigideira, tomando cuidado para não romper os coalhos. Espalhe as claras em uma camada uniforme e deixe terminar de cozinhar sem mexer. Termine da mesma maneira que faria com uma omelete simples.

Omelete de queijo: Recheie cada omelete com 14 g de queijo *gruyère* ou *cheddar*, moído ou em cubos.

Omelete de queijo e vegetais: Recheie cada omelete com a combinação que desejar de queijo e vegetais com perfil de sabor semelhante, como queijo de cabra e tomates secos; gorgonzola e espinafres ou cogumelos salteados; *cream cheese* e azeitonas; ou *gruyère* e alhos-porós salteados.

Omelete de carne e queijo: Recheie cada omelete com 28 g de carne cozida em cubos (peru, presunto ou linguiça) e 28 g de queijo ralado.

Omelete de ervas: Antes de enrolar, espalhe sobre cada omelete 2 colheres (chá)/2 g de ervas bem picadas, como salsa, tomilho, cerefólio, estragão, manjericão e orégano. Uma alternativa é acrescentar as ervas aos ovos antes de cozinhar.

Omelete de tomate: Recheie cada omelete com 60 mℓ de *coulis* de tomate (p. 310) relativamente grosso.

Omelete *florentine*: Recheie cada omelete com 43 g de folhas de espinafre salteadas.

Omelete Marcel: Recheie cada omelete com 85 g de cogumelos salteados em fatias e 28 g de presunto salteado em fatias. Guarneça a omelete com cebolinhas francesas picadas.

Omelete ópera: Recheie cada omelete com 57 g de fígados de galinha ligeiramente salteados, deglaçados com molho Madeira (p. 481). Guarneça cada uma delas com três pontas de aspargos e 30 mℓ a 60 mℓ de molho *hollandaise* (p. 312).

Omelete marinha: Recheie cada omelete com 2 a 3 colheres (chá)/10 a 15 mℓ de creme de leite azedo, *crème fraîche* ou iogurte e 57 g de camarão cozido, salmão defumado, lagosta ou outros peixes cozidos e/ou defumados, caviar ou frutos do mar.

Omelete de frutos do mar: Recheie cada omelete com três ou quatro ostras, mexilhões ou mariscos cozidos rapidamente no vapor de uma mistura de manteiga, com vinho e chalotas.

Omelete ocidental: Recheie cada omelete com 28 g de presunto em cubos pequenos, pimentões vermelhos e verdes e cebolas, tudo salteado. Adicione queijo Monterey Jack ou *cheddar*, se desejar.

Omelete espanhola: Recheie cada omelete com 57 g de tomate *concassé* ou molho e 28 g de cebola em cubos pequenos e pimentões verdes, ambos salteados.

Omelete de *chutney*: Recheie cada omelete com 2 a 3 colheres (sopa)/30 mℓ a 45 mℓ de geleia, *chutney* ou outras frutas em conserva.

Omelete à camponesa

Rendimento: 10 porções

284 g de *bacon* em cubos pequenos ou 150 mℓ de óleo vegetal

284 g de cebola picada

284 g de batatas cozidas, em cubos pequenos

30 ovos

1 colher (sopa)/10 g de sal

1 colher (chá)/2 g de pimenta-do-reino branca moída

1. Para cada porção, derreta 28 g de *bacon* em uma frigideira até ficar crocante ou aqueça 15 mℓ do óleo.

2. Adicione 28 g da cebola e refogue-a em fogo médio, mexendo ocasionalmente, até que comece a dourar, em 10 a 12 minutos.

3. Acrescente 28 g das batatas e salteie-as até dourá-las ligeiramente, em mais 5 minutos.

4. Enquanto isso, bata três ovos com o sal e a pimenta-branca. Despeje sobre os ingredientes da frigideira e misture delicadamente.

5. Reduza a chama, tampe a frigideira e cozinhe até que os ovos estejam quase sólidos.

6. Retire a tampa e coloque a frigideira sob a salamandra para dourar ligeiramente os ovos. Sirva imediatamente, em um prato aquecido.

Omelete suflê de cheddar

Rendimento: 10 porções

- 30 ovos
- 2½ colheres (chá)/8 g de sal
- 1¼ de colher (chá)/2,5 g de pimenta-do-reino branca moída
- 142 g de queijo *cheddar* de gosto pronunciado, ralado
- 2 colheres (sopa)/6 g de cebolinhas francesas bem picadas
- 300 mℓ de manteiga clarificada ou óleo

1. Para cada porção, separe três ovos. Bata as gemas e tempere com ¼ de colher (chá)/1 g de sal e 1 pitada de pimenta. Adicione o *cheddar* e a cebolinha verde às gemas batidas.
2. Bata as claras em picos médios e misture-as às gemas.
3. Despeje os ovos em uma frigideira preaquecida, bem untada. Quando o fundo e os lados começarem a se solidificar, termine a omelete no forno a 204 °C até que ela fique completamente sólida e um pouco dourada por cima. Sirva imediatamente.

Suflê de espinafre

Rendimento: 10 porções

BASE DO SUFLÊ

- 57 g de manteiga
- 71 g de farinha de trigo comum
- 720 mℓ de leite
- Sal, a gosto
- Pimenta-do-reino preta moída, a gosto
- 15 gemas

- Manteiga à temperatura ambiente, quanto baste
- 284 g de espinafre branqueado e picado
- 85 g de queijo parmesão ralado, mais a quantidade necessária para borrifar as formas
- Sal, a gosto
- Pimenta-do-reino preta moída, a gosto
- 10 claras

1. Prepare a base do suflê: aqueça a manteiga numa panela, em fogo médio, e adicione a farinha. Cozinhe esse *roux* em fogo de baixo a médio, por 6 a 8 minutos, mexendo frequentemente, para fazer um *roux* amarelo.
2. Adicione o leite, batendo até que a mistura fique bem homogênea. Tempere com o sal e a pimenta-do-reino. Ferva suavemente em fogo baixo, mexendo constantemente, por 15 a 20 minutos, ou até ficar bem grosso e macio.
3. Misture as gemas com um pouco da base quente, para derretê-las, e incorpore-as à mistura de base. Cozinhe suavemente por 3 a 4 minutos, mexendo constantemente. Não deixe ferver.
4. Ajuste o tempero com o sal e a pimenta-do-reino, e passe por uma peneira, se necessário. A base agora está pronta para ser usada ou pode ser esfriada adequadamente e armazenada para uso posterior.
5. Faça o suflê de espinafre: prepare 10 *ramequins* de 180 mℓ pincelando-os generosamente com manteiga à temperatura ambiente. Borrife, depois, com uma camada leve de queijo parmesão ralado.
6. Para cada porção, misture 60 mℓ da base de suflê, 28 g de espinafre, 1 colher (sopa)/8,5 g de queijo parmesão ralado, sal e pimenta-do-reino moída, até que o espinafre fique distribuído uniformemente.
7. Bata uma clara para cada suflê, em picos moles. Misture cerca de um terço das claras batidas à base. Adicione as claras restantes em um ou dois acréscimos.
8. Com uma colher, coloque a massa de suflê nas formas preparadas, até a altura de 1 cm da borda. Limpe com cuidado para retirar respingos de massa. Bata delicadamente as formas sobre a superfície de trabalho, para que a massa se estabilize. Espalhe por cima o queijo parmesão restante.
9. Coloque os suflês em uma assadeira, leve ao forno preaquecido a 218 °C e asse sem tocar, até afofar. Um espeto inserido no centro deve sair relativamente limpo, em 16 a 18 minutos. Sirva imediatamente.

Suflê salgado de queijo: Substitua o espinafre por 85 g de queijo *gruyère* ou *emmentaler* ralado.

Suflê de alcachofras

Rendimento: 10 porções

- 10 alcachofras
- Suco de limão-siciliano, a gosto
- Sal, a gosto
- 13 ovos, separados
- 284 g de queijo *gruyère* ralado
- 720 mℓ de leite
- 2 colheres (sopa)/18 g de amido de milho
- Pimenta-do-reino preta moída, a gosto

1. Apare as alcachofras e cozinhe-as em água fervendo suavemente, temperada com suco de limão e sal, até que estejam macias. Retire a polpa das folhas, despreze a barba e reserve os fundos.
2. Bata em um processador de alimentos a polpa da alcachofra, as gemas, o queijo *gruyère*, o leite e o amido de milho. Tempere com o sal e a pimenta-do-reino.
3. Bata as claras em picos moles e adicione à mistura de alcachofras, em três vezes. Despeje a mistura em 10 *ramequins* para suflê, untados.
4. Asse-os em forno preaquecido a 204 °C até os suflês ficarem prontos, em cerca de 20 minutos. Sirva imediatamente.

Creme quente de queijo de cabra

Rendimento: 10 porções

- 170 g de *cream cheese*, à temperatura ambiente
- 255 g de queijo de cabra, à temperatura ambiente
- ½ colher (chá)/1 g de pimenta-do-reino preta moída, ou quanto baste
- 9 ovos
- 720 mℓ de creme de leite fresco (36% a 40%)
- 28 g de cebolinhas verdes, em fatias
- 1 colher (sopa)/10 g de sal, ou quanto baste
- 40 grãos de uvas verdes, sem sementes

1. Coloque na tigela do processador de alimentos o *cream cheese* com 170 g do queijo de cabra, reservando o restante para a guarnição. Tempere com a pimenta-do-reino e processe até a mistura ficar bem homogênea.
2. Adicione os ovos, 240 mℓ do creme de leite, metade da cebolinha verde e o sal. Pulse o processador, ligando e desligando, até que os ingredientes estejam misturados. Divida a mistura entre 10 formas de *timbale* de 60 mℓ untadas com manteiga e tampe as formas com papel-manteiga, também untado.
3. Coloque as formas de *timbale* em banho-maria e leve-as ao forno para assar a 163 °C, até que uma faca inserida perto do centro do *timbale* saia limpa.
4. Reduza o creme de leite restante à metade e tempere com o sal e a pimenta-do-reino, a gosto. Antes de servir, acrescente as cebolinhas verdes restantes e as uvas.
5. Desenforme os *timbales* e cubra com o molho. Guarneça com o queijo de cabra reservado e sirva imediatamente.

NOTA: Substitua o queijo de cabra por outros queijos macios, como Boursin, Brillat-Savarin, *camembert* ou *brie*.

Quiche Lorraine

Rendimento: 10 porções

- 227 g de *bacon* em cubos
- 28 g de manteiga ou óleo
- 180 mℓ de creme de leite fresco (36% a 40%)
- 180 mℓ de leite
- 4 ovos
- 1 colher (chá)/3 g de sal
- ¼ de colher (chá)/0,5 g de pimenta-do-reino preta moída
- 1 pitada de noz-moscada ralada
- 113 g de queijo *emmental* ralado
- 255 g de **massa básica para torta** (3-2-1) (p. 1.088) pré-assada, em uma forma de 23 cm de diâmetro

1. Refogue o *bacon* em manteiga ou óleo até dourar. Retire-o com uma colher furada e escorra-o. Despreze a gordura derretida ou reserve-a para outro uso.
2. Bata o creme, o leite e os ovos juntos. Tempere com o sal, a pimenta-do-reino e a noz-moscada.
3. Espalhe o *bacon* e o queijo de modo uniforme sobre a base de massa. Adicione o creme misturando delicadamente com um garfo, para distribuir os ingredientes do recheio por igual.
4. Coloque a forma de quiche sobre uma assadeira baixa e asse em forno a 177 °C até que, inserindo a lâmina de uma faca no centro, ela saia limpa, em 40 a 45 minutos. Sirva quente ou à temperatura ambiente.

NOTAS: O quiche também pode ser assado sem a base de massa. Unte um recipiente raso ou assadeira. Espalhe nele queijo parmesão ralado, se desejar. Distribua os ingredientes do recheio sobre o fundo. Por cima, despeje a mistura de creme. Asse o quiche em banho-maria até que uma faca inserida perto do centro saia limpa, em cerca de 1 hora.

O quiche também pode ser assado em forminhas, formas para *timbale* ou recipientes para creme.

Quiche de espinafre: Substitua o *bacon*, no todo ou em parte, por 454 g de espinafre branqueado, bem espremido e seco, picado grosseiramente.

Quiche de tomate e alho-poró: Substitua o *bacon* por 284 g de tomate *concassé* e 227 g de alho-poró salteado. Do alho-poró, salteie apenas as partes brancas e verde-claras em manteiga, até que fiquem translúcidas. Adicione o tomate *concassé* e refogue-o até que o líquido evapore. Adicione 2 colheres (sopa)/6 g de estragão ou manjericão bem picado.

Quiche de cebola caramelizada: Substitua o *bacon*, no todo ou em parte, por cebolas caramelizadas. Para 170 g de cebolas caramelizadas, cozinhe, sobre fogo médio, 284 g de fatias de cebolas em 2 colheres (sopa)/30 mℓ de azeite de oliva, até que fiquem douradas e macias, em cerca de 15 minutos. Substitua o queijo *emmental* por queijo provolone.

Quiche de salmão defumado e *dill*: Substitua o *bacon* por 113 g de salmão defumado e desconsidere o primeiro passo. Substitua o queijo *emmental* por 57 g de *cream cheese*, cortado ou em pedaços pequenos. Adicione 2 colheres (sopa)/6 g de *dill* picado e 1 colher (sopa)/3 g de cebolinha francesa picada.

Quiche de brócolis e queijo *cheddar*: Substitua o *bacon*, no todo ou em parte, por 142 g de floretes de brócolis salteados em azeite de oliva até ficarem macios. Substitua o queijo *emmental* por *cheddar*.

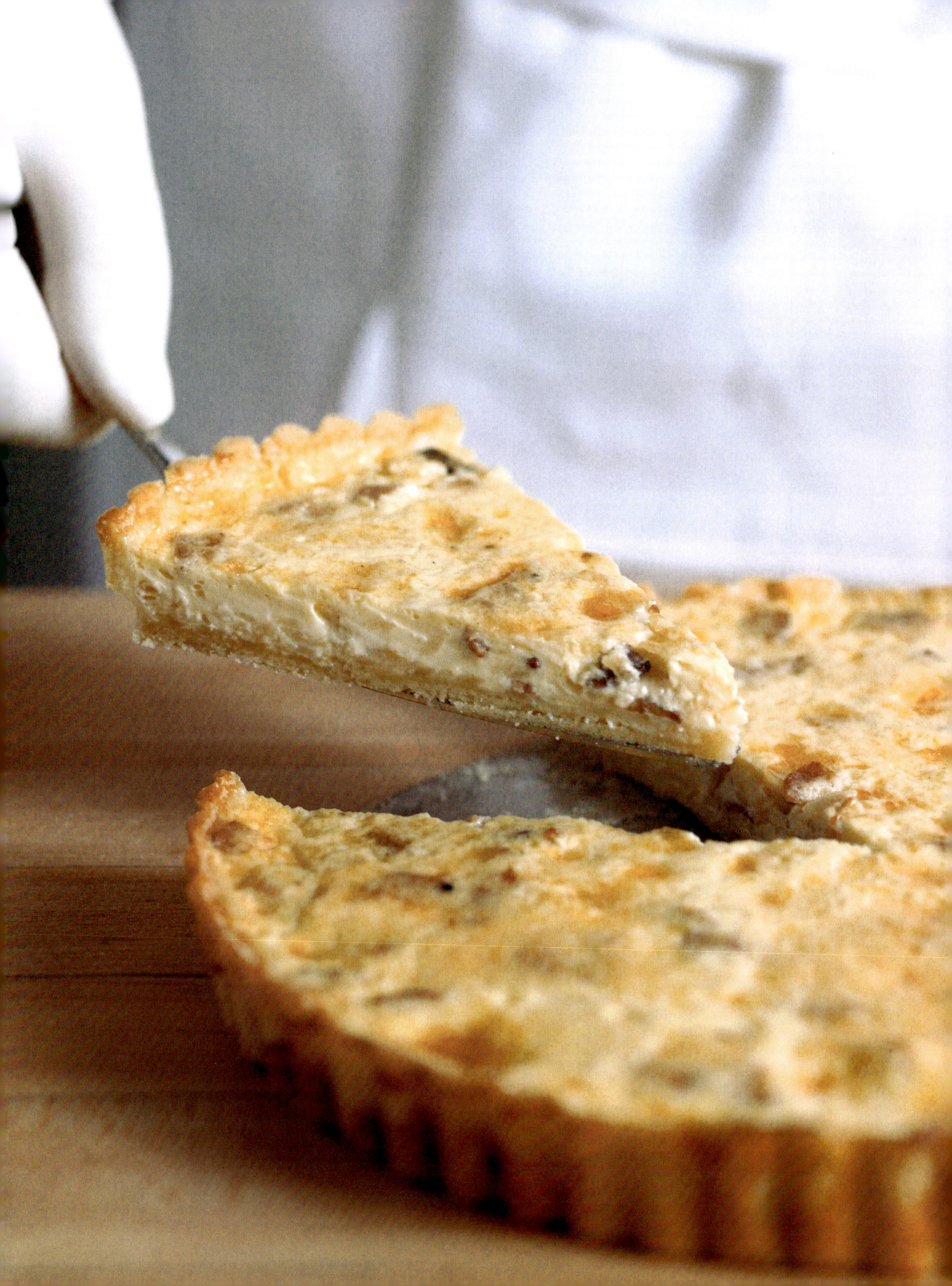

Torrada francesa

Rendimento: 10 porções

- 30 fatias de *challah* (p. 1.062), com espessura de 6 mm a 1 cm
- 960 mℓ de leite
- 8 ovos
- 57 g de açúcar
- 1 pitada de sal
- 1 pitada de canela em pó (opcional)
- 1 pitada de noz-moscada ralada (opcional)
- 142 g a 284 g de manteiga (opcional)

1. Seque as fatias de *challah* durante a noite, em assadeiras, ou no forno a 93 °C por 1 hora.
2. Combine o leite, os ovos, o açúcar, o sal, a canela e a noz-moscada, se usar. Misture até obter uma massa mole e homogênea. Conserve na geladeira.
3. Aqueça uma frigideira e unte com 14 g a 28 g de manteiga, ou use uma panela antiaderente, em fogo moderado.
4. Mergulhe o pão na massa mole, envolvendo as fatias uniformemente. Frite as fatias de um lado até ficarem douradas, depois vire-as e doure o outro lado. Se necessário, trabalhe em lotes.
5. Sirva as torradas francesas imediatamente, em pratos aquecidos.

NOTA: Sirva com manteiga e xarope de bordo ou mel.

As opções de guarnição incluem açúcar de confeiteiro, açúcar misturado com canela, frutos secos tostados e/ou frutas frescas ou desidratadas.

saladas e molhos de saladas

Atualmente as saladas aparecem no *menu* sob tantas formas diferentes que é fácil imaginar que foram inventadas por esta geração de chefs. Entretanto, desde o início da história registrada da culinária, foram saboreadas misturas novas de ervas para tempero e alfaces em todas as partes do mundo.

CAPÍTULO 27

Pensamos em vinagretes sobretudo como tempero para saladas verdes, mas eles também são usados de muitas outras maneiras: como marinadas para alimentos grelhados; para temperar saladas feitas com macarrão, grãos, vegetais e feijão; como molho DIPS; como molhos servidos com pratos principais, quentes ou frios, e tira-gostos; ou pincelados em sanduíches.

vinagrete

O vinagrete é uma emulsão temporária, feita misturando-se óleo e outros ingredientes até que formem um molho homogêneo. O molho fica emulsionado apenas por um curto espaço de tempo, separando-se rapidamente em óleo e vinagre novamente. Para adicionar sabor e ajudar a estabilizar o molho, às vezes se adiciona um emulsificador.

Uma proporção padrão de vinagrete de três partes de óleo para uma parte de ácido funciona bem para começar, mas o vinagrete precisa ser provado e avaliado sempre que se faz uma mudança no tipo de óleo, ácido ou ingredientes aromatizantes específicos.

Selecione o óleo levando em conta tanto seu sabor quanto seu custo. Os óleos usados em molhos para salada podem ser aromatizados de modo sutil ou intenso. Podem servir apenas para levar os outros sabores para o vinagrete ou podem ter sabores próprios, prontamente identificáveis. Os óleos bem aromatizados são, muitas vezes, misturados a outros, menos intensos, para se obter um sabor equilibrado no molho pronto.

A escolha de ácido também é vasta, indo do vinagre ao suco de frutas, da cevada maltada a líquidos ácidos semelhantes. Cada vinagre tem um nível diferente de acidez. Tanto os óleos como os vinagres podem ser aromatizados.

Os ingredientes adicionais do vinagrete incluem emulsificadores – gemas de ovos, mostarda, alho assado, purês de frutas ou vegetais, ou *glace de viande* – e temperos como sal, pimenta-do-reino, ervas e especiarias. O desafio, ao preparar um bom vinagrete, está em se conseguir equilíbrio, um ponto em que a acidez do vinagre ou do suco seja contrabalançada, mas não dominada, pela intensidade do óleo.

As necessidades de equipamento para fazer vinagretes são mínimas: colheres ou xícaras medidoras, uma tigela e um batedor ou liquidificador, processador de alimentos ou *mixer*.

vinagrete

» receita básica

Vinagrete
(1,92 ℓ)

1,44 ℓ de óleo

480 mℓ de vinagre

Sal, pimenta e outros temperos

método rápido »

1. Misture o vinagre e os temperos.
2. Vagarosamente vá adicionando e batendo o óleo até obter uma mistura homogênea.
3. Sirva imediatamente ou guarde.
4. Antes de regar a salada, misture novamente todos os ingredientes.

dicas do especialista «

Óleos e vinagres de boa qualidade podem ser infundidos com especiarias, aromáticos, ervas e frutas ou vegetais. Eles podem ser usados em vinagretes e outros molhos para um efeito especial. Veja "Óleos e vinagres aromatizados" (p. 901) para mais orientações sobre essas infusões.

NOTA DO CHEF SOBRE VINAGRETES

O desafio de fazer um bom vinagrete é alcançar um equilíbrio entre o ácido e o óleo, de maneira que o sabor ácido fique evidente sem ser dominado pelo óleo.

A proporção padrão do vinagrete é três partes de óleo para uma parte de ácido.

Esse é um bom ponto de partida, mas o sabor do vinagrete deve ser sempre avaliado e ajustado. A acidez dos cítricos e dos vinagres varia muito dependendo da estação e do fabricante, o que torna necessário sempre ajustar a quantidade de óleo.

método detalhado »

1. Primeiro, misture o vinagre

com o emulsificante e os temperos. Adicionar a mostarda, o sal, a pimenta, as ervas ou outros ingredientes ao vinagre é a maneira mais fácil de certificar-se de que se distribuem por igual por todo o molho, obtendo-se um sabor uniforme, antes de acrescentar o óleo.

2. Adicione o óleo aos poucos,

enquanto bate sem parar, para criar um vinagrete grosso, emulsificado.

Bata o óleo ou, se quiser criar um vinagrete mais estável, use um liquidificador, um *mixer*, uma batedeira ou processador de alimentos. Os vinagretes feitos na máquina mantêm-se emulsificados por mais tempo do que aqueles batidos à mão.

Se desejar, podem-se acrescentar queijo esfarelado, frutas e vegetais frescos ou desidratados, ou outras guarnições. À medida que o tempo passa, o vinagrete começa a se separar. Bata ou misture o molho antes de cada uso, para recombinar o óleo e o vinagre. Tampe o vinagrete e conserve-o na geladeira quando não estiver usando. Para obter um sabor ideal, faça-o em quantidades que não durem mais do que três dias.

Um vinagrete bem-feito não deve ficar nem ácido demais, nem oleoso demais, e a consistência do molho deve ser tal que se agarre às verduras sem que elas pareçam ou estejam oleosas. A melhor maneira de verificar é misturar um pouco de salada ao vinagrete, e depois provar o molho na salada.

ÓLEOS E VINAGRES AROMATIZADOS

Os óleos e vinagres de boa qualidade podem ser combinados com especiarias, aromáticos, ervas e frutas ou vegetais. Os óleos e os vinagres aromatizados funcionam bem como condimentos ou para enfeitar pratos com gotas, adicionando um pouco de cor e sabor intensos. Também são excelentes para usar como molho em vegetais, macarrão, grãos ou frutas. E, com certeza, podem ser usados em vinagretes e outros molhos para obter efeitos especiais.

Para aromatizar óleos e vinagres, use um dos seguintes métodos:

» *Aqueça o óleo ou o vinagre, delicadamente, em fogo baixo. Os ingredientes aromatizantes, como frutas cítricas, zestes ou alho podem ser adicionados ao óleo ou ao vinagre, enquanto ele aquece. Deixe o óleo ou o vinagre ficar de molho com os ingredientes aromatizantes até esfriar, depois coloque-o em garrafas ou em recipientes para armazenar. Você também pode optar por aquecer o óleo ou o vinagre sem quaisquer aromatizantes, depois colocar os ingredientes aromatizantes e esfriar. Despeje o óleo ou o vinagre aromatizado em recipientes para armazenar.*

» *Coe o vinagre ou o óleo para obter um produto final mais claro ou deixe os aromáticos nele para obter um sabor mais intenso. Acrescente aromáticos frescos depois que o óleo ou o vinagre descansou por muitos dias, para lhe conferir um sabor ainda mais intenso, se desejar.*

» *Faça um purê com vegetais crus, ervas ou frutas branqueados ou inteiramente cozidos. Cozinhe-o suavemente, reduzindo-o, se necessário, para concentrar sabores. Acrescente o purê ao óleo ou vinagre e transfira para um recipiente de armazenagem. Deixe o óleo ou o vinagre como está e use-o como purê ou coe-o para remover as fibras e a polpa.*

» *Combine óleos ou vinagres à temperatura ambiente com especiarias moídas e transfira-os para um recipiente de armazenagem. Deixe descansar até que o vinagre ou o óleo esteja claro e as especiarias estejam no fundo do recipiente.*

Leve à geladeira o óleo ou o vinagre aromatizado para descansar por um período de 3 a 36 horas. O tempo varia segundo a intensidade dos ingredientes aromatizantes e o uso que se pretende fazer do óleo e do vinagre. Prove-os ocasionalmente e, se necessário, coe-os ou decante-os para uma garrafa limpa.

Coe o vinagre ou o óleo para obter um produto final mais límpido, ou deixe os aromáticos para obter um sabor mais intenso. Acrescente aromáticos frescos depois que o óleo ou o vinagre tiver sido maturado para acrescentar uma intensidade de sabor ainda maior, se assim desejar.

NOTA: Ingredientes frescos ou crus adicionados a um óleo ou vinagre aumentam o risco de doenças causadas por alimentos. Mantenha-os na geladeira. Use em alguns dias para obter melhor sabor e cor.

Em virtude de sua grande versatilidade, a maionese é, muitas vezes, incluída na lista dos molhos básicos, preparados na cozinha profissional. A maionese é um molho frio que se faz pela combinação de gemas com óleo para formar uma emulsão estável.

maionese

Ao contrário do vinagrete, esse molho não perde a emulsão com o tempo. A maionese e os molhos feitos com base nela podem ser usados para temperar saladas, como molho *dip* ou pasta para espalhar sobre o pão. Entre os molhos famosos baseados em maionese estão o *rémoulade* (p. 538), a maionese verde (p. 921), o *aïoli* (maionese de alho, p. 922) e o molho tártaro (p. 921).

As receitas clássicas de maionese pedem de 180 mℓ a 240 mℓ de óleo para cada gema de ovo. As gemas fornecem tanto o líquido, que mantém as gotas de óleo em suspensão, como um emulsificante, chamado lecitina. Para evitar qualquer doença de causa alimentar (como aquelas causadas por *Salmonella* ou *E. coli*), os chefs profissionais devem usar gemas de ovo pasteurizadas.

Como a maionese é, muitas vezes, usada como molho base para uma série de finalidades, de hábito é melhor escolher um óleo que não tenha sabor próprio muito pronunciado. Entretanto, há exceções para essa regra geral. Por exemplo, uma maionese feita com azeite de oliva extravirgem ou óleo de frutos secos seria apropriada para servir com molho *dip* em um prato de vegetais grelhados ou *crudités*.

Também se coloca, com frequência, uma pequena quantidade de mostarda na maionese. Embora a mostarda seja um emulsificante, sua função primária, na maionese, é o sabor. Para preparar uma maionese também podem ser usados vários ácidos, inclusive suco de limão ou vinho, ou vinagres de sidra. Os ácidos, com a água, aromatizam o molho e também fornecem umidade adicional para a emulsificação. Usar vinagre branco ajuda a manter a maionese branca. Também podem ser necessários ingredientes aromatizantes adicionais, como alho ou ervas.

As necessidades de equipamento para fazer maionese são mínimas: colheres ou xícaras medidoras, uma tigela e um batedor são suficientes para pequenas quantidades. Para grandes quantidades, use um liquidificador ou processador de alimentos. Os molhos de maionese devem ser conservados em recipientes de armazenamento muito limpos.

maionese

» receita básica

Maionese
(780 mℓ [3¼ de xícaras])

90 mℓ de gemas pasteurizadas (3 gemas grandes)

2 colheres (sopa)/30 mℓ a 60 mℓ de suco de limão-siciliano, vinagre ou uma combinação dos dois ingredientes

2 colheres (chá)/4 g de mostarda em pó (opcional)

720 mℓ de óleo

2 colheres (sopa)/30 mℓ de água

Sal, pimenta e outros temperos

método rápido »

1. Bata as gemas de ovo com uma pequena quantidade de vinagre e/ou suco de limão e mostarda em pó até estar espumoso.
2. Gradualmente, incorpore o óleo, batendo sempre.
3. Junte uma pequena quantidade de água conforme a maionese começar a endurecer.
4. Junte quaisquer aromáticos ou temperos, como suco de limão, molho inglês ou molho de pimenta.
5. Sirva o molho de uma vez ou guarde sob refrigeração.

dicas do especialista «

Ingredientes adicionais podem ser usados para incrementar o sabor. Acrescente alguns no começo do preparo da maionese para infundir sabores e auxiliar na emulsão. Acrescente outros no fim do preparo:

ÓLEOS AROMATIZADOS / MOSTARDA EM PASTA / ERVAS FRESCAS / ESPECIARIAS

método detalhado »

1. **Misture as gemas** com um pouco de água e ingredientes aromatizantes. Bater as gemas com água prepara-as para serem misturadas ao óleo, com o objetivo de formar uma bela maionese grossa. Bata as gemas e a água juntas para soltar os ovos. Inclua suco de limão ou vinagre e mostarda a essa altura, se a receita pedir esses ingredientes.

2. **Despeje o óleo sobre as gemas** enquanto bate sem parar.

Adicione o óleo, pouco a pouco, incorporando-o completamente. Comece a despejar devagar e aumente aos poucos a quantidade de óleo, que precisa ser batido para incorporar-se às gemas, rompendo-se em gotinhas muito pequenas. Adicioná-lo devagar permite que comece a se formar uma boa emulsão. Se for acrescentado muito depressa, as gotículas serão grandes demais para emulsificar-se adequadamente e o molho terá aparência de talhado. Depois que cerca de ¼ a ⅓ do óleo for combinado à mistura de ovos, comece a aumentar a velocidade com que o acrescenta.

Quando preparar maionese na batedeira, adicione o óleo em fluxo fino, enquanto a máquina funciona. Mesmo nesse caso, ele deve ser acrescentado com mais vagar no início do que no fim.

Ajuste a espessura e o sabor do molho acrescentando um pouco mais de ácido ou água quando incorporar o óleo. Quanto mais óleo for adicionado às gemas, mais grosso o molho ficará. Acrescente mais suco de limão, vinagre ou um pouco de água quando a maionese ficar espessa demais, caso em que não absorverá mais óleo. Junte quaisquer ingredientes aromatizantes ou de guarnição no momento indicado pela receita.

maionese

3. O acréscimo de ingredientes aromatizantes ou guarnições pode transformar uma maionese básica em um molho diferente. O *aïoli*, maionese aromatizada com alho, pede uma boa quantidade de alho nos estágios iniciais do preparo. Entretanto, outros ingredientes podem ser misturados ao molho depois que o óleo estiver incorporado, para criar molhos como o *rémoulade* (p. 538) ou o deusa verde (p. 919).

Uma maionese preparada adequadamente tem sabor suave e equilibrado, sem qualquer predominância de sabor ácido ou oleoso. É espessa, cremosa e completamente homogênea, na textura e na aparência. A cor é branca ou levemente creme, não esverdeada ou amarela.

Depois de pronta, mantenha a maionese na geladeira o tempo todo. Passe-a para um recipiente de armazenamento, tampe com cuidado e etiquete com data. Antes de usar a maionese que foi armazenada, mexa-a delicadamente e verifique o tempero com cuidado. Se o molho precisar ficar mais fino, acrescente um pouco de água.

CONSERTANDO A MAIONESE DESANDADA

A maionese e os molhos de preparo semelhante podem desandar por uma série de razões:

» *O óleo foi acrescentado rapidamente demais e, por isso, a gema não o absorveu.*
» *O molho ficou espesso demais.*
» *O molho se tornou frio demais ou quente demais enquanto estava sendo preparado.*

Quando a maionese desanda, ela pode ser salva pela combinação de 30 mℓ de ovo pasteurizado com 1 colher (chá)/5 mℓ de água; bate-se a mistura até espumar. Adiciona-se aos poucos a maionese desandada à gema diluída, batendo sem parar, até que a maionese volte a ganhar uma aparência lisa e cremosa.

Em sua forma mais básica, a salada verde (algumas vezes chamada de salada mista ou salada jardineira) é feita com uma ou mais verduras verdes tenras, misturadas com um molho. Muitas vezes, também se acrescentam guarnições, como outros vegetais, *croûtons* e queijos. A natureza da salada é determinada pelas verduras verdes selecionadas. As verduras verdes são, em geral, agrupadas segundo seus sabores e/ou texturas.

saladas verdes

Hoje estão disponíveis misturas de salada comercialmente preparadas, mas os chefs também podem criar as suas próprias, combinando alfaces de um grupo, ou selecionando-as de dois ou mais grupos. Para maiores informações sobre as variedades específicas de saladas verdes, ver alface (p. 164) e verduras amargas para saladas (p. 166).

Separe as folhas de alface ou outras verduras que formam cabeças. As de folhas soltas e maços se separam em folhas facilmente. Apare os caules duros, se necessário.

As verduras verdes e ervas usadas em saladas estão, muitas vezes, sujas e cheias de areia. Todas as verduras, incluindo as misturas de salada pré-embaladas, devem ser lavadas antes de ser servidas. Uma parte muito importante da *mise en place* para a despensa e a linha é remover toda a sujeira delas. Lave bem a verdura em muita água fria para retirar toda a sujeira e a areia.

As verduras hidropônicas, preparadas como misturas *mesclun* e depois pré-enxaguadas, podem precisar apenas de um mergulho rápido ou enxágue com água fria. Outras folhas verdes devem ser limpas mergulhando-as em uma pia cheia de água fria. Retire-as da água, seque a pia e repita o processo até que não haja mais sinais de sujeira na água.

Seque completamente as verduras. Os molhos para salada se agarram melhor a folhas bem secas. Além disso, as folhas secadas com cuidado duram mais. Use ou um secador de verduras elétrico para grandes quantidades de salada, ou um manual, para pouca salada. Limpe e sanitize o secador de saladas com muito cuidado depois de cada uso.

Armazene a verdura limpa em recipientes, mantendo-os na geladeira, depois de limpos e secos, até que seja o momento de temperá-la e servi-la. Use as verduras limpas no prazo de um ou dois dias. Não empilhe nem amontoe demais as verduras limpas, pois seu próprio peso pode machucar as folhas.

Corte ou rasgue a alface em pedaços pequenos. Os manuais tradicionais para fazer salada sempre pedem que as alfaces sejam rasgadas, em vez de cortadas, para evitar a descoloração, o amassamento ou o esmagamento das folhas. A escolha entre cortar ou rasgar a alface é, essencialmente, uma questão de estilo e preferência pessoal. Com as atuais facas de aço inoxidável de alto carbono, a descoloração deixou de ser problema. Desde que a lâmina esteja afiada e seja usada uma boa técnica, as folhas serão cortadas em fatias, e não esmagadas ou amassadas.

Guarneça e tempere a salada. O sabor do molho deve ser apropriado para os ingredientes da salada, porque o molho serve para combinar todos os sabores. Use molhos delicados com verduras de sabor delicado e molhos mais robustos com folhas de sabor mais forte. Considere também o peso e a capacidade de revestir dos diferentes molhos. Os vinagretes revestem leve, mas uniformemente. Molhos vinagrete emulsificados e molhos de maionese *light*, que são mais encorpados, tendem a revestir os ingredientes de modo mais pesado.

Escolha guarnições de acordo com a estação e a apresentação que deseja. Misture esses ingredientes com as verduras quando estiver temperando ou marine-os separadamente em um pouco de vinagrete e use-os para terminar a salada.

Para temperar a salada:

» **Coloque as verduras (cerca de 85 g ou ¾ de xícara por porção) em uma tigela.**

» **Coloque uma porção de molho para salada sobre elas (30 mℓ a 60 mℓ por porção).**

» **Mexa a salada usando pinças, colheres ou, se apropriado, mãos enluvadas.**

» **Cuide para que cada pedaço de alface esteja completamente revestido de leve, com molho suficiente para as verduras; se o molho se acumular no fundo, isso indica que há uma quantidade demasiada dele.**

CROÛTONS

Muitas vezes, os *croûtons* são usados como guarnição para saladas, assim como em sopas e guisados. As *croustades*, os *crostini*, as torradas e as *bruschettas* são tipos de *croûtons*. Alguns são cortados em fatias, outros em cubos ou discos. Alguns são torrados, outros fritos por imersão, outros grelhados e outros, ainda, dourados na salamandra. Os *croûtons* grandes podem servir de base para canapés, *hors-d'oeuvre* e carnes assadas ou grelhadas e constituem um reflexo das práticas medievais europeias, quando os pratos eram, na verdade, fatias grossas de pão a serem consumidas depois que estivessem bem molhadas com os sucos e os molhos da refeição.

Para fazer *croûtons*:

» *Corte o pão (com ou sem as cascas) no tamanho desejado. Esfregue, espirre ou pincele ligeiramente os cubos ou fatias com óleo ou manteiga clarificada, se desejar. Adicione sal e pimenta.*

» *Para torrar* croûtons *no forno, espalhe-os em uma única camada numa assadeira. Vire-os de vez em quando para que tostem por igual, e verifique o forno com frequência, para evitar que se queimem.*

» *Para preparar* croûtons *em fritura rasa, coloque o pão na manteiga clarificada ou óleo quente em uma sauteuse, frite até que dourem por igual e seque bem sobre papel absorvente.*

» *Acrescente ervas ou queijo ralado enquanto ainda estiverem quentes.*

Croûtons de boa qualidade são claros, relativamente sem gorduras, bem temperados e com textura crocante.

Algumas frutas têm uma série de diferentes características que podem tornar algumas saladas de frutas bastante robustas, ao passo que outras perdem qualidade muito rapidamente. As que se oxidam (maçãs, peras e bananas) podem ser regadas com sucos de frutas cítricas para evitar esse problema, desde que o sabor do suco não entre em competição com os outros ingredientes da salada e não sejam preparadas com muita antecedência.

saladas de frutas

Frutas altamente perecíveis podem ser utilizadas em saladas de frutas mistas para operações de grande volume desde que se prepare a base com frutas menos perecíveis. As outras, como framboesas, morangos ou bananas, podem ser misturadas a porções menores ou porções individuais no último minuto, ou adicionadas como guarnição.

Ervas frescas, como hortelã, manjericão ou tomilho limão também podem guarnecer saladas de frutas. Experimente para determinar quais ervas funcionam melhor com as frutas selecionadas para a salada.

Para preparar saladas de frutas, você precisa aprender a descascar, fatiar ou cortar diversas frutas, como se vê nas páginas seguintes. Antes de trabalhar com qualquer fruta, verifique se ela está adequadamente lavada. Evite a contaminação cruzada, limpe e sanitize as tábuas e os utensílios da maneira correta. Depois que as frutas forem cortadas, conserve-as na geladeira até o momento de servi-las.

MAÇÃS

Para impedir a oxidação das superfícies cortadas, passe-as por água acidulada pelo acréscimo de um pouco de suco cítrico. Faça o mesmo com peras, pêssegos e bananas. Escolha um suco com sabor que complemente o da fruta. Não pode haver ácido em quantidade que lhe sufoque o sabor.

Use a ponta de uma faca de legumes para limpar a maçã, remover o caule e as extremidades florescentes. Use essa mesma faca ou um descascador para retirar a casca. Depois disso, corte a maçã ao meio de cima para baixo e depois em quatro. Para retirar o núcleo dos quartos, comece pela extremidade do caule, cortando em ângulo até o ponto médio do núcleo, onde é mais profundo. Faça um segundo corte trabalhando a partir da direção oposta.

Para cortar fatias bem uniformes, use uma *mandoline*. Pegue a maçã inteira e corte as fatias laterais até pouco antes de chegar ao núcleo. Vire e repita do lado oposto. Quando a polpa foi removida dos dois lados largos, fatie-a a partir dos lados, agora estreitos, da maçã.

FRUTAS CÍTRICAS

As frutas cítricas, como laranjas, limões, limões-sicilianos e toranjas (*grapefruits*), são usadas para adicionar sabor, umidade e cor aos pratos. Elas também são servidas como guarnição funcional de alguns alimentos – por exemplo, uma fatia de limão com sopa de feijão-preto à cubana ou um gomo de limão-siciliano com peixe grelhado. Antes de tirar o suco de frutas cítricas, deixe que cheguem à temperatura ambiente, se possível. Role a fruta sob a palma da mão, sobre uma tábua ou outra superfície de trabalho, antes de retirar-lhe o suco, para romper algumas das membranas; desse modo, ela rende mais suco. Lembre-se de coar as sementes e a polpa antes de usar o suco ou cobrir a fruta com um pedaço de musselina antes de espremê-la ou coar depois de espremê-la. Há numerosos utensílios especiais para retirar o suco dos cítricos, incluindo extratores e espremedores elétricos ou manuais.

saladas de frutas

Retirando zestes de frutas cítricas

Fazendo suprêmes cítricos

Os *zestes* cítricos são a parte externa da casca da fruta, usados para adicionar cor, textura e sabor aos pratos. Os *zestes* incluem apenas a parte da casca de cor vívida, que contém muitos dos óleos voláteis da fruta, saborosos e aromáticos. Não incluem a parte interna branca, que tem gosto amargo. Para ralar os *zestes*, você pode usar a parte fina de um ralador, uma faca de legumes, um descascador ou *zester*.

Muitas vezes, os *zestes* são branqueados antes de ser usados num prato, para retirar qualquer sabor amargo desagradável. Para branquear *zestes*, cozinhe-os rapidamente em água em fervura suave, depois escorra-os. Repita quantas vezes forem necessárias; em geral, duas ou três vezes são suficientes. Adicione açúcar à água do branqueamento para obter *zestes* doces.

Separar a polpa das membranas conectivas da fruta faz **suprêmes** cítricos, também chamados seções ou segmentos.

1. Depois de cortar as pontas da fruta, use uma faca de legumes para remover a casca da laranja. Tenha cuidado para cortar a polpa o menos possível.

2. Para fazer *suprêmes*, use uma faca de legumes para cortar ao longo de cada lado da membrana que divide os gomos da laranja. Tenha uma tigela à mão para ir colocando os *suprêmes* à medida que os corta.

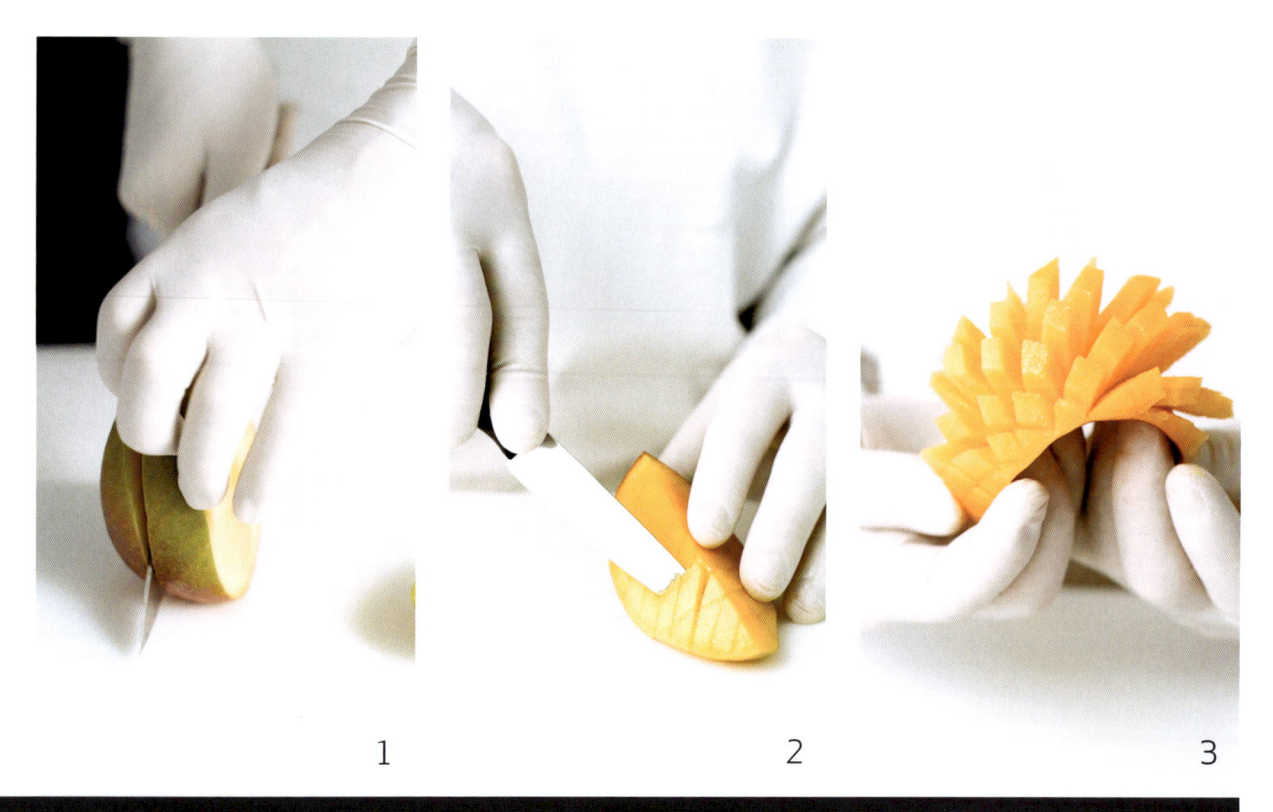

Mangas

A manga tem um caroço achatado no centro da polpa. A casca é deixada na fruta para produzir um corte especial ou, se desejar, a fruta pode ser descascada antes de se separar a polpa do caroço. Se cortada a partir da ponta do caule para a parte inferior da manga, a polpa se destaca do caroço com maior facilidade.

Se cortar cubos da manga para fazer purê ou com propósitos não decorativos, descasque-a fazendo uma série de cortes, retirando o menos possível da parte comestível. Corte uma fatia do outro lado do caroço, tão próximo dele quanto possível, para maior rendimento. Corte a polpa restante dos dois lados estreitos, seguindo a curva do caroço, em cubos ou fatias, a gosto.

Para o corte de ouriço, a manga não é descascada antes de a polpa ser separada do caroço. Essa técnica pode ser usada para preparar mangas para saladas ou outros usos, ou para uma apresentação decorativa em um prato de frutas.

1. Use uma faca de chef para fatiar cuidadosamente, tão próximo do caroço quanto possível, para retirar a maior parte da polpa. Se desejar, o resto da manga pode ser descascado e a polpa retirada do caroço para melhorar o rendimento.

2. Use a ponta de uma faca de legumes ou uma faca de carne e cozinha para entalhar a polpa em padrão cruzado. Isso pode ser feito na diagonal, como se vê na foto, ou usando cortes perpendiculares, para fazer cubos. A ponta da faca não deve cortar a pele.

3. Vire a metade da manga do avesso; vai parecer um ouriço. Separe os cubos da casca agora, ou apresente a fruta, assim como está, em um prato de frutas.

saladas de frutas

Abacaxi

O abacaxi tem a casca grossa, espinhenta. Antes de se usar a polpa numa salada ou em outras apresentações, devem-se eliminar os "olhos" que ficam na região próxima da casca. Retire as partes superior e inferior do abacaxi com uma faca de chef.

Use essa mesma faca para descascá-lo. Faça cortes profundos o bastante para retirar os olhos, mas não tanto que remova muita polpa comestível. Para fazer fatias uniformes, ou cortar cubos por igual, fatie o abacaxi verticalmente, na espessura desejada, até chegar ao núcleo do primeiro lado. Vire o abacaxi e fatie-o do lado oposto, e também de ambos os outros lados. Corte as fatias em *julienne*, *batonnet* ou cubos, a gosto.

Melão

Os melões são servidos em gomos, fatias, cubos ou bolas. Podem ser descascados antes ou depois de cortados. Para fazer o melão ficar estável enquanto você trabalha, corte uma fatia nas duas pontas. Você pode remover toda a casca antes de cortá-lo ao meio e retirar as sementes, para agilizar a produção de pratos de fruta e saladas. Ou pode deixar a casca na fruta.

1. Depois de cortar o topo e a parte inferior do melão, retire a casca. Use uma faca de carne e cozinha ou de chef para seguir a curva do melão.

2. Corte o melão ao meio e remova as sementes. Cuidado para não tirar nenhum pedaço da polpa da fruta. Agora, o melão pode ser preparado em bolas, cortado em fatias ou em cubos.

3. Escave as bolas de melão da metade da fruta limpa usando um boleador *parisienne*.

capítulo 27 » SALADAS E MOLHOS DE SALADAS

Mais substanciosas do que as saladas verdes, as desta categoria contêm ingredientes como proteínas, grãos e outros alimentos ricos em nutrientes que fazem delas o item principal do menu; portanto, podem ser consideradas uma refeição completa para almoço ou jantar. Com exceção da salada composta, as demais ficam melhor se preparadas com antecedência, para que haja tempo de os sabores se misturarem.

saladas quentes, de vegetais e compostas

SALADAS QUENTES

Faz-se a salada quente – chamada, em francês, de *salade tiède* – misturando-se os ingredientes a um molho quente, em fogo de médio a baixo. A salada deve estar inteiramente morna. Uma abordagem diferente é usar uma salada gelada, crocante, como camada inferior para itens principais quentes, como carne ou peixe grelhado.

SALADAS DE LEGUMES E VEGETAIS

Prepare os vegetais para esse tipo de salada como pede a receita específica. Alguns são simplesmente enxaguados e aparados. De outros, é preciso retirar a casca e as sementes, e cortá-los na forma apropriada. Alguns vegetais requerem um branqueamento inicial para firmar cor e texturas, enquanto outros precisam ser inteiramente cozidos.

    Se a salada for servida crua, combine os vegetais preparados com um vinagrete ou outro molho, e deixe descansar por tempo suficiente para combinar os sabores. Quando os vegetais são cozidos, total ou parcialmente, há dois métodos para aplicar o molho. No primeiro, simplesmente escorra os vegetais e combine-os com o molho enquanto ainda estiverem quentes, para que a absorção de sabor seja mais rápida; esse método funciona bem para vegetais de raiz como cenouras, beterrabas e pastinacas, assim como para alhos-porós, cebolas e batatas.

    Alguns vegetais (principalmente os verdes, como brócolis ou vagens) podem descolorir-se se forem combinados com um ácido com antecedência; nesse caso, refresque os vegetais antes de adicionar o molho, na hora de servir. Escorra e seque bem os vegetais, para que o molho não afine.

SALADAS DE BATATA

As batatas precisam ser cozidas completamente, mas não demais. Aquelas que apresentam alto conteúdo de umidade mantêm a forma depois de cozidas, melhor do que o fazem as batatas com baixo teor de umidade.

A salada de batatas clássica americana é uma salada cremosa, temperada com maionese. Outras, utilizadas em todo o mundo, são, muitas vezes, temperadas com vinagrete. Em algumas receitas europeias tradicionais, a base do molho pode ser gordura de *bacon*, azeite de oliva, fundo ou uma combinação desses ingredientes. Na verdade, o molho pode ser fervido suavemente antes de ser adicionado às batatas, para se obter o melhor sabor no prato pronto.

SALADAS DE MACARRÃO E GRÃOS

Tanto os grãos como os macarrões para saladas devem estar inteiramente cozidos. Entretanto, tome cuidado para não os cozinhar demais, porque uns e outros poderão, ainda, absorver um pouco do líquido do molho e ficar encharcados rapidamente.

Se uma salada de macarrão ou grãos for armazenada para uso posterior, tenha um cuidado especial ao verificar o tempero antes de servir. Essas saladas tendem a ficar sem graça à medida que o tempo passa. O sal e a pimenta-do-reino são temperos importantes, é claro, mas outros, como vinagres, ervas ou sucos cítricos, podem fornecer um sabor mais destacado.

SALADAS DE LEGUMES

O feijão seco deve ser cozido até que o centro fique macio e cremoso; é possível que as cascas se quebrem ou abram ligeiramente. Se a salada for feita com diversos tipos de feijão seco, é importante que aqueles com diferentes tempos de cozimento sejam cozidos separadamente até o ponto correto, antes de serem misturados.

Ao contrário dos grãos e macarrões, que podem ficar macios demais dentro do molho, o feijão não vai ficar mais macio. De fato, o ácido dos molhos para salada os tornará mais duros, mesmo se estiverem inteiramente cozidos. Portanto, as saladas de feijão não devem ser temperadas e ficar descansando por períodos de tempo muito longos. Se a salada for usada até quatro horas depois de preparada, entretanto, não haverá qualquer mudança significativa na textura.

SALADAS COMPOSTAS

As saladas compostas contêm itens cuidadosamente arranjados num prato, e não componentes que estão juntos por acaso. Em geral, são pratos principais ou tira-gostos, e não acompanhamentos. Embora não haja regras específicas que determinem os requisitos de uma salada composta, devem-se ter em mente os seguintes princípios:

» Considere se cada elemento combina bem com os outros. Sabores contrastantes intrigam, sabores conflitantes são um desastre.

» A repetição de uma cor ou sabor pode fazer sucesso, se contribuir para o prato como um todo. Mas, em geral, grande quantidade de uma coisa boa é simplesmente... demais.

» Cada elemento do prato deve ser preparado de modo tão perfeito que possa ser apresentado sozinho com facilidade. Entretanto, cada parte deve ser destacada em combinação com as outras.

» Os componentes devem ser arranjados de tal maneira que as texturas e cores dos alimentos atraiam muito o olhar.

Vinagrete de vinho tinto

Rendimento: 960 mℓ

- 240 mℓ de vinagre de vinho tinto
- 2 colheres (chá)/10 mℓ de mostarda (para emulsificar, opcional)
- 14 g de chalota ralada
- Sal, a gosto
- Pimenta-do-reino preta moída, a gosto
- 2 colheres (chá)/10 g de açúcar
- 720 mℓ de azeite de oliva ou óleo de canola
- 3 colheres (sopa)/9 g de ervas bem picadas, como cebolinha francesa, salsa, orégano, manjericão e estragão (opcional)

1. Misture o vinagre, a mostarda (se usar), a chalota, o sal, a pimenta-do-reino e o açúcar. Acrescente o óleo aos poucos, enquanto bate a mistura.
2. Junte as ervas, se usá-las, e acerte o tempero com o sal, a pimenta-do-reino e o açúcar, se necessário.
3. Sirva imediatamente ou leve à geladeira até o momento de usar.

Vinagrete de vinho branco: Substitua o vinagre de vinho tinto por vinagre de vinho branco.

Vinagrete com mostarda e ervas: Substitua o vinagre de vinho tinto por vinagre de vinho branco, use a quantidade de mostarda indicada na receita e ainda coloque 1 colher (chá)/5 mℓ de mostarda adicional, ½ colher (chá)/1 g de cebola em pó e uma pitada de alho em pó. Adicione apenas 2 colheres (sopa)/6 g das ervas mistas picadas, com 2 colheres (sopa)/6 g de salsa picada.

Vinagrete de alho assado e mostarda: Adicione 113 g de purê de alho assado.

Vinagrete de limão-siciliano e alho: Substitua o vinagre por 180 mℓ de suco de limão-siciliano. Adicione 2 colheres (chá)/6 g de alho, amassado como uma pasta, e 1 colher (chá)/1 g de alecrim bem picado.

Vinagrete de limão-siciliano e salsa: Substitua o vinagre por 180 mℓ de suco de limão-siciliano. Adicione de 14 g a 21 g de salsa bem picada.

Vinagrete de *chipotle* e *sherry*

Rendimento: 960 mℓ

- 240 mℓ de vinagre de *sherry*
- 60 mℓ de suco de limão
- 5 *chipotles** enlatados em *adobo*,** moídos
- 2 chalotas raladas
- 2 dentes de alho amassados
- Sal, a gosto
- Pimenta-do-reino preta moída, a gosto
- 2 colheres (sopa)/28 g de *piloncillo**** ou açúcar mascavo
- 720 mℓ de azeite de oliva extravirgem
- 28 g de **ervas finas** (p. 386) bem picadas

1. Misture o vinagre, o suco de limão, os *chipotles*, as chalotas, o alho, o sal, a pimenta-do-reino e o açúcar. Adicione o azeite aos poucos, batendo sempre.
2. Junte as ervas e acerte o tempero com o sal, a pimenta-do-reino e o açúcar, se necessário.
3. Sirva imediatamente ou leve à geladeira para uso posterior.

---

* *Jalapeños* defumados. (N. E.)
** Palavra que, em espanhol, significa tempero ou marinada. (N. E.)
*** No México, nome dado a pequenos blocos de açúcar de cana sólidos, não refinados. (N. E.)

Vinagrete de amêndoas e figos

Rendimento: 1,32 ℓ

- 120 mℓ de vinagre balsâmico
- 120 mℓ de vinho tinto, como *Zinfandel* ou *Merlot*
- 4 chalotas raladas
- 113 g de amêndoa tostada e picada
- Sal, a gosto
- Pimenta-do-reino preta moída, a gosto
- 360 mℓ de óleo de amêndoas
- 480 mℓ de azeite de oliva
- 149 g de figo seco, picado
- Suco de 2 limões-sicilianos

1. Misture o vinagre, o vinho, as chalotas, a amêndoa, o sal e a pimenta-do-reino em uma tigela. Bata e, aos poucos, adicione os óleos.
2. Junte o figo, o suco de limão-siciliano e o molho tabasco. Ajuste o tempero com o sal e a pimenta-do-reino.
3. Sirva imediatamente ou leve à geladeira para uso posterior.

Vinagrete de sidra

Rendimento: 1,62 ℓ

- 480 mℓ de sidra
- 180 mℓ de vinagre de sidra
- 1 maçã Granny Smith descascada, em *brunoise*
- 2 colheres (chá)/6 g de sal
- ¼ de colher (chá)/0,5 g de pimenta-do-reino branca moída
- 720 mℓ de óleo vegetal
- 2 colheres (sopa)/6 g de estragão picado finamente
- 1 colher (sopa)/15 mℓ de xarope de bordo

1. Em uma panela pequena, cozinhe a sidra suavemente até reduzi-la a 180 mℓ. Espere esfriar.
2. Misture a redução de sidra, o vinagre, a maçã, o sal e a pimenta. Acrescente o óleo aos poucos, batendo sempre.
3. Junte o estragão e o xarope de bordo. Acerte o tempero com o sal e a pimenta.
4. Sirva imediatamente ou leve à geladeira para uso posterior.

Vinagrete balsâmico

Rendimento: 960 mℓ

- 120 mℓ de vinagre de vinho tinto
- 120 mℓ de vinagre balsâmico
- 2 colheres (chá)/10 mℓ de mostarda (opcional)
- Sal, a gosto
- Pimenta-do-reino preta moída, a gosto
- ½ colher (chá)/2,5 g de açúcar (opcional)
- 720 mℓ de azeite de oliva
- 3 colheres (sopa)/9 g de ervas, como cebolinha francesa, salsa, orégano, manjericão e estragão, bem picadas (opcional)

1. Misture os vinagres, a mostarda (se usar), o sal, a pimenta-do-reino e o açúcar (se usá-lo) em uma tigela. Aos poucos, acrescente o azeite, batendo sempre.
2. Acerte o tempero com o sal, a pimenta-do-reino e o açúcar, se necessário. Junte as ervas, se usá-las.
3. Sirva imediatamente ou conserve na geladeira para uso posterior.

NOTA: A quantidade de açúcar adicionada ao vinagrete vai depender da qualidade de vinagre balsâmico usado.

Vinagrete de *curry*

Rendimento: 960 ml

- 720 ml de azeite de oliva
- 3 colheres (sopa)/19 g de **curry em pó** (p. 386)
- 28 g de chalota ralada
- 14 g de alho amassado
- 14 g de gengibre ralado
- 14 g de capim-limão bem picado (só as partes tenras centrais)
- 240 ml de vinagre de sidra
- Suco de limão-siciliano, a gosto
- Mel, a gosto
- Sal, a gosto
- Pimenta-do-reino preta moída, a gosto

1. Aqueça 90 ml do azeite numa panela, em fogo baixo. Adicione o *curry*, a chalota, o alho, o gengibre e o capim-limão. Continue a aquecer, até que a chalota esteja translúcida. Não doure. Retire do fogo e espere esfriar e misture com um pouco de azeite.
2. Misture o vinagre ao suco de limão-siciliano, mel, sal e pimenta-do-reino em uma tigela. Junte o azeite restante, sem parar de bater.
3. Acerte o tempero com o suco de limão, o mel, o sal e a pimenta-do-reino, se necessário.
4. Sirva imediatamente ou conserve na geladeira para uso posterior.

Molho de mel, sementes de papoula e cítricos

Rendimento: 1,08 l

- 730 ml de azeite de oliva
- 14 g de chalota ralada
- 90 ml de *ketchup*
- 120 ml de vinagre de vinho tinto
- 60 ml de suco de laranja
- 60 ml de suco de toranja (*grapefruit*)
- 28 g de mel
- ½ colher (chá)/1 g de mostarda em pó
- 1½ colher (chá)/4 g de sementes de papoula
- Sal, a gosto
- Pimenta-do-reino preta moída, a gosto

1. Aqueça 2 colheres (chá)/10 ml de azeite em uma panela, em fogo médio, e refogue a chalota até ficar translúcida. Adicione o *ketchup*, o vinagre, os sucos, o mel, a mostarda e as sementes de papoula. Cozinhe suavemente e deixe borbulhar por 1 minuto. Retire do fogo e espere esfriar até que fique à temperatura ambiente.
2. Transfira a mistura para uma tigela média e acrescente o azeite restante aos poucos, batendo sempre. Tempere com o sal e a pimenta-do-reino.
3. Sirva imediatamente ou guarde na geladeira para uso posterior.

Vinagrete de tomates tostados

Rendimento: 960 ml

- 10 tomates italianos
- 480 ml de azeite de oliva
- 180 ml de vinagre de vinho tinto
- Sal, a gosto
- Pimenta-do-reino preta moída, a gosto
- 1 colher (sopa)/3 g de tomilho
- 2 colheres (sopa)/6 g de manjericão, em *chiffonade*
- Molho tabasco, a gosto

1. Lave os tomates e retire as sementes. Pincele-os ligeiramente com um pouco do azeite. Toste-os diretamente sobre a chama do fogão. Descasque-os, faça um purê e coe.
2. Misture o vinagre, o purê de tomates, o sal e a pimenta-do-reino. Acrescente o azeite restante aos poucos, batendo sempre.
3. Junte as ervas e o molho tabasco. Acerte o tempero com o sal e a pimenta-do-reino.
4. Sirva imediatamente ou guarde na geladeira para uso posterior.

Vinagrete de goiaba e *curry*

Rendimento: 1,09 l

- 113 g de pasta de goiaba
- 240 ml de vinagre de vinho tinto
- 2 colheres (sopa)/13 g de **curry em pó** (p. 386 ou comprado pronto)
- Suco de 4 limões
- 1 pimenta *scotch bonnet* sem sementes, bem picada
- Sal, a gosto
- Pimenta-do-reino preta moída, a gosto
- 720 ml de azeite de oliva
- 3 colheres (sopa)/9 g de coentro grosseiramente picado

1. Misture a pasta de goiaba, o vinagre e o *curry* em pó em uma panela pequena e aqueça ligeiramente até a pasta de goiaba derreter. Espere esfriar.
2. Misture a mistura de goiaba com o suco de limão, a pimenta *scotch bonnet*, o sal e a pimenta-do-reino. Acrescente o azeite aos poucos, batendo sem parar.
3. Junte o coentro e acerte o tempero com o sal e a pimenta-do-reino, se necessário.
4. Sirva imediatamente ou guarde na geladeira para uso posterior.

Vinagrete trufado

Rendimento: 960 ml

360 ml de vinagre de vinho tinto
120 ml de vinagre balsâmico
60 ml de água
2 colheres (chá)/10 ml de mostarda de Dijon
2 chalotas picadas
270 ml de azeite de oliva suave
150 ml de azeite de oliva extravirgem
3 colheres (sopa)/45 ml de azeite trufado
2 colheres (chá)/10 g de açúcar
2 colheres (chá)/6 g de sal
½ colher (chá)/1 g de pimenta-do-reino preta moída

1 trufa branca ou negra picada (opcional)

1. Misture os vinagres, a água, a mostarda e a chalota.
2. Misture os óleos gradativamente.
3. Tempere com açúcar, sal e pimenta. Junte as trufas pouco antes de servir, se quiser.

Vinagrete trufado de ervas: Não use a mostarda e acrescente salsinha picada, manjerona e hortelã para dar mais sabor.

Molho de óleo de amendoim e vinagre de malte para salada

Rendimento: 960 ml

720 ml de óleo de amendoim
240 ml de vinagre de malte
57 g de açúcar mascavo
2 colheres (sopa)/6 g de estragão picado
2 colheres (sopa)/6 g de cebolinha francesa picada
2 colheres (sopa)/6 g de salsa picada
2 colheres (chá)/6 g de alho amassado
Sal, a gosto
Pimenta-do-reino preta moída, a gosto

1. Misture bem o óleo, o vinagre, o açúcar, o estragão, a cebolinha francesa, a salsa e o alho.
2. Guarde a mistura na geladeira para descansar por 24 horas, antes de usá-la. O sabor das ervas vai fazer uma infusão e se distribuir pelo molho, conferindo a ele mais sabor.
3. Misture bem para recombinar os ingredientes e tempere com o sal e a pimenta-do-reino. Sirva imediatamente ou guarde na geladeira para uso posterior.

Vinagrete pesto

Rendimento: 960 ml

- 240 ml de vinagre de vinho tinto
- 113 g de **pesto** (p. 313)
- Sal, a gosto
- Pimenta-do-reino preta moída, a gosto
- 600 ml de azeite de oliva ou óleo vegetal

1. Misture o vinagre, o *pesto*, o sal e a pimenta-do-reino em uma tigela. Adicione o azeite aos poucos, batendo sem parar.
2. Ajuste o tempero com o sal e a pimenta-do-reino, se necessário.
3. Sirva imediatamente ou guarde na geladeira para uso posterior.

Vinagrete gourmande

Rendimento: 960 ml

- 150 ml vinagre de *sherry*
- 90 ml de suco de limão-siciliano
- Sal, a gosto
- Pimenta-do-reino preta moída, a gosto
- 360 ml de azeite de oliva
- 360 ml de óleo vegetal
- 14 g de cerefólio picado
- 14 g de estragão picado

1. Combine o vinagre, o suco de limão, o sal e a pimenta-do-reino. Acrescente os óleos aos poucos, batendo sem parar.
2. Acrescente o cerefólio e o estragão e acerte o tempero com o sal e a pimenta-do-reino, se necessário.
3. Sirva imediatamente ou guarde na geladeira para uso posterior.

Vinagrete de óleo de nozes e vinho tinto: Substitua o vinagre de *sherry* por vinagre de vinho tinto, o óleo vegetal pelo óleo de nozes, e o cerefólio e o estragão por salsa e cebolinha francesa.

Molho deusa verde

Rendimento: 960 ml

- 57 g de espinafre
- 57 g de agrião
- 1 colher (sopa)/3 g de salsa
- 1 colher (sopa)/3 g de estragão
- 1 dente de alho, amassado para formar uma pasta
- 60 ml de óleo vegetal
- 360 ml de **maionese** (p. 903)
- 1 colher (sopa)/15 ml de mostarda de Dijon
- Sal, a gosto
- Pimenta-do-reino preta moída, a gosto
- Suco de limão-siciliano, a gosto

1. Bata no processador de alimentos ou no liquidificador o espinafre, o agrião, a salsa, o estragão e o alho com o óleo, até obter uma mistura homogênea. Junte à maionese e à mostarda.
2. Tempere com o sal, a pimenta-do-reino e o suco de limão-siciliano.
3. Sirva imediatamente ou guarde na geladeira para uso posterior.

Molho francês catalina

Rendimento: 960 ml

- 105 ml de ovo pasteurizado
- 113 g de açúcar mascavo
- 120 ml de vinagre de sidra
- 2 colheres (chá)/10 ml de mostarda de Dijon
- ¼ de colher (chá)/0,5 g de alho em pó
- ¼ de colher (chá)/0,5 g de cebola em pó
- 1 pitada de pimenta-da-jamaica moída
- Sal, a gosto
- Pimenta-do-reino preta moída, a gosto
- 360 ml de **óleo aromatizado com páprica** (p. 925)

1. Misture o ovo, o açúcar, o vinagre, a mostarda, o alho e a cebola em pó, a pimenta-da-jamaica, o sal e a pimenta-do-reino. Junte o óleo aos poucos, batendo sem parar.
2. Ajuste o tempero com o sal e a pimenta-do-reino, se necessário.
3. Sirva imediatamente ou guarde na geladeira para uso posterior.

Molho de amendoim

Rendimento: 1,56 l

- 14 g de alho amassado
- 2 colheres (sopa)/6 g de estragão picado
- 3 colheres (sopa)/9 g de cebolinha francesa finamente picada
- 3 colheres (sopa)/9 g de salsa picada
- 113 g de açúcar mascavo
- 360 ml de vinagre de malte
- 113 g de manteiga de amendoim
- 720 ml de óleo de amendoim
- 240 ml de óleo para salada
- Sal, a gosto
- Pimenta-do-reino preta moída, a gosto
- Molho tabasco, a gosto

1. Misture o alho, o estragão, a cebolinha francesa, a salsa, o açúcar, o vinagre e a manteiga de amendoim em uma tigela. Junte os óleos aos poucos, sem parar de bater.
2. Tempere com o sal, a pimenta-do-reino e o tabasco.
3. Sirva imediatamente ou guarde na geladeira para uso posterior. Espere que o molho volte à temperatura ambiente antes de utilizá-lo.

Molho Caesar

Rendimento: 720 ml

- 85 g de filé de anchova
- 14 g de mostarda em pó, ou 15 ml de mostarda de Dijon
- 2 colheres (chá)/6 g de pasta de alho
- 30 a 45 ml de suco de limão-siciliano, ou a gosto
- 2 colheres (sopa) / 30 ml de gema de ovo pasteurizada
- 57 g de queijo parmesão ralado
- Sal, a gosto
- Pimenta-do-reino preta moída, a gosto
- 540 ml de azeite de oliva
- Molho tabasco, a gosto

1. Misture a anchova, a mostarda e o alho até formar uma pasta. Adicione parte do suco de limão, a gema, o queijo, o sal e a pimenta-do-reino. Acrescente o azeite aos poucos, batendo sem parar.
2. Junte o restante do suco de limão e o tabasco e ajuste o tempero com o sal e a pimenta-do-reino.
3. Sirva imediatamente ou guarde na geladeira para uso posterior.

Molho de pepino

Rendimento: 720 mℓ

- 340 g de pepino descascado, sem sementes, em fatias bem finas
- 60 mℓ de suco de limão-siciliano
- 240 mℓ de creme azedo (*sour cream*)
- 3 colheres (sopa)/9 g de *dill* picado finamente
- 1 colher (sopa)/15 g de açúcar, ou a gosto
- Sal, a gosto
- Pimenta-do-reino branca moída, a gosto
- Molho tabasco, a gosto

1. Bata o pepino no processador de alimentos até obter uma mistura homogênea.
2. Transfira essa mistura para uma tigela e junte o suco de limão, o creme azedo, o *dill* e o açúcar. Misture até incorporar todos os ingredientes.
3. Junte o sal, a pimenta-do-reino e o molho tabasco. Acerte o tempero com o açúcar, se necessário.
4. Sirva imediatamente ou leve à geladeira, se for usar depois.

Maionese

Rendimento: 960 mℓ

- 75 mℓ de gema pasteurizada
- 2 colheres (sopa)/30 mℓ de água
- 2 colheres (sopa)/30 mℓ de vinagre de vinho branco
- 2 colheres (chá)/4 g de mostarda em pó ou 2 colheres (chá)/10 mℓ de mostarda preparada
- ½ colher (chá)/2,5 g de açúcar
- 720 mℓ de óleo vegetal
- Sal, a gosto
- Pimenta-do-reino branca moída, a gosto
- 2 colheres (sopa)/30 mℓ de suco de limão-siciliano

1. Misture a gema, a água, o vinagre, a mostarda e o açúcar numa tigela. Bata bem com um batedor de arame até que a mistura produza alguma espuma.
2. Acrescente o óleo em fluxo fino, aos poucos, sem parar de usar o batedor, até que o óleo se incorpore e a maionese fique homogênea e grossa.
3. Tempere com o sal, a pimenta-do-reino e o suco de limão.
4. Sirva imediatamente ou guarde na geladeira em um recipiente limpo para uso posterior.

NOTA: O óleo vegetal pode ser substituído por azeite de oliva ou óleo de amendoim *light*.

Maionese de anchovas e alcaparras: Adicione à maionese pronta 90 mℓ de suco de limão, 1 colher (sopa)/15 mℓ de mostarda de Dijon, 21 g de chalota ralada, 28 g de salsa picada, 28 g de alcaparra *nonpareil* bem picada e 28 g de filé de anchova bem picado. Tempere com sal e pimenta-do-reino.

Molho tártaro: Para 720 mℓ de maionese pronta, adicione 340 g de *relish* de picles doces escorridos, 57 g de alcaparra bem picada e 85 g de ovo duro (p. 884) cozido, em cubos pequenos. Tempere com molho inglês, molho tabasco, sal e pimenta-do-reino.

Maionese verde: Bata no liquidificador 142 g de folhas de espinafre e 4 colheres (sopa)/12 g de cada de salsa, estragão, cebolinha francesa e *dill*, picados. Combine essa mistura com a maionese pronta e 60 mℓ de suco de limão-siciliano. Acerte a consistência com água, se necessário. Ajuste o tempero com sal e pimenta.

Aïoli

Rendimento: 960 ml

- 75 ml de gema pasteurizada
- 1 colher (sopa)/15 ml de água
- 2½ colheres (chá)/7,5 g de alho, amassado para formar uma pasta
- 300 ml de azeite de oliva extravirgem
- Sal, a gosto
- Pimenta-de-caiena, a gosto
- Suco de limão-siciliano, a gosto

1. Misture a gema, a água e o alho em uma tigela. Bata bem com um batedor de arame, até que a mistura fique ligeiramente espumosa.
2. Adicione aos poucos o azeite, em fluxo fino, trabalhando sem parar com o batedor, até que o óleo esteja incorporado e o aïoli esteja homogêneo e grosso.
3. Tempere com o sal, a pimenta-de-caiena e o suco de limão-siciliano.
4. Sirva imediatamente ou guarde na geladeira para uso posterior.

Molho de queijo azul

Rendimento: 960 ml

- 113 g de queijo azul esfarelado
- 480 ml de **maionese** (p. 921)
- 240 ml de creme azedo (*sour cream*)
- 180 ml de leitelho
- 90 ml de leite
- 1 colher (sopa)/15 ml de suco de limão-siciliano, ou a gosto
- 28 g de cebola em purê
- 2 colheres (chá)/6 g de pasta de alho
- Molho inglês, a gosto
- Sal, a gosto
- Pimenta-do-reino preta moída, a gosto

1. Misture o queijo, a maionese, o creme azedo, o leitelho, o leite, o suco de limão-siciliano, a cebola e o alho e mexa até obter uma mistura uniforme.
2. Adicione o molho inglês, o sal e a pimenta-do-reino e acerte o tempero com o suco de limão, se necessário.
3. Sirva imediatamente ou guarde na geladeira para uso posterior.

Molho cremoso de pimenta-do-reino preta

Rendimento: 960 ml

- 840 ml de **maionese** (p. 921)
- 120 ml de leite ou leitelho
- 85 g a 113 g de queijo parmesão ralado, ou a gosto
- 57 g de pasta de anchova
- 28 g de pasta de alho
- 2 colheres (sopa)/12 g de pimenta-do-reino preta moída grosseiramente
- Sal, a gosto
- Pimenta-do-reino preta moída, a gosto

1. Junte todos os ingredientes e misture bem.
2. Acerte o tempero com o queijo parmesão, o sal e a pimenta-do-reino, se necessário.
3. Sirva imediatamente ou guarde na geladeira para uso posterior.

Molho japonês para salada

Rendimento: 960 mℓ

- 227 g de cenoura picada
- 113 g de cebola picada
- 113 g de salsão picado
- 1 laranja sem casca nem sementes
- 4 colheres (chá)/12 g de gengibre ralado
- 45 mℓ de molho de soja *light*
- 37,5 mℓ de *ketchup*
- 60 mℓ de vinagre de arroz
- 2 colheres (chá)/10 g de açúcar
- 30 mℓ de **maionese** (p. 921)
- 240 mℓ de óleo vegetal
- Sal, a gosto

1. Bata no liquidificador ou no processador de alimentos a cenoura, a cebola, o salsão, a laranja e o gengibre. Transfira para uma tigela média.
2. Adicione os ingredientes restantes e acerte o tempero com sal, se necessário.
3. Sirva imediatamente ou guarde na geladeira para uso posterior.

Molho rancheiro

Rendimento: 960 mℓ

- 360 mℓ de creme azedo (*sour cream*)
- 360 mℓ de **maionese** (p. 921)
- 240 mℓ de leitelho
- 60 mℓ de vinagre de vinho tinto
- 3 colheres (sopa)/45 mℓ de molho inglês
- 2 colheres (sopa)/30 mℓ de suco de limão-siciliano
- 1 colher (sopa)/15 mℓ de mostarda de Dijon
- 1 colher (sopa)/9 g de chalota ralada
- 1 colher (sopa)/3 g de salsa picada
- 1 colher (sopa)/3 g de cebolinha francesa picada finamente
- 2 colheres (chá)/6 g de alho, amassado até formar uma pasta
- 1 colher (chá)/2 g de sementes de salsão
- Sal, a gosto
- Pimenta-do-reino preta moída, a gosto

1. Junte todos os ingredientes e misture bem.
2. Acerte o tempero com o sal e a pimenta-do-reino.
3. Sirva imediatamente ou guarde na geladeira para uso posterior.

Molho mil ilhas

Rendimento: 1,08 ℓ

- 720 mℓ de **maionese** (p. 921)
- 180 mℓ de molho de pimenta
- 60 mℓ de *ketchup*
- 1½ colher (chá)/7,5 mℓ de molho inglês
- 1½ colher (chá)/7,5 mℓ de molho tabasco
- 113 g de cebola ralada
- 2¼ de colheres (chá)/6,75 g de alho amassado
- 85 g de *relish* de picles doce escorrido
- 2 **ovos duros** (p. 884) bem picados
- Sal, a gosto
- Pimenta-do-reino preta moída, a gosto
- 15 mℓ de suco de limão-siciliano, ou a gosto

1. Misture bem a maionese, o molho de pimenta, o *ketchup*, o molho inglês, o molho Tabasco, a cebola, o alho, o *relish* e os ovos.
2. Acerte o tempero com o sal, a pimenta-do-reino e o suco de limão, se necessário.
3. Sirva imediatamente ou guarde na geladeira para uso posterior.

Azeite aromatizado com manjericão

Rendimento: 480 mℓ

- 85 g de folhas de manjericão
- 28 g de folhas de salsa
- 480 mℓ de azeite de oliva

1. Em uma panela pequena, branqueie o manjericão e a salsa em água fervente salgada por 20 segundos. Retire as ervas da água, coloque-as em água gelada e escorra-as bem. Seque-as em papel absorvente.
2. Junte as ervas branqueadas com metade do azeite, no liquidificador, e bata até a mistura ficar homogênea. Com o liquidificador ainda funcionando, acrescente o azeite restante. Deixe descansar por 15 a 30 minutos.
3. Se desejar, coe o azeite aromatizado com uma peça de musselina ou filtro para café, passando-o para uma garrafa ou outro recipiente limpo. (Demora aproximadamente 15 minutos para passar o azeite num filtro de café, mas o resultado é um azeite claro.)
4. Feche a garrafa e leve-a à geladeira. Use conforme o necessário.

NOTA: Você pode substituir o manjericão por outras ervas, como cebolinhas francesas, estragão ou cerefólio. Entretanto, mantenha a salsa em todos os casos, para conferir ao azeite uma cor verde-clara.

Azeite aromatizado com laranja

Rendimento: 540 ml

- 360 ml de azeite de oliva
- 180 ml de azeite de oliva extravirgem
- 3 laranjas, apenas os *zestes* cortados em tiras

1. Misture os óleos em uma panela e aqueça-os a 60 °C. Tome muito cuidado para não aquecer demais. Retire o óleo do fogo e adicione os *zestes*.
2. Espere esfriar até chegar à temperatura ambiente e deixe em infusão, a noite toda, no refrigerador.
3. Coe o óleo e passe para uma garrafa ou outro recipiente limpo.
4. Feche a garrafa e guarde-a na geladeira. Use conforme o necessário.

Óleo aromatizado com cebolinha

Rendimento: 480 ml

- 480 ml de óleo vegetal
- 113 g de cebolinha em fatias bem finas

1. Misture o óleo e a cebolinha em uma panela e aqueça até que as cebolinhas comecem a chiar. Retire a panela do fogo e espere esfriar.
2. Passe por um processador até obter uma mistura homogênea e deixe descansar por 15 a 30 minutos. Coe com um pedaço de musselina ou filtro de café e passe para uma garrafa ou outro recipiente limpo.
3. Feche a garrafa e leve-a ao refrigerador. Use conforme o necessário.

Óleo aromatizado com páprica

Rendimento: 480 ml

- 480 ml de óleo vegetal
- 170 g de páprica doce

1. Misture o óleo e a páprica em uma panela, aqueça a 49 °C, retire do fogo e deixe de molho por 15 minutos.
2. Coe o óleo com um pedaço de musselina ou filtro de café e coloque em uma garrafa ou em outro recipiente limpo.
3. Feche a garrafa e leve-a ao refrigerador. Use conforme o necessário.

Salada verde mista

Rendimento: 10 porções

- 709 g de folhas verdes mistas, como alface-romana, alface lisa, alface roxa ou verde
- 90 a 150 ml de **vinagrete de vinho branco** (p. 914)
- Sal, a gosto
- Pimenta-do-reino preta moída, a gosto

1. Enxágue, apare e seque as folhas e rasgue-as ou corte-as em pedaços pequenos. Misture-as e mantenha-as geladas até o momento de servir.
2. Para cada porção, coloque 71 g de folhas numa tigela.
3. Adicione 15 ml de molho para revestir as folhas ligeiramente. Tempere com o sal e a pimenta-do-reino. Misture com cuidado, para revestir por igual.
4. Coloque a salada em um prato gelado e guarneça como desejar. Sirva imediatamente.

NOTA: Ao temperar verduras mistas com um vinagrete que contém emulsificantes adicionais ou com um molho cremoso, aumente a quantidade para 240 ml para dez porções (1½ colher (sopa)/22,5 ml por porção).

Salada de mesa tailandesa

Rendimento: 10 porções

- 10 folhas de alface roxa
- 1 pepino japonês com casca, em *julienne*
- 170 g de broto de feijão (*moyashi*)
- 20 raminhos de hortelã
- 30 raminhos de manjericão tailandês
- 30 raminhos de coentro
- 30 folhas de coentro vietnamita
- 10 folhas de chicória da Amazônia

Arrume as folhas de alface numa travessa. Distribua por cima o pepino e o broto de feijão. Guarneça com as ervas. Sirva imediatamente.

Salada de tofu defumado e salsão

Rendimento: 10 porções

- 361 g de salsão em *julienne*
- ¼ de colher (chá)/1 g de sal
- 14 g de açúcar demerara
- 7 g de molho de soja *light*
- 2 colheres (chá)/10 mℓ de óleo de gergelim torrado
- 1 colher (chá)/3 g de gengibre picado
- 1 colher (chá)/3 g de alho picado
- 21 g de cebolinha picada
- 227 g de tofu defumado em *julienne*

1. Disponha o salsão em uma única camada em uma panela de vapor. Cozinhe no vapor por 1 minuto e deixe esfriar até que chegue à temperatura ambiente.
2. Junte o sal, o açúcar, o molho de soja, o óleo de gergelim, o gengibre, o alho e a cebolinha. Acrescente o salsão e o tofu e mexa para incorporar.
3. Sirva imediatamente.

NOTA: É importante cortar o salsão e o tofu em tamanhos iguais.

Salada Caesar

Rendimento: 10 porções

- 851 g de alface-romana

MOLHO
- 2 colheres (chá)/6 g de pasta de alho
- 5 filés de anchova
- Sal, a gosto
- Pimenta-do-reino preta moída, a gosto
- 105 mℓ de ovo pasteurizado (inteiro ou gemas)
- 60 mℓ de suco de limão-siciliano, ou a gosto
- 150 mℓ de azeite de oliva
- 150 mℓ de azeite de oliva extravirgem

- 142 g de queijo parmesão ralado, ou a gosto
- 425 g de *croûtons* ao alho (p. 581)

1. Separe as folhas da alface. Lave-as e seque-as bem. Rasgue-as ou corte-as em pedaços, se necessário. Deixe a alface na geladeira até o momento de servir.
2. Para cada porção, amasse juntos cerca de um oitavo de colher (chá)/0,6 g de pasta de alho, meio filé de anchova, sal e pimenta-do-reino. Adicione 2 colheres (chá)/10 mℓ de ovo e 1 colher (chá)/5 mℓ de suco de limão-siciliano. Misture bem. Junte 15 mℓ de cada azeite, batendo para formar um molho grosso. Acrescente 1 a 2 colheres (sopa)/10 g de queijo parmesão ralado e 85 g da alface-romana. Misture até revestir por igual.
3. Sirva imediatamente em um prato gelado. Guarneça com 43 g de *croûtons*.

NOTAS: Esta salada é, tradicionalmente, preparada ao lado da mesa. É importante limpar e sanitizar as tigelas de madeira com cuidado, depois de cada uso. Aqui, o mais tradicional ovo quente ou cru é substituído por um ovo pasteurizado, para maior segurança do comensal.

A salada Caesar também pode ser feita com o molho Caesar (p. 920).

Gomo de alface-americana com molho mil ilhas

Rendimento: 8 porções

- 1 cabeça de alface-americana
- 480 mℓ de **molho mil ilhas** (p. 924)
- 170 g de tomate-cereja cortado ao meio
- 170 g de *bacon* salteado e finamente picado

1. Limpe e corte o pé de alface em 8 gomos.
2. Coloque cada gomo em um prato gelado e, por cima, 60 mℓ do molho. Guarneça cada porção com 21 g de tomates e *bacon*.
3. Sirva imediatamente.

Salada do chef

Rendimento: 10 porções

- 907 g de folhas verdes mistas
- 20 fatias de peru assado enroladas firmemente
- 20 fatias de salame enroladas firmemente
- 20 fatias de presunto enroladas firmemente
- 5 **ovos duros** (p. 884) cortados em gomos
- 284 g de queijo *cheddar* em *julienne*
- 284 g de queijo *gruyère* em *julienne*
- 10 gomos de tomate
- 85 g de pepino em fatias finas
- 85 g de cenoura em fatias finas
- 300 mℓ de **vinagrete de vinho tinto** ou **branco** (p. 914)
- 2 colheres (sopa)/6 g de cebolinha francesa picada

1. Coloque as folhas verdes em uma tigela ou arrume-as em uma travessa.
2. Distribua as carnes, os ovos, os queijos e os vegetais sobre a alface.
3. Tempere com o vinagrete e espalhe, por cima, a cebolinha francesa. Sirva imediatamente.

Salada grega

Rendimento: 10 porções

- 450 g de alface, lisa ou romana, cortada ao meio no sentido da largura
- 30 gomos de tomate
- 280 g de pepino, em fatias ou cubos pequenos
- 280 g de pimentão amarelo em *julienne*
- 113 g de cebola roxa, em fatias
- 140 g de queijo *feta* esfarelado
- 20 a 30 azeitonas pretas sem caroço (cerca de 85 g)
- 20 a 30 azeitonas verdes sem caroço (cerca de 85 g)
- 300 ml de **vinagrete de limão-siciliano e salsa** (p. 914)

1. Para cada porção, coloque 45 g de alface numa tigela ou arrume em uma travessa.
2. Distribua por cima 3 gomos de tomate, 28 g de pepino, 3 colheres (sopa)/8,5 g de cebolas, 14 g de queijo *feta* e 4 a 6 azeitonas.
3. Borrife com 30 ml do vinagrete e sirva imediatamente.

NOTA: Os ingredientes podem ser misturados ao vinagrete e depois colocados numa tigela ou travessa. Pode ser servida com charutinhos de folha de uva.

Salada de endívia com queijo Roquefort e nozes (*salade de Roquefort, noix et endives*)

Rendimento: 10 porções

- 60 ml de suco de limão-siciliano
- 60 ml de óleo de avelã
- 1½ colher (chá)/1,5 g de estragão picado
- Sal, a gosto
- Pimenta-do-reino preta moída, a gosto
- 907 g de endívia belga
- 71 g de nozes tostadas, picadas grosseiramente
- 113 g de queijo Roquefort esfarelado

1. Bata juntos, numa tigela pequena, o suco de limão-siciliano, o óleo e o estragão. Tempere com o sal e a pimenta-do-reino. Deixe descansar por 30 minutos.
2. Separe as folhas de endívia e lave-as bem. Seque-as e transfira-as para uma tigela grande de salada.
3. Adicione as nozes e o queijo. Junte o molho e misture até que a endívia esteja totalmente revestida. Sirva imediatamente.

Salada grega

Salada *Cobb*

Salada Cobb

Rendimento: 10 porções

- 180 mℓ de óleo vegetal
- 60 mℓ de vinagre de sidra
- 2 colheres (sopa)/30 mℓ de suco de limão-siciliano
- 2 colheres (sopa)/30 mℓ de mostarda de Dijon
- 14 g de salsa picada
- Sal, a gosto
- Pimenta-do-reino preta moída, a gosto
- 907 g de alface-romana rasgada
- 454 g de peru assado ou defumado, em cubos
- 170 g de abacate, em cubos
- 85 g de salsão, fatiado na diagonal
- 57 g de cebolinha fatiada na diagonal
- 284 g de queijo azul esfarelado
- 10 tiras de *bacon* fritas e picadas

1. Em uma tigela grande, misture o óleo, o vinagre, o suco de limão-siciliano, a mostarda e a salsa. Tempere com o sal e a pimenta-do-reino.
2. Adicione a alface e misture bem. Divida a alface entre tigelas ou pratos.
3. Arrume o peru, o abacate, o salsão e a cebolinha sobre a alface. Espalhe por cima o molho que ficou na tigela. Termine com o queijo e o *bacon*. Sirva imediatamente.

Salada taco

Rendimento: 10 porções

- 1,13 kg de carne moída
- 360 mℓ de **molho *taco*** (p. 932), ou a gosto
- 907 g de alface-americana em *chiffonade*
- 10 *tortillas* de milho ou farinha fritas e modeladas como tigelinhas
- 340 g de feijão-rajado cozido e escorrido
- 340 g de feijão-preto cozido e escorrido
- 284 g de tomate em cubos pequenos
- 57 g de cebola roxa em cubos pequenos
- 150 mℓ de creme azedo (*sour cream*)
- 284 g de queijo *cheddar* ou Monterey Jack esfarelado
- 20 azeitonas pretas sem caroço
- 480 mℓ de **pico de gallo** (p. 971)

1. Doure a carne em fogo médio em um *sautoir* ou *rondeau* pequeno, mexendo e pressionando até que esteja inteiramente cozida e não haja partes rosadas. Retire a carne da panela com uma colher furada, escorra-a bem e misture-a com o molho *taco*. A mistura deve ficar unida e úmida.
2. Coloque uma camada de alface no fundo de cada *tortilla*. Faça camadas com os feijões, a carne e a mistura de molho, tomates, cebola, creme de leite azedo, queijo, azeitonas e *pico de gallo*. Sirva imediatamente.

Molho taco

Rendimento: 960 ml

- 60 ml de óleo vegetal
- 71 g de cebola em cubos pequenos
- 2½ colheres (chá)/7,5 g de alho amassado
- 4 colheres (chá)/8 g de orégano seco
- 35 g de cominho em pó
- 21 g de **chili em pó** (p. 385 ou comprado pronto)
- 480 ml de purê de tomate
- 630 ml de **fundo de frango** (p. 277)
- Sal, a gosto
- Pimenta-do-reino preta moída, a gosto
- *Slurry* de amido de milho (p. 261), a gosto

1. Aqueça o óleo em uma panela. Adicione a cebola e refogue-a em fogo médio, mexendo frequentemente, até que ela esteja dourada, em 10 a 12 minutos.
2. Acrescente o alho e continue a refogar por mais 1 a 2 minutos. Junte o orégano, o cominho e a pimenta em pó, e cozinhe-os até liberarem o aroma.
3. Adicione o purê de tomate e espere começar a ferver suavemente, cozinhando e mexendo com frequência, até que a mistura se reduza, em 10 a 12 minutos.
4. Acrescente o fundo e cozinhe suavemente por 15 a 20 minutos ou até que o molho esteja bem aromatizado.
5. Tempere com o sal e a pimenta-do-reino. Bata o molho no liquidificador para obter um purê e coe, se desejar. Se necessário, engrosse com o *slurry* de amido de milho. Agora o molho está pronto para ser usado ou pode ser resfriado rapidamente e levado à geladeira para uso posterior.

Salada de espinafre com vinagrete quente de *bacon*

Rendimento: 10 porções

- 227 g de *bacon* em cubos pequenos
- 43 g de chalota ralada
- 2 colheres (chá)/6 g de alho amassado
- 113 g de açúcar mascavo
- 90 ml de vinagre de sidra
- 150 ml a 180 ml de óleo vegetal
- Sal, a gosto
- Grãos de pimenta-do-reino preta quebrados, a gosto
- 680 g de espinafre lavado e escorrido
- 5 **ovos duros** (p. 884) em cubos pequenos
- 170 g de cogumelo-de-paris em fatias
- 85 g de cebola roxa em fatias finas
- 113 g de **croûtons ao alho** (p. 581)

1. Para fazer o vinagrete, derreta o *bacon* em fogo médio-baixo em um *sautoir* médio. Quando ele ficar crocante, retire-o da panela, escorra-o e reserve-o.
2. Adicione a chalota e o alho à gordura do *bacon* e refogue-os até ficarem macios. Acrescente o açúcar. Retire a panela do fogo. Junte o vinagre e o óleo. Tempere com o sal e a pimenta-do-reino.
3. Misture o espinafre com os ovos, cogumelos, cebolas, *croûtons* e o *bacon* reservado. Adicione o vinagrete quente, misture uma vez e sirva imediatamente.

Salada de espinafre com vinagrete quente de *bacon*

Cogumelos, beterrabas e verduras verdes mistas com queijo *robiola* e nozes

Cogumelos, beterrabas e verduras verdes mistas com queijo *robiola* e nozes (*funghetti e barbe con cambozola e noci*)

Rendimento: 10 porções

340 g de beterraba vermelha média
340 g de beterraba amarela média
Sal, a gosto
120 mℓ de azeite de oliva extravirgem
Pimenta-do-reino preta moída, a gosto
60 mℓ de azeite de oliva
142 g de cogumelo *cremini* em fatias
142 g de cogumelo-de-paris em fatias
312 g de cogumelo selvagem sortido em fatias
300 mℓ de **vinagrete trufado de ervas** (p. 918)
113 g de miolo de alface-frisée
57 g de rúcula *baby*
113 g de folhas verdes mistas
15 fatias de baguete de 6 mm, cortadas na diagonal
851 g de queijo *robiola* macio
142 g de nozes tostadas, picadas grosseiramente
Óleo de trufas, a gosto

1. Coloque as beterrabas, sem a parte superior, em panelas separadas, com água fria suficiente para cobri-las inteiramente, mais 5 cm na altura. Adicione sal e cozinhe-as até ficarem macias, em 30 a 40 minutos. Escorra-as e espere que esfriem.
2. Descasque as beterrabas com uma faca de legumes e corte-as em cubos médios. Deixe-as marinar em azeite de oliva extravirgem, tempere-as com o sal e a pimenta-do-reino e reserve-as.
3. Aqueça uma *sauteuse* grande, em fogo médio, com 30 mℓ de azeite de oliva. Adicione o cogumelo-de-paris e o cogumelo *cremini*, tomando cuidado para não encher a panela em demasia. Refogue-os até ficarem dourados e macios, em 4 a 5 minutos. Retire os cogumelos e esfrie-os em uma assadeira. Faça o mesmo com os cogumelos selvagens. Tempere os cogumelos com 225 mℓ do vinagrete e reserve-os.
4. Misture a alface-frisée, a rúcula, as folhas mistas e reserve-as.
5. Corte cada fatia de baguete ao meio, no sentido do comprimento. Pincele cada uma delas com azeite de oliva, coloque-as numa assadeira e toste-as no forno a 204 °C até dourarem de um lado, em cerca de 2¼ minutos. Vire os *croûtons* para dourar do outro lado, em cerca de mais 2½ minutos.
6. Espalhe 28 g do queijo em um lado de cada *croûton*. Tempere com sal e pimenta.
7. Para cada porção, coloque 71 g da salada de cogumelos no centro do prato. Misture 28 g das folhas verdes com 1 colher (chá)/5 mℓ do vinagrete e distribua-as sobre os cogumelos. Ponha 57 g das beterrabas em torno das folhas verdes e distribua 14 g das nozes por cima. Coloque três *croûtons* sobre as folhas verdes. Borrife algumas gotas do óleo de trufas em torno das folhas e sirva.

Salada de agrião com *sherry* e maçã

Rendimento: 10 porções

180 mℓ de óleo vegetal
90 mℓ de vinagre de *sherry*
28 g de chalota ralada
1 colher (chá)/5 g de açúcar mascavo
Sal, a gosto
Pimenta-do-reino preta moída, a gosto
567 g de folhas de agrião limpas
284 g de maçã *golden delicious* em *julienne*
85 g de salsão ralado
57 g de nozes tostadas picadas

1. Coloque o óleo, o vinagre, a chalota, o açúcar, o sal e a pimenta-do-reino numa tigela. Bata até misturar todos os ingredientes.
2. Adicione o agrião, as maçãs e o salsão e mexa até que fiquem revestidas pelo vinagrete, por igual.
3. Guarneça com as nozes e sirva imediatamente.

Salada de espinafre *baby*, abacate e toranja (*grapefruit*)

Rendimento: 10 porções

- 1½ abacate em fatias
- 3 toranjas (*grapefruits*), cortadas em *suprême*
- 454 g de espinafre *baby*
- 150 mℓ de **vinagrete balsâmico** (p. 915)
- Sal, a gosto
- Pimenta-do-reino preta moída, a gosto

1. Para cada porção, misture 35 g de abacate com 43 g de segmentos de toranja (cerca de 3).
2. Misture 43 g do espinafre com 15 mℓ de vinagrete. Tempere com o sal e a pimenta-do-reino.
3. Arrume o espinafre sobre um prato gelado. Por cima, coloque o abacate e a toranja. Sirva imediatamente.

Salada *Waldorf*

Rendimento: 10 porções

- 567 g de maçã em cubos médios
- 170 g de salsão branqueado, em cubos pequenos
- 90 mℓ de **maionese** (p. 921)
- Sal, a gosto
- Pimenta-do-reino preta moída, a gosto
- 284 g de folhas de alface
- 57 g de nozes picadas grosseiramente, ligeiramente tostadas

1. Combine as maçãs, o salsão e a maionese numa tigela. Tempere-os com o sal e a pimenta-do-reino. Mantenha-os na geladeira até o momento de usá-los.
2. Sirva a mistura sobre uma camada de alface. Guarneça-a com as nozes.

Salada de aipo-rábano e maçã azeda

Rendimento: 10 porções

MOLHO

- 90 mℓ de **maionese** (p. 921)
- 60 mℓ de *crème fraîche* (queijo cremoso) ou creme azedo (*sour cream*)
- 60 g de mostarda de Dijon
- 30 mℓ de suco de limão-siciliano
- Sal, a gosto
- Pimenta-do-reino preta moída, a gosto

- 60 mℓ de suco de limão-siciliano
- 680 g de aipo-rábano
- 340 g de maçã Granny Smith descascada, em cubos

1. Para preparar o molho, misture a maionese, o *crème fraîche* ou o creme azedo, a mostarda e o suco de limão e misture bem. Tempere com o sal e a pimenta-do-reino.
2. Ferva bastante água salgada em uma panela grande e acrescente 60 mℓ do suco de limão. Descasque e corte o aipo-rábano em *julienne*. (Se o aipo-rábano for cortado com antecedência, coloque-o em água acidulada para impedir que se oxide.)
3. Pré cozinhe o aipo-rábano por cerca de 2 minutos, escorra-o e esfrie-o em água gelada. Escorra novamente. (Certifique-se de que ele está bem seco.)
4. Misture as maçãs com o aipo-rábano e tempere com o molho. Acerte o tempero com o sal, a pimenta-do-reino e o suco de limão-siciliano.
5. Sirva imediatamente ou mantenha na geladeira para uso posterior.

Salada de chuchu com laranja

Rendimento: 10 porções

- 2 a 3 chuchus descascados, limpos, em *julienne*
- 227 g de jacatupé em *julienne*
- 227 g de cenoura em *julienne*
- 5 laranjas, cortadas em *suprême* (reserve o suco)
- 1½ maço de cebolinha em fatias finas
- 90 ml de suco de limão
- 1½ colher (chá)/7,5 g de açúcar
- Sal, a gosto
- Pimenta-do-reino preta moída, a gosto
- 90 ml de azeite de oliva extravirgem
- 43 g de coentro picado grosseiramente
- 21 g de hortelã em *chiffonade*

1. Misture o chuchu, o jacatupé, a cenoura, a laranja e a cebolinha numa tigela.
2. Misture o suco de limão, o açúcar, o sal, a pimenta-do-reino e o suco de laranja reservado em uma tigela média. Acrescente o azeite aos poucos, sem parar de bater. Despeje o molho sobre a mistura de chuchu e mexa bem. Leve à geladeira por 30 minutos.
3. Mexa a salada e sirva-a imediatamente. Guarneça-a com o coentro e a hortelã.

Salada de melão-cantalupo com presunto cru

Rendimento: 10 porções

- 454 g de melão-cantalupo em boleado ou fatias
- 454 g de melão amarelo em boleado ou fatias
- 567 g de presunto cru em fatias finas
- 2 colheres (sopa)/30 ml de vinagre balsâmico envelhecido
- Grãos de pimenta preta quebrados, a gosto

1. Arrume os melões e o presunto em pratos gelados.
2. Borrife-os com o vinagre e guarneça-os com a pimenta amassada.
3. Sirva imediatamente.

Salada de cebola e pepino (*kachumber*)

Rendimento: 10 porções

- 907 g de cebola em cubos médios
- 2 pepinos japoneses em cubos médios
- 454 g de tomate italiano sem sementes, em cubos médios
- 10 pimentas tailandesas picadas
- 50 g de folhas e talos de coentro picados
- Suco de 5 limões-sicilianos
- Sal, a gosto

1. Misture a cebola, o pepino, o tomate, a pimenta e o coentro.
2. Dez minutos antes de servir a salada, tempere-a com o sal e o suco de limão.
3. Sirva em seguida.

Salada clássica de pepino polonesa (mizeria klasyczna)

Rendimento: 10 porções

- 1,36 kg de pepino japonês
- ½ colher (chá)/1,5 g de sal
- 227 g de creme azedo (*sour cream*)
- 35 g de *dill* picado
- 1 colher (sopa)/15 mℓ de champanhe ou vinagre de vinho branco
- 2 colheres (sopa)/ 30 mℓ de suco de limão-siciliano
- Sal, a gosto
- Pimenta-do-reino preta moída, a gosto

1. Descasque os pepinos, corte-os ao meio no sentido do comprimento, retire as sementes e corte-os em fatias finas, em forma de meia-lua. Coloque os pepinos numa tigela e tempere-os com o sal. Deixe-os descansar por 1 hora. Escorra-os e esprema-os até secá-los bem.
2. Adicione o creme de leite azedo, o *dill* e o vinagre. Misture e tempere com o suco de limão-siciliano, o sal e a pimenta-do-reino.
3. Sirva imediatamente ou leve à geladeira para uso posterior.

Coleslaw

Rendimento: 10 porções

- 180 mℓ de creme azedo (*sour cream*)
- 180 mℓ de **maionese** (p. 921)
- 60 mℓ de vinagre de sidra
- 1 colher (sopa)/6 g de mostarda em pó
- 43 g de açúcar
- 1½ colher (chá)/0,5 g de sementes de salsão
- 1½ colher (chá)/7,5 mℓ de molho tabasco
- Sal, a gosto
- Pimenta-do-reino preta moída, a gosto
- 680 g de repolho verde picado
- 170 g de cenoura picada

1. Misture o creme azedo, a maionese, o vinagre, a mostarda, o açúcar, as sementes de salsão e o molho tabasco em uma tigela grande. Misture até ficar homogênea. Tempere com o sal e a pimenta-do-reino, a gosto.
2. Adicione o repolho e as cenouras e misture até distribuir o molho por igual.
3. Sirva imediatamente ou leve à geladeira para uso posterior.

Salada marroquina de cenouras

Rendimento: 10 porções

- 120 mℓ de suco de limão-siciliano
- 14 g de coentro picado grosseiramente
- 14 g de açúcar
- 120 mℓ de azeite de oliva extravirgem
- 907 g de cenoura ralada bem finamente
- 113 g de uva-passa, demolhada e escorrida
- Sal, a gosto
- Pimenta-do-reino preta moída, a gosto

1. Misture o suco de limão, o coentro e o açúcar. Acrescente o azeite de oliva gradativamente, batendo sempre.
2. Adicione a cenoura e a uva-passa. Tempere com o sal e a pimenta-do-reino.
3. Sirva imediatamente ou leve à geladeira para uso posterior.

Salada de milho e jacatupé

Rendimento: 10 porções

- 680 g de milho, fresco ou congelado, cozido
- 454 g de jacatupé descascado, em cubos pequenos
- 2 colheres (sopa)/30 mℓ de suco de limão
- 1 colher (chá)/1 g de coentro picado grosseiramente
- 1 pitada de pimenta-de-caiena
- Sal, a gosto
- Pimenta-do-reino branca moída, a gosto

1. Misture o milho, o jacatupé, o suco de limão, o coentro e a pimenta-de-caiena em uma tigela. Mexa bem. Tempere com o sal e a pimenta-do-reino branca.
2. Sirva imediatamente ou conserve na geladeira para uso posterior.

NOTA: Esta salada fica melhor se preparada 30 minutos antes de servir. Se tiver de esperar mais do que 2 horas, o jacatupé perde o sabor.

Salada de jacatupé

Rendimento: 10 porções

- 680 g de jacatupé descascado, em *julienne*
- 57 g de maçã Granny Smith descascada, em *julienne*
- 57 g de pimentão vermelho em *julienne*
- 180 mℓ de iogurte, bem escorrido em um pedaço de musselina
- 30 mℓ de suco de limão-siciliano
- ¾ de colher (chá)/1,5 g de cominho em pó
- Sal, a gosto
- Pimenta-do-reino preta moída, a gosto

1. Combine o jacatupé, a maçã e o pimentão vermelho em uma tigela média.
2. Misture o iogurte, o suco de limão e o cominho em uma tigela pequena. Tempere com o sal e a pimenta-do-reino. Despeje sobre a mistura de jacatupé e mexa bem.
3. Sirva imediatamente ou conserve na geladeira para uso posterior.

Salada de papaia verde

Rendimento: 10 porções

- 2 papaias verdes grandes (ver nota)
- 2 cenouras médias
- 227 g de repolho verde em *chiffonade*

MOLHO

- ½ maço de coentro picado grosseiramente
- 4 dentes de alho picados
- 1 pimenta tailandesa sem o talo
- 22,5 mℓ de camarão seco pequeno
- 2 colheres (sopa)/30 mℓ de suco de limão
- 1½ colher (sopa)/21 g de açúcar de coco
- Sal, a gosto
- 3 colheres (sopa)/45 mℓ de molho de peixe

1. Descasque, parta ao meio e tire as sementes dos papaias. Rale o papaia usando os buracos largos de um ralador ou corte em *julienne* com uma *mandoline*. Faça o mesmo com a cenoura. Junte o papaia ralado à cenoura e ao repolho em uma tigela média.
2. Bata no liquidificador o coentro, o alho, a pimenta tailandesa, o camarão, o suco de limão, o açúcar e o sal, até formarem um purê.
3. Junte o molho aos vegetais, sempre mexendo, e misture o molho de peixe. Ajuste o tempero com sal. A salada está pronta para ser servida imediatamente ou pode ser guardada na geladeira para ser usada depois.

NOTA: O papaia deve estar verde e firme para esse prato. Guarneça com amendoins torrados e picados, se quiser.

Salada de pepino e wakame (sunomono)

Rendimento: 10 porções

- 454 g de pepino sem pele nem sementes, em *julienne*
- 113 g de cenoura em *julienne* fina
- 2 colheres (chá)/6,5 g de sal
- 1 colher (sopa)/3,5 g de alga *wakame* seca
- 15 mℓ de *mirin*
- 60 mℓ de vinagre de arroz
- 15 mℓ de molho de soja *light*

1. Misture os pepinos e as cenouras com o sal. Transfira-os para uma panela perfurada colocada sobre outra panela e deixe-os escorrer no refrigerador por 1 hora.
2. Demolhe o *wakame* em água quente por 30 minutos. Seque-o em um escorredor e despeje água fervente por cima. Mergulhe o *wakame* em água fria e escorra-o bem. Apare as partes mais duras e despreze-as. Embrulhe o *wakame* com um pedaço de musselina e torça fortemente para extrair a umidade. Corte o *wakame* em *chiffonade* e reserve-o.
3. Bata juntos o *mirin*, o vinagre e o molho de soja. Despeje metade dessa mistura sobre o pepino e a cenoura. Mexa delicadamente e aperte-os para remover o excesso de sal. Escorra o líquido.
4. Distribua o molho restante sobre o pepino e a cenoura.
5. No último minuto, adicione a alga e misture bem. Sirva imediatamente.

Salada de *daikon* fatiado (*mu chae*)

Rendimento: 10 porções

- 454 g de *daikon* descascada
- 454 g de pepino japonês em fatias de 3 mm de espessura, em forma de meia-lua
- 1 colher (chá)/3 g de sal
- 227 g de cenoura em *julienne*
- 60 mℓ de vinagre de arroz
- 21 g de açúcar
- 1 colher (chá)/2 g de pimenta vermelha coreana, em pó
- ½ colher (chá)/2,5 mℓ de óleo de gergelim

1. Corte o *daikon* ao meio, no sentido do comprimento, e depois em fatias de 3 mm de espessura, em forma de meia-lua.
2. Misture o *daikon* e os pepinos com o sal. Tampe e deixe-os descansar para escorrer até que o *daikon* fique flexível, em cerca de 30 minutos. Esprema-os delicadamente para que saia o excesso de água e transfira-os para outra tigela.
3. Adicione as cenouras, o vinagre, o açúcar, a pimenta vermelha em pó e o óleo. Misture bem, tampe e deixe na geladeira até gelar.

Salada de pepino

Rendimento: 10 porções

- 120 mℓ de vinagre de arroz
- 99 g de açúcar
- 2 colheres (chá)/6,5 g de sal
- 3 pepinos japoneses, cortados ao meio no sentido do comprimento, e depois em fatias de 3 mm de espessura, em forma de meia-lua
- 1 cebola roxa cortada em quatro no sentido do comprimento, e depois em fatias de 3 mm
- 1 colher (sopa)/9 g de *jalapeño* vermelho cortado ao meio no sentido do comprimento, e depois em fatias de 3 mm
- 4 colheres (sopa)/12 g de folhas de hortelã picadas grosseiramente ou rasgadas
- 21 g de folhas de coentro

1. Misture o vinagre, o açúcar e o sal em uma panela. Aqueça em fogo baixo, batendo constantemente até que o açúcar e o sal estejam dissolvidos. Não ferva. Deixe que esfrie até chegar à temperatura ambiente.
2. Misture o pepino, a cebola e os *jalapeños* em uma tigela não reativa. Deixe marinar por 30 minutos.
3. Escorra a salada, guarneça-a com hortelã e coentro e sirva-a imediatamente.

Salada de pepino e iogurte (*cacik*)

Rendimento: 10 porções

737 g de pepino japonês sem pele nem sementes, em cubos

2 colheres (chá)/6,5 g de sal

480 ml de iogurte grego

2 colheres (chá)/6 g de alho amassado

2 colheres (sopa)/6 g de hortelã picada

28 g de cebolinha bem picada

½ colher (chá)/1 g de cominho em pó

Pimenta-do-reino preta moída

1. Coloque o pepino em um coador e misture com o sal. Deixe-o descansar por pelo menos 30 minutos para drenar o excesso de líquido.
2. Misture o pepino com o iogurte, o alho, a hortelã, a cebolinha, o cominho e a pimenta em uma tigela média. Mantenha na geladeira para uso posterior.

Salada de frango

Rendimento: 8 porções

1,92 ℓ de **fundo de frango** (p. 277)

Sal, a gosto

28 g de dente de alho esmagado (opcional)

709 g de peito de frango sem pele nem ossos

180 ml de **maionese** (p. 921)

57 g de nozes-pecãs picadas grosseiramente

113 g de uva cortada ao meio

2 colheres (sopa)/6 g de manjerona bem picada

3 colheres (sopa)/9 g de cerefólio bem picado

3 colheres (sopa)/9 g de estragão bem picado

2 colheres (sopa)/6 g de orégano bem picado

Pimenta-do-reino preta moída, a gosto

1. Tempere o fundo de frango com sal e adicione o alho, se desejar. Escalfe os peitos de frango no fundo, em fogo médio, até ficarem macios e inteiramente cozidos, em 30 a 35 minutos.
2. Espere o frango esfriar à temperatura ambiente. Escorra e reserve o fundo para outro uso ou descarte. Deixe o frango esfriar até chegar à temperatura ambiente. Corte-o em cubos médios.
3. Misture o frango com a maionese, as nozes, as uvas, a manjerona, o cerefólio, o estragão e o orégano. Tempere com o sal e a pimenta-do-reino.
4. Sirva imediatamente ou conserve na geladeira para uso posterior.

Salada de frango à hue

Rendimento: 10 porções

- 3 frangos (cerca de 1,7 kg cada)
- 28 g de sal
- 1 colher (sopa)/6 g de pimenta-do-reino preta moída grosseiramente
- 50 g de açúcar
- 240 mℓ de suco de limão
- 85 g de cebola em fatias bem fininhas
- 10 pimentas tailandesas em fatias finas
- 99 g de folhas de coentro vietnamita rasgadas
- 99 g de folhas de hortelã rasgadas
- 99 g de folhas de coentro rasgadas
- 60 mℓ de óleo de amendoim
- 60 mℓ de molho de peixe
- 60 mℓ de *sambal* vietnamita
- 10 folhas de alface lisa
- 340 g de **arroz chinês cozido no vapor** (p. 805)
- 6 pimentas vermelhas *fresno* em fatias finíssimas
- 43 g de chalota crocante (receita a seguir)

1. Leve ao fogo uma panela com água salgada e espere ferver vigorosamente. Adicione os frangos, espere que a água volte a ferver, abaixe o fogo e cozinhe suavemente por 15 minutos. Apague o fogo e deixe os frangos descansarem na panela, tampada, por 45 minutos, ou até que cheguem à temperatura interna de 74 °C.
2. Retire os frangos da panela e mergulhe-os em água fria por 10 minutos. Remova e descarte a pele e os ossos. Desfie a carne e leve-a à geladeira.
3. Tempere os frangos com a pimenta, o sal e o açúcar. Adicione o suco de limão, as cebolas, as pimentas tailandesas, o coentro vietnamita, a hortelã, o coentro, o óleo, o molho de peixe e o *sambal*. Misture delicadamente.
4. Sirva a salada sobre folhas de alface, com o arroz cozido no vapor. Guarneça com três rodelas de pimentas *fresno* e com as chalotas crocantes.

Chalotas crocantes

Rendimento: 113 g

- 284 g de chalota descascada
- 720 mℓ de óleo vegetal

1. Corte a chalota em fatias de 3 mm de espessura. Separe-a em anéis e espalhe sobre uma assadeira forrada com papel-toalha para secar ao ar por 30 minutos. (Essa técnica ajuda as chalotas a ficarem crocantes.)
2. Aqueça o óleo a 138 °C. Adicione a chalota e não pare de mexer com uma espátula, até que fique dourada e crocante. Retire-a do óleo e escorra-a no papel da assadeira. Espere que esfrie.
3. Sirva imediatamente ou armazene em um recipiente tampado para uso posterior.

Salada de atum

Rendimento: 10 porções

- 907 g de atum em salmoura
- 128 g de salsão, em cubos pequenos
- 43 g de cebola roxa em cubos pequenos
- 21 g de *dill* picado
- 480 mℓ de **maionese** (p. 921)
- 1 colher (sopa)/15 mℓ de suco de limão
- Sal, a gosto
- Pimenta-do-reino preta moída, a gosto

1. Escorra o atum em um escorredor de macarrão. Esprema o excesso de líquido, depois separe o atum em flocos, em uma tigela grande.
2. Adicione o salsão, as cebolas, o *dill*, a maionese e o suco de limão e misture bem. Tempere com o sal e a pimenta-do-reino.
3. Sirva imediatamente ou conserve na geladeira para uso posterior.

NOTA: Para adicionar mais sabor, acrescente 113 g de picles em cubos pequenos ou *relish* de picles.

receitas de saladas e molhos de saladas

Salada de ovos
Rendimento: 10 porções

907 g de **ovos duros** (p. 884), em cubos pequenos

120 mℓ de **maionese** (p. 921)

170 g de salsão ralado

85 g de cebola ralada

Sal, a gosto

Pimenta-do-reino preta moída, a gosto

½ colher (chá)/1 g de alho em pó, ou a gosto

1 colher (sopa)/15 mℓ de mostarda de Dijon, ou a gosto

1. Misture bem os ovos, a maionese, o salsão e a cebola. Tempere com o sal, a pimenta-do-reino, o alho em pó e a mostarda.
2. Sirva imediatamente ou conserve na geladeira para uso posterior.

Salada de presunto
Rendimento: 10 porções

907 g de presunto defumado em cubos ou moído

240 mℓ de **maionese** (p. 921)

28 g a 43 g de *relish* de picles doce escorrido

15 mℓ a 30 mℓ de mostarda pronta

Sal, a gosto

Pimenta-do-reino preta moída, a gosto

1. Misture o presunto, a maionese, o *relish* e a mostarda. Misture bem e tempere com o sal e a pimenta-do-reino.
2. Sirva imediatamente ou conserve na geladeira para uso posterior.

Salada de camarão
Rendimento: 10 porções

907 g de camarão descascado e limpo, cozido

240 mℓ de **maionese** (p. 921)

227 g de salsão ralado

85 g de cebola ralada

Sal, a gosto

Pimenta-do-reino branca moída, a gosto

1. Pique os camarões grosseiramente (deixe os pequenos inteiros).
2. Misture os camarões, a maionese, o salsão e as cebolas. Misture bem e tempere com o sal e a pimenta-do-reino.
3. Sirva imediatamente ou conserve na geladeira para uso posterior.

Salada de macarrão com vinagrete de *pesto*
Rendimento: 10 porções

907 g de macarrão tipo *penne* cozido, já frio

284 g de tomate em cubos pequenos ou gomos

113 g de presunto em cubos pequenos ou em *julienne* (opcional)

85 g de cebola roxa ou branca, em cubos

57 g de azeitona sem caroço, picada

28 g de *pinole* tostado

300 mℓ de **vinagrete ao pesto** (p. 919)

Sal, a gosto

Pimenta-do-reino moída, a gosto

Misture todos os ingredientes. Antes de servir, deixe marinar por muitas horas na geladeira.

capítulo 27 » SALADAS E MOLHOS DE SALADAS

Salada de batatas à moda europeia

Rendimento: 10 porções

> 142 g de cebola em cubos pequenos
> 90 mℓ de vinagre de vinho tinto
> 240 mℓ de **fundo claro de carne** (p. 277)
> 45 mℓ de mostarda, ou a gosto
> Sal, a gosto
> Pimenta-do-reino preta moída, a gosto
> 1 colher (chá)/5 g de açúcar, ou a gosto
> 90 mℓ de óleo vegetal
> 1,36 kg de batata *waxy* cozida, descascada e fatiada, quente
> 1 colher (sopa)/3 g de salsa ou cebolinha francesa picadas

1. Misture a cebola, o vinagre e o fundo de carne. Ferva e acrescente a mostarda, o sal, a pimenta-do-reino e o açúcar. Junte o óleo. Despeje imediatamente o molho sobre as fatias de batata quente. Misture delicadamente.
2. Distribua a salsa ou a cebolinha sobre a salada e deixe-a descansar por, pelo menos, 1 hora, antes de servi-la à temperatura ambiente, ou esfrie-a e leve-a à geladeira para uso posterior.

Salada de batatas

Rendimento: 10 porções

> 1,13 kg de batata *red bliss* cozida, descascada e em fatias
> 170 g de **ovos duros** (p. 884), em cubos pequenos
> 142 g de cebola em cubos
> 142 g de salsão em cubos
> 2 colheres (sopa)/30 mℓ de mostarda de Dijon, ou a gosto
> 480 mℓ de **maionese** (p. 921)
> Molho inglês, a gosto
> Sal, a gosto
> Pimenta-do-reino preta moída, a gosto

1. Misture a batata, o ovo, a cebola e o salsão em uma tigela. Misture a mostarda com a maionese e o molho inglês. Despeje o molho delicadamente sobre a mistura de batatas. Tempere com o sal e a pimenta-do-reino.
2. Sirva imediatamente ou conserve na geladeira para uso posterior.

Salada de pão do Mediterrâneo oriental (*fattoush*)

Rendimento: 10 porções

> 1,13 kg de **pão sírio** (p. 1.055)
> 540 mℓ de azeite de oliva extravirgem
> Sal, a gosto
> Pimenta-do-reino preta moída, a gosto
> 150 mℓ de suco de limão-siciliano
> 150 mℓ de vinagre de vinho tinto
> 1 colher (sopa)/9 g de alho amassado
> 14 g de tomilho picado
> 1 colher (chá)/2 g de pimenta-de-caiena
> 21 g de açúcar
> 170 g de cebolinha picada
> 71 g de salsa picada
> 907 g de tomate italiano sem semente, em cubos médios
> 907 g de pepino japonês descascado, sem semente, em cubos médios
> 284 g de rabanete fatiado
> 170 g de pimentão amarelo em cubos pequenos

1. Corte o pão sírio em pedaços pequenos. Tempere com 90 mℓ do azeite, o sal e a pimenta-do-reino. Asse na assadeira em forno a 149 °C por 15 minutos, virando uma vez no meio do cozimento. Os pedaços devem ficar crocantes, mas não quebradiços.
2. Misture o suco de limão-siciliano, o vinagre, o alho, o tomilho, a pimenta-de-caiena, o açúcar, o sal e a pimenta-do-reino. Adicione aos poucos o azeite restante, batendo sem parar.
3. Junte o molho com a cebolinha, a salsa, o tomate, o pepino, o rabanete e o pimentão amarelo. Acrescente o pão sírio torrado e misture com cuidado. Ajuste o tempero com o sal e a pimenta-do-reino.
4. Sirva imediatamente ou conserve na geladeira para uso posterior.

Panzanella

Rendimento: 10 porções

- 227 g de pão italiano, amanhecido ou torrado, partido em pedaços médios
- 680 g de tomate em cubos grandes
- 2 colheres (chá)/6 g de alho amassado
- 85 g de salsão, apenas a parte interna, fatiado bem fino na diagonal
- 227 g de pepino em cubos médios
- 170 g de pimentão vermelho em cubos pequenos
- 170 g de pimentão amarelo em cubos pequenos
- 20 filés de anchova em fatias bem finas (opcional)
- 2 colheres (sopa)/10 g de alcaparra enxaguada e escorrida
- 3 colheres (sopa)/9 g de manjericão picado
- 300 mℓ de **vinagrete de vinho tinto** (p. 914), ou a gosto

1. Junte o pão, o tomate, o alho, o salsão, o pepino, os pimentões, a anchova, a alcaparra e o manjericão. Adicione o vinagrete e mexa para distribuir por igual.
2. Sirva imediatamente ou conserve na geladeira para uso posterior.

Salada de tomate e mozarela

Rendimento: 10 porções

- 1,36 kg de tomate em fatias
- 567 g de mozarela de búfala fresca em fatias
- 284 g de **vinagrete de vinho tinto** (p. 914)
- Sal, a gosto
- 14 g de manjericão em *chiffonade*
- Grãos de pimenta-do-reino preta quebrados, a gosto

Coloque as fatias de tomate e mozarela alternadamente sobre um prato e borrife o vinagrete por cima. Tempere com o sal e guarneça com o manjericão e a pimenta-do-reino.

Pimentões assados (*peperoni arrostiti*)

Rendimento: 10 porções

- 1,93 kg de pimentão vermelho e amarelo assado
- 120 mℓ de azeite de oliva
- 57 g de uva-passa clara
- 57 g de *pinole* tostado
- 28 g de salsa picada
- 14 g de alho amassado
- Sal, a gosto
- Pimenta-do-reino preta moída, a gosto

1. Corte os pimentões em fatias de 6 mm e escorra-os em uma peneira ou escorredor, por 2 horas.
2. Combine os pimentões com azeite, uva-passa, *pinole*, salsa, alho, sal e pimenta-do reino.
3. Sirva imediatamente ou conserve na geladeira para uso posterior.

Salada de lentilhas verdes (*salade des lentilles du Puy*)

Rendimento: 10 porções

- 1 cebola *piquée*
- 680 g de lentilha verde francesa escolhida e lavada
- 2 dentes de alho
- 28 g de chalota ralada
- 1 colher (sopa)/15 mℓ de mostarda de Dijon
- 3 colheres (sopa)/45 mℓ de vinagre de vinho tinto
- Sal, a gosto
- Pimenta-do-reino preta moída, a gosto
- 45 mℓ de azeite de oliva extravirgem
- 57 g de salsa picada

1. Coloque a cebola em uma panela média com as lentilhas e o alho. Cubra com água fria, passando 3 cm da altura da lentilha. Tampe e ferva em fogo médio. Reduza para fogo baixo e cozinhe suavemente por 25 a 35 minutos, até que as lentilhas estejam macias, mas sem se desmancharem. O líquido de cocção deve ter sido absorvido quando as lentilhas estiverem cozidas.
2. Despreze a cebola e o alho. Misture as chalotas às lentilhas quentes.
3. Em um recipiente separado, misture a mostarda, o vinagre, o sal e a pimenta-do-reino. Acrescente o azeite aos poucos, batendo sem parar. Acerte o tempero com o sal e a pimenta, se necessário.
4. Acrescente o molho às lentilhas quentes e às chalotas. Misture bem. Guarneça com a salsa.
5. Sirva imediatamente ou conserve na geladeira para uso posterior.

Variação: Adicione 170 g de cada de cebolinhas e nozes picadas à salada pronta.

Salada mista de feijões

Rendimento: 10 porções

- 284 g de feijão-preto cozido, escorrido
- 284 g de feijão-rajado ou vermelho cozido, escorrido
- 284 g de grão-de-bico cozido, escorrido
- 142 g de lentilha vermelha cozida, escorrida
- 170 g de cebola roxa, em cubos pequenos
- 113 g de salsão ralado
- 2 colheres (sopa)/6 g de salsa picada
- 300 mℓ de **vinagrete** *gourmande* (p. 919)
- Sal, a gosto
- Pimenta-do-reino preta moída, a gosto

1. Misture o feijão-preto, o rajado, o grão-de-bico, a lentilha, a cebola, o salsão e a salsa. Misture cuidadosamente com o vinagrete.
2. Deixe marinar no refrigerador por 24 horas.
3. Tempere com o sal e a pimenta-do-reino. Sirva imediatamente ou leve à geladeira para uso posterior.

Salada quente de feijão-fradinho

Rendimento: 10 porções

- 2 galhos de alecrim
- 2 galhinhos de tomilho
- 2 folhas de louro
- 150 mℓ de azeite de oliva
- 113 g de cebola ralada
- 2 colheres (chá)/6 g de alho amassado
- *Zestes* de 1 limão-siciliano
- 340 g de feijão-fradinho escolhido e enxaguado
- 1,44 ℓ de **fundo de frango** (p. 277), ou a gosto
- 90 mℓ de suco de limão-siciliano, ou a gosto
- 3 colheres (sopa)/9 g de manjericão em *chiffonade*
- Sal, a gosto
- Pimenta-do-reino preta moída, a gosto

1. Amarre juntos o alecrim, o tomilho e as folhas de louro com um barbante.
2. Aqueça 30 mℓ do azeite em uma panela, em fogo alto. Adicione a cebola, metade do alho e os *zestes* de limão e salteie-os até ficarem macios.
3. Adicione o feijão-fradinho, o fundo de frango e as ervas amarradas. Espere ferver, reduza a chama e cozinhe suavemente, até que o feijão esteja macio, em cerca de 1 hora. Acrescente mais fundo, se necessário, para manter o feijão coberto durante todo o tempo de cozimento.
4. Enquanto o feijão cozinha, misture o azeite restante e o alho, o suco de limão e o manjericão.
5. Escorra o feijão, retire e despreze o maço de ervas. Coloque o feijão quente no azeite temperado e misture delicadamente, para envolvê-lo por igual. Tempere com o sal e a pimenta-do-reino.
6. Sirva imediatamente.

Salada de arroz com *curry*

Rendimento: 10 porções

- 907 g de arroz de grão longo cozido
- 227 g de ervilha verde cozida
- 113 g de cebola em cubos pequenos
- 113 g de maçã Granny Smith descascada, se desejar
- 57 g de sementes de abóbora torradas
- 57 g de uva-passa clara, demolhada
- 180 ml de **vinagrete de *curry*** (p. 916)
- Sal, a gosto
- Pimenta-do-reino preta moída, a gosto
- ***Curry*** **em pó** (p. 386 ou comprado pronto), opcional, a gosto

1. Junte o arroz, a ervilha, a cebola, a maçã, as sementes de abóbora e a uva-passa.
2. Misture ligeiramente com o vinagrete, acrescentando apenas o suficiente para umedecer o arroz. Tempere com o sal, a pimenta-do-reino e o *curry* em pó, se desejar.
3. Sirva imediatamente ou conserve na geladeira para uso posterior.

Frutos do mar *ravigote*

Rendimento: 10 porções

- 14 g de chalota ralada
- 20 camarões descascados, limpos
- 10 pares de pernas de rã cortadas ao meio
- 284 g de vieira limpa
- 300 ml de vinho branco
- 420 ml de ***fumet* de peixe** (p. 278)
- 4 gemas
- 1 colher (sopa)/15 ml de mostarda pronta
- 1 colher (sopa)/15 ml de suco de limão
- 240 ml de óleo vegetal
- 1 colher (chá)/2 g de **ervas finas** (p. 386)
- Sal, a gosto
- Pimenta-do-reino preta, a gosto
- 20 mariscos cozidos
- 113 g de pepino em *julienne*
- 20 folhas de alface lisa
- 20 gomos de tomate
- 10 gomos de limão-siciliano

1. Misture a chalota, o camarão, as pernas de rã, a vieira, o vinho e o *fumet* de peixe. Espere ferver e escalfe até tudo ficar cozido.
2. Retire os frutos do mar, cubra-os e guarde-os na geladeira.
3. Coe o líquido de cozimento. Reduza o líquido de cozimento a 45 ml e transfira-o para uma tigela de aço inoxidável e deixe que esfrie.
4. Adicione as gemas, a mostarda e o suco de limão e mexa bem. Junte o óleo, batendo sempre, começando bem devagar e aumentando a velocidade à medida que o óleo for absorvido e se formar um vinagrete grosso. Acrescente as ervas e tempere com o sal e a pimenta-do-reino.
5. Retire a carne das pernas de rã e limpe os mariscos. Junte os frutos do mar e o molho.
6. Misture o pepino em *julienne* ao vinagrete.
7. Sirva o *ravigote* sobre as folhas de alface, guarnecendo-o com tomate, limão e pepinos.

CAPÍTULO 28

elementos de um sanduíche

O sanduíche pode ser aberto ou fechado, quente ou frio. Pode ser pequeno, para ser servido como tira-gosto, ou grande o suficiente para servir como prato principal.

Os sanduíches frios abrangem versões padrão, do estilo *delicatessen*, feitos de carnes fatiadas ou saladas temperadas com maionese. Os *club sandwiches*, também chamados de sanduíches de três andares, são classificados nessa categoria.

Os quentes podem levar um recheio, como o hambúrguer ou o *pastrami*. Outros são grelhados, como o sanduíche *Reuben*,* ou derretidos.** Algumas vezes, coloca-se um recheio quente sobre o pão e, por cima, um molho quente.

PÃES

Há uma vasta gama de pães para sanduíches. Os pães de forma brancos, de trigo, são usados para fazer muitos sanduíches frios. A massa firme de um bom pão de forma torna-o particularmente apropriado para sanduíches delicados servidos em chás e coquetéis, pois podem ser cortados em fatias finas sem se esmigalhar. Pequenos, devem ser feitos em pães desse tipo para que se possam retirar as crostas e cortar com precisão, em formas e tamanhos que possam ser comidos com duas mordidas médias. Os pães integrais e de estilo camponês nem sempre são tão fáceis de cortar em fatias finas.

Para sanduíches especiais usam-se vários tipos de pães, pães doces, pães de cará, bisnaguinhas e pão australiano. Ao escolher, devem ser consideradas as características do pão e como vai combinar com o sanduíche. O pão deve estar firme e grosso o bastante para segurar o recheio, mas não tão grosso que o sanduíche fique seco demais para ser comido com prazer.

A maior parte dos pães pode ser fatiada antes de se preparar os sanduíches, desde que sejam cobertos cuidadosamente, para não secar. Assim que o sanduíche estiver pronto, deve ser tostado. Algumas das escolhas de pão incluem:

» Pães de forma (branco, de trigo ou centeio)
» Pães estilo camponês (*pumpernickel*, de massa azeda, *pain de campagne* e *boule*)

» Pãezinhos duros ou macios
» Pães chatos (*focaccia*, pão sírio, *ciabatta* e *lavash*)
» Invólucros (papel de arroz e pão de ovos)
» *Tortillas* de farinha e milho

PASTAS PARA ESPALHAR NO PÃO

Muitos sanduíches exigem que se aplique algum tipo de pasta ao pão. Quando baseada em gordura (maionese ou manteiga, por exemplo), essa camada forma uma barreira que impede que o pão fique encharcado. Esses produtos também adicionam umidade ao sanduíche e ajudam a mantê-lo inteiro quando for apanhado para ser consumido. Alguns recheios de sanduíche incluem esse produto na mistura (por exemplo, uma salada de atum temperada com maionese); nesse caso, ao fazer o sanduíche, não há necessidade de adicionar nenhuma pasta.

Esses produtos para espalhar no pão podem ser muito simples e com sabor sutil, mas também podem contribuir com sabor e textura especiais. A lista que se segue inclui algumas escolhas clássicas, assim como alguns produtos que não são identificados imediatamente com essa finalidade.

» Maionese (simples ou aromatizada, como *aïoli* e *rouille*) ou molhos cremosos para salada
» Manteigas simples ou aromatizadas
» Mostarda ou ketchup
» Queijos macios e cremosos (ricota, *cream cheese*, *mascarpone* ou *crème fraîche*)
» Pastas vegetais ou feitas com ervas (*hummus*, *tapenade* ou *pesto*)
» *Tahine* ou manteigas de frutos secos
» *Jellies*, geleias, compotas, *chutneys* e outras conservas de frutas
» Polpa de abacate ou guacamole
» Óleos e vinagretes

RECHEIOS

O foco do sanduíche está nos recheios. Eles podem ser frios ou quentes, substanciais ou mínimos. É tão importante assar e fatiar peru adequadamente para *club sandwiches* como ter certeza de que o agrião dos sanduíches

---

* Sanduíche grelhado ou tostado feito ou com *pastrami* ou com *corn beef*, *sauerkraut*, queijo suíço e tempero russo ou mil ilhas. Costumeiramente, é feito com pão de centeio. (N. E.)
** Tipo de sanduíche feito com pão, algum tipo de recheio e uma camada de queijo, que pode ser ralado. O sanduíche é, depois, grelhado ou frito até que o queijo derreta. (N. E.)

elementos de um sanduíche

para o chá está perfeitamente fresco e completamente enxaguado e seco. O recheio deve determinar como todos os outros elementos do sanduíche são selecionados e preparados. Aqui estão alguns exemplos de recheio:

- » Carnes fatiadas assadas ou cozidas (rosbife, *corned beef*, *pastrami*, peru, presunto, patê ou salsicha)
- » Queijos em fatias
- » Vegetais grelhados, assados ou frescos
- » Hambúrgueres grelhados ou fritos, linguiças, peixes ou aves
- » Saladas de carne, aves, ovos, peixes ou vegetais

GUARNIÇÕES

Folhas de alface, fatias de tomate ou cebola, brotos, pimentões marinados ou em salmoura e azeitonas são apenas alguns dos inúmeros ingredientes que podem ser usados para guarnecer os sanduíches. Essas guarnições se tornam parte da estrutura total do sanduíche, por isso escolha-as pensando na maneira como vão complementar ou contrastar com o recheio principal. Quando os sanduíches são servidos no prato, também podem ser adicionadas guarnições laterais. Por exemplo:

- » Salada verde ou de acompanhamento (batata, macarrão ou *coleslaw*)
- » Alface e brotos
- » Vegetais frescos em fatias
- » Picles ou azeitonas
- » *Dips*, pastas ou *relishes*
- » Frutas em fatias

estilos de apresentação

O sanduíche montado com uma fatia de pão embaixo e outra em cima é chamado de sanduíche fechado. O *club sandwich* leva uma terceira fatia de pão. Os sanduíches com apenas uma, que funciona como base, são os sanduíches abertos.

Crie sanduíches de bordas retas cortando-os em quadrados, retângulos, losangos ou triângulos. O rendimento pode ser menor quando se preparam formas diferentes, tornando sua produção ligeiramente mais dispendiosa.

Corte os sanduíches de maneira uniforme, para que tenham uma bela aparência quando colocados em fileiras retas ou quando forem arranjados nos pratos. Corte-os tão perto da hora de servir quanto possível. Se precisar prepará-los com antecedência, mantenha-os embrulhados em plástico ou recipientes herméticos, mesmo assim, apenas por algumas horas.

orientação para a produção de sanduíches

Organize cuidadosamente a praça, seja preparando a *mise en place*, seja montando os sanduíches para o serviço. Todo o necessário deve estar ao alcance da mão. Maximize o fluxo de trabalho procurando maneiras de eliminar movimentos desnecessários:

- » Organize o trabalho de modo que funcione em linha direta.
- » Prepare as pastas para passar no pão antes do serviço, com a consistência adequada. Use uma espátula para cobrir toda a superfície do pão.
- » Antes do serviço, fatie os pães e os pãezinhos, para obter maior volume de produção. Sempre que possível, toste ou grelhe os pães quando estiver pronto para montar o sanduíche. Se o pão tiver de ser tostado com antecedência, mantenha-o em uma área aquecida, coberto.
- » Prepare com antecedência os recheios separados em porções e as guarnições, e mantenha-os na temperatura correta. Limpe e seque a alface ou outras verduras verdes antecipadamente.
- » Os sanduíches grelhados, como o *Reuben* ou o *croque monsieur* podem ser montados inteiramente antes do serviço, e depois grelhados ou aquecidos no momento de servir.

capítulo 28 » SANDUÍCHES

CIA club

Rendimento: 10 porções

- 180 ml de **maionese** (p. 921), ou a gosto
- 30 fatias de pão branco de forma, com espessura de 6 mm, tostadas
- 20 folhas de alface vermelha
- 567 g de peru em fatias finas
- 567 g de presunto em fatias finas
- 20 fatias de tomate
- 20 fatias de *bacon* fritas e cortadas ao meio

1. Espalhe 1 colher (chá)/5 ml de maionese em uma fatia de pão tostado, para cada sanduíche. Coloque por cima uma folha de alface, 57 g de peru e a mesma quantidade de presunto.
2. Espalhe ½ colher (chá)/2,5 ml de maionese dos dois lados de uma outra fatia de pão tostado e coloque-a sobre o presunto. Ponha outra folha de alface, duas fatias de tomate e duas de *bacon* (quatro metades).
3. Espalhe 1 colher (chá)/5 ml de maionese sobre uma outra fatia de pão tostado e coloque-a sobre o sanduíche, com o lado da maionese para dentro.
4. Prenda o sanduíche com palitos. Corte em quartos e sirva imediatamente.

Philly Hoagie

Rendimento: 10 porções

- 210 ml de azeite de oliva
- 90 ml de vinagre de vinho tinto
- 1 colher (sopa)/3 g de orégano picado
- Sal, a gosto
- Pimenta-do-reino preta moída, a gosto
- 10 pãezinhos (25 cm)
- 680 g de presunto cru em fatias finas
- 284 g de *coppa* doce em fatias finas
- 284 g de salame tipo gênova em fatias finas
- 567 g de queijo provolone em fatias finas
- 142 g de alface-americana rasgada
- 30 fatias de tomate com 3 mm de espessura
- 30 fatias de cebola com 1,5 mm de espessura

1. Misture o azeite, o vinagre e o orégano para fazer um molho. Tempere com o sal e a pimenta-do-reino.
2. Para cada sanduíche, abra um pãozinho de um lado, deixando as duas partes ligadas, e pincele o molho na parte interna.
3. Arrume 28 g de cada de presunto cru, copa e salame no pãozinho. Por cima, coloque 57 g de provolone e 14 g de alface. Ponha três fatias de cada de tomate e cebola sobre a alface. Borrife mais molho sobre o sanduíche. Feche os sanduíches.
4. Sirva imediatamente.

CIA club

Hambúrguer de frango

Rendimento: 10 porções

- 1,13 kg de frango moído
- 170 g de farinha de rosca
- 454 g de **recheio *duxelles*** (p. 500) frio
- 2 colheres (sopa)/6 g de ervas, como cebolinha francesa, orégano, manjericão ou salsa, picadas
- 1 colher (chá)/3 g de sal
- ½ colher (chá)/1 g de pimenta-do-reino branca moída
- 284 g de queijo provolone em fatias finas
- 10 pãezinhos redondos
- 113 g de manteiga derretida, ou a gosto
- 10 folhas de alface verde ou roxa
- 20 fatias de tomate

1. Misture delicadamente o frango, a farinha de rosca, o recheio *duxelles*, as ervas, o sal e a pimenta. Forme hambúrgueres de 170 g.
2. Unte ligeiramente com manteiga uma *sauteuse* grande ou uma chapa. Doure os bolinhos dos dois lados. Termine no forno a 177 °C, até que atinjam uma temperatura interna de 74 °C.
3. Antes do serviço, coloque sobre cada hambúrguer uma fatia de provolone e leve de volta ao forno para derreter.
4. Para cada sanduíche, corte um pãozinho, deixando as duas partes do pão ligadas. Pincele com manteiga derretida e grelhe até dourar. Coloque um hambúrguer no pão e sirva aberto, com uma folha de alface e duas fatias de tomate.

Sanduíche de churrasco

Rendimento: 10 porções

- 1,81 kg de peito de boi
- 1 colher (sopa)/10 g de sal
- 1 colher (chá)/2 g de pimenta-do-reino preta moída
- 600 mℓ de **molho *barbecue*** (p. 493)
- 10 pãezinhos *hoagie* ou pãezinhos redondos
- 113 g de manteiga derretida, ou a gosto

1. Tempere a carne com o sal e a pimenta-do-reino, coloque-a numa grade na assadeira e asse-a no forno a 163 °C, por 2 horas. Cubra-a com papel-alumínio e continue a cozinhá-la até que se mostre macia ao ser espetada por um garfo, em cerca de mais 3 horas. Durante as 2 horas finais de cozimento, umedeça a carne com o molho de churrasco.
2. Espere que a carne esfrie e apare o excesso de gordura. Corte em fatias ou desfie a carne. Misture com o molho restante e reaqueça no forno a 177 °C, ou em fogo médio, no topo do fogão, até atingir a temperatura interna de 71 °C. Ajuste o tempero com o sal e a pimenta-do-reino, se necessário.
3. Para cada sanduíche, abra o pãozinho deixando as duas partes ligadas. Pincele com manteiga derretida e grelhe até dourar. Coloque a carne no pãozinho grelhado e sirva aberto.

Sanduíche aberto de peru com cebolas agridoces

Rendimento: 10 porções

- 567 g de cebola em *julienne*
- 120 ml de manteiga clarificada
- 120 ml de molho de soja
- 240 ml de molho de pato
- 120 ml de água
- ½ colher (chá)/1 g de alho em pó, ou a gosto
- ½ colher (chá)/1 g de gengibre, ou a gosto
- Sal, a gosto
- Pimenta-do-reino preta moída, a gosto
- 10 fatias de pão de forma branco com 6 mm de espessura, tostado
- 1,13 kg de peru assado, em fatias finas
- 20 fatias de tomate
- 567 g de queijo suíço em fatias finas

1. Salteie a cebola na manteiga até ficar translúcida. Adicione o molho de soja, o molho de pato e a água. Cozinhe suavemente até que a cebola esteja inteiramente cozida e seca. Tempere com o alho em pó, o gengibre, o sal e a pimenta-do-reino.
2. Para cada sanduíche, espalhe um pouco da mistura de cebola sobre uma fatia de pão tostado. Cubra com cerca de 128 g de peru. Distribua mais mistura de cebola sobre o peru. Coloque duas fatias de tomate por cima, depois cubra-as com 57 g de queijo.
3. Asse em forno a 177 °C até que o sanduíche esteja completamente quente e o queijo, derretido. Sirva imediatamente.

Croque monsieur

Rendimento: 10 porções

- 284 g (20 fatias) de queijo *gruyère*
- 425 g de presunto em fatias finas
- 20 fatias de pão de forma branco com espessura de 6 mm
- 2 colheres (sopa)/30 ml de mostarda de Dijon
- 113 g de manteiga à temperatura ambiente

1. Para cada sanduíche, coloque uma fatia de *gruyère* e uma de presunto sobre uma de pão. Distribua por cima um pouco de mostarda. Coloque outra fatia de *gruyère* por cima e feche com outra fatia de pão. Unte com manteiga os dois lados do sanduíche montado.
2. Unte ligeiramente com manteiga uma chapa ou a frigideira. Cozinhe o sanduíche até dourar dos dois lados. Se necessário, coloque no forno e continue a assar até que o queijo tenha derretido. Sirva imediatamente.

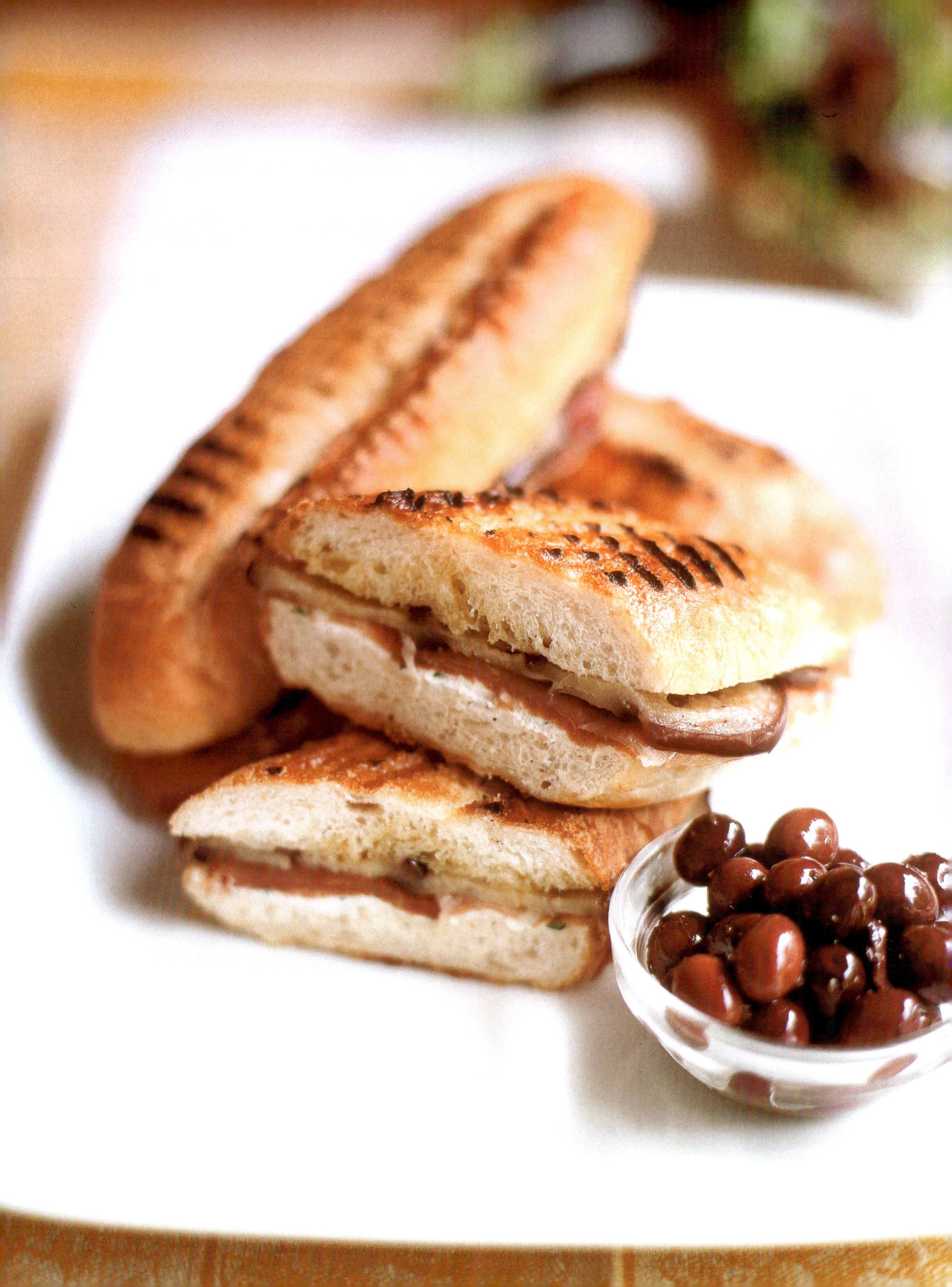

Panini de berinjela e presunto cru

Rendimento: 10 porções

248 g de ricota

2 colheres (chá)/2 g de manjericão picado

1 colher (chá)/2 g de pimenta-do-reino preta moída grosseiramente

1 colher (chá)/1 g de orégano picado

1 colher (chá)/1 g de salsa picada

Sal, a gosto

10 pães italianos

150 mℓ do azeite da berinjela marinada

567 g de **recheio de berinjela marinada** (receita a seguir)

567 g de presunto cru em fatias finas

1. Misture bem numa tigela a ricota, o manjericão, a pimenta-do-reino, o orégano, a salsa e o sal. Tampe e deixe na geladeira a noite toda.
2. Para cada sanduíche, corte um pãozinho no sentido do comprimento e pincele a parte interna com o azeite da berinjela marinada. Espalhe 28 g da mistura de ricota com ervas sobre a metade inferior e, por cima, coloque 57 g de berinjela e presunto cru. Feche com a outra metade do pão.
3. Grelhe em uma prensa de *panini* até dourar. Sirva imediatamente.

Recheio de berinjela marinada

Rendimento: 454 g

454 g de berinjela

1 colher (sopa)/10 g de sal

480 mℓ de azeite de oliva extravirgem

3 dentes de alho esmagados

45 mℓ de vinagre de vinho tinto

2 colheres (sopa)/12 g de orégano desidratado

1 colher (sopa)/6 g de manjericão desidratado

1 colher (sopa)/6 g de pimenta-do-reino preta moída grosseiramente

1 pitada de flocos de pimenta calabresa

1. Corte a berinjela em fatias de 3 mm de espessura. Coloque as fatias em um escorredor, salgando generosamente cada camada. Deixe descansar por 1 hora.
2. Enxágue o líquido amargo e seque as fatias com papel absorvente.
3. Misture todos os outros ingredientes.
4. Coloque as fatias de berinjela na marinada. Cubra a mistura e deixe-a na geladeira por 3 a 4 dias. Mexa-a todos os dias.

NOTA: A berinjela estará pronta quando a polpa se tornar relativamente translúcida e não tiver gosto de crua.

Sanduíche de vegetais grelhados com queijo *manchego*

Rendimento: 10 porções

680 g de chuchu

Sal, a gosto

794 g de berinjela em fatias de 6 mm

439 g de azeite de oliva

1½ colher (sopa)/21 g de mostarda de Dijon

21 g de alho picado

19 g de pimenta *serrano* picada

14 g de tomilho picado

2 colheres (sopa)/6 g de orégano picado

Pimenta-do-reino preta moída, a gosto

907 g de cebola roxa fatiada

680 g de pimentão vermelho assado, sem pele nem sementes e cortado ao meio

567 g de pimenta *poblano* tostada, sem pele nem sementes e cortada ao meio

567 g de cogumelo *portobello* sem o talo

1 cabeça de alface romana

10 pães de leite redondos

480 mℓ de **tapenade** (p. 977)

312 g de tomate grande em fatias de 3 mm de espessura (20 fatias)

284 g de queijo *manchego* em fatias finas (30 fatias)

1. Cozinhe o chuchu em água salgada em fogo brando até ficar macio, em cerca de 45 minutos. Deixe esfriar. Corte em fatias de 6 mm de espessura (descarte os caroços) e reserve.
2. Coloque um pouco de sal na berinjela e drene em um coador por 30 minutos. Seque com papel absorvente.
3. Misture o azeite de oliva, a mostarda, o alho, a pimenta *serrano*, o tomilho, o orégano, o sal e a pimenta-do-reino para fazer a marinada.
4. Coloque o chuchu, a berinjela, a cebola, o pimentão, a pimenta *poblano* e os cogumelos em cubas separadas. Jogue um pouco de marinada sobre cada um dos ingredientes e vire para que a mistura envolva todos muito bem.
5. Agite os vegetais para retirar o excesso de marinada antes de grelhá-los, a fim de evitar chamas. Grelhe os vegetais dos dois lados em fogo alto até que estejam macios, mas não moles demais.
6. Transfira os vegetais, inclusive as pimentas, para uma assadeira e leve ao forno médio a 177 °C por 10 minutos para terminar o cozimento, até ficarem macios.
7. Fatie os cogumelos na diagonal em fatias de 6 mm de espessura. Deixe todos os vegetais em temperatura ambiente.
8. Gentilmente separe e lave as folhas de alface. Seque com papel absorvente e reserve.
9. Para cada sanduíche, corte um pão ao meio, passe uma fina camada de *tapenade* nas partes internas do pão. Faça camadas com cogumelo, cebola, pimenta *poblano*, pimentão, berinjela e chuchu. Finalize com duas fatias de tomate e três fatias de *manchego*. Cubra com a outra metade do pão.
10. Aqueça os sanduíches de 10 a 15 minutos em forno aquecido a 121 °C antes de servir.

Três queijos derretidos

Rendimento: 10 porções

20 fatias de pão de forma branco, com 6 mm de espessura

567 g de queijo *cheddar* em fatias finas

142 g de queijo azul esfarelado

284 g de queijo Pepper Jack em fatias finas

113 g de manteiga, ou a gosto, à temperatura ambiente

1. Para cada sanduíche, coloque sobre uma fatia de pão 28 g de queijo *cheddar*, 14 g de queijo azul, 28 g de Pepper Jack e mais 28 g de *cheddar*. Por cima, coloque uma fatia de pão. Unte com manteiga os dois lados do sanduíche montado.
2. Unte ligeiramente com manteiga uma chapa ou a frigideira. Cozinhe o sanduíche até dourar dos dois lados. Se necessário, coloque-o no forno e continue a cozinhá-lo até que o queijo derreta. Sirva imediatamente.

Sanduíche de vegetais grelhados com queijo *manchego*, servido com salada de batata-doce ao *curry* (p. 767)

Sanduíche *Reuben*

Rendimento: 10 porções

MOLHO RUSSO

300 ml de **maionese** (p. 921)

90 ml de molho de pimenta

21 g de molho de raiz-forte

28 g de cebola ralada, branqueada

¾ de colher (chá)/3,75 ml de molho inglês

Sal, a gosto

Pimenta-do-reino preta moída, a gosto

20 fatias finas de queijo suíço

907 g de *corned beef* em fatias finas

567 g de *sauerkraut* (p. 611 ou comprado pronto)

20 fatias de pão de centeio com 6 mm de espessura

113 g de manteiga à temperatura ambiente

1. Para preparar o molho russo, misture a maionese, o molho de pimenta, o de raiz-forte, a cebola e o molho inglês. Tempere com o sal e a pimenta-do-reino.
2. Para cada sanduíche, coloque sobre uma fatia de pão uma fatia de queijo, 15 ml do molho russo, 43 g de *corned beef* e 57 g de *sauerkraut*. Por cima, coloque mais 43 g de *corned beef*, 15 ml de molho russo e mais uma fatia de queijo. Feche com uma fatia de pão.
3. Unte com manteiga os dois lados do sanduíche montado. Pincele com manteiga uma chapa ou a frigideira. Cozinhe o sanduíche até dourar dos dois lados. Se necessário, coloque-o no forno e continue o cozimento até que o queijo tenha derretido. Sirva imediatamente.

Tempeh Reuben

Rendimento: 10 porções

567 g de *tempeh*

90 ml de molho de soja

150 ml de vinagre de vinho tinto

180 ml de **fundo de vegetais** (p. 279)

78 g de cebola fatiada

2 colheres (chá)/6 g de alho fatiado

½ colher (chá)/1 g de pimenta-do-reino preta moída

1 colher (chá)/2 g de páprica

20 fatias de pão de centeio torrado

150 ml de **molho mil ilhas** (p. 924)

340 g de *sauerkraut* (p. 611 ou comprado pronto) coado

1. Com uma faca afiada, faça delicadamente 40 fatias finas do *tempeh*.
2. Misture o molho de soja, o vinagre, o fundo, a cebola, o alho, a pimenta e a páprica em um prato raso. Acrescente as fatias de *tempeh*, tampe e deixe marinando na geladeira por pelo menos 2 horas ou no máximo de um dia para o outro, virando de vez em quando.
3. Asse as fatias de *tempeh* com a marinada em forno a 177 °C até dourar, em 15 a 20 minutos.
4. Coloque quatro fatias de *tempeh* em uma fatia de pão com 1 colher (sopa)/15 ml de molho mil ilhas e 36 g de *sauerkraut*. Feche com outra fatia de pão e sirva morno.

Sanduíche de pepino com *cream cheese* e ervas

Rendimento: 10 porções

- 170 g de *cream cheese* à temperatura ambiente
- 1 colher (sopa)/3 g de *dill* picado
- 1 colher (sopa)/3 g de cebolinha francesa picada
- 60 ml de creme de leite fresco (36% a 40%), ou a gosto
- Sal, a gosto
- Pimenta-do-reino preta moída, a gosto
- 20 fatias de pão de forma branco de 6 mm de espessura
- 340 g de pepino japonês em fatias finas

1. Misture o *cream cheese*, o *dill*, a cebolinha francesa e o creme de leite suficiente para obter uma consistência homogênea, fácil de espalhar. Tempere com o sal e a pimenta-do-reino.
2. Para cada sanduíche, espalhe 1½ colher (chá)/7,5 ml do *cream cheese* com ervas em duas fatias de pão. Distribua algumas fatias de pepino em uma das fatias de pão e feche com a outra.
3. Retire a casca de cada sanduíche e corte em quatro retângulos, ou da forma desejada.
4. Sirva imediatamente, ou deixe coberto, na geladeira, por não mais de 2 horas.

Sanduíche de agrião com maionese de ervas

Rendimento: 10 porções

MAIONESE DE ERVAS

- 150 ml de **maionese** (p. 921)
- 14 g de ervas, como cebolinhas, salsa ou *dill*, picadas
- Sal, a gosto
- Pimenta-do-reino preta moída, a gosto
- 20 fatias de pão de forma branco, com 6 mm de espessura
- 85 g de agrião limpo, lavado e seco

1. Misture a maionese às ervas e tempere com o sal e a pimenta-do-reino.
2. Para cada sanduíche, espalhe 1½ colher (chá)/7,5 ml da maionese de ervas sobre duas fatias de pão. Coloque um pouco de agrião em uma das fatias de pão e feche com a outra.
3. Retire a casca de cada sanduíche e corte em 4 triângulos ou na forma desejada.
4. Sirva imediatamente ou mantenha coberto, na geladeira, por não mais de 2 horas.

Sanduíche de maçã com maionese de *curry*

Rendimento: 10 porções

- 1 colher (sopa)/6 g de **curry em pó** (p. 386 ou comprado pronto)
- 150 ml de **maionese** (p. 921)
- Sal, a gosto
- Pimenta-do-reino preta moída, a gosto
- 20 fatias de pão de forma branco com 6 mm de espessura
- 454 g de maçã Granny Smith descascada, em fatias finas

1. Em uma *sauteuse* pequena, em fogo médio, toste o *curry* em pó. Espere esfriar e misture à maionese. Tempere com o sal e a pimenta-do-reino.
2. Para cada sanduíche, espalhe 1½ colher (chá)/7,5 ml da maionese de *curry* em duas fatias de pão. Coloque em uma delas 35 g das fatias de maçã e feche com a outra.
3. Usando um cortador redondo de 4 cm de diâmetro, corte cada sanduíche em quatro círculos, ou de outra forma desejada.
4. Sirva imediatamente ou mantenha coberto, na geladeira, por não mais de 2 horas.

Sanduíche de gorgonzola e pera

Rendimento: 10 porções

- 57 g de *cream cheese* à temperatura ambiente
- 142 g de gorgonzola à temperatura ambiente
- 60 mℓ de creme de leite fresco (36% a 40%), ou a gosto
- Sal, a gosto
- Pimenta-do-reino preta moída, a gosto
- 60 mℓ de mel
- 2 colheres (sopa)/30 mℓ de vinagre de vinho branco
- 454 g de pera
- 20 fatias de pão *pumpernickel* com uvas-passas, com 6 mm de espessura

1. Misture o *cream cheese* e o gorgonzola com creme de leite suficiente para obter uma consistência homogênea e fácil de espalhar. Tempere com o sal e a pimenta-do-reino.
2. Misture o mel e o vinagre. Descasque e corte as peras em fatias finas. Pincele-as com a solução de mel e vinagre para impedir que oxidem.
3. Para cada sanduíche, espalhe a mistura de gorgonzola em duas fatias de pão. Coloque cerca de 35 g de peras sobre uma das fatias e feche com a outra.
4. Corte na forma desejada. Sirva imediatamente ou mantenha coberto, na geladeira, por não mais de 2 horas.

Sanduíche de tomate com creme azedo e orégano

Rendimento: 10 porções

- 240 mℓ de creme azedo (*sour cream*)
- 2 colheres (sopa)/6 g de orégano picado
- Sal, a gosto
- Pimenta-do-reino preta moída, a gosto
- 20 fatias de pão de forma branco com 6 mm de espessura
- 907 g de tomates sem sementes, em fatias finas

1. Misture o creme azedo e o orégano. Tempere com o sal e a pimenta-do-reino.
2. Para cada sanduíche, espalhe a mistura de creme azedo em duas fatias de pão. Coloque cerca de 85 g de fatias de tomate sobre uma das fatias de pão e feche com a outra.
3. Corte na forma desejada. Sirva imediatamente ou cubra e mantenha na geladeira por não mais de 2 horas.

hors-d'oeuvre e *appetizers*

A distinção entre *hors-d'oeuvre* e *appetizers* tem mais a ver com o tamanho da porção e como e quando é servida do que com o tipo de alimento. Os *hors-d'oeuvre* são, de hábito, servidos como o prelúdio de uma refeição, enquanto os *appetizers* são, geralmente, o antepasto.

CAPÍTULO 29

hors-d'oeuvre

A expressão *hors-d'oeuvre* é francesa e significa "fora da refeição". A função dos *hors-d'oeuvre* é estimular o paladar e abrir o apetite. Os petiscos servidos como *hors-d'oeuvre* devem ser:

» Pequenos o bastante para serem comidos em duas ou três garfadas. Alguns são, muitas vezes, comidos com as mãos, enquanto outros podem exigir prato e garfo. Com muito poucas exceções, não exigem o uso de faca.

» Atraentes. Como em geral os *hors-d'oeuvre* precedem a refeição, são considerados uma forma de abrir o apetite. Isto é conseguido, em parte, por meio do apelo visual.

» O objetivo é complementar a refeição que se seguirá. É importante evitar servir muitos alimentos de gosto ou textura semelhantes. Por exemplo, se o *menu* tiver uma bisque de lagosta, os canapés de lagosta não são apropriados.

APRESENTANDO OS *HORS-D'OEUVRE*

A apresentação dos *hors-d'oeuvre* pode ir da elegância do serviço estilo mordomo à relativa informalidade de um bufê, ou pode ser uma combinação de estilos de serviço. O tipo de *hors-d'oeuvre*, assim como as exigências de um evento em particular, determinam o modo como esses alimentos são apresentados. Estas orientações podem ajudar o chef na apresentação:

» Ao selecionar *hors-d'oeuvre*, tenha em mente a natureza do evento, assim como o *menu* que se seguirá.

» Esculturas e camadas de gelo são usadas, frequentemente, para manter frutos do mar e caviar bem frios, assim como por seu apelo dramático. O arranjo deve permitir que o gelo escorra adequadamente e que as esculturas de gelo pesadas ou grandes permaneçam estáveis.

» Os *hors-d'oeuvre* servidos em pratos, ou passados em bandejas, devem ser apresentados de modo adequado, para que os últimos a ficar no prato ainda tenham uma aparência atraente.

» Os *hors-d'oeuvre* servidos com molho requerem utensílios para serem servidos. Para evitar que o conviva tenha de lidar com prato, garfo e guardanapo estando em pé, esses alimentos devem, em geral, ser limitados ao serviço de bufê ou servidos como prelúdio de uma refeição mais elaborada.

» Para estar seguro de que os *hors-d'oeuvre* permanecem quentes, evite combinar itens quentes e frios em um só prato, e tenha *chafing dishes* disponíveis para o serviço de bufê.

appetizers

Enquanto os *hors-d'oeuvre* são servidos separadamente da refeição principal, os *appetizers* representam, tradicionalmente, o antepasto, cujo papel no *menu* contemporâneo está se tornando cada vez mais importante. Embora ainda possam ser encontrados o tradicional patê, a truta defumada ou o *escargot* com manteiga de alho, os pratos com base em macarrão, vegetais grelhados e grãos estão ganhando cada vez mais exposição.

A preocupação habitual de "construir" um *menu* que combine um prato ao seguinte exige uma conexão lógica entre os *appetizers* e todos os pratos que se seguirão. Para cada regra que você aprende sobre quais tipos de alimentos devem ou não constituir *appetizers*, encontra, pelo menos, uma boa exceção.

O que a maior parte dos *appetizers* tem em comum é a cuidadosa atenção nas porções e a execução técnica acertada. A maior parte dos *appetizers* são pequenas porções de alimentos saborosos, com a finalidade de excitar o apetite apenas o suficiente para permitir total prazer com o prato principal.

Os *hors-d'oeuvre* clássicos podem ser servidos como *appetizers* aumentando-se ligeiramente o tamanho da porção. Favoritos eternos são ostras e mexilhões perfeitamente frescos, por exemplo, abertos tão próximo do momento de servir quanto possível, e servidos com molhos que têm por finalidade sublinhar seu sabor naturalmente salgado; ou um coquetel de camarões clássico, servido com um molho de coquetel, de tomate picante ou outro molho pungente. Peixe defumado, carne ou aves; linguiças, patês, *terrines* e galantinas; presunto cru e carne em fatias bem finas – tudo isso pode ser usado para criar *appetizers*, com alguns poucos acompanhamentos ou guarnições, ou como prato de degustação.

As saladas também são servidas como *appetizers*. Pode-se modificar o tamanho da porção, substituir um molho ou utilizar guarnições diferentes para mudar a salada de estação para estação ou para exibir um leque de sabores e texturas de outras culinárias.

Os *appetizers* mornos e quentes incluem pequenas porções de macarrão, como *tortellini* ou ravioli, servidos sós, ou com um molho ou caldo. Pequenos recipientes de massa folhada podem ser preparados como *vol-au-vent* ou recheados com ragus salgados ou *foie gras*. Com frequência utilizam-se peixes grelhados, frutos do mar ou aves, assim como crêpes, *blinis*, bolinhos de carne e outros *appetizers* bem temperados.

Mais importantes do que nunca, como *appetizers*, são os vegetais. São frequentemente apresentados com muita simplicidade – por exemplo, alcachofras cozidas no vapor com um molho, aspargos gelados temperados com um óleo aromatizado ou um prato de vegetais grelhados acompanhado por *aïoli*.

PREPARANDO E APRESENTANDO *APPETIZERS*

Ao preparar e apresentar *appetizers*, tenha em mente a seguinte orientação:

» O tamanho da porção deve ser adequado. De modo geral, os *appetizers* devem ser servidos em porções pequenas.

» Tempere os *appetizers* meticulosamente. Eles têm por finalidade estimular o apetite, por isso o tempero é da maior importância. Contudo, não use ervas frescas demais nem outros temperos. É extremamente fácil anestesiar o paladar sufocando-o com alho demais ou uma quantidade extravagante de manjericão no início da refeição. Lembre-se de que outros pratos virão depois dele.

» Use pequena quantidade de guarnições. As usadas devem servir para aumentar a atração do prato adicionando sabor e textura, não apenas cor.

» Sirva todos os *appetizers* à temperatura apropriada. Lembre-se de esfriar ou aquecer os pratos.

» Fatie, modele e faça porções de *appetizers* com cuidado, usando quantidade suficiente no prato para tornar o alimento interessante e atraente do início ao fim, mas não tanto a ponto de o conviva perder o apetite.

» A habilidade sempre conta, mas sobretudo com os *appetizers*. Eles representam a abertura da refeição completa.

» Ao oferecer *appetizers* a compartilhar, considere como vão parecer quando chegarem à mesa. Pode ser mais eficaz dividir o prato compartilhado na cozinha em vez de deixar a divisão a cargo dos convivas.

» A cor, a forma e o espaço branco desempenham papel importante na composição do prato.

» Escolha o tamanho e a forma certa para as porções a servir, e forneça ao conviva tudo que for necessário para os *appetizers*, incluindo utensílios especiais, pratos para colocar conchas vazias ou ossos e, se necessário, tigelinhas para lavar os dedos.

A MOUSSE FRIA SALGADA TEM MUITAS APLICAÇÕES. SERVIDA FORA DA FORMA, FATIADA COMO PÃO OU TERRINE, COLOCADA EM UMA CONCHA OU USADA COMO COBERTURA, PODE SERVIR COMO HORS-D'OEUVRE, TIRA-GOSTO OU COMPONENTE DE OUTROS PRATOS.

mousse fria salgada

A palavra francesa *mousse* significa, literalmente, "espuma". A *mousse* é preparada acrescentando-se creme de leite batido ou claras a uma base de sabor intenso. A mistura espumosa e leve é gelada o suficiente para solidificar-se antes de ser servida. A *mousse* fria não é cozida depois de montada porque murcharia com o calor. A *mousse* quente é uma pequena porção de *farce mousseline* que foi moldada de modo semelhante à *mousse* fria, antes de ser cozida e servida quente.

Embora cada ingrediente-base possa exigir um ajuste na quantidade de liga e arejador, a receita básica da página seguinte é um bom ponto de controle. Pode e deve ser alterada dependendo do tipo de *mousse* a ser feita, e da utilização que se pretende dar ao produto final. O ingrediente principal, ou base, da *mousse*, pode ser um ou uma combinação dos seguintes: carnes, peixes ou aves, defumados ou cozidos, moídos finamente ou em purê; queijo ou uma combinação de queijos (em geral, usa-se queijo de cabra ou *cream cheese*); purês de vegetais (que podem ser reduzidos refogando-os, para intensificar seu sabor e eliminar o excesso de umidade). Todos os ingredientes-base devem ser adequadamente temperados antes de se acrescentarem outros ingredientes, e os temperos verificados outra vez depois que a *mousse* estiver pronta. Faça o teste à temperatura de serviço, para fazer ajustes, se necessário.

Alguns ingredientes-base já são estáveis o bastante para dar estrutura às *mousses* prontas (por exemplo, os queijos). Mas, para aqueles que não são tão densos, as receitas costumam incluir uma quantidade de gelatina (ver quadro na p. 968). A quantidade de gelatina deve ser suficiente para que a *mousse* não perca a forma. Quanto mais gelatina for adicionada, mais firme ficará a *mousse* pronta. Escolha a quantidade com base na apresentação (uma *mousse* mais firme para fatiar, uma mais macia para servir com a colher ou passar pelo saco de confeitar).

Para deixar a *mousse* leve, pode-se usar a espuma de claras de ovos batidas ou creme de leite fresco (36% a 40%) batido em picos moles ou médios. Mas, se as claras ou o creme forem batidos demais, a *mousse* pode começar a "murchar" por causa de seu próprio peso. Há uma vasta gama de temperos, aromatizantes e guarnições a utilizar, que devem ser escolhidos para combinar com o sabor do ingrediente principal.

As necessidades de equipamento para o preparo de uma *mousse* incluem um processador de alimentos, para transformar o ingrediente principal em pasta ou purê, e um batedor ou batedeira, para bater as claras e/ou creme de leite. Tenha à mão uma peneira para coar a base, se necessário. Prepare um recipiente com gelo para esfriar a mistura, e também o equipamento adequado para pesar e manusear a gelatina. Prepare várias formas e travessas para servir ou um saco de confeitar para dar forma à *mousse* pronta.

mousse fria salgada

» receita básica

Mousse fria salgada
(1,13 kg)

Base 907 g

Aglutinante* 28 g de gelatina
(* se a receita pedir)

Líquido** 240 mℓ
(** para hidratar a gelatina)

Aerador 480 mℓ

método rápido »

1. Faça um purê ou moa o ingrediente principal.
2. Misture o aglutinante, se estiver usando. Esfrie a mistura até chegar à temperatura correta.
3. Delicadamente misture o aerador.
4. Imediatamente coloque a *mousse* nos recipientes desejados com uma colher ou com um bico de confeitar.

dicas do especialista «

Certifique-se de que o ingrediente principal esteja na consistência correta. Dependendo do resultado esperado, pode ser preciso adicionar mais líquido para atingir a consistência ideal:

VELOUTÉ / BÉCHAMEL / MAIONESE

Misture delicadamente o creme de leite batido ou as claras batidas apenas até que eles estejam integrados aos outros ingredientes para que se alcancem o melhor volume e a consistência adequada.

capítulo 29 » HORS-D'OEUVRE E APPETIZERS

TRABALHANDO COM GELATINA

A gelatina é usada para fazer *aspic*, para estabilizar espumas e para engrossar misturas com base líquida que serão servidas frias. É adicionada ao líquido em diferentes concentrações, obtendo-se diferentes resultados. A concentração da gelatina – ou força do gel –, em determinado líquido, é descrita em gramas por litro. As proporções para produzir diversas forças do gel podem ser encontradas na tabela da p. 970.

1. Distribua a gelatina sobre o líquido frio. Se o líquido estiver morno ou quente, a gelatina não amolecerá adequadamente. Espalhar a gelatina sobre a superfície do líquido impede a formação de grumos.

2. Reidrate, gelatine e depois derreta a gelatina antes de usar. Para gelatinar, demolhe-a na quantidade de líquido especificada na receita, que deve ser de aproximadamente 240 mℓ de um líquido à base de água para cada 28 g de gelatina. Uma outra alternativa comumente usada para gelatinar folhas de gelatina é demolhá-las em água fria suficiente para submergi-la por inteiro. Se esse método for usado, depois de gelatinar, esprema e torça delicadamente a folha para retirar o excesso de água, de modo a não acrescentar líquido adicional à receita, o que mudaria a consistência e o sabor do produto final.

3. Depois de hidratar, derreta a gelatina. Para derreter a gelatina gelatinada, coloque-a em uma panela ou tigela, em fogo baixo, ou sobre um recipiente com água quente até que se liquefaça. À medida que a gelatina se aquece, a mistura ficará clara e líquida o suficiente para que se possa despejá-la com facilidade. Adicione, então, a gelatina derretida a uma mistura-base morna ou à temperatura ambiente.

Se a base estiver fria, a gelatina pode se solidificar de modo desigual. Se estiver morna ou quente (pelo menos 41 °C), entretanto, você pode optar por adicionar a gelatina hidratada diretamente à base quente, em vez de derretê-la separadamente, e deixar que o calor da base a derreta. Mexa bem, até que ela tenha se misturado totalmente à base.

Como o produto começará a solidificar-se imediatamente depois da adição da gelatina, prepare sempre todas as formas, recipientes de serviço, etc., antes de começar a trabalhar.

Alguns itens estabilizados com gelatina são servidos nas formas; outros, são desenformados antes de servir. Para desenformar, mergulhe a forma rapidamente em água muito quente, depois vire-a sobre um prato e bata delicadamente para soltar o produto.

mousse fria salgada

1. **Bata os ingredientes principais** no processador de alimentos ou passe-os no moedor de carne. A base deve ter consistência semelhante a uma massa cremosa. Isso remove quaisquer vestígios de tendões ou fibras, obtendo-se um produto muito delicado. Pode ser necessário acrescentar um líquido ou produto úmido, como *velouté*, *béchamel*, creme de leite ou maionese para ajustar a consistência. Esfrie a base sobre um recipiente com gelo se a mistura se aquecer mais do que 32 °C. Para obter a melhor textura, coe a base batida.

Em geral, para produzir o corpo correto, é necessária uma liga. Alguns ingredientes, como queijo ou *froie gras*, podem ser suficientes para dar essa liga sem gelatina. Acrescente gelatina se preciso. Hidrate a gelatina em um líquido frio. Esse processo é chamado hidratação. Aqueça a gelatina até cerca de 32 °C a 43 °C para dissolver os grânulos. Junte-a à base.

« **método detalhado**

2. **Acrescente o creme de leite batido** e/ou as claras até que se combinem completamente. Bata o creme ou as claras em picos moles para obter melhores resultados. Adicione com cuidado esse arejador à base. Junte cerca de um terço do creme de leite batido antes, para que seja mais fácil acrescentar os dois terços restantes. Essa técnica dá o máximo volume à *mousse* pronta. Colocar na *mousse* o creme de leite batido vigorosamente ou por tempo muito longo causa perda de volume e o creme pode ficar batido demais.

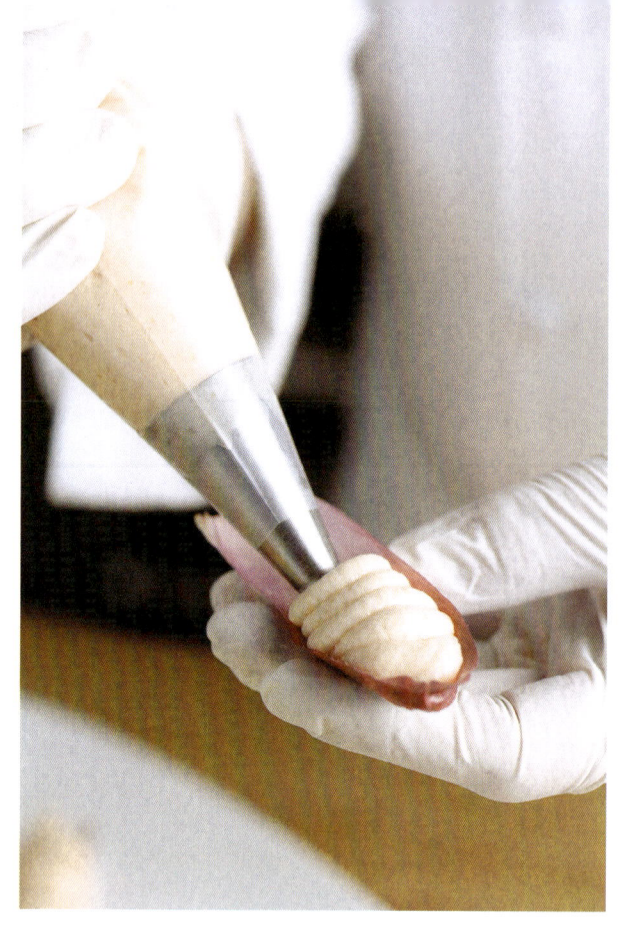

3. Com o saco de confeitar, coloque a *mousse* de salmão defumado em *barquettes* ou em outros recipientes, como desejar. Há muitas maneiras diferentes de se usar uma *mousse*. Ela pode ser colocada, com o saco de confeitar, em *barquettes* ou formas de tortinhas, em profiteroles, em folhas de endívia ou ser utilizada como recheio de canapés. Com a colher ou com o saco de confeitar, pode ser posta em formas do tamanho de uma porção. Algumas apresentações exigem que a *mousse* seja retirada da forma antes do serviço, ao passo que outras exigem que a *mousse* seja apresentada diretamente na forma. Ela também pode ser colocada, em camadas, numa terrina, retirada da forma e fatiada para apresentação.

Deixe a *mousse* na geladeira por, pelo menos, duas horas, se a ideia for desenformá-la. A *mousse* fria de alta qualidade deve ter sabor completo, ser delicadamente sólida e muito leve na textura. Os ingredientes devem se combinar adequadamente, de modo que não haja traços de creme ou base. A cor deve ser uniforme e atraente.

Proporções para forças de gel

FORÇA DO GEL	GRAMAS POR LITRO	USOS POSSÍVEIS
GEL DELICADO	15	Quando não é preciso fatiar; porções individuais de carnes, aves ou peixes ligadas por gelatina; *consommés* gelatinosos.
GEL PARA REVESTIR	30	*Chaud-froid* comestível; revestimento de itens individuais.
GEL PARA FATIAR	45-60	Quando o produto será cortado; recheio de patê en *croûte*, head cheese.
GEL FIRME	75-90	Revestimento de travessas para exibição ou competição; *mousse* fria.
MOUSSE	118	Usado em *mousses*.

Mousse de salmão defumado

Rendimento: 1,62 kg

- 680 g de salmão defumado, em cubos
- 240 mℓ de **velouté de peixe** (p. 308) frio
- 28 g de gelatina em pó
- 240 mℓ de **fumet de peixe** (p. 278) ou água, ambos frios
- Sal, a gosto
- Pimenta-do-reino preta moída, a gosto
- 480 mℓ de creme de leite fresco (36% a 40%) batido em picos moles

1. Processe o salmão e o *velouté* em um processador de alimentos até obter uma consistência homogênea. Passe a mistura por uma peneira e transfira-a para uma tigela média.
2. Misture a gelatina com o fundo frio ou a água, e hidrate até que a gelatina absorva o líquido.
3. Aqueça a gelatina hidratada sobre água fervendo suavemente até que os grânulos se dissolvam e a mistura atinja uma temperatura entre 32 °C e 43 °C.
4. Adicione à gelatina a mistura de salmão. Tempere com o sal e a pimenta-do-reino.
5. Junte o creme de leite batido. Molde ou separe a *mousse* em porções, como desejar. Leve-a à geladeira por, pelo menos, 2 horas, para firmá-la.

Mousse de queijo azul

Rendimento: 1,13 kg

- 567 g de queijo azul esfarelado
- 340 g de *cream cheese* à temperatura ambiente
- 1 colher (sopa)/10 g de sal
- ½ colher (chá)/1 g de pimenta-do-reino preta moída grosseiramente
- 360 mℓ de creme de leite fresco (36% a 40%) batido em picos moles

1. Faça um purê com os queijos em um processador de alimentos até que formem uma mistura bem homogênea. Tempere com o sal e a pimenta-do-reino.
2. Coloque o creme de leite batido na *mousse* até que estejam bem combinados, sem quaisquer grumos.
3. Use a *mousse* para fazer canapés, como recheio ou *dip*.

Mousse de queijo de cabra: Substitua o queijo azul por queijo de cabra fresco.

Pico de gallo

Rendimento: 960 mℓ

- ½ xícara/120 mℓ de coentro picado grosseiramente
- 15 tomates italianos sem sementes, em cubos médios
- 4 pimentas *serrano* ou *jalapeño*, sem sementes, bem picadas
- Suco de 2 limões
- 1 cebola média, em cubos pequenos
- Sal, a gosto

Misture todos os ingredientes em uma tigela média. Acerte o tempero com o sal. O molho agora está pronto para ser servido ou pode ser conservado na geladeira para uso posterior.

Salsa verde asada

Rendimento: 960 ml

- 822 g de *tomatillo*
- 269 g de cebola branca
- 99 g de *jalapeño*
- 4 dentes de alho com a casca
- 1 colher (chá)/3 g de sal, ou quanto baste
- 85 g de coentro picado grosseiramente

1. Toste os *tomatillos*, as cebolas, os *jalapeños* e o alho em uma frigideira grande de ferro fundido em fogo médio até os *tomatillos* e o *jalapeño* estarem cozidos. Deixe esfriar e tire a pele dos *tomatillos*. Quando a casca do alho começar a dourar, retire do fogo e descasque. Espere esfriar até a temperatura ambiente.
2. Com um pilão e um socador, amasse o alho e o sal até formar uma pasta.
3. Tire o talo e a pele dos *jalapeños* e corte-os ao meio. Junte ao alho no pilão e amasse até formar uma pasta fina.
4. Acrescente a cebola e continue amassando.
5. Junte os *tomatillos* um de cada vez, girando e esmagando até todos estarem incorporados ao molho.
6. Acrescente o coentro e ajuste o tempero com sal. O molho pode ser servido imediatamente ou guardado na geladeira.

Salsa verde cruda

Rendimento: 600 ml

- 35 g de pimenta *serrano* picada
- 411 g de *tomatillo* cortado grosseiramente
- 1 colher (chá)/3 g de alho picado
- 135 g de cebola branca picada grosseiramente
- ¾ de colher (chá)/2,5 g de sal
- 71 g de coentro

1. Coloque as pimentas *serrano*, os *tomatillos*, o alho e a cebola no liquidificador. Bata até formar uma pasta.
2. Tempere com sal e junte o coentro. Bata mais um pouco até ficar homogêneo, tomando cuidado para não esquentar ou queimar o coentro com o calor da lâmina. O molho pode ser servido imediatamente ou levado à geladeira.

Salsa roja

Rendimento: 960 ml

- 12 tomates italianos
- 4 dentes de alho
- 6 pimentas *chipotle* sem sementes e picadas
- 43 g de coentro
- Sal, a gosto

1. Toste os tomates em uma chapa de ferro fundido em fogo médio até estarem cozidos. Retire do fogo, espere chegar à temperatura ambiente e tire a pele.
2. Na mesma chapa, toste os dentes de alho até a pele começar a ficar marrom, em 12 a 15 minutos. Tire a casca e a descarte.
3. Transfira os tomates tostados e o alho, as pimentas *chipotle* e o coentro para um liquidificador e bata até obter uma massa lisa.
4. Tempere com sal. Junte água se o molho estiver muito espesso. O molho pode ser servido na hora ou guardado na geladeira para uso posterior.

Molho de feijão-preto e mamão papaia

Rendimento: 960 ml

- 198 g de feijão-preto cozido e escorrido
- 198 g de mamão papaia maduro, em cubos pequenos
- 57 g de pimentão vermelho em cubos pequenos
- 57 g de cebola roxa em cubos pequenos
- 14 g de *jalapeño* bem picado
- 2 colheres (sopa)/6 g de coentro picado grosseiramente
- 28 g de gengibre ralado
- 60 ml de azeite de oliva
- 2 colheres (sopa)/30 ml de suco de limão
- Sal, a gosto
- Pimenta-do-reino preta moída, a gosto

Misture todos os ingredientes em uma tigela média. Acerte o tempero com o sal e a pimenta-do-reino. Agora o molho está pronto para ser servido ou pode ser conservado na geladeira para uso posterior.

Molho de toranja

Rendimento: 960 ml

- 60 ml de azeite de oliva
- 2 colheres (sopa)/6 g de coentro picado grosseiramente
- 57 g de cebola roxa enxaguada bem picada
- 1 colher (chá)/3 g de pimenta *scotch bonnet* sem sementes, picada
- 2 colheres (chá)/2 g de salsa picada
- 4 toranjas, em segmentos
- 2 laranjas (cerca de 170 g) fatiadas
- ½ colher (chá)/ 1,5 g de sal, ou a gosto

1. Misture o azeite, o coentro, a cebola, a pimenta e a salsa.
2. Pouco antes de servir, adicione as toranjas e as laranjas. Tempere com sal.
3. O molho agora está pronto para ser servido ou pode ser conservado na geladeira para uso posterior.

Molho Cumberland

Rendimento: 960 ml

- 2 laranjas
- 2 limões-sicilianos
- 14 g de chalota ralada
- 567 g de geleia de groselha
- 1 colher (sopa)/6 g de mostarda em pó
- 360 ml de vinho do Porto *ruby*
- Sal, a gosto
- Pimenta-do-reino preta moída, a gosto
- 1 pitada de pimenta-de-caiena
- 1 pitada de gengibre ralado

1. Retire os *zestes* das laranjas e limões e corte em *julienne*. Esprema as frutas e reserve o suco.
2. Branqueie as chalotas e os *zestes* por 30 segundos em água fervente. Coe imediatamente.
3. Misture os sucos de laranja e limão, as chalotas, os *zestes*, a geleia, a mostarda, o vinho, o sal, as pimentas e o gengibre em uma panela não reativa. Espere ferver suavemente e cozinhe até ficar com a consistência de um xarope, em 5 a 10 minutos.
4. Esfrie o molho sobre um recipiente com gelo. Agora ele está pronto para ser servido ou pode ser conservado na geladeira para uso posterior.

Molho asiático para dips

Rendimento: 960 ml

- 14 g de alho amassado
- 28 g de gengibre ralado
- 57 g de cebolinha picada
- 1 colher (chá)/ 10 ml de óleo vegetal
- 480 ml de molho de soja
- 240 ml de vinagre de arroz
- 240 ml de água
- 2 colheres (chá)/4 g de mostarda em pó
- 1 colher (chá)/5 ml de pasta de feijão quente
- 60 ml de mel

1. Refogue o alho, o gengibre e as cebolinhas em uma panela pequena até liberar o aroma. Deixe esfriar.
2. Junte os ingredientes refogados ao molho de soja, vinagre, água, mostarda, pasta de feijão e mel em uma tigela média e mexa vigorosamente.
3. Agora o molho está pronto para ser servido ou pode ser conservado em geladeira para uso posterior.

Molho de soja com coentro e limão

Rendimento: 20 porções

- 4 dentes de alho picados
- 6 colheres (sopa)/90 ml de gengibre picado
- 3 colheres (sopa)/45 ml de pasta de pimenta vietnamita
- 1 xícara/240 ml de coentro picado
- 240 ml de molho de soja
- 120 ml de suco de limão com a polpa
- 120 ml de água
- 50 g de açúcar

1. Esmague o alho e o gengibre com um pilão e um socador até formar uma pasta fina. Transfira a mistura para uma tigela e junte os ingredientes restantes. Misture vigorosamente até o açúcar dissolver.
2. Deixe o molho descansar por 10 minutos antes de provar e ajuste o tempero.

Molho vietnamita para dips

Rendimento: 960 ml

- 20 pimentas tailandesas, vermelhas e/ou verdes
- 4 dentes de alho amassados
- 113 g de açúcar
- 480 ml de água morna
- 120 ml de suco de limão
- 240 ml de molho de peixe
- 43 g de cenouras bem picadas

1. Corte dez pimentas em anéis finos e reserve-as para usá-las como guarnição. Pique as pimentas restantes e transfira-as para uma tigela média.
2. Adicione o alho, o açúcar, a água, o suco de limão e o molho de peixe. Bata para dissolver o açúcar. Junte as pimentas reservadas e as cenouras. Deixe descansar por 10 minutos.
3. Agora o molho está pronto para ser servido ou pode ser conservado em geladeira para uso posterior.

Molho para rolinhos primavera

Rendimento: 960 mℓ

- 28 g de cenouras bem picadas
- 57 g de *daikon* bem picado
- 99 g de açúcar
- 14 g de alho amassado
- 14 g de pimenta vermelha bem picada
- 120 mℓ de suco de limão ou limão-siciliano
- 240 mℓ de vinagre de arroz
- 120 mℓ de molho de peixe vietnamita (*nuoc mam*)
- 240 mℓ de água

1. Misture as cenouras e o *daikon* com 28 g do açúcar em uma tigela média. Deixe descansar por 15 minutos.
2. Junte o alho, as pimentas e o açúcar restante e bata no processador de alimentos até obter uma mistura uniforme. Adicione o suco de limão, o vinagre, o molho de peixe e a água. Bata até dissolver o açúcar. Junte à mistura de cenoura e *daikon*.
3. Agora o molho está pronto para ser servido ou pode ser conservado na geladeira para uso posterior.

Molho de pepino e iogurte

Rendimento: 960 mℓ

- 480 mℓ de iogurte natural
- 454 g de pepino sem pele nem sementes, em cubos pequenos
- 1 colher (sopa)/9 g de alho amassado
- 2 colheres (chá)/4 g de cominho em pó
- 1 colher (chá)/2 g de cúrcuma em pó
- Sal, a gosto
- Pimenta-do-reino preta moída, a gosto

1. Coloque o iogurte numa peneira forrada com uma peça de mousselina. Ponha a peneira sobre uma tigela e deixe o iogurte escorrer por pelo menos 8 horas na geladeira.
2. Misture o iogurte e os pepinos. Adicione o alho, o cominho, a cúrcuma, o sal e a pimenta-do-reino.
3. O molho pode ser servido com os pedacinhos ou batido no liquidificador até ficar bem homogêneo. Agora está pronto para ser servido ou pode ser conservado na geladeira para uso posterior. Antes de servir, mexa bem e acerte o tempero, se necessário.

Guacamole

Rendimento: 960 ml

- 5 abacates (avocado)
- 2 tomates italianos, em cubos pequenos
- 113 g de cebola roxa, em cubos pequenos
- 3 pimentas *serrano* sem sementes, bem picadas
- 2 colheres (sopa)/6 g de coentro picado grosseiramente
- 2 limões espremidos
- Sal, a gosto

1. Descasque os abacates e corte-os grosseiramente em cubos médios. Junte-os com o tomate, a cebola, a pimenta, o coentro e o suco de limão e misture bem, amassando um pouco os abacates para formar uma pasta grosseira.
2. Tempere com o sal. O guacamole está pronto para ser servido ou pode ser conservado em geladeira para uso posterior.

NOTA: É melhor fazer guacamole no mesmo dia em que será consumido.

Hummus bi tahine

Rendimento: 960 ml

- 340 g de grão-de-bico demolhado durante a noite
- 150 ml de suco de limão-siciliano
- 3 dentes de alho amassados com sal
- 90 ml de azeite de oliva extravirgem
- 128 g de *tahine*
- Sal, a gosto
- Páprica, a gosto
- 28 g de salsa picada

1. Cozinhe o grão-de-bico em água até que fique macio, em 1 a 2 horas. Escorra-o, reservando o líquido de cocção.
2. Bata no processador de alimentos o grão-de-bico com cerca de 120 ml do líquido de cozimento, até obter uma pasta uniforme.
3. Adicione o suco de limão, o alho, o azeite, o *tahine* e o sal. Processe até que tudo se incorpore bem.
4. Acerte o tempero e a consistência, se necessário. Guarneça com a páprica e a salsa. O *hummus* está pronto para ser servido ou pode ser conservado em geladeira para uso posterior.

Baba ganoush

Rendimento: 960 ml

- 1,81 kg (cerca de 4 unidades) de berinjela
- 170 g de *tahine*
- 3 dentes de alho picados grosseiramente
- 180 ml de suco de limão-siciliano
- Sal, a gosto
- Pimenta-do-reino preta moída, a gosto
- 43 g de salsa picada (opcional)

1. Corte as berinjelas ao meio, no sentido do comprimento. Coloque os lados cortados para baixo sobre uma assadeira ligeiramente untada com óleo. Asse-as no forno a 232 °C por 1 hora a 1½ hora, ou até que suas peles estejam chamuscadas e as polpas internas, bem cozidas. Deixe que descansem até esfriarem o bastante para ser manuseadas.
2. Com uma colher, retire as polpas das berinjelas e coloque-as no processador de alimentos. Adicione o *tahine*, o alho, o suco de limão, o sal e a pimenta-do-reino. Processe até obter uma mistura homogênea. Se ficar grossa demais, junte 30 ml de água e continue a bater.
3. Quando a mistura estiver homogênea, acrescente a salsa e pulse para incorporá-la. A consistência deve ser pastosa o suficiente para que possa ser espalhada, mas não mole demais. Acerte o tempero com o sal e a pimenta-do-reino.
4. Agora o *baba ganoush* está pronto para ser servido ou pode ser conservado em geladeira para uso posterior.

Harissa

Rendimento: 720 ml

- 2 ou 3 pimentas *habanero* desidratadas
- 454 g de pimenta vermelha sem talos e sem sementes
- 113 g de tomate seco
- 3 dentes de alho amassados com sal
- 1 colher (sopa)/6 g de cúrcuma moída
- ½ colher (chá)/1 g de sementes de coentro moída
- ½ colher (chá)/1 g de cominho em pó
- ½ colher (chá)/1 g de sementes de alcaravia tostada e moída
- ½ colher (chá)/2,5 ml de suco de limão-siciliano, ou quanto baste
- 120 ml de azeite de oliva, ou quanto baste
- 120 ml de água, ou quanto baste
- ½ colher (chá)/1,5 g de sal, ou quanto baste

1. Toste as pimentas *habanero* em uma *sauteuse* até que a pele escureça e comece a sair um pouco de fumaça, em cerca de 15 segundos de cada lado.
2. Reidrate a pimenta *habanero* cobrindo-a com água morna. Quando estiver macia e hidratada, remova os talos e as sementes.
3. Coloque a pimenta *habanero*, a pimenta vermelha, o tomate, o alho, a cúrcuma, o coentro, o cominho, as sementes de alcaravia, o suco de limão e o azeite em um liquidificador e bata até obter uma mistura lisa e homogênea.
4. Ajuste a consistência com água, suco de limão ou azeite. Tempere com sal.
5. A *harissa* está pronta para ser servida ou pode ser conservada em geladeira para uso posterior.

Tapenade

Rendimento: 960 ml

- 284 g de azeitona verde sem caroço, enxaguada
- 284 g de azeitona preta sem caroço, enxaguada
- 170 g de alcaparra enxaguada
- 4 dentes de alho amassados
- 45 ml de suco de limão-siciliano
- 120 ml de azeite de oliva extravirgem
- Pimenta-do-reino preta moída, a gosto
- 2 colheres (sopa)/6 g de orégano picado
- 2 colheres (sopa)/6 g de manjericão picado

1. Coloque no processador de alimentos a azeitona, a alcaparra e o alho. Bata, incorporando o suco de limão e o azeite aos poucos, até que a mistura fique pastosa e fácil de espalhar. Não bata demais.
2. Tempere com a pimenta-do-reino e adicione as ervas.
3. Agora a *tapenade* está pronta para ser servida ou pode ser conservada em geladeira para uso posterior.

Mostarda condimentada

Rendimento: 240 ml

- 85 g de mostarda em pó
- 1 pitada de sal
- 1 pitada de açúcar
- 60 ml de água fria

1. Coloque a mostarda em uma tigela pequena com o sal e o açúcar.
2. Acrescente a água gradativamente, até obter a consistência desejada. A mostarda deve ter a consistência de creme de leite liso e grosso.
3. Tampe a tigela com filme plástico e deixe descansar por 15 minutos antes de servir.

Z'hug

Rendimento: 960 ml

- 1,47 kg de *jalapeño*
- 50 g de alho picado
- 198 g de folhas de coentro
- 99 g de folhas de salsa
- 99 g de folhas de hortelã
- 4 colheres (chá)/8 g de sementes de cominho tostadas
- 4 colheres (chá)/10 g de sementes de cardamomo tostada
- 480 ml de azeite de oliva extravirgem
- 180 ml de suco de limão-siciliano, ou quanto baste
- Sal, a gosto
- Pimenta-do-reino preta moída, a gosto

1. Asse os *jalapeños* sob a salamandra ou sobre chama viva. Reserve-o coberto. Quando estiverem frios o bastante para ser manuseados, retire-lhes a pele.
2. Coloque-os no processador de alimentos com o alho, o coentro, a salsa, a hortelã, o cominho e o cardamomo. Pulse até ficarem bem picados.
3. Adicione o azeite vagarosamente, enquanto continua a bater. Tempere com o suco de limão, o sal e a pimenta-do-reino.
4. Agora o molho está pronto para ser servido ou pode ser conservado em geladeira para uso posterior.

Wasabi

Rendimento: 240 ml

- 156 g de *wasabi* em pó
- Água morna, quanto baste

1. Coloque o *wasabi* em pó em uma tigela pequena. Acrescente água suficiente para obter uma pasta homogênea. Feche a tigela firmemente com filme plástico.
2. Deixe o *wasabi* descansar por cerca de 10 minutos, ou até que o sabor se desenvolva.
3. Agora o *wasabi* está pronto para ser servido ou pode ser conservado na geladeira para uso posterior.

NOTAS: Ao misturar o *wasabi* em pó à água, afaste-se, pois os gases liberados podem queimar seus olhos.

Para um sabor menos pungente, substitua a água morna por água fria.

Geleia de pimentão vermelho assado

Rendimento: 960 ml

- 227 g de cebola roxa ralada
- 30 ml de azeite de oliva
- 4 pimentões vermelhos assados, sem pele nem sementes, cortados em *brunoise*
- 57 g de alcaparra bem picada
- 14 g de cebolinha francesa picada
- Sal, a gosto
- Pimenta-do-reino moída, a gosto

1. Refogue a cebola no azeite até ficar translúcida. Espere esfriar até chegar à temperatura ambiente.
2. Junte a cebola, o pimentão, a alcaparra e a cebolinha francesa. Tempere com o sal e a pimenta-do-reino. Deixe marinar por, no mínimo, 30 minutos.
3. Agora a geleia está pronta para ser servida ou pode ser conservada na geladeira para uso posterior.

Relish de oxicoco

Rendimento: 960 ml

- 340 g de oxicoco
- 90 ml de suco de laranja
- 90 ml de *Triple Sec*
- 85 g de açúcar, ou quanto baste
- 28 g de *zestes* de laranja bem picados
- 284 g de *suprêmes* de laranja
- Sal, a gosto
- Pimenta-do-reino preta moída, a gosto

1. Coloque numa panela o oxicoco, o suco de laranja, o *Triple Sec*, o açúcar e os *zestes*. Misture bem.
2. Tampe a panela e cozinhe suavemente por 15 a 20 minutos, mexendo ocasionalmente. Quando o oxicoco se abrir e o líquido começar a engrossar, retire a panela do fogo e acrescente os *suprêmes*. Tempere com o sal e a pimenta-do-reino. Acerte o tempero com o açúcar.
3. Agora o *relish* está pronto para ser servido ou pode ser resfriado rapidamente e conservado em geladeira para uso posterior.

Chutney de manga condimentado

Rendimento: 960 ml

- 454 g de manga picada
- 85 g de uva-passa
- 2 colheres (chá)/6 g de *jalapeño* bem picado
- 14 g de alho amassado
- 14 g de gengibre ralado
- 142 g de açúcar mascavo
- 30 ml de vinagre de vinho branco
- Sal, a gosto
- Pimenta-do-reino preta moída, a gosto
- 1 colher (chá)/2 g de cúrcuma picada

1. Junte as mangas, as uvas-passas, os *jalapeños*, o alho, o gengibre e o açúcar em um recipiente não reativo. Deixe a mistura na geladeira por 24 horas.
2. Transfira-a para uma panela, acrescente o vinagre e cozinhe suavemente por 15 minutos.
3. Tempere com o sal e a pimenta-do-reino. Cozinhe em fogo brando por mais 10 minutos, acrescente a cúrcuma e deixe por mais 5 minutos ou até que o *chutney* tenha espessado até a consistência ideal.
4. Agora o *chutney* está pronto para ser servido ou pode ser resfriado rapidamente e conservado na geladeira para uso posterior.

Relish de cebola com curry

Rendimento: 960 ml

- 454 g de cebola em cubos pequenos
- 240 ml de vinagre de vinho branco
- 170 g de açúcar
- 14 g de especiarias para picles, amarradas em um *sachet*
- 1 colher (sopa)/9 g de **curry em pó** (p. 386 ou comprado pronto)
- ¼ de colher (chá)/0,75 g de alho amassado
- Sal, a gosto

1. Junte todos os ingredientes em uma panela e misture bem.
2. Tampe e cozinhe suavemente, mexendo com frequência, por 30 minutos. Tome cuidado para que não queime. Retire o *sachet*.
3. Agora o *relish* está pronto para ser servido ou pode ser resfriado rapidamente e conservado em geladeira para uso posterior.

Gengibre em conserva

Rendimento: 454 g

- 454 g de gengibre descascado, em fatias bem finas
- 8 g de sal marinho
- 480 mℓ de vinagre de arroz
- 156 g de açúcar
- 8 folhas de *perilla* em *chiffonade*

1. Fatie o gergelim descascando em fatias muito finas com um mandoline japonês
2. Coloque as fatias de gengibre em uma tigela com 1 colher (chá)/5 g do sal, por 10 minutos. Enxágue em água quente e escorra bem.
3. Coloque o vinagre, o açúcar, a *perilla* e o sal restante em uma panela pequena e espere ferver. Despeje essa mistura sobre o gengibre e espere esfriar até a temperatura ambiente. Deixe descansar a noite inteira.
4. Agora a conserva está pronta para ser servida ou pode ser mantida na geladeira para uso posterior.

Picles de cebola roxa

Rendimento: 960 mℓ

- 1 pimenta *habanero*
- 454 g de cebola roxa, em fatias finas
- 180 mℓ de suco de laranja ou de limão
- Sal, a gosto

1. Asse a pimenta *habanero* sob a salamandra ou em chama viva. Reserve-a, tampada. Quando estiver fria o bastante para ser manuseada, tire suas sementes e pele e pique finamente.
2. Junte a cebola, o suco e metade da pimenta *habanero* picada. Misture bem. Deixe a mistura marinar na geladeira por, pelo menos, 2 horas.
3. Misture as cebolas e tempere com o sal e mais pimenta *habanero*, se necessário.
4. Agora as cebolas estão prontas para serem servidas ou podem ser conservadas na geladeira para uso posterior.

Tortillas chips

Rendimento: 10 porções

- 960 mℓ de óleo vegetal, ou quanto baste para fritar
- Pimenta-de-caiena, a gosto
- 35 g de sal
- 20 *tortillas* de milho, em triângulos

1. Aqueça o óleo a 177 °C em uma frigideira funda em fogo médio.
2. Combine a pimenta-de-caiena e o sal. Reserve.
3. Frite os triângulos de *tortilla* até ficarem crocantes, mexendo para que dourem por igual.
4. Escorra-os em papel absorvente. Tempere-os ligeiramente com a mistura de sal e pimenta-de-caiena e sirva.

Ceviche de vieiras

Rendimento: 10 porções

- 567 g de vieira limpa, em fatias finas
- 284 g de tomate sem pele nem sementes, em cubos pequenos
- 180 mℓ de suco de limão ou de limão-siciliano
- 85 g de cebola roxa, em fatias finas
- 60 mℓ de azeite de oliva
- 57 g de cebolinha (parte verde e branca) cortada em diagonal
- 14 g de *jalapeño* bem picado
- 4 colheres (sopa)/12 g de coentro picado grosseiramente
- 1½ colher (chá)/5 g de sal
- 1 colher (chá)/3 g de alho amassado

1. Misture todos os ingredientes gentilmente em uma tigela, com cuidado para as vieiras não se desmancharem.
2. Transfira a mistura para um recipiente não reativo e leve-o para marinar na geladeira por 4 a 12 horas.
3. Sirva frio.

Ceviche ao estilo de Acapulco

Rendimento: 10 porções

- 1,13 kg de filé de robalo riscado com a pele
- 240 g de suco de limão
- 2 colheres (chá)/6,5 g de sal, ou quanto baste
- 240 g de suco de tomate
- 3 colheres (sopa)/45 mℓ de azeite de oliva extravirgem
- 1 colher (chá)/2 g de orégano desidratado
- Açúcar, a gosto (opcional)
- 85 g de cebola branca em cubos pequenos
- 170 g de tomate Roma em cubos pequenos
- 28 g de pimenta *serrano* picada
- 92 g de azeitona verde *manzanilla* sem caroço picada
- 2 colheres (sopa)/6 g de coentro picado
- 198 g de avocado em cubos
- **Tortillas chips** (p. 980)

1. Corte o peixe em cubos pequenos contra o sentido das fibras da carne, e coloque em uma tigela de inox.
2. Junte o suco de limão e o sal e misture ao peixe até incorporar bem. Cubra com filme plástico e deixe na geladeira até o peixe estar "cozido", em cerca de 2 horas.
3. Junte o suco de tomate, o azeite, o orégano e o sal e experimente. (Dependendo do fabricante do suco de tomate, você pode ter de acrescentar uma pequena quantidade de açúcar para cortar a acidez.)
4. Antes de servir, escorra o peixe e reserve o líquido. Misture com a cebola, os tomates, as pimentas, as azeitonas, o coentro e o suco de tomate. Junte o líquido reservado. Acerte o sal.
5. Imediatamente antes de servir, misture os avocados em cubos.
6. Sirva o *ceviche* em potinhos de vidro largos com *tortillas chips*.

NOTA: Qualquer peixe de média atividade e de água salgada vai servir para essa receita. O ideal é usar o peixe mais fresco possível.

Prato de salmão defumado

Rendimento: 20 porções

- 1 filé de salmão defumado (aproximadamente 1,36 kg)
- 3 **ovos duros** (p. 884), claras e gemas separadas e bem picadas
- 3 colheres (sopa)/45 mℓ de alcaparras, enxaguada e escorrida
- 142 g de cebola roxa bem picada
- 240 mℓ de *crème fraîche* (queijo)
- 1 colher (sopa)/3 g de *dill* picado
- 1 baguete, cortada em fatias de 6 mm, tostada

1. Corte o salmão em fatias bem finas, na diagonal, começando pela cauda.
2. Arrume as fatias sobre um prato e guarneça com pilhas separadas de claras, gemas, alcaparra e cebola picada.
3. Combine o *crème fraîche* e o *dill*. Sirva o salmão com essa mistura e pão tostado.

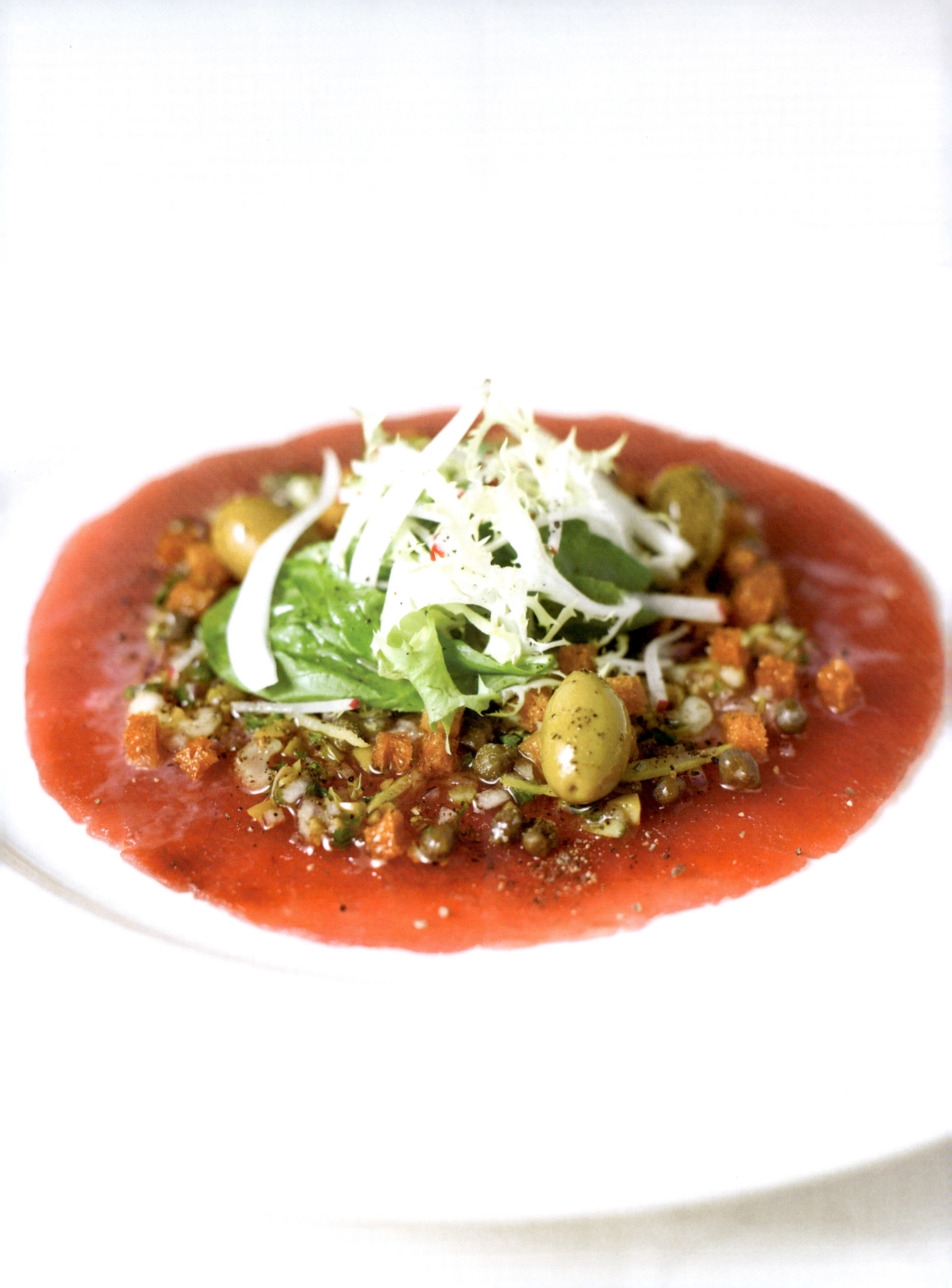

Carpaccio de atum (crudo di tonno alla battuta)

Rendimento: 10 porções

SALSA CRUDA

330 mℓ de azeite de oliva extravirgem

113 g de alcaparras salgadas, enxaguadas

71 g de salsão, em fatias finas

64 g de cebola roxa em *brunoise*

57 g de azeitona *picholine* sem caroço, picada grosseiramente

57 g de salsa picada

2 colheres (chá)/6 g de *zestes* de limão-siciliano branqueados

2 dentes de alho amassados

1 *jalapeño* sem sementes, em *brunoise*

Sal, a gosto

Pimenta-do-reino preta moída, a gosto

709 g de lombo de atum ou albacora limpo

CROÛTONS

480 mℓ de óleo vegetal, ou quanto baste para fritar

340 g de pão branco, sem casca, em *brunoise*

Sal, a gosto

Pimenta-do-reino preta moída, a gosto

SALADA

113 g de alface-frisèe, apenas as partes brancas

113 g de rúcula

113 g de endívia picada finamente

14 g de folhas de salsão

6 rabanetes em *julienne*

113 g de raminhos de erva-doce com folhas

30 mℓ de suco de limão

60 mℓ de azeite de oliva extravirgem

Sal, a gosto

Pimenta-do-reino preta moída, a gosto

GUARNIÇÃO

30 azeitonas

1. Para preparar a *salsa cruda*, misture todos os ingredientes. Reserve.

2. Com uma faca bem afiada, corte o atum em fatias de 71 g. Coloque cada uma delas entre 2 pedaços de plástico e bata-a até ficar fina como papel, tomando cuidado para não rasgar o peixe. Leve à geladeira.

3. Para preparar os *croûtons*, aqueça o óleo numa *sauteuse*, em fogo médio alto para alto. Frite o pão até dourar bem. Retire e escorra-o em papel absorvente. Tempere-o com o sal e a pimenta-do-reino.

4. Para preparar a salada, combine a alface-frisèe, a rúcula, a endívia, as folhas de salsão, os rabanetes e os raminhos de erva-doce. Tempere ligeiramente com 15 mℓ do suco de limão e 30 mℓ do azeite e adicione o sal e a pimenta-do-reino.

5. Para montar a porção, coloque um pedaço do atum batido, com cuidado, no centro de cada prato. Por cima, ponha 45 mℓ da *salsa cruda* e espalhe-a por igual. Distribua os *croûtons* sobre o peixe e, no meio, disponha uma pequena quantidade de salada. Em torno do prato, coloque três azeitonas. Guarneça com o sal e a pimenta-do-reino e borrife com o suco de limão e o azeite. Sirva imediatamente.

Camarão com coco e macadâmias

Rendimento: 10 porções

MARINADA

30 mℓ de molho *hoisin*

30 mℓ de *sherry* seco

15 mℓ de vinagre de arroz

15 mℓ de molho de soja

1½ colher (chá)/5 g de sal

1 colher (chá)/3 g de alho amassado

¼ de colher (chá)/0,5 g de pimenta-do-reino preta moída

794 g de camarão descascado, em borboleta

MASSA MOLE

85 g de farinha comum

57 g de macadâmias moídas

1¼ de colher (chá)/8 g de bicarbonato de sódio

150 mℓ de leite de coco

1 ovo batido

128 g de farinha comum, para enfarinhar

85 g de coco ralado na hora

960 mℓ de óleo vegetal, ou quanto baste

300 mℓ de **molho asiático para *dips*** (p. 974)

1. Para fazer a marinada, misture todos os ingredientes. Acrescente os camarões, mexa-os para envolvê-los por igual e deixe-os marinar por 1 hora. Escorra o excesso de marinada.
2. Para preparar a massa mole, combine a farinha, a macadâmia, o fermento, o leite de coco e o ovo. Deixe-a na geladeira até o momento de usá-la.
3. Retire o excesso de umidade dos camarões. Passe os camarões pela farinha e mergulhe-os na massa mole até a cauda. Depois, passe pelo coco, pressionando ligeiramente para achatá-los e para fazer o coco ralado aderir bem. Deixe na geladeira por 1 hora para que o revestimento grude.
4. Aqueça o óleo a 177 °C e frite os camarões por imersão até que fiquem inteiramente cozidos. Escorra-os rapidamente em papel absorvente. Sirva imediatamente, com o molho para *dips*.

Mexilhões à cassino

Rendimento: 10 porções

113 g de *bacon* em cubos pequenos

113 g de cebola ralada

85 g de pimentão verde bem picado

85 g de pimentão vermelho bem picado

Sal, a gosto

Pimenta-do-reino preta moída, a gosto

1 colher (chá)/5 mℓ de molho inglês, ou quanto baste

227 g de manteiga, à temperatura ambiente

40 mexilhões *littleneck* ou *cherrystone*

10 tiras de *bacon* branqueadas, em *julienne*

1. Em uma *sauteuse* pequena, derreta os pequenos cubos de *bacon* em fogo médio, até ficarem crocantes. Adicione a cebola e os pimentões e refogue-os até ficarem macios, em cerca de 5 minutos. Retire-os do fogo e espere que esfriem.
2. Tempere-os com o sal, a pimenta-do-reino e o molho inglês. Adicione a manteiga e incorpore, até que a mistura esteja uniforme.
3. Escove os mexilhões e despreze os que estiverem abertos. Abra as conchas e retire a carne. Cubra cada mexilhão com 14 g da mistura de manteiga e 1½ colher (chá)/5 g do *bacon* em *julienne*. Grelhe os mexilhões na salamandra, até que o *bacon* esteja crocante, e sirva imediatamente.

Mexilhões à cassino

Forminhas de caranguejo à *Chesapeake* com geleia de pimentão vermelho assado (p. 978)

Forminhas de caranguejo à *Chesapeake*

Rendimento: 10 porções

- 1 chalota ralada
- 30 mℓ de óleo vegetal
- 390 mℓ de **maionese** (p. 921)
- 2 ovos batidos
- 150 mℓ de mostarda Pommery
- 3 colheres (sopa)/9 g de salsa picada
- 2 maços de cebolinha francesa picados
- 1¼ de colher (chá)/6,25 mℓ de molho tabasco
- 57 g de Old Bay*
- 1,13 kg de carne de caranguejo azul, escolhida
- 106 g de biscoito água e sal salgados esfarelados
- Sal, a gosto
- Pimenta-do-reino preta moída, a gosto
- Óleo de amendoim, o quanto baste
- 480 mℓ de **geleia de pimentão vermelho assado** (p. 978)

1. Refogue as chalotas no óleo vegetal em uma *sauteuse* pequena até que fiquem translúcidas. Espere esfriar.
2. Misture as chalotas, a maionese, os ovos, a mostarda, a salsa, a cebolinha francesa, o molho tabasco e o tempero Old Bay. Coloque essa mistura na carne de caranguejo, sem separá-la. Adicione os biscoitos esfarelados. Tempere com o sal e a pimenta-do-reino.
3. Divida a mistura em porções de 57 g e modele pequenas forminhas de 4 cm de diâmetro e 2 cm de espessura.
4. Salteie as forminhas em óleo de amendoim por 2 minutos de cada lado, ou até que estejam douradas e inteiramente cozidas. Seque rapidamente com papel absorvente.
5. Guarneça cada forminha com 15 mℓ da geleia e sirva imediatamente.

*Mistura de temperos comprada pronta nos Estados Unidos. (N. E.)

Camarão grelhado com alho

Rendimento: 10 porções

- 113 g de farinha de rosca torrada
- 14 g de alho amassado
- 1 colher (sopa)/3 g de salsa picada
- 1 colher (sopa)/3 g de orégano picado
- 170 g de manteiga derretida
- 1½ colher (chá)/5 g de sal
- ¼ de colher (chá)/0,5 g de pimenta-do-reino moída
- 794 g de camarão descascado, em borboleta

1. Misture a farinha de rosca, o alho, a salsa, o orégano e 113 g da manteiga. Tempere com o sal e a pimenta-do-reino.
2. Para cada porção, arrume 2 camarões sobre um prato de *gratin* e pincele com um pouco da manteiga restante.
3. Coloque de 1 a 2 colheres (chá)/4 g a 8 g da mistura de farinha de rosca sobre cada camarão e grelhe-os na salamandra até que estejam bem cozidos e bem quentes. Sirva imediatamente.

Camarão recheado

Rendimento: 10 porções

28 g de manteiga derretida

57 g de farinha de rosca torrada

RECHEIO DE CARANGUEJO

28 g de cebola ralada

43 g de cebolinha (parte verde e parte branca) picada

43 g de manteiga

43 g de farinha de trigo comum

75 mℓ de vinho branco

198 g de carne de caranguejo, escolhida para remover a cartilagem

90 mℓ de creme de leite fresco (36% a 40%)

Sal, a gosto

Pimenta-do-reino preta moída, a gosto

30 mℓ de suco de limão-siciliano, ou a gosto

794 g de camarão descascado, em borboleta

1. Junte a manteiga derretida com a farinha de rosca em um copo pequeno. Reserve.
2. Salteie a cebola e a cebolinha na manteiga, em um *sautoir* pequeno em fogo médio, até ficarem macias. Adicione a farinha e cozinhe por 2 a 3 minutos, até que esteja uniforme e acetinado. Acrescente o vinho aos poucos e deixe cozinhar por 1 minuto. Adicione o creme de leite. Ferva, misturando sempre. Cozinhe por 5 minutos, até que fique espesso. Misture a carne de caranguejo delicadamente. O recheio deve ficar bem grosso. Caso não esteja, deixe-o ferver suavemente por mais tempo, para engrossar. Tempere-o com o sal, a pimenta e o suco de limão. Guarde-o na geladeira.
3. Recheie os camarões com a mistura de caranguejo e borrife-os com a farinha de rosca misturada à manteiga.
4. Asse-os em forno a 216 °C até que fiquem quentes e dourados. Sirva imediatamente.

Samosas

Rendimento: 10 porções

MASSA

340 g de farinha de trigo comum

180 mℓ de água morna

45 mℓ de óleo vegetal

½ colher (chá)/1,5 g de sal

RECHEIO

227 g de cebola em cubos pequenos

43 g de manteiga

1 colher (sopa)/9 g de gengibre ralado

2 colheres (chá)/6 g de alho amassado

2 colheres (chá)/6 g de pimenta *serrano* bem picada

¾ de colher (chá)/1,5 g de sementes de coentro amassadas

2 colheres (chá)/6 g de *curry* em pó (p. 386 ou comprado pronto)

15 mℓ de extrato de tomate

15 mℓ de suco de limão-siciliano

454 g de camarão, em cubos pequenos

240 mℓ de *fumet* de peixe (p. 278)

Egg wash (p. 1.041), quanto baste

960 mℓ de óleo vegetal, ou quanto baste

1. Misture todos os ingredientes da massa numa tigela, até ela ficar homogênea. Cubra-a com filme plástico e deixe descansar por 1 hora na geladeira.
2. Para preparar o recheio, salteie a cebola na manteiga até que fique translúcida. Adicione o gengibre, o alho, a pimenta *serrano*, o coentro e o *curry* em pó e salteie até exalar um aroma forte. Acrescente o extrato de tomate, o suco de limão e o camarão. Refogue por mais 2 minutos, sem dourar. Junte o fundo e ferva suavemente até que todo o líquido tenha evaporado. Transfira o recheio para uma tigela e leve-o à geladeira.
3. Abra a massa em uma máquina de macarrão, até ficar bem fina. Corte em tiras de 20 cm de comprimento por 5 cm de largura.
4. Coloque um pouco de recheio no final de uma tira de massa e dobre-a em triângulo, como faria com uma bandeira. Sele a emenda com *egg wash*.
5. Aqueça o óleo a 191 °C. Frite as *samosas* por imersão, até dourarem. Escorra-as em papel absorvente e sirva-as enquanto ainda bem quentes.

Tortinhas de tofu com cogumelos *portobello* e *ketchup* de manga

Rendimento: 10 porções

KETCHUP DE MANGA

680 g de tomate cortado grosseiramente

2,35 kg de manga cortada grosseiramente

284 g de açúcar mascavo

240 mℓ de vinagre de sidra

21 g de gengibre picado

14 g de canela em pó

½ colher (chá)/1 g de cravo-da-índia em pó

COGUMELOS *PORTOBELLO*

10 cogumelos *portobello*

195 mℓ de óleo de amendoim

75 mℓ de vinagre de arroz

2 colheres (sopa)/13 g de cebolinha picada (parte branca e parte verde)

1 colher (chá)/3 g de sal

¼ de colher (chá)/0,5 g de pimenta-do-reino preta moída

TORTINHAS DE TOFU

907 g de cenoura ralada

113 g de salsão ralado

113 g de cebola ralada

57 g de pimentão vermelho picado

57 g de pimentão amarelo picado

1½ colher (sopa)/15 g de sal

709 g de tofu firme

227 g de cebolinha picada

2 colheres (chá)/6 g de alho picado

198 g de nozes moídas

2 colheres (sopa)/12 g de salsinha picada

1 colher (sopa)/3 g de tomilho picado

1 colher (chá)/2 g de pimenta-do-reino preta moída

1 colher (chá)/5 mℓ de molho de pimenta

1 colher (chá)/5 mℓ de óleo de gergelim, ou quanto baste

6 ovos levemente batidos

198 g de farinha de pão (tipo *panko*) para empanar

57 g de pão ázimo (*matzá*)

240 mℓ de óleo de amendoim

1. Para fazer o *ketchup* de manga, cozinhe os tomates e as mangas em uma panela funda em fogo baixo até engrossar, em cerca de 25 minutos.

2. Transfira a mistura para o liquidificador ou o processador de alimentos e bata até ficar lisa. Coe em uma panela funda limpa.

3. Junte o açúcar mascavo, o vinagre, o gengibre, a canela e o cravo-da-índia e cozinhe em fogo brando. Mexa ocasionalmente até reduzir à consistência de *ketchup*, em cerca de 2 horas. Deixe esfriar completamente e coe mais uma vez. Deixe na geladeira até a hora de usar.

4. Para fazer os cogumelos *portobello*, tire os talos e as brânquias e limpe-os bem. Coloque-os em uma assadeira rasa.

5. Junte o óleo, o vinagre, a cebolinha, o sal e a pimenta para fazer uma marinada. Despeje a marinada sobre os cogumelos. Marine os cogumelos, virando uma vez, por 1 hora. Retire os cogumelos da marinada.

6. Asse os cogumelos em forno aquecido a 177 °C até ficarem macios, em cerca de 20 minutos.

7. Para fazer as tortinhas de tofu, junte a cenoura, o salsão, a cebola e os pimentões vermelhos e amarelos em uma peneira. Acrescente 1 colher (sopa)/10 g de sal e deixe escorrer por 1 hora. Pressione os vegetais para liberar o excesso de líquido.

8. Pressione o tofu em um escorredor de macarrão para tirar o excesso de líquido. Esfarele-o e passe para uma tigela grande. Junte os vegetais ao tofu. Acrescente a cebolinha, o alho, as nozes, a salsinha, o tomilho, o sal restante, o molho de pimenta e o óleo de gergelim. Misture bem para incorporar os sabores.

9. Junte os ovos, a farinha de pão e o *matzá*. Essa mistura deve estar seca suficiente para se juntar quando pressionada. Se necessário, coloque mais farinha de pão. Faça dessa mistura tortinhas de 198 g cada uma.

10. Aqueça o óleo em uma *rondeau* grande em fogo médio. Salteie as tortinhas até ficarem levemente douradas em ambos os lados, em 2 a 3 minutos por lado. Finalize as tortinhas no forno aquecido a 177 °C até ficarem quentes, em mais 10 minutos, aproximadamente. Sirva quentes com cogumelos e *ketchup* de manga.

Pescado frito

Rendimento: 10 porções

ANCHOVAS

3 dentes de alho amassados com sal

1 colher (sopa)/6 g de páprica doce

120 mℓ de vinagre de vinho branco

2 colheres (sopa)/12 g de cominho em pó

1 colher (sopa)/6 g de orégano seco

3 folhas de louro

480 mℓ de água fria

454 g de manjubas frescas

340 g de farinha comum

LULAS

255 g de farinha comum

85 g de queijo parmesão ralado

2 colheres (sopa)/6 g de salsa picada

454 g de lula limpa e cortada em anéis

Sal, a gosto

Pimenta-do-reino preta moída, a gosto

FILÉS DE LINGUADO

454 g de filé de linguado cortado em tiras de 1 cm de comprimento, na diagonal

Sal, a gosto

Pimenta-do-reino preta moída, a gosto

4 colheres (sopa)/12 g de salsa picada finamente

227 g de farinha de rosca fresca

255 g de farinha de trigo comum

8 ovos levemente batidos

960 mℓ de azeite de oliva

1 colher (chá)/2 g de pimenta calabresa em flocos

600 mℓ de **molho de tomate** (p. 309)

Sal, a gosto

1. Combine o alho, a páprica, o vinagre, o cominho, o orégano e as folhas de louro numa tigela média. Acrescente a água fria e misture bem. Junte as manjubinhas e misture-as cuidadosamente à marinada. Deixe no refrigerador por pelo menos 3 horas.

2. Retire as anchovas da marinada, escorra-as e abra-as como um livro. Coloque-as sobre a farinha e pressione dos dois lados.

3. Para preparar as lulas, junte a farinha, o queijo parmesão e a salsa. Tempere as lulas com o sal e a pimenta-do-reino e passe-as pela mistura de farinha. Retire-as e deixe-as descansar por 10 minutos.

4. Tempere o linguado com o sal e a pimenta-do-reino. Misture a salsa e a farinha de rosca. Enfarinhe o peixe usando o empanamento padrão (p. 480). Deixe descansar por 10 minutos.

5. Aqueça o óleo a 191 °C em uma panela bem funda. Misture os flocos de pimenta e o molho de tomate e reserve.

6. Frite por imersão as manjubinhas, as lulas e o linguado até dourar, por 2 a 3 minutos, trabalhando em lotes. Escorra-os sobre papel absorvente para retirar o excesso de óleo. Tempere-os com sal e sirva-os imediatamente, com o molho de tomate.

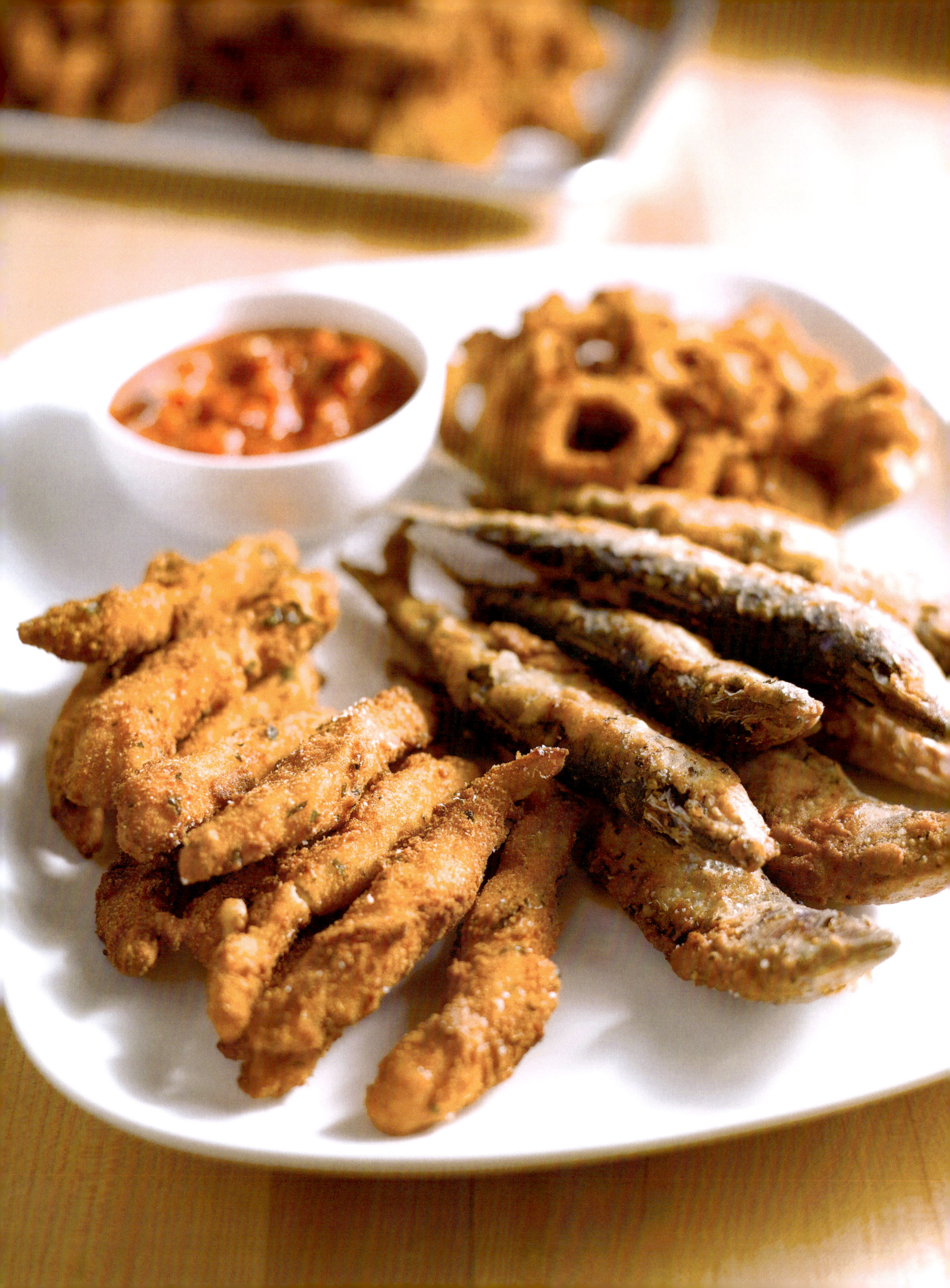

Mariscos com vinho branco e chalotas
(moules à la marinière)

Mariscos com vinho branco e chalotas (*moules à la marinière*)

Rendimento: 10 porções

- 1,81 kg de mariscos
- 113 g de manteiga
- 3 chalotas médias raladas
- 120 mℓ de vinho branco seco
- 1 colher (chá)/1 g de tomilho picado
- Sal, a gosto
- Pimenta-do-reino preta moída, a gosto
- 1 colher (sopa)/3 g de salsa picada finamente

1. Escove os mariscos e retire a barba. Despreze os que estiverem abertos.
2. Derreta 28 g de manteiga em uma *sauteuse* grande ou panela, em fogo médio-alto. Adicione as chalotas e cozinhe-as até ficarem translúcidas, em 1 a 2 minutos.
3. Junte o vinho e o tomilho e tempere com o sal e a pimenta-do-reino. Ferva suavemente por 2 a 3 minutos. Acrescente os mariscos, tampe e cozinhe em fogo alto, sacudindo a panela com frequência, de modo que todos os mariscos se abram mais ou menos ao mesmo tempo, em 2 a 3 minutos. Destampe, retire os mariscos à medida que se abram e transfira-os para uma travessa de servir aquecida. Quando todos os mariscos estiverem abertos, coe o líquido de cocção em uma peneira de malha fina.
4. Limpe a panela e coloque nela o caldo coado. Ferva-o e cozinhe-o rapidamente em fogo alto, por cerca de 1 minuto, ou até que ele fique com uma leve consistência de xarope. Retire a panela do fogo e junte a manteiga ao caldo, um pouco de cada vez, batendo sempre.
5. Ajuste o tempero com o sal e a pimenta-do-reino, se necessário. Despeje o caldo sobre os mariscos e guarneça com a salsa. Sirva imediatamente.

Salada de atum e feijão (*insalata di tonno e fagioli*)

Rendimento: 10 porções

- 680 g de feijão-branco demolhado durante a noite
- 567 g de cebola roxa em fatias finas, demolhadas em água fria por 1 hora
- 624 g de atum em óleo, escorrido
- 2 colheres (sopa)/30 mℓ de vinagre de vinho tinto, ou quanto baste
- 135 mℓ de azeite de oliva extravirgem
- Sal, a gosto
- Pimenta-do-reino preta moída, a gosto

1. Cozinhe o feijão em muita água fria, em fogo médio baixo, até ficar macio, em cerca de 45 minutos. Escorra-o e enxágue-o em água fria.
2. Numa tigela grande, misture o feijão, a cebola, o atum, o vinagre e o azeite. Tempere com o sal e a pimenta-do-reino e misture delicadamente para combinar.
3. Se necessário, acerte o tempero com vinagre, sal e pimenta-do-reino.
4. Agora a salada está pronta para ser servida ou pode ser conservada na geladeira para uso posterior.

Lulas *baby* em molho de tinta (*txipirones saltsa beltzean*)

Rendimento: 10 porções

- 20 lulas *baby*
- 150 mℓ de azeite de oliva
- 113 g de cebola ralada
- 113 g de pimentão verde picado finamente
- 113 g de presunto Serrano moído
- 57 g de farinha de rosca
- Sal, a gosto
- Pimenta-do-reino preta moída, a gosto

MOLHO DE TINTA

- 227 g de cebola ralada
- 227 g de pimentão verde picado finamente
- 3 dentes de alho amassados
- 120 mℓ de purê de tomate
- 240 mℓ de vinho branco
- 120 mℓ de tinta de lula

1. Limpe as lulas. Retire os tentáculos e corte-os em pedaços pequenos, de cerca de 6 mm.
2. Aqueça 60 mℓ do azeite em fogo alto em uma *sauteuse* média. Adicione os tentáculos e salteie-os rapidamente. Retire-os da panela com os sucos que liberaram e reserve-os separadamente.
3. Na mesma panela, em fogo médio, aqueça 30 mℓ do azeite, adicione as cebolas e o pimentão, e cozinhe-os vagarosamente até caramelizar, em cerca de 5 minutos. Acrescente o presunto e cozinhe por mais 2 minutos. Junte os tentáculos reservados e a farinha de rosca. Tempere com o sal e a pimenta-do-reino. Retire o recheio da panela e deixe-o descansar até que esfrie o suficiente para ser manuseado.
4. Coloque um pouco do recheio em cada lula e feche com um palito.
5. Aqueça os 60 mℓ de azeite restantes em uma *sauteuse* grande, em fogo médio-alto. Salteie as lulas recheadas durante cerca de 2 minutos de cada lado. Retire-as da panela e reserve.
6. Para fazer o molho de tinta, coloque na panela a cebola, os pimentões e o alho e refogue-os até caramelizar, em cerca de 5 minutos. Adicione o purê de tomates e cozinhe até ficar de cor ferrugem.
7. Deglace com o vinho e reduza à metade. Adicione ao molho os sucos reservados dos tentáculos salteados e a tinta de lula. Bata o molho no liquidificador até ficar bem homogêneo. Acerte o tempero com o sal e a pimenta-do-reino, se necessário.
8. Misture as lulas com o molho e ferva suavemente, em fogo muito baixo, por cerca de 20 minutos, até que elas fiquem macias e o molho, ligeiramente reduzido. Sirva imediatamente.

Polvo à moda da feira (*pulpo a feira*)

Rendimento: 10 porções

- 2 cebolas picadas grosseiramente
- 1 folha de louro
- 2 colheres (chá)/6,5 g de sal
- 1,81 kg de polvo
- 28 g de páprica doce
- 240 mℓ de azeite de oliva extravirgem

1. Leve ao fogo e ferva um caldeirão de água, com as cebolas, o louro e 1½ colher (chá)/5 g de sal.
2. Mergulhe os tentáculos do polvo para dentro e para fora da água por períodos de 5, 10 e 15 segundos.
3. Coloque o polvo inteiro na água e ferva suavemente por 1½ hora, ou até que fique macio.
4. Retire o polvo e reserve o líquido. Deixe o polvo descansar até que esfrie o suficiente para ser manuseado. Corte em pedaços de 3 cm.
5. Para cada porção, submerja os pedaços de polvo na água reservada por 30 segundos, para reaquecê-lo. Coloque-os no prato e polvilhe-os com a páprica e o sal. Borrife o azeite e sirva imediatamente.

Massa de camarão grelhado com cana-de-açúcar

Rendimento: 10 porções

- 57 g de toucinho
- 1 colher (sopa)/15 mℓ de óleo de amendoim (mais o necessário para modelar)
- 2 chalotas médias picadas
- 340 g de camarão (do tamanho 31/35) limpo e sem a casca, picado grosseiramente
- 2 colheres (chá)/10 mℓ de molho de peixe
- 14 g de açúcar
- 1 colher (chá)/3 g de alho picado
- 1 ovo
- ¼ de colher (chá)/0,5 g pimenta-do-reino branca moída
- 14 g de amido de milho
- 1½ colher (chá)/4,5 g de fermento em pó
- 2 cebolinhas em fatias finas (parte branca e parte verde)
- 10 pedaços de cana-de-açúcar, fresca ou em conserva, de 10 cm de comprimento e até no máximo 1 cm de espessura
- 150 mℓ de **óleo aromatizado com cebolinha** (p. 925)

1. Branqueie o toucinho em água fervente por cerca de 10 minutos. Escorra e pique finamente.
2. Aqueça o óleo de amendoim em uma *sauteuse* média em fogo médio-alto e salteie as chalotas até ficarem translúcidas, em 1 a 2 minutos. Junte as chalotas e o toucinho em uma tigela média e esfrie à temperatura ambiente.
3. Junte o camarão, o molho de peixe, o açúcar, o alho, o ovo, a pimenta, o amido de milho e o fermento em pó. Mexa bem para envolver uniformemente todos os camarões.
4. Transfira a mistura para o processador de alimentos ajustado com lâmina de aço. Pulse só até o conteúdo apresentar consistência de pasta. Não bata demais para não ficar duro.
5. Passe para uma tigela média. Misture as cebolinhas. Experimente e ajuste o tempero, se preciso.
6. Com as mãos úmidas, forme bolinhas de 28 g. Achate a massa com a palma da mão e coloque um pedaço de cana-de-açúcar por cima, deixando uma sobra de massa de cerca de 1 cm de cada lado. Feche a mão para envolver a cana-de-açúcar com a massa. Pressione a massa para ela aderir firmemente (a massa deve ter cerca de 1 cm de espessura).
7. Alise a massa com as mãos untadas em óleo. Reserve em um prato untado com óleo. Repita o procedimento com o restante da massa e da cana.
8. Cozinhe no vapor os bolinhos até a massa ficar firme e opaca, em 2 a 5 minutos. Reserve até a hora de servir.
9. Grelhe os espetinhos até a massa de camarão ficar levemente dourada, em 2 a 3 minutos de cada lado. Regue com o óleo aromatizado com cebolinha e sirva imediatamente.

Strudel de cogumelos com queijo de cabra

Rendimento: 16 porções

- 60 ml de azeite de oliva
- 1,81 kg de cogumelo-de-paris em fatias com 6 mm de espessura
- 43 g de chalota picada finamente
- 14 g de alho picado finamente
- 120 ml de *sherry* seco
- 340 g de queijo de cabra à temperatura ambiente
- 14 g de cebolinha francesa picada
- 2 colheres (sopa)/3 g de tomilho picado
- 2 colheres (chá)/10 g de sal
- 1 colher (chá)/2 g de pimenta-do-reino preta moída
- 12 folhas de massa folhada de 28 cm × 41 cm
- 113 g de manteiga derretida
- 420 ml de **molho Madeira** (p. 481) quente
- 60 ml de creme azedo (*sour cream*)

1. Aqueça 15 ml do azeite em fogo médio alto, em uma *sauteuse* grande. Em porções, salteie os cogumelos até dourarem. Escorra o líquido que se acumular na panela. Retire os cogumelos e reserve-os.
2. Na mesma panela, refogue as chalotas e o alho, até que as chalotas estejam ligeiramente douradas, em cerca de 5 minutos. Adicione os cogumelos reservados.
3. Reduza o fogo para médio-baixo e deglace a panela com o *sherry*. Cozinhe por 5 a 7 minutos, até que o líquido se reduza e fique com uma leve consistência de xarope. Retire a panela do fogo e deixe-a esfriar à temperatura ambiente.
4. Acrescente o queijo de cabra, as cebolinhas e o tomilho. Tempere com o sal e a pimenta-do-reino.
5. Mantenha o resto da massa coberto com plástico e um pano úmido, para que não resseque. Para cada *strudel*, pincele uma folha de massa com manteiga. Repita o processo para criar um total de cinco camadas.
6. Espalhe ¼ do recheio de cogumelos e queijo sobre a massa folhada, deixando um espaço de 3 cm nas bordas. Enrole firmemente, dobrando as bordas, para formar um cilindro. Coloque a emenda para baixo em uma assadeira. Repita o processo para formar um total de quatro *strudels*.
7. Asse-os no forno a 191 °C por 30 a 35 minutos, ou até que fiquem dourados e crocantes. Corte-os em quatro porções e sirva com o molho e o creme azedo.

Bolinhos de feijão-preto

Rendimento: 10 porções

- 397 g de feijão-preto
- 2,88 ℓ de **fundo de vegetais** (p. 279) ou água
- 30 ml de óleo vegetal
- 85 g de cebola ralada
- 14 g de *jalapeño* bem picado
- 1 colher (sopa)/9 g de alho bem picado
- ¾ de colher (chá)/1,5 g de **chili em pó** (p. 368 ou comprado pronto)
- ¾ de colher (chá)/1,5 g de cominho em pó
- ¾ de colher (chá)/1,5 g de cardamomo moído
- 1 colher (chá)/1 g de coentro picado grosseiramente
- 1 colher (chá)/5 ml de suco de limão
- 1 clara
- 1 colher (sopa)/10 g de sal
- ½ colher (chá)/1 g de pimenta-do-reino preta moída
- 113 g de amido de milho
- 43 g de manteiga

GUARNIÇÃO

- 120 ml de creme azedo (*sour cream*)
- 150 ml de **pico de gallo** (p. 971)

1. Cozinhe o feijão no fundo de vegetais em uma panela grande, até ferver. Reduza o fogo, cozinhando lentamente até ficar macio. Destampe e deixe que o fundo se reduza no final do cozimento.
2. Escorra e reserve o líquido do cozimento. Trabalhando em lotes, bata dois terços do feijão no liquidificador ou processador de alimentos com um pouco de líquido do cozimento para criar uma pasta lisa. Misture com os feijões inteiros.
3. Aqueça o óleo em uma *sauteuse*, em fogo médio. Adicione a cebola e os *jalapeños* e cozinhe-os até ficarem macios e ligeiramente dourados, em 8 a 10 minutos. Acrescente o alho, as especiarias e o coentro e salteie até aromatizar, em cerca de 3 minutos. Retire do fogo e misture ao feijão.

4. Adicione o suco de limão e a clara e mexa até incorporar. Tempere com o sal e a pimenta-do-reino, se necessário. Faça bolinhos de 57 g com essa massa. Deixe esfriar completamente.
5. Passe os bolinhos pelo amido de milho. Aqueça a manteiga numa *sauteuse* grande, em fogo médio-alto. Adicione os bolinhos e frite dos dois lados, durante cerca de 3 minutos de cada lado, até que fiquem crocantes e bem quentes.
6. Retire os bolinhos da panela, escorra-os rapidamente em papel absorvente e arrume-os em pratos aquecidos. Sirva-os imediatamente, guarnecidos com o creme azedo e o *pico de gallo*.

Omelete de batatas (*tortilla española*)

Rendimento: 10 porções

210 mℓ de azeite de oliva
255 g de cebola em cubos pequenos
113 g de pimentão verde em cubos pequenos
765 g de batata *russet* em cubos médios
Sal, a gosto
Pimenta-do-reino preta moída, a gosto
14 ovos

1. Aqueça 90 mℓ do azeite numa *sauteuse* ou *rondeau* grande, em fogo médio. Adicione a cebola e o pimentão e cozinhe-os, mexendo frequentemente, por cerca de 5 minutos, até que estejam macios e as cebolas, transparentes.
2. Adicione as batatas e tempere com o sal e a pimenta-do-reino. Tampe e cozinhe em fogo de médio-baixo a baixo, até que as batatas estejam macias, em cerca de 15 minutos.
3. Em uma tigela grande, bata os ovos até obter uma mistura homogênea. Adicione-os à mistura de batatas.
4. Aqueça uma *sauteuse* bem grande, em fogo médio-alto. Adicione 60 mℓ do azeite e aqueça até perto do ponto de fumaça. Junte metade da mistura de batata e ovos e baixe o fogo para médio-baixo. Cozinhe por 3 minutos, até que os ovos se coagulem e comecem a dourar na parte inferior. Vire a *tortilla* e cozinhe por mais 2 a 3 minutos até que doure por baixo e ela esteja firme. Repita com o resto do azeite e da mistura de ovos.
5. Corte as *tortillas* em fatias e sirva imediatamente, ou à temperatura ambiente.

Rolinhos primavera

Rendimento: 10 porções

- 975 mℓ de óleo vegetal, ou quanto baste
- 1 colher (chá)/3 g de gengibre ralado
- 14 g de cebolinha em fatias finas
- 227 g de carne de porco moída
- 1 colher (sopa)/7 g de cogumelo *shiitake* seco, reidratado em água morna
- 227 g de couve-chinesa em *chiffonade*
- 227 g de broto de feijão (*moyashi*)
- 57 g de cogumelo *shiitake* em fatias finas
- 14 g de cebolinha em *julienne* (só as partes verdes)
- 1½ colher (chá)/7,5 mℓ de molho de soja tradicional
- 1½ colher (chá)/7,5 mℓ de vinho de arroz
- 1½ colher (chá)/7,5 g de óleo de gergelim
- 1½ colher (chá)/7,5 g de açúcar
- 1 colher (chá)/3 g de sal
- ½ colher (chá)/1 g de pimenta-do-reino branca moída
- 1 colher (sopa)/9 g de amido de milho dissolvido em 15 mℓ de água para fazer um *slurry* (mais se necessário)
- 10 folhas de massa para rolinhos primavera
- **Egg wash** (p. 1.041), quanto baste
- 600 mℓ de **molho para rolinhos primavera** (p. 975)
- 150 mℓ de **mostarda condimentada** (p. 977)

1. Aqueça 15 mℓ do óleo vegetal em um *wok*, em fogo médio-alto. Adicione o gengibre e a cebolinha e salteie rapidamente até aromatizar, de 30 segundos a 1 minuto.

2. Adicione a carne de porco e salteie rapidamente até que ela fique cozida, em 6 a 8 minutos.

3. Junte os cogumelos *shiitake* hidratados e frite rapidamente por cerca de mais 2 minutos.

4. Acrescente a couve, os brotos de feijão, os cogumelos *shiitake* frescos e as cebolinhas. Frite rapidamente até que todos os vegetais estejam macios, em 5 a 6 minutos.

5. Adicione o molho de soja, o vinho, o óleo de gergelim, o açúcar, o sal e a pimenta-do-reino. Misture bem, depois empurre os ingredientes sólidos para os lados do *wok*. Espesse o excesso de líquido no fundo com o *slurry*.

6. Mexa bem todo o conteúdo do *wok* para certificar-se de que todos os sólidos estão revestidos com o líquido espessado. Retire do fogo e deixe esfriar.

7. Coloque de 3 a 4 colheres (sopa)/55 g a 75 g de recheio em cada pedaço de massa de rolinho primavera com uma colher furada (escorrendo cuidadosamente o excesso de líquido do recheio), deixando uma borda de 5 cm em cada extremidade. Pincele as bordas de cada folha com *egg wash*. Dobre os cantos do lado mais longo da massa sobre o recheio e enrole o recheio com a massa, selando com mais *egg wash*, se necessário.

8. Deixe os rolinhos prontos em uma assadeira forrada com papel-manteiga e salpicada com amido de milho até o momento de fritar.

9. Aqueça o óleo restante a 177 °C em uma panela bem funda e frite os rolinhos por imersão até dourar, em cerca de 2 minutos. (Trabalhe em lotes, se necessário.) Escorra-os em papel absorvente. Sirva imediatamente, com o molho e a mostarda condimentada.

Rolinhos Califórnia

Rendimento: 10 rolinhos

- 5 folhas (18 cm × 23 cm) de alga *nori*
- 30 mℓ de vinagre de arroz
- 480 mℓ de água
- 1,84 kg de **arroz para *sushi*** (p. 805)
- 35 g de sementes de gergelim tostadas
- 1 pepino japonês (425 g) sem casca nem sementes, cortado em palitos de 13 cm de comprimento por 3 mm de espessura
- 1 abacate (198 g) descascado, sem caroço, em fatias de 3 mm de espessura
- 198 g a 227 g de *surimi* (imitação de carne de caranguejo), divididas ao meio no sentido do comprimento
- Fatias de **gengibre em conserva** (p. 980 ou comprado pronto), quanto baste
- *Wasabi* (p. 978 ou comprado pronto), quanto baste

1. Prepare a esteira de bambu, embrulhando-a firmemente em plástico.
2. Dobre um pedaço de alga *nori* ao meio, no sentido do comprimento, e corte ao longo da dobra. As ondulações devem ficar paralelas à dobra. Coloque a alga *nori* sobre a esteira, na borda mais próxima a você.
3. Combine o vinagre de arroz e a água. Mergulhe as mãos nessa mistura e pegue 184 g (2½ xícaras generosas de chá/ 600 mℓ) de arroz para *sushi* e espalhe em uma camada uniforme sobre a alga *nori*. Se necessário, mergulhe as mãos na mistura de vinagre e água outra vez, para impedir que o arroz grude nelas enquanto você trabalha.
4. Salpique 1 colher (chá)/5 mℓ de sementes de gergelim sobre o arroz e depois vire o rolo, de modo que a borda longa da *nori* fique diante de você. Coloque seis palitos de pepino, 2 fatias de abacate e 2 metades de palito de *surimi* no sentido do comprimento do rolinho, a uma distância da borda mais próxima de você de ⅓ da largura. Um pouco da guarnição deve ficar para fora de cada extremidade.
5. Coloque a borda da esteira mais próxima de você por cima da guarnição. Continue a enrolar forçando para dentro e apertando o rolo. Cuidadosamente, faça o rolo girar entre as palmas das mãos e a superfície de trabalho. Fatie em 6 pedaços uniformes. Sirva imediatamente, com uma guarnição de fatias de gengibre em conserva e um pouco de *wasabi*.
6. Repita o procedimento com os ingredientes restantes até formar 10 rolinhos.

Rolinhos vietnamitas de salada

Rendimento: 10 porções

- 142 g de cenoura em *julienne* fina
- 2 colheres (chá)/6,5 g de sal
- 142 g de macarrão de arroz cozido, resfriado no gelo e escorrido
- 45 mℓ de suco de limão
- 3 colheres (sopa)/9 g de folhas de coentro
- 3 colheres (sopa)/9 g de folhas de hortelã
- 3 colheres (sopa)/9 g de folhas de manjericão tailandês
- 28 g de açúcar
- 960 mℓ de água morna
- 10 círculos de papel de arroz (17 cm)
- 10 folhas de alface lisa verde
- 10 camarões escalfados descascados e cortados ao meio no sentido do comprimento
- 300 mℓ de **molho vietnamita para *dips*** (p. 974)

1. Misture as cenouras e o sal e deixe descansar por 10 minutos. Esprema as cenouras e despreze os sucos. Misture com o macarrão, o suco de limão, o coentro, a hortelã e o manjericão.
2. Misture o açúcar e a água. Coloque o papel de arroz na água rapidamente, para amaciar. Retire o papel da água e seque-o.
3. Para cada rolinho, coloque uma folha de alface sobre o papel de arroz amaciado. Por cima, ponha 28 g da mistura de macarrão e um camarão (duas metades). Dobre o papel em torno do recheio e enrole como um cilindro.
4. Corte os rolinhos ao meio e sirva imediatamente, com o molho vietnamita para *dips*.

Carpaccio de carne

Rendimento: 10 porções

- 45 mℓ de óleo vegetal
- 1,13 kg de alcatra, limpa e amarrada

TEMPERO DE ERVAS

- 397 g sal
- 15 mℓ de vinagre balsâmico
- 1 colher (sopa)/6 g de pimenta-do-reino branca moída
- 1 colher (sopa)/3 g de alecrim picado
- 30 mℓ de azeite de oliva
- 1 colher (sopa)/3 g de sálvia picada
- 1 colher (sopa)/3 g de tomilho picado

GUARNIÇÃO

- Azeite de oliva extravirgem, quanto baste
- Queijo parmesão ralado ou em lascas, quanto baste
- 20 a 30 azeitonas pretas curadas
- 2 colheres (sopa)/30 mℓ de alcaparra enxaguada
- ½ colher (chá)/1 g de pimenta-do-reino preta moída

1. Aqueça 30 mℓ do óleo vegetal em uma *sauteuse*, em fogo médio-alto. Adicione a carne e sele-a* de todos os lados, só até dourar, em cerca de 1 minuto por lado. Retire-a da panela e coloque-a sobre um pedaço grande de filme plástico.
2. Misture todos os ingredientes do tempero de ervas e aperte e esfregue bem essa mistura na carne. Depois, envolva bem a carne no filme plástico. Leve-a à geladeira até o momento de cortá-la em fatias e servir.
3. Antes da hora do serviço, coloque a carne embrulhada no *freezer* por 1 hora, para poder cortá-la mais facilmente.
4. Corte a carne em fatias bem finas em um cortador elétrico. Coloque as fatias de *carpaccio* em um prato gelado. Espalhe algumas gotas do óleo vegetal por cima e cubra com plástico. Começando do centro, com uma colher, empurre levemente para as bordas, para achatar a carne.
5. Retire o plástico antes de servir o *carpaccio*. Borrife algumas gotas do azeite de oliva sobre o *carpaccio* e guarneça com o queijo parmesão ralado, azeitonas, alcaparras e pimenta. Sirva imediatamente.

* Na versão tradicional do carpaccio de carne, a carne não é selada. (N. E.)

Carne *satai* com molho de amendoim

Rendimento: 10 porções

MARINADA

- 30 mℓ de molho de peixe
- 1 colher (sopa)/15 g de açúcar de palmeira
- 1½ colher (chá)/4,5 g de capim-limão picado (só a parte macia central)
- 1 colher (chá)/3 g de gengibre ralado
- 1 colher (chá)/3 g de alho amassado
- 1 colher (chá)/3 g de *curry* em pó (p. 386 ou comprado pronto)
- ½ colher (chá)/2,5 mℓ de pasta de pimenta tailandesa

454 g de bife do vazio cortado em retângulos de 3 cm × 10 cm, com 3 mm de espessura

MOLHO DE AMENDOIM

- 15 mℓ de óleo de amendoim
- 1 colher (chá)/3 g de alho amassado
- 1 colher (sopa)/9 g de chalota ralada
- 1 colher (chá)/5 mℓ de pasta de pimenta tailandesa
- ½ colher (chá)/1,5 g de *zestes* de limão picados
- ¼ de colher (chá)/0,75 g de *curry* em pó (p. 386 ou comprado pronto)
- 1½ colher (chá)/4,5 g de capim-limão bem picado
- 90 mℓ de leite de coco
- ½ colher (chá)/2,5 mℓ de polpa de tamarindo
- 15 mℓ de molho de peixe
- 1 colher (sopa)/15 g açúcar de palmeira
- 1½ colher (chá)/7,5 mℓ de suco de limão
- 85 g de amendoim torrado, à temperatura ambiente, moído até se obter uma pasta
- Sal, a gosto
- Pimenta-do-reino preta moída, a gosto

1. Misture todos os ingredientes da marinada. Coloque a carne e deixe-a marinar, por 1 hora, na geladeira.
2. Para preparar o molho de amendoim, aqueça o óleo em uma *sauteuse*, em fogo médio-alto. Adicione o alho, a chalota, a pasta de pimenta, os *zestes* de

limão, o *curry* em pó e o capim-limão. Frite rapidamente até aromatizar.

3. Adicione o leite de coco, o tamarindo, o molho de peixe, o açúcar, o suco de limão e a pasta de amendoim. Ferva o molho suavemente, por 15 a 20 minutos. Tempere com o sal e a pimenta-do-reino. Esfrie à temperatura ambiente.

4. Demolhe espetinhos de bambu de 15 cm em água quente por 1 hora. Enfie a carne nos espetinhos e escorra o excesso de marinada da carne antes de grelhar. Se necessário, seque com papel. Grelhe a carne por um período entre 30 segundos a 1 minuto de cada lado, até que esteja dourada.

5. Sirva os espetinhos imediatamente, acompanhados do molho de amendoim.

Vitello tonnato

Rendimento: 10 porções

680 g de pernil de vitelo sem osso, amarrado e assado

170 g de atum (em lata), escorrido

4 filés de anchova

43 g de cebola em cubos pequenos

43 g de cenoura em cubos pequenos

120 mℓ de vinho branco seco

60 mℓ de vinagre de vinho branco

60 mℓ de água

30 mℓ de azeite de oliva

2 **ovos duros** (p. 884), só as gemas, peneiradas

1 colher (sopa)/15 mℓ de alcaparra escorrida e picada

1. Fatie o vitelo bem fino, com cerca de 3 mm de espessura. Você vai precisar de 57 g por porção.

2. Coloque no processador de alimentos o atum, os filés de anchova, a cebola, a cenoura, o vinho, o vinagre e a água. Processe até obter uma pasta relativamente homogênea.

3. Arrume as fatias de vitelo em pratos gelados. Cubra com uma fina camada do molho de atum e borrife com azeite.

4. Guarneça o vitelo com as gemas e as alcaparras. Sirva imediatamente.

Salada de lagosta com beterrabas, mangas, abacates e azeite aromatizado com laranja

Rendimento: 10 porções

5 lagostas (680 g cada) vivas

3 a 4 beterrabas vermelhas, cozidas e descascadas

3 a 4 mangas maduras

3 a 4 abacates maduros

Sal, a gosto

Pimenta-do-reino preta moída, a gosto

300 mℓ de **azeite aromatizado com laranja** (p. 925)

142 g de tomate sem pele nem sementes, em cubos pequenos

1. Cozinhe as lagostas, na fervura ou no vapor, até ficarem cozidas, em 10 a 12 minutos. Retire-as da panela e espere que esfriem.

2. Tire a carne da cauda e das pinças (ver pp. 432-433 para mais informações sobre como trabalhar com lagostas). Corte a cauda ao meio, no sentido do comprimento. Retire a veia de cada parte da cauda. Reserve as carnes das pinças e da cauda.

3. Fatie as beterrabas com 1 cm de espessura. Use um cortador redondo para formar círculos, se desejar.

4. Descasque as mangas e abacates tão perto do momento de servir quanto possível. Corte-os em fatias com aproximadamente 1 cm de espessura.

5. Arrume as beterrabas, abacates e mangas em pratos gelados e tempere-os com o sal e a pimenta-do-reino. Por cima, coloque a lagosta (½ cauda e 1 pinça por salada). Borrife com algumas gotas de azeite.

6. Guarneça com os tomates em cubos pequenos. Pincele a lagosta com mais azeite e sirva imediatamente.

Torta de porco e pimentão (*empanada gallega de cerdo*)

Rendimento: 10 porções

MASSA

680 g de farinha de trigo comum

30 mℓ de vinho branco

30 mℓ de azeite de oliva

30 mℓ de manteiga clarificada

¼ de colher (chá)/1 g de sal

21 g de açúcar

300 mℓ de água morna

RECHEIO

45 mℓ de azeite de oliva

454 g de lombo de porco sem osso, cortado em tiras

284 g de cebola em cubos pequenos

255 g de pimentão verde em cubos pequenos

2 dentes de alho amassados

1½ colher (chá)/25 g de extrato de tomate

92 g de presunto cru Serrano em fatias finas

¾ de colher (chá)/1,5 g de páprica doce, ou quanto baste

¼ de colher (chá)/1 g de sal

1 gema misturada com 15 mℓ de água

1. Peneire a farinha numa tigela média e faça um buraco no centro. Coloque nele o vinho, o azeite, a manteiga, o sal, o açúcar e a água. Misture bem, empurrando a farinha sobre os ingredientes líquidos com um garfo. Quando se formar uma massa mal ligada, trabalhe-a por cerca de 2 minutos, tornando-a flexível. Guarde-a na geladeira por cerca de 30 minutos.

2. Enquanto a massa descansa, prepare o recheio. Aqueça o azeite numa *sauteuse*, em fogo médio. Adicione o porco e refogue-o até dourar, em cerca de 4 minutos. Retire-o e reserve-o.

3. Coloque as cebolas e os pimentões na mesma panela e cozinhe até que comecem a caramelizar, em cerca de 4 minutos. Acrescente o alho e cozinhe por mais 2 minutos.

4. Adicione o extrato de tomate, mexendo bem para incorporar. Junte o presunto e a carne de porco reservada. Tempere com a páprica e o sal. Retire do fogo e reserve.

5. Divida a massa em 2 partes. Abra cada parte até ficar com 6 mm de espessura. Forre uma assadeira de 23 cm com uma parte da massa aberta. Coloque o recheio por cima e cubra com a outra parte da massa, selando as bordas com os dedos.

6. Pincele a parte de cima com gema de ovo e água e use uma tesoura para fazer uma abertura no centro. Leve ao forno a 177 °C por 30 minutos, ou até dourar. Se o topo começar a dourar demais, cubra com papel-alumínio. Retire a torta do forno e sirva.

charcutaria e *garde manger*

A rigor, a charcutaria se refere a certos alimentos feitos de carne de porco, inclusive linguiças, presunto defumado, *bacon*, carne prensada com gelatina, patês e *terrines*. O *garde manger*, que tradicionalmente se referia à despensa da cozinha, é onde os alimentos são mantidos frios durante um longo período de armazenamento e enquanto estão sendo preparados como prato frio.

CAPÍTULO 30

A *farce*, COMPONENTE BÁSICO DA CHARCUTARIA E PREPARAÇÕES DO *GARDE MANGER*, COMO PATÊS E *TERRINES*, É PREPARADA MOENDO-SE CARNES MAGRAS COM GORDURA E TEMPEROS, PARA FORMAR UMA EMULSÃO.

farce

Há cinco tipos de *farce*. A em estilo *mousseline* consiste em carnes delicadas, como salmão ou frango, combinadas com creme e ovos. Uma *farce* simples é feita com carnes magras moídas com gordura do lombo do porco. As *farces* em estilo camponês têm textura mais grosseira do que as outras e, em geral, contêm fígado. As *farces gratin* são semelhantes às simples, exceto que uma porção da carne é dourada e depois resfriada antes de ser moída com os outros ingredientes. *Recheios emulsionados*, ou *Tipo 5-4-3*, referem-se à proporção de carne, gordura e água usadas na fabricação de produtos como *salsichas* e mortadela.

Depois de moídas ou transformadas em purê, as *farces* são misturadas por tempo suficiente para desenvolver uma textura uniforme, que permita que seja cortada em fatias. Os quatro tipos de *farce* têm diversas aplicações na cozinha profissional: servem para preparar tira-gostos, usar como recheio ou produzir especialidades no *garde manger*, inclusive patês, *terrines* e galantinas.

Todos os ingredientes e equipamentos usados para preparar *farces* devem estar imaculadamente limpos e sempre bem gelados, de modo que a carne magra e as gorduras possam ser combinadas da maneira adequada. Refrigere os ingredientes até que estejam prontos para usar e mantenha-os sobre um recipiente com gelo, para manter a temperatura baixa durante o preparo. O equipamento pode ser gelado em água com gelo.

COMPONENTES DAS *FACES*

As *farces* têm três componentes básicos. A carne principal, ou dominante, fornece o sabor e o corpo. A gordura a torna rica e homogênea e pode ocorrer naturalmente no corte de carne ou ser acrescentada sob forma de gordura do lombo de porco ou creme de leite fresco (36% a 40%). Os temperos são essenciais, sobretudo o sal, que não só sublinha o sabor das *farces* como desempenha papel-chave no desenvolvimento da textura e da liga. Podem-se adicionar outros temperos, como se desejar.

Às vezes, é necessário um componente adicional para ajudar a ligar a *farce*, sobretudo se o item principal é delicado ou quando não é moído finamente. Essas ligas podem ser ovos ou claras ou uma *liaison* de creme e ovos. *Pâte à choux*, arroz ou leite em pó desnatado podem ser usados como ligas de *farce*.

As *panadas* também são usadas como ligas. Para fazer uma *panada* de pão, demolhe cubos de pão em leite, na proporção de uma parte de pão para uma de leite, até que o pão tenha absorvido o líquido. A *panada* de farinha é essencialmente um *béchamel* muito pesado, enriquecido com três a quatro gemas para 480 ml de líquido.

Muitas vezes, as guarnições são acrescidas ou arranjadas na *farce* à medida que a forma do patê ou da *terrine* é enchida. As opções incluem itens como frutos secos, carnes ou vegetais em cubos, frutas desidratadas e trufas.

Podem-se usar diversos tipos de guarnição ao preparar *terrines* e patês. Em geral, para *terrines* usam-se tiras finas de gordura de lombo de porco, presunto, presunto cru ou vegetais. Os patês *en croûte* são assados em formas forradas com uma massa que deve ser mais forte do que aquela usada numa torta normal, embora a técnica de preparo seja idêntica. (A massa para patê também pode ser usada para preparar moldes de *barquettes*.) Para mudar o sabor da massa podem-se acrescentar ervas, especiarias, *zestes* de limão ou farinhas diferentes da farinha de rosca. Para instruções sobre como forrar uma forma de patê, ver p. 1.009.

O *aspic* é aplicado aos alimentos para impedir que sequem e para preservar sua umidade e frescor. O *aspic* é um fundo bem temperado, altamente gelatinoso e perfeitamente clarificado. Com frequência, é reforçado pela adição de gelatina (ver p. 1.013). Quando preparado da maneira adequada, o *aspic* assenta firmemente, mas ainda assim derrete na boca. O *aspic* feito de fundo claro não tem quase nenhuma cor. Quando o fundo de base é escuro, o *aspic* também é escuro ou cor de âmbar. Podem-se conseguir outras cores adicionando-se uma especiaria, uma erva ou um purê de vegetal adequado para o prato.

PREPARO DA *FARCE*

Use um moedor de carne para preparar a maior parte das carnes, embora o processador de alimentos seja adequado para moer carnes delicadas e peixe. A lâmina do moedor de carne ou do processador de alimentos precisa estar bem afiada. Ao passarem pelo moedor, as carnes devem ser cortadas perfeitamente, nunca estropiadas ou amassadas. Tenha preparado um recipiente com gelo, sobre o qual misturar e manter a *farce*, que pode ser misturada à mão sobre o gelo com uma colher, em uma batedeira elétrica ou no processador de alimentos. Algumas *farces* devem ser passadas por uma peneira, para retirar fibras ou tendões. Depois de preparadas, elas podem ser moldadas de diversas maneiras, inclusive em formas de cerâmica chamadas *terrines*, formas de patê com dobradiças e muitas outras.

Siga procedimentos de sanitização adequados e mantenha as temperaturas frias o tempo todo, o que é importante para mais do que a formação apropriada de uma emulsão. Os ingredientes usados na *farce* são, muitas vezes, altamente suscetíveis à contaminação pelo manuseio, pelo contato prolongado com o equipamento e pela grande exposição ao ar. O porco, as aves, os peixes e os frutos do mar e os laticínios começam a perder a qualidade e a segurança rapidamente quando a temperatura sobe para além dos 4 °C. Se a *farce* parecer estar se aproximando da temperatura ambiente a qualquer altura do preparo, está quente demais. Pare de trabalhar e gele todos os ingredientes e o equipamento. Recomece o trabalho só depois que tudo estiver novamente abaixo dos 4 °C.

Moa os alimentos do modo apropriado. Tanto a carne dominante como a gordura do lombo de porco (se for usada) devem ser bem moídas, assim como algumas guarnições.

Prepare a carne para moer cortando-a em tiras ou em cubos que passem facilmente pelo tubo de alimentação do moedor. Combine-a com a quantidade de sal adequada e os temperos desejados, e deixe-a marinar na geladeira por até 4 horas. O sal libera as proteínas responsáveis pelo desenvolvimento do sabor e da textura.

Prepare o moedor, escolhendo o acessório do tamanho correto. Com exceção das carnes mais delicadas (peixe e alguns tipos de miúdo, por exemplo), começam-se a moer todas as carnes com um acessório que tenha aberturas grandes ou médias. Continue a moer usando acessórios cada vez menores, até conseguir a consistência correta. Lembre-se de gelar os ingredientes entre uma moedura e outra.

Use o moedor guiando as tiras de carne e gordura no tubo de alimentação. Se elas forem do tamanho correto, serão facilmente puxadas para dentro pelo propulsor. Se grudarem na bandeja ou nos lados do tubo de alimentação, empurre-as com uma espátula de plástico, mas não os force para dentro.

Se usar o processador de alimentos, corte a carne em pequenos cubos antes de temperá-la. Gele a lâmina e a tigela do processador e faça a máquina funcionar por tempo suficiente para moer a carne, até obter uma pasta homogênea. Pulse a máquina e raspe os lados da tigela para produzir uma textura mais uniforme.

» receita básica

Farce simples
(907 g)

255 g de carne de porco magra

255 g da carne predominante (magra)

255 g de gordura de porco

128 g de chalota refogada e fria

Temperos e ervas, a gosto

¼ de colher (chá)/1,25 mℓ de sal de cura (opcional)

Aglutinante secundário, como *panada* ou 1 ovo médio

60 mℓ a 120 mℓ de creme de leite fresco (36% a 40%) (opcional)

Guarnição, a gosto

método rápido »

1. Prepare as carnes, a gordura e os ingredientes de guarnição. Esfrie bem.
2. Corte as carnes e a gordura em cubos de 2,5 cm. Junte as chalotas, os temperos e o sal de cura (se estiver usando). Marine como solicitado pela receita. Leve para gelar todas as vezes.
3. Moa as carnes e a gordura. Se a receita pedir que se moam as carnes progressivamente, moa o ingrediente principal duas vezes, usando primeiro um acessório com aberturas grandes e, depois, um com aberturas médias. Leve à geladeira ou mantenha a mistura sobre gelo.
4. Combine a mistura de carne com o ovo e o creme de leite fresco (se estiver usando) e faça um purê com a ajuda de um processador.
5. Usando as mãos, acrescente a guarnição, trabalhando sobre gelo. Experimente o sabor e teste a consistência.

« dicas do especialista

Opte por cortes de carne em que os músculos são mais exercitados, uma vez que em geral esses cortes são mais ricos em sabor do que cortes mais macios. No entanto, as carnes usadas na guarnição podem ser as de textura mais delicada.

---

1. **Gele tanto o equipamento** como os ingredientes para manter a *farce* em temperatura constante inferior a 4 °C e fora da zona de perigo. O controle da temperatura é a chave para alcançar os melhores resultados. Quando as *farces* são mantidas bem refrigeradas durante o processamento das carnes e a mistura, elas precisam de menos gordura, sem deixar de aparentar uma textura suave e tentadora. O sabor da *farce* assim é, geralmente, melhor. Para preparar a carne e a gordura de porco para uma *farce*, elimine toda a cartilagem, os tendões e as peles. Corte a carne em cubos, assim ela pode passar com facilidade pelo moedor ou ser processada mais rapidamente no processador de alimentos.

2. **Algumas receitas de farce** pedem que algumas ou todas as carnes sejam moídas usando um método chamado moagem progressiva. Reveja a receita para determinar se você vai precisar de um ou mais discos para o moedor. Moa a carne sobre uma tigela bem gelada disposta sobre gelo.

3. **Uma vez moída** a carne, a *farce* é misturada para incorporar igualmente os temperos, as *panadas* ou outros ingredientes. Ainda mais importante: um período correto de mistura é fundamental para o desenvolvimento da textura correta. Essa mistura pode ser feita batendo-se a *farce* com uma espátula de silicone ou uma colher de pau sobre uma bacia com gelo, com o *mixer* ou no processador. Deve-se tomar cuidado para não bater demais, especialmente se não estiver batendo à mão. Dependendo da quantidade de produto, 1 a 3 minutos na velocidade mais baixa do processador são suficientes. A cor e a textura da *farce* vão mudar levemente quando ela for adequadamente misturada.

4. **Misture qualquer guarnição** à *farce* com as mãos, trabalhando sobre uma tigela com água gelada. Veja o método detalhado para *farce mousseline* (p. 1.008-1.010) para mais informações sobre testar e utilizar a *farce*.

farce

» receita básica

Farce mousseline
(454 g)

454 g de carne vermelha, carne de peixe ou outro ingrediente principal

1 ovo grande ou 1 clara de ovo

1 colher (chá)/3 g de sal

240 mℓ de creme de leite fresco (36% a 40%)

método rápido »

1. Corte a carne ou o outro ingrediente principal em cubos. Mantenha muito frio.

2. Moa a carne até a consistência de uma pasta no processador de alimentos.

3. Se a receita pedir ovos, coloque-os e pulse o aparelho para incorporá-los à carne.

4. Com o aparelho funcionando, acrescente creme de leite fresco em um fluxo estreito. Processe a mistura só até o creme de leite ser incorporado.

5. Junte a gelatina hidratada ou o *aspic*, se a receita pedir, da mesma forma.

6. Passe a *farce* por uma peneira.

método detalhado »

1. **Assim que os ingredientes** estiverem moídos, misture-os ou processe-os, combinando a carne moída com uma liga secundária, se desejar. A *farce* é mais do que simples carne moída. Para produzir a textura desejada, os ingredientes devem ser misturados por tempo suficiente para desenvolver uma boa liga. Isso pode ser feito à mão, sobre uma tigela de gelo, em uma batedeira elétrica ou em um processador de alimentos.

2. **Processe a mistura** até obter uma consistência bem homogênea. Desse modo, a *farce* não se desmanchará ao ser cortada. Adicione ingredientes como creme de leite frio enquanto o processador funciona, para obter uma textura homogênea e para que os ingredientes se mantenham unidos depois do cozimento.

3. **Quando a *farce*** tiver a textura desejada, passe-a por uma peneira e depois prove-a, para verificar o sabor e a consistência. Habitualmente, as *farces* simples e *gratin* não precisam passar pela peneira. Entretanto, a *farce mousseline* pode ser peneirada para se obter uma textura bem fina e delicada. Certifique-se de que a *farce* está bem fria e trabalhe rapidamente para evitar aquecê-la.

Experimente a *farce* para verificar o sabor e a consistência. Escalfe uma colherada dela, de modo que possa ser avaliada (ver quadro sobre *quenelles* na p. 1.010). Prove-a à temperatura de serviço. Se for servi-la fria, deixe que a amostra esfrie completamente antes de experimentá-la. Faça os ajustes necessários. Se tiver consistência emborrachada ou dura, acrescente creme de leite fresco (36% a 40%); se estiver mole demais, pode ser necessário adicionar mais *panada* ou claras de ovos. Acerte o tempero e os ingredientes aromáticos. Prove-a depois de cada ajuste, até ficar satisfeito com o resultado.

4. **Guarneça a *farce*,** se desejar, e use-a como recheio ou coloque-a em uma forma e cozinhe-a. Acrescente guarnições à mão, como pistaches, trufas ou presunto em cubos, trabalhando sobre um recipiente com gelo. Mantenha a *farce* bem fria até o momento de moldá-la. Pode ser espalhada em outros alimentos, com o saco de confeitar ou com a colher, como recheio, ou usada para encher uma forma já preparada.

A forma deve ser forrada de modo que o patê ou a *terrine* possa ser facilmente removido para ser fatiado em porções. Corte folhas de forro grandes o bastante para ultrapassar os lados e a pontas da forma. Mais tarde, elas serão dobradas sobre o patê ou a *terrine*, formando uma cobertura. Em geral, usa-se plástico, mas outros envoltórios, tradicionais e contemporâneos, podem ser utilizados. Uma das preparações *garde manger* mais elaboradas é o patê *en croûte*. Veja como forrar uma forma com massa na p. 1.027.

5. Alise a *farce* usando uma espátula. Depois que a forma de *terrine* for enchida e o topo estiver liso, dobre o excesso de forro sobre a *farce* para selar a *terrine*. Cozinhe conforme as instruções da receita.

Uma boa *farce* é bem temperada e o gosto que predomina é o da carne principal, com sabor rico e agradável, desmanchando-se na boca. A textura deve estar bem homogênea e ter consistência uniforme de acordo com o tipo, além de manter-se inteira depois de cortada. As guarnições devem complementar o sabor da *farce*, sem sufocá-la.

Dependendo dos métodos de moedura e emulsificação, e do uso que se pretende dar a ela, a *farce* pode ter consistência homogênea ou textura pesada e grosseira. As *farces mousseline* têm textura suave e leve, que não é emborrachada. A *farce* em estilo camponês é menos refinada na textura e mais forte no sabor do que as outras. A *gratin* tem características de qualidade similares às das *farces* em estilo camponês.

QUENELLES

Há muitas maneiras de se preparar e empregar uma *farce*. Dependendo do resultado desejado, as *quenelles* são uma excelente maneira de fazer porções individuais de *farce*. *Quenelles* são *dumplings pochés* feitos de *farce*. Podem ser preparadas para servir como tira-gosto ou como guarnição para sopas. Também são do melhor tamanho para provar o sabor, a textura, a cor e a consistência de uma *farce* pronta, para que não resultem em *terrines* ou patês de má qualidade.

1. **Ferva suavemente o líquido para escalfar.** *O líquido não pode estar fervendo forte. Isso desmancharia as quenelles enquanto cozinham.*
2. **Molde as *quenelles*.** *Há muitas maneiras de moldar quenelles; uma delas emprega duas colheres (ver foto). Também se podem usar conchas ou passar a mistura por um bico simples do saco de confeitar.*

   Pegue a quantidade apropriada de farce com uma das colheres e use a outra para alisar e moldar a mistura. Empurre a quenelle para fora da colher, colocando-a no líquido de escalfar.
3. **Escalfe as *quenelles* no líquido que ferve brandamente** *(a cerca de 77 °C). O tempo de cozimento varia, dependendo do diâmetro das quenelles. Quando se abre uma quenelle, ela deve parecer inteiramente cozida.*

Terrine de salmão e frutos do mar

Rendimento: 10 porções

MOUSSELINE DE SALMÃO

907 g de filé de salmão sem pele

6,5 g de sal

0,5 g de pimenta-do-reino preta moída, a gosto

2 claras

480 mℓ de creme de leite fresco (36% a 40%)

113 g de cauda de lagostim sem casca

113 g de salmão em cubos

113 g de vieira

2 colheres (sopa)/6 g de estragão picado

Folhas de alho-poró branqueadas, a gosto

1. Corte o filé de salmão em tiras ou cubos e tempere com o sal e a pimenta-do-reino. Gele para abaixo de 4 °C. Moa o salmão no processador de alimentos ou com a lâmina fina do moedor de carne e passe-o para uma tigela colocada sobre um recipiente com gelo.
2. Bata o salmão no processador de alimentos até obter uma pasta quase homogênea. Adicione as claras e misture bem.
3. Acrescente o creme de leite, de 30 mℓ a 60 mℓ de cada vez, até que chegue à consistência desejada (faça o processador funcionar até que o creme se tenha incorporado e raspe os lados da tigela para misturar por igual) ou adicione gradualmente o creme à mão, sobre um recipiente com gelo. Não mexa demais.
4. Passe a *farce* por uma peneira.
5. Teste a *farce* escalfando uma pequena quantidade em água salgada, fervendo suavemente. Acerte o tempero, se necessário, antes de ir adiante. (A *farce* agora está pronta para ser usada em outras aplicações, se desejar.) Acrescente o lagostim, o salmão, as vieiras e o estragão.
6. Forre uma forma para *terrine* com filme plástico e folhas de alho-poró. Coloque a *farce* guarnecida na forma e dobre o forro para fechar completamente. Cubra a *terrine* e escalfe em banho-maria a 77 °C, no forno a 149 °C, até chegar a uma temperatura interna de 74 °C, por 60 a 70 minutos.
7. Retire a *terrine* do banho-maria e espere esfriar ligeiramente. Coloque sobre ela um peso de 907 g, se desejar. Leve à geladeira por, no mínimo, uma noite, ou até 2 a 3 dias.
8. Corte em fatias e sirva ou embrulhe e refrigere por até 4 dias.

NOTA: Esta receita produz uma boa textura para *terrines* e outros produtos que serão cortados em fatias. Para *timbales* ou aplicações semelhantes que sejam mais macias, a quantidade de creme pode ser quase dobrada.

Mousseline de linguado: Substitua o salmão por igual quantidade de linguado, moído ou em cubos.

Patê grand-mère

Rendimento: 1,36 kg; 18 a 20 porções

- 567 g de fígado de frango sem nervuras
- 28 g de chalota ralada
- 30 mℓ de *brandy*
- 15 g de sal
- 1 colher (chá)/2 g de pimenta-do-reino preta moída grosseiramente, ou a gosto
- ¼ de colher (chá)/0,5 g de folha de louro em pó
- ½ colher (chá)/1 g de tomilho moído
- 1 colher (chá)/2,75 g de sal de cura
- 15 mℓ de óleo vegetal, ou quanto baste
- 482 g de paleta suína, em cubos
- 1 colher (sopa)/3 g de salsa picada
- 71 g de pão branco sem casca, em pequenos cubos
- 150 mℓ de leite
- 2 ovos
- 90 mℓ de creme de leite fresco (36% a 40%)
- ¼ de colher (chá)/0,5 g de pimenta-do-reino branca moída
- 1 pitada de noz-moscada, ralada na hora
- 8 fatias finas (1,5 mm) de presunto, ou a gosto
- 180 mℓ a 240 mℓ de **aspic** (p. 1.013) derretido

1. Doure o fígado rapidamente em óleo quente. Retire-o da frigideira e gele-o.
2. Refogue a chalota na mesma frigideira; deglace com o *brandy* e acrescente o líquido aos fígados. Junte o sal, a pimenta-do-reino preta, o louro, o tomilho, o sal de cura e o óleo. Misture bem e gele completamente.
3. Moa a carne de porco, a mistura de fígados e a salsa com a lâmina fina (3 mm) da máquina de moer carne.
4. Combine o pão e o leite, demolhando até formar uma *panada*. Adicione os ovos, o creme de leite, a pimenta-do-reino branca e a noz-moscada. Misture com as carnes moídas, no processador de alimentos, em velocidade média, por 1 minuto, até o conjunto ficar homogêneo.
5. Para testar a *farce*, escalfe uma pequena quantidade em água salgada fervendo suavemente. Acerte o tempero, se necessário, antes de continuar.
6. Forre uma forma de *terrine* com filme plástico e depois com as fatias de presunto, deixando sobras laterais. Tempere com pimenta-do-reino preta, coloque a *farce* na forma e dobre o filme plástico por cima. Deixe-a durante a noite toda na geladeira.
7. Cubra a *terrine* e escalfe em banho-maria a 77 °C, em forno a 149 °C, até chegar a uma temperatura interna de 74 °C, por 60 a 75 minutos.
8. Retire a *terrine* do banho-maria e deixe-a esfriar até que chegue a uma temperatura interna entre 32 °C e 38 °C. Retire os sucos da *terrine*, adicione *aspic* suficiente para cobri-la, e deixe-a descansar na geladeira por 2 dias.
9. Agora a *terrine* está pronta para ser fatiada e servida ou ser embrulhada e refrigerada por até 10 dias.

Aspic

Rendimento: 960 mℓ

CLARIFICAÇÃO

340 g de carne moída

85 g de **tomate** *concassé* (p. 654)

113 g de *mirepoix* (p. 257)

3 claras de ovos batidas

960 mℓ de fundo (ver nota)

¼ de **sachet d'épices** padrão (p. 255)

¼ de colher (chá)/1 g de sal

Pimenta-do-reino branca moída, a gosto

Gelatina em pó (ver tabela abaixo), a gosto

1. Misture todos os ingredientes para a clarificação e junte ao fundo. Misture bem.
2. Cozinhe em fogo brando, mexendo de vez em quando, até começar a coagular (filtro).
3. Acrescente o *sachet d'épices* e cozinhe em fogo brando até que o sabor e a cor ideal sejam alcançados, em cerca de 45 minutos. Desgrude o filtro da lateral da panela, se necessário.
4. Coe o *consommé*; tempere com sal e pimenta.
5. Hidrate a gelatina em água fria, então dissolva em fogo brando. Junte o fundo clarificado. Tampe e deixe na geladeira até usar. É preciso aquecer para servir.

NOTA: Escolha o fundo adequado, dependendo do uso pretendido. Por exemplo, se o *aspic* for usado para revestir frutos do mar, prepare um fundo de lagosta e use carne de peixe moída para a clarificação.

Proporções para *aspic*

PARA CADA 3,84 ℓ, USE:	PARA CADA 480 Mℓ, USE:	DENSIDADE DA GELATINA	USOS POSSÍVEIS
57 g	7 g	Gel delicado	Quando não há necessidade de fatiar. Porção individual de carne, vegetal ou peixe ligados pela gelatina. *Consommés* gelatinosos.
113 g	14 g	Gel de cobertura	*Chaud-froid* comestível. Revestimento de porções individuais.
170 g a 227 g	28 g	Gel de corte	Produtos que precisam ser fatiados. Recheio de *pâté en croûte*, *fromagse de tête* (terrine com gelatina de de porco).
284 g a 340 g	35 g a 43 g	Gel firme	Revestimento de travessas e espelhos para apresentações em concursos de culinária.
454 g	57 g	*Mousse*	Quando o produto precisa manter o formato depois de desenformado. Produção de *mousse*.

Terrine de frango e lagostim

Rendimento: 907 g; 10 a 12 porções

MOUSSELINE

454 g de peito de frango moído

2 colheres (chá)/6,5 g de sal

½ colher (chá)/1 g de pimenta-do-reino preta moída

2 claras de ovo

180 mℓ de essência de frutos do mar (receita a seguir) fria

60 mℓ de creme de leite fresco (36% a 40%), frio

GUARNIÇÃO

227 g de caudas de lagostim cozidas, descascadas e limpas

2 pimentas *chipotle* sem sementes, bem picadas

113 g de cogumelo *shiitake* sem talo, em fatias, salteado e gelado

2 colheres (sopa)/6 g de coentro picado grosseiramente

1 colher (sopa)/3 g de *dill* picado

1. Coloque no processador de alimentos os peitos de frango, o sal e a pimenta-do-reino. Adicione as claras e pulse até incorporá-las. Adicione a essência de frutos do mar e o creme de leite com a máquina em funcionamento, e pulse só até ficarem incorporados.
2. Prove a *farce* escalfando uma pequena quantidade em água salgada em fervura suave. Acerte o tempero, se necessário, antes de prosseguir.
3. Misture sobre um recipiente com gelo as caudas de lagostim, as pimentas *chipotle*, os cogumelos, o coentro e o *dill*.
4. Unte uma forma de *terrine* e forre-a com filme plástico, deixando pelo menos 10 cm a mais, em todos os lados. Coloque a *farce* na forma forrada, pressionando para retirar possíveis bolsas de ar. Dobre o forro plástico sobre a *farce* para fechar completamente a *terrine*. Tampe.
5. Escalfe a *terrine* em banho-maria a 77 °C, em forno a 149 °C, até chegar a uma temperatura interna de 74 °C, em 60 a 75 minutos.
6. Retire a *terrine* do banho-maria e deixe-a esfriar um pouco.
7. Deixe-a descansar por pelo menos a noite toda, ou até 3 dias na geladeira, colocando por cima um peso de 907 g, se desejar.
8. Agora a *terrine* está pronta para ser fatiada e servida, ou embrulhe-a e guarde-a no refrigerador por até 7 dias.

NOTA: Se quiser, forre a forma com filme plástico e presunto finamente picado.

Essência de frutos do mar

Rendimento: 180 mℓ

15 mℓ de óleo vegetal

454 g de cascas de lagostim, camarão ou lagosta

2 chalotas médias raladas

2 dentes de alho amassados

360 mℓ de creme de leite fresco (36% a 40%)

3 folhas de louro

2 colheres (chá)/4 g de tempero para aves

9 g de **chili em pó** (p. 385 ou comprado pronto)

30 mℓ de glace de *volaille* ou *viande*

1. Em um *sautoir* médio, aqueça o óleo em fogo alto. Refogue as cascas no óleo até que fiquem vermelho-brilhantes. Adicione as chalotas e o alho e saltei-os até que fiquem aromáticos.
2. Adicione o creme de leite, as folhas de louro, o tempero para aves e a pimenta vermelha em pó. Reduza a mistura à metade de seu volume original. Adicione a glace.
3. Coe em uma peça de musselina e leve à geladeira abaixo de 4 °C.
4. Agora a essência está pronta para ser usada ou para ser armazenada na geladeira.

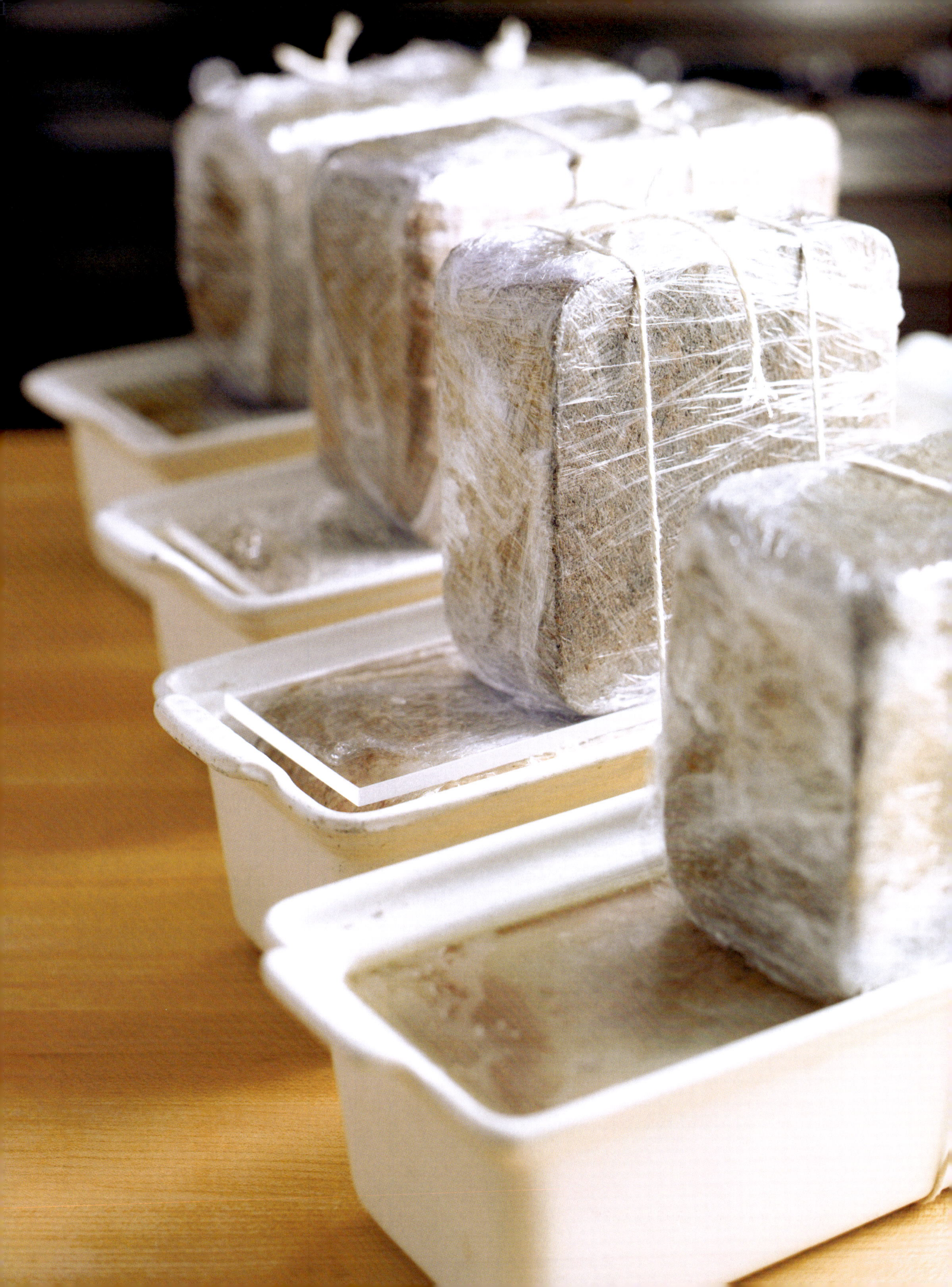

Terrine à camponesa (pâté de campagne)

Rendimento: 1,36 kg; 18 a 20 porções

454 g de paleta de vitelo em cubos

284 g de lombo suíno em cubos

284 g de toucinho em cubos

TEMPEROS

113 g de chalota bem picada

2 colheres (sopa)/20 g de sal

2 colheres (sopa)/6 g de salsa picada

1 colher (chá)/6 g de **especiarias para patê** (p. 1.029)

½ colher (chá)/1 g de pimenta-do-reino branca moída, ou quanto baste

⅛ de colher (chá)/0,30 g de sal de cura

2 dentes de alho amassados, refogados e frios

PANADA

270 mℓ de creme de leite fresco (36% a 40%)

2 ovos

¼ de xícara de pão de forma picado

30 mℓ de *brandy*

1 colher (sopa)/10 g de sal

1 colher (chá)/2 g de pimenta-do-reino preta moída

GUARNIÇÃO

170 g de presunto defumado em cubos

170 g de toucinho em cubos

113 g de amêndoa tostada e picada

85 g de uva-passa cortada em quatro e embebida em vinho branco

18 g de salsa picada

6 g de cebolinha francesa cortada em 1,5 mm de comprimento

8 fatias finas (1,5 mm) de presunto, ou quanto baste

180 mℓ a 240 mℓ de ***aspic*** (p. 1.013)

1. Misture o vitelo, o lombo e o toucinho com todos os temperos. Moa a carne de porco com a lâmina grossa (9 mm) da máquina de moer carne. Reserve metade da mistura, depois moa o restante com a lâmina fina (3 mm) do moedor de carne e passe a mistura para uma tigela sobre gelo.

2. Para fazer a *panada*, junte o creme de leite, os ovos, o pão, o *brandy*, o sal e a pimenta em uma tigela pequena. Bata-os juntos até obter uma mistura homogênea e depois acrescente-a às carnes moídas. Coloque no processador de alimentos e bata, em velocidade baixa, por 1 minuto, até conseguir uma mistura homogênea. Depois, processe-a em velocidade média até que esteja grudenta ao toque.

3. Prove a *farce* e acerte o tempero, se necessário, antes de continuar.

4. Misture todos os ingredientes da guarnição e envolva na *farce*.

5. Forre com filme plástico uma forma de *terrine* e coloque as fatias de presunto, deixando uma parte para fora da forma. Salpique o presunto com a pimenta, coloque a *farce* na forma e dobre por cima as partes que ficaram para fora. Deixe a noite toda no refrigerador.

6. Tampe a *terrine* e escalfe-a em banho-maria a 77 °C, no forno a 149 °C, até chegar a uma temperatura interna de 66 °C, em 60 a 75 minutos.

7. Retire a *terrine* do banho-maria e deixe-a esfriar até uma temperatura interna de 32 °C a 38 °C. Pressione um prato de 907 g durante a noite. Alternativamente, retire os sucos da *terrine*, acrescente *aspic* suficiente para cobri-la e deixe-a descansar na geladeira por 2 dias.

8. Agora a *terrine* está pronta para ser fatiada e servida, ou embrulhe-a e deixe-a no refrigerador por até 10 dias.

Roulade de lombo de porco

Rendimento: 1,13 kg; 16 a 18 porções

- 600 mℓ de salmoura de carne (receita a seguir)
- 3 anises-estrelados
- 57 g de gengibre picado grosseiramente
- 2 colheres (chá)/4 g de grãos de pimenta Tsechuan
- 680 g de lombo de porco, limpo

MOUSSELINE

- 539 g de aparas de carne de porco ou peito de frango desossado
- 1 colher (sopa)/10 g de sal
- 71 g de clara gelada
- 2 colheres (chá)/6 g de alho amassado
- 2 colheres (chá)/6 g de gengibre ralado
- 6,25 mℓ de molho de soja escuro
- 30 mℓ de *sherry* gelado
- 300 mℓ de creme de leite fresco (36% a 40%), gelado
- 170 g de cogumelo-de-paris em fatias

- 30 mℓ de glace de *volaille* ou *viande* morno
- 28 g de sementes de gergelim tostadas
- 57 g de salsa picada

1. Misture a salmoura para carne, o anis-estrelado, o gengibre e os grãos de pimenta em uma panela e leve ao fogo baixo por cerca de 5 minutos. Resfrie a salmoura sobre uma tigela com água e gelo.
2. Cubra a carne de porco com a mistura de salmoura e use pratos pequenos para manter a carne completamente imersa. Deixe na geladeira por 12 horas.
3. Enxágue o lombo de porco e seque bem. Guarde na geladeira.
4. Para fazer a *mousseline*, corte as aparas de carne de porco em tiras ou em cubos e tempere com sal. Resfrie a menos de 4 °C.
5. Moa a carne de porco no processador ou no moedor com disco fino em uma tigela colocada sobre um recipiente com água e gelo.
6. Bata o frango no processador de alimentos até se tornar quase uma pasta homogênea. Adicione as claras, o alho, o gengibre e o *sherry*. Bata até obter uma mistura uniforme.
7. Adicione o creme de leite ao processador de alimentos (deixe a máquina funcionar até incorporar o creme e raspe os lados da tigela para misturar por igual) ou adicione gradativamente, à mão, sobre um recipiente com gelo. Passe a *farce* por uma peneira.
8. Acrescente os cogumelos à *farce*, à mão, sempre sobre o recipiente com gelo.
9. Prove a *farce* escalfando uma pequena quantidade em água salgada, fervendo suavemente. Acerte o tempero, se necessário, antes de continuar.
10. Corte um retângulo grande de plástico. Espalhe metade da *mousseline* sobre o plástico. Coloque o lombo no meio e espalhe a outra metade da *farce* sobre ele, por igual. Enrole fortemente em forma de cilindro e prenda as pontas com barbante de cozinha.
11. Escalfe a *roulade* a 77 °C em água fervendo suavemente, em quantidade suficiente para cobri-la, até atingir uma temperatura interna de 71 °C.
12. Retire a *roulade* da água e esfrie-a para atingir uma temperatura inferior a 4 °C.
13. Desembrulhe a *roulade*. Corte outro pedaço de plástico, pincele com o glace e espalhe por cima as sementes de gergelim e a salsa. Então, coloque a *roulade* fria e embrulhe-a de novo, fortemente. Leve-a à geladeira e deixe por, pelo menos, 24 horas, ou até 2 dias, antes de cortá-la em fatias e servi-la.

Salmoura de carne

Rendimento: 3,84 ℓ

- 340 g de sal
- 170 g de dextrose
- 71 g de sal de cura
- 3,84 ℓ de água

Dissolva o sal, a dextrose e o sal de cura na água. Use o necessário.

Galantina de frango

Rendimento: 1,81 kg; 28 a 30 porções

- 1,36 kg de frango
- Sal e pimenta-do-reino preta, a gosto
- 180 ml de vinho Madeira

PANADA

- 2 ovos
- 45 ml de *brandy*
- 1 colher (chá)/2 g de **especiarias para patê** (p. 1.029)
- 85 g de farinha de trigo comum
- 1 colher (sopa)/10 g de sal
- ¼ de colher (chá)/0,5 g de pimenta-do-reino branca moída
- 240 ml de creme de leite fresco (36% a 40%), quente

- 454 g de carne de porco magra, em cubos de 3 cm, fria
- 113 g de presunto cozido ou língua cozida, em cubos de 6 mm
- 3 colheres (sopa)/25 g de trufas negras picadas
- 113 g de pistache branqueado
- ½ colher (chá)/1,5 g de sal
- ½ colher (chá)/1 g de pimenta-do-reino preta moída grosseiramente
- **Fundo de frango** (p. 277), quanto baste

1. Retire a pele do frango, mantendo-a intacta. Retire as pontas das asas e os ossos do frango, deixando o peito inteiro. Separe os filés de peito e reserve.
2. Corte o filé de frango em cubos de 1 cm a 2 cm. Tempere-o com o sal, a pimenta-do-reino preta e o vinho Madeira. Leve à geladeira e deixe marinar por pelo menos 3 horas.
3. Abra o peito de frango em borboleta e bata-o até que ele fique com 3 mm de espessura. Coloque-o numa assadeira forrada com filme plástico, cubra-o com filme plástico e leve-o à geladeira.
4. Para preparar a *panada*, misture os ovos ao *brandy*, especiarias para patê, farinha, sal e pimenta-do-reino branca. Adicione o creme de leite quente à mistura de ovos e leve-a ao fogo baixo até engrossar. Esfrie.
5. Pese a coxa e a sobrecoxa do frango. Adicione quantidade igual de carne de porco magra ou o suficiente para chegar a aproximadamente 907 g de carne. Moa o frango e o porco duas vezes, usando a lâmina fina (3 mm) do moedor de carne.
6. Adicione a *panada* às carnes moídas e misture bem. Junte o vinho Madeira e os filés de frango marinado, o presunto, as trufas e os pistaches. Mexa bem.
7. Abra a pele reservada sobre um plástico e coloque o peito de frango batido por cima. Tempere o frango com sal e pimenta-do-reino. Adicione a *farce* e enrole a galantina com força.

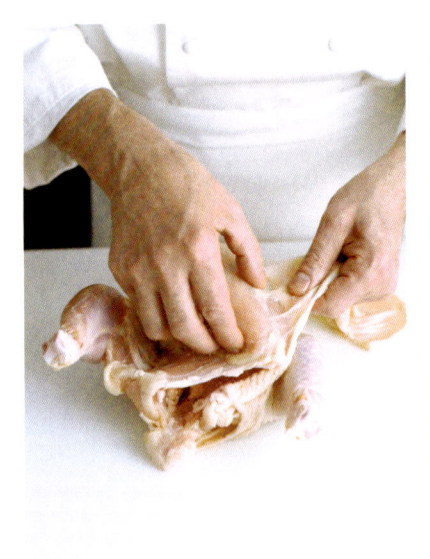

Separe a pele da junta próxima da coxa do frango. Retire a pele com as mãos, tomando cuidado para não a furar.

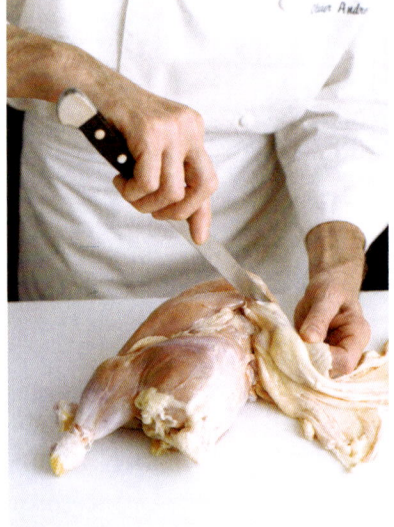

Se necessário, use uma faca para remover o resto da pele das pontas da asa do frango.

Enrole o peito do frango e a pele em torno da *farce*.

8. Escalfe a galantina a 77 °C em fundo suficiente para cobri-la, até chegar a uma temperatura interna de 74 °C, em 60 a 70 minutos.
9. Transfira a galantina e o líquido de cocção para um recipiente de armazenamento. Deixe esfriar à temperatura ambiente. Retire-a do fundo e embrulhe-a em uma peça de musselina para firmar a textura. Deixe-a na geladeira por, pelo menos, 12 horas.
10. Para servir, desembrulhe-a, remova a musselina e corte-a em fatias antes de servi-la.

NOTAS: O método clássico é embrulhar as galantinas em uma peça de musselina e escalfá-las em fundo de frango fortificado.

Se desejar, adicione fatias de cogumelo *shiitake* quando estiver mexendo a guarnição, na etapa 6.

Terrine de foie gras

Rendimento: 907 g; 10 a 12 porções

1,25 kg de *foie gras do* tipo A

35 g de sal

2 colheres (chá)/4 g de pimenta-do-reino branca moída

1 colher (sopa)/15 g de açúcar

½ colher (chá)/1 g de gengibre moído

¼ de colher (chá)/0,75 g de sal de cura

480 mℓ de vinho do Porto branco

1. Limpe os fígados, retire-lhes todas as nervuras e seque-os bem. Combine 28 g do sal, 1 colher (chá)/2 g da pimenta, o açúcar, o sal de cura e o Porto. Tempere os fígados com essa mistura e deixe na geladeira por toda a noite.
2. Forre com filme plástico uma forma de *terrine* com capacidade para 907 g.
3. Coloque o *foie gras* numa tábua e corte-o em pedaços grandes, que se encaixem perfeitamente na forma. Ponha os pedaços de *foie gras* de maneira que suas partes lisas formem a parte externa da *terrine*. Tempere, se necessário, com o sal e a pimenta restantes. Encha a forma até a borda interna e pressione os pedaços com força, para impedir a formação de bolhas de ar. Tampe a forma.
4. Escalfe a *terrine* em água quente, mantendo-a a 71 °C constantemente, por 45 a 50 minutos. A temperatura do forno pode precisar ser ajustada para manter a água em temperatura constante. Se ficar quente demais, adicione imediatamente água fria para baixar a temperatura. O *foie gras* tem melhor textura e sabor quando cozido a uma temperatura interna de 37 °C. (Entretanto, verifique com as autoridades estaduais e locais para tomar conhecimento de quaisquer diferenças regionais.)
5. Retire a *terrine* da água e deixe-a descansar por 2 horas à temperatura ambiente. Depois, despreze a gordura. Tampe a *terrine* com uma placa e coloque por cima um peso de 454 g a 907 g. Leve-a à geladeira por, pelo menos, 24 horas, e até 48 horas para maturar e curar.
6. Retire o filme plástico e, com muito cuidado, a gordura gelada. Volte a embrulhar a *terrine* firmemente em um outro filme plástico. Deixe-a na geladeira até o momento de fatiá-la e servi-la, ou refrigere por até 3 dias.

NOTAS: Para determinar a quantidade de *foie gras* necessária para encher uma forma de *terrine* de qualquer tamanho, simplesmente meça o volume de água que cabe na *terrine*. O número de mililitros no volume corresponde ao número de gramas em peso de *foie gras* necessário para encher a forma.

Para facilitar o serviço, fatie a *terrine* sem retirar o plástico. Retire-o depois de colocar as fatias no prato. Uma faca chanfrada morna funciona bem.

Guarde a gordura retirada no passo 5 e use-a para saltear vegetais ou batatas.

Roulade de foie gras: Prepare o *foie gras* do mesmo modo que para fazer a *terrine*. Arrume o *foie gras* marinado sobre uma folha de plástico grande; feche-a com força em torno do *foie gras*, para formar uma *roulade*. Se desejar, coloque trufas inteiras nos lobos do *foie gras* antes de fazer a *roulade*. (As trufas devem ser limpas e demolhadas antes de ser usadas como guarnição interna. Se usar trufas enlatadas, isso já foi feito.) Escalfe a *roulade* em água a 71 °C, até atingir uma temperatura interna de 43 °C. Retire-a da água, esfrie e volte a embrulhá-la. Deixe a *roulade* na geladeira por, pelo menos, 24 horas, antes de cortá-la em fatias.

Terrine de veado

Rendimento: 1,36 kg; 18 a 20 porções

- 907 g de paleta ou pernil de veado
- 454 g de toucinho
- 60 mℓ de vinho tinto
- ½ colher (chá)/1 g de cravo-da-índia em pó
- 1 colher (sopa)/6 g de pimenta-do-reino preta amassada
- 1 colher (chá)/2,75 g de sal de cura
- 28 g de cebola ralada, salteada e resfriada
- 28 g de sal
- 2 colheres (chá)/4 g de pimenta-do-reino preta moída
- 28 g de cogumelo *porcini* ou *morel* seco, moído até virar pó
- 3 ovos
- 180 mℓ de creme de leite fresco (36% a 40%)
- 1 colher (sopa)/3 g de estragão picado
- 1 colher (sopa)/3 g de salsa picada

GUARNIÇÃO

- 57 g de uva-passa branca, demolhada em 120 mℓ de *brandy*
- 113 g de cogumelo em cubos, salteado e resfriado
- 8 fatias de presunto (1,5 mm de espessura cada), ou quanto baste

1. Corte a carne de veado e o toucinho em cubos de 3 cm. Faça uma marinada com vinho, cravos-da-índia, grãos de pimenta, sal de cura, cebola, sal, pimenta-do-reino e *porcini* seco. Coloque nela o veado e o toucinho e deixe na geladeira a noite toda.
2. Prepare uma *farce* simples moendo o veado marinado e o toucinho em uma lâmina grossa (9 mm), esfriando e moendo uma segunda vez em uma lâmina fina (3 mm) em uma tigela gelada. Usando uma pá, misture os ovos, o creme de leite, o estragão e a salsa em uma velocidade média por 1 minuto, ou até obter uma mistura homogênea. Adicione as uvas-passas e os cogumelos.
3. Forre uma forma de *terrine* com filme plástico e com as fatias de presunto, deixando uma parte do presunto para fora. Coloque a *farce* na forma e dobre por cima as fatias de presunto e o plástico. Tampe.
4. Escalfe a *terrine* em banho-maria a 77 °C, em forno a 149 °C, até atingir uma temperatura interna de 66 °C, em aproximadamente 60 a 70 minutos.
5. Retire a *terrine* da água e deixe-a esfriar até atingir uma temperatura interna de 32 °C a 38 °C. Se achar melhor, coloque um peso de 907 g sobre ela. Deixe descansar a *terrine* na geladeira por toda a noite.
6. Agora ela está pronta para ser fatiada e servida, ou embrulhe-a e deixe-a no refrigerador por até 5 dias.

Terrine de pato com pistaches e cerejas desidratadas

Rendimento: 1,36 kg; 18 a 20 porções

- 794 g de carne de pato limpa, em cubos (de uma ave de 1,81 kg a 2,27 kg); reserve a carne do peito
- 227 g de toucinho
- 1 colher (sopa)/10 g de sal
- 2 colheres (sopa)/6 g de sálvia picada
- 1 colher (chá)/2 g de pimenta-do-reino branca moída
- 1 colher (sopa)/3 g de salsa picada
- ¼ de colher (chá)/0,75 g de sal de cura
- 113 g de presunto em cubos pequenos
- 60 mℓ de óleo vegetal
- 85 g de pistache assado e descascado
- 71 g de cereja desidratada
- 8 fatias de presunto (1,5 mm de espessura cada), ou quanto baste

1. Combine 454 g da carne de pato – reservando a carne do peito para guarnição – com o toucinho, o sal, a sálvia, a pimenta, a salsa e o sal de cura em uma tigela média gelada. Passe no moedor de carne, inicialmente com a lâmina média (6 mm) e depois com a fina (3 mm).
2. Doure o peito de pato e o presunto no óleo. Espere esfriar.
3. Prove a *farce* escalfando uma pequena quantidade em água salgada, fervendo suavemente. Acerte o tempero, se necessário, antes de prosseguir.
4. Coloque o pato, o presunto, os pistaches e as cerejas na *farce*, trabalhando sobre um recipiente com gelo.

5. Forre uma forma para *terrine* com plástico e, por cima, coloque as fatias de presunto, deixando um pedaço para fora da forma. Ponha, então, a *farce*. Dobre as tiras de presunto que ficaram para fora sobre a *terrine* e cubra a forma. Escalfe-a em água a 77 °C, no forno a 149 °C, para atingir uma temperatura interna de 74 °C, em 50 a 60 minutos.

6. Deixe a *terrine* descansar por 1 hora. Coloque um peso de 907 g sobre ela durante toda a noite, ou até 3 dias no refrigerador.

7. Agora a *terrine* está pronta para ser fatiada e servida ou embrulhe-a e deixe-a na geladeira por até 5 dias.

Terrine de pato com pistaches e cerejas desidratadas

Patê de fígado de galinha

Rendimento: 907 g; 10 a 12 porções

680 g de fígado de frango sem nervuras
480 mℓ de leite, ou quanto baste para demolhar
28 g de sal
¼ de colher (chá)/0,75 g de sal de cura
57 g de chalota ralada
2 dentes de alho amassados
227 g de toucinho fresco, em cubos médios
1 colher (chá)/2 g de pimenta-do-reino branca moída
½ colher (chá)/1 g de pimenta-da-jamaica moída
½ colher (chá)/1 g de mostarda em pó
43 g de farinha de rosca branca fresca
30 mℓ de *sherry*
85 g de farinha de pão, sem peneirar
2 colheres (chá)/9,5 g de gelatina em pó
3 ovos
180 mℓ de creme de leite fresco (36% a 40%)

1. Demolhe os fígados no leite com 1½ colher (chá)/7,5 g de sal e o sal de cura, por 12 a 24 horas.
2. Escorra-os bem e seque-os com toalhas de papel.
3. Bata no liquidificador as chalotas, o alho, o toucinho, a pimenta-do-reino, a pimenta-da-jamaica, a mostarda, a farinha de rosca, o *sherry*, a farinha de pão, a gelatina e os ovos até obter uma pasta homogênea.
4. Passe a mistura por uma peneira de metal sobre uma tigela de aço inoxidável e junte o creme. Deixe na geladeira por 2 horas.
5. Despeje a mistura em uma forma para *terrine* forrada com filme plástico, tampe e escalfe em água a 77 °C, no forno a 149 °C, para atingir uma temperatura interna de 74 °C, em um período de 45 minutos a 1 hora. Retire a *terrine* do fogo e deixe-a esfriar à temperatura ambiente por 30 minutos.
6. Coloque por cima um peso de 454 g e deixe-a na geladeira a noite toda, antes de desenformá-la e cortá-la em fatias.

NOTA: Para patê de fígado de galinha *en croûte*, veja a nota em patê de frutos do mar *en croûte* na p. 1.026.

Terrine de pato e presunto defumado

Rendimento: 1,36 kg, 18 a 20 porções

539 g de coxa e sobrecoxa de pato sem pele e sem osso
276 g de toucinho
35 g de manteiga
1¼ de peito de pato sem pele, em cubos de 1 cm
425 g de presunto defumado em cubos de 1 cm
28 g de chalota picada
1¼ de colher (chá)/3,75 g de alho picado
75 mℓ de vinho do Porto
1¼ de colher (sopa)/8 g de farinha de trigo comum
¼ de colher (chá)/0,75 g de sal de cura
14 g de sal
1 ovo
150 mℓ de creme de leite fresco (36% a 40%)
1¼ de colher (chá)/2,5 g de pimenta-do-reino preta moída grosseiramente
¾ de colher (chá)/1,5 g de tempero de frango
180 mℓ a 240 mℓ de *aspic* (p. 995) derretido (opcional)

1. Corte a coxa, a sobrecoxa e o toucinho em cubos de 1 cm. Reserve sob refrigeração.
2. Para preparar a guarnição, derreta a manteiga em uma *sauteuse*. Doure o peito de frango e o presunto. Retire e reserve sob refrigeração. Refogue as chalotas e o alho na mesma *sauteuse*. Adicione o vinho do Porto e reduza até a consistência de xarope. Junte a carne selada e resfrie bem.
3. Combine a mistura da coxa de pato com a farinha, o sal de cura e o sal; misture para incorporar tudo muito bem. Em um moedor de carne, moa a mistura progressivamente, começando com aberturas de 9 mm até reduzir para 3 mm, sobre uma tigela colocada sobre um recipiente com água e gelo.
4. Acrescente o ovo e o creme de leite fresco às carnes moídas. Em uma batedeira, utilize o batedor em pá e misture em velocidade média por 1 minuto, até ficar homogênea. Junte a pimenta-do-reino preta e o tempero de frango. Misture até incorporar.
5. Experimente a *farce* e, se necessário, ajuste o tempero antes de prosseguir.
6. Junte a guarnição na farce com a mão sobre uma tigela colocada sobre um recipiente com água e gelo.

7. Forre uma forma de *terrine* com filme plástico deixando algumas partes para fora. Coloque a *farce* dentro da forma e dobre por cima o filme plástico sobressalente. Tampe e asse em banho-maria com água a 77 °C e forno a 149 °C até chegar à temperatura interna de 74 °C, em 60 a 75 minutos.

8. Retire a *terrine* do banho-maria e a deixe esfriar até a temperatura interna de 32 °C a 38 °C. Cubra a terrine com uma placa e, por cima da placa, coloque um peso de 907 g e deixe pressionar a noite inteira. Como alternativa, derrame os sucos da terrine, tire as camadas de filme plástico da parte de cima, coloque *aspic* suficiente para revestir e cobrir a terrine e leve à geladeira por 2 dias.

9. A *terrine* pode ser servida em fatias ou embrulhada e refrigerada por até 5 dias.

DA ESQUERDA PARA A DIREITA: *Terrine* de pato e presunto defumado, galantina de frango (p. 1.018), patê de fígado de galinha *en croûte* e *terrine* de frango e lagostim (p. 1.014).

Massa para patê

Rendimento: 1,25 kg

- 567 g de farinha de trigo peneirada
- 43 g de leite em pó desnatado
- 2¼ de colher (chá)/6,75 g de fermento em pó
- 14 g de sal
- 99 g de gordura vegetal
- 71 g de manteiga sem sal
- 2 ovos médios
- 1 colher (sopa)/15 mℓ de vinagre branco
- 240 mℓ a 300 mℓ de leite, ou quanto baste

1. Coloque a farinha, o leite em pó, o fermento, o sal, a gordura vegetal e a manteiga em um processador de alimentos e pulse até a massa ficar como uma farofa fina.
2. Coloque a massa em uma batedeira com a pá.
3. Junte os ovos, o vinagre e 120 mℓ a 150 mℓ de leite. Misture na velocidade 1 até se formar uma bola. A massa deve estar úmida e densa. Se ela não sustentar os ingredientes aglutinados, adicione mais leite. Se a massa estiver na textura adequada (úmida e densa), bata na velocidade 2 por 3 a 4 minutos para desenvolver o glúten.
4. Retire a massa da batedeira e a sove até ficar lisa, trabalhando todos os lados como se fizesse o formato de uma bola de pão. Após a sova, faça um quadrado.
5. Embrulhe em filme plástico e deixe descansar por no mínimo 30 minutos (para um resultado melhor, deixe a noite toda) na geladeira antes de abrir e cortar a massa para forrar as formas de *terrine*.

NOTA: Esta receita em geral é usada para forrar formas retangulares; portanto, pode ser moldada no formato retangular apropriado antes de ir para a geladeira.

Massa de açafrão para patê: Faça uma infusão de 1,6 g de açafrão em 150 mℓ de água quente. Substitua 150 mℓ do leite pela água com açafrão. Se desejar, acrescente 6 g de *dill* picado e 6 g de cebolinha francesa no passo 2.

Use a forma de patê *en croûte* como modelo para medir e cortar a massa, de modo que forre perfeitamente a parte interior da forma. Corte um retângulo que cubra o fundo e os dois lados longos da forma, com excesso suficiente para cobrir o topo do patê *en croûte*. Corte dois retângulos menores para cobrir os lados menores da forma. Não se esqueça de untar a forma antes de colocar a massa.

Forre cuidadosamente a forma de patê *en croûte* com a massa. Deixe que a massa em excesso fique para fora das bordas da forma.

Use os retângulos menores de massa para forrar os lados da forma. Pressione as emendas de massa com firmeza, para selar bem.

Patê de frutos do mar *en croûte*

Rendimento: 1,13 kg; 18 a 20 porções

- 170 g de camarão
- 170 g de cauda de lagostim sem casca
- 2 colheres (sopa)/6 g de cebolinha francesa cortada com tesoura
- 3 colheres (sopa)/9 g de manjericão picado
- 28 g de trufa em cubos pequenos (opcional)
- 340 g de **mousseline de salmão** (p. 1.011)
- 680 g de **massa de açafrão para patê** (p. 1.024)
- **Egg wash** (p. 1.041), quanto baste
- Folhas secas de *nori* (opcional), quanto baste
- 180 mℓ a 240 mℓ de **aspic** (p. 1.013)

1. Descasque e limpe o camarão e as caudas de lagostim. Corte-os em cubos ou em *julienne*, se desejar. Leve-os à geladeira para que fiquem com temperatura inferior a 4 °C.

2. Trabalhando sobre um recipiente com gelo, coloque na *mousseline*, com as mãos, o camarão, o lagostim, a cebolinha francesa, o manjericão e as trufas (se usá-las).

3. Abra a massa em forma de retângulo, com cerca de 3 mm de espessura. Corte pedaços para forrar o fundo e os lados de uma forma para patê com dobradiças (abaixo). A massa deve sobrar em todos os lados. Passe *egg wash* por dentro da massa para patê ou adicione outro revestimento feito de folhas de *nori*, se desejar.

4. Coloque a *farce* na forma forrada. Dobre a massa por cima, apare e sele, para fechar completamente o patê.

5. Corte um pedaço da massa do tamanho do topo e coloque-a sobre o patê, enfiando os lados para dentro da forma. Corte e reforce os respiradouros na parte superior e pincele a superfície com *egg wash*. Faça tubos com papel de alumínio (chamados chaminés) para colocar nos respiradouros e impedir que se fechem enquanto o patê assa.

6. Coloque um pedaço de papel-alumínio sobre o patê como se fosse uma tenda, para evitar contato direto com a massa, e asse a 232 °C, por 15 a 20 minutos. Retire o papel-alumínio, reduza o fogo para 177 °C e termine de assar para atingir uma temperatura interna de 68 °C, em cerca de 50 minutos.

7. Retire o patê do forno e deixe-o esfriar até uma temperatura entre 32 °C e 38 °C. Aqueça o *aspic* a 43 °C e coloque-o com a concha no patê, usando um funil, através das chaminés. Depois, retire e despreze as chaminés.

8. Leve o patê à geladeira por, pelo menos, 24 horas, antes de cortá-lo em fatias e servi-lo.

NOTA: Quando preparar a *mousseline* de salmão da p. 1.011, substitua 340 g do salmão por camarão em cubos, se desejar.

Para patê de fígado de galinha *en croûte*, forre a massa com presunto e recheie com patê de fígado de galinha (p. 1.022). Guarneça com cubos de frango cozido, ervas picadas ou frutas secas, conforme desejar.

Use cortadores redondos para criar um respiradouro na parte superior do patê *en croûte*, para que não rache. Reforce o respiradouro e use papel-alumínio para criar uma chaminé que vai impedir que a massa se feche sobre si mesma.

O patê *en croûte* pronto deve estar dourado nas bordas e não ter rachaduras na parte superior da massa.

Terrine vegetal com queijo de cabra

Rendimento: 1,36 kg; 18 a 20 porções

- 907 g de abobrinha
- 907 g de abóbora-moranga
- 567 g de berinjela
- 907 g de tomate
- 2 cogumelos *portobello* médios

MARINADA

- 30 mℓ de azeite de oliva
- 15 mℓ de mostarda de Dijon
- 1 colher (sopa)/3 g de salsa picada
- 1 colher (sopa)/3 g de cebolinha francesa picada
- 2 colheres (chá)/6 g de alecrim picado
- 2 colheres (chá)/6 g de pasta de anchovas ou azeitonas (opcional)
- 2 colheres (chá)/6 g de mel
- 2 colheres (chá)/6 g de sal
- ½ colher (chá)/1 g de pimenta-do-reino branca moída
- 2 dentes de alho, amassados, salteados, já resfriados

- 227 g de queijo de cabra fresco
- 2 ovos

1. Corte todos os vegetais no sentido do comprimento, em fatias de 3 mm de espessura.
2. Misture todos os ingredientes da marinada em uma cuba grande, adicione os vegetais e deixe-os nessa mistura por 1 hora.
3. Retire os vegetais da marinada e coloque-os em uma única camada em assadeiras forradas com papel-manteiga untado.
4. Seque os vegetais no forno a 93 °C, por 1 hora, ou até que estejam secos, mas não quebradiços. Retire os vegetais do forno e espere que cheguem à temperatura ambiente.
5. Misture o queijo de cabra com o ovo.
6. Forre uma forma de *terrine* com plástico, deixando um pedaço para o lado de fora, e monte a *terrine* alternando camadas de vegetais e da mistura de queijo, até que a forma esteja cheia. Dobre os pedaços de fora para fechar a *terrine*.
7. Cubra a *terrine* e escalfe em água a 77 °C, no forno a 149 °C, para atingir uma temperatura interna de 63 °C, em cerca de 60 minutos.
8. Retire a *terrine* da água e deixe-a esfriar ligeiramente.
9. Leve-a à geladeira e deixe-a, pelo menos, a noite toda, ou por até 3 dias, com um peso de 907 g sobre ela, se desejar.
10. Agora a *terrine* está pronta para ser cortada em fatias e servida, ou embrulhada e deixada na geladeira por até 3 dias.

Especiarias para patê

Rendimento: 397 g

- 85 g de sementes de coentro
- 85 g de cravos-da-índia
- 50 g de tomilho desidratado
- 50 g de manjericão desidratado
- 43 g de grãos de pimenta-do-reino branca
- 43 g de noz-moscada ralada
- 28 g de cogumelo *porcini* desidratado (opcional)
- 21 g de macis
- 14 g de folhas de louro

Combine todos os ingredientes e amasse-os usando um pilão ou um moedor de especiarias. Armazene a mistura de especiarias que não usar em um recipiente hermético, num lugar frio e seco.

Gravlax

Rendimento: 20 porções

- 120 g de sal
- 198 g de açúcar mascavo
- 6 g de grãos de pimenta-do-reino preta amassados
- 85 g de *dill* picado
- 60 mℓ de suco de limão-siciliano
- 22,5 mℓ de *brandy*
- 1,36 kg de filés de salmão

1. Misture o sal, o açúcar, a pimenta e o *dill* em uma tigela pequena para fazer a cura seca.
2. Junte o suco de limão e o *brandy* em outra tigela pequena. Coloque o salmão em um pedaço de musselina e pincele com essa mistura. Distribua a cura seca uniformemente sobre o salmão.
3. Embrulhe o salmão firmemente com a musselina. Coloque-o numa cuba. Ponha outra panela por cima e um peso na panela superior.
4. Deixe na geladeira, marinando, por 2 a 3 dias. O salmão deve estar bastante firme na sua parte mais espessa quando totalmente curado.
5. Desembrulhe o salmão e raspe a cura. Lave-o rápido e cuidadosamente com água fria e dê batidinhas para ele secar.
6. Corte o salmão em fatias finas, na diagonal, para servir.

panific

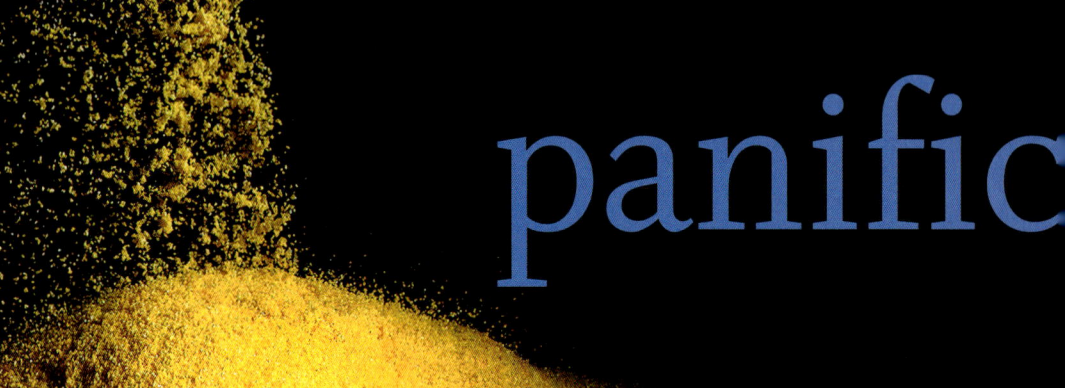

ação e confeitaria

PARTE 7

mise en place para panificação

Para ter sucesso na panificação e confeitaria, é importante ter uma compreensão básica de como os ingredientes funcionam e como reagem uns com os outros. O conhecimento desses princípios e processos não só o ajudará a seguir qualquer receita e fazer produtos de melhor qualidade, mas também a desenvolver suas próprias receitas.

CAPÍTULO 31

a função dos ingredientes na panificação

Os ingredientes básicos usados na panificação em geral exercem mais de uma função no produto finalizado. Ovos, por exemplo, podem agir como estabilizadores, expansores e/ou espessantes. Saber como os ingredientes funcionam dá ao chef a habilidade de criar receitas equilibradas e entender o que aconteceu quando o resultado não é bom.

ESTABILIZANTES (ESPESSANTES)

O estabilizante é qualquer ingrediente que ajude a desenvolver a estrutura sólida, ou "de suporte", de um produto acabado. Isso ocorre pelo fortalecimento e aumento da massa ou pelo engrossamento de uma mistura. A farinha e os ovos são exemplos de ingredientes que emprestam estrutura (e valor nutricional) a produtos prontos.

A farinha atua como liga e agente de absorção. É o glúten (proteína componente da farinha) que dá a estrutura e a força nos produtos assados, ao passo que o amido, também presente na farinha, é um espessante útil. Quando grânulos de amido suspensos na água são aquecidos, começam a absorver líquido e incham, causando um aumento na viscosidade da mistura. Esse fenômeno, chamado gelatinização, permite que os amidos sejam usados como agentes espessantes. Os vários tipos de farinha têm diferentes proporções de glúten para amido, o que cria resultados inteiramente diferentes na textura, na aparência e no sabor do produto final usado na mesma receita.

Os ovos emprestam estabilidade adicional ao produto assado. Influenciam tanto a textura como a granulação do miolo (ou estrutura do miolo), facilitando a incorporação e a distribuição do ar, e promovem uma granulação do miolo (ou estrutura do miolo) uniforme e uma textura fina. Os ovos atuam como espessante através da coagulação das proteínas; quando isso começa a ocorrer, o líquido é preso na rede de proteínas coaguladas, resultando em uma textura homogênea, bastante grossa. Isso é chamado de coagulação parcial, em que as proteínas retêm umidade. Se a mistura for cozida ou assada mais um pouco, as proteínas se coagulam inteiramente e expulsam água, coagulando o produto.

Os ovos também têm o poder de aerar, sejam inteiros, gemas ou claras. Conforme são batidos, retêm ar, o qual se expande quando aquecido, resultando em um produto maior e mais leve. Outros estabilizadores/espessantes típicos são:

araruta e amido de milho

Em geral, são preferidos para engrossar molhos, pudins e recheios, quando se deseja um efeito translúcido. Para diluir esses espessantes antes de incorporá-los a outros ingredientes, misture neles um pouco de líquido frio. O amido de tapioca também é usado, frequentemente, para engrossar recheios de torta.

gelatina

A gelatina é usada para produzir espumas leves, delicadas (creme bávaro, mousse, creme chantilly estabilizado), que sejam firmes. Essas espumas retêm a forma do recipiente mesmo depois de desenformadas e podem ser cortadas em fatias. A gelatina é encontrada no comércio tanto em pó quanto em folhas, e deve ser, antes, hidratada em líquido frio. Depois que absorveu o líquido, a gelatina hidratada é aquecida delicadamente para derreter os cristais, ou por sua adição a uma mistura quente, como creme quente, ou por seu aquecimento delicado sobre água fervendo suavemente.

pectina

A pectina é um polissacarídeo derivado das paredes das células de certas frutas. Algumas fontes comuns de pectina são as maçãs, os cranberries e as groselhas. Para formar gel, a pectina precisa da proporção correta de açúcar e ácido.

FLUIDIFICANTES

Os fluidificantes ajudam a soltar, ou a amaciar, a massa de pão ou massa mole. A água, o leite e outros líquidos, gorduras e açúcar funcionam como fluidificantes.

Embora o açúcar tenha, inicialmente, a tendência de engrossar uma mistura quando é incorporado, sua interação com outros ingredientes e com o calor do forno faz com que, por fim, funcione para soltar, ou liquefazer, a massa de pão ou massa mole.

A água dilui ou solubiliza os ingredientes solúveis nela, como o açúcar e o sal. Também facilita a distribuição uniforme do açúcar, sal e fermento na massa, se esses ingredientes forem completamente misturados com ela antes que os outros sejam introduzidos. A água também funciona como expansor, quando passa para o estado gasoso (evapora) e se expande.

O leite desempenha muitas das funções da água, mas, como tem componentes adicionais (gordura, açúcar, minerais e proteínas), exerce também várias outras, além de

a função dos ingredientes na panificação

adicionar sabor. Como o açúcar (lactose) do leite carameliza, dá uma cor rica à superfície do produto e pode ajudar a desenvolver uma crosta firme. O ácido lático presente comprime as proteínas da farinha, o que serve para aumentar a estabilidade, resultando daí um produto de granulação do miolo (ou estrutura do miolo) e textura finos.

Se a quantidade total de gordura adicionada à massa de pão ou à massa mole for inferior a 3% do peso da massa ou do produto pronto, ela aumenta a elasticidade das proteínas da farinha, ajudando o produto a expandir-se ao assar. Na panificação, gorduras e óleos também são classificados como agentes de gordura, termo derivado de sua habilidade de romper as longas cadeias elásticas de glúten, que podem endurecer massas e massas moles à base de farinha. Esse efeito amaciante quebra as cadeias mais suscetíveis ao rompimento, o que resulta em migalhas mais macias e menos densas.

AGENTES EXPANSORES (AERANTES) (BIOLÓGICOS, QUÍMICOS, MECÂNICOS)

Expandir é crescer, ou tornar mais leve. Há muitas maneiras de se conseguir isso ao assar: com fermentos (também conhecidos como fermentos biológicos), com agentes químicos como fermento em pó, ou pelo vapor, também chamado de expansor mecânico. Cada um desses métodos tem aplicações específicas e produz resultados bem distintos. Os diferentes métodos de fermentação podem ser usados sozinhos, ou em conjunto, para obter efeitos diferentes.

leveduras orgânicas

As leveduras orgânicas são baseadas em fermento, um organismo vivo que se alimenta de açúcares e produz álcool e dióxido de carbono – o gás que torna a massa mais leve e lhe confere a textura apropriada. Ao contrário dos fermentos químicos, o fermento biológico leva um tempo substancial para desempenhar seu trabalho. O fermento tem de crescer e reproduzir-se o suficiente para encher a massa de bolhas de ar. Para que isso ocorra, a temperatura deve ser cuidadosamente controlada. O fermento não funciona bem abaixo de temperaturas aproximadas a 10 °C e é destruído acima de 60 °C.

O fermento fresco ou em tabletes deve ser deixado na geladeira (idealmente a 4 °C) para manter suas qualidades. Pode ser guardado por apenas sete a dez dias, ou ser congelado para armazenamento mais longo. Esse tipo de fermento vem em forma de tabletes e é, geralmente, medido por peso, e não por volume.

O fermento seco ativo e o fermento instantâneo são dois tipos de fermento granular. Devem ser mantidos na geladeira depois de abertos e ficar secos até o momento de serem usados. O fermento seco, ativo ou instantâneo, em pacote fechado, fica em estado completamente dormente e pode ser armazenado fechado por até um ano, à temperatura ambiente.

Para substituir o fermento seco ativo por fermento em tabletes, use 40% da quantidade de fermento em tabletes que a receita pede. Para substituir o fermento instantâneo, use 33% da quantidade. A massa mãe ou massa azeda também é uma levedura com base em fermento. Nesse caso, deixa-se o fermento que ocorre naturalmente fermentar numa mistura de farinha e água por um período de dias ou semanas. Com o acréscimo regular de mais farinha e água, a massa-mãe cresce e pode ser reforçada e mantida indefinidamente, para uso regular na produção de pão e outros itens assados.

leveduras químicas

O fermento em pó é considerado um expansor químico. Neste caso, um ingrediente alcalino (bicarbonato de sódio ou uma combinação de um álcali, um ácido e um amido) interage com um ácido (já presente no fermento em pó ou em um ingrediente como leitelho, creme de leite azedo, iogurte ou chocolate). Os álcalis e ácidos produzem dióxido de carbono quando combinados na presença de um líquido. Aquecido enquanto assa, o dióxido de carbono se expande, dando aos produtos assados sua textura característica. Esse processo de expansão ocorre rapidamente; daí muitos itens preparados com fermentos químicos serem chamados pães rápidos.

O fermento químico em pó de dupla ação é chamado assim porque uma primeira ação ocorre na presença da umidade na massa mole, e uma segunda se inicia na presença de calor. Ou seja, o fermento em pó reage uma vez quando é misturado com os líquidos da massa, e novamente quando a massa é colocada no forno quente.

leveduras mecânicas

O vapor, que é produzido quando os líquidos da massa ou da massa de pão mole são aquecidos, é um expansor mecânico. O calor faz com que quaisquer bolhas de ar na massa se expandam. O vapor é expansor mecânico nos bolos esponja e nos suflês. Também desempenha papel vital na produção de massa folhada, *croissants* e massa *Danish*, em que o vapor fica preso entre camadas de massa, fazendo com que se separem e cresçam. Outras áreas em que o vapor ajuda a expandir/aerar produtos é quando se incorpora ar a uma massa mole, batendo ou transformando um ingrediente em creme antes de juntá-lo à massa mole final.

a preparação dos ingredientes na panificação

PESAR

A maneira mais precisa de medir ingredientes é pesá-los. Mesmo os ingredientes líquidos, muitas vezes, são pesados, embora nem sempre. Vários tipos de balança são usados nas padarias, inclusive balanças de dois pratos, dinamômetros ou balanças eletrônicas. Outras ferramentas de mensuração incluem medidas de volume, como litros e mililitros, e colheres medidoras, também necessárias e muito usadas.

É importante medir adequadamente cada ingrediente para preparar um produto assado. Também é importante pesar a massa terminada para certificar-se de que a quantidade adequada e consistente foi usada para o tamanho da panela, forma ou porção individual. Isso não só contribui para a uniformidade dos produtos, mas também reduz a possibilidade de crescimento ou formação de um dourado desigual causados por massa de mais ou de menos.

PENEIRAR OS INGREDIENTES SECOS

Os ingredientes secos usados na maior parte dos produtos assados devem ser peneirados antes de serem incorporados à massa. Isso é feito por três razões principais:

» Para misturar.
» Para remover grumos ou impurezas.
» Para arejar.

Peneirar areja a farinha e o açúcar de confeiteiro, retirando grumos e retendo quaisquer impurezas. Os fermentos químicos, e alguns ingredientes aromatizantes (cacau em pó, por exemplo) se distribuem com maior uniformidade depois de peneirados. Mas deve-se peneirar só depois que os ingredientes foram adequadamente pesados.

cozinhar açúcar

Ao cozinhar açúcar, todo o equipamento deve estar limpo, sem qualquer gordura. O açúcar deve estar livre de impurezas, assim como a farinha e os outros ingredientes. Como frequentemente é cozido em temperaturas muito altas, quaisquer impurezas que contenha provavelmente se queimarão ou causarão sua recristalização antes que o açúcar chegue à temperatura desejada. Devem-se usar panelas de cobre ou de fundo grosso para assegurar calor constante e uniforme.

O açúcar pode ser cozido pelos métodos seco ou úmido. O seco é usado apenas para a caramelização. O úmido pode ser usado para caramelizar açúcar, mas é, em geral, usado quando ele deve ser cozido até um estágio ou temperatura específica, pois o sabor de frutos secos assados, característico do bom caramelo, é melhor quando se usa o método seco.

Ao cozinhar ou caramelizar açúcar por qualquer dos métodos, uma pequena quantidade de ácido (de hábito, suco de limão na proporção aproximada de ¼ de colher (chá)/1,25 mℓ para 227 g de açúcar) pode ser adicionada para ajudar a impedir que ocorra cristalização durante o cozimento.

Algumas regras básicas devem ser aplicadas ao cozinhar açúcar:

» Use uma panela de fundo grosso para não deixar que o açúcar se queime, e um termômetro de açúcar para maior precisão.

» Adicione um ácido ou um açúcar invertido,* como xarope de milho, para impedir que se formem cristais de açúcar.

» Limpe os lados da panela com um pincel úmido para massa; isso também ajudará a impedir a cristalização.

» Aqueça o leite ou outros líquidos antes de adicioná-los ao caramelo.

» Adicione todos os líquidos cuidadosamente, longe da fonte de calor. O caramelo quente formará espuma e espirrará quando o líquido for adicionado.

CARAMELIZAR AÇÚCAR PELO MÉTODO SECO

Coloque uma pequena quantidade do açúcar em uma panela preaquecida, em fogo médio, e espere derreter. Depois acrescente o açúcar restante aos poucos, deixando que derreta completamente antes de juntar mais. Cozinhe até obter a cor desejada.

Independentemente do método utilizado, quando caramelizar açúcar, pare o processo de cozimento e coloque a panela em um banho de gelo pouco antes de

---

*Mistura de frutose e glicose, resultado da hidrólise das moléculas da sacarose, o açúcar comum, obtido da cana-de-açúcar. (N. E.)

obter a cor desejada. O açúcar retém calor e pode ficar escuro demais, ou queimar-se, caso o processo de cozimento não seja interrompido.

Aqueça quaisquer líquidos que devam ser acrescidos ao caramelo e adicione-os com cuidado. O açúcar caramelizado é muito quente e espirra se um ingrediente mais frio for introduzido.

COZINHANDO AÇÚCAR EM ESTÁGIOS

Pelo método úmido, o açúcar é misturado com 30% ou mais de seu peso em água. Coloque a panela em fogo alto e misture constantemente até que a mistura ferva, para certificar-se de que todo o açúcar derreteu. Depois disso, pare de mexer e retire as impurezas. Usando um pincel para massas, limpe os lados da panela com água fria para impedir a formação de cristais. A cristalização do açúcar ocorre prontamente nas laterais da panela, onde os cristais são depositados pelo líquido que se evapora. Esses cristais, por sua vez, podem facilmente funcionar como "semente" para o restante do açúcar na panela, começando a cristalizá-lo, formando grumos e grânulos. Repita o processo quantas vezes forem necessárias para manter os lados da panela limpos, até que o açúcar tenha chegado à temperatura, consistência e cor desejadas.

Quando o açúcar é aquecido, dissolve-se. Se continuar a ser cozido até atingir temperaturas específicas, o xarope muda de textura. Inicialmente, adere o suficiente para formar fios, ao se colocar uma colher no xarope e tirá-la em seguida. Finalmente, quando o xarope começar a formar bolas, deve ser retirado do fogo. Cada um dos estágios seguintes tem aplicações diferentes na panificação, confeitaria e confecção de balas:

112 °C	fio
114 °C	bala mole
120 °C	bala firme
127 °C	bala dura
132 °C	crosta mole
154 °C	crosta dura

XAROPE SIMPLES

Os xaropes simples constituem uma preparação indispensável em qualquer confeitaria. São uma mistura de água e açúcar que é aquecida apenas o suficiente para que o açúcar se dissolva completamente. Vários licores, como os de laranja, conhaque, rum ou café, podem ser adicionados ao xarope para aromatizá-lo depois de frio. Se desejar, adicione no líquido ingredientes aromáticos como um *sachet* de canela e cravos-da-índia, uma pitada de açafrão ou uma vagem de baunilha. Adicione o aromatizante à mistura enquanto estiver quente, tampe a panela e deixe descansar por 15 a 20 minutos. Se desejar, coe para remover quaisquer partículas. Os xaropes desse tipo são usados para adicionar sabor, umidade e doçura a bolos, antes de rechear e dar acabamento; funcionam como umedecedor para massa folhada enquanto assa e servem como líquido para escalfar frutas.

creme *chantilly*

O creme de leite integral pode ser batido em picos moles, médios ou firmes para ser usado em doces e salgados, ou pode ser adoçado com açúcar refinado e aromatizado com baunilha para fazer creme *chantilly*. Para ser batido, o creme deve estar bem gelado, assim como a tigela e o batedor. Trabalhar com o creme e o equipamento frios ajuda a produzir uma espuma mais estável, que é mais fácil de misturar a outros produtos.

Comece batendo o creme a velocidade moderada e constante, trabalhando à mão ou na batedeira. Quando o creme começar a engrossar, aumente a velocidade e continue a bater até chegar à consistência e rigidez desejadas. Os vários estágios do creme de leite batido são os seguintes:

picos moles

O creme forma picos que caem delicadamente para um lado quando se ergue o batedor. Esse tipo de creme é, de hábito, usado como molho para colocar debaixo ou em cima de sobremesas, ou para deixar *mousses* doces e salgadas mais leves, com consistência homogênea e cremosa.

picos médios

Depois que o creme passa pelo estágio de picos moles, torna-se mais consistente e mantém picos por mais tempo, que pingam menos quando se erguem os batedores. É nesse estágio que se deve adicionar o açúcar. O creme em picos médios é, frequentemente, usado para cobrir bolos e tortas ou como guarnição (ou uma colherada ou bico pitanga feito com o saco de confeitar). Entretanto, os picos não ficam perfeitamente retos, porque a agitação adicional de espalhar ou passar pelo saco de confeitar pode fazê-lo ficar batido em demasia, e dar-lhe uma aparência indesejável, granulosa.

picos firmes

Quando o creme é batido em picos firmes, a espuma perde um pouco da flexibilidade. Isso significa que há uma boa chance de o creme começar a romper-se, tornando-se muito granuloso e, por fim, transformar-se em manteiga. Quando o creme chega ao estágio de picos firmes, perde um pouco do brilho e da textura aveludada.

bater claras e fazer merengues

Há inúmeros usos, na cozinha e na padaria, para claras de ovos batidas. Elas são aeração para suflês e bolos esponja e também usadas para criar a textura leve em algumas *mousses* e *bavarois*.

Para ficarem bem batidas, as claras não podem conter qualquer traço de gema. As claras separadas ficam mais volumosas quando estão à temperatura ambiente. Aquelas vindas diretamente da geladeira podem ser aquecidas colocando-as sobre uma tigela de água quente.

A tigela e o batedor também precisam estar bem limpos, sem qualquer gordura. Alguns *chefs*, de início, enxáguam ambos com vinagre branco e, depois, com água bem quente, para que não fique qualquer vestígio de gordura. A tigela deve ser grande o bastante para conter as claras batidas, que podem crescer de oito a dez vezes em volume.

Comece batendo em velocidade lenta a moderada, até que as claras comecem a se tornar espumosas. Aumente a velocidade e continue a bater até que se formem picos moles ou médios (ver creme *chantilly*, p. 1.041). Se as claras forem batidas demais, tornam-se pesadas, com grânulos, parecendo secas; desmoronam rapidamente e se separam quando forem colocadas numa base ou massa, afetando desfavoravelmente a textura do item pronto.

Bata as claras só se estiver pronto para usá-las de imediato. Por exemplo, as claras para um suflê são batidas e acrescentadas à base, e em seguida assadas, para se obter o melhor volume.

Adicionar açúcar a claras batidas torna a espuma mais estável. Essas espumas são chamadas merengues, que diferem uns dos outros, segundo o modo como o açúcar for acrescido às claras.

Para preparar um merengue, primeiro separe os ovos cuidadosamente e certifique-se de que as claras, a tigela e o batedor estejam bem limpos. Os diferentes tipos de merengues são feitos da seguinte maneira:

merengue comum

Bata as claras até ficarem espumosas e depois comece a adicionar o açúcar, enquanto bate, em fluxo gradual. Depois de colocar todo o açúcar, bata o merengue em picos moles, médios ou firmes, como a receita pedir. Esse tipo de merengue pode ser usado como aeração de *angel cakes*, bolos esponja ou suflês, como cobertura de tortas, para confeitar e assar em forminhas, ou para criar bordas e outras decorações. Como as claras do merengue comum não são aquecidas a uma temperatura segura, esse tipo de merengue deve ser usado em aplicações em que será cozido, seja escalfando, seja assando.

merengue suíço

Para preparar um merengue suíço, misture as claras e o açúcar em uma tigela e aqueça a mistura sobre água fervendo suavemente, até que a temperatura fique entre os 46 °C e 74 °C (dependendo de como pretende usá-las), mexendo frequentemente para se assegurar de que o açúcar está completamente dissolvido nas claras.

SEPARAR OVOS INTEIROS

Os ovos se separam mais facilmente quando retirados diretamente da geladeira. Tenha à mão quatro recipientes bem limpos para separar os ovos: um para colocar a clara quando o ovo for separado, e os outros três para colocar as claras limpas, as claras com um pouco de gema e as gemas.

Quebre a casca do ovo e separe em duas metades. Passe o ovo de uma metade à outra, permitindo que a clara caia em um dos recipientes. Quando toda a clara se separou da gema, coloque a gema em outro recipiente. Examine a clara na tigela para certificar-se de que não contém nem um pouco de gema. Se estiver limpa, coloque-a num recipiente para onde irão apenas as claras limpas. Caso contrário, coloque-a no recipiente que vai usar para outras preparações com ovos.

O merengue em picos moles mal mantém a forma. Os picos se inclinam quando os batedores são erguidos.

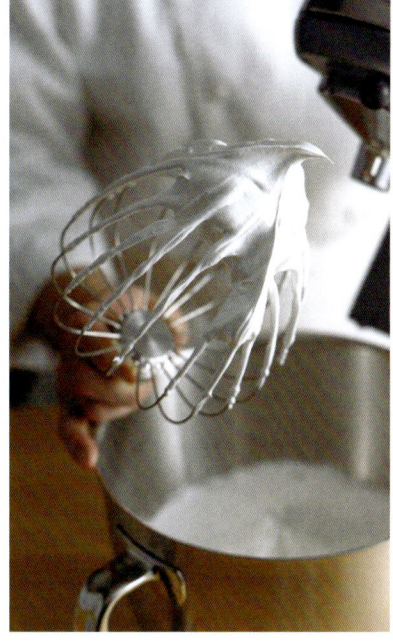

O merengue batido em picos médios se torna mais consistente e, quando o batedor é erguido da tigela, retém a forma por mais tempo.

O merengue batido em picos firmes mantém o pico, que termina em ponta.

bater claras e fazer merengues

Quando a mistura estiver morna, transfira a tigela para uma batedeira e bata em velocidade moderada até que o merengue tenha picos moles, médios ou firmes, como necessário.

O merengue suíço pode ser usado nas mesmas preparações que o merengue comum, servindo também para tornar *mousses* e cremes mais leves, como recheio de bolos, para adicionar bordas decorativas, e para fazer coberturas e recheios à base de manteiga.

merengue italiano

O merengue italiano é produzido quando um xarope quente de açúcar é acrescentado às claras. Esse merengue requer muito mais atenção ao tempo do que o merengue comum, mas o produto final tem um grão mais fino e é muito mais estável. Prepare o xarope de açúcar e aqueça-o a uma temperatura entre 110 °C e 121 °C, dependendo de como vai usá-lo; quanto mais alta a temperatura do açúcar, mais firme ficará o merengue. Quando o xarope chegar perto dessa temperatura, bata as claras em picos moles. Depois que o xarope estiver adequadamente cozido, adicione as claras aos poucos, enquanto a batedeira funciona. Continue a bater o merengue até que forme picos moles, médios ou firmes, se necessário.

O merengue italiano pode ser usado para preparar forminhas, *cookies* ou – pelo fato de ser aquecido a uma temperatura suficientemente alta – ser usado cru como recheio ou como base para o creme de manteiga italiano (ver p. 1.145).

escolher e preparar assadeiras

Usam-se, para assar, muitos tipos diferentes de assadeiras. É essencial escolher a forma e o tamanho corretos da assadeira para assegurar textura e aparência adequadas. Se a assadeira for grande demais, o bolo ou pão pode não crescer do modo apropriado, e as bordas podem ficar cozidas demais. Por outro lado, se ela for muito pequena, o item pode não assar completamente e ficará com má aparência.

PREPARAÇÃO DA ASSADEIRA

Forram-se as assadeiras com papel-manteiga para facilitar a remoção do produto assado. Para massas moles que devem ser espalhadas, e não despejadas, é importante aplicar à assadeira uma camada fina de manteiga ou outra gordura antes de colocar o papel-manteiga no fundo. A gordura manterá o papel fixo enquanto a massa mole é espalhada, o que é muito importante quando se usarem assadeiras grandes. Os lados da assadeira também devem ser untados e ligeiramente enfarinhados. As assadeiras usadas para bolos esponja devem ser forradas com papel-manteiga, sem que seja necessário fazer nada dos lados. O *angel cake* não exige qualquer tipo de preparação da assadeira. O crescimento desse bolo depende, em parte, da aderência da massa aos lados da assadeira enquanto cresce no forno.

usando sacos e bicos de confeitar

Os sacos de confeitar e bicos sortidos têm muitos usos na cozinha; além de decorar bolos, eles são usados para aplicar decorações, acrescentar recheios aos alimentos, e como utensílio para fazer porções. São usados ainda para fazer porções com massas moles como *pâte à choux* ou batatas *duchesse* antes de assar, para rechear forminhas de massa para *éclairs* ou profiteroles, e para aplicar pequenas quantidades de guarnição ou ingredientes de acabamento em *hors-d'oeuvre* e canapés.

Em francês, *coucher* significa colocar uma cobertura, massa, massa mole ou outra mistura macia em um saco para confeitar; desenvolver os movimentos seguros usados para criar efeitos decorativos requer prática. Para fazer um creme de manteiga, comece por selecionar o bico que deseja e posicione-o firmemente na abertura do saco de confeitar. Dobre a parte superior do saco formando uma bainha, depois transfira o creme para o saco com uma espátula ou colher. Torça o saco para comprimir a mistura e para liberar as bolhas de ar antes de começar a *coucher*. Use a mão dominante para segurar o saco e esprema-o. Use a outra mão para guiar e manter a ponta firme. Retire a pressão no saco quando o afastar, para não fazer "rabichos".

Limpe completamente os sacos e os bicos de confeitar reutilizáveis logo depois de usá-los, lavando-os com cuidado em água quente e sabão, e depois enxaguando-os bem. Vire o saco de confeitar do avesso para limpar a parte interna antes de guardá-lo. Por questão de higiene, em muitas cozinhas e padarias usam-se sacos de confeitar descartáveis.

Bordas feitas usando um bico em forma de estrela.

Bordas feitas com um bico reto.

Egg wash

Rendimento: 480 ml

- 5 ovos
- 142 g de leite
- 1 pitada de sal

Misture os ovos, o leite e o sal usando um batedor de arame. Use conforme necessário.

NOTA: Há infinitas variações possíveis para atender diferentes usos e gostos. Por exemplo, pode-se substituir o leite, no todo ou em parte, por água ou creme de leite. As gemas podem ser substituídas pelos ovos inteiros, ou por parte deles. Também se pode adicionar açúcar.

EGG WASH

Os *egg washes* são componentes importantes de muitos produtos assados. Têm efeito considerável sobre a aparência final e também podem afetar o sabor, a percepção na boca e a textura.

O *egg wash* pode ser feito com ovos inteiros, apenas gemas ou apenas claras, misturados ou não com água, leite ou creme de leite.

A proporção sugerida é 2 colheres (sopa)/30 ml de água ou leite para um ovo inteiro. certifique-se de bater a mistura totalmente para quebrar as claras.

Xarope simples

Rendimento: 960 ml

- 454 g de açúcar
- 480 ml de água

Junte o açúcar e a água em uma panela e mexa umedecendo todo o açúcar. Ferva, mexendo sempre, para dissolver o açúcar. Pode ser utilizado imediatamente ou levado à geladeira para uso posterior.

Xarope simples de café: Depois que o açúcar e a água começarem a ferver, adicione 28 g de café moído. Retire a panela do fogo, tampe e deixe de molho por 20 minutos. Coe para retirar o pó.

Xarope simples aromatizado ao licor: Para aromatizar um xarope simples com um licor como framboesa, *kirsch* ou *Kahlúa*, adicione 120 ml do licor que desejar ao xarope, depois que este esfriar completamente.

NOTA: O xarope simples pode ser feito com várias proporções de açúcar e água, dependendo do uso que se deseja dar a ele, e do grau de doçura e sabor do bolo ou doce a que será aplicado.

Creme *chantilly*/creme de leite batido para guarnição

Rendimento: 510 g

- 454 ml de creme de leite fresco (36% a 40%)
- 57 g de açúcar de confeiteiro
- 1 colher (sopa)/15 ml de extrato de baunilha

1. Bata o creme em picos moles.
2. Adicione o açúcar e a baunilha e bata até chegar à consistência desejada.

Merengue comum

Rendimento: 680 g

    8 claras de ovos (cerca de 227 mℓ)
    1 pitada de sal
    1 colher (chá)/5 mℓ de extrato de baunilha
    454 g de açúcar

1. Coloque as claras, o sal e a baunilha na tigela de uma batedeira com o batedor de arame e deixe bater até ficar espumoso. (Isso também pode ser feito à mão.)
2. Adicione o açúcar gradualmente, enquanto continua a bater as claras. Bata até obter a consistência desejada.

NOTA: Pode ser batido manualmente com um batedor.

Merengue suíço

Rendimento: 595 g

    8 claras (cerca de 227 mℓ)
    1 colher (chá)/5 mℓ de extrato de baunilha
    1 pitada de sal
    454 g de açúcar

1. Coloque as claras, a baunilha, o sal e o açúcar na tigela de uma batedeira e bata até que os ingredientes estejam bem homogêneos.
2. Coloque a tigela sobre uma panela com água que mal chegou ao ponto de fervura e mexa lentamente até que a mistura atinja uma temperatura entre os 46 °C e 74 °C, dependendo do uso a que se destina.
3. Passe para uma batedeira e deixe batendo com o batedor de arame em alta velocidade, até que o merengue atinja a consistência desejada.

Merengue italiano

Rendimento: 680 g

    454 g de açúcar
    113 g de água
    8 claras (cerca de 227 g)
    1 pitada de sal
    1 colher (chá)/5 mℓ de extrato de baunilha

1. Junte 340 g do açúcar com a água em uma panela de fundo grosso. Ferva em fogo médio alto, mexendo para dissolver o açúcar. Continue aquecendo, sem mexer, até que a mistura chegue ao ponto de bala mole (116 °C).
2. Enquanto isso, coloque as claras, o sal e a baunilha na tigela de uma batedeira, com o batedor de arame.
3. Quando o xarope de açúcar chegar a aproximadamente 110 °C, bata as claras em velocidade média até ficarem espumosas. Adicione gradualmente o açúcar restante e bata o merengue em picos médios.
4. Quando o xarope de açúcar chegar a 116 °C, junte-o ao merengue em um fluxo lento e constante, batendo em velocidade média. Bata em velocidade alta para picos firmes. Continue a bater em velocidade média até que esfrie completamente.

pães levedados

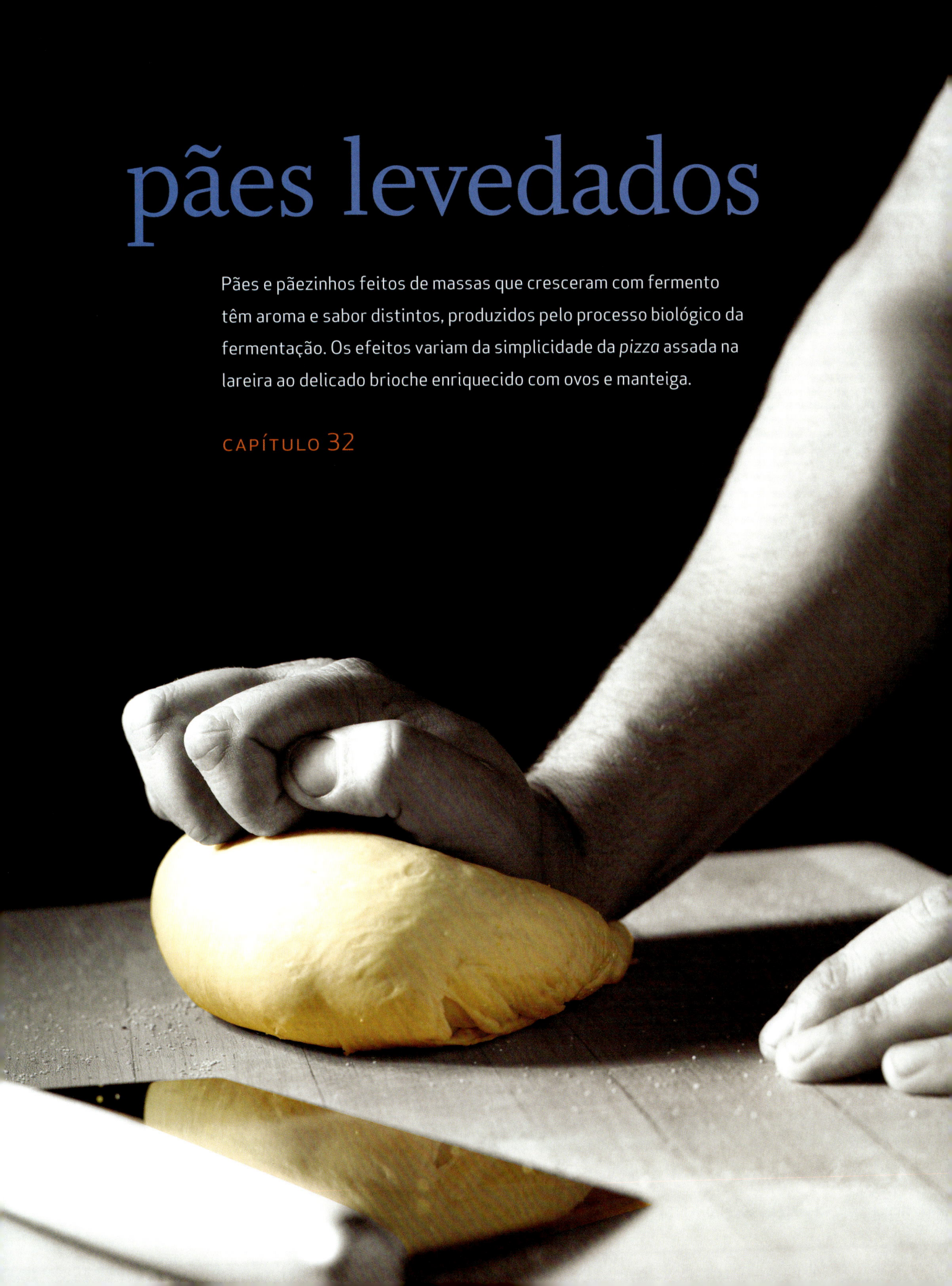

Pães e pãezinhos feitos de massas que cresceram com fermento têm aroma e sabor distintos, produzidos pelo processo biológico da fermentação. Os efeitos variam da simplicidade da *pizza* assada na lareira ao delicado brioche enriquecido com ovos e manteiga.

CAPÍTULO 32

AS MASSAS LEVEDADAS PODEM SER DIVIDIDAS EM DUAS CATEGORIAS: AS SIMPLES E AS ENRIQUECIDAS. AS SIMPLES SÃO PRODUZIDAS APENAS COM FARINHA, FERMENTO, SAL E ÁGUA; DE FATO, SÃO ESSES OS INGREDIENTES DE UMA BAGUETE CLÁSSICA FRANCESA. OUTROS INGREDIENTES, COMO ESPECIARIAS, ERVAS, FARINHAS ESPECIAIS E/OU FRUTAS SECAS OU FRESCAS, PODEM SER ADICIONADOS PARA VARIAR A MASSA, MAS NÃO MUDARÃO MUITO SUA TEXTURA BÁSICA.

massas simples e enriquecidas

As massas simples contêm apenas quantidades relativamente pequenas de açúcar e gordura, se houver. Os pães feitos com massa simples tendem a ter uma textura mais consistente, firme, e uma crosta crocante. Os pãezinhos, os pães francês e italiano, os de trigo integral, de centeio e *pumpernickel* são considerados simples.

Produz-se uma massa enriquecida adicionando-se ingredientes como açúcares ou xaropes, manteiga ou óleo, ovos inteiros ou gemas, e leite ou creme de leite. Fazem parte dessa categoria os pãezinhos macios, os brioches e o *challah*. Quando as gorduras são introduzidas, mudam a textura da massa e também o modo como ela se comporta quando é misturada, trabalhada, modelada e assada. Em geral, a massa enriquecida é mais macia e o produto assado é mais tenro do que o feito com massa simples. Ele pode ser dourado em virtude do uso de ovos e manteiga e não ter crosta crocante.

A farinha de trigo (comum ou para pão, por exemplo) é a base das massas levedadas, que contêm alta percentagem de proteínas, o que dá boa textura a massas simples. Parte da farinha de trigo que a receita pede pode ser substituída por outras farinhas, como de centeio, de aveia ou *pumpernickel*. Consulte receitas individuais e pese a farinha cuidadosamente. Geralmente, não é importante peneirar a farinha para pão.

O fermento é uma levedura biológica, que deve estar viva para ser eficaz. Deixe o fermento chegar à temperatura ambiente, se necessário, antes de fazer a massa. A água, o leite ou outros líquidos usados na receita de pão devem estar em temperaturas entre 20 °C e 24 °C para fermento

método rápido »

1. Coloque o líquido morno em uma tigela.
2. Junte os ingredientes restantes.
3. Misture a massa até começar a aglutinar.
4. Sove a massa até ela ficar macia e elástica.
5. Passe a massa para uma tigela untada.
6. Deixe crescer.
7. Dobre a massa sobre si mesma e sove.
8. Transfira para uma bancada enfarinhada.
9. Molde e disponha em formas.
10. Deixe crescer.
11. Asse.

fresco ou em tabletes. A temperatura ideal da água para fermento seco ativo é de 41 °C a 43 °C.

A viabilidade do fermento pode ser testada. Para fazê-lo, junte líquido morno e uma pequena quantidade de farinha ou açúcar. Deixe a mistura descansar à temperatura ambiente, até que se forme uma espuma grossa na superfície. A espuma indica que o fermento está vivo e pode ser usado. Se não houver espuma, o fermento morreu e deve ser desprezado.

O sal desenvolve o sabor no pão e também ajuda a controlar a ação do fermento. Se não se colocar sal, os pães não desenvolvem bom sabor ou textura.

O preparo da assadeira depende do tipo de massa que vai ser assada. As massas simples, por terem ponto de dourar mais alto, devem ser assadas diretamente no forno a lenha. Se isso não for possível, forre a assadeira com papel-manteiga ou salpique com farinha de milho ou semolina (farinha de milho é particularmente adequado para baguetes ou pães redondos). Para massas com alta percentagem de leite, açúcar e gordura, unte a assadeira ou forre-a com papel-manteiga.

A maneira mais fácil e rápida de produzir uma massa simples é o método de fermentação direta: o fermento biológico produzido comercialmente é adicionado a farinha, água e sal e é sovado até que a massa fique flexível e elástica, com o glúten adequadamente desenvolvido.

O método de mistura básico é geralmente usado em fórmulas que dependem da fermentação direta. Para esse método de mistura, os ingredientes são adicionados em uma ordem diferente, dependendo do tipo de fermento usado. Se for usado um fermento biológico instantâneo, ele deve ser primeiramente misturado com a farinha, e só então todos os ingredientes restantes devem ser adicionados à mistura de farinha e fermento. Se forem usados o fermento fresco prensado ou o seco ativo, o fermento deve ser antes dissolvido em água. Em seguida é possível adicioná-lo à farinha, e todos os ingredientes restantes devem ser colocados sobre a farinha.

método detalhado »

1. Em primeiro lugar, durante a mistura, os ingredientes são misturados em baixa velocidade até se incorporarem. A massa, a essa altura, é grosseira. Depois, durante o desenvolvimento preliminar, ela é misturada à velocidade moderada e se torna um pouco mais delicada.

2. O período de desenvolvimento é marcado pela massa começando a se soltar dos lados da tigela, o que indica o desenvolvimento da elasticidade do glúten. Por fim, durante o desenvolvimento final do glúten, a massa fica lisa e elástica e deixa os lados da tigela completamente limpos, enquanto a batedeira trabalha a massa.

Durante os estágios finais do período de desenvolvimento, o glúten é totalmente formado. A massa fica macia e elástica e deixa as laterais da tigela completamente limpas conforme é batida.

Uma maneira de saber avaliar o desenvolvimento do glúten é entendendo as alterações que ocorrem durante a mistura. Há quatro estágios distintos da mistura, independentemente do método que se esteja usando. Cada estágio mostra uma diferença clara no desenvolvimento da estrutura do glúten. Cada receita vai definir o nível de desenvolvimento exigido.

Massa com pouco desenvolvimento do glúten vai ficar homogênea, mas se partirá quando você for trabalhá-la com as mãos. Massa com mais desenvolvimento intermediário do glúten não se partirá, mas, quando você fizer o teste do glúten, ela vai se romper. A massa que atingiu um alto desenvolvimento do glúten não vai se romper quando você esticá-la e vai formar uma fina membrana através da qual pode-se enxergar (ponto de véu).

Ao se sovar muito a massa, o glúten quebrará. A massa passará de macia e elástica para úmida e pegajosa. O pão não vai dar certo, o que significa que ele não vai crescer direito ou assar por igual. Por outro lado, se a massa não for sovada por tempo suficiente, o pão terá pouco volume e uma estrutura interna de qualidade inferior. Massa pouco sovada pode significar que a farinha não vai absorver os líquidos apropriadamente, resultando em uma massa irregular. Ela vai ter pouco glúten, pouca elasticidade e ficará úmida e pegajosa.

massas simples e enriquecidas

3. A primeira fermentação,
como o nome indica, é o primeiro período desse processo. É especialmente importante quando se usa o método de fermentação direta; sem a adição de pré-fermentos, esse é o primeiro momento em que se desenvolve o sabor por meio da fermentação.

A massa adequadamente trabalhada é transferida para uma tigela ou uma cuba untada levemente com óleo (massas mais firmes podem ser transferidas para uma bancada enfarinhada).

A massa também pode ser retardada durante a primeira fermentação. Retardar a massa significa resfriá-la propositadamente a temperaturas em torno de 4 °C, para retardar o processo de fermentação. Esse processo permite ao chef organizar o seu trabalho para atender às necessidades de produção e à escala de funcionários. Além disso, o retardamento aumenta duplamente a qualidade da massa, pois permite que o glúten fique mais elástico com a fermentação prolongada. Manter a massa em temperaturas mais frias vai resultar em um período de fermentação mais longo e, portanto, um sabor mais desenvolvido.

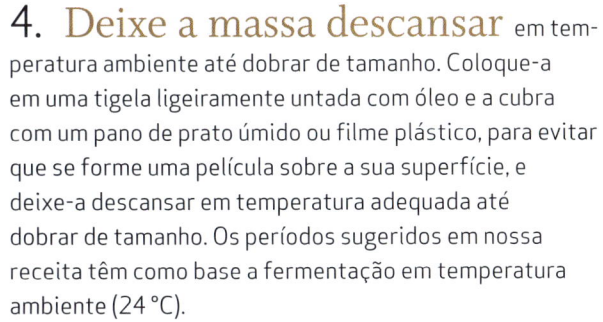

4. Deixe a massa descansar
em temperatura ambiente até dobrar de tamanho. Coloque-a em uma tigela ligeiramente untada com óleo e a cubra com um pano de prato úmido ou filme plástico, para evitar que se forme uma película sobre a sua superfície, e deixe-a descansar em temperatura adequada até dobrar de tamanho. Os períodos sugeridos em nossa receita têm como base a fermentação em temperatura ambiente (24 °C).

O álcool produzido durante a fermentação amacia as cadeias de glúten, tornando-as mais elásticas para poderem se expandir, permitindo ao pão crescer adequadamente. Cadeias de glúten mais macias produzem um pão com miolo macio e elástico. O glúten também é mais desenvolvido durante o processo de dobragem.

capítulo 32 » PÃES LEVEDADOS

5. A massa é dobrada sobre si

mesma durante ou depois da primeira fermentação para redistribuir o suprimento de nutrientes disponíveis para o fermento, equilibrar a temperatura da massa, expelir os gases de fermentação que se formaram e para desenvolver mais o glúten. A massa deve ser dobrada cuidadosamente para preservar a estrutura já desenvolvida.

6. Pesar com precisão

faz com que o tamanho dos pedaços de massa seja igual, o que permite uniformidade durante o crescimento e no momento de assar. Depois de pesar, pré-molde cuidadosamente a massa em uma forma redonda ou alongada. Isso lhe dará uma pele macia e forte que ajudará a prender os gases que se desenvolvem durante a fermentação.

Deixar descansar a massa por 10 a 20 minutos, coberta com pano ou plástico depois de moldá-la, permite que o glúten "relaxe", de modo que se torna mais fácil manipulá-la para lhe dar a forma ideal.

Após descansar, molda-se a massa, pincela-se com *egg wash* e aplicam-se as guarnições, se forem usadas, de modo que fique revestida uniformemente, sem risco de desmontar depois do último crescimento.

7. Depois de ganhar forma, a massa passa por mais uma fermentação. Algumas massas, como a massa simples usada para preparar *boules*, podem ser colocadas em uma mesa de trabalho ou tábua salpicada com farinha de trigo ou farinha de milho. Outras massas ou formas podem ser colocadas em um pano (*couche*) ou tabuleiros, em assadeiras para pães, ou em cestos (*bannetons*), formas de madeira ou outras. Durante esse crescimento final, novamente é importante impedir que se forme uma pele sobre a superfície da massa; por isso, cubra-a. Se você estiver usando uma câmara de fermentação para esse crescimento final, use os controles de temperatura e umidade para impedir que isso aconteça, sem que seja necessário cobrir a massa.

massas simples e enriquecidas

ASSAR O PÃO

Massas básicas devem ser assadas em forno quente (204 °C a 232 °C) com vapor; massas enriquecidas devem ser assadas a temperaturas um pouco mais baixas (aproximadamente 191 °C). Além disso, outros fatores podem afetar a temperatura específica para assar: o tipo de forno, o tamanho e a forma do produto, a crosta e a cor desejadas (bem como outras características semelhantes), além do tempo da fermentação.

Depois que os pães forem assados, é importante que sejam resfriados adequadamente para preservar a crosta e a estrutura, e também para permitir o desenvolvimento final do sabor. Todos os pães, particularmente os feitos com massas básicas, devem ser resfriados em grades de arame a fim de permitir a circulação de ar uniforme ao redor deles, impedindo que se forme umidade sobre eles enquanto esfriam.

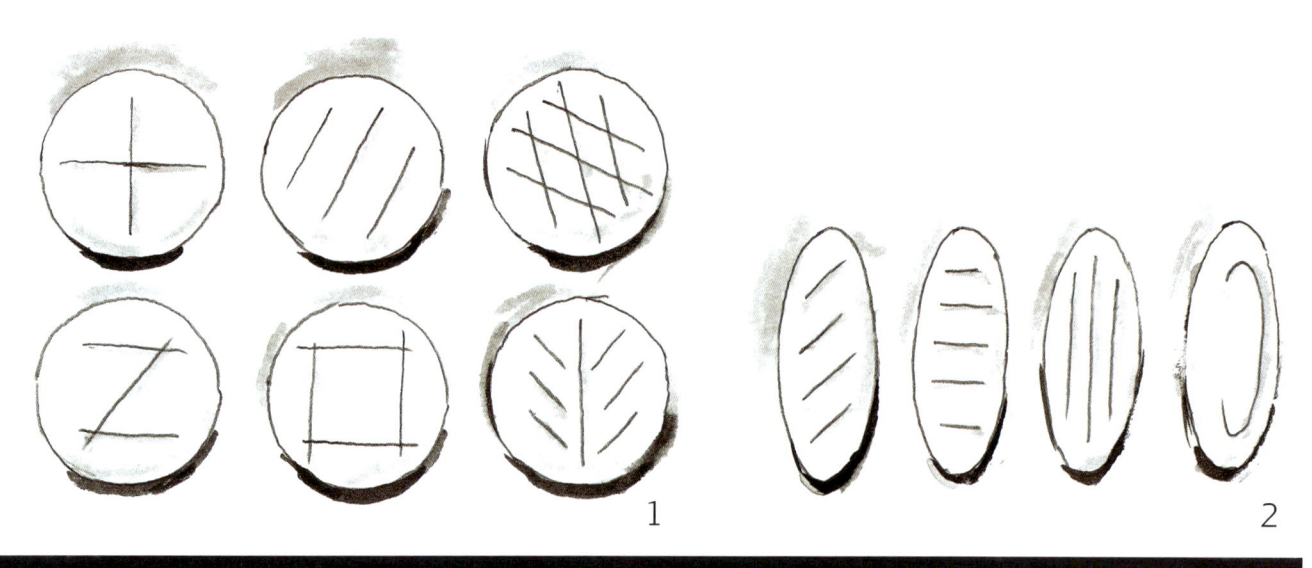

Técnicas de acabamento

A decisão de como finalizar um pão é muito importante. Se você está fazendo vários tipos diferentes de pão, o formato, o acabamento e a maneira de cortar não apenas conferirão beleza ao produto finalizado como também indicarão a você e a seus clientes que tipo de pão cada um é.

cortar

1. Muitos pães são cortados com uma lâmina, uma faca bem amolada, uma tesoura ou *lame* antes de ir para o forno. O entalhe ajuda a desenvolver um pão de boa qualidade, com aparência e miolo uniformes. Os padrões de cortes para pães redondos devem ser distribuídos por igual, por toda a superfície.

2. Alguns pães, como as baguetes, são cortados com desenhos tradicionais, usados como forma de etiquetar os pães, tornando mais fácil sua identificação pelos clientes e pelos funcionários. Os padrões de cortes para pães alongados ficam nos pontos mais altos do pão.

washes

Use ovos batidos como *wash* para criar uma crosta brilhante e lustrosa e prender a umidade no pão. O leite ou creme de leite é frequentemente usado para pães assados a temperaturas mais baixas.

guarnição

Guarnecer a parte de cima dos pães acrescenta sabor e melhora a aparência. Ervas, sal, azeitonas, bem como farinhas como semolina ou centeio, podem ser aplicadas depois que o pão é moldado, mas antes da fermentação final. Utilize um pouco de água na superfície para a guarnição aderir, se a massa não for suficientemente úmida.

Massa básica simples

Rendimento: 3,85 kg

> 2,27 kg de farinha para pão
> 21 g de fermento seco instantâneo
> 1,53 kg de água morna
> 50 g de sal

1. Misture a farinha e o fermento na tigela de uma batedeira com gancho de massa. Acrescente a água e o sal e misture, em baixa velocidade, por 2 minutos. Passe para velocidade média por cerca de 3 minutos. A massa deve ficar lisa e elástica.
2. Deixe a massa descansar e fermentar até que tenha quase dobrado de tamanho, em cerca de 30 minutos. Dobre a massa cuidadosamente. Deixe-a crescer por mais 30 minutos e dobre-a de novo. A massa deve fermentar por mais 15 minutos antes de ser dividida.
3. Ver alternativas adequadas para modelar, levedar e assar esta massa (ver pp. 1051, 1052 e 1054).

Baguetes

Rendimento: 8 baguetes

> 3,63 kg de **massa básica simples** (p. 1.051)

1. Separe a massa em pedaços de 454 g. Para cada pão, modele a massa na forma alongada. Deixe a massa descansar, coberta, até ficar mais elástica, por 15 a 20 minutos. (Trabalhe sequencialmente, começando com o primeiro pedaço de massa que você dividiu e modelou.)
2. Posicione a massa no sentido do comprimento, em paralelo à borda da superfície de trabalho, com a emenda para cima. Pressione levemente com a ponta dos dedos para esticá-la, formando um retângulo com 25 cm de comprimento, usando a menor quantidade de farinha possível. Dobre a ponta superior da massa em direção ao centro, pressionando levemente com a ponta dos dedos para apertá-la. Dobre a massa ao meio no sentido do comprimento e use a parte inferior da mão para juntar as duas bordas, mantendo a emenda reta. Abra a massa com as palmas das mãos formando um cilindro de 51 cm de comprimento. Mantenha a pressão uniforme e as mãos retas, paralelas à superfície de trabalho. Movimente as mãos do centro do cilindro em direção às bordas e aumente ligeiramente a pressão enquanto as move, até que as duas extremidades se afilem por igual. Então, aumente a pressão nas extremidades do pão para selá-las.
3. Coloque a emenda do pão para baixo, numa assadeira ou num tabuleiro forrado com papel-manteiga. Levede-a coberta, até que a massa volte à forma original muito lentamente, quando tocada, em 30 a 45 minutos. (As baguetes não devem estar inteiramente levedadas quando colocadas no forno.)
4. Corte a massa com 5 a 7 linhas diagonais no centro do pão.
5. Asse em forno a 246 °C durante 20 a 25 minutos ou até que a crosta esteja bem dourada e o pão soe oco quando se bater em sua parte inferior, e você ouvir um craquelado quando o segurar perto do ouvido.
6. Resfrie completamente em uma grade de arame.

Boules

Rendimento: 8 pães

3,63 kg de **massa básica simples** (p. 1.051)

1. Separe a massa em pedaços de 454 g. Modele cada um deles em círculo. Deixe-os descansar, cobertos, até ficarem relaxados, por 15 a 20 minutos. (Trabalhe sequencialmente, começando com o primeiro pedaço de massa que você dividiu e modelou.)
2. Coloque as duas mãos em torno da massa. Usando os polegares, empurre-a para longe de você em um arco para a direita, mantendo um pedaço pequeno de massa entre a mesa e as bordas das palmas das mãos. Usando as bordas das palmas da mão como guia, traga a massa em sua direção em um arco para a esquerda. Ainda deve haver um pequeno pedaço de massa espremido entre a mesa e as bordas das palmas da mão. Repita esse movimento circular mais duas ou três vezes, aplicando pressão delicada enquanto rola a massa, para criar uma parte externa forte e lisa. Coloque a emenda do *boule* para cima em uma cesta redonda, ou para baixo em uma tábua salpicada com amido de milho.
3. Deixe fermentar a massa até que, quando pressionada com um dedo, ela volte à forma original, em 1 hora a 1½ hora.
4. Corte a emenda da massa para baixo em uma assadeira. Entalhe o *boule* com um arco.
5. Asse-o em forno a 232 °C durante 25 a 30 minutos ou até que a crosta esteja bem dourada e o pão soe oco quando batido na parte inferior.
6. Espere resfriar completamente em uma grade de arame.

Focaccia

Rendimento: 8 pães

3,6 kg de **massa básica simples** (p. 1.051)

Azeite de oliva, quanto baste

Coberturas, como ervas picadas, cebolas salteadas, fatias de tomate ou sal grosso, quanto baste

1. Separe a massa em pedaços de 454 g. Modele cada pedaço em círculo. Deixe-os descansar, cobertos, até ficarem relaxados, por 15 a 20 minutos. (Trabalhe sequencialmente, começando com o primeiro pedaço de massa que você dividiu e modelou.)
2. Para modelar a *focaccia*, achate e estique cada círculo de massa em um disco e coloque-as em uma assadeira salpicada com amido de milho ou pincelada com óleo. Deixe crescer até dobrarem de tamanho, em 30 a 40 minutos.
3. Pouco antes de assar, faça covinhas na *focaccia* com as pontas dos dedos. Pincele generosamente com óleo e distribua a cobertura que desejar sobre cada uma.
4. Asse-as em forno a 232 °C até ficarem bem douradas, em cerca de 30 minutos.
5. Resfrie-as completamente em uma grade de arame.

Focaccia

Hard rolls

Rendimento: 3 dúzias de pãezinhos

1,36 kg de **massa básica simples** (p. 1.051)

1. Separe a massa em 36 pedaços com cerca de 37 g cada. Modele cada pedaço em círculos. Deixe-os descansar, cobertos, até ficarem relaxados, por 15 a 20 minutos.
2. Pressione cada pedaço de massa ligeiramente com as pontas dos dedos, para achatá-los. Dobre a borda superior da massa em direção ao centro, pressionando ligeiramente com as pontas dos dedos para prendê-la. Vire a massa em 90 graus, dobre-a ao meio, e use a parte inferior da mão, próximo ao pulso, para selar as duas bordas. Segure o pão e torne a fazer uma bola de massa, pressionando delicadamente para criar uma bola apertada e lisa.
3. Deixe fermentar, cobertos, até que a massa, ao ser pressionada com um dedo, volte ao lugar lentamente, mas não desabe, em cerca de 30 minutos.
4. Faça um corte reto no centro de cada pãozinho.
5. Asse os pãezinhos em forno a 232 °C até que eles tenham uma crosta dourada e soem ocos quando batidos na parte inferior, em cerca de 15 minutos.
6. Resfrie-os completamente em grades de arame.

Ciabatta

Rendimento: 1,81 kg de massa (4 pães)

PRÉ-FERMENTO

326 g de farinha de trigo para pão

227 g de água morna

⅛ de colher (chá)/0,5 g de fermento seco instantâneo

MASSA

680 g de farinha de trigo para pão

2 colheres (chá)/8 g de fermento seco instantâneo

567 g de água morna

496 g de pré-fermento

2 colheres (sopa)/20 g de sal

1. Para preparar o pré-fermento, junte a farinha, a água e o fermento na tigela de uma batedeira com o batedor gancho. Bata em velocidade baixa por 3 minutos ou até que esteja totalmente misturado. Passe para um recipiente, cubra e deixe fermentar a 24 °C por 18 a 24 horas, até crescer e começar a retroceder; deverá estar com bolhas e aerado.
2. Para preparar a massa final, junte a farinha e o fermento na tigela de uma batedeira com gancho. Acrescente a água, o pré-fermento e o sal.
3. Bata em baixa velocidade por 4 minutos e em velocidade média por 1 minuto. A massa deve estar homogênea, mas não elástica (a massa da *ciabatta* é úmida e mole).
4. A primeira fermentação da massa será em uma cuba ou uma tigela até quase dobrar de tamanho, em cerca de 30 minutos. Dobre delicadamente ao meio quatro vezes (a massa deve estar com consistência gelatinosa). Fermente por mais 30 minutos. Dobre ao meio, gentilmente, mais duas vezes. Deixe a massa fermentar por mais 15 minutos antes de dividi-la.
5. Passe a massa para uma bancada e polvilhe-a com farinha. Mantenha a bancada de trabalho enfarinhada ao trabalhar a massa da *ciabatta*. Com a palma das mãos, gentilmente estique a massa formando um retângulo de 81 cm de comprimento e 4 cm de largura. Cuidado para não partir ou marcar a massa com os dedos. Com um cortador de massa, divida-a em quatro retângulos.
6. Coloque a massa em assadeiras enfarinhadas. Gentilmente estique cada pedaço em um retângulo. Estenda a massa de maneira a ocupar grande parte da assadeira.
7. Deixe a massa descansar por mais 30 a 45 minutos.
8. Polvilhe um pouco de farinha sobre a massa.
9. Asse no forno a 238 °C, com vapor se possível, até a crosta ficar dourada e o pão parecer oco, em 25 a 30 minutos. Ventile durante os 10 minutos finais se estiver usando vapor. Resfrie completamente em grades com hastes de arame.

Pão sírio

Rendimento: 11 pães sírios

- 454 g de farinha para pão
- 454 g de farinha de trigo integral
- 7 g de fermento seco instantâneo
- 567 g de água morna
- 2 colheres (sopa)/30 mℓ de azeite de oliva
- 21 g de sal
- ¾ de colher (chá)/3,75 g de açúcar

1. Junte as farinhas e o fermento. Adicione a água, o azeite, o sal e o açúcar. Misture em velocidade baixa por 4 minutos, e em velocidade média por 3 minutos. A massa deve ficar ligeiramente úmida, mas com forte desenvolvimento de glúten.
2. Deixe fermentar a massa até que tenha quase dobrado de tamanho, em cerca de 30 minutos.
3. Dobre-a delicadamente.
4. Divida a massa em pedaços de 128 g. Pré-molde os pedaços em círculos. Deixe-os descansar, cobertos, até relaxar, em 15 a 20 minutos. (Trabalhe sequencialmente, começando com o primeiro pedaço de massa que você dividiu e moldou.)
5. Usando um rolo de macarrão, abra cada pedaço de massa em um círculo com 18 cm de diâmetro. Transfira-os para assadeiras forradas com papel-manteiga, cubra-os e deixe-os descansar por 10 minutos.
6. Asse os pães sírios em forno a 260 °C até que fiquem fofos, mas não dourados, em 3 a 4 minutos.
7. Faça pilhas com cinco pães e embrulhe cada uma em um pano. Resfrie-os antes de servi-los.

Pizza de semolina

Rendimento: 3,63 kg de massa

- 1,70 kg de farinha para pão
- 907 g de sêmola de trigo *durum*
- 14 g de fermento seco instantâneo
- 1,36 kg de água morna
- 57 g de azeite de oliva
- 57 g de sal

1. Junte as farinhas e o fermento. Acrescente a água, o azeite e o sal. Misture em baixa velocidade por 2 minutos, e em velocidade média por 4 minutos. A massa deve ter bom desenvolvimento de glúten, mas ainda estar um pouco grudenta.
2. Deixe crescer a massa até que tenha quase dobrado de tamanho, em cerca de 50 minutos.
3. Dobre-a delicadamente.
4. Deixe-a fermentar por mais 15 minutos antes de dividi-la.
5. Conserve-a na geladeira durante uma noite.
6. Retire-a do refrigerador 1 hora antes de usá-la.
7. Divida a massa em pedaços de 227 g. Pré-molde os pedaços em círculos e deixe-os descansar, tampados, no refrigerador, por 1 hora. (Trabalhe sequencialmente, começando com o primeiro pedaço de massa que você dividiu e moldou).
8. Com o auxílio de um pau de macarrão, abra cada pedaço de massa em um círculo de 23 cm de diâmetro. Transfira para formas forradas com papel-manteiga que tenham sido salpicadas com semolina, ou coloque cada círculo em uma forma de *pizza* antes de acrescentar qualquer cobertura.
9. Coloque a cobertura na massa como desejar (ver variações a seguir), deixando uma borda de 3 cm sem guarnição.
10. Asse as *pizzas* no forno a 260 °C até que fiquem douradas nas bordas, em 3 a 4 minutos. Sirva imediatamente.

Pizza margherita: Coloque sobre a massa 90 mℓ de molho de tomate (p. 309) e, por cima, 57 g de mozarela e 14 g de queijo parmesão ralado.

Pizza de espinafre: Coloque sobre cada círculo de massa 43 g de *pesto* (p. 313), 43 g de espinafre salteado, 43 g de ricota e 28 g de ricota salgada.

Pão *naan*

receitas de pães levedados

Pão *naan*

Rendimento: 8 pães chatos

- 397 g de farinha comum
- 9 g de fermento seco instantâneo
- 170 g de água morna
- 57 g de manteiga clarificada, ou quanto baste
- 57 g de iogurte natural
- 1 ovo
- 28 g de açúcar
- 1½ colher (chá)/5 g de sal
- 2 colheres (sopa)/12 g de sementes de papoula ou de nigela

1. Misture a farinha e o fermento. Adicione a água, a manteiga, o iogurte, o ovo, o açúcar e o sal. Misture em velocidade baixa por 4 minutos. A massa deve ficar bem elástica, mas ainda úmida.
2. Deixe a massa descansar até quase dobrar de tamanho, em cerca de 1 hora.
3. Dobre-a delicadamente.
4. Divida a massa em pedaços de 85 g. Pré-molde os pedaços em círculos. Deixe-os descansar, cobertos, por 15 a 20 minutos. (Trabalhe sequencialmente, começando pelo primeiro pedaço de massa que você dividiu e moldou.)
5. Abra delicadamente cada pedaço de massa em forma de círculo com 18 cm de diâmetro, de modo que o centro tenha espessura de 6 mm e a borda ½ cm a 1 cm de largura em toda a volta. Puxe uma borda alongando ligeiramente cada círculo, criando uma forma de lágrima.
6. Coloque os pães em assadeiras forradas com papel-manteiga, pincele com manteiga e salpique as sementes por cima.
7. Asse os *naans* em forno turbo a 218 °C até ficarem dourados e fofos, em cerca de 10 minutos.
8. Resfrie-os bem, sobre grades.

Pãezinhos de queijo *cottage* e *dill*

Rendimento: 6 dúzias de pãezinhos

- 340 g de água à temperatura entre 20 °C e 24 °C
- 140 g de fermento em tabletes
- 2,38 kg de farinha para pão
- 1,36 kg de queijo *cottage*
- 128 g de açúcar
- 43 g de cebola ralada
- 85 g de manteiga pomada
- 28 g de sal
- 28 g de *dill* picado
- 28 g de fermento em pó
- 170 g de ovos
- 1 pitada de raiz-forte
- Manteiga derretida, quanto baste
- Sal *kosher*, quanto baste

1. Misture a água e o fermento na tigela da batedeira e bata até que o fermento tenha se dissolvido completamente.
2. Adicione a farinha, o queijo *cottage*, o açúcar, a cebola, a manteiga, o sal, o *dill*, o fermento em pó, os ovos e a raiz-forte. Usando o batedor de massas, misture em velocidade baixa até os ingredientes se incorporarem. Aumente a velocidade para média e bata até que a massa fique lisa e elástica, em 10 a 12 minutos.
3. Coloque a massa em um recipiente ligeiramente untado com óleo, cubra e deixe crescer até que tenha dobrado de volume, em cerca de 75 minutos.
4. Passe-a para uma superfície de trabalho ligeiramente enfarinhada. Dobre a massa.
5. Separe em seis dúzias de pedaços de 43 g. Faça bolas de massa e deixe-as descansar por 15 a 20 minutos.
6. Molde novamente os pães e coloque-os em assadeiras forradas com papel-manteiga.
7. Coloque as assadeiras na câmara de fermentação ou em uma área quente até os pães dobrarem de tamanho, em 25 a 30 minutos.
8. Asse-os em forno a 193 °C até dourarem, em cerca de 20 minutos.
9. Pincele os pães com manteiga derretida e salpique ligeiramente com sal *kosher* assim que saírem do forno. Deixe resfriar nas assadeiras.

Brioche

Rendimento: 8 brioches

- 2,27 kg de farinha para pão
- 28 g de fermento seco instantâneo
- 16 ovos
- 454 g de leite integral (20 °C e 24 °C)
- 57 g de sal
- 1,36 kg de manteiga pomada
- 480 mℓ de **egg wash** (p. 1.041)

1. Misture a farinha e o fermento. Adicione os ovos, o leite e o sal. Misture na batedeira, em velocidade baixa, por 4 minutos.
2. Aos poucos, acrescente a manteiga com a batedeira funcionando em velocidade média, raspando os lados da tigela se necessário. Depois que a manteiga for completamente incorporada, bata em velocidade média por 15 minutos, ou até que a massa comece a se separar dos lados da tigela.
3. Coloque a massa em uma assadeira forrada com papel-manteiga untado. Cubra firmemente com plástico e deixe na geladeira por uma noite.
4. Unte ligeiramente oito assadeiras de pão com capacidade para 907 g (20 cm × 11 cm × 8 cm).
5. Divida a massa, à mão, em 64 pedaços iguais, com cerca de 78 g cada. Faça uma bola com cada pedaço e coloque-os nas assadeiras formando duas fileiras de quatro em cada assadeira.
6. Pincele os pães ligeiramente com *egg wash*, cubra-os com plástico e deixe-os descansar por 2 horas, ou até que a massa tenha dobrado de tamanho.
7. Pincele os pães novamente com *egg wash* e asse-os em forno a 204 °C durante 30 a 35 minutos ou até que a crosta fique bem dourada e os lados dos pães, ao serem pressionados, voltem à forma original.
8. Retire-os da assadeira e resfrie completamente numa grade.

Brioche à *tête*: Divida a massa em pedaços de 50 g (104 pedaços). Faça uma bola com cada pedaço, coloque-as em um recipiente e deixe-as na geladeira por 15 minutos. Molde uma cabeça (*tête*) beliscando ¼ da bola de massa com o lado da mão e rolando-a para frente e para trás na superfície de trabalho, fazendo uma depressão, mas não a destacando. O pedaço de massa maior deve ficar com cerca de 7 cm de diâmetro e a *tête* com 2 cm. Pressione delicadamente o centro do pedaço de massa maior para fazer um buraco. Empurre a *tête* no centro da massa maior. Coloque cada brioche em uma forma para brioche untada, com a *tête* por cima. Pincele-os ligeiramente com *egg wash*, cubra-os com plástico e deixe-os descansar por 2 horas, ou até que a massa tenha dobrado de tamanho. Pincele-os de novo com *egg wash* e asse-os em forno a 204 °C por 20 minutos, ou até ficarem bem dourados.

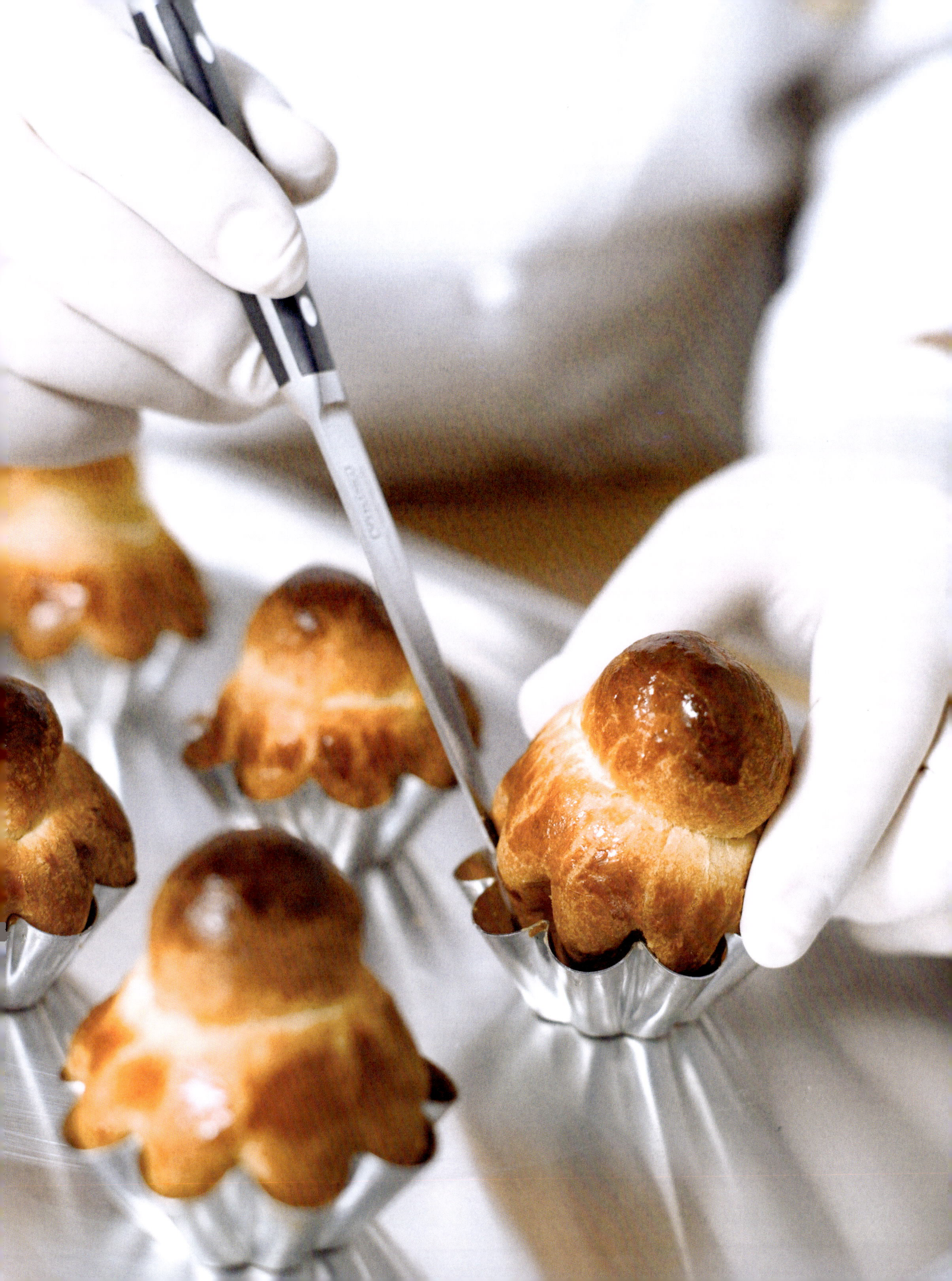

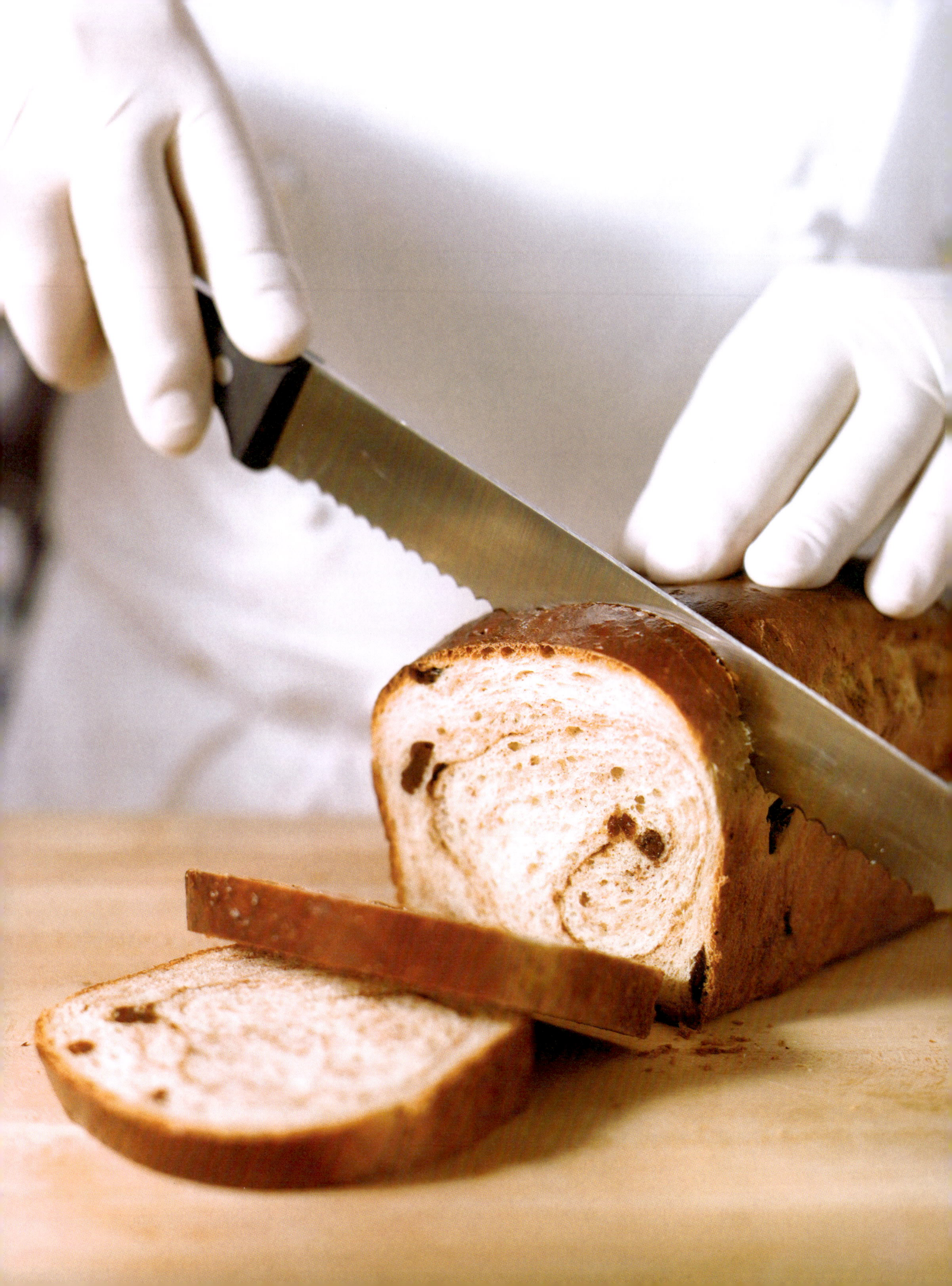

Pão de uvas-passas com remoinho de canela

Rendimento: 6 pães

1,81 kg de farinha para pão

14 g de fermento seco instantâneo

510 g de leite (20 °C e 24 °C)

163 g de manteiga pomada

163 g de açúcar

4 ovos

43 g de sal

340 g de uva-passa

21 g de canela em pó

Egg wash (p. 1.041), quanto baste

AÇÚCAR DE CANELA

227 g de açúcar mascavo

28 g de canela em pó

1. Junte a farinha e o fermento. Adicione o leite, a manteiga, o açúcar, os ovos e o sal. Misture na batedeira em baixa velocidade por 4 minutos, e em velocidade média por mais 4 minutos. No último minuto, acrescente a uva-passa e, nos últimos 30 segundos, junte a canela, batendo apenas o suficiente para criar um remoinho de canela.
2. Deixe a massa descansar até quase dobrar de tamanho, em cerca de 1 hora.
3. Dobre-a delicadamente.
4. Separe a massa em pedaços de 567 g e molde-a em forma alongada.
5. Deixe-a descansar, coberta, por 15 a 20 minutos. Unte ligeiramente seis formas de pão com capacidade para 907 g. Junte o açúcar mascavo e a canela.
6. Abra a massa em um retângulo uniforme com 20 cm de largura e 30 cm de comprimento. Pincele ligeiramente a massa com *egg wash*. Borrife 28 g de açúcar mascavo e a canela uniformemente sobre a superfície. Enrole a massa ao longo do lado maior, com as palmas das mãos, formando um cilindro, mantendo a pressão constante e as mãos esticadas e paralelas à superfície de trabalho, para criar um pão liso e uniforme.
7. Coloque a emenda da massa para baixo, em uma forma para pão untada. A massa se ajustará perfeitamente à forma. Pincele ligeiramente o pão com *egg wash*.
8. Deixe-o descansar, coberto, até que a massa preencha inteiramente a forma e, ao ser pressionada com o dedo, volte lentamente à forma original, sem ruir, em 1½ hora a 2 horas.
9. Pincele novamente o pão com *egg wash*, delicadamente. Asse em forno a 191 °C até que a crosta esteja dourada e os lados voltem, quando pressionados, em 25 a 30 minutos.
10. Retire o pão da forma e deixe-o resfriar completamente numa grade.

Challah (três tranças)

Rendimento: 8 pães

1,81 kg	de farinha para pão
14 g	de fermento seco instantâneo
907 g	de água morna
12	gemas
213 g	de óleo vegetal
57 g	de açúcar
14 g	de sal
600 mℓ	de *egg wash* (p. 1.041), usando só gemas

1. Junte a farinha e o fermento. Acrescente a água, as gemas, o óleo, o açúcar e o sal. Misture na batedeira em velocidade baixa por 4 minutos, e em velocidade média por mais 4 minutos. A massa deve ficar ligeiramente firme e lisa, não grudenta.
2. Deixe a massa descansar até que tenha quase dobrado de tamanho, em cerca de 1 hora.
3. Dobre-a delicadamente.
4. Divida a massa em 24 pedaços, com cerca de 128 g cada. Dê-lhes forma alongada. Deixe a massa descansar, coberta, por 15 a 20 minutos.
5. Comece pelo primeiro pedaço de massa que você moldou e trabalhe sequencialmente. Abra cada pedaço a partir do centro para fora, aplicando pressão delicada com as palmas das mãos. Aplique muito pouca pressão no centro da massa, mas aumente à medida que vai abrindo em direção às bordas. Molde cada pedaço de massa em uma tira de grossura uniforme, com comprimento de cerca 30 cm. É essencial que todas as tiras tenham o mesmo comprimento. Caso contrário, a trança pronta ficará desigual.
6. Salpique ligeiramente a parte superior das tiras com farinha de cevada branca, para manter a massa seca enquanto você faz as tranças, ajudando também a manter a definição total da trança.
7. Disponha três tiras de massa verticalmente, paralelas umas às outras. Comece a fazer a trança no centro das tiras. Coloque a tira da esquerda sobre a do centro, depois a da direita sobre a do centro. Repita o processo até chegar ao fim da massa. Aperte as pontas fortemente. Vire a trança e termine de trançar o outro lado.
8. Pincele as tranças ligeiramente com *egg wash* e deixe-as descansar, cobertas, até que, ao toque de um dedo, a massa recupere a forma original sem se desmanchar, em cerca de 1 hora. Deve haver um pequeno recorte na massa.
9. Certifique-se de que o *egg wash* está seco antes de aplicar uma segunda camada. Passe o *egg wash* novamente, com cuidado, antes de assar.
10. Asse as tranças em forno a convecção, a 177 °C, até que estejam dourado-escuras e brilhantes, em 20 a 25 minutos.
11. Resfrie-as completamente em uma grade.

Pãezinhos macios

Rendimento: 12 dúzias de pãezinhos de 28 g

1,13 kg de leite, entre 20 °C e 24 °C

170 g de fermento em tabletes (fresco)

227 g de ovos

2,49 kg de farinha para pão

57 g de sal

227 g de açúcar

227 g de manteiga, entre 20 °C e 24 °C

Egg wash (p. 1.041), quanto baste

1. Misture o leite e o fermento na tigela da batedeira e bata até dissolver o fermento.
2. Adicione os ovos, a farinha, o sal, o açúcar e a manteiga e, usando o batedor de massas, misture em velocidade baixa para incorporar. Aumente a velocidade para média e continue a bater até que a massa fique lisa e elástica, em 10 a 12 minutos.
3. Coloque a massa em um recipiente ligeiramente untado com óleo, cubra-a e deixe-a descansar até que ela tenha dobrado de volume, em cerca de 15 minutos.
4. Passe-a para uma área de trabalho enfarinhada. Dobre-a.
5. Separe-a em 12 dúzias de pedaços de 28 g, fazendo uma bola com cada um. Cubra as bolas e deixe-as descansar por 10 minutos.
6. Modele a massa em pãezinhos (ver nota) e coloque-os em assadeiras forradas com papel-manteiga. Pincele-os ligeiramente com *egg wash*.
7. Cubra-os e deixe-os descansar até que tenham quase dobrado de tamanho, em 25 a 30 minutos. Se desejar, pincele-os com o *egg wash* novamente antes de assá-los.
8. Asse-os em forno a 191 °C até ficarem bem dourados, em cerca de 20 minutos.
9. Deixe os pãezinhos resfriarem na assadeira.

NOTA: Os pãezinhos podem ser modelados em nós, como pãezinhos *Parker House*, ou em forma de trevo. Para fazer nós, crie uma corda com cada bola e amarre-a como nó ou como um oito. Para fazer pãezinhos *Parker House*, achate um pedaço de massa, pincele-o com manteiga e dobre-o ao meio. Para fazer trevos, arrume três pequenas bolas de massa em forma de triângulo. Se desejar, coloque em formas para *muffin*.

Massa doce

Rendimento: 5,22 kg de massa

1,81 kg de leite, com temperatura entre 20 °C e 24 °C

170 g de fermento em tabletes (fresco)

454 g de ovos

43 g de xarope de malte

454 g de farinha para *pâtisserie*

2,04 kg de farinha para pão

21 g de sal

227 g de açúcar

14 g de cardamomo moído

454 g de manteiga pomada

1. Junte o leite e o fermento na tigela da batedeira e misture até dissolver o fermento.
2. Adicione os ovos e o xarope de malte e bata. Junte os ingredientes restantes e, usando o batedor de massa, bata em baixa velocidade só até incorporar. Aumente a velocidade para média e bata até que a massa fique lisa e elástica, em 10 a 12 minutos.
3. A massa agora pode ser modelada ou guardada na geladeira para uso posterior.

receitas de pães levedados

Pãezinhos delicados

Rendimento: 32 pãezinhos

MASSA DE CANELA

284 g de farinha de pão

170 g de açúcar

2 colheres (sopa)/12 g de canela em pó

142 g de manteiga

6 claras

227 g de nozes-pecãs tostadas e picadas

COBERTURA DA ASSADEIRA

907 g de açúcar demerara

1,19 kg de xarope de milho escuro

907 g de creme de leite fresco (36% a 40%)

2,72 kg de **massa doce** (p. 1.063)

240 mℓ de *egg wash* (p. 1.041)

1. Para fazer a massa de canela, misture a farinha, o açúcar e a canela. Junte-os na tigela da batedeira com a manteiga, em velocidade média por 1 minuto, ou até que a mistura se pareça com um pó grosseiro e não haja grumos de manteiga visíveis.
2. Adicione as claras em velocidade média, em duas vezes, batendo até misturar totalmente, e limpando os lados da tigela à medida que for necessário.
3. Acrescente as pecãs e misture misture. Reserve.
4. Faça a cobertura da assadeira: misture o açúcar, o xarope de milho e o creme em uma panela e aqueça a 104 °C.
5. Antes de usá-la, espere que a mistura chegue à temperatura ambiente. Pode ser necessário batê-la novamente, usando um batedor de arame.
6. Divida a massa doce em quatro pedaços de 680 g. Abra cada um deles sobre uma superfície de trabalho ligeiramente enfarinhada, formando um retângulo de 36 cm × 20 cm, com aproximadamente 1 cm de espessura.
7. Pincele ligeiramente cada retângulo com *egg wash* formando uma tira com 3 cm de largura, ao longo do comprimento da massa.
8. Distribua 240 mℓ da mistura de canela uniformemente sobre o restante de cada retângulo de massa. Enrole formando um rocambole de 36 cm de comprimento e sele com *egg wash*. Divida cada pedaço de massa em 8 pedaços iguais.
9. Despeje 240 mℓ da cobertura da assadeira em quatro assadeiras quadradas de 23 cm. Coloque quatro pães em cada assadeira.
10. Asse-os em forno a 204 °C por 25 a 30 minutos ou até que dourem bem. Assim que retirar as assadeiras do forno, vire-as sobre pratos. Sirva quente ou à temperatura ambiente.

massas básicas de confeitaria

A maior parte das massas para *pâtisserie* contém muitos ingredientes comuns: farinha, gordura, líquido e ovos. O que torna cada uma delas única é a proporção de cada ingrediente em relação ao outro, os aromatizantes usados e o método para misturá-los ou combiná-los.

CAPÍTULO 33

Biscoitos, bolinhos, pães de fermento em pó e massas para tortas podem ser preparados usando o método arenoso (SABLAGE). Os ingredientes não são misturados para formar uma massa homogênea. Em vez disso, a gordura é gelada e depois esfarelada na farinha para criar flocos, que resultarão em um item assado flocoso.

método arenoso (sablage)

A farinha, uma gordura fria sólida e um líquido muito gelado são os componentes básicos da maior parte dos produtos no método arenoso. Deve-se começar por pesar e peneirar a farinha branca comum ou uma combinação de farinha de trigo e outras farinhas. O fermento também deve ser pesado ou medido e distribuído uniformemente por toda a farinha, peneirado com ela, ou batido com um batedor; o mesmo deve ser feito com os outros ingredientes secos (sal, especiarias, etc.).

As gorduras mais comuns usadas com este método são a manteiga, a gordura vegetal e a banha (ou uma combinação desses ingredientes), que devem ser cortadas em pedaços e mantidos gelados.

As receitas preparadas com o uso deste método exigem uma quantidade de líquido relativamente pequena, líquido que, como a gordura, deve estar bem gelado, para impedir que a gordura se misture completamente à farinha. Os ingredientes líquidos mais comuns são a água, o leite e o leitelho (buttermilk). Misture o líquido com os outros ingredientes apenas o suficiente para permitir que a umidade seja absorvida pela farinha, e só até que os ingredientes se combinem, pois, a essa altura, a massa deve ir descansar na geladeira.

Há dois tipos básicos de massas por este método: a laminada e a flocada. Quanto maiores forem os flocos de gordura antes de se adicionar o líquido, mais laminada e crocante será a massa assada. Se os flocos de manteiga ou gordura vegetal forem esfregados na farinha de modo a permanecerem visíveis, o resultado será o que frequentemente se chama de massa de torta laminada. Se a manteiga ou a gordura vegetal for mais misturada à massa, até que a mistura se pareça com uma farinha grossa, o resultado será o que às vezes é chamado de massa flocada. As massas deste método para tortas devem ser abertas em uma superfície levemente enfarinhada e ter espessura de mais ou menos 3 mm.

A massa para torta laminada é melhor para tortas fechadas e abertas, recheadas com frutas e assadas.

método rápido »

1. Peneire os ingredientes secos.
2. Junte a gordura aos ingredientes secos até obter uma textura de farofa grossa.
3. Junte os ingredientes líquidos frios e misture até que se forme uma massa macia.
4. Trabalhe a massa muito rapidamente, se necessário.
5. Molde e pese a massa como desejar, e asse como indicado para cada tipo de produção.

método arenoso

A massa flocada é mais adequada para as tortas que exigem uma base inteiramente assada, recheada depois de esfriar e solidificada até ficar gelada, com recheio de creme ou outros recheios líquidos que foram assados até ficarem firmes.

As assadeiras para tortas, fechadas ou abertas, não exigem qualquer preparação, porque as massas desse tipo contêm grande quantidade de gordura. As massas devem ser abertas numa superfície de trabalho ligeiramente enfarinhada até ficarem com espessura aproximada de 3 mm. O forno deve ser preaquecido e a prateleira ajustada na posição central nos fornos convencionais. É útil ter à mão grades para esfriar. *Scones*, *biscuits* e pães devem ser retirados das assadeiras e esfriar diretamente nas grades. As tortas são resfriadas em grades ainda dentro da assadeira. As tortas abertas podem ser retiradas da assadeira depois que estiverem completamente frias.

Há algumas regras básicas a levar em consideração ao preparar uma massa seca (arenosa).

» Peneire os ingredientes secos antes de adicionar a gordura para garantir que eles sejam igualmente distribuídos. O processo de esfarelar a gordura com os ingredientes secos não vai efetivamente misturá-los.

» Mantenha a gordura bem fria. É fundamental que a gordura esteja fria durante a mistura e a modelagem se você estiver fazendo biscoitos ou massas para tortas. São as camadas distintas formadas durante o processo de esfarelamento que criam a estrutura crocante. Uma vez que a gordura amorne, ela vai começar a se misturar com a farinha e os outros ingredientes, resultando em uma massa homogênea, comprometendo a textura do produto final.

» Trabalhe a massa apenas o necessário para alcançar o resultado desejado. O estágio final de qualquer massa seca é acrescentar o líquido. É fundamental que a massa não esteja excessivamente sovada nesse momento. Massa excessivamente manipulada promove o desenvolvimento do glúten (a proteína contida na farinha), tornando-a dura, o que vai dificultar o trabalho com ela e resultar em uma desagradável estrutura quando assada.

método detalhado »

1. Peneire ou misture os ingredientes secos bem antes de adicionar a gordura. Um bom resultado depende de trabalhar a massa o menos possível e de misturar os ingredientes secos no início, para reduzir o tempo de mistura mais tarde. A manteiga ou a gordura vegetal deve estar gelada, sólida para que possa ser trabalhada na farinha sem que se obtenha uma massa homogênea. Adicione a gordura toda de uma vez aos ingredientes secos e friccione-os para dentro da gordura. Não trabalhe demais, ou o resultado final não será tão folhado e delicado como deseja.

A gordura na mistura da imagem de cima foi friccionada até os pedaços ficarem do tamanho de nozes descascadas; o resultado será uma massa para torta laminada. A gordura na mistura de baixo foi trabalhada até os pedaços ficarem do tamanho de ervilhas; isso produzirá uma massa para torta flocada. Note a diferença de cor obtida quando se fricciona mais intensamente a gordura na farinha.

2. Faça uma cavidade no centro da mistura de farinha e gordura e adicione os ingredientes líquidos. Misture vagarosamente a farinha à água, começando com a farinha da parte interna da cavidade e trabalhando de dentro para fora.

1068   PANIFICAÇÃO E CONFEITARIA

3. Depois que o líquido for adicionado, não trabalhe a massa em demasia. O produto ficará duro se for misturado vigorosa e prolongadamente. Trabalhe a massa só até ficar macia e separe-a em porções para armazená-la. Depois de misturada, a massa para torta deve ser refrigerada antes de ser aberta na espessura desejada; para fazê-lo, use pressão leve, mas uniforme.

CROSTA CROCANTE (MASSA FEITA COM BISCOITO)

A massa seca costuma ser usada no preparo de tortas de frutas e das recheadas com cremes à base de ovos. As crostas crocantes – simples, saborosas e fáceis de fazer – são geralmente empregadas em dois tipos de preparação: tortas com recheio cozido e *cheesecakes*. As bolachas de maisena são muito utilizadas como base para crostas crocantes, mas outros tipos de biscoito também podem ser usados para emprestar diferentes sabores.

Veja a seguir a receita básica de crosta crocante:

680 g de bolacha de maisena

113 g de açúcar

170 g de manteiga derretida

1. Bata os ingredientes até totalmente incorporados. Divida a massa em formas preparadas e pressione em uma camada uniforme de cerca de 6 mm de espessura.

2. As crostas crocantes devem ser assadas a 177 °C até atingirem um marrom dourado, em cerca de 7 minutos. Esfrie a crosta completamente antes de rechear.

3. Para tortas com recheio cozido, primeiramente o recheio é cozido e, então, despejado na crosta crocante já fria e resfriado até a torta ficar pronta. Para *cheesecakes*, o recheio é colocado na crosta crocante assada e resfriada e, depois, assado novamente até o recheio ficar pronto.

ESTE MÉTODO CONSISTE EM SIMPLESMENTE FAZER DUAS MISTURAS, UMA COM OS INGREDIENTES LÍQUIDOS E OUTRA COM OS SECOS, JUNTANDO-OS DEPOIS. OS INGREDIENTES SECOS GERALMENTE INCLUEM FARINHA, AÇÚCAR, SAL, FERMENTO QUÍMICO E AROMATIZANTES, COMO ESPECIARIAS E CACAU.

método de misturas combinadas

Esses ingredientes são peneirados e/ou misturados juntos. A gordura é adicionada em forma líquida – óleo ou manteiga derretida – aos outros ingredientes líquidos (leite, água, suco, ovos, etc.) antes de eles serem juntados aos ingredientes secos.

Primeiro, peneire a farinha com os outros ingredientes secos. Farinhas especiais como farinha de milho ou farinha integral podem substituir a de trigo branca em algumas receitas para incrementar o sabor e desenvolver uma textura diferenciada. É importante peneirar os ingredientes secos para remover os grumos e incorporar bem os ingredientes. A mistura correta dos ingredientes secos garante que o agente fermentador seja distribuído uniformemente no preparo. Peneirar ajudará na distribuição homogênea dos ingredientes e reduzirá o tempo de mistura da massa.

O leite, o leitelho, a água e até mesmo a umidade liberada por vegetais – abobrinhas ou cenouras, por exemplo – podem representar o líquido na receita. Costumeiramente, as receitas pedem os fermentos químicos comuns, como o fermento em pó ou bicarbonato de sódio.

As gorduras, seja o óleo ou a manteiga, devem estar líquidas quando adicionadas à massa mole. A manteiga deve ser derretida e resfriada à temperatura ambiente, antes de ser utilizada.

Quando acrescentar os ingredientes líquidos aos secos, coloque-os todos de uma vez e misture só até que os itens secos estejam umedecidos por igual. Se trabalhar a massa à mão, faça um orifício (poço) no centro dos itens secos e ponha os líquidos no meio. Raspe a tigela uma ou duas vezes, para misturar a massa mole por igual, tão rápido quanto possível, para assegurar uma textura leve e delicada ao produto final.

Determinadas receitas podem pedir o acréscimo de ingredientes como frutas frescas, desidratadas ou secas, ou chocolate. Geralmente, eles são misturados à massa mole só na hora de pesar e assar; contudo, também podem ser incorporados com os ingredientes secos.

O tipo de assadeira e sua preparação variam. Para *popovers*,* por exemplo, as assadeiras de *muffins* ou *ramequins* devem ser generosamente untadas. Outros produtos assados podem exigir que se enfarinhe a assadeira untada com manteiga. Use forros de papel, se houver, para forrar assadeiras, tanto as comuns como as para *muffins*. Consulte cada receita para instruções específicas sobre como preparar a assadeira.

Popover: pão feito por cocção rápida, bem arejado e cheio de buracos, sem fermentação biológica.

método rápido »

1. Junte e peneire os ingredientes secos.
2. Misture os ingredientes líquidos.
3. Junte os ingredientes líquidos aos ingredientes secos.
4. Bata até que a massa esteja uniformemente misturada.
5. Acrescente qualquer guarnição adicional.
6. Preencha assadeiras previamente preparadas e asse o item.
7. Remova o item das assadeiras, esfrie e sirva ou guarde.

Muffins, bolos, pãezinhos de minuto, cookies e outros produtos assados feitos com o método cremoso desenvolvem uma estrutura leve e aerada pelo uso de fermentos químicos e pela incorporação de ar à massa.

método cremoso

Pelo método cremoso, antes de tudo misturam-se a gordura e o açúcar, até ficarem relativamente lisos, leves e cremosos. Depois, juntam-se os ovos gradualmente e, por fim, os ingredientes secos peneirados, em uma ou duas adições, dependendo da quantidade de farinha; se houver um líquido, a farinha e o líquido são adicionados alternadamente, começando e terminando com a farinha. É importante que os ingredientes para a massa cremosa estejam à temperatura ambiente e que a gordura (manteiga, gordura vegetal, pasta de frutas secas, etc.) esteja macia antes de se começar a misturar.

A gordura deve estar flexível, de modo que possa aerar adequadamente. Deixe a manteiga ou outra gordura chegar à temperatura ambiente, ou bata-a na batedeira para amaciá-la levemente. O açúcar usado em receitas desse tipo frequentemente é o açúcar cristal, embora em algumas receitas possa ser substituído por açúcar mascavo ou refinado. A textura final é produzida pelo ato de bater os grânulos de açúcar na gordura. Os ovos também devem estar à temperatura ambiente, para permitir que se misturem com a manteiga e o açúcar; os aromatizantes, como extrato de baunilha ou chocolate, também devem estar à temperatura ambiente. O chocolate é, em geral, derretido e, depois de esfriar ligeiramente, adicionado à massa.

Quase sempre, as assadeiras são untadas e ligeiramente enfarinhadas, ou untadas, forradas com papel-manteiga cortado do tamanho certo, que depois também é untado.

método rápido »

1. Deixe a gordura vegetal ou a manteiga em temperatura ambiente.
2. Peneire a farinha, o fermento químico e outros ingredientes secos necessários.
3. Bata a manteiga com o açúcar até a mistura ficar lisa, macia e homogênea.
4. Junte os ovos aos poucos e bata até a massa ficar macia. Raspe a tigela entre cada adição.
5. Junte os ingredientes secos peneirados e os ingredientes líquidos alternadamente, em porções. Se não estiver usando ingredientes líquidos, junte os ingredientes secos todos de uma vez.
6. Divida a massa em assadeiras preparadas e asse o item.
7. Remova o item das assadeiras, esfrie e sirva ou guarde.

método detalhado »

1. **Bata juntos a gordura e o açúcar** na batedeira elétrica, em velocidade média. Raspe os lados e o fundo da tigela de vez em quando, enquanto trabalha, para que a gordura se espalhe por igual. Continue até que a mistura fique de cor clara e leve e com textura relativamente homogênea. Quando a manteiga e o açúcar tiverem essa aparência, uma quantidade suficiente de ar foi incorporada à massa.

Se os ingredientes não estiverem cremosos o bastante, o produto final será um bocado denso e lhe faltarão as qualidades características de leveza e maciez dos produtos cremosos assados.

2. **Adicione os ovos à temperatura** ambiente, gradualmente, em estágios, incorporando-os e raspando a tigela depois de cada adição. Raspar a tigela é importante para desenvolver uma massa bem homogênea. Adicionar os ovos aos poucos ajuda a impedir que a massa se separe.

método cremoso

3. Adicione os ingredientes secos peneirados todos de uma vez, ou alterne com o ingrediente líquido. Ao adicionar os ingredientes secos alternando-os com um líquido, junte um terço dos ingredientes secos, depois cerca de metade dos líquidos, misturando-os até ficarem macios e raspando a tigela depois de cada adição. Repita a sequência até que todos os ingredientes secos e líquidos tenham sido acrescentados.

Aumente a velocidade e bata a massa até a mistura ficar uniforme e homogênea. Independentemente do método de adição, depois de juntar os ingredientes secos, a massa deve ser mexida só até que eles se incorporem por igual.

Por último, adicione os aromatizantes ou as guarnições restantes, como frutas secas, *chips* de chocolate ou frutas desidratadas, misturando só até que se incorporem.

REGRAS GERAIS PARA BATER UMA MASSA

Há algumas coisas a levar em conta quando se bate uma massa, independentemente do método de mistura, que vão ajudar a assegurar um excelente resultado final.

» *Peneire os ingredientes secos (farinhas, especiarias, leveduras) juntos, para remover quaisquer grumos e distribuir os ingredientes por igual. As especiarias são um elemento aromatizante importante e são usadas, em geral, em quantidades pequenas (ou seja, frações de uma colher de chá). É importante que sejam distribuídas por igual, para que o sabor se desenvolva adequadamente; quando isso não ocorrer com as leveduras, como o fermento em pó, o item assado resultante pode ter um miolo irregular, com buracos ou depressões.*

» *Antes de bater, todos os ingredientes devem estar à temperatura ambiente, para não inibir a misturação adequada. Adicionar ovos ou leite gelado à manteiga pode separar a massa. Mesmo quando todos os ingredientes estiverem à temperatura adequada, o líquido é, muitas vezes, adicionado aos poucos, para impedir a separação da massa e permitir que a farinha se hidrate completamente.*

» *Em muitos (ou na maior parte) dos métodos de mistura usados para produzir bolos e pães de minuto, o tempo desempenha papel importante por duas razões. Primeiro, o tempo de mistura facilita o desenvolvimento de células de ar na massa. Na maior parte desses métodos, as células de ar são importantes para o desenvolvimento adequado da estrutura e do miolo enquanto assam. Segundo, depois de adicionar a farinha, é importante restringir o tempo de mistura para que o glúten não se desenvolva, o que deixaria o item assado duro e emborrachado.*

As massas folhadas incluem também o *croissant* e a massa dinamarquesa (*Danish*). Para fazer esse tipo de massa, dobre e abra uma massa previamente preparada (a massa base) com um bloco de gordura chamado *roll-in*. Com uma série de dobras criam-se múltiplas camadas de massa e gordura, que crescem e contribuem para que o produto final fique crocante, macio e leve.

massas folhadas

A gordura que separa as camadas se derrete enquanto assa, fornecendo espaço para que o vapor liberado pela massa e pela gordura se acumule, expandindo a distância entre as camadas folhadas. Para produzir massas laminadas folhadas e delicadas, é essencial a utilização de métodos de mistura, técnicas de abertura e controle de temperatura apropriados.

Ao fazer uma massa folhada, dobrar é o fator mais importante, pois as camadas distintas de gordura e massa devem ser mantidas durante todo o processo. Para a obtenção de camadas adequadas, a massa deve ser aberta por igual e os cantos devem ser em ângulo reto enquanto se fecha a gordura, e assim em todas as dobras subsequentes.

A primeira dobra e o passo que introduz a *roll-in* na massa é o *lock-in*. A *roll-in* e a massa devem ter a mesma consistência. Deixe a *roll-in* ficar à temperatura ambiente por alguns minutos se estiver muito dura, ou coloque-a na geladeira se estiver macia demais.

Para cumprir essa etapa, divida a folha de massa ao meio, visualmente. Abra a gordura em um retângulo que seja metade do tamanho do quadrado ou retângulo de massa e coloque-a sobre a metade da massa, depois dobre a outra metade da massa por cima e sele as pontas para encerrar completamente a gordura. Isso dobra o número de camadas na massa. A gordura também pode ser adicionada à massa usando as técnicas de envelope, volta simples ou de três voltas.

Depois que a gordura é adicionada à massa, as voltas subsequentes são feitas, em geral, com a técnica das voltas simples. Antes de dobrar e abrir a massa, retire sempre o excesso de farinha da superfície com uma escova. Quando você dobra a massa, os cantos devem se encontrar de modo exato e as bordas devem ficar retas e perfeitamente alinhadas. Depois de cada volta, a massa deve ser refrigerada para relaxar e para que a manteiga gele. O período de tempo de que a massa precisa para descansar depende, em grande parte, da temperatura da cozinha.

Para cada volta, vire a massa 90 graus em relação à posição anterior, assegurando-se de que o glúten esteja esticado por igual, em todas as direções. Forçar demais em uma só direção torna a massa difícil de abrir, o que causa um crescimento desigual, tornando-a disforme quando for assada e o glúten se contrair.

método rápido »

1. Prepare a massa e a abra.
2. Coloque a gordura (método *lock-in*), feche a massa e deixe descansar.
3. Dobre um terço da massa sobre ela.
4. Dobre o terço restante da massa sobre o meio.
5. Deixe descansar por 15 a 30 minutos para o glúten relaxar.
6. Abra a massa até a espessura original e repita o procedimento de dobragem, como desejado, deixando descansar ao final de cada ciclo.

1. **Divida** a folha de massa, visualmente, em terços.

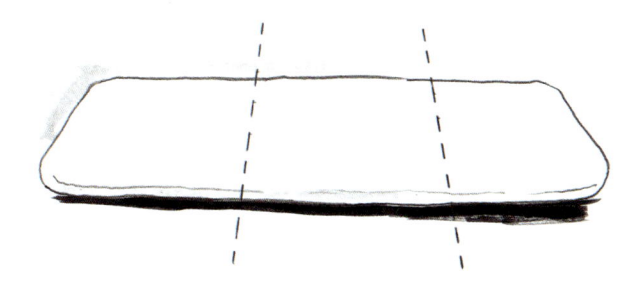

3. **Dobre o outro terço** externo da massa sobre a massa já dobrada. Cada vez que esta volta simples é feita, triplica o número de camadas da massa.

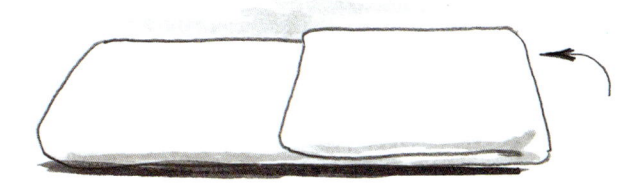

2. **Dobre um dos terços** laterais da massa sobre o terço do meio.

« **método detalhado**

MASSA FILO

Essa massa, usada para preparar *strudel* e *baklava*, é uma massa fina feita apenas de farinha e água e, ocasionalmente, uma pequena quantidade de óleo. A massa é esticada e aberta até ficar extremamente fina. A manteiga, em vez de ser aberta sobre a massa, é derretida e pincelada sobre as folhas de massa antes que elas sejam assadas, de modo que, depois de assar, o resultado é semelhante à massa folhada.

A maior parte das cozinhas adquire a massa filo congelada, que precisa de certo tempo para descongelar e chegar à temperatura ambiente antes de poder ser trabalhada adequadamente. Depois de retirar a massa filo da embalagem, cubra-a ligeiramente com toalhas umedecidas e plástico, para que não seque rapidamente e se torne quebradiça.

Para obter a melhor textura, espalhe uniformemente sobre a massa farinha de rosca, manteiga, ou uma combinação das duas, mantendo as camadas separadas enquanto assam. Use um *spray* ou pincel para aplicar a manteiga ou o óleo em uma camada homogênea. Colocar a massa filo na geladeira antes de assar ajuda as camadas a permanecerem distintas e permite que cresçam mais no forno.

MÉTODO ESPUMOSO É QUALQUER MÉTODO EM QUE OS OVOS SÃO BATIDOS PARA INCORPORAR AR, ANTES DE SEREM ADICIONADOS AO RESTANTE DA MASSA. AO USAR ESTA TÉCNICA, É ESSENCIAL QUE TODOS OS INGREDIENTES E EQUIPAMENTOS SEJAM REUNIDOS E RECEBAM ALGUM TRATAMENTO PRELIMINAR ANTES DE SE COMEÇAR A MISTURAR A MASSA.

método espumoso

As assadeiras devem ser tratadas conforme recomendação da receita específica: untadas e/ou forradas ou enfarinhadas. A manteiga, se necessária, deve ser derretida e resfriada ligeiramente. Os ingredientes secos, como a farinha, a levedura adicional e as especiarias moídas, devem ser peneirados juntos.

Há três tipos básicos de métodos espumosos: o frio, o quente e o separado. No método frio, os ovos são batidos inteiros com o açúcar. No método quente, a mistura é aquecida em banho-maria antes de ser batida, criando-se uma espuma mais estável. No método separado, as gemas e as claras são batidas separadamente com açúcar, para se obter o máximo de aeração.

método rápido »

1. Peneire a farinha e os outros ingredientes secos necessários.
2. Aqueça os ovos e o açúcar em banho-maria a aproximadamente 43 °C, mexendo sempre para garantir que todo o açúcar se dissolva.
3. Depois de tirar a mistura de ovos do fogo, bata até alcançar o máximo de volume. Passe a velocidade da batedeira para média e bata os ovos por 15 minutos para estabilizar a espuma.
4. Misture os ingredientes secos peneirados com a mão.
5. Acrescente os aromáticos, a manteiga derretida e outros ingredientes opcionais.
6. Divida a massa em assadeiras preparadas e asse o item.
7. Remova o bolo do forno e deixe resfriar na própria assadeira.

método espumoso

Entretanto, há variações desses métodos espumosos. Dois deles são os métodos para fazer o *angel cake* – fazendo um merengue ou acrescentando a ele farinha peneirada. O bolo *chiffon* também é feito com claras batidas – com uma massa em que se combinam o açúcar, a gordura, a farinha e as gemas, acrescentando-se, depois, um merengue.

Para métodos espumosos com claras e gemas separadas, é imprescindível que não haja nenhum resíduo de gema nas claras. A gema contém gordura que vai evitar que as claras alcancem seu volume total. É por isso que algumas pessoas, quando vão bater merengue, limpam com vinagre a tigela que vão usar para bater.

A fim de manter o máximo volume das claras ao juntá-las à massa, use uma espátula larga e achatada. Incorpore uma pequena quantidade de claras à massa para deixá-la mais leve antes de juntar o merengue restante. Para garantir o máximo volume na massa finalizada, misture o merengue rápida e delicadamente.

ESFRIANDO E ARMAZENANDO PÃES DE MINUTO E BOLOS

Antes de serem retirados da forma, os pães de minuto e os bolos devem esfriar o suficiente para que possam ser manuseados. Para tanto, as grades de arame são a melhor solução, porque permitem que o ar circule sob a assadeira, onde se retém muito calor.

Primeiro, ajude, delicadamente, o bolo ou o pão a soltar-se da assadeira. Passe uma espátula pequena de metal, ou uma faca, em torno da borda interna da assadeira e pressione para o lado da assadeira, de modo a não cortar o bolo ou o pão. Vire a forma sobre uma base de papelão redondo para bolos ou sobre uma grade de arame, depois sacuda e bata o fundo da assadeira de leve. Erga a assadeira para liberar totalmente o item assado. Retire o papel-manteiga do fundo do bolo ou do pão, permitindo que o vapor escape.

Em alguns casos, as coberturas podem ser espalhadas sobre os itens ainda mornos, mas, na maior parte dos casos, os bolos devem estar completamente frios antes de ser cortados, recheados e cobertos.

A vida de prateleira de pães de minuto e bolos é relativamente limitada quando ficam expostos ao ar. Entretanto, podem ser congelados por até três semanas, embrulhados firmemente em plástico. Antes de servir ou de usá-los, deixe-os descongelar até chegar à temperatura ambiente.

método detalhado »

1. Pese e peneire os ingredientes secos, prepare as assadeiras e preaqueça o forno antes de bater os ovos. Os ingredientes secos devem ser misturados aos ovos tão logo estes tenham chegado ao volume máximo, porque, depois de batidos, começam a perder volume.

Para o método espumoso quente, mostrado aqui, misture os ovos (inteiros, gemas ou claras) com o açúcar em uma tigela e aqueça até cerca de 43 °C, mexendo ou batendo até dissolver completamente o açúcar, aumentar o volume e desenvolver um grão mais fino. No início, os ovos e o açúcar ainda são amarelo-forte e relativamente finos.

2. Depois que os ovos e o açúcar estiverem misturados, bata-os em velocidade de média a alta, até formarem uma espuma grossa. (Este passo é feito na batedeira, não sobre o banho-maria quente.) Chegará o momento em que a espuma parecerá não crescer em volume. A mistura deve formar uma fita ao cair do batedor e começar a diminuir depois de chegar ao volume máximo; a essa altura, os ovos estão adequadamente batidos. Bata os ovos por 15 minutos para estabilizar a espuma.

Acrescente os ingredientes secos peneirados. Isso frequentemente se faz à mão, embora alguns chefs os adicionem a máquina usando a velocidade mais baixa possível, ligando e desligando a batedeira, se necessário. Não bata a massa demais, pois a espuma começa a perder volume, e o bolo fica achatado e denso.

Se usar manteiga ou outra gordura, acrescente-a depois que os ingredientes secos estiverem incorporados. Esses ingredientes devem estar quentes, para distribuirem-se por igual por toda a massa; derreta-os misturando-os com um pouco de massa para reter o máximo volume.

Coloque a massa nas assadeiras preparadas e asse-a até ficar cozida.

método espumoso

3. O bolo deve crescer por igual enquanto assa. Quando assado da maneira adequada, ele começa a separar-se dos lados da assadeira. Sua superfície deve ficar elástica e, quando pressionada levemente, retomar a forma original.

Retire o bolo do forno e deixe-o esfriar rapidamente na assadeira. Desenforme-o e esfrie-o completamente numa grade. O *angel cake* e o bolo *chiffon* devem esfriar completamente, virados de ponta-cabeça na assadeira, antes de serem desenformados, de modo a reter todo o volume.

Os bolos preparados pelo método espumoso frequentemente são mais esponjosos do que os outros, embora tenham um miolo perceptível. O *angel cake* e o bolo *chiffon* são os mais esponjosos que há. A pouca quantidade de gordura que se usa lhes dá uma textura ligeiramente seca e, por essa razão, muitas vezes eles são umedecidos com uma calda simples. Mesmo quando há grande proporção de ovos em bolos espumosos, não se deve sentir um sabor de ovos pronunciado e desagradável.

A *PÂTE À CHOUX* É UMA MASSA PRÉ-COZIDA QUE, QUANDO ASSADA, SE EXPANDE COM O VAPOR LIBERADO PELA PRÓPRIA MASSA, FORMANDO UMA CONCHA OCA. PODE SER RECHEADA, COMO NOS PROFITEROLES, OU NÃO, COMO NOS *GOUGÈRES*.

pâte à choux

A *pâte à choux* é feita cozinhando-se água, manteiga, farinha e ovos até se obter uma massa mole lisa, depois modelando-a e assando-a. As formas se expandem quando assam, criando uma concha delicada. A *pâte à choux* é macia o bastante para permitir o uso de um saco de confeitar para dar-lhe diferentes formas; entre as mais comuns estão as carolinas, os profiteroles e os *éclairs*.

Pode-se usar farinha de trigo comum para fazer *pâte à choux*, mas a melhor escolha é a farinha para pão, porque tem percentagem mais alta de proteínas. Esse tipo de farinha absorve mais líquido, o que permite adicionar mais ovos, resultando numa *pâtisserie* pronta mais leve. O maior conteúdo de glúten deixa a massa mais elástica, o que facilita sua expansão enquanto assa.

Antes de começar a fazer *pâte à choux*, peneire a farinha e forre as assadeiras com papel-manteiga. A panela selecionada para cozinhar a massa deve ser grande o bastante para conter o líquido, a gordura e a farinha, com espaço suficiente para mexer vigorosamente, sem transbordar. Antes de começar a cozinhar a massa, monte a batedeira com a tigela e o batedor adequados.

pâte à choux

» receita básica

Pâte à choux
2 partes de líquido (por peso)

1 parte de gordura

1 parte de farinha

2 partes de ovos

método rápido »

1. Ferva o líquido com a gordura, garantindo que ela seja derretida.
2. Junte a farinha de uma vez e cozinhe a mistura.
3. Em uma batedeira, bata a massa cozida até esfriar.
4. Junte os ovos aos poucos e bata.
5. Passe a massa pelo saco de confeiteiro e modele.
6. Asse os itens.

dicas do especialista «

A água e o leite são os dois líquidos mais comumente utilizados para fazer *pâte à choux*. Cada um deles produz resultados bem diferentes, assim, seu uso depende de suas necessidades.

Água

No caso da *pâte à choux* feita com água, a temperatura do forno deve ser reduzida enquanto assa. Quando a colocar no forno, comece com uma temperatura mais alta, para estimular uma expansão maior da massa. Depois que ela crescer, baixe a temperatura para secá-la completamente, e para obter um resultado bem leve e crocante.

Leite

O leite faz com que a massa doure mais rapidamente antes de secar por completo. Por isso, a *pâte à choux* feita com leite fica um pouco mais úmida e macia. Além disso, os sólidos presentes no leite também lhe conferem mais sabor.

Meio a meio

Dependendo de suas necessidades, você também pode tentar fazer *pâte à choux* com metade de água e metade de leite, para obter um resultado intermediário.

Outros ingredientes podem ser adicionados para incrementar o sabor e a aparência da *pâte à choux*:

QUEIJO / ERVAS FRECAS / ESPECIARIAS SECAS / CACAU EM PÓ (SUBSTITUIR 57 G DE FARINHA E AUMENTAR 43 G DE AÇÚCAR)

A massa crua pode ser moldada e congelada. A *pâte à choux* assada pode ser congelada e reaquecida no forno.

método detalhado »

1. Ferva o líquido e a manteiga.
Adicione a farinha e cozinhe, mexendo constantemente. O líquido deve estar em completa ebulição antes que lhe seja adicionada a farinha, toda de uma vez. À medida que a *pâte à choux* é mexida e cozida, começa a formar-se uma camada no fundo da panela. Cozinhe até que a mistura desgrude da panela, formando uma bola, e transfira-a para a tigela da batedeira. Bata a massa por alguns minutos para esfriá-la um pouco, impedindo que o calor da massa talhe os ovos, quando forem adicionados.

Os ovos devem ser acrescentados gradualmente, em três ou quatro adições, trabalhando a massa, todas as vezes, até ficar macia. Raspe os lados e o fundo da tigela, se necessário. Continue a mexer até que todos os ovos sejam incorporados.

2. Usando o saco de confeitar,
molde a massa da forma desejada, nas assadeiras preparadas. Deixe a *choux* descansar por 20 minutos sem tampar para que se forme uma película; isso ajuda a manter o formato. Asse até que a massa esteja inflada e dourada, sem gotas de umidade dos lados.

Comece assando a uma temperatura alta (191 °C a 204 °C). Reduza a chama para 163 °C quando a massa começar a dourar. Continue a assar a *pâte à choux* até que fique completamente seca. Retire-a do forno.

3. **Avalie** a *pâte à choux*. Quando preparada e cozida adequadamente, a *pâte à choux* tem uma cor dourada definida, em virtude da alta proporção de ovos. Mesmo depois de assada, essa cor não muda drasticamente. Quando é preparada do modo correto, fica perfeitamente seca, sem gotas de umidade dos lados, ou em cima, e multiplica várias vezes seu volume original enquanto assa. Sua textura fica seca e delicada. Os ovos devem ser o sabor predominante da *pâte à choux*.

Retire o interior úmido antes de adicionar recheio em *éclairs* ou carolinas de qualquer tipo.

orientação para modelar e assar *cookies* ou biscoitos

Os *cookies* são preparados de muitas maneiras diferentes: com o saco de confeitar, com a colher, fatiados, moldados, para mencionar só algumas. Eles são, muitas vezes, servidos em recepções, como parte de um bufê de sobremesas, ou com sorvete ou *sorbet*. Podem-se apresentar *cookies* sortidos, no final de uma refeição, como um extra atraente.

Os *cookies* contêm alta percentagem de açúcar, portanto, a temperatura do forno deve ser regulada com cuidado enquanto assam. Os fornos a convecção, que produzem itens assados por igual, são particularmente adequados para assar muitos tipos de *cookies*.

As massas para *cookies* podem ser preparadas usando-se diferentes métodos de mistura. Alguns devem ser modelados e assados assim que a massa estiver pronta; outros precisam ser refrigerados antes de serem modelados. Prepare a massa seguindo as intruções da receita e reúna os utensílios necessários para modelar e assar os *cookies*.

COOKIES PINGADOS

Os *cookies* pingados sempre se espalham enquanto assam, por isso deixe espaço suficiente para que se expandam sem tocarem uns nos outros. Arrume-os em fileiras uniformes, para um cozimento por igual. Asse-os a uma temperatura entre 163 °C e 177 °C, até que o fundo esteja dourado e eles estejam assados, mas ainda úmidos. Esfrie-os em grades e armazene-os em recipientes bem fechados à temperatura ambiente ou congele-os para um armazenamento mais longo.

COOKIES ABERTOS E CORTADOS

Os *cookies* abertos e cortados são feitos com massas duras que, muitas vezes, são bem geladas antes de serem abertas. Enquanto a massa gela, forre as assadeiras com papel-manteiga. Abra a massa sobre uma superfície de trabalho ligeiramente enfarinhada, usando a mesma técnica descrita para abrir massa de torta (p. 1.142).

Enfarinhe levemente o rolo de macarrão enquanto trabalha. Em alguns casos, a superfície de trabalho e o rolo podem ser polvilhados com açúcar refinado. As massas moles muito ricas e delicadas podem ser abertas entre duas folhas de papel-manteiga. Quando terminar de abrir, a massa deve estar uniforme e ter uma espessura não superior a 3 mm ou 4 mm. Tome cuidado para que a massa não grude na superfície de trabalho enquanto é aberta.

Podem-se usar cortadores de várias formas e tamanhos, ou cortar a massa com a faca. Enquanto trabalha, mergulhe o cortador ou a lâmina da faca em uma pequena quantidade de farinha ou açúcar refinado, para que não grude na massa.

Transfira os *cookies* para a assadeira e leve-os ao forno a 177 °C, até que as bordas comecem a dourar. Passe-os imediatamente para uma grade de arame para esfriar, não permitindo que assem demais. Armazene esses *cookies* bem embrulhados em um recipiente hermético, à temperatura ambiente.

Os *cookies* modelados são, muitas vezes, glaçados ou cobertos com *fondant*. Essas coberturas devem ser aplicadas depois que o *cookie* esfriou completamente. Se forem congelados para armazenamento prolongado, leve-os ao *freezer* sem nada e decore-os depois que os descongelar.

orientação para modelar e assar cookies ou biscoitos

COOKIES ASSADOS DUAS VEZES

Um tipo de *cookie* modelado e fatiado são os *biscotti* ou *cookies* assados duas vezes. São feitos em meia-lua diretamente nas assadeiras forradas, e assados a seguir. Depois de prontos, os *biscotti* são fatiados para formar *cookies* individuais e devolvidos ao forno em assadeiras forradas com papel-manteiga, para tostar ligeiramente e secar.

COOKIES MODELADOS

Os *cookies* modelados com o saco de confeitar são feitos assim que a massa estiver pronta; por isso, você deve preparar todo o equipamento antes de começar a fazer a massa. Os sacos e os bicos de confeitar devem estar à mão e as assadeiras, untadas ou forradas com papel-manteiga. Quando a massa estiver misturada, passe-a para o saco de confeitar com uma espátula de silicone e torça o seu topo para impedir a formação de bolhas de ar. Esprema o saco de confeitar para formar um *cookie*, diminuindo a pressão quando ele estiver do tamanho desejado. Arrume os *cookies* em fileiras retas e uniformes, e deixe um pouco de espaço entre um e outro para que se espalhem enquanto assam.

Cookies pingados

1. Como os *cookies* pingados são frequentemente moldados e assados quando a massa está pronta, prepare as assadeiras forrando-as com papel-manteiga antes de misturar a massa. A maior parte das massas para *cookie* são preparadas pelo método cremoso ou espumoso. Para o *chef* ou *pâtisseur* profissional, há grande número de colheres de sorvete, em vários tamanhos, usados habitualmente para separar a massa em porções. Para fazê-lo usando uma colher ou pá, encha a colher do tamanho adequado com massa e erga-a, depois coloque a massa sobre a assadeira forrada com papel. Se a receita assim indicar, achate a massa para que se espalhe mais uniformemente.

2. Na maior parte dos *cookies* pingados, a massa também pode ser separada em porções, em vez de pingada; este método é muito eficiente para produção em grande volume. Para fazer porções por este método, separe a massa em porções manejáveis e modele cada uma delas em cilindro. Embrulhe a massa em papel-manteiga ou plástico, usando-o para comprimi-la e formar um cilindro compacto. Leve à geladeira ou *freezer* até ficar firme. Corte a massa em fatias uniformes.

Cookies preparados com estêncil

1. Os *cookies* preparados com estêncil são feitos com uma massa bem macia. A massa pode ser preparada e reservada enquanto se reúnem os utensílios para modelar e assar. Os estênceis podem ser comprados, feitos de plástico flexível pesado, ou você pode cortá-los em papelão robusto. Forre assadeiras com protetores de silicone, ou use uma assadeira invertida untada e enfarinhada, e depois congelada. Congelar a assadeira ajuda a gordura e a farinha a grudarem nela, em vez de soltar-se enquanto o *cookie* está sendo modelado no estêncil.

Coloque o estêncil na assadeira preparada e pingue nele uma colher de massa mole. Espalhe-a em uma camada uniforme com uma pequena espátula, ou com as costas de uma colher.

2. Retire o estêncil e repita até que a assadeira esteja cheia. Esses *cookies* não se espalham, mas deixe espaço suficiente de modo que o estêncil não estrague nenhum.

3. Pressione os *cookies* quentes rapidamente numa forma côncava ou sobre um rolo de macarrão para dar-lhes forma de *tuiles*. Alternativamente, as *tuiles* podem ser modeladas sobre um copo ou cano de PVC para formar recipientes. As *tuiles* podem ser usadas para colocar uma bola de sorvete, *mousse*, ou como guarnição decorativa.

Massa básica para torta (3-2-1)

Rendimento: 2,89 kg

- 1,36 kg de farinha de trigo comum
- 28 g de sal
- 907 g de manteiga gelada, cortada em pedaços
- 454 g de água gelada

1. Misture bem a farinha e o sal. Friccione delicadamente a manteiga na farinha com a ponta dos dedos, para formar flocos grandes, ou pedaços do tamanho de uma noz, para uma crosta extremamente flocosa, ou até que a massa se pareça com uma farinha grosseira, para um miolo mais fino.
2. Adicione toda a água de uma vez e misture até que a massa fique homogênea; deve ficar úmida o bastante para formar uma bola.
3. Passe a massa para uma superfície de trabalho enfarinhada e molde um retângulo uniforme. Embrulhe-a com plástico e deixe-a na geladeira por 20 a 30 minutos.
4. Agora, a massa está pronta para ser aberta, podendo ficar na geladeira por até três dias ou congelada por até seis semanas. (Descongele a massa congelada no refrigerador antes de abri-la.)
5. Divida a massa conforme necessário, dependendo do tamanho da assadeira. Use cerca de 28 g de massa para cada 3 cm de diâmetro de assadeira.
6. Abra a massa sobre uma superfície enfarinhada, na forma e espessura desejadas, com pancadinhas leves, uniformes.
7. Transfira-a para uma assadeira preparada para fazer uma torta aberta ou fechada, ou para *tarteletes*. A massa agora está pronta para ser recheada ou pré-assada.

Biscuits de leitelho

Rendimento: 40 biscuits

- 1,59 kg de farinha de trigo comum
- 113 g de açúcar
- 85 g de fermento em pó
- 21 g de sal
- 454 g de manteiga gelada, cortada em pedaços
- 227 g de ovos
- 737 g de leitelho
- **Egg wash** (p. 1.041), quanto baste

1. Forre uma assadeira com papel-manteiga.
2. Misture a farinha, o açúcar, o fermento e o sal.
3. Adicione a manteiga e friccione a mistura até que tenha a aparência de uma farinha grosseira.
4. Misture os ovos com o leitelho. Adicione à mistura de farinha, mexendo para incorporá-los.
5. Abra a massa sobre uma superfície de trabalho ligeiramente enfarinhada, com espessura de 3 cm e, usando um cortador de 5 cm, corte os *biscuits*.
6. Coloque-os nas assadeiras preparadas e pincele ligeiramente com o *egg wash*.
7. Asse-os a 218 °C até dourarem bem, em cerca de 15 minutos.
8. Transfira os *biscuits* para grades de arame e deixe-os resfriar completamente.

Biscuits de leitelho

Scones de creme

Rendimento: 5 dúzias de scones

- 2,55 kg de farinha para pão
- 595 g de açúcar
- 149 g de fermento em pó
- 64 g de sal
- 2,1 kg de creme de leite fresco (36% a 40%), gelado
- 170 g de leite
- 170 g de açúcar cristal

1. Junte a farinha, o açúcar, o fermento em pó e o sal. Trabalhe-os na batedeira, em velocidade média, até misturar bem, em cerca de 5 minutos. Adicione o creme e misture só até incorporá-lo.
2. Separe a massa em porções de 1,05 kg e modele cada uma delas à mão, em uma forma de bolo, com ou sem orifício no meio, com 25 cm de diâmetro. Retire a massa da forma, coloque-a em uma assadeira forrada com papel-manteiga e congele.
3. Corte cada disco em dez gomos iguais e ponha os gomos em assadeiras forradas com papel-manteiga. Pincele-os com o leite e polvilhe-os com o açúcar cristal.
4. Asse-os em forno a 177 °C até dourar bem, em 20 a 25 minutos.
5. Espere que esfriem um pouco dentro da assadeira, por alguns minutos, depois passe para grades de arame para que esfriem completamente.

Scones de uvas-passas: Adicione 1,36 kg de uva-passa à massa pouco antes de misturar os ingredientes líquidos.

Scones de presunto e queijo *cheddar*: Exclua o leite e o açúcar cristal. Adicione 1,36 kg de presunto em cubos pequenos, 3 maços de cebolinhas verdes picadas e 680 g de queijo *cheddar* pouco antes de misturar os ingredientes líquidos.

Pão irlandês

Rendimento: 4 pães

- 1,13 kg de farinha de trigo comum
- 71 g de fermento em pó
- 170 g de açúcar
- 1¼ de colher (chá)/4 g de sal
- 156 g de manteiga gelada, em cubos
- 170 g de groselha
- 14 g de sementes de alcaravia
- 737 g de leite

1. Peneire juntos a farinha, o fermento, o açúcar e o sal.
2. Friccione a manteiga delicadamente nos ingredientes secos, com as pontas dos dedos, até obterem a consistência de fubá.
3. Adicione as groselhas e as sementes de alcaravia. Misture bem. Junte o leite e misture até obter uma massa áspera.
4. Passe a massa para uma superfície de trabalho ligeiramente enfarinhada e sove por 20 segundos.
5. Separe em porções redondas de 454 g e coloque-as em assadeiras forradas com papel-manteiga. Polvilhe a parte superior dos pães com farinha e, usando uma faca de legumes, faça um X, delicadamente, sobre a superfície superior de cada pão.
6. Asse-os em forno a 218 °C até que fiquem dourados e completamente cozidos, em 45 a 60 minutos. Para testar o ponto, insira um espeto de madeira na parte mais grossa do pão. O espeto deve sair sem ter qualquer migalha grudada nele.
7. Retire os pães da forma e deixe-os esfriar completamente em grades de arame, antes de fatiá-los e servi-los.

Panquecas de leitelho

Rendimento: 10 porções

- 595 g de farinha de trigo comum
- 28 g de fermento em pó
- 1 colher (chá)/6 g de bicarbonato de sódio
- 1 colher (chá)/3 g de sal
- 128 g de açúcar
- 8 ovos
- 960 mℓ de leitelho
- 113 g de manteiga derretida
- Óleo vegetal, quanto baste

1. Coloque os ingredientes secos em uma tigela grande e faça um orifício no centro.
2. Junte os ovos com o leitelho e misture bem. Despeje tudo de uma vez no centro dos ingredientes secos. Misture devagar usando um batedor e com movimentos circulares controlados.
3. Adicione a manteiga quando cerca de três quartos dos ingredientes secos estiverem úmidos. Continue a misturar até que a manteiga esteja incorporada. Não misture demais.
4. Se estiver fazendo grande quantidade, mantenha a massa gelada, mantendo-a sobre um recipiente com gelo ou dividindo-a e conservando a parte que não estiver sendo usada no refrigerador.
5. Aqueça uma frigideira grande ou chapa em fogo médio, ligeiramente untada com óleo vegetal ou manteiga clarificada.
6. Despeje cerca de 75 mℓ de massa mole na chapa. Quando as bolhas se romperem e a parte inferior estiver dourada, em 1 a 2 minutos, vire-a. Termine de cozinhar do outro lado, em cerca de 1 minuto. Sirva imediatamente.

Waffles básicos: Substitua os ovos inteiros por ovos separados. Misture as gemas com o leitelho e continue com os passos 2 e 3. Bata as claras em picos médios. Coloque as claras batidas na massa pronta. Preaqueça uma forma para *waffles* a 177 °C e unte ligeiramente com óleo. Coloque a massa mole na forma, feche-a e cozinhe os *waffles* até que dourem e fiquem inteiramente cozidos, em 3 a 4 minutos. (A quantidade de massa varia de acordo com o tamanho da forma de *waffles*.)

Panquecas de banana: Use 142 g de leitelho e adicione 227 g de banana picada.

Panquecas de *chips* de chocolate: Adicione à massa pronta 227 g de *chips* de chocolate e 71 g de pecãs ou nozes tostadas.

Panquecas de mirtilos: Acrescente 227 g de mirtilo à massa mole, pouco antes de fazer as panquecas.

Panquecas de aveia: Substitua 71 g de farinha por 113 g de aveia, 1 colher (chá)/2 g de canela em pó, ¼ de colher (chá)/0,5 g de noz-moscada ralada e uma pitada de cravo-da-índia em pó.

Pão frito (*puri*)

Rendimento: 10 porções

- 680 g de farinha de trigo comum
- 1 colher (sopa)/10 g de sal
- 45 mℓ de óleo vegetal, ou quanto baste para fritar
- 227 g de água morna

1. Coloque a farinha numa tigela e adicione o sal e 45 mℓ do óleo. Adicione a água gradualmente e sove a massa até que fique firme, em cerca de 5 minutos. Cubra-a com um pano úmido e deixe-a descansar por 15 minutos.
2. Abra a massa em forma de cilindro com 30 cm de comprimento e divida em 12 bolas iguais. Usando um pouco de farinha, abra cada bola de massa em círculos de 13 cm.
3. Frite cada um dos pedaços de massa, um de cada vez, no óleo aquecido a 177 °C, até que cresça e fique dourado, em cerca de 40 segundos.
4. Sirva imediatamente.

Johnny cakes

Rendimento: 10 porções

- 177 g de farinha de trigo comum
- 177 g de fubá
- 1 colher (chá)/3 g de sal
- 85 g de açúcar
- 21 g de bicarbonato de sódio
- 14 g de fermento em pó
- 737 g de leitelho
- 6 ovos ligeiramente batidos
- 50 g de manteiga derretida
- 57 g de milho cozido (opcional)
- 45 mℓ de óleo vegetal

1. Em uma tigela grande, peneire juntos a farinha, o fubá, o sal, o açúcar, o bicarbonato de sódio e o fermento em pó.
2. Em outra tigela, bata juntos o leitelho, os ovos e metade da manteiga derretida.
3. Adicione os ingredientes líquidos aos secos e junte a manteiga restante. Misture com uma colher de pau para incorporar bem os ingredientes. A massa ficará com alguns grumos.
4. Acrescente o milho, se usar, e misture bem.
5. Aqueça uma chapa ou frigideira de ferro grande até que fique moderadamente quente e pincele com um pouco de óleo.
6. Pingue a massa na chapa usando uma concha de 60 mℓ, deixando cerca de 3 cm de espaço entre um e outro *cake*.
7. Cozinhe-os até que a parte inferior esteja dourada, as bordas comecem a secar e as bolhas comecem a romper-se na superfície da massa, em 3 a 5 minutos. Vire os *cakes* e cozinhe-os até que o outro lado também esteja dourado, em cerca de 2 minutos. Repita usando a massa restante.
8. Sirva os *cakes* imediatamente ou mantenha-os aquecidos, sem cobrir, em forno bem baixo. Eles devem ser consumidos em, no máximo, 30 minutos, ou ficarão duros.

Crêpes Suzette

Rendimento: 10 porções

85 g de açúcar

340 g de manteiga em cubos

85 g de *zestes* de laranja

170 g de suco de laranja

30 **crêpes para sobremesa** (na página seguinte)

170 g de Grand Marnier

170 g de *brandy* ou conhaque

1. Faça uma ou duas porções por vez. Polvilhe o açúcar no fundo de uma panela para *suzette* preaquecida, sem permitir que a colher toque o fundo (o que pode cristalizar o açúcar).
2. Quando o açúcar começar a caramelizar, adicione a manteiga às bordas externas da panela e sacuda-a delicadamente para que a manteiga se distribua por igual e se misture ao açúcar.
3. Acrescente os *zestes* e sacuda a panela delicadamente para misturar bem todos os ingredientes, que vão ganhar uma cor caramelo-laranja clara.
4. Despeje o suco nas bordas externas da panela devagar, misturando bem com o açúcar.
5. Sacuda a panela delicadamente, incorporando todos os ingredientes e deixando o molho engrossar.
6. Prenda um *crêpe* entre um garfo e uma colher e coloque-o no molho. Vire-o para cobrir do outro lado. Coloque-o em uma assadeira forrada com papel-manteiga.
7. Repita o processo com os *crêpes* restantes, com bastante rapidez para que o molho não engrosse demais.
8. Retire a panela do *réchaud* e adicione o Grand Marnier. Não apague o fogo. Volte a panela ao *réchaud* e mexa-a delicadamente.
9. Escorregue a panela para a frente e para trás sobre a borda dianteira do *réchaud*, aquecendo-a.
10. Retire-a, acrescente o *brandy* ou o conhaque e incline ligeiramente a panela para pegar fogo. Sacuda-a até que a chama termine.
11. Coloque no prato três *crêpes* por porção, um parcialmente sobre o outro, e cubra com molho.

EM CIMA: Coloque a massa de *crêpe* na panela com a concha, rodando a panela para revestir toda a superfície do fundo por igual. O *crêpe* precisa ter espessura uniforme, caso contrário, o cozimento será irregular.

EMBAIXO: Depois que as bordas do *crêpe* dourarem, vire-o para terminar o cozimento.

receitas com massas básicas de confeitaria

capítulo 33 » MASSAS BÁSICAS DE CONFEITARIA

Crêpes para sobremesa

Rendimento: 20 a 30 crêpes

4 ovos

454 g de creme de leite fresco (36% a 40%)

227 g de leite

14 g de óleo vegetal

227 g de farinha de trigo comum

57 g de açúcar de confeiteiro

1 colher (chá)/3 g de sal

1½ colher (chá)/7,5 mℓ de extrato de baunilha

1. Combine os ovos, o creme de leite, o leite e o óleo e bata só até se incorporarem.
2. Peneire a farinha, o açúcar e o sal e coloque-os numa tigela.
3. Adicione os ingredientes líquidos e mexa até obter uma mistura homogênea, raspando a tigela conforme necessário. Acrescente a baunilha. Misture só até que os ingredientes se incorporem, formando uma massa mole relativamente homogênea. (A massa pode ser preparada com antecedência até este ponto e guardada na geladeira por até 12 horas. Se necessário, coe a massa antes de preparar os *crêpes*.)
4. Coloque uma pequena quantidade de massa em uma panela para *crêpes* preaquecida e untada com manteiga, mexendo a panela para que a manteiga se espalhe no fundo.
5. Cozinhe em fogo médio. Quando a massa se solidificar, vire e cozinhe do outro lado.
6. Recheie como desejar, enrole ou dobre, ou use em outras sobremesas (ver *crêpes* Suzette, receita anterior).

NOTA: Os *crêpes* prontos podem ser resfriados, empilhados separados com papel-manteiga, embrulhados e levados ao refrigerador ou *freezer*. Descongele os *crêpes* congelados antes de rechear e dobrar.

Massa folhada

Rendimento: 3,97 kg

907 g de farinha para pão

227 g de farinha para bolos

227 g de manteiga pomada

595 g de água

28 g de sal

MANTEIGA *ROLL-IN*

1,02 kg de manteiga moldável (16 °C)

113 g de farinha para pão

1. Coloque as farinhas, a manteiga, a água e o sal em uma tigela de batedeira com o batedor gancho.
2. Bata em velocidade baixa até a massa ficar macia, em cerca de 3 minutos.
3. Molde a massa em retângulo. Passe-a para uma assadeira forrada com papel-manteiga, embrulhe com plástico e deixe descansar na geladeira por 30 a 60 minutos.
4. Para preparar o *roll-in*, bata a manteiga e a farinha em velocidade baixa, com o batedor adequado, até a mistura ficar macia, em cerca de 2 minutos. Passe para uma folha de papel-manteiga. Cubra com outra folha de papel-manteiga e forme um retângulo de 20 cm × 30 cm. Acerte as bordas, cubra com plástico e deixe na geladeira até ficar firme, mas ainda moldável. Não deixe esfriar muito.
5. Coloque a massa em uma superfície de trabalho ligeiramente enfarinhada e abra-a em forma de retângulo de 41 cm × 61 cm, mantendo as bordas e os cantos retos. Coloque a mistura de manteiga em metade da massa e dobre a outra metade de massa por cima. Sele as bordas, vire a massa em 90° e abra-a em retângulo de 41 cm × 61 cm, certificando-se de que as bordas estão retas e os cantos formam um ângulo de 90°.
6. Faça uma volta simples. Cubra a massa com plástico e deixe-a descansar na geladeira por 30 a 45 minutos.
7. Vire a massa em 90° em relação à sua posição antes de ir para a geladeira e abra-a em retângulo de 41 cm × 61 cm, certificando-se de que as bordas e os cantos estão retos. Faça uma segunda volta simples. Cubra a massa com plástico e deixe-a descansar por 30 a 45 minutos na geladeira.

8. Repita o processo mais duas vezes, num total de quatro voltas simples, virando a massa 90° antes de abri-la, todas as vezes, e deixando que descanse, coberta em plástico na geladeira, por 30 a 45 minutos, entre uma volta e outra.

9. Depois de completar a última volta, embrulhe a massa em plástico e deixe-a descansar na geladeira por 30 minutos antes de usá-la.

Massa folhada *blitz*

Rendimento: 2,27 kg

454 g de farinha para bolos
454 g de farinha para pão
907 g de manteiga gelada, em cubos
21 g de sal
510 g de água gelada

1. Misture as farinhas na tigela de uma batedeira. Adicione a manteiga e misture com a ponta dos dedos até que a manteiga esteja revestida de farinha. Misture o sal e a água e adicione-os à farinha de uma só vez. Bata em velocidade baixa, com o batedor apropriado, até obter uma massa áspera.

2. Cubra a mistura firmemente com plástico e deixe-a descansar na geladeira até que a manteiga esteja firme, mas não quebradiça, em cerca de 20 minutos.

3. Coloque a massa sobre uma superfície de trabalho ligeiramente enfarinhada e abra-a em um retângulo com 1 cm de espessura e cerca de 30 cm × 76 cm.

4. Faça uma volta simples, abra a massa nas mesmas dimensões e faça uma segunda volta simples. Embrulhe firmemente a massa em plástico e deixe-a na geladeira para descansar, por 30 a 45 minutos.

5. Repita esse processo mais duas vezes, totalizando quatro voltas simples, refrigerando e virando a massa em 90° todas as vezes, antes de abri-la. Depois de completar a volta final, embrulhe a massa em plástico e deixe-a firmar no refrigerador por, pelo menos, 1 hora. (A massa pode ser refrigerada ou congelada.)

Receita básica de muffins

Rendimento: 1 dúzia de muffins

369 g de farinha de trigo comum

1 colher (sopa)/9 g de fermento em pó

298 g de açúcar

78 g de manteiga pomada

1½ colher (chá)/5 g de sal

142 g de ovos

142 g de leitelho

1 colher (sopa)/15 ml de extrato de baunilha

71 g de óleo vegetal

57 g de açúcar cristal

1. Unte as formas de *muffin* com uma camada fina de gordura ou use forros de papel adequados.
2. Peneire juntos a farinha e o fermento em pó.
3. Bata na batedeira o açúcar, a manteiga e o sal, em velocidade média, raspando a tigela periodicamente, até que a mistura esteja homogênea e de cor clara, em cerca de 5 minutos.
4. Bata os ovos com o leitelho, a baunilha e o óleo. Adicione à mistura de manteiga e açúcar em dois ou três vezes, misturando até incorporar bem depois de cada adição, e raspando a tigela conforme necessário.
5. Adicione os ingredientes secos peneirados e bata em baixa velocidade até que se umedeçam por igual.
6. Faça porções de cerca 85 g de massa e coloque em cada forma de *muffin* preparada, enchendo-as até três quartos da altura. Bata delicadamente nas formas cheias para eliminar qualquer bolha de ar. Polvilhe com o açúcar cristal.
7. Asse a 191 °C por 30 minutos, ou até que um espeto inserido perto do centro do *muffin* saia limpo.
8. Esfrie os *muffins* nas formas por alguns minutos, depois desenforme-os e passe-os para uma grade de arame para que terminem de esfriar.

Muffins de oxicoco (cranberry) e laranja: Acrescente 312 g de oxicoco (fresco ou congelado) e 43 g de *zestes* de laranja depois de adicionar os ingredientes secos.

Muffins de mirtilo: Acrescente 340 g de mirtilo (fresco ou congelado) depois de adicionar os ingredientes secos.

Muffins de farelo de trigo

Rendimento: 1 dúzia de muffins

340 g de farinha para pão

28 g de fermento em pó

227 g de açúcar

113 g de manteiga pomada

1½ colher (chá)/5 g de sal

4 ovos

227 g de leite

57 g de mel

57 g de melaço

113 g de farelo de trigo

1. Unte as formas de *muffin* com uma camada fina de gordura ou use forros de papel-manteiga adequados.
2. Peneire juntos a farinha e o fermento em pó.
3. Coloque na batedeira o açúcar, a manteiga e o sal, e bata em velocidade média, com o batedor apropriado, raspando a tigela periodicamente, até que a mistura esteja homogênea e de cor clara, em cerca de 5 minutos.
4. Junte os ovos e o leite e adicione à mistura de manteiga em três vezes, misturando depois de cada adição até incorporar inteiramente e raspando a tigela se necessário. Adicione o mel e o melaço e bata só até que se incorporem.
5. Acrescente os ingredientes secos peneirados e o farelo e bata, em velocidade baixa, até que fiquem umedecidos por igual.
6. Coloque porções de 99 g de massa em cada forma de *muffin*, enchendo-as até três quartos da altura. Bata delicadamente nas formas para eliminar qualquer bolha de ar.
7. Asse a 191 °C por 20 minutos, ou até que um espeto inserido perto do centro do *muffin* saia limpo.
8. Esfrie os *muffins* nas formas por alguns minutos, depois desenforme-os e passe-os para as grades de arame para que esfriem completamente.

Muffins de milho

Rendimento: 1 dúzia de muffins

- 312 g de farinha de trigo comum
- 142 g de fubá
- 2 colheres (chá)/6,5 g de sal
- 1 colher (sopa)/9 g de fermento em pó
- 4 ovos
- 227 g de leite
- 170 g de óleo vegetal
- 2 colheres (sopa)/30 mℓ de suco de laranja concentrado
- 227 g de açúcar

1. Unte as formas de *muffin* com uma camada fina de manteiga e polvilhe-as ligeiramente com fubá, ou use forros de papel apropriados.
2. Adicione a farinha, o fubá, o sal e o fermento em uma tigela e misture com um batedor de arame.
3. Junte os ovos, o leite, o óleo, o suco de laranja concentrado e o açúcar. Bata na batedeira em velocidade média com o batedor apropriado até que fique com cor clara e lisa, em 2 minutos.
4. Adicione os ingredientes secos à mistura de ovos e bata, em velocidade média, só até combinar, raspando a tigela se necessário.
5. Coloque uma porção de 85 g de massa em cada forma de *muffin*, enchendo-as até três quartos da altura. Bata delicadamente nas formas com massa para eliminar qualquer bolha de ar.
6. Asse a 204 °C, por 20 minutos, ou até que um palito inserido perto do centro do *muffin* saia limpo.
7. Esfrie os *muffins* nas formas por alguns minutos, depois desenforme-os e transfira-os para grades de arame para que resfriem completamente.

Pão de milho: Unte uma assadeira de 23 cm × 23 cm ligeiramente com manteiga e polvilhe-a com fubá. Despeje a massa na assadeira e asse a 204 °C por 50 minutos, ou até que um espeto inserido perto do centro saia limpo. Deixe o pão esfriar e corte da forma desejada.

Pão de banana e pecãs

Rendimento: 6 pães

- 1,93 kg de banana bem madura
- 1 colher (sopa)/15 mℓ de suco de limão
- 1,28 kg de farinha de trigo comum
- 2 colheres (chá)/6 g de fermento em pó
- 21 g de bicarbonato de sódio
- 1¼ de colher (chá)/4 g de sal
- 1,28 kg de açúcar
- 6 ovos
- 369 g de óleo vegetal
- 227 g de pecãs

1. Unte formas de pão com uma camada fina de gordura.
2. Faça um purê com as bananas e o suco de limão.
3. Peneire juntos a farinha, o fermento em pó, o bicarbonato de sódio e o sal.
4. Acrescente o açúcar, o purê de bananas, os ovos e o óleo. Bata na batedeira, em velocidade média, com o batedor apropriado, até incorporar. Raspe a tigela conforme necessário.
5. Acrescente os ingredientes secos peneirados e misture só até se incorporarem. Adicione as pecãs.
6. Coloque 851 g de massa em cada forma preparada. Delicadamente, bata nas formas para eliminar qualquer bolha de ar.
7. Asse a 177 °C, até que o pão volte à forma original quando comprimido e um espeto inserido perto do centro saia limpo, em cerca de 55 minutos.
8. Esfrie os pães nas formas por alguns minutos, depois desenforme-os e transfira-os para grades de arame, para que resfriem completamente.

Pão de abóbora (p. 1.099), *muffins* de mirtilo (p. 1.096) e pão de banana e pecãs (p. 1.097)

Pão de abóbora

Rendimento: 4 pães

- 907 g de farinha de trigo comum
- 2 colheres (chá)/6 g de fermento em pó
- 21 g de bicarbonato de sódio
- 1 colher (sopa)/10 g de sal
- 2 colheres (chá)/4 g de canela em pó
- 369 g de óleo vegetal
- 1,25 kg de açúcar
- 907 g de purê de abóbora
- 8 ovos
- 369 g de água
- 198 g de pecãs tostadas, picadas

1. Unte quatro formas para pão com uma camada fina de gordura ou use forros de papel-manteiga.
2. Peneire juntos a farinha, o fermento em pó, o bicarbonato de sódio, o sal e a canela.
3. Na tigela da batedeira, coloque o óleo, o açúcar, o purê de abóbora, os ovos e a água. Usando o batedor adequado, bata em velocidade baixa, até que fiquem inteiramente incorporados.
4. Acrescente os ingredientes secos peneirados à mistura de óleo e bata só até que se incorporem, raspando os lados da tigela se necessário. Adicione as pecãs.
5. Coloque uma porção de 851 g de massa em cada forma. Bata delicadamente nas formas para eliminar qualquer bolha de ar.
6. Asse em forno a 177 °C, até que um palito inserido perto do centro de cada pão saia limpo, e o centro volte à forma original quando comprimido delicadamente, em 1 hora a 1½ hora.
7. Resfrie o pão na forma por alguns minutos. Desenforme-o e deixe-o terminar de resfriar em grades antes de cortá-lo e servi-lo, ou de embrulhá-lo para armazenar.

Bolo americano (*pound cake*)

Rendimento: 4 bolos

- 567 g de manteiga
- 680 g de açúcar
- 28 g de *zestes* de limão
- 1½ colher (chá)/5 g de sal
- 680 g de farinha para bolos
- 142 g de amido de milho
- 21 g de fermento em pó
- 907 g de ovos

1. Unte quatro formas de bolo e forre com papel-manteiga.
2. Coloque na tigela da batedeira a manteiga, o açúcar, os *zestes* de limão e o sal e bata em velocidade média, com o batedor apropriado, raspando a tigela se necessário, até que a mistura esteja homogênea e de cor clara.
3. Peneire juntos a farinha, o amido de milho e o fermento em pó.
4. Adicione os ovos alternadamente, em três estágios, com os ingredientes secos peneirados, em velocidade baixa.
5. Coloque em cada uma das formas preparadas 737 g de massa.
6. Asse em forno a 191 °C, até que um espeto inserido perto do centro do bolo saia limpo, em cerca de 45 minutos.
7. Deixe os bolos resfriarem nas próprias formas por alguns minutos, depois desenforme-os e transfira para grades de arame para esfriarem por completo.

Bolo de chocolate americano (devil's food cake)

Rendimento: 6 bolos (20 cm cada)

- 1,73 kg de açúcar
- 1,05 kg de farinha para bolos
- 35 g de bicarbonato de sódio
- 2½ colheres (chá)/7,5 g de fermento em pó
- 12 ovos
- 709 g de manteiga derretida, mantida morna
- 1,42 kg de água morna
- 2 colheres (sopa)/30 mℓ de extrato de baunilha
- 425 g de cacau em pó, peneirado

1. Unte seis formas de 20 cm com uma camada fina de gordura e forre com círculos de papel-manteiga.
2. Misture o açúcar, a farinha, o bicarbonato de sódio e o fermento em pó.
3. Misture os ovos e acrescente em três vezes, usando o batedor apropriado, em velocidade média. Bata até que estejam inteiramente incorporados depois de cada adição, e raspe a tigela da batedeira, se necessário.
4. Acrescente a manteiga e bata até misturar por igual. Acrescente a água e a baunilha e misture, raspando a tigela periodicamente, até formar uma massa homogênea. Adicione o cacau em pó e mexa até incorporar uniformemente.
5. Coloque 992 g da massa em cada forma preparada.
6. Asse a 177 °C, até que um espeto inserido perto do centro do bolo saia limpo, em cerca de 45 minutos.
7. Resfrie os bolos nas formas por alguns minutos, depois transfira-os para as grades para que acabem de esfriar.

Angel cake

Rendimento: 5 bolos (20 cm cada)

- 1,13 kg de açúcar
- 14 g de cremor de tártaro
- 439 g de farinha para bolos
- 1½ colher (chá)/5 g de sal
- 1,13 kg de claras
- 1 colher (sopa)/15 mℓ de extrato de baunilha

1. Borrife ligeiramente com água o interior de cinco formas com buraco no meio, de 20 cm.
2. Misture 565 g de açúcar com o cremor de tártaro. Peneire juntos os 565 g restantes de açúcar, com a farinha e o sal.
3. Na tigela da batedeira, bata as claras e a baunilha em picos moles, usando o batedor apropriado, em velocidade média.
4. Acrescente às claras, gradualmente, o açúcar e o cremor de tártaro, batendo em velocidade média até formar picos médios.
5. Acrescente delicadamente a mistura de açúcar e farinha às claras, só até incorporar.
6. Coloque 425 g da massa em cada forma preparada.
7. Asse a 177 °C até que, quando tocado de leve, o bolo volte à forma original, em cerca de 35 minutos.
8. Inverta cada forma sobre um funil ou garrafa *long-neck* sobre uma grade, para esfriar. Uma outra alternativa, para cada bolo, é inverter um *ramequin* pequeno sobre uma grade de arame e apoiar a forma de ponta-cabeça, em ângulo, sobre o *ramequin*. Deixe os bolos resfriarem completamente de ponta-cabeça.*
9. Passe uma espátula cuidadosamente em torno dos lados de cada forma e em torno do tubo central para soltar o bolo. Sacuda delicadamente a forma para virar o bolo sobre a grade de arame.

*Em geral, utiliza-se para essa receita uma forma específica, bem diferente, com várias funções especiais, sem as quais não é possível desenvolver o bolo. A forma não pode ser untada; deve estar muito limpa e livre de qualquer traço de gordura, pois o bolo utiliza as paredes da forma para se estabilizar no forno. A massa adere à parede da forma criando uma espécie de degrau para a segunda parte da massa, que vem logo atrás. Além disso, tem três pezinhos na sua borda e um suporte alto, que servem para "resfriar" o bolo de cabeça para baixo. No livro, como a receita do original só pede uma forma com furo no meio, ele usa um *ramequin* de ponta cabeça sobre a grade para esfriar o bolo. (N. E.)

Bolo esponja de baunilha

Rendimento: 4 bolos (20 cm cada)

- 170 g de óleo vegetal
- 1 colher (sopa)/15 mℓ de extrato de baunilha
- 18 ovos
- 510 g de açúcar
- 510 g de farinha para bolos, peneirada

1. Unte seis formas de 20 cm de diâmetro com uma camada fina de gordura e forre com círculos de papel-manteiga.
2. Misture o óleo à baunilha.
3. Junte os ovos e o açúcar na tigela da batedeira elétrica. Coloque a tigela sobre uma panela com água fervendo suavemente e bata sem parar até que a mistura atinja a temperatura de 43 °C.
4. Coloque a tigela na batedeira e bata em alta velocidade, até que a espuma tenha três vezes o volume original, e não cresça mais. Estabilize a espuma batendo por 15 minutos em velocidade média.
5. Acrescente a farinha gentilmente. Acrescente a mistura com o óleo e a baunilha.
6. Coloque 454 g de massa em cada forma de bolo preparada.
7. Asse a 177 °C, até que os topos dos bolos voltem à forma original quando tocados de leve, em cerca de 30 minutos.
8. Resfrie os bolos nas formas por alguns minutos, depois passe para grades para esfriarem completamente.

Bolo esponja de chocolate: Substitua 113 g da farinha por chocolate em pó alcalino. Peneire o chocolate com a farinha.

Cheesecake de chocolate

Rendimento: 6 cheesecakes (20 cm cada)

- 680 g de água
- 1,23 kg de açúcar
- 822 g de chocolate escuro meio amargo, picado
- 964 g de chocolate amargo, picado
- 1,22 kg de manteiga derretida
- 1,64 kg de ovos
- 2 colheres (sopa)/30 mℓ de extrato de baunilha

1. Pincele a parte interna de seis formas de bolo com 20 cm de diâmetro com manteiga e forre com círculos de papel-manteiga.
2. Misture a água e 822 g do açúcar em uma panela de fundo grosso. Ferva. Retire do fogo e acrescente os dois chocolates. Mexa até que os chocolates derretam. Adicione a manteiga. Deixe a mistura esfriar à temperatura ambiente.
3. Bata os ovos, os 411 g de açúcar restantes e a baunilha na batedeira, usando o batedor de claras na batedeira, em alta velocidade, até que fiquem leves e fofos, em cerca de 4½ minutos.
4. Junte delicadamente a mistura de chocolate à de ovos.
5. Coloque 1,05 kg da massa em cada forma preparada.
6. Asse em banho-maria a 177 °C, até que a parte superior esteja firme, em cerca de 1 hora.
7. Resfrie os *cheesecakes*, depois embrulhe-os em plástico e deixe-os na geladeira por uma noite, nas formas, antes de desenformá-los.

Cheesecake

Rendimento: 6 cheesecakes (20 cm de diâmetro cada)

> 851 g de **crosta de bolacha de maisena** (receita a seguir)
>
> 3,4 kg de *cream cheese*
>
> 1,02 kg de açúcar
>
> 14 g de sal
>
> 16 ovos
>
> 5 gemas
>
> 425 g de creme de leite fresco (36% a 40%)
>
> 3 colheres (sopa)/45 mℓ de extrato de baunilha

1. Unte seis formas de bolo, de 20 cm de diâmetro, com uma camada fina de gordura e forre com círculos de papel-manteiga.
2. Pressione 142 g da mistura de crosta, igualmente, no fundo de cada forma.
3. Misture o *cream cheese*, o açúcar e o sal e bata em velocidade média com o batedor apropriado, raspando a tigela ocasionalmente, até que a mistura esteja completamente homogênea, em cerca de 3 minutos.
4. Bata os ovos e as gemas juntos. Adicione os ovos à mistura de *cream cheese* em quatro vezes, misturando até que esteja completamente incorporado depois de cada adição, e raspando a tigela se necessário.
5. Adicione o creme e a baunilha e bata até que estejam inteiramente incorporados.
6. Coloque 1,13 kg da massa mole em cada forma preparada. Bata delicadamente nas formas para eliminar qualquer bolha de ar.
7. Asse em banho-maria a 163 °C, até que os centros dos *cheesecakes* estejam sólidos, em cerca de 75 minutos.
8. Resfrie os *cheesecakes* completamente nas formas, sobre grades de arame. Embrulhe-os em plástico ainda nas formas, e deixe-os na geladeira a noite inteira, para ficarem inteiramente sólidos.
9. Para desenformá-los, aplique o calor delicado de um maçarico ao fundo e nos lados de cada forma, e corra uma faca em torno dos lados dela. Se necessário, coloque um círculo de plástico por cima, vire a forma e bata no fundo para soltar o *cheesecake*. Retire a forma, tire o papel do fundo do bolo e vire-o sobre um prato de servir.

Crosta de bolacha de maisena*

Rendimento: 567 g

> 397 g de migalhas de bolacha de maisena
>
> 71 g de açúcar mascavo
>
> 99 g de manteiga derretida

Processe as migalhas, o açúcar e a manteiga no processador de alimentos, até ficarem farelentos, em cerca de 5 minutos. A crosta está pronta para ser comprimida nas formas preparadas e, depois, assada.

Pâte à choux

Rendimento: 2,72 kg

> 454 g de leite
>
> 454 g de água
>
> 454 g de manteiga
>
> 1½ colher (chá)/7,5 g de açúcar
>
> ½ colher (chá)/1,5 g de sal
>
> 454 g de farinha para pão
>
> 907 g de ovos

1. Ferva em fogo médio o leite, a água, a manteiga, o açúcar e o sal, mexendo constantemente.
2. Retire do fogo, acrescente a farinha toda de uma vez e mexa vigorosamente para misturá-la. Devolva a panela ao fogo médio e cozinhe, continuando a mexer constantemente, até que a mistura se separe dos lados da panela, em cerca de 3 minutos.
3. Passe para a tigela da batedeira e bata brevemente, em velocidade média, com o batedor apropriado. Adicione os ovos, dois de cada vez, batendo até obter uma mistura homogênea, depois de cada adição.
4. Agora a *pâte à choux* está pronta para ser modelada e assada. Ver pp. 1.082-1.083.

NOTA: Para uma *pâte à choux* mais seca, substitua uma quantidade equivalente de água para o leite.

Gougères (Bombas de queijo *gruyère*): Antes de modelar a *pâte à choux* com o saco de confeitar, adicione à massa ¼ de colher (chá)/0,5 g de pimenta-de-caiena e 454 g de queijo *gruyère* ralado. Continue misturando por 1 minuto. Passe a massa para um saco de confeitar com ponta lisa e faça montinhos de 2 cm de diâmetro. Asse por cerca de 35 minutos em forno a 177 °C. Sirva quente ou armazene em recipientes hermeticamente fechados.

*Pode ser substituída por bolacha Maria. (N. E.)

Éclairs

Rendimento: 1 dúzia de éclairs

- 454 g de **pâte à choux** (receita anterior)
- **Egg wash** (p. 1.041), quanto baste
- 454 g de **creme de confeiteiro** (p. 1.118)
- 454 g de **fondant** (ver pp. 1.140-1.141)
- 113 g de chocolate amargo, derretido
- Xarope de milho *light*, quanto baste

1. Modele a *pâte à choux* em cilindros de 10 cm de comprimento, sobre assadeiras forradas com papel-manteiga, usando o bico de confeitar liso nº 8. Pincele ligeiramente com *egg wash*.
2. Asse a 182 °C por 50 minutos, ou até que as rachaduras que se formam não estejam mais amarelas.
3. Deixe resfriar à temperatura ambiente.
4. Fure cada extremidade dos *éclairs* com um espeto ou utensílio semelhante.
5. Encha os *éclairs* com creme de confeiteiro a partir de cada extremidade, usando o bico de confeitar liso nº 1.
6. Aqueça o *fondant* em banho-maria, adicione o chocolate e afine com o xarope de milho para chegar à viscosidade adequada.
7. Cubra os *éclairs* recheados com o *fondant* de chocolate, seja mergulhando a parte superior no *fondant*, seja com as costas de uma colher.

Éclairs de chocolate: Substitua a creme de confeiteiro por creme de confeiteiro de chocolate (p. 1.118).

Profiteroles

Rendimento: 1 dúzia de profiteroles

- 454 g de **pâte à choux** (p. 1.102)
- **Egg wash** (p. 1.041), quanto baste
- 57 g de amêndoas, em lâminas
- 28 g de açúcar
- 340 g de **creme de confeiteiro** (p. 1.118)
- 255 g de **creme** *chantilly* (p. 1.041)
- Açúcar de confeiteiro, quanto baste

1. Modele bolinhas de 4 cm de diâmetro com a *pâte a choux*, sobre assadeiras forradas com papel-manteiga, usando o bico de confeitar liso nº 5. Pincele levemente com *egg wash*.
2. Coloque várias lâminas de amêndoa no topo de cada bolinha, de modo que se projetem para fora, e depois polvilhe levemente com o açúcar.
3. Asse a 182 °C por 50 minutos, ou até que as rachaduras que se formam na massa não estejam mais amarelas.
4. Deixe resfriar à temperatura ambiente.
5. Corte cada uma das bolinhas assadas ao meio, lateralmente. Coloque o creme de confeiteiro nas bolinhas usando o bico de confeitar liso nº 5, tomando cuidado para não enchê-las demais.
6. Coloque uma rosinha dupla de creme *chantilly* sobre o creme de confeiteiro usando o bico de confeitar estrelas nº 5.
7. Coloque a parte superior dos profiteroles sobre o creme *chantilly* e peneire ligeiramente com açúcar de confeiteiro.

Profiteroles com recheio de sorvete: Substitua o creme de confeiteiro por sorvete de baunilha (p. 1.177). Exclua as amêndoas, o açúcar, o creme *chantilly* e o açúcar de confeiteiro. Corte os profiteroles ao meio, lateralmente. Pegue o sorvete usando a colher de sorvete nº 50 e coloque-o nas bases. Feche os profiteroles com os topos e sirva com molho de chocolate (p. 1.149), se desejar.

1-2-3 massa para cookies

Rendimento: 2,72 kg

    907 g de manteiga pomada

    454 g de açúcar

    1 colher (sopa)/15 mℓ de extrato de baunilha

    227 g de ovos

    1,36 kg de farinha para bolos peneirada

1. Bata juntos a manteiga, o açúcar e a baunilha em velocidade média, com o batedor apropriado, raspando a tigela de tempos em tempos, até que a massa esteja homogênea e de cor clara. Adicione os ovos gradualmente, um pouco de cada vez, raspando a tigela e misturando até a massa ficar lisa depois de cada adição. Acrescente a farinha toda de uma vez e misture em velocidade baixa, só até misturar.

2. Coloque a massa sobre a superfície de trabalho ligeiramente enfarinhada. Divida-a em porções, como desejar. Embrulhe firmemente e leve à geladeira por, pelo menos, 1 hora, antes de abrir. (A massa pode ser refrigerada ou congelada.)

Biscotti de amêndoas e anis

Rendimento: 32 biscotti

    284 g de farinha para pão

    1 colher (chá)/6 g de bicarbonato de sódio

    3 ovos

    184 g de açúcar

    1¼ de colher (chá)/4 g de sal

    1 colher (chá)/5 mℓ de extrato de anis

    198 g de amêndoas inteiras

    2 colheres (sopa)/12 g de sementes de anis

1. Forre uma assadeira com papel-manteiga.

2. Peneire juntos a farinha e o bicarbonato de sódio.

3. Coloque na batedeira os ovos, o açúcar, o sal e o extrato de anis e, usando o batedor de claras em alta velocidade, bata até obter uma mistura grossa e de cor clara, em cerca de 5 minutos. Em velocidade baixa, acrescente os ingredientes secos só até se incorporarem.

4. Adicione as amêndoas e as sementes de anis à mão e misture até que se combinem uniformemente.

5. Modele a massa em forma de cilindro de 41 cm × 10 cm e coloque-a na assadeira preparada.

6. Asse-a a 149 °C até ficar dourada e firme, em cerca de 1 hora. Retire a assadeira do forno e esfrie-a por 10 minutos. Baixe a temperatura do forno para 135 °C.

7. Corte fatias com 1 cm de espessura com uma faca serrilhada. Coloque em assadeiras e asse, virando os *biscotti* uma vez na metade do tempo de cozimento, até que fiquem dourados e crocantes, em cerca de 20 a 25 minutos.

8. Passe-os para grades de arame e deixe-os resfriar completamente.

Biscotti de amêndoas e anis

Diamantes de pecãs

Rendimento: 100 diamantes de 3 cm

907 g de **1-2-3 massa para cookies** (p. 1104)

RECHEIO DE PECÃS

454 g de manteiga em cubos

454 g de açúcar mascavo *light*

113 g de açúcar

340 g de mel

113 g de creme de leite fresco (36% a 40%)

907 g de pecãs picadas grosseiramente

1. Abra a massa em um retângulo de 36 cm × 46 cm e espessura de 3 mm. Coloque-a delicadamente em uma assadeira, de modo a forrar completamente o fundo e os lados. Faça furos na massa com os dentes de um garfo.
2. Asse a massa em forno a 177 °C, até que doure ligeiramente, em cerca de 10 minutos.
3. Para preparar o recheio, cozinhe a manteiga, os açúcares, o mel e o creme de leite em uma panela de fundo grosso, em fogo médio alto, mexendo sem parar, até que a mistura atinja a temperatura de 116 °C. Adicione as pecãs e mexa até incorporar totalmente. Despeje o recheio imediatamente na massa pré-assada e espalhe-o em uma camada uniforme.
4. Asse em forno a 177 °C, até que o recheio borbulhe ou espume uniformemente na superfície e a massa esteja bem dourada, em 25 a 30 minutos. Espere resfriar completamente na assadeira.
5. Com uma espátula de metal, solte a massa dos lados da assadeira e vire o assado nas costas de uma outra assadeira. Transfira para uma tábua, virando-a com cuidado, de modo que o lado certo volte a ficar para cima. Corte as bordas. Corte em losangos de 3 cm.

Cookies com pedaços de chocolate

Rendimento: 12 dúzias de cookies

1,96 kg de farinha de trigo comum

43 g de sal

28 g de bicarbonato de sódio

1,3 kg de manteiga pomada

851 g de açúcar

624 g de açúcar demerara ou açúcar mascavo

9 ovos

2 colheres (sopa) mais 1 ½ colher (chá)/38 mℓ de extrato de baunilha

1,96 kg de pedaços de chocolate semidoce

1. Forre assadeiras com papel-manteiga.
2. Peneire juntos a farinha, o sal e o bicarbonato de sódio.
3. Coloque na batedeira a manteiga e os açúcares e misture em velocidade média com o batedor apropriado, raspando a tigela periodicamente, até que a mistura esteja homogênea e de cor clara, em cerca de 5 minutos.
4. Misture os ovos e a baunilha. Adicione-os à mistura de manteiga e açúcar em três vezes, mexendo até que estejam completamente incorporados após cada adição, e raspando a tigela conforme necessário. Em velocidade baixa, acrescente os ingredientes secos peneirados e os pedaços de chocolate, batendo só até que se incorporem.
5. Divida a massa em porções de 43 g e coloque-a nas assadeiras preparadas. Uma outra alternativa é fazer porções de 907 g, em forma de cilindros com 41 cm de comprimento, embrulhadas firmemente em papel-manteiga e refrigeradas até que estejam firmes o bastante para serem cortadas. Corte cada um dos cilindros em dezesseis fatias e arrume-as em fileiras iguais nas assadeiras preparadas.
6. Asse os *cookies* a 191 °C até que fiquem dourados nas bordas, em 12 a 14 minutos.
7. Deixe que resfriem completamente nas assadeiras.

Cookies com pedaços de chocolate e cereja: Adicione 907 g de cereja desidratada picada com o chocolate.

Cookies mudslide

Rendimento: 12½ dúzias de cookies

- 298 g de farinha para bolo
- 28 g de fermento em pó
- 1¾ de colher (chá)/14 g de sal
- 113 g de café *espresso*
- 1 colher (sopa)/15 mℓ de extrato de baunilha
- 567 g de chocolate sem açúcar, picado
- 1,81 kg de chocolate amargo, picado
- 298 g de manteiga pomada
- 22 ovos
- 1,81 kg de açúcar
- 595 g de nozes picadas
- 2,04 kg de *chips* (gotas) de chocolate semidoce

1. Forre assadeiras com papel-manteiga.
2. Peneire juntos a farinha, o fermento em pó e o sal.
3. Misture o *espresso* e a baunilha.
4. Derreta os chocolates e a manteiga. Misture para incorporar.
5. Trabalhe os ovos, o açúcar e a mistura de café com o batedor de ovos da batedeira, em alta velocidade, até o conjunto ficar leve e grosso, em 6 a 8 minutos. Junte a mistura de chocolates, em velocidade média. Em velocidade baixa, adicione os ingredientes secos, batendo só até que se incorporem. Faça o mesmo com as nozes e os *chips* de chocolate.
6. Separe a massa em porções de 57 g e arrume-as nas assadeiras preparadas, em fileiras iguais. A massa também pode ser separada em porções de 907 g, modelada em cilindros com 41 cm de comprimento, embrulhada firmemente em papel-manteiga e refrigerada até ficar firme o suficiente para ser cortada. Fatie cada cilindro em 16 pedaços e arrume-os nas assadeiras preparadas em fileiras regulares.
7. Asse os *cookies* a 177 °C até racharem no topo, mas ainda parecerem ligeiramente úmidos, em cerca de 12 minutos.
8. Deixe-os resfriar ligeiramente nas assadeiras. Passe-os para grades de arame para resfriarem completamente.

Cookies de aveia e uva-passa

Rendimento: 12 dúzias de cookies

- 1,02 kg de farinha de trigo comum
- 28 g de bicarbonato de sódio
- 14 g de canela em pó
- 14 g de sal
- 1,36 kg de manteiga pomada
- 539 g de açúcar
- 1,59 kg de açúcar demerara ou açúcar mascavo
- 10 ovos
- 2 colheres (sopa)/30 mℓ de extrato de baunilha
- 1,45 kg de aveia em flocos
- 680 g de uva-passa

1. Forre assadeiras com papel-manteiga.
2. Peneire juntos a farinha de trigo, o bicarbonato de sódio, a canela e o sal.
3. Coloque na batedeira a manteiga e os açúcares e trabalhe-os em velocidade média com o batedor apropriado, raspando a tigela periodicamente, até que a mistura fique lisa e de cor clara, em cerca de 10 minutos. Misture os ovos e a baunilha e adicione-os à mistura de manteiga e açúcar em três vezes, batendo até que fiquem completamente incorporados depois de cada adição e raspando a tigela se necessário. Em velocidade baixa, misture os ingredientes secos peneirados, a aveia e as uvas-passas só até se incorporarem.
4. Separe a massa em porções de 57 g e arrume-as nas assadeiras preparadas em fileiras regulares. Outra alternativa é separar a massa em porções de 907 g, em forma de cilindro com 41 cm de comprimento; depois, embrulhe os cilindros firmemente em papel-manteiga e refrigere-os até que fiquem firmes o bastante para serem cortados. Corte cada cilindro em dezesseis fatias e arrume-as nas assadeiras preparadas, em fileiras regulares.
5. Asse os *cookies* a 191 °C até que fiquem dourados, em cerca de 12 minutos.
6. Deixe-os resfriar ligeiramente nas assadeiras. Transfira-os para grades de arame e espere que resfriem completamente.

Cookies tuile de frutos secos

Rendimento: 25 cookies

- 57 g de amêndoas
- 85 g de avelãs
- 170 g de açúcar
- 71 g de farinha de trigo comum
- 1 pitada de sal
- 4 claras

1. Forre assadeiras com papel-manteiga ou protetores de silicone. Tenha à mão estênceis e uma espátula, além de utensílios para modelar, como xícaras, pinos ou rolos de macarrão, dependendo das formas desejadas.
2. Coloque as amêndoas, as avelãs e o açúcar no processador de alimentos e pulse até obter um pó fino. Adicione a farinha e o sal e pulse várias vezes para misturar. Transfira para uma tigela grande.
3. Coloque as claras na batedeira e bata em alta velocidade, usando o batedor apropriado, até formar picos médios. Com uma espátula de silicone, acrescente a mistura de frutos secos, em três vezes.
4. Use a espátula e o estêncil desejado para espalhar a massa nas assadeiras preparadas.
5. Asse os *tuiles* a 191 °C até que dourem, em cerca de 10 minutos.
6. Retire-os do forno e modele-os imediatamente. Se começarem a ficar firmes demais, coloque-os de volta no forno por alguns segundos para que amaciem e modele-os em seguida.

Fudge brownies

Rendimento: 60 brownies (5 cm × 8 cm cada)

- 680 g de chocolate sem açúcar
- 1,02 kg de manteiga
- 851 g de ovos
- 2,04 kg de açúcar
- 2 colheres (sopa)/30 mℓ de baunilha
- 680 g de farinha para bolos peneirada
- 510 g de pecãs ou nozes

1. Forre uma assadeira com papel-manteiga.
2. Derreta o chocolate e a manteiga cuidadosamente em banho-maria, em fogo bem baixo. Não ultrapasse os 43 °C. Retire a mistura do fogo e espere que esfrie à temperatura ambiente.
3. Coloque na batedeira os ovos, o açúcar e a baunilha e bata, em velocidade alta, até que a mistura engrosse e adquira cor clara.
4. Adicione o chocolate e a manteiga à mistura de ovos usando um *liaison* (ver p. 263).
5. Adicione três quartos da mistura de ovos ao chocolate, mexa, depois acrescente o restante. Adicione, delicadamente, a farinha peneirada.
6. Acrescente 454 g de nozes ou pecãs. Despeje na assadeira preparada e polvilhe o restante das nozes ou pecãs por cima.
7. Asse a 177 °C por 30 minutos, ou até que fique firme ao toque.
8. Esfrie os *brownies* na forma por alguns minutos, desenforme-os em grades de arame. Tire o papel e esfrie completamente antes de cortar.

pudins, cremes e *mousses*

A mistura de ovos, leite e açúcar, quando assada, tem por resultado um pudim liso e cremoso. Quando cozidos em fogo baixo, esses mesmos ingredientes se tornam molho de baunilha. Podem-se incluir amidos ou gelatina para produzir texturas que vão da cremosa, que ainda pode ser servida com uma colher, à fatiável. Se adicionarmos merengue ou creme de leite batido ao pudim ou creme, teremos uma *mousse* fria, ou creme bávaro ou diplomata. Para fazer suflê, o merengue é adicionado a uma base e assado até crescer, obtendo-se assim uma das sobremesas mais impressionantes.

CAPÍTULO 34

Faz-se um pudim simples misturando-se ovos, um líquido, como leite ou creme de leite, e açúcar, e assando até que fique sólido. Pode-se substituir parte do creme por *mascarpone*, *cream cheese* ou outro queijo fresco macio para obter um resultado mais rico e mais firme, como no caso do *cheesecake*. A proporção de ovos também pode variar, assim como a escolha de ovos inteiros, só gemas ou uma combinação dos dois. Se usarmos apenas ovos inteiros, daremos mais estrutura ao pudim, que deve ser servido desenformado.

pudins assados

Há dois métodos básicos de combinar os ingredientes para fazer um pudim assado: o quente e o frio. Para fazer uma base cremosa com o método frio, os ingredientes são simplesmente misturados, depois colocados em formas e assados. Esse método funciona bem para pequenas quantidades.

No método quente, aqueça o leite ou creme de leite e parte do açúcar, misturando com uma colher de pau até que o açúcar tenha se dissolvido totalmente. Adicione os aromatizantes e deixe-os de molho, se necessário, fora do fogo e cobertos, por tempo suficiente para lhes conferir um sabor rico, completo. Misture os ovos e o açúcar restante para fazer uma *liaison* e ferva o leite ou o creme. Batendo constantemente, adicione um terço do leite quente aos poucos, no *liaison*, para temperar (pré-cozinhar). Depois disso, você pode acrescentar o restante do leite quente mais depressa, sem talhar a mistura de ovos.

Com o auxílio de uma concha, coloque o creme em formas (elas podem ser untadas com uma camada fina de manteiga, se você tiver intenção de desenformá-lo depois) e asse em banho-maria. O banho-maria mantém o calor constante e suave, conferindo uma textura lisa ao pudim assado. Para verificar o ponto, mexa a forma delicadamente; quando as ondas sobre a superfície se moverem para a frente e para trás, em vez de fazê-lo em anéis concêntricos, o pudim está assado de maneira adequada.

Retire cuidadosamente as formas do banho-maria e seque os *ramequins*. Coloque-os em uma assadeira fria, deixe-os esfriar, e depois leve-os à geladeira. Para *crème caramel*, é essencial um período de descanso que dure a noite toda (ou, melhor ainda, 24 horas), não só para solidificar completamente o creme, de modo a poder desenformá-lo, mas também para permitir que o caramelo se dissolva para formar um molho.

BANHO-MARIA

O banho-maria, ou banho de água quente, assegura calor suave a uma temperatura constante, permitindo que o item asse ou cozinhe por igual. Usar banho-maria para assar pudins também impede a formação de uma crosta e uma expansão rápida demais, que racharia a superfície do pudim.

Selecione uma assadeira com lados pelo menos tão altos quanto os lados das formas. Coloque as formas na assadeira à medida que as for enchendo, deixando cerca de 3 cm de folga em torno de cada uma, de modo que seja cercada por água quente. Coloque a assadeira firmemente na grade do forno. Adicione água muito quente, ou fervente, em quantidade suficiente para chegar a dois terços da altura das formas. Tenha cuidado para não derrubar água dentro dos pudins.

Depois que os pudins estiverem assados e forem retirados do forno, devem também ser retirados da água quente, para interromper o processo de cozimento e permitir que esfriem. Se forem deixados na água quente, os pudins continuarão a cozinhar mesmo fora do forno e ficarão cozidos demais.

O MOLHO QUE É PREPARADO NO FOGÃO, COMO O MOLHO DE BAUNILHA, DEVE SER COZIDO MEXENDO-SE CONSTANTEMENTE ATÉ O ESTÁGIO DE NAPPÉ (QUE REVESTE A PARTE DE TRÁS DE UMA COLHER). CREMES E PUDINS ENGROSSADOS COM AMIDO DE MILHO E PREPARADOS NO FOGÃO DEVEM SER COZIDOS MEXENDO-SE CONSTANTEMENTE ATÉ QUE ABRAM FERVURA, DE MODO QUE O AMIDO DE MILHO ESTEJA AQUECIDO O SUFICIENTE PARA ESPESSAR A MISTURA E REMOVER O SABOR INDESEJÁVEL E A SENSAÇÃO DESAGRADÁVEL NA BOCA QUE O AMIDO CRU APRESENTA.

molhos, cremes e pudins

Algumas receitas para molhos, cremes e pudins podem pedir leite integral, ao passo que outras pedem creme de leite fresco (36% a 40%) ou uma combinação de creme de leite e leite. Outras usam apenas gemas; outras, ainda, ovos inteiros ou uma mistura de ovos inteiros e gemas.

É particularmente importante ter todo o equipamento necessário reunido antes de começar, incluindo uma panela de fundo grosso ou para banho-maria, uma peneira de malha fina ou cônica, recipientes para colocar o molho pronto enquanto esfria e para armazenar. Para esfriar os molhos, cremes ou pudins rápida e seguramente, tenha pronto um recipiente com gelo.

método rápido »

1. Pese ou meça todos os ingredientes rigorosamente.
2. Aqueça o leite ou a combinação de leite/creme de leite com metade do açúcar, até pouco abaixo do ponto de ebulição.
3. Bata os ovos com o restante do açúcar.
4. Misture os ovos com o leite quente, mexendo constantemente, e devolva a mistura de ovos à panela.
5. Sem parar de mexer, cozinhe o molho em fogo baixo até obter consistência de *nappé* (82 °C).

molhos, cremes e pudins

1. **Misture o leite** com metade do açúcar (e uma vagem de baunilha, se usar) e espere ferver suavemente. Acrescente as gemas ou ovos com o restante do açúcar em uma tigela de aço inoxidável.

Aquecer o leite ou o creme com o açúcar o dissolve, e se obtém uma textura mais homogênea e sedosa. Se utilizar uma vagem de baunilha para aromatizar o molho, acrescente as sementes e a vagem vazia ao leite (ou creme) e açúcar, enquanto estes aquecem. (Se desejar, pode usar extrato de baunilha em lugar da vagem. Adicione o extrato pouco antes de coar o molho.) Aqueça só até o ponto de fervura. Fique de olho no leite enquanto este aquece, pois, quando próximo do ponto de fervura, pode transbordar facilmente.

Bater os ovos e o açúcar juntos impede que formem grumos quando são combinados ao leite ou creme de leite quente. Misture bem os ingredientes, com um batedor, por tempo longo o bastante para dissolver o açúcar nos ovos.

« método detalhado

2. **Misture o leite quente** à mistura de ovos para produzir um molho homogêneo. Coloque o leite quente na mistura de ovos com a concha, pouco por vez, mexendo constantemente, até que cerca de um terço da mistura de leite ou creme de leite tenha se incorporado aos ovos. Devolva a mistura de ovos à panela. Continue a cozer o molho em fogo baixo, até que comece a engrossar. Mexa constantemente para que não cozinhe além da conta. Não deixe ferver, porque as gemas se coagularão bem antes do ponto de fervura. O molho estará pronto quando engrossar o suficiente para cobrir o fundo de uma colher de pau.

A temperatura do molho não deve ultrapassar os 82 °C, ou começará a talhar.

capítulo 34 » PUDINS, CREMES E *MOUSSES* 1113

3. Avalie o molho de baunilha pronto. O molho de baunilha pronto deve cobrir o fundo de uma colher de pau e manter uma linha que for desenhada através dela. Quando chegar a esse estágio, coe-o imediatamente em uma peneira de malha fina. Se for armazená-lo ou servi-lo frio, esfrie-o sobre um recipiente contendo gelo, mexendo frequentemente, e coloque-o na geladeira imediatamente. Coloque um pedaço de plástico sobre a superfície para impedir que se forme uma pele por cima.

Um bom molho de baunilha é grosso e brilhante, cobre o fundo de uma colher de pau e não tem sinais de estar talhado. Deve dar uma sensação de muito sedoso e homogêneo na boca, com sabor bem equilibrado.

SORVETE

O sorvete é feito com base no molho de ovos misturados (essencialmente molho de baunilha). Esse tipo de base deve maturar no refrigerador (a aproximadamente 4 °C) por muitas horas antes de congelar, para se obter um sorvete mais homogêneo.

Para bater o sorvete, coloque a base gelada em uma sorveteira até que chegue à consistência macia o bastante para servir, depois retire-o e coloque em recipientes. Deixe no *freezer* por muitas horas, para que ganhe temperatura e consistência firmes.

Todos os ingredientes adicionam sabor ao sorvete, mas cada um deles também desempenha determinado papel no estabelecimento de sua consistência e na sensação que causa na boca. Os ovos o tornam rico e homogêneo; o leite e o creme de leite permitem a incorporação de ar enquanto congela, conferindo ao produto final uma sensação mais sedosa na boca e um corpo mais leve. Entretanto, se houver ar demais, o sabor se reduz, o sorvete fica macio demais e vai derreter rapidamente. Para obter os melhores resultados, use uma mistura de leite e creme de leite, o que também vai diminuir o teor de gordura. O açúcar acrescenta doçura e reduz o ponto de congelamento da base, impedindo que o sorvete congelado fique duro demais.

Há diversos métodos diferentes para adicionar aromatizantes aos sorvetes. A vagem de baunilha, o chá, o café ou especiarias podem ser infundidos no leite e no creme enquanto estes são aquecidos. Depois, cozinhe a base do sorvete da maneira tradicional, com os aromatizantes, e coe antes de congelar. Os purês podem ser incorporados ao sorvete depois que esfriar, ou adicionados ao sorvete ainda macio, logo depois de batido, para se obter um efeito de remoinho. O chocolate derretido pode ser acrescido à base de sorvete ainda quente, assim que terminar de cozinhar, ao passo que pastas de frutos secos, como manteiga de amendoim e *praliné* podem ser adicionadas ao leite e creme e cozidas juntamente com a mistura base.

Alguns sucos de frutas ou concentrados congelados, como limão, laranja ou maracujá, têm sabor muito intenso. Acrescente 240 mℓ desses sucos ou concentrados congelados à mesma quantidade de base, como faria com um purê, usando apenas o suficiente para conferir o sabor apropriado. Não é necessário reduzir o volume de líquido na base; acrescentar essa quantidade de líquido adicional a um lote de 1,44 ℓ não afetará a textura ou o volume do sorvete de maneira notável.

O NOME PARA ESSA DELICADA SOBREMESA VEM DO FRANCÊS, CUJA TRADUÇÃO LITERAL É "ESPUMOSO" OU "LEVE". PARA FAZER UMA *MOUSSE*, ADICIONA-SE, A UMA BASE – COMO PURÊ DE FRUTAS, MOLHO DE BAUNILHA, CREME, PUDIM, COALHADA, *SABAYON* OU *PÂTE À BOMBE* (GEMAS DE OVOS BATIDAS E COZIDAS COM CALDA) –, A UM INGREDIENTE PARA AERAÇÃO, COMO CREME DE LEITE BATIDO E/OU MERENGUE. A BASE DEVE SER LEVE E HOMOGÊNEA, DE MODO QUE O INGREDIENTE PARA AREJAMENTO POSSA INCORPORAR-SE FACILMENTE.

mousse

Para fazer uma *mousse* sem perigo de usar ovos contaminados, use claras pasteurizadas ou merengue suíço ou italiano. Estabilizadores como a gelatina podem ser usados em quantidades variáveis, dependendo do resultado que se deseja alcançar. Se a *mousse* for estabilizada com gelatina, começará a solidificar-se de imediato, por isso tenha à mão todas as formas e recipientes para servir antes de começar a preparação.

Qualquer que seja o aromatizante usado, deve estar à temperatura ambiente e suficientemente líquido para misturar-se com creme de leite batido e/ou claras sem abaixar a espuma. Para preparar chocolate, parta-o em pedaços pequenos e derreta-o da maneira adequada em banho-maria com água fervendo suavemente ou no micro-ondas. Deixe-o esfriar à temperatura ambiente, mas deve, ainda, estar líquido o bastante para ser despejado.

Tanto as gemas como as claras de ovos são necessárias em algumas receitas de *mousse*. Consulte a receita e prepare os ovos seguindo as instruções. Separe gemas e claras com cuidado, deixando estas últimas sem qualquer traço de gema. Em geral, quando batidas, as claras ganham maior volume se estiverem à temperatura ambiente. Para isso, use uma tigela bem limpa.

O creme deve ser mantido bem gelado e batido em picos moles ou médios. Se for preparado com antecedência, mantenha-o bem frio. Para obter o melhor volume no creme de leite batido, gele a tigela e os batedores antes de começar a bater.

Tenha um banho-maria pronto para cozinhar as gemas e o açúcar juntos. Para misturar a *mousse*, utilize uma espátula de silicone. Prepare as formas para colocar a *mousse* pronta.

Aromatize bem a base – a base da *mousse* é o que fornece sabor. Depois que os aeradores (creme de leite batido e claras) forem adicionados, o sabor da base se diluirá; portanto, a base deve estar bem aromática para que a quantidade de sabor que você deseja seja levada ao produto pronto.

método rápido »

1. Pese ou meça todos os ingredientes rigorosamente.
2. Aqueça as gemas com um pouco do açúcar, mexendo até a mistura engrossar e atingir a temperatura adequada.
3. Bata as claras com o restante do açúcar.
4. Delicadamente, deixe a mistura de gemas mais leve com um pouco das claras.
5. Com cuidado, junte o restante das claras à mistura de gemas.

Para manter a estrutura do creme durante e depois de bater, conserve-o frio. Bata o creme apenas em picos moles. Depois de batido, o creme será adicionado aos outros ingredientes. Se for batido para além desse estágio, ao misturá-lo ficará batido demais, dando à *mousse* uma aparência granulosa.

Use uma espátula de silicone para misturar. O uso de uma espátula de silicone, ou outro utensílio com superfície larga para misturar, assegura a retenção do volume.

Para garantir uma *mousse* bem leve, é imprescindível que os recipientes que vão acondicioná-la estejam à mão antes do preparo. Assim que todos os ingredientes estiverem completamente incorporados, acondicione a *mousse* no recipiente em que ela será servida com o auxílio de uma colher ou uma espátula ou, para uma melhor apresentação, com o saco de confeitar.

1. **Prepare os ingredientes aromáticos** para a *mousse* e esfrie-os, se necessário. Alguns aromatizantes para *mousse* são feitos com purê de frutas, adoçados se necessário e coados para remover fibras ou sementes. Um dos aromatizantes para *mousse* mais populares, o chocolate, é picado. Adiciona-se a ele determinada quantidade de manteiga porque, com ela, o chocolate se derrete mais facilmente, e ambos são derretidos juntos, em banho-maria. Cuidado para evitar que caia água no chocolate enquanto este derrete.

A base de sabor deve ser muito homogênea, e macia o bastante para ser mexida facilmente com uma colher de pau. Deixe-a esfriar à temperatura ambiente, antes de usá-la.

Aqueça as gemas e o açúcar a 63 °C por 15 segundos, batendo constantemente. Coloque as gemas e o açúcar numa panela, em banho-maria. Bata-os juntos até que fiquem grossos e leves. A mistura cairá do batedor em fitas quando a base chegar à consistência correta. Adicione, então, os ingredientes aromáticos, que devem estar líquidos o bastante para se misturarem com facilidade. Continue a misturar os aromatizantes até que não haja listras na mistura.

Bata as claras em picos duros com o açúcar restante, numa tigela bem limpa e seca. Inicialmente, bata as claras em velocidade média, para começar a separar as proteínas. Adicione o açúcar em pequenas quantidades, com a batedeira em alta velocidade, até que os picos das claras batidas fiquem firmes e não pendam para os lados, quando os batedores forem tirados da tigela. As claras ainda devem ter aparência brilhante, não seca. Acrescente-as delicadamente à mistura de gemas para manter o máximo volume. Alguns chefs gostam de adicionar as claras às gemas em duas ou mais vezes, para que a primeira adição confira leveza à base. Desse modo, perde-se menos volume nas adições subsequentes.

Para evitar que a *mousse* fique sem aeração, faça movimentos de erguer e misturar. A *mousse* pronta deve estar bem misturada, mas ainda reter tanto volume quanto possível. A essa altura, a *mousse* está pronta para ser servida ou pode ser conservada na geladeira, coberta, por um curto período antes do serviço. Pode ser servida com a colher ou colocada em formas ou recipientes com o saco de confeitar, para melhor apresentação.

» **método detalhado**

2. **Avalie a *mousse* pronta.** A *mousse* bem feita tem um intenso e característico sabor, com a suavidade e a riqueza que vêm do creme. A cor deve ser uniforme em todas as porções. As *mousses* têm textura leve, espumosa e fina por causa da adição tanto das claras como do creme de leite batidos da maneira apropriada.

Molho de baunilha

Rendimento: 960 ml

- 454 g de leite
- 454 g de creme de leite fresco (36% a 40%)
- 1 vagem de baunilha aberta e raspada
- 227 g de açúcar
- 14 gemas

1. Aqueça o leite, o creme de leite, a vagem de baunilha e as sementes, e metade do açúcar, até que a mistura chegue ao ponto de ebulição.
2. Junte as gemas e o açúcar restante e adicione a mistura de leite quente, temperando a mistura anterior.
3. Mexendo constantemente, aqueça devagar, até chegar a 82 °C.
4. Retire imediatamente do fogo e coe, numa peneira de malha fina, para um recipiente colocado sobre gelo picado.
5. Esfrie a 4 °C e guarde na geladeira.

NOTAS: Esse molho pode ser feito em banho-maria, para maior controle da fonte de calor.

Substitua a vagem de baunilha por 15 ml de extrato de baunilha. Adicione-o pouco antes de coar o molho.

Em lugar do creme de leite fresco, pode-se usar leite.

Creme de confeiteiro

Rendimento: 960 ml

- 970 g de leite
- 227 g de açúcar
- 85 g de amido de milho
- 6 ovos
- 1 colher (sopa)/15 ml de extrato de baunilha
- 85 g de manteiga

1. Misture o leite com metade do açúcar numa panela e leve ao ponto de ebulição.
2. À parte, junte o açúcar restante ao amido de milho, adicione os ovos e mexa até obter um composto suave.
3. Coloque o leite quente na mistura de ovos aos poucos (temperando) e espere abrir fervura, mexendo constantemente.
4. Retire do fogo e acrescente a baunilha e a manteiga. Transfira para um recipiente limpo, coloque um pedaço de filme plástico diretamente sobre o creme e espere esfriar.
5. Agora o creme de confeiteiro está pronto para ser usado, ou pode ser inteiramente resfriado e armazenado para uso posterior.

Creme de confeiteiro de chocolate: Acrescente 227 g de *ganache* firme (p. 1.148) ao creme de confeiteiro pronto.

Creme de confeiteiro para suflês

Rendimento: 964 g

    595 g de leite
    184 g de açúcar
    113 g de farinha de trigo comum
    2 ovos
    3 gemas

1. Misture aproximadamente 180 mℓ do leite com metade do açúcar numa panela e leve ao ponto de ebulição, mexendo delicadamente com uma colher de pau.
2. Enquanto isso, misture a farinha e o açúcar restante. Usando um batedor de arame, junte os 450 mℓ de leite restantes. Adicione os ovos e as gemas, até que a mistura fique completamente homogênea.
3. Acrescente cerca de ⅓ do leite quente à mistura de ovos, continuando a mexer constantemente com o batedor de arame. Coloque a mistura no leite quente restante na panela. Continue a cozinhar, mexendo vigorosamente com o batedor, até que o creme ferva e o batedor abra um "caminho" no creme.
4. Transfira o creme para uma tigela ou recipiente grande raso. Coloque um plástico diretamente sobre a superfície do creme, e esfrie sobre um recipiente com gelo.
5. Refrigere o creme coberto.

Crème brûlée

Rendimento: 10 porções

    907 g de creme de leite fresco (36% a 40%)
    170 g de açúcar
    1 pitada de sal
    1 vagem de baunilha
    156 g de gemas batidas

FINALIZAÇÃO

    142 g de açúcar (para crosta)
    128 g de açúcar de confeiteiro (para decorar)

1. Misture o creme, 113 g do açúcar e o sal. Leve ao fogo e ferva suavemente em fogo médio, mexendo delicadamente com uma colher de pau. Retire do fogo. Abra a vagem de baunilha, raspe as sementes da vagem e adicione a vagem e as raspas à panela. Tampe e deixe de molho por 15 minutos.
2. Leve de volta ao fogo e espere ferver.
3. Misture as gemas e o restante do açúcar e adicione ao creme quente aos poucos. Coe o creme em uma peneira de malha fina e, com o auxílio de uma concha, coloque-o em dez *ramequins* para *crème brûlée* de 180 mℓ, preenchendo com três quartos de creme.
4. Asse-os em banho-maria a 163 °C só até ficarem sólidos, em 20 a 25 minutos.
5. Retire os cremes do banho-maria e seque o fundo dos *ramequins*. Deixe-os na geladeira até ficarem bem gelados.
6. Para terminar o *crème brûlée*, coloque uma camada fina (1,5 mm) de açúcar sobre a superfície de cada creme. Use um maçarico de propano para derreter e caramelizar o açúcar. Polvilhe levemente a superfície com açúcar de confeiteiro e sirva.

Crème caramel (pudim)

Rendimento: 10 porções

CARAMELO
57 g de água
163 g de açúcar

CREME
652 g de leite
170 g de açúcar
2 colheres (chá)/10 mℓ de extrato de baunilha
4 ovos ligeiramente batidos
3 gemas

1. Para preparar o caramelo, coloque a água e uma pequena quantidade do açúcar numa panela, em fogo médio, e espere o açúcar derreter.
2. Adicione o açúcar restante em pequenas quantidades, deixando derreter antes de acrescentar mais. Continue este processo até que todo o açúcar tenha sido acrescentado. Cozinhe o caramelo até chegar à cor desejada.
3. Coloque igual quantidade de caramelo em dez *ramequins* de 120 mℓ, virando os recipientes para que o caramelo forre completamente o fundo. Passe os *ramequins* para uma assadeira funda e reserve.
4. Para preparar o creme, misture o leite e metade da segunda medida de açúcar e ferva suavemente em fogo médio, mexendo delicadamente com uma colher de pau. Retire do fogo e acrescente a baunilha. Devolva ao fogo e leve o leite ao ponto de ebulição.
5. Misture os ovos e as gemas, junte o açúcar restante e adicione o leite quente aos poucos.
6. Coe o creme e, com uma concha, coloque-o nos *ramequins* com caramelo, enchendo-os até ¾ da altura.
7. Asse em banho-maria, a 163 °C, até ficarem sólidos, em cerca de 1 hora.
8. Retire os *ramequins* do banho-maria e seque-os. Espere esfriarem.
9. Embrulhe cada *ramequin* individualmente e leve-os à geladeira por, pelo menos, 24 horas, antes de desenformá-los e servi-los.
10. Para desenformá-los, passe a lâmina de uma faca entre o creme e o *ramequin*, vire-o sobre um prato de servir e bata levemente no fundo para soltá-lo.

Crème caramel

Sorvetes de chocolate, café e baunilha

Sorvete de baunilha

Rendimento: 1,44 ℓ

- 454 g de leite
- 454 g de creme de leite fresco (36% a 40%)
- 1 vagem de baunilha aberta e raspada
- 198 g de açúcar
- 28 g de xarope de glicose
- ¼ de colher (chá)/1 g de sal
- 15 gemas

1. Coloque o leite, o creme, a vagem de baunilha e as sementes, metade do açúcar, o xarope e o sal numa panela. Ferva a mistura suavemente em fogo médio, mexendo constantemente, por 7 a 10 minutos.
2. Retire a panela do fogo, cubra-a e deixe-a descansar por 5 minutos.
3. Enquanto isso, misture as gemas com o açúcar restante.
4. Retire a vagem de baunilha e devolva a mistura ao fogo.
5. Coloque um terço da mistura quente nas gemas, batendo constantemente.
6. Volte a colocar a mistura de ovos na panela com o líquido quente restante, mexendo constantemente, em fogo médio, até que esteja grossa o bastante para recobrir a parte de trás de uma colher, em cerca de 3 a 5 minutos.
7. Coe a base do sorvete para um recipiente de metal, sobre uma vasilha com gelo, mexendo ocasionalmente, até chegar a uma temperatura inferior a 4 °C, em cerca de 1 hora.
8. Cubra a vasilha e deixe-a na geladeira por, no mínimo, 12 horas.
9. Processe a base numa sorveteira, seguindo as instruções do fabricante.
10. Coloque o sorvete em recipientes ou formas para armazenar, como desejar, e congele por muitas horas, ou durante a noite, antes de servir.

Sorvete de chocolate: Antes de coar a base do sorvete, acrescente 170 g de chocolate amargo derretido à mistura.

Sorvete de café: Substitua a vagem de baunilha por 57 g de café moído grosseiramente.

Sorvete de framboesa: Retire o leite da receita. Depois de refrigerar a base de sorvete, acrescente 480 mℓ de purê de framboesa.

Creme diplomata

Rendimento: 960 mℓ

- 454 g de creme de leite fresco (36% a 40%) bem gelado
- 7 g de gelatina em pó
- 57 g de água
- 454 g de **creme de confeiteiro** (p. 1.118) morno

1. Reúna e prepare os cremes, os recipientes ou formas que devem ser usados na aplicação do creme antes de começar a preparação.
2. Bata o creme de leite em picos moles. Cubra-o e conserve-o na geladeira.
3. Coloque a gelatina na água e derreta-a.
4. Coloque a gelatina derretida no creme de confeiteiro recém-preparado e ainda quente. Coe, depois esfrie o creme de confeiteiro até chegar a 24 °C sobre um recipiente com gelo.
5. Acrescente delicadamente cerca de um terço do creme de leite batido na mistura de creme de confeiteiro. Depois, adicione o creme de leite batido restante, incorporando-o completamente.
6. Com o saco de confeitar, coloque o creme diplomata imediatamente nas massas ou recipientes preparados. Tampe e deixe na geladeira até que o creme se solidifique completamente.

Mousse de chocolate

Rendimento: 10 porções

- 284 g de chocolate amargo
- 43 g de manteiga
- 5 ovos separados
- 2 colheres (sopa)/30 mℓ de água
- 57 g de açúcar
- 227 g de creme de leite fresco (36% a 40%) batido
- Rum (opcional), quanto baste

1. Antes de começar o preparo, organize as formas, os recipientes e as panelas que serão utilizados.
2. Misture o chocolate e a manteiga e derreta-os em banho-maria.
3. Junte as gemas com metade da água e metade do açúcar e bata em banho-maria a 63 °C por 15 segundos. Retire do fogo e bata até esfriar.
4. Misture as claras e o açúcar restante e bata em banho-maria a 63 °C. Retire do fogo e bata até atingir o volume total. Continue batendo até esfriar.
5. Com uma espátula de silicone grande, coloque a mistura de chocolate na de gemas.
6. Adicione a mistura de claras à de gemas com chocolate.
7. Adicione o creme de leite batido e o rum, se desejar.
8. Com o auxílio de uma concha ou um saco de confeitar, passe a *mousse* para as formas imediatamente.

Mousse de framboesa

Rendimento: 2,64 ℓ

- 28 g de gelatina em pó
- 284 g de água
- 397 g de creme de leite fresco (36% a 40%)
- 737 g de purê de framboesa
- 5 claras
- 255 g de açúcar

1. Antes de começar o preparo, organize as formas dos recipientes e as panelas que serão utilizados.
2. Coloque a gelatina na água.
3. Bata o creme de leite em picos médios. Cubra-o e deixe-o na geladeira.
4. Aqueça metade do purê de framboesa numa panela. Retire-o do fogo.
5. Derreta a gelatina e adicione-a ao purê aquecido, mexendo para incorporar. Adicione o purê restante. Esfrie a mistura de framboesas até chegar a 21 °C.
6. Junte as claras e o açúcar na tigela da batedeira e aqueça, sobre uma panela de água fervendo suavemente, mexendo constantemente com um batedor de arame, até que a mistura atinja os 63 °C. Transfira a tigela para a batedeira e bata em velocidade alta, com o batedor de claras, até formar picos firmes. Continue a bater até que o merengue tenha resfriado completamente.
7. Junte delicadamente cerca de um terço do merengue à mistura de framboesa para torná-la mais leve. Acrescente, depois, o merengue restante, incorporando-o totalmente. Acrescente o creme de leite batido reservado.
8. Com o auxílio de uma concha ou de um saco de confeitar, passe a *mousse* para as formas imediatamente.

Mousse de framboesa

Suflê de chocolate

Rendimento: 10 porções

85 g de manteiga

284 g de chocolate amargo, picado

964 g de **creme de confeiteiro** (p. 1.118) frio

3 gemas

12 claras

142 g de açúcar, mais o necessário para untar o *ramequin*

1. Unte dez *ramequins* de 120 mℓ com manteiga cremosa, não esquecendo das bordas. Polvilhe-os com açúcar.
2. Para preparar a base do suflê, derreta a manteiga e o chocolate juntos, numa tigela, sobre uma panela com água fervendo muito suavemente, mexendo com delicadeza para combinar. Adicione a mistura de chocolate ao creme de confeiteiro. Acrescente as gemas e reserve.
3. Bata as claras em picos moles usando o batedor de claras da batedeira. Acrescente o açúcar gradualmente, continuando a bater, depois bata o merengue em picos médios.
4. Misture delicadamente cerca de um terço do merengue à base de chocolate. Acrescente o merengue restante, incorporando-o totalmente.
5. Coloque porções de suflê nos *ramequins* preparados.
6. Asse-os a 177 °C até que tenham crescido, em cerca de 20 minutos. Sirva imediatamente.

Pudim de pão e manteiga

Rendimento: 10 porções

85 g de uva-passa

120 mℓ de rum

255 g de **brioche** (p. 1.058) ou *challah* (p. 1.062)

85 g de manteiga derretida

907 g de leite

170 g de açúcar

6 ovos batidos

4 gemas batidas

½ colher (chá)/2,5 mℓ de extrato de baunilha

½ colher (chá)/1 g de canela em pó

½ colher (chá)/1,5 g de sal

1. Coloque a uva-passa numa tigela e acrescente o rum. Deixe-as descansar por 20 minutos. Escorra-as.
2. Corte o brioche em cubos de 1 cm. Coloque-os em uma assadeira e borrife-os com a manteiga. Toste-os no forno a 177 °C, mexendo-os de vez em quando, até dourarem.
3. Junte o leite e 85 g do açúcar numa panela. Espere ferver.
4. Enquanto isso, misture os ovos, as gemas, a baunilha e os 85 g de açúcar restantes, para fazer a *liaison*. Acrescente aos poucos cerca de ⅓ do leite quente, batendo sem parar. Adicione o leite quente restante e coe o creme, passando-o para uma tigela.
5. Junte ao creme o pão, a canela, o sal e as uvas-passas escorridas. Deixe sobre um recipiente com gelo por, pelo menos, 1 hora, para que o pão absorva o creme.
6. Pincele ligeiramente dez *ramequins* de 180 mℓ com manteiga macia.
7. Com o auxílio de uma concha, passe a mistura para os *ramequins* preparados, enchendo-os até ¾ da altura. Asse-os em banho-maria, a 177 °C até ficarem sólidos, em 45 a 50 minutos.
8. Retire os *ramequins* do banho-maria e seque-os. Coloque-os na geladeira até ficarem bem gelados.

recheios, molhos e coberturas para sobremesas

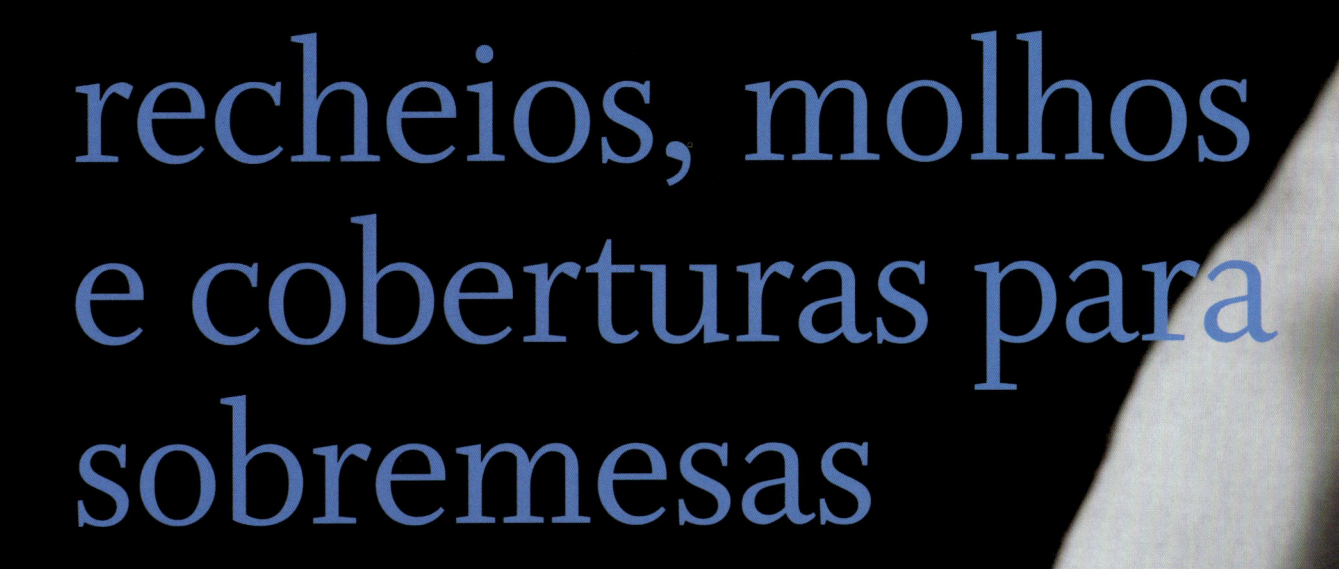

Há muitas maneiras de fazer e terminar um bolo e de criar os toques de acabamento de uma sobremesa. Ao adicionar esses elementos, o chef deve sempre ter a preocupação de combinar todos os sabores e texturas, de modo que se complementem e se destaquem mutuamente. Além do papel que desempenham como decoração de sobremesa, eles também são usados como componentes básicos de uma vasta gama de sobremesas. Podem ser colocados no prato, regados, distribuídos com a colher ou espalhados sobre o item principal, bolo ou sobremesa.

CAPÍTULO 35

OS CREMES DE MANTEIGA SÃO FEITOS MISTURANDO-SE MANTEIGA COM TEXTURA MACIA COM UMA BASE DE OVO E AÇÚCAR. ELES AJUDAM A TORNAR ELEGANTES OS BOLOS E AS TORTAS. O MODO COM QUE OS OVOS E O AÇÚCAR SÃO COMBINADOS, ASSIM COMO A MANEIRA COMO OS OVOS INTEIROS, GEMAS OU CLARAS SÃO USADOS, PRODUZ UM AMPLO LEQUE DE COBERTURAS.

creme de manteiga

Para todos os tipos de creme de manteiga é importante que a manteiga esteja com a textura de pomada; manteiga muito firme não vai incorporar os outros ingredientes para formar um glacê cremoso e macio. Para fazer o creme de manteiga suíço, junte o açúcar e as claras de ovos e delicadamente mexa sobre banho-maria até que o açúcar se dissolva, a mistura esteja aquecida e as claras de ovo estejam espumosas. Em seguida, bata a mistura em ponto de picos firmes, junte a manteiga e bata para formar o creme de manteiga. O creme de manteiga suíço é estável e excelente para glacês de bolos e decoração com bico de confeiteiro em geral. Se você quiser um creme mais firme, use o creme de manteiga italiano.

Para fazer creme de manteiga italiano, você vai precisar de manteiga com textura de pomada, claras de ovos e açúcar. Comece cozinhando o açúcar com água para fazer uma calda. Em seguida, bata as claras em picos moles e acrescente a calda quente. Quando a mistura atingir o volume ideal, continue a bater para esfriar o merengue antes de adicionar a manteiga.

Os aromáticos usados no creme de manteiga também devem estar em temperatura ambiente e prontos para serem adicionados assim que o creme estiver pronto. As quantidades indicadas a seguir são para 454 g de creme pronto:

» 85 g de chocolate meio amargo, derretido e resfriado
» 57 g de chocolate branco ou ao leite, derretido e resfriado
» 57 g de pasta *praliné*
» 1 colher (chá)/5 mℓ de extrato de baunilha ou 1 colher (sopa) de *brandy*

método rápido »

1. Cozinhe o açúcar até atingir o ponto de bala mole.
2. Enquanto bate as claras, acrescente vagarosamente a calda de açúcar.
3. Adicione gradualmente a manteiga à mistura e bata até ficar lisa.

creme de manteiga

1. **Para preparar o merengue,** combine o açúcar e a água numa panela e leve ao ponto de ebulição. Continue a ferver a calda, sem mexer, até que a temperatura chegue a 116 °C. Use um pincel úmido para "limpar" os lados da panela, dissolvendo os cristais de açúcar que espirrarem. Se os cristais permanecerem, funcionam como "sementes" e cristalizarão a calda. Use um termômetro culinário para verificar a temperatura da calda. Este estágio também é chamado de ponto de bala mole. Quando a calda chegar à temperatura correta, deve ser imediatamente acrescida às claras.

« **método detalhado**

2. **Enquanto a calda cozinha,** bata as claras em velocidade média. O ideal é que elas cheguem a picos moles ao mesmo tempo que a calda chega a 116 °C. Com a batedeira ainda funcionando, despeje gradualmente a calda quente, em fluxo fino, nas claras. Adicione a calda de modo que caia dos lados da tigela da batedeira, e não nos batedores, para não espirrar. Continue a bater até que se forme um merengue firme e a mistura esfrie à temperatura ambiente. Se o merengue estiver quente demais, vai derreter a manteiga, quando for adicionada. Verifique a temperatura sentindo o lado da tigela. Deve estar fria ao toque.

capítulo 35 » RECHEIOS, MOLHOS E COBERTURAS PARA SOBREMESAS

3. Adicione gradualmente a manteiga

à base e bata a mistura até que se forme um creme de manteiga liso e leve. Inicialmente, quando a manteiga for adicionada, o merengue perde aeração e a mistura parece se separar. Continue a adicionar a manteiga em pequenas quantidades, com a batedeira funcionando, e logo o creme de manteiga ficará leve e macio.

A essa altura, está pronto para ser aplicado a um bolo pronto ou pode ser conservado na geladeira, para ser usado mais tarde. O creme de manteiga absorve facilmente outros aromas e sabores, portanto deve ser embalado firmemente antes de ser armazenado por até 7 dias, ou congelado por até 2 a 3 meses. Deixe o creme gelado voltar à temperatura ambiente e bata-o com o batedor apropriado até que fique bem leve e liso antes de usá-lo para rechear ou cobrir um bolo.

Os cremes de manteiga devem ficar perfeitamente macios e homogêneos, doces, mas não demais. Não deve haver grãos ou pedaços de açúcar perceptíveis, nem pedacinhos de manteiga.

Recheios e coberturas para bolos em camadas

	QUANTIDADE PARA UM BOLO DE 20 CM	QUANTIDADE PARA UM BOLO DE 25 CM
recheio		
CREME DE MANTEIGA	340 g	454 g
CREME DE LIMÃO	340 g	454 g
cobertura		
GANACHE (PARA GLAÇAR)	340 g	454 g
CREME DE MANTEIGA	340 g	454 g

ANTES DE SEREM CORTADOS EM CAMADAS, OS BOLOS DEVEM ESTAR COMPLETAMENTE FRIOS. AQUELES COM CAMADAS MAIS FINAS E MAIS NUMEROSAS SÃO PREFERÍVEIS ÀQUELES COM MENOS CAMADAS, MAIS GROSSAS, PORQUE ACABAM TENDO SABOR E TEXTURA MAIS UNIFORMES. OS RECHEIOS COLOCADOS NAS CAMADAS DEVEM, DE MODO GERAL, TER MENOS DE 1 CM DE ESPESSURA.

bolo em camadas

Antes de começar a fazer as camadas, apare as áreas desiguais nos lados e na parte superior. Para obter melhores resultados, use um prato giratório apropriado para decorar bolos e uma faca com lâmina longa e fina. Coloque o bolo sobre um círculo de papel-manteiga do mesmo tamanho e, depois, sobre o prato giratório. Primeiro, divida o bolo, mentalmente, no número de camadas desejado. Depois, insira a faca no lado do bolo, na altura apropriada e, segurando-a firmemente no nível, rode vagarosamente o prato giratório, movendo a lâmina no bolo para cortar a camada. Retire-a e reserve-a: repita o processo quantas vezes for necessário.

Antes de rechear o bolo, tire as migalhas soltas das camadas que, muitas vezes, são umedecidas com xaropes – dos simples àqueles com infusões de especiarias ou licor – que adicionam sabor e umidade aos mais secos, como o bolo esponja. Distribua o xarope uniformemente sobre as superfícies cortadas antes de montar novamente o bolo, umedecendo-as, mas não encharcando-as.

método rápido »

1. Coloque o bolo no centro de um prato giratório.
2. Aplique uma generosa quantidade de glacê em toda a sua superfície, alisando para criar um acabamento harmônico.
3. Continue a aplicar o glacê, trabalhando das bordas do bolo no sentido do centro.
4. Para finalizar, alise as irregularidades do glacê de um lado ao outro para criar uma superfície uniforme.

método detalhado »

1. Use um prato giratório para cobrir o bolo. O prato giratório permite que você rode o bolo facilmente, o que ajuda na aplicação de uma camada regular de cobertura. Use uma espátula reta ou de metal para cobri-lo. O comprimento apropriado da espátula depende do tamanho do bolo e da preferência pessoal. Depois de rechear o bolo, coloque uma quantidade generosa de creme de manteiga por cima. Enquanto gira o prato, segure a espátula firmemente, em pequeno ângulo, para aplicar uma camada de creme de manteiga, suave e regular, por cima do bolo. Deixe o excesso escorrer pelos lados do bolo.

2. Para cobrir as laterais do bolo, aplique uma quantidade generosa de cobertura, o que facilita o alisamento e assegura um bom acabamento. Alise os lados do bolo depois de aplicar a cobertura segurando a espátula verticalmente, num ângulo de 45 graus, com a borda da espátula tocando a cobertura, e rode o bolo contra a espátula. A ponta da espátula deve tocar, de leve, a superfície do prato giratório. Isso não só vai alisar a cobertura, mas também fará subir o excesso de cobertura dos lados, formando uma borda.

3. Trabalhe das bordas do bolo em direção ao centro. Segure a espátula paralela à parte superior do bolo, em um ângulo de 45 graus, alise a borda da cobertura por toda a superfície para criar um bolo perfeitamente liso e um ângulo na borda bem definido.

4. Marque o bolo em porções, se desejar, usando uma faca ou uma espátula longa e reta. Outra alternativa é aplicar decorações considerando o topo do bolo como um todo (isso é feito, em geral, em bolos menores ou confeccionados para ocasiões especiais). Pode-se também aplicar grande número de decorações simples (como bordas em conchas ou *rosettes*), com ou sem outras decorações, como recortes de chocolate, frutas silvestres frescas, geleia e outros.

bolo em camadas

O *ganache* tem muitos usos. Pode ser utilizado como molho, para glaçar um bolo, ou pode ser batido e usado como recheio ou cobertura. Também pode ser preparado com consistência mais firme, gelado e como recheio de trufas. Algumas vezes, usa-se *ganache light* como molho de chocolate.

ganache

Há diversas receitas diferentes para esse molho para sobremesa sempre muito apreciado e, variando as proporções, de modo que haja mais chocolate em relação à quantidade de leite ou creme, pode-se fazer um *ganache* mais firme, adequado para cobertura ou recheio. Acrescentar uma quantidade ainda maior de chocolate tornará o *ganache* bem firme, que pode ser usado para preparar trufas.

O chocolate para *ganache* deve ser cortado em pedaços bem pequenos, para facilitar o derretimento por igual. Uma das maneiras mais eficientes de partir chocolate é com uma faca serrilhada: a serra o quebra em pequenos cacos, à medida que vai cortando. Para obter um molho homogêneo, ricamente aromatizado, use o chocolate da melhor qualidade que encontrar. Coloque-o, já picado, em uma tigela resistente ao calor. Coloque o creme e a manteiga numa panela e leve ao ponto de ebulição.

A infusão é um método eficaz de enriquecimento do sabor do *ganache*. Ferva o creme de leite fresco, junte o aromatizante e retire a panela do fogo. Tampe e deixe descansar até que o sabor se incorpore ao creme de leite (em 5 a 10 minutos). Coe, se necessário. Depois de coar, acrescente quanto for necessário de água ou de leite para que o líquido volte ao seu peso original e o *ganache* finalizado tenha a consistência adequada. Os melhores ingredientes para fazer infusões são chás, ervas e especiarias.

Dependendo do resultado desejado, pode-se adicionar alguma bebida alcoólica. Também é possível acrescentar pastas e outros compostos. Como esses itens têm sabor intenso, eles são geralmente adicionados ao *ganache* finalizado.

método rápido »

1. Misture o creme de leite fresco aquecido e o chocolate.
2. Deixe a mistura descansar sem mexer por vários minutos.
3. Mexa o *ganache* até o creme incorporar e a mistura estar macia, espessa e brilhante.

ganache

1. **Misture o creme** e o chocolate. Aqueça o creme e despeje-o por cima do chocolate picado. Deixe a mistura descansar, sem mexer, por alguns minutos.

» **método detalhado**

2. **Mexa o ganache** até que o creme esteja inteiramente incorporado e a mistura bem homogênea. Adicione, então, os aromatizantes que desejar (por exemplo, licores aromatizados, extratos ou purês). O *ganache* agora está pronto para ser usado ou pode ser conservado na geladeira para uso posterior.

O *ganache* deve ser intensamente aromatizado, com o sabor do chocolate enriquecido e suavizado pela adição de creme. A textura deve ser lisa e densa. Quanto mais chocolate no *ganache*, mais grossa ficará a textura. Quando aquecido e usado como glacê, o *ganache* é bem brilhante. Quando resfriado e batido, torna-se mais opaco e fosco, e sua cor um tanto mais pálida. Os ingredientes adicionados para aromatizar ou guarnecer o molho devem ser apropriados, sem mascarar ou sufocar o sabor do chocolate.

FAZENDO TRUFAS

Enrole as porções de ganache em bolas lisas, usando apenas os dedos. Leve as trufas à geladeira mais uma vez para que fiquem firmes antes de passá-las por frutos secos picados, pó de cacau ou açúcar de confeiteiro. As trufas também podem ser passadas por chocolate cristalizado, não só para ganhar uma camada brilhante, mas também para lhes dar uma vida de prateleira mais longa.

Veja na foto uma praça para cobrir as trufas com chocolate cristalizado. As trufas inacabadas estão do lado direito, a tigela com o chocolate cristalizado no centro, e as trufas cobertas à esquerda. À medida que trabalha, coloque as trufas cobertas no lado mais afastado da assadeira, para não ter de passar sobre elas respingando-as com chocolate, o que poderia arruinar o acabamento.

Ao cobrir trufas com chocolate cristalizado, elas não podem ter acabado de sair da geladeira, devem aquecer-se um pouco antes de serem cobertas. Esse cuidado impede que o chocolate endurecido rache. Para revestir trufas com chocolate afinado, espalhe uma pequena quantidade do chocolate na palma da mão, passe a trufa para revesti-la com uma camada fina e regular, e coloque-a sobre uma assadeira limpa, forrada com papel-manteiga. Deixe a trufa descansar até que o chocolate tenha endurecido completamente e repita o processo.

Depois que a camada de chocolate cristalizado endurecer, as trufas devem estar brilhantes, sem quaisquer rachaduras, podendo, então, ser armazenadas em ambiente seco e frio. Se forem mergulhadas em chocolate cristalizado, certifique-se de que não toquem umas nas outras; se as manusear, use luvas e faça isso com cuidado. A superfície de chocolate cristalizado se estraga facilmente e a aparência das trufas será destruída por arranhões e/ou marcas de dedos.

DERRETIMENTO E TEMPERAGEM DO CHOCOLATE

DERRETIMENTO DO CHOCOLATE

O chocolate já é comprado pronto, mas para usá-lo na culinária ele deve ser derretido e, em seguida, solidificado novamente. Assim, enquanto resfria e toma forma, ele retorna ao estado em que foi comprado.

Para temperar o chocolate adequadamente, é preciso também derretê-lo adequadamente, a fim de evitar hiperaquecimento, comprometendo a qualidade. Antes de derreter o chocolate, ele deve ser finamente picado. Quanto menores os pedaços, maior a superfície exposta e mais rápido o derretimento, o que evita o hiperaquecimento. O banho-maria ou o micro-ondas são as melhores opções para derreter o chocolate.

Ao usar o banho-maria, é importante lembrar que a umidade (do vapor, da água ou da condensação) jamais deve entrar em contato com o chocolate. A umidade deixa o chocolate espesso e granuloso, o que pode torná-lo inútil para a temperagem e para muitas outras finalidades. Por isso, ao cozinhar em banho-maria, assegure que a tigela com o chocolate esteja longe o bastante da água. A água deve estar quente, mas não fervendo. Retire o chocolate do fogo assim que ele estiver completamente derretido.

Ao utilizar o micro-ondas para derreter o chocolate, use potência média em vez de alta e aqueça o chocolate a intervalos de 30 egundos, removendo e mexendo o chocolate a cada intervalo par garantir o aquecimento e o derretimento uniformes.

TEMPERAGEM DO CHOCOLATE

Dois dos mais comuns e fáceis métodos de temperagem do chocolate são o método de semeadura e o método de bloco. Para o método de semeadura, acrescente chocolate picado – aproximadamente 25% do peso do chocolate a ser temperado – ao chocolate morno (43 °C) derretido e misture delicadamente para que derreta e se incorpore a ele. A massa inteira é, então, levemente aquecida à adequada temperatura de trabalho.

Para o método de bloco, junte um único bloco de chocolate ao chocolate morno derretido e mexa delicadamente até chegar à temperatura adequada. Depois que ocorre a temperagem, o bloco de chocolate deve ser retirado. Esse bloco poderá ser utilizado novamente.

Quando o chocolate estiver no ponto ideal de temperagem, ele deverá cobrir uniformemente a parte de trás de uma colher de metal e endurecer rapidamente com brilho e sem imperfeições.

GLAÇANDO BOLOS, COOKIES OU DOCES

Coloque o bolo que você vai glaçar sobre um círculo de papelão e aplique uma camada de creme de manteiga ou geleia, se necessário, para selar, gelando-o antes de glaçá-lo. Se o bolo foi aparado ou cortado e recheado em camadas, a selagem é essencial, pois impede que as migalhas se incorporem ao glacê.

Coloque o bolo sobre uma grade de arame apoiada em uma assadeira limpa. O glacê deve estar morno, para não derreter a camada de migalhas (se aplicada), e não tão fino a ponto de escorrer completamente pelo bolo. Despeje o glacê sobre o bolo com uma concha. Usando uma espátula de metal, espalhe rapidamente o glacê, cobrindo inteiramente os lados, antes que a cobertura comece a solidificar-se, o que deixaria marcas da espátula sobre a superfície. Bata delicadamente a grade sobre a assadeira para que o excesso de glacê escorra.

O FONDANT É UM GLACÊ TRADICIONAL DE MUITOS DOCES, ENTRE ELES *PETIT FOURS*, *ÉCLAIRS* E *DOUGHNUTS*. A MAIOR PARTE DAS COZINHAS E DAS CONFEITARIAS USA *FONDANT* COMPRADO PRONTO. PARA O *FONDANT* MANTER SUA CARACTERÍSTICA DE ACABAMENTO ACETINADO, DEVE SER AQUECIDO ATÉ ESTAR LÍQUIDO O SUFICIENTE PARA ESCORRER COM FACILIDADE (41 °C).

trabalhar com *fondant*

Itens pequenos geralmente são mergulhados no *fondant* com um garfo de bombom ou outro utensílio semelhante. Itens maiores são dispostos em grades sobre assadeiras, e o *fondant* é despejado com concha ou colher ou aplicado sobre eles.

O *fondant* pode ser aromatizado e colorido como necessário usando purês, essências, chocolate ou corantes alimentícios em gel, líquido ou pasta.

método rápido »

1. Aqueça e afine o *fondant* até alcançar a temperatura adequada.
2. Acrescente os aromáticos e/ou os corantes desejados, e ajuste a textura se necessário.
3. Mantenha o *fondant* morno durante o uso e trabalhe rapidamente para conseguir os melhores resultados.

método detalhado »

1. **O *fondant* é usado** como cobertura tradicional de muitos doces, como *petit fours*, *éclairs* e *doughnuts*. Para que o *fondant* ganhe brilho, deve ser aquecido apropriadamente até ficar líquido o bastante para escorrer de imediato. Depois de afinado, ele deve brilhar e ficar ligeiramente transparente. Esse procedimento é chamado relaxamento.

A maior parte das cozinhas e confeitarias usa *fondant* comprado pronto. Para preparar *fondant* para glaçar, coloque-o em uma tigela de aço inoxidável e derreta-o em banho-maria. Não deixe que a temperatura passe dos 41°C. Afine-o com água morna, xarope de milho ou um licor, até atingir a consistência desejada.

2. **Depois de derretido,** o *fondant* simples pode ser aromatizado e/ou colorido como se desejar, com pastas corantes, purês, concentrados ou chocolate. Se usar chocolate, por exemplo, misture-o derretido ao *fondant*. Depois disso, pode ser que seja necessário afinar o *fondant* novamente.

3. Mantenha o *fondant* aquecido enquanto trabalha e tenha tudo o mais pronto, à sua volta. Pequenos itens, como *éclairs*, são geralmente mergulhados no *fondant*. Os maiores são colocados em grades sobre assadeiras, e o glacê é despejado com a concha ou a colher, ou salpicado sobre eles.

Mergulhe a parte superior do *éclair* na tigela de *fondant* afinado e segure-o verticalmente para permitir que o excesso escorra. Antes de colocá-lo numa assadeira, remova com o dedo delicadamente o excesso de *fondant* que ainda ficar no fundo do *éclair*.

Usam-se recheios de frutas em muitas tortas, em geral preparadas com fruta fresca descascada e fatiada. Com frequência, a fruta é misturada com açúcar e um amido (farinha, araruta, amido de milho ou tapioca) para produzir um recheio aromatizado e com corpo suficiente para ser cortado em porções.

fazer torta fechada ou aberta

Os recheios de creme cozido ou pudim devem ser preparados só depois que a massa estiver pronta, assada e fria, de modo que possam ser despejados imediatamente sobre a massa. Mantenha todos os recheios à temperatura correta para conseguir os melhores sabores e consistência no produto pronto.

Há um vasto leque de coberturas usadas habitualmente em tortas, como farofas ou *streusel*, a própria massa, merengue ou glaçados como *ganache* de chocolate derretido ou geleia de damasco. O *egg wash* deve ser preparado com antecedência para ser aplicado sobre a cobertura de massa da parte superior das tortas, em uma camada fina e uniforme, com um pincel para massas. As tortas devem ir ao forno em assadeiras, sobre tabuleiros para aparar os respingos. Esfrie as tortas em grades de arame.

FORRANDO UMA ASSADEIRA DE TORTA

Trabalhe sempre com massa bem gelada, pois isso a faz relaxar, a gordura ficar firme e os amidos presentes na farinha absorverem completamente o líquido.

Abra a massa, colocando-a sobre uma superfície de trabalho enfarinhada. Polvilhe levemente a superfície com um pouco mais de farinha. Com pancadinhas uniformes, abra a massa até conseguir a espessura e a forma desejadas. Vire-a ocasionalmente para produzir uma forma regular, impedindo que grude na superfície de trabalho. Trabalhe do centro para as bordas, abrindo em diferentes direções.

método rápido »

1. Delicadamente, forre a forma de torta com a massa preparada, mantendo a massa gelada antes e depois de forrar.
2. Se necessário, pré-asse a massa enformada.
3. Recheie a torta com o recheio desejado e finalize se necessário.
4. Asse os itens finalizados conforme necessário.

fazer torta fechada ou aberta

1. Forre a forma com a massa.
Transfira cuidadosamente a massa aberta para a forma, de modo a cobri-la completamente. Arrume a massa na forma, pressionando-a delicadamente, com uma bola da própria massa, contra a forma. Apare o excesso das bordas, deixando o suficiente para selar a massa de cobertura, se necessário, ou para preparar uma borda canelada ou mais alta para uma torta que tenha massa apenas na parte inferior.

» **método detalhado**

2. Recheie e termine a massa de torta
como desejar. Algumas tortas são recheadas e depois assadas. Outras receitas pedem que a massa seja assada separadamente, ou pré-assada ou completamente assada (ver Pré-assar massas de tortas, p. 1.144).

Adicione um recheio de frutas a uma massa de torta crua, misturando os ingredientes do recheio e colocando-os sobre a massa. Os recheios cremosos devem ser despejados com cuidado, até abaixo da borda da forma.

Algumas tortas, especialmente as de frutas frescas, têm uma massa para cobri-la também. Abra a massa de cobertura do mesmo modo como fez para a massa do fundo. Corte respiradouros na massa de cobertura para permitir que o vapor escape, e coloque cuidadosamente a cobertura sobre a torta. Pressione a massa em torno da borda para selar as crostas superior e inferior. Retire o excesso e belisque ou frise as bordas.

As tortas podem ser finalizadas trançadas, cortando-se tiras de massa e colocando-as sobre o recheio para formar uma grade. Sele e frise as bordas como se fosse para uma torta com massa em cima e embaixo.

Coberturas de farofa devem ser aplicadas em uma camada uniforme, sobre a superfície do recheio. Uma outra cobertura frequente é o merengue, que é colocado sobre a torta com o saco de confeitar, em desenho decorativo, ou simplesmente distribuído com picos. O merengue é, então, dourado rapidamente no forno muito quente ou com um maçarico.

3. Asse a torta ou a massa de torta. Para uma torta com massa no fundo e na cobertura, pincele a massa superior muito levemente com *egg wash* e asse-a em um tabuleiro, em forno quente a 218 °C, até ficar pronta. Em geral, as tortas são assadas até que a massa ganhe uma rica cor dourada e pareça seca. Entretanto, se ela foi aberta de modo irregular, os pedaços mais grossos podem parecer úmidos, indicando que a massa não está inteiramente cozida. Os recheios de fruta devem estar borbulhando. Os cremosos devem estar sólidos, mas não cozidos a ponto de a superfície rachar ou encolher-se, separando-se da massa.

PRÉ-ASSAR MASSAS DE TORTAS

Pré-assar significa assar uma massa para torta, parcial ou completamente, antes de colocar o recheio. As massas são parcialmente pré-assadas quando o tempo requerido para assar o recheio não será longo o suficiente para cozer por completo a massa. As massas são completamente pré-assadas quando forem recheadas com um recheio pré-cozido, ou com um que não precise ser cozido ou assado.

Para pré-assar a massa de uma torta, forre-a com papel-manteiga e preencha-a com pesos para torta, ou feijão seco, ou arroz, para impedir que o fundo da massa borbulhe e que os lados caiam ou escorreguem enquanto assa.

Coloque a forma no forno preaquecido. O papel-manteiga e os pesos precisam ficar na forma até que a massa tenha assado por tempo suficiente para endurecer e manter a forma (geralmente 10 a 12 minutos para uma assadeira de 23 cm de diâmetro). Pode-se, então, retirar o papel-manteiga e os pesos, permitindo que a massa doure. Devolva a forma ao forno e asse até que atinja a cor desejada. Se a massa tiver de ser assada novamente com um recheio, asse-a só até ficar ligeiramente dourada. Se quiser uma massa inteiramente assada, deixe-a no forno até que doure bem, em cerca de 20 minutos.

Usando um pincel para massas, pincele as pré-assadas com uma camada leve de manteiga macia ou chocolate derretido e deixe endurecer totalmente antes de colocar o recheio. Esse cuidado impede que a umidade do recheio passe para a massa encharcando-a, ou fazendo com que perca sua textura crocante. Coloque a massa no refrigerador, de modo que a manteiga ou o chocolate endureçam, e depois recheie.

Creme de manteiga italiano

Rendimento: 1,47 kg

- 454 g de açúcar
- 120 mℓ de água
- 8 claras
- 907 g de manteiga à textura macia, cortada em pedaços médios
- 1 colher (sopa)/15 mℓ de extrato de baunilha

1. Misture 340 g do açúcar com a água em uma panela de fundo grosso e leve ao ponto de ebulição, em fogo médio alto, mexendo para dissolver o açúcar. Continue cozinhando, sem mexer, até o ponto de bala mole (114 °C).
2. Enquanto isso, coloque as claras na tigela da batedeira com os batedores de clara.
3. Quando a calda chegar a aproximadamente 110 °C, bata as claras, em velocidade média, até ficarem espumosas. Adicione gradualmente os 113 g de açúcar restantes e bata o merengue em picos médios.
4. Quando a calda chegar a 114 °C, adicione-a ao merengue em um fluxo lento e contínuo, enquanto continua a bater em velocidade média. Bata em alta velocidade até que o merengue tenha chegado à temperatura ambiente.
5. Adicione a manteiga pouco a pouco, misturando até incorporar totalmente depois de cada adição, e raspando os lados da tigela se necessário. Acrescente baunilha. Agora o creme de manteiga está pronto para ser usado ou pode ser tampado firmemente e guardado na geladeira.

NOTA: Ver opções de aromáticos na p. 1.128.

Torta de maçã

Rendimento: 1 torta com 23 cm de diâmetro

- 567 g de **massa básica para torta** (p. 1.088)
- 680 g de maçãs Golden Delicious sem casca nem sementes, em fatias
- 142 g de açúcar
- 14 g de amido de tapioca
- 21 g de amido de milho
- ½ colher (chá)/1,5 g de sal
- ½ colher (chá)/1 g de noz-moscada ralada
- ½ colher (chá)/1 g de canela em pó
- 1 colher (sopa)/15 mℓ de suco de limão-siciliano
- 28 g de manteiga derretida

1. Prepare a massa seguindo as instruções da receita. Divida-a em duas partes iguais. Abra metade da massa com 3 mm de espessura e forre a forma. Reserve a outra metade, bem embalada, na geladeira.
2. Misture as maçãs com os ingredientes restantes. Recheie a massa com essa mistura.
3. Abra a segunda metade da massa com 3 mm de espessura e coloque-a sobre o recheio.
4. Frise as bordas para selar, cortando diversos respiradouros sobre a torta.
5. Asse a torta em forno a 191 °C até que o recheio esteja borbulhando, em cerca de 45 minutos a 1 hora.
6. Esfrie-a à temperatura ambiente antes de servi-la.

Torta de cerejas

Rendimento: 5 tortas de 23 cm de diâmetro

- 2,83 kg de **massa básica para torta** (p. 1.088)
- 5,1 kg de cereja sem caroço, congelada
- 4,2 ℓ de suco de cereja
- 284 g de amido de milho
- 567 g de açúcar cristal
- 28 g de sal
- 300 mℓ de suco de limão-siciliano
- 300 mℓ de *egg wash* (p. 1.041)

1. Descongele as cerejas durante uma noite, em uma peneira sobre uma tigela, de modo que o suco saia. Reserve o suco e adicione mais se as cerejas não produzirem o suficiente.
2. Prepare a massa seguindo as instruções da receita. Separe 567 g para cada torta e divida cada massa em duas partes. Abra metade da massa com 3 mm de espessura e forre as formas. Refrigere. Abra, embrulhe e refrigere as outras partes da massa.
3. Misture 600 mℓ de suco de cereja com o amido de milho e mexa para dissolver, fazendo um *slurry*.
4. Misture os 3,6 ℓ de suco de cereja restantes com o açúcar e o sal em uma panela e ferva para dissolver.
5. Acrescente o *slurry* vagarosamente ao suco de cereja quente, mexendo sem parar com um batedor de arame. Ferva de novo e cozinhe por 1 minuto mexendo sem parar, ou até que fique claro.
6. Acrescente as cerejas e o suco de limão. Deixe o recheio esfriar completamente.
7. Coloque 1,25 kg do recheio sobre cada massa de torta na forma, feche com a segunda parte de massa e sele as bordas. Faça alguns orifícios sobre a parte superior e pincele com *egg wash*.
8. Asse as tortas em forno a 232 °C, por 40 minutos, ou até que estejam douradas e seja possível ver o recheio borbulhar dentro delas.
9. Sirva quente ou à temperatura ambiente.

Torta de pecãs

Rendimento: 5 tortas de 23 cm de diâmetro

- 1,42 kg de **massa básica para torta** (p. 1.088)
- 567 g de pecãs
- 99 g de açúcar
- 99 g de farinha de rosca
- 2,27 kg de xarope de milho
- 14 ovos
- 28 g de sal
- 2 colheres (sopa)/30 mℓ de extrato de baunilha
- 170 g de manteiga derretida

1. Prepare a massa seguindo as instruções da receita. Separe 284 g para cada torta. Abra a massa com 3 mm de espessura e forre as formas. Refrigere.
2. Separe 113 g das pecãs para cada torta e espalhe-as em uma camada uniforme no fundo de cada massa crua.
3. Coloque o açúcar e a farinha de rosca em uma tigela grande de aço inoxidável e bata para misturá-los. Adicione o xarope de milho e misture.
4. Acrescente os ovos, o sal, a baunilha e mexa até que estejam bem incorporados. Acrescente a manteiga.
5. Coloque 794 g da mistura em cada forma de torta preparada.
6. Asse as tortas em forno a 204 °C até que o recheio se tenha assentado e a massa fique dourada, em cerca de 40 minutos.
7. Deixe-as esfriar completamente antes de servi-las.

Torta de *cranberry* e pecãs: Espalhe 57 g de oxicoco em uma camada uniforme no fundo de cada forma contendo a massa crua, antes de rechear conforme a receita acima.

Torta merengue de limão

Rendimento: 5 tortas de 23 cm de diâmetro

- 1,42 kg de **massa básica para torta** (p. 1.088)
- 907 g de água
- 907 g de açúcar
- 14 g de sal
- 284 g de suco de limão
- 28 g de *zestes* de limão ralados
- 170 g de amido de milho
- 227 g de gemas
- 113 g de manteiga
- **Merengue italiano** ou **suíço** (p. 1.042), quanto baste

1. Prepare a massa seguindo as instruções da receita. Separe 284 g para cada torta. Abra a massa com 3 mm de espessura e forre as formas. Refrigere.
2. Pré-asse as massas completamente (ver p. 1.144). Deixe-as esfriar totalmente.
3. Junte 1,44 ℓ da água e 454 g do açúcar com o sal, o suco de limão e os *zestes* em uma panela, e leve ao ponto de ebulição.
4. Misture bem o açúcar restante e o amido de milho. Adicione as gemas com a água restante e misture bem. Junte a mistura de açúcar e amido de milho à de gemas e água, mexendo até que fique uniforme.
5. Adicione as gemas à mistura de limão, quando ela ferver.
6. Devolva ao fogo, até ferver novamente. Deixe por 1 minuto, mexendo constantemente. Acrescente a manteiga.
7. Coloque 680 g do recheio em cada massa pré-assada. Deixe as tortas na geladeira por uma noite antes de cobri-las com merengue. O merengue pode ser dourado no forno ou usado um maçarico.

Torta de abóbora

Rendimento: 5 tortas de 23 cm de diâmetro

- 1,42 kg de **massa básica para torta** (p. 1.088)
- 2,27 kg de purê de abóbora
- 510 g de açúcar
- 142 g de açúcar mascavo
- 14 g de sal
- 2½ colheres (chá)/5 g de canela em pó
- 2½ colheres (chá)/5 g de gengibre ralado
- 2½ colheres (chá)/5 g de noz-moscada ralada
- 1¼ de colher (chá)/2,5 g de cravos-da-índia em pó
- 595 g de leite
- 595 g de leite evaporado
- 15 ovos

1. Prepare a massa seguindo as instruções da receita. Separe 284 g para cada torta. Abra a massa com 3 mm de espessura e forre as formas. Refrigere.
2. Junte a abóbora, os açúcares, o sal e as especiarias e misture até que se incorporem. Junte o leite, o leite evaporado e os ovos. Misture bem e acrescente à mistura de abóbora.
3. Pré-asse as massas parcialmente (ver p. 1.144).
4. Coloque 851 g de recheio em cada uma das formas de 23 cm contendo a massa pré-assada.
5. Asse as tortas em forno a 191 °C, por 50 minutos, ou até que o recheio tenha endurecido e a crosta esteja dourada.

Recheio de *frangipane*

Rendimento: 3 dúzias de tortas de 8 cm de diâmetro

- 227 g de pasta de amêndoas
- 35 g de açúcar
- 2 ovos
- 113 g de manteiga
- 43 g de farinha para bolos

1. Misture a pasta de amêndoas com o açúcar, adicione um dos ovos e bata até obter um creme e não haver nenhum grumo. Acrescente a manteiga e bata novamente.
2. Adicione, aos poucos, o ovo restante.
3. Acrescente a farinha e misture só até incorporar.
4. Use como recheio de tortas.

Tarteletas de pera e *frangipane*

Rendimento: 12 tarteletas

- 567 g de **1-2-3 massa para *cookies*** (p. 1.104)
- 255 g de **recheio de *frangipane*** (p. 1.148)
- 12 **peras *pochées*** (p. 1.148), cortadas ao meio
- **Glaçado de damasco** (p. 1.150) quente, quanto baste
- 85 g de amêndoas em lâminas, tostadas e picadas

1. Abra a massa com espessura de 3 mm. Usando um cortador de 11 cm de diâmetro, corte 12 círculos de massa. Coloque os círculos em anéis de tarteleta de 8 cm de diâmetro. Fure o fundo da massa das tarteletas com os dentes de um garfo.
2. Coloque no saco de confeitar um bico n° 5 liso e ponha 21 g do recheio de *frangipane* em cada massa, enchendo até metade da altura.
3. Fatie as peras e ponha-as sobre o *frangipane*.
4. Asse em forno a 191 °C, até que a massa e o recheio estejam bem dourados, em cerca de 45 minutos.
5. Esfrie as tarteletas à temperatura ambiente.
6. Pincele o topo das tarteletas com o glaçado. Arrume uma borda fina de amêndoas tostadas em torno de cada tarteleta. Sirva.

Peras *pochées*

Rendimento: 12 peras pochées

- 12 peras pequenas

LÍQUIDO PARA ESCALFAR

- 454 g de vinho tinto ou branco
- 227 g de água
- 227 g de açúcar
- 6 cravos-da-índia (opcional)
- 1 pau de canela (opcional)

1. Descasque as peras. Pode deixá-las inteiras com o cabinho intato, ou cortadas ao meio e sem as sementes.
2. Misture todos os ingredientes do líquido para escalfar em uma panela e ferva suavemente, mexendo para dissolver o açúcar.
3. Coloque as peras no líquido e ferva-as suavemente até ficarem macias. Deixe que as peras esfriem dentro do próprio líquido, escorra-as e sirva-as como desejar.

Ganache firme

Rendimento: 2,27 kg

- 2,72 kg de chocolate escuro bem picado
- 907 g de creme de leite fresco (36% a 40%)

1. Coloque o chocolate em uma tigela de aço inoxidável.
2. Leve o creme de leite até perto do ponto de ebulição suave. Despeje-o sobre o chocolate, deixando descansar por 1 minuto.
3. Misture até que o chocolate esteja totalmente derretido.
4. O *ganache* pode ser usado imediatamente ou coberto e guardado na geladeira e depois reaquecido.

Molho de chocolate

Rendimento: 960 mℓ

- 284 g de açúcar
- 454 g de água
- 128 g de xarope de milho *light*
- 113 g de cacau em pó, peneirado
- 454 g de chocolate amargo, derretido

1. Misture o açúcar, a água e o xarope de milho em uma panela com fundo grosso e leve ao ponto de ebulição, em fogo médio alto. Retire do fogo.
2. Coloque o cacau em uma tigela e acrescente quantidade suficiente do xarope de açúcar quente para fazer uma pasta, mexendo até ficar homogêneo. Adicione aos poucos o xarope restante e misture até incorporar totalmente.
3. Acrescente o chocolate amargo e derreta-o até ficar bem incorporado.
4. Coe o molho em uma peneira de malha fina.
5. Sirva quente ou gelado.

Sabayon

Rendimento: 960 mℓ

- 18 gemas
- 340 g de açúcar
- 340 g de vinho branco

1. Coloque as gemas, o açúcar e o vinho na tigela da batedeira e bata até obter uma mistura uniforme. Coloque a tigela sobre uma panela com água fervendo suavemente e aqueça, batendo sem parar, até que a mistura tenha engrossado, esteja bem espumosa e chegue aos 82 °C.
2. Transfira a tigela para a batedeira com os batedores de claras e bata até esfriar.
3. Passe o *sabayon* para um recipiente e cubra-o com plástico colocado diretamente sobre a superfície, para impedir que se forme uma pele. O *sabayon* pode ser servido quente ou à temperatura ambiente.

NOTA: Se desejar, bata 720 mℓ de creme de leite fresco (36% a 40%) em picos médios e acrescente ao *sabayon* frio.

Zabaglione: Substitua o vinho branco por vinho Marsala.

Molho de caramelo clássico

Rendimento: 960 mℓ

- 680 g de creme de leite fresco (36% a 40%)
- 369 g de açúcar
- 284 g de xarope de glucose
- 64 g de manteiga à temperatura ambiente, em cubos

1. Coloque o creme de leite em uma panela e ferva-o em fogo médio. Deixe a panela em fogo bem baixo, para mantê-lo quente.
2. Prepare um recipiente e encha-o com gelo.
3. Misture o açúcar e o xarope em uma panela de fundo grosso e cozinhe vagarosamente, em fogo médio, mexendo constantemente, até que todo o açúcar se tenha dissolvido. Pare de mexer e continue a cozinhar até obter um caramelo dourado. Retire do fogo e coloque a panela no recipiente com gelo para interromper o cozimento.
4. Retire a panela do banho de gelo e adicione a manteiga. Acrescente o creme de leite quente com cuidado, misturando até que esteja totalmente incorporado.
5. Sirva quente ou gelado.

Coulis de framboesa

Rendimento: 960 mℓ

- 907 g de framboesas (frescas ou congeladas)
- 227 g de açúcar, ou quanto baste
- 2 colheres (sopa)/30 mℓ de suco de limão, ou quanto baste

1. Combine as framboesas, o açúcar e o suco de limão em uma panela, em fogo médio. Ferva suavemente, mexendo sempre, até que o açúcar se tenha dissolvido, em cerca de 10 minutos.
2. Coe o *coulis* em uma peneira de malha fina.
3. Adicione mais açúcar e/ou suco de limão, se necessário.

NOTA: As framboesas podem ser substituídas por igual quantidade de outra fruta, como morangos ou mangas picadas.

Glaçado de damasco

Rendimento: 723 g

- 255 g de geleia de damasco
- 255 g de xarope de milho
- 170 g de água
- 3 colheres (sopa)/45 mℓ de bebida alcoólica, como rum ou *brandy*

1. Coloque todos os ingredientes em uma panela, ferva e mexa até que a mistura fique bem homogênea.
2. Use o glaçado enquanto quente, aplicando-o sobre os itens com um pincel de massa.

Molho de cerejas desidratadas

Rendimento: 737 g

- 85 g de açúcar
- 369 g de vinho tinto
- 170 g de água
- 2 colheres (sopa)/30 mℓ de suco de laranja
- 2 colheres (sopa)/30 mℓ de suco de limão
- 1 vagem de baunilha
- 113 g de cereja desidratada
- 14 g de amido de milho

1. Coloque numa panela o açúcar, 360 mℓ do vinho tinto, a água, o suco de laranja e o de limão. Abra a vagem de baunilha, raspe as sementes e ponha vagem e sementes na panela. Ferva a mistura, retire-a do fogo e acrescente as cerejas.
2. Deixe a panela na geladeira a noite inteira, tampada.
3. Coe o molho, despeje numa panela e ferva. Reserve as cerejas.
4. Enquanto isso, faça um *slurry* com o amido de milho e os 30 mℓ de vinho tinto restantes. Adicione-o gradualmente ao molho e volte a ferver, batendo até que engrosse o suficiente para cobrir a parte de trás de uma colher.
5. Espere o molho esfriar à temperatura ambiente.
6. Adicione as cerejas reservadas e sirva imediatamente.

Manteiga de maçã

Rendimento: 960 mℓ

- 3,18 kg de maçã
- 680 g de sidra
- 454 g de açúcar
- 1 colher (sopa)/6 g de cardamomo moído
- 2 colheres (chá)/4 g de canela em pó
- 1 colher (chá)/3 g de *zestes* de limão
- ¼ de colher (chá)/1 g de sal

1. Descasque as maçãs, retire as sementes e corte-as em fatias. Misture as maçãs com a sidra em uma panela grande de fundo grosso, tampe e ferva suavemente até que se tornem uma polpa macia, em cerca de 30 minutos.
2. Passe a polpa por um passador de legumes e transfira-a para uma panela.
3. Adicione o açúcar, as especiarias, os *zestes* e o sal. Ferva suavemente, mexendo com frequência, até engrossar, em cerca de 2 horas.
4. Esfrie completamente.

Molho de frutas

Rendimento: 964 g

- 142 g de mamão papaia em cubos pequenos
- 142 g de manga em cubos pequenos
- 142 g de melão amarelo, em cubos pequenos
- 142 g de morango em cubos pequenos
- 2 colheres (sopa)/30 mℓ de suco de maracujá
- 1 colher (sopa)/3 g de hortelã bem picada
- 90 mℓ de *amaretto*
- 227 g de suco de laranja
- 85 g de açúcar

1. Misture as frutas, o suco de maracujá e a hortelã. Deixe para macerar.
2. Misture o *amaretto*, o suco de laranja e o açúcar e ferva até reduzir. Acrescente o líquido reduzido às frutas.
3. Conserve o molho na geladeira até o momento de usá-lo.

sobremesas empratadas

Ao conceber uma sobremesa empratada, o chef deve levar em conta o contraste e a complementação entre sabores e texturas, cor e estilo, o consumidor básico, o evento específico ou as necessidades do menu, bem como o ambiente em que se realizarão o preparo e o serviço. Mesmo tendo em mente tudo isso, é importante considerar que, para ser saborosa e memorável, a sobremesa não precisa ser complexa. Há inúmeras maneiras simples e fáceis de compor uma sobremesa básica. Alguns exemplos são o acréscimo de uma calda quente, um elemento gelado, como sorvete, ou uma guarnição simples como uma *tuile*, nozes confeitadas ou frutas fatiadas.

CAPÍTULO 36

tendências em sobremesas empratadas

Ao compor um menu de sobremesas, é essencial levar em conta as tendências do momento para mantê-lo atualizado e interessante. Entre as tendências atuais está um retorno a sobremesas de estilo mais rústico, como *galettes*, e *comfort food*, como tortas e bolos de frutas. O atrativo dessas sobremesas está na simplicidade de sabor, estilo e apresentação. Também são ideais para produção em restaurantes, banquetes ou grandes eventos, por serem básicas e simples de preparar.

Os chefs devem levar em conta as tendências em seus menus e traduzir esses conceitos nos itens de sobremesa. Assim como o menu muda sazonalmente ou de acordo com as tendências, o de sobremesas deve também mudar.

contraste: aroma e sabor, gosto, textura, temperatura e apresentação

A tabela abaixo é um guia visual para entender as características básicas que o chef pode utilizar na criação de uma sobremesa empratada. Ao conceber sobremesas, pense em incorporar um certo número de contrastes utilizando diferentes componentes, mas nunca acrescente componentes apenas para obter outro contraste. O número de componentes escolhidos deve fazer sentido ao conceito da sobremesa.

Tenha em mente a ideia de contraste ao acrescentar sobremesas a um menu já existente ou ao planejar um novo. Um menu equilibrado deve conter sobremesas quentes e frias, doces e ácidas, ricas e leves.

Combinar elementos contrastantes em uma única sobremesa manterá o paladar interessado e estimulado. A clássica torta de maçã *à la mode* é um exemplo perfeito. Pense-a em referência à tabela de contrastes: uma torta de maçã excepcional terá uma crosta crocante e quabradiça e, talvez, um recheio que ainda mantenha um pouco da acidez da maçã, ao passo que o sorvete proporcionará uma textura cremosa e macia. A torta deverá ser servida quente para exalar seus sabores e aromas e também para produzir um contraste de temperatura com relação ao sorvete.

Elementos contrastantes numa sobremesa empratada dividem-se em sabor e aroma, gosto, textura, temperatura e apresentação. Ao usar a tabela, tente compreender a cultura e conhecer a disponibilidade regional dos ingredientes para garantir combinações bem-sucedidas. Sabor e aroma são os componentes mais inter-relacionados desta tabela. Dependendo de sua seleção de ingredientes, um seguirá naturalmente o outro. Também tenha em mente que o doce varia apenas em intensidade, mas é um componente de todas as sobremesas, em alguma medida.

O objetivo do componente da textura é obter um equilíbrio entre a sensação bucal – crocante demais não é necessariamente bom. Também é importante considerar a temperatura dos componentes de

Tabela de contrastes

ESTAÇÃO	SABOR E AROMA	GOSTO	TEXTURA	TEMPERATURA	APRESENTAÇÃO
OUTONO	Chocolate	Doce	Crocante	Congelada	Forma
PRIMAVERA	Baunilha	Salgado	Crocante leve	Gelada	Volume
VERÃO	Frutas	Amargo	Quebradiça	Fria	Cor
INVERNO	Especiarias	Ácido	Viscosa	Temperatura ambiente	Textura
	Oleaginosas	Umami	Cremosa	Morna	
			Líquida	Muito quente	
			Semicongelada		
			Macia		
			Fofa		

qualquer prato ou menu. Não é preciso que cada prato tenha necessariamente contrastes de temperatura, ao passo que o cardápio completo deve apresentar todo o espectro.

A apresentação não significa que o prato deva ter aparência complicada. Atualmente, uma das principais tendências é o minimalismo: apresentação de sabores autênticos e naturais da maneira mais simples e pura possível.

sobremesas de restaurante

Use a tabela de contrastes para criar um menu de restaurante. Isso ajudará a manter todos os pratos atualizados, diferentes e originais. Lembre-se de que algumas sobremesas não serão práticas considerando as instalações da sua cozinha.

Um menu de restaurante pode mudar a cada estação; no entanto, haverá alguns itens constantes, alterando-se apenas a guarnição. Manter um cardápio sazonal propiciará melhores preços e, também, melhores sabores. Será mais fácil fazer as compras, e as mercadorias mais frescas resultarão em melhores sabores e atrairão mais os clientes. Use ingredientes especiais e de destaque na estação de seu apogeu. Um bom termômetro para medir o sucesso de uma sobremesa é a sua venda, mas considere também que itens que não são pedidos podem estar mal localizados ou mal apresentados no menu. Se esses fatores forem corrigidos, um item antes problemático poderá tornar-se um campeão de vendas.

Um ingrediente fundamental para o sucesso de qualquer menu de sobremesas são as reuniões anteriores ao serviço. Faça os garçons conhecerem sua comida. Devem ouvir falar sobre ela e prová-la para se entusiasmarem por ela. Muitas vezes os pratos que vendem bem são os favoritos da equipe de garçons.

ORGANIZAÇÃO DE UMA ÁREA DE SOBREMESAS

Para instalar uma área de sobremesas, seja numa grande cozinha de banquetes ou num pequeno restaurante, há uma série de fatores importantes a serem levados em conta. O tamanho e a configuração da área de trabalho, assim como sua localização com relação aos fornos, geladeiras e *freezers*, determinam como executar certas tarefas. Mantenha os itens de uso frequente ao alcance das mãos e dos olhos. Tenha em mente também um fluxo de trabalho eficaz. Em regra, na cozinha os pratos deveriam se deslocar sempre em uma mesma direção.

Mantenha as caldas em bisnagas de plástico ou num funil dosador. Isso lhe dará maior controle sobre a quantidade e a localização da calda no prato ou na sobremesa e facilitará o armazenamento das caldas na bancada.

Para manter a bancada limpa e higienizada, tenha por perto um frasco com produto de higienização, assim como panos de limpeza, toalhas de papel e água quente para escaldar os pratos antes que saiam da área.

EMPRATANDO SOBREMESAS GELADAS

As sobremesas geladas são componentes importantes de qualquer menu de sobremesas. Embora geralmente sejam empregadas como componentes complementares na montagem de várias sobremesas, podem constituir o componente principal. É possível produzi-las em muitos e variados sabores. Além disso, são adaptáveis a diversos tipos de recipientes, como biscoitos de *tuile* ou taças moldadas em chocolate, e também podem ser moldadas numa grande variedade de formas. Elas funcionam bem numa infinidade de combinações. É claro que sobremesas geladas empratadas dependem de um espaço de refrigeração adequado para estocagem e serviço.

sobremesas empratadas em banquetes

Na maioria dos casos, qualquer sobremesa que possa ser preparada e servida para dez pessoas também pode ser servida para cem. No entanto, para a montagem de volumes maiores, o chef deverá levar em conta o equipamento, o armazenamento, o *timing* do serviço e o trabalho.

Ao planejar uma sobremesa para o menu de um banquete, considere a concepção geral da sobremesa.

Certas restrições surgirão imediatamente. Falta de equipamento (quantidade insuficiente de uma determinada forma, por exemplo) pode exigir a mudança de formato ou de aparência de uma sobremesa. O tempo, às vezes, também pode ser um elemento de restrição a certos preparos, e em alguns casos talvez você queira reformular a sobremesa para aumentar seu prazo de validade.

Bolo quente de tâmaras e especiarias com calda *butterscotch* e sorvete de canela

Bolo quente de tâmaras e especiarias com calda *butterscotch* e sorvete de canela

Rendimento: 12 porções

COMPONENTES

Bolo de tâmaras e especiarias (p. 1.157)
Maçãs caramelizadas (p. 1.158)
Calda *butterscotch* (p. 1.157)
Tubinhos de massa filo (p. 1.157)
Creme *chantilly* aromatizado com laranja (p. 1.158)
Sorvete de canela (receita a seguir)
Chips de maçã (p. 1.156)
Pauzinhos de chocolate ao leite e canela (p. 1.156)

MONTAGEM

1. Prepare 12 pratos.
2. Aqueça os bolos no forno a 177 °C por cerca de 2 minutos.
3. Reaqueça ou prepare as maçãs caramelizadas.
4. Com uma colher, coloque 57 g de calda no centro de cada prato. Coloque um bolo em cima da calda.
5. Ajeite em círculo cinco pedaços de maçãs caramelizadas em cada prato.
6. Recheie os tubinhos de massa filo com creme *chantilly* e coloque dois sobre cada bolo.
7. Coloque uma *quenelle* de sorvete no centro dos tubinhos e finalize colocando no topo um *chip* de maçã. Coloque um pau de canela de chocolate inclinado, finalizando cada sobremesa.

Sorvete de canela

Rendimento: 12 porções

277 g de leite
277 g de creme de leite fresco (36% a 40%)
14 g de glucose
¼ de colher (chá)/1 g de sal
1 pau de canela
¼ de colher (chá)/0,5 g de canela em pó
99 g de açúcar
8 gemas de ovos

1. Numa panela média, junte o leite, o creme de leite, a glucose, o sal, o pau de canela, a canela em pó e cerca de 43 g do açúcar. Leve para ferver em fogo médio. Tire do fogo, cubra e deixe macerar por 5 minutos.
2. Numa tigela média, misture o açúcar restante com as gemas até estarem bem homogeneizados.
3. Aos poucos, despeje a mistura do leite na mistura das gemas, mexendo constantemente.
4. Leve todos os ingredientes novamente à panela e continue o cozimento em fogo médio, mexendo constantemente, até que a mistura engrosse, adquirindo consistência de *nappé*.
5. Passe a mistura por uma peneira fina, levando a banho-maria. Esfrie num banho de água e gelo até que a base do sorvete esteja abaixo de 4 °C.
6. Deixe a base descansar, refrigerada, de um dia para o outro.
7. Bata numa sorveteira, conforme as instruções do fabricante.
8. Transfira o sorvete para um recipiente hermeticamente fechado e leve ao *freezer* até que esteja com a consistência adequada para servir com o boleador de sorvete, em cerca de 8 horas ou de um dia para o outro.

Quando prontos, os *chips* de maçã estarão totalmente desidratados, crocantes e fáceis de tirar do tapete de silicone.

Chips de maçã

Rendimento: 12 porções

2 maçãs descascadas, em fatias de 1,5 mm de espessura

Suco de limão-siciliano, a gosto

227 g de açúcar

150 mℓ de água

1. Espalhe as maçãs fatiadas numa assadeira e pincele-as com suco de limão.
2. Numa panela média, leve o açúcar e a água ao fogo médio. Deixe no fogo até o açúcar se dissolver.
3. Aqueça o xarope até que registre 82 °C num termômetro culinário digital. Acrescente as fatias de maçã e escalde até amaciar, em cerca de 30 segundos.
4. Use uma luva de procedimento para remover as maçãs e coloque-as numa assadeira forrada com um tapete de silicone. Arranje as fatias numa camada única.
5. Seque as maçãs no forno a 82 °C, de um dia para o outro. Armazene-as num recipiente hermeticamente fechado até o momento de serem utilizadas.

NOTA: Para uma secagem mais rápida, os *chips* também podem ir ao forno a 93 °C por 1 ou 2 horas.

O chocolate temperado é moldado para imitar uma canela em pau.

Pauzinhos de chocolate ao leite e canela

Rendimento: 12 porções

½ colher (chá)/2,5 mℓ de óleo vegetal

227 g de chocolate ao leite derretido

Canela em pó, a gosto, para revestir

1. Mexa o óleo no chocolate derretido até homogeneizar completamente.
2. Coloque uma assadeira no forno a 93 °C até aquecer ligeiramente, em cerca de 30 segundos.
3. Espalhe o chocolate nas costas da assadeira, formando uma camada fina e lisa.
4. Coloque a assadeira no *freezer* por 30 minutos e, depois, na geladeira por 15 minutos.
5. Tire a assadeira da geladeira e deixe-a em temperatura ambiente até que o chocolate esteja moldável.
6. Molde o chocolate em forma de pauzinhos usando uma espátula. Segure a espátula em ângulo de 45° e enrole o chocolate para o meio da assadeira. Repita esse movimento através do chocolate, depois gire a assadeira e repita no sentido inverso, de modo que os dois tubos se encontrem no meio, finalizando a forma de canela em pau.
7. Depois de prontos, role os pauzinhos em canela em pó, para revesti-los. Guarde num recipiente hermeticamente fechado até o momento de utilizá-los.

Bolo de tâmaras e especiarias

Rendimento: 12 porções

567 g de tâmara descaroçada, picada finamente

2 colheres (sopa)/30 mℓ de *brandy*

319 g de manteiga

496 g de açúcar mascavo

¾ de colher (chá)/2,5 g de sal

7 ovos

14 g de extrato de baunilha

177 g de creme azedo (*sour cream*)

496 g de farinha comum

1¾ de colher (chá)/5,25 g de fermento químico em pó

½ colher (chá)/1 g de canela em pó

¼ de colher (chá)/0,5 g de pimenta-da-jamaica

1. Numa tigela pequena, misture as tâmaras com o *brandy*. Reserve.
2. Na tigela da batedeira equipada com o batedor em pá, bata a manteiga, o açúcar mascavo e o sal até obter um creme leve e fofo, em 4 ou 5 minutos.
3. Acrescente os ovos aos poucos, raspando as laterais da tigela a cada acréscimo para que a massa fique homogênea. Acrescente a baunilha e o *sour cream* e bata até incorporar completamente.
4. Acrescente delicadamente a farinha, o fermento, a canela e a pimenta-da-jamaica, batendo apenas até incorporar.
5. Tire a tigela da batedeira e use uma espátula de silicone para misturar delicadamente as tâmaras à massa.
6. Forre uma assadeira média com papel-manteiga. Despeje a massa na assadeira preparada e espalhe-a de maneira uniforme. Asse em forno a 162 °C até dourar ligeiramente, em 25 a 30 minutos. Deixe esfriar completamente.
7. Corte o bolo usando uma forminha de cortar biscoito redonda, de 8 cm de diâmetro. Reserve. O bolo deverá ser guardado em um recipiente hermeticamente fechado em temperatura ambiente ou embalado e congelado para ser usado posteriormente.

Tubinhos de massa filo

Rendimento: 12 porções

2 placas de massa filo

Manteiga derretida, a gosto

1. Pincele 1 folha de massa com manteiga derretida e, delicadamente, coloque por cima a outra folha. Pincele a superfície da folha de cima com manteiga derretida.
2. Corte a massa em tiras de 6 cm × 17 cm. Enrole cada tira de massa formando um tubinho, como de *cannoli*.
3. Asse os tubos de massa filo no forno a 191 °C até dourarem, em 4 a 6 minutos. Deixe esfriar completamente. Guarde os tubinhos em recipiente hermeticamente fechado até o momento de serem utilizados.

Calda *butterscotch*

Rendimento: 12 porções

340 g de açúcar mascavo

227 g de manteiga

170 g de creme de leite fresco (36% a 40%)

71 g de glucose de milho

1 colher (chá)/3 g de sal

7 g de extrato de baunilha

1. Numa panela média, coloque o açúcar mascavo, a manteiga, o creme, a glucose de milho e o sal. Leve a mistura ao fogo médio.
2. Cozinhe em fogo brando, mexendo de vez em quando, até que a calda engrosse levemente, em 2 a 4 minutos.
3. Tire do fogo e misture a essência de baunilha.

Creme *chantilly* aromatizado com laranja

Rendimento: 12 porções

454 g de creme de leite fresco (36% a 40%)

2 colheres (sopa)/14 g de *zestes* de laranja

28 g de açúcar de confeiteiro

1. Na tigela da batedeira, equipada com o batedor globo, bata o creme e os *zestes* em velocidade média até engrossar.
2. Acrescente o açúcar aos poucos e continue a bater até o creme de leite formar picos moles.
3. Transfira o creme para um recipiente hermeticamente fechado ou um saco de confeiteiro. Guarde na geladeira até o momento de utilizá-lo.

Maçãs caramelizadas

Rendimento: 12 porções

28 g de manteiga

14 maçãs descascadas e torneadas

85 g de açúcar

1 pitada de sal

2 colheres (sopa)/30 mℓ de Calvados

1. Derreta a manteiga numa *sauteuse* grande, em fogo médio. Acrescente as maçãs e salteie-as até que comecem a amaciar, em 3 a 4 minutos.
2. Acrescente o açúcar e o sal e aumente para fogo alto. Continue o cozimento por mais 5 ou 6 minutos, até o açúcar caramelizar.
3. Deglace a panela com o Calvados. Tire as maçãs do calor. Deixe-as esfriar completamente antes de guardar na geladeira, num recipiente a vácuo.

NOTA: As maçãs devem ser reaquecidas antes de servidas ou podem ser feitas na hora.

Peras cozidas em amora e vinho do Porto com creme de ricota e biscoitos *sablé*

Rendimento: 12 porções

COMPONENTES

Creme de ricota (p. 1.160)

Biscoitos *sablé* (p. 1.160)

Peras cozidas em amora e vinho do Porto (receita a seguir)

MONTAGEM

1. Prepare 12 pratos.
2. Coloque uma *quenelle* de creme de ricota na beira de cada prato, obliquamente.
3. Coloque um biscoito num canto, no extremo oposto de cada prato.
4. Com uma faca de legumes, corte as peras em fatias bem finas, de modo que fiquem presas à haste e possam ser dispostas em leque.
5. Verta um pouco do líquido sobre cada prato e finalize com a metade de uma pera.

Peras cozidas em amora e vinho do Porto

Rendimento: 12 porções

6 peras forelle

284 g de água

284 g de vinho do Porto Ruby

284 g de purê de amora

28 g de suco de limão-siciliano

1 colher (sopa)/9 g de *zestes* de limão-siciliano

227 g de açúcar

1 fava de baunilha, aberta e raspada

½ pau de canela

2 colheres (sopa)/18 g de amido de milho

1. Descasque as peras e corte-as pela metade, no sentido do comprimento. Remova o cerne com um boleador de frutas.
2. Junte a água, o vinho do Porto, o purê de amora, o suco e os *zestes* de limão, o açúcar, a fava e as sementes de baunilha e a canela em pau numa panela grande, em fogo médio, e coloque as peras dentro do líquido.
3. Cubra com papel-manteiga, pressione as peras para baixo se elas flutuarem e mantenha o líquido em ponto de fervura até as peras ficarem macias, em 30 ou 40 minutos.
4. Esfrie as peras no líquido e guarde-as também no líquido, na geladeira, por até 3 dias.
5. Coe o líquido numa panela e leve a fogo médio. Coloque o amido de milho numa tigela pequena e acrescente água em quantidade suficiente para formar uma pasta rala. Sempre mexendo, acrescente um pouco do líquido quente à mistura de amido de milho para ajustá-la.
6. Comece a mexer o líquido na panela e acrescente a pasta rala. Mexa delicadamente e deixe ferver até adquirir uma consistência levemente *nappé*.

Biscoitos *sablé*

Rendimento: 12 porções

567 g de manteiga

269 g de açúcar de confeiteiro

2 colheres (chá)/6,5 g de sal

14 g de extrato de baunilha

78 g de gemas de ovos

765 g de farinha de trigo comum

Egg wash (p. 1.041), a gosto

Açúcar cristal, a gosto

1. Na tigela da batedeira equipada com o batedor em pá, bata a manteiga, o açúcar, o sal e a baunilha em velocidade média por 5 minutos.
2. Aos poucos acrescente as gemas, deixando que se desfaçam bem depois de cada acréscimo.
3. Acrescente a farinha e bata em velocidade baixa apenas até homogeneizar.
4. Numa superfície levemente enfarinhada, abra a massa com um rolo até 1 cm de espessura. Transfira para uma assadeira forrada com papel-manteiga e gele até firmar.
5. Pincele os biscoitos com o *egg wash* e salpique levemente com açúcar cristal.
6. Asse os biscoitos no forno a 191 °C até endurecerem levemente, em 20 a 25 minutos.
7. Deixe os biscoitos esfriarem um pouco, depois use uma faca serrilhada para cortar em retângulos de 3 cm × 8 cm.
8. Ponha os biscoitos cortados de volta na assadeira e asse até dourarem levemente, em mais 5 ou 10 minutos. Deixe os biscoitos esfriarem completamente e guarde-os num recipiente hermeticamente fechado, em temperatura ambiente, até a utilização.

Creme de ricota

Rendimento: 12 porções

227 g de ricota

227 g de **creme de confeiteiro** (p. 1.118)

113 g de *cream cheese*

1 colher (chá)/5 mℓ de extrato de baunilha

57 g de açúcar

1 colher (chá)/3 g de *zestes* de limão-siciliano

1 pitada de sal

227 mℓ de creme de leite fresco (36% a 40%)

1½ folha de gelatina

1. Misture a ricota, o creme de confeiteiro, o *cream cheese*, a baunilha, o açúcar, os *zestes* de limão e o sal até se tornar uma liga lisa.
2. Na tigela da batedeira, equipada com o batedor globo, bata o creme de leite até formar picos moles. Reserve.
3. Coloque a gelatina de molho em água morna por 3 a 5 minutos. Tire as folhas de gelatina da água e esprema o excesso de água. Junte a gelatina a 113 g do creme de ricota.
4. Aqueça o creme de ricota com a gelatina numa panela em banho-maria, aquecendo a água até o termômetro registrar 54 °C. Tire do calor e acrescente o creme de ricota reservado para esfriar levemente.
5. Junte delicadamente o creme de leite batido. Reserve a mistura num recipiente hermeticamente fechado, na geladeira, até a utilização.

Peras cozidas em amora e vinho do Porto
com creme de ricota e biscoitos *sablé*

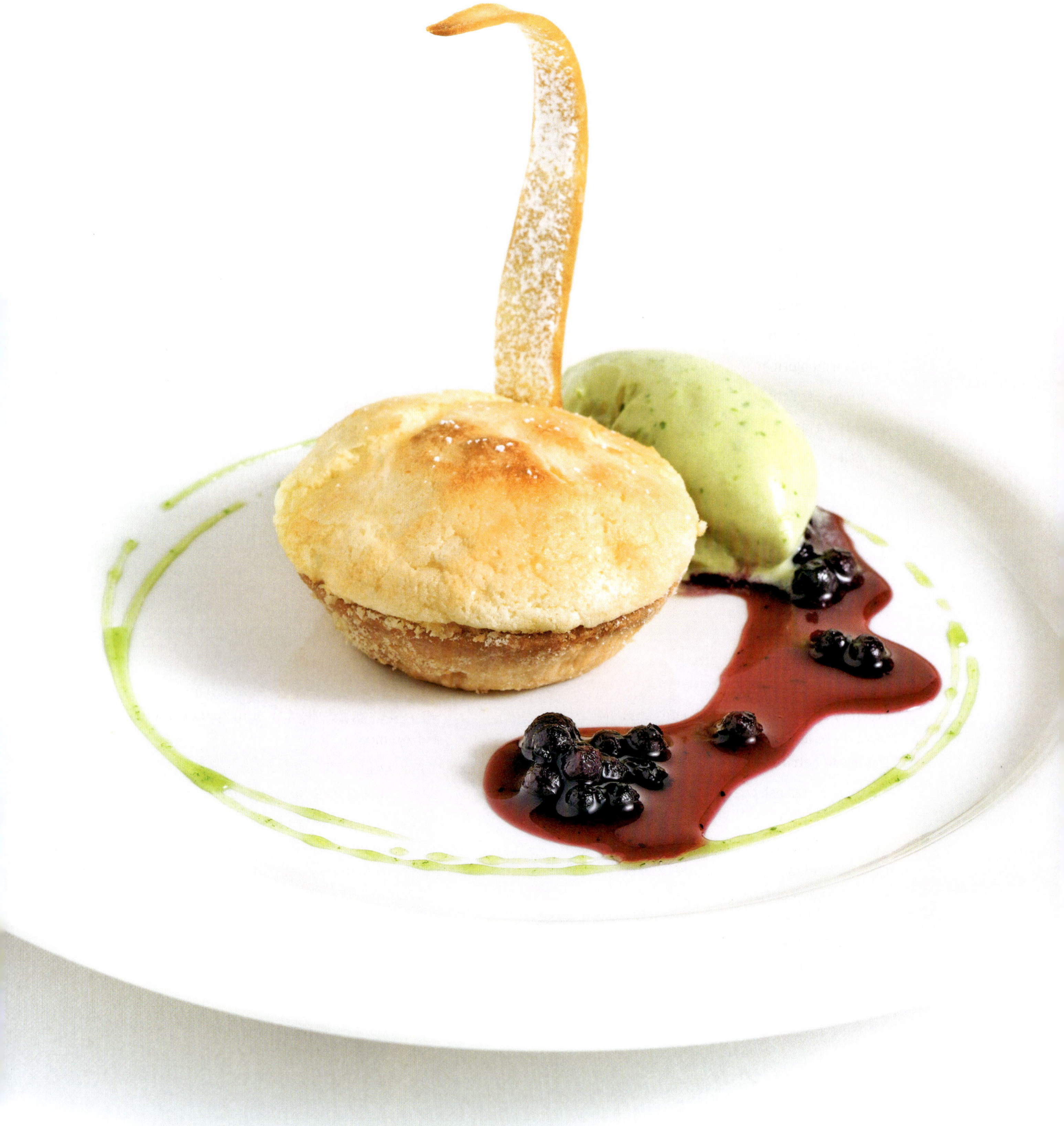

Torta suflê de limão com sorvete de manjericão e compota de mirtilo

Rendimento: 12 porções

COMPONENTES

Lemon curd (p. 1.165)
Base de tortinhas (p. 1.164)
Mirtilos frescos
Merengue comum (p. 1.042)
Açúcar de confeiteiro, a gosto
Calda de manjericão (p. 1.165)
Compota de mirtilo (p. 1.165)
Sorvete de manjericão (receita a seguir)
Tuiles (p. 1.164)

MONTAGEM

1. Prepare 12 pratos.
2. Espalhe 7 g de *lemon curd* no fundo de cada base de tortinha. Coloque por cima alguns mirtilos.
3. Para cada torta, faça um merengue comum com 14 g de clara de ovo e 14 g de açúcar. Acrescente-o delicadamente ao *lemon curd* restante e coloque a mistura nas bases de tortinhas.
4. Polvilhe açúcar de confeiteiro por cima de cada torta. Leve ao forno a 204 °C até dourar levemente e inflar, em cerca de 8 minutos.
5. Deixe as tortas esfriarem por 1 minuto antes de tirá-las da assadeira.
6. Com uma colher, forme um anel de calda de manjericão paralelamente à borda de cada prato. Coloque uma torta no centro de cada prato. Acomode ao lado um pouco de compota de mirtilo e acrescente uma *quenelle* de sorvete de manjericão. Finalize cada prato com uma *tuile*.

Sorvete de manjericão

Rendimento: 2,4 ℓ

PURÊ DE MANJERICÃO

142 g de folhas de manjericão
Xarope simples (p. 1.041), a gosto

SORVETE

680 g de leite
680 g de creme de leite fresco (36% a 40%)
43 g de glucose
1 pitada de sal
298 g de açúcar
22 gemas de ovos
170 g de **purê de manjericão** (acima)

1. Para fazer o purê de manjericão, leve uma pequena panela de água para ferver em fogo médio. Prepare um banho de água e gelo.
2. Escalde o manjericão na água fervente por 20 segundos. Provoque um choque num banho de água e gelo, escorra e aperte para tirar o excesso de água.
3. Num liquidificador ou um processador de alimentos, bata as folhas com xarope simples o suficiente para que a mistura se transforme num purê liso.
4. Reserve, tampado, até o momento de fazer o sorvete.
5. Para fazer o sorvete, junte o leite, o creme, a glucose, o sal e 155 g do açúcar numa panela média. Leve ao fogo médio.
6. Numa tigela média, junte o restante do açúcar com as gemas, mexendo até homogeneizar completamente.
7. Quando a mistura do leite abrir fervura, despeje um pouco dela lentamente sobre as gemas, mexendo constantemente para temperar a mistura das gemas.
8. Leve os ingredientes de volta à panela e continue o cozimento em fogo médio, mexendo constantemente, até que a mistura engrosse, adquirindo consistência de *nappé*.
9. Passe a base do sorvete por uma peneira fina e coloque imediatamente num banho de água gelada. Esfrie até que a base do sorvete chegue abaixo dos 4 °C.

10. Agite o purê de manjericão e acrescente-o à base de sorvete. Bata numa sorveteira seguindo as instruções do fabricante.
11. Num recipiente hermeticamente fechado, coloque o sorvete no *freezer* até que esteja bastante sólido para servir, em 8 horas ou de um dia para o outro.

NOTA: O purê deverá ser feito no mesmo dia em que o sorvete for batido para que mantenham o sabor e a cor.

Base de tortinhas

Rendimento: 12 bases de tortinhas

567 g de **1-2-3 massa para *cookies*** (p. 1.104)

Egg wash (p. 1.041), a gosto

1. Numa superfície enfarinhada, abra a massa com o rolo até uma espessura de 3 mm. Corte a massa em círculos de 10 cm de diâmetro.
2. Coloque 12 formas para tortinhas de 8 cm numa assadeira forrada com papel-manteiga. Pressione delicadamente a massa nas formas de torta. Leve à geladeira até a massa ficar firme.
3. Forre cada base com pedaços redondos de papel-manteiga e encha com pesos para assar tortas.
4. Asse as bases de tortinhas no forno a 191 °C até começarem a endurecer, em 10 a 15 minutos.
5. Tire os pesos e o papel-manteiga e pincele levemente as bases de tortinhas com *egg wash*. Continue a assar até dourarem, cerca de 10 minutos mais.
6. Armazene num recipiente hermeticamente fechado em temperatura ambiente até utilizá-las.

Tuiles

Rendimento: 1,02 kg de massa

276 g de açúcar de confeiteiro

255 g de farinha de trigo comum

1 pitada de sal

227 g de manteiga pomada

120 g de clara de ovo à temperatura ambiente

163 g de mel

14 g de extrato de baunilha

1. Na tigela da batedeira, equipada com o batedor em pá, junte o açúcar, a farinha e o sal.
2. Acrescente a manteiga e cerca de um quarto das claras de ovos e bata em velocidade baixa até formar uma pasta lisa e espessa.
3. Acrescente o mel e bata até misturá-lo aos demais ingredientes. Aos poucos acrescente o restante das claras de ovos e a baunilha, batendo apenas até homogeneizar.
4. Coloque a massa num recipiente hermeticamente fechado e reserve, na geladeira, até a hora de assar.
5. Preaqueça o forno a 191 °C. Espalhe a massa em tiras de 1 cm × 10 cm numa assadeira e asse até dourar, em cerca de 15 minutos. Deixe esfriar um pouco na assadeira, depois tire as *tuiles* e ponha para acabar de esfriar em grades de arame.
6. Armazene em temperatura ambiente num recipiente hermeticamente fechado.

NOTAS: É importante que a manteiga e as claras de ovos estejam em temperatura ambiente. Se estiverem muito frias, a massa poderá separar.

Esta massa pode ser feita com até uma semana de antecedência. Pode ser aquecida no micro-ondas, se necessário, para voltar a uma consistência que permita moldá-la.

Calda de manjericão

Rendimento: 12 porções

2 maços de manjericão, só as folhas

Glucose de milho, a gosto

1. Ponha uma panela de água para ferver em fogo médio. Prepare um banho de água gelada.
2. Escalde o manjericão na água fervente por 20 segundos. Provoque um choque num banho de água gelada, escorra e esprema para eliminar o excesso de água.
3. Num liquidificador ou processador de alimentos, bata as folhas de manjericão com uma quantidade de glucose de milho suficiente para formar uma calda lisa. Ajuste a consistência com glucose de milho a gosto.
4. Reserve, com tampa, até quando for utilizar.

Lemon curd

Rendimento: 12 porções

227 g de ovo

255 g de açúcar

340 g de manteiga em cubos pequenos

184 g de suco de limão-siciliano

1 colher (sopa)/9 g de *zestes* de limão-siciliano

7 g de amido de milho

1 pitada de sal

1. Numa tigela refratária média, bata juntos os ovos e o açúcar, até estarem bem homogeneizados.
2. Acrescente os demais ingredientes e coloque a tigela sobre uma panela média com água quase fervente.
3. Continue o cozimento, mexendo com frequência, até que a mistura engrosse e esteja a uma temperatura de 85 °C, registrada no termômetro digital.
4. Passe o *curd* por uma peneira fina, dentro de uma cuba, cubra-o com filme plástico em contato com o creme e leve à geladeira para esfriar.

Compota de mirtilo

Rendimento: 12 porções

454 g de mirtilo

1 colher (sopa)/9 g de *zestes* de limão-siciliano

2 colheres (sopa)/30 mℓ de suco de limão-siciliano

Açúcar, a gosto

1. Numa panela pequena, junte 340 g dos mirtilos com os *zestes* de limão, o suco e água suficiente para cobrir.
2. Cozinhe a mistura em fogo médio, mexendo de vez em quando, até os mirtilos amaciarem, em 4 a 5 minutos.
3. Tire do fogo e acrescente açúcar a gosto. Esfrie completamente.
4. Num processador de alimentos ou num liquidificador, bata a calda até ficar lisa, passe-a por uma peneira fina e ajuste a consistência com água, se necessário.
5. Reserve, tampada, até o momento de utilizar. Acrescente os 113 g de mirtilos restantes na hora de servir.

Torta de limão-galego

Rendimento: 12 porções

COMPONENTES

Creme *chantilly* (receita a seguir)
Torta de limão-galego (receita a seguir)
***Coulis* de morango** (receita a seguir)
Limões-galegos

MONTAGEM

1. Prepare 12 pratos.
2. Espalhe uma camada regular de creme *chantilly* sobre a superfície da torta. Corte a torta em 12 pedaços iguais.
3. Coloque uma fatia de torta sobre cada prato e, com uma colher, pingue um pouco de *coulis* de morango sobre cada prato.
4. Coloque uma *quenelle* de creme *chantilly* sobre cada fatia de torta e finalize com uma rodela torcida de limão no topo.

Creme *chantilly*

Rendimento: 480 ml

454 g de creme de leite fresco (36% a 40%)
57 g de açúcar de confeiteiro
14 g de extrato de baunilha

1. Na tigela da batedeira equipada com o batedor globo bata o creme de leite até formar picos moles.
2. Acrescente o açúcar e a baunilha e continue batendo até formar picos médios. Reserve e leve à geladeira até a utilização.

Torta de limão-galego

Rendimento: 12 porções

680 g de leite condensado
149 g de ovo
66 g de gema de ovo
170 g de suco de limão-galego
Base de bolacha de maisena (receita a seguir)

1. Numa tigela grande, junte o leite condensado, os ovos e as gemas.
2. Junte o suco de limão, mexendo sempre até misturar bem, mas sem deixar passar do ponto.
3. Despeje o recheio na base pronta e asse em forno a 149 °C até firmar, em cerca de 10 minutos.
4. Deixe a torta esfriar em temperatura ambiente, depois embale e deixe no *freezer* de um dia para o outro. A textura do recheio é semelhante à do *cheesecake*.

Base de bolacha de maisena

Rendimento: 276 g

170 g de bolacha de maisena triturada
85 g de manteiga derretida
21 g de açúcar
1 pitada de sal

1. Misture todos os ingredientes numa tigela média. Pressione a massa numa forma de torta de 25 cm.
2. Asse no forno a 163 °C até firmar e dourar ligeiramente, em cerca de 12 minutos. Deixe esfriar completamente antes de rechear.

Coulis de morango

Rendimento: 454 g

454 g de morango
227 g de açúcar
2 colheres (sopa)/30 ml de suco de limão-siciliano

1. Junte os morangos com 113 g de açúcar e 15 ml do suco de limão numa panela média de inox. Deixe a fruta macerar por 20 a 30 minutos.
2. Leve a mistura a fogo médio, mexendo até o açúcar dissolver, em cerca de 10 minutos. Faça um purê.
3. Passe o *coulis* por uma peneira fina. Ajuste o sabor com o açúcar e o suco de limão restantes. Armazene o *coulis* num recipiente hermeticamente fechado até o momento de ser utilizado.

NOTA: Se desejar, acrescente uma pasta feita com 2 colheres (sopa)/30 ml de água e 14 g de amido de milho para cada 480 ml de *coulis*, para engrossar a calda. Leve o *coulis* à fervura, vá acrescentando a pasta (*slurry*) aos poucos, sempre mexendo, e ferva novamente. Deixe esfriar completamente antes de usar.

Torta de limão-galego

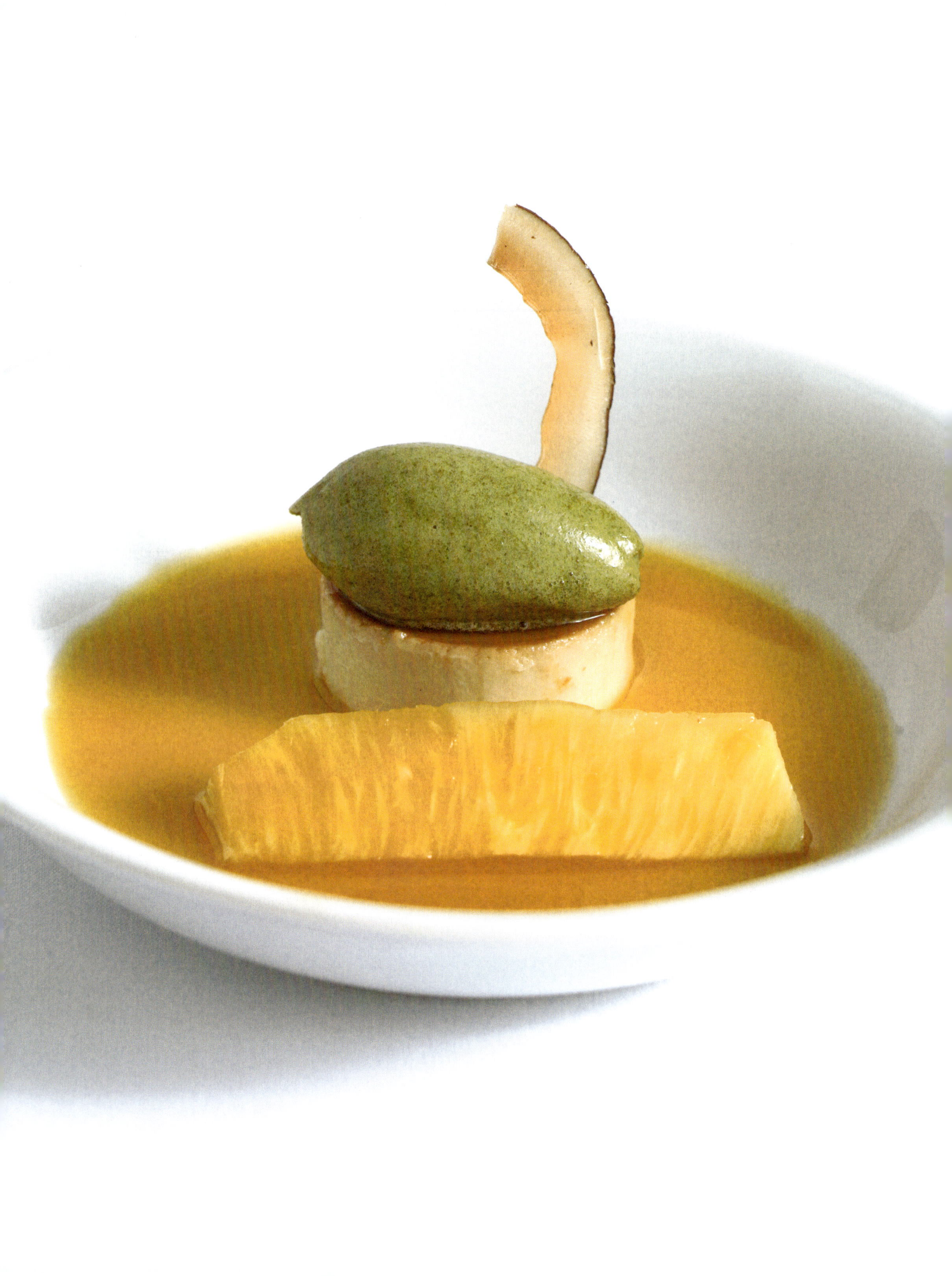

Abacaxi escalfado em manga e maracujá com flã de coco e *sorbet* de coentro

Rendimento: 12 porções

COMPONENTES

Abacaxi escalfado em manga e maracujá (receita a seguir)

Flã de coco (p. 1.170)

***Sorbet* de coentro** (receita a seguir)

***Chips* de coco** (p. 1.170)

MONTAGEM

1. Prepare 12 tigelas.
2. Tire o abacaxi do líquido e reserve. Coe o líquido e ajuste a consistência com água, se necessário.
3. Desenforme delicadamente os flãs e coloque na parte de trás de cada tigelinha.
4. Despeje cerca de 113 g do líquido em cada tigelinha e coloque uma cunha de abacaxi na frente do flã.
5. Coloque uma *quenelle* de *sorbet* em cima de cada flã e finalize com um *chip* de coco no topo.

Abacaxi escalfado em manga e maracujá

Rendimento: 12 porções

1 abacaxi

340 g de purê de manga

133 g de purê de maracujá

170 g de água

21 g de suco de limão

170 g de açúcar

1 banana fatiada

1. Descasque e corte o abacaxi em 12 cunhas.
2. Coloque-o numa tigela de inox grande com os purês de frutas, a água, o suco de limão e o açúcar.
3. Coloque a mistura sobre uma panela de água quase fervente e cozinhe até amaciar, por 1½ hora a 2 horas.
4. Tire do calor, acrescente as fatias de banana, tampe e deixe na geladeira de um dia para o outro.

Sorbet de coentro

Rendimento: 12 porções

XAROPE PARA *SORBET*

340 g de açúcar

277 g de água

57 g de glucose

SORBET

567 g de folha de coentro

638 g de água

177 g de estabilizante

1½ colher (chá)/7,5 g de açúcar

106 g de suco de limão

1. Numa panela média, leve todos os ingredientes do xarope para ferver.
2. Cubra o xarope e reserve, na geladeira, até que esteja tudo preparado para fazer o *sorbet*.
3. Para fazer o *sorbet*, leve uma panela média de água para ferver, em fogo médio. Prepare um banho de água e gelo.
4. Branqueie as folhas de coentro na água fervente por 20 segundos. Provoque um choque no banho de água e gelo e escorra, espremendo para eliminar o excesso de água.
5. Pese as folhas de coentro e acrescente água para completar 638 g.
6. Bata o coentro e a água até formar uma mistura lisa. Transfira para uma tigela grande. Acrescente a água restante e 517 g do xarope, batendo até homogeneizar.
7. Numa tigela pequena, junte o estabilizante, o açúcar e o suco de limão. Aos poucos junte à mistura de coentro usando um mixer portátil.
8. Bata o *sorbet* numa sorveteira seguindo as instruções do fabricante.
9. Coloque o *sorbet* num recipiente hermeticamente fechado e leve ao *freezer* até adquirir consistência adequada para tirar com a concha, por 8 horas ou de um dia para o outro.

Chips de coco

Rendimento: 12 porções

1 coco fresco

Xarope simples (p. 1.041), a gosto

1. Divida o coco ao meio, dando batidinhas ao longo de sua maior circunferência.
2. Coloque as duas metades numa assadeira e leve ao forno a 177 °C até amaciar, em 30 a 40 minutos.
3. Deixe o coco esfriar totalmente, depois solte a polpa da casca. Use um descascador de legumes para cortar 12 fatias de coco em meia-lua.
4. Leve ao fogo médio um pouco de xarope simples. Acrescente as fatias de coco e continue a cozer por 5 minutos. Tire do fogo e deixe o coco esfriar no xarope de um dia para o outro.
5. Forre uma assadeira com tapete de silicone. Coloque o coco na assadeira e leve ao forno a 149 °C até dourar.
6. Armazene os *chips* de coco num recipiente hermeticamente fechado em temperatura ambiente até a utilização.

Flã de coco

Rendimento: 12 porções

454 g de açúcar

113 g de água

113 g de glucose de milho

595 g de leite condensado

510 g de leite de coco sem açúcar

4 ovos

1 colher (sopa)/15 mℓ de extrato de baunilha

1 pitada de sal

1. Numa panela média, junte o açúcar e a água. Leve a ferver, mexendo constantemente.
2. Acrescente a glucose de milho e continue o cozimento, sem mexer. Lave as laterais da panela de vez em quando com água e pincel de confeiteiro para evitar cristalização.
3. Continue o cozimento até se formar um caramelo médio. Tire do fogo e despeje em 12 *ramequins*, de modo que se cubra sua base. Reserve.
4. Numa tigela grande, bata juntos o leite condensado, o leite de coco, os ovos, a baunilha e o sal até que fiquem bem homogeneizados.
5. Divida a mistura igualmente entre os *ramequins* forrados de caramelo. Coloque os *ramequins* numa cuba e encha-a com água quente até metade da altura dos *ramequins*.
6. Asse os flãs no forno a 163 °C até que adquiram consistência de pudim, em 30 a 35 minutos.
7. Leve os flãs à geladeira por pelo menos 4 horas antes de desenformá-los.

NOTA: O flã pode ser guardado nos *ramequins* por até três dias antes de ser desenformado.

S'mores

Rendimento: 12 porções

COMPONENTES

Base de bolacha de maisena para s'mores (p. 1.172)

Sorvete de bolacha de maisena (receita a seguir)

Marshmallow (p. 1.172)

Calda de caramelo clássica (p. 1.173)

Calda branca (p. 1.174)

Trufa para rechear bolinho de chuva (p. 1.173)

Massa para bolinho de chuva de chocolate (p. 1.174)

Óleo, a gosto, para fritura por imersão

Chocolate com bolacha de maisena para decoração (p. 1.172)

Açúcar de confeiteiro, a gosto, para polvilhar

MONTAGEM

1. Forre uma assadeira com papel-manteiga e disponha sobre ela 12 forminhas redondas de cortar biscoito.
2. Aperte 7 g da base de bolacha de maisena no fundo de cada forminha.
3. Coloque uma porção do sorvete batido nas forminhas e deixe no *freezer* de um dia para o outro.
4. Tire o sorvete das forminhas e cubra com o *marshmallow*. Mantenha congelado até utilizar.
5. Prepare 12 pratos. Decore o centro do prato com a calda de caramelo e a calda branca.
6. Utilize um maçarico para tostar o *marshmallow* por fora.
7. Cubra as trufas congeladas com massa de bolinho de chuva e frite em óleo a 177 °C, por 3 a 4 minutos. Tire com uma escumadeira e escorra em toalhas de papel.
8. Coloque uma porção de sorvete coberto com *marshmallow* em cada prato, por cima das caldas, sobre a base de bolacha de maisena. Coloque no topo um pedaço de chocolate com bolacha de maisena.
9. Polvilhe os bolinhos de chuva com açúcar de confeiteiro e coloque um em cada prato, sobre o chocolate com bolacha de maisena.
10. Antes de servir, abra os bolinhos de chuva com uma faca de legumes.

Sorvete de bolacha de maisena

Rendimento: 1,44 ℓ

851 g de leite

851 g de creme de leite fresco (36% a 40%)

43 g de glucose

142 g de bolacha de maisena triturada

156 g de açúcar mascavo

1 fava de baunilha aberta e sem as sementes

22 gemas de ovos

142 g de açúcar granulado

¼ de colher (chá)/1 g de sal

1. Numa panela média, leve ao fogo médio o leite, o creme de leite fresco, a glucose, a bolacha de maisena triturada, o açúcar mascavo e a fava de baunilha.
2. Numa tigela média, bata as gemas, o açúcar granulado e o sal até ligarem bem.
3. Quando a mistura de leite levantar fervura, despeje-a em fluxo regular na mistura das gemas, mexendo constantemente.
4. Devolva a mistura à panela e continue o cozimento, mexendo constantemente, até que adquira consistência de *nappé*.
5. Passe a base por uma peneira fina em uma tigela sobre banho de água e gelo. Esfrie até 4 °C.
6. Bata numa sorveteira, seguindo as instruções do fabricante.
7. Coloque num recipiente hermeticamente fechado e leve ao *freezer* até que esteja suficientemente firme para ser servido com um boleador de sorvete, por 8 horas ou de um dia para o outro.

receitas de sobremesas empratadas

Chocolate com bolacha de maisena para decoração

Rendimento: 12 porções

227 g de chocolate derretido, temperado

Bolacha de maisena triturada, a gosto

1. Com uma espátula, espalhe o chocolate derretido sobre papel-manteiga, formando uma camada de 3 mm de espessura.
2. Salpique generosamente com migalhas de bolacha de maisena antes que o chocolate endureça completamente.
3. Corte a placa de chocolate, com uma faca de legumes, em quadrados de 6 cm. Coloque por cima outra folha de papel-manteiga e, por cima, uma assadeira, para que ao endurecer a placa se mantenha plana.

Base de bolacha de maisena para s'mores

Rendimento: 12 porções

284 g de bolacha de maisena triturada

170 g de manteiga derretida

113 g de açúcar mascavo

Numa tigela média, junte todos os ingredientes. Reserve a mistura num recipiente hermeticamente fechado até ser utilizada.

Marshmallow

Rendimento: 12 porções

21 g de gelatina em pó

113 g de água fria

340 g de açúcar

170 g de glucose

57 g de mel

57 g de açúcar invertido

85 g de água

7 g de extrato de baunilha

Açúcar de confeiteiro, a gosto, para polvilhar

1. Forre uma assadeira com papel-manteiga untado com óleo.
2. Numa tigela pequena, hidrate a gelatina em água fria.
3. Numa panela média, cozinhe o açúcar, a glucose, o mel, o açúcar invertido e 85 g de água até que o termômetro digital registre uma temperatura de 121 °C.
4. Despeje a mistura de açúcar na tigela da batedeira equipada com o batedor globo e deixe esfriar até 100 °C.
5. Derreta a gelatina numa panela sobre banho-maria. Quando a mistura de açúcar tiver resfriada, acrescente a gelatina e bata em velocidade alta até engrossar, em cerca de 8 minutos.
6. Acrescente o extrato de baunilha e bata até homogeneizar completamente.
7. Espalhe o *marshmallow* sobre a assadeira já preparada, usando uma espátula levemente untada com óleo.
8. Coloque sobre o *marshmallow* outra folha de papel-manteiga untada e alise até que a superfície esteja regular.
9. Deixe o *marshmallow* congelar de um dia para o outro.
10. Polvilhe o *marshmallow* com açúcar de confeiteiro e use um rolo cortador de massa para cortá-lo em tiras de 4 cm × 15 cm.
11. Armazene num recipiente hermeticamente fechado em temperatura ambiente.

Trufa para rechear bolinho de chuva

Rendimento: 40 trufas

248 g de creme de leite fresco (36% a 40%)

78 g de glucose

276 g de chocolate meio amargo picado finamente

40 formas para bombom

Chocolate meio amargo derretido, a gosto

1. Numa panela pequena, leve ao fogo médio o creme de leite fresco e a glucose.
2. Coloque o chocolate picado numa tigela média de aço inoxidável. Despeje a mistura cremosa quente sobre o chocolate.
3. Deixe assentar por 1 minuto, depois mexa a mistura do centro para as laterais até obter uma mistura homogênea, formando um *ganache* liso.
4. Transfira para uma cuba e deixe descansar por 1 hora, em temperatura ambiente.
5. Transfira a mistura para um saco de confeitar equipado com um bico liso médio. Introduza a mistura nas formas de bombom, deixando no topo um espaço suficiente para fechar as trufas com chocolate derretido. Deixe as formas recheadas com trufas endurecerem na geladeira por 1 hora.
6. Coloque um pouco de chocolate derretido num saco de confeitar e corte um pequeno orifício na ponta. Finalize cada trufa fechando-a com chocolate derretido.
7. Ponha as trufas na geladeira por cerca de 2 horas, até que estejam completamente geladas.

Calda de caramelo clássica

Rendimento: 12 porções

680 g de creme de leite fresco (36% a 40%)

369 g de açúcar

284 g de glucose

64 g de manteiga à temperatura ambiente, em pedaços

1. Coloque o creme de leite numa panela e leve a ferver em fogo médio. Deixe a panela em fogo muito baixo, apenas para mantê-la aquecida.
2. Prepare um banho de água e gelo. Junte o açúcar e a glucose numa panela de fundo grosso e deixe cozer lentamente, em fogo médio, mexendo sempre, até que o açúcar se dissolva. Pare de mexer e continue o cozimento até chegar ao ponto de caramelo dourado. Tire do fogo e ponha a panela no banho de água e gelo para interromper o cozimento.
3. Tire do banho de água e gelo e mistuure a manteiga dentro do caramelo. Delicadamente, junte o creme de leite, sempre mexendo, até que esteja completamente misturado.
4. Reserve em temperatura ambiente até a utilização. Para um armazenamento mais longo, coloque em recipiente hermeticamente fechado e leve à geladeira. Aqueça a calda antes de usar.

Calda branca

Rendimento: 12 porções

227 g de creme azedo (*sour cream*)
21 g de açúcar de confeiteiro
7 g de extrato de baunilha
Creme de leite fresco (36% a 40%), a gosto

1. Numa tigela pequena, junte o creme azedo (*sour cream*), o açúcar e a baunilha. Junte o creme de leite fresco, sempre mexendo, até que a mistura adquira consistência de mel.
2. Armazene a calda na geladeira, em recipiente hermeticamente fechado, até o momento de utilizar.

NOTA: Na geladeira a calda engrossará ligeiramente. Ajuste a consistência acrescentando creme de leite fresco, se necessário.

Massa para bolinho de chuva de chocolate

Rendimento: 40 sonhos

269 g de farinha para pão
184 g de açúcar
85 g de cacau em pó
7 g de fermento químico em pó
1 colher (chá)/3 g de sal
240 g de leite integral
198 g de ovo
43 g de óleo de canola
1 colher (sopa)/15 mℓ de extrato de baunilha
40 **trufas para rechear bolinho de chuva** (p. 1.173)
Farinha, a gosto, para polvilhar

1. Na tigela da batedeira equipada com o batedor em pá, junte a farinha para pão, o açúcar, o cacau em pó, o fermento químico e o sal.
2. Acrescente o leite, os ovos, o óleo e a baunilha e continue a bater até formar uma massa lisa.
3. Transfira a mistura para um recipiente hermeticamente fechado e deixe descansar, na geladeira, de um dia para o outro.
4. Passe ligeiramente as trufas para recheio na farinha antes de mergulhá-las na massa (ver Montagem, p. 1.171).

S'mores (p. 1.171)

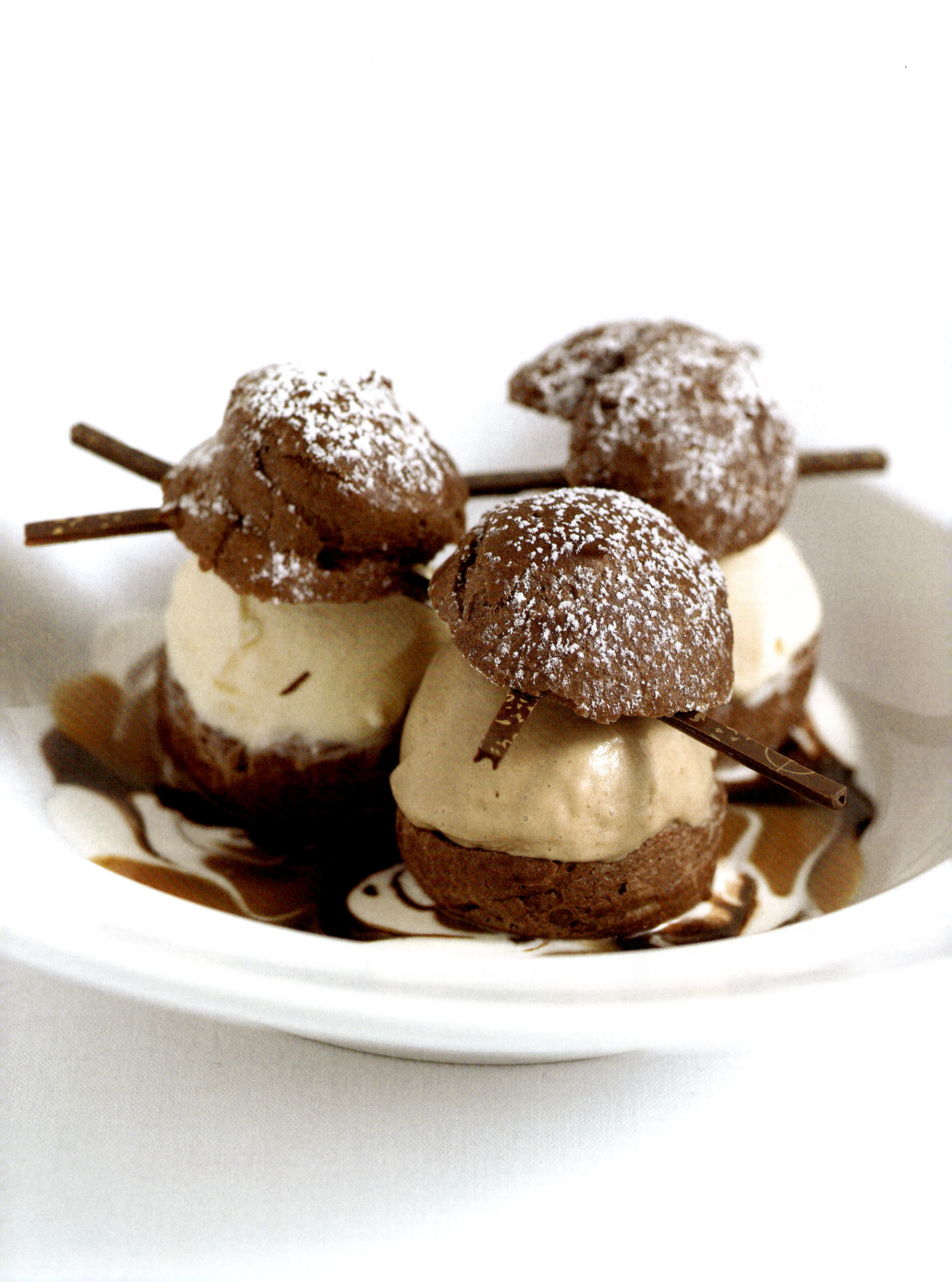

Profiteroles

Rendimento: 12 porções

COMPONENTES

Calda de chocolate (p. 1.179)
Calda de caramelo com baunilha (p. 1.179)
Calda branca (p. 1.174)
Pâte à choux de chocolate (p. 1.180)
Crocante de flocos de milho (p. 1.179)
Açúcar de confeiteiro, a gosto, para polvilhar
Sorvete de baunilha (receita a seguir)
Sorvete de café (p. 1.178)
Sorvete de doce de leite (p. 1.178)
Canudinhos de chocolate (p. 1.180)

MONTAGEM

1. Prepare 12 tigelinhas.
2. Respingue alternadamente gotas das caldas de chocolate e caramelo e da calda branca em cada tigelinha.
3. Com um palito de dente, entrelace as caldas.
4. Recheie cada pâte à choux com aproximadamente 1 colher (sopa)/15 mℓ com crocante de flocos de milho.
5. Polvilhe com açúcar de confeiteiro as tampas reservadas de *pâte à choux*.
6. Coloque três *pâte à choux* em cada prato e preencha cada uma com uma bola de 22 mℓ de sorvete de baunilha, de café e de doce de leite.
7. Coloque calda de chocolate sobre o sorvete, formando um triângulo.
8. Finalize colocando as tampas polvilhadas de açúcar de volta sobre cada profiterole e acrescente dois canudinhos de chocolate.

Sorvete de baunilha

Rendimento: 1,44 ℓ

454 g de leite
454 g de creme de leite fresco (36% a 40%)
28 g de glucose de milho
198 g de açúcar
¼ de colher (chá)/1 g de sal
1 fava de baunilha aberta e raspada
305 g de gema de ovo

1. Junte numa panela o leite, o creme de leite, a glucose de milho, metade do açúcar, o sal e a baunilha (fava e sementes).
2. Leve ao fogo médio e cozinhe, mexendo constantemente, por 7 a 10 minutos.
3. Tire do fogo, tampe a panela e deixe repousar por 5 minutos.
4. Enquanto isso, misture as gemas com o restante do açúcar.
5. Retire a fava de baunilha da mistura de leite e leve a panela de volta no fogo.
6. Despeje um terço da mistura quente de leite nas gemas, mexendo constantemente para temperar.
7. Ponha de volta na panela a mistura de ovos com o líquido restante e mexa constantemente, em fogo médio, por 3 a 5 minutos, até que engrosse o suficiente para revestir as costas de uma colher.
8. Coe a base do sorvete num recipiente de metal sobre um banho de água com gelo, mexendo de vez em quando, até chegar a 4 °C, em cerca de 1 hora.
9. Tampe e deixe na geladeira por no mínimo 12 horas.
10. Bata numa sorveteira, seguindo as instruções do fabricante.
11. Acondicione o sorvete em recipientes adequados e deixe congelar por várias horas, ou de um dia para o outro, antes de utilizar.

Sorvete de café

Rendimento: 1,44 ℓ

454 g de leite
454 g de creme de leite fresco (36% a 40%)
28 g de glucose de milho
198 g de açúcar
57 g de café moído grosso
¼ de colher (chá)/1 g de sal
305 g de gema de ovo

1. Junte numa panela o leite, o creme de leite, a glucose de milho, metade do açúcar, o café e o sal.
2. Leve ao fogo médio e cozinhe, mexendo constantemente, por 7 a 10 minutos.
3. Tire do fogo, tampe a panela e deixe repousar por 5 minutos.
4. Enquanto isso, misture as gemas com o restante do açúcar.
5. Coe o leite para reter o pó de café e leve a panela de volta ao fogo.
6. Despeje um terço da mistura quente de leite nas gemas, mexendo constantemente para temperar.
7. Ponha de volta na panela a mistura de ovos com o líquido restante e mexa constantemente, em fogo médio, por 3 a 5 minutos, até que engrosse o suficiente para revestir as costas de uma colher.
8. Coe a base do sorvete num recipiente de metal sobre um banho de água com gelo, mexendo de vez em quando, até chegar a 4 °C, em cerca de 1 hora.
9. Tampe e deixe na geladeira por no mínimo 12 horas.
10. Bata numa sorveteira, seguindo as instruções do fabricante.
11. Acondicione o sorvete em recipientes adequados e deixe congelar por várias horas, ou de um dia para o outro, antes de utilizar.

Sorvete de doce de leite

Rendimento: 1,44 ℓ

1 lata de leite condensado
454 g de leite
454 g de creme de leite fresco (36% a 40%)
28 g de glucose de milho
198 g de açúcar
¼ de colher (chá)/1 g de sal
1 fava de baunilha aberta e raspada
305 g de gema de ovo

1. Coloque a lata de leite condensado numa panela e cubra com pelo menos 3 cm de água acima da altura da lata.
2. Ferva por 4 horas, mantendo a lata sempre coberta de água. Deixe a lata fechada em temperatura ambiente até ser necessária.
3. Junte numa panela o leite, o creme de leite, a glucose de milho, metade do açúcar, o sal e a baunilha (fava e sementes).
4. Leve ao fogo médio e cozinhe, mexendo constantemente, por 7 a 10 minutos.
5. Tire do fogo, tampe a panela e deixe repousar por 5 minutos.
6. Enquanto isso, misture as gemas com o restante do açúcar.
7. Retire a fava de baunilha da mistura de leite e leve a panela de volta ao fogo.
8. Despeje um terço da mistura quente de leite nas gemas, mexendo constantemente para temperar.
9. Ponha de volta na panela a mistura de ovos com o líquido restante e mexa constantemente, em fogo médio, por 3 a 5 minutos, até que engrosse o suficiente para revestir as costas de uma colher.
10. Coe a base do sorvete num recipiente de metal sobre um banho de água com gelo, mexendo de vez em quando, até chegar a 4 °C, em cerca de 1 hora.
11. Enquanto esfria, despeje todo o conteúdo da lata de leite condensado na base quente. Tampe e deixe na geladeira por no mínimo 12 horas.
12. Bata numa sorveteira, seguindo as instruções do fabricante.
13. Acondicione o sorvete em recipientes adequados e deixe congelar por várias horas, ou de um dia para o outro, antes de utilizar.

Crocante de flocos de milho

Rendimento: 709 g

64 g de avelã
64 g de açúcar
340 g de chocolate ao leite, picado finamente
241 g de flocos de milho

1. Coloque as avelãs e o açúcar num processador e moa até que a mistura comece a grudar nas paredes. Raspe as paredes e continue a moer. Repita o processo pelo menos três vezes, até que se forme uma pasta homogênea.
2. Derreta o chocolate numa tigela de metal sobre água quase fervente. Quando o chocolate estiver completamente derretido, acrescente os flocos de milho e a mistura de avelãs com açúcar.
3. Espalhe a mistura em camada fina sobre uma assadeira forrada com papel-manteiga e guarde em recipiente fechado em temperatura ambiente. Se necessário, reaqueça ao utilizar.

Calda de chocolate

Rendimento: 12 porções

142 g de açúcar
227 g de água
64 g de glucose de milho
57 g de cacau em pó
227 g de chocolate meio amargo, picado finamente

1. Junte o açúcar, a água e a glucose de milho numa panela de fundo grosso e leve a ferver em fogo médio. Tire do fogo.
2. Coloque o cacau numa tigela de inox e acrescente o xarope em quantidade suficiente para formar uma pasta, mexendo até alisar. Acrescente aos poucos o xarope restante e mexa até incorporar completamente.
3. Acrescente o chocolate e misture até incorporar completamente.
4. Passe a calda por uma peneira fina e armazene-a num recipiente hermeticamente fechado até o momento de utilizar.

Calda de caramelo com baunilha

Rendimento: 12 porções

369 g de creme de leite fresco (36% a 40%)
1 fava de baunilha aberta e raspada
1 pitada de sal
198 g de açúcar
57 g de água
142 g de glucose de milho
28 g de manteiga em cubos

1. Junte o creme de leite, a fava e as sementes da baunilha e o sal. Leve a ferver em fogo médio, tampe e deixe descansar por 10 minutos. Tire a fava de baunilha e reserve.
2. Junte numa panela o açúcar e a água e cozinhe em fogo médio.
3. Acrescente a glucose de milho e continue o cozimento, sem mexer, até que a mistura adquira a cor de caramelo médio, em cerca de 7 minutos.
4. Tire do fogo e despeje na manteiga, batendo sem parar. Lentamente, acrescente a mistura cremosa, sempre mexendo.
5. Deixe esfriar ligeiramente, antes de transferir para um recipiente de serviço.
6. Para armazenar por tempo mais longo, coloque em um recipiente hermeticamente fechado e ponha na geladeira. Aqueça a calda antes de utilizar.

Pâte à choux de chocolate

Rendimento: 12 porções

227 g de leite
227 g de água
227 g de manteiga
1 colher (chá)/3 g de sal
184 g de farinha para pão
43 de cacau em pó
354 g de ovo (6 ovos)

1. Junte numa panela o leite, a água, a manteiga e o sal e leve a ferver em fogo médio. Tire do fogo e acrescente toda a farinha e todo o cacau em pó de uma vez. Volte ao fogo médio e deixe cozinhar, mexendo constantemente, até que a mistura se solte das laterais da panela, em cerca de 3 minutos.
2. Transfira a mistura para a tigela da batedeira equipada com o batedor em pá, bata brevemente em velocidade média. Acrescente dois ovos por vez, e a cada acréscimo bata até homogeneizar.
3. Coloque a massa num saco de confeitar com bico redondo nº 5. Forme bolas de 4 cm de diâmetro sobre uma assadeira forrada com papel-manteiga.
4. Asse no forno a 182 °C até que a massa comece a craquelar, em cerca de 50 minutos.
5. Deixe as bolinhas esfriarem em temperatura ambiente.
6. Corte uma fatia na altura do terço superior das bolinhas assadas, reserve as tampas e os fundos para rechear. Se for guardar para uso posterior, não corte as tampas e guarde as bolinhas num recipiente hermeticamente fechado, em temperatura ambiente ou, em caso de armazenamento longo, no *freezer*.

Canudinhos de chocolate

Rendimento: 12 canudinhos

340 g de chocolate derretido, temperado

1. Espalhe o chocolate temperado numa superfície de mármore que não seja mais larga do que o utensílio que será utilizado para moldar os canudinhos, ou então, quando o chocolate tiver firmado um pouco, use a ponta de uma faca de legumes para cortá-lo em tiras estreitas.
2. Usando o mesmo movimento descrito anteriormente, raspe o chocolate formando canudinhos. É importante raspá-lo com um movimento paralelo ao comprimento das tiras, senão os canudinhos se enrolarão uns sobre os outros e será difícil separá-los.

apêndice

Tempos aproximados de demolho e cozimento para legumes secos selecionados

TIPO	TEMPO DE DEMOLHO	TEMPO DE COZIMENTO
FEIJÃO-AZUQUI	4 horas	1 hora
FEIJÃO-PRETO	4 horas	1½ hora
FEIJÃO-FRADINHO*	–	1 hora
GRÃO-DE-BICO	4 horas	2 a 2½ horas
FAVAS	12 horas	3 horas
FEIJÃO-BRANCO GRAÚDO	4 horas	1 hora
FEIJÃO-VERMELHO OU BRANCO	4 horas	1 hora
LENTILHAS*	–	30 a 40 minutos
FEIJÃO-MANTEIGA	4 horas	1 a 1½ hora
FEIJÃO-MUNGO	4 horas	1 hora
FEIJÃO BRANCO	4 horas	2 horas
ERVILHA SECA*	–	30 minutos
ERVILHAS INTEIRAS	4 horas	40 minutos
FEIJÃO-GUANDU*	–	30 minutos
FEIJÃO-ROSINHA	4 horas	1 hora
FEIJÃO-RAJADO	4 horas	1 a 1½ hora
SOJA	12 horas	3 a 3½ hora

* Não é necessário demolhar.

Proporções e tempos de cozimento para grãos selecionados

TIPO	PROPORÇÃO DE GRÃO PARA LÍQUIDO (EM XÍCARAS)	RENDIMENTO APROXIMADO (EM XÍCARAS)	TEMPO DE COZIMENTO
CEVADA PEROLADA	1:2	4	35 a 45 minutos
CEVADA SEM CASCA	1:2½	4	50 minutos a 1 hora
TRIGO-SARRACENO SEM CASCA (KASHA)	1:1½ a 2	2	12 a 20 minutos
CUSCUZ*	–	1½ a 2	20 a 25 minutos
CANJICA, INTEIRA⁺	1:2½	3	2½ a 3 horas
CANJICA, MEIO MOÍDA	1:4	3	25 minutos
PAINÇO	1:2	3	30 a 35 minutos
AVEIA SEM CASCA	1:2	2	45 minutos a 1 hora
POLENTA	1:3 a 3½	3	35 a 45 minutos
ARROZ ARBORIO (PARA RISOTO)	1:3	3	20 a 30 minutos
ARROZ BASMATI	1:1½	3	25 minutos
ARROZ PARBOILIZADO	1:1¾	4	25 a 30 minutos

TIPO	PROPORÇÃO DE GRÃO PARA LÍQUIDO (EM XÍCARAS)	RENDIMENTO APROXIMADO (EM XÍCARAS)	TEMPO DE COZIMENTO
ARROZ DE GRÃO LONGO, INTEGRAL	1:3	4	40 minutos
ARROZ DE GRÃO LONGO, POLIDO	1:1½ a 1¾	3	18 a 20 minutos
ARROZ DE GRÃO CURTO, INTEGRAL	1:2½	4	35 a 40 minutos
ARROZ DE GRÃO CURTO, POLIDO	1:1 a 1½	3	20 a 30 minutos
ARROZ SELVAGEM	1:3	4	30 a 45 minutos
ARROZ SELVAGEM, PECÃ	1:1¾	4	20 minutos
TRIGO EM GRÃOS	1:3	2	1 hora
TRIGO PARA QUIBE, DEMOLHADO‡	1:4	2	2 horas
TRIGO PARA QUIBE, *PILAF*†	1:2½	2	15 a 20 minutos
TRIGO, PARTIDO§	1:2	3	20 minutos

* De 1 xícara de grão cru.

† O grão deve ser demolhado rapidamente em água morna e depois escorrido antes de cozinhar.

‡ O grão deve ser demolhado durante a noite em água fria e depois escorrido antes de cozinhar.

§ O grão pode ser coberto com água fervente e demolhado por 2 horas ou pode ser cozido pelo método *pilaf*.

Conversões de medidas de volume

ESTADOS UNIDOS	SISTEMA MÉTRICO
1 colher de chá	5 mililitros
1 colher de sopa	15 mililitros
2 colheres de sopa	30 mililitros
¼ de xícara de chá	60 mililitros
1 xícara de chá	240 mililitros
1 pinta	480 mililitros
1 *quart*	960 mililitros
1 galão	3,84 litros

Conversões de temperatura

EM GRAUS FAHRENHEIT (°F)	EM GRAUS CELSIUS (°C)*
32	0
40	4
140	60
150	66
160	71
170	77
212	100
275	135
300	149
325	163
350	177
375	191
400	204
425	218
450	232
475	246
500	260

*As temperaturas em graus Celsius foram arredondadas.

Conversões de unidades comuns

PESO PARA VOLUME (NOS ESTADOS UNIDOS)	
1 galão	4 *quarts*
1 *quart*	2 pintas
1 pinta	2 xícaras
1 xícara	16 colheres de sopa
1 colher de sopa	3 colheres de chá

Informações e dicas para calcular

1 galão = 4 *quarts* = 8 pintas = 16 xícaras.

1 clara de ovo = 60 mililitros (em média).

1 limão = de 30 a 40 mililitros de suco.

1 laranja = de 90 a 100 militros de suco.

prefixos métricos
quilo = 1.000
hecto = 100
deca = 10
deci = 1/10
centi = 1/100
mili = 1/1000

convertendo a uma unidade comum de medida
Para converter medidas a uma unidade comum (de peso ou volume), use a tabela que segue. Esta informação é usada tanto para converter medidas em escala em medidas de receitas práticas e fáceis de usar como para determinar custos.

Equivalências de pesos e medidas

1 pitada	Menos que ⅛ de colher de chá
3 colheres de chá	1 colher de sopa
2 colheres de sopa	⅛ de xícara
4 colheres de sopa	¼ de xícara
5⅓ colheres de sopa	⅓ de xícara
8 colheres de sopa	½ xícara
10⅔ colheres de sopa	⅔ de xícara
12 colheres de sopa	¾ de xícara
14 colheres de sopa	⅞ de xícara
16 colheres de sopa	1 xícara
1 *gill*	½ xícara
1 xícara	240 mililitros
2 xícaras	1 pinta (480 mililitros)
2 pintas	1 *quart* (aproximadamente 1 litro)
4 *quarts*	1 galão (3,79 litros)
8 *quarts*	1 *peck* (8,8 litros)
4 *pecks*	1 *bushel* (35 litros)
1 onça	28,35 gramas (arredondadas para 30)
16 onças	1 libra (453,59 gramas, arredondadas para 450)
1 quilograma	2,2 libras

glossário

a

À CAMPONESA: Termo usado para descrever *farce* de textura grosseira, em geral feita de porco, gordura de porco, fígado e várias outras guarnições.

À L'ANGLAISE: Termo francês para alimentos que foram preparados "à maneira inglesa". Refere-se a alimentos que foram empanados e fritos, ou fervidos, ou *pochés*.

À LA CARTE: *Menu* em que o cliente faz escolhas individuais entre vários itens do cardápio; cada item tem um preço individual.

À LA DIABLE: Carne, ave ou outro alimento temperado com mostarda, vinagre e, possivelmente, outros temperos fortes e picantes, como pimenta vermelha e tabasco.

À LA FLORENTINE: Pratos preparados à moda de Florença, Itália. Denota o uso de espinafre e, algumas vezes, molho *mornay* ou queijo.

À LA MEUNIÈRE: Expressão francesa para "à moda da moleira". Refere-se a uma técnica culinária em que o item, em geral peixe, é polvilhado com farinha, salteado e servido com um molho de *beurre noisette*, suco de limão e salsa.

À LA MINUTE: Literalmente, "neste minuto". Abordagem de produção de um restaurante em que os pratos não são preparados até que um pedido chegue à cozinha.

À LA MODE: Literalmente, "à moda" (algumas vezes seguido por "de" mais uma frase descritiva). *Boeuf à la mode* é carne braseada; a torta *à la mode* é servida com sorvete.

ABAFAR: Cozer em uma panela tampada, com pouco líquido, em fogo baixo. O item principal é, em geral, coberto inteiramente por outro alimento ou molho, enquanto braseia.

ABALONE: Molusco com uma única concha com aproximadamente 15 cm de comprimento e um músculo adutor grande, comestível. Em geral, os abalones são cortados e batidos como bifes antes de serem salteados ou grelhados; têm textura emborrachada, com sabor suave.

ABOYEUR: *Expediter* ou *announcer*; uma praça no sistema de brigada da cozinha. O *aboyeur* aceita ordens da sala de jantar, passa-as para as praças apropriadas, e verifica cada prato antes que deixe a cozinha.

ÁCIDO: Substância que fica abaixo de 7 na escala de pH. Os ácidos têm sabor acre e azedo. A acidez ocorre naturalmente em muitos alimentos, inclusive sucos de frutas cítricas, vinagre, vinho e produtos de leite azedos. Os ácidos também atuam como amaciadores em marinadas, ajudando a romper os tecidos conjuntivos e as paredes das células.

ÁCIDOS GRAXOS ÔMEGA-3: Ácidos graxos poli-insaturados que podem reduzir o risco de doenças cardíacas e o crescimento de tumores, estimular o sistema imunológico e reduzir a pressão sanguínea. São encontrados em peixes gordurosos, vegetais de folhas verde-escuras e certos frutos secos e óleos.

AÇOUGUEIRO: O chef ou fornecedor responsável pelos cortes de carne, aves e, ocasionalmente, peixe. No sistema de brigada, o açougueiro também pode ser responsável por empanar itens de carne e peixe, e outras operações de *mise en place* que envolvam carne. Atualmente, tem sido substituído pelo *garde-manger*, e as carnes são compradas cortadas ou fracionadas.

AÇÚCAR INVERTIDO: Açúcar que é uma mistura de dextrose e frutose, e que não se cristaliza facilmente. Esses açúcares podem ocorrer naturalmente ou ser criados fervendo-se sacarose com um ácido.

AÏOLI: Maionese de alho muitas vezes usada como condimento, com peixes e carnes. Em italiano, *allioli*; em espanhol, *aiolio*.

AL DENTE: Literalmente, "ao dente"; refere-se a um item, como macarrão ou vegetais, cozido até ficar macio mas ainda firme, não mole.

ÁLCALI: Substância que fica acima de 7 na escala de pH. Os álcalis, algumas vezes, são descritos como substâncias que têm um sabor ligeiramente ensaboado e podem ser usados para equilibrar ácidos. As azeitonas e o bicarbonato de sódio são exemplos dos poucos alimentos alcalinos.

ALIMENTO ADULTERADO: Alimento que foi contaminado, a ponto de ser considerado impróprio para o consumo humano.

ALLUMETTE: Corte vegetal que, em geral, se refere a batatas cortadas em pedaços do tamanho e forma de fósforos: 3 mm × 3 mm. Também chamado *julienne*.

AMANDINE: Guarnecido com amêndoas.

AMARRAR: Amarrar carne ou ave com barbante antes de cozinhá-la, para lhe dar uma forma compacta, de modo que o cozimento seja mais uniforme e o item ganhe melhor aparência.

AMIDO DE MILHO: Pó fino e branco obtido do milho seco; usado sobretudo como espessante para molhos e, ocasionalmente, como ingrediente em massas moles.

AMINOÁCIDOS: Os "tijolos" que constroem as proteínas. Dos vinte aminoácidos na dieta humana, nove são chamados "essenciais", porque não podem ser produzidos pelo corpo e devem ser fornecidos pela dieta.

AMOLADOR: Utensílio usado para amolar as lâminas das facas. Em geral é feito de aço, mas pode ser de cerâmica, vidro ou metal impregnado de diamante.

AMUSE-GUEULE: Palavra francesa para "tira-gosto". A prova do chef; pequena porção (1 ou 2 bocados) de alguma coisa exótica, pouco usual ou muito especial, que é servida quando os convidados, no restaurante, se sentam. O *amuse-gueule* não é listado no *menu* e seu preço está incluído no prato principal.

ANGEL CAKE: Tipo de bolo esponja que é feito sem gemas ou outras gorduras. As claras de ovos batidas lhe conferem uma estrutura leve e aerada; tradicionalmente assado em forma com furo no meio.

ANTEPASTO: Literalmente, "antes da refeição". Habitualmente, um prato de *hors d'oeuvre*, quente ou frio, que inclui carnes, azeitonas, queijos e vegetais.

ANTIOXIDANTES: Substâncias que ocorrem naturalmente e que retardam a decomposição dos tecidos na presença de oxigênio. Podem também ser adicionados aos alimentos durante o processamento. Ajudam a impedir o ranço nos alimentos ou que estes percam a cor em virtude da oxidação.

APERITIVO: Bebida alcoólica leve consumida antes da refeição, para estimular o apetite.

APPAREIL: Mistura de ingredientes preparada para ser usada sozinha ou em outra preparação.

APPETIZER: Alimento leve servido antes de uma refeição. Pode ser quente ou frio, servido no prato ou para ser segurado com os dedos.

AQUACULTURA: A criação de peixes ou frutos do mar em tanques ou lagos marinhos naturais ou controlados.

ARARUTA: Amido em pó feito da raiz da planta tropical de mesmo nome. Usado principalmente como espessante. Permanece clara quando cozida.

ARBORIO: Arroz com alto conteúdo de amido, de grão curto, tradicionalmente usado no preparo do risoto.

AROMÁTICOS: Ingredientes – como ervas, especiarias, vegetais, frutas cítricas, vinhos e vinagres – usados para sublinhar o sabor e a fragrância dos alimentos.

ARROZ CONVERTIDO OU TRATADO: Arroz que, para reter nutrientes, foi submetido à pressão de vapor e secado antes de ser processado para retirar o amido da superfície. Também chamado *arroz parboilizado*.

ASPIC: Geleia clara feita de fundo (ou, ocasionalmente, de sucos de fruta ou vegetais) espessada com gelatina. Usada para revestir alimentos ou cortada em cubos para guarnição.

ASSADEIRA: Tabuleiro plano, muitas vezes com bordas enroladas, usado para cozinhar alimentos no forno.

ASSAR: Cozinhar alimentos circundando-os com calor seco, em ambiente fechado, como no forno.

ASSAR NO ESPETO: Assar um item num grande espeto, ou assá-lo sobre ou diante de uma chama viva ou outra fonte de calor radiante.

ASSAR NO ESPETO: Método de cocção a calor seco, em que o item é cozido em um forno ou em um espeto, sobre o fogo.

b

BACALHAU SALGADO: Bacalhau que foi salgado, possivelmente defumado e seco para sua preservação.

BACTÉRIAS: Organismos microscópicos. Algumas têm propriedades benéficas; outras podem causar doenças alimentares quando da ingestão de alimentos contaminados.

BACTÉRIAS AERÓBICAS: Bactérias que requerem a presença de oxigênio para agir.

BACTÉRIAS ANAERÓBICAS: Bactérias que não requerem a presença de oxigênio para agir.

BACTÉRIAS FACULTATIVAS: Bactérias que podem sobreviver com ou sem oxigênio.

BAGUETE: Filão de pão de origem francesa, feito com 340 g a 454 g de massa moldada em um pão longo e fino, que vai de 5 cm a 8 cm de diâmetro e 46 cm a 61 cm de comprimento. A massa, feita de farinha de trigo, água, sal e fermento biológico, forma uma crosta crocante muito fina e leve e um miolo leve e aerado.

BANHA: Gordura de porco clarificada usada em massas e frituras.

BANHO-MARIA: Expressão francesa para água usada para cozinhar alimentos suavemente, circundando a vasilha de cocção com água fervendo abaixo do ponto de ebulição. Também um conjunto de panelas cilíndricas, em que uma se encaixa na outra, usadas para manter os alimentos em banho-maria ou com um único cabo, longo, usado como fervedor duplo. Também recipientes para inserir em mesas de vapor.

BARDEAR: Cobrir uma carne naturalmente magra com fatias ou tiras de gordura, como *bacon* ou toucinho, para untá-la enquanto assa ou braseia. Geralmente, a gordura é amarrada com barbante.

BARQUETTE: Tortinha ou *tartelette* em forma de barco, que pode ter recheio doce ou salgado.

BATATA INGLESA: Batata de múltiplas finalidades com casca fina e pintinhas, e polpa cerosa. É usada principalmente para saltear e ferver. As mais usadas, no Brasil, são *russet* e monalisa.

BATATA MIÚDA: Qualquer batata pequena e nova que tenha menos de 4 cm de diâmetro, em geral cozida na fervura ou no vapor e, muitas vezes, consumida com casca. A batata miúda ainda não converteu seu açúcar em amido, criando uma batata cerosa, com pele fina.

BATEDOR: Utensílio especial para bater, feito de arames curvados pregados a um cabo (*fouet*).

BATER: Bater um item, como creme de leite ou claras, para incorporar ar.

BATON/BATONNET: Itens cortados em pedaços um tanto maiores do que em *allumette* ou em *julienne*: 6 mm por 6 mm por 3 cm a 5 cm. Palavra francesa para "bastão" ou "bastãozinho".

BÉARNAISE: Emulsão clássica, semelhante à *hollandaise*, feita com gemas, uma redução de vinho branco, chalotas e estragão. O termo também pode designar manteiga aromatizada com estragão e cerefólio.

BÉCHAMEL: Molho branco feito com leite engrossado por um *roux* leve e aromatizado com *mirepoix* claro. Um dos "grandes" molhos.

BEURRE BLANC: Literalmente, "manteiga branca". Molho clássico emulsificado feito com uma redução de vinho branco e chalotas, espessado com manteiga e que pode ser terminado com ervas frescas ou outros temperos.

BEURRE FONDUE: Manteiga derretida.

BEURRE MANIÉ: Literalmente, "manteiga sovada". Mistura de partes iguais, em peso, de manteiga e farinha, usada para espessar molhos.

BEURRE NOIR: Literalmente, "manteiga preta". A manteiga que foi cozida até ficar com um tom marrom-escuro forte ou quase preto. Também, molho feito com manteiga dourado-escura, vinagre, salsinha picada e alcaparras, que habitualmente é servido com peixe.

BEURRE NOISETTE: Literalmente, "manteiga de avelã" ou "manteiga marrom". Manteiga integral que foi aquecida até dourar, chegando a uma cor de avelã.

BICARBONATO DE SÓDIO: Agente de expansão que, quando combinado com um ingrediente ácido e umidade, libera o gás dióxido de carbono e expande itens assados.

BIFE: Corte de carne, ave ou peixe do tamanho de uma porção (ou maior), obtido pelo corte longitudinal de um músculo ou grupo de músculos. Pode ser com ou sem osso.

BISQUE: Sopa à base de crustáceos ou purê vegetal. Classicamente, é espessada com arroz e, em geral, finalizada com creme de leite.

BIVALVE: Molusco com duas conchas unidas na ponta. São bons exemplos os mexilhões, as vieiras, as ostras e os mariscos.

BLANC: Preparação que contém água, farinha, cebola, cravos-da-índia, um *bouquet garni*, sal e suco de limão. Usada para cozinhar vegetais como cogumelos, aipo-rábano, salsifi ou couve-flor, para mantê-los brancos.

BLANQUETTE: Guisado branco, em geral de vitelo, mas algumas vezes de frango ou cordeiro, com cebolas brancas e cogumelos. É servido com um molho espessado com *liaison*.

BLINIS: Panqueca de trigo-sarraceno levedada com fermento, do tamanho de um dólar de prata, originária da Rússia.

BOLEADOR: Pequeno utensílio usado para moldar bolas de vegetais ou frutas e para fazer porções de *ganache* de trufas ou preparações desse tipo.

BOLEAR: Em *pâtisserie*, fazer bolas com massa de fermento. Esse processo estica e relaxa o glúten, assegurando um crescimento regular e uma crosta lisa.

BOLINHO: Bolos pequenos, de forma mais ou menos arredondada, que podem ser feitos com carne, peixe ou vegetais e depois, em geral, fritos.

BOLINHO FRITO: Alimento doce ou salgado revestido ou misturado em massa mole e frito por imersão. Também chamado *beignet*.

BOLO DE ALTA PROPORÇÃO: Bolo em que a massa inclui uma alta percentagem de açúcar, em relação a outros ingredientes.

BOLO ESPONJA: Produto de massa mole, doce, expandido com espuma de ovos batidos. Também chamado *génoise*.

BORBOLETA: Cortar um item (em geral carne ou peixe) e abrir as bordas como as páginas de um livro ou as asas de uma borboleta.

BORSCHT: Sopa originária da Rússia e da Polônia, feita com beterrabas frescas e guarnecida com creme azedo (*sour cream*). Pode incluir diversos outros vegetais e/ou carne e ser servida quente ou fria.

BOTULISMO: Doença alimentar causada por toxinas produzidas pela bactéria anaeróbica *Clostridium botulinum*.

BOUCHER: Palavra francesa para "açougueiro".

BOUILLABAISSE: Guisado forte de peixes e frutos do mar, aromatizado com tomates, cebolas, alho, vinho branco e açafrão. Especialidade tradicional de Marselha, França.

BOUILLON: Palavra francesa para "caldo".

BOULANGER: Padeiro, especificamente de pães e outras massas não doces.

BOUQUET GARNI: Pequeno maço de ervas amarradas com barbante. É usado para aromatizar fundos, braseados e outras preparações. Em geral, contém folhas de louro, salsa, tomilho e outros aromatizantes, tudo embrulhado em folhas de alho-poró.

BRANDY: Bebida alcoólica conseguida pela destilação do vinho ou frutas amassadas fermentadas. Pode ser envelhecido em tonéis de carvalho.

BRANQUEAR: Cozer um item rapidamente, em água fervente ou em gordura quente, antes de finalizá-lo ou armazená-lo. O branqueamento preserva a cor, reduz os sabores fortes e ajuda a remover a casca de algumas frutas e vegetais.

BRASEAR: Método de cocção em que o item principal, em geral uma carne, é selado em gordura, depois fervido suavemente em baixa temperatura por longo tempo, em pequena quantidade de fundo ou outro líquido (geralmente, o fundo ou líquido chega até a altura de metade da carne), dentro de um recipiente tampado. O líquido de cocção é, então, reduzido e usado como base para um molho.

BRASIER: Panela desenhada especificamente para brasear, que quase sempre tem duas alças e uma tampa bem justa. Muitas vezes é redonda, mas pode ser quadrada ou retangular. Também é chamada *rondeau*.

BRIOCHE: Massa levedada rica, tradicionalmente assada em uma forma canelada, com uma característica bola de massa por cima.

BRUNOISE: Cortar em cubos de 3 mm. Para fazer um corte *brunoise*, os itens são primeiro cortados em *julienne*, depois longitudinalmente. Para um *brunoise* fino, com cubos de 1,5 mm, corte primeiro os itens em *julienne* fino.

BUCHO: O revestimento comestível do estômago de uma vaca ou outro ruminante. A tripa do segundo estômago tem textura semelhante ao favo de mel.

C

CACAU: Frutos do cacaueiro processados para extrair a manteiga de cacau e moídos até virar pó. Usado como aromatizante.

CAIPIRA: Refere-se a animais vivos criados não confinados.

CAJUN: Culinária energética que sofreu influências francesas e do Sul dos Estados Unidos; os ingredientes essenciais incluem especiarias, *roux* escuro, gordura de porco, folhas de canela-de-sassafrás secas e moídas, pimentões verdes, cebolas e salsão. O jambalaia é um prato *cajun* tradicional.

CALDEIRÃO: Panela grande, com lados retos, que é mais alta do que larga. Usada para fazer fundos e sopas. Alguns têm torneiras.

CALDO: Líquido saboroso e aromático feito pela fervura suave de água ou fundo com carne, vegetais e/ou especiarias e ervas.

CALOR DIRETO: Método de transferência de calor em que as ondas de calor se irradiam de uma fonte (por exemplo, um queimador ou grelha) e viajam diretamente ao item a ser aquecido, sem condutor entre a fonte de calor e o alimento. São exemplos grelhar e tostar. Também chamado *calor radiante*.

CALORIA: Unidade usada para medir a energia do alimento. É a quantidade de energia necessária para aumentar a temperatura de 1 quilograma de água em 1 °C.

CÂMARA FRIGORÍFICA: Unidade de refrigeração, ou conjunto de unidades, com portas para entrar. São, em geral, usados na área da despensa para armazenamento de saladas, *hors d'oeuvre* frios e outros itens usados com frequência.

CANAPÉ: *Hors d'oeuvre* que consiste de um pequeno pedaço de pão ou torrada, muitas vezes cortado de forma decorativa, guarnecido com um patê ou uma cobertura salgada.

CANJICA: Milho que foi moído ou tratado com uma solução de lixívia para remover o farelo e o germe.

CARAMELIZAÇÃO: O processo de escurecer açúcar na presença de calor. A caramelização do açúcar ocorre entre 160 °C e 182 °C.

CARBOIDRATO: Um dos nutrientes básicos usados pelo corpo como fonte de energia. Existem carboidratos simples (açúcares) e complexos (amidos e fibras).

CARBOIDRATO COMPLEXO: Molécula grande formada por longas moléculas de monossacarídeos; é encontrado em amidos e fibras.

CARBOIDRATO SIMPLES: Qualquer uma das pequenas moléculas de carboidratos (monossacarídeos e dissacarídeos), inclusive glicose, frutose, lactose, maltose e sacarose.

CARNE DE ÓRGÃOS: Carne de um órgão de animal, em lugar do tecido muscular. Inclui os rins, o coração, o fígado, as molejas e assim por diante.

CARNE DE VEADO: Carne de animais de caça grandes da família dos cervídeos, mas, frequentemente, a expressão é usada para referir-se especificamente à carne de veado.

CAROLINA: Doce feito com *pâte à choux*, recheado com *crème pâtissière* e, em geral, glaçado. Também chamado profiterole.

CASSEROLE: Recipiente para cozinhar com tampa, que é usado no forno; em geral redondo, com duas alças. O termo também designa alimento cozido numa *casserole*, muitas vezes ligado com um molho e terminado com queijo ou farinha de rosca.

CASSOULET: Guisado de feijão-branco assado com porco ou outras carnes, *confit* de pato ou ganso e temperos.

CEBOLA BRÛLÉ: Literalmente, "cebola queimada". Cebola descascada cortada ao meio, chamuscada em uma chapa ou em uma frigideira, usada para realçar a cor de fundos e *consommés*.

CEBOLA PIQUÉ: Literalmente, "cebola furada". Cebola inteira, descascada, a que se prende uma folha de louro, usando um cravo-da-índia como tacha. É usada para aromatizar o molho *béchamel* e algumas sopas.

CEFALÓPODE: Criaturas marinhas cujos tentáculos e braços se ligam diretamente à cabeça, como lulas e polvos.

CELULOSE: Carboidrato complexo; é o componente estrutural principal das células vegetais.

CHAFING DISH: Recipiente de metal com uma unidade aquecedora (chama ou elétrica) usada para manter os alimentos quentes e para cozinhar alimentos ao lado da mesa ou durante o serviço de bufê. No Brasil, é chamado de *réchaud*.

CHAMPANHE: Vinho branco espumante produzido na região francesa de Champagne, usando três variedades de uvas: *Chardonnay*, *Pinot Noir* e *Pinot Meunier*. O termo é, algumas vezes, aplicado incorretamente a outros vinhos espumantes.

CHAMUSCAR: Dourar a superfície do alimento em gordura, em fogo alto, antes de dar o acabamento por outro método (por exemplo, braseando ou assando) com a finalidade de adicionar sabor.

CHAPA: Superfície de metal pesado para cozinhar que pode ter alças, ou ser construída no fogão, ou aquecida por seu próprio gás ou elemento elétrico. O cozimento é feito diretamente na chapa.

CHARCUTERIE: A preparação de porco e outras carnes, como presuntos, *terrines*, linguiças, patês e outras *farces*.

CHARCUTIÈRE: A pessoa que prepara os itens de *charcuterie*. À la *charcutière*, que literalmente significa "à moda da mulher do açougueiro", refere-se a itens (em geral carne grelhada) que são servidos com molho *Robert* e terminados com uma *julienne* de pepininhos em conserva.

CHATEAUBRIAND: Corte de carne da extremidade mais grossa do filé-mignon. Tradicionalmente cortado grosso e servido com batatas *château* e molho *béarnaise*.

CHAUD-FROID: Literalmente, "quente-frio". Um alimento que é preparado quente, mas servido frio como parte de um bufê, revestido de molho escuro ou claro e glaçado com *aspic*.

CHEF DE PARTIE: Chef de praça. No sistema de brigada, são as posições de cozinheiro de linha, como *saucier*, *grillardin* e daí por diante.

CHEF DE RANG: Chef de fila. Garçom responsável pelo arranjo correto das mesas, pela entrega adequada de alimentos à mesa e pelo atendimento aos clientes. O *demi-chef de rang* é um *commis*.

CHEF DE SALLE: Chefe dos garçons. Responsável pelo serviço em todo o restaurante. Pode ser coberto pelo *maître d'* ou *captain*.

CHEF DE SERVICE: Diretor do serviço.

CHEF DE VIN: Responsável por adquirir o vinho do restaurante, ajudar os clientes a selecionar o vinho e servi-lo. Também chamado *sommelier*.

CHERRYSTONE: Molusco de tamanho médio (menos de 8 cm de largura da concha), com concha dura, natural da costa leste dos Estados Unidos; pode ser servido cru ou cozido.

CHIFFON: Bolo feito pelo método espumoso; contém alta percentagem de ovos e açúcar e relativamente pouca gordura, se houver, obtendo-se um bolo leve e aerado.

CHIFFONADE: Folhas de vegetais ou ervas cortadas em tiras finas, frequentemente usadas como guarnição.

CHILI: Prato guisado, aromatizado com pimenta em pó, carne e feijão (opcional).

CHINE: Osso da espinha dorsal. Corte de carne que inclui a espinha dorsal. O termo também designa o processo de separar a espinha dorsal e as costelas para trinchar com maior facilidade.

CHINOIS: Peneira cônica usada para coar alimentos em malha fina.

CHOCOLATE BRANCO: Manteiga de cacau aromatizada com açúcar e sólidos do leite. Não contém quaisquer sólidos de cacau, por isso não tem a cor marrom característica do chocolate comum.

CHOWDER: Sopa grossa que pode ser feita com vários ingredientes e que, em geral, contém batatas.

CHUCRUTE: *Sauerkraut* cozido com gordura de ganso, cebolas, bagas de zimbro e vinho branco. O *choucroute garni* é o *sauerkraut* guarnecido com várias carnes.

CHURRASCO: Cozinhar alimentos grelhando-os sobre fogo feito com madeira ou carvão. Em geral, algum tipo de marinada ou molho é pincelado sobre o item durante o cozimento. O termo também pode designar a carne que é cozida com essa técnica.

CINCO ESPECIARIAS CHINESAS: Mistura de partes iguais de canela em pó, cravo-da-índia, sementes de erva-doce, anis-estrelado e grãos de pimenta Tsechuan.

CIOPPINO: Guisado de peixe feito, em geral, com vinho branco e tomates. Acredita-se que tenha origem em Gênova e se popularizado em San Francisco, trazido pelos imigrantes italianos.

CLARIFICAÇÃO: Processo de remoção de impurezas sólidas de um líquido (como manteiga ou fundo). O termo também designa uma mistura de carne moída, claras de ovos, *mirepoix*, purê de tomate, ervas aromáticas e especiarias usadas para clarificar caldo para *consommé*.

CLARIFICADOR: Mistura de ingredientes usada para clarificar *consommés*.

COAGULAÇÃO: O coalho ou agrupamento de proteínas, em geral, por causa da aplicação de calor ou de ácido.

COALHO: A porção semissólida do leite depois que coagula e se separa. A palavra designa também uma preparação semelhante ao pudim, doce e cremosa, feita com suco de frutas (tipicamente cítricas), açúcar, ovos e manteiga.

COAR: Passar um líquido por peneira ou filtro, para remover partículas.

COCÇÃO EM LOTES: Técnica culinária em que lotes de alimentos do tamanho apropriado são preparados muitas vezes durante o período de serviço, de modo que haja sempre disponibilidade de uma nova provisão de itens cozidos.

COCOTTE: *Casserole*. Recipiente para cozinhar com tampa bem justa, para brasear ou ensopar. O termo também se refere a um pequeno *ramequin* usado para cozinhar ovos. Muitas vezes *en cocotte* é permutável com *en casserole*.

COLÁGENO: Proteína fibrosa encontrada no tecido conjuntivo dos animais, usado para fazer cola e gelatina. Torna-se gelatina quando cozido em meio úmido por longo período.

COLESTEROL: Substância encontrada exclusivamente em produtos animais, como carnes, ovos e queijos (colesterol dietético) ou no sangue (colesterol seroso).

COMMIS: Aprendiz. Cozinheiro que trabalha sob um *chef de partie* para aprender a praça e suas responsabilidades.

COMMUNARD: O cargo, na cozinha, responsável pela preparação das refeições do pessoal.

COMPOTE: Prato de frutas – frescas ou secas – cozidas em xarope aromatizado com especiarias ou licor. A palavra designa também um tipo de prato pequeno.

CONCASSER: Bater ou picar grosseiramente. Geralmente *concassé* se refere a tomates descascados, de que se retiraram as sementes, e picados.

CONDIMENTO: Mistura aromática, como picles, *chutney* e alguns molhos e *relishes* que acompanham os alimentos. Em geral, são mantidos na mesa durante todo o serviço.

CONDUÇÃO: Método de transferência de calor em que o calor é transmitido através de outra substância. Em culinária, quando o calor é transmitido ao alimento através de uma panela ou frigideira, prateleiras de forno ou espetos de grelha.

CONFISERIE: Doces e balas. Um *confiseur* é um *pâtissier* especializado e responsável pela produção de balas e itens relacionados, como *petit fours*.

CONFIT: Carne (geralmente ganso, pato ou porco) cozida e preservada em sua própria gordura.

CONSOMMÉ: Caldo que foi clarificado usando-se uma mistura de carne moída, claras de ovos e outros ingredientes que prendem as impurezas, resultando em um produto perfeitamente transparente.

CONTAMINAÇÃO CRUZADA: Transferência de micro-organismos que causam doenças de uma fonte a outra, por meio de contato físico.

CONVECÇÃO: Método de transferência de calor através da circulação do ar ou da água.

COQUILLES ST. JACQUES: Vieiras. Refere-se também a um prato de vieiras grelhadas com um molho cremoso de vinho, que é gratinado e servido na concha.

CORAL: Ovas de lagosta, que são vermelhas ou cor de coral quando cozidas.

CORNICHON: Pepino pequeno, azedo, conservado em picles. Muitas vezes acompanhamento de patês e carnes defumadas.

CORTAR GROSSEIRAMENTE: Tipo de preparação em que o alimento é cortado em pedaços de tamanho aproximadamente igual. Usado para itens como o *mirepoix*, em que a aparência não é importante.

CORTE EM LOSANGOS: Corte com faca em que os alimentos são cortados em forma de losango de 1 cm por 1 cm por 3 mm de espessura.

CORTE OBLÍQUO: Corte feito com a faca usado sobretudo com vegetais longos e cilíndricos, como cenouras. O item é cortado na diagonal, rolado 180 graus, depois cortado na mesma diagonal, produzindo uma peça com duas bordas em ângulo.

CORTE *PAYSANNE* OU *FERMIER*: Corte com faca em que os ingredientes são cortados em pedaços chatos, quadrados de 1 cm por 1 cm por 3 mm.

COULIS: Purê grosso de vegetais ou frutas, servido quente ou frio. Tradicionalmente, refere-se aos sucos engrossados de carne ou peixe cozidos, ou purê de frutos do mar, ou certas sopas grossas.

COURT BOUILLON: Literalmente, "caldo curto". Caldo vegetal aromático que, em geral, inclui um ingrediente ácido, como vinho ou vinagre; com frequência, é usado para escalfar peixes.

COUSCOUSSIÈRE: Conjunto de panelas, usado para cozinhar cuscuz, que se encaixam umas nas outras, semelhantes a panelas para cozimento a vapor.

COUVERTURE: Chocolate fino meio-amargo, usado para revestir e decorar, que é extremamente homogêneo e brilhante. Chocolate contendo um mínimo de 32% de manteiga de cacau.

COZIMENTO CONTINUADO: Calor retido pelos alimentos cozidos que lhes permite continuar a cozinhar mesmo depois de retirados do meio de cocção. Especialmente importante em alimentos assados.

COZINHAR A VAPOR NA PANELA: Método de cozinhar alimentos em quantidade de líquido bem pequena, em panela tampada, em fogo direto.

COZINHAR NO VAPOR: Método de cocção em que os itens são cozidos em um banho de vapor, criado por água ou outros líquidos fervendo.

CREAM CHEESE: Queijo macio, não maturado, derivado do leite de vaca, que deve conter 33% de gordura e 55% ou menos de umidade. Usado como patê, *dip*, em confeitaria e em molhos.

CREME: O componente gorduroso do leite; disponível com diferentes taxas de gordura. O termo também se refere a um método de misturar para massas moles e massas, em que o açúcar e a gordura são batidos juntos até ficarem leves e fofos, antes de serem adicionados os outros ingredientes.

CREME BÁVARO, *BAVAROIS*: Sobremesa do tipo *mousse*, feita com molho de baunilha aromatizado com um purê ou suco de frutas e depois suavizada com creme de leite batido e estabilizada com gelatina.

CREME *BRÛLÉE*: Literalmente, "creme queimado"; creme assado com açúcar por cima, que é caramelizado antes de servir. O açúcar caramelizado cria uma sobremesa de textura dupla, com um creme macio e cremoso e uma superfície superior quebradiça, de açúcar.

CREME DE MANTEIGA: Cobertura feita de manteiga, açúcar e ovos ou creme, usada para guarnecer bolos e doces. Os quatro tipos são: italiano, suíço, francês e alemão.

CREME *FRAÎCHE*: Cultura de creme de leite fresco (36% a 40%) feita para lhe conferir uma consistência grossa e sabor ligeiramente picante. Usado em preparações quentes, pois é mais difícil de talhar do que o creme azedo (*sour cream*) ou o iogurte, quando aquecido.

CREME INGLÊS: Creme feito com creme de leite e/ou leite, açúcar, ovos e baunilha. Pode ser servido como molho ou usado em preparações de pastelaria como creme bávaro e sorvete. Também chamado *molho de baunilha*.

CREME *PÂTISSIÈRE*: Literalmente, creme de confeiteiro. Creme feito com ovos, farinha ou outros amidos, leite, açúcar e aromatizantes, usado para rechear e guarnecer doces ou como base para suflês, cremes e *mousses*.

CREMOR DE TÁRTARO: Sal de ácido tartárico muito utilizado em assados, encontrado em barris de vinho depois da fermentação. Usado para dar estabilidade e volume a claras de ovos batidas e, frequentemente, como o ácido componente do fermento em pó.

CREOLE: Este tipo de culinária sofisticada é uma combinação das culinárias francesa, espanhola e africana. Os ingredientes essenciais incluem manteiga, creme, tomates, filé gumbo, pimentões verdes, cebolas e salsão. O gumbo é um tradicional prato *creole*.

CRÊPE: Panqueca fina feita com massa mole de ovos. Usado em preparações doces e salgadas.

CRÉPINE: Membrana gordurosa do intestino do porco ou do carneiro, parecida com uma rede fina; usada para lardear assados e patês e para rechear linguiças.

CROISSANT: Doce que consiste em uma massa levedada, com manteiga *roll-in*, tradicionalmente moldado em forma de lua crescente.

CROUSTADE: Pequeno recipiente comestível, assado ou frito, para carne, frango ou outras misturas. Em geral é feito de massa, mas esta pode ser substituída por batatas ou macarrão.

CROÛTE, EN: Revestido em crosta de pão ou massa e assado.

CROUTON: Guarnição de pão ou massa, cortada em cubinhos, tostados ou *sautés* até ficarem crocantes.

CRUSTÁCEO: Classe de artrópodes com concha dura, corpos alongados, primariamente aquáticos, que incluem espécies comestíveis como lagosta, caranguejo, camarão e lagostim.

CUBA: Recipiente de metal retangular em qualquer tamanho padrão, com uma banda lateral que lhe permite ficar na prateleira de armazenamento ou na mesa de vapor.

CUBOS: Cortar ingredientes em cubos regulares (as medidas padrões são 6 mm para pequenos, 1 cm para médios e 2 cm para grandes).

CUISSON: Líquido para escalfar raso, inclusive fundo, *fumet* ou outro líquido, que pode ser reduzido e usado como base para o molho do item *poché*.

CURA A SECO: Combinação de sais e especiarias usada para preservar carnes. Muitas vezes é usada antes de defumar, para processar carnes e *farces*.

CURAR: Preservar um alimento salgando-o, defumando-o, conservando-o em picles e/ou desidratando-o.

CURRY: Mistura de especiarias, usadas principalmente na culinária indiana. Pode incluir açafrão-da-terra, coentro, cominho, pimenta-de-caiena ou outra pimenta, cardamomo, canela, cravo-da-índia, erva-doce, feno-grego, gengibre e alho. O termo refere-se também a um prato guisado temperado com *curry*.

CUSCUZ MARROQUINO: *Pellets* de semolina ou trigo partido, em geral cozidos a vapor, tradicionalmente em uma *couscoussière*. O termo também se refere ao guisado com que esse grão é tradicionalmente servido.

CUSTARD: Mistura de leite e ovo batido – podendo conter outros ingredientes, como aromatizantes doces ou salgados –, cozida em fogo baixo, frequentemente em banho-maria ou panela para cozimento a vapor.

CUSTO DO ALIMENTO: Custo de todos os alimentos adquiridos para preparar itens para venda em um restaurante.

d

DAUBE: Guisado clássico francês braseado em vinho tinto, vegetais e temperos, tradicionalmente cozido em uma *daubière*, *casserole* especial com tampa justa e entalhes para colocar carvão quente.

DEFUMADOR: Área fechada em que os alimentos são mantidos em grades ou ganchos, permanecendo em um banho de fumaça, à temperatura apropriada.

DEFUMAR: Qualquer um dos muitos métodos para preservar e aromatizar alimentos expondo-os à fumaça. Os métodos incluem defumar a frio (em que os itens defumados não são inteiramente cozidos) e defumar a quente (em que os itens são cozidos).

DEGLAÇAR, *DÉGLACER*: Usar um líquido, como vinho, água ou fundo, para dissolver as partículas de alimento e/ou pingos caramelizados deixados numa assadeira depois de assar ou saltear. A mistura resultante se torna, então, a base para o molho de acompanhamento.

DEMI-GLACE: Literalmente, "meio glaçado". Mistura de iguais proporções de fundo escuro e molho escuro que foi reduzida à metade. Um dos "grandes" molhos.

DEMOLHAR: Deixar um ingrediente em líquido morno ou quente para extrair sabor ou impurezas, amaciá-lo ou para reidratá-lo.

DÉPOUILLAGE: Retirar as impurezas da superfície de um líquido de cocção, como um fundo ou molho. Essa ação é simplificada quando se coloca a panela fora do centro do queimador (fervura suave a convecção) e se retiram as impurezas à medida que elas se juntam em um lado só da panela.

DESCANSAR: Deixar que o alimento descanse, depois de assá-lo e antes de cortá-lo. Isso permite que os sucos voltem às fibras da carne.

DESCASCAR: Retirar a casca de um alimento.

DESENGORDURAR, *DÉGRAISSER*: Retirar a gordura da superfície de um líquido, como um fundo ou um molho.

DIGESTIVO: Licor geralmente consumido depois do jantar, para auxiliar a digestão. *Brandy* e conhaque são bons exemplos.

DIÓXIDO DE CARBONO: Gás sem cor, sem sabor, comestível, obtido por meio da fermentação ou da combinação de bicarbonato de sódio e um ácido, que atua como levedura em itens assados.

DORÉ: Revestido com gema de ovo ou cozido até dourar.

DRAWN: Descreve um peixe inteiro do qual se retirou a barrigada, mas que ainda tem a cabeça, as barbatanas e a cauda. O termo também se refere à manteiga clarificada.

DUMPLING: Qualquer dos pequenos itens de massa mole e macia que são cozidos no vapor, *pochés* ou fervidos suavemente (possivelmente acima de um guisado), assados, cozidos em fritura rasa ou por imersão. Pode ser simples ou recheado.

DURUM: Trigo muito duro, em geral moído para fazer semolina, que é usado, principalmente, para fazer macarrão.

DUXELLES: *Appareil* de cogumelos picados fino e chalotas salteados delicadamente na manteiga, usado como recheio, guarnição ou como aromatizante em sopas e molhos.

e

ÉCLAIR: Formato longo e fino feita de *pâte à choux*, recheada com *crème patissière* e glaçada com *fondant* de chocolate ou *ganache*.

EGG WASH: Mistura de ovos batidos (ovos inteiros, gemas ou claras) e um líquido, em geral leite ou água, usada para revestir itens assados para conferir-lhes brilho.

ÉMINCER: Cortar um item, em geral carne, em fatias muito finas.

EMPANAR: Revestir alimentos com farinha, ovos e farinha de rosca antes de fritá-los ou assá-los.

EMULSÃO: Mistura de dois ou mais líquidos, um dos quais é uma gordura ou óleo e o outro aquoso, de modo que pequenos glóbulos de um ficam suspensos no outro. Isso pode envolver o uso de estabilizadores, como ovo ou mostarda. As emulsões podem ser temporárias, permanentes ou semipermanentes.

EN PAPILLOTE: Refere-se a um método de cocção em calor úmido semelhante ao vapor, em que os itens são embrulhados em papel-manteiga e cozidos no forno.

ENDOSPERMA: A maior porção da parte interior da semente de uma planta florescente, como o trigo. Composto primariamente de amido e proteína. Essa é a porção usada principalmente em produtos moídos de grão.

ENFARINHAR: Envolver o alimento com um ingrediente seco, como farinha de trigo ou de rosca, antes de fritar ou saltear.

ENTRECÔTE: Literalmente, "entre as costelas". Bife muito macio cortado entre a nona e a décima-primeira costelas do boi.

ENTREMETIER: Chef/praça vegetal. A posição responsável por tira-gostos quentes e frequentemente sopas, vegetais, amidos e macarrões. Também pode ser responsável pelos pratos com ovos.

ERVAS FINAS: Mistura de ervas aromáticas, em geral salsinha, cerefólio, estragão e cebolinha verde, que perdem sabor rapidamente. Habitualmente, são adicionadas ao prato pouco antes de servir.

ESCALA DE PH: Escala com valores de 0 a 14, que representam graus de acidez. A medida 7 é neutra, o 0 é o mais ácido e o 14 o mais alcalino. Quimicamente, o pH mede a concentração de íons de hidrogênio.

ESCALDAR: Aquecer um líquido, em geral, leite ou creme, até pouco abaixo do ponto de ebulição. Também pode se referir a branquear frutas e vegetais.

ESCALFADOR DE PEIXE: Panela longa e estreita, com lados retos e, possivelmente, uma prateleira perfurada, usada para escalfar o peixe inteiro.

ESCALFAR: Cozinhar com vagar em líquido que ferve suavemente, ou seja, de 71 °C a 85 °C. Também chamado *poché*.

ESCALOPE: Este corte de um pequeno pedaço de carne ou de peixe sem osso, de espessura uniforme, geralmente é salteado.

ESCAMADOR: Utensílio utilizado para raspar as escamas do peixe. Para utilizá-lo, deve-se trabalhar a partir da cauda, em direção à cabeça.

ESCAMAR: Retirar as escamas dos peixe. Também chamado de descamar.

ESCORREDOR: Recipiente perfurado, com ou sem uma base ou pés, usado para coar ou escorrer líquidos dos alimentos.

ESCUMAR: Retirar impurezas da superfície de um líquido, como fundo ou sopa, durante o cozimento. Também chamado de espumar.

ESFRIAR: Mergulhar um item em água fria ou colocá-lo sob água corrente depois de branqueá-lo para interromper o cozimento.

ESPÁTULA: Utensílio manual com uma lâmina larga e inclinada colocada em um cabo curto, usado para virar ou erguer alimentos de grelhas, salamandras ou chapas.

ESPECIARIAS PARA PICLES: Mistura de ervas e especiarias usada para temperar picles. Muitas vezes incluem folhas ou sementes de *dill*, sementes de coentro, pau de canela, grãos de pimenta-do-reino, folhas de louro e outros ingredientes.

ESPESSANTE: Ingrediente usado para dar corpo adicional a líquidos. São exemplos de espessantes a araruta, o amido de milho, a gelatina, o *roux* e o *beurre manié*.

ESPONJA: Massa mole grossa, com fermento biológico, que descansa para fermentar e desenvolver uma consistência leve e esponjosa, sendo, então, combinada com outros ingredientes para formar uma massa.

ESPREMER: Espremer parcialmente um item para que libere seu sabor.

ESSÊNCIA: Aroma concentrado extraído de um item, geralmente por infusão ou destilação. Inclui itens como baunilha e outros extratos, fundos concentrados e *fumets*.

ESTABILIZANTE: Ingrediente (em geral uma proteína ou um produto vegetal) adicionado a uma emulsão para impedir que se separe (por exemplo, gemas, creme de leite ou mostarda). O termo designa, também, um ingrediente, como gelatina ou goma, usado em várias sobremesas para impedir que se separem (por exemplo, creme bávaro).

ESTOQUE DE REPOSIÇÃO: Quantidade de estoque (de alimento ou outros) necessário para cobrir as necessidades operacionais entre uma entrega e outra.

ESTOUFFADE: Guisado francês com pedaços de carne umedecidos em vinho. Refere-se também a um tipo de rico fundo escuro baseado em mocotó de porco e ossos de vitelo e de boi, frequentemente usado em braseados.

ÉTOUFÉE: Literalmente, "abafado". Refere-se a alimento cozido por método semelhante ao braseado, exceto que os itens são cozidos com pouco ou nenhum líquido, em uma panela com tampa bem justa. (Também *étuver, à l'étuvée*.) O termo designa igualmente um prato *cajun* feito com um *roux* escuro, lagostim, vegetais e temperos, sobre uma camada de arroz branco.

EVISCERADO: Preparado para cozinhar. Um peixe eviscerado não tem barrigada nem escamas, e sua cabeça, cauda e barbatanas foram removidas. A ave eviscerada foi depenada, retiraram-se os miúdos, foi chamuscada, aparada e amarrada.

EXPANSOR: Qualquer ingrediente ou processo que produz gás e provoca o crescimento de itens assados. Pode ser químico (fermento em pó), mecânico (aerando claras de ovo batidas) ou biológico (fermento fresco).

EXPANSOR FÍSICO: A expansão que ocorre quando o vapor é preso em uma massa pela introdução de ar (ao contrário da levedura química), expandindo-se e provocando o crescimento do bolo ou do pão.

EXPANSOR MECÂNICO: Ar incorporado numa massa, para atuar como expansor.

EXPANSOR ORGÂNICO: Fermento. Organismo vivo que atua para produzir o gás dióxido de carbono, que provocará o crescimento da massa através do processo de fermentação.

EXPANSOR QUÍMICO: Ingrediente ou combinação de ingredientes (como bicarbonato de sódio ou fermento em pó) cuja ação química produz o gás dióxido de carbono, que é usado para expandir itens assados.

EXTRUDER: Máquina usada para moldar massa em várias formas. A massa, em vez de aberta, é empurrada através de placas perfuradas.

f

FACA DO CHEF: Faca de múltiplas finalidades usada para picar, fatiar e moer; em geral, sua lâmina mede entre 20 cm e 36 cm.

FARCE: Recheio. Significa "recheio" em francês.

FARELO: A camada externa de um grão de cereal e a parte com maior conteúdo de fibras.

FARINHA DE TRIGO INTEGRAL: Farinha extraída do grão integral, incluindo o farelo, o germe e o endosperma. A farinha Graham é uma farinha de trigo integral que leva o nome de Sylvester Graham, reformador da dieta americana do século XIX.

FARINHA GRAHAM: Tipo de farinha de trigo integral que leva o nome do ministro da igreja presbiteriana Sylvester Graham, que defendia uma reforma na dieta dos americanos. Em vez de simplesmente moer o grão de trigo inteiro, na farinha Graham os componentes – farelo, germe e endosperma – são moídos separadamente. É de textura mais grosseira do que a farinha comum, e usada para fazer biscoitos e crostas de torta.

FÉCULA: Farinha fina que pode ser consumida como cereal no café da manhã quando cozida em água fervente, usada em pudins, ou como espessante. Feita de trigo ou batata.

FERMENTAÇÃO: O processo de ação do fermento, quebra os açúcares em gás dióxido de carbono e álcool, o que é essencial na levedura do pão e para fazer cerveja, vinho e licores. Designa também o período de crescimento das massas feitas com fermento.

FERMENTAÇÃO FINAL (*BENCH PROOF*): Na produção de massas levedadas, deixar que a massa cresça depois que for modelada e pouco antes de assar.

FERMENTAR: Deixar que a massa fermentada cresça. A câmara de fermentação é um gabinete selado que permite controlar a temperatura e a umidade.

FERMENTO: Fungos microscópicos cujos processos metabólicos são responsáveis pela fermentação. É usado para levedar pão e na fabricação de queijo, cerveja e vinho.

FERMENTO EM PÓ: Expansor químico feito com um ingrediente ácido e um alcalino, em geral bicarbonato de sódio e cremor de tártaro. Quando exposto ao líquido, produz o gás dióxido de carbono, que expande as massas. O fermento em pó de dupla ação contém ingredientes que produzem duas reações de levedura: uma quando da exposição ao líquido, a segunda quando aquecido.

FERVER: Método de cozimento em que os itens são imersos em líquido no ou acima do ponto de ebulição (100 °C).

FERVER SUAVEMENTE: Manter a temperatura de um líquido logo abaixo do ponto de ebulição. Significa, também, cozinhar em líquido que ferve suavemente. A temperatura para ferver suavemente vai dos 85 °C aos 93 °C.

FERVURA EM POUCO LÍQUIDO: Cozinhar suavemente, em uma panela rasa de líquido fervendo abaixo do ponto de ebulição. O líquido é, frequentemente, reduzido e usado como base de um molho.

FERVURA POR IMERSÃO: Cozinhar o alimento delicadamente em líquido suficiente para submergi-lo completamente, fervendo suavemente.

FIBRA, FIBRA DIETÉTICA: Componente estrutural das plantas, necessário à dieta humana, indigerível.

FILÉ: Espessante feito de folhas secas de canela-de-sassafrás. Usado sobretudo em gumbos. Também chamado *pó de filé* e *filé gumbo*.

FILÉ, *FILET*: Corte de carne, peixe ou ave, sem osso.

FILÉ-MIGNON: Corte caro de carne sem osso – em geral de boi ou porco –, retirado do lombo do animal. É o corte mais macio e mais caro.

FIRST IN, FIRST OUT (FIFO): Princípio fundamental de armazenamento baseado na rotação do estoque. Os produtos são estocados e usados, de modo que o produto mais velho é sempre usado primeiro.

FITOQUÍMICOS: Compostos que ocorrem naturalmente em alimentos vegetais e têm propriedades antioxidantes e curativas.

FLATTOP: Placa grossa de ferro fundido ou aço colocado sobre a fonte de calor no fogão; difunde o calor, tornando-o mais uniforme do que um queimador com chama aberta.

FLEURONS: Guarnições feitas com massa folhada leve cortada em forma oval, de losango ou de lua crescente e servidos com carne, peixe ou sopa.

FOIE GRAS: O fígado volumoso de um pato ou ganso que foi forçado a alimentar-se e a engordar em um período de quatro a cinco meses.

FOND: Termo francês para fundo. Também descreve o gotejamento que fica na assadeira depois de saltear ou assar. Frequentemente é deglaçado e usado como base para molhos.

FONDANT: Pasta branca feita com açúcar e líquido, em geral água ou xarope de milho, que foi dissolvida, aquecida e agitada durante o esfriamento. Usada como recheio e glacê para doces e itens de confeitaria.

FORCEMEAT: Recheio em forma de emulsão de carne picada ou moída, gordura e uma liga, usada para patês, linguiças e outras preparações. Os quatro tipos são *mousseline*, lisa, à camponesa e *gratin*.

FORMA DESMONTÁVEL: Forma redonda cujos lados, retos, são formados por um círculo que pode ser aberto e destacado da base. Usada principalmente para *cheesecakes* e bolos de *mousse*.

FÓRMULA: Receita em que as medidas de cada ingrediente podem ser dadas como percentagens do peso do ingrediente principal.

FORNO A CONVECÇÃO: Forno que emprega correntes de convecção forçando ar quente através de ventiladores, de modo que o ar circula em torno do alimento, cozinhando-o rápida e uniformemente.

FORNO DE MICRO-ONDAS: Forno em que ondas eletromagnéticas (semelhantes a ondas de rádio) geradas por um aparelho chamado *magnetron* penetra o alimento e fazem oscilar as moléculas de água que este contém. Esse movimento molecular rápido gera calor, que cozinha o alimento.

FORNO DE PISO: O forno em que a fonte de calor está localizada sob o *deck* ou piso; o alimento é colocado diretamente no *deck*, em vez de em uma prateleira.

FRICASSÉE: Guisado de ave ou outra carne branca, com molho branco.

FRITAR POR IMERSÃO: Cozinhar o alimento imergindo-o em gordura quente. Os alimentos fritos por imersão são, frequentemente, revestidos com farinha de rosca ou massa mole antes de ir para a panela.

FRITURA RÁPIDA: Método de cocção semelhante ao salteado, em que os itens são cozidos em fogo muito alto, usando pouca gordura. Em geral, isso é feito em um *wok*, e o alimento é movido constantemente.

FRITURA RASA: Método de cocção em que os itens são cozidos em gordura, na frigideira. De modo geral, envolve mais gordura do que o salteado ou a fritura rápida, mas menos do que na fritura por imersão.

FRITURIER: Chef/praça de fritura. A posição responsável por todos os alimentos fritos. Pode ser combinada com a posição de *rôtisseur*.

FRUTOS DO MAR: Vários tipos de animais marinhos consumidos como alimento, inclusive moluscos como os univalves, bivalves, cefalópodes e crustáceos.

FRUTOSE: Açúcar simples encontrado nas frutas. A frutose é o mais doce dos açúcares simples.

FUMET: Tipo de fundo em que o ingrediente aromático principal cozinha em uma panela tampada, com vinho e aromáticos. O *fumet* de peixe é o tipo mais comum.

FUNDO: Líquido saboroso preparado pela fervura suave de ossos de carne, aves, peixes e/ou vegetais em água com aromáticos, até que seu sabor seja extraído. É usado como base para sopas, molhos e outras preparações.

FUNDO CLARO: Fundo de cor clara, feito com ossos que não foram dourados.

FUNDO ESCURO: Líquido âmbar produzido pela fervura suave de ossos dourados e carne (em geral vitelo ou boi) com vegetais e aromáticos (inclusive *mirepoix* caramelizado e purê de tomates).

g

GALANTINE: Carne sem osso (em geral ave) que é recheada com *farce*, enrolada, *poché* e servida fria, normalmente em *aspic*.

GANACHE: Preparação feita de chocolate, creme de leite fresco (36% a 40%) e, algumas vezes, manteiga, açúcar e outros aromatizantes. Entre outras coisas, pode ser usada como molho, glace e recheio ou para fazer produtos de confeitaria. Pode ir de macia a dura, dependendo da proporção de chocolate e creme utilizada.

GARBURE: Sopa vegetal grossa que, em geral, contém feijão, repolho e/ou batatas.

GARDE MANGER: Chef/praça da despensa. A posição responsável pelo preparo de alimentos frios, como saladas, tira-gostos, patês e outros.

GARNI: Guarnecido. Usado para descrever pratos acompanhados de vegetais e batatas.

GÁS ETILENO: Gás emitido por várias frutas e vegetais. O gás etileno apressa o amadurecimento, a maturação e, por fim, o apodrecimento.

GAZPACHO: Sopa fria feita de vegetais, habitualmente tomates, pepinos, pimentões e cebolas.

GELATINA: Substância à base de proteína encontrada nos ossos e no tecido conjuntivo dos animais. Quando dissolvida em líquido quente, e depois esfriada, pode ser usada como espessante e estabilizante.

GELATINIZAÇÃO: Hidratar gelatina em líquido antes de dissolver. Também, o leve filme cinzento da casca de maçãs, mirtilos, uvas e ameixas. Também, listras de cacau branco/cinza que aparece em chocolate sólido não temperado.

GÉNOISE: Bolo leve que contém farinha, açúcar, ovos, manteiga, baunilha e/ou outros aromatizantes, feito usando-se o método de mistura espumoso.

GERME: Porção da semente de plantas que florescem (como trigo), que germinam para formar uma nova planta. O embrião da nova planta.

GHERKIN: Pequeno pepino conservado em picles.

GLAÇAR: Dar a um item uma superfície brilhante pincelando-o ou revestindo-o com molho, *aspic*, cobertura ou outro *appareil*. No caso da carne, significa revestir com molho e depois dourar no forno ou na salamandra.

GLACE (GLACE DE VIANDE): Fundo reduzido; sorvete.

GLACÊ: Glaçado ou coberto; cobertura.

GLUCOSE: Açúcar simples encontrado no mel, em algumas frutas e em muitos vegetais. Tem cerca de metade da doçura do açúcar de mesa e é a fonte de energia preferida para o corpo humano.

GLUTAMATO MONOSSÓDICO (MSG): Realçador de sabor derivado do ácido glutâmico, sem sabor próprio distintivo. Usado essencialmente em alimentos chineses e processados. Pode causar reações alérgicas em algumas pessoas.

GLÚTEN: Proteína presente na farinha de trigo, que se forma por meio da hidratação e se desenvolve através da mistura, para formar estrias elásticas que constroem estrutura e ajudam na expansão.

GORDURA: Um dos nutrientes básicos usados pelo corpo para fornecer energia. As gorduras também levam sabor ao alimento e dão uma sensação de satisfação.

GORDURA INSATURADA: Molécula de gordura com, pelo menos, uma ligação não preenchida com átomo de hidrogênio. Podem ser monoinsaturadas ou poli-insaturadas. Tendem a ser líquidas à temperatura ambiente e são, primariamente, de origem vegetal.

GORDURA MONOINSATURADA: Gordura com uma ligação dupla não preenchida com um átomo de hidrogênio. Útil para abaixar o nível de colesterol LDL (o colesterol ruim). As fontes alimentares incluem abacates, azeitonas e frutos secos.

GORDURA POLI-INSATURADA: Molécula de gordura com várias ligações duplas não preenchidas com um átomo de hidrogênio. As fontes alimentares incluem os óleos de milho, de sementes de algodão, de açafrão-bastardo, de soja e de girassol.

GORDURA SATURADA: Gordura cujas moléculas apresentam ligações inteiramente preenchidas com átomos de hidrogênio. Tendem a ser sólidas à temperatura ambiente e são, quase sempre, de origem animal; o óleo de coco, o azeite de dendê e a manteiga de cacau são fontes vegetais de gordura saturada. Entre as fontes animais, estão a manteiga, a carne, o queijo e os ovos.

GORDURA VEGETAL: Algumas vezes, é usada como ingrediente e para untar recipientes antes de levá-los ao forno. Tem um ponto de fumaça mais alto do que a manteiga e a margarina, o que a torna adequada para fritar por imersão. Também é chamada *shortening* porque, quando cobre as proteínas da farinha, reduz seu contato com a umidade na receita e diminui o comprimento das fibras de glúten.

"GRANDES" MOLHOS: Um de muitos molhos básicos usados no preparo de muitos outros molhos pequenos. Os grandes molhos são *demi-glace*, *velouté*, *béchamel*, *hollandaise* e tomate. Também chamados de molhos "mãe".

GRÃO INTEGRAL: Grão não moído ou não processado.

GRATIN: Cobertura de queijo ou farinha de rosca dourada no forno ou sob a salamandra (*au gratin*, *gratin de*). O *gratin* também pode se referir a uma *farce* em que uma parte da carne dominante é salteada e resfriada antes de ser moída.

GRATINAR NA SALAMANDRA: Cozinhar com a fonte de calor radiante colocada acima do alimento.

GRAVLAX: Salmão cru curado com sal, açúcar e *dill* fresco. Prato de origem escandinava que, em geral, é acompanhado de mostarda e molho de *dill*.

GRAVY: Molho que se consegue deglaçando o gotejamento, na assadeira, de um assado, e combinando-o com um *roux* ou outro amido e mais fundo.

GRELHAR: Técnica culinária em que os alimentos são cozidos por uma fonte de calor radiante colocados sob o item. As grelhas podem ser alimentadas a gás, eletricidade, carvão ou madeira.

GRELHAR NA PANELA: Método de cocção semelhante ao salteado seco, que simula o grelhar cozinhando um item numa panela quente, com pouca ou nenhuma gordura.

GRILLARDIN: Chef/praça de grelha. A posição responsável por todos os alimentos grelhados. Pode ser combinada com a posição de *rôtisseur*.

GRISSINI: Palitos de pão finos e crocantes.

GRISWOLD: Panela, semelhante a um *rondeau*, feita de ferro fundido. Pode ter um único cabo curto ou duas alças.

GUARNIÇÃO: Decoração comestível, ou acompanhamento de um prato ou item.

GUISADO: Prato preparado usando o método de ensopar.

GUISAR: Método de cocção quase idêntico a brasear mas, geralmente, envolvendo pedaços menores de carne e, portanto, um tempo de cozimento mais curto. Os itens guisados também podem ser branqueados, em vez de chamuscados, conferindo ao produto pronto uma cor pálida.

GUMBO: Sopa/guisado *creole* engrossada com filé ou quiabo, aromatizada com várias carnes e peixes e *roux* escuro.

h

HARICOT: Literalmente, "feijão". *Haricots verts* são vagens.

HIDROGENAÇÃO: Processo pelo qual átomos de hidrogênio são adicionados a uma molécula de gordura insaturada, tornando-a parcial ou completamente saturada e sólida à temperatura ambiente.

HIDROPONIA: Técnica que envolve criar vegetais em água enriquecida com nutrientes, em lugar da terra.

HIGIENE: Condições e práticas seguidas para manter a saúde, inclusive sanitização e limpeza pessoal.

HOLLANDAISE: Molho emulsionado clássico feito com uma redução de vinagre, gemas e manteiga derretida aromatizada com suco de limão. É um dos "grandes" molhos.

HOLLOW-GROUND: Tipo de lâmina de faca côncava feita de duas folhas de metal fundidas.

HOMOGENEIZAÇÃO: Processo usado para impedir que a gordura do leite se separe dos produtos preparados com leite. O líquido é forçado através de uma malha ultrafina, a alta pressão, o que rompe os glóbulos de gordura, dispersando-os uniformemente por todo o líquido.

HORS D'OEUVRE: Literalmente, "fora do trabalho". É o nome francês para os antepastos.

i

INFECÇÃO: Contaminação por um agente causador de doenças, como as bactérias.

INFUSÃO: Deixar de molho um aromático ou outro item em líquido, para extrair seu sabor. A palavra também designa o líquido resultante desse processo.

INHAME: Grande tubérculo que cresce em climas tropicais e subtropicais. Tem a polpa amidoada, amarelo-clara.

INTOXICAÇÃO: Envenenamento. Estado de ser contaminado com toxinas, particularmente aquelas produzidas pelos micro-organismos que infectaram o alimento.

INTOXICAÇÃO ALIMENTAR: Intoxicação causada pelo consumo de um produto alimentar adulterado. Para determinação oficial de que um surto de intoxicação alimentar ocorreu, duas ou mais pessoas devem ter adoecido depois de comer o mesmo alimento e o surto deve ser confirmado por fiscais da saúde.

INVENTÁRIO: Lista com os itens de mercadorias e equipamento à mão, com o valor ou custo estimados.

IOGURTE: Leite coalhado com bactérias para lhe dar consistência ligeiramente mais grossa e sabor azedo.

j

JARDINIÈRE: Mistura de vegetais.

JULIENNE: Vegetais, batatas ou outros itens cortados em tiras finas. O padrão é 3 mm por 3 mm por 3 cm a 5 cm. A *julienne* fina é 1,5 mm por 1,5 mm por 3 cm a 5 cm.

JUS: Suco. Refere-se a sucos de frutas e de vegetais, assim como aos sucos de carnes. *Jus de viande* é suco de carne. A carne *au jus* é servida em seu próprio suco ou *jus lié*.

JUS LIÉ: Suco de carne ligeiramente engrossado com araruta ou amido de milho.

k

KASHA: Sêmola de trigo-sarraceno que foi descascado, amassado e tostado. Geralmente preparada por fervura.

KOSHER: Preparado de acordo com as leis dietéticas judaicas.

l

LACTOSE: O açúcar simples encontrado no leite. Entre os açúcares naturais, esse dissacarídeo é o menos doce.

LADO DA APRESENTAÇÃO: O lado de uma peça de carne, ave ou peixe que será colocado para cima no momento de servir.

LAMINAR: Dobrar e abrir uma massa com uma gordura *roll-in*, alternando camadas de gordura e massa. Usada para criar massa folhada, massa dinamarquesa e *croissants*.

LARDEAR: Inserir pequenas tiras de gordura em carnes naturalmente magras, antes de assá-las ou braseá-las. O processo é feito usando-se uma lardeadeira.

LARDON: Tira de gordura usada para lardear; ela pode ser temperada. O termo também refere-se a toucinho em cubos, branqueado e frito.

LECITINA: Emulsificante encontrado nos ovos e na soja.

LEGUME: As sementes comestíveis de certas plantas de vagem, incluindo feijão, lentilha e ervilhas, consumidas por seus sabores naturais e alto valor nutritivo. Também, a palavra francesa para hortaliça.

LEITE DE BAIXA CALORIA: Leite que contém menos de 2% de gordura.

LEITE DESNATADO: Leite que contém apenas 0,5% de gordura, o resto foi retirado.

LEITE EVAPORADO: Leite enlatado sem açúcar, do qual 60% da água foi retirada antes do enlatamento. É usado com frequência em cremes e para criar uma textura cremosa nos alimentos.

LEITELHO (SORO DE LEITE COALHADO): Bebida láctea com leve sabor azedo, semelhante ao do iogurte. Tradicionalmente, o subproduto líquido que surge depois que se bate a manteiga; agora, de hábito, feito com a cultura do leite desnatado.

LIAISON: Mistura de gemas e creme usada para engrossar e enriquecer molhos. Também aplicada a qualquer *appareil* usado como espessante.

LIGA: Ingrediente ou *appareil* usado para espessar um molho ou ligar outra mistura de ingredientes.

LIMPAR/DESCASCAR: Retirar as fibras peludas não comestíveis de um marisco. Essas fibras prendem o marisco ao seu ancoradouro.

LINGUIÇA: Mistura de *farce* moldada em bolinhos, em geral muito temperada. Originalmente feita para preservar a carne e usar sobras comestíveis. A linguiça é feita com carne moída, gordura e temperos. Varia em tamanho, forma, tempo de cura, ponto de cozimento e tipo de invólucro.

LIQUEUR: Bebida alcoólica aromatizada com frutas, especiarias, frutos secos, ervas aromáticas e/ou sementes e, em geral, adoçado. Também chamados *cordiais*, os licores muitas vezes contêm alto teor alcoólico, corpo viscoso e ligeiramente pegajoso.

LITTLENECK: Pequenos moluscos de concha dura, frequentemente consumidos crus em meia concha. Menores do que um marisco *cherrystone*, com menos de 5 cm de diâmetro.

LOMBO CANADENSE: O centro do lombo de porco defumado. Chamado *bacon* traseiro no Canadá, o lombo canadense é mais magro que o *bacon* em fatias e é adquirido pré-cozido.

LOX: Salmão frio, defumado, curado com sal.

LYONNAISE: Alimento cozido à moda de Lyon, França. Refere-se a um molho feito com cebolas e, geralmente, manteiga, vinho branco, vinagre e *demi-glace*. As batatas *lyonnaises* são salteadas com cebolas e manteiga.

m

MACARON: Biscoitinhos de pasta de frutos secos (tipicamente amêndoas ou coco), açúcar e claras.

MADEIRA: Vinho fortificado português que é tratado com calor à medida que envelhece, o que lhe confere um sabor distintivo e cor amarronzada.

MAIONESE: Emulsão fria de óleo, gemas, vinagre, mostarda e temperos usada como molho para saladas, patê ou como base para outros molhos.

MAÎTRE D'HÔTEL: Responsável pelo restaurante, informalmente chamado *maître d'*. Responsável por supervisionar o salão e a equipe de atendimento. A expressão também refere-se a uma manteiga composta aromatizada com salsa picada e suco de limão.

MANDOLINE: Aparelho de aço inoxidável com lâminas de aço-carbono, para fatiar. As lâminas podem ser ajustadas para cortar itens em várias formas e espessuras.

MANOBRA DE HEIMLICH: Primeiro socorro para engasgamento, envolvendo a aplicação de pressão repentina, para cima, no abdômen superior para forçar um objeto estranho para fora da traqueia.

MANTEIGA: Gordura semissólida produzida ao bater creme de leite; deve conter, pelo menos, 80% de gordura láctea.

MANTEIGA CLARIFICADA: Manteiga de que os sólidos do leite e a água foram removidos, deixando apenas gordura de manteiga pura. Tem ponto de fumaça mais alto do que a manteiga, mas menos sabor.

MANTEIGA COMPOSTA: Manteiga combinada com ervas ou outros temperos e, em geral, usada para temperar itens grelhados, vegetais ou sobremesas cozidas no vapor.

MANUFATURA: Corte e aparagem de carne, aves, peixes e carne de caça (pedaços grandes ou inteiros) em uma vasta gama de cortes menores a fim de prepará-los para serem cozidos.

MARCAR NA GRELHA: Virar um alimento (sem atirá-lo para cima) 90 graus, depois que ficou na grelha por muitos segundos, para criar o desenho em treliça associado aos alimentos grelhados.

MARINADA: *Appareil* usado antes do cozimento para aromatizar e umedecer alimentos – pode ser líquida ou seca. As marinadas líquidas são, geralmente, baseadas em um ingrediente ácido, como vinho ou vinagre. As secas são, de hábito, baseadas em sal.

MARMORIZAÇÃO: Gordura intramuscular encontrada na carne, que a torna macia e suculenta.

MARZIPÃ: Pasta de amêndoas moídas, açúcar e, algumas vezes, claras, usada para rechear, cobrir e decorar doces.

MASSA AZEDA: Massa de pão levedada com o uso de um *starter* fermentado, não produzido comercialmente. Também se refere a pão levedado naturalmente, que contém fermento não comercial.

MASSA DINAMARQUESA: Rica massa fermentada com *roll-in* de manteiga, possivelmente recheada com frutos secos, frutas ou outros ingredientes, e congelada. Originou-se na Dinamarca.

MASSA FILO: Massa feita com folhas muito finas de farinha e água, em camadas com manteiga e/ou pão ou migalhas de bolo; semelhante ao *strudel*.

MASSA MOLE: Mistura de farinha e líquido, algumas vezes com a inclusão de outros ingredientes. A espessura das massas moles varia, mas geralmente são semilíquidas e mais finas do que as massas. Usadas em preparações como bolos, pães de minuto, panquecas e *crêpes*. A expressão também pode designar a mistura líquida usada para revestir alimentos antes de fritar por imersão.

MASSA RICA: Massa com fermento biológico que contém gorduras como manteiga ou gemas. Também pode conter adoçantes. As massas ricas tendem a produzir pães mais macios com crosta mais escura do que as massas magras.

MATELOTE: Guisado de peixe francês tradicionalmente preparado com enguias ou outro peixe de água doce e aromatizado com vinho e aromáticos.

MATIGNON: Mirepoix comestível que é usado frequentemente em pratos *poêlés* e, em geral, servido com o prato pronto. Quase sempre, o *matignon* inclui duas partes de cenoura, uma parte de salsão, uma de alho-poró, uma de cebola, uma de cogumelos (opcional) e uma de presunto ou *bacon*.

MEDALHÃO: Pequeno pedaço, redondo ou oval, de carne.

MELAÇO: Xarope marrom-escuro e doce que é um subproduto do refino da cana-de-açúcar e da beterraba. O melaço pode ser *light* (o menos cozido, mas o mais doce), escuro e *blackstrap* (o mais cozido e mais amargo).

MERENGUE: Claras batidas com açúcar até ficarem duras. Os tipos incluem regular ou comum, italiano e suíço.

MESÓFILO: Termo usado para descrever bactérias que crescem a temperaturas entre os 16 °C e 38 °C.

METABOLISMO: O conjunto dos processos químicos nas células vivas, por meio dos quais se fornece energia e novo material é assimilado.

MÉTODO DA COMBINAÇÃO: Método de cocção que envolve a aplicação tanto de calor seco como de calor úmido ao item principal (por exemplo, carnes seladas em gordura e depois fervidas suavemente em um molho para brasear ou ensopar).

MÉTODO DA MISTURA DIRETA: Método de fazer massa em que todos os ingredientes são combinados de uma só vez, à mão ou à máquina.

MÉTODO DE MISTURA ESPUMOSO: Método de produzir massas em que o componente principal da estrutura é uma mistura de ovo espumoso (inteiro e/ou gema e claras) e açúcar.

MIE: O miolo do pão; *mie de pain* é a farinha de rosca de pão branco fresco.

MINERAL: Elemento inorgânico que é componente essencial da dieta. Não fornece energia e, por isso, é chamado nutriente não calórico. O corpo não produz minerais, eles devem ser obtidos da dieta.

MINESTRONE: Rica sopa vegetal que, em geral, inclui feijão e macarrão.

MIREPOIX: Combinação de vegetais aromáticos picados – em geral duas partes de cebola, uma de cenoura e uma de salsão – usada para aromatizar fundos, sopas, braseados e guisados.

MIREPOIX BRANCO: *Mirepoix* que não inclui cenouras e pode incluir cogumelos picados ou aparas de cogumelos e pastinacas. É usado para fundos e molhos claros ou brancos.

MISE EN PLACE: Literalmente, "colocar no lugar". O preparo e reunião dos ingredientes, panelas, utensílios e pratos ou travessas necessários para determinado prato ou período de serviço.

MISTURA: Mistura de dois ou mais sabores combinados para conseguir determinado sabor ou qualidade. Também, misturar dois ou mais ingredientes até combiná-los.

MIÚDOS: Órgãos e outras aparas comestíveis de várias carnes, inclusive miolo, fígado, coração, rins, molejas, pulmões, língua, moela, carne de cabeça, cauda, pés e pescoço, usados para aromatizar fundos e sopas.

MOAGEM: Processo pelo qual o grão é separado em germe e casca, farelo e endosperma, e moído até virar farinha.

MOER: Cortar em pedaços bem pequenos. O termo também significa triturar até reduzir a pó.

MOÍDO NA PEDRA: Termo usado para descrever farinha moída na mó. Como o germe do trigo não é separado, esse método de moer retém mais nutrientes do que outros.

MOLEJAS: As glândulas timo de animais jovens, em geral bezerros, mas também cordeiros ou porcos. Em geral vendidos em pares. As molejas têm sabor suave e textura lisa. Devem ser demolhadas em água acidulada antes de cozinhar, e a membrana externa deve ser retirada.

MOLHO: Acompanhamento líquido, usado para realçar o sabor do alimento.

MOLHO "PEQUENO": Molho que deriva de qualquer um dos "grandes" molhos.

MOLHO DE BAUNILHA: Creme feito com creme de leite e/ou leite, açúcar, ovos e baunilha. Pode ser servido como molho ou usado na preparação de doces, como o creme bávaro e o sorvete. Também chamado de *crème anglaise*.

MOLHO DE TOMATE: Molho preparado fervendo-se suavemente os tomates em um líquido (água ou caldo) com aromáticos. Um dos "grandes" molhos.

MOLHO ESCURO: Molho feito com fundo escuro e aromáticos e espessado com *roux*, um *slurry* de amido puro e/ou uma redução; inclui o molho *espagnole*, o *demi-glace*, *jus de veau lié* e molhos de assadeira.

MOLHO *ESPAGNOLE*: Literalmente, "molho espanhol". Molho escuro feito com fundo escuro, *mirepoix* caramelizado, purê de tomates, temperos e *roux*.

MOLHO *VIN BLANC*: Literalmente, "molho de vinho branco". Molho feito pela combinação de um líquido *poché* reduzido (tipicamente contendo vinho) com *hollandaise* ou *velouté* prontos ou manteiga em cubos.

MOLUSCO: Qualquer animal invertebrado com corpo macio, não segmentado, protegido por uma concha dura. Os moluscos incluem os gastrópodes (univalves), bivalves e cefalópodes. Os exemplos incluem vôngoles, ostras, caracóis, polvos e lulas.

MONTÉ AU BEURRE: Literalmente, "levantado com manteiga". Refere-se a uma técnica usada para finalizar molhos, engrossá-los ligeiramente e dar-lhes uma aparência brilhante, batendo manteiga integral no molho ou mexendo-a sem parar, até que derreta.

MOUSSE: Espuma feita com claras de ovos batidas e/ou creme de leite batido adicionado a um *appareil* base aromatizado. Pode ser doce ou salgada.

MOUSSELINE: *Mousse*. A palavra também pode designar um molho feito adicionando-se creme de leite batido a um molho *hollandaise*. Também uma *farce* muito leve baseada em carne branca ou frutos do mar, tornada mais leve com creme de leite e ovos.

MUSSELINA: Tecido fino e leve usado para coar líquidos e fazer *sachets*.

n

NAPOLEON: Doce tradicionalmente feito com triângulos de massa folhada em camadas, recheados com massa cremosa e glaçados com *fondant*.

NAPPÉ: Revestido com molho; engrossado. Consistência de um molho que reveste a parte de trás de uma colher.

NATURE: Palavra francesa para "não guarnecido" ou "simples". *Pommes natures* são batatas fervidas.

NAVARIN: Guisado francês, tradicionalmente de cordeiro, com batatas, nabos, cebolas, que pode conter também outros vegetais.

NOISETTE: Avelã ou cor de avelã. Também significa uma pequena porção de carne cortada da costela. *Pommes noisette* são batatas torneadas douradas na manteiga. *Beurre noisette* é manteiga dourada.

NOUVELLE CUISINE: Literalmente, "nova culinária". Movimento culinário que enfatiza o frescor e a leveza dos ingredientes, os sabores naturais preparados de maneira simples e combinações e apresentação inovadoras.

NUTRIÇÃO: Processo pelo qual um organismo recebe e utiliza o alimento.

NUTRIENTES: Componente básico do alimento usado pelo corpo para crescimento, reparo, restauração e energia. Inclui carboidratos, gorduras, proteínas, água, vitaminas e minerais.

o

OMELETE: Ovo batido que é cozido em manteiga, em panela ou em frigideira especial, e depois enrolado ou dobrado em forma de meio círculo. As omeletes podem ser recheadas com diversos ingredientes, antes ou depois de enroladas.

OVAS: Ovos de peixe ou frutos do mar.

OVOALBUMINA: A clara do ovo. Constitui cerca de 70% do ovo e contém a maior parte de suas proteínas.

OVO *EN COCOTTE:* Ovo cozido na manteiga (e, frequentemente, creme de leite) em um *ramequin*, até que as claras se solidifiquem.

OVOS ESCALFADOS: Ovos cozidos rapidamente em água fervente (cerca de 30 segundos), na casca, em *ramequins* ou em *cocotte*, até assentarem.

p

PÁ: Pá usada para transferir massas modeladas para um forno a lenha ou de piso.

PAELLA: Prato de arroz cozido com cebola, tomate, alho, vegetais e várias carnes, inclusive frango, *chorizo*, frutos do mar e outras. A *paellera* é uma panela especial para preparar *paella*; é larga e rasa e, quase sempre, tem duas alças.

PAILLARD: Escalope de carne batido até ficar fino. Em geral, é grelhado ou salteado.

PAINÇO: Pequeno grão redondo, sem glúten, que pode ser fervido ou moído até virar farinha.

PANELA AUTOCLAVE: Recipiente com paredes duplas, entre as quais o vapor circula, fornecendo calor uniforme para conservar fundos, sopas e molhos. Podem ser isolados, ter uma torneira e/ou ser inclinados para retirar o conteúdo.

PANELA BASCULANTE: Panela grande, relativamente rasa, inclinável, utilizada para brasear, ensopar e, ocasionalmente, cozinhar no vapor.

PANELA DE FERRO: Panela de ferro, usada para ensopar e brasear no topo do fogão ou no forno. Também chamada *cocotte*.

PANELA DE GRELHAR: Frigideira com ondulações, usada no topo do fogão para simular a grelha.

PANELA DE VAPOR: Conjunto de panelas que se encaixam umas nas outras, com perfurações no fundo de cada uma. Elas se encaixam sobre uma panela maior onde se coloca água fervendo. Também designa recipiente perfurado, de metal ou bambu, que pode ser usado como panela para cozinhar alimentos no vapor.

PÃO: Produto alimentar feito com farinha, açúcar, gordura vegetal, sal e líquido levedado pela ação do fermento. Finalizado com farinha, ovos ou farofas antes de assar.

PÃO DE MINUTO: Pão feito com expansor químico, que funciona mais rapidamente do que o fermento biológico, porque não é necessário sovar ou fermentar.

PAPEL-MANTEIGA: Papel resistente ao calor usado na culinária para preparações como forrar assadeiras para assar, cozinhar itens *en papillote* e cobrir itens durante o processo de fervura em pouco líquido.

PARBOILIZAR: Cozinhar parcialmente um item, antes de armazená-lo ou terminar de prepará-lo.

PASSADOR DE LEGUMES: Coador com uma lâmina curva, operada por uma manivela. É usado para transformar alimentos macios em purê, enquanto se coa.

PASTA: Literalmente, "massa". Macarrão feito com massa de farinha (muitas vezes semolina) e água ou ovos, que é sovada, aberta e cortada ou extrudada, e depois cozida por ebulição.

PASTEURIZAÇÃO: Processo em que os laticínios são aquecidos para eliminar micro-organismos que poderiam contaminá-los.

PÂTE: Macarrão ou pasta. Também, massa, pasta ou massa mole (como em *pâte brisée*).

PÂTÉ: Rica *farce* de carne, caça, aves, frutos do mar e/ou vegetais, assada em uma massa, forma ou prato e servida quente ou fria.

PÂTE À CHOUX: Massa cremosa feita fervendo-se uma mistura de água ou leite, manteiga e farinha, depois acrescentando-se ovos inteiros. Quando assada, a *pâte à choux* incha para formar uma casca de massa oca que pode ser recheada.

PÂTE BRISÉE: Massa quebradiça usada para criar crostas para tortas doces e salgadas e quiches.

PÂTÉ DE CAMPAGNE: Patê à camponesa, com textura grosseira, feito de carne de porco, fígados de galinha, alho, cebola e salsa, aromatizado com *brandy*.

PÂTÉ EN CROÛTE: Patê assado em crosta de massa.

PÂTE FEUILLETÉE: Massa folhada.

PÂTE SUCRÉE: Massa podre doce usada para tortas e *cookies* recheados.

PÂTISSIER: Chef/praça de massas. Essa praça é responsável pelos itens assados, massas e sobremesas. Frequentemente fica numa área separada da cozinha.

PATÓGENO: Micro-organismo que causa doenças.

PAUPIETTE: Filé ou escalope de peixe ou carne, enrolado em um recheio e preparado *poché* ou braseado.

PEITO: Corte de carne do quarto anteroinferior, apropriado para preparações de cozimento longo, como braseados. O *corned beef* é peito de boi curado.

PEIXE CHATO: Tipo de peixe caracterizado pelo corpo achatado e por ter os dois olhos no mesmo lado da cabeça (por exemplo, linguado comum, linguado e halibute).

PEIXE REDONDO: Classificação de peixe baseada no tipo de esqueleto, caracterizado por um corpo arredondado e um olho em cada lado da cabeça. Os peixes redondos, em geral, são cortados pelo meio.

PEIXE SEM OSSO: Peixe cujo esqueleto é feito de cartilagem, e não de ossos duros (por exemplo, tubarão, arraia). Também chamado *peixe cartilaginoso*.

PELE PRATEADA: O tecido conjuntivo duro que cerca certos músculos. Essa proteína não se dissolve quando cozida e deve ser retirada antes do cozimento.

PENEIRA: Utensílio constituído de armação de madeira, metal ou plástico e fundo de fios de arame fino ou plástico, entrançados como malha de arame, usado para escorrer, amassar ou transformar alimentos em purê.

PESAR: Medir ingredientes pesando-os ou dividir massa em porções, por peso.

PESO COMO ADQUIRIDO (PCA): O peso de um item recebido do fornecedor antes de ser aparado ou de qualquer outra preparação [o contrário do peso da porção comestível (PPC)].

PESO DA PORÇÃO COMESTÍVEL (PPC): O peso de um item depois de aparado e preparado [o oposto do peso como adquirido (PCA)].

PESTO: Mistura grossa pastosa de uma erva, tradicionalmente manjericão e azeite. Usada como molho para macarrão e outros alimentos e como guarnição para sopas. O *pesto* também pode conter queijo ralado, frutos secos ou sementes e outros temperos.

PETIT FOUR: Caprichoso bocado de doce em camadas coberto com *fondant*. Também, de modo mais geral, pode se referir a bocados de massa e *cookies*.

PICADINHO: Carne picada e cozida, geralmente com batatas e/ou outros vegetais, que é temperada, ligada com um molho e salteada.

PICAR: Cortar em pedaços com aproximadamente o mesmo tamanho.

PILAF: Técnica para cozer grãos em que eles são salteados rapidamente em manteiga, depois fervidos suavemente em fundo ou água com vários temperos, até que o líquido seja absorvido. Também chamado *pilau, pilaw, pullao, pilav*.

PIMENTA: O fruto de certos tipos de pimenteiras *capsicum* (não relacionadas à pimenta-do-reino) usadas, frescas ou secas, como tempero. As pimentas podem ser de muitos tipos (por exemplo, *jalapeño, serrano, poblano*) e ter vários graus de pungência.

PIMENTA EM PÓ: Pimenta desidratada que foi moída ou amassada, frequentemente com outras especiarias moídas e acréscimo de ervas.

PINCÉ: Refere-se a um item caramelizado pela técnica de saltear. Em geral se refere a tomates.

PLUCHES: Folhas de ervas inteiras conectadas a um pequeno caule, muitas vezes usadas como guarnição. Também chamadas *galhinhos*.

POÊLÉ: Refere-se a alimento cozido em seus próprios sucos (em geral com o acréscimo de um *matignon*, outros aromáticos e manteiga derretida) em panela tampada, geralmente no forno.

POISSONIER: Chef/praça de peixe, responsável pelos peixes e seus molhos. Pode ser combinada com a posição de *saucier*.

POLENTA: Pasta feita com farinha de milho cozida em líquido fervendo suavemente até que os grãos fiquem macios e que o líquido seja absorvido. A polenta pode ser comida quente ou fria, firme ou macia.

POLVILHAR: Distribuir uma camada fina de farinha, açúcar ou chocolate em pó ou outros ingredientes desse tipo em assadeiras ou superfícies de trabalho ou sobre produtos prontos, como guarnição.

PONTO DE FUMAÇA: Temperatura em que uma gordura começa a romper-se (e emitir fumaça) quando aquecida.

PONTOS DE CONTROLE ESSENCIAL NA ANÁLISE DO PERIGO (PCEAP): Sistema de monitoração usado para acompanhar os alimentos, do momento em que são recebidos até serem servidos aos clientes, para certificar-se de que não estão contaminados. Há padrões e controles estabelecidos para o tempo e para a temperatura, assim como práticas de manuseio seguras.

POPOVER: Bolinho leve e oco feito de massa mole com ovos semelhante à usada para fazer *Yorkshire pudding*. O nome se origina do fato de que a massa mole incha ou "explode" na forma de *muffins* enquanto assa.

PORTO: Vinho fortificado de sobremesa. O Porto *vintage* é vinho de alta qualidade não misturado, envelhecido na garrafa por, pelo menos, doze anos. O Porto *ruby* pode ser misturado e é envelhecido em madeira por curto período de tempo. O Porto branco é feito com uvas brancas.

POT-AU-FEU: Prato fervido francês clássico que, tipicamente, inclui aves e carne, com vários vegetais de raiz. O caldo é, muitas vezes, servido como primeiro prato, seguido das carnes e dos vegetais.

PRÉ-ASSAR: Assar parcial ou completamente uma crosta de massa não recheada, forrando-a com papel-manteiga e cobrindo-a com pesos, que são removidos durante ou depois da cocção.

PRIMAL CUTS: As grandes peças produzidas pelo corte inicial da carcaça de um animal. Os cortes são padrões determinados que podem variar de país para país e de animal para animal. Os *primal cuts* são, depois, divididos em cortes menores, mais manejáveis.

PRINTANIÈRE: Guarnição de vegetais primaveris.

PRIX FIXE: Literalmente, "preço fixo". Tipo de *menu* em que se oferece uma refeição completa por um preço único prefixado. O *menu* pode oferecer várias escolhas para cada prato.

PROCESSADOR DE ALIMENTOS: Máquina com lâminas intercambiáveis, discos e uma tigela removível com tampa separada do motor. Pode ser usada para diversas tarefas, como picar, moer, fazer purê, emulsificar, sovar, cortar em fatias grossas e finas e cortar em *julienne*.

PROCESSADOR VERTICAL DE ALIMENTOS: Máquina semelhante a um liquidificador, que tem lâminas rotativas usadas para moer, bater, emulsionar ou misturar alimentos.

PROCESSO HOLANDÊS: Método para tratar chocolate em pó com um álcali para reduzir sua acidez.

PROCESSO PADRÃO DE EMPANAR: O processo de linha de montagem em que os itens são polvilhados com farinha, mergulhados em ovo batido e depois revestidos com farinha de rosca antes de serem fritos, em fritura rasa ou por imersão.

PROTEÍNA: Um dos nutrientes básicos de que o corpo precisa para manter a vida, fornecer energia, construir e reparar tecidos, formar enzimas e hormônios e desempenhar outras funções essenciais. As proteínas podem ser obtidas de fontes animais e vegetais.

PROTEÍNA COMPLETA: Fonte alimentar que fornece todos os aminoácidos essenciais na proporção correta, podendo, assim, ser usados pelo organismo humano para a síntese da proteína. Pode exigir mais do que um ingrediente (como feijão e arroz juntos).

PROVENÇAL(E), À LA PROVENÇALE: Pratos preparados à moda da Provença, França, frequentemente com alho, tomates e azeite de oliva. Também pode conter anchovas, berinjelas, cogumelos, azeitonas e cebolas.

PURÊ: Alimento amassado, coado ou picado bem fino para fazer uma pasta lisa.

q

QUAHOG/QUAHAUG: Mexilhão de concha dura com mais de 8 cm de diâmetro, em geral usado para *chowder* ou bolinhos.

QUATRE ÉPICES: Literalmente, "quatro especiarias". Mistura de especiarias moídas bem finas, contendo grãos de pimenta-do-reino, noz-moscada, canela, cravos-da-índia e, algumas vezes, gengibre. Usada para aromatizar sopas, guisados e vegetais.

QUEIJO COTTAGE: Queijo fresco feito do coalho, escorrido, do leite de vaca azedo.

QUEIMADOR A INDUÇÃO: Tipo de unidade de aquecimento que se apoia na atração magnética entre o topo do fogão e os metais da panela para gerar o calor que cozinha os alimentos contidos na panela. O tempo de reação é significativamente mais rápido do que o dos queimadores tradicionais.

QUENELLES: *Dumpling* leve *poché*, feito à base de *farce* (em geral frango, vitela, frutos do mar ou caça), ligada com ovos; usam-se duas colheres para dar-lhes forma oval.

r

RAGOÛT: Guisado de carne e/ou vegetais.

RAMEQUIN: Recipiente pequeno, refratário, em geral de cerâmica.

RANHURAS: Cortar a parte superior da massa antes de assá-la para permitir que o vapor saia e controlar a expansão da massa e/ou criar um efeito decorativo.

REAÇÃO DE MAILLARD: Complexa reação de douramento que resulta no sabor e na cor particulares dos alimentos que não contêm muito açúcar, como carnes assadas. A reação, que envolve carboidratos e aminoácidos, tem o nome do cientista francês que a descobriu. Há reações de Maillard de baixa e alta temperatura. Essa última começa aos 154 °C.

REDUÇÃO: O produto resultante quando um líquido é reduzido.

REDUZIR: Diminuir o volume de um líquido fervendo-o suavemente ou por ebulição. Usado para engrossar a consistência e/ou concentrar sabores.

REFRIGERADOR VERTICAL: Unidade de refrigeração grande o bastante para que se entre nela. Ocasionalmente, é grande o suficiente para manter zonas de temperatura e umidade variadas para a estocagem apropriada de vários produtos. Outros são grandes o bastante para acomodar carrinhos, assim como muitas prateleiras de produtos.

REGAR: Umedecer o alimento durante o cozimento com gordura, molho ou outro líquido que escorreu, para impedir que o alimento resseque.

REMOUILLAGE: Literalmente, "reumedecer". Fundo feito com ossos que já foram usados para fazer fundo. Mais fraco do que um fundo de primeira qualidade, frequentemente é reduzido para fazer glace.

RILLETTE: Carne conservada ou carne que é cozida lentamente em gordura temperada, depois desfiada ou batida com um pouco da gordura, até se tornar uma pasta. A mistura é colocada em *ramequins* e coberta com uma camada fina de gordura e é, muitas vezes, usada para espalhar no pão.

RING TOP: *Flat top* com placas removíveis que podem ser abertas em vários graus para expor o alimento a mais ou menos calor.

RISOTO: Arroz que é salteado rapidamente em manteiga com cebolas e, possivelmente, outros aromáticos, sendo, depois, combinado com fundo, que é acrescentado em várias adições e mexido constantemente, produzindo uma textura cremosa, com grãos que ainda estão *al dente*.

ROLL-IN: Manteiga ou mistura à base de manteiga colocada entre camadas de massa folhada; essa massa é, depois, aberta e dobrada repetidamente para formar numerosas camadas. Quando a massa é assada, as camadas permanecem separadas, produzindo uma massa rica e folhada.

RONDEAU: Panela rasa, larga, de lados retos, com duas alças, frequentemente usada para brasear.

RONDELLE: Corte com faca que produz peças chatas, redondas ou ovais. Usado em vegetais cilíndricos ou itens aparados como cilindros antes de cortar.

RÔTISSEUR: Chef/praça dos assados, responsável por todos os alimentos assados e respectivos molhos.

ROULADE: Fatia de carne ou peixe enrolada em torno de um recheio. A palavra também se refere a um bolo esponja recheado e enrolado.

ROUX: *Appareil* contendo partes iguais de farinha e gordura (quase sempre manteiga) usado para engrossar líquidos. O *roux* é cozido até vários pontos (branco, louro ou marrom), dependendo de como se pretende utilizá-lo. Quanto mais escuro o *roux*, menor seu poder espessante, mas mais completo o sabor.

ROYALE: Guarnição de *consommé* feita de creme cozido sem açúcar, cortado em formas decorativas.

S

SABAYON: Creme de vinho. Gemas adoçadas aromatizadas com Marsala ou outro vinho ou licor, batidas em banho-maria até espumar. Em italiano, *zabaglione*.

SACHET D'ÉPICES: Literalmente, "saquinho de especiarias". Ingredientes aromáticos embrulhados em musselina, que são usados para aromatizar fundos e outros líquidos. Um *sachet* padrão contém caules de salsa, grãos de pimenta-do-reino amassados, tomilho seco e uma folha de louro.

SACO DE CONFEITAR: Saco – geralmente feito de plástico, lona ou náilon – em que se pode colocar bicos simples ou decorativos, usado para distribuir coberturas e purês.

SAL DE CURA: Mistura de 94% de sal de mesa (cloreto de sódio) e 6% de nitrito de sódio, usado para preservar carnes.

SAL DE MESA: Sal refinado, granulado. Pode ser fortificado com iodo e tratado com carbonato de magnésio para impedir a formação de grumos.

SAL KOSHER: Sal puro refinado usado para fazer picles, porque não contém carbonato de magnésio e, assim, não turva soluções de salmoura. Também usado para preparar itens *kosher*. Os outros tipos de sal usados na culinária são o sal de cozinha e o sal marinho.

SAL MARINHO: Sal produzido pela evaporação da água do mar. Encontrado refinado ou não refinado, cristalizado ou moído. Também chamado *sel gris* (expressão francesa para "sal cinzento").

SALADA COMPOSTA: Salada em que os itens são cuidadosamente arranjados num prato em vez de misturados.

SALAMANDRA: Equipamento usado para gratinar alimentos, em que a fonte de calor fica acima deles.

SALGADO: Não doce. Também o nome de um prato (salgado) servido depois da sobremesa e antes do Porto em refeições britânicas tradicionais.

SALITRE: Nitrato de potássio. Componente do sal de cura, usado para preservar carne. Dá a certas carnes curadas sua característica cor rosada.

SALMOURA: Solução de sal, água e temperos, usada para preservar ou umedecer alimentos.

SALTEADO SECO: Saltear sem gordura, em geral usando uma panela não aderente.

SALTEAR: Cozinhar rapidamente em pequena quantidade de gordura, em uma frigideira, no topo do fogão.

SAMBAL: Condimento usado na Indonésia, na Malásia, em Cingapura, nas Filipinas e no Sri Lanka, feito de diversos tipos de pimenta, embora as pimentas vermelhas sejam as mais comuns.

SANITIZAÇÃO: Manutenção de um ambiente limpo para a preparação de alimentos, para impedir doenças alimentares e contaminação dos alimentos.

SANITIZAR: Eliminar organismos patogênicos com produtos químicos e/ou calor úmido.

SASHIMI: Peixe cru em fatias servido com condimentos, como uma *julienne* de *daikon*, gengibre em conserva, *wasabi* e molho de soja.

SAUCIER: Chef/praça do *sauté*. O chef de *partie* responsável por todos os itens salteados e seus molhos.

SAUTEUSE: Frigideira rasa, com lados inclinados e um único cabo longo. Usada para salteados. De modo geral, é chamada de panela para saltear.

SAUTOIR: Frigideira rasa, com lados retos e um único cabo longo. Usada para saltear. De modo geral, é chamada de panela para saltear.

SCONES: Bolinhos assados originários da Escócia, doces ou salgados, feitos com farinha de trigo, cevada ou de aveia.

SCORE: Cortar a superfície de um item a intervalos regulares para que cozinhe uniformemente, e o excesso de gordura escorra, ajudando o alimento a absorver marinadas ou para propósitos decorativos.

SCRAPPLE: Mistura fervida de aparas de porco, trigo-sarraceno e fubá comprimidos em um pão de forma, gelado e cortado em fatias. Frequentemente é frito depois de gelado, sendo servido no desjejum.

SEMOLINA: O endosperma do trigo *durum* moído grosseiramente, usado para *gnocchi*, alguns tipos de macarrão e cuscuz. A semolina tem alto conteúdo de glúten.

SHERRY: Vinho espanhol fortificado que varia em cor e doçura.

SISTEMA DE BRIGADA: O sistema de organização da cozinha instituído por Georger-Auguste Escoffier. Cada posição tem uma praça e responsabilidades bem definidas.

SLURRY: Fécula como araruta, amido de milho ou de batata dispersado em líquido frio para impedir que forme grumos, quando adicionado ao líquido quente como espessante.

SÓDIO: Elemento metálico alcalino necessário, em pequenas quantidades, à nutrição humana. Um dos componentes da maior parte dos sais usados na culinária.

SOMMELIER: Especialista que ajuda os clientes a selecionar o vinho e o serve. É responsável pela adega de vinhos do restaurante.

SOPA-CREME: Tradicionalmente, uma sopa baseada em um molho *béchamel*. Por extensão, qualquer sopa terminada com creme de leite, ou variante de creme como creme azedo (*sour cream*) ou *liaison*.

SOPA VEGETAL: Caldo ou sopa à base de água, feita sobretudo com vegetais. Pode incluir carnes, legumes e macarrão, e ser clara ou escura, fina ou grossa.

SORBET: Sobremesa congelada feita com um suco de fruta ou outro sabor, um adoçante (em geral açúcar) e claras batidas, que impedem a formação de grandes cristais de gelo.

SORO: O líquido que fica depois que se formaram coalhos no leite.

SOUS CHEF: Literalmente, "subchef". O chef que é o segundo no comando de uma cozinha, em geral responsável por planejar, substituir o chef executivo e assistir os chefs de *partie* se necessário.

SOVAR: Trabalhar ou misturar uma massa à mão, amaciando-a para obter uma consistência manuseável e expandir o glúten em massas levedadas.

SPÄTZLE: Macarrão macio ou pequeno *dumpling* feito pingando-se um pouquinho de uma massa mole em líquido que ferve suavemente.

STAPHYLOCOCCUS AUREUS: Tipo de bactéria facultativa que pode causar intoxicações alimentares. É particularmente perigosa porque produz toxinas que não são destruídas pelo calor. Essa intoxicação ocorre, na maior parte das vezes, quando a bactéria se transfere pelo manuseio descuidado de alimentos infectados.

STEAMER DE PRESSÃO: Máquina que cozinha o alimento usando o vapor produzido pelo aquecimento de água sob pressão em um compartimento selado, permitindo que ela chegue a temperaturas mais altas do que a de ebulição (100 °C). O alimento é colocado em uma câmara selada que não pode ser aberta até que a pressão tenha sido liberada, e o vapor tenha saído da câmara.

STRAIGHT: Mistura de carne magra com gordura, que são moídas juntas.

SUAR: Cozinhar um item, em geral vegetais, em panela tampada, em pouca gordura, até que amacie e libere umidade, mas não doure.

SUCCOTASH: Prato originário dos índios americanos que consiste em feijão-de-lima e milho, podendo incluir pedaços de carne ou peixe curados. No Sul dos Estados Unidos, qualquer mistura de vegetais preparados com feijão-de-lima é chamada *succotash*.

SUFLÊ: Literalmente, "inchado". Preparação feita com um molho base (em geral *béchamel* para suflês salgados, massa cremosa para os doces), claras batidas e aromatizantes. As claras fazem com que o suflê cresça durante o cozimento.

SUPRÊME: O filé de peito e asa de frango ou outra ave. Molho *suprême* é um *velouté* de frango enriquecido com creme de leite.

t

TABLE D'HÔTE: *Menu* executivo, com um único preço para uma refeição inteira, baseado na seleção do prato principal.

TAMALE: Fígado de lagosta, de cor verde-oliva. É usado em molhos e outros itens.

TAMIS: Peneira que consiste em uma tela esticada sobre um cilindro raso, de madeira ou alumínio.

TÉCNICA DE ESTÁGIO ÚNICO: Técnica culinária que envolve apenas um método – por exemplo, ferver ou saltear –, em oposição à que usa mais de um método, como brasear.

TEMPERAMENTO: Aquecer delicada e gradualmente. Pode se referir ao processo de incorporar líquido quente a uma *liaison* para elevar sua temperatura aos poucos. Também pode se referir ao método apropriado para derreter chocolate.

TEMPERAR: Adicionar um ingrediente para dar aos alimentos um determinado sabor usando sal, pimenta-do-reino, ervas aromáticas, especiarias e/ou condimentos.

TEMPURA: Frutos do mar e/ou vegetais revestidos em massa mole leve e fritos por imersão, em geral acompanhados por um molho.

TERMOFÍLICO: Que gosta do calor. Termo usado para descrever bactérias que se desenvolvem em temperaturas que vão dos 43 °C aos 77 °C.

TERMÔMETRO DE LEITURA INSTANTÂNEA: Termômetro usado para medir a temperatura interna dos alimentos. O cabo é inserido no alimento, produzindo uma leitura instantânea da temperatura.

TERRINE: Forma de *farce*, semelhante a patê, mas cozida em forma coberta, em banho-maria. A palavra também designa o recipiente usado para cozinhar esses itens, em geral uma forma oval de cerâmica.

TIMBALE: Pequena forma parecida com um balde usada para moldar arroz, cremes, *mousselines* e outros itens. Também designa uma preparação feita nessa forma.

TORNEAR: Cortar itens, em geral vegetais, em forma de barril, azeitona ou bola de futebol americano. Os alimentos torneados devem ter cinco ou sete lados ou faces e pontas rombudas.

TORTA: Crosta de massa (com estrias ou simples) rasa, de lados retos, com recheio salgado ou doce, fresco ou cozido.

TOUCINHO: Gordura do lombo do porco, usada principalmente para lardear, mas também para fazer banha e torresmos.

TOURNANT: Membro do pessoal da cozinha que trabalha conforme necessário, em toda a cozinha.

TOXINA: Veneno que ocorre naturalmente, sobretudo aqueles produzidos pela atividade metabólica de organismos vivos, como bactérias.

TOXINA CIGUATERA: Toxina encontrada em certos peixes, inofensiva para eles, mas que causa intoxicação quando ingerida pelas pessoas, não sendo erradicada nem pelo cozimento nem pelo congelamento. O envenenamento é causado pela dieta do peixe.

TRANCHE: Fatia ou corte de carne, peixe ou ave cortada em diagonal, para melhorar a aparência do corte.

TRASEIRO: Corte de carne do quarto traseiro que inclui o coxão mole, o coxão duro, o lagarto e a alcatra. É magro e, em geral, braseado ou assado.

TRASH FISH: Peixe considerado não utilizável, ou em virtude de seu pequeno tamanho, ou pela baixa preferência do consumidor.

TRICHINELLA SPIRALIS: Verme em forma de espiral que invade os intestinos e o tecido muscular. Transmitido especialmente pela carne de porco infectada não cozida o suficiente.

TRIPA: Membrana sintética ou natural (se natural, em geral intestinos de porco ou carneiro) usada para colocar o recheio moído de linguiças.

TROQUEL: No moedor de carne, a placa através da qual os alimentos passam logo antes de serem cortados por uma lâmina. O tamanho da abertura do troquel determina a finura da moagem.

TUBÉRCULO: A raiz polposa, caule ou rizoma de uma planta, que pode formar uma nova planta. Alguns, como as batatas, são consumidos na alimentação.

TUILE: Literalmente, "azulejo". *Cookie* (ou alimento cortado para se assemelhar ao *cookie*) fino, semelhante ao *wafer*. Os *tuiles* são frequentemente moldados enquanto quentes e ainda flexíveis, pressionando-os em formas ou enrolando-os em torno de pinos cilíndricos (ou outros moldes) até que esfriem, adquirindo a forma do molde usado.

u

UMAMI: Descreve um sabor salgado, de carne; frequentemente associado com glutamato monossódico (MSG) e cogumelos.

UNIVALVE: Molusco de uma só concha e um só músculo, como o abalone e o ouriço-do-mar.

UTILIZAÇÃO TOTAL: O princípio que advoga o uso de quanto produto for possível, para reduzir as perdas e aumentar os lucros.

v

VALORES DIÁRIOS (VD): Valores padrões nutricionais desenvolvidos pela Administração de Alimentos e Medicamentos (*Food and Drug Administration* – FDA) para uso em etiquetas de alimentos.

VEGETARIANO: Indivíduo que adotou uma dieta (ou estilo de vida) específica que reduz ou elimina os produtos de origem animal. Os *vegans* não comem alimentos que derivam de animais. Os ovolactovegetarianos incluem laticínios e ovos na dieta. Os ovovegetarianos incluem ovos na dieta.

VELOUTÉ: Molho de fundo branco (galinha, vitela, frutos do mar) engrossado com *roux* branco. Um dos "grandes" molhos. Também refere-se a uma sopa creme feita com base em um molho *velouté* e aromatizantes (em geral em pasta) que são terminados com uma *liaison*.

VIDA DE PRATELEIRA: O período de armazenamento durante o qual um produto mantém a qualidade.

VIEIRA: Bivalve cujo músculo adutor (o músculo que mantém a concha fechada) e as ovas são comestíveis. O termo tem outros significados: um pequeno pedaço de carne sem osso; um peixe de espessura uniforme; um prato de acompanhamento em que um item é coberto com creme de leite ou molho e, por cima, polvilhado com farinha de rosca antes de assar.

VINAGRETE: Molho frio de óleo e vinagre, em geral com vários aromatizantes. É uma emulsão temporária. A proporção padrão é três partes de óleo para uma de vinagre.

VINHO AROMATIZADO: Vinho fortificado infundido com qualquer planta aromática ou erva amarga, raízes, cascas ou outras partes das plantas, de um vasto leque de variedades.

VINHO FORTIFICADO: Vinho a que se acrescentou uma bebida alcoólica destilada, geralmente *brandy* (por exemplo, Marsala, Madeira, Porto ou *sherry*).

VÍRUS: Tipo de micro-organismo patogênico que pode ser transmitido pelos alimentos. Os vírus causam doenças, como sarampo, catapora, hepatite infecciosa e resfriados.

VITAMINAS: Qualquer das várias substâncias orgânicas nutricionalmente essenciais que não fornecem energia, mas, em geral, atuam como reguladoras dos processos metabólicos, contribuindo para manter a saúde.

w

WAFFLE: Produto de massa mole semelhante à panqueca, crocante, que é cozido em uma chapa especial que dá ao produto pronto um desenho texturizado, em geral uma grade. Também chamado *gaufrette*. É, igualmente, a denominação de um corte de vegetais especial, que produz uma grade ou desenho de cesta.

WASABI: Raiz de uma planta asiática semelhante à raiz-forte. Torna-se verde-brilhante quando misturada com água e é usada como condimento na culinária japonesa.

WOK: Panela de fundo redondo, geralmente feito de aço enrolado, que é usada para quase todos os métodos de cocção na culinária chinesa. Sua forma permite a distribuição uniforme do calor e facilita o movimento dos ingredientes.

x

XAROPE: Açúcar que é dissolvido em líquido, em geral água, muitas vezes com a adição de aromatizantes, como especiarias ou *zestes* cítricos.

XAROPE SIMPLES: Mistura de água e açúcar (com sabores e aromatizantes adicionais, se desejar), aquecida até que o açúcar se dissolva. Usada para umedecer bolos ou escalfar frutas.

z

ZESTES: A parte fina, brilhantemente colorida, da casca das frutas cítricas. Contém óleos voláteis, que o tornam ideal para ser usado como aromatizante.

ZONA DE PERIGO: A temperatura que vai dos 4 °C aos 60 °C, a condição mais favorável para o crescimento rápido de muitos micro-organismos patogênicos.

bibliografia e fontes

história da gastronomia

ARNOTT, Margaret L. (org.). *Gastronomy: the Anthropology of Food and Food Habits*. Haia: Mouton, 1975.

BELLONCI, Maria. *The Travels of Marco Polo*. Trad. Teresa Waugh. Nova York: Facts on File, 1984.

CLAIR, Colin. *Kitchen and Table: a Bedside History of Eating in the Western World*. Londres: Abelard-Schuman, 1965.

CLARK, Robert (org.). *Our Sustainable Table*. San Francisco: North Point Press, 1990.

COOPER, Ann. *A Woman's Place is in the Kitchen: the Evolution of Women Chefs*. Hoboken: Wiley, 1998.

COSMAN, Madeleine Pelner. *Fabulous Feasts: Medieval Cookery and Ceremony*. Nova York: Braziller, 1976.

EDWARDS, John (trad. e adapt.). *The Roman Cookery of Apicius: a Treasury of Gourmet Recipes and Herbal Cookery*. Londres: Hartly & Marks, 1984.

FARB, Peter & ARMELAGOS, George. *Consuming Passions: the Anthropology of Eating*. Boston: Houghton Mifflin, 1980.

FERET, Barbara. *Food and Drink through the Ages, 2,500 B.C. to 1937 A.D*. Londres: Maggs Brothers, 1937.

JONES, Evan. *American Food: the Gastronomic Story*. Nova York: Overlook Press, 1990.

KURLANSKY, Mark. *Cod: a Biography of the Fish that Changed the World*. Nova York: Walker and Co., 1997.

MILHAM, Mary Ella (org.). *Platina: On Right Pleasure and Good Health: a Critical Edition and Translation of "De Honesta Voluptate et Valetudine"*. Tempe: MRTS, 1998.

NAUCRATIS, Ateneu de. *The Deipnosophists (Banquet of the Learned)*. Trad. C. D. Yonge. Londres: Henry G. Bohn, 1854.

REVEL, Jean-François. *Culture and Cuisine: a Journey through the History of Food*. Trad. Helen R. Lane. Cabmbridge: Da Capo, 1984.

ROOT, Waverley & DE ROCHEMONT, Richard. *Eating in America: a History*. Nova York: Ecco, 1981.

SOKOLOV, Raymond. *Why We Eat What We Eat: How the Encounter Between the New World and the Old Changed the Way Everyone on the Planet Eats*. Nova York: Simon & Schuster, 1992.

SOYER, Alexis. *The Pantropheon: or, A History of Food and its Preparation in Ancient Times*. Londres: Paddington Press, 1977.

TANNAHILL, Reay. *Food in History*. Nova York: Crown, 1989.

VISSER, Margaret. *Much Depends on Dinner: the Extraordinary History and Mythology, Allure and Obsessions, Perils and Taboos of an Ordinary Meal*. Nova York: GrovePress, 1987.

_____. *The Rituals of Dinner: the Origins, Evolution, Eccentricities, and Meanings of Table Manners*. Nova York: Viking Penguin, 1992.

sanitização e segurança

EDUCATIONAL FOUNDATION OF THE NATIONAL RESTAURANT ASSOCIATION. *Applied Foodservice Sanitation Textbook*. 4ª ed. Hoboken: Wiley, 1992.

_____. *HACCP: Reference Book*. Chicago, 1993.

THE CULINARY INSTITUTE OF AMERICA. *Basic Food Sanitation*. Nova York, 1993.

química da culinária

CAMPBELL, Marjorie Porter Penfield & GRISWOLD, Ruth M. *The Experimental Study of Food*. 2ª ed. Londres: Constable and Co., 1979.

CHARLEY, Helen & Weaver, Connie M. *Foods: A Scientific Approach*. 3ª ed. Nova Jersey: Prentice Hall, 1979.

CORRIHER, Shirley. *CookWise: The Hows & Whys of Successful Cooking; The Secrets of Cooking Revealed*. Nova York: Morrow, 1997.

McGEE, Harold. *On Food and Cooking: the Science and Lore of the Kitchen*. Nova York: Scribner, 2004.

_____. *The Curious Cook: More Kitchen Science and Lore*. Nova York: Macmillan, 1992.

equipamento e *mise en place*

ARONSON, Emily; FABRICANT, Florence; WOLF, Burt. *The New Cook's Catalogue: the Definitive Guide to Cooking Equipment*. Nova York: Knopf, 2000.

SCHMIDT, Arno. *The Chef's Book of Formulas, Yields and Sizes*. 3ª ed. Hoboken: Wiley, 2003.

SCRIVEN, Carl & STEVENS, James. *Food Equipment Facts: a Handbook for the Foodservice Industry*. 2a ed. Nova York: Van Nostrand Reinhold, 1989.

THE CULINARY INSTITUTE OF AMERICA. *The Professional Chef's Knife Kit*. 2ª ed. Nova York: Wiley, 1999.

WILLIAMS, Chuck. *The Williams-Sonoma Cookbook and Guide to Kitchenware*. Nova York: Random House, 1986.

identificação geral de produtos

DICIONÁRIOS E ENCICLOPÉDIAS

BAILEY, Adrian; ORTIZ, Elisabeth Lambert; RADECKA, Helena. *Cook's Ingredients*. Nova York: Bantam Books, 1980.

COST, Bruce. *Asian Ingredients: a Guide to the Foodstuffs of China, Japan, Korea, Thailand, and Vietnam*. Nova York: Harper Perennial Currents, 2000.

COYLE, Patrick L. *The World Encyclopedia of Food*. Nova York: Facts on File, 1982.

DAVIDSON, Alan et al. *The Oxford Companion to Food*. Oxford: Oxford University Press, 2006.

DEL CONTE, Anna. *Gastronomy of Italy*. Londres: Pavillion Books, 2004.

HERBST, Sharon T. & Ron. *The Deluxe Food Lover's Companion*. 4ª ed. Hauppage: Barron's, 2009.

JACOBS, Jay. *Gastronomy*. Nova York: Newsweek Books, 1975.

KIPLE, Kenneth F. & ORNELAS, Kriemhild Coneè (orgs.). *The Cambridge World History of Food*. Cambridge: Cambridge University Press, 2000

KNIGHT, John B. & SALTER, Charles A. (orgs.). *Knight's Foodservice Dictionary*. Hoboken: Wiley, 1987.

LANG, Jenifer Harvey (org.). *Larousse Gastronomique*. Nova York: Potter, 2001.

_____. *Tastings: the Best from Ketchup to Caviar: 31 Pantry Basics and how They Rate with the Experts*. Nova York: Crown, 1986.

MAREE, Aaron. *Patisserie: an Encyclopedia of Cakes, Pastries, Cookies, Biscuits, Chocolate, Confectionery and Desserts*. Nova York: HarperCollins, 1994.

MARIANI, John F. *The Encyclopedia of American Food and Drink*. Nova York: Lebhar-Friedman, 1999.

MILLSTONE, Erik & LANG, Tim. *The Penguin Atlas of Food: who Eats what, where, when, and why*. Nova York: Penguin, 2003.

OLIVER, Raymond. *Gastronomy of France*. Trad. Claud Durrell. Cleveland: Wine & Food Society/World Publishing, 1967.

PASSMORE, Jacki. *The Encyclopedia of Asian Food and Cooking*. Nova York: Hearst, 1991.

RIELY, Elizabeth. *The Chef's Companion: a Concise Dictionary of Culinary Terms*. 3ª ed. Hoboken: Wiley, 2003.

ROOT, Waverley. *Food: an Informal Dictionary*. Nova York: Simon and Schuster, 1980.

RUBASH, Joyce. *The Master Dictionary of Food and Wine*. 2ª ed. Hoboken: Wiley, 1996.

SIMON, André Louis. *A Concise Encyclopedia of Gastronomy*. Woodstock: Overlook, 1981.

SIMON, André Louis. *Food*. Pittsburgh: Horizon Press, 1953.

VON WELANETZ, Diana & Paul. *The Von Welanetz Guide to Ethnic Ingredients*. Nova York: Warner, 1987.

ZIBART, Eve. *The Ethnic Food Lover's Companion, Understanding the Cuisines of the World*. Birmingham: Menasha Ridge, 2001.

CARNES, AVES E CAÇA

NATIONAL ASSOCIATION OF MEAT PURVEYORS. *The Meat Buyers Guide*. Washington: 2010.

ROMANS, John R. *The Meat We Eat*. 14ª ed. Nova Jersey: Prentice Hall, 2001.

SCHENELLER, *The Kitchen Pro Series Guide to Fish and Seafood Identification, Fabrication, and Utilization*. Cliffon Park: Delmar Cengage Learning, 2009.

_____. *The Kitchen Pro Series Guide to Poultry Identification, Fabrication, and Utilization*. Cliffon Park: Delmar Cengage Learrning, 2009.

PEIXES E FRUTOS DO MAR

AINSWORTH. Mark, *The Kitchen Pro Series Guide to Fish and Seafood Identification, Fabrication, and Utilization*. Cliffon Park: Delmar Cengage Learning, 2009.

McCLANE, A. J. *McClane's Fish Buyer's Guide*. Nova York: Henry Holt, 1990.

_____. *The Encyclopedia of Fish Cookery*. Nova York: Henry Holt & Co., 1977.

NICOLAS, John F. *The Complete Cookbook of American Fish and Shellfish*. 2ª ed. Hoboken: Wiley, 1989.

PETERSON, James. *Fish and Shellfish*. Nova York: Morrow, 1996.

FRUTAS E VEGETAIS

KOWALCHIK. Claire & HYLTON, William H. *Rodale's Illustrated Encyclopedia of Herbs*. Emmaus: Rodale, 1998.

MATTHEWS, Brad & WIGSTEN, Paul. *The Kitchen Pro Series Guide to Produce Identification, Fabrication, and Utilization*. Cliffon: Delmar Cengage Learning, 2010.

MADISON, Deborah. *Vegetarian Cooking for Everyone*. Portland: Broadway Books, 1997.

PETERSON, James. *Vegetables*. Nova York: Morrow, 1998.

PRODUCE MARKETING ASSOCIATION. *The Foodservice Guide to Fresh Produce*. Newark, 1987.

SCHNEIDER, Elizabeth. *Uncommon Fruits and Vegetables: a Commonsense Guide*. Nova York: Morrow, 1998.

_____. *Uncommon Fruits and Vegetables: a Commonsense Guide*. Nova York: Morrow/William, 1998.

QUEIJOS

BATTISTOTTI, Bruno. *Cheese: a Guide to the World of Cheese and Cheese-Making*. Nova York: Facts on File, 1984.

FISHER, John. The Kitchen Pro Series Guide to Cheese Identification, Classification and Utilization. Cliffon Park: Delmar Cengage Learrning, 2010.

JENKINS, Steven. *Cheese Primer*. Nova York: Workman Publishers, 1996.

JONES, Evan. *The World of Cheese*. Nova York: Knopf, 1976.

O'KEEFE, Daniel. *Cheese Buyer's Handbook*. Nova York: McGraw-Hill, 1978.

RIDGWAY, Judy. *The Cheese Companion: the Connoisseur's Guide*. 2ª ed Filadélfia: Running Press, 2004.

MERCADORIAS NÃO PERECÍVEIS

NORMAN, Jill. *The Complete Book of Spices: A Practical Guide to Spices and Aromatic Seeds*. S/l: Studio, 1995.

PÉPIN, Jacques. *La Technique*. New York: Pocket, 1989.

SCHAPIRA, Joel; David; Karl. *The Book of Coffee and Tea*. 2ª ed. Nova York: St. Martin's, 1996.

culinária geral e clássica

BERAD, James. *James Beard's Theory and Practice of Good Cooking*. Filadélfia: Running Pres, 1999.

BENNION, Marion. *Introductory Foods*. 13ª ed. Nova Jersey: Prentice-Hall, 2009.

BLAKE, Anthony & CREWE, Quentin. *Great Chefs of France*. Nova York: Harry N. Abrams, 1978.

BOCUSE, Paul. *Paul Bocuse's French Cooking*. Trad. Colette Rossant. Nova York: Pantheon, 1977.

BRILLAT-SAVARIN, Jean-Anthelme. *The Physiology of Taste, or Meditations on Transcendental Gastronomy*. Washington: Counterpoint, 2000.

DORNENBURG, Andrew & PAGE, Karen. *Culinary Artistry*. Nova York: Van Nostrand Reinbold, 1996.

ELHART, Frederich W., et al. *Pâtés and Terrines*. Nova York: Hearst, 1984.

ESCOFFIER, Auguste. *Escoffier. Cookbook*. Nova York: Crown, 1976.

_____. *Escoffier: the Complete Guide to the Art of Modern Cookery*. Nova York: Van Nostrand Reinbold, 1997.

_____. *Guide Culinaire: the Complete Guide to the Art of Modern Cooking*. Trads. H. L. Cracknell & R. J. Kaufmann. Nova York: Van Nostrand Reinbold, 1997.

FULLER, John; RENOLD, Edward; FASKETT, David. *The Chef's Compendium of Professional Recipes*. 3ª ed. Oxford: Butterworth-Heinemann, 1992.

GIELISSE, Victor. *Cuisine Actuelle*. Dallas: Taylor, 1992.

GRIGSON, Jane. *The Art of Charcuterie*. Nova York: Knopf, 1968.

HIU, Barbara. *The Cook`s Book of Essential Information*. Nova York: Dell, 1980.

MILLAU, Christian. *Dining in France*. Nova York: Stewart, Tabori & Chang, 1986.

NATHAN, Joan. *Jewish Cooking in America*. Nova York: Alfred A. Knopf, 1998.

PAULI, Eugene. *Classical Cooking the Modern Way*. 3ª ed. Nova York: John Wiley & Sons, 1999.

PÉPIN, Jacques. *Jacques Pepin's Art of Cooking*. 2 vols. Nova York: Knopf, 1987.

PETERSON, James. *Essentials of Cooking*. Nova York: Artisan, 2003.

POINT, Ferdinand. *Ma Gastronomie*. Trads. Frank Kulla & Patricia S. Kulla. Connecticut: Lyceum Books, 1974.

SAULNIER, Louis. *Le Répertoire de la Cuisine*. Hauppauge: Barron's, 1977.

THE CULINARY INSTITUTE OF AMERICA. *Garde Manger: the Art and Craft of the Cold Kitchen*. 3ª ed. Hoboken: Wiley, 2004.

WOLFE, Kenneth C. *Cooking for the Professional Chef*. Albany: Delmar, 1982.

sopas e saladas

JANERICCO, Terence. *Soups for the Professional Chef*. Nova York: Van Nostrand Reinbold, 1993.

PETERSON, James. *Sauces: Classical and Contemporary Sauce Making*. 13ª ed. Nova York: Wiley, 1998.

_____. *Splendid Soups*. Nova York: Wiley, 2001.

SOKOLOV, Raymond. *The Saucier's Apprentice: a Modern Guide to Classic French Sauces for the Home*. Nova York: Knopf, 1976.

nutrição e culinária nutricional

DAVID, Elizabeth. *Spices, Salt and Aromatics in the English Kitchen*. S/l. Penguin, 1970.

DeBAKEY, Michael E. et al. *The New Living Heart Diet*. Michael E. Simon & Schuster, 1996.

GIELISSE, Victor. KIMBROUGH, Mary; GEELISSE, Kathryn G. a*In Good Taste*. Upper Saddle River: Prentice-Hall, 1998.

JENKINS, Nancy Harmon.*The New Mediterranean Diet Cookbook: A Delicious Alternative for Lifelong Health*. Bantam, 2008.

KITTLER, Pamela Goyan & SUCHER Kathryn P. *Food and Culture in America: A Nutrition Handbook*. Wadsworth: West Publishing, 1997.

PISCATELLA, Joseph C. *Choices for a Healthy Heart*. Nova York: Workman, 1987.

THE CULINARY INSTITUTE OF AMERICA. *The Professional Chef's Techniques of Healthy Cooking*. 3ª ed. Hoboken: Wiley, 2000.

U.S. DEPARTMENT OF AGRICULTURE. *Handbook of the Nutritional Value of Foods in Common Units*. Dover, 1986.

WHITNEY, Eleanor R.& SIZER, Frances S. *Nutrition: Concepts and Controversies*. 12ª ed. CT: Brooks/Cole, 2010.

culinária americana

Chez Panisse Cooking. Paul Bertolli with Alice Waters. Peter Smith, 2001.

CLAIBORNE, Craig. *The New York Times Cook Book*. Nova York: Haper & Row, 1990.

DESAULNIERS, Marcel. *The Trellis Cookbook*. Nova York: Simon and Schuster, 1992.

FEARING, Dean. *The Mansion on Turtle Creek Cookbook*. Londres: Weidenfeld & Nicholson, 1987.

FENIGER, Susan & MILLIKEN, Mary Sue. *City Cuisine*. Nova York: Morrow, 1994.

FUSSELL, Betty. *I Hear America Cooking*. Nova York: Viking Penguin, 1997.

JONES, Evan. *Epicurean Delight: the Life and Times of James Beard*. Nova York: Knopf, 1990.

PRUDHOMME, Paul. *Chef Paul Prudhomme's Louisiana Kitchen*. Nova York: Morrow, 1984.

SAVEUR MAGAZINE. *Saveur Cooks Authentic American*. San Francisco: Chronicle, 2007.

SCHLESINGER, Chris & WILLOUGHBY, John. *License to Grill*. Nova York: Morrow, 1997.

_____. *The Thrill of the Grill: Techniques, Recipes & Down Home Barbecue*. Nova York: Morrow, 2002.

TOWER, Jeremiah. *Jeremiah Tower's New American Classics*. Nova York: Harper & Row, 1986.

TROTTER, Charlie. *Charlie Trotter's*. Berkeley: Ten Speed Press, 1994.

WHITE, Jasper. *Jasper White's Cooking from New England*. Newton: Biscuit Books, 1998.

culinária internacional

LATINA E CARIBENHA

BAYLESS, Rick. *Rick Bayless's Mexican Kitchen*. Nova York: Scribner, 1996.

KENNEDY, Diana. *The Essential Cuisines of Mexico*. Nova York: Clarkson Potter, 2000.

MARTÍNEZ, Zarela. *Food and Life of Oaxaca*. Hoboken: Wiley, 1997.

_____. *Food from My Heart: Cuisines of Mexico Remembered and Reimagined*. Nova York: Macmillan, 1992.

ORTIZ, Elizabeth Lambert. *The Book of Latin American Cooking*. Nova York: Ecco, 1994.

ROJAS-LOMBARDI, Felipe. *The Art of South American Cooking*. Nova York: HarperCollins, 1991.

EUROPEAN AND MEDITERRANEAN

BASTIANICH, Lidia Matticchio. *Lidia's Italian-American Kitchen*. Nova York: Alfred A. Knopf, 2001.

BOCUSE, Paul. *Regional French Cooking*. Paris: Flammarion, 1991.

BONI, Ada. *Italian Regional Cooking*. Nova York: Bonanza Books, 1969.

BRIZOVA, Joza et al. *The Czechoslovak Cookbook*. Nova York: Crown, 1965.

BUGIALLI, Giuliano. *Classic Techniques of Italian Cooking*. Nova York: Simon and Schuster, 1982.

_____. *Giuliano Bugialli's Classic Techniques of Italian Cooking*. Palmer: Fireside, 1989.

CARRIER, Robert. *A Taste of Morocco*. Nova York: Clarkson Potter, 1987.

CASAS, Penelope. *The Foods and Wines of Spain*. 11ª ed. Nova York: Knopf, 1982.

CLAIBORNE, Craig et al. *Classic French Cooking*. Nova York: Time-Life Books, 1978.

CZERNY, Z. *The Polish Cookbook*. Vero Beach: Vanous, 1982.

DAVID, Elizabeth. *A Book of Mediterranean Food*. 2ª ed. Nova York: New York Review of Books, 2002.

_____. *French Provincial Cooking*. Londres: Penguin Books, 1999.

_____. *Italian Food*. Nova York: Penguin, 1999.

DEL CONTE, Anna. *The Classic Food of Northern Italy*. Londres: Pavilion, 1995.

DELLA CROCE, Julia. *Pasta Classica: The Art of Italian Pasta Cooking*. San Francisco: Chronicle, 1987.

ELLMER, Bruno. *Classical and Contemporary Italian Cooking for Professionals*. Hoboken: Wiley, 1997.

EREN, Neset. *The Art of Turkish Cooking*. Nova York: Hippocrene Books, 1993.

FISHER, M. F. K. et al. *The Cooking of Provincial France*. Nova York: Time-Life Books, 1968.

FITZPATRICK, Jean Grasso. *The Best of Southern Italian Cooking*. Hauppauge: Barron's, 1984.

FRANEY, Pierre & FLASTE, Richard. *Pierre Franey's Cooking in France*. Nova York: Knopf, 1994.

HAZAN, Marcella. *The Classic Italian Cookbook*. Nova York: Knopf, 1976.

HAZELTON, Nika. *Classic Scandinavian Cooking*. Bel Air: Galahad, 1994.

_____. *The Belgian Cookbook*. Nova York: Athenunem, 1977.

KAPETANOVIC, Ruzica & KAPETANOVIC, Alojzije. *Croatian Cuisine*. San Mateo: Associated, 1993.

LANG, George. *George Lang's Cuisine of Hungary*. Nova York: Wings, 1994.

MIDDIONE, Carlo. *The Food of Southern Italy*. Nova York: William Morrow, 1987.

RODEN, Claudia. *The New Book of Middle Eastern Food*. Nova York: Knopf, 2000.

ROOT, Waverly *The Food of Italy*. Nova York: Athenunem, 1971.

_____. et al. *The Cooking of Italy*. Nova York: Time-Life Books, 1968.

SALAMON, Rena. *Greek Food*. Nova York: HarperCollins, 1994.

SHARMAN, Fay. *The Taste of France: a Dictionary of French Food and Wine*. Boston: Houghton Mifflin, 1982.

SHERATON, Mimi. *The German Cookbook*. Nova York: Random House, 1965.

VERGÉ, Roger. *Roger Vergé's Cuisine of the South of France*. Trad. Roberta Smoler. Nova York: Morrow, 1980.

VERONELLI, Luigi. *The Food of North Italy: Authentic Recipes from Piedmont, Lombardy, and Valle d'Aosta*. North Clarendon: Tuttle, 2002.

VON BREMZEN, Anya. *Please to the Table: the Russian Cookbook*. Nova York: Workman, 1990.

VONGERICHTEN, Jean-Georges. *Simple Cuisine*. Hoboken: Wiley, 1998.

WILLAN, Anne. *La France Gastronomique*. Londres: Pavilion, 1991.

_____. *The Country Cooking of France*. São Francisco: Chronicle, 2007

WOLFERT, Paula. *Couscous and Other Good Food from Morocco*. Nova York: Harper Perenial, 1987.

_____. *Mediterranean Grains and Greens*. Nova York: HarperCollins, 1998.

_____. *Paula Wolfert's World of Food: a Collection of Recipes from Her Kitchen, Travels, and Friends*. Nova York: Harper Perenial, 1995.

_____. *The Cooking of South-West France: a Collection of Traditional and New Recipes from France's Magnificent Rustic Cuisine*. Nova York: Wiley, 2005.

_____. *The Cooking of the Eastern Mediterranean*. Nova York: HarperCollins, 1994.

WRIGHT, Clifford. *A Mediterranean Feast*. Nova York: Morrow, 1999.

COZINHA ASIÁTICA

ASHKENAZI, Michael & JACOB, Jeanne. *Food Culture in Japan*. Westport: Greenwood Press, 2003.

CHANDRA, Smita & CHANDRA, Sanjeev. *Cuisines of India: the Art and Tradition of Regional Indian Cooking*. Nova York: Ecco, 2001.

_____. Chin-Hwa, Noh. *Tradicional Korean Cooking*. Elizabeth: Hollyn International, 1985.

HEPINSTALL, Hi Soo Shin. *Growing up in a Korean Kitchen: a Cookbook*. Berkeley: Ten Speed Press, 2001.

JAFFREY, Madhur. *Madhur Jaffrey's Far Eastern Cookery*. Nova York: Perennial, 1992.

_____. *Madhur Jaffrey's Indian Cooking*. Hauppauge: Barron's, 1983.

KINGMAN, Rani. *A Taste of Madras: a South Indian Cookbook*. Northampton: Interlink Books, 1996.

PRICE, David Clive. *The Food of Korea: Authentic Recipes from the Land of Morning Calm*. Boston/Cingapura: Periplus, 2002.

RIDGWELL, Jenny. *A Taste of Japan*. Austin: Raintree Steck-Vaughn, 1997.

ROUTHIER, Nicole. *The Foods of Vietnam*. Nova York: Stewart, Tabori & Chang, 1999.

SAHNI, Julie. *Classic Indian Cooking*. Nova York: Morrow, 1980.

STEINBERG, Rafael & Editores do Time-Life Books. *Pacific and Southeast Asian Cooking*. Nova York: Time-Life Books, 1970.

_____. *The Cooking of Japan*. Nova York: Time-Life Books, 1969.

TAKAHASHI, Kuwako. *The Joy of Japanese Cooking*. Rutland: C. E. Tuttle, 2002.

TRANG, Corinne. *Essentials of Asian Cuisine: Fundamentals and Favorite Recipes*. Nova York: Simon & Schuster, 2003.

TROPP, Barbara. *The Modern Art of Chinese Cooking*. Nova York: Hearst, 1996.

TSAI, Ming; LIEW, Cheong (prefácio); LING, Kong Foong (introdução). *The Food of Asia, Featuring Authentic Recipes from Master Chefs in Burma, China, India, Indonesia, Japan, Korea, Malaysia, The Phillipines, Singapore, Sri Lanka, Thailand and Vietnam*. Boston/Cingapura: Periplus, 2002.

TSUJI, Shizuo. *Japanese Cooking: a Simple Art*. Tóquio: Kodansha, 1980.

VON BREMZEN, Anya & WELCHMAN, John. *Terrific Pacific Cookbook*. Nova York: Workman, 1995.

YU, Su-Mei. *Cracking the Coconut: Classic Thai Home Cooking*. Nova York: Morrow, 2000.

negócios e administração

ABRAMS, Rhonda. *The Successful Business Plan: Secrets and Strategies*. 4ª ed. Palo Alto: Planning Shop, 2003.

ALLEN, Gary. *The Resource Guide for Food Writers*. Nova York: Routledge, 1999.

BELL, Donald. *Food and Beverage Cost Control*. Berkeley: McCutchen, 1984.

BITTEL, Lester & NEWSTROM, John. *What Every Supervisor Should Know*. Columbus: McGraw-Hill, 1992.

BLOCKER, Linda; HILL, Julie; THE CULINARY INSTITUTE OF AMERICA. *Culinary Math*. Hoboken: Wiley, 2007.

CRAWFORD, Hollie W. & MCDOWELL, Milton. *Math Workbook for Foodservice and Lodging*. 3ª ed. Hoboken: Wiley, 1997.

DITTMER, Paul & REEEFE III, Desmond. *Principles of Food, Beverage & Labor Cost Controls*. 9ª ed. Hoboken: Wiley, 2002.

DORNENBURG, Andrew & PAGE, Karen. *Becoming a Chef: with Recipes and Reflections from America's Leading Chefs*. Hoboken: Wiley, 2003.

FISHER, John & THE CULINARY INSTITUTE OF AMERICA. *At Your Service: a Hands-on Guide to the Professional Dining Room*. Hoboken: Wiley, 2005.

HAINES, Robert G. *Math Principles for Foodservice Occupations*. 3ª ed.Cleiffoin Park: Delmar, 1996.

KOTLER, Philip & ARMSTRONG, Gary. *Principles of Marketing*. 9ª ed. Upper Saddle River: Prentice-Hall, 2013.

LEWIS, Robert C. *Cases in Hospitality Marketing and Management*. 2ª ed. Hoboken: Wiley, 1997.

MEYER, Sylvia; SCHMID, Edy; SPUHLER, Christel *Professional Table Service*. Trad. Heinz Holtmann. Nova York: Van Nostrand Reinhold, 1990.

RUHLMAN, Michael. *The Making of a Chef: Mastering the Heat at the CIA*. 2ª ed. Nova York: Henry Holt, 2009.

SPEARS, Marian. *Foodservice Organizations*. 6ª ed. Upper Saddle River: Prentice Hall, 2007.

THE CULINARY INSTITUTE OF AMERICA. *Remarkable Service*. Eichelberg, Ezra & Allen, Gary (orgs.). Hoboken: Wiley, 2009.

TREACY, Michael & WIERSEMA, Fred. *The Discipline of Market Leaders: Choose Your Customers, Narrow Your Focus, Dominate Your Market*. Boston: Addison Wesley, 1997.

TROTTER, Charlie. *Lessons in Excellence from Charlie Trotter*. Berkeley: Ten Speed Press, 1999.

WHITMAN, Joan & SIMON, Dolores. *Recipes into Type: a Handbook for Cookbook Writers and Editors*. Nova York: HarperCollins, 1993.

assar pães e doces

ALFORD, Jeffrey & DUGUID, Naomi. *Flatbreads and Flavors: a Culinary Atlas*. Nova York: Morrow, 1995.

AMENDOLA, Joseph. *The Baker's Manual*. 5ª ed. Hoboken: Wiley & Sons, 2003.

_____. REESE, Nicole; LUNDBERRG, Donald E. *Understanding Baking*. 2ª ed. Nova York: Wiley, 2002.

BERANBAUM, Rose Levy. *The Pie and Pastry Bible*. Nova York: Scribner, 1998.

FRANCE, Wilfred J. *The New International Confectioner*. 5ª ed. Londres/Coulsdon: Virtue, 1981.

FRIBERG, Bo. *The Professional Pastry Chef*. 4ª ed. Hoboken: Wiley, 2002.

HENSPERGER, Beth. *The Bread Bible: Beth Hensperger's 300 Favourite Recipes*. San Francisco: Chronicle, 2004.

MALGIERI, Nick. *Nick Malgieri's Perfect Pastry*. Nova York: Macmillan, 1989.

RICHEMONT BAKERS AND CONFECTIONERS CRAFT SCHOOL. *Swiss Confectionery*. 3ª ed. Richemont, 1997.

SILVERTON, Nancy com OCHOA, Laurie. *Nancy Silverton's Breads from the La Brea Bakery: Recipes for the Connoisseur*. Nova York: Villard, 1996.

SULTAN, William J. *Practical Baking*. Nova York: JVan Nostrand Reinhold, 2002.

TEUBNER, Christian & SCHONFELDT, Sybil. *Great Dessert Book*. Londres: Hamlyn, 1995.

vinhos e destilados

FOULKES, Christopher. (org.) *Larousse Encyclopedia of Wine*. Nova York: Larousse, 2001.

IMMER, Andrea. *Great Wines Made Simple: Straight Talk from a Master Sommelier*. Nova York: Clarkson Potter, 2005.

JOHNSON, Hugh. *Hugh Johnson's Modern Encyclopedia of Wine*. 4ª ed. Nova York: Simon & Schuster, 1998.

KOLPAN, Steven; SMITH, Brian H.; WEISS, Michael A. *Exploring Wine: the Culinary Institute of America Complete Guide to Wines of the World*. 2ª ed. Nova York: Wiley, 2010.

ZRALY, Kevin. *Windows on the World Complete Wine Course: 2009 Edition*. Nova York: Sterling, 2009.

jornais e periódicos

American Brewer
Appellation
Art Culinaire
The Art of Eating
Beverage Digest
Beverage World
Bon Appétit
Brewer's Digest
Caterer and Hotelkeeper
Chef
Chocolate News
Chocolatier
Cooking for Profit
Cooking Light
Cook's Illustrated
Culinary Trends
Decanter
Eating Well
Food & Wine
Food Arts
Food for Thought
Food Management
Foodservice and Hospitality
Foodservice Director
Food Technology
Fresh Cup
Gastronomica
Herb Companion
Hospitality
Hospitality Design
Hotel and Motel Management
Hotels
Lodging
Meat and Poultry
Modern Baking
Nation's Restaurant News
Nutrition Action Health Letter
Pizza Today
Prepared Foods
Restaurant Business
Restaurant Hospitality
Restaurants and Institutions
Saveur
Wine and Spirits
Wines and Vines
Wine Spectator

associações de culinária

American Culinary Federation (ACF)
www.acfchefs.org

The American Institute of Wine & Food (AIWF)
www.aiwf.org

Chefs Collaborative
www.chefscollaborative.org

The International Council on Hotel, Restaurant and Institutional Education (CHRIE)
www.chrie.org

International Association of Culinary Professionals (IACP)
www.iacp.com

The James Beard Foundation
www.jamesbeard.org

Les Dames d'Escoffier
www.ldei.org

National Restaurant Association (NRA)
www.restaurant.org

Oldways Preservation Trust
www.oldwayspt.org

ProChef Certification
www.prochef.com

Share Our Strength (SOS)
www.strength.org

Women Chefs and Restaurateurs (WCR)
www.womenchefs.org

índice de receitas

1-2-3 massa para *cookies*, 1104

a

Abacate
  guacamole, 976
  salada de espinafre baby, e toranja (*grapefruit*), 936
Abacaxi
  escalfado em manga e maracujá com flã de coco e *sorbet* de coentro, 1169
  molho de, e jacatupé, 477
  porco, *Noisettes* de, com grãos de pimenta verde e, 522
Abóbora. Ver também Abobrinha
  espaguete, 709
  japonesa assada com compota de oxicoco e laranja, 707
  macarrão com, moranga, 722
  -moranga, Macarrão com, 722
  -moranga, Molho de, 717
  pão de, 1099
  paulista, Purê de, 709
  -pescoço, e ervilha-torta, com gengibre, 702
  Torta de, 1147
Abobrinha
  em fritura rasa, 725
  em *Ratatouille*, 726
  Macarrão com, abóbora-moranga, 722
  Molho de, abóbora-moranga, 717
  Vegetais grelhados à provençal, 704
à bolonhesa, Molho de carne, 310
Açafrão
  Arroz, 809
  Caldo de, com erva-doce, Frutos do mar escalfados em, 588
  Macarrão de, 877
  Massa para patê de, 1024
  mousseline de truta e, 573
  Paella valenciana, 806
  Paupiettes de truta, escalfadas, com, 573
à camponesa, Omelete, 891
à camponesa, *Terrine* (*pâté de campagne*), 1016
à *Chesapeake*, Forminhas de caranguejo, 987
à francesa, Ervilhas frescas, 730

Agrião
  Salada de, com *sherry* e maçã, 935
  Sanduíche de, com maionese de ervas, 961
à *hue*, Salada de frango, 942
Aïoli, 922
Aipo-rábano e maçã azeda, Salada de, 936
à *la diable*, Ovos, 884
  com queijo, 884
  com tomate, 884
  com verduras, 884
Alcachofra(s)
  Assadas, costeletas de cordeiro grelhadas com alecrim, cebolas *cipollini*, 469
  Suflê, 893
Alcatra
  bife de, grelhado, com manteiga à *maître d'hôtel*, 458
  bife de, no churrasco, com crosta de ervas, 463
  bifes de, grelhados, com molho de cogumelos, 458
  grelhada, com molho *marchand de vin*, 459
Alecrim
  costeletas de cordeiro grelhadas com, alcachofras assadas e cebolas *cipollini*, 469
Alface-romana, braseada, 729
Alho
  Aïoli, 922
  Broto de brócolis com, e pimenta (*Cime di broccoli con aglio e peperoncino*), 723
  Croûtons ao, 581
  em *Gremolata*, 619
  Molho de, doce, 542
  salteado, Brócolis e, 699
  Vinagrete de limão-siciliano e, 914
  Vinagrete de, assado e mostarda, 914
Alho-poró, Quiche de tomate e, 894
à *maître d'hôtel*, Manteiga, 314, 479
Amarela, Pasta de *curry*, 388
Amarelo, *Mole*, 529

Amêndoa(s)
  Biscotti de, e anis, 1104
  Recheio, *frangipane* de, 1148
  Truta *amandine*, 527
  Vinagrete de, e figos, 915
Amendoim, molho de óleo de, e vinagre de malte para salada, 918
Amendoim, Molho de, 920, 1000
Amish de milho e frango, Sopa, 350
à milanesa, Molho, 537
à moda antiga, Bolinhos de bacalhau, 539
à moda da Coréia, Costelas braseadas (*Kalbi Jjim*), 600
à moda da Nova Inglaterra, *Chowder* de mexilhões, 356
à moda da Toscana, Batatas assadas, 756
à moda de Boston, Bacalhau novo (*scrod*) com creme, alcaparras e tomates, 579
à moda de Hanói, Peixe frito com *dill* (*Cha ca thang long*), 545
à moda de Manhattan, *Chowder* de mexilhões, 360
à moda do Caribe, Sopa em purê de feijão-preto, 361
à moda do Novo México, Guisado de pimenta verde, 613
à moda do Oriente Médio, Grão-de-bico, 792
à moda do Sudoeste, Guisado de feijão-branco, 793
à moda do Wisconsin, Sopa de queijo *cheddar* e cerveja, 356
à moda europeia, Salada de batatas, 944
à moda indiana, Cordeiro grelhado com *chutney* de manga fresco, 471
à moda paquistanesa, Bolinhos de cordeiro, 472
à moda suíça, Vitelo em pedaços, 521
Ancho, Salmão em crosta de pimenta, com *mole* amarelo, 529
Anchova(s)
  em Pescado frito, 990

grelhada à *l'anglaise* com manteiga *maître d'hôtel*, 479
Maionese de, e alcaparras, 921
Angel cake, 1100
à polonesa, Repolho recheado, 620
à portuguesa, Pernil de cordeiro recheado, 623
à provençal
  frango, 519
  molho, 519
  tournedos, 519
  vegetais, grelhados, 704
à romana, Feijão-de-lima, 792
Arroz, *Pilaf* de, 798, 799
  de grão curto (Valência), branco, 798
  de grão curto, integral, 799
  integral com pecã e cebolinha, 798
  Parboilizado, branco, 798
  selvagem, 798
Arroz. Ver também Pilaf; Risoto
  Açafrão, de, 809
  blanco, 799
  brasileiro, 800
  Coco, 801
  Congee, 813
  Cozido no vapor, chinês (*Lo han*), 805
  Croquetes de, 810
  de Urucum, 799
  e feijão, 794
  Fervido, básico, 803
  Fervido, feijão-vermelho e, 795
  Frito com linguiça chinesa, 805
  Glutinoso tailandês com mangas (*Mamuang kao nieo*), 806
  Mexicano, 800
  Paella valenciana, 806
  Salada de, com *curry*, 948
  Sopa de frango com, 352
  Sopa-creme de tomate com, 355
  Sushi, para, 805, 999
asiática, Marinada, 389
asiático, Molho para *dips*, 974
asiáticos, Aromáticos, 257
Aspargos
  com molho *hollandaise* ao limão, 706

Creme de, 355
pontas de, Risoto com, 801
Assada, Paleta de cordeiro, com cuscuz (*Mechoui*), 496
Assadas, Batatas, à moda da Toscana, 756
Assadas, Cenouras, 713
Assado, pimentão vermelho, Geleia de, 978
Assados marinados, Pimentões, 713
Assados, Fundo de vegetais, 279
Assados, Pimentões (*peperoni arrostiti*), 946
Atum
   Carpaccio de (*crudo di tonno alla battuta*), 983
   Salada de, 942
   Salada de, e feijão (*insalata di tonno e fagioli*), 993
   Vitello tonnato, 1001
Aveia e uva-passa, Cookies de, 1107
Aveia, Panquecas de, 1091
Aves e carnes no espeto, Mistura de temperos para, 388
Azeite(s)
   Laranja, aromatizado com, 925
   Manjericão, aromatizado com, 925
Azeitonas
   em Molho à provençal, 519
   Tapenade, 977

b

Baba ganoush, 976
Bacalhau
   Bolinhos de, à moda antiga, 539
   em Jantar praieiro da Nova Inglaterra, 579
Bacalhau novo (*scrod*), à moda de Boston, com creme, alcaparras e tomates, 579
Bacon
   Chucrute, 611
   CIA *club*, Sanduíche 952
   Macarrão *à carbonara*, 839
   Ovos Benedict, 889
   Quiche Lorraine, 894
   Robalo escalfado com mexilhões, pimentão e, 571
   Vinagrete quente de, Salada de espinafre com, 932
Baguetes, 1051
Banana
   Panquecas de, 1091
   Pão de, e pecãs, 1097

Bananas-da-terra
   Fritas, 726
   Tostones, 726
Base de bolacha de maisena para s'mores, 1172
Base de tortinhas, 1164
Batata(s)
   Anna, 762
   Assadas, à moda da Toscana, 756
   Assadas, com cebolas fritas por imersão, 755
   au gratin (*Gratin dauphinoise*), 757
   Batidas, 753
   Berny, 765
   Carne fervida com *spätzle* e (*Gaisburger Marsch*), 588
   Château, 758
   Corned beef com vegetais de inverno, 584
   Corned beef, picadinho de, 887
   Croquetes de, 766
   Delmonico, 758
   Duchesse, 738-739, 753
   em Jantar praieiro da Nova Inglaterra, 579
   em Pernil de cordeiro assado *à boulangère*, 494
   em *Potage garbure*, 362
   Fervidas com, salsa, 755
   Fritas, 765
   Galette, 761
   Gnocchi piemontesi, 850
   Gratins, 746
   Hash brown, 758
   Latkes, 761
   Lorette, 766
   Lyonnaise, 757
   Macaire, 763
   Omelete de (*tortilla española*), 997
   Panquecas de, 761
   Pierogi, recheados com, e *cheddar* com cebolas caramelizadas, *beurre noisette* e sálvia, 860
   Purê de, e creme de leite, 756
   Rösti, 762
   Salada de, 944
   Salada, à moda europeia, 944
   Suflês (estufadas), 766
   Vichyssoise, 363
Batata(s)-doce(s)
   Chips de, 765
   Glaçadas, 756
   Purê de, com gengibre, 756
Batido, Creme de leite/chantilly, 1041
Baunilha
   Bolo esponja de, 1101
   Molho de, 1114-1115, 1118
   Sorvete de, 1123
Béarnaise, Molho, 297, 301, 311
Béchamel, Molho, 309
Berinjelas
   à parmigiana, 714
   Baba ganoush, 976
   e presunto cru, *Panini* de, 957
   em *Ratatouille*, 726
   japonesa, 160, 161
   Ovos mexidos à grega, 890
   Recheio de, marinada, 957
   Vegetais grelhados, à provençal, 704
Berny, Batatas, 765
Beterraba(s)
   Cogumelos, e verduras verdes mistas com queijo *robiola* e nozes (*funghetti e barbe con cambozola e noci*), 935
   glaçadas, 701
   Macarrão com, 837
Beurre blanc, 302-303, 312
Bibimbap, 532
Bife(s)
   Churrasco com crosta de ervas, 463
   espeto, com cebolinha, 464
   Fraldinha, em Mix brasileiro de carnes grelhadas, 475
   Grelhado, de alcatra, com manteiga *maître d'hôtel*, 458
   Grelhado, de alcatra, com molho de cogumelos, 458
   Grelhado, de alcatra, com molho *marchand de vin*, 459
   Grelhado, de contrafilé, 464
Bigarade, Molho, 502
Biscoito, massa salgada de (*dumpling*), 853
Biscoitos *sablé*, 1159
Biscoitos, soro de leite coalhado (*buttermilk*), 1066
Biscotti de amêndoa e anis, 1104
Bisque, 340-344
   Camarão, 363
   Lagosta (*bisque de homard*), 364
Blanquette de vitelo, 615
Blitz, Massa folhada, 1095
Bolacha de maisena, Crosta de, 1102
Bolinhos
   Arroz selvagem, de, 824
   Fritos de risoto ao queijo *fontina*, 822
   Milho, de, 725
   Risoto de queijo *asiago* e milho, de, 823

Bolo(s)
   Americano (*pound cake*), 1099
   Angel cake, 1100
   Cheesecake, 1102
   Chocolate americano, de (*devil's food cake*), 1100
   Chocolate, *Cheesecake* de, 1101
   Esponja de baunilha, 1101
   Esponja de chocolate, 1101
   Quente de tâmaras e especiarias com calda *butterscotch* e sorvete de canela, 1155
   Tâmaras e especiarias, de, 1157
Boules, 1052
Bouquet garni, 192, 254
Braciole di maiale al ragù e rigatoni (Rolinhos de porco braseados em molho de carne com *rigatoni*), 608
Branca, cebola, Sopa de, 351
Branco, *Mirepoix*, 256
Branco, Molho, 288-289
Braseada(s)
   Alface-romana, 729
   Couve-manteiga, 728
   Erva-doce, na manteiga, 728
   Rabada, 599
   Costelas, 602
Braseado(s)
   de vitelo, com salsicha de cogumelos, 616
   pernas de cordeiro, 622
   Repolho roxo, 729
   Sauerkraut, 730
   Rolinhos de porco, em molho de carne com *rigatoni* (*braciole di maiale al ragù e rigatoni*), 608
Brioche à tête, 1058
Brioche, 1058
Brócolis
   Cozidos no vapor, 699
   e queijo *cheddar*, Quiche de, 894
   Sopa-creme de, 355
Brodo (Fundo de aves e carne), 280
Broto de brócolis
   com alho e pimenta (*Cime di broccoli con aglio e pepperoncino*), 723
   Orecchiette com linguiça italiana, queijo parmesão e, 839
Broto de brócolis com alho e pimenta vermelha (*Cime di broccoli con aglio e peperoncino*), 839
Burgundy, *Roulade* de carne em molho, 602

C

Cabra ao *curry* com molho de salada de mamão papaia verde, 626
Cabra, Queijo de
  Creme quente de, 893
  Mousse de, 971
  Strudel de cogumelos com, 996
  Terrine vegetal com, 1028
Caça
  Caldo de peru ou aves de, 350
  Fundo escuro de carne de, 278
  Jus de gibier lié, 278
  Marinada de vinho tinto para, 389
  Veado, *Terrine* de, 1020
Caesar, Salada, 926
Café, Sorvete de, 1123
Caipira, Frango, com biscoitos *angel*, 582
Cajun, Trindade, 257
Calda
  branca, 1174
  butterscotch, 1157
  caramelo clássica, de, 1173
  caramelo com baunilha, de, 1179
  chocolate, de, 1179
  manjericão, 1165
Caldo, 316-319. Ver também *Consommé*
  Açafrão com erva-doce, frutos do mar escalfados em, 588
  Caça, aves de, 350
  Carne, de, 350
  Cordeiro, de, 350
  Fortificados, 326-327
  Frango, de, 350
  Frutos do mar, de, 350
  Peixe, 317, 350
  Peru, de, 350
  Porco, defumado, de, 350
  Presunto, de, 350
  Vegetais, 317, 350
  Vitelo, de, 350
Califórnia, Rolinhos, 999
Camarão
  Bisque de, 363
  Chowder, marinho do Pacífico, 358
  Chuchus, recheados com, 714
  Cioppino, 580
  com coco e macadâmias, 984
  em Sopa quente e azeda, tailandesa (*tom yum kung*), 370
  grelhado com alho, 987
  Gumbo de frango e, 364
  Macarrão *udon* com vegetais, 584
  Massa de, sobre cana-de-açúcar, grelhado, 995
  Prato do pescador, 538
  Ragu de frango e (*mar i muntanya*), 630-631
  Ravigote, Frutos do mar, 948
  Recheado, 988
  Rolinhos, de salada, vietnamitas, 999
  Salada de, 942
  Samosas, 988
  Tempura de, 541
  Ticin-Xic, 531
  Vatapá, 530
  Velouté de, 308
Camarão e frango, Ragu de (*mar i muntanya*), 630-631
Camarão grelhado com alho, 987
Camponês, Molho, 534
Canela
  Açúcar de, 1061
  Remoinho de, pão de uvas-passas com, 1061
Cantonense, Porco assado (*Char siu*), 484
Caramelizadas, Maçãs, 466
Caramelo, Molho de, clássico, 1149
Caranguejo, forminhas de, a Chesapeake, 987
Carne fervida com *spätzle* e batatas (Gaisburger Marsch), 588
Carne. Ver também Corned beef; Bife(s)
  Assado de panela *yankee*, 604
  Bibimbap, 532
  Bife Wellington, 481
  Caldo de, 350
  Carpaccio de, 1000
  Churrasco, 954
  Consommé de, 349
  Costelas braseadas à moda da Coreia (*kalbi jjim*), 600
  Costelas braseadas, 602
  Cozida, com *spätzle* e batatas (Gaisburger Marsch), 588
  Fundo claro de, 277
  Gulache de, 617
  Lombo *au jus*, 482
  Molho de, à bolonhesa (*Ragu alla bolognese*), 310
  Peito bovino defumado com picles doces, 490
  Rabada braseada, 599
  Recheio de *farce* com ervas, 623
  Repolho recheado à polonesa, 620
  Roulade de, em molho *burgundy*, 602-603
  Salada taco, 931
  Satai com molho de amendoim, 1000
  Sauerbraten, 605
  Sopa de, condimentada (*Yukkaejang*), 367
  Sopa de, e macarrão (*Pho Bo*), 587
  Teriyaki, 463
  Tournedos à provençal, 519
Carolina, Churrasco da, 487
Carolina do Norte,
  Molho da planície oriental da, 487
  Molho ocidental da, 487
  Molho piemontês da, 487
Carpaccio
  Atum, de (*crudo di tonno alla battuta*), 983
  Carne, de, 1000
Caseiro, *Sauerkraut*, 11
Cassoulet, 612
Castanhas, Recheio de, 504
Catalina, Molho francês, 920
Cebola(s)
  Agridoce, Sanduíche aberto de peru com, 955
  Cebola roxa, Picles de, 980
  Cipollini, Costeletas de cordeiro grelhadas com alecrim, alcachofras assadas e, 469
  Confit de cebola roxa, 524
  e pepino, Salada de (*kachumber*), 937
  Frita por imersão, 599
  Fritas por imersão, Batatas assadas com, 755
  Quiche de, caramelizada, 894
  Relish de, com *curry*, 979
  Sopa de, 351
  Sopa de, branca, 351
  Sopa de, gratinada, 351
Cebola(s) roxa(s)
  Confit de, 524
  Picles de, 980
Cebolas *cipollini*, costeletas de cordeiro grelhadas com alecrim, alcachofras assadas e, 469
Cebolinha(s), 464. Ver também Bife(s), espeto com cebolinha
  Manteiga de, 314
  Óleo aromatizado com, 925
  Pilaf de, e trigo partido, 814-815
Cenoura(s)
  Assadas, 713
  Cozidas no vapor na panela, 702
  Fervida, 699
  Glaçadas, 703
  Macarrão com abóbora, ou beterraba, 837
  Pecã, 702
  Salada, marroquina, 938
Cereja
  Cookies com pedaços de chocolate e, 1106
  Desidratadas, Molho de, 1150
  Recheio de torta, 1146
Cerveja, Massa mole de, 540
Cevada perolada, *Pilaf* de, 798
Ceviche ao estilo de Acapulco, 981
Challah (3 tranças), 1062
Chalotas crocantes, 942
Chantilly
  aromatizado com laranja, 1158
  Creme, 1166
Charcuterie, Molho, 526
Château, Batatas, 758
Cheddar
  e cerveja, Sopa de queijo, à moda do Wisconsin, 356
  Molho de queijo, 309
  Omelete suflê de, 892
  Pierogi, recheados com batata com cebolas caramelizadas, *beurre noisette* e sálvia, 860
  Quiche de brócolis e queijo, 894
  Scones de presunto e queijo, 1090
Cheesecake, 1102
Chef, Salada do, 927
Chili em pó, 385
Chili vegetariano, 796
Chinesa, Sopa, quente e azeda (*suan la tang*), 366
Chinesas, cinco especiarias, 385
Chipotle e *sherry*, Vinagrete de, 914
Chips de batata-doce, 765
Chocolate
  Bolo esponja, 1101
  Brownies, *fudge*, 1108
  Canudinhos, 1180
  Cheesecake, 1101
  com bolacha de maisena para decoração, 1172
  Cookies com pedaços de, 1106
  Cookies com pedaços de, e cereja, 1106
  Cookies, *mudslide*, 1107
  Creme confeiteiro de, 1118
  Éclairs de, 1103
  Ganache, 1134
  Ganache, firme, 1148

Molho de, 1149
Mousse de, 1124
Pauzinhos de chocolate ao leite e canela, 1156
Sorvete de, 1123
Suflê de, 1126
Trufas de, 1134-1136
Chorizo, Feijão-preto com pimentão e, 786
Choron, Molho, 301
Chowder, 335
   Concha-rainha, de, 357
   Marinho do Pacífico, 358
   Mexilhões à moda da Nova Inglaterra, 356
   Mexilhões, à moda de Manhattan, 360
   Milho, de, 357
Chuchu, Salada de, com laranja, 937
Chuchus recheados com camarão, 714
Chucrute, 611
Churrasco
   bife no, com crosta de ervas, 463
   da Carolina, 487
   de carne, 954
   de peito de frango com molho de feijão-preto, 476
   marinada para, 389
   mistura de especiarias para, 385
Churrasco, molho para
   Goiaba, com, 485
   Mostarda, para (Molho da planície oriental da Carolina do Norte), 487
   Ocidental da Carolina do Norte, 487
   Piemontês da Carolina do Norte, 487
Chutney
   Hortelã e iogurte, 480
   Manga, condimentado, 979
   Manga, fresco, 471
   Omelete, 891
CIA *club* sanduíche, 952
Ciabatta, 1054
Cime di broccoli con aglio e peperoncino (Broto de brócolis com alho e pimenta), 723
Cinco especiarias chinesas, 385
Cioppino, 580-581
Cítrico, Macarrão, 837
Cítricos, Marinada latina de (*Mojo*), 390
Clarificada, Manteiga, 265
Claro, Fundo
   Carne, 277
   Vitelo, 277

Clássica, Lasanha à bolonhesa, com ragu e *béchamel* (*lasagna al forno*), 844
Clássica, Salada, de pepino polonesa (*mizeria klasyczna*), 938
Clássico, Molho de caramelo, 1149
Club sanduíche, CIA, 952
Cobb, Salada, 931
Coco
   Arroz de, 801
   Camarão com, e macadâmias, 984
   Chips, 1170
   Flã, 1170
Cogumelo(s)
   Beterrabas e verduras verdes mistas com queijo *robiola* e nozes (*funghetti e barbe con cambozola e noci*), 935
   em Macarrão *udon* com vegetais, 584
   Farce, 502
   Molho de, 458
   Ovos *pochés* com, 887
   Recheio duxelles, Coxas de frango com, 500
   Risoto de, selvagens, 801
   Salsicha, 616
   Shiitake grelhados com glaçado de soja e gergelim, 704
   Strudel de, com queijo de cabra, 996
Cogumelos selvagens, Risoto de, 801
Cogumelos *shiitake* grelhados com glaçado de soja e gergelim, 704
Coleslaw, 938
Compota de oxicoco e laranja, 707
Comum, Merengue, 1042
Concha-rainha, *Chowder* de, 357
Condimentada, Mostarda, 977
Condimentada, Sopa de carne (*yukkaejang*), 367
Condimentado, *Chutney* de manga, 979
Confit
   Cebola roxa, 524
   Pato, 613
Congee, 813
Conserva, Limões-sicilianos em, 629
Consommé, 320-325
   Carne, 349
   Frango, *royale*, 349
Contrafilé, bife de, grelhado, 464
Cookies, 1106-1108
   Aveia e uva-passa, 1107

   Biscotti de amêndoa e anis, 1104
   com pedaços de chocolate e cereja, 1106
   Diamantes de pecã, 1106
   Mudslide, 1107
   Tuile de frutos secos, 1108
Coquetel, Molho, 964
Cordeiro
   Bolinhos de, à moda paquistanesa, 472
   Caldo, 350
   em *Cassoulet*, 612
   Espetos de, com manteiga de pimentão, grelhados, 465
   Fundo, escuro, 278
   Grelhadas, Costeletas de, com alecrim, alcachofras assadas e cebolas *cipollini*, 469
   Grelhado, à moda indiana, com *chutney* de manga fresco, 471
   Guisado de, e frango, cuscuz marroquino com, 627
   Guisado, irlandês, 626
   Jus d'agneau lié, 307
   Khorma, 625
   Marinada para, 390
   Navarin, 624
   Paleta de, assada com cuscuz (*Mechoui*), 496
   Pernil de, à portuguesa, recheado, 623
   Pernil de, assado, *à boulangère*, 494
   Pernil de, assado, com feijão-branco (*Gigots à la bretonne*), 498
   Pernil de, assado, com molho de hortelã, 499
   Pernil de, braseado, 622
   Rack de, assado, *persillé*, 495
Corned beef
   com vegetais de inverno, 584
   em Jantar praieiro da Nova Inglaterra, 579
   Picadinho de, 887
   Sanduíche Reuben, 960
Costela de porco laqueada (*Kao paigu*), 494
Costelas braseadas à moda da Coréia (*kalbi jjim*), 600
Costelas, porco
   Goiaba, glaçadas, 485
   Laqueadas (*Kao paigu*), 494
Costeletas de porco recheadas e assadas, 483
Costelinhas St. Louis, 493
Coulis
   Framboesa, 1149
   Morango, 1166

   Pimentão vermelho, 305
   Tomate, 310
Courge spaghetti (abóbora espaguete), 709
Court bouillon, 279
Couve-flor assada ao curry, 710
Couve-manteiga braseada, 728
Couve-manteiga e osso de presunto, Sopa de, 366
Cozidas no vapor na panela, Cenouras, 702
Cozidas no vapor na panela, Vagens, 702
Cream cheese, ervas, sanduíche de pepino com, 961
Crème brûlée, 1119
Crème Caramel (Pudim), 1120
Creme azedo (*sour cream*)
   Marinada para *kebabs* de peixe, 480
   Molho de *dill*, 465
   Orégano, Sanduíche de tomate com, 962
Creme de confeiteiro, 1118
   Chocolate, 1118
   para Suflês, 1119
Creme de feijão rajado (*frijoles maneados*), 790
Creme de leite, Purê de batatas-doces e, 756
Creme de manteiga, 1128-1130
   Chocolate, 1128
   Italiano, 1128, 1145
Creme. *Ver também* Creme de confeiteiro; Sopa creme; Creme azedo (*sour cream*)
   Chantilly, 1041
      aromatizado com laranja, 1158
      creme, 1166
      ricota, 1159
   Diplomata, 1123
   em *Liaison*, 263-264
   Glaçage real, 575
   Molho cremoso, 309
   Raiz-forte, 1057
   ricota, 1160
   Scones de, 1090
Crêpes
   Saigon, 822
   Sobremesa, 1093
   Suzette, 1093
   vegetarianos de feijão-preto, 789
Crocante, Frango à tangerina, 542
Crocantes, Chalotas, 942
Croque monsieur, 955
   Derretidos, três, 958
   Lasagna di carnevale napolitana, 843
   Molho *mornay*, 309

Omelete de carne, 891
Omelete, 890
Ovos *à la diable* com, 884
Ovos mexidos com, 890
Poblanos rellenos, 717
Suflê, salgado, 892
Croquetes de arroz, 810
Croquetes de batata, 766
Crosta
    de bolacha maisena, 1102
    de ervas, Bife no churrasco com, 463
    Persillade, 495
    Pimenta ancho, salmão com, com mole amarelo, 529
    Salmão defumado em, de raiz-forte, Filé de salmão com, 504
Croûtons ao alho, 581
Curry
    Cabra ao, com molho de salada de mamão papaia verde, 626
    em pó, 386
    Macarrão com, 837
    Maionese de, Sanduíche de maçã com, 961
    Porco em molho de, verde, 614
    Relish de cebola com, 979
    Salada de arroz com, 948
    Salada de batata-doce ao, 767
    Vinagrete de goiaba e, 917
    Vinagrete de, 916
Curry, Pasta de
    Amarela, 388
    Verde, 387
    Vermelha, 387
Cuscuz marroquino, 844
    e cordeiro, paleta de, assada com (*Mechoui*), 496

d

Daikon fatiado, Salada de (*mu chae*), 940
Damasco, Glaçado de, 1150
de mesa, Salada, tailandesa, 926
Defumado no forno, Frango, 501
Defumado, salmão. *Ver* Salmão, Defumado
Delicados, pãezinhos, 1064
Delmonico, Batatas, 758
Demi-glace, 307
Desidratadas, cerejas, Molho de, 1150
Devil's food cake (Bolo de chocolate americano), 1099
Dill
    Manteiga de, 314
    Molho de, 465

Peixe frito, à moda de Hanói, com (*Cha ca thang long*), 545
Dim sum, 855
Diplomata, Creme, 1123
Dips, Molho para
    Asiático, 974
    Gengibre e soja, 859
    Rolinho primavera, 975
    Tempura, 541
    Vietnamita para, 974
Doce, Alho, Molho de, 542
Doce, Massa, 1063
Dourado-do-mar, Filé de, com molho de abacaxi e jacatupé, 477
Duchesse, Batatas, 739, 753
Dumplings. *Ver também* Gnocchi
    Dim sum, 855
    Fritos (*Guo tie*), 859
    Hush puppies, 855
    Jiaozi, 855
    no vapor (*Shao-mai*), 856
    Pão, 853
    Pierogi recheados com batata e *cheddar*, com cebolas caramelizadas, *beurre noisette* e sálvia, 860
    Spätzle, 852
Duxelles, coxas de frango com recheio, 500

e

Éclairs, 1103
    Chocolate, 1103
Empanada gallega de cerdo (Torta de porco e pimentão), 1002
Endívia belga
    à la meunière, 722
    Salada de, com queijo Roquefort e nozes (*salade de Roquefort, noix, et endives*), 928
Endívia. *Ver* Endívia belga
Erva(s). *Ver também* ervas específicas
    Crosta de, Bife no churrasco com, 463
    em Bouquet garni, 255
    Farce com, Recheio de, 623
    finas, 386
    finas, Molho de, 518
    Macarrão de, 837
    Maionese de, agrião com, Sanduíche de, 961
    Omelete de, 891
    Sachet d'épices, 255
    Sal de, 499
    Tempero de, 1000

Vinagrete com mostarda e, 914
Vinagrete trufado, de 918
Erva-doce
    Braseada na manteiga, 728
    Caldo de açafrão com, frutos do mar escalfados em, 588
    Peito de frango grelhado com, 473
Ervilha(s)
    à francesa, frescas, 730
    Ervilhas secas amarelas, Sopa em purê de, 361
    Ervilhas secas, Sopa em purê de, 361
    -torta e abóbora-pescoço com gengibre, 702
Escalfadas, Truta, *Paupiettes* de, com molho *vin blanc*, 574
Escalfadas, Trutas, *Paupiettes* de, com açafrão, 573
Escalfadas, Linguado, *Paupiettes* de, à Veronique, 575
Escalfado, Linguado, com vegetais em *julienne* e molho *vin blanc*, 576
Escalfado, Peito de frango, com molho de estragão, 581
Escalfado, Robalo com mexilhões, bacon e pimentão, 571
Escalfado, Robalo com mexilhões, *bacon* e pimentão, 571
Escarola, feijão-branco, Sopa toscana de, 371
Espanhola, omelete, 891
Especiarias, misturas. *Ver também* especiarias específicas
    Churrasco, 385
    Cinco, chinesas, 385
    Curry em pó, 386
    Garam masala, 385
    para carnes e aves no espeto, 388
    para salsicha de cogumelos, 616
    Pasta de curry. *Ver Curry*, pasta
    Patê, 1029
    Pimenta em pó, 386
    Quatre épices, 386
    Sachet d'épices, 255, 792
    Pasta de, para Porco *vindaloo*, 614
Espetos
    Bife no, com cebolinha, 464
    Cordeiro, à moda indiana, grelhado com *chutney* de manga fresco, 471

Cordeiro grelhados com manteiga de pimentão, 465
Porco e vitelo (*Raznjici*), 465
Espetos de porco e vitelo (*Raznjici*), 465
Espinafre
    Macarrão de, 837
    Omelete *florentine*, 891
    Ovos *florentine*, 889
    Panquecas de, 725
    Pizza de, 1055
    Quiche de, 894
    Salada de, abacate e *grapefruit*, *baby*, 936
    Salada de, com vinagrete quente de *bacon*, 932
    Suflê, 892
Espinafre *baby*, abacate e *grapefruit*, Salada de, 936
Espinafre, Salada de, com vinagrete quente de *bacon*, 932
Esponja, bolo
    Baunilha, 1101
    Chocolate, 1101
Estouffade, 278
Estragão
    Manteiga, 314
    Molho de, Peito de frango escalfado com, 581

f

Fagioli all'uccelletto (Feijão corona), 790
Falafel, 794
Farce, 1004-1010. *Ver também* Patê; *Terrine*
    Cogumelos, 502
    Galantina de frango, 1018
    Recheio de, com ervas, 623
    Roulade de lombo de porco, 1017
Farelo de trigo, *Muffins* de, 1096
Farinha de rosca
    Gremolata, 619
    Persillade, 495
Fatiado, *daikon*, Salada de (*mu chae*), 940
Fattoush (Salada de pão do Mediterrâneo oriental), 944
Feijão. *Ver também* Feijão-preto; Feijão-branco
    Arroz e, 794
    Branco, fervido, 795
    Branco, guisado, Sudoeste, 793
    Chili vegetariano, 796
    Corona (*fagioli all'uccelletto*), 790
    em *Cassoulet*, 612

em Guisado de pimenta verde à moda do Novo México, 613
em *Poblanos rellenos*, 717
Falafel, 794
Feijão-branco, Pernil de cordeiro assado com (*Gigots à la bretonne*), 498
Feijão-de-lima à romana, 792
Fradinho, Salada, quente de, 947
Rajado, Creme de (*frijoles maneados*), 790
Salada de atum e (*Insalata di tonno e fagioli*), 993
Salada taco, 931
Salada verde, mista, 925
Sopa de, do Senado 362
Sopa em purê de feijão-preto à moda do Caribe, 361
Sopa toscana de feijão-branco e escarola, 371
Vermelho, e arroz fervido, 795
Feijão-branco
   e escarola, Sopa toscana de, 371
   Fervido, 795
   Guisado de, à moda do Sudoeste, 793
   Pernil de cordeiro assado com (*Gigots à la bretonne*), 498
Feijão-de-lima, à romana, 792
Feijão-fradinho, Salada quente, 947
Feijão-preto
   Bolinhos de, 996
   Chili vegetariano, 796
   com pimentão e *chorizo*, 786
   Crêpes vegetariano de, 789
   Ensopado, 793
   Molho de, 476
   Molho de, e mamão papaia, 973
   Purê de, 786
   Sopa purê de, à moda do Caribe, 361
Fermento, Massa com
   Doce, 1063
   Simples, básica, 1051
Fígado(s) de galinha
   Chasseur, Ovos *pochés* com, 889
   Omelete ópera, 891
   Patê de, 1022
   Patê *grand-mère*, 1012
Figo e amêndoas, Vinagrete de, 915
Filé de dourado-do-mar com molho de abacaxi e jacatupé, 477
Filé de *pargo en papillote*, 576-577
Focaccia, 1052

Foie gras, *Roulade* de, 1019
Foie gras, *Terrine* de, 1019
Folhada, massa, 1094
   Blitz, 1095
Fraldinha, em Mix brasileiro de carnes grelhadas, 475
Framboesa
   Coulis, 313
   Mousse de, 1124
   Sorvete de, 1123
Francesa, Torrada, 896
Frangipane, Recheio de, 1148
Frangipane, Tarteleta de pera e, 1148
Frango
   à provençal, 519
   à tangerina, crocante 542
   Assado com molho, 500
   Caipira com biscoitos *angel*, 582
   com vegetais (*Poule au pot*), 583
   Congee, 813
   Coxas de, com recheio *duxelles*, 500
   Defumado, no forno, 501
   e camarão, Ragu de, (*mar i muntanya*), 630-631
   e lagostim, *Terrine* de, 1014
   em Macarrão *udon* com vegetais, 584
   em Mix brasileiro de carnes grelhadas, 475
   Fricassée, 630
   Frito em leitelho, 534
   Fundo de, 277
   Fundo escuro de, 278
   Galantina de, 1018
   Guisado de cordeiro e, Cuscuz marroquino com, 627
   Gumbo de, e camarão, 364
   Hambúrguer de, 954
   Jus de volaille lié, 307
   Mousseline, 1014, 1017
   Paella valenciana, 806
   Paillard de, grelhado, com manteiga de estragão, 473
   Peito de, churrasco de, com molho de feijão-preto, 476
   Peito de, escalfado, com molho de estragão, 581
   Peito de, grelhados, com erva-doce, 473
   Peitos de, com recheio *duxelles* e molho *suprême*, 533
   Peitos de, grelhados com manteiga de tomate seco e orégano, 472
   Salada de, 940
   Salada de, à hue, 942

   Salteado com molho de ervas finas, 518
   Sopa de frango, com leite de coco e galanga, tailandesa, 369
   Sopa de *tortilla*, 351
   Sopa de, arroz, 352
   Sopa, milho e, *amish* de, 350
   Tagine, 629
   Velouté de, 308
Frango assado com molho, 500
Fresco, *Chutney* de manga, 471
Fresco, Macarrão, de ovos, 837
Fricassée
   Frango, 630
   Vitelo, 630
Frijoles, 791
   a la charra, 791
   puercos estilo *Sinaloa*, 791
   refritos, 789
Frita com bacon, Truta de arroio, 540
Fritas, Bananas-da-terra, 726
Fritas, Batatas, 765
Frito, Arroz, com linguiça chinesa, 805
Fritos à milanesa, Escalopes de porco, 536
Fritos, Bolinhos de peixe, 546
Fritos, *Dumplings* (*Guo tie*), 859
Fritos, Ovos, 889
Fritura rasa, Abobrinhas em, 725
Frutas. Ver também frutas específicas
   Molho de, 1150
   Molho de, inverno, 523
Frutos do mar. *Ver também* Mexilhão(ões); Lagosta; Mariscos; Vieiras; Camarão
   Bisque, 340-344
   Caldo, 317, 350
   Caranguejo, forminhas de, à Chesapeake, 987
   Cioppino, 580-581
   da Nova Inglaterra, Jantar praieiro, 579
   em Macarrão *udon* com vegetais, 584
   Escalfados em caldo de açafrão com erva-doce, frutos do mar, 588
   Essência de, 1014
   Fundo de, 268-271, 278
   Omelete de, 891
   Ovos *à la diable* com, 884
   Paella valenciana, 806
   Patê en croûte, frutos do mar, 1025-1027
   Prato do pescador, 538
   Ravigote, Frutos do mar, 948
   Terrine, Frutos do mar e salmão, 1011

Frutos secos, *Cookies tuile*, 1145
Fudge brownies, 1108
Fundo. Ver também Caldo; Consommé
   Aves e carne, 280
   Aves, 269
   Caça, escuro de carne de, 278
   Carne, 269
   Carne, claro, 277
   Cordeiro, escuro de, 278
   Court-bouillon, 279
   Frango, 277
   Frango, escuro de, 278
   Frutos do mar, 268-271, 278
   Ichi ban dashi, 280
   Pato, escuro de, 278
   Peixe, 268-271, 278
   Porco, escuro de, 278
   Vegetais, 279
   Vegetais, assados, 279
   Vitelo, escuro de, 277
   Vitelo, claro de, 277
Fundo de aves, 269
Fundo de carne, 269
   Aves e carne, 280
   Caça, 278
   Cordeiro, 278
Fundo escuro
   Pato, 278
   Porco, 278
   Vitelo, 278
Funghetti e barbe con cambozola e noci (Cogumelos, beterrabas e verduras verdes mistas com queijo *robiola* e nozes), 935

g

Galantina de frango, 1018
Galeto recheado com cogumelos, Peito de (*farce* de cogumelos), 501
Galeto(s)
   Jerked, 477
   Peito de, recheado, com *farce* de cogumelos, 501-502
Galinha
   Caldo, 448
   Consommé de, *royale*, 349
Ganache, 1134
   Firme, 1149
Garam masala, 385
Garbure, *Potage*, 362
Gazpacho andaluz, 365
Geleia de pimentão vermelho assado, 978
Gengibre
   e soja, Molho de, 859
   em conserva, 980
   Ervilha-torta e abóbora-pescoço com, 702

Purê de batatas-doces com, 756
Gergelim e soja, glaçado de, Cogumelos *shiitake* grelhados com, 704
Glaçado
 Batatas-doces, 756
 Beterrabas, 701
 Cenouras, 703
 Damasco, 1150
 Soja e gergelim, Cogumelos *shiitake* grelhados com, 704
 real, 575
Glutinoso, arroz, tailandês com mangas (*Mamuang kao nieo*), 806
Gnocchi
 di ricotta, 849
 di semolina gratinati, 849
 Piemontesi, 850
Goiaba
 Churrasco com, molho de, 485
 Costelas de porco glaçadas com, 485
 Vinagrete de curry, 916
Gomo de alface-americana com molho mil ilhas, 927
Gougères (Bombas de queijo *Gruyère*), 1102
Grão curto (Valência), arroz branco, *Pilaf* de, 798
Grão-de-bico
 à moda do Oriente Médio, 792
 Falafel, 794
 Hummus bi tahine, 976
Gravlax, 1029
Grega, Salada, 928
Grelhada(s)
 Alcatra, com molho *marchand de vin*, 459
 Anchova, à *l'anglaise* com manteiga *maître d'hôtel*, 479
 carnes, Marinada de vinho tinto para, 391
 Costela de porco, com molho de vinagre de *sherry*, 468
 Costeletas de cordeiro, com alecrim, alcachofras assadas, e cebolas *cipollini*, 469
 Costeletas de porco defumadas e, Iowa, 466
 fraldinha, 475
 Lagosta recheada, 479
Grelhado(s)
 Bife de alcatra, com manteiga à *maître d'hôtel*, 458
 Bife de contrafilé, 464
 Bifes de alcatra, com molho de cogumelos, 458

Cogumelos *shiitake*, com glaçado de soja e gergelim, 704
Espetos de cordeiro, com manteiga de pimentão, 465
Massa de camarão, sobre cana-de-açúcar, 995
Paillard de frango, com manteiga de estragão, 473
Peito de frango, com erva-doce, 473
Peitos de frango, com manteiga de tomate seco e orégano, 472
Vegetais, à provençal, 704
Gremolata, 619
Gruyères (Bombas de queijo *gougère*) 1102
Guacamole, 976
Guisado de carne, 607, 689
Guisados(s), 595-598. *Ver também* Gulache
 Carne, 607
 Cassoulet, 612
 Cordeiro e frango, Cuscuz marroquino com, 627
 Cordeiro *navarin*, 624
 Feijão-branco à moda do Sudoeste, 793
 Feijão-preto, 793
 Filé de lagosta e filé de robalo, vatapá com, 530
 Frango e camarão, Ragu de (*mar i muntanya*), 630-631
 Irlandês, 626
 Pimenta verde à moda do Novo México, 613
 Vitelo, Blanquette de, 615
Gulache
 Carne, 617
 Porco, 617
 Székely (*Székely Gulyas*), 615
Gumbo de frango e camarão, 364

h

Hambúrguer de frango, 954
Harissa, 977
Hash brown, Batatas, 758
Hoagie, Philly, 952
Hollandaise, Molho, 297-300, 312
Hortelã
 e iogurte, Chutney de, 480
 Molho de, 311
 Molho de, Pernil de cordeiro assado com, 499
Hummus bi tahine, 976
Hush Puppies, 855

i

Ichi ban dashi, 280
Imersão, Cebolas fritas por, 755
Integral, macarrão de trigo, 837
Inverno, frutas de, Molho de, 523
Iogurte
 Chutney de hortelã e, 480
 Molho de pepino, 921
 Salada de pepino e (*Cacik*), 941
Irlandês, Guisado, 626
Irlandês, Pão, 1090
Italiano, creme de manteiga, 1128-1130, 1145
Italiano, Merengue, 1042

j

Jacatupé
 Chutney de hortelã e, 480
 Molho de pepino, 921
 Salada de pepino e (*Cacik*), 941
Jambalaya de vegetais grelhados, 809
Japonês, Molho, para salada, 923
Jardinière, Vegetais, 723
Jerked, Galetos, 477
Jiaozi, 855
Johnny cakes, 1092
Julienne, Vegetais em, 724
Jus lié
 d'agneau, 307
 de canard, 307
 de gibier, 307
 de veau, 307
 de volaille, 307
 Porco assado com, 483

k

Kasha com pecãs condimentadas e xarope de bordo, 817
Kebabs de Peixe, 480

l

Lagosta
 Bisque de, 364
 em Jantar praieiro da Nova Inglaterra, 579
 Grelhada, recheada, 479
 Salada, com beterrabas, mangas, abacates e azeite aromatizado com laranja, 1001
Lagostim, *Terrine* de frango e, 1014
Laqueada, Costela de porco (*Kao paigu*), 494
Laranja(s)
 Azeite aromatizado com, 925

Compota de oxicoco e, 707
Molho Cumberland, 973
Muffins de oxicoco (*cramberry*) e, 1096
Salada de chuchu com, 937
Lasagna
 à bolonhesa clássica com ragu e *béchamel* (*lasagna al forno*), 844
 di carnevale, napolitana, 843
Latina, Marinada, de cítricos (*Mojo*), 390
Leitelho
 Biscuits de, 1088
 Frango frito em, 534
 Johnny cakes, 1092
 Muffins, receita básica de, 1096
 Panquecas, 1091
Lentilhas
 verdes, Salada de (*salade des lentilles du Puy*), 946
 Sopa em purê de, 360
Levedado(s) Pão(ães). *Ver* Pão(ães), Fermento
Liaison, 263-264
Limão(ões)
 Lemon curd, 1165
 Molho *Cumberland*, 973
 Recheio de torta merengue, 1147
 -Sicilianos em conserva, 629
 Vinagrete de, alho, 914
 Vinagrete de, salsa, 914
Linguado
 à Orly, 540
 Escalfado, com vegetais em *julienne* e molho *vin blanc*, 576
 Mousseline de, 573, 1011
 Paupiettes de, escalfadas à Veronique, 575
 Pescado frito, 990
Linguiça
 Chinesa, Arroz frito com, 805
 Chorizo, Feijão-preto com pimentão e, 786
 Chucrute, 611
 em *Lasagna di carnevale* napolitana, 843
 em Rolinhos de porco braseados em molho de carne com *rigatoni* (*braciole di maiale al ragú e rigatoni*), 608
 Italiana, *Orecchiette* com, broto de brócolis e queijo parmesão, 839
Lombo *au jus*, 482
Lorette, Batatas, 766
Lula(s)
 Baby em molho de tinta (*txipirones saltsa beltzean*), 994

ÍNDICE DE RECEITAS 1221

Pescado frito, 990
Salteadas com manjericão tailandês, 533
Lulas baby, tinta em, Molho de, 994
Lyonnaise, Batatas, 757

m

Maçã(s)
Caramelizadas, 466, 1158
Chips de, 1156
e salada de agrião com sherry e, 935
em Salada *Waldorf*, 936
Manteiga, 1150
Marshmallow, 1172
Salada de aipo-rábano e, azeda, 936
Sanduíche de, com maionese de *curry*, 961
Torta de, 1145
Macaire, Batatas, 762
Macarrão
à *carbonara*, 839
Básico, fervido, 839
Celofane, *stir-fried* (*Japchae*), 840
com castanhas de caju e *tempeh*, 843
Espaguete à *carbonara*, 839
Lasagna di carnevale napolitana, 843
Lasanha à bolonhesa clássica com ragu e *béchamel* (*lasagna al forno*), 844
Macarrão *udon* com vegetais, 584
Orecchiette com linguiça italiana, broto de brócolis e queijo parmesão, 839
Pad Thai, 840
Salada de, com vinagrete de *pesto*, 942
Sopa de, carne e (*pho Bo*), 587
Macarrão
Abóbora, 837
Açafrão, 837
Beterraba, 837
Cenoura, 837
Cítrico, 837
com *curry*, 837
com ervas, 837
Espinafre, 837
fresco de ovos, 837
Pimenta-do-reino, 837
Pimentão vermelho, 837
Tomate, 837
Trigo integral, 837
Trigo-sarraceno, 837
Macedônia de vegetais, 724
Madeira, Molho, 481

Maionese, 902-905, 921
Aïoli, 922
Anchovas e alcaparras, 921
Curry, Sanduíche de maçã com, 961
Ervas, Sanduíche de agrião com, 961
Molho tártaro, 921
Verde, 921
Mamão papaia
Molho de, 973
Molho de feijão-preto e, 973
Molho de salada de, verde, 626
Salada de, verde, 939
Manga(s)
Arroz glutinoso tailandês com (*Mamuang kao nieo*), 806
Chutney, condimentado, 1018
Chutney, fresco, 471
Manjericão
Azeite aromatizado com, 924
em Molho à provençal, 519
Manteiga de, 314
Pesto, 313
Tailandês, Lulas salteadas com, 533
Manteiga(s)
à *maître d'hôtel*, 314, 479
Beurre blanc, 302-303, 312
Chalota, 313
Clarificada, 265-266
Dill, 314
Estragão, 314
Manjericão, 314
Pimentão, 314
Tomates secos e orégano, 314
Marchand de vin, Molho, 459
Margherita, Pizza, 1055
Marinada latina de cítricos (*Mojo*), 390
Marinada(s)
asiática, 389
Caça, vinho tinto para, 389
Churrasco, 389
Cítricos, latina de (*Mojo*), 390
Cordeiro, 390
para *Bibimbap*, 532
para Bife, com cebolinha, no espeto, 464
para Carne *satai* com molho de amendoim, 1000
para Churrasco de Peito de frango com molho de feijão-preto, 476
para Cordeiro *khorma*, 625
para Cordeiro, à moda indiana, grelhado, com *chutney* de manga fresco, 471
para Costeletas de cordeiro, grelhadas, com alecrim, alcachofras assadas, e cebolas *cipollini*, 469
para Espetos de porco e vitelo (*Raznjici*), 465
para Frango defumado no forno, 501
para Frango, à tangerina, crocante, 542
para *Kebabs* de peixe, 480
para Mix brasileiro de carnes grelhadas, 475
para Porco assado cantonense (*Char siu*), 484
para *Sauerbraten*, 605
Peixe, 389
Porco, 614
Teriyaki, 391, 463
Vinho tinto, para Carnes grelhadas, 391
Marinada, Berinjela, recheio de, 957
Mariscos
com vinho branco e chalotas (*moules à la marinière*), 993
em *Cioppino*, 580-581
em Jantar praieiro da Nova Inglaterra, 579
Paella valenciana, 806
Ravigote, Frutos do mar, 948
Risoto com, 803
Marroquina, Salada, de cenouras, 938
Marsala, Molho, 481
Marshmallow, 1172
Massa de camarão grelhado sobre cana-de-açúcar, 995
Massa mole, alimentos, fritar por imersão, 515-517, 692
Massa para *cookies*, 1-2-3, 1104
Massa(s) mole(s)
de cerveja, 540
massas folhadas, 1074-1075
método cremoso, 1071-1073
pâte à choux, 1080-1082
Massa(s). *Ver também* Torta(s); Quiche
bolinho de chuva de chocolate, 1174
Cookies 1-2-3, 1104
de camarão grelhado com cana-de-açúcar, 995
Doce, 1063
Éclairs de chocolate, 1103
Éclairs, 1103
Folhada, 1094
Folhada, *blitz*, 1095
Patê, 1024
Patê, de açafrão, para, 1024
Profiteroles, 1103

Profiteroles, com recheio de sorvete, 1103
Simples, básica, 1051
Tartelettes de pera e *frangipane*, 1148
Torta, básica para (3-2-1), 1024
Matignon, 257
Mechoui (Paleta de cordeiro assada com cuscuz marroquino), 496
Medalhões de porco com molho de frutas de inverno, 523
Mediterrâneo oriental, Salada de pão do (*fattoush*), 944
Mel, sementes de papoula e cítricos, Molho de, 916
Melão-cantalupo, Salada de, com presunto cru, 937
Merengue
Comum, 1042
Italiano, 1042
Limão, Torta, 1147
Suíço, 1042
Mexilhão(ões)
à cassino, 984
Chowder, à moda da Nova Inglaterra, 356
Chowder, à moda de Manhattan, 360
em *Cioppino*, 580-581
em Jantar praieiro da Nova Inglaterra, 579
em Macarrão *udon* com vegetais, 584
em Prato do pescador, 538
Paella valenciana, 806
Robalo escalfado com, *bacon* e pimentão, 571
Mil ilhas, molho, 927
Milho
Bolinhos, 725
Chowder, 357
Cremoso, 701
e frango, sopa *amish* de, 350
e jacatupé, salada de, 939
em Jantar praieiro da Nova Inglaterra, 579
Milho cremoso, 701
Crocante de flocos de, 1179
Milho, *Muffins* de, 1097
Minestrone, 373
Sopa de vegetais à moda da Emilia-Romagna (*minestrone ala Emiliana*), 373
Mirepoix, 256-259
Mirtilo
Compota, 1163
Muffins, 1096
Panquecas, 1091
Missô, Sopa de, 369

Mista de feijões, Salada, 947
Mista, verde, Salada, 925
Mistura de temperos para carnes e aves no espeto, 388
Mix brasileiro de carnes grelhadas, 475
Mizeria klasyczna (Salada clássica de pepinos polonesa), 938
Mole
  negro, 606
  amarelo, 529
Molho(s). Ver também Manteiga(s); Sobremesa, molho para; *Dips*, molho para;
  à milanesa, 537
  à provençal, 519
  Abacaxi e jacatupé, 477
  Abóbora-moranga, 717
  Alho doce, 542
  Amendoim, 920
  Apimentado, 475
  barbecue, 493
  Béarnaise, 311
  Béchamel, 309
  Bigarade, 502-503
  Branco, 288-289
  Burgundy, Roulade de carne em, 602
  Camponês, 534
  Carne, à bolonhesa (*Ragù alla bolognese*), 310
  Carne, Rolinhos de porco braseados em, com *rigatoni* (*braciole di maiale al ragù e rigatoni*), 608
  Charcuterie, 526
  Chef Clark's Southwest-Style, 490-491
  Choron, 311
  Churrasco. Ver Churrasco, molho para
  coentro e limão, de soja, 974
  Cogumelos, 458
  Coquetel, 964
  cremoso de pimenta-do-reino preta, 922
  Cremoso, 309
  Cumberland, 973
  de feijão-preto e mamão papaia, 973
  de frutas, 1150
  de frutas de inverno, 523
  de salada de mamão papaia verde, 626
  Demi-glace, 307
  Dill, 465
  Ervas finas, 518
  Escuro, 282-283
  Espagnole, 308
  Estragão, Peito de frango escalfado com, 581
  Feijão-preto, 476
  Frango assado com, 500
  Hollandaise, 394-397, 297-300, 312
  Hortelã (*Paloise*), 311
  Hortelã, Pernil de cordeiro assado com, 499
  Iogurte, pepino e, 975
  Madeira, 481
  Marchand de vin, 459
  Marsala, 481
  Mole, amarelo, 529
  Mornay, 309
  Mousseline, 312
  Peru assado com, e recheio de castanhas, 503
  Pesto, 313
  Pico de gallo, 971
  Pimentão vermelho, Coulis de, 313
  Queijo *cheddar*, 309
  Raiz-forte, 562
  Rémoulade, 538
  Robert, 526
  Robert, 526
  Sidra, 466
  Suprême, 533
  Taco, 932
  Tinta, 994
  Tomate, 294-296, 309
  Tomate, Coulis, 310
  toranja, 973
  Urucum, 531
  Velouté, 288
  Veracruzana, Pescada à la, 580
  Verde, Porco em, de *curry*, 614
  Verde, salsa, *asada*, 972
  Vin blanc, Linguado escalfado com vegetais em *julienne* e, 576
  Vin blanc, *Paupiettes* de truta escalfadas com, 576
  Vinagre de *sherry*, 468
Molho de carne
  à bolonhesa (*Ragù alla bolognese*), 310
  Rolinhos de porco braseados em, com *rigatoni* (*braciole di maiale al ragu e rigatoni*), 608
Mornay, Molho, 309
  Ovos mexidos gratinados, 890
  Ovos *pochés* (escalfados), 886
Mostarda
  Condimentada, 977
  Molho para churrasco (Planície oriental da Carolina do Norte), 487
  Vinagrete com, e ervas, 914
Moules à la marinière (Mariscos com vinho branco e chalotas), 993
Mousse, 966, 1115-1116
  Chocolate, 1124
  Framboesa, 1124
  Queijo azul, 971
  Queijo de cabra, 996
  Salmão defumado, 971
Mousseline
  Farce, 1007
  Frango, 1014, 1017
  Linguado, 573, 1011
  Molho, 312
  Salmão, 573, 1011
  Truta e açafrão, 573
Mozarela
  em Berinjelas *à parmigiana*, 714
  e Salada de tomate, 946
Mudslide, Cookies, 1107
Muffin(s)
  Farelo de trigo, 1096
  Milho, 1097
  Mirtilo, 1096
  Oxicoco (*cranberry*) e laranja, 1096
  Receita básica, 1096

n

Naan, Pão, 1057
Noisettes de porco com *confit* de cebola roxa, 524
Noisettes de porco com grãos de pimenta verde e abacaxi, 522
Nova Inglaterra, Jantar praieiro da, 579
Nozes
  Cogumelos, beterrabas e verduras verdes mistas com queijo *robiola* e (*funghetti e barbe con cambozola e noci*), 935
  em Salada *Waldorf*, 936
  Salada de endívia com queijo Roquefort e (*salade de Roquefort, noix et endives*), 928
  Vagem-macarrão com, 703

o

Omelete(s), 876-879
  à camponesa, 891
  Batata (*tortilla española*), 997
  Carne e queijo, 891
  Cheddar, suflê de, 892
  Chutney, 891
  Claras, enrolada, simples, 891
  Ervas, 891
  Espanhola, 891
  Florentine, 891
  Frutos do mar, 891
  Marcel, 891
  Marinha, 891
  Ocidental, 891
  Ópera, 891
  para Sopa *wonton*, 370
  Queijo e vegetais, 891
  Queijo, 891
  Simples enrolada, 890
  Tomate, 891
Orecchiette com linguiça italiana, broto de brócolis e queijo parmesão, 839
Orégano
  Creme azedo e, Sanduíche de tomate com, 962
  Manteiga de tomate seco e, 314
Ossobuco alla milanese, 619
Ostras
  em Prato do pescador, 538
Ovo(s). Ver também Pudim; Ovos à la diable; Omelete(s); Ovos poché; Quiche; Ovos
  Benedict, 889
  com a gema mole, média ou cozida, 889
  Duros, 884
  Egg wash, 1041
  escalfados com picadinho de *corned beef*, 887
  Florentine, 889
  Fritos, 873, 889
  Médios, 884
  Moles, 884
  Picles de, 886
  Quentes, 884
  Salada, 942
  Torrada francesa, 896
Ovos mexidos, 874, 890
  à caçadora, 890
  à grega, 890
  à sueca, 890
  Claras mexidas, 890
  com *bratwurst*, 890
  com queijo, 890
  Gratinados, 890
Ovos *pochés* (escalfados), 869, 889
  à americana, 889
  à camponesa, 887
  com cogumelos, 887
  com fígado de galinha *chasseur*, 889
  com salmão defumado, 889
  Massena, 887
  Mornay, 887
Oxicoco
  e laranja, compota de, 707

ÍNDICE DE RECEITAS 1223

Muffins de, e laranja, 1096
Relish de, 979
Torta de pecãs, 1146

P

Pacífico, *Chowder* marinho do, 358
Pad thai, 840
Paella valenciana, 806
Pãezinhos
    Canela, uvas-passas com remoinho de, 1061
    Delicados, 1064
    Macios, 1063
    Queijo cottage e *dill*, 1057
Pak choi de Xangai *stir-fried* (*Qinchao Shanghai baicai*), 720
Paleta suína com *coleslaw*, 488
Paloise, Molho, 311
Panada, 1016, 1018
Panela, Assado de, *yankee*, 604
Panini de berinjela e presunto cru, 957
Panquecas. *Ver também Crêpes*
    abobrinha com *tzatziki*, 706
    amaranto, 821
    Aveia, 1091
    Banana, 1091
    Batata, 761
    Chips de chocolate, 1091
    Espinafre, 725
    Leitelho, 1109
    Mirtilo, 1091
Panzanella, 945
Pão de milho, 1097
    Johnny *cakes*, 1092
Pão e manteiga, Pudim de, 1126
Pão(ães), fermento. *Ver também* Pãezinhos
    Baguetes, 1051
    Boules, 1052
    Brioche à tête, 1058
    Brioche, 1058
    Challah (3 tranças), 1062
    Ciabatta, 1054
    Focaccia, 1052
    frito (*Puri*), 1092
    irlandês, 1090
    Massa, básica simples, 1051
    Massa, doce, 1063
    Naan, 1057
    Pizza de semolina, 1055
    Sírio, 1055
    Uvas-passas, com remoinho de canela, 1061
Pão(ães), minuto. *Ver também Muffin*(s); *Scones*
    Abóbora, 1099
    Banana e pecãs, 1099
    Biscuits de, leitelho, 1088
    Frito (*Puri*), 1092
    Irlandês, 1090
    Johnny *cakes*, 1092
    Pão, milho, 1097
Pão, *dumplings* de, 853
Pão, Salada de
    Mediterrâneo oriental (*Fattoush*), 944
    Panzanella, 945
Papillote
    Filé de pargo *en*, 576-577
    Robalo e vieiras *en*, 571
Páprica, Óleo aromatizado com, 925
Parboilizado, *Pilaf* de arroz, 798
Pargo
    com molho de toranja, 606
    Filé de, *en papillote*, 576-577
    Pescada à la veracruzana, 580
Parmesão
    Orecchiette com linguiça italiana, broto de brócolis e queijo, 839
    Polenta com queijo, 810
    Risoto, 801
Patê
    de fígado de galinha, 1022
    en croûte, de frutos do mar, 1026
    Grand-mère, 1012
    Massa de açafrão para, 1024
    Massa para, 1024
Pâte à choux, 1080-1081, 1102
    chocolate, 1180
Pâté de campagne (*Terrine* à camponesa), 1016
Patê, Especiarias para, 1029
Pato
    Assado com molho *bigarade*, 502-503
    Confit de, 613
    Fundo escuro de, 278
    Jus de canard lié, 307
    Terrine, com pistaches e cerejas desidratadas, 1020-1021
    Terrine, e presunto defumado, 1022-1023
Paupiettes, 429
    Linguado escalfadas à *Veronique*, 575
    Truta escalfadas com molho *vin blanc*, 574
Pecã(s)
    Cenouras, 702
    Diamantes, 1106
    Pilaf de arroz integral com, e cebolinhas, 798
    Recheio de torta, 1146
    Torta de *cranberry* (oxicoco) e, 1146
Xarope de bordo, *Kasha* com, condimentadas, 817
Peito de galeto recheado com cogumelos (*farce* de cogumelos), 501
Peitos de frango com recheio *duxelles* e molho *suprême*, 533
Peixe frito com *dill* à moda de Hanói (*Cha ca thang long*), 545
Peixe. *Ver também* Linguado; Salmão; Truta; Atum
    Anchova, grelhada, *à l'anglaise* com manteiga *maître d'hôtel*, 479
    Bacalhau novo (*scrod*) com creme, alcaparras e tomates, à moda de Boston, 579
    Bolinhos de bacalhau à moda antiga, 539
    Bolinhos de, fritos, 546
    Caldo, 316, 350
    Chowder, marinho do Pacífico, 358
    Dashi, 280
    Dourado-do-mar, Filé de, com molho de abacaxi e jacatupé, 477
    Frito com *dill*, à moda de Hanói (*Cha ca thang long*), 545
    Frutos do mar escalfados em caldo de açafrão com erva-doce, 588
    Fumet de, 278
    Fundo de, 268-271, 278
    Jantar praieiro da Nova Inglaterra, 579
    Kebabs, 480
    Maionese de anchovas e alcaparras, 921
    Marinada de, 389
    Omelete, 926
    Pargo com molho de toranja, 527
    Pargo, Filé de, *en papillote*, 576-577
    Pescado frito, 990
    Prato do pescador, 538
    Robalo e vieiras *en papillote*, 571
    Robalo escalfado com mexilhões, *bacon* e pimentão, 571
    Vatapá, 530
    Velouté de, 308
Peixes e frutos do mar. *Ver* Peixe; Frutos do mar; Lula(s)
Pepino
    e cebola, Salada de (*kachumber*), 937
    e *wakame*, Salada de (*sunomono*), 940
    Iogurte, Molho de, 1013
    Iogurte, Salada de (*cacik*), 941
    Molho, 921
    Salada de, 940
    Salada, polonesa, clássica de (*mizeria klasyczna*), 938
    Sanduíche com *cream cheese* e ervas, 961
Pera(s)
    cozidas em amora e vinho do Porto com creme de ricota e biscoitos *sablé*, 1159
    cozidas em amora e vinho do Porto, 1159
    e gorgonzola, Sanduíche de, 962
    Pochées, 1148
    Tarteletas de, e *frangipane*, 1148
Pernil de cordeiro assado
    à *boulangère*, 494
    com feijão-branco (*Gigots à la bretonne*), 498
    com molho de hortelã, 499
Perolada, cevada, *Pilaf* de, 798
Persillade, 495
Peru
    Assado com molho e recheio de castanhas, 503
    Caldo de, 350
    Club, CIA, 952
    Sanduíche aberto de, com cebolas agridoces, 955
Peru assado com molho e recheio de castanhas, 503
Pescada à la veracruzana, 580
Pescado frito, 990
Pescador, Prato do, 538
Pesto, 313
Pesto, Vinagrete, 919
Philly Hoagie, 952
Picada, 630
Picadinho
    com ovos escalfados, 887
Piccata di vitello alla milanese, 537
Picles
    Cebolas roxas, 980
    Gengibre, 980
    Ovos, 886
Pico de gallo, 971
Pierogi, recheados com batata e *cheddar*, com cebolas caramelizadas, *beurre noisette* e sálvia, 860
Pilaf, 835-836
    Cebolinha e trigo partido, 814-815
    Cereais mistos, 814
    Cevada perolada, 798

Trigo, 798
Pilaf de arroz integral com pecã e cebolinha, 798
Grão curto, 799
Pimenta
    Galetos, *jerked*, 477
    Harissa, 977
    Molho apimentado, 475
    Molho de urucum, 235, 531
    Poblanos rellenos, 717
    Salmão em crosta de pimenta *ancho* com *mole* amarelo, 529
    verde, Guisado de, à moda do Novo México, 613
    Vinagrete de *chipotle* e *sherry*, 914
    Z'hug, 978
Pimenta-do-reino
    Massa de macarrão, 837
    Molho cremoso de, 922
Pimentão(ões) vermelho(s)
    Coulis, 313
    Geleia, assado, 978
    Macarrão, 837
Pimentão(ões). Ver também Pimentão(ões) vermelho(s)
    Assado (*peperoni arrostiti*), 946
    Assados marinados, 713
    em *Mole* amarelo, 529
    Feijão-preto com, e *chorizo*, 786
    Manteiga de, 314
    Ovos à *la diable* com, 884
    Robalo escalfado com mexilhões, *bacon* e, 571
    Vegetais grelhados à provençal, 704
Pimentas *poblano* recheadas com *picadillo oaxaqueño*, 546-547
Pimentões assados (*peperoni arrostiti*), 946
Pizza
    Semolina, 1055
    Espinafre, 1055

Margherita, 1055
Poblanos rellenos, 717
Polenta
    básica, 810
    com queijo parmesão, 810
Polonesa, Pepino, Salada, clássica (*Mizeria klasyczna*), 938
Polvo à moda da Feira (*Pulpo a Feira*), 994
Porco. Ver também Bacon; Presunto; Linguiça
    Assado com *jus lié*, 483
    Assado, cantonense (*Char sieu*), 4884
    Caldo, defumado, 350
    Churrasco da Carolina, 487
    Costela, grelhadas, com molho de vinagre de *sherry*, 468
    Costela, laqueada (*Kao paigu*), 494
    Costelas, glaçadas com goiaba, 485
    Costeletas, assadas, recheadas, 483
    Costeletas, grelhadas, defumadas, *Iowa*, 466
    Dim sum, 855
    Dumplings, fritos (*Guo tie*), 859
    Dumplings, no vapor (*Shao-m*ai), 856
    em *Cassoulet*, 612
    em *Chucrute*, 611
    em Gulache *Székely* (*Székely Gulyás*), 615
    em Mix brasileiro de carnes grelhadas, 475
    em molho de curry verde, 614
    Escalopes, com molho Robert, 526
    Escalopes, fritos à milanesa, 536
    Espetos, vitelo (*Raznjici*), 465
    Fundo escuro, 728
    Marinada de, 614
    Medalhões com salada de repolho quente, 524
    Medalhões de, salteados, com

molho de frutas de inverno, 523
Molho de carne à bolonhesa (*Ragù alla bolognese*), 310
Noisettes de, com *confit* de cebolas roxas, 524
Noisettes de, com grãos de pimenta verde e abacaxi, 522
Patê *grand-mère*, 1012
Recheio de *farce*, com ervas, 623
Repolho recheado à polonesa, 620
Rolinhos de, braseados em molho de carne com *rigatoni* (*Braciole di maiale al ragù e rigatoni*), 608
Roulade de lombo de, 1017
Scaloppine, com molho de tomate, 521
Terrine, à camponesa (*pâté de Campagne*), 1016
Torta de, e pimentão (empanada *gallega* de cerdo), 1011
Vindaloo, 614
Potage garbure, 362
Poule au pot (Frango com vegetais), 583
Pound cake, Bolo americano, 1099
Presunto
    Caldo, 350
    Club CIA, 952
    Croque Monsieur, 955
    em *matignon*, 257
    Salada, 942
    Scones, e queijo *cheddar*, 1090
    Sopa, osso de, couve-manteiga, 366
Presunto cru
    e berinjela, *Panini*, 957
    Salada de melão-cantalupo com, 937
Primavera, Rolinhos, 998
    Molho para, 975
Profiteroles, 1103, 1177

com recheio de sorvete, 1103
Pudim
    Crème brûlée, 1119
    Crème caramel, 1120
    Molho de baunilha, 1118
    Pão e manteiga, 1126
    Queijo de cabra, creme quente, 893
    Sabayon, 1149
    Zabaglione, 1149
Purê(s). Ver também *Coulis*
    Abóbora paulista, 709
    batatas-doces com gengibre, 756
    painço e couve-flor, 814

q

Quatre épices, 386
Queijo azul
    Molho de, 922
    Mousse de, 971
Queijo *cottage*, Pãezinhos, e *dill*, 1057
Queijo *robiola* e nozes, cogumelos, beterrabas e verduras verdes mistas com, e nozes (*Funghetti e barbe con cambozola e noci*), 935
Queijo. Ver também queijos específicos
Quente e azeda, Sopa Chinesa, 366
    Tailandesa (*tom yum kung*), 370
Quente, Creme, de queijo de cabra, 893
Quente, Salada de repolho, 524
Quente, Salada, de feijão-fradinho, 947
Quesadillas de cogumelos aos dois molhos, 718
Quiche
    Brócolis e queijo *Cheddar*, 894
    Cebola caramelizada, 894
    Espinafre, 892

Lorraine, 894
Salmão defumado e *dill*, 894
Tomate e alho-poró, 894
Quirera com milho, 812

r

Rabada braseada, 599
Ragu de frango e camarão (*Mar i muntanya*), 630-631
Raiz-forte
    Creme, 1057
    e salmão defumado em crosta, filé de salmão com, 504
    Molho, 562
Ratatouille, 726
Ravigote, Frutos do mar, 948
Recheado
    Batatas *rösti*, 762
    Camarão, 988
    Chuchus, com camarão, 714
    Costeletas de porco, e assadas, 483
    Lagosta, grelhada, 479
    Pernil de cordeiro, à portuguesa, 494
    Repolho, à polonesa, 620
Recheio
    Castanhas, 504
    Duxelles, Coxas de frango com, 500
    Farce, com ervas, 623
    Roulade, para, 603
Relish
    Cebola com *curry*, 979
    Oxicoco, 979
Rémoulade, Molho, 538
Repolho
    Coleslaw, 938
    Corned beef com vegetais de inverno, 584
    em *Potage garbure*, 362
    Recheado à polonesa, 620
    Roxo braseado, 729
    Salada de, quente, 524
    Sauerkraut, caseiro, 611
Reuben, Sanduíche, 960
Ricota, *Gnocchi di*, 849
Risoto de ervilhas verdes (*Risi e Bisi*), 801
Risoto, 801
    alla milanese, 802
    com mariscos, 803
    com pontas de aspargos, 801
    de cogumelos selvagens, 801
    de ervilhas verdes (*Risi e bisi*), 801
    de parmesão, 801
    vegetariano, 802
Robalo
    Poché, com mexilhões, *bacon* e pimentão, 571

vieiras em *papillote*, 571
Roquefort, Salada de endívia com nozes e (*Salade de Roquefort, noix, et endives*), 928
Rösti, Batatas, 763
    Recheadas, 740
Roulade
    carne, em molho *burgundy*, 602
    Foie gras, 1019
    Lombo de porco, 1017
    Recheio para, 603
Roux, 260-262
Roxo Repolho braseado, 729
Royale, Custard, 349
Rúcula salteada, 720
Russo, Molho, 960

s

S'mores, 1171
Sabayon, 1149
Sachet d'épices, 255, 792
Sal com ervas, 499
Salada(s)
    Agrião com *sherry* e maçã, 935
    Aipo-rábano e maçã azeda, 936
    alemã de batatas, 767
    Arroz, com *curry*, 948
    Atum e feijão (*Insalata di tonno e fagioli*), 993
    Atum, 942
    Batata, à moda europeia, 944
    batata-doce ao *curry*, 767
    Batatas, 753
    Caesar, 926
    Camarão, 942
    Cebola e pepino (*Kachumber*), 937
    Cenouras, marroquina de, 938
    cevada com pepino e hortelã, 818
    Chef, 927
    Chuchu com laranja, 937
    Cobb, 930
    Cogumelos, beterrabas e verduras verdes mistas com queijo *robiola* e nozes (*Funghetti e barbe con cambozola e noci*), 935
    Coleslaw, 938
    Daikon, fatiado (*Mu chae*), 940
    de mesa tailandesa, 926
    doce e picante de triguilho, 818
    Endívia, com queijo Roquefort e nozes (*salade de Roquefort, noix et endives*), 928

Espinafre *baby*, abacate e *grapefruit*, 936
Espinafre com vinagrete quente de *bacon*, 932
Feijão-fradinho, quente de, 947
Frango, 941
Frango, *à hue*, 942
Frutos do mar *ravigote*, 948
Gomo de alface-americana com molho mil ilhas, 927
grãos de trigo com laranja, cerejas e nozes pecã, 816
Grega, 928
Jacatupé, de milho e, 939
Lagosta, com beterrabas, mangas, abacates e azeite aromatizado com laranja, 1001
Lentilhas, verdes (*salade des lentilles du Puy*), 946
Macarrão, com vinagrete de *pesto*, 942
Melão-catalupo com presunto cru, 937
Milho e jacatupé, 939
mista de Feijões, 947
Ovos, 884
Panzanella, 945
Pão, Mediterrâneo oriental (*Fattoush*), 944
papaia verde, 939
Pepino, 940
Pepino e iogurte (*Cacik*), 941
Pepino e *wakame* (*Sunomono*), 940
Pepino, polonesa, clássica (*Mizeria klasyczna*), 938
Pimentões, assados (*Peperoni arrostiti*), 946
Presunto, 942
Repolho, quente, 524
Taco, 931
Tofu defumado e salsão, 926
Tomate e *mozarela*, 946
Trigo partido e tomate, 821
Verde mista, 925
Waldorf, 936
Salada, Molho. Ver também Maionese; Azeite(s); Vinagrete
    à Caesar, 920
    catalina, francês, 920
    de amendoim, 920
    de pepino, 940
    de pimenta-do-reino, cremoso, 922
    de queijo azul, 922
    deusa verde, 919
    japonês, 923
    Mel, sementes de papoula e cítricos, 916
    Mil ilhas, 961

óleo de amendoim e vinagre de malte, 918
rancheiro, 923
Russo, 960
Salada, rolinhos vietnamitas de, 999
Salmão
    Defumado, *Mousse* de, 971
    Defumado, Ovos *pochés* com, 889
    Defumado, Quiche de, e *dill*, 894
    em crosta de pimenta ancho com mole amarelo, 529
    Filé, com salmão defumado em crosta de raiz-forte, 504
    Gravlax, 1029
    Mousseline de, 573
    Terrine de, Frutos do mar e, 1011
Salmoura
    Carne, 1017
Salsa
    Batatas, fervidas com, 755
    em *Gremolata*, 619
    roja, 972
    Persillade, 495
    verde asada, 972
    verde cruda, 972
Salsão, Creme de (*Crème céleri*), 355
Salteado, Frango, com molho de ervas finas, 518
Samosas, 988
Sanduíche aberto de peru com cebolas agridoces, 955
Sanduíche de gorgonzola e pera, 962
Sanduíche(s)
    Agrião, com maionese de ervas, 961
    Churrasco de, 954
    Club, CIA, 952
    Croque monsieur, 955
    Frango, hambúrguer de, 954
    Gorgonzola e pera, 962
    Hoagie, Philly, 952
    Maçã, com maionese de *curry*, 961
    Panini de berinjela e presunto cru, 957
    Pepino, com *cream cheese* e ervas, 961
    Peru, aberto de, com cebolas agridoces, 955
    Queijos derretidos, Três, 958
    Reuben, 960
    Tomate, com creme azedo e orégano, 962
    vegetais grelhados com queijo *manchego*, 958

Satai, carne, com molho de amendoim, 1000
Sauerbraten, 605
Sauerkraut braseado, 730
   caseiro, 611
   Chucrute, 611
   Gulache Székely (*Székely Gulyás*), 615
   Sanduíche *Reuben*, 960
Sauteada, rúcula, 720
Sauteada, Truta, à *la meunière*, 531
Scaloppine
   Porco, com molho de tomate, 521
   Vitelo ao Marsala, 521
Scones
   Creme, 1088
   Presunto e queijo *cheddar*, 1090
   Uvas-passas, 1090
Seitan Satay, 460
Selvagem, arroz, *Pilaf* de, 798
Semolina, Pizza de, 1055
Senado, Sopa de feijão do, 362
Sherry, Molho de vinagre de, 468
Sherry, Salada de agrião com, e maçã, 935
Sidra
   Molho, 466
   Vinagrete, 915
Simples, Omelete enrolada, 890
Simples, Xarope, 1041
Sobremesa, *Crêpes* para, 1093
Sobremesa, Molho para
   Baunilha, 114-1115, 1118
   Caramelo, Clássico, 1149
   Cerejas, desidratadas, 1150
   Chocolate, 1149
Sopa(s). *Ver também* Caldo; *Chowder*; *Consommé*; Fundo
   Bisque, 340-341
   Bisque, camarão, 363
   Bisque, lagosta, 364
   Carne e macarrão (*Pho Bo*), 587
   Carne, condimentada (*Yukkaejang*), 367
   Cebola, 351
   Cebola branca, 351
   Cebola gratinada, 351
   Creme, 355
   de aspargos, 355
   de brócolis, 355
   de queijo *cheddar* e cerveja, à moda do Wisconsin, 356
   de salsão, 355
   de tomate, 355
   de tomate, com arroz, 355
   Ervilhas secas amarelas, purê em, 361
   Feijão do Senado, 362

   Feijão-branco e escarola, toscana, 371
   Feijão-preto, purê de, à moda do Caribe, 361
   Frango com arroz, 352
   Frango, tailandesa, com leite de coco e galanga, 369
   Gazpacho andaluz, 365
   Gumbo de frango e camarão, 364
   Lentilha, em purê de, 360
   Milho e frango, *amish*, 350
   Minestrone, 373
   Missô, 369
   Osso de presunto, couve-manteiga, 366
   Potage garbure, 362
   Purê, 336-339, 360-361, 682
   Quente e azeda, chinesa, 366
   Quente e azeda, tailandesa (*tom yum kung*), 370
   Sopa de vegetais à moda da Emilia-Romagna (*Minestrone all'emiliana*), 373
   tortilla, 351
   Vichyssoise, 363
   Wonton, 370
Soja *baby*, fervida, 699
Soja e gergelim, glaçado de, Cogumelos *shiitake* grelhados com, 704
Sopa creme, 355
   de aspargos, 355
   de brócolis, 355
   de salsão, 355
   de tomate, 355
Sopa(s) purê, 437-439
   de ervilhas secas amarelas, 361
   de ervilhas secas, 361
   de feijão-preto, à moda do Caribe, 361
   em purê de lentilhas, 360
   Feijão do Senado, 362
   Potage garbure, 362
   Vichyssoise, 363
Sorbet de coentro, 1169
Sorvete
   Baunilha, 1123
   bolacha de maisena, 1171
   Café, 1123
   canela, p. 1155
   Chocolate, 1123
   doce de leite, 1.158
   Framboesa, 1123
   manjericão, 1163
   Profiteroles, com recheios de, 1103
Spätzle, 852
Stir-fried, Macarrão celofane (Jap chae), 840
Stir-fried, *Pak choi* de Xangai (*Qinchao Shanghai baicai*), 720

   Strudel de cogumelo com queijo de cabra, 996
Suflê(s), 880-884
   Alcachofra, 893
   Chocolate, 1124
   Creme de confeiteiro para, 1119
   Espinafre, 892
   Queijo, salgado de, 892
Suflê, Omelete, *Cheddar*, 892
Suflês, batatas, 766
Suíço, Merengue, 1042
Suprême, Molho, 309
Sushi, Arroz para, 805
Székely, Gulache (*Székely Gulyás*), 615

t

Taco, Molho, 932
Taco, Salada, 931
Tagine, Frango, 629
Tailandês
   Arroz glutinoso, com mangas (*Mamuang kao nieo*), 806
Tailandesa
   sopa de frango com leite de coco e galanga, 369
   sopa, quente e azeda (*tom yum kung*), 370
Tapenade, 977
Tártaro, Molho, 921
Tarteletas de pera e *frangipane*, 1148
Tempeh Reuben, 960
Tempero seco para churrasco, 810
Temperos, Mistura. Ver Mistura de especiarias
Tempura
   Camarão, 541
   Molho para, 541
   Vegetal, 726
Teriyaki
   Bife, 463
   Marinada, 391
Terrine
   à camponesa (*pâté de Campagne*), 1016
   Foie gras, de, 1019
   Frango e lagostim, 1014
   Pato com pistaches e cerejas desidratadas, de, 1020-1021
   Salmão e frutos do mar, de, 1011
   Veado, de, 1020
   Vegetal com queijo de cabra, 1028
Tinga poblano, 548
Tinto, Molho de vinho
   Burgundy, *Roulade* de carne em, 602-603
   Marchand de vin, 459

   Tinto, Vinagrete de vinho, 914
Tofu da vovó (*Ma Po Dofu*), 545
Tomate seco e orégano, Manteiga de, 314
Tomate(s)
   Assados no forno, 710
   Coulis de, 310
   e *mozarela*, salada de, 946
   Gazpacho andaluz, 365
   Macarrão com, 837
   Manteiga de, secos, e orégano, 314
   Molho de, 309
   Molho, à provençal, 519
   Omelete, 891
   Ovos à *la diable* com, 884
   Pescada à *la veracruzana*, 580
   Pico de *gallo*, 971
   Quiche de, e alho-poró, 894
   Ratatouille, 726
   Sanduíche de, com creme azedo e orégano, 962
   Sopa creme de, com arroz, 355
   Sopa-creme de, 355
   Vinagrete de, tostados, 917
Tomates assados no forno, 710
Toranja (*grapefruit*)
   Espinafre *baby*, abacate e, salada de, 936
   Gratin dauphinoise (Batatas *au gratin*), 757
   Molho de, 973
Torta(s), 1146-1147. *Ver também* Quiche
   Cerejas, Recheio de, 1146
   Cranberry e pecãs, 1146
   de pecãs, 1146
   limão-galego, 1166
   Maçã, 1145
   Massa, básica (3-2-1), 1088
   merengue de limão, 1147
   Porco e pimentão (*empanada gallega de cerdo*), 1002
   Recheio de abóbora, 1147
   suflê de limão com sorvete de manjericão e compota de mirtilo, 1163
   vegetais da estação, 719
Tortilla
   de papas, 768
Tortilla, Sopa de, 351
Tortinhas de tofu com cogumelos *portobello* e *ketchup* de manga, 989
Toscana, Sopa, de feijão-branco e escarola, 371
Tostados, Vinagrete de tomates, 917
Tostones, 726
Três queijos derretidos, 958
Trigo partido, *Pilaf* de cebolinha e, 814-815
Trigo, *Pilaf* de, 798

Trigo-sarraceno, Macarrão de, 837
Trufa para rechear bolinho de chuva, 1173
Trufado, Vinagrete, 918
Trufas, 1136
Truta
   Amandine, 527
   de arroio frita com *bacon*, 540
   Mousseline de, e açafrão, 573
   Paupiettes de, escalfadas, com açafrão, 573
   Paupiettes de, escalfadas, com molho *vin blanc*, 574
   Salteado, *à la meunière*, 608
Truta de arroio, frita, com *bacon*, 540
Tuile, Cookies, frutos secos, 1108
Tuiles, 1164
   Frango
   Velouté, 308
   Vinagrete
      trufado, 918

u

Udon, Macarrão, com vegetais, 584
Uva-passa
   Cookies de aveia e, 1107
   Pão de, com remoinho de canela, 1061
   Scones, 1090

v

Vagem-macarrão com nozes, 703
Vagens cozidas no vapor na panela, 702
Vapor, Arroz de grão longo cozido no (*Lo han*), 805
Vapor, Brócolis cozidos no, 699
   e alho salteado, 699
Vapor, *Dumplings* no (*Shao-mai*), 856
Vatapá com guisado de filé de lagosta e filé de robalo, 530
Veado, *Terrine* de, 1020

Vegetal(is). *Ver também* vegetais específicos
   aromáticos, em *matignon*, 257
   aromáticos, em *mirepoix*, 256
   Caldo, 317, 350
   Camarão, 308
   Chowder de mexilhões à moda da Nova Inglaterra, 356
   Court-bouillon, 279
   de inverno, *Corned beef* com, 584
   em *julienne*, 724
   Frango com (*Poule au pot*), 583
   frango, 308
   Fundo de, 279
   Fundo de, assados, 279
   Grelhados à provençal, 704
   Jardinière, 723
   Julienne, Linguado escalfado com, e molho *vin blanc*, 576
   Macarrão *udon* com, 584
   Macedônia de, 724
   Minestrone, 373
   Normal, 308
   Ovos *à la diable*, 884
   Peixe, 308
   Potage garbure, 362
   Ratatouille, 726
   Sopa de, à moda da Emilia-Romagna (*Minestrone all'emiliana*), 373
   Tempura, 726
   Terrine, com queijo de cabra, 1028
   Velouté de, 308
Vegetariano, Risoto, 802
Verde, deusa, Molho, 919
Verde, Maionese, 921
Verde, Molho de *curry*, porco em, 614
Verde, Pasta de *curry*, 387
Verdes, Salada de lentilhas (*Salade des lentilles du Puy*), 946
Verduras, *Ovos à la diable* com, 884
Vermelha, Pasta de *curry*, 387

Vermelho, Feijão, e arroz fervido, 795
Vichyssoise, 461
Vieiras
   Cioppino, 580-581
   e robalo, en *papillote*, 571
   Jantar praieiro da Nova Inglaterra, 579
   Prato do pescador, 538
   Ravigote, Frutos do mar, 948
Vietnamita, Molho, para *dips*, 974
Vietnamitas, Rolinhos, de salada, 999
Vin Blanc, Molho
   Linguado escalfado com vegetais em *julienne* e, 576
   Paupiettes de truta escalfadas com açafrão, 573
Vinagrete, 914-919
   Amêndoas e figos, 914
   bacon, quente de, Salada de espinafre com, 932
   Balsâmico, 915
   Chipotle, *Sherry* e, 914
   Curry, 916
   de alho assado e mostarda, 914
   Goiaba e *curry*, 917
   Gourmande, 919
   Limão-siciliano e alho, 914
   Limão-siciliano e salsa, 914
   Mostarda e ervas, 914
   Pesto, 919
   Sidra, 915
   Tomates tostados, 917
   Vinho branco, 914
   Vinho tinto, 914
Vinho branco, Molho. *Ver* Vinho branco, marinada
Vinho branco, Vinagrete, 914
Vinho tinto, marinada
   para caça, 389
   para carnes grelhadas, 391
   para cordeiro, 390
   para *sauerbraten*, 605
Vitelo
   Blanquette de, 615
   Caldo de, 350

   Cordon bleu, 536
   em pedaços, à moda suíça, 521
   Escalopes de, a milanesa, 536
   Espetos de porco e (*Raznjici*), 465
   Fricassée, 630
   Fundo claro de, 277
   Fundo escuro de, 277
   Jus de veau lié, 307
   Ossobuco alla milanese, 619
   Paleta de, *Poêlé*, 482
   Peito de, braseado, com salsicha de cogumelos, 616
   Piccata di, alla milanese, 537
   Recheio de *farce* com ervas, 623
   Repolho recheado à polonesa, 620
   Scaloppine de, ao Marsala, 521
   Vitello tonnato, 1001
   Wiener schnitzel, 536

w

Waffles básicos, 1091
Wakame, pepino e, salada de (*Sunomono*), 940
Waldorf, Salada, 936
Wasabi, 978
Wiener Schnitzel, 536
Wonton, Sopa, 370

x

Xarope de bordo, pecãs condimentadas e, *Kasha* com, 817
Xarope simples, 1041

y

Yankee, Assado de panela, 604

z

Z'hug, 978
Zabaglione, 1149

índice de assuntos

a

Abacate, 152, 153, 662
Abacaxi, 152, 153, 911
Abalone, 125
ABNT, Norma da, 41
Abóbora, 160, 161, 162-163
    espaguete, 162, 163
    flores, 160, 161
    Hubbard, 162, 163
    japonesa, 162
    Pattypan, 160, 161
    recurvada, 161
    sementes de, 231, 233
Abobrinha, 160, 161
    amarela, 160, 161
Aboyeur, 10
Açafrão, 237
Açafrão-da-terra, 234, 237
Açafroa, óleo, 245
à camponesa, *farces*, 1004
Acelga, 169
Acelga arco-íris, 168, 169
Acelga-do-cardo, 168
Acidez, alimentos dos, 35
Acini di pepe, 226
Açougueiro (*boucher*), 10
Açougueiro, teste de rendimento, 22-24
Açúcar
    cozimento do, 30, 31
    em cremes de manteiga, 1078
    em massa mole cremosa, 1071
    em massa mole espumosa, 1076, 1078
    estágios de cozimento, 1037
    tipos de, 241-242, 244
    xarope, 243, 1037
Açúcar de palmeira, 242, 244
Açúcares e adoçantes
    variedades de, 241-243
Aeróbicas, bactérias, 34
Agrião, 166, 167
Agricultura, métodos de produção, 11, 134
Água quente, banho, 1111, 1137
Água, escala de atividade da, 35
Água, no cozimento, 29-30
Aipo-rábano, 179, 180
Al dente, 667, 833
Albufera, molho, 292
Alcachofras, 185, 186, 661, 666
Alcalinidade, alimentos, 35
Alcaravia, 234, 235
Álcool, abuso, pessoal, 41

Alecrim, 189, 192
Alergias alimentares, 39
Alface *frisée*, 166, 167
Alface, variedades de, 164-165
Alface-americana, 164, 165
Alface-lisa, 164, 165
Alho, 172, 173
    assar, 652
    picar e amassar, 651, 652
Alhos-porós, 172, 173, 256
    limpar e cortar, 653
    selvagens, 173
Alimentar, ciência, noções básicas de, 29-32
Alimentar, estilista, 9, 11
Alimentar, segurança
    análise de perigos e pontos críticos de controle (APPCC), 18, 38-39
    armazenagem e, 36, 37
    contaminação cruzada e, 35, 75, 382
    descongelamento e, 38
    em empanar, 381
    em esfriar e reaquecer, 38
    em preparo da *farce*, 1005-1006
    irradiação e, 134
    limpar e sanitizar para, 40
    ovos e, 37, 902
    pessoal, higiene e 40
    recheios e, 380
Alimentares, alergias, 39
Alimento causador, doença, 34-39, 128
Alimento, armazenamento. *Ver também* Seco, armazenamento; Refrigeração
    frutas e vegetais, 37, 134-136
    frutos do mar, 36, 123
    itens assados, 1077
    laticínios, 37, 194
    segurança alimentar na, 36-37
Alimentos, críticos/escritores, 11
Alimentos, picador de, 70-71
Allemande, molho, 292
Almiscarado, melão, 146-147
Alumínio, panelas, 58
Amanteigados, cookies, 1085
Amaranto, 222, 223
Amarelo, melão, 146, 147
Amarrar aves, 414
Ameixas, 150, 151

Amêndoas, 231, 232
Amendoim, óleo de, 246
Amendoins, 231, 232
Américaine, molho, 292
Amidos
    como emulsificante, 32
    como espessante, 31, 261-262, 282
Aminoácidos essenciais, 26
Amolando facas na chaira, 50-53
Amolar, pedras de, 50, 53
Amoras silvestres, 140, 141
Anaeróbicas, bactérias, 34-35
Anardana, 235
Angel cake, 1038, 1039, 1077, 1079
Anis, sementes, 235
Anis-estrelado, 237, 238
Anjou, peras, 149
Aparas utilizáveis, valor das, 21-22
Aprendiz de garçom, 10
Aprendiz, 10
Apresentação
    das sopas, 346
    de *appetizers*, 964
    de *hors-d'oeuvres*, 964
    do macarrão, 836
    dos molhos, 306
Araruta, como espessante, 248, 261, 1058
Arborio, arroz, 217
Arco-íris, truta, 116, 117
Arenoso, método, 1066, 1067
Arkansas, pedras, 50
Armazenamento. *Ver* Seco, armazenamento; Alimentos, armazenamento; Refrigeração
Aromáticos, vegetais
    bouquet garni, 254, 255, 268
    cebola *brûlé/piqué*, 254
    em braseados, 590, 593, 697
    em caldos, 318, 328
    em *chowders*, 335
    em *consommé*, 320, 321
    em cozimento a vapor, 669, 670
    em ensopados, 696
    em *pilaf*, 778, 779
    em *pochés*, 558, 562
    em risoto, 782, 783
    em sopas-creme, 332
    em sopas em purê, 337

    mirepoix, 256, 268, 317
    mistura de especiarias com, 378
Aromatizantes. Ver Aromáticos, vegetais; Ervas; Temperos; Especiarias
Arraia, 120, 121
Arroz
    pilaf, 778, 781
    risoto, 782-785
    variedades de, 216, 217, 782
Arroz glutinoso, 217
Arroz selvagem, 216
Arroz, farinha, 216, 217, 261, 262
Arroz, macarrão de, 225, 226
Artificiais, adoçantes, 242
Asiago, queijo, 206, 207
Asiáticas, peras, 148, 149
Aspargos, 185, 186, 660
Aspic gelée, 1013
Aspiration (broccolini), 159
Assadeira, preparação
    em assados, 1039
    para fazer pão, 1045
Assadeiras, 63, 64, 446, 679
Assados, carne e aves, 446-457
    amarrar assados, 406-407
    barder e lardear, 447, 452
    forno, temperatura, 446
    molho de carne, 451-452
    período de descanso, 32, 450
    regar, 447, 450
    trinchar, 453-457
Assados, chef dos, 9
Assados, produtos e assar. *Ver também* Bolos; *Cookies*; Tortas e tarteletas
    armazenamento de, 1077
    batendo claras, 1038-1039
    batendo creme de leite, 1037
    cremoso, método, 1071-1073
    espumoso, método, 1076-1079
    estabilizadores em, 1034
    fluidificantes em, 1034-1035
    leveduras em, 1035
    pães, fermento, 1044, 1049
    pâte à choux, 1080-1083
    pesando, 1036
    preparação da assadeira para, 1039, 1045
    sacos e bicos de confeitar, 1040
Assados, vegetais
    alho, 652

batatas, 740-742
pratos *en casserole*, 473-746
procedimentos, 679-680
vegetais para, 678
Associação Nacional dos Fornecedores de Carne, 75
Atum, 116, 117
Aurore maigre, molho, 292
Aurore, molho, 292
Aveia, 220
  moída, 220, 221
  farelo, 220, 221
Avelãs, 231, 232
Aves
  armazenamento de, 36, 75
  assar. *Ver* Assados, carne e aves
  brasear, 567, 590-594
  classes de, 101-104
  cozer no vapor, 550-553
  em caldos, 269, 276
  empanar, 381-382
  en papillote, 554-557
  ensopar, 595-598
  fritar por imersão, 515-517
  fritura rasa, 511-514
  grau das, 101
  grelhar, 442-445
  poché (escalfando raso), 558-561
  poché (fervura suave), 562-565
  ponto das, 383
  preparo das, 411-417
  recheio para, 380, 446
  sauté, 506-510
  tempero das, 378-379
Azeite de oliva, 246
Azuis, queijos, 208-209

b

Bacalhau, 111, 112
Bactéria, 34-35, 37, 134
Balanças, 17, 56
Bambu, recipientes para cozer no vapor, 61
Banana, 152, 153
Banana-da-terra, 152, 153
Banha, 245
Banho-maria, 59, 1076, 1078, 1110, 1111
Barder, 452
Basmati, arroz, 216-217
Batata, amido de, 261, 262
Batata-doce, 182, 184
Batatas
  assar, 740-742
  cozer no vapor, 735
  -doces, 182, 184
  duchesse, 739
  en casserole, 743-746

ferver, 733-735
fritar por imersão, 750-752
Idaho, 732
miúdas, 181, 184
purê, 736-739
Russet, 181, 183
saladas, 912-913
sauté, 747-749
variedades de, 181, 183-184, 732
waffle/gaufrette, corte, 646
Batedeira, 69, 71
Batedores, 54, 55
Batendo claras, 1038
Batonnet, cortes, 640, 641
Baunilha, molho, 1112
Bavaroise, molho, 301
Béarnaise, molho, 301
Bebidas, 248-249
Béchamel, molho, 288, 289, 293, 880
Belga, endívia, 166, 167
Berbigão, 124, 126
Bercy, molho, 292
Berinjela, 160, 161
Beterrabas, 178, 179, 180
  folhas, 168, 169
Beurre blanc, 302-304, 305
Bicarbonato de sódio, 248, 1035
Bife. *Ver também* Carne
  bifes, cortar, 399
  cortes de, 78-85
  costela assada, trinchar, 455
  outros tipos (miúdas), 83
  ponto de, 590
Bifes, cortar
  com osso, 399
  sem osso, 400
Bigarade, molho, 286
Biológicos, contaminantes, 34, 38
Biscoitos, método arenoso para, 1066-1069
Bisques, 340-344
Bochechas, vitela, 88
Bohémienne, molho, 293
Boleador (*cullière parisienne*), 55
Bolo, farinha de trigo para, 215, 260
Bolo, formas, 62, 64
Bolos
  cremes de manteiga para, 1128-1130
  esfriando e armazenando, 1077
  glaçar, 1138
  método cremoso, 1071-1073
  método espumoso, 1076-1079
  procedimento para camadas, 1131

procedimento para cobrir, 1131-1133
Bomba, arroz, 216, 217
Bonnefoy, molho, 292
Bordelaise, molho, 286
Bordo, açúcar, 241, 242
Bordo, xarope, 243
Bosc, peras, 148, 149
Bouquet garni, 254, 255, 268
Bourguignonne, molho, 286
Boursin, queijo, 198, 199
Branco, feijão, graúdo, 228, 229
Branco, molho, 288-291
Branqueando vegetais, 668
Branquear, 666
Brasear
  carne, aves e peixe, 590-594
  vegetais, 695-697
Brasier, 695
Brássica, família, 156-157
Bretonne, molho, 286
Brie, queijo, 200, 201
Brigada, sistema de, 9-10
Broccolini, 159
Brócolis, 157, 158
Broto de brócolis, 157, 158
Broto de samambaia em voluta, 185, 186
Brotos e talos, 185-186
Bucatini, 225, 226
Bufê, serviço de, oportunidades de carreira em, 8
Búzios, 125

c

Cabra, queijo de, 198, 199
Caça, carne, cortes de, 100
Cação, 121
Caciotta, queijo, 202, 203
Café, 248-249
Cálcio, 28
Caldeirão, 59, 61, 268
Caldeirões, panelas, frigideiras assadeiras, 64, 65, 1039
  caldeirão de fundos, 61, 168
  caldeirão de sopa, 330
  cobre, 58
  ferro, 58, 60, 61, 747
  panela para *sauté*, 506
  para assar, 64, 447, 652
  para branquear, 666, 751
  para brasear, 591
  para cozimento no topo do fogão, 66
  para cozinhar no forno, 66-67
  para cozinhar por indução, 30
  para escalfar, 558, 562
  para fritar, 511
  para fritar ovos, 872
  para macarrão, 832

para ovos mexidos, 874
para *pilaf*, 778
para pratos *en casserole*, 743
para risoto, 782
selecionando, 58
Caldo(s). *Ver também* Sopas; Fundo
  caldos fortificados, 326-329
  consommé, 320-325, 346
  ingredientes para, 316, 317, 318, 326, 327, 329
  preparação de, 317-319
  receita básica, 317
Calor, transferência de, 29-31
Calorias ingeridas, quantidade recomendada, 26
Camadas, bolos em, 1131-1133
Camarão, 130, 131
  limpar e tirar a tripa, 434
  ponto do, 384
Camembert, queijo, 200, 201
Cameo, maçã, 137, 139
Cana-de-açúcar, 241, 243
Canela, 234, 235
Canjica, 1182
Cannellini, 229
Canola, óleo, 245
Cantal, queijo, 205
Cantalupo, 146, 147
Capellini, 225, 226
Capim-limão, 190, 191
Caqui, tomates, 188
Caquis, 155
Carambola, 154
Caramelização, 29, 30-31, 1036
Caranguejo, 130, 132
  de casca macia, limpar, 435
  ponto do, 384
Carboidratos, 26, 32
Carborundum, pedras de, 50
Cardamomo, 234, 235
Cardinal, molho, 293
Carême, Marie-Antoine, 132
Carne. *Ver também* Aves; *Farce*
  armazenamento da, 36-37, 75
  assar. *Ver* Assados, carnes e aves
  brasear, 567, 590-594
  cortes de, 76-77
    boi, 78-85
    caça, 100
    cordeiro e carneiro, 96-99
    porco, 91-95
    vitelo, 86-90
  em caldos, 316-319, 326, 329
  empanar, 381-382
  en papillote, 554-557
  ensopar, 595-598
  fiscalização e classificação, 75-76
  fritura por imersão, 515-517

fritura rasa, 511-514
grelhar, 442-445
kosher, 76
moer, 71, 1006
poché (cozinhar em imersão), 562-565
ponto da, 382-383
preparação da, 394-410
recheio para, 380
rendimento, teste, açougueiro, 22-24
sauté, 506-510
tempero da, 378-379
Carneiro, 96
Caroço grande, frutas com, 150, 151
Carré de cordeiro, 97, 98, 99
Carré de vitelo, 86, 87, 88
Carreira, oportunidades, 8-9
Casaba, melões, 147
Casareccia, 226
Casserole, batatas *en*, 743-746
Castanha, 232
    descascar, 658
Castanha-de-caju, 231, 232
Castanha-do-pará, 232
Cavala, 118
Cebola espanhola, 172, 173
Cebola, família, 172-173
Cebolas
    como aromatizante, 254
    descascar, 649
    picar e ralar, 649-650
    variedades de, 172-173
Cebolinha verde, 172, 173
Cebolinhas, 172, 736
Cefalópodes, 128, 129
Cenouras, 178, 180, 254
Centeio, 223
Cereais e farinhas, fervura suave e forte, 774-777
Cerefólio, 189, 191
Cerejas, 151
Cereja, tomates, 188
Certificação sanitária, programas de, 41
Cesta, técnica de fritura por imersão, 692-694
Cevada, 222, 223
Chá, 248-249
Chaleiras, 66, 268
Chalotas, 172, 173
Champagne, uvas, 144, 145
Chanterelle, cogumelos, 170, 171
Chapa, 67
Charcutaria, 1004-1010
Charcutière, molho, 286
Chasseur, molho, 286
Châteaubriand, 396
Cheddar, queijo, 204, 205
Chef d'étage, 10

Chef de cozinha, 9
Chef de *rang*, 10
Chef de vinhos (*sommelier*), 10
Chef dos pratos frios (*Garde manger*), 10
    farce, 1004-1010
    pâté en croûte, 970, 1009, 1013
    quenelles, 1010
Chef, Batatas do, 184
Chef, faca do, 49, 637, 639
Chefs. *Ver também* Culinária, profissão
    em sistema de brigada, 9-10
    uniforme do, 41
Cherry, molho, 286
Chèvre (queijo de cabra), 198, 199
Chevreuil, molho, 286
Chiffon, bolo, 1077
Chiffonade, corte, 639
Chinês, feijão-de-metro, 176, 177
Chinesa, couve (*pak choi*), 156, 158
Chinesas, cinco especiarias, 238
Chivry, molho, 292
Chocolate
    armazenamento de, 248
    em massa mole cremosa, 1071
    fondant, 1140
    ganache, 1130, 1134-1135
    molho, 1134
    mousse, 1115-1116
    produção de, 248
    temperado, 1137
    trufas, 1136
Choron, molho, 301
Chouriço, 90
Chowder, 335
Chuchu, 160, 161
Churrasco, molho, 448
Cioba, 113, 115
Cipollini, cebolas, 172, 173
Cítricas, frutas
    espremer, 908
    suprêmes, 909
    variedades de, 142-143
    zestos, 909
Claras, 31
    batendo, 1038-1039
    em suflês, 880
Clarificada, manteiga, 245, 265
Claro, fundo, 272
Coadores, 57
Coagulação, 29
Cobertura
    cremes de manteiga, 1128-1130
    de bolos em camadas, 1130
    ganache, 1134-1135
    procedimento, 1132-1133

Coberturas para tortas e tarteletas, 1142, 1143
Cobre, panelas, 58
Coco, 152, 153
Coco, leite de, 153
Coco, óleo de, 245
Codorna, 102, 104
Coelho, 100
Coentro, 190, 191, 234, 236
Cogumelos
    armazenamento de, 170
    canelagem, 647
    limpar e fatiar, 658
    molho, 287
    variedades de, 170-171
Cogumelos lagosta, 170, 171
Colesterol, 26
Colza, óleo, 245
Combinado, forno, 67
Comestível, porção, custo, 21
Comestível, porção, quantidade (QPC), 20-21
Cominho, 234, 236
Commis ou aprendiz, 10
Communard, 10
Compostas, saladas, 913
Compras, sistema de, 5
Comum, farinha de trigo, 214, 215
Concassé, tomate, 654-655
Concha-rainha, 125
Conchas, 227
Concord, uvas, 144, 145
Condensado, leite, 195
Condimentos
    despensa, fundamentos, 248
Condução, método de transferência de calor, 29
Confeitar, sacos e bicos, 1040
Confeiteiro (*pâtisserie*), chef, 10
Confeiteiro, açúcar de, 241, 242
Confiseur, 10
Congeladas, sobremesas, 196
Congelados, alimentos, descongelando, 38
Cônica, peneira, 57
Consommé, 320-325
Consultores e especialista, 10
Contagem, mensuração, 16-17
Contaminação, alimento, 34
    cruzada, contaminação, 35, 36
Convecção, forno a, 67
Convecção, método de transferência de calor, 29
Convecção, *steamer* de, 66
Cookies
    abertos e cortados, 1084
    assados duas vezes, 1085
    estêncil, 1087
    glaçar, 1138
    método cremoso, 1071-1073

    modelados com o saco de confeitar, 1085
    pingados, 1084
Coração
    boi, 83
    cordeiro, 98
    porco, 94
    vitela, 89
Cordeiro. *Ver também* Carne
    carré, cortado em tiras, 404-405
    classificação, 96
    cortes de, 96-99
    pernil, tirar o osso, 402-403
    ponto do, 383
Cordiais, 249
Cortando frutas, 908-911
Cortando vegetais e ervas
    alho, 651-652
    alhos-porós, 653
    cebolas, 649-650
    chiffonade/corte, 636, 639
    cogumelos, 658
    corte em *julienne/batonnet*, 636, 640, 643
    corte em losango, 636, 642, 644
    corte oblíquo, 645
    corte *paysanne/fermière*, 636, 642
    corte *rondelle*, 636, 642, 644
    corte *waffle/gaufrette*, 646
    cortes decorativos, 636-664
    cortes em diagonal, 645
    cortes padrões, 636, 640-641
    descascar, 637, 649
    milho, 659
    orientação para, 663-664
    picando muito fino, 636, 639, 649-650
    picar, 636, 638, 651-652
    pimentões e pimentas, 656-657
    tomates, 654-655
Cortland, maçã, 137, 138
Costelas assadas, trinchar, 455
Costelas, com osso, cortar, 399
Costelas, cortes, carne, 80, 82, 84
Costeletas de porco, 91, 92, 94
Cottage, queijo, 198, 199
Couve-chinesa, 158
Couve-crespa, 157, 158
Couve-de-bruxelas, 156, 158
Couve-flor, 156, 158
Couve-manteiga, 157, 159
Couve-rábano, 158
Cox orange pippin, 137, 139
Cozimento, métodos
    assar, 679-681, 740-742
    banho-maria, 1110, 1111, 1137

batatas, 733-752
braseado, 590-594, 695-697
carne, 82-83
cereais e farinhas, 774-777
cordeiro, 98
cozer a vapor, 550-553, 669-671
cozimento a vapor, 672-675
en papillote, 554-557
ensopar, 595-598, 695-697
Cozimento, processo, princípios científicos no, 29-32
Cozinha, segurança na, 40-41
Cozinha, sistema de brigada, 9-10
Cozinhar a vapor
batatas, 735
en papillote, 554-557
peixe e aves, 550-553
vegetais, 669-671
vegetais, na panela, 672-675
Cozinhar, gorduras para. Ver Gorduras e óleos
Cozinhar, líquidos
para brasear, 590
para cozer a vapor na panela, 672-675
para cozer a vapor, 597, 598
para ensopar, 597
para escalfar ovos, 870
para esfriar, 37
para ferver suavemente grãos e legumes, 771
para ferver, 666, 667, 668, 733
para *pilaf*, 778-779
para *poché* (escalfando raso), 558
para *poché* (fervura suave), 562, 563
para risoto, 782-785
Cravo-da-índia, 234, 235
Cream cheese, 199
Creme azedo (*sour cream*), 195, 196
Creme *chantilly*, 194, 1037
Creme de leite
batido, 1037
em *ganache*, 1134-1135
em *liaisons*, 263-264
em *mousse*, 1115-1116, 1117
em pudins, 1112, 1113
formas de, 194, 195
light, 194, 195
Creme de limão, 1130
Creme de manteiga, 1128-1129, 1130
Crème fraîche, 196-197
Creme, sopa, 332-334, 345
Cremini, cogumelos, 170, 171
Cremosas, massas moles, 1071-1073
Crenshaw, melões, 147

Crêpe, panela para, 59
Croûtons, 907
Crustáceos, 130-132
Cruzada, contaminação, 35, 36
Cruzados, tomates, 187, 188
Cubos, cortando vegetais em, 641
cebolas, 649
Culinária, profissão
atributos pessoais, 4
educação e treinamento, 4
habilidades para negócios e gerenciamento, 4-7
oportunidades de carreira, 8-11
Cura, sal de, 239
Curry, folhas, 191
Curry, pó de, 238
Cuscuz, 224, 227
Custo
açougueiro, teste de rendimento, 22-24
de compra, 19-20
porção comestível, 21
Custo de compra (CDC), 19-20
Cutelo, 48, 49

d

Daikon, 179, 180
Damascos, 151
Décorateur, 10
Decorativos, cortes para vegetais, 647-648
Defumar assando, 448
Delicata, abóbora, 162, 163
Demerara, açúcar, 241, 242
Demi-glace, 282
Dente-de-leão, folhas de, 168, 169
Departamento de Agricultura dos Estados Unidos (USDA), 38, 76, 86, 91, 134, 210, 382
Descascador, 54, 55, 637
Descascando
alho, 651-652
castanhas, 658
cebolas, 649
fruta, 909
pimentões e pimentas, 657
tomates, 654-655
utensílios para, 637
Descongelando alimentos, 38
Desengordurando sopas, 345
Desnaturação, 32
Desnaturadas, proteínas, 31-32
Diagonal, cortes em, vegetais, 645
Diamante, cortes, 644
Diamante, pedras impregnadas de, 52

Diane, molho, 286
Dill, 189, 191
sementes de, 236
Dinamarquês, queijo azul, 209
Diplomate, molho, 292
Doces, farinha para, 215
Dourado-do-mar, 116, 119
Drogas, abuso, pessoal, 41
Duchesse, batatas, 739
Dumplings, 826
quenelles, 1010
Duplo, fervedor, 59
Durum, farinha, 214, 215

e

Éclairs, glaçar, 1141
Écossaise, 293
Educação e treinamento para profissionais da culinária, 4
oportunidades de ensino, 9
pessoal, 6
Egg wash, 381, 513, 1041, 1142
Emmenthal, queijo, 204, 205
Empanar
alimentos fritos por imersão, 515-517
alimentos para fritura rasa, 511-514
procedimento padrão, 381-382
Empregados. Ver Pessoal
Emulsificação, 29, 32
En papillote, cozimento, 554-557
Endívia, 166, 167
Enguia, 122
Enoki, cogumelos, 171
Enriquecida, massa, 1044-1045
Ensino, oportunidades de, 9
Ensopar
carne, aves e peixes, 595-598
dourar ingredientes, 30-31
espessantes em, 260-264, 596, 695
vegetais, 695-697
Entalhar massa de pão, 1050
Epoisses, queijo, 200, 201
Equipamento e utensílios, 45-71. Ver também Faca(s); Caldeirões, panelas e frigideiras
administração do, 7
grandes, 66-71
limpar e sanitizar, 40
medir, 16-17, 56
para assar, 679680
para brasear, 695
para cozinhar a vapor, 66, 735
para descascar, 637
para escalfar, 558, 562
para *farces*, 1004

para fazer itens de *pâtisserie*, 1066
para fazer macarrão, 827
para fazer purês, 57, 333, 339, 682, 736
para ferver suavemente grãos e legumes, 771
para ferver, 666, 733
para fritar por imersão, 515, 692, 694, 750
para grelhar, 67, 442, 444, 676
para maionese, 902
para *mousse*, 966
para pratos *en casserole*, 743
para preparar saladas, 908
para pudim, 1110
para vinagretes, 898
peneiras e coadores, 57
quente, manter, 38
rolo de macarrão, 55
sacos e bicos de confeitar, 1040
utensílios manuais, 54-55
Equipamento. Ver Caldeirões, panelas e frigideiras
Erva-de-santa-maria, 234, 236
Erva-doce, 185, 186
sementes de, 236
Ervas. Ver também Temperos
armazenagem de, 135
aromáticas, 254-255, 562, *chiffonade*, 639
em líquido para cozer no vapor, 550
em sopas, 316, 320
pasta, 378
picar, 638
tipos de, 189-192
Ervilha(s), frescas, 176, 177, 659
Ervilha(s), seca(s), 228, 230, 1181
Ervilhas-tortas, 176, 177, 654
Escalopes, carne, 398
Escargot, 125
Escarola, 166, 167
Escoffier, Georges-Auguste, 9
Escorredor, 57
Escuro, fundo, 268
Escuro, molho, 282-287
Esfriar alimentos, 37
Espadarte, 120, 121
Espagnole, molho, 282, 285
Espaguete, 225, 226
Espanhol, queijo azul, 208, 209
Espátulas, 54, 55
Especiarias. Ver também Temperos
em líquido para cozer a vapor, 550
em líquido para escalfar, 562
em *sachets*, 254, 255

misturas, 378
temperos para marinada, 443
tipos de, 234-238
tostar, 378
Espelta, 223
Espessantes. *Ver também* Roux
em assar, 1034
em *bisques*, 340, 341, 343
em *chowders*, 335
em guisados, 260-264, 596, 695
em molho para braseados, 598
em sopas-creme, 330, 331, 334
ingredientes, 248
liaisons, 263-264
slurries, 31, 261-262, 282
Espetos, 446
Espinafre, 168, 169
Espremendo frutas cítricas, 908
Espumosas, massas moles, 1076-1078
Estabilizantes, para assar, 1034
Estêncil, modelar, *cookies*, 1087
Estragados, alimentos, 34, 36
Estragão, 192
Esturjão, 120, 121
Evaporado, leite, 195
Executivas, habilidades, 4-5
Executivo, chef, 5, 9
Executivos, salões, 10
Explorateur, queijo, 200, 201
Exposição, refrigeração para, 67
Extratos, 248

f

Faca, cortes. *Ver* Cortando vegetais e ervas
Faca(s)
afiar e amolar, 46, 50-51
de carne e cozinha, 48, 49
de desossar, 48, 49
de legumes, 48, 49, 637
francesa, 48, 49
manuseio seguro das, 46
para descascar, 637
para filetar, 49
partes da, 46-47
tipos de, 48-49
Facultativas, bactérias, 35
Faisão, 102, 104
Farce
em *quenelles*, 1010
ingredientes para, 1004-1005
preparo da, 1005-1010
recheios, 380
tipos de, 1004
Farelo
aveia, 220, 221
trigo, 213, 215
Farfalle, 224, 226

Farinha
arroz, 216, 217
como estabilizante, 1034
em massas levedadas, 1044
na massa de macarrão, 826
na massa para *pâtisserie*, 1066, 1068
no *pâte à choux*, 1080-1083
no *roux*, 260-261
rosca, 381
sêmola, 221
trigo, 214-215
variedades de trigo, 214, 215
Fatiar, equipamento, 68, 71
Fatiar, faca para, 48, 49
Favas, 176, 177, 229
Feijão *Cranberry*, 228, 229,
Feijão rajado, 230
Feijão, macarrão fino, 225, 226
Feijão, seco
em sopas purê, 336
saladas, 913
variedades de, 228-230, 1181
Feijão-arroz, 230
Feijão-azuqui, 229, 1181
Feijão-branco, 228, 229
Feijão-canário, 229
Feijão-de-lima, 177, 228, 229
Feijão-fradinho, 230
Feijão-guandu, 228, 230
Feijão-preto, 228, 229
Feijão-vermelho, 228, 229
Feno-grego, 234, 236
Fermentação principal, 1047
Fermento em pó, 248, 1035
Fermentos, 248
Fermière, cortes, 636, 642
Ferramentas profissionais, 5
Ferro fundido, recipientes, 58, 60, 61, 747
Ferro, 28
Fervendo
batatas, 733-735
cereais e farinhas, 774-777
macarrão, 832-835
vegetais, 666-668
Ferver, 666-668, 733-735, 774-777
Ferver suavemente, 562-565
carne, aves e peixes, 562-565
cereais e farinhas, 774-777
grãos e legumes, 770-771
ovos duros, 866-867
Feta, queijo, 198, 199
Fettuccine, 225, 226
Fígado
boi, 83
cordeiro, 98
porco, 94
preparo de, 408
vitelo, 87, 89

Figos, 153
Filé-mignon
limpar, 395
medalhões, 396
porco, 91, 93
Filé, peixe, preparo, 422-427
Filé, pó de, 365
Filo, massa, 1075
Financière, molho, 286
Fisális, 140, 141
Físicos, ativos, administração de, 5
Físicos, contaminantes, 34
Flageolets, 228, 229
Flocos de aveia, 220, 221
Flúor, 28
Fogão de piso, 67
Fogo, segurança contra, 40
Fogões
caldeirões e panelas para, 59-61
indução, topo, 30, 66-67
portátil, gás, 66
tipos de, 66-67
Fogões. *Ver* Fornos
Folhas, alfaces de, 164, 165
Fondant, glaçando com, 1139-1141
Fontina, queijo, 202, 203
Forelle, peras, 149
Formas
para *cookies*, 1084
para *farces*, 1004
para *mousses*, 1115-1117
para pudins, 1110
para *suflês*, 880
selecionando, 58
tipos de, 64, 65
Formas com furo no meio, 65
Forno, assadeiras, 64, 65
Fornos
micro-ondas, 30, 67
tipos de, 67
Fósforo, 28
Foyot, molho, 301
Framboesa, 140, 141
Frango capão, 103
Frango para assar, 102, 103
Frango para ensopar, 102
Frango. *Ver também* Aves
amarrar, 414-415
cortar ao meio e em quartos, 416-417
ponto do, 383
sûpremes, 412-413, 550
tipos de, 101-104
Fritar, frango para, 103
Fritar. *Ver também* Fritura por imersão
ovos, 872-873

Fritura
carne, aves e peixes, 511-514
vegetais, 689-691
Fritura por imersão, 515-517, 692-694, 750-752
fritura rasa, 511-514, 689-691
grãos, 770-773
grelhar, 448
legumes, 770-773
macarrão, 832-835
ovos, 866-879
poché (escalfando raso), 558-561
poché (fervura suave), 562-565
porco, 93-94
pudins, 1110-1114
purê, 736-739
sauté, 506-510, 683-685, 747-749
stir-frying, 506-507, 686-688
vegetais, 666-688
vitelo, 88-89
Fritura, chef da, 9
Fromage blanc, 199
Frutas silvestres, 140-141
Frutas. *Ver também* Cítricas, frutas; frutas específicas
armazenamento de, 36, 135
cultivadas na região, 12, 134-135
desidratadas, reidratando, 663
recheios para tortas e *tartelettes*, 1142
rendimento, percentagem de, 20
saladas, 908-911
variedades de, 137-155
Frutos do mar
armazenamento, 36, 123
categorias de, 431
cozer no vapor, 550-553
em *bisques*, 340-344
em *chowders*, 335
grelhar, 445
mercado, formas de, 123
poché (escalfando raso), 558-561
poché (fervura suave), 562-565
ponto dos, 384
preparo dos, 431-440
sauté, 506-510
variedades de, 124-132
Frutos secos, 231-233
Fumaça, ponto de, 32, 245
Fundos. *Ver também* Caldos; Sopas
aromatizantes para, 254-259, 268-269, 273
bases comerciais, 275
caldeirões para, 509
glace, 275

ÍNDICE DE ASSUNTOS 1233

para *pilaf*, 778
para risoto, 782
preparação de, 272-274
receita básica, 269
tempo de cozimento, 276
tipos de, 268, 270-271
Fungos, 34
Fusilli, 224, 226

g

Gala, maçã, 137, 138
Galanga, 182, 183
Galinha d'angola, 102, 104
Galinha para ensopar, 102
Ganache
  em trufas, 1136
    fazer, 1134-1135
    usos para, 1134, 1135
Ganso, 101, 103, 411
Garam masala, 238
Garçom, aprendiz, 10
Garçons, chefe dos (*chef de salle*), 10
Garçons, pessoal, 10
Garfo, cozinha, 54, 55
Garoupa, 113, 114
Gaufrette, cortes, 646
Gazpacho, 365
Gelatina
  como estabilizante, 1034
  em *mousse*, 966, 968, 969, 1115
Gelatinização, 30, 31, 1034
Gelato, 196
Gelo, esculturas, 964
Gemas, 31
  como emulsificante, 31, 32
  em *liaison*, 263-264
  em maionese, 902, 904
Geneticamente modificados, organismos (OGMs), 134
Genevoise, molho, 287
Gengibre, 182, 183, 236
Gerenciamento
  da informação, 5-6
  de recursos humanos, 6
  dos ativos físicos, 5
  responsabilidades da, 5
  tempo, 6-7
Gergelim, óleo, 246
Gergelim, sementes, 231, 233
Germe de trigo, 213
Girassol, óleo, 247
Girassol, sementes, 231, 233
Glacê e glaçar
  bolos, cookies e doces, 1138
  fondant, 1139-1141
  ganache, 1130, 1134-1135
  vegetais, no vapor, na panela, 672, 675
  vegetais *sautés*, 683, 684, 688

Glace, 261
  demi-glace, 282
Glacier, 10
Glúten, 214
Goiaba, 153
Golden Delicious, maçã, 137, 138
Gordura vegetal, 247
Gordura, ingestão, 26
Gorduras e óleos
  em itens assados, 1034-1035
  em massa de macarrão, 827
  em massa mole cremosa, 1071
  em massa mole espumosa, 1076
  em massas de *pâtisserie*, 1066
  em vinagrete, 898, 899
  funções de, 32
  gordura do leite, 194, 195
  manteiga clarificada, 260, 265
  óleos aromatizados, 901
  para fritar ovos, 872, 873
  para fritura por imersão, 517, 750
  para fritura rasa, 511-514, 689
  para *pilaf*, 778
  para risoto, 782
  para *sautés*, 683, 684, 688, 747, 748
  ponto de fumaça de, 32, 245
  variedades de, 245-247
Gorgonzola, queijo, 208, 209
Gouda, queijo, 204, 205
Goujonette, 429
Governo, regulações, 41
Grana Padano, queijo, 206, 207
Granny Smith, maçã, 137
Grão-de-bico, 228, 229
Grãos
  aveia, 220, 221
  em recheios, 380
  ferver suavemente, 770-772
  formas de, 212-223
  integrais, 212
  integrais, ferver suavemente, 770-772
  moídos, 2212
  pilaf, 778-781
  risoto, 782-785
  saladas, 913
  trigo, 213
Gratin, batatas (*en casserole*), 743-746
Gratin, *farce*, 1004
Gratin, pratos para, 63, 64
Grelhado, chef da (*grillardin*), 9
Grelhar
  carne, aves e peixes, 442-445
  na panela, 445
  vegetais, 676-678
Grelhar (aves), 103
Grenadins, 396
Groselha, 140, 141

Gruyère, queijo, 204, 205
Guaiúba, 113, 114
Guarnições
  cogumelos, sulcados, 647
  corte em leque, 648
  croûtons, 907
  para caldos, 316, 317, 319
  para *chowder*, 335
  para *consommé*, 325
  para *farces*, 1006
  para sanduíches, 951
  para sopa-creme, 330- 331
  para sopas, 346
  para *appetizers* (tira-gosto), 965
  quenelles, 1010

h

Habanero, pimenta, 174, 175
Habilidades profissionais, 4-7
Hadoque, 111, 112
Halibute, 108, 110
Havarti caraway, queijo, 202, 203
Hidropônicos, produtos, 134
Higiene, funcionários, 35, 36, 40
Hollandaise, molho, 297-301
Homogeneização, 194
Honeycrisp, maçã, 137, 138
Hors d'oeuvres, 964
Hortelã, 190, 191
Hotéis, oportunidades de carreira em, 8
HRI cortes (Hotel, Restaurante e Instituição), 76
  carne, 84-85
  cordeiro, 99
  porco, 95
  vitelo, 90

i

Imersão, fritadeira por, 66, 515, 692, 750
  batatas, 750-752
  carne, aves e peixes, 515-517
  empanar para, 515, 517
  gorduras para, 245
  vegetais, 692-694
Indução, cozimento por, 30
Indução, serpentina de, 30
Infecção, 34
Informação, fontes, 4
Informação, gerenciamento, 5-6
Infravermelha, radiação, 29-30
Ingredientes, lista, receita, 16
Ingredientes. *Ver também* Secas, mercadorias; Temperos
  em *sauté*, 507
  ervas, 189-192
  frutas, 137-155
  frutos do mar, 124-132

laticínios, 194-197
medidas, convenções, 16-17
medidas, conversão, 18
molho, combinação dos, 306
na fritura rasa, 558, 559
na *pâtisserie*, 1066
no cozimento a vapor, 597-598
no *poché*, 558, 562
para *appetizers*, 964
para assar, 447, 1034-1035
para empanar e revestir, 381, 511
para *farces*, 1004-1005
para fazer pão, 1044
para grelhar, 443
para marinadas, 379
para *mousse*, 966, 1115
para *pilaf*, 778, 779, 781
para pudim, 1110
para risoto, 782-785
para vinagrete, 898, 899
peixe, 107-122
vegetais, 156-188
Integral(is)
  grãos, 212
  arroz, 216, 217
  farinha de trigo, 214, 215
Intestino, 83, 94, 98
Intoxicação, 34
Iodado, sal, 239
Iodo, 28
Iogurte, 195, 196
Irradiação, 134
Italianas, ameixas, 150, 151
Italiano, merengue, 1039, 1115
Italienne, molho, 287

j

Jacatupé, 182, 183
Jaggery, 242, 244
Jalapeños, 174, 175
Japonesa, berinjela, 160, 161
Jarlsberg, queijo, 205
Jasmine, arroz, 216, 217
John Dory, 122
Julgamento, pré-requisito para a profissão culinária, 4
Julienne, cortes, 640, 643
Jus lié, 282, 283, 451
Jus, estilo, molhos, 451

k

Kasha, 222, 223
Kiwi, 152, 153
Kosher, carne, 76
Kosher, sal, 239
Kugelhopf, formas, 62, 64

l

Lagosta, 123, 130, 131
   cozida, trabalhando com, 432-433
   molho, 293
   ponto, 384
   viva, trabalhando com, 431
Lagostim, 131, 436
Laranja(s), 142, 143
   amarga, 143
   sanguínea, 142, 143
   -baía, 142, 143
Lardear, 452
Lasanha, 226
Laticínios. *Ver também* Queijo; Creme de leite; Leite
   armazenamento de, 194
   fermentos e cultura, 196-197
   manteiga, 196
   sorvete, 196
Legumes
   fervura suave, 770-772
   saladas, 913
   variedades de, 228-231
Leite
   em assados, 1034
   em molho branco, 288-291
   em *pâte à choux*, 1081
   em pudins, 1112, 1113
   formas de, 195
   padrões governamentais para, 194
Leitelho, 196, 197
Lentilhas, 228, 229
Leque, cortes em, 648
Levedada, massa, 1044-1048
Leveduras, 248, 1035, 1044
Liaisons, 263-264
Licores, 249
Limão galego, 143
Limão siciliano, 142
Limão-cravo, 142, 143
Limão-taiti, 142, 143
Limburger, queijo, 201
Limões, 142, 143
Limpeza
   cogumelos, 658
   grelhas e salamandras, 444, 445
   panelas de cobre, 58
   sanitização, procedimentos, 40
   vegetais, 641, 666
   verduras verdes, 906, 907

Língua
   carne, 83
   cordeiro, 98
   preparo da, 408
   vitelo, 88
Linguado comum, 108, 110, 429
Linguado, 108, 109
Linguine, 225, 226
Linha, cozinheiros de, 6
Linhaça, sementes, 233
Liquedificantes, assar, 1034-1035
Liquidificador, 69, 70
Líquidos. *Ver* Cozinhar, líquidos para
Lisa, alface, 164, 165
Litorina, 125
Local de trabalho
   ordem, 7
   segurança no, 6, 40-41
Lombo de porco, 91, 93, 95
Lombo, cortes
   boi, 79, 83, 84-85
   cordeiro, 96, 98, 99
   porco, 91, 93, 95
   vitela, 86, 88, 90
Losango, cortes, 636, 642, 644
Lótus, raiz, 180
Louro, 191
Lula, 128, 129
   limpar, 438-439

m

Maçã ácida, 138
Macadâmia, 231, 232
Macarrão
   combinação com molhos, 835
   cozinhar, 832-835
   esfriar e reaquecer, 836
   fresco, 826-831
   massa, 826-831
   saladas, 913
   seco, 224-227
   servir, 836
Maçãs
   em saladas, 908
   oxidação das, 137
   variedades de, 137-139
Macis, 237
Macoun, maçã, 137, 139
"Mãe", massa (massa azeda), 1035
Magnésio, 28
Maillard, reação de, 29, 30-31
Maionese, 902-905
Maitake, cogumelos, 170, 171
Maitre d'hôtel, 10
Maltaise, molho, 301
Manchego, queijo, 204, 205
Mandioca, 182, 183
   farinha de, 262

Mandoline, 71, 646, 743, 745
Manga, 152, 153, 910
Manjericão, 191
Manjerona, 190, 191
Manjuba, 122
Manteiga
   beurre blanc, 302-304, 559
   clarificada, 245, 265-266
   hollandaise, molho, 297
   integral, 245
   qualidade da, 196
Manuais, utensílios, 54, 55
Mãos, lavar, 36
Maracujá, 154
Marinadas
   ingredientes para, 379
   para carnes *en papillote*, 554
   para carnes grelhadas, 443
   para vegetais, 676, 678
   tempo de marinada, 379
Marinho, sal, 240
Marmelos, 155
Masa harina, 218
Mascarpone, queijo, 198, 199
Massa folhada, 1074-1075
Massa mesclada, método de, 1073
Massa mole, alimentos, fritar por imersão, 515-516, 692, 693
Massa(s) mole(s)
   cremosa, 1071-1073
   massa-creme, 1076-1078
   pâte à choux, 1080-1083
Massa. *Ver também* Pâtisserie, massa
   fermento, 1044, 1049
   macarrão, 826-831
   método da massa esfregada, 1066-1069
Matelote, molho, 287
Matsutaki, 170, 171
McIntosh, maçã, 137, 138
Medalhões, 396
Medidoras, colheres, 56
Medidoras, jarras, 56
Mel, 241, 243
Melaço, 241, 243
Melancia, 146, 147
Melões
   cortar, 911
   maturidade do, 146
   variedades de, 146, 147
Mensuração de ingredientes, 18-19
   conversões, 19
Mensuração, equipamento, 18, 56
Menus, 26, 27, 38
Merengues
   como cobertura de tortas, 1143
   comum, 1038

   italiano, 1039
   para bater claras, 1040, 1115-1116, 1117
   suíço, 1038-1039
Merluza, branca, 111, 112
Mero, 113
Método arenoso, 1066, 1067
Método *singer*, de fazer sopa, 335
Métricas, medidas, convertendo, 18
Mexidos, ovos, 874-875
Mexilhões, 126
   limpar e abrir, 437
   ponto de cozimento, 384
Micro-ondas, cozimento, 67
   reaquecer vegetais, 698
Milho, 176, 177, 219
Milho, amido de, 218, 219
   como espessante, 261, 1058
Milho, farinha de, 218, 219
Milho, óleo, 246
Milho, xarope, 241, 243
Minerais, 26-27
Miolo, 89
Mirepoix, 256-258, 268, 316
Mirtilos, 140, 141
Mise en place
   para carnes, aves e peixes, 381-384
   para fundos, molhos e sopas, 259-266
   para itens assados, 1033-1040
   para vegetais e ervas, 636-664
Misturar, equipamento, 68-69, 70-71
Misturar, tigelas para, 70
Miúdos
   armazenamento de, 75
   boi, 83
   cordeiro, 98
   porco, 94
   técnicas de preparo, 408
   vitelo, 88-89
Mixer, 69, 70
Moedor de especiarias, 385-387
Moer, equipamento para, 71, 410, 1005
Moída, carne
   para moer, 410
   ponto da, 383
Moídos, grãos, 212
Molejas, 87, 89, 408
Molho à l'anglaise, 293
Molho de carne, 451-452
Molho, panela, 59, 60
Molhos
   aromatizantes para, 254-259
   baunilha, 1114
   beurre blanc, 302-304, 305
   branco, 288-293
   brasear, 590, 591, 594
   chocolate, 1134

com alimentos *poché* em imersão, 562
com suflês, 880
combinação com ingredientes, 253-266
engrossar, 345
ensopados, 598, 696
escuro, 282-287
hollandaise, 297-301
jus lié, estilo, 282, 283, 284, 451
para macarrão, 835
propósito dos, 305-306
servir os, 306
tomate, 294-296
vin blanc, 292
Moluscos, 124, 125-127
Monterey Jack, queijo, 202, 203
seco, 206, 207
Morangos, 140, 141
Morbier, queijo, 202, 203
Morel, cogumelos, 170, 171
Mornay, molho, 293
Mostarda, folhas, 168, 169
Mostarda, sementes, 234, 237
Mousse
fria, salgada, 966-969
sobremesa, 1115-1117
Mousseline, estilo, *farce*, 1004
Mousseline, molho, 301
Mozarela, 199
MSG (glutamato monossódico), 239
Muenster, queijo, 202, 203
Muffins, forma para, 62
Muffins, método cremoso para, 1071-1073
Mungo, feijão, 229
Musselina, 57

n

Nabo, folhas de, 159
Nabos, 179, 180
Nectarinas, 151
Noisettes, 396
Normande, molho, 292
Northern spy, maçã, 137, 138
Noz, 231, 233
Nozes, óleo, 247
Noz-moscada, 234, 237
Nutrição
desenvolvimento do menu e, 27
noções básicas sobre a, 26-27
orientação para o preparo de alimentos, 27

o

Oblíquos, cortes, vegetais, 645
Oignon brûlé (cebola queimada), 254

Oignon piqué (cebola furada ou perfurada), 254
Óleo, sprays, 246
Óleos. *Ver* Gorduras e óleos
Olho-de-boi, 191
Omelete, frigideira, 59
Omeletes, 876-879
Orecchiette, 224, 227
Orégano, 189, 191
Orgânicos, alimentos, 134
Ostra, 123, 124, 127
limpar e abrir, 436
ponto, 384
Ostra, cogumelos, 170, 171
Ouriços-do-mar, 124, 125
Ovos, substitutos, 210
Ovos. *Ver também* Claras; Gemas
classificação, tamanhos e formas, 210
como estabilizante, 1034
duros, moles e quentes, 866-867
em massa de macarrão, 827
em massa mole cremosa, 1071
em massa mole espumosa, 1076, 1078
em *mousse*, 1115
em *pâte à choux*, 1081, 1082
em pudim, 1112, 1113
estrutura e usos, 31
fritos, 872-873
manuseio seguro dos, 37, 902
mexidos, 874-875
omeletes, 876-879
poché, 868-871
separar, 1038
suflês, salgados, 880-883
Oxicoco, 140, 141

p

Padrão, receita, 17-18
Painço, 222, 223
Pak choi, 157, 158
Paleta, corte, porco, 95
Paleta, cortes
cordeiro, 93
porco, 93
vitelo, 88
Paloise, molho, 301
Pampo, 116, 118
Panadas, pão, 1004
Panela(s). *Ver* Caldeirões, panelas, frigideiras
autoclave, 66
basculante, 66
cozer vegetais a vapor na, 672-675
grelhar na, 445
molho, 282, 509-510, 675
para cozer a vapor, 550
Pão
fazer, 1044-1049

massas levedadas, 1044
para sanduíches, 950
Pão levedado, método arenoso, 1066, 1067
Pão, assadeiras para, 63, 64
Pão, farinha de trigo para, 214, 215
Pão, minuto
esfriando e armazenando, 1077
método cremoso, 1071-1073
método arenoso, 1066, 1067
Pão, recheio, 380
Papaia, mamão 152, 154
Papel-manteiga, 554
Papoula, sementes, 231, 233
Páprica, 237
Pargo olho-de-vidro, 113, 115
Pargo, 113, 115
Parisienne, molho, 292
Parmigiano-reggiano, 206, 207
Partido, trigo, 215
Parboilizar vegetais, 692
Passador de legumes, 57, 736
Pastas para sanduíche, 950
Pasteurização, 194
Pastinaca, 180
Patê
en croûte, 1009, 1025, 1027
farce para, 1004, 1005
formas, 63, 64
Pâte à choux, 1080-1083
patêé en croûte, 970, 1009, 1013
Pâtisserie, glaçar, 1139-1141
Pâtisserie, massa
filo, 1075
laminada, 1066-1067
mesclada, 1073
tortas e *tartelettes*, 1142-1143
Pato, 101, 103
cortar ao meio, 412
ponto do, 383
trinchar, 453-454
Patogênicos, alimentos, 34-35, 36
Paulista, abóbora, 162, 163
Paupiettes, 429
poché, 560-561
rechear, 558
Paysanne, cortes, 642, 644
Pecã, 231, 232
Pecorino romano, queijo, 206, 207
Pectina, 1034
Peixe
armazenamento de, 36, 106-107
brasear, 567, 590-594
cozer no vapor, 550-553
em caldos, 268, 269, 273, 276
en papillote, 554-557
ensopar, 595-598
escalfador de, 59-61

formas de apresentação no mercado, 106
frescor do, 106
fritura por imersão, 515-517
fritura rasa, 511-514
grelhar, 445
paupiettes, 429
poché (escalfando raso), 558-561
poché (fervura suave), 562-565
ponto do, 384
preparo do, 420-430
recheio para, 446
sauté, 506-510
temperar, 378-379
tipos de, 107-122
Peixe-carvão, 111, 112
Peixe-lobo, 111, 112
Peixinho, cortes
carne, 84
vitelo, 90
Peneirar ingredientes secos, 1036, 1073
Peneiras, 57
Penne, 224, 227
Pepinos, 160, 161
Peras, 148, 149
Perca listada, 114
Perigos, análise de, e pontos críticos de controle (APPCC), 18, 38-39
Pernas, cortes
cordeiro, 96, 98, 99
vitelo, 88, 90
Pernas, cortes, vitelo, 88, 90
Pérola, cebolas, 172, 173
Persa, melão, 147
Peru, 103, 383
Pés, vitelo, 88
Pesar
em assados, 1036
no preparo de pães, 1036
Pescada, 114
Peso, mensuração, 16-17, 19
Pesquisa e desenvolvimento, cozinhas, 9
Pêssegos, 150, 151
Pessoal
cargos na cozinha, 9-10
cargos no salão, 10
higiene pessoal, 35, 36, 40
responsabilidades legais para com, 6
treinamento do, 6
pH, 35
Picador de alimentos, 70
alho, 651-652
cebola, 649
Picando vegetais e ervas, 636, 638
Picles, sal para, 239
Pilaf, 778-781
Piloncillo, 242, 244

Pimenta em pó, 238
Pimenta-da-jamaica, 234, 235
Pimenta-de-caiena, 235
Pimentas
   Anaheim, 174, 175
   cortar e retirar as sementes, 656
   descascar, 657
   desidratadas, variedades de, 175
   e grãos de pimenta, 240
   Fresno, 174, 175
   Manzana, 174, 175
   Poblano, 174, 175
   secas, reidratar, 663
   Serrano, 174, 175
   tailandesas, 174, 175
   variedades de, 174-175
Pimentões, 174-175
Pinole, 231, 232
Pipette rigate, 226
Pistache, 231, 233
Pó, leite em, 195
Poché
   cozinhar em imersão, 562-565
   escalfar raso, 558-559
   ovos, 868-871
Point Reyes, queijo, 208, 209
Poivrade, 287
Polvo, 128, 129
   limpar, 440
Pombos, 104
Pomme frites, corte, 643
Pont l'Évêque, queijo, 200, 201
Pont neuf, corte, 643
Ponto
   da carne, aves e peixes, 383-384
   de vegetais, 667
   do macarrão, 833
   em alimentos assados, 450
   em alimentos cozidos no vapor, 554
   em alimentos feitos em fritura rasa, 514
   em alimentos fritos por imersão, 517
   em alimentos grelhados, 445
   em alimentos *poché*, 565
   em alimentos *sauté*, 509
   no cozimento *en papillote*, 557
Porção, tamanho, converter, 19
Porcini, cogumelos, 170, 171
Porco. *Ver também* Carne
   classificação, 91
   cortes de, 91-95
   lombo, limpando e retirando os ossos, 395, 401
   ponto de, 383
Portátil, refrigeração, 67
Portobelo, cogumelos, 170, 171
Port-Salut, queijo, 203
Potássio, 28

Poussin, 103
Praça, chefs, 9
Pratos frios, chef dos, 10
Pré-assando, 1144
Presunto
   cortes de, 91, 93, 95
   ponto do, 383
   trinchar, 455-457
Principal, corte, 76
   boi, 82-83
   cordeiro, 98
   porco, 93-94
   vitelo, 88-89
Processador de alimentos, 70
   vertical, 70
Profissionais, da culinária, oportunidades de carreira para, 8-11
Proteína
   completa e incompleta, 26
   desnaturada, 31-32
Provolone, queijo, 204, 205
Pudins
   assados, 1110
   mexidos, 1112-1114
Purê
   batatas, 736-739
   equipamento, 333, 339, 682, 736
   vegetais, 682

q

Quantidade de compra (QDC), 20-21
Quatre épices, 238
Queijo
   Parmigiano-reggiano, 206, 207
   produção de, 197
   tipos e usos culinários, 198-209
Queimadores, fogão com, 66
   quenelles, 1010
Quenelles, 1010
Queso fresco, 198, 199
Químicos, contaminantes, 34
Quinoa, 222, 223

r

Rabada, 94
Rabanetes, 178, 180
Radiação
   infravermelha, 29-30
   micro-ondas, 30
Radiatore, 227
Radicchio, 166, 167
Raiz, vegetais de, 179-180
Raiz-forte, 236
Reaquecimento
   segurança alimentar no, 38
   sopas, 346-347

   vegetais, 669
Reblochon, queijo, 200, 201
Receitas
   avaliação de, 16
   cálculos, 18-19
   padronizadas, 17-18
   substituições saudáveis nas, 27
   uso efetivo das, 22
Recheios, 380
   creme de manteiga, 1128-1129
   fruta, para tortas e tarteletas, 1142
   ganache, 1134-1135
   para bolos, 1131
   para sanduíches, 950-951
Recursos humanos, administração de, 6
Red Emperor, uvas, 144, 145
Redução, molho, 282
Refrigeração
   de carne e aves, 75
   de cogumelos, 170
   de ervas, 136
   de laticínios, 194
   de peixe, 106
   equipamento, 67
   segurança alimentar na, 36-37
   vertical, 67
Regar, 447, 450
Régence, molho, 287
Remouillage, 275
Rendimento
   fator de conversão da receita (FCR), 18-19
   percentagem, 2
   teste do açougueiro, 22-24
Repolho, 156, 158
   crespo, 156, 158
   família do (*brássicas*), 156-157
   -roxo, 156, 158
Responsabilidade, senso de, 5
Responsabilidades legais, empregador, 6
Restaurantes
   administração de, 5-7
   áreas de sobremesa em, 1153
   carreiras em, 8
   menus, 16, 27, 38
   sistema de brigada, 9-10
   sustentabilidade, 12
Retardando massas, 1047
Ricota, 198, 199
Ricotta salata, 204, 205
Rigatoni, 227
Ring top, mesa com, 66
Rins
   boi, 83
   cordeiro, 98
   preparo de, 408
   vitelo, 87, 89
Risoni, 224, 227
Risoto, 782-783

Robalo, 113, 114
Robert, molho, 287
Rolo de macarrão, 54, 55
Romana, alface, 164, 165
Romãs, 154
Rome beauty, maçã, 138
Rondeau, 60, 691
Rondelle, cortes, vegetais, 642, 644
Roquefort, queijo, 208, 209
Roux
   manteiga clarificada para, 260, 265
   método *singer*, 335
   no molho de carne, 451-452
   preparo de, 260-261
Royal, molho, 301
Rúcula, 166, 167
Ruibarbo, 152, 153
Rutabaga, 179, 180

s

Sachet d'épices, 254, 268
Sal
   de cura, 239
   no preparo de pães, 1045
   tipos de, 239-240
Saladas
   como entrada, 965
   croûtons em, 907
   frutas, 908-911
   óleo para, 246
   quentes, 912
   vegetais, 912
   verdes, 906-907
Salão, sistema de brigada, 10
Salmão, 116, 117
   poché, 562-563
Salmoura, 443
Salsa, 190, 192
Salsão, 185, 186
   sementes, 234, 235
Salsifi, 179, 180
Salteado
   batatas, 747-749
   carne, aves e peixe, 506-510
   grãos, 778-780
   vegetais, 683-685
Salteado, chef do, 9
Saltear, panela para, 59, 60, 61, 506, 683
Salvelino ártico, 116, 117
Sálvia, 189, 192
Sanduíches, 950-951
Sanitização, procedimentos, 40
Sap Sago, queijo, 207
Sardinha, 122
Sashimi, 117, 118, 129
Sauteuse, 59
Sautoir, 59, 61
Sável americano, 119

Scones, método arenoso, 1066, 1067
Seckel, peras, 149
  café e chá, 248-249
  chocolate, 248
  especiarias, 234
  frutos secos, 231
  sal, 239
  vinhos e cordiais, 249
Seco, armazenamento
  café e chá, 248-249
  chocolate, 248
  especiarias, 234
  frutos secos, 231
  sal, 239
  vinhos e cordiais, 249
Seco, tempero, 378
Secos, produtos, 213-249
  adoçantes, 241-244
  bebidas, 248-249
  chocolate, 248
  especiarias, 234-238
  extratos, 248
  frutos secos e sementes, 231-233
  gorduras e óleos, 245-247
  grãos, 212-223
  legumes, 228-230
  leveduras, 248
  macarrão, 224-227
  sal e pimenta-do-reino, 239-240
  vinagres e condimentos, 248
Segurança. *Ver também* Alimentar, segurança
  com equipamentos grandes, 66-67
  com facas, 46
  cozinha, 40-41
Selar
  em assados, 446-457
  em braseados, 590, 592
  em ensopados, 594
  no cozimento *en papilotte*, 554
  versus sauté, 506
Sementes
  tostar, 378
  variedades de, 231, 233
Sementes de algodão, óleo, 246
Sementes de uva, óleo, 246
Sêmola, 221
Semolina, farinha, 214, 215
Sernambiguara, 118
Serviço. *Ver também* Apresentação
  cargos do pessoal, 9-10
  compromisso com, 4
  higiene no, 40
Servir. Ver Apresentação
Shiitake, cogumelos, 170, 171
Sibas, 129
Simples, massas, 1044

Slurry, amido puro, 261, 282
Soba, macarrão, 225, 226
Sobremesas. *Ver também* Bolos; *Cookies*; Tortas e tarteletas
  congeladas, 196, 1153
  mousses, 1115-1117
  pudins, 1110-1114
  trufas, 1136
Sódio, 28
Software, 5
Soja *baby*, 176, 177
Soja, 39, 230
Soja, óleo, 246
Solha, 108, 109
Solha-das-pedras, 110
Sopas. *Ver também* Caldo; Fundo
  aromatizantes para, 254-259
  bisques, 340-344
  chowder, 335
  creme, 332-334, 345
  desengordurando, 345
  engrossar, 345
  orientação para, 345-347
  purê, 336-339
  reaquecer, 346-347
Sorbet, 196
Sorgo, 223
Sorvete, 1114
Sous chef, 9
Sovando massa de macarrão, 829
Stayman winesap, maçã, 137, 138
Steamers de pressão, 64, 550
Stir-frying
  carne e aves, 506-507
  cortar vegetais para, 645
  vegetais, 686-688
Suflê, omeletes, 876, 878
Suflê, prato, 63
Suflês, salgados, 880-883
Suíço, merengue, 1039
Suprêmes
  cítrico, 909
  frango, 412-413
  molho, 292
Sustentável, agricultura, 134

t

Tabuleiros, 64
Taioba, 180
Take away, serviços alimentares, 8
Taleggio, queijo, 200, 201
Tamis, 57
Tangelo, 142, 143
Tangerinas, 142, 143
Tapioca, como espessante, 261
Tarteletas, formas, 65
Tarteletas. *Ver* Tortas e tarteletas
Tava (panela de ferro), 60
Teff, 223

Temperado, sal, 240
Temperamento, 378-379
Temperatura
  armazenamento, 36, 75
  assar, 446, 447
  fritura por imersão, 517, 694
  para recheios, 380, 446
  poché, 562
  ponto da carne, aves e peixes, 382-384
Temperatura do forno para carnes e aves, 446
Temperos para marinada, 443
Temperos. *Ver também* Aromáticos, vegetais; Ervas; Especiarias
  em óleos e vinagres, 898
  para *appetizers*, 965
  para batatas, fervidas, 735
  para batatas, fritas por imersão, 750
  para batatas, purê, 736
  para batatas, *sauté*, 747
  para fundos, molhos e sopas, 254-268, 269, 283, 289, 331, 332, 337, 345
  para massa de macarrão, 828
  para *pilaf*, 779
  para risoto, 783
  para suflês, salgados, 881
  para vegetais, cozidos no vapor, 670, 671
  para vegetais, *sauté*, 684
  tipos de, 378-379
Tempo, administração do, 6-7
Termômetros, 56, 450, 515, 568
Terrine, forma, 64
Terrines, farce para, 1004-1005, 1009
Thompson, uvas sem semente, 144, 145
Tilápia, 122
Tilefish, 113, 115
Timbale, forma, 64
Tira-gostos (*appetizers*)
  apresentação de, 965
  mousse, fria, salgada, 966-969
  tipos de, 964-965
Tomates
  apresentação de, 965
  mousse, fria, salgada, 966-969
  tipos de, 964-965
Tomates italianos, 187, 188
Tomates-peras, 188
Tomilho, 189, 192
Toranja, 142, 143
Tortas e tarteletas
  coberturas, 1142, 1143
  crosta, 1143
  massa pré-assada, 1144
  método da massa esfregada, 1066-1069

  recheios de fruta para, 1142-1144
Tortas, formas, 64, 65
Tournant, 9
Tourné, cortes, 642, 648
Tourné, faca, 48, 49
Tournedos, 396
Tranche, 429
Traseiro, cortes, carne, 82, 86, 99
Treinamento. *Ver* Educação e treinamento para profissionais da culinária
Trigo, 213
  Ebly, 213, 215
  para quibe, 213, 215
  -sarraceno, 223
Trinchar, 453-457
Trufas
  brancas e pretas, 171
  chocolate, 1136
Truta, 116, 117
  arco-íris, 116, 117
  de arroio, 117
Tse-chuan, pimenta em grão, 238
Tubérculos, 183-184
Tubetti, 224, 227
Tuile, cookies, 1087
Tupinambor, 182, 183
Turbinado, açúcar, 241, 242
Tutano, 408

u

Udon, macarrão, 226
Ugli fruit, 142, 143
Uniforme do chef, 41
Urucum, 235
Utensílios. *Ver* Equipamento e utensílios
Uva preta, 144, 145
Uvas, 144, 145

v

Vagem, vegetais de, 176, 177
Vagem-manteiga, 176, 177
Vagens, 176, 177
Veado, cortes de, 100
Vegetais, chef dos, 9
Vegetais. *Ver também* vegetais específicos
  armazenamento, 37, 135
  aromáticos. Ver Aromáticos, vegetais
  assar batatas, 740-742
  assar, 679-681
  batatas fritas por imersão, 750-752
  como entrada, 965
  cortar. Ver Cortando vegetais e ervas

cozer batatas no vapor, 735
cozer no vapor na panela, 672-675
cozer no vapor, 669-671
cultivados na região, 134-135
cultivo hidropônico, 134
em caldos fortes, 326, 327, 328-329
esfriar, 668
ferver batatas, 733-735
ferver, 666-668
fritura por imersão, 692-694
fritura rasa, 689-691
grelhar, 676-678
mise en place para, 636-664
percentagem de rendimento, 20
ponto dos, 667
purê, 682
reaquecer, 698

saladas, 912
sauté, 683-685
secos, reidratando, 663
stir-fry, 686-687
variedades de, 156-188
Vegetal, óleo, 247
Vegetariana, dieta
    proteínas na, 26
Veias, queijo com, azuis, 311
Velouté, 288, 292
Vendas, oportunidades de carreira em, 8
Verdes, cebolinhas, 172, 173
Verdes, saladas, 906-907
Verduras
    cozinhar, 168-169
    salada amarga, 166-167
Vermelho, salmão, 117
Vermicelli, 225, 226
Véron, molho, 292

Vieiras, 124, 127, 384
    descrição, 384
Villeroy, molho, 292
Vin blanc, molho, 292, 559
Vinagre, 248
    aromatizado, 898
    em vinagrete, 898
Vinagrete, 32, 898-900
Vinho, usos culinários do, 249
Vírus, 34
Vitamina A, 28
Vitamina C, 28
Vitamina D, 28
Vitamina E, 28
Vitamina K, 28
Vitaminas e minerais, 26-27, 28
Vitaminas, complexo B, 28
Vitelo. *Ver também* Carne
    classificações de, 86

cortes de, 86-87
ponto da, 383
Volume, mensuração, 17, 19

W

Waffle, cortes, 646
William, peras, 149

X

Xarope simples, 1037
Xarope, 241, 243

Z

Zestes, cítricos, 909
Zimbro, 237, 237
Zingara, molho, 287